diccionario
de
dudas
y dificultades
de la
lengua española

Manuel Seco

diccionario
de
dudas
y dificultades
de la
lengua española

prólogo de
Salvador Fernández Ramírez

novena edición
revisada y puesta al día

Espasa Calpe
Madrid, 1991

Novena edición, 1986
Quinta reimpresión, 1991

Depósito legal: M. 17.238—1991
ISBN 84—239—6948—7

Impreso en España
Printed in Spain

Talleres gráficos de la Editorial Espasa-Calpe, S. A.
Carretera de Irún, km. 12,200.
28049 Madrid

índice

A   CARMEN

prólogo

D *ESDE* *hace algunos decenios hemos asistido en España a un ex-*
traño enfriamiento del interés por los problemas normativos de la
lengua. A la última importante compilación, acaso la de Juan Mir y No-
guera, episodio final de una larga historia antigalicista, y a las belicosas
y divertidas escaramuzas que fueron un día los artículos periodísticos de
Mariano de Cavia y Julio Casares, ha sucedido un silencio de muerte.
¿Es que los censores se han cansado de predicar en desierto? ¿Se llena-
ron de escepticismo o de ilimitada confianza? ¿O no será que la lengua
española ha llegado a «la cumbre de toda buena fortuna»? ¿Qué dirán
por su parte los censurados? ¿Qué dice el espectador neutral?

Pero ese enfriamiento no es un fenómeno aislado. No dejamos de
pensar que se halla en cierta correlación de signo cultural con el adelga-
zamiento o enrarecimiento que en los últimos años ha experimentado la
crítica en el escenario de la vida literaria española. Diríamos que la crí-
tica literaria y la crítica lingüística se contraen, se congelan, en una
época, por otra parte, en que las disciplinas científicas correlativas, las fi-
lológicas y las lingüísticas, se hallan en plena forma, o gozan por lo
menos de buena salud. Sería también cosa de averiguar si existe o no
existe relación de sentido entre lo uno y lo otro, si la seguridad que pro-
porciona un método riguroso para la empresa científica a largo plazo no
será la que debilita el entusiasmo por el «cuerpo a cuerpo» de la crítica y
la censura efímeras.

Lo que nos preguntamos es si la vida literaria de un país es normal
sin este cuerpo a cuerpo, sobre todo sin que este orden de cuestiones se
ventile públicamente. Porque nadie duda de que la acción crítica y cen-
soria existe. Pero hoy es clandestina y privada. Salta desde el gabinete de
trabajo a las tertulias y cenáculos. No es menos viva y virulenta que en
la época de nuestros desmelenados abuelos. Nunca en España se ha oído
decir más reiteradamente, con razón o sin ella, que nuestros escritores
escriben mal, que la mercancía literaria no es buena, etc. Pero el que así

vocifera, al entrar en la Redacción se pone guante blanco y alza hasta las nubes, si llega el caso, al último premio literario. Tal vez hemos practicado con exceso la crítica de la crítica. En el caso de la lingüística normativa, no siempre sin razón. *Pero empezábamos a temer que este género de literatura pereciese o acabase estancándose definitivamente en un monopolio de nuestros hermanos de América.* El librito [1] *que motiva estas líneas,* DICCIONARIO DE DUDAS Y DIFICULTADES DE LA LENGUA ESPAÑOLA, *hace renacer nuestras esperanzas.* Manuel Seco probó ya sus fuerzas completando y remozando el conocido Manual de gramática española, *que Rafael Seco había publicado en 1930, tres años antes de morir, cuando no podía pensar en esta colaboración póstuma con su propio hijo.* Hoy nos ofrece Manuel Seco *en su* DICCIONARIO *una obra de más grandes alientos, bien meditada y cuidadosamente elaborada, con abundantes citas de primera mano, sin ninguna clase de rigor preceptista. Comparecen en ella a juicio o nos dictan su autoridad escritores españoles y americanos. Con esta obra se rehabilita un género casi olvidado hoy en España. Renace bien equipado, movido por un generoso espíritu de tolerancia. Esperemos que anime a los apáticos, para que nunca falten en España estas guerrillas de salvación, tan ingratas a muchos, pero tan necesarias en una república de las letras agitada, combativa y digna de tal nombre.*

S. FERNÁNDEZ RAMÍREZ

(1961)

---

[1] [La primera edición de este libro, para la que se escribió el presente prólogo, apareció en formato de bolsillo.]

advertencia preliminar

¿Tiene o no tiene el hombre como individuo, el hombre en comunidad, la sociedad, deberes inexcusables, mandatorios en todo momento, con su idioma? ¿Es lícito adoptar en ningún país, en ningún instante de su historia, una posición de indiferencia o de inhibición ante su habla? ¿Quedarnos, como quien dice, a la orilla del vivir del idioma, mirándolo correr, claro o turbio, como si nos fuese ajeno? O, por el contrario, ¿se nos impone, por una razón de moral, una atención, una voluntad interventora del hombre hacia el habla? Tremenda frivolidad es no hacerse esa pregunta. Pueblo que no la haga vive en el olvido de su propia dignidad espiritual, en estado de deficiencia humana. Porque la contestación entraña consecuencias incalculables. Para mí la respuesta es muy clara: no es permisible a una comunidad civilizada dejar su lengua, desarbolada, flotar a la deriva, al garete, sin velas, sin capitanes, sin rumbo.

PEDRO SALINAS: *Aprecio y defensa del lenguaje.*

Y A hace muchos siglos que un hombre del caído Imperio Romano escribió una obrita en que censuraba las formas de hablar descuidadas que con más frecuencia había observado en el vulgo que le rodeaba. «Decid *calida,* no *calda...* Decid *vetulus,* no *veclus...* Decid *auris,* no *oricla...*» La lengua latina se corrompía en torno suyo, por ignorancia, por abandono, y él quería luchar contra la descomposición del glorioso idioma con las armas que estaban en su mano: la enseñanza gramatical.

El propósito del autor del *Appendix Probi,* el hombre solo afrontando a la multitud, no se pudo realizar. La «corrupción» del latín siguió adelante, y las lenguas —italiano, español, portugués...— que hoy se hablan en el antiguo Imperio no son sino la fase actual del proceso iniciado mucho antes y continuado por aquellos bárbaros que suscitaban la protesta del buen gramático. Porque la verdad es que los gramáticos no hacen las lenguas, ni las reforman, ni son capaces de detener su evolución. Y es natural que así sea: una lengua es patrimonio de una comunidad, y quien la hace y la altera y la deshace es la masa, la mayoría, contra cuyo ímpetu nada puede la voz aislada de un sabio.

Sin embargo, así como en unas elecciones el voto de la mayoría puede ser efecto de una campaña hábilmente dirigida por unos pocos hombres, también en esta actividad humana del lenguaje —la más democrática de todas— el ejemplo de una minoría egregia, si es suficientemente difundido, puede orientar y encauzar la decisión lingüística de la muchedumbre. «¿No es patente —dice Amado Alonso— el influjo que la prosa personal de Ortega ha ejercido en la lengua escrita de España y de América, especialmente en la de muchos escritores que están a caballo entre el periodismo y la literatura? ¿No es seguro que la lengua escrita impone su sello en la lengua oral de las ciudades, influyendo en su fisonomía? ¿No es cierto que el habla de las ciudades ejerce un poder de imitación en las hablas provinciales y rurales, especialmente en épocas de auge cultural? La intervención que un individuo de empuje personal tiene en los destinos de su lengua es proporcionada a su potencia de proselitismo idiomático» [1].

El lenguaje, pues, no está sometido a leyes ciegas. Es un hecho humano, como tal, sometido a la voluntad humana; no solo la voluntad del que *propone* un uso, sino la del que *decide* seguirlo. Por consiguiente, cabe hablar de una dirección impuesta a una lengua. Dirección que está en manos de los escritores más leídos —entre ellos, hoy, los periodistas—, y tal vez de los gramáticos, si es que ocurre —raro fenómeno— que la enseñanza gramatical ha adquirido gran preponderancia en el país.

Las personas que ajustan su decir, hablado o escrito, al ejemplo de los buenos escritores [2] de su época o la norma de los buenos gramáticos, se dice que hablan o escriben *bien*. El lenguaje correcto goza de una consideración social sobre la que no es necesario insistir aquí. No cabe duda de que la corrección en el lenguaje es un adorno, un factor de distinción en la persona que la posea. Pero no es precisamente esto lo que uno debe buscar cuando trata de depurar su expresión lingüística: hablar bien no es lo mismo que ir bien peinado o llevar los zapatos relucientes. El hablante debe aspirar a la perfección de su habla porque esta es un instrumento de importancia vital para su convivencia dentro de una nación. Y su habla solo será perfecta si se ajusta al máximo al modo de decir de sus compatriotas.

Y es aquí donde debe intervenir el gramático. Hablando con más precisión: el gramático normativo. El papel del gramático no es el de enseñar a hacer análisis morfológicos o sintácticos, ni el de enseñarnos a hablar y a escribir igual

---

[1] *El problema de la lengua en América*, Madrid 1935.
[2] No será inoportuno aclarar que por *buenos escritores* no entiendo los que se caracterizan por el uso impecable del idioma, sino los que crean obras de calidad literaria o intelectual.

que Cervantes o Ricardo León, sino el de orientar nuestra lengua de hoy en un sentido de unidad entre todos los que la hablan. El gramático tiene que decirnos qué regionalismos, qué particularismos locales debemos desterrar de nuestro uso para acomodarnos a lo general, en nuestro propio beneficio; tiene que enseñarnos a seleccionar, entre las varias formas que circulan, las que son preferibles por adaptarse mejor al espíritu del idioma; tiene que darnos a conocer, o recordarnos, los usos que son normales y corrientes en nuestra lengua y que nosotros, por la razón que sea, no hemos sabido poner en práctica.

Hay que abandonar el prejuicio de que los gramáticos pretenden que hablemos como los libros. «La lengua escrita —dice Vendryes— es la capa de hielo formada sobre el río; el agua que continúa corriendo bajo el hielo que la oprime es la lengua popular y natural. El frío que produce el hielo y que querría retener al río es el esfuerzo de los gramáticos y pedagogos.»[3] Sin duda, nuestra conversación no puede ser, no podrá ser nunca, igual que nuestra redacción. Pero sí es cierto que en la lengua hablada culta gravita constantemente, con mayor o menor conciencia, el ideal de la lengua literaria. Como dice Amado Alonso, «hay una aristocracia idiomática formada por los mejores poetas [esto es, escritores] de la comunidad lingüística, que hereda la lengua de los mejores poetas pasados y la trasmite a los mejores que suceden... En sus manos creadoras y en su gusto de selección está la dirección de la lengua, y los demás hablantes empujamos nuestra habla real hacia el perfil ideal forjado con el modelo literario»[4]. Por eso los gramáticos no pueden sino apelar constantemente al uso de los escritores. Pero ello no implica en modo alguno condenación de todo lo que no esté refrendado por la literatura. La misma literatura moriría de inanición si no se nutriese constantemente del habla viva y cotidiana.

Otro error corriente es el de pensar que el gramático tiene por misión prohibir la entrada en la lengua a todo uso o vocablo nuevo o extranjero. Si así lo hiciese —y en otros tiempos, equivocadamente, lo hacía— no lograría más que empobrecer el idioma. El extranjerismo y el neologismo no son, en sí, un mal para el idioma. Lo que hace falta es que estas importaciones sean, ante todo, necesarias, y que se acomoden bien al «genio del idioma», como diría Cuervo; esto es, que se amolden a las estructuras formales de nuestra lengua. Y sobre todo hay que evitar que esta introducción de extranjerismos y neologismos ocurra anárquicamente: que cada país o cada región escoja un término distinto para denominar un mismo objeto nuevo. El gramático tiene que llevar a cabo en este terreno una delicada labor de policía lingüística: encauzar dentro de los moldes de nuestra lengua —que no son nada estrechos— las nuevas adquisiciones y creaciones, siempre guiado por la prudencia y por el ideal de la unidad idiomática de los países hispánicos. Los extranjerismos desaforados, los neologismos caprichosos, ya los eliminará la propia lengua tarde o temprano. «Todo

---

[3] *El lenguaje.* Trad. de M. de Montoliu y J. M. Casas. México 1958, p. 292.
[4] *El ideal artístico de la lengua y la dicción en el teatro.* En *Materia y forma en poesía.* Madrid 1955, p. 67.

idioma —dice Américo Castro— tiene suficiente vitalidad para asimilar o expulsar elementos extraños, y cuando esto no ocurre, es que está a punto de dejar de existir, y entonces casi no vale la pena ocuparse de él.» [5] El arte del gramático ha de estar en olfatear lo que la robusta naturaleza del idioma acabará por asimilar o por repudiar, y en colaborar con la conciencia lingüística de los hablantes en la eliminación de los brotes excesivos.

Por las líneas que preceden, el lector habrá comprendido cuál es el propósito de este libro, y también cuáles son los problemas con que se ha enfrentado el autor y hasta qué punto habrá podido resolverlos. La lengua es un ente en constante evolución, y el pretender trazar límites entre lo que en ella es «correcto» o «incorrecto» solo puede hacerse referido a un determinado momento histórico. ¡Cuántos modos de hablar que a un Meléndez Valdés o a un Jovellanos hubieran escandalizado son hoy usados con toda tranquilidad por los escritores más apreciados! Lo que hoy nos parece vicioso mañana puede ser perfectamente normal. Por ello este libro no es un código de la circulación lingüística. La intención que lo anima es la de orientar y aconsejar, señalar lo preferible y deseable, no decretar ni condenar. Su propósito es ayudar al sentido lingüístico de cada hablante para que trabaje en el perfeccionamiento de su propio lenguaje individual, dentro del ideal de la unidad idiomática de los países que hablan el español.

Recordemos palabras de Pedro Salinas: «Me parece una incongruencia mental, cuando la humanidad ha lanzado la facultad crítica a todos los rincones de la vida humana, aspirando a su mejoría, que renuncie a aplicar la inteligencia a la marcha y destinos de la lengua. La lengua, como el hombre, del que es preciosa parte, se puede y se debe gobernar; gobernar, que no es violentar ni desnaturalizar, sino muy al contrario, dar ocasión a las actividades de lo gobernado para su desarrollo armónico y pleno. *Debe gobernarse la lengua desde dentro de cada hombre;* para hacerlo no valen instituciones o cuerpos legislativos externos y son vanas las coacciones. El impulso al bien hablar es menester que brote de la convicción de la persona misma, de la sin par importancia que para su vida total tiene el buen estado del idioma... Lo que llamo educar lingüísticamente al hombre es despertar su sensibilidad para su idioma, abrirle los ojos a las potencialidades que lleva dentro, persuadiéndole, por el estudio ejemplar, de que será más hombre y mejor hombre si usa con mayor exactitud y finura ese prodigioso instrumento de expresar su ser y convivir con sus prójimos» [6].

∗

Las páginas que anteceden constituían —con muy leves variantes— la entrada a las primeras ediciones de este libro. Su permanencia al frente de esta

---

[5] *Los galicismos.* En *Lengua, enseñanza y literatura.* Madrid 1924, p. 107.
[6] *La responsabilidad del escritor.* Barcelona 1961, p. 56-57. El subrayado es mío.

nueva, revisada y puesta al día, autoriza a entender que siguen siendo válidas para ella.

Algo ha cambiado, sin embargo, el paisaje desde que un editor me encomendó el plan y la realización de un diccionario «gramatical». Aunque mi proyecto no respondió muy de cerca al encargo, la buena acogida que el libro encontró en seguida, reclamando reediciones y reimpresiones con intervalos de dos o tres años, no ha dado respiro sino para introducir correcciones y apéndices de urgencia, insuficientes para ajustar la obra al compás del tiempo. La publicación, en 1979, de una versión condensada y remozada —*Diccionario breve de dudas de la lengua española*— no fue muy operante en este sentido, pues, al tratarse de una edición no venal producida por el Ministerio de Cultura, su difusión fue desigual y limitada. Un paréntesis de tiempo hurtado a tareas de mayor tonelaje ha permitido ahora llevar a cabo una revisión general del libro aparecido por primera vez hace veinticinco años.

En este lapso, naturalmente, la lengua ha continuado su evolución sin pausa, y si es cierto que muchos de los aspectos que en esta obra se comentaban no han cambiado de modo perceptible, otros han dejado de existir como problemas, ya porque tomaron un camino decidido, ya porque, sencillamente, se desvanecieron, mientras que otros nuevos han venido a ocupar la atención o la preocupación de los hablantes. Algunos puntos hay, por otra parte, que, siendo viejos, presentan un sesgo que reclama nueva consideración. Es importante insistir en lo dicho antes: la lengua no es un ente inmutable, como no lo son sus usuarios ni ningún otro ser, viviente o inerte, de este planeta.

La presente edición procura, por tanto, hacerse cargo de algunas de las dificultades que al hablante de hoy puede presentarle la lengua de hoy. Y no será malo repetir también algo que queda dicho antes: este libro no trata de inculcar al lector la «pureza» de la lengua, sino ofrecerle una orientación acerca de la norma culta del español actual, con vistas al mantenimiento de su unidad [7]. Entendemos por norma el conjunto de preferencias vigentes en una comunidad hablante entre las posibilidades que el sistema lingüístico tiene a disposición de ella. «No se trata —dice Coseriu— de la *norma* en el sentido corriente, establecida o impuesta según criterios de corrección y de valoración subjetiva de lo expresado, sino de la norma objetiva comprobable en una lengua, la norma que seguimos necesariamente para ser miembros de una comunidad lingüística, y no aquella según la cual se reconoce que 'hablamos bien' o de manera ejemplar, en la misma comunidad. Al comprobar la norma a que nos referimos, se comprueba *cómo se dice* y no se indica *cómo se debe decir:* los conceptos que, con respecto a ella, se oponen son *normal* y *anormal,* y no *correcto* o *incorrecto.*» [8]

---

[7] «La lucha por la 'pureza' del idioma pudo ser el santo y seña del siglo XIX, pero .. hoy ya no puede ser nuestro principal objetivo .. 'Unidad idiomática': esa debe ser nuestra principal preocupación.» (Dámaso Alonso, *Defensa de la lengua castellana* [1956]. En *Del Siglo de Oro a este siglo de siglas.* Madrid 1962, p. 260.)

[8] Eugenio Coseriu, *Sistema, norma y habla.* En *Teoría del lenguaje y lingüística general.* Madrid 1962, p. 90.

(Claro está que, si yo le explico a mi lector «cómo se dice», le estoy sugiriendo «cómo debe decir» para que su expresión no sea anormal; y, por otra parte, la oposición «correcto»/«incorrecto», aunque ciertamente desacreditada hoy entre los lingüistas, podría mantenerse siempre que se conviniera en referirla a la adecuación a la norma lingüística.)

No es fácil exponer sin más «la norma», porque cada hablante se encuentra situado en una encrucijada de normas. Si su educación y el lugar y el medio en que vive lo confinan en el sometimiento a una norma determinada por el *nivel de lengua* que esas coordenadas le asignan, las circunstancias cambiantes de sus actos de comunicación —a quién habla, dónde habla, si habla o escribe, etc.— llevan consigo la acomodación al *nivel de habla* que tales factores exigen en cada momento [9]. En las indicaciones sobre la norma ofrecidas en muchos de los artículos de este DICCIONARIO es necesario tener en cuenta que se refieren al uso culto «formal» y que pueden diferir de lo que sería aceptable en el nivel coloquial. Dice Ambrosio Rabanales: «Es sabido que una persona se comporta correctamente cuando lo hace obedeciendo a normas preestablecidas, e incorrectamente cuando actúa contraviniéndolas. Ahora bien, todo hablante, hasta el más iletrado, se expresa de acuerdo con determinadas normas que, en conjunto, constituyen su mayor o menor grado de competencia lingüística y de competencia de la comunicación, pero solo lo hace 'correctamente' cuando utiliza en una determinada situación la norma exigida socialmente para ella. Decir [en Chile], por ejemplo: *Oye, ¿tení una luca que me prestí?*, no es intrínsecamente 'incorrecto'; solo lo es cuando ello ocurre fuera de una situación de familiaridad y confianza» [10].

¿Por qué proponer el uso culto, y no el popular, el de la calle? Porque, aunque toda forma de expresión lingüística, por el hecho de existir y de servir a la comunicación, es en sí perfecta y respetable, las formas populares, por su propia naturaleza, son de ámbito limitado y de vida efímera. La norma que este libro trata de presentar es la norma culta porque el nivel de lengua culto es el único que ofrece las condiciones intrínsecas suficientes para servir a la unidad de la lengua en todos los territorios en que se habla.

El hecho de que el nivel de lengua culto sea el ideal que guía la lengua escrita y sobre todo la lengua literaria (que no es solo la de la literatura, sino la de la filosofía y la de la ciencia) ha motivado que a veces se hayan usado como sinónimos lengua culta y lengua literaria. Claro está que no lo son, aunque la segunda es sin duda la plasmación más perfecta de la primera y la que más directamente apunta a la meta de la unidad, porque, como dice Rosenblat, «al contar como interlocutor, no a una o a pocas personas, sino al público anónimo de las más diversas regiones de la lengua y de los más heterogéneos estratos sociales, el escritor tiene que atenerse en general a las formas expresivas de

---

[9] Sobre los niveles de lengua y los niveles de habla, véase mi *Gramática esencial del español*. Madrid 1972, § 16.2.
[10] *¿Qué es hablar correctamente?* En *Revista de Educación* (Santiago de Chile), núm. 119 (1984), 53.

mayor alcance» [11]. La lengua literaria se despoja instintivamente de lo local, de la dialectal (a no ser que desee expresar *eso* precisamente), y en esa selección está —en palabras de Fernández Ramírez— «el signo o estrella que acompaña a toda lengua escrita, a toda lengua que se adelanta animada por la voluntad de convertirse en lengua común: el signo de universalidad» [12].

La norma que a lo largo de este libro se procura presentar, en los casos tratados, es, por tanto, la de la lengua general culta o, como prefieren decir los lingüistas, el español estándar. Ahora bien, en no pocos aspectos y puntos concretos la norma del español de España no concuerda con la del español de América o con la de uno o más países hispanohablantes. Todas ellas son enteramente válidas en sus respectivas áreas, y cuando se dan esas discrepancias no ha de prevalecer la norma de España sobre la vigente en el país en cuestión. Tanto como el *vos* de Buenos Aires no es aceptable en el español de Madrid, el *tú* de España es anormal en el español del Río de la Plata. En muchas ocasiones he procurado dar constancia de tales divergencias; pero debe tenerse presente que este libro, si bien aspira a servir a todo el mundo hispanohablante, tiene de manera natural e ineludible como destinatario primero al hablante español.

Se observará que en el tratamiento de las cuestiones estudiadas en este libro rehúyo en general el tono dogmático. Hay casos, naturalmente, en que la norma es tajante: la lengua estándar rechaza *satisfació* y solo admite *satisfizo*. Pero hay muchos casos en que es fluctuante («no todo es maniqueamente blanco o negro en español», dice Rabanales), y entonces procuro exponer al lector los datos que le puedan orientar en su elección. Las citas que con frecuencia ilustran los diversos usos unas veces confirman la norma; otras, en cambio, su transgresión. En ningún caso deben interpretarse en un sentido de censura (sería pueril poner a nadie en la picota por un quítame allá esa preposición), sino como pruebas de la existencia de formas divergentes de la registrada como normal. Formas que, no lo olvidemos, más de una vez podrían llegar a ser, andando el tiempo, precisamente las normales.

✻

No voy a detallar aquí los muchos modos y lugares en que se ha hecho más palpable la revisión del libro en esta su nueva aparición. Dos partes lo constituyen: el DICCIONARIO DE DUDAS propiamente dicho, en que se tratan, en disposición alfabética, cuestiones de pronunciación, de gramática y de léxico que son objeto frecuente de duda para el usuario medio del idioma, y cinco APÉNDICES, de los cuales los dos primeros revisan nociones básicas para la compren-

---

[11] Ángel Rosenblat, *El criterio de corrección lingüística: unidad o pluralidad de normas en el español de España y América*. En *El Simposio de Indiana*. Bogotá 1967, p. 16 de la separata.
[12] Salvador Fernández Ramírez, *Lengua literaria y norma lingüística*. Discurso de ingreso en la Real Academia Española. Madrid 1960, p. 33.

sión del DICCIONARIO o para la práctica de la ortografía, y reúnen en síntesis algunos esquemas gramaticales de especial interés (p. ej., conjugación de los verbos regulares e irregulares, lista de los numerales cardinales y ordinales); y los tres últimos están dedicados a la ortografía: un vocabulario ortográfico, una lista de abreviaturas usuales en español, y las principales normas para el empleo de los signos ortográficos.

Quizá la novedad que más llame la atención a algunos lectores —aunque no sea ni con mucho la más importante— sea el orden alfabético seguido en el DICCIONARIO DE DUDAS y en el apéndice VOCABULARIO ORTOGRÁFICO: de acuerdo con una tendencia creciente en el mundo hispánico —plasmada ya entre nosotros en algún prestigioso diccionario—, tendencia que debe su primer impulso a don Ramón Menéndez Pidal, se adopta aquí el alfabeto universal, en el cual los dígrafos *ch* y *ll* no son tratados como letras, sino como combinaciones de *c* + *h* y de *l* + *l*. La peculiaridad del abecedario español de incluir en la lista de las letras estas dos combinaciones, aparte de ser incongruente (ya que, según el principio del «fonetismo», igualmente habrían de separarse como letras independientes la *rr* de la *r*, y la *c* pronunciada /k/ de la *c* pronunciada /z/), es un rasgo que, al apartar nuestra lengua de las restantes que usan el alfabeto latino, nos complica sin necesidad la consulta de todos los diccionarios bilingües [13].

*

Son innumerables las personas de las que esta obra es deudora. Arturo del Hoyo, instigador o responsable de que yo fuese autor de ella, es quien debe ser ·mencionado en primer lugar. Me han aportado muchos materiales y observaciones de interés Florentino Trapero (Madrid), José Polo (Universidad Autónoma de Madrid), Fernando Huarte (Biblioteca de la Universidad Complutense), Olimpia Andrés (Seminario de Lexicografía de la Real Academia Española), Joaquín Arce † (Universidad Complutense), Manuel Guerrero (Madrid), Antonio Gómez Galán (Escuela Universitaria Pablo Montesino, Madrid), Fernando González Ollé (Universidad de Navarra) y María Reymundo (Madrid).

Me han sido muy útiles las recensiones de Jesús Alonso Montero, en *El Progreso* (Lugo), 1-3-1962, 3; Rafael Sánchez Mariño, en *Filología Moderna*, 3 (1962), 160; J. W. Schweitzer, en *Hispania*, 45 (1962), 819-20; Constantino García, en *Archiv für das Studium der Neueren Sprachen und Literaturen*, 115 (1963), 73-74; José Montero Padilla, en *Arbor*, 56 (1963), 249-50; H. Felipe Emilio, en *Después* (Madrid), núm. 55 (1963), 11-12; J. Škultéty, en *Philologica Pragensia*, 8 (1965), 102-3, e *ibídem*, 9 (1966), 103; J. M. Domínguez, en *Idioma* (Munich), 6 (1966), 311-12; y muy particularmente las de Emilio Lo-

[13] Véanse más detalles sobre esta cuestión en el artículo CH de este DICCIONARIO (que, naturalmente, habrá de buscarse dentro de la letra C).

renzo, en *Filología Moderna*, 4 (1965), 255-61; Manuel Fernández Galiano, en *Atlántida*, 3 (1965), 428-32, y José Polo, en *Revista de Filología Española*, 51 (1968), 243-65.

No quiero dejar de mencionar las numerosas cartas recibidas a propósito de las ediciones anteriores de este libro —muchas de ellas con interesantes listas de cuestiones, observaciones, noticias y consultas—, como las de Camilo Alonso-Vega (Nueva Delhi, India), Martín Balboa (Sarria, Lugo), Fernando Calleja (Madrid), Aníbal Cañón Presa (Segovia), Luis Felipe Carrer (París), José Caso González (Universidad de Oviedo), Arrigo Castellani (Accademia della Crusca, Florencia), Marichu Cruz de Castro (Madrid), Amelia Díaz Muñoz (Alcalá de Henares, Madrid), Héctor Domínguez (Upsala, Suecia), Marco Aurelio Ferrell Ramírez (Lima), P. Germán (Burgo de Osma, Soria), David L. Gold (Universidad de Haifa, Israel), Marcos Hernández Aróstegui (Madrid), Theodora J. M. van Lottum (Guatemala), José Martínez de Sousa (Barcelona), José Mejía (Alcorcón, Madrid), José Muñoz Pérez (Universidad de Sevilla), Gerardo H. Pagés (Buenos Aires), T. M. van Schaick (Maastrich, Países Bajos), J. Smeets (Barcelona), Humberto Soto (Boston, Estados Unidos), Fermín Velasco (Miami, Florida, Estados Unidos), José F. Zambrana Castillo (Getafe, Madrid) y otras que lamento no recordar.

A todos, mi gratitud más sincera.

M. S.

abreviaturas y signos
empleados en este diccionario

adj.	*adjetivo.*	indef.	*indefinido.*
adv.	*adverbio.*	inf.	*infinitivo.*
ant.	*anticuado o antiguo.*	ing.	*inglés.*
cf.	*confer* (compárese, confróntese).	m.	*masculino.*
		n.	*nota.*
cit.	*citado por* o *citado en.*	part.	*participio.*
comp.	*compuesto.*	pers.	*persona.*
ed. ...:..........	*edición.*	pf.	*perfecto.*
f.	*femenino.*	pl.	*plural.*
fr.	*francés.*	port.	*portugués.*
frec.	*frecuente(mente).*	pot.	*potencial.*
fut.	*futuro.*	ppf.	*pluscuamperfecto.*
ger.	*gerundio.*	pres.	*presente.*
ibíd.	*ibídem* (en el mismo lugar).	pret.	*pretérito.*
		sing.	*singular.*
imperat.	*imperativo.*	subj.	*subjuntivo.*
impers.	*impersonal.*	supl.	*suplemento.*
impf.	*imperfecto.*	s. v.	*sub voce* (en el artículo).
ind.	*indicativo.*	trad.	*traducción de.*

→	significa *véase.*
/ /	encierra la transcripción fonológica de una letra o una palabra: *vivir*, /bibír/ .
' '	encierra el significado de una palabra o de una frase: *laborar*, 'trabajar'; o representa unas comillas dentro de un texto que ya va entre comillas.
>	entre dos palabras, significa que la segunda viene de la primera: latín *amaveram* > español *amara.*
<	entre dos palabras, significa que la primera viene de la segunda: español *amara* < latín *amaveram.*
§	párrafo o parágrafo.
..	supresión de una o más palabras en un texto citado, para abreviar la cita.
*	(Para este signo, véase la nota previa al Apéndice III, pág. 415.)

diccionario

a

a ¹. **1** Primera letra del alfabeto. El nombre de esta letra es femenino, *la a,* y su plural es *aes* (aunque sea frecuente oír *as*).

2 Corresponde al fonema vocal /a/, en cuya realización el punto de articulación está situado entre la parte anterior y la parte posterior de la cavidad bucal. El ápice de la lengua toca la cara interior de los incisivos inferiores, y su dorso se eleva suavemente hacia el punto en que termina el paladar duro y comienza el velo del paladar. Los labios se abren más que para cualquiera de las demás vocales. Se adelanta levemente la articulación hacia el paladar cuando el sonido /a/ precede a un sonido palatal (/ch, ll, ñ, y, i/). En este caso se habla de /a/ *palatal.* En cambio, se retrasa ligeramente hacia el velo del paladar cuando precede a un sonido velar (/j, g, u, o/), o a /l/ en sílaba trabada (es decir, /l/ en final de sílaba, como en *caldo, animal*). La /a/ en este caso recibe el nombre de /a/ *velar.* Pero su velarización nunca es tan marcada como la que se da en catalán, portugués, inglés y otras lenguas.

a ². **1** Preposición. Se pronuncia siempre átona (*a casa,* /akása/; *a comer,* /akomér/), a pesar de que hasta entrado el segundo decenio de este siglo se escribió con acento ortográfico.

2 He aquí sus principales usos:
1.º Expresa movimiento en general: *Voy a Madrid; Miré al suelo* (dirección); *Llegó a Madrid; Cayó al suelo* (término

del movimiento). (Sobre *entrar* A, → EN-TRAR.)
2.º Las ideas de finalidad y término indirecto derivan de esta idea fundamental: *¿A qué me llamas?; Traigo a Juan un regalo.* También la idea de proximidad: *Se sentaron a la lumbre.*
3.º Precede a los infinitivos que son complementos de verbo de movimiento: *Viene a trabajar;* y a veces a los que son complementos de verbos de movimiento o tendencia espiritual: *Aprende a hablar; Aspiramos a mejorar; Vamos a empezar* (pero *Quiere hablar, Deseamos mejorar*). Precede a un infinitivo en oraciones que expresan mandato, en las que está sobrentendido el verbo *vas, vamos, vais,* etc.: *¡A callar!, ¡A sentarse!, ¡A comer!*
4.º Indica lugar en donde, con respecto a otro punto: *Se sentó a la puerta de la casa; Se encuentra a la derecha de la catedral; Vivo a cuatro kilómetros de aquí; «A las verjas del Jardín Botánico, el viajero siente —a veces le pasa— un repentino escalofrío»* (Cela, *Alcarria,* 18); *«Pasa el tren a las tapias del cementerio»* (ibíd., 23). El punto de referencia puede ir implícito: *Se sentó a la puerta; Vivo a cuatro kilómetros.* (→ 11.)
5.º Expresa tiempo: *Se levantaba a las ocho; A la noche te lo diré; Al día siguiente se marcharon.* Representa también el tiempo contado a partir de un determinado momento: *al año de salir; a los tres días de la entrevista.* La expresión de tiempo es muy frecuente con un infinitivo precedido

3

a

de artículo: *al ir, al entrar, al apearse, al saludar,* etc. ('cuando voy, cuando iba, cuando vaya; o 'cuando vas, cuando ibas, cuando vayas', etc.).

6.º *a)* Significa manera: *Se despidió a la francesa; Yo lo hago a mi manera; Despáchate a tu gusto.* Con este valor entra a formar parte de numerosas locuciones adverbiales: *a menudo, a veces, a diario, al fin, al fin y al cabo, al fin y a la postre, al azar, a pie, a caballo, a diestro y siniestro, a bocajarro, a traición, a puñados, a palos, a empujones, a patadas,* etcétera. Un grupo de estas locuciones adverbiales de modo es el de las formadas por la preposición *a* y un adjetivo o participio —a veces un sustantivo— en femenino plural: *a escondidas, a hurtadillas, a gatas, a ciegas, a tontas y a locas, a tientas, a derechas, a medias, a oscuras.*

b) Abundan las locuciones adverbiales de valor modal que tienen la estructura *a la* + adjetivo en forma femenina. En ellas está implícito el término «usanza» o «manera», aludido por el adjetivo, el cual a menudo es gentilicio: *«Se largó a la francesa»* (Cela, *Viaje andaluz,* 269); *Va vestido a la española; Vivimos a la antigua; Hicieron el camino a la inversa.* Es frecuente que, por unirse a nombres, se conviertan en locuciones adjetivas: *callos a la madrileña; tortilla a la francesa; bacalao a la vizcaína; «Un coleto a la leonesa»* (Rivas, *Castellano*); *«Una fiesta a la española»* (Benavente, *Cigarras,* 117).

Del uso anterior deriva a *la* + nombre: *«Un levitón a la Berryer»* (Baroja, *Románticos,* 122).

c) La locución adverbial *a lo* + nombre se emplea especialmente para caracterizar un estilo: *«papelillos doblados a lo boticario»* (Galdós, cit. Fernández Ramírez); *«Yo he vivido siempre a mi manera, a lo señor, a lo negociante»* (Benavente, *ibíd.*). La locución adverbial se convierte en locución adjetiva cuando se une a un nombre: *«el bigote a lo Espartero»* (Galdós, *ibíd.*). El nombre puede ir, en la locución, acompañado de adjetivo: *«uno de esos saludos a lo antiguo régimen»* (Baroja, *Románticos,* 93).

7.º Del significado anterior, a veces confundiéndose con él, derivan los de medio e

instrumento: *Caminamos a pie; A fuerza de puños consiguió imponerse.* (→ 9.)

8.º Indica precio por unidad: *Se venden a cien pesetas.*

9.º Indica causa: *A petición del interesado.*

10.º Tiene valor condicional en algunas construcciones fijas en que precede a un infinitivo sin artículo: *A no ser por mí, el negocio hubiera fracasado; A decir verdad, me tiene sin cuidado; A juzgar por lo que dicen, es una mujer terrible; «A no asegurarme Colmenar que usted es persona desinteresada y de ánimo generoso, no me decidiera nunca»* (Pardo Bazán, *Viaje,* 90). No es normal el uso con artículo que se da en algunas regiones de América; ejemplos citados por Kany, 27: *«Pensaba que al venir a solicitar su mano un príncipe y un jovencito estudiante, ella preferiría al jovencito»* (D'Halmar, Chile); *«Al ser pulmonía no hubiera durado tres días»* (García Muñoz, Ecuador).

11.º Limitación o parte. En este uso propio de la lengua coloquial, la preposición precede a un adjetivo calificativo, y equivale a *en cuanto a, en el aspecto de: «A bueno y honrado no hay quien lo aventaje»* (García Álvarez y Muñoz Seca, cit. Beinhauer).

12.º Tiene sentido distributivo en el tiempo: *tres veces al día, dos días a la semana, una vez al año.* Con referencia a velocidad se prefiere, sin embargo, el uso de *por,* sin artículo: *noventa kilómetros por hora* (mejor que *a la hora*), *treinta y tres revoluciones por minuto.*

3 El complemento directo de verbo se construye con la preposición *a* cuando es nombre de persona, o de animal o cosa personificados: *Vi a Luis; Vi a tu padre; Vi a «Sultán»; Llamaba a la muerte; Tienen por Dios al vientre.* También lleva preposición en los casos en que haya que evitar ambigüedad: *Todos le temen como al fuego; Sostiene a la voluntad la esperanza.* La norma general sobre el uso de *a* con complemento directo es la siguiente (Lenz, 51): el complemento directo lleva la preposición *a* si es lógicamente posible considerarlo como sujeto de la oración.

4 No lleva preposición el complemento directo en los casos no incluidos en el pá-

4

a

rrafo anterior y, además, en los particulares siguientes:

a) Los nombres propios usados como comunes: *Plutarco os dará mil Alejandros* ('héroes').

b) Los nombres comunes de persona cuando tienen un sentido de indeterminación: *Busco una secretaria* ('busco a alguna mujer —cualquier mujer— que trabaje como secretaria'). *(Busco a una secretaria* indicaría que busco a una determinada secretaria, ya conocida por mí.)

c) El complemento directo que necesita distinguirse de otro complemento que lleva *a: Prefiero el hermano mayor al pequeño; Encomendó su hija a unos vecinos.*

d) El complemento directo del verbo *haber* usado como impersonal: *No hay nadie; Había pocas personas.*

5 La Academia *(Gramática,* § 241*b)* establecía como obligatorio el uso de *a* ante complementos directos que sean nombres propios geográficos sin artículo: *«Abandoné a Sevilla»* (Bécquer, *Venta,* 321); *«Un ejército inglés sitia a San Sebastián»* (Azorín, *Dicho,* 39); *«Hacía veintitrés años que no visitaba a Alemania .. Mi viaje no se proponía ver a Alemania»* (Ortega, *Viajes,* 147); *«Visitó a Madrid»* (Marañón, *Vida,* 153). Consideraba censurable galicismo el no usarla: *He visitado Sevilla.* Pero esta regla es hoy poco respetada, y la propia Academia *(Esbozo,* §3.4.5*b)* reconoce ahora que el uso sin preposición existe ya en el *Poema del Cid* y que en nuestros días es «frecuente». En realidad, puede decirse que es lo normal.

6 Además de los usos mencionados, la preposición *a* forma parte de diversas locuciones verbales: *ir a* + infinitivo, *empezar a* + infinitivo, etc. (→ IR, EMPEZAR, etc.)

7 *Nombre +* A *+ infinitivo: Tarea* A REALIZAR. La preposición *a* detrás de un sustantivo y delante de un infinitivo *(tarea a realizar)* expresa que el sustantivo ha de recibir la acción enunciada por el infinitivo ('tarea que ha de ser realizada'). Constituye un galicismo sintáctico que va obteniendo enorme difusión, favorecida, desde luego, por la creciente influencia del inglés, idioma en que existe una construcción idéntica (cf. Alfaro): *«Tengo un asunto urgente a ventilar»* (Camba, *Rana,* 28); *«El problema a resolver consistirá ..*

en llegar a la sencillez austera» (Azorín, *Dicho,* 131); *«Otra figura a señalar dentro de la poesía místico-ascética es la de Fray Pedro Malón de Chaide»* (Díaz-Plaja, *Lírica,* 135); *«Libros y trabajos a consultar»* (González-Ruano, *Baudelaire,* 262); *«El turno a consumir va a girar solamente alrededor de unas determinadas puntualizaciones»* (García Nieto, *Abc,* 16.12.1958, 3); *«Sería otro punto a examinar»* (Pemán, *Abc,* 1.1.1959, 3); *«Me espera, como próxima lectura literaria, una serie de pruebas a corregir»* (Zunzunegui, *Ínsula,* núm. 134, 1958, 5); *«Hasta en Garcilaso .. halla Herrera palabras y expresiones vulgares a reprochar»* (Cernuda, *Estudios,* 17); *«Este aspecto de estudio sería el principal a considerar en los conceptos»* (Carreras, *Introd. filosofía,* 45); *«Irán precedidos de un solemne acto a celebrar el próximo lunes santo»* (*Vanguardia,* 29.3.1958, 21). La construcción abunda especialmente en el estilo periodístico, y está muy extendida por América, sobre todo en la zona del Río de la Plata (cf. Kany, 342).

El éxito de esta construcción se debe, sin duda, a su brevedad, frente a la relativa pesadez, en ocasiones, de sus equivalentes castizas *(Esta es la tarea que hay que realizar,* o *que ha de realizarse; Hay una tarea que realizar).* Hay otra fórmula que los puristas dan como equivalente y que no lo es: *tarea por realizar.* Expresa un matiz particular: es, exactamente, 'la tarea que queda *todavía* por realizar'. Véase este ejemplo: *«Radio Verdad, una incógnita por despejar de la Guerra Civil»* (V. Talón, *Correo Español,* 12.8.1984, 23).

Otra ventaja de la construcción con *a* sobre sus correspondientes hispanas es su facultad de funcionar con sustantivo implícito: *A deducir: 23,50 ptas.* (sobrentendido: *cantidad* a deducir).

Es probable que no tarde en ser acogida esta fórmula por todos, no solo como consecuencia de su creciente auge, sino de la relativa necesidad que nuestra lengua siente de tal construcción. Pero, por ahora, los escritores cuidadosos eluden su empleo, que ciertamente suena mal en muchas ocasiones (v. Casares, *Cosas del lenguaje,* 223-26). Hay que evitar que la frase con *a* llegue a eliminar a las otras, más expresivas. Lo recomendable es utilizar los

5

giros españoles siempre que sea posible, sin rechazar el extraño cuando la comodidad y la rapidez lo pidan y el buen gusto no se resienta por ello. La postura de la Academia (*Esbozo*, § 3.11.5) es de tolerancia en usos bancarios, comerciales y administrativos, como *total a pagar, efectos a cobrar, cantidades a deducir, asuntos a tratar;* pero «no se dice, en cambio —advierte—, *terrenos a vender, pisos a alquilar, personas a conocer, oraciones a rezar,* etc.». Y añade que «todos los Congresos de Academias de la Lengua Española han acordado censurar [tales construcciones] como exóticas y recomendar que se las combata en la enseñanza. En lugar de ellas deben emplearse, según los casos: *Tengo terrenos que vender o para vender; pisos para alquilar, asuntos que tratar, por tratar,* o *para tratar; personas que convocar,* etc.».

8 *Verbo* + A + *infinitivo: Continuar* A HACER *una cosa.* El uso de infinitivo precedido de *a,* en lugar del gerundio *(continuar haciendo),* se ha dado alguna vez en nuestro idioma, pero hoy es extraño y debe evitarse: «*Lo que continúa a decir ahí Chicharro coincide con lo que nosotros afirmamos en nuestro libro*» (E. Suárez-Galbán, *Ínsula,* 11.1982, 14). Seguramente el ejemplo que sigue se explica por italianismo: «*Continuemos, pues, a querernos bien, mirándonos y tomando todo lo que nos une*» (J. Cortés-Cavanillas, crónica de Roma —traduce palabras de Juan XXIII—, *Abc,* 13.10.1962, 37).

9 *Nombre* + A + *otro nombre:* a) *Avión* A *reacción.* El uso de la preposición *a* para indicar instrumento o medio es normal tratándose de complementos de verbo: *El carretero consiguió a latigazos que la mula se levantase* (→ 2, 7.º). Pero cuando, con ese mismo sentido, precede a un nombre complemento de otro nombre, la preposición *a* está ocupando el puesto de la preposición *de.* Así, construcciones tan frecuentes como *avión* A *reacción, aparato* A *pilas, cocina* A *gas, vehículos* A *motor,* deben ser, según el sistema normal de nuestra lengua, *avión* DE *reacción, aparato* DE *pilas, cocina* DE *gas, vehículos* DE *motor:* «*Un avión de reacción surcaba el cielo*» (Goytisolo, *Resaca,* 1); «*Proyecto de Ley de Uso y Circulación de Vehículos de Motor*» (*Abc,* 16.12.1962, 88).

Hay, no obstante, casos en que el uso de los españoles ha consagrado la construcción con *a: olla* A *presión (olla* DE *presión* no se oye nunca).* Estos casos son más abundantes en América, especialmente en la región rioplatense y en Chile: «*Preparo mis tazas de café en el anafe* A *gas*» (Edwards, *Máscaras,* 37); «*Se sentó a la mesa, de espaldas a la cocina* A *leña*» (Puig, *Boquitas,* 54). Cf. Kany, 336.

b) *Enfermedades* A *virus; crema* A LA *glicerina.* Similares al caso anterior son las construcciones en que el complemento con *a* designa causa: *enfermedades* A *virus* (son, en español normal, *enfermedades* POR *virus).* O aquellas en que el complemento designa ingrediente: «*crema Famos* A LA *glicerina*» (anuncio, 1960). Como se ve en el ejemplo, es frecuente en este sentido la presencia del artículo. En español normal es CON *glicerina.* Esta construcción *a* + artículo + nombre, calcada del francés, es totalmente usual y general en gastronomía.

10 *A por.* La Academia, en su *Gramática* de 1931 (§ 263), tachaba de incorrecta la combinación de las preposiciones *a* y *por;* y todavía en su *Esbozo* de 1973 (§ 3.11.2), aunque reconoce que el empleo de esta locución ha progresado incluso en la literatura, señala que «la conversación culta .. suele sentirla como vulgar y procura evitarla». No hay, sin embargo, razón seria para censurar este uso, tan legítimo como otras combinaciones de preposiciones *(de entre, por entre, para con,* etc.) nunca repudiadas por los gramáticos. *A por* ya fue defendido por Unamuno y Benavente, y también por Casares (*Nuevo concepto,* 56-61), a pesar de las reservas de muchos escritores y hablantes: Galdós subrayaba el *a por* para marcar su distanciamiento respecto al uso coloquial de sus personajes: «*Fabiana Jaime hacía también su escapadita* a por *un abrigo de última novedad*» (*España trágica,* 966); Torrente refleja irónicamente la opinión de los «celosos del lenguaje»: «*¡Y esos dos* a por, *de esa manera reiterados, como si uno solo no bastase! Los castrofortinos, tan celosos de su lenguaje, uno de los pocos lugares donde se habla bien el castellano, no sabían entonces qué les ofendía más: si la calumnia a la familia Aguiar .. o el solecismo re-*

a-

petido e insolente» (Saga, 254). El uso es frecuente en España (no en América): *«Una vieja que todas las mañanas salía a por vino con un jarrico»* (Azorín, *Castilla*, 63); *«Entre los rastrojos y la jara, a por liebres»* (Martín-Santos, *Tiempo*, 234); y se encuentra más en la lengua hablada que en la escrita. Es evidente la ventaja expresiva que posee *a por: Fui por ella* es ambiguo, pues podría ser 'fui a causa de ella' o 'fui a buscarla'; *Fui a por ella* es solamente 'fui a buscarla'.

11 *A* en rótulos: *«Al Monigote de Papel»* (título de una colección de libros); *«Al Pollo Dorado»* (nombre de un restaurante madrileño). La preposición *a* no debe usarse encabezando un rótulo. Es copia de la costumbre de otros idiomas, que no hay por qué imitar.

12 *A* + complemento de lugar en donde: *Estuve A casa de F.* Es construcción frecuente (aunque no exclusivamente) entre los catalanes. Dígase en este caso *en*. (→ 2, 4.º)

13 *A acá, a allá, a aquí, a allí, a abajo, a arriba:* → ACÁ, ALLÁ, etc.

14 *A base de:* → BASE, 2.

15 *A esta condición:* → CONDICIÓN.

16 *A grosso modo:* → GROSSO MODO.

17 *A la mayor brevedad:* → BREVEDAD.

18 *A la satisfacción:* → SATISFACCIÓN.

19 *Al centro,* 'en el centro': → CENTRO.

20 *Al extremo de:* → EXTREMO.

21 *Al objeto de:* → OBJETO.

22 *Al punto de:* → PUNTO, 3.

23 *A más:* → MÁS, 7.

24 *A pretexto de:* → PRETEXTO.

25 *A seguida:* → SEGUIDA.

26 *Dolor a los oídos:* → DOLOR.

27 *Fotografías a color:* → COLOR, 2.

28 *Ir a compras:* → IR.

29 *Limpieza a seco:* → LIMPIEZA.

30 *Rayar a lo sublime:* → RAYAR.

31 *Vencer a los puntos* (en boxeo): → PUNTO, 5.

a-. **1** Prefijo sin significación precisa que sirve para formar parasintéticos: *agrupar* (de *grupo*), *asustar* (de *susto*), *adocenar* (de *docena*).

2 Prefijo que expresa negación o privación: *asimétrico,* 'no simétrico'; *anormal,* 'no normal'; *amoral,* 'sin moral'. Cuando se antepone a palabra que empieza por vo-

cal, toma la forma *an-: analfabeto,* 'sin facultad de leer'; *anemia,* 'falta de sangre'.

-a. Terminación átona de sustantivos postverbales, con el sentido de 'acción' o 'resultado de la acción' del verbo: *capea* (de *capear*), *cata* (de *catar*), *monda* (de *mondar*), *toma* (de *tomar*), *costa* (de *costar*), *paga* (de *pagar*), *tala* (de *talar*), *contienda* (de *contender*).

Aachen → AQUISGRÁN.

ab-. Prefijo que expresa en general separación y origen: *abjurar,* 'jurar retractándose'; *absorber,* 'sorber de algo'; *aborigen,* 'poblador primitivo'.

abajo. **1** Este adverbio, como otros adverbios de lugar, puede ir precedido de diversas preposiciones que denotan primariamente movimiento o aproximación: *de abajo, desde abajo, hasta abajo.* De estas preposiciones se exceptúa *a;* no se dice *Llegó a abajo,* sino *Llegó abajo; «Rajarlo de arriba a abajo con el cuchillo»* (Cela, *Mazurca,* 33) debería ser *de arriba abajo.*

2 Pospuesto a un nombre, significa 'en dirección a la parte más baja (de la cosa nombrada)': *«A la derecha, Tajuña abajo, el [camino] de Archilla o el de Budia»* (Cela, *Alcarria,* 55). Este uso deriva seguramente del empleo de *abajo* como modificador de un complemento con preposición, empleo que todavía se conserva: *«Retiróse a su domicilio echando suspiros por la escalera abajo»* (Galdós, *Torquemada,* II, 13); *«El viajero mira andar a las mulas, tirante el aparejo en la cuesta arriba, flojo y como descansado en la cuesta abajo»* (Cela, *Alcarria,* 33).

3 Diferencia entre *abajo* y *debajo.* El sentido fundamental de *abajo* es 'a lugar o puesto inferior'; el de *debajo,* 'en lugar o parte inferior'. Por tanto, el primero es normalmente complemento de verbos que significan movimiento, y el segundo, de verbos que significan situación. Pero hay casos en que para este último significado es posible utilizar uno u otro adverbio: *Mi despacho está abajo* y *Mi despacho está debajo.* En estos casos, *abajo* tiene un sentido más abstracto y absoluto, y *debajo,* un sentido más concreto y relativo. *Abajo* es 'en la parte baja', en general; *debajo,* 'en lugar más o menos inmediatamente infe-

7

rior (a alguien o algo)'. Por esto es frecuente que *debajo* lleve un complemento especificador *(Mi despacho está debajo* DE ESTE*)*, mientras que es raro que lo lleve *abajo*.

4 En muchos países hispanoamericanos hay tendencia a usar *abajo* indistintamente para los dos valores que he diferenciado en *abajo/debajo* según el uso normal en España. Así, donde Cortázar, *Rayuela*, 484, escribe: «*Me echaron .. con el gato* ABAJO *del brazo»*, un español diría DEBAJO *del brazo*.

5 La construcción *abajo de*, usada como locución prepositiva, no suele llevar en España idea de lugar, como en América (→ 4, ejemplo de Cortázar), sino de cantidad, equivaliendo a 'menos de': *No vale abajo de un millón*.

abalanzarse. Construcción: *abalanzarse* A *los peligros; se abalanzó* SOBRE *su contrincante*.

abandonar. Construcción: *abandonarse a la suerte; abandonarse* EN *manos de la suerte*.

abarrotar. 'Atestar o llenar (un sitio)'. Es frecuente el uso de este verbo en participio: *La plaza estaba abarrotada de gente*. Debe evitarse el error de usar *abigarrar* por *abarrotar*: «*La calle Toledo empezaba a abigarrarse»* (Zunzunegui, *Vida*, 656).

abarse. Verbo defectivo, 'quitarse del paso'. Según la Academia, se usa «casi únicamente» en el infinitivo y en el imperativo.

abasí. Adjetivo y nombre con que se designa una dinastía árabe. No debe usarse la forma *abasida*, y menos aún *abásida*. Tampoco es necesario escribir *abbasí*.

abasida, abásida → ABASÍ.

abastecer. Verbo irregular. Se conjuga como *agradecer* [11].

abasto. *No dar abasto*, 'no tener posibilidad de tregua en una actividad'. Son erróneas las formas *no dar a basto, no dar a abasto* y *no darse abasto*.

abbasí → ABASÍ.

abceso → ABSCESO.

abertura. No debe confundirse con *apertura*. *Abertura* es 'algo que está abierto': *Se metió por una abertura de la pared*. *Apertura* es 'inauguración', 'comienzo', 'acción de abrir': *la apertura de las Cortes; apertura de una partida de ajedrez*. La 'cualidad de abierto' puede ser *abertura* (como escribe Laín, *Marañón*, 202): «*La apariencia física de Marañón irradió siempre un aura de .. sencillez no afectada y cordial abertura»*) o, más frecuentemente, *apertura*.

Abidos. El nombre de esta ciudad antigua (en Tróade) es llano; evítese, pues, como incorrecta la pronunciación /ábidos/. También puede usarse la forma *Abido*.

Abigaíl. Se acentúa la *i;* deben evitarse, por tanto, la pronunciación trisílaba /abigáil/ y la grafía sin tilde, *Abigail*.

abigarrar. Confusión con *abarrotar:* → ABARROTAR. Confusión de *abigarrado* con *nutrido* o *denso:* → NUTRIDO.

-able → -BLE.

abocado. 'Expuesto o amenazado'. Construcción: *se vio abocado* A *la ruina*.

abochornar. Construcción: *estas cosas me abochornan; me abochorno* POR *estas cosas; me abochorno* DE *lo que he dicho*.

abogado. El femenino de este nombre es *abogada*, «mujer que se halla legalmente autorizada para profesar y ejercer la abogacía» (Academia). No hay ninguna razón que justifique decir *la abogado* o *la mujer abogado*.

abogar. Construcción: *abogar* POR *alguien*.

abolir. Verbo defectivo. (Véase cuadro.) Aunque en presente solo es normal el uso de las formas de primera y segunda personas del plural, no faltan quienes emplean la forma *abole* para tercera del singular: «*Pena que no se abole con ningún indulto»* (A. Gala, *Sábado*, 6.8.1977, 5); «*Modifica y abole las leyes monásticas»* (J. Jiménez Lozano, *País*, 17.5.1980, 7); «*Un golpe de narradores ¿abole la tradición?»* (R. Bellveser, *Pueblo*, Supl., 17.5.1980, 2).

abominar. 'Condenar o maldecir'. Es verbo transitivo, según la Academia; pero hoy lo más general es usarlo como intransitivo, con un complemento introducido por *de: Abomina de quienes le engañaron*.

CONJUGACIÓN DEL VERBO «ABOLIR» EN TODAS SUS FORMAS

INDICATIVO

Pres. abolimos, abolís. *Las demás personas no se usan.*
Pret. impf. abolía, abolías, abolía, abolíamos, abolíais, abolían.
Pret. indef. abolí, aboliste, abolió, abolimos, abolisteis, abolieron.
Fut. impf. aboliré, abolirás, abolirá, aboliremos, aboliréis, abolirán.
Pot. simple aboliría, abolirías, aboliría, aboliríamos, aboliríais, abolirían.
Pret. pf. he abolido, etc.
Pret. ppf. había abolido, etc.
Pret. ant. hube abolido, etc.
Fut. pf. habré abolido, etc.
Pot. comp. habría abolido, etc.

SUBJUNTIVO

Pres. No se usa.
Pret. impf. aboliera o aboliese, abolieras o -ses, aboliera o -se, aboliéramos o -semos, abolierais o -seis, abolieran o -sen.
Fut. impf. aboliere, abolieres, aboliere, aboliéremos, aboliereis, abolieren.
Pret. pf. haya abolido, etc.
Pret. ppf. hubiera o hubiese abolido, etc.
Fut. pf. hubiere abolido, etc.

IMPERATIVO

abolid. *Las demás personas no se usan.*

FORMAS NO PERSONALES

Inf. abolir.
Ger. aboliendo.
Part. abolido.

Inf. comp. haber abolido.
Ger. comp. habiendo abolido.

---

abordar. Construcción: *abordar una nave* A o CON *otra.*

aborigen. 'Primitivo poblador de un país'. La forma rara *aborígena* se explica por influjo de *indígena* y de *alienígena.* La usó, entre otros, Menéndez Pelayo: *«Prácticas supersticiosas de los aborígenas y alienígenas peninsulares»* (*Heterodoxos*, I, 218).

aborígena → ABORIGEN.

aborrecer. 1 Verbo irregular. Se conjuga como *agradecer* [11].
2 Construcción: *aborrecer* DE *muerte.*

aborrecible. Construcción: *aborrecible* A *las gentes.*

abrasar. Construcción: *abrasarse* DE *amor; abrasarse* EN *deseos.*

abreviar. Se conjuga, en cuanto al acento, como *cambiar* [1 a].

abrigar. Construcción: *abrigarse* DEL *aguacero.*

abrir. 1 Su participio es irregular: *abierto.*
2 Construcción: *la exposición se abrirá* AL *público el martes.*
3 *Abrir una cuenta en un banco*, se dice; no *aperturar*: *«El Director del Banco Popular Español, Sucursal Urbana núm. 17, saluda a .. agradeciéndole/s la deferencia con que nos ha/n distinguido al aperturar su estimada cuenta en estas Oficinas»* (Circular, 4.4.1977).

absceso. 'Acumulación de pus en un tejido orgánico'. En la pronunciación de este nombre no debe omitirse la /s/ que sigue a

/ab/; la pronunciación /abzéso/ es errónea, como la grafía *abceso*.

absolver. 1 Verbo irregular. Se conjuga como *volver* [35].
 2 Construcción: *le absolvió* DE *toda culpa*.

absorber. La semejanza fonética de *absorber* con *absolver* induce a algunas personas a confundir las conjugaciones de estos verbos. *Absorber* es regular; *absolver*, irregular (→ ABSOLVER).

absorto. Construcción: *absorto* EN *sus pensamientos*.

abstenerse. 1 Verbo irregular. Se conjuga como *tener* [31].
 2 Construcción: *abstenerse* DE *lo vedado*. Debe evitarse la construcción con *a*, que se ve en este ejemplo: «*La decisión estadounidense .. de abstenerse* A *entregar 23 millones de dólares*» (*Diario 16*, 25.2.1985, 32).

abstraer. 1 Verbo irregular. Se conjuga como *traer* [32].
 2 Construcción: *abstraerse uno* DE *lo que le rodea*.

abundante. Construcción: *zona abundante* EN *bosques*.

abundar. Construcción: *abundar* EN *la misma opinión; el libro abunda* EN *errores*.

aburrir. Construcción: *aburrir a alguien* CON *algo; me aburro* CON *ella; me aburro* DE *esta vida*.

abusar. Construcción: *abusar* DE *la amistad*. No es aconsejable el empleo —calcado del inglés— de este verbo como transitivo: «*El oficio de poeta está siendo un tanto abusado*» (Neruda, *Confieso*, 369).

acá. 1 Adverbio de lugar que significa 'en lugar cercano a la persona que habla'; 'en el sitio donde estoy yo'. Puede ser también adverbio de tiempo, significando 'ahora', y representa el término de un transcurso de tiempo iniciado en el pasado: *Del lunes acá no he cambiado de opinión.*
 Igual que otros adverbios, *acá* puede ir precedido de diversas preposiciones que denotan movimiento o aproximación: *de acá, desde acá, hacia acá, hasta acá, para acá, por acá*. De estas preposiciones, se

exceptúa *a;* no se dice *de entonces* A *acá*, sino *de entonces acá*, a pesar de estos ejemplos: «*Tan feliz debió de ser su visión que de entonces a acá nadie la ha rectificado*» (Ortega, *Viajes*, 4); «*De entonces a acá la educación ha cambiado mucho*» (F. Nieva, *Abc*, 15.5.1983, 3).
 2 Diferencia entre *acá y aquí:* → AQUÍ. En la lengua coloquial de varias zonas americanas, especialmente en el Río de la Plata, tal diferencia se borra, asumiendo *acá* los sentidos de los dos adverbios: «*¿Es de acá usté?*» (Güiraldes, *Don Segundo*, 127). En consecuencia, *acá* aparece usado, en el mismo ámbito, con el valor pronominal —'este (señor)', 'esta (señora)'— que en el resto de los dominios del español, en el nivel popular, presenta *aquí: Acá tiene razón* (cf. Kany, 269).

acabar. Construcción: *acabar* CON *su hacienda*, CON *sus enemigos; acabar* POR *negarse; acabar* DE *trabajar. Acabar de* + infinitivo constituye una locución verbal de sentido perfectivo: *acabo de recibir carta de mi primo*, 'ahora mismo he recibido carta de mi primo'; «*—¿Va usted a Cifuentes? —No sé; acababa de echar a andar*» (Cela, *Alcarria*, 57), 'justamente ahora había empezado a andar'.

académico. Como nombre, igual que como adjetivo, su femenino es *académica*. No hay por qué decir, como muchos periodistas han dicho, *la primera mujer académico*.

acaecer. Verbo irregular. Se conjuga como *agradecer* [11]. Es unipersonal. (Véase cuadro.)

acalorar. Construcción: *acalorarse* EN, CON O POR *la disputa*.

acampada, acampador → CAMPING.

acápite. En muchos países de América se emplea esta palabra, o *punto acápite*, con el sentido de *punto y aparte;* también significa *párrafo*. Ya Cuervo la censuró en sus *Apuntaciones* (§ 1002). «*Como olvidado pudiera dejarse este barbarismo, si algunos petimetres con pujos de escritores no lo usaran todavía*», dice Restrepo (*Apuntaciones*, 36). Igualmente lo desaprueba, entre otros, Rosenblat (*Palabras*, II, 58). No obstante, la Academia lo ha in-

```
┌─────────────────────────────────────────────────────────────────────┐
│            CONJUGACIÓN DEL VERBO «ACAECER»                            │
│                     (tiempos simples)                                 │
│                                                                       │
│        INDICATIVO                         SUBJUNTIVO                   │
│  Pres. acaece.                      Pres. acaezca.                    │
│  Pret. impf. acaecía.               Pret. impf. acaeciera o acaeciese.│
│  Pret. indef. acaeció.              Fut. impf. acaeciere.             │
│  Fut. impf. acaecerá.                                                 │
│  Pot. simple acaecería.                                              │
│                                                                       │
│                    FORMAS NO PERSONALES                               │
│  Inf. acaecer.          Ger. acaeciendo.          Part. acaecido.    │
└─────────────────────────────────────────────────────────────────────┘
```

cluido ya en su *Diccionario* de 1984 como uso americano, con el sentido de 'párrafo, especialmente en textos legales'.

acariciar. Se conjuga, en cuanto al acento, como *cambiar* [1 a].

acaso. 1 Adverbio de duda, equivalente a *quizá* o *tal vez: Acaso no esté usted enterado de todo el asunto.* En oraciones independientes suele ir con verbo en subjuntivo; cuando va con indicativo es porque la duda es casi una certeza.

2 Adverbio de modo, equivalente a *por casualidad.* Este empleo está hoy anticuado: «*En un muladar un día / cierta vieja sevillana, / buscando trapos y lana, / .. / acaso vino a hallarse / un pedazo de un espejo*» (Baltasar del Alcázar, *Poesías,* 303).

3 Un resto del uso anterior se conserva en oraciones interrogativas con cierto matiz sarcástico que convierte tales oraciones en afirmaciones rotundas (interrogaciones retóricas): *¿Acaso no sabe usted que no se puede pasar por aquí?,* equivale a decir: «Usted sabe muy bien que no se puede pasar por aquí».

4 En el habla coloquial de Chile y Perú se usa como conjunción, con el valor de 'si': «*Podría que .. me encarguen novelitas, pero acaso pagan adelantado*» (Vargas Llosa, *Ciudad,* 17).

5 *Si acaso.* La conjunción condicional *si* recibe un refuerzo en su valor hipotético cuando va seguida por el adverbio *acaso,* que entonces significa 'por casualidad': *Si acaso quieres llamarme, ya sabes dónde estoy; «Que si acaso volvía cuando la señora*

estuviera levantada, dijese que venía de misa» (Pérez de Ayala, *Troteras,* 257). Pero la reunión de las dos palabras también puede funcionar como locución adverbial y entonces significa 'en todo caso' o 'a lo sumo': *Habrá seis o siete, si acaso;* o *Si acaso, habrá seis o siete.*

6 *Por si acaso.* La locución conjuntiva *por si* puede ser reforzada en su valor hipotético por el mismo adverbio *acaso* con el sentido de 'por casualidad': *Te lo diré, por si acaso no lo sabes.* Pero el grupo *por si acaso* puede funcionar también como locución adverbial, con el significado de 'por precaución': *No vayas de noche, por si acaso.*

acceder. Construcción: *han accedido A nuestra petición* ('han consentido en satisfacerla'); *puede acceder A los estudios superiores* ('puede pasar a ellos').

accesible. 1 No deben confundirse *accesible* y *asequible. Accesible* significa 'que tiene posible acceso o entrada' *(La ventana es accesible)* o 'que es de fácil trato' *(Es una persona muy accesible). Asequible* es 'que se puede conseguir' *(Este coche no es asequible para nosotros).*

2 Construcción: *accesible A todo el mundo.*

accésit. Su plural, según la Academia, es *accésit,* y así aparece también en la lengua hablada. Sin embargo, hoy se ve con frecuencia escrito en los periódicos *accésits:* «*Se establece un premio de 500 pesetas y cinco accésits*» *(Gaceta,* 21.6.1958, 63);

«En sustitución del primer premio, desierto, se concedieron cuatro accésits» (Abc, 24.11.1962, 64). No faltan, naturalmente, ejemplos escritos de plural *accésit:* «*Premios: 1 de 300.000 pts. y tres accésit de 100.000 cada uno»* (Abc, 18.9.1984, 100). Su género es masculino: *el accésit.*

acechanza → ASECHANZA.

aceite. Es masculino *(el aceite)* en la lengua general, aunque en el habla de algunas regiones sea femenino *(la aceite).*

acento. La palabra inglesa *stress* significa al mismo tiempo 'acento tónico' e 'importancia, consideración'; *to lay great stress upon* significa 'dar mucha importancia a, hacer hincapié en'. En español se han extendido mucho en los últimos tiempos las expresiones *poner el acento* y *cargar el acento en* o *sobre* una cosa, que significan exactamente lo mismo que la frase inglesa citada: *«Estos éxitos .. fueron más bien teatrales que efectivos, pues no hicieron sino cargar el acento, hasta el paroxismo, sobre las viejas razzias de castigo»* (García Gómez, *España musulmana,* XXX); *«Malcom de Chazal pone el acento sobre esta etapa temporal de la poesía»* (Fernández Moreno, *Introducción,* 10); *«La respuesta alemana, con buen sentido de las realidades, carga el acento en las ofertas económicas»* (B. Mostaza, *Ya,* 23.2.1962, 3); *«Es en las fotografías, en el papel, en los titulares y los recursos tipográficos, en el 'efecto', donde se pone el acento»* (Aranguren, *Juventud,* 200). La extensión de este uso de origen inglés (que también ha pasado al francés) está favorecida porque en nuestro idioma resulta una metáfora fácil ('mayor intensidad de voz' > 'mayor peso o importancia en general'). Compárese con el verbo *acentuar,* que no solo significa 'poner acento prosódico u ortográfico', sino, metafóricamente, 'recalcar, realzar, resaltar'. El nuevo uso de *acento* debemos considerarlo, pues, perfectamente admisible. Únicamente no es recomendable su uso excesivo y monótono, con olvido de las construcciones equivalentes *poner de relieve, hacer hincapié en, destacar, resaltar.*

acentuar. 1 Se conjuga, en cuanto al acento, como *actuar* [1 d].
2 *Acentuar,* 'realzar': → ACENTO.

-áceo. Sufijo de adjetivos que indican pertenencia o semejanza: *arenáceo, coriáceo, acantáceo.*

acera. 'Calzada lateral de una calle, para peatones'. Es vulgar la forma *cera.*

acerbo. Evítese la confusión gráfica entre el adjetivo *acerbo,* 'cruel o amargo', y el nombre *acervo,* 'montón': *dolor acerbo; el acervo de conocimientos.* Las dos palabras son de uso principalmente literario.

acerca. *Acerca de* es locución prepositiva que denota la materia o asunto de que se trata: *¿Qué opinas acerca de lo que nos acaban de contar?* Reducir esta locución a la forma *acerca (acerca lo dicho)* es vulgarismo (→ DE. 2).

acercar. 1 El uso coloquial moderno de *acercar* con el significado de 'llevar en coche a algún sitio' —*Voy a acercaros a vuestra casa*— (cf. Lovett, 739) está relacionado directamente con el de *acercarse* en el sentido de 'venir' o 'ir': *Ya me acercaré yo mismo a recogerlo;* «—*¿Va usted a Cifuentes? —No sé... ¿Usted sí? —Sí, allá me acercaré»* (Cela, *Alcarria,* 57). Lovett registra ambos usos como propios del español coloquial de hoy; pero al menos el segundo no es nuevo, pues ya lo censuraba, a principios de siglo, Oliver *(Prontuario,* 28). En uno y otro se emplea el recurso estilístico de la atenuación, que no tiene nada de reprobable, pero del que no conviene abusar en este caso, ya que borra una distinción —la de 'aproximar', 'aproximarse', respecto a 'llevar' e 'ir'— que dispone en el idioma de términos claramente diferenciados.
2 Construcción: *acercar el papel* A *los ojos; acercarse* A *la casa.*

acérrimo. Aunque los diccionarios dicen que *acérrimo* es superlativo del adjetivo *acre* —y así es, en su origen—, lo cierto es que hoy siempre se usa como adjetivo no superlativo, y por ello es posible, y de hecho frecuente, que vaya acompañado del adverbio *más:* «*Forner fue, como filósofo, el adversario más acérrimo de las ideas del siglo XVIII»* (Menéndez Pelayo, *Ideas,* 91). Esta construcción con *más* no sería posible con un verdadero superlativo (p. ej., *el adversario más activísimo*). El siguiente ejemplo de *acérrimo* como superlativo de *acre*, 'áspero, desabrido', es excepcional: «*Un gesto despreciativo, acérrimo, se le esboza a Sole en la faz*» (Zunzunegui, *Camino*, 275).

acertar. 1 Verbo irregular. Se conjuga como *cerrar* [6].

2 Construcción: *no acertar* CON *la llave* ('no encontrarla'); *no acertar* A *responder* ('no hallar la forma de responder'); *acertar* EN *el* (o AL) *blanco* ('dar el golpe exactamente en él').

acervo → ACERBO.

aceto-, acet-. Formas prefijas del latín *acetum*, 'vinagre': *acetímetro, acetomiel, acetoso.*

-achal → -AL.

-achín → -ÍN.

-acho. Sufijo despectivo de nombres y adjetivos: *hombracho, ricacho.* Combinado con *-ar* toma la forma *-aracho: dicharacho.*

-achón → -ÓN.

-achuelo → -UELO.

acimut. Término de astronomía. Es nombre masculino y se pronuncia /azimút/. Su plural es *acimutes;* así se lee, por ejemplo, en el *Anuario Observatorio 1963*, 180 y 186. Sin embargo, *Vox* (1953) da como plural *acimuts*, que no es normal, aunque alguna vez aparezca usado: «*Los acimuts por los que el Pentágono planea lanzar sus cohetes*» (M. Benedetti, *País*, 6.8.1984, 7).

-ación → -CIÓN.

aclarar. Sobre la construcción viciosa *le aclaró* DE *que esto no era así*, → DE, 4.

acmé. 'Período de mayor intensidad de una enfermedad'. La acentuación *acmé* es la académica, aunque también existe una pronunciación grave, *acme*, menos prestigiada. El género de este nombre es femenino: *la acmé*, aunque no sea raro el uso como masculino: «*Un esquizofrénico en el acmé de su demencia*» (López Ibor, *Lenguaje subterráneo*, 5).

acné. 'Inflamación crónica de las glándulas sebáceas, especialmente en la cara'. El género de este nombre es femenino: *la acné*; sin embargo, no es raro el uso como masculino *(«el acné tozudo»*, Zamora, *Traque*, 20; «*del acné juvenil*», Torrente,

Saga, 170), apoyado por la forma grave *acne*, que por razón de su /a/ inicial tónica lleva el artículo *el* aparentemente masculino. La Academia da por buenas las dos acentuaciones, *acné* y *acne*.

-aco. Sufijo de nombres y de adjetivos. Unas veces es despectivo: *libraco;* otras, gentilicio: *polaco;* otras, de relación en general: *policíaco* (→ -ÍACO).

acoger. Construcción: *acogerse* A *los beneficios del seguro; acoger a alguien* EN *su casa.*

acomodar. Construcción: *nos acomodaron* EN *un palco; me acomodé* EN *un sillón; me acomodo* A *lo que proponéis.*

acompañar. Construcción: *acompañar un escrito* CON o DE *pruebas; acompañarse* CON *el piano*, o AL *piano.*

aconsejar. Sobre la construcción viciosa *le aconsejó* DE *que no lo hiciese*, → DE, 4.

acontecer. Verbo irregular. Se conjuga como *agradecer* [11]. Solo se usa en las terceras personas de singular y plural; por esta razón, el único tiempo irregular es el presente de subjuntivo: *acontezca, acontezcan.*

acopiar. Se conjuga, en cuanto al acento, como *cambiar* [1 a].

acordar. 1 Verbo irregular. (Véase cuadro.)

2 El uso de *acordar* con el sentido de 'conceder', aunque es normal en América, no lo es en España. He aquí algunos ejemplos americanos: «*Acordó en su gobierno demasiada influencia a los jesuitas*» (Palma, *Tradiciones*, II, 66); «*La intimidad acordábale fueros especiales*» (Larreta, *Don Ramiro*, 110); «*La dueña trata de ayudar .. Procura acordar la cooperación del consejo*» (Benedetto, *Caballo*, 88). No es uso exclusivamente americano, ni muy moderno: «*Ya iba a sus pies a arrojarme, / y, confundida, aterrada, / mi proyecto a revelarle, / y a morir, ansiando solo / que su perdón me acordase*» (Rivas, *Don Álvaro*, 32); «*Su grande alma ha recibido la recompensa acordada a los justos*» (Galdós, *Juan Martín*, 1020); «*La excesiva valoración que nosotros, como los demás hombres, hemos acordado a los técnicos*» (Marañón, *Raíz*, 41).

CONJUGACIÓN DEL VERBO «ACORDAR»

(tiempos irregulares)

INDICATIVO

Pres. acuerdo, acuerdas, acuerda, acordamos, acordáis, acuerdan.

SUBJUNTIVO

Pres. acuerde, acuerdes, acuerde, acordemos, acordéis, acuerden.

IMPERATIVO

acuerda, acuerde, acordad, acuerden.

---

3 No es normal la expresión *acordar consigo,* usada por Palacio Valdés en el sentido de 'darse cuenta': *«Me enredé en una partida de brisca con ellos de tal modo que cuando acordé conmigo eran las ocho»* (*Novela,* 42).

4 *Acordarse* DE *lo pasado.* El verbo *acordarse* exige la preposición *de* delante de su complemento, sea este sustantivo o proposición: *Me acuerdo de la cara que puso; Me acuerdo de lo enfadado que se puso; Me acuerdo de que se puso muy enfadado; «No me acuerdo de cuántas eran»* (Cortázar, *Rayuela,* 126). Es frecuente, sin embargo, la omisión de la preposición en la lengua hablada, y a veces en la escrita, sobre todo cuando refleja el nivel coloquial o adopta el estilo de este: *«Acuérdate que tú fuiste / el que fijó tu destino»* (Espronceda, *Diablo,* 211); *«¿Te acuerdas, Libradita, que le teníamos miedo al pavo del Hontanar?»* (Miró, *Cercado,* 38); *«Me acuerdo que un día una sirena verde...»* (Aleixandre, *Espadas,* 83); *«¿Te acuerdas que mañana cumplo treinta y cuatro años?»* (Cela, *Colmena,* 97); *«El Pensador se acuerda que es carne de la huesa»* (Mistral, *Desolación,* 13); *«Me acuerdo que desperté una noche y mi padre estaba en el dormitorio»* (Edwards, *Máscaras,* 188); *«Me acuerdo haber visitado .. el colegio de Azorín en Yecla»* (Tovar, *Gaceta,* 7.9.1975, 9); *«¿Te acuerdas que querías envenenar a Miss Hart?»* (Pombo, *Héroe,* 122). El uso de *acordarse* con complemento directo y sin preposición está registrado abundante-

mente desde el siglo XIII (*Dicc. histórico,* I, 514a).

5 *Acordársele a uno algo,* 'venirle a la memoria', uso también muy antiguo (desde el siglo XV), hoy es raro, quizá más vivo en América que en España: *«Acuérdaseme ahora que he venido a oír contar leyendas»* (Asturias, *Leyendas,* 27).

acornar. Verbo irregular. Se conjuga como *acordar* [4].

acostar. 1 Verbo irregular, con el sentido de 'tender en la cama'. Se conjuga como *acordar* [4]. Es regular con el sentido marítimo de 'aproximar a la costa'.

2 *Acostarse el sol,* por *ponerse,* no se puede decir en español más que metafóricamente. Cuando aparece en una traducción del francés, es un galicismo que deforma el verdadero sentido del texto original, como en este ejemplo: *«Los parisienses, en cohortes, van a ver acostarse el Sol»* (Borrás, trad. Giraudoux, *Escuela,* 23).

acostumbrar. 1 La construcción clásica del verbo *acostumbrar,* en el sentido de 'soler', es sin ninguna preposición: *«Una taza de caldo que su hermano acostumbraba tomar a aquella hora»* (Galdós, *Torquemada,* II, 34); *«Por las tardes, acostumbraba recluirme en mi aposento»* (Pérez de Ayala, *Prometeo,* 104); *«Dejó la mula donde acostumbraba hacerlo»* (Torrente, *Vuelta,* 76). Esta construcción sin *a* es hoy más usual en América: *«Un periodista que acostumbra contar cosas»* (Benedetto, *Ca-*

ballo, 64). Pero la más general en nuestros días, sobre todo en España, es con *a*: «*El pez .. acude algunas veces al oír la voz del amo, con el fin de recibir la comida que le acostumbran a dar*» (Baroja, *Aventuras Paradox*, 69); «*Acostumbrábamos a refugiarnos en un 'dancing' del puerto*» (Mallea, *Cuentos*, 112); «*A la primera parte se la acostumbra a llamar lógica elemental*» (Carreras, *Introd. filosofía*, 22).
2 Cuando es transitivo lleva siempre la preposición *a* delante del verbo complemento *y* del complemento de persona: *acostumbró al niño a acostarse temprano*.
3 *Acostumbrarse*. Construcción: *me he acostumbrado A esta vida*.

acre. Sobre el superlativo de este adjetivo, *acérrimo*, → ACÉRRIMO.

acrecentar. Verbo irregular. Se conjuga como *cerrar* [6].

acrecer. Verbo irregular. Se conjuga como *agradecer* [11].

acreditar. Construcción: *este comportamiento le acredita DE tonto; te acreditas DE sabio; se acreditó COMO buen organizador*.

acreedor. Construcción: *acreedor A la confianza; los acreedores DE la empresa*.

acro-. Forma prefija del griego *akros*, 'situado en el punto extremo o más alto': *acrocéfalo, acrocarpo*.

acrobacia. La pronunciación normal de este nombre es /akrobázia/, no /akrobazía/, como dicen algunos locutores de radio y televisión.

acrópolis. Es femenino: *la acrópolis*. No es normal, por tanto, el uso que vemos en esta frase: «*En el viejo acrópolis semiderruido por los persas*» (Velarde, *Arquitectura*, 43). Su plural es igual que el singular: *las acrópolis*.

acrótera. En arquitectura, 'remate de un frontispicio'. La Academia, basándose en la etimología de la palabra, señala como única pronunciación correcta *acrotera* (llana). Pero los tratadistas de arte suelen usar la forma esdrújula *acrótera* (p. ej., Angulo, *Arte*, I, 79).

acsequible → ASEQUIBLE.

actino-. Forma prefija del griego *aktis*, 'rayo de luz': *actinógrafo, actinomórfico*.

actor. En el sentido de 'artista que representa un papel o cine', su femenino es *actriz*. En el sentido de 'demandante o acusador ante los tribunales', su femenino es *actora*.

actuar. En la conjugación de este verbo es tónica la *u* de la base *(actu-)* cuando el formante es átono: *actúo, actúas, actúa, actúan; actúe, actúes, actúe, actúen* (y no /áktuo/, /áktuas/...). En todas las restantes formas, en que *u* no es tónica, se pronuncia sin formar diptongo con la vocal que sigue: *actuamos* /aktu-ámos/, *actuaba* /aktu-ába/, *actué* /aktu-é/, etc. (Véase cuadro.)
La Academia establece que todos los verbos terminados en *-uar* en que esta terminación vaya precedida de una consonante que no sea *c* o *g*, han de conjugarse como *actuar*. Los demás, o sea, los terminados en *-guar* o *-cuar*, se conjugan como *averiguar*.

acuario. La palabra latina *aquárium* tiene su correspondiente exacta en la española *acuario*. No hay motivo para usar la forma latina, y menos aún con la grafía *acuárium*, ni latina ni española.

acuárium → ACUARIO.

acuatizaje, acuatizar → AMARAR.

acuciar. Se conjuga, en cuanto al acento, como *cambiar* [1 a].

acudir. Construcción: *acudir A su trabajo; acudir A ellos en demanda de ayuda; acudir A remediarlo*.

acuerdo. 1 Construcción: *estoy de acuerdo CON vosotros EN que no es así; nos pondremos de acuerdo PARA actuar; no hubo acuerdo ENTRE las partes*.
2 *De acuerdo con*, locución prepositiva, 'conforme a'. Probablemente por anglicismo (ing. *according to*), se dice en algunos países americanos, y más recientemente en España, *de acuerdo a*, en lugar de la forma normal *de acuerdo con*: «*Fue un admirable inventor de mundos fabulosos construidos de acuerdo a leyes precisas*» (Anderson, *Lit. hispanoamericana*, II, 299); «*Se prohibió en 1934 que la Banca estuviera organizada de acuerdo a los principios de la Banca mixta*» (Prados, *Sistema*, 214). Pero la lengua culta, en general, sigue prefiriendo *de acuerdo con*: «*Nunca*

CONJUGACIÓN DEL VERBO «ACTUAR»

(tiempos simples)

INDICATIVO

Pres. actúo, actúas, actúa, actuamos, actuáis, actúan /ak.tú.o, ak.tú.as, ak.tú.a, ak.tu.á.mos, ak.tu.áis, ak.tú.an/.

Pret. impf. actuaba, actuabas, actuaba, actuábamos, actuabais, actuaban /ak.tu.á.ba, ak.tu.á.bas, ak.tu.á.ba/, etc.

Pret. indef. actué, actuaste, actuó, actuamos, actuasteis, actuaron /ak.tu.é, ak.tu.ás.te, ak.tu.ó/ , etc.

Fut. impf. actuaré, actuarás, actuará, actuaremos, actuaréis, actuarán /ak.tu.a.ré, ak.tu.a.rás, ak.tu.a.rá/, etc.

Pot. simple actuaría, actuarías, actuaría, actuaríamos, actuaríais, actuarían /ak.tu.a.rí.a, ak.tu.a.rí.as/, etc.

SUBJUNTIVO

Pres. actúe, actúes, actúe, actuemos, actuéis, actúen /ak.tú.e, ak.tú.es, ak.tú.e, ak.tu.é.mos, ak.tu.éis, ak.tú.en/.

Pret. impf. actuara o -se, actuaras o -ses, actuara o -se, etc. /ak.tu.á.ra, ak.tu.á.se; ak.tu.á.ras, ak.tu.á.ses; ak.tu.á.ra, ak.tu.á.se/, etc.

Fut. impf. actuare, actuares, actuare, etc. /ak.tu.á.re, ak.tu.á.res, ak.tu.á.re/, etc.

IMPERATIVO

actúa, actúe, actuad, actúen /ak.tú.a, ak.tú.e, ak.tu.ád, ak.tú.en/.

FORMAS NO PERSONALES

Inf. actuar /ak.tu.ár/.   *Ger.* actuando /ak.tu.án.do/.   *Part.* actuado /ak.tu.á.do/.

---

pudo obrar derechamente de acuerdo con un pensamiento único» (Uslar Pietri, *Lanzas*, 35); *«El hombre fue atendido como persona de calidad, de acuerdo con su cuidada indumentaria»* (Silva Valdés, *Cuentos*, 22); *«De acuerdo con esta teoría una apendicitis produciría excelente prosa»* (Neruda, *Confieso*, 366).

3 *Acuerdo*, 'convenio': → ENTENTE y CONCERTACIÓN.

acullá. Adverbio de lugar que significa 'lejos del que habla'. Solo se usa en contraposición con otros adverbios de lugar: *acá y acullá; aquí, allá y acullá.* Siempre figura como último termino de la serie. Aparece solamente en lenguaje literario.

acumin-, acumini-. Formas prefijas del latín *acumen*, 'punta, filo, corte': *hoja acuminada.*

acusar. Construcción: *acusar a uno* DE *un delito; me acuso* DE *haber sido negligente; acusamos recibo* DE *su escrito.*

acuti-, acut-. Formas prefijas del latín *acutus*, 'agudo': *acutángulo, acutirrostro.*

ad-. Prefijo que denota dirección, tendencia, cercanía, contacto: *adjunto, admirar, adyacente.* Ante ciertas consonantes no se emplea la forma *ad-*, sino *a-: anexo.*

-ada → -DA.

adaptar. 1 Evítense las pronunciaciones vulgares /adaztár/ y /adaktár/.

2 Construcción: *adaptar el edificio* A *las nuevas necesidades; adaptarse* A *las circunstancias.*

3 Sobre la confusión entre *adaptar* y *adoptar*, → ADOPTAR.

addenda. Esta palabra es en su origen

un adjetivo latino sustantivado en neutro plural, que significa literalmente 'las cosas que han de ser añadidas'. Su uso en español —con la doble *d* de la grafía latina, que puede españolizarse en la forma *adenda*— solo se da en ambientes cultos. Sin embargo, se ha olvidado la noción de plural; a lo sumo, se le considera sustantivo colectivo. Por su terminación *-a* se le atribuye ordinariamente el género femenino, *una addenda*, a pesar de lo cual, *Vox* dice que es masculino, y no falta quien lo use así: «*Quiero cerrar la lista con un addenda*» (*Informaciones,* 19.10.1977, 19). La Academia no registra el vocablo.

adecuado. Construcción: *adecuado* AL *asunto.*

adecuar. 1 Se conjuga, en cuanto al acento, *como averiguar* [1 b]. Es equivocada la acentuación *adecúa, adecúe,* empleada por muchas locutores y que a veces aparece impresa: «*El traductor adecúa la forma al fonetismo español*» (Alvar, *Variedad,* 201).

2 Construcción: *hay que adecuar los medios* A *los fines.*

adefagia. 'Voracidad'. No debe usarse la forma *adefagía.*

adelante. 1 Adverbio de lugar. Se usa con verbos (explícitos o implícitos) de movimiento, y significa 'más allá', 'hacia la parte que está delante del sujeto': *Siguieron adelante.* Puede ir reforzado o matizado por preposiciones que indiquen movimiento: *Mira hacia adelante; Se volvió para adelante.* También es adverbio de tiempo, llevando antepuesta alguna preposición o siguiendo inmediatamente a algún adverbio de esta clase. Denota tiempo futuro: *en adelante, para en adelante, para más adelante, de hoy en adelante, de ¡aquí en adelante, de aquí adelante.*

2 Pospuesto a un nombre, significa 'en dirección a la parte de más allá de un objeto': *caminito adelante.* El sustantivo y el adverbio forman en este caso una construcción de valor adverbial. A veces lleva preposición el sustantivo: «*Retiróse a su domicilio echando suspiros por la escalera abajo y por la calle adelante*» (Galdós, *Torquemada,* II, 13).

3 No deben confundirse los adverbios

adelante y *delante.* El primero supone la existencia de un movimiento, real o figurado *(seguir adelante);* el segundo indica mera situación *(estar delante, ponerse delante).* Siguiendo a las preposiciones *hacia* o *para* es más lógico (y más frecuente en España) decir y escribir *delante,* pues ya esas preposiciones denotan la idea de movimiento que está en el prefijo *a-* de *adelante.*

4 La distinción señalada (→ 3) entre *adelante* y *delante* es normal en el español de España, pero en los países hispanoamericanos tiende a neutralizarse en favor de *adelante* para los dos valores: «*El cogote blanco de Linares en el banco de adelante*» (Donoso, *Domingo,* 56). Igualmente suele decirse allí *adelante de* en lugar de *delante de;* y *adelante mío, adelante suyo,* paralelamente al vulgarismo español *delante mío, delante suyo* (→ DELANTE).

5 La forma *alante,* por *adelante,* es vulgar: «*Un ingeniero echándose atrás, operarios y labriegos detrás*» (T. Borrás, *Español,* 19.7.1953, 18); «*La mejor manera que tendría una Iglesia —católica o budista— de no dar marcha atrás sería no haber dado marcha alante*» (A. Gala, *Sábado,* 10.8.1974, 5).

-adelfo. Forma sufija del griego *adelphós,* 'hermano'. Indica en botánica el número de fascículos en que están unidos los estambres: *monadelfo, diadelfo.*

adelo-. Forma prefija del griego *ádelos,* 'invisible': *adelópodo.*

además. 1 Adverbio que expresa la idea de agregación: *Trabaja en un Ministerio y además es acomodador de cine.*

2 Seguido por *de,* forma la locución prepositiva *además de: Además de ser caro es malo.*

3 Sobre el uso de *a más* por *además,* → MÁS.

adenda → ADDENDA.

adeno-. Forma prefija del griego *adén,* 'glándula': *adenopatía, adenoma.*

adentro. 1 Este adverbio significa preferentemente 'hacia lo interior' y se usa acompañando a verbos (u otros términos) que expresan movimiento: *Se retiraron adentro para descansar.* También se usa en el sentido de 'en lo interior' *(la parte de adentro)*, si bien se prefiere en este caso *dentro*. Precedido de las preposiciones *hacia* y *para*, y sobre todo *por*, se prefiere también la forma *dentro. A* nunca se antepone a *adentro*, puesto que ya está incluida en la composición y el significado de esta palabra.

2 *Adentro* puede ir pospuesto a un sustantivo, significando 'hacia la parte interior del objeto designado por este': *mar adentro, tierra adentro.*

3 La distinción señalada (→ 1) entre *adentro* y *dentro* es normal en España, pero tiende a borrarse, en favor de un uso generalizado de *adentro*, en Hispanoamérica: *«Se abría la chaqueta y dejaba ver una pistola en el bolsillo de adentro»* (Edwards, *Máscaras*, 60). Igualmente suele decirse allí *adentro de* en lugar de *dentro de: «Se llega a simbolizar un poco de lo invisible que el hombre lleva adentro del alma»* (Reyes, *Experiencia*, 13); y *adentro suyo*, como paralelo del vulgarismo español *dentro suyo: «¿Vos no sentís a veces como si adentro tuyo tuvieras un inquilino que te dice cosas?»* (Quino, *Mafalda*, 56). (→ DENTRO.)

adestrar. Verbo irregular. Se conjuga como *cerrar* [6]. Hoy raro, suele sustituirse por su sinónimo *adiestrar*, que es regular.

adherente → ADHERIR, 3.

adherir. 1 Verbo irregular. Se conjuga como *sentir* [60].
2 Construcción: *adherir el sello* AL *sobre; adherirse* A *la propuesta.*
3 En las formas de este verbo, así como en sus derivados *adhesión, adherente, adhesivo*, es viciosa la pronunciación /azderír/, /azdesión/, etc., de algunos locutores; se dice /aderír/, /adesión/, etc.

adhesión, adhesivo → ADHERIR, 3.

adiar. Se conjuga, en cuanto al acento, como *desviar* [1 c].

adicción. Debe evitarse la confusión fonética y ortografía entre *adición*, /adizión/, 'suma, operación aritmética', y *adicción*, /adikzión/, 'condición de adicto a una droga'.

adición → ADICCIÓN.

adiós. 1 Interjección de despedida (a veces, de sorpresa desagradable). La grafía en dos palabras, *a Dios*, aún registrada por la Academia *(Diccionario,* s.v. *Dios),* está totalmente anticuada.
2 Se usa como nombre masculino, *el adiós,* con el sentido de 'la despedida'. El uso de este nombre en plural con sentido singular es galicismo innecesario (cf. fr. *les adieux): «Cuenta el poeta los adioses [del Cid y Jimena]»* (Salinas, *Ensayos*, 45).

adipo-, adip-. Formas prefijas del latín *adeps,* 'grasa': *adiposo.*

adjuntar. Construcción: *adjuntar un documento* AL *expediente.*

adjunto. 1 En las cartas comerciales es frecuente el empleo de *adjunto* como palabra invariable, con valor adverbial: *Adjunto nos complacemos en remitirle lista...; Adjunto le envío catálogos...* Lo normal parece usarlo como adjetivo haciéndolo concertar con el complemento: *Nos complacemos en remitirle adjunta la lista...; Le envío adjuntos los catálogos...* No obstante, el uso adverbial puede admitirse como correcto, ya que la adverbialización del adjetivo no es un proceso anómalo en nuestro idioma.
2 *El adjunto,* 'el que acompaña a otro para entender en un trabajo', es en femenino *la adjunta,* y no *la adjunto.*
3 Construcción: *adjunto* A *la dirección; adjunto* A *la cátedra de Historia; adjunto* DE *Historia.*

adlátere. Este término es un nombre que significa 'adjunto', 'acompañante', tal vez con un matiz despectivo: *«Dos oficiales franceses, de los que decía ser adláteres puestos por el Gobierno a Madame Du Gast»* (Ortega, *Viajes*, 28); *«—Pero, oye, ¿de qué te sirve ese novio que has pescado? Mira si tiene suerte —agregó Travesedo, dirigiéndose a Alberto—. No ha debutado aún y ya le ha salido un adlátere»* (Pérez de Ayala, *Troteras*, 159). Se ha rechazado esta palabra por ser «una deformación bárbara» de *a látere.* (El *legado a látere* es, según la Academia, el cardenal enviado extraordinario por el Sumo Pontífice, con amplísimas facultades para que le represente cerca de un príncipe o gobierno cristiano o en un concilio.) Pero *adlátere,* aunque por su forma provenga de *a látere,* ha

perdido ya todo contacto con esta locución
latina, por su significado —totalmente distinto— y por su categoría gramatical —una
tiene valor adjetivo y la otra valor sustantivo—. No hay inconveniente en que se se-
pare también de su forma. El *Diccionario*
de la Academia ya recoge *adlátere,* como
nombre masculino y femenino.

admirar. Construcción: *admiro tu*
inocencia; me admira tu inocencia ('me
causa admiración'); *me admiro* DE *tu*
inocencia; me admiré DE *encontrarlo allí.*

-ado → -DO.

adolecer. 1 Verbo irregular. Se conjuga como *agradecer* [11].
   2 Construcción: *el proyecto adolece* DE
graves defectos.
   3 Evítese el error de emplear este
verbo con el sentido de 'carecer': «*Las co-*
municaciones telefónicas de Barajas con el
extranjero adolecen de los servicios necesa-
rios» (*País,* 30.8.1981, 17). El verdadero
significado de este verbo es 'padecer'. La
frase anterior hubiera sido normal en esta
otra forma: *carecen de los servicios necesa-*
rios, o *adolecen de falta de los servicios ne-*
cesarios.

adonde. 1 Adverbio relativo de lugar
formado por la preposición *a* y el adverbio
donde. Es siempre átono, a diferencia del
interrogativo *adónde,* tónico.
   2 Se escribe en una sola palabra
(adonde) cuando el antecedente está expreso: *Aquella es la casa adonde vamos;* en
dos palabras *(a donde),* cuando el antecedente está callado: *Venían a donde yo es-*
taba.
   3 Tanto en un caso como en otro
(adonde, a donde), este adverbio expresa
la dirección del movimiento significado por
el verbo principal. El uso de *adonde* con
verbos de reposo, tal como se ve en este
ejemplo: «*Íñigo de la Hoz y su hija Guio-*
mar se establecieron en Ávila, el año de
1570, viniendo de Valsaín, junto a Segovia,
adonde tenían su heredad» (Larreta, *Don*
Ramiro, 15), se conserva algo en América,
pero en la lengua general está anticuado.
   4 Sobre el uso de *a donde* por *a casa*
de, → DONDE, 2.

adónde. Adverbio interrogativo de lugar. Solo se debe usar con verbos de movi-

miento: ¿*Adónde me lleváis?* Es popular
usarlo con otros: ¿*Adónde estamos?* A diferencia del *adonde* no interrogativo, es tónico; por ello, se escribe con tilde en la *o.*

adondequiera. Adverbio indefinido de lugar: 'a cualquier parte'. Suele ir seguido del
relativo *que,* formando un adverbio relativo-
indefinido: «*Adondequiera que fuese, la mu-*
jer caminaba tras él» (Goytisolo, *Resaca,*
19).

adoptar. 1 Construcción: *adoptar* POR
hijo a uno.
   2 Es frecuente la confusión entre *adop-*
tar y *adaptar. Adoptar,* aparte de 'prohijar',
significa 'tomar o abrazar como propia
(una opinión o doctrina)' y 'tomar (una resolución o acuerdo)'. *Adaptar* es 'acomodar o ajustar (una cosa a otra)'. Así, *adap-*
tar un libro sería acomodarlo a una determinada utilidad, mientras que *adoptarlo*
sería tomarlo como guía o «texto» para un
curso.

-ador → -DOR.

adormecer. Verbo irregular. Se conjuga
como *agradecer* [11].

adormir. Verbo irregular. Se conjuga
como *dormir* [44].

adornar. Construcción: *adornar* CON o
DE *tapices.*

adquirir. 1 Verbo irregular. (Véase
cuadro.)
   2 Construcción: *adquirir algo* DE *al-*
guien o A *alguien.*

adscribir. Su participio es irregular: *ads-*
crito (como *escribir* [46]). Es muy rara hoy
la grafía *adscripto.*

aducir. Verbo irregular. Se conjuga
como *conducir* [41].

adueñarse. Construcción: *el terror se*
adueñó DE *ellos.*

-adura → -DURA.

advenir. Verbo irregular. Se conjuga
como *venir* [61].

adversión → AVERSIÓN.

adverso. Construcción: *se mostró ad-*
verso A *nuestro proyecto.*

advertir. 1 Verbo irregular. Se conjuga
como *sentir* [60].

CONJUGACIÓN DEL VERBO «ADQUIRIR»

(tiempos irregulares)

INDICATIVO

Pres. adquiero, adquieres, adquiere, adquirimos, adquirís, adquieren.

SUBJUNTIVO

Pres. adquiera, adquieras, adquiera, adquiramos, adquiráis, adquieran.

IMPERATIVO

adquiere, adquiera, adquirid, adquieran.

---

2 Construcción: *le advirtió* DE *la presencia de la señora* ('le hizo advertir, esto es, notar, la presencia de la señora'). Cuando *advertir* significa simplemente 'notar u observar', se construye sin preposición: *Advirtió la presencia de la señora.* Igualmente cuando significa 'amonestar': *Le advirtió que no lo hiciese;* no debe decirse, por tanto, *Le advirtió* DE *que no lo hiciese* (→ DE, 4).

aeda → AEDO.

aedo. Nombre masculino: 'cantor épico de la antigua Grecia'. Es más frecuente decir *el aeda,* con una terminación *-a* poco justificada. Por ser una voz de uso exclusivamente culto, es menos aceptable que en otros casos el error, y más fácil imponer la corrección.

aero-, aeri-. Formas prefijas del latín, *aer,* 'aire': *aerobio, aeropuerto, aerícola.* Entra como formante de muchos neologismos relacionados con la aviación.

aerobús. 'Gran avión de transporte de pasajeros'. No es necesario usar la forma inglesa y francesa *airbus.*

aeródromo. Es voz esdrújula. No tiene justificación la pronunciación grave, /aerodrómo/, más corriente en otro tiempo que ahora. En un poema de 1919 escribió Gerardo Diego: *«Sin saber cómo / me hallé a las puertas del aerodromo»* (*Primera antología,* 42).

aerofagia. 'Deglución patológica de aire'. Se pronuncia /aerofájia/, no /aerofajía/.

aeromancia → -MANCIA.

aeropagita, Aerópago → AREÓPAGO.

aeróstato. 'Globo aerostático'. La acentuación etimológica es esdrújula, *aeróstato; pero* la grave, *aerostato,* también se considera válida y es la más usual, si bien la Academia da preferencia a la primera.

afanar. Construcción: *afanarse* EN *el trabajo; afanarse* POR *triunfar.*

afección. *Afección a los nervios:* → DOLOR.

afectar. *Afectar* forma de algo: *«Otras [barcas] afectan, todavía más que las góndolas, la forma de una media luna»* (Camba, *Peseta,* 141). Este uso de *afectar* (calco del francés *affecter*) corresponde en el español normal a *tomar* o *recibir.*

afecto. Construcción: Como adjetivo ('adicto o adscrito'), hoy poco frecuente: *ayudante afecto* A *la cátedra; es muy afecto* AL *ministro.* Como sustantivo ('amor o cariño'): *el afecto* A, HACIA O POR *los amigos.*

aferrar. **1** Este verbo se usó en la época clásica unas veces como regular, otras como irregular. En este último caso seguía la conjugación de *cerrar* [6]. Hoy es regular siempre.

2 Construcción: *se aferró* A *la reja; aferrado* A *sus creencias; «Imposible aferrarse* DE *algo sólido»* (Edwards, *Máscaras,* 51).

affaire. La palabra *affaire* (pronunciación /afér/), que en los países de habla española se usa como masculina, aunque en francés es femenina, es un galicismo innecesario. Se usa sobre todo para referirse a casos judiciales, a asuntos que promueven revuelo o escándalo: «*Ganó por primera vez notoriedad con ocasión de un escandaloso 'affaire' de espionaje en el Canadá*» (*Gaceta*, 22.9.1962, 34); «*La Interpol nada tuvo que ver en el 'affaire Eichmann'*» (*Arriba*, 16.9.1962, 7); «*El 'affaire Jivago' nos dio probablemente una imagen falsa del poeta, dadas las razones extraliterarias en que su nombre se vio mezclado*» (*Abc*, 17.10.1962, 47). Es preferible decir *caso*. Fuera de la competencia judicial, debe traducirse por *asunto* o *cuestión*.

affiche → CARTEL, 1.

Afganistán. No debe usarse en español, para nombrar este país asiático, la grafía *Afghanistán*. El adjetivo derivado es *afgano* (no *afghano*).

afgano, Afghanistán, afghano → AFGANISTÁN.

afiche → CARTEL, 1.

aficionado → AMATEUR.

aficionar. Construcción: *aficionarse* A (anticuado: DE) *alguna cosa; aficionarse* A *bailar*.

afiliar. 1 Hay desacuerdo entre los preceptistas acerca de la acentuación de este verbo. Pero la mayoría se inclina por la acentuación como *cambiar* [1 a], que es, sin duda, la más frecuente.

2 Construcción: *afiliarse* A *un partido*.

afirmar. Construcción: *afirmarse* EN *lo dicho*. Sobre la construcción viciosa *afirmó* DE *que eso no era así*, → DE, 4.

afluir. 1 Verbo irregular. Se conjuga como *huir* [48].

2 Construcción: *el dinero afluye* AL *mercado*.

aforar. Es irregular cuando tiene el sentido de 'otorgar fueros', y se conjuga entonces como *acordar* [4].

África. Cuando se enuncia con artículo, el que se usa es *el: el África septentrional*.

afro-. Forma prefija del latín *afer*, 'africano': *afroasiático*.

afrodisíaco. Son igualmente válidas las formas *afrodisíaco*, /-íako/, y *afrodisiaco*,

/-iáko/, si bien la Academia da preferencia a la primera.

afuera. 1 Este adverbio significa preferentemente 'hacia lo exterior' y se usa acompañando a verbos (u otros términos) que expresan movimiento: *Vámonos afuera*. También se usa en el sentido de 'en lo exterior' (*Afuera hay un árbol*); pero en este caso se prefiere *fuera*. Precedido de las preposiciones *hacia* y *para*, y sobre todo *por*, se prefiere también la forma *fuera*. La preposición *a* nunca se antepone a *afuera*, puesto que ya está incluida en la composición y el significado de esta palabra.

2 La distinción señalada entre *afuera* y *fuera* es normal en España, pero en Hispanoamérica tiende a neutralizarse en favor de un uso generalizado de *afuera*: «*Sentí la desgracia .. como si la llevara adentro .. Ahora la veo afuera*» (Onetti, *Astillero*, 87); «*Vagando por afuera de la vida*» (Storni, *Antología*, 59).

-aga. Sufijo átono de origen prerromano. Hoy no forma derivados nuevos, pero se halla en varios sustantivos, como *luciérnaga, ciénaga*.

agá. Título honorífico en algunos países del próximo Oriente: *el agá Khan* (mejor sería *el agá Jan*). Debe decirse y escribirse *agá*, no *aga*.

Agamemnón. Nombre de un personaje de la guerra de Troya. También puede decirse, y es más frecuente hoy, *Agamenón*.

agarrar. 1 Construcción: *agarrar a alguien* DE O POR *un brazo; agarrarse* AL *asiento* (también, aunque raro, *agarrarse* DE).

2 En la Argentina y en otros países americanos se emplea la locución verbal *agarrar y* + otro verbo, equivalente a la usada en España *coger y* + verbo (→ COGER, 3): *Me cuentan lo que sucedía, y entonces agarro y salgo a la calle*. El uso es exclusivamente coloquial.

ágata. Es palabra esdrújula, tanto si se usa como nombre propio como si es común. Cuando es nombre común femenino, lleva el artículo *el* o *un: el ágata*.

Agatocles. Este nombre de un antiguo rey de Sicilia se pronuncia con preferencia como grave.

CONJUGACIÓN DEL VERBO «AGRADECER»

(tiempos irregulares)

INDICATIVO

Pres. agradezco, agradeces, agradece, agradecemos, agradecéis, agradecen.

SUBJUNTIVO

Pres. agradezca, agradezcas, agradezca, agradezcamos, agradezcáis, agradezcan.

IMPERATIVO

agradece, agradezca, agradeced, agradezcan.

---

agave. 'Pita, planta'. Es palabra llana, /agábe/. Puede usarse como masculino *(el agave)* o como femenino *(la agave).*

agenciar. Se conjuga, en cuanto al acento, como *cambiar* [1 a].

agenda. En el sentido de 'orden del día', → ORDEN, 3.

agente. El femenino de *agente* es igual que el masculino: *las agentes municipales.*

aggiornamento → PUESTA.

-ago. Sufijo átono de origen prerromano: *relámpago, muérdago.*

agobiar. Se conjuga, en cuanto al acento, como *cambiar* [1 a].

-agogia, -agogía. Formas sufijas del griego *agogé,* 'conducción, dirección': *demagogia, pedagogía.*

-agogo. Forma sufija del griego *agogós,* 'el que conduce': *pedagogo, demagogo.*

agraciar. Se conjuga, en cuanto al acento, como *cambiar* [1 a].

agradable. Construcción: *agradable* A O PARA *el gusto; agradable* CON O PARA CON *todos.*

agradecer. Verbo irregular. (Véase cuadro.)

agrado. *Tener el agrado* es fórmula de cortesía, usada en algunos países americanos, equivalente a *tener el gusto* o *tener el placer: «Tengo el agrado de comunicar a usted que en la Asamblea celebrada anoche...»* (cit. Carriegos, *Minucias,* 213).

Aunque es perfectamente correcta, su uso en España no es de aceptación general.

agrafe. Nombre —masculino— que dan los médicos a las grapas usadas en las suturas. Aunque esta palabra, que es un galicismo, podría sustituirse perfectamente por *grapa,* su uso está ya bastante extendido. El *Dicc. ciencias médicas Salvat* escribe *ágrafe* y le da género femenino.

agravante. Usado como sustantivo, es frecuente la vacilación en cuanto a su género. Debe emplearse como femenino, ya que en la sustantivación de *agravante* queda omitido el término femenino *circunstancia: «Con la agravante de que ellos no tienen conciencia del juego»* (Unamuno, *Visiones,* 133); *«la agravante»* (*Ya,* 12.4.1958, 2). No obstante, la Academia reconoce como buenos los dos usos.

agraviar. Se conjuga, en cuanto al acento, como *cambiar* [1 a].

agredir. Verbo defectivo. Solo se usa en las formas que tienen en su desinencia la vocal *i.* (Véase cuadro.) Sin embargo, no es raro encontrar otras formas en los periódicos: *«El indio Fernández agrede a tiros a los periodistas»* (*Ya,* 28.5.1959, 6); *«Los diputados que exhiban armas o agredan a otro podrán ser expulsados»* (*Informaciones,* 10.8.1977, 3). También, aunque menos frecuentes, hay ejemplos literarios: *«Y un minúsculo macho milenario que agrede»* (Celaya, *Poesía urgente,* 64); *«Se unen, o se besan, o se agreden el océano y el lago»* (Neruda, *Confieso,* 35). Cf. tam-

---

CONJUGACIÓN COMPLETA DE «AGREDIR»

INDICATIVO

Pres. agredimos, agredís.
Pret. impf. agredía, agredías, agredía, agredíamos, agredíais, agredían.
Pret. indef. agredí, agrediste, agredió, agredimos, agredisteis, agredieron.
Fut. impf. agrediré, agredirás, agredirá, agrediremos, agrediréis, agredirán.
Pot. simple agrediría, agredirías, agrediría, agrediríamos, agrediríais, agredirían.

SUBJUNTIVO

Pres. No se usa.
Pret. impf. agrediera o agrediese, agredieras o -ses, agrediera o -se, agrediéramos o -semos, agredierais o -seis, agredieran o -sen.
Fut. impf. agrediere, agredieres, agrediere, agrediéremos, agrediereis, agredieren.

IMPERATIVO

agredid.

FORMAS NO PERSONALES

Inf. agredir.   *Ger.* agrediendo.   *Part.* agredido.

Los *tiempos compuestos* tienen conjugación completa; p. ej.: *Pret. pf. de Ind.* he agredido, has agredido, ha agredido, etc.

---

bién Rodríguez Herrera, *Gramática,* 23, que cita periódicos cubanos.

agregación. El nombre que designa al puesto de agregado es *agregación* (como de *diputado, diputación;* de *delegado, delegación);* no *agregaduría,* como con frecuencia se oye, referido a los profesores *agregados.* Es verdad que el cargo de *agregado* diplomático se denomina oficialmente, por error inveterado, *agregaduría.* Pero el sufijo *-duría* corresponde a los nombres en *-dor:* de *contador, contaduría;* de *procurador, procuraduría;* de *tenedor, teneduría.*

agregado. El nombre *agregado,* tanto en la enseñanza como en la diplomacia, tiene la forma femenina *agregada.*

agregaduría → AGREGACIÓN.

agregar. Construcción: *agregar una cosa* A *otra; agregarse* AL *grupo.*

agremiar. Se conjuga, en cuanto al acento, como *cambiar* [1 a].

agresividad → AGRESIVO.

agresivo. El usar en nuestro idioma, por anglicismo, el adjetivo *agresivo* con el valor de *activo, dinámico o emprendedor (Empresa de primer orden precisa vendedores agresivos)* no es recomendable. *Agresivo* es 'que ofende, provoca o ataca', y no hay por qué causar confusión atribuyendo a este adjetivo sentidos que son propios de los otros tres citados. Lo mismo hay que decir del nombre *agresividad.* En una oferta de empleo se requieren «*título superior, imaginación, interés en ordenadores .., ambición, agresividad»* (*Vanguardia,* 6.2.1972, 78). El uso también existe en América (Alfaro).

agri-, agr-. Formas prefijas del latín *ager,* 'campo': *agrícola, agrimensura, agrario.*

agriar. Los preceptistas no están de acuerdo sobre la acentuación de este verbo. Entre las personas cultas parece que predominan las formas *agrio, agrias,*

23

agria, etc. (conjugación como *cambiar*):
«*El pinar verde se agria*» (Jiménez, Platero, 70); pero no es rara la acentuación
como *desviar*: «*No se corta ni se agría*»
(Abc, 20.7.1958, 26); «*Se agría lo de Chi-
pre*» *(Ya,* 31.10.1958, 1).

agricultural. Anglicismo innecesario
usado a veces en América por *agrícola* o
por *agrario* (Alfaro).

agrio. Construcción: *agrio* AL *gusto.*

agro-. Forma prefija del griego *agrós,*
'campo': *agrónomo.*

agua. 1 *Hacer agua* una embarcación es
'recibirla por alguna grieta'; en sentido figurado se dice que un asunto *hace agua*
cuando empieza a no marchar bien. Evítese el error de confundir esta locución
con *hacer aguas,* que significa 'orinar': «*Ya
no está el general Franco para cohesionar a
un sistema que, progresivamente, hace aguas
por todas partes*» (E. Sopena, *Diario de
Barcelona,* Supl., 28.3.1976, 5).
    2 *Agua fuerte:* → AGUAFUERTE.
    3 *Agua nieve:* → AGUANIEVE.

aguachirle. 'Especie de aguapié', 'líquido sin sustancia', 'cosa insustancial'. Es
femenino: *una aguachirle asquerosa.* (Academia.) Pero está muy extendido el uso
como masculino: «*Yo la he leído .. y es
puro aguachirle*» (Pérez de Ayala, *Luna,*
126).

aguada. 'Pintura con color disuelto en
agua de goma, miel o hiel de vaca'. Es
preferible usar este nombre al francés
gouache. Sin embargo, este último se encuentra tan difundido, frecuentemente con
la pronunciación españolizada /guáche/,
que ya hay quienes escriben *guache,* y con
esta forma figura en algún diccionario.

aguafuerte. Es femenino en el sentido
de 'ácido nítrico'; lleva, no obstante, el artículo *el: el aguafuerte.* Es masculino
cuando designa la estampa obtenida por el
grabado al aguafuerte: *los aguafuertes de
Goya.* En el primer sentido puede escribirse separado, siendo su plural *aguas
fuertes.* En el segundo sentido se escribe
ahora siempre junto, y su plural es *aguafuertes,* como se ve en el ejemplo anterior.
En 1884, tituló todavía Palacio Valdés
Aguas fuertes a uno de sus libros, y Azorín

escribía, en 1902, «*aguas fuertes de Goya*»
(Voluntad, 184). Frente a esto, Emilia
Pardo Bazán, «*los aguafuertes*», en *La qui-
mera* (1905); «*los aguafuertes de Goya*»
(D'Ors, *Museo,* 169); «*aguafuertes .. prohibidos*», «*estos aguafuertes*», «*los aguafuertes*», etc. (Santos Torroella, trad.
Wright, *Goya, passim).* En el título de un
libro del argentino Ricardo Arlt aparece la
palabra como femenina: *Aguafuertes por-
teñas,* igual que en las *Aguafuertes ibéricas*
del madrileño Eugenio Noel. También en
Jorge Luis Borges: «*aguafuertes alabadas*»,
«*la masculina aguafuerte*». (Cf. Rosenblat,
Compuestos, 95.)
    La Academia recoge la grafía en dos pa-
labras, *agua fuerte,* para los dos sentidos,
con género femenino. Registra además
aguafuerte, pero solamente para el 'grabado', dando esta forma como preferida y se-
ñalándole género «ambiguo», esto es, masculino o femenino.

aguafuertista. Este es el único nombre
que recoge el *Diccionario de* la Academia
para designar al que graba al aguafuerte;
pero también puede usarse la forma *aguafortista,* igualmente correcta: «*Aguafortista
en esto de escribir, i trabajo con sombría
lobreguez*», escribió R. Gómez de la Serna
hacia 1910 *(Ínsula,* núm. 196, 1963, 3).

aguagoma. Es nombre femenino, pero
se usa en singular con el artículo *el: el
aguagoma.*

aguamanos. Aunque era nombre femenino en la lengua clásica, hoy es masculino: *el aguamanos.*

aguamarina. En el sentido de 'piedra
preciosa' se escribe en una sola palabra.
Lleva el artículo *la* o *una.*

aguamiel. Aunque en Méjico y Venezuela se usa como masculino, es femenino
en la lengua general.

aguanieve. Puede escribirse también separado: *agua nieve;* pero es más frecuente
escribirlo en una palabra. El plural es
aguanieves. Es femenino: «*El puerto de la
Peña Negra, en la que nos llovió la aguanieve que escapaba de Gredos*» (Cela,
Miño, 7). A causa del primer elemento,
agua, es frecuente que lleve la forma *el* del
artículo *(el aguanieve);* pero esto no signi-

CONJUGACIÓN DEL VERBO DEFECTIVO «AGUERRIR»

(tiempos simples)

INDICATIVO

Pres. aguerrimos, aguerrís.
Pret. impf. aguerría, aguerrías, aguerría, aguerríamos, aguerríais, aguerrían.
Pret. indef. aguerrí, aguerriste, aguerrió, aguerrimos, aguerristeis, aguerrieron.
Fut. impf. aguerriré, aguerrirás, aguerrirá, aguerriremos, aguerriréis, aguerrirán.
Pot. simple aguerriría, aguerrirías, aguerriría, aguerriríamos, aguerriríais, aguerrirían.

SUBJUNTIVO

Pres. No se usa.
Pret. impf. aguerriera o aguerriese, aguerrieras o -ses, aguerriera o -se, aguerriéramos o -semos, aguerrierais o -seis, aguerrieran o -sen.
Fut. impf. aguerriere, aguerrieres, aguerriere, aguerriéremos, aguerriereis, aguerrieren.

IMPERATIVO

aguerrid.

FORMAS NO PERSONALES

Inf. aguerrir.   *Ger.* aguerriendo.   *Part.* aguerrido.

---

fica que el nombre deje de ser femenino (→ EL, 2).

aguar. Se conjuga, en cuanto al acento, como *averiguar* [1 b].

aguardar. Construcción: *aguardar A otro día.*

aguardiente. Es nombre masculino: *el aguardiente, los aguardientes.*

aguarrás. Es nombre masculino: *el aguarrás.* Su plural es *aguarrases.*

Águeda. Sobre el uso de artículo ante este nombre de mujer, → EL, 2.

aguerrir. Verbo defectivo. Según los gramáticos, solo se usa en las formas que tienen en su desinencia la vocal *i.* En la práctica apenas se usa, fuera del infinitivo y del participio. (Véase cuadro.)

aguzanieves. 'Pájaro'. Es nombre femenino, *la aguzanieves: «De un pequeño sauce venía el maravilloso canto de la aguzanieves»* (Corral, trad. Munthe, *S. Michele,* 103).

ah. Interjección. En el *Diccionario* de la Academia se registra también la grafía *ha,* pero no se advierte que tal grafía es anticuada y hoy no se admite.

ahí. 1 Adverbio demostrativo de lugar que significa 'en ese lugar', cuando encierra idea de reposo: *Quédate ahí, donde estás;* o 'a ese lugar', cuando implica movimiento: *Ahí es adonde vamos.* Puede ir precedido de diversas preposiciones que denotan primariamente movimiento o aproximación: *Siéntate por ahí; Desde ahí no se ve bien; De ahí vengo yo; Se arrastró hasta ahí.* De estas preposiciones se exceptúa *a;* no se dice *Ve a ahí,* sino *Ve ahí.*

La significación de este adverbio es en ocasiones muy concreta: 'en el sitio en que tú te encuentras', 'junto a ti': *¿Qué llevas ahí?;* o 'relativamente cerca, ante nuestros ojos': *Ese que va por ahí es mi contrincante.* Pero otras veces puede ser vaga: 'por esos mundos', 'en cualquier sitio'; esto ocurre especialmente cuando va precedido de la preposición *por: No sé dónde*

ahijar   **ahora**

está, andará por ahí; Tiene por ahí no sé qué negocios; «Por ahí nos llaman 'la gente mala', ya ve usted» (Cela, Alcarria, 78). En este caso ahí, en la lengua coloquial, se pronuncia /ái/, con traslación de acento.

Pero esto no ocurre siempre que por ahí se usa con ese sentido de vaguedad; así en el soneto de Góngora: «Mira que dice por ahí la gente / que no eres río para media puente» (Antología, 217).

Designa lugar en sentido figurado, significando 'en eso': Ahí es donde conviene insistir; precedido de preposición, equivale a 'eso': De ahí se deduce la utilidad de este aparato; Hasta ahí han llegado nuestros esfuerzos. La frase conjuntiva de ahí que procede de este uso: de ahí [resulta] que.

Puede tener un uso temporal, designando el tiempo pasado o futuro de que se acaba de hablar: De ahí a poco se olvidó todo el asunto; Me encargaré yo del negocio hasta el día 30, y de ahí en adelante se encargará él.

En algunas regiones de América (especialmente Central) hay otro uso temporal de ahí, con el valor de 'pronto', 'en seguida': Ahí vengo ('en seguida vengo'); «Los platos que nos trajeron estaban negros y eran las moscas, las espantabas y ahí mismo volvían y se te metían por los ojos y por la boca» (Vargas Llosa, Pantaleón, 73).

Tiene un valor al parecer expletivo en algunos giros del habla popular colombiana (pronunciado /ái/): Es un tipo chiquito ahi, feo; —¿Cómo está? —Ahi será regular (Flórez, Lengua, 223).

2 Diferencia entre ahí y allí. Ahí designa el lugar próximo a la persona «tú», y equivale a 'en ese lugar'. Allí designa un lugar lejos de «ti» y de «mí», y equivale a 'en aquel lugar'. Pero la distinción no siempre es neta, ya que al lado de estas nociones referidas a las personas «yo» y «tú» se presenta la referencia exclusiva a la persona «yo» (o «nosotros»); entonces el adverbio aquí representa el lugar próximo a mí; ahí, el lugar algo alejado; allí, el lugar bastante alejado. Pero téngase en cuenta que estas designaciones solo son correctas cuando no hay referencia simultánea a un «yo» y a un «tú»; por eso no diremos Está ALLÍ, a tu lado, sino AHÍ, a tu lado.

3 En el español americano es frecuente que ahí invada el lugar de allí: «Todas las vegetaciones que ahí crecían tenían filos, dardos, púas» (Carpentier, Reino, 88). Por contraste, la confusión se produce a veces en sentido inverso: «Allí le incluyo ese giro» (J. Álvarez Garzón, cit. Dicc. histórico, II, 702b); también en la locución de valor consecutivo de allí: «Para Russell no hay moral individual separada de las relaciones sociales .. De allí la importancia, en sus escritos, de la noción de 'poder'» (Villoro, Russell, 12). En español general se diría de ahí.

ahijar. Se conjuga como enraizar [1 f].

ahilar. Se conjuga como enraizar [1 f].

ahincar. Se conjuga como enraizar [1 f].

ahitar. Se conjuga como enraizar [1 f].

ahora. 1 Adverbio de tiempo que significa 'en el momento presente' —dando a esta idea una amplitud más o menos grande—: Ahora no hace frío; Ahora mismo he recibido un telegrama; Ahora iré. En el primer ejemplo, ahora equivale a 'en este momento'; en el segundo, a 'hace unos minutos'; en el tercero, a 'inmediatamente'. Los tres conceptos caben dentro de un presente amplio. Este adverbio tiene como forma enfática ahora mismo, o, en América, ahorita, y también ahorita mismo y ahoritita (ahoritica en Venezuela; cf. en Colombia horitica). Puede ir precedido de preposiciones: por ahora, desde ahora, hasta ahora, etcétera (no de la preposición a: no se dice de entonces a ahora, sino de entonces ahora).

2 Adverbio de sentido adversativo; equivale a ahora bien: «Las vidas humanas no valen sino por lo que resulta de su sacrificio, como los granos de incienso. Ahora, si se quieren remedios más suaves, también los hallaremos en la Escritura» (Larreta, Don Ramiro, 56). Puede ir seguida de que, a veces tras una pausa corta: «—¿Entonces he desayunado ya? —Sí, señora. —¿Qué tomé, Gutiérrez? —Lo de todos los días; un tazón de chocolate con doce picatostes. —¡Ya! —Ahora, que si la señora desea tomar algo, es distinto» (García Álvarez y Muñoz Seca, cit. Beinhauer).

3 Conjunción distributiva: Ahora en

26

verso, ahora en prosa, siempre está escribiendo. Este uso está anticuado.

4 *Ahora bien.* Adverbio de sentido adversativo. Equivale a 'esto supuesto', 'esto sentado': *Ya sé todo lo que habéis planeado; ahora bien, ¿qué es lo que buscáis?*

5 *Por lo de ahora,* en el castellano de Galicia (García, *Temas,* 122), corresponde al uso normal *por ahora.*

ahorcar. Construcción: *ahorcarse* EN *un árbol.*

ahuchar. Se conjuga como *aullar* [1 f].

ahumar. Se conjuga como *aullar* [1 f].

ahusar. Se conjuga como *aullar* [1 f].

-aico. Sufijo de adjetivos que expresa cualidad o condición: *mosaico, hebraico, algebraico.*

-aino. Sufijo de significación varia, usada preferentemente en la forma femenina *-aina: azotaina, chanzaina.* Puede formar no solo sustantivos, sino adjetivos: *dulzaino, tontaina.*

airar. Se conjuga como *enraizar* [1 f].

airbus → AEROBÚS.

air-conditioned → AIRE-ACONDICIONADO.

aire-acondicionado. 1 En algunas zonas de América se habla de locales *aire-acondicionados* para traducir el participio-adjetivo inglés *air-conditioned* ('dotados de aire acondicionado'). La forma prefija que corresponde a *aire* es *aero-;* habría que decir, pues, *aeroacondicionados.* Pero es preferible, por su mayor brevedad, *climatizados,* que significa lo mismo.

2 *Aire acondicionado* es perfectamente correcto como sustantivo (sin guión intermedio). Designa el dispositivo para conseguir temperatura y humedad adecuadas en un local cerrado, y más propiamente la atmósfera sometida a ese tratamiento, que también se llama *clima artificial.*

airear. Es calco innecesario del inglés usar este verbo en lugar de *ventilar* (someter a estudio o discusión): «*El problema limítrofe de Grecia con Albania será aireado mañana por el Comité de Admisión de las Naciones Unidas*» (cit. Alfaro).

aislar. Se conjuga como *enraizar* [1 f].

Aix-la-Chapelle → AQUISGRÁN.

-ajar. Combinación del formante verbal *-ar* con el sufijo *-ajo: estirajar.*

-aje. Sufijo que se une a verbos y a nombres para formar nombres. Unido a verbos expresa acción: *abordaje;* lugar: *hospedaje;* derechos que se pagan: *almacenaje.* Unido a nombres expresa conjunto: *ramaje;* acción: *barcaje;* tiempo: *aprendizaje;* derechos que se pagan, o lugar: *pupilaje.*

ajeno. Construcción: *ajeno* A *su carácter; ajeno* A *lo que se tramaba.*

-ajo. Sufijo diminutivo y despectivo que se une a nombres o verbos para formar nombres y adjetivos: *migaja, colgajo, pequeñajo.* Se combina con *-ar* y *-arro: espumarajo, pintarrajo.* A veces toma la forma *-strajo: bebistrajo.*

-ajón → -ÓN.

ajuar. 'Conjunto de piezas de ropa que lleva la mujer al matrimonio'. Se usa como sinónimo *equipo,* y tanto uno como otro nombre llevan con frecuencia el complemento *de novia.* Debe evitarse, por innecesario, el empleo del francés *trousseau.*

ajustar. Construcción: *ajustar una pieza* A. EN. O CON *otra; ajustarse* A *lo establecido.*

ajusticiar. Se conjuga, en cuanto al acento, como *cambiar* [1 a].

al → EL, 4.

-al. Sufijo que se une a un adjetivo o nombre para formar otro adjetivo o nombre:

a) En los adjetivos denota generalmente relación o pertenencia: *arbitral.*

b) En los sustantivos denota el lugar en que abunda el primitivo: *cerezal, peñascal.* Se combina con *-acho, -azo, -edo, -izo, -orro: lodazal, barrizal, matorral.*

Los adjetivos y nombres *editorial* y *manantial* tienen *-ial,* quizá por analogía con *abundancial, material, social,* etc.

alabar. Construcción: *alabar* DE *discreto.*

alante → ADELANTE, 5.

a látere → ADLÁTERE.

alauí. Adjetivo invariable en cuanto al género: 'de la dinastía reinante en Marruecos'. Es preferible esta forma a *alauita.* En plural es *alauíes.*

albriciar. Se conjuga, en cuanto al acento, como *cambiar* [1 a].

albricias. Como nombre, era 'regalo que se da al que trae una buena noticia'. Hoy se usa como interjección de júbilo que acompaña a la buena noticia que se trae. No significa 'felicidades' o 'enhorabuena', como algunos creen.

albufera. Es incorrecta la pronunciación esdrújula /albúfera/; dígase /albuféra/.

álbum. 1 Debe evitarse la pronunciación con /n/ final, /álbun/. El plural es *álbumes* (no *álbums* ni *álbunes*).

2 No figuran en el *Diccionario* de la Academia dos sentidos modernos que circulan normalmente: 'carpeta en forma de libro destinada a guardar discos' y 'carpeta o estuche que contiene dos o más discos que se venden juntos'. No es adecuado llamar *álbum* a un disco de larga duración o *elepé*.

albumino-, albumini-, albumin-. Formas prefijas del latín *albumen*, 'clara de huevo': *albuminoide*.

alcalde. El femenino de este nombre es *alcaldesa*, no *alcalde*, como se ha dicho algunas veces: «*La alcalde de Houston*» (*Gaceta*, 5.8.1979, 7).

álcali. Es errónea la pronunciación aguda; dígase *álcali* (plural, *álcalis*).

alcali-, alcal-. Formas prefijas de *álcali*: *alcalescencia, alcalímetro, alcaloide*.

alcanzar. Construcción: *alcanzar a verle*.

Alcibíades. Nombre de un famoso político de la antigua Atenas. La pronunciación más correcta es la esdrújula, con acento en la segunda *i: Alcibíades*.

Alcínoo. El personaje de la *Odisea*, rey de los feacios y padre de Nausícaa, es *Alcínoo*, con acento en la *i*. Puede escribirse también *Alcinoo*. Sin embargo, según Fernández Galiano, «la forma acentualmente ortodoxa sería *Alcino*».

Alcmene. Nombre de la madre de Hércules, en la mitología clásica. Es preferible la forma *Alcmena* a *Alcmene* (Fernández Galiano).

alcoho-, alcoholi-, alcoholo-. Formas prefijas de *alcohol: alcoholmetría, alcoholificación, alcoholoscopia*.

alcoholímetro. El aparato que sirve para apreciar la graduación alcohólica de un líquido o un gas se llama *alcoholímetro*, si bien la Academia acoge también *alcohómetro*.

alcohómetro → ALCOHOLÍMETRO.

alegrar. Construcción: *alegrarse DE saberlo; alegrarse DE* (o CON, o POR) *la noticia; me alegro DE que sea así*. Aunque se da por bueno en la lengua coloquial, no debe omitirse la preposición *de* ante infinitivo *(Me alegro verte bueno)* o ante *que* («*Vaya, me alegro que lo pases bien, hija*», Pardo Bazán, *Viaje*, 190), excepto en el caso en que el sujeto de *alegrar* sea lo que sigue, y en este caso va el verbo necesariamente en 3.ª persona: *Me alegra recibir estas noticias; Me alegra que sea así*. En este caso lo inadecuado sería precisamente el empleo de la preposición.

alejar. Construcción: *alejar a alguien DE un sitio,* DE *una persona,* DE *un vicio; alejarse DE todo.*

alelí → ALHELÍ.

alentar. Verbo irregular. Se conjuga como *cerrar* [6].

alergeno. 'Sustancia que, al introducirse en el organismo, lo sensibiliza para la aparición de los fenómenos de la alergia'. La acentuación establecida por la Academia es grave, /alerjéno/; pero no es raro ver y oír *alérgeno*.

alerta. 1 Puede ser adverbio, 'con vigilancia y atención'; adjetivo, 'vigilante'; o nombre, 'llamada a la vigilancia' o 'aviso de prevención para el combate'. Como adjetivo, se ha empleado sin variación de género ni número («*Los siempre alerta fusiles rifeños*», Ortega, *Viajes*, 19); o con terminación masculina en *-o* y femenina en *-a*, con variación también de número («*Ya están los centinelas alertos*», Machado, *Abel*, 68; «*Hay que estarse alertos para separar lo que es oro fino de lo que es simple ganga*», Nicolás Guillén, *Alerta*, 11.8.1984, 13); o solo con variación de número, que es hoy el uso más frecuente («*Algunos, los más alertas, lo están haciendo ya*», Marías, *Aquí*, 15; «*Tenso, todos sus sentidos alertas, Alberto permanece mudo*», Vargas Llosa, *Ciudad*, 18).

2 En cuanto nombre, se usa como masculino («*Un débil eco cantaba, como un alerta de campana*», Uslar Pietri, *Lanzas*, 172), y así lo recoge la Academia; pero también se usa como femenino («*La intención del autor es dar la alerta al gran público*», J. Corrales Egea, *Ínsula*, núm. 210, 1964, 3).

-ales. Sufijo familiar que forma algunos adjetivos de matiz humorístico: *frescales, vivales, rubiales, mochales.*

alfiler. Es vulgarismo el uso de este nombre como femenino. Es masculino: *un alfiler.*

alfoz. Es sustantivo ambiguo. Menéndez Pidal lo usa como femenino: «*la alfoz de Lara*» *(Godos,* 234); Pérez de Urbel, como masculino: «*el alfoz de Lara*» *(Fernán González,* 36). Pero es este último uso el que predomina hoy.

algarada. En la Edad Media, 'incursión militar'; actualmente, 'motín de escasa importancia'. No debe confundirse con *algazara,* 'gritería alegre', como ocurre en este texto: «*El estudiante, en presencia de todos sus compañeros de estudios, chicos y chicas, se desnudó y subió al pequeño monumento para recoger el billete entre la general algarada estudiantil*» *(Ya,* 16.3.1974, 22). La confusión no es nueva: véase *Dicc. histórico,* II, 317.

algazara → ALGARADA.

Alghero → ALGUER.

-algia. Forma sufija del griego *algós,* 'dolor': *neuralgia, cefalalgia.*

álgido. Aunque el sentido propio de este adjetivo es 'acompañado de frío glacial' *(fiebre álgida; período álgido de una enfermedad;* «*La cautela o la álgida apatía de los bárbaros*», Azaña, *Jardín,* 33), la frecuencia de un uso impropio, en frases como *La guerra se halla en su período álgido, La discusión estaba en el punto álgido,* ha hecho que la Academia dé por buena y registre esta acepción: 'dícese del momento o período crítico o culminante de algunos procesos orgánicos, físicos, políticos, sociales, etc.».

algo. **1** Pronombre indefinido. Es neutro y carece de plural. El adjetivo —como ocurre con otras palabras neutras— concierta con él en la forma masculina singular; el verbo, en singular: *Algo malo ha ocurrido.* Sirve para designar un objeto indeterminado que puede ser único o colectivo, simple o complejo, o para designar una acción. Con nombres abstractos y de sustancia, *algo de* indica una cantidad o intensidad reducida: *algo de dinero, algo de repugnancia.*

2 Puede ser también adverbio de cantidad, expresando, igualmente, una intensidad reducida: *Voy a trabajar algo; Están algo cansados.*

Alguer. El nombre español de la ciudad italiana, sarda, de *Alghero* (pronunciado /alguéro/) —donde se habla un dialecto del catalán, el *alguerés*— es *Alguer.*

alguien. **1** Pronombre indefinido. Es siempre masculino y no tiene plural; las palabras que con este pronombre conciertan van, pues, en la forma masculina y singular. Designa una persona (de cualquier sexo) indeterminada, de una manera más vaga que *alguno, alguna.*

2 Bello, Cuervo y la Academia censuran como incorrecto el uso de *alguien* seguido de un complemento partitivo con *de: alguien de los soldados, alguien de los presentes.* El indefinido de persona seguido de complemento partitivo ha de ser adjetivo y no sustantivo; por ello debe decirse *alguno* (Bello, § 196). Sin embargo, hay casos en que la intención de no determinar el sexo impone el uso de *alguien:* «*¡Que por cierto nos habla mucho de esta casa! —¡Y particularmente de alguien de esta casa!*» (Álvarez Quintero); «*Nos sacó de apuro un viejo grabado que alguien de la familia había traído de París*» (D'Ors, cit. Fernández Ramírez).

3 La acentuación /alguién/ se oye a veces, por influjo del gallego, en el castellano de Galicia (García, *Temas,* 121).

algún → ALGUNO, 1.

alguno. **1** Adjetivo y pronombre indefinido. Toma, como adjetivo masculino singular, la forma apocopada *algún,* aun en el caso de que entre adjetivo y nombre se interponga otro adjetivo: *algún contratiempo; algún desagradable contratiempo.* La apócope es potestativa cuando se trata de la locución adjetiva *algun(o) que otro:*

«*Alguno que otro vagabundo*» (Baroja, *Románticos*, 70); «*Algún que otro germen*» (Ortega, cit. Fernández Ramírez, § 190); pero es más frecuente la forma apocopada. El empleo de *algún* ante nombre femenino iniciado por el fonema /a/ tónico *(algún arma, algún aula)* se produce, a veces, por influjo del uso de *un* en el mismo caso (→ UN, 3); pero en la lengua cuidada suele evitarse.

2 Como adjetivo o como pronombre, designa un individuo indeterminado: «*De algún derrumbadero quizá les sube [a los cuervos] el husmo de una carroña*» (Miró, *Años*, 69); «*Alguna de esas princesas de teatro*» (Benavente, *Rosas*, 384).

3 Otras veces expresa una cantidad imprecisa, pero no muy abundante: en singular, cuando es adjetivo de un nombre abstracto o de sustancia: «*Poner en su educación alguna más severidad*» (Galdós, *Torquemada*, IV, 55); «*A ver si Fuco puede llevarnos algún carbón*» (Fernández Flórez, *Bosque*, 66); en plural, en todos los demás casos: «*Junto al acebo se han reunido algunos animales*» (*ibíd.*, 94).

4 Como adjetivo, tiene valor negativo cuando sigue al nombre: *en modo alguno; en parte alguna*. La agrupación nombre + *alguno*, fuera de estas locuciones, tiene lugar habitualmente detrás del verbo en forma negativa: *No he visto a hombre alguno;* y es especialmente propia de la lengua literaria.

alhelí. 'Planta de adorno'. También puede escribirse *alelí*. Su plural es *alhelíes* o *alelíes*.

alia → ALII.

aliar. 1 Se conjuga, en cuanto al acento, como *desviar* [1 c].

2 Construcción: *aliar una cosa* CON *otra; aliarse* CON *los ingleses.*

alias. Adverbio latino que en español se utiliza con el significado de 'por otro nombre': «*El primero que toreó corridas durante la Cuaresma fue Ricardo Torres, alias Bombita*» (Pérez de Ayala, *Política*, 178). También se emplea como nombre, significando 'apodo': «*Y otro, seguramente el más listo, /, me pondrá un alias definitivo*» (Gerardo Diego, *Primera antología*, 72).

alicates. Aunque existe, y está regis-trado por la Academia al lado del plural, un uso en singular, *el alicate*, está mucho más extendido y tiene más prestigio el uso en plural, *los alicates.*

aliciente. Construcción: *aliciente* A, DE o PARA *las grandes acciones.*

alii. En referencias bibliográficas se usa a veces la abreviatura *et al.*, a continuación de un nombre de persona, para indicar que la obra está escrita además por otras personas. La abreviatura *et al.* está por el latín *et alii*, 'y otros'; no *et alia*, como algunos erróneamente interpretan: «*El más que regular volumen de Jorge de Esteban et alia, 'Desarrollo político y Constitución española'*» (Amando de Miguel, *Informaciones*, 8.12.1973, 14). *Et alia* significa literalmente 'y otras cosas'.

alimentario → ALIMENTICIO.

alimentar. Construcción: *alimentarse* CON, DE *hierbas.*

alimentario → ALIMENTICIO.

alimenticio. Según la Academia, *alimenticio* significa solamente 'que alimenta o tiene la propiedad de alimentar'. Pero muy frecuentemente se usa el mismo adjetivo con el significado de 'relativo a los alimentos', que es el que corresponde propiamente al adjetivo *alimentario.*

alinear. En el habla vulgar, el presente de indicativo es *alíneo, alíneas, alínea, alineamos, alineáis, alínean* (a menudo pronunciado /alínio, alínias…, alínian/). El presente de subjuntivo se hace *alinie, alinies,* etc. La influencia del sustantivo *línea* es evidente. Esta pronunciación viciosa ha ganado a muchos periodistas y locutores, especialmente de deportes. Pero ya en 1917 escribió Antonio Machado: «*Alínea los vasares, los lienzos alcanfora*» (*Poesías*, 157; las ediciones traen impreso *alinea*, pero la medida del verso exige *í*). En el fonetista Tomás Navarro se lee: «*Cinco tercetos que se alínean tipográficamente bajo diversas formas simétricas*» (*Métrica*, 475). Tal vez aquí sea errata. La pronunciación correcta deja siempre átona la *i: alineo* /alinéo/, *alineas* /alinéas/, *alinea* /alinéa/, *alinean* /alinéan/; *alinee* /alinée/, *alinees* /alinées/, etc.

Lo dicho sobre *alinear* puede aplicarse

igualmente a *delinear*, aunque en este verbo, cuyo ámbito de uso es más culto, es menos frecuente el cambio acentual.

aliquebrar. Verbo irregular. Se conjuga como *cerrar* [6].

aliviar. Se conjuga, en cuanto al acento, como *cambiar* [1 a].

-alla. Sufijo despectivo de significación colectiva: *canalla, morralla, clerigalla, gentualla.*

allá. 1 Adverbio demostrativo de lugar. Indica lugar alejado del que habla, pero menos determinado y preciso que el que se denota con *allí.* → ALLÍ, 2.

2 Este adverbio, como otros adverbios de lugar, puede ir precedido de diversas preposiciones que denotan movimiento o aproximación: *de allá, desde allá, hacia allá, hasta allá, para allá, por allá.* De estas preposiciones se exceptúa *a:* no se dice *Fue a allá,* sino *Fue allá.*

3 *Allá abajo* es calco inútil del francés *là-bas* o quizá, a veces, del inglés *down there,* que equivalen simplemente a *allá:* «—¿Ama usted a su país? —Es el único grande. ¿No lo saben ustedes allá abajo [en Norteamérica]?» (Borrás, trad. Giraudoux, *Escuela,* 53); «*Polly Bergen, al regresar a Hollywood tras de un viaje a Gran Bretaña .., ha declarado: Me pregunto qué he ido a hacer allá abajo...»* (*Ya,* 26.1.1963, 27).

allanar. Construcción: *allanarse* A *las exigencias.*

allende. 1 Preposición que significa 'en (o a) la parte de allá': *allende los Pirineos; «el pregón de alguna noticia traída de allende las aguas»* (Mallea, *Cuentos,* 58); o 'además de': «*La imaginación .. es, allende la percepción y el pensamiento, la actividad más radicalmente humana del hombre»* (Laín, *Gaceta,* 11.8.1962, 25). Su uso es exclusivamente literario.

2 *Allende de,* locución prepositiva, también significa 'además de': *allende de lo dicho.* Se usa hoy muy poco, y solo en la lengua literaria.

allí. 1 Adverbio demostrativo de lugar que designa un punto alejado de la persona que habla y también de aquella a quien se habla, y que significa, por tanto, 'en aquel lugar'. Cuando va acompañado

de la idea de movimiento, significa 'a aquel lugar'.

Puede funcionar como adverbio de tiempo —significando 'entonces'— en el que a veces se conserva un resto de la idea de lugar —significando, pues, 'allí y entonces'—: *Allí fue Troya; Allí será el llanto y el rechinar de dientes.*

Puede ir precedido de diversas preposiciones que denotan primariamente movimiento o aproximación: *de allí, desde allí, hacia allí, hasta allí, por allí.* De estas preposiciones se exceptúa *a;* no se dice *Ve a allí,* sino *Ve allí.*

2 Diferencia entre *allí* y *allá. a)* Los dos adverbios designan lugar que está lejos de donde «yo» y «tú» estamos; pero el primero lo designa con más precisión que el segundo. *Allí* se presta más al acompañamiento del gesto señalador con el dedo índice: *Siéntate allí;* por eso, a veces, *allá* denota una distancia mayor: *Allá lejos, en Australia.* En una dimensión temporal, *allá* tiene la misma vaguedad e indeterminación: *Allá en mi juventud;* en cambio, *allí* señala una ocasión determinada: *Allí fue la rechifla general. b)* Sintácticamente, *allá* se presta a ir acompañado de modificadores cuantitativos: *Eso está más allá, muy allá; Ponla lo más allá posible.* Tales construcciones no son normales con *allí.*

3 Diferencia entre *allí* y *ahí:* → AHÍ. 2.

-allón. Sufijo aumentativo *(-alla* + *-ón): mozallón.* (→ -ÓN.)

alma. 1 En singular, exige las formas del artículo *el* y *un: el alma, un alma.* Esta regla no se aplica cuando *alma* es adjetivo *(almo:* 'criador, alimentador, vivificador').

2 *Alma mater:* → ALMA MATER.

almacenamiento. Este es el nombre español que corresponde al inglés *stock* y a su derivado híbrido *stockaje,* frecuentemente usados por comerciantes y economistas. Al verbo también híbrido *stockar* corresponde al español *almacenar.* No obstante, son términos tan arraigados en el uso, especialmente el primero, que no parece fácil arrinconarlos.

almacenar → ALMACENAMIENTO.

alma mater. 1 Locución latina que significa literalmente 'madre nutricia' y que literariamente se usa para referirse a una

almorávid

alto

universidad: *«Pasó solo seis meses en la Universidad de Harvard, pero presume de ella como si fuera su verdadera 'alma mater'»* (A. Hernández, *Diario 16*, 4.7.1985, 4). En esta locución, *alma* es adjetivo ('nutricia') y no tiene ninguna relación con el español *alma*, como creen algunos: *«Un joven médico de 30 años, 'alma mater' del Consello da Saúde»* (*País*, 23.7.1984, 21).
2 El género de esta locución sustantiva es femenino: *la alma mater*. El artículo no toma la forma *el*, como ocurre con el nombre español *alma*, porque el latín *alma* es adjetivo.

almorávid. Es errónea la pronunciación aguda de esta palabra, /almorabíd/; dígase *almorávid* (plural *almorávides*).

almorzar. Verbo irregular. Se conjuga como *acordar* [4].

almud. 'Medida de áridos'. Es nombre masculino: *el almud, un almud*. Es excepcional el uso como femenino: *«La puso dentro de la almud»* (Sender, *Crónica*, II, 185).

almuerzo → COMIDA.

alo-. Forma prefija del griego *allós*, 'otro': *alotropía, alopatía*.

alongar. Verbo irregular. Se conjuga como *acordar* [4].

alrededor. 1 *Alrededor de*. Locución prepositiva que significa 'rodeando a'. Puede usarse en sentido recto —*viaje alrededor del mundo*— o en sentido figurado, denotando aproximación: *alrededor del día 5 llegaremos; alrededor de seis kilómetros*. Según la Academia, puede también escribirse *alrededor* en dos palabras *(al rededor)*; pero es grafía anticuada que ya no debe usarse.
2 *Alrededor* puede ser también nombre masculino, usado preferentemente en plural, *los alrededores*, 'espacio en torno', 'lugares próximos'.

alta. 1 Como nombre femenino ('entrada en servicio activo'), en singular, exige las formas del artículo *el* y *un*: *el alta, un alta*. Pero cuando es adjetivo, no se aplica esta norma. El siguiente uso de Ortega y Gasset: *«al alta mar»* (*Espíritu*, 15), se explica porque *alta mar* es concebido como una sola palabra, que debió escribirse *altamar*. (Sin embargo, esta palabra es femenina en la lengua general, como *pleamar* y *bajamar*.)
2 El empleo de *alta*, nombre femenino, con los artículos *el* o *un*, induce a algunos a atribuir a este nombre género masculino: *el alta médico*.

altamar → ALTA, 1.

altavoz. Es masculino: *el altavoz*. Plural, *los altavoces*.

alternativa. Este nombre significa 'posibilidad de escoger entre dos cosas'. Es impropiedad, por tanto, decir: *Me encuentro ante dos alternativas;* habría de ser *ante una alternativa*, o *ante la alternativa de X o Z*. Y cuando se dice *la alternativa socialista* se quiere decir *la solución, la posibilidad, la propuesta* o *la salida socialista*. Este uso, tomado del inglés, ha sido recogido por la Academia; pero es aconsejable evitarlo, en beneficio de la claridad.

alti-. Forma prefija del latín *altus*, 'alto': *altimetría, altiplanicie*.

alto. 1 Como adjetivo de dos terminaciones *(alto, alta)*, tiene una forma comparativa *superior* que solo se usa para algunos sentidos de *alto:* 'situado (por) encima' y 'notable o de mucha entidad'. Para otras acepciones —como 'de gran estatura'— se usa exclusivamente la construcción *más alto*. Se dice, pues, *el piso superior* (también *el piso más alto)*, *la calidad es superior (o más alta);* pero *Su hermano es más alto* (decir, en este caso, *superior* significaría que está cualitativamente por encima).
Más alto se construye con *que: Es más alto* QUE *su hermano;* en cambio, *superior* se construye con *a: La calidad de esta obra es superior* A *la de la otra*. Cuando va modificado por el adverbio *mucho*, este toma la forma *muy: muy superior* (frente a *mucho mayor, mucho menor, mucho mejor, mucho peor)*.
Es vulgarismo usar la forma *superior* precedida del adverbio *más: La calidad es más superior*. Sin embargo, es normal el empleo simplemente «positivo» de *superior* como 'magnífico o estupendo': *Has hecho un trabajo superior*. En este sentido admite un superlativo *superiorísimo: «Gentes que todos estamos acordes en calificar y ador-*

32

nar con cuantos laureles proceda otorgar en un examen de cultura superior y hasta superiorísima» (Gaya Nuño, *Conflicto,* 7); *«Badajoz le había colocado [al novillo] un superiorísimo par» (Pueblo,* 8.10.1962, 6).

2 El superlativo del adjetivo *alto* es *altísimo* para todos los sentidos. Existe también una forma latinizante *supremo* solo para los sentidos en que se puede usar el comparativo *superior* (→ 1); es forma principalmente culta y tiene un significado especial: 'el más alto de todos'.

3 *En alto,* 'en voz alta' *(Dímelo en alto),* es locución popular resultante del cruce del adverbio *alto (Dímelo alto)* y la construcción adverbial *en voz alta (Dímelo en voz alta).* Pero conviene advertir que *alto* y *en voz alta* no significan lo mismo: *hablar alto* es 'hablar con voz potente'; *hablar en voz alta* es 'hablar no susurrando'.

altoparlante → HABLANTE.

Alto Volta. El adjetivo correspondiente a la República del Alto Volta es *voltense.* También puede decirse *voltaico,* ya que del nombre propio *Volta* se formó hace mucho el adjetivo *voltaico.*

aludido. *Darse por aludido* es 'reaccionar ante una alusión a la propia persona'. No equivale simplemente a *darse por enterado: «No se digna darse por aludida de mi presencia»* (Edwards, *Máscaras,* 39).

alunizar. Con motivo de la llegada del primer cohete a la Luna, los periodistas se plantearon la duda de si habría que decir *alunar* o *alunizar* para designar la acción de 'posarse sobre la superficie de la Luna'. La misma pregunta alcanzaba a los sustantivos para nombrar la acción: *alunaje, alunizaje.* Ninguno de los dos neologismos es necesario. Debe usarse *aterrizar,* ya que, si esta palabra significa 'posarse en tierra', *tierra* se toma en el sentido de 'suelo' y no de 'planeta terrestre', como todo el mundo sabe. Piénsese en la inútil (y ridícula) atomización léxica que supondrá crear un verbo distinto para cada astro, incluso para cada satélite artificial o estación espacial, en que pueda posarse una astronave.

alvéolo. La Academia registra ahora también la forma *alveolo* /albeólo/, e incluso le da preferencia; pero en el nivel culto, que es el ámbito propio de esta voz,

se sigue optando por la forma esdrújula *alvéolo.*

alza. 'Aumento de precio, valor o cantidad'. Como con frecuencia se usa en contraposición con *baja (el alza y la baja),* a veces se le antepone el artículo *la: «No viene io que antecede para situar, a la alza o a la baja, el voluminoso resultado de las 'Actas' del congreso madrileño»* (J. M. Díaz Borque, *País,* Supl., 9.9.1984, 4). Como a todos los nombres femeninos que comienzan por /a/ tónica, la forma de artículo que le corresponde en singular es *el.*

amable. Construcción: *amable* A, CON, PARA. PARA CON *todos.*

amainar. Se conjuga como *bailar* [1 e].

amanecer. Verbo irregular. Se conjuga como *agradecer* [11]. En su sentido propio, o sea 'apuntar el día', es unipersonal (solo se conjuga en 3.ª persona de singular). En el sentido de 'estar en un paraje o condición determinada al apuntar el día', es personal: *Amanecimos, muy cansados, en León.*

amaraje → AMARAR.

amarar. **1** 'Posarse en el agua' (un hidroavión, o una nave espacial). Este verbo, perfectamente formado sobre *mar,* existe en nuestro idioma desde hace más de medio siglo. Hoy se usa poco, al ser frecuentemente ocupado su lugar por *amarizar,* formado también sobre *mar,* pero con el *-izar* analógico de *aterrizar.* En América se prefiere *acuatizar,* correctamente formado sobre el latín *aqua,* 'agua'. Tanto *amarar* como *amarizar* y *acuatizar* son voces válidas. No es aceptable, en cambio, el verbo *amerizar,* que algunos usan, cuya *e* delata una mala adaptación del francés (en francés el verbo es *amerrir* y el nombre correspondiente es *amerrissage).* No obstante, *amerizar* está ya incluido en el *Diccionario* académico.

2 Todo lo dicho sobre los verbos *amarar, amarizar, acuatizar* y *amerizar* es aplicable a los nombres de acción correspondientes: *amaraje, amarizaje* y *acuatizaje* son normales, mientras que debe evitarse la forma *amerizaje* (incluida, sin embargo, en el *Diccionario* de la Academia).

amargo. Construcción: *amargo* AL *gusto.*

amargor → AMARGURA.

amargura. Es normal distinguir entre *amargor* y *amargura*. *Amargor* es 'sabor amargo'; *amargura*, 'sentimiento amargo': *el amargor de la medicina, la amargura de su corazón*.

amarillecer. Verbo irregular. Se conjuga como *agradecer* [11].

amarizaje, amarizar → AMARAR.

amarrar. Construcción: *amarrar* A *un tronco*.

amateur. 1 Su pronunciación corriente es /amatér/; su plural normal, *amateurs* (pronunciación, /amatérs/). Es palabra francesa usada en el ámbito deportivo en el sentido de 'no profesional': *«Los jugadores australianos .. han recibido una oferta .. a fin de que permanezcan siendo jugadores 'amateurs'»* (*Abc*, 5.10.1962, 55). También se emplea en otras actividades: *«III Certamen Nacional de Cine Amateur»* (*Arriba*, 14.10.1962, 23). Es término de frecuente uso que debe admitirse en deportes, pero que en los demás casos puede sustituirse perfectamente por *aficionado*.

2 Sobre *amateur* han formado los periodistas el sustantivo *amateurismo*. Fuera del ámbito deportivo, Pérez de Ayala creó, para suplir esta voz, *aficionadismo*: *«Compete .. a la ciencia auténtica y responsable, que no al deleitantismo y superficial aficionadismo»* (*Vida sexual*, 19); otro ejemplo del mismo autor se cita en el *Dicc. histórico*, I, 880c. Pero no parece haber encontrado eco.

amateurismo → AMATEUR, 2.

ambages. Es masculino y solo se usa en plural.

Amberes. La ciudad belga de *Antwerpen* se llama en español *Amberes*, y este es el nombre que debe usarse al hablar en nuestro idioma, en lugar del francés *Anvers* o del inglés *Antwerp*.

ambiente. *Medio ambiente:* → MEDIO, 4.

ambigú. Su plural es *ambigús*, más frecuente que *ambigúes*.

ambli-. Forma prefija del griego *amblys*, 'obtuso, romo': *triángulo ambligonio*.

ambos. 1 Adjetivo y pronombre solo usado en plural. Tiene variación de género: *ambos, ambas*. Significa 'uno y otro'. El uso de esta palabra se reduce hoy a la lengua culta, especialmente escrita. Es regional —y por tanto no se admite en la lengua normal— el empleo del adjetivo *ambos* seguido del artículo *los: «Le cerró ambos los ojos»* (Unamuno, *Espejo*, 30). Tampoco es normal que vaya precedido de artículo: *«Ninguno de los ambos propósitos anida en mi ánimo»* (Cela, *Abc*, 6.5.1979, 9).

2 Puede presentarse en la forma *ambos a dos*, puramente literaria, de la que son variantes erróneas *ambos dos* (*«Vamos a explicar ambas dos interrogantes fundamentales»*, J. L. Cebrián, *País*, 14.2.1982, 1) y *ambos dos a dos*. En cuanto a la variante *ambos tres*, oída por la radio (*«El ministro de A, el de B y el de C .. Ambos tres se dirigieron...»*, Radio Madrid, 7.4.1983, 7 h.), no es preciso ningún comentario.

-ambre. Sufijo de nombres de cosas: *estambre, fiambre, cochambre, raigambre, enjambre, calambre*.

amedentrar, amedrantar → AMEDRENTAR.

amedrentar. 'Atemorizar' (no 'amenazar', como algunos creen). Deben evitarse formas erróneas como *amedrantar* y *amedentrar*.

ameliorar. 'Mejorar'. Es galicismo (francés *améliorer*). No es, en realidad, palabra rechazable, pues está formada correctamente; pero su uso es muy reducido e innecesario, ya que el español *mejorar* tiene exactamente el mismo valor.

-amen. Sufijo de palabras tomadas del latín: *examen, certamen*. En palabras derivadas españolas tiene sentido colectivo: *maderamen, botamen, pelamen*.

amenazar. Construcción: *amenazar* DE *muerte*; *amenazar* CON *matarle*; *amenazar* CON *el escándalo*; *la casa amenaza ruina*; *«Los acacios .. amenazaban caer sobre los transeúntes»* (Donoso, *Domingo*, 11).

amén. *Amén de*. Locución prepositiva equivalente a *aparte de*, en sus dos sentidos: de agregación ('además de': *amén de lo dicho*) y de exclusión ('excepto': *Amén de tu padre, nadie había llegado a tiempo*).

amenguar. Se conjuga, en cuanto al acento, como *averiguar* [1 b].

América. 1 «En las traducciones del inglés debe tenerse siempre presente que entre los escritores de esa lengua es corriente usar el nombre *América* para referirse a los *Estados Unidos* y no al nuevo mundo» (Alfaro). 2 *América Española, América Latina:* → HISPANOAMÉRICA.

americanidad. 'Carácter americano'. Está erróneamente formada la voz *americaneidad,* puesta en boca del rey Juan Carlos: *«La ocasión que ahora celebramos nos viene a recordar nuestra esencial americaneidad» (Abc,* 13.10.1984, 27). (→ -DAD, 3.)

americano → ESTADOUNIDENSE.

amerizaje, amerizar → AMARAR.

amical. *«El paseo, en conversación amical o en meditación solitaria, constituía un elemento imprescindible»* (Aranguren, *Juventud,* 117). Este adjetivo ('amistoso') podría considerarse latinismo, pues en latín existe *amicalis;* pero, sin duda, su uso en español —bastante raro— es de origen francés. Puede darse por bueno como variante literaria de *amistoso,* aunque algunos lo hayan censurado y aunque no esté recogido en el *Diccionario* de la Academia.

amicísimo → AMIGO.

-amiento → -MENTO.

amigdalo-, amigdal-. Formas prefijas del griego *amygdale,* 'almendra': *amigdalitis.*

amigo. Como adjetivo, el superlativo de esta palabra es *amicísimo,* aunque también se usa, sobre todo, en la lengua coloquial, *amiguísimo: «No solo contemporáneos, sino amigos y hasta amiguísimos»* (Gaya Nuño, *Conflicto,* 24).

amilo-, amili-, amil-. Formas prefijas del griego *ámylon,* 'almidón': *amilasa, amiloformo.*

amino-. Forma prefija de *amina: aminoácido.*

Aminta. Título de una fábula pastoril de Torcuato Tasso. Como quien da nombre al poema es un hombre, se equivocan los que escriben *la Aminta,* que son muchos. A los ejemplos que cita Cuervo *(Apuntaciones,* § 223) podemos añadir: Montoliu *(Literatura,* I, 343), Valbuena *(Literatura,* I, 521), Cossío *(Fábulas,* 401 y 402), Navarro *(Métrica,* 241). Encontramos la forma correcta, *el Aminta,* en trad. Fitzmaurice-Kelly *(Literatura,* 250), Hurtado-G. Palencia *(Literatura,* 529), Lapesa *(Introducción,* 128), García López *(Literatura,* 254).

amnios. 'Membrana que envuelve la parte dorsal del embrión de los reptiles, aves y mamíferos'. Este nombre masculino tiene la misma forma en singular que en plural. La Academia *(Boletín,* 1983, 346) propone ahora como preferible una forma *amnio* (plural, *amnios),* que aún no he visto usada.

amnistía. Es 'disposición general con que el Estado renuncia a aplicar la pena correspondiente a determinados delitos que se darán por extinguidos'. Al ser 'general', no debe usarse este nombre para la 'condonación total o parcial de una pena a un condenado': *«Ford concede amnistía total a Nixon»* (*Informaciones,* 9.9.1974, 3). En este caso el nombre que corresponde es *indulto.*

amnistiar. Se conjuga, en cuanto al acento, como *desviar* [1 c].

amoblar. Verbo irregular. Se conjuga como *acordar* [4]. Este verbo solo se usa en algunos países hispanoamericanos, como Chile y Colombia. Normalmente se emplea el regular *amueblar.*

amodorrecer. Verbo irregular. Se conjuga como *agradecer* [11].

amohecer. Verbo irregular. Se conjuga como *agradecer* [11].

amohinar. Este verbo se conjuga como *enraizar* [1 f].

amolar. Verbo irregular. Se conjuga como *acordar* [4].

amoníaco. Son igualmente válidas las formas *amoníaco* /amoníako/ y *amoniaco* /-iáko/. Las dos son recogidas por la Academia, con preferencia para la primera, aunque Fernández Galiano considera mejor formada la segunda.

amor. Construcción: *amor* A *la vida; amor* DE *Dios* o A *Dios.* La construcción con *de,* con valor objetivo *(amor de Dios,* 'amor *a* Dios'), es poco frecuente por la anfibología que encierra.

amortecer. Verbo irregular. Se conjuga como *agradecer* [11].

amortiguar. Se conjuga, en cuanto al acento, como *averiguar* [1 b].

amparar. 1 Construcción: *amparar* DE (o CONTRA) *un peligro.*
2 Es galicismo ya anticuado el empleo de *ampararse* por *apoderarse* (fr. *s'emparer): «Un dulce sueño que de él se amparó»* (Galdós, *Doña Perfecta,* 41).

ampliar. Se conjuga, en cuanto al acento, como *desviar* [1 c].

Amsterdam. También se admite la grafía *Amsterdán,* pero ya no se usa. En cuanto a la pronunciación, la normal hoy es la esdrújula, /ámsterdam/.

Amsterdán → AMSTERDAM.

amustiar. Se conjuga, en cuanto al acento, como *cambiar* [1 a].

an- → A-.

-án. Sufijo de nombres y adjetivos, procedente del latín: *sacristán, gavilán.* Algunos nombres y adjetivos formados con *-ano* se apocoparon en *-án* por influencia de este prefijo: *capellán, capitán, holgazán.* Gentilicios: *catalán, alemán.* El femenino es *-ana: sacristana, capitana, alemana.* En *holgazán* están combinados los sufijos *-azo* y *-án.*

Ana. Sobre el uso de artículo ante este nombre, → EL, 2.

ana-. Prefijo procedente de la preposición griega *aná,* 'hacia arriba, en alto': *anatema;* 'contra': *anacrónico;* 'hacia atrás': *anapesto;* 'de nuevo': *anabaptista;* 'conforme': *analogía.*

ánade. En el uso actual es sustantivo masculino *(el ánade, los ánades),* aunque la Academia lo da todavía como ambiguo. Está anticuado el uso femenino que se ve en este ejemplo: *«—Que tengo, entre otras cosillas, / un ánade hermosa. —¡Guapo! / ¡Qué buena está con arroz!»* (Cruz, *Mercader,* 5).

anaerobio. Adjetivo, '(microorganismo) que se desarrolla en un medio desprovisto de oxígeno'. No debe decirse *anerobio,* formado probablemente por analogía con *aneroide* (adjetivo que se aplica al barómetro constituido esencialmente por una caja metálica en que se ha hecho el vacío), palabra de etimología muy distinta: mientras esta procede del griego *a* privativo + *nerós,* 'húmedo', *anaerobio* está formado por el griego *an* privativo + *aér,* 'aire' + *bíos,* 'vida'.

Anáhuac. Nombre de la meseta central mejicana. Es palabra llana, /anáuak/, y debe escribirse con tilde en la segunda sílaba. No importa que Valle-Inclán haya escrito: *«Cacao en lengua del Anahuác* [sic] */ es pan de dioses, o Cacahuác» (Claves,* 256).

anales. Nombre: 'relación de sucesos por años', figuradamente, 'crónica': *los anales del crimen.* No tiene singular. Su género es masculino.

analfabeto. 'Que no sabe leer ni escribir'. La forma femenina es *analfabeta.* Es frecuente en algunos países de América el empleo de *analfabeto* como masculino: *este hombre es un analfabeta.* Es un caso de ultracorrección, como el de *autodidacta* (→ AUTODIDACTO): las personas de instrucción mediana creen que la terminación *-a* es la que mejor cuadra a estos términos cultos, tomando como modelos *poeta, exégeta, suicida,* etc. De esta forma se han impuesto en la lengua general muchas absurdas *aes* como terminaciones de cultismos, que, etimológicamente, habían de ser *oes: autómata, hermafrodita, rapsoda, estratega, psiquiatra, pediatra,* etcétera. (→ POLÍGLOTO.) No hay que olvidar otra posible causa: la introducción de algunos de estos cultismos a través del francés, a manos de traductores ignorantes. El francés, en efecto, transcribe invariablemente como *-e* las desinencias griegas *-os* y *-a, -e, -as, -es,* y el traductor poco preparado tiende a adaptar sistemáticamente esa *-e* francesa como *-a* española.
Autómata, etc., ya están implantadas en el uso y admitidas por la Academia; pero no deben admitirse *analfabeta* y *autodidacta,* cuyo uso se limita a algunas regiones y a un sector de personas. Dígase,

CONJUGACIÓN DEL VERBO «ANDAR»

(tiempos irregulares)

INDICATIVO

Pret. indef. anduve, anduviste, anduvo, anduvimos, anduvisteis, anduvieron.

SUBJUNTIVO

Pret. impf. anduviera o anduviese, anduvieras o -ses, anduviera o -se, anduviéramos o -semos, anduvierais o -seis, anduvieran o -sen.

Fut. impf. anduviere, anduvieres, anduviere, anduviéremos, anduviereis, anduvieren.

pues, *el analfabeto, el autodidacto,* reservando las formas en *-a* para el femenino.

análogo. Construcción: *análogo* AL *anterior.*

anatemizar. Es italianismo *(anatemizzare): «¿Será frecuente el 'anathema sit'? Esta fórmula tan dura de anatemizar y tan antigua será rara»* (J. Cortés-Cavanillas, crónica de Roma, *Abc,* 6.10.1962, 52). En español es *anatematizar.*

Anaxímenes. Nombre de un filósofo jónico de los siglos VI-V a. C. Es palabra esdrújula, no llana.

ancestral → ANCESTRO.

ancestro. 'Antepasado'. La Academia registra ya este nombre masculino *(Boletín,* 1984, 304), tras larga resistencia. Es más usado en América que en España; sin embargo, no faltan ejemplos españoles: *«Una vocación .. que incluso se remonta hasta los ancestros, como producto de una tradición familiar»* (F. Lara, *Triunfo,* 24.8.1974, 50). En realidad no era fácil mantener el veto, pues el adjetivo *ancestral* ya se había introducido en el *Diccionario* de 1970. Este adjetivo tenía ya bastante uso, no solo en América *(«Peso ancestral»,* Storni, *Antología,* 38), sino en España *(«La comunidad nativa, previa, ancestral»,* Ortega, *España,* 27; *«El alma infantil y la del hombre ancestral»,* Marañón, *Vida,* 24).

-anchín → -ÍN.

-ancho → -ONCHO.

-anchón → -ÓN.

-ancia. Sufijo que indica acción y sirve para formar sustantivos abstractos: *discrepancia, estancia, ambulancia, vagancia.*

-anco. Sufijo de sustantivos con significación generalmente despectiva: *ojanco, potranca.*

-ancón → -ÓN.

Ándalus. Nombre árabe de la España musulmana; no de Andalucía, como creen los ignorantes. Se dice siempre *el Ándalus,* con artículo y con pronunciación esdrújula.

andar. 1 Verbo irregular. (Véase cuadro.) Son vulgarismos las formas *andé, andaste, andó..., andara o andase... (por anduve, anduviste, anduvo..., anduviera o anduviese).* Se oyen con frecuencia en la radio, no son raras en los periódicos y a veces incluso saltan a la literatura. El uso es más abundante en las áreas gallega y catalana. Alas *(Obras,* 1103) censuraba un *andó* de Emilia Pardo Bazán. He aquí algunos ejemplos modernos: *«El vagabundo, otra vez solo, como siempre andara»* (Cela, *Miño,* 235); *«Con un leve balanceo de la cabeza, .. como si andara graciosamente desnucado»* (Marsé, *Tardes,* 107); *«Por nuestros caminos andaron múltiples civilizaciones»* (M.ª Aurelia Capmany, *Diario 16,* 9.4.1981, 3).

2 Construcción: *andar* EN *los trámites; andar* EN *mis papeles* ('tocarlos, moverlos'); *andar* CON *cierta gente* ('mezclarse con ella').

3 *Andar* + gerundio es una locución verbal que expresa movimiento (real o figurado) sin dirección fija: *Anda diciendo*

la buenaventura; Ando escribiendo un libro.

Andes. Aunque propiamente el nombre de esta cordillera no tiene singular, en la poesía y en la prosa poética se usa *el Ande: «¡Oh, raza antigua y misteriosa, / .. / eres augusta como el Ande, / el Grande Océano y el sol!»* (Chocano, *Poesías*, 60); *«Crecen en sus versos las flores enfermas del Ande y se oye el rumor de sus valles desolados»* (Scorza, *Acto*, 16).

-ando → -NDO.

-andria. Forma sufija del griego *anér*, 'varón': *poliandria.*

andro-. Forma prefija del griego *anér*, 'varón': *androceo, androfobia.*

-andro. Forma sufija de adjetivo del griego *anér*, 'varón': *monandro.*

Androcles. Nombre del personaje legendario al que un león perdonó la vida. Es palabra llana (Fernández Galiano): /andrókles/, no /ándrokles/.

anea. 'Planta cuyas hojas se emplean para hacer, entre otras cosas, asientos de sillas'. También es válido el nombre *enea*, aunque no es el preferido.

anejar, anejo → ANEXO.

anemo-. Forma prefija del griego *ánemos*, 'viento': *anemómetro.*

anémona. Para la Academia son válidas las formas *anemone, anémona* y *anemona*, aunque da preferencia a la primera. El uso común, en cambio, prefiere la segunda.

anemone → ANÉMONA.

-áneo. Sufijo de adjetivos que expresa pertenencia: *coetáneo, instantáneo.*

anerobio, aneroide → ANAEROBIO.

anestesiar. Se conjuga, en cuanto al acento, como *cambiar* [1 a].

anexar → ANEXO.

anexionamiento. La acción de anexionar se llama *anexión;* por tanto no debe usarse una palabra tan larga como innecesaria.

anexo. La Academia da como totalmente equivalentes *anejo* y *anexo* cuando son adjetivos. En cambio, cuando son

nombres distribuye sus sentidos de la siguiente manera: *anejo,* 'iglesia sujeta a otra' y 'grupo de población rural incorporado a otros u otros'; *anexo,* en plural, 'órganos y tejidos que rodean el útero'. Con el sentido de 'persona o cosa unida o agregada a otra', son indistintas las formas *anejo* y *anexo*. En cuanto a los verbos *anejar* y *anexar,* son equivalentes en todos sus sentidos.

anfi-. Prefijo de origen griego que significa 'alrededor de': *anfiteatro;* 'a ambos lados': *anfipróstilo;* 'doble': *anfibio.*

Anfitrite. Nombre de la diosa griega del mar. Es palabra llana, /anfitríte/; no esdrújula, /anfítrite/.

Ángela. Sobre el uso de artículo ante este nombre de mujer, → EL, 2.

anglo-. Forma prefija del latín *Angli,* 'anglos', pueblo germánico que se estableció en Inglaterra en la alta Edad Media. Se usa generalmente con el sentido de 'inglés': *anglohablante.*

-ango. Sufijo de sustantivos, con sentido despectivo a veces: *caballerango, bullanga.*

Angola. El adjetivo correspondiente a *Angola* es *angoleño.*

angoleño → ANGOLA.

Angora. Este nombre solo se usa hoy en el sintagma *gato de Angora.* Para designar la capital de Turquía se dice siempre *Ankara* (→ ANKARA).

angustiar. Se conjuga, en cuanto al acento, como *cambiar* [1 a].

anhídrido. La pronunciación de este nombre es esdrújula, /anídrido/; no grave, /anidrído/, como se oye con frecuencia.

animar. Construcción: *animar a uno A presentarse; animarse uno A hacerlo.*

ánimo → FUERZA.

aniso-. Forma prefija de *ánisos,* 'desigual': *anisómero, anisótropo.*

Ankara. El nombre de la capital de Turquía —que en español clásico fue *Angora*— se pronuncia en nuestro idioma con acentuación grave, /ankára/.

-ano. Sufijo que se une a sustantivos, adjetivos o adverbios para formar: *a)* adjetivos de origen y pertenencia: *alcoyano, aldeano, lejano, luterano, copernicano; b*) sustantivos que expresan pertenencia: *escribano, solana*. A veces toma las formas *-iano (isidoriano)* o *-tano (ansotano)*.

anoche → AYER, 2.

anochecer. Verbo irregular. Se conjuga como *agradecer* [11]. En su sentido propio ('hacerse de noche') es unipersonal (solo se conjuga en 3.ª persona de singular). En el sentido de 'estar (en un lugar o condición determinados) al llegar la noche', tiene conjugación completa: *Anochecimos en Talavera*.

anofeles. Adjetivo y nombre masculino, '(mosquito) transmisor de las fiebres palúdicas'. Aunque etimológicamente debe ser *anófeles* (esdrújulo), la Academia y el uso general solo reconocen la acentuación grave, /anoféles/. No falta, sin embargo, la forma esdrújula: *«Las quebradas donde es monarca y señorea el anófeles palúdico»* (Vargas Llosa, *Pantaleón*, 253). En otras lenguas la vocal tónica es /o/: catalán *anòfel*, italiano *anòfele*.

anomo-, anom-. Formas prefijas del griego *ánomos*, 'irregular': *anomocarpo*.

anorak. Nombre masculino, 'prenda de vestir deportiva, impermeable y con capucha'. Se pronuncia /anorák/. Su plural es *anoraks*.

anotador. En cine, 'ayudante del director, que se encarga de anotar durante el rodaje todos los pormenores de cada escena'. Su femenino es *anotadora*. Esta palabra es la propuesta por la Academia aunque poco usada aún, para traducir el inglés *script* (o, tratándose de mujer, *script-girl*).

anquilosar. 'Disminuir o imposibilitar el movimiento (en una articulación)'. Debe evitarse la forma errónea *enquilosar*.

ansiar. Se conjuga, en cuanto al acento, como *desviar* [1 c].

ansioso. Construcción: *ansioso* DEL *triunfo; ansioso* POR *la comida; ansioso* DE o POR *comer*.

antagonismo → AVERSIÓN.

Ántares. Nombre de una estrella. La Academia lo da como palabra llana, pero

es preferible la acentuación esdrújula (F. Galiano).

ante. 1 Preposición que expresa situación delante: *Compareció ante el juez; Ante mí pasó*. Puede ir con verbos de reposo o de movimiento.
En sentido figurado significa antelación o preferencia: *ante todo; ante todas las cosas;* o 'respecto de': *No puede opinar ante este asunto*.
2 Algunos censuran como galicismo el uso de *ante* con el significado de 'en presencia de', delante de nombres de cosa: *«Ante los atropellos de semejantes gobiernos, sería funesto y antipatriótico guardar silencio»*. Pero no hay verdadero motivo para censurar este uso.
3 *Ante meridiano:* → MERIDIANO.

ante-, ant-. Prefijo que denota anterioridad en el tiempo o en el espacio: *anteayer, antecámara, antaño*.

⸜-ante → -NTE.

antecocina. 'Pieza o habitación aneja a la cocina, en la que se dispone todo lo relativo al servicio de la mesa'. Está muy extendido, para designar esta pieza, el nombre francés *office* (que en su idioma es femenino y que los españoles usan como masculino). La pronunciación de esta palabra es /ofís/, pero es más usual, por creer que es inglés, decir /ófis/. Hay quienes usan la palabra *oficio* (*«Vendo magnífico chalet .. Comedor, salón, biblioteca, vestíbulo, sauna, cocina, oficio», Abc,* 1.12.1984, 26), que no carece de antecedentes en este sentido dentro de nuestro idioma; pero el nombre que parece más recomendable hoy es *antecocina*.

Antecristo → ANTICRISTO.

antedecir. Verbo irregular. Se conjuga como *decir* [42]. Se usa generalmente solo el participio, *antedicho*.

antediluviano. 'Anterior al Diluvio'. Se usa frecuentemente con intención hiperbólica: 'antiquísimo'. Es posible que haya influido el propio adjetivo *antiquísimo* en la creación de *antidiluviano* (que en realidad significaría 'contrario al Diluvio'): *«monstruo antidiluviano»* (Baroja, *Aventuras Paradox*, 17).

antefuturo → FUTURO, 3 y 4.

-antemo. Forma sufija de adjetivos del griego *ánthemon*, 'flor': *poliantemo*.

Antenor. La pronunciación etimológica es llana: *Anténor*. Pero es aconsejable seguir la acentuación aguda, *Antenor*, que es la más generalizada.

anteponer. 1 Se conjuga como *poner* [21].
2 Construcción: *anteponer la obligación* AL *gusto*.

anterior. 1 Adjetivo comparativo que carece de forma positiva. Significa 'que está delante' o 'que está antes' con relación a otro. Su opuesto es *posterior*. El nombre de comparativo que se le aplica no es del todo adecuado, ya que su funcionamiento sintáctico no es el propio de los comparativos; en efecto, su complemento va precedido de la preposición *a: anterior al año 20*.
Con frecuencia no lleva explícito el complemento: *fachada anterior; músculo tibial anterior*.
2 Este adjetivo, como el adverbio *antes* (→ ANTES, 6) puede ir precedido de cuantitativos como *muy* (no *mucho*), *bastante*, *poco;* pero no de *más*, como se lee en este texto: *«Su primer editor .. indicó otra [fecha] mucho más anterior»* (Martínez Loza, trad. Smith, *Poema Cid*, 54). (Debe ser, simplemente, *muy anterior.*)

anteriormente. Adverbio, 'antes'. La locución prepositiva *anteriormente a*, usada con frecuencia por los periodistas, puede sustituirse con ventaja por *antes de*. En este ejemplo: *«Anteriormente a que la productora 'Frontera Films' lo alquilara para su película, el barco fue empleado en tareas de pesca»* (J. L. Vicuña, *Correo Español*, 8.8.1983, 8), pudo muy bien decirse *antes de que la productora...*

antero-. Forma prefija de *anterior: anteroposterior;* o del griego *antherós*, 'florido': *anterógeno*.

antes. 1 Adverbio de tiempo, de lugar o de orden, que denota prioridad. Unido a la preposición *de* forma la locución prepositiva *antes de*, y unido a la conjunción *que* (precedida o no de la misma preposición), las locuciones conjuntivas *antes que* y *antes de que* (→ 2 y 3).
Con frecuencia sigue a un sustantivo que designa una división de tiempo: *años antes; una hora antes; «menos alborotado que el día antes»* (Valera, *Juanita*, 241). Usar en este caso la forma *de antes* es un vulgarismo que debe evitarse: *Había venido el día de antes.*
2 *Antes de.* Locución prepositiva que denota anterioridad o prioridad en el tiempo: *He venido antes de las nueve.* No puede sustituirse por *antes a: «Unos años antes a la publicación del libro»* (Cunqueiro, *Sábado*, 27.8.1977, 31); *«La documentación estará a disposición de los señores socios siete días antes a la celebración de dicha Junta»* (Circular del Ateneo de Madrid, 25.11.1983). El complemento introducido por *antes de* es con frecuencia un infinitivo: *Antes de entrar, dejen salir;* puede ser también una proposición iniciada con *que*, y en este caso se forma la locución conjuntiva *antes de que.* (→ 3.)
Cuando denota prioridad en el espacio, es con una perspectiva temporal o dinámica, a diferencia de *delante de*, que denota la misma relación, pero con una perspectiva puramente espacial o estática: *La tienda de muebles está antes del cruce con la avenida* (esto es: se llega antes a la tienda de muebles).
3 Con la conjunción *que* (precedida o no de la misma preposición *de*), forma las locuciones conjuntivas *antes que* y *antes de que: Antes que te cases, mira lo que haces; Antes de que vinieran, lo había escondido.* Las dos son igualmente válidas, si bien la segunda ha sido censurada en otro tiempo por los gramáticos. Hay que advertir que, en construcciones que expresan preferencia, solo *antes que* es posible: *Antes que consentir semejante cosa, me marcho.*
4 *Antes no*, en lugar de *antes que* o *antes de que*, es catalanismo: *«Antes no lleguen ustedes a Oviedo tendrán que aguantar más de un chubasco»* (García Ortiz, trad. Borrow, *Biblia*, 353).
5 *Antes de ayer* y *antes de anoche*, pronunciados /antesdeayér/ y /antesdeanóche/ (pero no deben escribirse *antesdeayer*, *antesdeanoche*), equivalen a *anteayer* y *anteanoche*, respectivamente. Aunque son todos igualmente válidos, es más recomendable la última pareja, por su brevedad.
6 Como adverbio, *antes* puede ir precedido de los cuantitativos *mucho*, *bastante*,

algo, poco; pero no de *más,* pues el valor de este adverbio está ya incluido en el significado de *antes* ('más temprano, más pronto'). *Más antes* es redundancia vulgar de algunas regiones.

anti-. Prefijo que significa 'en lugar de' o 'contra': *Anticristo, antialcohólico, anticresis.*

anticipar. 1 Construcción: *anticipar una cosa A otra; anticiparse AL enemigo.* 2 Es impropiedad, por anglicismo, usarlo en el sentido de *prever* o *barruntar: «La población civil evacuó la ciudad a la mañana siguiente anticipando un bombardeo»* (cit. Alfaro).

anticoncepción, anticoncepcional → ANTICONCEPTIVO.

anticonceptivo. '(Procedimiento) destinado a evitar el embarazo'. Se prefiere el uso de esta palabra al de *anticoncepcional* y sobre todo al de *contraceptivo.* Igualmente, *anticoncepción* es preferible a *contracepción.*

Anticristo. Aunque está admitida la forma *Antecristo* de este nombre, es anticuada; la normal es *Anticristo.*

anticuar. Se conjuga, en cuanto al acento, como *averiguar* [1 b]: *se anticua.* Sin embargo, es frecuente la conjugación como *actuar* [1 d]: *se anticúa.*

antidiluviano → ANTEDILUVIANO.

antifebrífugo. *Febrífugo* es el medicamento destinado a reducir la fiebre (hoy es más corriente *antipirético); no debe decirse antifebrífugo,* pues con el prefijo *anti-* significará lo contrario. No obstante, parece haber tenido cierta vigencia, explicable seguramente por cruce de *antifebril* con *febrífugo: «Una ligera medicación antifebrífuga»* (Galdós, *Torquemada,* II, 193); *«Las hojas y la corteza [del amargoso] son de sabor muy amargo y sirven en la preparación de una bebida antifebrífuga»* (Pittier, *Plantas,* 110); *«No está absolutamente probado que la quina fuera ya usada con carácter general como antifebrífugo»* (Ballesteros, *América precolombina,* 507). La confusión es comparable a la de los *remedios antivermífugos* que criticaba Cuervo *(Apuntaciones,* § 699), producto probable

de un cruce entre *antiverminoso* y *vermífugo.*

antiguo. Su superlativo es *antiquísimo.*

antimonopolio. *«Se preparará con urgencia la legislación antimonopolio»* (*í'a,* 20.10.1962, 3). Es más acertado usar, en vez de este adjetivo, *antimonopolístico: «Se está estudiando una legislación antimonopolística»* *(Ya,* 7.8.1962, 10).

antinomia. 'Contradicción'. No es normal la acentuación /antinomía/, que a veces se oye por la radio.

Antínoo. Nombre de un favorito del emperador Adriano. La pronunciación correcta es *Antínoo,* con acento en la *i,* no *Antinoo* /antinó/. También puede decirse *Antino.* Sin embargo, según Fernández Galiano, la forma más acertada, por etimológica, sería *Ántino.*

Antíoco. Nombre de varios reyes seléucidas. La mejor pronunciación y grafía es *Antíoco.* Fernández Galiano admite como igualmente correcta la forma *Antioco,* /antióko/.

antioqueno, antioqueño → ANTIOQUÍA.

Antioquía. Hay una *Antioquía,* con acento en la *i,* en Asia Menor, y una *Antioquia,* con acento fonético en la *o,* en Colombia. El adjetivo correspondiente a la *Antioquía* asiática es *antioqueno;* el de la *Antioquia* americana, *antioqueño.*

antípoda. Adjetivo, 'que habita en un lugar de la Tierra diametralmente opuesto (al de la persona en cuestión)'; en sentido figurado, 'que se contrapone totalmente (a la persona o cosa en cuestión)'. Se usa frecuentemente como nombre masculino: *No sé quiénes son nuestros antípodas.* También como nombre, generalmente en plural, significa 'lugar de la Tierra diametralmente opuesto (al lugar en cuestión)' o, figuradamente, 'posición o actitud radicalmente opuesta (a la de la persona en cuestión)'. En estos dos últimos sentidos, el género es también masculino: *«¡Qué Sol, que allá en los antípodas / escuros valles aclara!»* (Cervantes, *Gitanilla,* 31); *«Vida sutil, que .. / .. se desliza, al mismo tiempo / aquí y en los antípodas»* (Salinas, *Todo,* 39). Sin embargo, en el nivel coloquial se oye con frecuencia el uso femenino *(Vivo en las antí-*

podas), que a veces pasa a la lengua escrita: «*Bally se sitúa en las antípodas de otro lingüista no menos eminente*» (F. Lázaro, *Bol. March,* 4.1982, 36).

Antístenes. Nombre de un filósofo griego. La pronunciación es esdrújula: /antístenes/; no grave, /antisténes/.

antítesis. Su plural es *antítesis,* sin variación alguna.

antivermífugo → ANTIFEBRÍFUGO.

antojarse. Verbo reflexivo unipersonal. Solo se usa con alguno de los pronombre *me, te, le, nos, os, les: se me antoja, se te antojaba, se les antojó,* etc.

antra-, antrac-, antraco-. Formas prefijas del griego *ánthrax,* 'carbón': *antracosis.*

ántrax. Es masculino; en plural es invariable: *ántrax.*

antropo-. Forma prefija del griego *ánthropos,* 'hombre': *antropófago.*

-ántropo. Forma sufija del griego *ánthropos,* 'hombre': *pitecántropo.*

antropofagia. 'Condición de antropófago'. La Academia ya no admite como correcta la forma *antropofagía,* que era la única que figuraba en su *Diccionario* hasta 1947.

Antwerp, Antwerpen → AMBERES.

anunciar. Se conjuga, en cuanto al acento, como *cambiar* [1 a].

Anvers → AMBERES.

-anza. Sufijo de sustantivos derivados de verbos. Expresa acción y efecto: *confianza, enseñanza;* o persona o cosa mediante la cual se realiza la acción: *ordenanza, libranza.*

añadir. Construcción: *añadir algo* A *lo expuesto.*

añicos. 'Fragmentos de algo que se ha roto'. No tiene singular.

añil. Usado como adjetivo, no solo es invariable en cuanto al género, sino también, normalmente, en cuanto al número: *un cielo añil; los cielos añil.* → COLORES.

año. Hay varias maneras posibles de nombrar un decenio: 1.ª, la más obvia: *el decenio 1930-40;* 2.ª, la más corriente hoy: *los*

años treinta; «*En los años veinte se experimentó un fracaso estrepitoso del constitucionalismo, y en los años treinta los regímenes totalitarios tuvieron un estallido cruento*» (R. Calvo Serer, *Abc,* 18.11.1962); 3.ª, *la década de los treinta,* también muy usada hoy, más larga y más afectada que la anterior; 4.ª, *los treintas;* esta última, la menos usada, es de origen inglés; 5.ª, *los años treintas:* combinación de las formas 2.ª y 4.ª: «*Empieza a surgir en España, hacia los años veintes, un pensamiento católico liberal y actual*» (Aranguren, *Juventud,* 82). Al igual que la precedente, tiene poco uso.

Cuando se quiere situar vagamente un año en un determinado decenio, suele decirse *el año treinta y tantos.*

-año. Sufijo de sustantivos derivados de verbos: *abrigaño, hazaña;* o de otros sustantivos: *ermitaño, montaña.*

apacentar. Verbo irregular. Se conjuga como *cerrar* [6].

apaciguar. Se conjuga, en cuanto al acento, como *averiguar* [1 b].

aparcadero → APARCAMIENTO.

aparcamiento. 'Espacio acotado para aparcar automóviles'; también, 'acción de aparcar'. No hay necesidad de usar el término inglés *parking,* como hacen algunos para el primero de los sentidos expuestos. Existe también en español *aparcadero,* menos usado que *aparcamiento.* En América lo más empleado es *parqueadero,* que corresponde al verbo *parquear,* equivalente allí del *aparcar* de España.

aparcar → APARCAMIENTO.

aparecer. Verbo irregular. Se conjuga como *agradecer* [11].

aparejar. Construcción: *aparejarse* PARA *el trabajo.*

aparellaje → EQUIPO, 1.

aparente. Este adjetivo significa, fundamentalmente, 'que parece y no es': *Su enfermedad es solo aparente.* El uso por *evidente* o *notorio* es anglicismo que debe evitarse: «*La validez de este principio es aparente tanto con respecto a los poderes psíquicos como a los poderes físicos*» (Morck-Fuente, trad. Fromm, *Ética,* 219). Lo mismo hay que decir respecto al empleo de *aparentemente* por *evidentemente.*

aparentemente → APARENTE.

apartado → ITEM.

apartamento. 'Vivienda, especialmente la de reducidas dimensiones, dentro de una casa de pisos': «*Matrimonio precisa piso pequeño o apartamento confortable debidamente amueblados*» *(Abc, 9.8.1962, 41); «El 'apartamento' —así dice la gente fina para justificar la pequeñez de un piso— se componía de la alcoba monda y la cocina lironda»* (Laiglesia, *Tontos,* 10). En España es *apartamento* el único nombre normalmente utilizado, frente a *apartamiento* y *departamento,* que se dan en algunos países americanos.

apartamiento → APARTAMENTO.

apartar. Construcción: *apartar* DE *sí; apartar* A *un lado; apartar el mueble* DE *la puerta; apartarse* DE *la gente.*

aparte. 1 Además de adverbio *(Pon este libro aparte),* esta palabra puede ser adjetivo invariable *(Tú eres un caso aparte; De esta obra se ha hecho una tirada aparte).*

2 Como adverbio, puede usarse pospuesto a un nombre, formando una construcción adverbial con el valor de 'dejando aparte lo designado por el sustantivo': *Bromas aparte; Modestia aparte; «Doña Celia, negocio aparte, es una mujer que coge cariño a las gentes»* (Cela, *Colmena,* 190).

3 El adjetivo aparece rara vez sustantivado. Menéndez Pidal lo usa como nombre masculino como 'tirada aparte' o 'separata': *«Página 14 del aparte» (España,* 138). Pero la sustantivación del adverbio es normal: 'reflexión dicha por un personaje teatral suponiendo que no le oyen los otros' y 'conversación entre dos al margen de una reunión' *(Hicieron un aparte para comentar la situación).*

4 Puede ser también preposición, significando 'con omisión o preterición de': *Aparte lo dicho;* pero es más frecuente usar la locución prepositiva *aparte de: Aparte de lo dicho; «—Yo le aseguro que tiene usted grandes condiciones .. —Aparte de las condiciones, es que lo considero tiempo perdido»* (Pérez de Ayala, *Troteras,* 138).

apasionar. Construcción: *apasionarse* POR *una persona* o POR *una cosa.*

apear. Construcción: *apearse* DEL *autobús.*

apechugar. Construcción: *apechugar* CON *todo.*

apegarse. Construcción: *apegarse* A *alguna cosa.*

apelar. Construcción: *apelar* A *otro medio; apelar* CONTRA (o DE) *la sentencia.*

apellido. *Plural de los apellidos.* Para formar el plural de los apellidos se aplican las mismas reglas que rigen para los nombres comunes, si tales apellidos están usados en un sentido genérico: *el siglo de los Cervantes, de los Quevedos, de los Gracianes.* Se exceptúan los apellidos terminados en *-az, -anz, -ez, -enz, -iz, -inz,* que son siempre invariables: *los Velázquez, los Istúriz, los Díaz, los Herranz.* Pero si con el apellido en plural se trata, como es lo más corriente, de designar a una familia, el uso vacila entre la forma común del plural, que es la más castiza —*los Borbones, los Pinzones, los Monteros*— y la forma invariable, censurada por los puristas, pero muy extendida hoy: *los Madrazo, los Quintero, los Argensola.* «Creo —dice Fernández Ramírez, § 96, n.— que en el habla familiar suele ser más frecuente el uso de los plurales. Pero la lengua literaria tiende desde época reciente a suprimirlos.»

Cuando el apellido va precedido de la palabra *hermanos,* es desde luego invariable: *los hermanos Bécquer, las hermanas Fleta.* Igual ocurre cuando el apellido es compuesto: nadie diría, por ejemplo, *las Pardos Bazanes.*

apenas. 1 Adverbio de negación, 'casi no': *Apenas hay quien se atreva.*

2 Adverbio de cantidad, 'tan solo': *Apenas tengo dos o tres pesetas.*

3 Adverbio de tiempo, 'inmediatamente antes', que se usa en correlación con la conjunción *cuando: Apenas había llegado, cuando ya estaba deseando volverse.*

4 Conjunción, 'tan pronto como': *Apenas llegó, cogió el teléfono.; «Apenas retrocede a Alaska y toma contacto con la civilización, cae enfermo»* (Ortega, *Viajes,* 100).

5 *Apenas si* se usa mucho, especialmente en la lengua literaria, con los valores 1 y 2: *«Apenas si quedan un par de días»* (Pemán, *Abc*, 1.1.1959, 3); *«Una pequeña época de murria, en la que apenas si hablaba»* (Cela, *Retablo*, 16).

apéndice. El género de este nombre es masculino: *el apéndice, los apéndices*. Es vulgarismo el usarlo como femenino.

apendicitis. 'Inflamación del apéndice vermicular'. No es masculino *(«ningún apendicitis inoportuno»*, *Informaciones*, 9.5.1983, 15), sino femenino, *la apendicitis*.

apercibir. Construcción: *apercibirse* DE *su presencia* ('darse cuenta'); *apercibirse* CONTRA *posibles ataques* ('prepararse').

apertura → ABERTURA.

aperturar → ABRIR, 3.

apetecer. **1** Verbo irregular. Se conjuga como *agradecer* [11].

2 El uso transitivo de este verbo, 'tener deseo (de algo)', es hoy raro y solamente literario: *Tenían todo cuanto apetecían*. El usual es el intransitivo, con el sentido de 'suscitar la gana o el deseo': *No me apetece el queso; Les apetecía quedarse en casa*. Como en este caso el sujeto es la palabra o sintagma que designa 'aquello que suscita la gana o el deseo', el verbo irá en singular o plural, de acuerdo con ese sujeto: *Me apetecen las cerezas* (no *«Me apetece las cerezas»*).

apetecible. Construcción: *apetecible* AL *gusto*.

apiadarse. Construcción: *apiadarse* DE *los pobres*.

aplicabilidad. 'Condición de aplicable', 'posibilidad de ser aplicado'. Este es el nombre que corresponde al adjetivo *aplicable;* no *aplicatividad* (que sería de *aplicativo)*: *«Plan de marketing. Su elaboración y aplicatividad práctica»* (*Vanguardia*, 1.7.1973, 12).

aplicación. Anglicismo por *solicitud, petición*, usado en América (Alfaro).

aplicar. Construcción: *aplicar una cerilla* A *la leña; aplicarse* EN *el estudio*.

aplicatividad → APLICABILIDAD.

apneo-, apne-. Formas prefijas del griego *ápnoia*, 'asfixia': *apneología*.

apo-. Prefijo griego que significa 'lejos de', 'separado de': *aponeurosis*.

Apocalipsis. Como título de un libro del Nuevo Testamento, y también como nombre común con el sentido de 'fin del mundo' (con frecuencia usado hiperbólicamente), el género de esta palabra es masculino *(el Apocalipsis)*, a pesar de que no faltan ejemplos literarios de uso como femenino: *«La evitación de la Apocalipsis atómica»* (J. M. Pemán, *Gaceta*, 21.7.1962, 25); *«Es el final, el fin. La apocalipsis»* (Otero, *Ángel*, 134).

apócope. 'Supresión de algún sonido al final de una palabra'. El género de este nombre es femenino, *la apócope*, a pesar de que algunos —incluso profesores— digan *el apócope: «Telmo Zarraonandía, famoso a escala mundial por el apócope de su apellido»* (Vizcaíno, *Posguerra*, 218); *«Aquí se nos ofrece un apócope metafórico del devenir de la religión»* (F. Savater, *País*, 20.9.1985, 60).

apoderado → MANAGER.

apoderar. Construcción: *apoderar* A *alguien* ('darle poder para representarle a uno'); *apoderarse* DE *una cosa* ('adueñarse de ella').

apófisis. 'Parte saliente de un hueso'. Es nombre femenino: *la apófisis*. Su plural es *apófisis*, sin variación alguna.

apología. En algunos países de América se usa, por anglicismo, *apología* en el sentido de *petición de perdón, excusas, disculpas* (Alfaro).

aposición. **1** Construcción que consiste en aclarar o determinar el sentido de un sustantivo por medio de otro sustantivo yuxtapuesto: *el profeta rey; Madrid, la capital*. En estos dos ejemplos, *profeta* y *rey*, *Madrid* y *capital* son sustantivos en aposición.

En un sentido más amplio, aposición es toda yuxtaposición de dos palabras, de una palabra y una frase o de dos frases, de idéntica categoría gramatical. Así, no solo hay una aposición de sustantivos —como en los ejemplos anteriores—, sino también de adverbios *(aquí cerca)*, de adjetivos *(un color azul pálido)*, de sustantivo y locución sustantiva *(Madrid, capital de España)*, etc.

2   Hay dos clases de aposición: en la *explicativa*, el segundo miembro no añade nada al concepto que ya teníamos del objeto designado por el primer miembro *(Madrid, capital de España)*; en la *especificativa*, el segundo miembro desempeña con relación al primero una función definidora, distinguiéndolo de otros objetos semejantes *(el profeta rey)*.

3   *Aposición en cuanto al sentido.* Hay otro género de aposición, constituida por un nombre precedido de un *de* expletivo, y que no debe confundirse con el complemento de posesión: *la provincia de Burgos; el teatro de Apolo; el año de 1550; el mes de marzo; el golfo de Lepanto; el Instituto de San Isidro.* Hay, sin embargo, evidente tendencia a suprimir la preposición en muchos de estos casos, uniformando estas construcciones con la aposición yuxtapuesta: *el año 1928; el Instituto Ramiro de Maeztu; el edificio España; el teatro Lope de Vega.* En Venezuela se dice *el Estado Falcón, el Estado Trujillo, el Distrito Urdaneta.* La supresión se extiende a casos en que el nombre propio es realmente un complemento de pertenencia: *«una fauna Ritz»* (Ortega, *Viajes*, 108); *«Entraron los nueve de la comitiva Paradox en el cuarto pequeño»* (Baroja, *Aventuras Paradox*, 135).

Esta corriente simplificadora va ganando terreno, en parte por influencia extranjera, en parte por el deseo de distinguir de la posesión (expresada normalmente por *de)* el mero título, y en parte también —en algunos casos— por influjo del habla vulgar, con su pronunciación muy relajada de la /d/ intervocálica, que da lugar frecuentemente a su caída. Esto ocurre especialmente en los nombres de calles y plazas: *calle Toledo, plaza Santa Cruz,* frente a las formas tradicionales y cultas *calle de Toledo, plaza de Santa Cruz* (→ CALLE).

4   La influencia extranjera (inglesa) es particularmente visible en las aposiciones invertidas: *Monumental Cinema, Real Madrid Club de Fútbol, «Pedis» Instituto, Conferencia Club, Real Automóvil Club.*

apostar.   1   Existen dos verbos homónimos *apostar:* el primero significa 'hacer una apuesta'; el segundo, 'poner a alguien en un paraje' *(Apostó dos vigilantes en la entrada).*

2   Conjugación: el primero es irregular (conjugación 4, como *acordar);* el segundo es regular.

3   Construcción del primero: *Te apuesto veinte duros contra diez* A *que no viene.*

apostatar.   Construcción: *apostatar* DE *su religión.*

apóstrofe.   1   Género: se puede usar como masculino o como femenino *(el* o *la apóstrofe),* pero se usa generalmente como masculino.

2   Confusión con *apóstrofo:* → APÓSTROFO.

apóstrofo.   Evítese la confusión entre *apóstrofo* y *apóstrofe. Apóstrofo* es el nombre de un signo ortográfico (') que no se usa en español actual, pero sí en otros idiomas, para indicar elisión de algún sonido (p. ej., francés *l'argent = l(e) argent). Apóstrofe* se usa frecuentemente con el sentido de 'dicterio', aunque tiene otro más clásico: 'interrupción del discurso para dirigir la palabra con vehemencia a una o varias personas o cosas personificadas'.

apotema.   Término de geometría. Es sustantivo femenino: *la apotema.*

apoteósico.   El adjetivo derivado de *apoteosis* es *apoteósico* o *apoteótico.* La primera forma es la preferida en el uso general, aunque ambas son igualmente válidas.

apoteosis.   'Divinización de un héroe' y 'culminación espectacular'. Es nombre femenino, *la apoteosis.* No debe usarse, por tanto, como masculino: *«La guerra en Europa conoció en 1940 el apoteosis de los ejércitos alemanes»* (Vizcaíno, *Posguerra,* 75); *«Los mismos plumeros de vistosos colores siguen adornando las anatomías de las 'esculturales chicas' en los inevitables apoteosis finales»* (R. Alpuente, *País,* 11.7.1976, 30).

apoteótico   → APOTEÓSICO.

apoyar.   1   Construcción: *apoyar el codo* EN (O SOBRE) *la mesa; se apoyó* EN *la pared; se apoya* EN *argumentos sólidos.*

2   *Apoyar,* 'respaldar': → ENDOSAR.

apreciar. Se conjuga, en cuanto al acento, como *cambiar* [1 a].

apremiar. Se conjuga, en cuanto al acento, como *cambiar* [1 a].

aprender. Construcción: *aprender un idioma; aprender* A *escribir; aprender algo* DE *alguien.* En algunas regiones de América se dice *aprender algo* A *alguien: «esos ojos de corsario que le aprendió al rubio Cepeda»* (Lynch); *«aprende a Lorenzo»* (Rómulo Gallegos). (Cf. Kany, 337.)

aprendiz. 1 El femenino de este nombre es *aprendiza.*

2 Construcción: *aprendiz* DE *redentor* (no A *redentor*).

apresurar. Construcción: *apresurar el paso; apresurarse* A *salir; apresurarse* EN *la respuesta.*

apretar. 1 Verbo irregular. Se conjuga como *cerrar* [6]. En el habla inculta suele conjugarse como regular; pocas veces pasa este uso a la lengua escrita, como en este ejemplo: *«Los calores .. este año aprietan como nunca» (Ya,* 31.8.1962, 3).

2 Construcción: *apretar* A *correr.*

aprobar. Verbo irregular. Se conjuga como *acordar* [4].

apropiado. Construcción: *apropiado* A *las circunstancias.*

apropiar. 1 Se conjuga, en cuanto al acento, como *cambiar* [1 a].

2 Construcción: *apropiar la voz* AL *gesto; apropiarse* DE *algo o apropiarse algo: «Era justo que se apropiase el dinero»* (Pérez de Ayala, *Troteras,* 133).

apropincuar. 1 Significa 'acercar'; por su semejanza con *apropiar,* se usa inadecuadamente *apropincuarse* en el sentido de 'apropiarse (de algo)': *«Una especie de 'maître d'hôtel' les trinchaba a los reyes los asados con un cuchillo de caza, y, como gentilhombre de boca que era, podía apropincuarse alguna tajada de cuando en cuando»* (Camba, *Lúculo,* 100).

2 Se conjuga, en cuanto al acento, como *averiguar* [1 b].

apropósito. Como nombre masculino, 'breve pieza teatral de circunstancias', se escribe en una sola palabra: *Se representó un apropósito. A propósito,* locución adverbial, se escribe en dos palabras: *Hemos cambiado la fecha a propósito* (→ PROPÓSITO).

aprovechar. Construcción: *aprovechar la ocasión; aprovechar* EN *los estudios; aprovecharse* DE *la ocasión; aprovecharse* DE *otra persona. Aprovechar* (sin *se*) DE *la ocasión* no es construcción española, sino francesa: *«Le expliqué quiénes eran y aproveché de su sorpresa para esquivarme»* (Goytisolo, *Fin,* 18).

aproximar. Construcción: *aproximar la silla* A *la pared; aproximarse* A *los cincuenta años.*

apto. Construcción: *apto* PARA *el puesto; apto* PARA *trabajar.*

apud. Preposición latina utilizada en el sentido de 'en la obra de'. Solo se emplea en citas bibliográficas y se escribe en cursiva: *«apud* Menéndez Pelayo».

apunte. *Apunte* es la traducción aproximada del inglés *sketch,* con que se suele designar un género dramático menor, escena cómica o historieta escenificada, que se presenta en teatro, cine, televisión o radio. *Apunte* tiene algún uso, pero por el momento está en desventaja con respecto a *sketch,* cuya pronunciación corriente es /eskéch/.

apuranieves. 'Aguzanieves'. Su género es femenino.

aquárium → ACUARIO.

aquel. 1 Adjetivo y pronombre demostrativo. Tiene en singular y plural formas masculinas y femeninas *(aquel, aquellos; aquella, aquellas);* como pronombre tiene, además, una forma «neutra», sin plural *(aquello).*

2 Como adjetivo —igual que los otros demostrativos—, su colocación normal es antepuesto al nombre: *aquel día;* pero puede ir pospuesto si precede al nombre el artículo *el (la,* etc.): *el día aquel, la niña aquella.* Esta última construcción suele comportar un matiz despectivo.

3 También como los otros demostrativos, el adjetivo *aquel* es siempre tónico: *aquel día,* /akél-día/ (no /akeldía/).

4 La forma *aquel,* por *aquella,* ante nombre femenino que comienza por /a/ tónica *(aquel agua, aquel arma),* no se ad-

mite en el uso normal; se dice *aquella arma, aquella agua.* El uso de *aquel* por *aquella* se debe sin duda a analogía con la presencia de *el,* y no *la,* ante nombres femeninos que comienzan por /a/ tónica *(el aula,* etc.). No es nuevo este uso de *aquel:* Salvá *(Gramática,* 350) citaba ejemplos de Sigüenza *(«aquel alma»),* Iriarte *(«aquel agua»)* y Lista *(«aquel alma divina»).*

5 Como pronombres, tradicionalmente se escriben con tilde las formas masculinas y femeninas: *Eligió aquélla; Que venga aquél.* Pero esta acentuación gráfica, que no tiene justificación fonética ni semántica en cuanto forma de diferenciación respecto al adjetivo, y sí estrictamente gramatical, es innecesaria y ha dejado de ser obligatoria. En cuanto a la forma «neutra» *(aquello),* en ningún caso se ha de escribir con tilde. Siempre que el pronombre *aquel* o *aquella* va como antecedente de un relativo, aunque no vaya inmediatamente unido a él, se escribe sin acento: *«Yo soy aquel que ayer no más decía»* (Darío, *Cantos,* 627); *aquellas de las que hablaban.*

6 No admite el español en uso —debido a anglicismo o galicismo— de *aquel (aquella,* etc.), sin idea de situación, seguido de un complemento sustantivo con la preposición *de,* si se ha enunciado ya el antecedente de dicho pronombre. En estos casos nuestro idioma emplea normalmente las palabras *el (la,* etc.). Así, en este ejemplo: *«Los problemas de estos países son diferentes de* AQUELLOS *de Europa»* (cit. Alfaro), habría que haber dicho *diferentes de* LOS *de Europa.*

7 Diferencia de sentido entre *aquel, este* y *ese:* → ESTE, 6.

8 Aparte de su empleo como demostrativo, *aquel* se usa, en estilo familiar, como sustantivo masculino «para expresar una cualidad que no se quiere o no se acierta a decir; lleva siempre antepuesto el artículo *el* o *un* o algún adjetivo» (Academia, *Diccionario): Juan tiene mucho aquel.* Pero más exacto sería decir que es un nombre comodín, de amplísima comprensión, que solo se podría definir como 'cosa': *«Cada uno, por el aquel de no sufrir, se emborracha con lo que puede»* (Galdós, *Misericordia,* 55). En este uso se escribe siempre sin acento.

aquerenciarse. Se conjuga, en cuanto al acento, como *cambiar* [1 a].

aquí. **1** Adverbio de lugar, que significa 'en este lugar', 'en el lugar en que estoy', o bien 'a este lugar, al lugar en que estoy'; es decir, puede denotar reposo o movimiento: *Aquí vivo; Tenéis que venir aquí.* Puede ir precedido de diversas preposiciones que denotan o implican primariamente movimiento o aproximación: *de aquí, desde aquí, hacia aquí, hasta aquí, por aquí.* De estas preposiciones se exceptúa *a:* no se dice *Ven a aquí,* sino *Ven aquí.*

2 También como adverbio de lugar, pero en sentido figurado, significa 'en este punto' o 'a este punto': *¡El dinero!: aquí es donde está la verdadera dificultad.* Admite un complemento preposicional: *«Aquí llegaba del soliloquio, cuando entraron en la taberna tres muchachos»* (Galdós, *Miau,* 251).

3 Adverbio de tiempo, que significa 'ahora' o 'entonces': *Hasta aquí nos hemos mantenido con la renta; Aquí ya no pude más y le interrumpí.*

4 En el lenguaje popular se usa como pronombre demostrativo, solo o unido a un sustantivo determinado: *Aquí* ('este señor, esta señora') *tiene razón; Voy a explicárselo aquí* ('a este señor'); *«Ya me dijo aquí que iba a venir usted»* (Cela, *Alcarria,* 117); *«—Tú no me la pegas. —Aquí sabe mucho»* (Valle-Inclán, *Reina,* 188); *«Si sacan foto de aquí les rompo la máquina .. A mi dama no la retrata nadie más que yo»* (J. L. Castillo-Puche, *Ya,* 22.7.1962).

5 Con valor distributivo, se usa en correlación con otros adverbios de lugar, significando entonces un lugar indeterminado: *«Aquí sospira un pastor, allí se queja otro; acullá se oyen amorosas canciones, acá desesperadas endechas»* (Cervantes, *Quijote,* I, 124). Es uso exclusivamente literario.

6 Diferencia entre *aquí, ahí* y *allí.* Los adverbios de lugar *aquí, ahí* y *allí* forman una serie que se corresponde con la serie de los pronombres demostrativos *este, ese, aquel. Aquí* es 'el sitio donde estoy yo'; *ahí,* 'el sitio donde estás tú'; *allí,* 'el sitio que está lejos de ti y de mí'. (→ AHÍ, ALLÍ.)

7 Diferencia entre *aquí* y *acá. a)* Los dos adverbios designan el lugar donde «yo» estoy; pero el primero lo hace con más precisión que el segundo: *Ven aquí* significa 'ven a este mismo punto donde yo estoy, ven a mi lado'; *Ven acá* significa 'ven a esta parte, aproxímate'. En su valor temporal, *acá* se presenta como término de una acción iniciada en el pasado: *Del año 40 acá han cambiado las cosas;* mientras que *aquí* se usa como punto de partida de una acción futura: *De aquí a ocho días.* Pero *aquí* también puede significar, en general, 'ahora' o 'entonces' (→ 3). *b)* Sintácticamente, *acá* se puede usar en construcción comparativa: *No está tan acá como creías; Ponlo más acá.* Estas construcciones son excepcionales con *aquí.*

Aquisgrán. La ciudad alemana de *Aachen* se llama en español *Aquisgrán*, nombre que debe usarse en lugar del alemán —o del francés *Aix-la-Chapelle*— al hablar en nuestro idioma. No está justificado el uso que vemos en los siguientes textos: «*El obispo de Aachen .. ha dirigido en castellano una carta pastoral a los trabajadores españoles*» *(Ya,* 21.2.1963, 27); «*Ha sido coronado rey de Roma y emperador electo, como sus predecesores, en Aix-la-Chapelle*» (Muñoz, trad. Lewis, *Carlos de Europa,* 100).

-ar. 1 Formante de infinitivo verbal. Todos los verbos que tienen este formante pertenecen a la primera conjugación, cuyo modelo es *cantar* [1].
2 Sufijo de adjetivos y sustantivos. Indica condición o pertenencia: *muscular, familiar;* o lugar en que abunda una cosa: *malvar, yesar.*

Arabia. *Arabia Saudí, Arabia Saudita:* → SAUDÍ.

-aracho → -ACHO.

-arada → -ADA.

-arajo → -AJO.

-araz → -AZ.

árbitro. No es palabra invariable en cuanto al género, como a veces aparece usada (p. ej., Pérez de Ayala, *Urbano,* 46: «*Ella sola, árbitro y responsable de las consecuencias*»). Su femenino es *árbitra.*

arborecer. Verbo irregular. Se conjuga como *agradecer* [11].

arbori-, arbor-. Formas prefijas del latín *arbor,* 'árbol': *arboricultura.*

-arca. Sufijo de sustantivos, del griego *archo,* 'mandar': *jerarca, monarca.* Designa personas. Para adjetivos se usa el sufijo *-árquico,* y para sustantivos abstractos, *-arquía.*

árcades. Los habitantes de Arcadia se llaman *árcades;* es equivocada la pronunciación (y grafía) *arcades.*

arcaizar. Se conjuga igual que *enraizar* [1 f].

arce- → ARCHI-.

archi-. Prefijo griego que significa preeminencia: *archiduque.* Se utiliza en el lenguaje familiar con valor de 'muy': *archisuperior.* Puede tomar la forma *arci-: arcipreste;* o *arz-: arzobispo;* o *arce-: arcediano;* o *arqui-: arquitecto.*

archivolta → ARQUIVOLTA.

arci- → ARCHI-.

arder. Construcción: *arder* DE *cólera; arder* EN *deseos.*

-ardo. Sufijo de significación aumentativa o despectiva: *goliardo, moscarda.* Se combina con *-ón* en *moscardón.*

areopagita → AREÓPAGO.

Areópago. Nombre de un famoso tribunal de la antigua Atenas. Evítese la forma equivocada *Aerópago,* influida por la forma prefija *aero-.* El adjetivo y nombre derivado es *areopagita* (no *aeropagita*).

Areúsa. El nombre de este personaje de *La Celestina,* que tradicionalmente es nombrado *Areusa,* pronunciado /aréusa/, debe leerse y escribirse *Areúsa,* según ha demostrado Lida *(Celestina,* 20).

argiro-. Forma prefija del griego *árgyros,* 'plata': *argirocéfalo.*

argo-. Forma prefija del griego *argós,* 'brillante', 'blanco': *argófilo.*

Argólida. Región de Grecia. Es más exacta, aunque menos frecuente, la transcripción *Argólide.*

argot. Se pronuncia generalmente /argó/; su plural es *argots* /argós/. Aunque es galicismo, debe admitirse su uso —que es ya general— en nuestro idioma, ya que no equivale exactamente a los términos que se dan como sinónimos suyos: *jerga, jeri-*

gonza, germanía. Tiene dos sentidos: 'jerga de maleantes' y 'lenguaje especial entre personas de un mismo oficio'.

argüir. 1 Verbo irregular. Se conjuga como *huir* [48].

2 Construcción: *argüir* DE *falso*.

argumentar. 1 'Exponer argumentos contra una opinión'. Construcción: *argumentar* CONTRA *la propuesta*.

2 No debe confundirse con *alegar*, como ocurre en este ejemplo: «*Las razones que argumentan los socialistas españoles*» *(País,* 18.8.1979, 1).

aridecer. Verbo irregular. Se conjuga como *agradecer* [11].

-arín → -ÍN.

-ario. Sufijo que se aplica a nombres para formar adjetivos o nombres. En los adjetivos significa pertenencia: *disciplinario, fraccionario*. En los nombres significa profesión *(bibliotecario)*, persona a quien se cede algo *(beneficiario)* o lugar *(campanario)*.

Arístides. Nombre de un político ateniense del siglo V a. C. La pronunciación general es *Arístides*, esdrújula. Pero la transcripción exacta sería *Aristides*, llana, que es la forma latina y griega, y también la española del Siglo de Oro: «*Porque Catón y Aristides / en la equidad no le igualan*» (Lope de Vega, *Peribáñez*, 135); «*Émulo de Platón y de Aristides, / no salgas de ti mismo ni te olvides...*» (B. L. de Argensola).

Aristipo. Filósofo griego de la antigüedad. La pronunciación más acertada es *Aristipo*, llana, no *Arístipo*, esdrújula (Fernández Galiano).

aristo-. Forma prefija del griego *aristós*, 'el mejor': *aristocracia*.

Aristóbulo. En la pronunciación general este nombre es esdrújulo; pero la pronunciación correcta sería *Aristobulo*, grave (Fernández Galiano).

aritmo-. Forma prefija del griego *arithmós*, 'número': *aritmomanía, aritmómetro*.

armar. Construcción: *armar* CON *fusiles; armarse* DE *paciencia*.

armazón. Antes, la Academia daba este nombre como femenino en los sentidos de 'armadura sobre la que se monta algo' y 'conjunto de piezas convenientemente enlazadas para algún fin'; y como masculino en el sentido de 'esqueleto'. Ahora da el nombre como ambiguo en cuanto al género, en todos los sentidos: *el armazón* o *la armazón*. Esta calificación está, efectivamente, de acuerdo con el uso común (cf. Fernández Ramírez, § 91). No obstante, si tenemos en cuenta la etimología, es preferible el género femenino *(la armazón)*, pues el sufijo *-zón* que aparece en esta voz es variante de *-ción*, con el que se forman nombres femeninos *(oración, acción, función)*.

armonio. 'Instrumento músico de teclado, especie de órgano'. La Academia solo registra la forma *armonio*, que es preferible a *armónium* (aunque esta acaso esté más extendida). El plural de la segunda es *armóniums;* el de la primera, *armonios*.

aroma. En el *Diccionario* de la Academia figura este nombre como femenino en la acepción de 'flor del aromo', y como masculino en las de 'perfume' y 'goma, bálsamo, leño o hierba de mucha fragancia'. No es normal el uso femenino en el sentido de 'perfume': «*El poleo, cuya aroma transmina*» (Halcón, *Campo*, 19).

arpa. 'Instrumento musical'. Aunque se admite como correcta también la grafía *harpa*, hoy está en completo desuso.

arpía. En los sentidos de 'mujer fea' o 'mujer perversa', se escribe siempre *arpía*, aunque la Academia admita todavía la posibilidad de una grafía *harpía*. En el sentido de 'ave mitológica con rostro de mujer', se suelen usar indistintamente las dos formas —y con inicial mayúscula—, si bien Fernández Galiano se inclina por *Harpía*.

arqueo-. Forma prefija del griego *archaios*, 'antiguo': *arqueología*.

arqui- → ARCHI-.

-arquía. Forma sufija del griego *archo*, 'mandar', que sirve para sustantivos abstractos: *anarquía*.

Arquímedes. Nombre del famoso físico griego. La pronunciación general es *Arquí-*

arquitecto

arriba

medes, esdrújula. Pero en la lengua clásica se decía, más acertadamente, *Arquimedes*, con acentuación llana, igual que en latín.

arquitecto. El femenino de *arquitecto* es *arquitecta*.

arquivolta. La Academia recoge en su *Diccionario* tanto *archivolta* como *arquivolta* ('conjunto de molduras que decoran un arco en su paramento exterior'); pero da preferencia a esta segunda forma, que es la única usada hoy por los especialistas de arte.

-arrada → -ADA.

arraigar. 1 Se conjuga como *bailar* [1 e].

2 Construcción: *arraigar* EN *una tierra*.

-arrajo → -AJO.

arrancar. Construcción: *arrancar un clavo* DE *la pared* (en lenguaje literario, también, *arrancar la presa* A *las garras de la fiera); arrancar una confesión* A *alguien*.

-arrar. Sufijo compuesto de *-arro* y *-ar: despatarrar*.

arras. 'Monedas que en la ceremonia del matrimonio entrega el desposado a la desposada'. Este nombre femenino se usa solo en plural, aunque Sender lo haya usado en singular: *«Las siete onzas .. eran la mitad justa de las catorce que el padre de la señora Paula y su abuelo pusieron en la bandeja del arra nupcial cuando se casaron» (Crónica, II, 186).*

arrasar. Construcción: *arrasarse los ojos* EN *lágrimas*. La construcción intransitiva *arrasar* CON *algo* —en lugar del uso general transitivo— se encuentra en autores chilenos: *«Para pelear eran unas trombas marinas; arrasaban con lo que se les ponía por delante»* (Neruda, *Confieso*, 40); *«Serían capaces de destruirlo todo, de arrasar con el restaurant»* (Edwards, *Máscaras*, 94).

arrascar. Es vulgarismo usar este verbo por *rascar*, aunque lo haya usado el Conde de Cheste: *«Con uña arráscase merdosa»* (trad. Dante, *Comedia*, 237).

arreate → ARRIATE.

arrebatar. Construcción: *arrebatar* A *uno algo* DE O DE ENTRE *las manos*.

arreciar. Se conjuga, en cuanto al acento, como *cambiar* [1 a].

arrecirse. Verbo defectivo. Solo se usa en las formas que tienen en su desinencia la vocal *i*. Se conjuga como *aguerrir*.

arreglo. *Con arreglo a.* Locución prepositiva que equivale a *según, conforme a, de acuerdo con*, precediendo a sustantivo de cosa: *con arreglo a la ley.*

arrellanarse. 'Extenderse con comodidad en el asiento'. Este verbo viene de *rellano; no de relleno*, como piensan quienes dicen *arrellenarse: «Los espectadores, ocupados en tomar posiciones, en arrellenarse cómodamente en sus butacas»* (Medio, Andrés, 40).

arrellenarse → ARRELLANARSE.

arremeter. Construcción: *arremeter* CONTRA *el enemigo*, CONTRA *los críticos*.

arrendar. Verbo irregular. Se conjuga como *cerrar* [6].

arrepentirse. 1 Verbo irregular. Se conjuga como *sentir* [60].

2 Construcción: *arrepentirse* DE *sus culpas*.

arriar. Se conjuga, en cuanto al acento, como *desviar* [1 c].

arriate. 'Parte acotada en un jardín para plantar flores'. El género de este nombre es masculino. La forma *arreate* es regional: *«Los arreates de grama y de geranios se achicharraban bajo el sol»* (Grosso, *Capirote*, 80). Como andalucismo lo registra Alcalá Venceslada.

arriba. 1 Este adverbio, como otros adverbios de lugar, puede ir precedido de diversas preposiciones que denotan primariamente movimiento o aproximación: *De arriba, hacia arriba, por arriba*, etc. De estas preposiciones se exceptúa *a;* no se dice *Llegó a arriba*, sino *Llegó arriba.*

2 Pospuesto a un nombre, significa 'en dirección a la parte más alta' (de la cosa nombrada): *«Huyó escaleras arriba»* (Baroja, *Románticos*, 11).

3 *Arriba de*, en sentido figurado, 'más allá de': *«No hubiese podido llenar arriba de unas veinte páginas»* (Camba, *Rana*, 49).

4 Diferencia entre *arriba* y *encima*. El sentido fundamental de *arriba* es 'a lugar o puesto superior'; el de *encima*, 'en lugar o puesto superior'. Por tanto, el primero es

50

normalmente complemento de verbos que significan movimiento, y el segundo, de verbos que significan situación. Pero hay casos en que para este último significado es posible utilizar uno u otro adverbio; se puede decir, p. ej., *Yo vivo arriba* o *Yo vivo encima.* En estos casos, *arriba* tiene un sentido más abstracto y absoluto, mientras que *encima* tiene un sentido más concreto y relativo. *Arriba* viene a ser 'en la parte alta'; *encima,* 'en lugar más o menos inmediatamente superior' (a alguien o algo). Por ello es frecuente que *encima* lleve un complemento especificador *(Vivo encima* DE SU CASA), y en cambio es raro que lo lleve *arriba.*

5 La distinción entre *arriba* y *encima* se neutraliza habitualmente en el uso de muchos países hispanoamericanos, asumiendo *arriba* los valores de uno y otro: *«La gente del mentado Matías venía .. temblando arriba de las bestias»* (Uslar Pietri, *Lanzas,* 7).

arribar. Construcción: *arribar* A *Cádiz.*

arribista. 'Persona ambiciosa y sin escrúpulos, que está dispuesta a triunfar a toda costa'. Aunque es adaptación del francés *arriviste,* no debe escribirse *arrivista,* pues en nuestro idioma se integra perfectamente en la familia de *arribar.*

arriesgar. Construcción: *arriesgar su porvenir; arriesgarse* A *salir; arriesgarse* EN *la empresa.*

arrimar. Construcción: *arrimar la silla* A *la pared; arrimarse* A *los poderosos.*

arrinconar. Construcción: *arrinconarse* EN *casa.*

arrivista → ARRIBISTA.

-arro → -RRO.

arrogar. Evítese la confusión entre *arrogar* e *irrogar.* Arrogarse es 'atribuirse o apropiarse (un derecho)': *El alcalde se ha arrogado una autoridad que no le corresponde. Irrogar* es 'causar (un daño)': *Evitaremos irrogar perjuicios a los usuarios.*

arrojar. Construcción: *arrojar a alguien* DE *casa; arrojarse* DESDE O POR *la ventana; arrojarse* AL O EN *el estanque.*

-arrón → -ÓN.

arroz. Este nombre es masculino; solo vulgarmente usado como femenino: *una arroz muy rica.*

arruinar. Es impropiedad, debida a anglicismo, usar este verbo por *eliminar* o por *estropear* (Alfaro). Ejemplo del primer uso: *«El rechazo soviético ha arruinado todas las esperanzas»* (cit. Alfaro); ejemplo del segundo: *«Mirando con asombro a su expresión feroz y su pelo enmarañado, a su cuello y camisa arruinados»* (Novás, trad. Faulkner, *Santuario,* 35). No obstante, conviene advertir que la Academia recoge para este verbo una acepción figurada, «destruir, ocasionar grave daño», que coincide en parte con el uso anglicista denunciado por Alfaro.

arte. Sustantivo ambiguo. En singular se usa normalmente como masculino: *el arte egipcio;* en plural, normalmente como femenino: *las artes plásticas.* Véase este texto de Miró, en que aparece usada la palabra en singular y en plural: *«En arte padecía celosa intransigencia. La música era el más supremo y alado. Las demás artes necesitaban medios de expresión más humanos o terrenos»* (Cercado, 111).

Sin embargo, no son raras las excepciones —correctas— a la norma enunciada: por ejemplo, se dice siempre, desde muy antiguo, *el «Arte poética» de Horacio* (en latín *Ars poetica).* Ejemplos modernos: *a)* En singular: *«El estudio de la historia del cine .. nos permitirá mostrar cómo se ha formado esta nueva arte»* (Arreola, trad. Sadoul, *Cine,* 8); *«La Escultura es el Arte más rigurosa, más limitada, más estrecha»* (Gerardo Diego, *Abc,* 1.12.1961, 43). *b)* En plural (corrientemente en el sentido concreto de 'aparejo de pesca'): *«Las tripulaciones fueron sometidas a interrogatorio por la vigilancia, y se les retuvo algunos artes de pesca, valorados cada uno en 700.000 pesetas» (Ya,* 20.9.1962, 10).

Artemisa. Esta es la transcripción general en nuestro idioma del nombre griego de la diosa llamada *Diana* en latín; pero, según Fernández Galiano, sería más acertado decir *Ártemis* o *Artémide.*

arterio-, arteri-. Formas prefijas de *arteria: arteriosclerosis, arteriectopia.*

arterioesclerósico → ARTERIOSCLERÓ-TICO.

arterioesclerosis → ARTERIOSCLEROSIS.

arterioesclerótico → ARTERIOSCLERÓTICO.

arteríola. La Academia admite hoy también la forma *arteriola*.

arteriosclerosis. 'Endurecimiento de las arterias'. La Academia considera igualmente normales las formas *arterioesclerosis* y *arteriosclerosis*, aunque da preferencia a la segunda.

arteriosclerótico. El adjetivo derivado de *arteriosclerosis* (o *arterioesclerosis*) puede ser *arteriosclerótico* (o *arterioesclerótico*) o *arteriosclerósico* (o *arterioesclerósico*). Las dos formas, con -*t*- y con -*s*-, son reconocidas por la Academia, aunque da preferencia a la primera.

artro-, artr-. Formas prefijas del griego *arthron*, 'articulación': *artropatía, artralgia.*

arz- → ARCHI-.

asá. Variante de *así* que solo se usa en contraposición con este adverbio, significando 'de (esta) otra manera': *así o asá, así que asá* 'de una manera o de otra'; «*Debe regarse así y no asá*» (Jiménez, *Antología para niños*, 174).

asalariar. Se conjuga, en cuanto al acento, como *cambiar* [1 a].

asalto. En boxeo, 'parte de las que constituyen un combate'. Es el nombre que corresponde exactamente al inglés *round*.

asar. Construcción: *asar* A *la lumbre; asar* EN *la parrilla.*

asaz. Adverbio, 'bastante'. Su uso es exclusivamente literario, y ya era anticuado en el siglo XVI (Valdés, *Diálogo*, 105), aunque la Academia parece considerarlo vigente todavía. Algunas veces se ha usado en la construcción *asaz de* + nombre o adjetivo: «*Se le antojaban asaz de feos y extravagantes*» (Pardo Bazán, *Viaje*, 226).

ascendencia. El uso de *ascendencia* como 'influencia o predominio moral' es impropio; este sentido corresponde al nombre masculino *ascendiente*. El verdadero sentido de *ascendencia* es 'serie de ascendientes o antecesores'.

ascender. 1 Verbo irregular. Se conjuga como *entender* [14].

2 Construcción: *ascendieron* A *la sép-* *tima planta; he ascendido* A *jefe de negociado* (usos intransitivos); *me han ascendido* A *jefe de negociado* (uso transitivo).

ascendiente. 1 Construcción: *tener ascendiente* SOBRE *los jóvenes.*

2 *Ascendencia*, por *ascendiente:* → ASCENDENCIA.

Asclepíades. Nombre de varios médicos griegos. Puede decirse también *Asclepiades.*

asco. *Dar asco:* → DAR. 3.

-asco → -SCO.

asechanza. La Academia registra en su *Diccionario* tanto *acechanza* (que define «acecho, espionaje, persecución cautelosa») como *asechanza* (definido «engaño o artificio para hacer daño a otro»). A pesar de que las dos palabras tienen igual origen, no deben confundirse en su pronunciación (a no ser, naturalmente, en zonas de seseo) ni en su grafía, pues su significación es distinta. En realidad, una de ellas, *acechanza*, está en desuso.

asediar. Se conjuga, en cuanto al acento, como *cambiar* [1 a].

asegurar. Construcción: *asegurar* ('afirmar') *que es verdad* (no DE *que es verdad:* → DE. 4); *asegurar una cosa* CONTRA *un riesgo; asegurarse* ('cerciorarse') DE *que es verdad.*

asentar. Verbo irregular. Se conjuga como *cerrar* [6].

asentir. 1 Verbo irregular. Se conjuga como *sentir* [60].

2 Construcción: *asentir* A *lo dicho.*

asequible. 1 Evítese la pronunciación /akskíblc/; el segundo fonema de esta palabra es una simple /s/.

2 Diferencia con *accesible:* → ACCESIBLE.

3 Construcción: *asequible* A *mis fuerzas; asequible* PARA *nosotros.*

aserrar. Verbo irregular. Se conjuga como *cerrar* [6].

asfixiar. 1 Evítese la pronunciación /aksfisiár/ y, naturalmente, la grafía *axfisiar.*

2 Se conjuga, en cuanto al acento, como *cambiar* [1 a].

así. **1** Adverbio de modo, que significa 'de esta manera'. Es con frecuencia antecedente de la conjunción *como,* si esta conjunción introduce una proposición comparativa de cualidad: *Lo hizo así como se lo habían mandado.* Pero no se debe usar *así* como antecedente de un *como* que introduzca una comparativa de cantidad: *«Que, en una carretera así desierta como la española, nuestro país ofrezca .. el índice más alto de mortalidad»* (*Gaceta,* 20.9.1958, 34). En este caso debió escribirse *tan desierta.*

Con frecuencia, en la conversación va acompañado de gesto. Puede llevar complemento con *de: «He mandado pintar dos cartelones con letras así de gordas que dicen: 'Viva el señor Calvo'»* (Vital Aza). También puede presentarse sin gesto, y entonces tiene un sentido consecutivo: *«¡Pobre Segundo! Las calaveradas se pagan. Así está él de flaco. Casi se le podría llamar calavera y esqueleto»* ('está tan flaco que...') (García Álvarez y Muñoz Seca). (Beinhauer, 359.)

Repetido, *así así,* este adverbio de modo pierde su sentido propio ('de esta manera') para significar 'no muy bien': *—¿Cómo te encuentras? —Así, así.*

2 Expresa deseo, acompañando a un verbo en subjuntivo: *Así Dios te ayude; Así te mueras.*

3 Conjunción concesiva, equivalente a *aunque,* con verbo en subjuntivo: *No diría una mentira así le asaetearan; «Yo creo que, así estuviera en la parte más lejana del mundo, una hora u otra tendría señal de lo que por amor de ella sucede»* (Maragall, *Elogios,* 28). Este uso conjuntivo es poco frecuente en España, pero no en América: *Así no vayas, siempre tienes que pagar; Sí, te llevaré, así el mundo se desplome.* (Kany, 378; Steel, *Americanismos,* 190.)

4 Adjetivo calificativo, invariable en género y número ('de este talante'): *Con gente así no se puede vivir.*

5 *Así como* se emplea como expresión de adición: *Todos los hermanos, así como algunos vecinos, salieron en su busca.* Menos frecuente es su uso con valor temporal, 'tan pronto como': *«¿Y no se os alcanza también que, así como fijen ese alevoso pasquín que leyeron, serán uno y otro degollados?»* (Larreta, *Don Ramiro,* 127).

En este caso suele preferirse *así que.* Otro uso de *así como* expresa una vaga semejanza, con el valor de 'algo así como', 'algo parecido a': *«A mí me parecía que el 'Viaje a la Alcarria' era así como el cuaderno de bitácora de un hombre»* (Cela, *Alcarria,* 8).

6 *Así que* puede tener valor temporal, 'tan pronto como': *«Reanudóse la representación así que se ausentaron los cinco espectadores jocosos»* (Pérez de Ayala, *Política,* 276). Es uso literario. Es general, en cambio, el sentido 'por tanto': *No te voy a dar nada, así que márchate.* Es más bien vulgar la forma *así es que,* con este sentido.

7 *Así pues* significa 'por consiguiente': *El tablado estaba en pie; así pues, nada faltaba ya.* Tanto por su significado como por su función (adverbial), constituye una unidad; por ello no está justificado escribir una coma intermedia *(así, pues).*

8 *Así mismo* se usa con dos sentidos: 'del mismo modo' y 'también'. La Academia registra como equivalente la grafía *asimismo,* si bien da preferencia a la primera. El uso más general, no obstante, prefiere la grafía *así mismo* para el primer sentido, y *asimismo* para el segundo. En cualquier caso, la pronunciación es /así-mísmo/.

Asia. Aunque es nombre femenino cuando lleva artículo se dice *el Asia* (→ EL, 2): *el Asia meridional.*

asimilar. Construcción: *asimilar una cosa A otra.*

asimismo → ASÍ, 8.

asíndeton. En gramática, 'omisión de conjunciones'. El género de este nombre es masculino *(el asíndeton),* a pesar de que algunos gramáticos lo hayan empleado como femenino.

asir. **1** Verbo irregular. (Véase cuadro.)

2 Construcción: *asir* DE *la ropa; asir* POR *los cabellos; asirse* A *las ramas.*

asistenta. **1** 'Sirvienta externa que trabaja por horas'. El nombre *asistenta* es el usado en el español general; otras denominaciones, como *interina, mandadera, demandadera, mujer de* (o *que hace*) *faenas,* son regionales.

CONJUGACIÓN DEL VERBO «ASIR»

(tiempos irregulares)

INDICATIVO

Pres. asgo, ases, ase, asimos, asís, asen.

SUBJUNTIVO

Pres. asga, asgas, asga, asgamos, asgáis, asgan.

IMPERATIVO

ase, asga, asid, asgan.

---

2 La mujer que trabaja en la asistencia social no se llama habitualmente *asistenta social,* sino *asistente social.*

asistente. *Asistente social:* → ASISTENTA, 2.

asistir. Construcción: *asistir* A *la reunión; asistir* A *los enfermos.*

asociar. **1** Se conjuga, en cuanto al acento, como *cambiar* [1 a].
2 Construcción: *asociarse* A o CON *otro; asociar una cosa* A o CON *otra.*

asolar. Hay dos verbos *asolar:* uno, formado sobre el nombre *sol,* que significa 'echar a perder' (el calor o la sequía, una cosecha); otro, formado sobre el nombre *suelo,* que significa 'poner por el suelo, destruir, arrasar'. El primer verbo es regular; el segundo es irregular (conjugación 4, como *acordar).* Sin embargo, el uso actual prefiere emplear los dos verbos como regulares. Cf. Rosenblat, *Palabras,* III, 311.

asomar. Construcción: *asomar la cabeza* A o POR *la ventanilla; asomarse* A o POR *la ventanilla.*

asombrar. Construcción: *asombrarse* CON o DE *lo que ocurre.*

áspero. **1** El superlativo absoluto de este adjetivo es *aspérrimo;* pero se va extendiendo el popular *asperísimo,* mientras queda relegado el primero al uso culto y literario.
2 Construcción: *áspero* AL *tacto.*

áspid. 'Cierta serpiente venenosa'. Es nombre masculino: *el áspid, los áspides.*

aspirar. Construcción: *aspirar* A *mayor categoría; aspirar* A *hacerlo.*

asqueroso. Construcción: *asqueroso* A *la vista; asqueroso* DE *ver; asqueroso* EN *su aspecto.*

-astenia. Forma sufija del griego *asthéneia,* 'debilidad': *neurastenia.*

astil. 'Mango de hacha o de pico'. Es palabra aguda; debe desecharse, pues, la pronunciación *ástil.*

-astre → -ASTRO.

astro-. Forma prefija de *astro: astronomía, astrología, astrofísico.* Con ella se forman también compuestos relativos al espacio sideral: *astronave, astronauta, astronáutica.* Sería preferible, para este segundo sentido, emplear la forma prefija *cosmo-;* pero *astro-* está muy generalizado y figura hasta en denominaciones de entidades oficiales.

-astro. Sufijo de sustantivos con valor despectivo: *hijastro, camastro, pilastra.* Alguna vez toma la forma *-astre: pillastre.*

asumir. Este verbo significa 'tomar para sí': *Asumió el mando.* No es apropiado su empleo como 'tomar' (tamaño, forma, incremento), dicho de cosas: *El incendio asumió grandes proporciones.* Ni como 'suponer o presumir': «*Los historiadores de nuestra literatura asumen, sin excepción, que el modernismo influyó y renovó el curso de la poesía española*» (Cernuda, *Estudios,* 73). La misma impropiedad, debida al influjo del inglés, se produce en el em-

CONJUGACIÓN DEL VERBO «ATAÑER»
(tiempos simples)

INDICATIVO	SUBJUNTIVO
Pres. atañe, atañen.	*Pres.* ataña, atañan.
Pret. impf. atañía, atañían.	*Pret. impf.* atañera o atañese, atañe-
Pret. indef. atañó, atañeron.	ran o atañesen.
Fut. impf. atañerá, atañerán.	*Fut. impf.* atañere, atañeren.
Pot. simple atañería, atañerían.	

IMPERATIVO

No tiene.

FORMAS NO PERSONALES

Inf. atañer.   *Ger.* atañendo.   *Part.* atañido.

---

pleo de *asunción* con el sentido de 'suposi-ción o presunción': *«En dicha asunción hay una petición de principio» (ibíd.).*

asunción → ASUMIR.

asunto → CASO, 4, PROBLEMA, 2, y TEMA, 2.

asustar. Construcción: *asustar a los demás* CON *sus palabras; asustarse* DE, CON, POR *un ruido.*

-ata. 1 Sufijo de nombres que expresan acción *(caminata,* etc.): → -ATO, 1.

2 Sufijo de la lengua popular que se usa en deformaciones humorísticas de nombres: *bocata,* 'bocadillo'; *tocata,* 'toca-discos'; *cubata,* 'cuba libre'. Los nombres nuevos formados son masculinos. Cf. Casado, *Léxico,* 71.

Atalía. Nombre de una reina de Judá. Según la acentuación etimológica, es *Atalía* /atália/; pero está bastante extendida la forma *Atalía,* que leemos en Ortega *(Meditaciones,* 155), en Nácar-Colunga, *Biblia* (2 Reyes, 11,1 y ss.) y en *Trad. Dicc. Bompiani* (XI, 95).

atañer. Verbo irregular y defectivo. Solo se usa en las terceras personas del singular y del plural. (Véase cuadro.)

atar. Construcción: *atar el caballo* A *un tronco; atar a alguien* DE *pies y manos; atar* POR *la cintura.*

atardecer. Verbo unipersonal irregular. Se conjuga como *agradecer* [11].

atarear. Construcción: *atarearse* CON o EN *los negocios.*

-atario. Sufijo de sustantivos que designa a la persona en cuyo favor se realiza la acción: *destinatario, arrendatario.* Se une a verbos de la primera conjugación.

atascar. Construcción: *atascarse* EN *el barro.*

Ataúlfo. Este nombre tiene cuatro sílabas, /a.ta.úl.fo/; debe llevar tilde en la *u,* a pesar de que muchos escriban *Ataulfo.*

ataviar. Se conjuga, en cuanto al acento, como *desviar* [1 c].

-ate. Sufijo equivalente a *-ado,* que solo se presenta en algunas palabras: *avenate, piñonate.* No tiene relación con la terminación *-ate* de algunos nombres de origen americano: *chocolate, tomate.*

atediar. Se conjuga, en cuanto al acento, como *cambiar* [1 a].

atemorizar. Construcción: *atemorizar a otros* CON *algo; atemorizarse* DE, CON o POR *algo.*

atender. 1 Verbo irregular. Se conjuga como *entender* [14].

2 Construcción: *atender* AL *enfermo; atender* A *la conversación,* AL *teléfono,* A *los detalles; atender un pedido.*

atenerse. 1 Verbo irregular. Se conjuga como *tener* [31].

2 Construcción: *atenerse* A *las instrucciones.*

atentado. Construcción: *atentado* CONTRA *una persona; atentado* CONTRA *las leyes.*

atentar. 1 Es irregular, y se conjuga como *cerrar* [6], cuando significa 'tentar' o 'ir con tiento'; en este último caso es además reflexivo: *atentarse.* Cuando significa 'intentar un delito, cometer atentado' —que es el uso más corriente de este verbo— es regular.

2 Construcción: *atentar* CONTRA *la propiedad; atentar* CONTRA *una persona.*

atento. Construccion: *atento* A *la explicación; atento* CON *los mayores.*

atenuante. Empleado como sustantivo, es femenino, pues designa una *circunstancia* (cf. AGRAVANTE): «*El tribunal que preside el magistrado señor Zumin ha concedido todas las atenuantes posibles*» (*Ya,* 22.11.1962).

atenuar. Se conjuga, en cuanto al acento, como *actuar* [1 d].

aterirse. Verbo defectivo. Solo se usa en infinitivo y en participio. Sin embargo, según la *Gramática* de la Academia (§ 161 g), se conjuga también en otras formas que tienen en sus desinencias la vocal *i,* igual que ocurre con el verbo *abolir.*

aterrar. En el sentido de 'causar terror' es regular. En los de 'derribar', 'cubrir con tierra', 'llegar a tierra', es irregular y se conjuga como *cerrar* [6].

atestar. Significa 'llenar a presión' y 'testimoniar'. En ambos sentidos se usa como regular; pero en el primero también se ha usado como irregular, conjugándose como *cerrar* [6].

atestiguar. Se conjuga, en cuanto al acento, como *averiguar* [1 b].

Ática. Región de Grecia. Suele usarse con artículo, *el Ática* (artículo *el* y no *la,* por ser nombre femenino que comienza por /a/ tónica). La grafía *Attica* («*las Fuerzas Armadas de la zona de Attica, en los alrededores de Atenas*», *Abc,* 3.6.1973, 19) no es española.

-ático. Sufijo que significa pertenencia y sirve para formar adjetivos o sustantivos: *fanático, acuático, catedrático.*

Atila. Nombre del rey de los hunos (siglo V), llamado «el azote de Dios». En latín era *Attila,* /áttila/, en italiano es *Áttila.* Este nombre, esdrújulo en latín, se ha hecho grave al pasar a nuestra lengua. Abundan los ejemplos clásicos de tal acentuación (v. Toro, *Ortología,* 60-61). Pero en nuestros días algunos restablecen la pronunciación etimológica: *Átila* (por ejemplo, Menéndez Pidal, *Godos,* 37, 43 y 45).

atinar. Construcción: *atinar* AL *blanco; atinar* CON *la casa; atinar* A *explicárselo.*

-ativo → -IVO.

atmido-. Forma prefija del griego *atmís,* 'vapor': *atmidómetro.*

atmo-. Forma prefija del griego *atmós,* 'vapor': *atmósfera.*

-ato. 1 Sufijo que significa en sustantivos, en su forma masculina, significa dignidad u oficio: *decanato, bachillerato;* en su forma femenina, acción: *perorata, cabalgata, caminata.* En adjetivos denota cualidad: *pacato, pazguato.*

2 Aplicado a nombres de animales, designa la cría: *ballenato, jabato, chivato.*

atorar. Es irregular cuando significa 'partir (leña) en tueros'; se conjuga como *acordar* [4]. Cuando significa 'atascar', es regular.

-atorio → -TORIO.

atrabilis. 'Mal genio'. Es sustantivo femenino: *la atrabilis.* La pronunciación *atrábilis* es errónea.

atracar. Construcción: *atracar* A *un viandante; atracar (el barco)* EN *el puerto; atracarse* DE *higos.*

atraer. 1 Verbo irregular. Se conjuga como *traer* [32]. Deben evitarse formas vulgares como *atrayó, atrayeron, atrayera* (por *atraio, atrajeron, atrajera*): «*Amaba [mi madre] .. las coplas y romances del Sur, que a mí solo me transmitía quizá por ser el único de la casa que le atrayeran sus cultos y aficiones*» (Alberti, *Arboleda,* 20).

2 Construcción: *atraer a otro* A *su bando.*

atragantar. Construcción: *atragantarse* CON *una espina.*

atraillar. Se conjuga igual que *enraizar* [1 f].

atrás. 1 Adverbio de lugar que significa 'hacia la parte que está a las espaldas de uno': *dar un paso atrás.* Puede usarse en sentido figurado: *volver atrás en el camino de la virtud.* Se construye con verbos de movimiento, aunque a veces la idea de movimiento está implícita: *se ha quedado atrás.* Admite preposiciones diversas que denotan primariamente movimiento o aproximación: *de atrás, hacia atrás, para atrás,* etc. De estas preposiciones se exceptúa *a,* que ya es componente de la palabra; se dice *Marcho atrás,* y no *a atrás.* Al mismo tiempo, admite complementos con *de,* constituyendo la locución prepositiva *detrás de: «Sí, por detrás de las gentes / te busco»* (Salinas, *Voz,* 11).

2 Como adverbio de tiempo significa 'antes', 'hace tiempo': *Estos acontecimientos vienen de muy atrás.*

3 Con idea de tiempo, puede ir pospuesto a un nombre (generalmente en plural) que signifique unidad temporal: *días atrás, años atrás.* Con idea de lugar, va pospuesto, como adjetivo, a los nombres *marcha* y *cuenta: marcha atrás, cuenta atrás.*

4 Diferencia entre *atrás* y *detrás.* El primero supone la existencia de un movimiento real o figurado *(volverse atrás);* el segundo indica mera situación *(estar detrás).* Normalmente, *atrás* no va seguido de complemento especificador, mientras que *detrás* sí puede llevarlo: *Está detrás de la puerta.*

5 La distinción entre *atrás* y *detrás,* expuesta en el punto anterior, es normal en el español peninsular; pero suele neutralizarse en el uso de muchos países hispanoamericanos: *«Mi cuerpo se ha quedado atrás de mí»* (Cortázar, *Rayuela,* 562); *«¿No sientes que atrás de tus pasos se quiebran las hojas?»* (Storni, *Antología,* 26).

atravesar. Verbo irregular. Se conjuga como *cerrar* [6].

atreverse. Construcción: *atreverse* A *cosas grandes: atreverse* A *hacerlo; atreverse* CON *todos.*

atribuir. 1 Verbo irregular. Se conjuga como *huir* [48].

2 Construcción: *atribuir algo* A *otro.* El complemento directo no puede ser el sustantivo de persona, como se ve en este ejemplo: *«El diputado radical, agotado y afónico, se vio atribuido del título de 'primer charlatán de Italia'»* (Abc, 3.2.1980, 13).

atribular. Construcción: *atribularse* EN, CON O POR *las penalidades.*

Atrida. Nombre genérico de los descendientes de Atreo, rey de la antigua Micenas. Es palabra llana: se pronuncia /atrída/, no /átrida/.

atrincherar. Construcción: *atrincherarse* EN *un repecho; atrincherarse* EN *sus ideas.*

atrofiar. Se conjuga, en cuanto al acento, como *cambiar* [1 a].

atronar. Verbo irregular. Se conjuga como *acordar* [4]. Con cierta frecuencia aparece usado, por descuido, como si fuese regular: *«La aviación de combate a reacción .. atronan* [sic] *los cielos del territorio»* (M. Prieto, *Informaciones,* 16.9.1974, 17); *«Liturgias [de la campaña electoral] que empapelan los muros, atronan las ondas»* (J. Cueto, *País,* 23.4.1983, 56).

Átropos. Nombre de una de las Parcas. Es esdrújulo: /átropos/. Es preferible decir *Átropo,* sin *s.*

audiencia → PÚBLICO.

audífono. 'Aparato para mejorar la audición'. Aunque la Academia registra esta forma, *audífono,* da preferencia a *audiófono,* forma que aún no he visto usada.

audiófono → AUDÍFONO.

auditorio. 1 La Academia registra para este nombre una acepción, 'sala destinada a conciertos, recitales, conferencias, coloquios, lecturas públicas, etc.', que corresponde exactamente al sentido con que se usa la voz *auditórium.* Es preferible abandonar esta forma latina y, de acuerdo con el criterio académico, decir *auditorio.*

2 *Auditorio,* 'público': → PÚBLICO.

auditórium → AUDITORIO, 1.

Áulide. El nombre del puerto de Beocia

donde fue sacrificada Ifigenia aparece escrito de varias formas: *Aulida, Aulide, Aulis.* En las dos primeras la acentuación es dudosa para muchos: *Aulida, Áulida, Aulide, Áulide;* pero de estas cuatro formas, solo las esdrújulas son acertadas (aunque haya ejemplos antiguos de acentuación llana). Las formas preferidas hoy por los helenistas son *Aulis* y *Áulide.*

aullar. En la conjugación de este verbo las vocales *a* y *u* forman hiato, y, cuando el radical es tónico, el acento recae sobre la *u.* Así, el presente de indicativo es: *aúllo, aúllas, aúlla, aullamos, aulláis, aúllan.*

aun. 1 Según las normas de la Academia de 1959, se escribe con tilde (acento gráfico) cuando significa 'todavía': *Aún no han llegado;* sin tilde, cuando significa 'incluso': *Aun los tontos lo saben.* Esta norma ortográfica se corresponde con otra de carácter ortológico: la palabra *aun* se pronuncia como bisílaba /a-ún/ cuando equivale a 'todavía': *Aún está enfermo; Está enfermo aún.* Se pronuncia como monosílaba /áun/ en todos los demás casos, es decir, con el significado de 'hasta, también, inclusive' (o 'siquiera', con negación): *Aun los sordos han de oírme; Ni hizo nada por él ni aun lo intentó (Nuevas normas,* § 17; *Esbozo,* §§ 1.5.4a y 1.6.9b).

Esta norma, aunque muy clara, no responde exactamente a la pronunciación real. La sinéresis /áun/ es general cuando la palabra va delante de aquellas a las que afecta o modifica *(Aún no ha venido);* solo a veces se usa el hiato /a-ún/ en esta posición cuando la pronunciación es lenta o se desea reforzar la significación del adverbio. Detrás de la palabra a que se refiere, el adverbio se pronuncia corrientemente con hiato, /a-ún/: *No salen aún de clase.* (Navarro, *Pronunciación,* § 147.) En ninguno de estos casos interviene la significación del adverbio.

En América, o al menos en algunos de sus países (Argentina, Colombia; cf. Alonso, *Problema,* 81; Flórez, *Lengua,* 218), se pronuncian indebidamente iguales el *aun* 'incluso' y el *aún* 'todavía', tanto si van delante como si van detrás de las palabras modificadas por ellos.

2 *Aun cuando.* (Se pronuncia átono *cuando.)* Conjunción concesiva. Se emplea

introduciendo una proposición adverbial concesiva del tipo irreal: *Aun cuando quisiera, no podría hacerlo.*

aunar. 1 Se conjuga igual que *aullar* [1 f].

2 Construcción: *aunarse* CON *otro.*

aunque. 1 Conjunción concesiva. Cuando la proposición introducida por *aunque* enuncia un hecho que el hablante considera un obstáculo real para el hecho enunciado en la parte principal, el verbo de aquella va en un tiempo del modo indicativo: *Aunque es viejo, trabaja muy bien.* Si ese obstáculo, aunque real, es considerado como una mera objeción del que escucha, entonces se emplea el presente de subjuntivo: *Aunque sea viejo, trabaja muy bien.* Si el obstáculo es puramente hipotético, el tiempo verbal usado es el imperfecto de subjuntivo (si la hipótesis se refiere al presente) o el pluscuamperfecto de subjuntivo (si la hipótesis se refiere al pasado); en estos casos, el verbo principal va en potencial o en otra forma equivalente: *Aunque fuera viejo, trabajaría muy bien; Aunque hubiera sido viejo, hubiera trabajado muy bien.*

En el lenguaje popular suele omitirse la parte principal de la oración: *«¡Mía que montar yo esta maquinaria! ¡Aunque me dieran cinco duros!»* ('[no montaría] aunque me dieran cinco duros') (Vital Aza). Puede ir reforzado *aunque* por *ni: «[El reloj] no anda ni aunque le den un empujón»* (García Álvarez y Muñoz Seca). (Ejemplos citados por Beinhauer.)

2 Conjunción adversativa restrictiva. En la práctica se distingue del *aunque* concesivo en la pausa que le precede, que aquí es mayor y va acompañada de un ligero descenso en la entonación del grupo fónico anterior: *«Es menester que todos vivan, aunque maldita la falta que hace a los demás la existencia de algunos»* (Hartzenbusch). Además, el *aunque* adversativo equivale, aproximadamente, a *pero.* Esta equivalencia no existe si es concesivo.

aupar. Se conjuga como *aullar* [1 f].

auri-, auro-. Formas prefijas del latín *aurum,* 'oro': *aurífero.*

auriga. 'Cochero'. Es palabra grave, /auríga/. Debe desecharse, por tanto, la pronunciación /áuriga/.

ausentarse. Construcción: *ausentarse* DE *la ciudad.*

Ausias. El nombre de pila del poeta valenciano Ausias March (muerto en 1459) ha sido objeto de discusión en lo relativo a su acentuación. Unos defienden la forma *Ausías* (y hay que incluir aquí a los que, redactando en catalán o siguiendo la grafía catalana, escriben *Ausias,* que en esta lengua se lee /ausías/). Otros sostienen que la forma correcta es *Ausiás* (en catalán escrito *Ausiàs*). Y no faltan quienes admiten la posibilidad de una pronunciación /áusias/. Parece demostrado que es la forma aguda, *Ausiàs* o *Ausiás,* la acertada (cf. Colón, *Llengua,* II, 53 y ss.), sin que se pueda negar, sin embargo, la existencia histórica también de la forma *Ausías (ibíd.,* 95). Importa saber que la pronunciación del nombre entre los castellanohablantes nunca ha sido segura, y que por tanto no se puede dar una orientación en este punto, como no sea basándose en la norma catalana.

auspiciar. Se conjuga, en cuanto al acento, como *cambiar* [1 a].

Austria. Cuando se nombra con artículo, el que se usa es *el: el Austria.*

austriaco. Son igualmente válidas las formas *austriaco,* /-iáko/, y *austríaco,* /-íako/, si bien la Academia da preferencia a la primera.

austro-. Forma prefija de *austriaco: austrohúngaro.*

auto-. 1 Prefijo griego que significa 'el mismo': *automóvil, autógrafo.* Es prefijo muy fecundo, del cual, sin embargo, conviene usar con prudencia para no incurrir en ridículas redundancias: *«El trigo se autofecunda a sí mismo»* (Cuevas, *Finca,* 145); *«El almirante Carrero Blanco .. hizo a continuación una auto-radiografía política de sí mismo»* (A. J. González Muñiz, *Ya,* 21.7.1973, 17); *«Los accidentes de tráfico son pequeños o grandes autosuicidios»* (*País,* 9.7.1976, 32). Esta última palabra, *autosuicidio,* junto con el verbo *autosuicidarse,* aparece con cierta frecuencia en la prensa.

2 Se usa también como elemento prefijo en numerosos compuestos relativos al *automóvil: autobús, autocamión, autocarril, autovía, autódromo, autopista, autobarredora, autorregadora,* etc.

autobastidor → BASTIDOR.

autocine. 'Cinematógrafo al aire libre en el que se puede asistir a la proyección sin salir del automóvil'. Nombre propuesto por la Academia para traducir el inglés *drive-in.*

autoclave. 'Aparato para la esterilización por vapor a presión'. La Academia lo da como femenino, *la autoclave.* Sin embargo, algunos diccionarios modernos (p. ej., Moliner) le señalan género masculino, y no faltan ejemplos que lo apoyen: *«Tengo a mi cargo un hervidor y un autoclave»* (Canellada, *Penal,* 130); *«Estalla un autoclave en la Facultad de Químicas» (Informaciones,* 30.4.1976, 32). Quizá lo más acertado sea aceptar el carácter de ambiguo en cuanto al género —es decir, la posibilidad de uso como masculino o femenino—, tal como hace *Planeta.*

autodidacta → AUTODIDACTO.

autodidacto. No debe usarse *autodidacta* como palabra invariable en género. La forma masculina es *autodidacto,* y *autodidacta,* la femenina. Véanse estos ejemplos: *«Lo corriente es que se trate de autodidactos formados en el apremio de un vivir sin espera»* (Castro, *De la España,* II, 286); *«Era un autodidacto»* (Anderson, *Lit. hispanoamericana,* I, 30). (→ ANALFABETO.)

autoestop, autoestopista → AUTO-STOP.

autografiar. Se conjuga, en cuanto al acento, como *desviar* [1 c].

automación → AUTOMÁTICA.

automática. 'Ciencia que estudia la automatización': *«Impacto creciente de la automática en el mundo actual. Conferencia del profesor Santesmases en la inauguración del Curso de Automática» (Ya,* 4.5.1962, 29). No debe usarse el nombre *automación,* mala adaptación española del inglés *automation;* tampoco debe emplearse en lugar de *automatización.*

automatización → AUTOMÁTICA.

automotor. Como adjetivo, significa 'de tracción mecánica', dicho de un vehículo, o 'relativo a la tracción mecánica o a la automoción'. Su femenino es *automotora* o *automotriz*. Es un error, naturalmente, utilizar esta última forma con nombre masculino: *«Sector automotriz» (Abc,* 1.12.1978); *«Seguro Automotriz» (Mercurio,* 3.1.1982, A 1).

automovilista. Es sustantivo y se aplica a personas. No debe decirse, pues, *carrera* o *prueba automovilista,* sino *automovilística.*

auto-radio → RADIO.

autorizar. Construcción: *autorizar algo* CON *su firma; autorizar a alguien* PARA *tomar una decisión.*

autorradio → RADIO.

autoservicio. 'Sistema de venta en que el cliente toma por sí mismo los artículos y los paga a la salida del local', o también el mismo establecimiento. No es necesario usar, como no sea con fines turísticos, el nombre inglés *self-service* (o su abreviación *self,* corriente en Francia, referida concretamente a restaurantes).

auto-stop. 'Sistema de viajar haciéndose llevar gratis por coches a los que se para en la carretera'. Puede escribirse también *autostop.* Su derivado es *autostopista.* Son preferibles estas grafías a las que algunos periódicos emplean, *autoestop* y *autoestopista,* ya que la formación se ha hecho sobre la voz *stop,* que todos conocen y escriben con *s* inicial.

autosuicidarse, autosuicidio → AUTO-, 1.

Auvergne → AUVERNIA.

Auvernia. Nombre español de una región francesa que en francés se llama *Auvergne.* No debe mantenerse sin traducir la forma original, como ocurre en este caso: *«Los periódicos de Auvergne me insultarían»* (Lamana, trad. Sartre, *Palabras,* 122).

auxiliar. Su conjugación es regular, pero los gramáticos no están de acuerdo en cuanto a su acentuación. La más general hoy es la acentuación como *cambiar* [1 a]: *auxilio, auxilias, auxilia* (y no *auxilío, auxilías, auxilía).*

avaluar. Se conjuga, en cuanto al acento, como *actuar* [1 d].

avance. 'Proyección, con fin publicitario, de secuencias sueltas de un filme'. No es necesario el empleo del inglés *trailer.*

avanzar. Como intransitivo, significa 'ir adelante' o 'progresar'. Como transitivo, 'mover hacia adelante' o 'anticipar'. Es catalanismo usarlo por *adelantar,* 'pasar delante (de alguien)'. Al pie de una fotografía que presenta una señal de tráfico de prohibido adelantar, se lee: *«Si tienes prisa, respétalo y no lo avances»* (Correo Catalán, Supl., 25.7.1971, 16).

avaro. Construcción: *avaro* DE *sus bienes.*

avecindar. Construcción: *avecindarse* EN *un pueblo.*

avemaría. 1 Este nombre es femenino; pero en singular, cuando lleva artículo, exige la forma *el* o *un: el Avemaría de Gounod.* En plural es *las avemarías.*
2 Como exclamación, se escribe en dos palabras: *¡ave María!*

avenida. Forma yuxtapuesta en las denominaciones de avenidas, etc.: → CALLE.

avenir. 1 Verbo irregular. Se conjuga como *venir* [61].
2 Construcción: *avenirse* A *un convenio; avenirse* A *ceder; avenirse* CON *cualquiera.*

aventajar. Construcción: *aventajar a alguien* EN *algo.*

aventar. Verbo irregular. Se conjuga como *cerrar* [6].

avergonzar. 1 Verbo irregular. Se conjuga como *acordar* [4].
2 Construcción: *avergonzarse* DE *pedir; avergonzarse* DE *sus acciones.*

averiar. Se conjuga, en cuanto al acento, como *desviar* [1c].

averiguar. En cuanto al acento, se conjuga quedando siempre átona la *u;* así: *averiguo, averiguas, averigua, averiguamos, averiguáis, averiguan; averigüe, averiguaste,* etc.; *averigüe, averigües, .averigüe,* etc. Igual que este verbo se conjugan todos aquellos cuyo infinitivo termina en *-cuar* o *-guar.* (Véase cuadro.)

CONJUGACIÓN DEL VERBO «AVERIGUAR»

(tiempos simples)

INDICATIVO

Pres. averiguo, averiguas, averigua, averiguamos, averiguáis, averiguan /a.be.rí.guo, a.be.rí.guas, a.be.rí.gua, a.be.ri.guá.mos, a.be.ri.guáis, a.be.rí.guan/.
Pret. impf. averiguaba, averiguabas, averiguaba, etc. /a.be.ri.guá.ba, a.be.ri.guá.bas, a.be.ri.guá.ba/, etc.
Pret. indef. averigüé, averiguaste, averiguó, etc. /a.be.ri.güé, a.be.ri.guás.te, a.be.ri.guó/, etc.
Fut. impf. averiguaré, averiguarás, averiguará, etc. /a.be.ri.gua.ré, a.be.ri.gua.rás, a.be.ri.gua.rá/, etc.
Pot. simple averiguaría, averiguarías, averiguaría, etc. /a.be.ri.gua.rí.a, a.be.ri.gua.rí.as, a.be.ri.gua.rí.a/. etc.

SUBJUNTIVO

Pres. averigüe, averigües, averigüe, etc. /a.be.rí.güe, a.be.rí.gües, a.be.rí.güe/, etc.
Pret. impf. averiguara o -se, averiguaras o -ses, averiguara o -se, etc. /a.be.ri.guá.ra, a.be.ri.guá.se; a.be.ri.guá.ras, a.be.ri.guá.ses/, etc.
Fut. impf. averiguare, averiguares, averiguare, etc. /a.be.ri.guá.re, a.be.ri.guá.res/, etcétera.

IMPERATIVO

averigua, averigüe, averiguad, averigüen /a.be.rí.gua, a.be.rí.güe, a.be.ri.guád, a.be.rí.güen/.

FORMAS NO PERSONALES

Inf. averiguar /a.be.ri.guár/.
Ger. averiguando /a.be.ri.guán.do/.
Part. averiguado /a.be.ri.guá.do/.

aversión. Este nombre significa 'antipatía o repugnancia'. No tiene relación con la idea de 'adverso o contrario', como parecen entender quienes pronuncian o escriben *adversión*. La cualidad de adverso o contrario se llama *oposición* o *antagonismo*.

avestruz. Este nombre es masculino: *el avestruz, los avestruces.* No es raro, sin embargo, encontrarlo usado como femenino: *«La avestruz respondona» (Gaceta,* 2.11.1975, 78). Como femenino lo usó también Ortega (*Amor,* 193).

avezar. Construcción: *avezarse* A *los peligros.*

aviar. Se conjuga como *desviar* [1 c].

Avignon → AVIÑÓN.

Aviñón. La ciudad francesa de *Avignon* tiene en español el nombre de *Aviñón.*

avión. *Avión* A *reacción:* → A ^{2}, 9.

avizor. Según la Academia, es un sustantivo que significa 'el que aviza', o un adjetivo que solo se usa siguiendo al sustantivo *ojo* y formando con él una locución adverbial que significa 'alerta'. Hay en esto una inexactitud. *Avizor*, adjetivo, no solo existe en esa locución adverbial, sino que tiene un uso normal de adjetivo. Así, Ortega lo usa con el sustantivo *ojo* precedido de preposición: *«Investiga con ojo avizor» (Viajes,* 139); Azorín lo une al sustantivo *ojos*, concertando en plural con él:

«*Con los ojos del deseo—los más avizores de todos*» *(Doña Inés*, 167); Ortega lo aplica a otro sustantivo masculino: «*Un día y otro, en curva ruta, valiente, avizor, temerón, [el barco] hacía camino a lo largo de la costa*» *(Viajes*, 21); el mismo Ortega utiliza la forma femenina: «*Sus pupilas intensas y avizoras .. quedan sorprendidas*» *(España*, 43); también Cernuda: «*Tenía astucia avizora*» *(Estudios*, 106). Se llega incluso a convertir la palabra *avizor* en adverbio, como hace Dámaso Alonso en este pasaje: «*Estarán avizor para sorprender las nuevas necesidades*» *(Idioma*, 288). (En otras ediciones de este texto aparece sustituida la palabra *avizor* por *alerta*.)

-avo. Sufijo que se une a un numeral cardinal para indicar el número de partes en que se divide la unidad, de las cuales se nombra una: *un doceavo, la dieciochava parte*. Los matemáticos emplean a veces este sufijo para formar ordinales: *el término veintidosavo*, 'el término vigésimo segundo'. Pero no se considera aceptable en la lengua general esta formación de ordinales con *-avo*, como en estos ejemplos: «*Ahora hacen su catorceavo viaje de novios*» (García Hortelano, *Tormenta*, 67); «*Onceavo libro de versos de este peculiar poeta*» *(Abc*, 21.9.1972, 52); «*El quinceavo aniversario del museo que lleva su nombre*» (D. Giralt-Miracle, *País*, 13.4.1978, 25); «*El onceavo de los álbumes en el que Neil Young ha participado*» *(Abc*, 23.4.1978); «*Habiéndose completado la formación de los arcos vertebrales alrededor de la onceava semana de la vida fetal*» (F. J. Villarejo, *Abc*, 17.2.1985, 45). Los ordinales correspondientes a *once, catorce* y *quince* son respectivamente, *undécimo, decimocuarto* y *decimoquinto*. (Véase la lista de ordinales en el apéndice I de este libro.)

axfisiar → ASFIXIAR.

axial → AXIL.

axil. 'Del eje'. Puede decirse *axil* y *axial;* pero es preferible la primera forma.

ay. 1 Construcción: *¡ay* DE *mí!; ¡ay* DE *los vencidos!*

2 Usado como nombre, su plural es *ayes*.

Áyax. Nombre de dos héroes de la guerra de Troya. Lleva acento en la primera sílaba; no es *Ayax, /*ayáks/.

ayer. 1 *Ayer mañana, ayer tarde* son construcciones frecuentes en el lenguaje periodístico en las que la concisión telegráfica —al abreviar los sintagmas *ayer por la mañana* y *ayer por la tarde*— ha convertido en adverbios los nombres *mañana* y *tarde*, dándoles el valor (no recogido en los diccionarios) de 'por la mañana' y 'por la tarde'. Ambas construcciones (de origen francés: *hier matin, hier soir*) parecen útiles y deben darse por buenas, al menos en el ámbito de los medios de comunicación.

2 En cambio, *ayer noche*, creada a imagen de las anteriores, sustituye sin ventaja, y con la desventaja de la mayor longitud, al adverbio *anoche*.

ayudante. 'Persona que realiza trabajos auxiliares'. El femenino es igual que el masculino, *la ayudante;* salvo cuando se trata de oficios manuales, en que es *la ayudanta:* «*Cortefiel precisa oficialas y ayudantas modistas*» *(Abc*, 13.1.1963, 63).

ayudar. Construcción: *ayudar a alguien* EN *un trabajo; ayudar a alguien* A *hacerlo*.

-az. Sufijo de adjetivos que denota cualidad: *voraz, fugaz, rapaz;* va con nombre en *agraz*. Combinado con *-ario (-ar-)* da el sufijo *-araz: lenguaraz, montaraz*.

azaramiento, azarante → AZARAR.

azarar. En el *Diccionario* de la Academia, los verbos *azarar* y *azorar* son parcialmente sinónimos, pues coinciden en el sentido de 'conturbar, sobresaltar'. *Azarar* tiene los sentidos específicos de 'avergonzar' y —en la forma pronominal, *azararse*— 'ruborizarse, sonrojarse'. El sentido particular de *azorar* —'irritar, encender, infundir ánimo'— no está en uso hoy. Las mismas coincidencias y diferencias que hay entre los dos verbos existen entre los nombres de acción correspondientes, *azaramiento* y *azoramiento*, así como los adjetivos *azarante* y *azorante*.

Azorar se usa casi exclusivamente en la lengua literaria, mientras la lengua general prefiere *azarar:* «*¿Hay algo más azarante, más molesto, más prosaico, que el turista?*» (Unamuno, *Andanzas*, 37); «*La chica está azarada*» (Cela, *Alcarria*, 112).

-azgo. Sufijo de sustantivos. En derivados de nombres significa cargo o estado: *almirantazgo, noviazgo;* o tributo: *portazgo.* En derivados de verbos significa acción: *hallazgo.*

azimut → ACIMUT.

azo-. Forma prefija de *ázoe: azobenceno.*

-azo. Sufijo de nombres y adjetivos, cuya forma femenina es *-aza.* Tiene significado aumentativo: *hombrazo;* despectivo: *sangraza;* aumentativo y despectivo: *animalazo;* significa golpe: *trompazo, garrotazo;* significa origen: *linaza.* Combinado con *-ón,* da *-onazo: aguzonazo;* con *-ote,* da *-otazo: picotazo.*

-azón → -ÓN.

azoramiento, azorante, azorar → AZARAR.

azúcar. Puede ser masculino o femenino, *el azúcar, la azúcar.* Es más general usarlo como masculino: *azúcar refinado, azúcar moreno; «El azúcar lo traía en un papel»* (Baroja, *Románticos,* 83). Un ejemplo de uso femenino: *«La azúcar del malvavisco, / la menta del mar sereno, / y*

el humo azul del benjuí» (Alberti, *Antología,* 43).
En plural es, casi sin excepción, de género masculino: *los azúcares finos.*
Curiosamente, es muy frecuente que en singular vaya acompañado a la vez de artículo masculino y adjetivo femenino: *«Con lo cara que está el azúcar»* (Zamora, *Traque,* 13); *«No vamos a obtener el azúcar necesaria»* (J. M. de Bedoya, *Pueblo,* 14.12.1964, 3); *«El precio del pan común subirá un 6,40%, y el del azúcar blanquilla un 7,7%»* (*País,* 18.7.1984, 49). Cf. Fernández Ramírez, § 91.
Otra anomalía gramatical de este nombre es la formación de su diminutivo. Frente a la formación lexicalizada *azucarillo,* 'masa de almíbar con clara de huevo y zumo de limón', y a la forma venezolana *azucarita* citada por Rosenblat (*Palabras,* II, 133) —construidas ambas regularmente—, el diminutivo corriente es *azuquítar,* junto a un diminutivo regional *azuquita.*

azumbre. 'Medida de capacidad'. Suele usarse como femenino, *la azumbre;* pero también puede emplearse como masculino: *«Qué era un azumbre»* (Zamora, *Traque,* 315).

b

b. **1** Segunda letra del alfabeto. Corresponde al fonema consonante /b/, que tiene dos realizaciones: fricativa y oclusiva. En la fricativa, los labios se aproximan mucho sin llegar a tocarse, dejando pasar el aire sin interrupción. Mientras dura esta articulación, hay vibración de las cuerdas vocales. Es, pues, una consonante bilabial sonora.

2 La articulación oclusiva se produce cuando el fonema va en posición inicial de frase (después de pausa), o bien detrás de una consonante /m/ o /n/: los labios llegan a juntarse igual que en la /p/, sin que por ello deje de existir la misma sonoridad (vibración) que en la articulación fricativa. Únicamente en las circunstancias indicadas se articula /b/ de forma oclusiva; en todos los demás casos es anormal tal pronunciación, y choca al oído de cualquier hispanohablante nativo. Precisamente la pronunciación fricativa de /b/ —como la de /d/ y /g/— es una de las peculiaridades fonéticas del español.

Articulación de /b/
fricativa

3 La /b/ seguida de /s/ y otra consonante presenta una marcada tendencia a desaparecer, como lo refleja la ortografía: *suscrip-*

Articulación de /b/
oclusiva

ción, sustancia, sustantivo se escriben hoy con mucha más frecuencia que *subscripción, substancia, substantivo,* aunque la Academia prefiera todavía estas últimas formas. *Oscuro* ya nunca se escribe *obscuro.* Sin embargo, no se admite la supresión en muchos otros casos: *obstáculo, obstruir, obsceno, abstracto, abstruso, absceso, abscisa, abstemio, abstener.*

4 El fonema /b/ se representa en la escritura por *b* o *v: caballo, robo, libro, vida, servir, leve.* Es un error todavía extendido suponer que estas dos letras responden, como en otros idiomas, a dos fonemas diferentes: según algunos, la letra *v* tendría una pronunciación labiodental, o sea, producida por el paso del aire rozando entre el labio inferior y los dientes superiores. Esta pronunciación (semejante a la de /f/, pero con vibración de las cuerdas vocales) no se da espontáneamente, dentro del dominio del español, más que en algunas zonas de la región levantina, debido a la influencia de la lengua regional. (→ v.)

5 Ortografía del fonema /b/. El fonema /b/ se representa por la letra *b* en los siguientes casos:

a) Los verbos terminados en *-bir: escribir, recibir, subir.* Excepciones: *hervir, servir, vivir.*

b) Los verbos terminados en *-aber: caber, saber.* Excepción: *precaver.*

c) Los verbos terminados en *-buir: atribuir, imbuir.*

d) Las terminaciones de pretérito imperfecto del indicativo de los verbos de la primera conjugación *(-ar): cantaba, estábamos.*

e) El pretérito imperfecto de indicativo del verbo *ir: iba, ibas,* etc.

f) Las palabras que comienzan por el prefijo *bi-, bis-, biz-* ('dos veces'): *bifocal, bifurcación.*

g) Las palabras compuestas cuyo primer elemento es *bien* o su forma latina *bene: benefactor, bienaventuranza.*

h) Las palabras que empiezan por *bibl-,* o por las sílabas *bu-, bur-, bus-: biblioteca, burla, busto.*

i) Los adjetivos terminados en *-bundo, -bunda,* y los sustantivos en *-bilidad: vagabundo, debilidad.* Excepciones: *movilidad, civilidad.*

j) El fonema /b/ en final de sílaba o de palabra, o antes de otra consonante: *absurdo, obtuso, baobab, ablativo.* Hay que poner *b,* y no *v,* detrás de la letra *m: cambio.*

Para la grafía *v,* → v.

6 El nombre de la letra *b* es *be* (femenino). Su plural es *bes.* Sobre el nombre *be larga,* → v.

babel. Como nombre común, con el significado de 'desorden y confusión', puede ser masculino o femenino: *un babel* o *una babel.*

babi → BABY.

baby. **1** En España se usa esta palabra inglesa, pronunciándola /bábi/, en lugar del clásico *delantal* o bata de tela lavable que usan los niños para proteger la ropa. La

Academia registra esta voz con la grafía *babi.*

2 En América, según Alfaro, la usan muchos con el significado inglés de *niño, pequeño, nene,* que son las palabras españolas por las que debe sustituirse: *el baby, la baby, tiene una baby, espera un baby.*

bacará → BACARRÁ.

bacarrá. 'Juego de naipes, de azar'. La Academia recoge las formas *bacará* y *bacarrá,* dando preferencia a la primera; la segunda, sin embargo, es la más usual. No es necesario emplear la grafía francesa *baccara.* Y debe rechazarse *baccarat,* que carece de justificación.

baccara, baccarat → BACARRÁ.

Bach. El nombre del célebre músico alemán se pronuncia /baj/; no /bach/ ni /bak/, como dicen algunos locutores, incluso en los programas de música clásica de Radio Nacional de España.

bacili-. Forma prefija del latín *bacillus,* 'bastón': *baciliforme.*

bacterio-, bacteri-. Formas prefijas de *bacteria: bacteriólogo, bactericida.*

baffle, bafle → PANTALLA.

bailar. **1** Conjugación: la segunda vocal del grupo /ai/ siempre se combina formando diptongo con la vocal precedente, es decir, articulándose ambas dentro de una sola sílaba. (Véase cuadro.)

2 Construcción: *bailar* CON *Juana.*

bajá. **1** En Turquía, antiguamente, 'hombre que tenía un mando superior'; modernamente es título honorífico. La Academia acoge hoy también la forma *pachá,* tomada del francés. Es preferible, sin embargo, utilizar la forma tradicional, excepto en la locución *vivir como un pachá,* 'vivir con regalo y opulencia'. A veces aparece una forma *pasha,* que es inglesa: «*Sinan Pasha*» (Muñoz, trad. Lewis, *Carlos de Europa,* 146), y que debe ser sustituida por la española.

2 El plural de *bajá* es *bajaes.* Sin embargo, la Academia (*Esbozo,* § 2.3.3) dice que es más frecuente *bajás.*

bajamar. 'Nivel inferior que alcanza el mar al final del reflujo'. El género de este nombre es femenino: *la bajamar.*

CONJUGACIÓN DEL VERBO «BAILAR»

(tiempos simples)

INDICATIVO

Pres. bailo, bailas, baila, bailamos, bailáis, bailan /bái.lo, bái.las, bái.la, bai.lá.mos, bai.láis, bái.lan/.
Pret. impf. bailaba, bailabas, bailaba, etc. /bai.lá.ba, bai.lá.bas, bai.lá.ba/, etc.
Pret. indef. bailé, bailaste, bailó, etc. /bai.lé, bai.lás.te, bai.ló/, etc.
Fut. impf. bailaré, bailarás, bailará, etc. /bai.la.ré, bai.la.rás, bai.la.rá/, etc.
Pot. simple bailaría, bailarías, bailaría, etc. /bai.la.rí.a, bai.la.rí.as, bai.la.rí.a/, etc.

SUBJUNTIVO

Pres. baile, bailes, baile, bailemos, bailéis, bailen /bái.le, bái.les, bái.le, bai.lé.mos, bai.léis, bái.len/.
Pret. impf. bailara o -se, bailaras o -ses, bailara o -se, etc. /bai.lá.ra, bai.lá.se; bai.lá.ras, bai.lá.ses; bai.lá.ra, bai.lá.se/, etc.
Fut. impf. bailare, bailares, bailare, etc. /bai.lá.re, bai.lá.res, bai.lá.re/, etc.

IMPERATIVO

baila, baile, bailad, bailen /bái.la, bái.le, bai.lád, bái.len/.

FORMAS NO PERSONALES

Inf. bailar /bai.lár/.   *Ger.* bailando /bai.lán.do/.   *Part.* bailado /bai.lá.do/.

bajar. Construcción: *bajar* A *la cueva; bajar* DE *la torre; bajar* POR *la escalera.*

bajo. 1 Como adjetivo de dos terminaciones *(bajo, baja)* tiene una forma comparativa *inferior* que solo se usa para algunos de los sentidos de *bajo:* 'situado debajo' y 'escaso o de poca entidad'. Para otras acepciones —como 'de poca estatura'— se usa exclusivamente la construcción *más bajo.* Se dice, pues, *el piso inferior* (también podría ser *el piso más bajo), la calidad es inferior* (o *más baja);* pero *El otro hermano es más bajo* (decir, en este caso, *inferior* significaría que está por debajo cualitativamente con respecto a sus hermanos). *Más bajo* se construye con *que: Es más bajo* QUE *su hermano;* pero *inferior* se construye con *a: La calidad de este zapato es inferior* A *la de aquel.* (Enteramente anormal es un ejemplo como este: «*La propensión media a ahorrar es sin duda inferior en España* QUE *en otros países europeos*», Prados, *Sistema,* 205.) Es vulgarismo usar la forma *inferior* precedida del adverbio *más: La calidad es más inferior.*

2 El superlativo del adjetivo *bajo* es *bajísimo,* para todos los sentidos. Existe también una forma latinizante *ínfimo,* exclusivamente para los sentidos en que se puede usar *inferior* (→ 1): *Unos zapatos de calidad ínfima.* Esta forma es principalmente culta y tiene un significado enfático especial: 'extremadamente bajo'. El predominio del valor expresivo sobre la noción superlativa lleva en ocasiones a la anteposición de *más:* «*Amén de otros muchos de orden más ínfimo, tres bailes dominaban en Madrid*» (Díaz-Cañabate, *Taberna,* 211); «*¿Tienen también alma los elementos más ínfimos, como los microbios?*» (*Ya,* 8.11.1962, 12). Pero no es uso recomendable.

3 Aparte de adjetivo, esta palabra puede ser adverbio y preposición. Como adverbio, su uso actual más frecuente es con el sentido de 'en voz baja': *Habla más bajo.* Es rústico (a veces literario) el sen-

tido 'abajo': *Vive allí bajo; «La oía un momento, allí bajo»* (Azorín, *Confesiones*, 132).

4 Como preposición (con pronunciación átona), denota posición inferior con respecto a lo designado en el nombre que sigue. En sentido figurado significa 'sometiéndose a': *Lo hizo bajo ciertas condiciones.* En la lengua literaria se usa también —solo con el primer sentido— la locución prepositiva *bajo de: «Y he venido a vivir mis días / aquí, bajo de tus pies blancos»* (Mistral, *Desolación*, 33).

5 *Bajo la base de* es evidente confusión; debe decirse *sobre la base de.*

6 *Bajo el punto de vista* no es construcción tan descabellada como algunos creen (la usaba como normal el ilustre gramático Andrés Bello: *«Clasificaremos, pues, los verbos bajo otro punto de vista», Gramática,* § 770); pero la norma actual prefiere *desde el punto de vista.*

7 *Bajo demanda, bajo encargo,* fórmulas usadas por algunos comerciantes (*«Extenso programa de modelos normalizados. Tipos especiales bajo demanda», Guía telef.,* 20), son calco del francés; en español se dice *a petición* y *por encargo.*

8 *Bajo el prisma de:* → PRISMA.

9 Alfaro cita algunos usos inadecuados, en el español de América, por influjo del inglés, de la preposición *bajo* en lugar de *conforme a, con arreglo a, al amparo de,* según los casos: *«El infractor debe sufrir prisión bajo el artículo 251 del Código Penal»; «El demandante reclamaba sus derechos bajo su patente de invención»; «Bajo el artículo 21 del Pacto, el alcance legal internacional de la Doctrina Monroe se extendió».*

bajorrelieve. 'Obra esculpida cuyas figuras resaltan poco del plano'. Aunque es más usual *bajorrelieve* (plural *bajorrelieves*) que *bajo relieve* (plural *bajos relieves*), no por ello debe rechazarse esta segunda forma. Las dos figuran en el *Diccionario* académico.

baladí. 'Trivial'. Su plural es *baladíes.*

balaustre. La Academia admite las dos acentuaciones *balaustre* /baláustre/ y *balaústre*; pero es preferible la primera, a pesar de este ejemplo de Gerardo Diego: *«Azules en las maderas, / cuarterones, ba-*

laústres / de parroquias, jambas, ménsulas» (*Segunda antología,* 24).

balbucear → BALBUCIR.

balbucir. Verbo defectivo. (Véase cuadro.) No se usa en la primera persona del singular del presente de indicativo ni en el presente de subjuntivo. Todas estas formas se suplen con las del verbo *balbucear,* que significa lo mismo y es hoy mucho más usado.

balde. No deben confundirse las locuciones *de balde* y *en balde,* aunque la Academia admita la equivalencia. *De balde* significa 'gratis'; en la construcción *estar de balde* equivale a 'de más, ocioso'. *En balde* significa 'en vano, inútilmente'.

Bâle → BASILEA.

ballet. Este nombre francés, masculino, se pronuncia /balé/; en plural es *ballets,* /balés/. Como no tiene sustituto en español y es palabra necesaria y de uso normal, hay que darla por buena, aunque no figure en los diccionarios comunes.

balompédico → BALOMPIÉ.

balompié. Este nombre se creó alrededor de 1920 para sustituir al inglés *football;* pero, impuesto este en la forma *fútbol* (→ FÚTBOL), *balompié* ha quedado reducido a un uso «literario», como mera variante estilística de *fútbol.* Lo mismo ocurre con el adjetivo derivado *balompédico* frente al usual *futbolístico.*

baloncestista → BALONCESTO.

baloncesto. Este es el nombre español del deporte que en inglés se llama *basketball* (o *basketball*). En algunos países americanos se prefiere el nombre inglés, a veces someramente españolizado con la grafía *basquetbol.* También en España, en un nivel coloquial, se usa el nombre *basket* y se llama *basquetista* al jugador (que, de acuerdo con el sistema de la lengua, es *baloncestista*).

balonmano. Este es el nombre español del deporte llamado en inglés *handball.*

balonvolea. Este es el nombre que se ha dado en español (escrito sin guión en medio y sin tilde en la primera *o*) al deporte cuyo nombre inglés es *volley-ball.* Pero

---

CONJUGACIÓN DEL VERBO «BALBUCIR»

(tiempos simples)

INDICATIVO

Pres. balbuces, balbuce, balbucimos, balbucís, balbucen.
Pret. impf. balbucía, balbucías, etc.
Pret. indef. balbucí, balbuciste, balbució, etc.
Fut. impf. balbuciré, balbucirás, etc.
Pot. simple balbuciría, balbucirías, etc.

SUBJUNTIVO

Pres. Carece.
Pret. impf. balbuciera o balbuciese, balbucieras o -ses, etc.
Fut. impf. balbuciere, balbucieres, etc.

IMPERATIVO

balbuce, balbucid.

FORMAS NO PERSONALES

Inf. balbucir.   *Ger.* balbuciendo.   *Part.* balbucido.

---

también existe, registrado ya por la Academia, *voleibol.*

bambú. Su plural es, según la norma general, *bambúes;* pero existe la forma *bambús,* que aparece en Miró (cit. Fernández Ramírez, § 93) y que es registrada por la Academia al lado de la anterior (*Esbozo,* § 2.3.3). La primera forma es la preferida en el uso culto.

banda. En cine se distingue entre *banda sonora,* o *de sonido,* 'la que contiene registrados todos los acompañamientos sonoros de las imágenes: música, diálogos, efectos sonoros', y *banda internacional,* 'banda de sonido sin diálogos utilizada en el posterior doblaje del filme a diferentes lenguas' (Cebrián). Esta última denominación corresponde, a pesar de la apariencia, al inglés *sound track.*

bandolina. 'Instrumento musical de cuerda'. También se usa la forma *mandolina.*

banjo. *«Sobre la mesa hay un instrumento musical, algo así como un banjo, hecho con una cacerola de hierro cruzada por tres cuerdas»* (Mallea, *Cuentos,* 14). Es fre-

cuente pronunciar el nombre de este instrumento de jazz más o menos como en inglés: /bányo/. Puede muy bien españolizarse diciendo *banjo,* con la *j* nuestra, y así figura en el *Diccionario* de la Academia.

bantú. 'De un grupo de pueblos africanos'. Es palabra aguda; evítese, pues, la pronunciación /bántu/. El plural normal es *bantúes,* aunque la Academia (*Esbozo,* § 2.3.3) también recoge la forma *bantús.*

baño. Calentar al *baño de María* o al *baño María* son expresiones igualmente admitidas. Hoy parece más corriente la segunda forma —que ya se encuentra registrada en la primera mitad del siglo XVIII (cf. Corominas)—, si bien la otra es la más antigua y la más próxima a la probable etimología: *María,* hermana de Moisés, a la que se atribuían obras de alquimia.

baobab. 'Cierto árbol tropical'. Su plural es *baobabs.*

barajar. Aparte del sentido propio de 'mezclar entre sí (las cartas de la baraja) antes de repartirlas', existe un uso figurado, 'manejar (diversas cifras, datos, nombres, posibilidades) en un estudio o una exposición': *Los nombres que se barajan para la Dirección General.* Se ve claramente la metáfora en que los nombres, los datos, etc., son sentidos como naipes que se mezclan unos con otros antes de entrar en el juego y empezar a ser seleccionados por el jugador. Por eso resulta desacertado utilizar el verbo *barajar* simplemente como 'considerar', referido a un solo objeto, como en estos ejemplos: *«Los bancos acreedores de UCD barajan la hipótesis de la autodisolución del partido»* (*País*, 21.11.1982, 1); *«Se baraja .. el hecho de que en la Costa del Sol .. haya cada día más residentes vascos»* (*Diario 16*, 3.6.1983, 48).

bari-. Forma prefija del griego *barys*, 'pesado': *barisfera, barítono.*

barman. 'Encargado o empleado de un bar'; en sentido más restringido, 'especialista en hacer cócteles'. El plural más frecuente en España es *bármans*, aunque también se usa a veces el plural inglés *barmen*. Si la palabra se considera todavía extranjerismo no arraigado, debería emplearse su plural auténtico, *barmen*. Si se considera necesaria en español y se adopta como normal, debería emplearse la forma española de plural, que sería *bármanes.*

baro-. Forma prefija del griego *baros*, 'peso': *barómetro.*

base. 1 No conviene usar este nombre por *basa*, término de arquitectura: 'asiento sobre el que se pone la columna o la estatua', a pesar de que el uso esté registrado por la Academia.

2 *A base de*, locución prepositiva que denota elemento constitutivo principal: *«Su fe es una fe a base de incertidumbre»* (Unamuno, *Sentimiento*, 820). Es popular, aunque a veces pase a la lengua común, el uso de construcciones en que la locución se antepone, no a un nombre, sino a un adverbio: *a base de bien;* o a un adjetivo: *Quiero una cosa a base de barato.*

3 *En base a*, locución prepositiva, 'basándose en': *«En base a estos hechos, la acusación pública .. estimó que aquellos eran constitutivos de un delito de parricidio»* (*Ya*, 25.10.1962, 13) Aunque es usual en el lenguaje forense, del cual ha pasado a otros ámbitos (ejemplo: *«La diferencia-*

ción de juegos y juguetes en base al sexo», B. Carrasco, *País*, 10.5.1978, 28), lo normal es decir *sobre la base de* o *basándose en.*

4 *Bajo la base de:* → BAJO. 5.

baseball → BÉISBOL y PELOTA.

Basel → BASILEA.

Basilea. La ciudad suiza de *Basel* (en alemán) o *Bâle* (en francés) se llama en español *Basilea.*

Basílides. 1 Nombre de un filósofo alejandrino. Aunque esta es la forma generalizada, debería ser palabra llana, *Basilides* (Fernández Galiano).

basket, basketball, basquetbol, basquetista → BALONCESTO.

bastar. Construcción: *bastar* PARA (o A) *contenerlos; basta* CON *eso; basta* DE *bulla.*

bastidor. (También *autobastidor.*) 'Conjunto formado por la armazón que soporta la caja y por el motor y las ruedas de un vehículo automóvil'. Es el nombre español que corresponde al inglés *chassis* y al francés *châssis*. Pero también se usa el nombre *chasis* (masculino) que, aunque con definición defectuosa, ya figura en el *Diccionario* de la Academia.

batallar. Construcción: *batallar* CON *los enemigos; batallar* POR *conseguirlo.*

batir. *Batir el récord:* → MARCA.

batraco-. Forma prefija del griego *bátrachos*, 'rana': *Batracomiomaquia.*

bayonesa → MAYONESA.

Bayreuth. El nombre de esta ciudad alemana se pronuncia /báiroit/; no /báirut/, /báiruz/ ni /béirut/, como se oye en pocas veces en las emisoras de radio, con posible confusión, para el oyente, con *Beirut*, /beirút/, capital del Líbano.

Bearne. Región francesa. Se nombra siempre con artículo: *el Bearne.*

beber. Construcción: *beber* A *la salud de los presentes; beber* DE o EN *una fuente.*

bechamel → BESAMEL.

Bechuanalandia, bechuano → BOTSUANA.

begonia. 'Cierta planta de origen americano'. Es equivocada la forma *begoña* que

---

CONJUGACIÓN DEL VERBO «BENDECIR»

(tiempos simples)

INDICATIVO

Pres. bendigo, bendices, bendice, bendecimos, bendecís, bendicen.
Pret. impf. bendecía, bendecías, bendecía, bendecíamos, bendecíais, bendecían.
Pret. indef. bendije, bendijiste, bendijo, bendijimos, bendijisteis, bendijeron.
Fut. impf. bendeciré, bendecirás, bendecirá, bendeciremos, bendeciréis, bendecirán.
Pot. simple bendeciría, bendecirías, bendeciría, bendeciríamos, bendeciríais, bendecirían.

SUBJUNTIVO

Pres. bendiga, bendigas, bendiga, bendigamos, bendigáis, bendigan.
Pret. impf. bendijera o bendijese, bendijeras o -ses, bendijera o -se, bendijéramos o -semos, bendijerais o -seis, bendijeran o -sen.
Fut. impf. bendijere, bendijeres, bendijere, bendijéremos, bendijereis, bendijeren.

IMPERATIVO

bendice, bendiga, bendecid, bendigan.

FORMAS NO PERSONALES

Inf. bendecir.   *Ger.* bendiciendo.   *Part.* bendecido.

---

algunos usan, sin duda influidos por el nombre propio *Begoña*: «Olía ya a begoñas, a pinos, a azahar» (García Hortelano, *Tormenta*, 15).

begoña → BEGONIA.

behaviorismo → CONDUCTISMO.

beige. 'De color café con leche'. Es palabra francesa muy usada en español, generalmente con la pronunciación /béis/. Sería deseable, en vista de su utilidad y de su aceptación general, darle forma española acorde con la pronunciación común: *beis*. La Academia Colombiana ha recomendado que se diga *jalde* o *pajizo* (Flórez, *Temas*, 152).

Beijing → PEKÍN.

Beirut. El nombre de la capital del Líbano se pronuncia en español /beirút/. No debe emplearse la grafía francesa *Beyrouth*.

béisbol. 'Deporte'. La Academia registra, junto a la forma grave, escrita con tilde en la *e*, la forma *beisbol*, aguda, /beisból/. Pero en España solo se usa la primera. (→ PELOTA.)

beldar. Verbo irregular. Se conjuga como *cerrar* [6].

Belmez. Nombre de una población de la provincia de Córdoba. Es palabra aguda; por tanto, se pronuncia /belméz/, no /bélmez/. Un texto del siglo XV (*Cancionero de Baena*, 149c), en que este nombre aparece rimando con *axedrez*, atestigua ya la pronunciación aguda.

bendecido. *Bendecido* y *bendito*: *Bendecido* se utiliza como participio en la formación de los tiempos compuestos y de la pasiva de *bendecir*: *he bendecido, fue bendecido. Bendito* se usa exclusivamente como adjetivo: *agua bendita, el bendito niño*.

bendecir. Verbo irregular. Se conjuga como *decir*, salvo en futuro imperfecto, potencial simple, imperativo y participio. (Véase cuadro.) Sobre el participio, → BENDECIDO.

bendito → BENDECIDO.

beneficiar. 1 Se conjuga, en cuanto al acento, como *cambiar* [1 a]. Construcción: *beneficiar una mina; beneficiarse* DE *la situación.*

benéfico. El superlativo —poco usado— de este adjetivo es *beneficentísimo.*

benemérito. Construcción: *benemérito* DE *la patria.*

benévolo. Su superlativo es *benevolentísimo* (que también lo es de *benevolente*).

benjuí. 'Bálsamo aromático'. Su plural es *benjuís.*

berbiquí. Su plural es *berbiquíes*, aunque existe la forma popular *berbiquís*, usada por Azorín (cit. Fernández Ramírez).

beréber. 'De Berbería'. La Academia registra las formas *beréber, bereber* y *berebere*, pero señala que es preferible la primera. El plural de esta es *beréberes;* de las otras dos, *bereberes.*

berebere → BERÉBER.

besamel. La salsa blanca cremosa llamada *bechamel* (nombre francés) se llama en español, de acuerdo con la Academia, *besamel* o *besamela*, ambas con género femenino.

besamela → BESAMEL.

besar. Construcción: *besar* EN *la frente.*

best-seller, bestseller. 'Libro que figura a la cabeza de las ventas'. Es voz inglesa difundida en todo el mundo, y que en España se suele pronunciar /bes-séler/. Su plural es *best-sellers* (o *bestsellers*). Sería deseable traducirla al español; p. ej., como *campeón de ventas* o *número uno en ventas* (Lorenzo, *Español*, 171, propone *éxito editorial*). Las listas oficiales u oficiosas de *best-sellers* se llaman en España *los libros de mayor venta.*

Beyrouth → BEIRUT.

bi-. Prefijo latino que significa 'dos': *bifocal, bifronte.* También aparece en las formas *bis-* y *biz-: bisojo, biznieto.*

bibelot. 'Figurilla'. Pronunciación corriente /bibeló/; plural, *bibelots*, /bibelós/. Es palabra francesa (nombre masculino) que no suele traducirse, aunque puede muy bien decirse *figurilla.*

biblio-. Forma prefija del griego *biblíon*, 'libro': *biblioteca, bibliografía.*

bidé. 'Instalación del cuarto de baño, para higiene íntima'. La Academia ha incluido en su *Diccionario*, bajo la forma *bidé* (nombre masculino; plural, *bidés*), la palabra francesa *bidet*, que con su grafía original —pronunciación /bidé/— se usaba corrientemente. Es preferible utilizar la forma propuesta por la Academia.

bien. 1 Adverbio de modo: *Todo ha salido bien.* Su comparativo de superioridad es *mejor: Todo ha salido mejor de lo que esperábamos.* El superlativo relativo es *lo mejor: Hazlo lo mejor que puedas;* el absoluto es *muy bien* u *óptimamente*, pero esta última forma es de uso exclusivamente literario y poco frecuente.

El adverbio comparativo *mejor*, como todos los adverbios, es invariable. Ejemplos como estos: «*Los nuevos montajes de sismógrafos .. sitúan estos observatorios entre los mejores dotados de Europa*» (*Alcázar*, 17.9.1962); «*Sus fuerzas armadas siguen siendo las mejores adiestradas del Oriente Medio*» (*Abc*, 11.10.1973, 25), son anormales; en ellos quiso decirse *los mejor dotados* y *las mejor adiestradas*, respectivamente.

Más mejor es redundancia vulgar por *mejor*, simplemente.

2 Adverbio de cantidad: *Ha cazado unas perdices bien hermosas.* Con este valor, *bien* equivale a *mucho*, pero posee un énfasis de que este carece. No se usa en forma comparativa ni superlativa.

3 Conjunción distributiva. También puede llamarse conjunción disyuntiva, porque su repetición delante de las oraciones coordinadas distributivas denota una relación de disyunción: *Bien por mí mismo, bien por mi familia, no dejaré de hacer el encargo.* Puede precederle, para subrayar su carácter disyuntivo, la conjunción *o* (*bien... o bien...; o bien... o bien...*).

4 Adjetivo invariable: *niño bien, gente bien.*

5 *Bien que* y *si bien* son conjunciones de sentido concesivo ('aunque') y de uso exclusivamente literario: «*La marquesa, bien que no hubiera entendido, aprobó con vehemencia*» (Pérez de Ayala, *Prometeo*, 40); *Consiguieron la victoria, si bien las*

bajas fueron sensibles. Se pronuncia tónico el elemento *bien*: /bién-ke/, /si-bién/.

6 *Tener a bien*, 'estimar conveniente', lleva complemento sin preposición: *Tuvo a bien asistir al acto* (no «tuvo a bien *de*» ni «tuvo a bien *en*»).

7 *Bien entendido:* → ENTENDIDO, 1.

8 *Pues bien:* → PUES, 3.

bienquerer. Verbo irregular. Se conjuga como *querer* [23].

bienvenido. Como exclamación de saludo, suele escribirse en una sola palabra, aunque puede ponerse en dos, *bien venido*.

bife, biftec → BISTÉ.

bigudí. 'Utensilio para rizar el cabello'. Su plural es *bigudíes* o *bigudís* (Academia, *Esbozo*, § 2.3.3). La segunda forma es más usual: *«Ni bigudís ni nada»* (Martín Gaite, *Retahílas*, 143).

bikini. 'Conjunto femenino de baño'. La Academia acoge las grafías *bikini* y *biquini*, dando preferencia a la segunda, aunque la primera es la más usual, tanto en España como en América.

bilbaíno. Se pronuncia con acento en la /i/ última. La pronunciación /bilbáino/ es regional.

billón. 1 'Un millón de millones'. Los traductores deben cuidar de no usar esta palabra para trasladar el inglés americano *billion*, que significa solo 'mil millones'.

2 Construcción: la misma que en *millón* (→ MILLÓN).

bimano. 'Que tiene dos manos'. La Academia registra las formas *bimano* y *bímano*; pero la más usual es la primera.

bimensual. Este adjetivo significa 'que se repite dos veces al mes'. No debe confundirse con *bimestral*, 'que se repite cada dos meses' o 'que dura dos meses'.

bimestral → BIMENSUAL.

bio-. Forma prefija del griego *bíos*, 'vida': *biología*.

-bio. Forma sufija del griego *bíos*, 'vida': *anfibio*.

biografiar. Se conjuga, en cuanto al acento, como *desviar* [1 c].

biquini → BIKINI.

Birmania. La región asiática que en inglés se llama *Burma* tiene en español el nombre de *Birmania*.

bis- → BI-.

bisector → BISECTRIZ.

bisectriz. 'Recta que divide un ángulo en otros dos iguales'. Es nombre femenino, pero puede aparecer como adjetivo cuando se dice *recta bisectriz*. No puede usarse, sin embargo, como adjetivo masculino (*«Plano axial, que es el plano bisectriz del ángulo formado por los flancos»*, Bustinza-Mascaró, *Ciencias*, 375), pues la forma que le corresponde es *bisector*.

bisté. La Academia registra *bistec* y *bisté* como formas españolas del inglés *beefsteak* (en América, *biftec* y *bife*). Considera preferible la primera forma, cuyo plural es *bistecs* (*bisteques* se ha usado raramente; está, p. ej., en Pardo Bazán, *Viaje*, 158). El plural de la segunda forma es *bistés* (atestiguada, p. ej., en Camba, *Peseta*, 23, y Torrente, *Señor*, 298).

bistec → BISTÉ.

bisturí. 'Instrumento de cirugía para hacer incisiones'. Su plural normal, es *bisturíes;* sin embargo, la Academia (*Esbozo*, § 2.3.3) dice que se usa *bisturís* «de modo casi exclusivo».

bíter. La Academia españoliza el inglés *bitter* en la forma *bíter* para designar el aperitivo amargo obtenido macerando diversas sustancias en ginebra.

bitter → BÍTER.

biz- → BI-.

bizarro. El francés *bizarre* no se traduce *bizarro*, sino *extravagante*. El verdadero significado del español *bizarro* es 'valiente'. Véase este texto de Pla: *«Una gran parte de los intelectuales argentinos .. lo calificaron [a Borges] de bizarro (en el sentido francés de la palabra), de extravagante, de marginal y separado»* (*Destino*, 6.1.1973, 7).

blandir. Verbo defectivo. Se conjuga como *abolir*.

blando. Construcción: *blando* AL *tacto; blando* DE *carácter; blando* CON *sus hijos*.

blanquecer. Verbo irregular. Se conjuga como *agradecer* [11].

blasfemar. Construcción: *blasfemar* CONTRA *Dios; blasfemar* DE *la virtud.*

blasonar. Construcción: *blasonar* DE *valiente.*

blasto-. Forma prefija del griego *blástos,* 'germen': *blastodermo.*

-ble. Sufijo de adjetivos derivados de verbos. Significa capacidad o aptitud para recibir la acción del verbo. Toma la forma *-able* cuando se aplica a verbos de la primera conjugación; *-ible,* cuando se aplica a verbos de la segunda o tercera: *recuperable, temible.*

blefaro-, blefar-. Formas prefijas del griego *blépharon,* 'párpado': *blefaritis.*

bleno-, blena-, blen-. Formas prefijas del griego *blénnos,* 'mucosidad': *blenorragia.*

bloc. 'Cuaderno cuyas hojas se pueden desprender fácilmente'. La Academia le da el nombre de *bloque,* pero el uso general prefiere decididamente *bloc* (plural *blocs*). No debe emplearse la grafía *block.*

block → BLOC.

blof, blofeador, blofear, blofero, blofista → BLUFF.

blondo. Significa solamente 'rubio'. Es antiguo el error (ya aparece en Meléndez Valdés) de atribuirle el sentido de 'rizado, ondulado', tal vez, como apunta Cuervo (*Apuntaciones,* § 693), por influjo de *blonda,* 'encaje de seda', o de *onda.*

bloque → BLOC.

blue-jeans → VAQUERO, 2.

bluff. 'Ficción, falsa apariencia'; lo que en el lenguaje popular español se llamaría en muchos casos *farol.* En plural, *bluffs.* En nuestra pronunciación de este nombre inglés se vacila entre /blaf/ y la forma más españolizada /bluf/. Como la voz tiene cierta difusión y es breve y expresiva, no hay por qué oponerse a su uso. Parece preferible (a semejanza del caso de *club,* palabra adoptada ya hace dos siglos) decidirse por la segunda pronunciación. En algunos países americanos la españolización se ha hecho en la forma *blof* (cuyo plural será *blofes*), lo que ha permitido la formación de los derivados *blofear, blofeador, blofero* y *blofista* (cf. Alfaro).

boa. 'Serpiente americana'. Aunque la Academia da a este sustantivo como femenino, también se usa (especialmente en América) como masculino. Los dos usos cuentan en su apoyo con testimonios de buenos escritores, y deben considerarse igualmente correctos. Parece preferible, sin embargo, el femenino, por ser el más acorde con la terminación (cf. Rodríguez Herrera, *Género,* § 361); es también el más antiguo.

En el sentido de 'prenda de piel o de pluma que usan las mujeres para adorno del cuello', es sustantivo masculino.

bocadillo → SÁNDWICH.

bock → JARRA.

bocoy. 'Barril grande'. Su plural es *bocoyes.*

bóer. 'Persona de origen holandés, habitante del África austral'. Su plural es *bóers.* No obstante, he encontrado algún ejemplo de *bóeres,* forma sin duda más acorde con la fonología española: *«Los bóeres eran unos magníficos tiradores»* (Fernández de la Reguera-March, *Fin,* 196).

bohardilla → BUHARDILLA.

boicot. Es voz aguda: /boikót/. Su plural es *boicots.* La Academia registra este nombre, pero prefiere *boicoteo,* que presenta una fonología más española, sobre todo en el plural, si bien tiene la desventaja de que el uso, hasta ahora, no le ha dado acogida, salvo en algún periódico. Sí es, en cambio, el verbo *boicotear.*

boicotear, boicoteo → BOICOT.

boina. La única forma aceptada por la Academia para este nombre es *boina,* /bóina/. Sin embargo, *boína,* con acento en la *i,* también existe en algunas regiones españolas, como Andalucía, y es normal en Venezuela, Colombia, Ecuador y Perú.

boîte. 'Sala pública de baile'. Es nombre femenino y se pronuncia /buát/; su plural es *boîtes* (pronunciación corriente, /buát/ o /buáts/). De no españolizarse la grafía de esta voz francesa, debe respetarse el acento circunflejo de la *i.*

Bologna → BOLONIA.

Bolonia. *Bolonia* es el nombre español

de la ciudad italiana de *Bologna*. No debe usarse la forma italiana, aunque lo haya hecho Ortega: «*En 1500 Copérnico estudia en Bologna*» (*Galileo*, 193).

bonísimo → BUENO.

bono-bus. 'Tarjeta de abono a cierto número de viajes en autobús'. Es nombre masculino, se pronuncia /bonobús/ y su plural es *bono-buses* (como de *autobús, autobuses*). No hay inconveniente en utilizar también la grafía *bonobús*, en plural *bonobuses*.

boom. 'Auge súbito, prosperidad repentina'. «*El 'boom' del turismo sobre las tierras cálidas y amables de España*» (*Gaceta*, 25.8.1962, 23). Es voz inglesa, pronunciada /bum/ (plural *booms*). El éxito de esta palabra se ve favorecido por su brevedad y su expresividad; pero muchas veces se puede evitar el incurrir en el tópico de usarla, empleando sinónimos como *auge* o *apogeo* (o, con matiz peyorativo, *furor* o *moda*). No ha faltado algún ensayo de adaptación española en la forma *bum*: «*Señoras cuyos maridos se enriquecieron .. desbaratando el bum turístico*» (*Codorniz*, 30.4.1972, 5).

boomerang → BUMERÁN.

borceguí. 'Bota que se ajusta con cordones'. Su plural es *borceguíes*.

borda. *Fuera de borda, fuera borda:* → FUERA, 2.

bordar. Construcción: *bordar* CON o EN *plata; bordar* EN o SOBRE *cañamazo*.

Bordeaux → BURDEOS.

bordo. *Fuera de bordo, fuera bordo:* → FUERA, 2.

bóreas. 'Viento norte'. Este nombre masculino, de uso exclusivamente literario, es palabra esdrújula, /bóreas/; no debe, pues, pronunciarse /boréas/.

borracho. Construcción: *borracho* DE *aguardiente; borracho* DE *alegría*.

borrar. Construcción: *borrar* DE *la lista*.

Botsuana. La antigua *Bechuanalandia* se llama hoy *Botswana*, nombre que se españoliza en la forma *Botsuana*. El adjetivo correspondiente es *botsuano*. (*Bechuano* es el que corresponde a *Bechuanalandia*.)

botsuano, Botswana → BOTSUANA.

Bougie → BUGÍA.

boulevard → BULEVAR.

bouquet. Pronunciación, /buké/. Galicismo generalmente admitido por *aroma* del vino. A veces (no con frecuencia) se españoliza la grafía: *buqué*.

boutade → SALIDA.

boutique. Aunque este nombre francés significa 'tienda' en general, los españoles lo usan como 'tienda de modas, especialmente selecta' y, por metáfora, como 'tienda selecta' de cualquier género (*boutique del mueble, boutique del automóvil*). Se pronuncia /butík/; su plural es *boutiques*, /butíks/.

brandy → COÑAC.

braqui-, braquio-. Formas prefijas del griego *brachys*, 'corto': *braquicéfalo, braquiópodo*.

bregar. Construcción: *bregar* CON *alguien*.

Breslau. Este es el nombre alemán de la ciudad polaca de *Wroclaw*, y el que tradicionalmente se le ha dado en español. Es preferible usar el nombre clásico, de fácil fonética, /bresláu/ (aunque en alemán es /bréslau/), y no el polaco, cuya pronunciación, /vrótsuaf/, es complicada para nuestros hablantes, quienes siempre dicen, disparatadamente, /broklláb/.

breve. *En breve:* → BREVEMENTE.

brevedad. *A la mayor brevedad*. Este giro ha llegado a imponerse en el lenguaje comercial y administrativo; pero la forma adecuada en español es *con la mayor brevedad*.

brevemente. 'De manera breve': *Se expresó brevemente y con exactitud*. No es adecuado el empleo de este adverbio (por galicismo) en el sentido de 'en una palabra, en suma': «*Puede también el oftalmólogo diagnosticar tumores cerebrales y averiguar algunas anormalidades de nuestro sistema nervioso .. Brevemente .., el especialista saca conclusiones precisas y variadas sobre el conjunto de nuestro estado de salud*» (*Ya*, 26.7.1959). Otros traducen el francés *bref* por *en breve*, lo cual es bricolage

también inexacto: «*En breve: pienso que la literatura es una 'rama' de la Historia*» (J. Rodríguez Puértolas, *Ínsula*, 9.1972, 14). La locución española *en breve* significa 'dentro de poco tiempo, muy pronto'.

bricolage → BRICOLAJE.

bricolaje. El nombre francés *bricolage* designa el 'conjunto de pequeños trabajos manuales, hechos en casa, de reparación o construcción de aparatos u otros objetos'. Se ha intentado traducir al español con el nombre *chapuza* —que no es equivalente, porque lleva una carga despectiva que no está en el francés— o con la locución sustantivada *hágalo usted mismo*. Este nombre no es desacertado, pero el uso impone, por su mayor brevedad, la forma *bricolaje*, adaptación de la palabra francesa.

bridge. Como nombre de un juego de naipes, esta voz inglesa es intraducible (aunque su sentido literal es 'puente'), y se acepta en español con su grafía propia y con la pronunciación corriente /brich/.

brindar. Construcción: *brindar* A *la salud de alguno; brindar* POR *el amigo ausente; brindar (el torero)* AL *público*.

Brindis. La ciudad italiana de *Brindisi*, /bríndisi/, se llama en español *Brindis*.

brio-. Forma prefija del griego *bryon*, 'musgo': *briofita*.

brumo → NIEBLA.

Budapest. La pronunciación del nombre de la capital de Hungría es fácil: /budapést/ (en forma relajada se oye /budapés/). No es /budapéts/, como dicen algunos locutores.

budín. La palabra inglesa *pudding*, 'especie de pastel', está adaptada al español en las formas *budín* y *pudín*, registradas por la Academia; y, no registrada por esta, pero bastante usual, *pudin* (con acentuación grave: /púdin/).

buen → BUENO.

bueno. 1 Como adjetivo, su forma masculina singular sufre apócope, convirtiéndose en *buen*, cuando precede inmediatamente al sustantivo a que se refiere: *un buen día; su buen proceder*. Como apócope de la forma femenina, *buen* solo aparece por excepción en la locución arcai-

bufé

zante *en buen hora* y en el refrán *A buen hambre no hay pan duro*.

2 El comparativo de este adjetivo es *mejor*. La forma perifrástica *más bueno* es solo coloquial y de nivel generalmente popular. Es vulgarismo, frecuente en algunas regiones, usar la forma *mejor* precedida del adverbio *más: Este vino es más mejor. Mejor* se construye con *que* (no con *a*): *La propuesta de nuestro partido es indudablemente mejor* QUE *la de los otros.*

3 El superlativo, según los diccionarios y la mayoría de las gramáticas, es *bonísimo;* pero esta forma se usa raras veces, y solo en la lengua escrita. El uso común dice *buenísimo*. En cuanto a la forma latinizante *óptimo*, pertenece exclusivamente a la lengua culta y tiene un significado enfático especial: 'de la máxima bondad'. Además, también se usa como nombre masculino: *Conseguir un óptimo de rentabilidad.*

El adjetivo *óptimo*, por su propia significación, no admite modificadores cuantitativos. En este ejemplo: «*No estamos muy seguros de que esta sea la forma más óptima de protestar*» (*Triunfo*, 25.5.1974, 8), debió omitirse el adverbio *más*. En este otro: «*Te mostrarás bastante satisfecho por el desarrollo cotidiano del trabajo, que tenderá en líneas generales a ser bastante óptimo*» (*Diario 16*, Supl., 17.7.1983, 37), debió decirse *bastante bueno*.

4 Como interjección, *bueno* denota aprobación o sorpresa, o equivale a 'basta' o a 'pues bien'. En la lengua hablada es frecuente como palabra de relleno, sin significado alguno; conviene evitar el abuso de esta muletilla.

5 *Buena fe:* → FE.

6 *Buena voluntad:* → VOLUNTAD.

buey. Su plural es *bueyes*.

bufé. La Academia acoge la voz *bufé* como adaptación española del francés *buffet*, con estos tres sentidos: 1.º, 'comida, por lo regular nocturna, compuesta de manjares calientes y fríos, con que se cubre de una vez la mesa'; 2.º, 'local de un edificio destinado para reuniones o espectáculos públicos, en el cual se sirven dichos manjares'; y 3.º, 'local para tomar refacción ligera en estaciones de ferrocarril y otros sitios'.

buffet → BUFÉ.

Bugía. Este es el nombre español de la ciudad argelina llamada en francés *Bougie*.

buhardilla. *Buhardilla, bohardilla* y *guardilla* son tres formas de una misma palabra cuyos significados son 'ventana que se levanta por encima del tejado y que sirve para dar luz a los desvanes' y 'desván'. De las tres formas, la más usual es la primera.

building. No es necesario el uso de este nombre inglés en lugar de su equivalente español *edificio*. Los que lo emplean parecen añadir con ello la connotación de 'grande y moderno', que no tiene la palabra inglesa.

bulbi-, bulbo-. Formas prefijas del latín *bulbus*, 'bulbo': *bulbiforme*.

bulevar. 'Paseo con andén central'. Su plural es *bulevares*. No debe emplearse la grafía francesa, ya en desuso entre nosotros, *boulevard*.

bulldog. Como es nombre usado internacionalmente de una raza de perros, no tiene traducción. Los españoles solemos pronunciarlo /buldóg/, y *buldog* escribe Goytisolo: «*Permaneció unos instantes en la orilla, sacudiéndose lo mismo que un buldog*» (*Fin*, 26).

bullir. Verbo irregular. Se conjuga como *mullir* [53].

bumerán. 'Proyectil de madera, de trayectoria irregular, que vuelve al punto de partida'. Es nombre masculino, recogido por la Academia, españolización del inglés *boomerang*. Debe preferirse la forma española (también mejor que *bumerang*), cuyo plural es *bumeranes*.

bumerang → BUMERÁN.

-bundo. Sufijo de adjetivos derivados de verbos; expresa intensidad: *vagabundo, meditabundo*.

bungalow. Este nombre inglés se usa en España en algunas zonas turísticas con el sentido de 'chalé de un solo piso'. La adaptación fonética más aproximada al inglés original sería *bóngalo*, como se dice en algunos países americanos (con el sentido de 'chabola'); pero en España parece prevalecer la pronunciación /bungaló/ o /bungalób/.

buqué → BOUQUET.

Burdeos. La ciudad francesa de *Bordeaux* tiene en español el nombre de *Burdeos*.

burilar. Construcción: *burilar* EN *cobre*.

burlar. Construcción: *burlar a los perseguidores; burlarse* DE *alguien* o DE *algo*.

Burma → BIRMANIA.

buró. Galicismo innecesario; dígase *escritorio*.

burundés → BURUNDI.

Burundi. El adjetivo correspondiente a *Burundi* (país africano) es *burundés*.

bus. 'Autobús'. La Academia recoge esta voz como «familiar», pero solo para algunas partes de América. En España también se usa, no solo en ese nivel, sino, sobre todo, en señales de tráfico.

busca. 1 Construcción: *ir en busca* DE *alguien* o DE *algo*.
2 Se dice *orden de busca y captura*, no *de búsqueda y captura*.

búsqueda. *Orden de búsqueda y captura*: → BUSCA. 2.

c

c. 1 Tercera letra del alfabeto. Su nombre es *ce*, plural *ces*.

2 Pronunciación. *a)* Se pronuncia /z/ siempre que precede a las vocales /e, i/: *peces, medicina, cifra.* (Sobre el fonema /z/, → 3.) Esto es lo normal en España; pero, dentro de este país, en algunas zonas (Andalucía, Canarias) esa pronunciación se identifica con la de /s/. Lo mismo ocurre en todos los países americanos. En cada uno de esos territorios, la pronunciación /s/ por /z/ —llamada *seseo*— se considera correcta.

b) En todos los casos en que no precede a las vocales /e, i/ se pronuncia /k/, tanto en España como en América. Es vulgarismo, en la Península, pronunciar /z/ por /k/ ante otra consonante o en posición final de palabra: /ázto/ *(acto)*, /bibáz/ *(vivac)*. (Sobre el fonema /k/, → 4.)

3 *a)* El fonema /z/ (→ 2, a) —que no solo se puede representar por la letra *c*, sino también por la letra *z*— es interdental fricativo sordo. Se articula intercalando el ápice de la lengua entre los bordes de los dientes incisivos superiores e inferiores. El aire escapa por los resquicios que dejan entre sí dientes y lengua, tanto por la parte superior de esta como por la inferior. No hay vibración de las cuerdas vocales; sin embargo, cuando el fonema se encuentra en contacto con una consonante sonora, se hace sonoro a su vez: *juzgar.*

En zonas muy extensas del idioma este fonema no existe, ya que (como hemos dicho en 2, a) se asimila totalmente al fonema /s/. A pesar de la gran extensión y creciente aceptación de este fenómeno, es de mucho interés para los extranjeros aprender desde el primer momento la distinción entre los sonidos /z/ y /s/, ya que con ella no solo se evitan abundantes confusiones semánticas (*caso-cazo, siervo-ciervo, casa-caza, rosa-roza, masa-maza, serrar-cerrar, ase-hace, pase-pace,* etc.), sino también numerosísimas dudas ortográficas.

Articulacion del
fonema /z/

b) Ortografía del fonema /z/. El fonema /z/ se representa ortográficamente por medio de dos letras: *c* y *z*. Se emplea la *c* cuando sigue una vocal *e* o *i*: *cesto, cien;* y la *z* cuando sigue una vocal *a, o, u* (*zanahoria, reo, azúcar*), o una consonante (*bizco, Vázquez*), o cuando va en final de palabra (*pez, luz*).

Excepcionalmente se usa *z* ante *e* o *i* en *¡zis, zas!, zigzag, zipizape, zendo, zéjel* y en algunos términos científicos, como *zigoto, zigomorfo, enzima* (fermento), así como en los nombres propios *Zita, Ezequiel, Zenón, Zebedeo, Zelanda, Zeus, Zegrí, Zeuxis, Zenobia.*

Algunas palabras admiten la doble grafía, con *z* o *c: zinc* / *cinc, zeugma* / *ceugma, ázimo* / *ácimo, azimut* / *acimut, zeda* / *ceda.*

4 *a)* El fonema /k/ (→ 2, b) —que no solo aparece representado por medio de la letra *c,* sino también por la *q* y la *k*— es velar oclusivo sordo. En su articulación se forma una barrera que cierra durante un instante el paso del aire por la boca hacia el exterior. Esa barrera se forma en la región posterior de la cavidad bucal, poniéndose en contacto el postdorso de la lengua con el velo del paladar.

En posición final de sílaba ante un sonido /t/, la pronunciación inculta sustituye

Articulación del
fonema /k/

el sonido /k/ por /z/: /ázto/ por *acto,* /rézto/ por *recto,* /doztrína/ por *doctrina.* Otro tipo de pronunciación considerada incorrecta —frecuente en Galicia por influjo del sustrato gallego— es la supresión del sonido /k/, diciendo /áto/, /réto/, /dotrína/. Esta pérdida también se produce con mucha frecuencia ante el sonido /z/: /satisfazión/, /produzión/, por *satisfacción, producción;* y ante el sonido /s/: /esámen/ por *examen,* /ésito/ por *éxito.* El lenguaje culto solo admite la pérdida del sonido /k/ cuando va seguido de /s/ y otra consonante: *extraño* /estráño/ (no /ekstráño/), *experto* /espérto/, *extensión* /estensión/, *excelente* /eszelénte/.

En posición final de palabra, el lenguaje culto admite la pérdida en *cinc* /zin/. El lenguaje popular la extiende prácticamente

a todos los casos: *frac* /fra/, *coñac* /koñá/, *cok* /ko/, etc.

b) Ortografía del fonema /k/. Este fonema se representa por la letra *c,* ante vocal *a, o, u,* o ante otra consonante: *casa, cobro, cuento, creo, acto, infección;* por la letra *q* agrupada con *u,* cuando sigue vocal *e* o *i: que, quiero;* y, raras veces, por la letra *k,* en cualquier posición: *kilómetro, kan, cok.* Cuando al fonema le sigue el fonema *s,* se emplea una letra *x,* que representa la suma de los dos: *examen, éxito,* /eksámen/, /éksito/.

5 La sucesión de las letras *c* y *h* (octava del alfabeto universal) representa un fonema distinto, /ch/, por lo que en el alfabeto español la secuencia de estas dos letras, *c* y *h,* es considerada como una letra independiente (→ CH).

ca. Interjección que tiene el sentido del adverbio oracional de negación *no.* Se usa solo en el lenguaje familiar: *«Pero ¿no se cansa usted de hablar? — ¡Ca!, al revés, me encuentro mucho mejor»* (Baroja, *Románticos,* 54).

caballo. El femenino de este nombre es *yegua.*

cabalmente → MISMO, 4.

cabaret → SALA.

cabe. Como preposición, es voz átona y significa 'junto a' o 'cerca de'. Su uso es exclusivamente literario, y aun en este ámbito es raro: *«[El verdadero Alicante no es] el que está cabe los aledaños de Valencia»* (Azorín, *Confesiones,* 11); *«Templaba sus manos cabe el hogar»* (Mallea, *Cuentos,* 30). Algunos escriben erradamente *cabe a* (sin duda por influjo de *junto a*): *«Nosotros suponemos a su elector cejijunto cabe a las urnas»* (A. Álvarez Solís, *Destino,* 1.9.1973, 19).

caber. 1 Verbo irregular. (Véase cuadro.)

2 Uno de los sentidos de *caber,* que se da con frecuencia cuando a este verbo sigue un infinitivo, es 'ser posible': *«En la obra monumental de Gregorio Marañón cabe distinguir tres capítulos»* (Laín, Marañón, 75). Se da a menudo entre catalanes, al expresarse en castellano, la confusión de este verbo *caber,* 'ser posible', con el verbo catalán *caldre,* 'ser preciso': *«Las*

CONJUGACIÓN DEL VERBO «CABER»

(tiempos irregulares)

INDICATIVO

Pres. quepo, cabes, cabe, cabemos, cabéis, caben.
Pret. indef. cupe, cupiste, cupo, cupimos, cupisteis, cupieron.
Fut. impf. cabré, cabrás, cabrá, cabremos, cabréis, cabrán.
Pot. simple cabría, cabrías, cabría, cabríamos, cabríais, cabrían.

SUBJUNTIVO

Pres. quepa, quepas, quepa, quepamos, quepáis, quepan.
Pret. impf. cupiera o cupiese, cupieras o -ses, cupiera o -se, cupiéramos o -semos, cupierais o -seis, cupieran o -sen.
Fut. impf. cupiere, cupieres, cupiere, cupiéremos, cupiereis, cupieren.

IMPERATIVO

cabe, quepa, cabed, quepan.

---

inscripciones .. finalizarán el próximo día 20 de julio .. Cabe hacer notar la conveniencia de no esperar a pasada la fecha tope» (Vanguardia, 15.7.1973, 33).

cabila. 'Tribu de beréberes o de beduinos'. Es palabra llana; por tanto, es errónea la acentuación /kábila/. Aunque existe también la grafía *kabila,* es preferible la forma *cabila.*

cablegrafiar. Se conjuga, en cuanto al acento, como *desviar* [1 c].

Cabo. *El Cabo:* → CIUDAD DEL CABO.

cacahuate, cacahué, cacahués, cacahuet → CACAHUETE.

cacahuete. 'Cierta planta de semilla comestible', y también su semilla. Recibe asimismo los nombres de *cacahuate* (en América, especialmente en Méjico), *cacahué* (popular, pero registrado por la Academia), *cacahuet, cacahués* (como singular; su plural, *cacahueses*) y *alcahués* (plural *alcahueses*). Estas tres últimas formas —*cacahuet, cacahués, alcahués*— no deben usarse: la primera es una simple grafía semiculta para *cacahué,* y las otras dos son vulgarismos. La forma normal en España es *cacahuete.*

Cachemira. El estado indio que en inglés se llama *Kashmir* tiene en español el nombre de *Cachemira.*

cacique. El femenino de este nombre es *cacica:* «*Conforme Enrique Limón iba envejeciendo, Fernanda se convertía en la verdadera cacica*» (Pérez de Ayala, *Prometeo,* 116).

cacto. Nombre genérico de diversas plantas espinosas. Aunque está mucho más extendida la forma *cactus* (con plural invariable), es preferible *cacto* (plural *cactos*): Dámaso Alonso escribe: «*Aquel cacto recordaba los gestos / desesperados de las estatuas*» (*Cultura Brasileña,* núm. 2, 1962, 98); «*Sus eriales de cactos y chicharras*» (Carpentier, *Reino,* 78). Tanto *cacto* como *cactus* están registrados en el *Diccionario* de la Academia.

cactus → CACTO.

cada. **1** Adjetivo de sentido distributivo. Es invariable en cuanto al género y al número. Se usa antepuesto a un sustantivo en singular o en plural (en este último caso, solo cuando se interpone un numeral o un cuantitativo). En la lengua coloquial puede aparecer también con función sustantiva en construcciones de carácter elíptico como *cien pesetas cada* ('cien pesetas cada uno'). En la pronunciación, este adjetivo puede ser tónico o átono. El uso tónico parece ser el más general, excepto cuando a *cada* sigue un numeral o un cuantitativo *(cada tres meses, cada pocos meses);* en este caso es siempre átono.

2 Dentro del sentido general distributivo, *cada* puede tener un valor de progresión: *«Cada nuevo amigo .. nos perfecciona y enriquece»* (Unamuno, cit. Fernández Ramírez, § 203); de correlación y correspondencia: *Cada cosa a su tiempo;* o de generalización: *«¿No es cada alcoba .. una antesala del sepulcro?»* (Pardo Bazán, cit. Fernández Ramírez). Pero el uso de *cada* con idea pura de generalización, olvidando el sentido fundamental distributivo, es catalanismo: *«Mara va cada semana con Dora»* (Goytisolo, *Fin,* 140) ('va todas las semanas'); *«¿Tú vienes cada día?»* (Marsé, *Tardes,* 152) ('¿vienes todos los días?'). No debe incurrirse, sin embargo, en el abuso opuesto que se da en *«todos los* + numeral» en lugar de *«cada* + numeral»: → TODO, 3.

3 En la lengua coloquial puede emplearse *cada* con intención enfática, equivaliendo a 'tanto' o 'tan grande': *Arma cada alboroto que asusta a los vecinos; ¡Arma cada alboroto!*

4 *Cada cual* equivale a *cada uno,* pero referido normalmente solo a personas. Además, a diferencia de *cada uno,* no es normal usarlo con complemento partitivo *(cada uno de nosotros;* pero, raro, *cada cual de nosotros).* Es siempre singular y no tiene variación de género. Designa al individuo separado de los demás que forman grupo con él: *«Cada cual —individuo o pequeño grupo— ocupaba un sitio, tal vez el suyo, en el campo, en la aldea, en la villa»* (Ortega, *Rebelión,* 43).

5 *Cada quien,* por *cada cual,* no es normal en el español europeo, pero sí en el americano *(«Los funcionarios .. debemos celebrar la liberación del territorio, cada quien dentro de la esfera de sus influencias»,* Torres Bodet, *Balzac,* 152), de donde está penetrando en aquel.

6 *A cada cual más* es forma errónea de *a cual más* (→ CUÁL, 5).

7 *Cada quisque:* → QUISQUE.

8 *Cada que,* locución conjuntiva, equivalente a *siempre que,* conservada en el habla popular y rústica de algunas regiones

de España y sobre todo de Hispanoamérica: *«Cada que llegaba Sandoval, la encontraba vestida con blanca tela vaporosa»* (Gil Gilbert, Ecuador; cit. Kany).

9 *Cada y cuando,* locución conjuntiva equivalente a *cada vez que* o a *siempre que.* Aunque se usó en la lengua clásica —y por ello figura en el *Diccionario* académico—, hoy no existe más que como arcaísmo en la lengua popular de algunas regiones hispanoamericanas: *«Dende entonce el toro salía a cumplir la misión .. cada y cuando sentía que las vacas reclamaban su servicio»* (Guzmán Maturana, cit. Kany). A veces toma la forma *cada y cuando que,* que encontramos ya en Santa Teresa: *«Que lo tuviese un capellán que dijese algunas misas cada semana, y que cada y cuando que fuese al monasterio, no se tuviese obligación de decir las misas»* (*Fundaciones,* 250); y en Cervantes: *«¿No tengo yo poder para prenderte y soltarte cada y cuando que quisiere?»* (cit. Academia, *Gramática,* § 412).

caddie. Es voz inglesa usada en el deporte del golf. Designa el 'muchacho que lleva los instrumentos del juego'. Su pronunciación corriente es /kádi/. No se emplea ningún equivalente español.

cadí. 'Juez árabe o turco'. Su plural es *cadíes.*

caer. **1** Verbo irregular. (Véase cuadro.)

2 Construcción: *caer* A o HACIA *tal parte; caer* CON *otro; caer* DE *lo alto; caer* EN *tierra; caer* POR *Pascua; caer* SOBRE *los enemigos; caer* POR *el balcón* A *la calle.*

3 El uso de este verbo como transitivo, con el sentido de 'tirar', 'hacer caer' o 'dejar caer' *(¡No lo caigas!),* es vulgar y debe evitarse. Lo emplea Juan Ramón Jiménez, sin duda por popularismo: *«Asustada de su propio susto, salta corriendo de sí misma, cae sillas, tira cacharros»* (*Antología para niños,* 156).

4 *Caer en la cuenta (de) que:* → CUENTA.

café. **1** Su plural es *cafés.* Es vulgar el plural *cafeses.* Como diminutivo más general figura *cafetito; cafelito* es popular.

2 *Café negro,* por *café solo,* es galicismo innecesario: *«Hablamos un poco de libros y de periódicos ante dos tazas de café negro»* (M. Calvo Hernando, *Ya,* 6.9.1958, 7).

CONJUGACIÓN DEL VERBO «CAER»

(tiempos simples)

INDICATIVO

Pres. caigo, caes, cae, caemos, caéis, caen.
Pret. impf. caía, caías, caía, caíamos, caíais, caían.
Pret. indef. caí, caíste, cayó, caímos, caísteis, cayeron.
Fut. impf. caeré, caerás, caerá, caeremos, caeréis, caerán.
Pot. simple caería, caerías, caería, caeríamos, caeríais, caerían.

SUBJUNTIVO

Pres. caiga, caigas, caiga, caigamos, caigáis, caigan.
Pret. impf. cayera o cayese, cayeras o cayeses, cayera o cayese, etc.
Fut. impf. cayere, cayeres, cayere, cayéremos, cayereis, cayeren.

IMPERATIVO

cae, caiga, caed, caigan.

FORMAS NO PERSONALES

Inf. caer.   *Ger.* cayendo.   *Part.* caído.

Cágliari → CÁLLER.

cairino → CAIRO, 2.

Cairo. 1 El nombre de la capital egipcia va precedido siempre, en nuestro idioma, del artículo *el: El Cairo.* Por anglicismo omiten este artículo a veces los periodistas: «*Radio Cairo*» (*Ya*, 4.9.1958, 1 y 2).

2 El adjetivo correspondiente a El Cairo es *cairota.* La Academia recoge también un adjetivo *cairino,* de cuyo uso no tengo constancia.

cairota → CAIRO, 2.

cal. 'Óxido de calcio'. Es nombre femenino. En el castellano de Galicia se oye a veces como masculino (García, *Temas,* 121).

calambre. 'Contracción espasmódica y dolorosa de un músculo'. Es nombre masculino. El uso como femenino es propio del castellano hablado en Galicia (García, *Temas,* 121).

calambur. Grafía española del francés *calembour,* que según los diccionarios bilingües equivale a *retruécano* o *juego de* palabras. Sin embargo, para Lázaro (*Términos*) el *calambur* es algo diferente del *retruécano* o del *juego de palabras. Calambur* es el «fenómeno que se produce cuando las sílabas de una o más palabras, agrupadas de otro modo, producen o sugieren un sentido radicalmente diverso». Ejemplo: «*A este Lopico, lo pico*» (Góngora). Mientras que *juego de palabras* es, según el mismo Lázaro, el «uso de dos palabras homófonas en un mismo enunciado con significación diversa»: «*Cruzados hacen cruzados, / escudos pintan escudos*» (Góngora). Y *retruécano,* según G. Bleiberg (*Dicc. literatura*), es un «juego de palabras que consiste en invertir los términos de una proposición en otra subsiguiente, para que el sentido de esta última forme contraste o antítesis con la anterior»: «*¿Siempre se ha de sentir lo que se dice? / ¿Nunca se ha de decir lo que se siente?*» (Quevedo). Si admitimos esta distinción, es forzoso aceptar la palabra *calambur.*

Unamuno ya usó el término *calambur* en 1905, diferenciándolo del *juego de palabras*: «*Odio los calambures y juegos de palabras*» (*Vida,* 1207).

calami-, calamo-. Formas prefijas del latín *calamus*, 'cálamo, caña': *calamiforme*.

calar. Construcción: *calarse* DE *agua; calarse* HASTA *los huesos*.

calcamonía → CALCOMANÍA.

calceta, calcetar → TRICOT.

calci-. Forma prefija del latín *calx*, 'cal': *calcificar, calcímetro*.

calco-. Forma prefija del griego *chalkós*, 'cobre, bronce': *calcografía, calcopirita*.

calcografiar. Se conjuga, en cuanto al acento, como *desviar* [1 c].

calcomanía. 'Imagen que se pasa por contacto de un papel a otra superficie'. Debe evitarse usar la forma vulgar *calcamonía:* «*Se pone una multa a un turismo porque en su matrícula llevaba una calcamonía*» (*Informaciones*, 27.8.1973, 12); «*Lumbres y calcamonías del pensamiento*» (*Cuadernos*, Extra, 8.1974, 3).

caleidoscopio → CALIDOSCOPIO.

calentar. 1 Verbo irregular. Se conjuga como *cerrar* [6].

2 Construcción: *calentarse* A *la lumbre; calentarse* CON *el ejercicio*.

Cali. Nombre de una ciudad de Colombia. Es palabra llana, /káli/; no aguda, /kalí/, como alguna vez dicen los locutores españoles (Radio Nacional, 27.8.1972).

calici-. Forma prefija del latín *calix*, 'cáliz': *caliciflora*.

calicó. 'Tela de algodón'. Su plural es *calicós*.

Calícrates. Nombre de un arquitecto ateniense. Es palabra esdrújula, no llana.

calidoscopio. 'Tubo a través del cual se ven imágenes multiplicadas simétricamente y que varían al hacerlo girar'. Aunque está muy extendida la forma *caleidoscopio*, es preferible *calidoscopio*. La Academia registra las dos, dando preferencia a la segunda.

calientapiernas. 'Especie de calcetines que solo cubren las piernas'. Es nombre masculino que no varía en plural.

calientapiés. 'Calentador de pies'. Es nombre masculino. Su plural es *calientapiés*.

calientaplatos. 'Aparato para calentar los platos'. Es nombre masculino que no varía en plural.

caliente. El superlativo de este adjetivo es *calentísimo*.

calificar. Construcción: *calificar* DE *sabio; calificar* CON *sobresaliente*.

caliginoso. Evítese la confusión, no rara, entre *caliginoso*, 'denso, oscuro, nebuloso', y *caluroso*.

caligrafiar. Se conjuga, en cuanto al acento, como *desviar* [1 c].

Calíope. Nombre de la musa de la poesía épica. También puede decirse *Caliope*.

calle. La forma yuxtapuesta en las denominaciones de calles y plazas (*calle Toledo, paseo Recoletos, plaza España*) se extiende paulatinamente, sustituyendo a la forma tradicional con *de (calle* DE *Toledo; paseo* DE *Recoletos; plaza* DE *España*). Es frecuente, en el habla popular, como consecuencia de la pronunciación relajada de la preposición *de*; y en los anuncios de periódico, por razones de economía. También aparece a veces en la prosa periodística —escrita y hablada—, por influjo de los dos factores anteriores. No hay que olvidar como otro posible factor de este desarrollo el extranjerismo. La omisión de la preposición *de* solo es normal (y necesaria) cuando el nombre de la calle o plaza es originariamente un adjetivo: *calle Real, plaza Mayor, avenida Donostiarra*.

callejear. 'Pasear sin rumbo por las calles'. Algunos usan sin necesidad el galicismo *flanear* (francés *flâner*).

callejón. *Callejón sin salida:* → IMPASSE.

Cáller. El nombre italiano de la ciudad sarda de *Cágliari* (pronunciado /kállari/) es el usado habitualmente en español para designarla. Conviene, sin embargo, no olvidar la posibilidad de emplear el nombre clásico de esta ciudad en nuestro idioma: *Cáller:* «*Pedro Magnias, de Cáller, [trabajaba] en el retablo de San Juan de las Abadesas*» (Gaya Nuño, *Arte*, 180). También *Cáller* en una crónica de Roma de J. L. Gotor, *País*, 16.5.1976, 17.

callicida. 'Remedio para extirpar callos'. Aunque la Academia dice que este nom-

CONJUGACIÓN DEL VERBO «CAMBIAR»

(tiempos simples)

INDICATIVO

Pres. cambio, cambias, cambia, cambiamos, cambiáis, cambian.
Pret. impf. cambiaba, etc.
Pret. indef. cambié, etc.
Fut. impf. cambiaré, etc.
Pot. simple cambiaría, etc.

SUBJUNTIVO

Pres. cambie, cambies, cambie, cambiemos, cambiéis, cambien.
Pret. impf. cambiara o cambiase, etc.
Fut. impf. cambiare, etc.

IMPERATIVO

cambia, cambie, cambiad, cambien.

FORMAS NO PERSONALES

Inf. cambiar.   *Ger.* cambiando.   *Part.* cambiado.

bre puede ser masculino o femenino, el uso corriente lo considera masculino: *un callicida*.

calofriarse. Se conjuga, en cuanto al acento, como *desviar* [1 c].

calor. En el uso correcto actual, este sustantivo es siempre masculino. El empleo como femenino es rústico o arcaico, y solo con la intención de dar a su estilo uno de estos dos caracteres lo usan alguna vez los escritores de nuestro siglo.

calumniar. Se conjuga, en cuanto al acento, como *cambiar* [1 a].

caluroso → CALIGINOSO.

calzón, calzoncillo → SLIP.

cama. La omisión del artículo en construcciones como *Voy a cama, Estoy en cama* (por *Voy a la cama, Estoy en la cama*) es propia del castellano hablado en Galicia (García, *Temas, 123*). En el uso general, *estar en cama* significa 'estar en la cama por enfermedad'.

cámara. 'Persona que maneja la cámara en la filmación de una película'. Se dice *el cámara* o *la cámara*, según se trate de

hombre o mujer. El uso con artículo femenino tiene el inconveniente de la posible confusión con *la cámara*, 'instrumento para filmar'. Este inconveniente se salva cuando se utiliza *camarógrafo, camarógrafa* u *operador, operadora*. Cualquiera de estas tres palabras es preferible a *camarman* (palabra inglesa que entre nosotros suele pronunciarse /kameráman/).

camarógrafo → CÁMARA.

Camarón, Camarones → CAMERÚN.

cambiar. 1 En su conjugación, pertenece al primer tipo de los verbos en *-iar;* es decir, se conjuga dejando en todo caso átona la *i*, que funciona siempre como semiconsonante (constituyendo diptongo con la vocal que la sigue). (Véase cuadro.)
2 Construcción: *cambiar alguna cosa* POR o CON *otra; cambiar un duro* EN *pesetas; cambiar* DE *traje; cambiarse la risa* EN *llanto*.

cambio. 1 *En cambio*, confundido con *sin embargo:* → EMBARGO, 1.
2 *A cambio de*, locución prepositiva: *Lo daría todo a cambio de la libertad*.

Cambodge, Cambodia → CAMBOYA.

Camboya. El nombre del estado asiático situado entre Vietnam y Tailandia es en español *Camboya,* no *Cambodia* ni *Cambodge.* Tampoco hay fundamento serio para usar el nombre indígena *Kampuchea.* Lo mismo hay que decir en cuanto a los adjetivos derivados: debe utilizarse solo *camboyano.*

camboyano → CAMBOYA.

cameraman → CÁMARA.

Camerón → CAMERÚN.

Camerún. El país africano situado en el golfo de Guinea se ha llamado en español *Camarón, Camarones, Camerón* y *Camerún.* Los dos primeros son los más clásicos; el último es el más usado hoy. El adjetivo correspondiente es *camerunés.*

camerunés → CAMERÚN.

camilla. *Mesa camilla:* → MESA.

caminar. Construcción: *caminar* A o PARA *Sevilla; caminar* POR *la acera.*

camino. Construcción: *marchar camino* DEL *destierro. Camino de* constituye una locución prepositiva que significa 'hacia' o 'en marcha hacia': *«Cuando la Luna se pasea por el paisaje nevado parece la novia de larga cola camino del altar»* (Gómez de la Serna, *Greguerías,* 65). En la región del Río de la Plata y Chile se emplea *camino a* en lugar de *camino de: «La nación entera va camino a su perdición»* (Larreta, *Don Ramiro,* 219); *«Por los campos verdes / de Jerusalem / va un niñito rubio / camino a Belem»* (Ibarbourou, *Poemas,* 34); *«Es soltero, camino a solterón»* (Edwards, *Máscaras,* 45). La construcción con *a* (y no con *de*) se explica por el sentido de dirección. Pero está al margen del uso de la lengua general.

camioneta. En el habla regional y rústica, *camioneta* es el *autocar,* el *coche de línea* o el *autobús.* Debe evitarse esa denominación: *camioneta* es, propiamente, un camión pequeño.

camión-tienda. En plural se dice *camiones-tienda.*

camiseta. En las pruebas ciclistas se habla con frecuencia de *maillot.* La palabra española correspondiente es *camiseta.*

campamento → CÁMPING.

campar. Construcción: *campar* POR *sus respetos.*

cámping. 1 'Lugar al aire libre, acondicionado para que en él acampen viajeros, turistas, etc., mediante un pago establecido'. Esta voz inglesa es de uso universal y está en español ya muy arraigada como nombre masculino (plural *cámpings*). La Academia propone utilizar en su lugar *acampada* o *campamento;* pero hasta ahora no parece haber obtenido eco. *Acampada* se usa normalmente como 'acción y efecto de acampar'; y *campamento,* como 'terreno donde está instalado un conjunto de tiendas de campaña'. 2 El usuario de un cámping se llama *campista.*

campista → CÁMPING.

campo. 1 *A campo traviesa,* locución adverbial, 'atravesando el campo': *«Artegui a veces se echaba a campo traviesa, sin gran respeto de la ajena propiedad»* (Pardo Bazán, *Viaje,* 147). Se consideran erróneas las variantes *campo a traviesa* (usada por Machado, *Poesías* [ed. 1936], 218: *«Discutiendo están dos mozos / si a la fiesta del lugar / irán por la carretera / o campo atraviesa* [sic] *irán»*), *a campo través* (usada por Sender, *Crónica,* I, 62: *«Eché a andar a campo través en dirección a unas montañas azules»*), *campo a través* (usada por *Informaciones,* 24.4.1978, 3: *«Los miembros de A.P. tuvieron que huir campo a través, perseguidos por algunos grupos»*) y *a campo a través* (usada por R. Abella, *Siglo XX,* I, 43: *«La carrera a campo a través y la gimnasia de origen sueco»*). 2 *Campo a través* (deporte): → CROSS.

campus. El plural de *campus,* 'recinto universitario', es igual que el singular: *los campus;* no *los campuses,* como encontramos en A. de Miguel (*Informaciones,* 25.11.1972, 17) y en J. L. Varela (*Abc,* 16.9.1984, 28).

canal. Según la Academia, este nombre es ambiguo (esto es, masculino o femenino) en todos sus sentidos, excepto en el de 'estrecho marítimo, a veces obra de la industria humana', en que es solo masculino. De acuerdo con mis materiales, es *mas-*

84

culino en las siguientes acepciones: *a)* 'cauce artificial para la conducción de agua'; *b)* 'estrecho marítimo, natural o artificial, cuyos límites navegables son visibles'; *c)* 'conducto anatómico'; *d)* 'banda de frecuencias en que emite una estación de televisión'. Es *femenino* en estas otras: *e)* 'concavidad longitudinal', p. ej. de una teja, del pecho; *f)* 'estrecho marítimo natural cuyos límites navegables no son visibles'; *g)* 'res abierta en canal'.

canalón → CANELÓN.

candidato. 1 El femenino de este nombre es *candidata*, no *candidato*, a pesar de que algunos usen esta forma («*Un recurso presentado por una señora candidato a las últimas elecciones municipales*», L. Carandell, *Triunfo*, 16.2.1974, 12).
2 *Proponer como candidato:* → NOMINAR.

candidatura → NOMINAR.

canelón. 'Rollo de pasta de harina relleno de carne, pescado, etc.'; también 'la pasta preparada para hacerlo'. Este nombre suele aparecer usado en plural: *los canelones*. También puede decirse *canalones* («*Los canalones de las fiestas. Canalones La Ardilla*», *Ya*, 16.3.1962, 32). En cambio, *canelonis* es forma errónea («*Un monseñor que fue a tomar allí los canelonis*», J. Sampelayo, *Arriba*, 11.1.1959, 31).

canesú. 'Pieza superior de la camisa'. Su plural normal es *canesús*.

cangrena, cangrenarse → GANGRENA.

cannabis. El cáñamo índico, del que se obtiene el hachís, tiene el nombre científico de *Cannabis indica*, que se ha vulgarizado en la forma *cannabis*. La pronunciación de esta palabra es /kánabis/, no /kanábis/. De todos modos, no hay razón para no usar el nombre español, *cáñamo índico*.

Canova. El nombre del escultor italiano se pronuncia llano, /kanóva/, no esdrújulo.

cansar. 1 Construcción: *me cansa* CON *sus impertinencias; me canso* DE (o CON) *sus impertinencias; me canso* DE *escribir.*
2 Es regional el uso de *cansar* como intransitivo, en lugar de *cansarse*: «*La temporada no está muy avanzada. No es posible cansar tan pronto*» (crónica de Oviedo, *Marca*, 29.11.1959).

cantiga. 'Composición poética medieval destinada al canto'. Las dos formas, *cántiga* y *cantiga*, esdrújula y llana, están registradas por la Academia. Parece la más antigua *cantiga*, y también la más aceptada hoy.

canturriar. Se conjuga, en cuanto al acento, como *cambiar* [1 a].

cáñamo → CANNABIS.

cañí. 'Gitano'. Su plural es *cañís*.

Cápac. Nombre de varios incas del Perú. Es incorrecta la pronunciación aguda /kapák/; debe pronunciarse y escribirse *Cápac*.

caparazón. Es del género masculino (Academia). Etimológicamente es un aumentativo de *capa* formado por la agregación de varios sufijos *(ara + azo + ón)*, y el género que le corresponde es el masculino, lo mismo que ocurre en *camaranchón, corpachón, caserón* (→ -ÓN). Pero la terminación *-azón* se encuentra en una serie de sustantivos femeninos: *sazón, hinchazón, picazón, quemazón*, y esta analogía ha hecho que en España y en la mayor parte de América predomine el uso femenino de *caparazón*, o al menos alterne con el uso masculino (cf. Rosenblat, *Palabras*, II, 149). Véanse algunos ejemplos españoles de esta dualidad: «*un caparazón*» (Pérez de Ayala, *Troteras*, 79); «*el caparazón*» (Azorín, *Voluntad*, 106, 124); «*el caparazón*» (Camba, *Ciudad*, 20); «*una caparazón como la de la langosta*» (Camba, *Lúculo*, 70); «*una caparazón*» (Cela, *Colmena*, 52).

capaz. 1 Construcción: *capaz* PARA *el cargo* ('que tiene cualidades suficientes'); *capaz* DE *una locura* ('que podría cometerla'); *capaz* DE *hacer bien el trabajo* ('que puede hacerlo bien').
2 Confusión entre *capaz* y *susceptible:* → SUSCEPTIBLE. 2.
3 En algunos países de América se usa en la lengua coloquial *es capaz*, o simplemente *capaz*, por *es posible:* «*Si Laurita, después, se casa con un agricultor, capaz que saquen adelante el fundo*» (Edwards, *Máscaras*, 176); «*—¿Cuándo le vino el mal? —Un poco después de nacer. —Capaz entonces que le viene del padre*» (Roa, *Hijo*, 73). Cf. Wagner, 38; Kany, 421.

Cape Town

Cape Town → CIUDAD DEL CABO.

capitular. Construcción: *capitular* CON (o ANTE) *el enemigo.*

capó. 'Tapa del motor del automóvil'. Es preferible esta forma, adoptada por la Academia, a la francesa *capot* (pronunciada /kapó/). Su plural es *capós* (en francés, *capots*).

caquexia. 'Desnutrición grave del organismo'. El adjetivo derivado no es *caquéxico* («*La idiotez de una burguesía caquéxica*», Azorín, *Voluntad*, 20), sino *caquéctico.*

cara. 1 *Cara*, como preposición, con el sentido de 'hacia', era comentado así por Valdés en el siglo XVI: «*Cara* por *hazia* usan algunos, pero yo no lo usaré jamás» (*Diálogo*, 108). Efectivamente, la preposición, empleada todavía por Juan del Encina («*Vámonos cara el ganado*», cit. Cejador, *Voc. medieval*), estaba ya anticuada. No obstante, la Academia la recoge en su *Diccionario* sin ninguna indicación. Corominas (I, 841) dice que es contracción de *cara a.* Esta locución prepositiva sí está perfectamente viva hoy, aunque con un sentido distinto, 'mirando a': «*Reluciría cara al mar el bronce de las figuras conmemorativas*» (Pombo, *Héroe*, 21). Ejemplo de uso figurado de este sentido: «*Dejó la sotana, ciñó la espada y abandonó las aulas, cara a las ambiciones del poder civil, para las que estaba, sin duda, singularmente dotado*» (Marañón, *Olivares*, 26). El uso figurado evoluciona hacia un nuevo sentido, 'con vistas a' o 'ante': «*Maura y Canalejas .. trataron de articular la sucesión de Cánovas cara a los problemas desbordados del siglo XX*» (R. de la Cierva, *Historia y Vida*, 1.1975, 20). Este uso ha adquirido gran desarrollo, y más aún la variante *de cara a*, cuyo abuso actual constituye uno de los amaneramientos típicos del lenguaje periodístico y tecnocrático: «*Para el presidente de Banesto, las dos industrias se encuentran en buena situación de cara al futuro*» (*Diario Montañés*, 15.8.1984, 1). Conviene no olvidar la posibilidad de expresarse por medio de *ante* y *con vistas a.*
2 *Cara dura:* → CARADURA.

carabinero → CARABINIERE.

carabiniere. 'Agente de policía italiano'.

Conviene no traducir como *carabinero*, pues este nombre tiene un sentido distinto en español (salvo en Chile, donde significa también 'agente de policía'). Su plural italiano es *carabinieri* (no *carabinieris*: «*Esta tarde se hará pública una declaración por parte de los 'carabinieris'*», M. F. Ruiz, *Pueblo*, 2.5.1966, 6).

Caracalla. Es curioso que, haciendo ya muchos años que nuestra ortografía ha reducido a *l* la *ll* de los nombres latinos como *Gallia*, *Hellesponto*, *Marcello*, etc. (pronunciada siempre *l*), haya quedado este resto único, *Caracalla*, escrito todavía así en la mayoría de los libros de historia. Debe escribirse y pronunciarse siempre *Caracala.*

carácter. Su plural es *caracteres*, con desplazamiento del acento. Evítese la forma *carácteres.*

caradura. 1 *Cara dura* o *caradura*, escrito en dos palabras o en una (pronunciado /kára-dúra/ o /karadúra/), nombre femenino, significa 'atrevimiento u osadía': *Tuvo la cara dura de decir que no la había visto nunca.* Admite la intercalación de un adverbio: *Tiene una cara bastante dura* (en este caso, lógicamente, es inevitable la grafía separada). Pero también admite la compañía de un adjetivo: *¡Menuda caradura tiene!; Tiene la caradura suficiente para decirlo* (en este caso parece más natural la grafía unida).
2 *Caradura*, en una sola palabra (pronunciada /karadúra/), es también nombre masculino o femenino que significa 'persona atrevida u osada': *Es un caradura que se cuela en todas partes;* puede usarse también como adjetivo: *Esos parientes tan caraduras.*
3 Tanto en el sentido primero como en el segundo, la palabra es de nivel coloquial —en el que hoy se dice más frecuentemente *cara o carota*—. Nótese que la grafía *cara dura* solo es válida para el primer sentido, aunque la Academia se la atribuye erróneamente al segundo (sin recoger el primero).

carcaj. Es masculino. Puede tener también la forma *carcax* —desusada—, pero el plural es siempre *carcajes.*

card-, cardio-. Formas prefijas del

86

griego *kardía*, 'corazón': *carditis, cardiograma*.

-cardia. Forma sufija del griego *kardía*, 'corazón': *taquicardia*.

cardíaco. La Academia admite también actualmente la forma *cardiaco*, aunque da preferencia a *cardíaco*.

carear → CARIAR.

carecer. 1 Verbo irregular. Se conjuga como *agradecer* [11].
2 Construcción: *carecer* DE *medios*.
3 Uso de *faltar* por *carecer:* → FALTAR.

carey. 'Tortuga de mar' y 'materia córnea obtenida de ella'. Su plural es *careyes*, pero también se usa *careys*.

cargar. Construcción: *cargar* A *flete; cargar* A o EN *hombros* (→ HOMBRO); *cargar* CON *todo; cargar* DE *trigo; cargar* SOBRE *el enemigo*.

cariar. 1 'Producir caries (a un diente)'. Es erróneo *carear* («*Tres muelas careadas*», González, *Antología*, 165), cuyo sentido verdadero es 'poner a dos personas cara a cara para averiguar la verdad'.
2 Se conjuga, en cuanto al acento, como *cambiar* [1 a].

caries. Es nombre femenino, *la caries*, y no varía en plural. No debe usarse la forma *carie*.

carillón. 'Juego de campanas dispuesto para que suenen formando una melodía'. No debe decirse *carrillón*.

cario-. Forma prefija del griego *karyon*, 'nuez, núcleo': *cariocinesis, cariópside*.

caritativo. Construcción: *caritativo* CON, PARA, PARA CON *los pobres*.

carmesí. Su plural es *carmesíes*. Usado como adjetivo calificativo, muchas veces es invariable en número: *unas flores carmesí*. → COLORES.

carmín. Cuando esta palabra se usa como adjetivo calificativo, es invariable en cuanto al género y normalmente también en cuanto al número: *flores carmín*. → COLORES.

Carmina Burana. La famosa cantata del compositor alemán Carl Orff se oye con frecuencia nombrar en las emisoras de radio /karmína burána/. La palabra *carmina* es nombre latino que significa 'poemas' y ha de pronunciarse /kármina/. Sobre otra obra del mismo compositor, *Catulli carmina*, → CATULO.

carné. 'Documento o tarjeta de identidad'. Es nombre masculino con plural regular, *carnés*. Es preferible usar esta forma en lugar de la muy extendida *carnet* (plural *carnets*), que en realidad se pronuncia igual que la otra: /karné, karnés/. De todos modos, las dos grafías tienen aceptación, si bien solo *carné* está registrada en el *Diccionario* de la Academia.

carnecería → CARNICERÍA.

carnet → CARNÉ.

carnicería. 1 'Tienda donde se expende carne'. Es vulgarismo la forma *carnecería*.
2 'Matanza': → MATANZA.

carni-, carn-. Formas prefijas del latín *caro*, 'carne': *carnificarse*.

carpintero. Aunque el oficio de carpintero ha sido hasta ahora normalmente solo de hombres, cuando aparece una mujer que se dedica a él debe llamarse *carpintera*, no *carpintero* («*la única mujer carpintero que ejerce sus funciones como tal en España*», *Informaciones*, 14.11.1972, 23).

carpo-. Forma prefija del griego *karpós*, 'fruto': *carpología*.

-carpo, -carpio. Formas sufijas del griego *karpós*, 'fruto': *pericarpio*.

carrillón → CARILLÓN.

carrousel → CARRUSEL.

carrusel. 'Especie de tiovivo'. No debe usarse la grafía francesa *carrousel*.

cartel. 1 'Anuncio que se pega en sitio público'. A veces se usa, en lugar de *cartel*, la voz francesa *affiche*, la cual, al ser usada por hispanohablantes, ha pasado de su género femenino originario al masculino, así como también ha perdido su pronunciación propia, pues se dice siempre /afíche/. Incluso con frecuencia adopta ya una grafía españolizada, *afiche*. Aunque se usa bastante en Hispanoamérica («*Se echa una silla, un atado de hamacas y un rollo de afiches a la espalda*», Vargas Llosa, *Pantaleón*, 291; cf. Flórez, *Temas*, 269, y

Moríñigo) y algo en España («*He aquí uno de los afiches, editado por el Ministerio de Información*», *Gaceta*, 28.9.1958, 10), no deja de ser un galicismo innecesario.

2 'Convenio entre varias empresas similares para evitar la mutua competencia y regular la producción y los precios'. Existe la forma *cártel*, con acentuación grave (cuyo plural es *cárteles*, no *cártels*); pero la Academia ha optado por la forma aguda.

carto-. Forma prefija de *carta: cartomancia, cartografía.*

cartomancia. 'Adivinación por los naipes'. La Academia registra también *cartomancía.*

casa. 1 *Ir en casa de alguno*, por *ir a casa de alguno*, es un uso muy antiguo que se conserva en el habla popular y rústica, pero ha sido desechado de la lengua normal.

2 *Casa-cuartel.* El género de este nombre compuesto es femenino, y su plural es *casas-cuarteles.*

casar. Construcción: *casar una cosa* CON *otra; casar(se)* EN *segundas nupcias; casarse* CON *su prima; casarse* POR *poderes.*

caserna. Galicismo superfluo (en francés, *caserne*) por *cuartel:* «*En la inmensa caserna de María Cristina pasó Lauro tres años y medio*» (L. Aguado, *Gaceta*, 16.6.1962, 59). El español tiene *caserna* en otro sentido: en fortificación, 'bóveda, a prueba de bomba, que se construye debajo de los baluartes'.

caseta → PABELLÓN.

casete. Como forma española del francés e inglés *cassette*, 'cajita de plástico que contiene una cinta magnetofónica', la Academia ha adoptado *casete.* Según la Academia es nombre «ambiguo»; en realidad, se usa normalmente como femenino (igual que en francés) con el sentido expuesto; y como masculino, *el casete*, con el sentido de 'magnetófono de casetes'.

casi. Adverbio de cantidad que equivale a *poco menos de, aproximadamente: Es casi imposible.* Suele preceder a la palabra modificada. Repetido, acentúa la aproximación: «*¡Es casi casi tan grande como mi muñeca!*» (Baroja, *Aventuras Paradox*,

15). Es vulgarismo emplear este adverbio seguido de *que: Casi que parece de ayer.*

caso. 1 *En caso de*, o *en el caso de*, seguido de nombre, es construcción normal: *en caso de fallecimiento del titular.* También se usa ante infinitivo; *en caso de fallecer;* y ante proposición con *que: en caso de que fallezca.* No se debe omitir nunca la palabra *de (en caso que fallezca).*

2 *Caso de* es construcción equivalente a la anterior, aunque de un nivel coloquial y, por tanto, menos aceptada en la lengua culta: «*Garantizamos absoluta reserva y devolución de documentos, caso de no interesar*» (*Pueblo*, 8.10.1962, 2).

3 *En tal caso* significa 'en ese caso', y es impropiedad usarlo por *en todo caso:* «*—¿Queréis que intentemos huir cuando lleguemos a ella? —No, nos cogerían en seguida. En tal caso, a la vuelta. Tendremos ya armas y nos podremos defender*» (Baroja, *Paradox rey*, 114).

4 A veces el nombre *caso* es suplantado por el francés *affaire* (pronunciado /afér/). Este nombre tiene en su idioma género femenino, pero los hispanohablantes lo usamos como masculino: «*Ganó por primera vez notoriedad con ocasión de un escandaloso 'affaire' de espionaje*» (*Gaceta*, 22.9.1962, 34). Se emplea sobre todo con referencia a casos judiciales, a asuntos que promueven revuelo o escándalo. Es un galicismo innecesario; debe decirse *caso* o —fuera del ámbito judicial— *asunto.*

cassette → CASETE.

castaño → MARRÓN.

castellano. Nombre de la lengua oficial de España y de las Repúblicas hispanoamericanas: → ESPAÑOL.

castellanohablante, castellanoparlante → HABLANTE.

castigo. En deportes: → PENALTY.

castor. El nombre propio de persona *Cástor* es grave y hay que escribirlo con tilde. El nombre común *castor*, que designa un animal apreciado por su piel, es agudo.

cata-. Prefijo griego que significa 'hacia abajo': *cataclismo, catálisis.*

catalanohablante, catalanoparlante → HABLANTE.

Catalunya → CATALUÑA.

Cataluña. Escribiendo en castellano, debe usarse la grafía *Cataluña*, no *Catalunya*, pues la representación *ny* del fonema /ñ/ no existe en castellano, sino solo en catalán.

catavino. No debe confundirse con *catavinos*. El *catavino* es una taza para probar el vino; el *catavinos* es el hombre que cata los vinos.

catedral → DOMO.

catedrático. Su femenino es *catedrática*: «*La condesa es catedrática*» (Bravo-Villasante, *Pardo Bazán*, 294); no *catedrático*, como muchos dicen («*La catedrático de Latín del Instituto*», Torrente, *Saga*, 61).

categoría → STANDING.

catequizar. Construcción: *catequizar* A *alguno* PARA *un fin particular*.

Catulo. El nombre del poeta latino *Catulo* es grave; no debe, pues, pronunciarse /kátulo/, ni menos escribirse con tilde en la *a*. El título de la composición de Carl Orff *Catulli carmina* (que significa 'poemas de Catulo') debe leerse /katúli kármina/ —y no, como desgraciadamente dicen algunos locutores, /kátuli karmína/—. Sobre la pronunciación del latín *carmina*, → CARMINA BURANA.

caucioso. «*Un sistema que elimina toda duda, todo aplazamiento caucioso, sobre el mérito de la obra*» (Salinas, *Responsabilidad*, 166). Es anglicismo innecesario (inglés *cautious*) por *cauto o cauteloso*.

caudimano. 'Que tiene cola prensil'. La Academia admite también la forma *caudímano*.

caule-, caulo-, cauli-. Formas prefijas del griego *kaulós*, 'tallo': *cauliforme*.

causa. A *causa de*, locución prepositiva que expresa, con más precisión, el sentido causal de la preposición *por*. Equivale a ella, aunque es menos frecuente, *por causa de*.

causar. En la conjugación de este verbo, la segunda vocal del grupo /au/ siempre se combina formando diptongo con la vocal precedente, es decir, articulándose ambas en una sola sílaba. (Véase cuadro.)

Cayo Hueso. El puerto de *Key West*, en Florida (Estados Unidos), se llama en español *Cayo Hueso*.

cebar. Construcción: *cebarse* EN *la matanza*.

ceda → Z.

ceder. Construcción: *ceder* A *la autoridad; ceder* DE *su derecho; ceder* EN *un punto*.

-cefalia. Forma sufija del griego *kephalé*, 'cabeza'. Las palabras en que se encuentra se pronuncian con el acento en la *a*: *hidrocefalia* (no *hidrocefalía*).

cefalo-, cefal-. Formas prefijas del griego *kephalé*, 'cabeza': *cefalópodo, cefalalgia*. Las formas sufijas son *-céfalo: dolicocéfalo*, y *-cefalia* (→ -CEFALIA).

Cefiso. El nombre de este río de Grecia es llano, no esdrújulo.

cegar. 1 Verbo irregular. Se conjuga como *cerrar* [6].
2 Construcción: *cegarse* DE *cólera*.

Ceilán. Nombre antiguo de *Sri Lanka* (→ SRI LANKA). A pesar de no ser el reconocido hoy oficialmente, no hay motivo para dejar de usar el nombre antiguo, que tiene la virtud de ser más fácil de pronunciar. El adjetivo derivado de *Ceilán* es *ceilanés;* no *ceilandés*, como algunos han puesto, ya que en el nombre propio no hay ningún elemento *-land* (como el que dio origen a *irlandés, islandés, holandés, tailandés*, etc.). Tampoco debe usarse *cingalés*, que es el adjetivo y nombre que corresponde a una de las dos etnias principales de la isla de Ceilán (la otra es la *tamil*).

ceilandés, ceilanés → CEILÁN.

-cele. Forma sufija del griego *kele*, 'tumor': *hidrocele*.

célebre. El superlativo de este adjetivo es *celebérrimo*.

celo-, cel-. Formas prefijas del griego *koilos*, 'vacío': *celoma, celentéreo*.

celt-, celti-. Formas prefijas de *celta: celtíbero o celtíbero, celtohispánico*.

celtíbero. Puede también decirse *celtíbero*, con acentuación grave; e incluso sería preferible esta forma por estar acorde

CONJUGACIÓN DEL VERBO «CAUSAR»

(tiempos simples)

INDICATIVO

Pres. causo, causas, causa, causamos, causáis, causan /káu.so, káu.sas, kau.sá.mos, kau.sáis, káu.san/.
Pret. impf. causaba, causabas, causaba, causábamos, causabais, causaban /kau.sá.ba, kau.sá.bas, kau.sá.ba/, etc.
Pret. indef. causé, causaste, causó, causamos, causasteis, causaron /kau.sé, kau.sás.te, kau.só/, etc.
Fut. impf. causaré, causarás, causará, etc. /kau.sa.ré, kau.sa.rás, kau.sa.rá/, etc.
Pot. simple causaría, causarías, causaría, etc. /kau.sa.rí.a, kau.sa.rí.as, kau.sa.rí.a/, etc.

SUBJUNTIVO

Pres. cause, causes, cause, cáusemos, causéis, causen /káu.se, káu.ses, káu.se, kau.sé.mos, kau.séis, káu.sen/.
Pret. impf. causara o -se, causaras o -ses, causara o -se, etc. /kau.sá.ra, kau.sá.se; kau.sá.ras, kau.sá.ses; kau.sá.ra, kau.sá.se/, etc.
Fut. impf. causare, causares, causare, etc. /kau.sá.re, kau.sá.res, kau.sá.re/, etc.

IMPERATIVO

causa, cause, causad, causen /káu.sa, káu.se, kau.sád, káu.sen/.

FORMAS NO PERSONALES

Inf. causar /kau.sár/.   *Ger.* causando /kau.sán.do/.   *Part.* causado /kau.sá.do/.

---

con la pronunciación grave de *íbero*. Pero el uso más general dice *celtíbero*, y así lo prefiere también la Academia.

cena → COMIDA.

cenit. 'Punto del hemisferio celeste que corresponde verticalmente a un lugar de la Tierra'. Es frecuente el uso de este nombre en sentido figurado. Puede escribirse también *zenit*, aunque es más raro. Es errónea la acentuación grave, *cénit* o *zénit:* «*Tras de tanto buscarlo en lo profundo / me lo encontré en el cénit: mi inocente*» (Salinas, *Todo*, 32).

cenotafio. Es 'monumento funerario en el cual no está el cadáver de la persona a quien se dedica'. Es impropiedad, por tanto, usar esta palabra en lugar de *panteón* o *sepulcro:* «*El cenotafio que contendrá ya definitivamente el cuerpo del que fue gran duque de Alba*» (M. M. Rosell, *País*, 26.3.1983, 30).

censura → DEPLORACIÓN.

censurar. Construcción: *censurar algo* A o EN *alguno*.

centi-. 1 Forma prefija que en el sistema métrico decimal significa 'centésima parte'. Se pronuncia tónica la *i* en *centímetro;* es átona, en cambio, en *centigramo* y *centilitro* (el acento recae en la sílaba siguiente).
2 En otros casos significa 'cien': *centígrado*.

centígrado, centigramo, centilitro, centímetro → CENTI-.

centimano. 'Que tiene cien manos', dicho de algunos gigantes mitológicos. La Academia registra también la forma *centímano*, si bien es dando preferencia a la primera.

centro. *Al centro*, en lugar de *en el centro*, se dice, por galicismo, en algunos países americanos: «*Las parejas movían las piernas para allá, para acá* ..., *y ella, la Chepa, al centro, vestida de rojo*» (Donoso, *Domingo*, 69). Cf. Kany, 340.

ceñir. 1 Verbo irregular. Se conjuga como *reñir* [58].

2 Construcción: *ceñirse* A *lo justo*.

cequí. 'Moneda antigua de oro'. Su plural es *cequíes*.

-cer → -ECER.

cera. 'Acera': → ACERA.

cera-, cerat-, cerato-. Formas prefijas del griego *kéras*, 'cuerno': *ceratodóntido*.

cerauno-. Forma prefija del griego *keraunós*, 'rayo': *ceraunomancia*.

ceraunomancia. 'Adivinación por medio de las tempestades'. La Academia admite también la forma *ceraunomancía*.

cerca. 1 Adverbio de lugar que expresa proximidad. Puede ir precedido de las preposiciones *de, desde*.

2 Construcción: *vive cerca* DE *mi casa*, ('en lugar próximo a mi casa'); *cerca* DE *mil personas* ('en cantidad que casi llega a mil personas'). El uso normal no admite que *cerca* vaya seguido de un posesivo *(cerca mío, cerca suyo*, por *cerca de mí, cerca de él)*: «*Muy cerca suyo*» (Salvador, *Cuerda*, 436); «*Se quedaba cerca tuyo*» (Edwards, *Máscaras*, 192). En algunos países de América se usa *cerca a* en lugar de *cerca de*, probablemente por confusión con formas afines, como *junto a, cercano a, próximo a* (cf. Kany, 338).

3 Sobre el uso de *cerca* por *cerca de* (*cerca mi casa*, por *cerca* DE *mi casa*), → DE, 2.

4 El adverbio *cerca* tiene un superlativo, *cerquísima*.

cercano. 1 Construcción: *cercano* A *su fin*. No es usual la construcción con *de* (*cercano* DE *su fin*).

2 El uso normal no admite decir *cercano nuestro* por *cercano a nosotros*: «*Es probable que hoy sintamos estas cosas más cercanas nuestras*» (D'Ors, cit. Fernández Ramírez).

cerciorarse. Construcción: *cerciorarse* DE *un suceso; cerciorarse* DE *que es imposible*. No debe omitirse el *de*, como en estos

ejemplos: «*Se ha cerciorado que un taxi está libre*» (N. Luján, *Destino*, 23.12.1972, 20); «*Busca entre los cachivaches hasta encontrar una linterna. Se cerciora si luce*» (Romano-Sanz, *Alcudia*, 54).

céreo → CERÚLEO.

cerner. 'Separar con cedazo las partes gruesas (de una cosa pulverizada)'; *cernerse*, 'mantenerse (las aves) casi inmóviles en el aire' y 'amenazar (un peligro)'. Se conjuga como *entender* [14]. No debe confundirse con *cernir*, del mismo significado, pero de distinta conjugación (→ CERNIR).

cernir. Verbo irregular. Se conjuga como *discernir* [43]. No debe confundirse, en su conjugación, con su sinónimo *cerner* (→ CERNER), ni con los verbos del grupo 60 (como *pedir*); es erróneo un pretérito *cirnió, cirnieron*.

cero. 1 Nombre del número que representa la ausencia de unidades de un orden cualquiera: *el cero*.

2 Adjetivo numeral cardinal que expresa una cantidad nula de objetos: *Son las cero horas; Cero kilómetros setecientos metros*. El sustantivo determinado —como se ve en los ejemplos— va en plural.

cero-. Forma prefija del griego *kerós*, 'cera': *ceroleína*.

ceromancia. 'Adivinación por la cera derretida'. La Academia admite también *ceromancía*.

cerrar. 1 Verbo irregular. (Véase cuadro.)

2 Construcción: *cerrar* CON O CONTRA *el enemigo*.

cerúleo. 'De color cielo', esto es, 'azulado'. Es error frecuente —motivado por la pura semejanza fonética— atribuir a *cerúleo* el sentido 'de color cera': «*La aceitosa, pecosa, amarillenta y cerúlea piel tirante de su frente*» (J. L. Castillo-Puche, *Abc*, 9.1.1960); «*Dejar el dinero .. sobre la cerúlea y endurecida mano de Rosita Pascual*» (Fraile, *A la luz*, 24); «*Doscientos rostros con la cerúlea palidez del papel se alzan*» (Delibes, *Parábola*, 22). El adjetivo que corresponde a este sentido es *céreo*.

cesar. 1 Construcción: *cesar* DE *correr; cesar* EN *el cargo*.

CONJUGACIÓN DEL VERBO «CERRAR»

(tiempos irregulares)

INDICATIVO

Pres. cierro, cierras, cierra, cerramos, cerráis, cierran.

SUBJUNTIVO

Pres. cierre, cierres, cierre, cerremos, cerréis, cierren.

IMPERATIVO

cierra, cierre, cerrad, cierren.

---

2 Debe evitarse el uso, hoy bastante frecuente entre políticos y periodistas, de *cesar* como transitivo: *«Que se hablase de la necesidad de cesarlo de la Secretaría particular»* (Calvo, *Franco*, 24). En América ya existe desde hace mucho: en 1942 escribía Santamaría (*Americanismos*, s.v. *albazo*): *«A Pedro le dieron un albazo, cesándolo en su empleo».* En estos casos ha de emplearse *destituir, deponer* o, si se desea un término más suave, *relevar*.

Cesarea. Ciudad de Palestina. Se pronuncia esta palabra haciendo tónica la última *e: /zesaréa/.*

ch. 1 Cuarta letra del alfabeto español. Su nombre es *che;* plural, *ches.* No existe como tal letra en el alfabeto universal, donde se la considera simple suma de *c* y *h;* y en realidad no hay fundamento sólido para que esta secuencia de letras sea incluida por la Academia como una letra más en el alfabeto de nuestro idioma. Todas las demás lenguas cultas, al alfabetizar, la consideran siempre como una combinación más de *c* con consonante. Se hace así incluso en portugués, nuestro idioma hermano. La razón que se ha alegado una y otra vez en defensa de la «letra» *ch* es que la *c* unida a la *h* representa en español un sonido simple. Por la misma razón nuestro alfabeto cuenta como una letra la *ll.* Y apoyándose en estos hechos, Cuervo propuso que se hiciese lo mismo con la *rr,* que no es una *r* repetida, sino un sonido de articulación, aunque parecida, diferente. La proposición de Cuervo fue sus-

tentada de nuevo en 1956 por Ragucci (*Memoria II Congreso de Academias,* 286). Los lexicógrafos españoles antiguos iban más lejos en su rigor fonetista: en la letra *c* colocaban en primer lugar las combinaciones *ca, co, cu* (sonido /k/) y después las combinaciones *ce, ci* (sonido /z/). Lo que debemos hacer, en realidad, es lo contrario: dejar de considerar «letras» la *ch* y la *ll* y sumarnos al uso de todos los demás idiomas, en los que, por cierto, también la combinación *ch* representa a menudo un sonido simple. Tenemos que recordar que el alfabeto ordena *letras* y no *fonemas;* que, aunque las letras representen fonemas, no son la misma cosa ni muchas veces hay correspondencia entre unas y otros. Los diccionarios de todos los idiomas siempre han ordenado los vocablos según su grafía y no según su pronunciación. ¿Por qué no suprimimos como «letras» la *ch* y la *ll,* conformándonos al uso de las demás lenguas? «El apartarse de un uso universalmente respetado —dice Menéndez Pidal— es siempre embarazoso, creando una práctica aparte de la seguida por todos, lo cual trae vacilaciones y tropiezos en el uso promiscuo de diccionarios extranjeros y nacionales.» Poco podemos criticar a los ingleses por mantenerse, con sus yardas y sus millas, al margen del sistema métrico decimal, si nosotros nos mantenemos al margen del sistema alfabético del resto del mundo culto. «Sería de desear —añade el mismo Menéndez Pidal— que la Academia Española, cuyo Diccionario sirve de norma a todos los demás, modificase el orden alfabético que actualmente emplea y volviese al que usó en su comienzo, en el gran Diccionario de Autoridades y en las primeras ediciones del Diccionario vulgar. En esas primeras ediciones académicas se seguía el orden estrictamente alfabético, que es el internacional» (prólogo a *Vox*, p. XIII). Véase también la opinión del académico C. Martínez de Campos en el *Boletín* de la Academia, LIII (1973), 289-96. F. Huarte, en una reseña del *Diccionario* de Corominas (*Clavileño*, 3/4.1955, 75), lamentaba que este autor no hubiera alfabetizado la *ch* entre *ce* y *ci*, pues «sin duda en obras dirigidas a especialistas se ha de empezar, si se quiere extender [esta práctica] a los diccionarios (y catálogos) de la generalidad». Después de aquella fecha, algunos diccionarios, y no precisamente dirigidos a especialistas, han tomado la iniciativa de integrar las voces que comienzan por *ch* dentro de la letra *c;* entre ellos, Moliner (1966-67), Cela, *Dicc. secreto* (1968-71) y Martínez de Sousa, *Siglas* (1984). Yo mismo me atengo a esa práctica en todos los libros que he publicado desde 1972 (excepto en las ediciones de este *Diccionario de dudas* aparecidas hasta 1982, que eran meras reimpresiones de un texto anterior).

2 Pronunciación. El fonema /ch/ representado por la grafía *ch* es palatal africado sordo. Se articula, en su primera fase, tocando con la lengua el paladar, en un amplio contacto que impide toda salida del aire; y, en la segunda fase, separándose levemente del prepaladar el predorso de la lengua, con lo que el aire escapa por un estrecho canal, por el centro de la cavidad

Articulación del
fonema /ch/

bucal. Las dos fases se desarrollan en el tiempo de una sola consonante; de manera que no puede considerarse la /ch/ como una consonante compuesta. Durante su articulación no vibran las cuerdas vocales; por tanto, es consonante sorda.

Es regional (andaluza) la pronunciación fricativa de la /ch/ (semejante a *sh* inglesa).

cha-. Prefijo fósil, del latín *sub-*, 'bajo': *chapodar, chapuzar.*

chacó. 'Morrión'. Su plural es *chacós.*

chacolí. 'Vino ligero propio del País Vasco'. Su plural es *chacolís* («*Este pez-vestigio [el bacalao] .. suele triunfar en los chacolís bilbaínos sobre las sabrosas merluzas*», Camba, *Lúculo*, 33). Escribiendo en castellano, no debe usarse la grafía vasca *txakolí.*

Chad. La República que en francés se llama del *Tchad* tiene en español el nombre de República del *Chad*. El adjetivo correspondiente es *chadiano.*

chadiano → CHAD.

Chaikovski. Esta es, en español, la grafía más recomendable para el nombre del célebre compositor ruso. *Tchaikovski, Tchaikovski, Tchaikovsky, Tschaikowsky,* etc., son transcripciones propias de otros idiomas, más o menos difundidas entre nosotros, pero innecesariamente complicadas para usarlas en el nuestro.

chalé. 'Edificio de pequeñas dimensiones, con jardín'. Aunque es frecuente todavía escribir esta palabra en su forma original francesa *(chalet,* plural *chalets),* es preferible hacerlo en la forma españolizada *chalé* (pl. *chalés*).

chalet → CHALÉ.

Champagne → CHAMPÁN y CHAMPAÑA.

champán. 'Cierto vino espumoso'. Como españolización del francés *champagne* existen dos formas, *champán* y *champaña;* la primera es la más usual.

Champaña. **1** El nombre español de la región francesa de *Champagne* es *Champaña.*
2 *Champaña,* 'vino espumoso': → CHAMPÁN.

champú. 'Líquido para el lavado de cabeza'. No debe usarse la forma inglesa *shampoo*. El plural de *champú* es *champús* o, más raro, *champúes*.

chance. Es palabra inglesa que unos pronuncian /chans/ y otros /chánze/. Usado unas veces como masculino y otras como femenino, está más extendido en América que en España. No está justificado su uso en español; dígase *oportunidad* o *suerte*, que son sus equivalentes.

chándal. 'Jersey, o conjunto de jersey y pantalón, para entrenamiento deportivo'. Este nombre masculino viene del francés *chandail*, y, etimológicamente, su acentuación sería aguda, /chandál/. Sin embargo, la general es grave, /chándal/, y, de acuerdo con esto, la palabra debe escribirse con tilde en la primera sílaba.

chantillí. 'Crema hecha de nata batida'. Debe usarse esta grafía, adoptada por la Academia, y no la francesa *chantilly*.

chantilly → CHANTILLÍ.

chaqué. 'Cierta prenda de vestir'. Debe preferirse la forma españolizada *chaqué* (pl. *chaqués*) a la francesa *chaquet* (pl. *chaquets*).

chaquet → CHAQUÉ.

charcutería → SALCHICHERÍA.

chartreuse. 'Cierto licor'. La pronunciación corriente de esta palabra francesa es /chartrés/. Es nombre masculino.

chasis → BASTIDOR.

chauvinismo, chauvinista → CHOVINISMO.

checoeslovaco, Checoeslovaquia, checoslovaco → CHECOSLOVAQUIA.

Checoslovaquia. Puede decirse igualmente *Checoslovaquia* y *Checoeslovaquia*, así como *checoslovaco* y *checoeslovaco*. La Academia y el uso general prefieren las formas *-cos-*.

chequear → CHEQUEO.

chequeo. 'Reconocimiento médico general'. A pesar del rechazo de algunos frente a esta palabra, que es un anglicismo (del inglés *check*), la Academia la registra ya, haciéndose eco de un uso muy extendido. En algunos países hispanoamericanos (Puerto Rico, Colombia, Venezuela, etc.),

los anglicismos *chequeo* y *chequear* son mucho más frecuentes que en España y sirven para muchos más sentidos.

He aquí las principales acepciones en que se usa el verbo *chequear*, según Alfaro:

a) 'Vigilar': *Lo tengo bien chequeado.*
b) 'Cotejar, confrontar, verificar': *Chequear una copia.*
c) 'Contar, comprobar el número de cosas'.
d) 'Expedir, consignar, facturar': *Chequear equipajes.*
e) 'Refrenar, reprimir': *El gobierno está tomando medidas para chequear las actividades subversivas.*
f) 'Revisar, examinar, inspeccionar': *Hay que chequear el aceite, la batería y las llantas.*

Las que Flórez (*Lengua*, 208), señala para el sustantivo *chequeo* en Colombia son 'examen, inspección, revisión, prueba, comprobación, verificación, cotejo, confrontación': *El médico le hizo un chequeo; Vamos a hacerle un chequeo general al automóvil.*

chevió → CHEVIOT.

cheviot. 'Lana de cordero de Escocia' y 'tejido hecho con ella'. Es nombre masculino; su pronunciación corriente, /chebió/ o /chebiót/; su plural, *cheviots*, pronunciado /chebiós/ o /chebióts/. La Academia registra también la forma *chevió*, cuyo plural es *cheviós*.

chicle. 'Goma de mascar'. La acentuación de esta palabra es grave, /chíkle/, no aguda, como se hace en algunas regiones, donde incluso aparece escrito *chiclé* y *chiclet*: «El chiclé .. pega y apelotona las hojas sin posible arreglo» (*Vanguardia*, 27.2.1972, 1).

chiclé, chiclet → CHICLE.

chiffonnier. 'Mueble, especie de cómoda pequeña'. Este nombre francés, de género masculino, se suele pronunciar en España /sifonié/; pero muchas personas, incluidos algunos mueblistas, dicen /sinfonié/, tal vez por influjo fonético de *sinfonía*.

chinche. 1 En los sentidos de 'insecto' y de 'clavo corto de cabeza muy ancha' tiene siempre género femenino. El uso como masculino es vulgar; como masculino usó *chinche*, 'insecto', Unamuno (*Raza*,

162), y, según Steel (*Americanismos*, 192) circula por América el uso masculino para *chinche*, 'chincheta'.

2 En el sentido coloquial de 'persona poco tratable', es masculino y femenino: *Este hombre es un chinche; Esta mujer es una chinche*. También puede usarse como adjetivo: *No seas tan chinche*.

3 En el sentido citado de 'clavo corto', el nombre *chinche* alterna con *chincheta*. Aunque el primero es más tradicional, los dos son igualmente válidos.

chincheta → CHINCHE, 3.

Chindasvinto. Así escriben tradicionalmente los historiadores el nombre del rey visigodo. Es preferible la transcripción *Quindasvinto* —mejor que el *Khindasvinto* que usa Menéndez Pidal (*Universalismo*, 222, etc.)—; o bien *Cindasvinto*, forma usada en la época clásica (Quevedo, *Memorial*, 503; Ambrosio de Morales escribió *Cindasvindo: Corónica*, folio 134, etc., aunque alternando con *Chindasvindo*).

chirriar. Se conjuga, en cuanto al acento, como *desviar* [1 c].

chisgarabís. 'Mequetrefe'. Su plural es *chisgarabises*. La Academia (*Esbozo*, § 2.3.3) censura como incorrecto el singular *chisgarabí*, pl. *chisgarabís*.

chistu. 'Instrumento músico vasco'. La Academia ha recogido este nombre masculino, así como *chistulari*, que designa al instrumentista. Escribiendo en castellano, no hay motivo para emplear la grafía vascuence *txistu, txistulari*.

chistulari → CHISTU.

choc → CHOQUE.

chocar. Construcción: *chocar A los presentes; chocar CON los vecinos; chocar CON o CONTRA un árbol*. En América, refiriéndose a vehículos, se usa frecuentemente como transitivo: «*Cómo va a pensar el maquinista que aquí está parada una zorra. Si no la ve, la choca*» (Benedetto, *Caballo*, 189).

chófer. 1 'Conductor asalariado'. Su plural es *chóferes*. Aunque la acentuación grave es antietimológica (la voz viene del francés *chauffeur*), es la única que se oye en España. En América, en cambio, prevalece la acentuación aguda. La Academia reconoce como igualmente válidas ambas formas.

2 El femenino *choferesa* ya está registrado por Rosenblat (*Palabras*, I, 30) y ha sido usado por Cela: «*Este nuevo viaje lo haré en Rolls, con una choferesa negra de buen ver y mejor palpar*» (*Diario 16*, 23.12.1984, 33).

choque. Como españolización del término médico inglés *shock*, 'síndrome consecutivo a la disminución prolongada del volumen de sangre circulante', la Academia propone la forma *choque*; otros prefieren adaptarlo en la forma *choc* (pl. *chocs*), que tiene sobre la anterior la ventaja de evitar la homonimia. Las mismas adaptaciones son aplicables al compuesto *electroshock: electrochoque* (patrocinado por la Academia) y *electrochoc;* las dos formas se ven usadas. No obstante, muchos médicos siguen prefiriendo los términos ingleses.

chotis. 'Cierto baile popular'. Su plural es *chotis*, sin variación. La acentuación aguda *chotís* (que tiene un plural *chotises*) es popular y anticuada. Están en desuso, igualmente, la grafía alemana *schottisch* y sus variantes (*schottis, schotis*, etc.).

chovinismo. Aunque, según los diccionarios, el francés *chauvinisme* equivale al español *patriotería*, en español hacemos una distinción entre *patriotería*, 'alarde excesivo de patriotismo', y *chovinismo* (grafía preferible a *chauvinismo*), 'exaltación exclusivista de lo nacional frente a los extranjero'. Una distinción paralela hay que hacer entre *patriotero* y *chovinista*.

chovinista → CHOVINISMO.

Christian Science → CIENCIA, 1.

christmas → CRISMA, 2.

chulo → RUFIÁN.

ciar. Se conjuga, en cuanto al acento, como *desviar* [1 c].

cicatricial → CICATRIZAL.

cicatrizal. El adjetivo derivado de *cicatriz* puede ser indistintamente *cicatrizal* o *cicatricial*, aunque parece más frecuente entre los médicos la segunda forma.

cicerone. 'Guía (persona) de la visita a un museo, monumento o ciudad'. Al ser palabra de origen italiano, algunos pronuncian /chicheróne/; pero ya está aclimatada la palabra en nuestro idioma y generalizada su pronunciación a la española. Es invariable en cuanto al género: *el cicerone, la cicerone.* El plural es *cicerones.*

Cícladas. El archipiélago griego se puede llamar también islas *Cíclades.*

Cíclope. 'Gigante mitológico, con un solo ojo en la frente'. La Academia admite igualmente la pronunciación esdrújula *(Cíclope)* y la llana *(Ciclope);* la segunda es la etimológica, pero apenas se usa.

-cico → -CITO.

-cida, -cidio. Formas sufijas del latín *caedo,* 'matar'. La primera es de nombre de agente: *suicida;* la segunda, de nombre abstracto de acción: *suicidio.*

cielo. *Cielo raso,* 'techo de superficie plana'. Se escribe en dos palabras (no *cielorraso).* Su plural es *cielos rasos.*

ciego. El superlativo de este adjetivo es *cieguísimo.*

ciempiés. 'Cierto miriápodo'; también, 'obra desatinada e incoherente'. Su plural es *ciempiés.*

cien → CIENTO.

ciencia. 1 *Ciencia Cristiana* es el nombre español de la corriente religiosa cuyo nombre original inglés es *Christian Science.* Sus seguidores, en inglés *Christian Scientists,* deben llamarse en español *científico-cristianos.*

2 *Ciencia ficción* debe escribirse con guión intermedio: *ciencia-ficción* (→ CIENCIA-FICCIÓN).

ciencia-ficción. «*Toda la 'ciencia-ficción'* .. *novelística, cinematográfica, periodística, gráfica* .., *movida por una fantasía exacerbada, con sus visiones anticipadoras, sus monstruos, sus viajes planetarios»* (Villegas, *Arte,* 176); «*Hasta 1950 las películas de ciencia-ficción aún no habían aparecido en gran escala*» (I. Iturbe, *Ya,* 3.8.1962). Es un calco del inglés *science-fiction;* sería mejor decir *ficción científica,* y aun preferible *fantasía científica.* Hay quienes dicen *fantaciencia,* copiando el italiano *fantascienza:* «*No solo es cine de fantaciencia el de viajes interplanetarios y visitas siderales* .., *sino también el que transcurre en labo-*

ratorios atómicos modernísimos» (C. Fernández-Cuenca, *Ya,* 8.2.1963, 26). *Fantaciencia* tiene la ventaja de permitir la formación fácil de un adjetivo derivado, *fantacientífico:* «*Los mejores cuentos de ciencia-ficción* .. *Pienso que debe ser un extracto concentradísimo de los más puros alcaloides fantacientíficos del mundo»* (R. Llopis, *País,* 11.7.1976, 23).

ciencismo, ciencista → CIENTIFICISMO.

cientificismo. 'Tendencia a dar excesivo valor a las nociones científicas'. A este nombre corresponde el adjetivo (y también nombre) *cientificista.* Estas dos formas, *cientificismo, cientificista* son las únicas que registra la Academia: «*El cientificismo mediocre de aquel siglo darwiniano*» (Jarnés, Castelar, 15); «*Marañón, tan devoto del saber científico como enemigo de la jactancia cientificista*» (Laín, *Marañón,* 104). También se usan los términos *cientifismo* y *cientifista,* que, aunque son más breves y fáciles de pronunciar, no están formados normalmente. Y existen, por último, menos usados, *ciencismo* y *ciencista,* bien construidos, no sobre *científico,* sino sobre *ciencia,* y a los que nada hay que objetar en cuanto a su manejabilidad: «*Esta actitud es muy diferente del ciencismo del siglo XIX*» (Aranguren, *Juventud,* 56).

cientificista → CIENTIFICISMO.

científico-cristiano → CIENCIA, 1.

cientifismo, cientifista → CIENTIFICISMO.

ciento. 1 El numeral *ciento* se apocopa en la forma *cien* cuando va delante de un nombre masculino o femenino: *cien habitantes, cien casas* (incluso con adjetivo intercalado: *cien miserables casas).* También se apocopa cuando precede inmediatamente a otra expresión numérica multiplicándola: *cien mil personas, cien millones de pesetas.* Pero no se apocopa cuando se le suma: *ciento dos, ciento veinte, ciento diez mil personas.*

2 Se mantiene la apócope en los casos, muy frecuentes, en que el nombre que la motiva está claramente sobrentendido: *Un billete de cien* [pesetas]; *Los muertos pasaron de cien* [muertos]; «*A mí se me ponía el corazón a cien* [kilómetros por hora]» (Delibes, *Cinco horas,* 104). Por la misma razón se usa la forma *cien* al contar, si se

cuentan unidades concretas: *noventa y ocho, noventa y nueve, cien* [cuartillas].
(Pero se dice *ciento* si se hace la simple lista de los números.)

3 En los porcentajes, se dice *cuatro por ciento, diez por ciento, noventa por ciento* (no *por cien:* «*El 78,9 por cien de los miembros del Gobierno son funcionarios*», *Vida Nueva*, 21.10.1972, 23). En cambio, se usa *cien* en la locución figurada *cien por cien,* 'totalmente o absolutamente': *Soy español cien por cien* (aunque también existe, más raro, *ciento por ciento:* «*Ya es usted un americano ciento por ciento*», Camba, *Ciudad*, 21).

4 *El x por ciento de personas,* en lugar de *el x por ciento de* LAS *personas:* → MAYORÍA.

cierre. *Cierre patronal* es la mejor traducción española para el inglés *lock-out* (pronunciación corriente, /lokáut/), 'cierre de una fábrica por la dirección negando el trabajo a los obreros para obligarles a aceptar determinadas condiciones'.

cierto. **1** Construcción: *cierto* ('seguro') DE *lo que dice.*

2 El superlativo de *cierto* ('seguro' o 'verdadero') puede ser *certísimo* y *ciertísimo:* «*Era .. certísimo lo de la ruina*» (Pérez de Ayala, *Luna*, 41); «*—¿Es o no cierto? .. —Es ciertísimo*» (Galdós, *Torquemada,* II, 87). La primera es la forma más culta; la segunda, la más generalizada.

3 *Ser cierto* (un hecho): → SER. 2.

cifrar. Construcción: *cifrar su dicha* EN *el dinero.*

cili-, ciliati-. Formas prefijas del latín *cilium,* 'pestaña': *ciliforme.*

-cillo → -CITO.

cimentar. Verbo irregular. Se conjuga como *cerrar* [6]. Hoy es más frecuente, sin embargo, el empleo como regular.

cimo-. Forma prefija del griego *kyma,* 'ola': *cimómetro;* o del griego *zyme,* 'fermento': *cimógeno.*

cinc. 'Cierto metal'. Pronunciación, /zink/. El plural es *cines* (no *cincs, cinces* ni *cinques,* formas inusitadas). También puede escribirse *zinc,* pl. *zines.*

Cindasvindo, Cindasvinto → CHINDAS-VINTO.

cine-. Forma prefija de *cinematógrafo: cinéfilo, cinecomedia, cineclub.* (→ CINO-.)

cineasta. 'Persona que desarrolla una actividad creadora o técnica en la producción de cine, especialmente en la dirección'. Se emplea especialmente para designar al director de cine. También usan algunos la palabra *cineísta,* que, aunque no figure en los diccionarios, es perfectamente admisible: «*Se proyectaron las películas .. de los cineístas vallenses Valero Llussá, Juan Ventura y Pedro Serra*» (*Vanguardia,* 11.1.1963, 21); «*El cineísta no parece tener unos sentimientos religiosos*» (J. F. Aranda, *Ínsula,* núm. 196, 1963, 16).

cineísta → CINEASTA.

cinema-, cinemato-. **1** Formas prefijas del griego *kinema,* 'movimiento': *cinemática, cinematógrafo.*

2 *Cinema-* es también forma prefija de *cinematógrafo* (→ CINE-): *cinemateca.*

cingalés → CEILÁN.

cinia → ZINNIA.

cino-, cine-. Formas prefijas del griego *kyon,* 'perro': *cinocéfalo, cinegético.*

cinta → FILME.

-ción. Sufijo de nombres derivados de verbos. Significa acción. Algunos sustantivos procedentes directamente del latín llevan el sufijo *-ción* puro, no precedido de vocal: *función, punción, acción, producción.* Los creados dentro del español llevan siempre la forma *-ación* si derivan de un verbo de la primera conjugación *(liquidación),* e *-ición,* si derivan de uno de la tercera *(prohibición).* Para los derivados de la segunda, si no existe forma latina *(cocción,* de *cocer; lección,* de *leer; tensión,* de *tender),* se utiliza otro sufijo: *-miento, -dura,* etc.

circuir. Verbo irregular. Se conjuga como *huir* [48].

circun-, circum-. Prefijo latino que significa 'alrededor'. La forma *circum-* se usa solo ante *b, m, p,* y a veces *n.* Ejemplos: *circumpolar, circuncisión, circunstancia.*

circunscribir. **1** Verbo irregular. Se conjuga como *escribir* [48]. Su participio, *circunscrito,* tiene una forma menos co-

rriente, *circunscripto*. El sustantivo *circunscripción* tiene siempre *p*.
2 Construcción: *circunscribirse* A *una cosa*.

circunvolar. Verbo irregular. Se conjuga como *acordar* [4].

Ciriaco. Nombre de persona. Es errónea la acentuación *Ciríaco*.

cirro-, cirri-. Formas prefijas del latín *cirrus*, 'fleco': *cirriforme, cirrópodo*. *Cirro-* también corresponde al griego *kirrós*, 'amarillento': *cirrocéfalo*.

cis-. Prefijo latino que significa 'de la parte de acá': *cismontano, cisalpino*.

-císimo → -ÍSIMO.

cisma. 'Separación de un grupo respecto a una comunidad'. Es nombre masculino: *el cisma*. La Academia lo da como «ambiguo» *(el cisma* o *la cisma)*, pero el uso femenino está completamente anticuado.

cist-, cisti-, cisto-. Formas prefijas del griego *kystis*, 'vejiga': *cistitis, cistotomía*. La forma sufija es *-cisto: macrocisto*.

Cister. Nombre de una orden religiosa. Aunque la pronunciación más extendida dice /zíster/, la pronunciación etimológica, registrada por la Academia, es aguda, /zistér/.

citadino → URBANO.

Citerea. No debe confundirse *Citerea*, sobrenombre de la diosa Venus, con *Citera*, nombre de una isla (Fernández Galiano). Por consiguiente, el famoso cuadro de Watteau deberá llamarse en español *El embarque para Citera*, y no *para Citerea*, como corrientemente se le cita.

-cito, -cillo, -cico, -zuelo. Sufijos diminutivos que se aplican a palabras agudas de dos o más sílabas terminadas en *n* o *r*: *mujercita, galancillo, ruincillo, resplandorcico, Fermincico, ladronzuelo* (sin embargo, existe *jardinillo* junto a *jardincillo* y *jardincito*) y a palabras llanas terminadas en *n*: *imagencita, virgencita*. No es normal aplicarlos a nombres esdrújulos (*pajarcito*, en una canción popular citada por Unamuno, *Espejo*, 27). La forma *-cico* es peculiar de la región aragonesa, aunque en la época clásica era general. (→ -ITO y -ICITO.)

citra-. Prefijo latino que significa 'de la parte de acá': *citramontano*.

Ciudad del Cabo. Este nombre, o simplemente *El Cabo* (pero no *Ciudad de El Cabo*), es el que corresponde en español a la ciudad sudafricana de *Cape Town*.

ciudades. *Género de los nombres de ciudades*. Los nombres de ciudades siguen, por lo común, el género de su terminación: los terminados en *-o*, masculinos; los terminados en *-a*, femeninos. Los que por sus terminaciones pudieran corresponder a cualquiera de los dos géneros, como *Madrid, Calatayud, Jerez* y otros muchos, son, por lo regular, masculinos. Hay pueblos que por su terminación habrían de ser claramente masculinos o femeninos, y que no obstante se usan como del género opuesto: *la gran Toledo; todo Málaga*. (Academia.) «*El otro Pamplona*», se titula un artículo de Manuel Iribarren (*Ya*, 18.9.1960). «*No es verdad que Bilbao sea fea, torcida, negra*», escribe Ángeles Villarta (*Ya*, 21.7.1963).

Dámaso Alonso (*Abc*, 27.7.1961, 40) recuerda que en español antiguo abundaba la concordancia en femenino de los nombres de ciudades, aunque no terminaran en *-a: la misma Madrid*. Una parte de las excepciones del párrafo anterior podrían explicarse como reminiscencia de esta costumbre.

Por otra parte, con *todo, medio, un, propio* y *mismo*, es frecuente usar la concordancia masculina aunque el nombre de población termine en *-a* (ya hemos visto el caso de *todo Málaga; «Aprendí en el mismo Valencia»*, García Hortelano, *Tormenta*, 140). Existe, pues, en el género gramatical de ciudades, «cierta vacilación, cierto titubeo, o para decirlo con más exactitud, cierta flexibilidad en el uso. Ello hace posible que aun en los mejores hablistas se puedan encontrar ejemplos contradictorios» (D. Alonso).

clac. En un teatro, 'conjunto de personas que tienen la misión de aplaudir'. Es nombre femenino: *la clac*. También existe, poco usada, la forma *claque: «El hombre de la claque tiene mano de piedra»* (R. Gómez de la Serna, *Abc*, 30.9.1962, 7).

clamar. Construcción: *clamar* A *Dios; clamar* POR *dinero*.

claque | clip

claque → CLAC.

clarecer. Verbo irregular. Se conjuga como *agradecer* [11].

clarevidencia, clarevidente → CLARIVIDENCIA.

clarividencia. 1 'Penetración, perspicacia'. Es errónea la forma *clarevidencia*. Lo mismo hay que decir de *clarevidente* frente a *clarividente*.
2 A veces parece haber alguna confusión entre *clarividencia* (y su familia léxica) y *claridad* (y la suya), quizá interpretando *clarividencia* como una suma de *claridad* y *evidencia*: «Había catalogado una abundante iconografía .. capaz de aportar pruebas de histórica clarividencia en torno a sus particulares teorías amatorias» (Caballero Bonald, *Noche*, 139); «Una serie de razonamientos .. quedaron clarividentemente explicados en el ruego de los señores procuradores» (*Hoy*, 20.10.1976, 7).

clarividente → CLARIVIDENCIA.

claro. Adverbio oracional de afirmación. Equivale a *sí, naturalmente, desde luego*: «Católico literario, a lo Chateaubriand, ¡claro!» (Unamuno, *Visiones*, 83). Es propio del habla conversacional.

claror. 'Resplandor o claridad'. En el uso normal es nombre masculino; pero en la lengua literaria, por arcaísmo, es frecuente .. encontrarlo como femenino. En Azorín, siempre: «La claror» (*Doña Inés*, 23), «La pálida claror del alba» (*Confesiones*, 51); «La lechosa claror del horizonte» (*Voluntad*, 9), etc.

clasificado. *Materia clasificada* es anglicismo innecesario y confuso por *materia reservada*. Es acertado este ejemplo: «El Consejo de Gobierno ,. acuerda calificar como materia reservada las siguientes informaciones» (*Abc*, 15.9.1984, 34).

clavar. Construcción: *clavar* A o EN *la pared*.

clave. Es nombre femenino en los sentidos de 'explicación', 'piedra con que se cierra el arco' y 'signo musical'. Es masculino en el sentido de 'clavicémbalo, instrumento musical'.

claxon. 'Dispositivo de señales acústicas del automóvil'. Es palabra grave, /klák-son/. Su plural es *cláxones*, no *cláxons*: «El atronar de los cláxones» (L. Romero, *Gaceta*, 3.10.1962, 52).

Clazómenas. En los manuales de historia de la filosofía se habla de Anaxágoras de *Clazomene, Clazomena, Clazomenes* o *Clazomenas*. Cualquiera de estas formas es mejor como esdrújula; pero la preferible es *Clazómenas* (Fernández Galiano).

Cleobulo. 'Nombre de uno de los siete Sabios de Grecia'. La verdadera acentuación no es *Cleóbulo*, sino *Cleobulo* (Fernández Galiano).

clepto-. Forma prefija del griego *kleptes*, 'ladrón': *cleptomanía*.

cliché. 'Plancha con que se reproduce una composición de imprenta, un dibujo o una fotografía'. Aunque existe también la forma *clisé*, es más usada, y preferible, *cliché*. En el traslado del sonido francés de *ch* al español (como es este caso: adopción de la voz francesa *cliché*) lo normal ha sido el empleo de *ch* y no *s*: *cuché* (no *cusé*), *vichy* o *vichí* (no *visí*), *chalet* o *chalé* (no *salé*), *champán* (no *sampán*), *echarpe* (no *esarpe*), etc. Lo mismo ha ocurrido en los préstamos del inglés (con *sh*) y del alemán (con *sch*).

cliente. El femenino de este nombre es *clienta*.

climato-, clima-. Formas prefijas del griego *klima*, 'inclinación', 'clima': *climatológico*.

clímax. 1 'Gradación retórica ascendente', y también 'punto más alto o culminante'. El plural de este nombre masculino es igual que el singular: *los clímax*.
2 Evítese el error de usar *clímax* por *clima*: «El 'clímax' era tenso en la localidad, como nunca se había visto desde las ya lejanas luchas entre militares anarcosindicalistas y fuerzas adictas al Movimiento Nacional» (J. Barbé y R. Pelleja, *Sábado*, 24.8.1974, 14); «El día de su regreso podía haber sido una fiesta de concordia nacional, como lo habría sido para cualquier país con clímax honesto» (*País*, 1.2.1978, 26).

clip → CLIPE.

99

clipe. 'Pequeño instrumento de metal para sujetar papeles'. Este nombre masculino es la adaptación española que la Academia propone para el inglés *clip* (pl. *clips*), de uso muy extendido. El plural de *clipe* es *clipes*. De todos modos, el uso general en España todavía es *clip*.

clisé → CLICHÉ.

Clitemnestra. Aunque este es el nombre tradicionalmente asignado en la literatura a la esposa de Agamenón, Fernández Galiano advierte que es «muy preferible» la forma *Clitemestra*.

clocar. Verbo irregular. Se conjuga como *acordar* [4].

clorofila. 'Pigmento verde de los vegetales'. Es palabra llana. Evítese la pronunciación esdrújula *clorófila*.

closet. En Colombia (Flórez, *Lengua*, 207) usan la palabra inglesa *closet*, pronunciada vulgarmente *clóser*, con un plural *clóseres*, para designar lo que en España se denomina *armario empotrado* (Flórez propone *alacena* o *ropero*).

clown → PAYASO.

club. La palabra *club*, que existe en nuestro idioma (siempre pronunciado /klub/ o, popularmente, /klu/) desde hace dos siglos, tiene un plural *clubs* (en pronunciación popular, /klus/: «*En las boleras, en los clus*», Zamora, *Traque*, 231). La Academia recomienda ahora que, a imitación del uso americano, se emplee como plural la forma *clubes*. Además, sin descartar la forma tradicional *club*, sugiere que en singular se diga *clube*, más acorde con la fonología del español. El ejemplo más antiguo que conozco del plural *clubes* es de 1870: «*Si usted no se decide a sacarlo de los clubes...*» (Galdós, *Fontana*, 283). Y es interesante el comentario del mismo novelista: «Advertimos, para que el lector no extrañe la singularidad de este plural, que la dama, para explicarla, aseguraba que no decía 'clubs' por lo mismo que no decía 'candils' ni 'fusils', en lo cual no andaba del todo descaminada».

clube → CLUB.

Cnido → GNIDO.

co-. Prefijo latino que significa unión o compañía: *coligarse, coadyuvar, coautor*.

coaligarse → COLIGARSE.

cobaya → COBAYO.

cobayo. El mamífero roedor especialmente conocido por su utilización en fisiología y patología experimental se llama en español *cobayo* (nombre masculino) o *conejillo de Indias;* también *cobaya* (masculino o femenino). La Academia en su *Diccionario* de 1984 solo recoge esta última forma, pero en el *Diccionario manual* de 1983 incluye las dos.

Coblenza. La ciudad alemana de *Koblenz* se llama en español *Coblenza*.

cobrar. Construcción: *cobrar* DE *los deudores; cobrar* EN *papel; cobrar mil pesetas* POR *la gestión*.

coccígeo → CÓCCIX.

cóccix. 'Hueso de la columna vertebral'. Es nombre masculino y su plural es invariable: *cóccix*. Es tal vez más frecuente, por tener pronunciación más fácil, la forma *coxis* (plural, también *coxis*), que es igualmente válida. Los adjetivos derivados respectivos son *coccígeo* y *coxígeo*.

cocer. 1 Verbo irregular. Se conjuga como *mover* [18]. Son erradas las formas *cuezco, cuezca*, etc.

2 Construcción: *cocer* A *la lumbre; cocer* CON *lumbre*.

cochambre. 'Suciedad'. Aunque la Academia da este nombre como «ambiguo» *(el cochambre* o *la cochambre),* el uso corriente es solo el femenino: «*Con la cochambre y exudaciones sebáceas*» (Pérez de Ayala, *AMDG*, 234); «*La cochambre de la golfería*» (Cela, *Alcarria*, 17).

coche-cama. 'Vagón de ferrocarril con asientos convertibles en camas'. Es nombre masculino. Su plural es *coches-cama;* también, más raro, *coches-camas*. (Conviene advertir que, aunque la forma singular *coche-cama* es la usual y la recogida por la Academia, el lenguaje ferroviario dice *coche-camas*, pl. *coches-camas*.)

cocktail → CÓCTEL.

cocreta → CROQUETA.

coctel. Como españolización del inglés

CONJUGACIÓN DEL VERBO «COCER»
(tiempos irregulares)

INDICATIVO

Pres. cuezo, cueces, cuece, cocemos, cocéis, cuecen.

SUBJUNTIVO

Pres. cueza, cuezas, cueza, cozamos, cozáis, cuezan.

IMPERATIVO

cuece, cueza, coced, cuezan.

---

cocktail se usa la forma **cóctel** (con preferencia a *coctel*, que también registra la Academia). Su plural es *cócteles* (no *cóctels*). El nombre se emplea en dos acepciones: 'bebida compuesta de varios licores' (y en este sentido tiene como sinónimos *combinado* y —poco usado— *combinación*) y 'fiesta social en que se sirven refrescos' (y en este sentido tiene como sinónimo *copetín*, en Argentina, Uruguay y Perú).

codiciar. Se conjuga, en cuanto al acento, como *cambiar* [1 a].

codicioso. Construcción: *codicioso* DE *dinero.*

coetáneo. Construcción: *coetáneo* DE *César.*

coexistir. Construcción: *coexistir* CON *otra situación.*

cofrade. 'Miembro de una cofradía o hermandad'. Es nombre masculino y femenino: *el cofrade, la cofrade.* La pronunciación esdrújula, /kófrade/, es vulgarismo: «*La muerte de la Brasileña se debió a cófrades de esa secta religiosa*» (en un supuesto texto de periódico, Vargas Llosa, *Pantaleón,* 250).

cogedor. 'Utensilio para recoger la basura o coger carbón'. Es regional el nombre *recogedor.*

coger. 1 Construcción: *coger* A *mano; coger* CON *el hurto; coger* DE *buen humor; coger* DE O POR *la mano.*

2 Es vulgarismo emplear este verbo con el sentido de 'caber': *Esto no coge aquí; Solo cogen dos.* Es verdad que la

Academia incluye este uso en su *Diccionario;* pero la lengua general no lo admite.

3 En muchos países americanos se evita el uso de este verbo porque ha pasado a tener el sentido, en la lengua vulgar, de 'realizar el acto sexual'. Se sustituye habitualmente por *tomar* o *agarrar.*

cognac → COÑAC.

cohesión. 'Fuerza que une las moléculas de un cuerpo'; 'unión'. La grafía de esta voz y del verbo *cohesionar* es con *s*, y su pronunciación es por tanto /koesión, koesionár/. La pronunciación /koeksión, koeksionár/, que se oye con cierta frecuencia en radio y televisión, y que hasta se refleja por escrito («*La familia de clase media también estuvo coexionada*», M. Vicent, *País,* 11.9.1984, 52), no es admisible.

cohibir. En la conjugación de este verbo, las formas a las que corresponde ir acentuadas en la base (p. ej., 1.ª 2.ª y 3.ª personas de singular y 3.ª de plural del presente de indicativo) se pronuncian separando en dos sílabas los fonemas /o.i/, el segundo de los cuales lleva el acento de la palabra: *cohíbo, cohíbes, cohíbe, cohíben:* /ko.íbo, ko.íbes, ko.íbe, ko.íben/. Lo mismo hay que decir de verbos semejantes, como *prohibir: prohíbo, prohíbes, prohíbe, prohíben.*

Coímbra. Aunque el nombre de la ciudad portuguesa de *Coimbra* se escribe siempre sin tilde, se pronuncia /koímbra/, y debe, por tanto, ponérsele: *Coímbra.* Los adjetivos derivados son *conimbricense, coimbricense* —literarios— y *coimbrano*

(«¡*Polonio era una celebridad coimbricense!* —o mejor, coimbrana—», Unamuno, *Andanzas*, 93; «Hay lugares deliciosos en *Coímbra*, y los coimbranos han bautizado cada uno de ellos con un nombre de gran espectáculo», Camba, *Peseta*, 134).

cojear. Construcción: *cojear* DEL *pie derecho.*

cok. 'Sustancia carbonosa resultante de la calcinación de la hulla'. También puede decirse *coque.* Para cualquiera de las dos formas, el plural es *coques.*

-cola. Sufijo que significa 'el que vive en': *agrícola, terrícola.*

colaboración. Construcción: *colaboración* CON *el Gobierno; colaboración* EN *una tarea; lo hizo con la colaboración* DE *su ayudante; lo hizo en colaboración* CON *su maestro.*

colaborar. Construcción: *colabora* CON *nosotros; colabora* EN *un periódico,* EN *la radio,* EN *un trabajo.*

colar. Verbo irregular. Se conjuga como *acordar* [4].

cole-. Forma prefija del griego *cholé,* 'bilis': *colédoco, colesterina.*

colega. Es nombre masculino y femenino: *el colega, la colega.* La pronunciación /kólega/ es vulgar en España y América (cf. Rosenblat, *Palabras,* I, 112).

colegiar. Se conjuga, en cuanto al acento, como *cambiar* [1 a].

colegir. 1 Verbo irregular. Se conjuga como *vestir* [62].
2 Construcción: *se colige una cosa* DE *otra.*

cólera. Es nombre femenino cuando significa 'irritación'; es masculino cuando significa 'enfermedad epidémica'.

colgar. 1 Verbo irregular. Se conjuga como *acordar* [4].
2 Construcción: *colgar* DE *un clavo; colgar* EN *la percha.*

Colibre → COLLIURE.

colicuar. Se conjuga, en cuanto al acento, como *averiguar* [1 b].

coliflor. 'Planta comestible'. Se usa indebidamente como masculino en el habla popular de algunos países americanos. El género que le corresponde es el femenino: *la coliflor.*

coligarse. 1 Construcción: *coligarse* CON *algunos.*
2 No debe usarse *coaligarse* (influido por *coalición*) en lugar de *coligarse.*

colindante. Construcción: *colindante* CON *el parque.*

Collioure → COLLIURE.

Colliure. El nombre español del puerto francés de *Collioure,* en el Rosellón, es *Colliure.* En la lengua clásica es *Colibre* (Toro, *Ortología*).

colmado → TIENDA.

colmar. Construcción: *colmar* DE *honores.*

colocar. Construcción: *colocar* POR. EN O CON *orden; colocar a alguien* EN *una oficina.*

Cologne → COLONIA.

Colonia. El nombre español de la ciudad alemana de *Köln* es *Colonia.* No debe usarse la forma alemana, ni la francesa e inglesa *Cologne.*

Colono. Nombre de la aldea griega en que nació Sófocles. Es tradicional llamarla *Colona,* especialmente en el título de la tragedia de este dramaturgo nombrada por casi todos los manuales de literatura *Edipo en Colona* (así en Echauri, trad. Nestle, *Lit. griega,* 128; Valbuena, *Literatura,* III, 158, escribe *Colonna,* por confusión con el célebre apellido italiano). Es *Colono* la recta transcripción española del nombre griego *Kolonós* (cf. Cuervo, *Apuntaciones,* § 1008; Fernández Galiano, § 193). Escribe correctamente *Colono* Reyes (trad. Bowra, *Lit. griega,* 83 y 84).

color. 1 La Academia asigna a este nombre dos géneros, pero el uso normal de hoy es solo masculino. El uso del femenino es rústico, y también literario: «*La color del semblante*» (Pardo Bazán, *Viaje,* 100); «*La color blanca, dorada al sol*» (Galdós, *España sin rey,* 853); «*Colores que no son tuyas*» (Diego, *Primera antología,* 120); «*La arrebatada color de sus mejillas*» (Miró, *Cercado,* 29); «*De lozana color*» (Cela, *Lazarillo,* 27); «*Aldán ponderó* *la fuerza del aguardiente y la hermosa color con que las yerbas lo teñían»* (Torrente, *Señor*, 85).

2 Se dice *reportaje, ilustraciones, fotografías* A TODO *color;* pero no *reportaje a color, ilustraciones a color,* sino EN *color.*

colores. En las palabras que designan colores hay que distinguir dos grupos: el de aquellas cuyo sentido propio es precisamente el de color —*blanco, amarillo, verde,* etc.— y el de aquellas que son originariamente nombres de cosas (flores, minerales, etc.).

Las del primer grupo son adjetivos calificativos sin ninguna particularidad: su concordancia con el sustantivo es normal: *piedras rojas, ojos grises, camisa blanca;* pueden sustantivarse con el artículo neutro *lo: «Entre lo rojo, lo verde»* (Góngora). Aparte de esto, pueden ser sustantivos masculinos: *«Una pincelada de azul intenso cierra la lejanía»* (Azorín), cosa que ocurre menos cuando se trata de adjetivos formados por sufijación, como *amarillento, azulenco, verdoso, grisáceo, sonrosado, dorado, anaranjado.* Un caso especial es cuando al adjetivo de color se le agrega otro adjetivo calificativo: en este caso, la concordancia no es lo normal: *«Ojos azul claro»* (R. Gómez de la Serna), *«Ojos azul verdosos»* (Rosa Chacel); *«Pantalones azul marino»* (Goytisolo, *Fin,* 159).

Las del segundo grupo, aunque funcionen como adjetivos calificativos, suelen conservar su significación concreta; por ello no conciertan en género y muchas veces tampoco en número, sobre todo cuando —como en el caso citado— al adjetivo de color se agrega otro adjetivo calificativo, concertado o no: *«Paisajes malvas»* (J. R. Jiménez), *«Luces violeta»* (F. de Cossío). Si el agregado es un sustantivo, se vacila entre la yuxtaposición —*«Sombrero gris perla»* (Agustí)— y el enlace preposicional —*«Negro de melocotón»* (D'Ors).

La claridad exige a veces emplear la fórmula *de color de: «Las murallas de un color de miel»* (Baroja); pero esta fórmula no es necesaria cuando el objeto descrito pide por su naturaleza un adjetivo de color: *«Rubor amaranto»* (Miguel Hernández).

Fórmula muy extendida, tanto en la lengua escrita como en la hablada, es *(de) color* + nombre de color: *«Hebras de pelo color cerveza blonda»* (E. Pardo Bazán); *«Una falda de color malva»* (Azorín); *«La nieve antaño blanca es hoy de color violeta»* (Diego, *Primera antología,* 107); *«Un pueblo color amarillo»* (Cela, *Alcarria,* 86); *«Llevaba siempre un jersey de punto color beige»* (íd., *Colmena,* 18).

Véase Fernández Ramírez, § 75, de quien procede la mayoría de los ejemplos citados.

colorir. Verbo defectivo. Se conjuga como *abolir.*

columpiar. Se conjuga, en cuanto al acento, como *cambiar* [1 a].

com- → CON-.

coma. **1** Hay dos palabras *coma* de distinta etimología: una, femenina, designa un 'signo ortográfico'; otra, masculina, 'estado de sopor profundo'.

2 La coma, además de signo ortográfico, es signo matemático que indica la separación entre unidades y decimales: *24,5* (leído *veinticuatro coma cinco*) significa 'veinticuatro unidades y cinco décimas'. En los países de lengua inglesa se usa con esta función el punto. Es, pues, calco del inglés decir en nuestra lengua, con este sentido, *punto* en lugar de *coma: Veinticuatro punto cinco.*

combatir. Construcción: *combatir* CON o CONTRA *el enemigo; combatir* POR *un ideal.*

combinación, combinado → CÓCTEL.

combinar. Construcción: *combinar una cosa* CON *otra.*

comediante. Su femenino es *comedianta.*

comedirse. **1** Verbo irregular. Se conjuga como *vestir* [62].

2 Construcción: *comedirse* EN *las palabras.*

comentar. 'Explicar (una cosa)' o exponer opiniones (sobre ella)'. Es impropio el uso popular que se hace de este verbo dándole el sentido de 'contar (un hecho o una noticia)': *No comentes nada de lo que has visto; «Un taxista le había comentado que yo estaba en la cárcel»* (*Informaciones,*

comentario

11.8.1973, 24). En el nombre *comentario* se produce el mismo abuso: «*Es un comentario que corre, pero no sabemos nada oficialmente*» (*Informaciones*, 2.3.1974, 1).

comentario → COMENTAR.

comenzar. 1 Verbo irregular. Se conjuga como *cerrar* [6].
2 Construcción: *comenzar* A *decir; comenzar* POR *reñir.*

comer. Construcción: *comer* CON *tenedor; comer* DE *vigilia; comer* POR *cuatro.*

comerciar. Se conjuga, en cuanto al acento, como *cambiar* [1 a].

cometa. Es masculino cuando designa un cuerpo celeste, y femenino cuando designa un juguete de papel.

comezón. 'Picazón' o 'desazón'. El género de este nombre es femenino; decir *el comezón* es vulgarismo, aunque lo usara Unamuno: «*Siente el comezón del hambre*» (*Raza*, 193).

comida. Las comidas que se toman durante el día se denominan, según el uso tradicional del castellano, *desayuno* (al levantarse, por la mañana), *comida* (a mediodía), *merienda* (al atardecer) y *cena* (por la noche). Las comidas principales, *comida* y *cena*, reciben en varias regiones y países los nombres respectivos de *almuerzo* y *comida*; en España, este uso aparece con cierta frecuencia en la prensa, la radio y la televisión, a veces en la literatura, y siempre en las listas oficiales de precios de los hoteles. Escritores españoles que atestiguan el uso son, entre otros, Baroja (*Románticos*, 64), Jiménez (*Antología para niños*, 144), Ortega (*Viajes*, 24), López Rubio (*Celos*, 60). Por otra parte, en algunos países, al parecer, la palabra *cena* está socialmente devaluada: escribe Sábato que es «palabra que la gente de clase alta no emplea jamás y cuyo uso delata instantáneamente el origen plebeyo» (*Abaddón*, 476; cf. Steel, *Americanismos*, 179). Sería de desear, a pesar de todo, que, al menos en España, se mantuviera, para evitar confusiones, la terminología clásica.

Commonwealth. Esta palabra inglesa significa 'comunidad' (se pronuncia /kómonuelz/. En textos españoles se usa como nombre femenino con el significado concreto de *Comunidad Británica de Naciones*. En gracia a la brevedad, puede darse por bueno el uso del término inglés.

como

como. Partícula átona que desempeña muy distintas funciones:
1 Adverbio relativo de modo —o conjunción modal o comparativa—. Sirve para introducir proposiciones adverbiales de modo: *Lo ha hecho como es debido.* Puede llevar en la parte principal de la oración un antecedente, que suele ser un adverbio de modo *(tal): Lo ha hecho tal como lo prometió;* pero también puede ser el sustantivo *modo* o *manera:* «*Los modos como actúa*» (Marañón, *Vida*, 33). En este caso, es habitual en América hacer tónico el *como*, incluso reflejándolo gráficamente *(cómo):* «*Las diversas fases del pensamiento lingüístico de Cuervo, que van influyendo en la manera cómo concibe y trata el tema*» (Guitarte, *Cuervo*, 246). También introduce proposiciones adverbiales comparativas: *Esta tinta es tan negra como la pez.*
2 Adverbio relativo de tiempo —o conjunción temporal—. Introduce proposiciones adverbiales de tiempo, unas veces solo (*Como llegamos a la posada, se dispuso la cena*, 'luego que llegamos'), y otras precedido de los antecedentes *así, tan luego* o *tan pronto (Así como entró en la venta, conoció a don Quijote; Tan luego como la verdad se propagó, fueron aproximándose la Iglesia y el Estado; Tan pronto como lo supo, emprendió la marcha).* Excepto las dos últimas, estas construcciones son anticuadas.
3 Adverbio de modo o de cantidad que denota semejanza o aproximación (*«como» atenuativo*, lo llama Alonso, «Como que», 137): *Juan salió como en defensa de Andrés;* «*Como a la mitad de esta alameda deliciosa .., se levanta .. una cruz de mármol*» (Bécquer, *Celda*, 518). Da a entender que la palabra o frase a que precede no se han de tomar por el objeto o concepto que estrictamente significan, sino por uno que se les asemeja (Cuervo, *Diccionario*). Es frecuente ante adjetivos calificativos, numerales, adverbios y gerundios. Hoy se abusa, en el estilo coloquial, de este *como*, ya más expletivo que atenuativo: «*Que no sé lo que quiere decir,*

104

pero que aquí hace muy bonito y como muy culto» (García Serrano, *Macuto*, p. XVII); *«Es que a mí me da como un cargo de conciencia que la gente gaste mucho en ropa .. Que sí, que siento como un apuro, porque una también tuvo en su día así como ideas socialistoides»* (A. Ruiz de la Prada, *Abc*, Supl., 24.2.1985, 24). Este uso ya fue registrado por Flórez en Colombia en 1946 (cf. Kany, 292).

4 Preposición que significa 'en calidad de', 'en concepto de': *Lo dieron como fianza;* o 'alrededor de': *Había como veinte personas.* Debe evitarse el uso anormal de *como* por *en el papel de:* *«Sean Connery como James Bond»* (*Abc*, 27.9.1964).

5 Conjunción causal, que introduce proposiciones causales: *Como no lo sabía, iba muy tranquilo.*

6 Conjunción final, que introduce proposiciones finales (uso anticuado): *«Él le daría lugar y tiempo como a sus solas pudiese hablar a Camila»* (Cervantes).

7 Conjunción condicional, que introduce proposiciones condicionales: *Como no me pagues, te llevo a la cárcel.*

8 Conjunción anunciativa, que introduce proposiciones sustantivas complemento directo (uso anticuado): *«Dentro de pocas horas se supo como estaban alojados seis millas dellos»* (Moncada).

9 *Como que. a)* Conjunción anunciativa que implica probabilidad: *Oyó como que lloraban* (no se afirma que lloraban, sino que se da como probable); o semejanza: *Hace como que llora* (finge que llora); *«Querría que ahora te retirases en tu aposento, como que vas a buscar alguna cosa necesaria para el camino, y te dieses .. azotes»* (Cervantes); *«Hice como que me lo creía»* (Cela, *Lazarillo*, 53); o además expresivo: *«Haciendo una profunda reverencia a los duques, como que les pedía licencia para hablar, con voz reposada dijo»* (Cervantes). Cf. Alonso, *«Como que»*, 133.

b) Adverbio de modo o de cantidad que expresa semejanza: *La distancia como que embellece los objetos.* Este uso es más frecuente en América que en España, especialmente en Colombia, Venezuela y parte de Méjico, no solo en la lengua popular (cf. Kany, 383), sino en la culta

«Los versos que repiten los epítetos de su repertorio como que facilitan la atención» (Reyes, trad. Bowra, *Lit. griega*, 18); *«El sol como que invitaba a salir»* (León Rey, *Nidito*, 29). Antes del siglo XIX era simplemente *como: «El sollozo, cuando se habla sollozando, menoscaba lo que se habla, y como lo sorbe y demedia»* (Fray Luis de León).

c) Conjunción causal, que expresa que la oración introducida por ella es explicación lógica de la anterior: *«Los [cabezales] de la rapaza eran ásperos, morenos, llenos de .. remiendos, como que los hiló la madre para su casamiento»* (Miró, *Cercado*, 51). Esta conjunción —llamada por Amado Alonso de «identidad»— con frecuencia encabeza frases enfáticas: *«—Debe estudiarse por principio y practicarse con seriedad. —¡Como que debiera ser parte principal de la educación!»* (Galdós, *Torquemada*, II, 31); *«—La tía se va a estrellar el mejor día. —¡Claro! Como que es muy difícil el andar en esas maquinarias»* (Vital Aza, cit. Beinhauer).

10 No debe emplearse el *como que* causal encabezando una proposición antepuesta al verbo principal. La conjunción, en este caso, expresa la causa real, y no la lógica, como ocurría en el uso explicado antes (9, c). Este uso es propio del castellano hablado en Cataluña y se ha extendido, en parte, a las regiones vecinas, como Aragón. Ejemplos: *«Como que esta actividad puramente formal no colmaba las ambiciones de su espíritu, se entregó al cultivo de las matemáticas»* (Carreras, *Hist. filosofía*, 114); *«Como que en el resto de nuestra obra nos ocupamos solo de lingüística interna, vamos a analizar ahora algunos de los llamados elementos externos de la lingüística»* (Roca, *Gramática*, I, 82). Lo normal, en estos casos, es decir *como.*

11 *Como quiera* (o *comoquiera*). Adverbio de modo que significa 'de cualquier manera'. Se suele usar detrás de un verbo en subjuntivo, formando con él una proposición absoluta equivalente a la construcción *como quiera que* + subjuntivo (→ 12): *«Llámense como quiera, es el caso que este espectáculo .. ha hecho en Yuste la misma impresión .. que si se hubiese asomado al umbrío huerto»* (Azorín, *Volun-*

como

tad, 107) ('como quiera que se llamen' o 'de cualquier modo que se llamen').

12 *Como quiera que*. (Puede escribirse también *comoquiera que*.) *a)* Conjunción que significa 'de cualquier modo que': *Como quiera que sea, lo hecho no merece disculpa.*

b) Conjunción causal, equivalente a *dado que*, o *como*. La proposición introducida por esta conjunción precede al verbo principal: «*Como quiera que los Estados Unidos no parecen estar dispuestos a aceptar por su parte un Munich, todo endurecimiento ruso .. podría provocar, a su juicio, un conflicto mundial*» (*Arriba*, 8.2.1959, 15).

13 *Como si*. Esta locución conjuntiva introduce un tipo especial de proposiciones comparativas con el verbo en subjuntivo: *No nos saludamos, como si no nos conociésemos.* Es uno de los frecuentísimos casos de comparativas elípticas («no nos saludamos, como [no nos saludaríamos] si no nos conociésemos»), en las que los elementos sobrentendidos son los comunes con la parte principal de la oración. Como se ve, la comparativa está constituida por un período condicional irreal, y por eso recibe el nombre de comparativa irreal. Es un uso que ofrece grandes posibilidades expresivas, como lo confirma el abundante empleo que de él hacen la lengua hablada y la literatura (cf. Fernández Ramírez, «*Como si*», 372).

Formas elípticas de las oraciones de *como si* son las frases *como si tal cosa*, *como si nada*, *como si no*: «*Toda una enciclopedia de mentiras le conté, pero como si no*» (Gutiérrez Roig-Ríos, cit. Beinhauer); «*No vaya a parecer que uno empieza a sentirse mal, entre tanta gente que viaja como si tal cosa*» (Agustí, *Mariona*, 45).

14 *Como ser*. Construcción peculiar de la Argentina, Chile y algún otro país, que ocupa el lugar de los normales *como es* o *como son*: «*Nuestras mejores prendas familiares, como ser el extremado amor al hijo .., constituyen rasgos peculiares del tipo gaucho*» (Lugones, *Payador*, 1133); «*La fabulosa proliferación de símbolos gráficos puramente secundarios, como ser los alfabéticos*» (Steenks, trad. Bram, *Lenguaje*, 15); «*Las comodidades más exigentes y codiciables en su local del río Itaya como ser,*

cómo

por ejemplo, aire acondicionado» (Vargas Llosa, *Pantaleón*, 189). Cf. Kany, 257.

15 *Como sea*, 'como quiera que sea': → SER. 10.

16 *Como un todo*, 'en conjunto': → TODO. 6.

17 *Yo como usted*, 'yo que usted': → YO. 6.

cómo. **1** Adverbio interrogativo de modo. Se pronuncia siempre tónico, y se escribe con acento en la primera sílaba, para evitar la confusión con *como* átono (adverbio relativo de modo): *¿Cómo lo has hecho?; No sé cómo lo has hecho.*

2 Puede preguntar por la causa, equivaliendo a *por qué*: *¿Cómo no viniste ayer?*

3 Tiene frecuente uso exclamativo, para expresar encarecimiento: *¡Cómo llueve!* En el español general se emplea referido a verbos (así en el ejemplo citado); pero en América aparece también referido a adjetivos: «*¡Cómo anda ligero un caballo al paso!*» (Uslar Pietri, *Lanzas*, 206). En el uso general sería *¡qué ligero anda!* Cf. Kany, 290.

4 Interjección, que denota extrañeza o enfado: *¡Cómo! ¿No lo sabes?*

5 Se sustantiva, con el significado de 'modo': *El cómo y el porqué de un acontecimiento.*

6 *Cómo que*. Las oraciones introducidas por el adverbio interrogativo *cómo* seguido de la conjunción *que* expresan variados matices de disconformidad: negación, réplica, extrañeza, declaración de absurdo: «*—Yo nunca he visto a la señora Dulcinea. —¿Cómo que no la has visto, traidor blasfemo?*» (Cervantes). En estas oraciones va implícito un verbo *decir*: «*¿Cómo [dices] que no la has visto?*» (Alonso, «*Como que*», 152).

7 *Cómo no. a)* Expresión adverbial que equivale a '¿cómo podría ser de otro modo?': *Mañana partiré, y ¿cómo no, si lo he prometido?* (Academia).

b) Expresión adverbial, usada en América, que significa 'sí', 'claro'. Frecuentemente se escribe sin signos de interrogación (cf. Kany, 412; Zamora, *Dialectología*, 440; Steel, *Americanismos*, 191). A veces se usa también en la Península: «*Pistache, ¿tiene usted la bondad de acompa-*

ñarme? —¡Cómo no! Encantado, Fernanda» (Gutiérrez Roig-Ríos, cit. Beinhauer).

comoquiera → COMO. 11 y 12.

compadecer. 1 Verbo irregular. Se conjuga como *agradecer* [11].
2 Construcción: *esto no se compadece* CON *aquello; compadecerse* DEL *infeliz.*

compañero. Construcción: *compañero* DE *fatigas* (o EN *las fatigas); compañero* DE *viaje.*

compañía. 1 Construcción: *asistió en compañía* DE *sus hijos.*
2 Una de las acepciones de *compañía* es 'cuerpo de actores (de teatro, de circo)'. Debe evitarse, por innecesario, el empleo del nombre francés *troupe.*

comparación. Construcción: *es un genio en comparación* CON *su colega.* No es normal *en comparación* A: «*Se movía calmosamente, casi con lentitud, en comparación a la velocidad con que hablaba*» (Pombo, *Héroe,* 122).

comparar. Construcción: *comparar un objeto* A o CON *otro.*

comparecencia. El sustantivo que designa la acción de comparecer no es *comparecimiento,* sino *comparecencia.*

comparecer. Verbo irregular. Se conjuga como *agradecer* [11].

comparecimiento → COMPARECENCIA.

compartimento. 1 En un recinto, 'división independiente'. Puede decirse *compartimento* o *compartimiento: compartimentos* (o *compartimientos) estancos; compartimento* (o *compartimiento) de un coche de ferrocarril.*
2 El plural de *compartimento* o *compartimiento* estanco es *compartimentos* o *compartimientos* estancos (no «*compartimientos-estanco*», Ortega, *Americanos,* 114).

compartimiento → COMPARTIMENTO.

compartir. Construcción: *compartir las penas* CON *otro; compartir* ENTRE *varios.*

compatible. Construcción: *compatible* CON *la justicia.*

compeler. Construcción: *compeler a otro* AL *pago.*

compendiar. Se conjuga, en cuanto al acento, como *cambiar* [1 a].

compensar. Construcción: *compensar una cosa* CON *otra.*

competencia, competente → COMPETER.

competer. Distíngase de *competir. Competer* es 'pertenecer, tocar o incumbir': *Este asunto a mí no me compete. Competir* es 'contender, rivalizar': *No puede competir en elegancia con su hermana.* De los dos verbos, el primero es regular, el segundo es irregular (→ COMPETIR). Al primero corresponde el adjetivo *competente;* al segundo, el adjetivo y sustantivo *competidor* y el sustantivo *competición.* El sustantivo *competencia* corresponde a ambos.

competidor → COMPETER.

competir. 1 Verbo irregular. Se conjuga como *vestir* [62].
2 Construcción: *competir* CON *alguno; competir* EN *calidad.*
3 Diferencia entre *competir* y *competer:* → COMPETER.

complacer. 1 Verbo irregular. Se conjuga como *agradecer* [11]. Su pretérito es *complació,* regular, y no *complugo,* como por analogía con *plugo* (del verbo *placer)* usaron Unamuno (*Espejo,* 125) y D'Ors (cit. Academia, *Esbozo,* § 2.12.4 nota 74).
2 Construcción: *complacerse* EN *hacerlo.*

complementareidad, complementaridad → COMPLEMENTARIEDAD.

complementariedad. El nombre derivado del adjetivo *complementario* es *complementariedad;* no *complementaridad* ni *complementareidad* (aunque algunos escritores distinguidos hayan usado la primera de estas dos formas: Alarcos, *Gram. estructural,* 29; Rof, *Complementaridad*). (→ -DAD.)

cómplice. Construcción: *cómplice* CON *otros; cómplice* DE *otro; cómplice* EN *el delito.*

compló → COMPLOT.

complot. 'Conjura o confabulación'. Se pronuncia corrientemente /kompló/ o /komplót/. Su plural es *complots,* pronunciado /komplós/ o /komplóts/. La grafía *compló,* plural *complós,* que algunos pecon

riódicos usan, no cuenta con el refrendo de la Academia.

componente. Como nombre, es masculino en el sentido de 'ingrediente' o de 'elemento': *los componentes de un medicamento;* es femenino en el sentido de 'fuerza concurrente en un viento': *la componente Este.*

componer. 1 Verbo irregular. Se conjuga como *poner* [21].
2 Construcción: *componerse* CON *los deudores; componerse* DE *bueno y malo.*

comportar. El uso transitivo de este verbo con el sentido de 'implicar o llevar consigo' *(La operación comporta algunos riesgos),* aunque registrado como anticuado por la Academia, es normal hoy y como tal figura en los diccionarios *Vox* y Moliner. Este verbo, junto con el verbo *conllevar* (cuyo empleo en el mismo sentido ya consta en la Academia), es censurado con exceso de celo por algunos puristas.

compra. *Ir a compras:* → IR, 2.

comprensible. Construcción: *comprensible* PARA *todos.*

comprobar. Verbo irregular. Se conjuga como *acordar* [4].

comprometer. Construcción: *comprometerse* A *pagar; comprometerse* CON *alguien; comprometerse* EN *una empresa.*

comptoir → RECEPCIÓN.

computación, computadorización → COMPUTADORIZAR.

computadorizar. 'Someter datos al tratamiento de una computadora'. Este verbo, recogido por la Academia, debe emplearse en lugar de *computarizar, computerizar* y *computorizar,* que a veces se ven en la prensa. Igualmente habrá que usar *computadorización* en vez de *computarización, computerización, computorización.* Frente a las propuestas académicas, que pecan de ser fonéticamente demasiado largas y complicadas, algunos ingenieros sugieren *computar* y *computación.*

computar, computarización, computarizar; computerización, computerizar; computorización, computorizar → COMPUTADORIZAR.

común. Construcción: *común* A *todos.*

comunicar. Construcción: *comunicar un lago* CON *otro; comunicarse dos lagos* ENTRE *sí; comunicarse* POR *señas.*

con. Preposición. Se pronuncia átona, como la mayoría de las preposiciones. Indica:
1 Compañía y concurrencia de personas o de cosas: *Vino con mi padre; Va con sus hijos; Café con leche.* Con verbo de movimiento puede significar dirección hacia una compañía: *Sus padres le enviaron con un tío suyo que vivía en León.*
2 Instrumento, medio o modo: *Se defendió con el puñal; Trabaja con celo; Come con ansia; Con la fe se alcanza la gloria; Con declarar, se eximió del tormento.*
3 Contenido o adherencia: *Un barco con víveres; Una granja con todas sus dependencias.*
4 Relación: *Se puso de acuerdo con los enemigos; Habla con ella.* De aquí la idea de comparación: «*Su fuerza no es nada / con la que profeso yo*» (Lope de Vega, cit. Cuervo, *Diccionario);* y la de reciprocidad: *Ámense unos con otros* (cf. Cuervo, *Diccionario,* II, 302).
5 Concesión: *Con el crédito que tenía, no supo mirar por sí; Con ser tan antiguo, le han postergado;* «*¿Qué es lo que hace llamativa y alegra la calle de Alcalá? No son ciertamente sus torres ni sus adornos arquitectónicos, con ser de vez en cuando un alivio para los ojos*» (J. L. Castillo-Puche, *Ya,* 8.7.1962, 7).
6 *Usos particulares:*
   a) Con, 'en casa de'. En América existe el empleo de *con* en el sentido de 'en (o a) casa de', 'en (o a) la tienda de': «*Se olvidaron de un asao que habían mandado hacer temprano con el pulpero*» (Lynch, Argentina); «*¿Dónde compraste eso?* —*Con don Darío*» (Ramos Duarte, Méjico; ejemplos citados por Kany).
   b) Con, 'a'. El empleo de *con* por *a* tras ciertos verbos —*presentar, recomendar, quejarse;* y también *ir, llegar, venir,* etc., con determinados complementos— es una extensión abusiva del sentido de dirección hacia una compañía (→ 1). Kany recoge varios ejemplos de Hispanoamérica: «*No nos has presentado con el señor*»; «*Lo*

108

CONJUGACIÓN DEL VERBO «CONCERNIR»

INDICATIVO

Pres. concierne, conciernen.
Pret. impf. concerní, concernían.
Pret. indef. concernió, concernieron.
Fut. impf. concernirá, concernirán.
Pot. simple concerniría, concernirían.

SUBJUNTIVO

Pres. concierna, conciernan.
Pret. impf. concerniera o concerniese, concernieran o concerniesen.
Fut. impf. concerniere, concernieren.

FORMAS NO PERSONALES

Inf. concernir.   *Ger.* concerniendo.   *Part.* concernido.

---

voy a recomendar con Plácido»; «No te ha de gustar que te acuse con el profesor»; «Ve con un médico»; «Venían a hacerse cortar el pelo o la barba con él»; «Victoriano recurre siempre contigo». Este uso también se da esporádicamente en la lengua vulgar de la Península: *Recomiéndame con tu tío.*

7   *Con objeto de:* → OBJETO.
8   *Con relación a:* → RELACIÓN.
9   *Con respecto a:* → RESPECTO.
10 *Con tal de, con tal (de) que:* → TAL, 2.
11 *Con todo, con todo y eso, con todo y con eso, con eso y con todo:* → TODO, 4.
12 *Con todo de, con todo y,* etc.: → TODO, 5.

con-. Prefijo latino que significa unión o compañía (cf. CO-): *consocio, contestar, convenir.* Ante *b* o *p* se convierte en *com-: combinar, componer.*

concebido. Es impropiedad, debida a galicismo, usar *concebido* por *redactado: Una carta concebida en términos muy violentos.*

concebir. Verbo irregular. Se conjuga como *vestir* [62].

concentrar. Construcción: *concentrar el poder EN una sola mano; concentrarse EN el trabajo.*

conceptuar. 1 Se conjuga, en cuanto al acento, como *actuar* [1 d].

2 Construcción: *conceptuar a uno* DE *inteligente; conceptuarlo* COMO *uno de los mejores.*

concernir. Verbo irregular. Se conjuga como *discernir* [43]. Además es defectivo: se emplea solo en las terceras personas de cada tiempo. Rara vez se halla usado en más tiempos que en los presentes de indicativo y de subjuntivo y en el pretérito imperfecto de indicativo. (Véase cuadro.)

concertación. *Concertación* figura en el Diccionario de la Academia con un sentido anticuado de 'contienda, disputa'. Modernamente, adaptando el francés *concertation*, ha empezado a usarse con sentido 'acción y efecto de concertarse o ponerse de acuerdo'. Para esta idea ya existen en español los nombres *concierto* y *acuerdo*, que son preferibles.

concertar. 1 Verbo irregular. Se conjuga como *cerrar* [6].
2 Construcción: *concertar uno* CON *otro; concertar* EN *género y número; concertar las paces* ENTRE *dos contrarios.*

conciencia. 1 En sentido moral ('conocimiento interior del bien que se debe hacer y del mal que se debe evitar') solo se usa la forma *conciencia: Cada uno debe votar según su conciencia.* En sentido general ('conocimiento') pueden usarse *conciencia* y *consciencia: No tiene conciencia* (o *consciencia*) *de sus actos.* La primera forma es la normal en la lengua común; la segunda es más propia del lenguaje técnico de la psicología (y aun en él no es la más utilizada), y, por ello, su uso fuera de tal ámbito tiene un tinte de pedantería. En la derivación, dos palabras se basan en la forma sin *s*: *concienzudo, concienciar* —seguidas de sus propios derivados, *concienzudamente, concienciamiento* y el cacofónico *concienciación*—; una palabra se basa en la forma con *s*: *consciente* —con su adverbio, *conscientemente*, y los respectivos negativos, *inconsciente, inconscientemente*—. Han escrito *conciente, inconciente*, entre otros, Unamuno (*Raza*, 438 y 570), Pérez de Ayala (*Tigre*, 186 y 187) y Restrepo, *Semántica* (151 y 152).

2   No deben usarse *concienzar* y *concientizar*, verbos mal formados, por *concienciar*: «*Los académicos no están concienzados con el tema*» *(Informaciones,* 3.7.1976, 17); ni los nombres derivados *concienzación* y *concientización*, por *concienciación* o *concienciamiento*: «*El proceso de individualización y de concientización de uno mismo y consigo mismo es un hito del alma*» *(Sábado,* 3.8.1974, 35).

3   *Mala conciencia* es calco del francés *mauvaise conscience*, que en español significa exactamente *remordimiento*: «*Los artistas .. se han transformado en una 'mala conciencia' burguesa expiable a través del dinero*» (Castellet, *Marcuse*, 124).

concienciación, concienciamiento → CONCIENCIA.

concienciar.   1   Se conjuga, en cuanto al acento, como *cambiar* [1 a].

2   Sobre la formación de esta palabra, → CONCIENCIA.

conciente, concientemente; concientización, concientizar; concienzación, concienzar; concienzudamente, concienzudo → CONCIENCIA.

concierto → CONCERTACIÓN.

conciliar.   1   Se conjuga, en cuanto al acento, como *cambiar* [1 a].

2   Construcción: *conciliar una cosa* CON *otra.*

conclave.   'Junta de cardenales para elegir papa'. *Conclave*, con acentuación /konklábe/, es la forma etimológica y la preferida por la Academia; pero, aunque

aparezca impresa con alguna frecuencia, el lector suele acentuar /kónklabe/. La forma esdrújula, *cónclave*, también admitida por la Academia, es hoy sin duda la de uso general.

concluir.   1   Verbo irregular. Se conjuga como *huir* [48].

2   Construcción: *concluir* DE *hablar.*

concordancia.   Igualdad de accidentes gramaticales entre dos palabras. Hay dos clases de concordancia: *nominal* y *verbal.*

La concordancia *nominal* es la igualdad de género y número. Se presenta entre un adjetivo o un artículo y el nombre al que se refieren: *Las gafas; Luz pálida; Este momento; El pan es sabroso.* También se da entre el pronombre relativo o demostrativo y su antecedente: *Aquellos tiempos lejanos, en los cuales tanto nos divertimos; Pasaron Luis y su mujer; esta, muy seria, aquel, muy alegre.*

La concordancia *verbal* es la igualdad de número y persona. Se presenta entre el verbo y su correspondiente sujeto: *No lo sabes tú bien; Han brotado las rosas.*

Si la palabra concertada se refiere a varios nombres o sujetos, la concordancia es en plural: *El fuego y el aire son elementos.* Si hay varios géneros, domina el masculino: *Los puentes y las barcas estaban destrozados.* Si hay varias personas, domina la segunda sobre la tercera, y la primera sobre cualquier otra: *Tú y él erais buenos amigos; Tú y yo nos quedaremos.*

CASOS PARTICULARES EN LA CONCORDANCIA NOMINAL (ADJETIVO CON SUSTANTIVO):

1   Cuando hay discrepancia entre el sexo de la persona y el género gramatical del sustantivo con que se la designa, la concordancia se atiene al sexo: *Su Alteza está disgustado.* Pero los adjuntos fijos conciertan normalmente: *Su Majestad Católica; Vuestra Excelencia.*

2   Cuando la palabra concertada se refiere a un colectivo singular, se prefiere generalmente la concordancia en singular: *La multitud es necia.* Si el colectivo lleva un determinante especificativo en plural, se prefiere la concordancia en plural y en el género que tenga este determinante: *La mayoría de aquellos aldeanos eran analfabetos.*

CONCORDANCIA
(Resumen)

I. CONCORDANCIA NOMINAL (igualdad de género y número):

    a) Entre adjetivo o artículo y el nombre o pronombre a que se refieren: *las gafas; la luz pálida; el pan es sabroso; ellas son buenas.*

    b) Entre pronombre relativo o demostrativo y su antecedente: *aquellos tiempos lejanos, en los cuales tanto nos divertimos; pasaron Luis y su mujer, más alegre esta que aquel.*

CASOS PARTICULARES:

    a) DISCREPANCIA ENTRE EL SEXO DE LA PERSONA Y EL GÉNERO GRAMATICAL DEL SUSTANTIVO QUE LA DESIGNA: la concordancia se atiene al sexo: *Su Alteza está disgustado.*

    b) NOMBRE COLECTIVO SINGULAR: concordancia normalmente en singular: *la multitud es necia.* (Pero: *la mayoría de aquellos aldeanos eran analfabetos.*)

    c) ADJETIVO DETRÁS DE DOS O MÁS SUSTANTIVOS SINGULARES: concordancia normalmente en plural (masculino si son de distintos géneros): *talento y habilidad extremados.* (Pero, a veces: *coherencia y claridad extraordinaria; talento y habilidad extremada.*)

    d) ADJETIVO CALIFICATIVO DELANTE DE DOS O MÁS SUSTANTIVOS SINGULARES puede ir en singular (concertando con el primer sustantivo) o en plural (concertando como en el caso *c): extremada hermosura y talento; extremados hermosura y talento.*

    e) ARTÍCULO O ADJETIVO DEMOSTRATIVO O POSESIVO DELANTE DE DOS O MÁS SUSTANTIVOS SINGULARES va en singular (normalmente, repetido ante cada sustantivo): *su padre y madre* o *su padre y su madre.*

II. CONCORDANCIA VERBAL (igualdad de número y persona):

    Entre el verbo y su correspondiente sujeto: *no lo sabes tú bien; han brotado las rosas.*

CASOS PARTICULARES:

    a) SUJETO COMPUESTO DE DISTINTAS PERSONAS GRAMATICALES: domina la 2.ª sobre la 3.ª, y la 1.ª sobre cualquier otra: *tú y él os quedáis; tú y yo nos quedamos.*

    b) NOMBRE COLECTIVO SINGULAR: concordancia normalmente en singular: *la escuadra, después de aquel combate, atravesó el estrecho.* (Pero: *este es un pueblo feliz: se acuestan a las ocho.*) Si el colectivo lleva complemento en plural, la concordancia suele ser en plural: *multitud de personas acudieron.*

    c) PREDICATIVO EN PLURAL: concordancia del verbo copulativo a veces en plural: *todo son molestias; esta gente son profesores.*

    d) SUJETO COMPUESTO DE VARIOS NOMBRES SINGULARES UNIDOS POR «Y»: concordancia en plural: *Francia y España firmaron la paz.* (Pero a veces en singular: *la compra y venta de estos objetos está prohibida.*)

    e) SUJETO COMPUESTO DE VARIOS NOMBRES SINGULARES UNIDOS POR «O»: concordancia en singular o plural: *la atraía* (o *atraían*) *la hermosura de la moza o la amenidad del lugar.*

111

3 El adjetivo pospuesto a dos o más nombres en singular puede ir en singular si esos nombres se sienten como una unidad, lo cual ocurre, por ejemplo, cuando hay entre ellos algún parentesco semántico: «*Coherencia y claridad extraordinaria*» (Menéndez Pidal, *España*, 151). Si son de distinto género los sustantivos singulares, el adjetivo concierta con el más inmediato: *Talento y habilidad extremada;* o se pone en plural masculino: *Talento y habilidad extremados.* Si son sustantivos en plural de distinto género, el adjetivo, ateniéndose a la norma anterior, puede ir en masculino o —si el último sustantivo es femenino— en femenino; así, es posible decir: *Ciudades y pueblos destruidos; Pueblos y ciudades destruidas; Pueblos y ciudades destruidos.* Pero la última forma es la más perfecta por su claridad.

4 Es frecuente que el adjetivo antepuesto a dos o más sustantivos solo concierte con el primero: *Su extremada hermosura y talento.* El posesivo (incluyendo el relativo-posesivo *cuyo*), el demostrativo y el artículo han de ir forzosamente concertando en esta forma, o bien han de repetirse ante cada sustantivo: no se podría decir *Estos niño y niña; Los amor y confianza conyugales; Jesús, cuyos padre y madre todos conocemos; Sus casa y familia.* Pero si alguna de dichas palabras va seguida de un adjetivo, la concordancia en plural es normal: *Los mismos Antonio Pérez y hermanos; Las referidas madre e hija.* (Cf. Bello, §§ 839-841.)

CASOS PARTICULARES EN LA CONCORDANCIA VERBAL (VERBO CON SUJETO):

1 Los colectivos (*gente, muchedumbre,* etcétera) pueden llevar el verbo en singular o en plural. Se presenta normalmente la concordancia en singular cuando los individuos componentes del colectivo son homogéneos (como ocurre con *enjambre, escuadra, clero*): *La escuadra, después de aquel combate, atravesó el estrecho;* o cuando el colectivo va acompañado por un adjetivo o complemento que refuerce su carácter de singular gramatical: *La muchedumbre enfervorizada aclamó al Jefe del Estado;* o cuando el verbo va muy cerca del sujeto: *La gente huyó.* Pero puede

darse concordancia en plural: «*Este es un pueblo feliz; tienen muchos clérigos, tienen muchos militares, van a misa, creen en el demonio, pagan sus contribuciones, se acuestan a las ocho*» (Azorín, *Voluntad,* 156); «*El ganado, de los alimentos silvestres, preferían la grama, el trébol y la mielga*» (Mas, *Luna,* 148).

2 Es más fácil la concordancia en plural cuando el colectivo lleva un complemento especificativo en plural: *Infinidad de personas ignoran esto; La mitad de los habitantes han emigrado;* «*Una patulea de arrapiezos gritaban y se empujaban*» (Goytisolo, *Resaca,* 117); o cuando el verbo se encuentra alejado del sujeto: *Amotinóse la gente, pero a la primera descarga de la tropa huyeron despavoridos* (Bello).

3 En las oraciones de predicado cualitativo el verbo va a veces en plural cuando el predicativo es plural; esto ocurre principalmente si el sujeto es colectivo o neutro: *Todo son molestias; Esta gente son profesores de idiomas.*

4 Varios sustantivos en singular unidos por *y,* y considerados por el hablante como una unidad, llevan verbo en singular: *La compra y venta de estos objetos está prohibida; El dar y el tener seso ha menester;* «*Mi heroísmo y firmeza .. me hacía superior a todas las mujeres*» (Miró, *Cercado,* 37).

5 Cuando el verbo precede a varios sujetos, con frecuencia solo concierta con el más próximo, especialmente en la lengua hablada: «*A todo esto se opone mi honestidad y los consejos continuos que mis padres me daban*» (Cervantes); «*No te igualó en ligereza el hipogrifo de Astolfo ni el nombrado Frontino*» (Cervantes). Pero el estilo cuidado, hoy, procura establecer la concordancia normal.

6 Hay construcciones que, sin ser copulativas, encierran un sentido casi copulativo; con *como* y *junto con,* principalmente. En estos casos se vacila entre la concordancia en singular o plural, aunque quizá se prefiera esta última: *Suecia, junto con Noruega, constituye* (o *constituyen*) *la Península Escandinava;* «*La novela picaresca, como el teatro, usan de estas malicias*» (Cossío, pról. Cela, *Lazarillo,* 11). En América —al menos en algunos países— es usual la concordancia en plural

---

CONJUGACIÓN DEL VERBO «CONDUCIR»
(tiempos irregulares)

INDICATIVO

Pres. conduzco, conduces, conduce, conducimos, conducís, conducen.
Pret. indef. conduje, condujiste, condujo, condujimos, condujisteis, condujeron.

SUBJUNTIVO

Pres. conduzca, conduzcas, conduzca, conduzcamos, conduzcáis, conduzcan.
Pret. impf. condujera o condujese, condujeras o -ses, condujera o -se, condujéramos o -semos, condujerais o -seis, condujeran o -sen.
Fut. impf. condujere, condujeres, condujere, condujéremos, condujereis, condujeren.

IMPERATIVO

conduce, conduzca, conducid, conduzcan.

---

cuando el sujeto es singular y la acción se hace en cooperación (verbo seguido de *con*): «*Hemos trabajado meses con Valentín*» (Cortázar, *Rayuela*, 253) sería el equivalente del español europeo «he trabajado meses con Valentín». Cf. Kany, 265.

7 Si el verbo precede a dos sujetos unidos por *o*, puede ir en singular o en plural: *Le atraía la hermosura de la moza o la amenidad del lugar; Le atraían la hermosura de la moza o la amenidad del lugar.* En el primer caso —dice Gili Gaya, § 29—, se recalca la diferencia entre los dos atractivos, se hace visible la exclusión de uno de los dos términos; en el segundo caso, queda debilitada la fuerza disyuntiva de la conjunción, resultando indiferente que sea uno u otro el motivo de la atracción. Así parece confirmarlo este ejemplo de Galdós: «*Cruz o Fidela le peinaban todas las mañanas .., le sacaban cuidadosamente la raya .., le arreglaban la barba y bigote*» (*Torquemada*, II, 35).

concordar. 1 Verbo irregular. Se conjuga como *acordar* [4].
  2 Construcción: *concordar la copia* CON *el original.*

concrección → CONCRECIÓN.

concreción. 'Acumulación, formando masa, de varias partículas'. En la terminación de esta palabra hay una sola *c;* son erróneas, pues, la grafía *concrección* y la pronunciación /konkrekzión/.

concurrir. Construcción: *concurrir* A *algún fin; concurrir* A *un lugar; concurrir* CON *otros; concurrir* EN *un dictamen.*

condecir. Verbo irregular. Se conjuga como *decir* [42].

condenar. Construcción: *condenar a uno* A *prisión.*

condescender. 1 Verbo irregular. Se conjuga como *entender* [14].
  2 Construcción: *condescender* A *los ruegos; condescender* CON *la instancia.*

condición. Construcción: CON *la condición* DE *que trabajemos;* A *condición* DE *que trabajemos.* Aunque hay ejemplos de *a condición que* en la lengua clásica (cf. Keniston, *Syntax*, 356 y 399) y alguno raro en la moderna («*Nuestra propia vida nos la concede [Dios] a condición que la hemos de ganar con el trabajo*», Machado, *Mairena*, 24), es uso que no se admite en la lengua culta de hoy.

condolerse. 1 Verbo irregular. Se conjuga como *mover* [18].
  2 Construcción: *condolerse* DE *los sufrimientos.*

cóndor. 'Cierta ave de rapiña'. Es palabra grave, /kóndor/; no aguda, /kondór/.

condrio-, condro-, condr-. Formas prefijas del griego *chondros,* 'grano' o 'cartílago': *condrología, condriosoma.*

conducir. 1 Verbo irregular. (Véase

conductismo

cuadro.) Es propio del habla inculta el indefinido *conducí, conduciste*. Es raro que pase a la lengua escrita, como en este caso: «*Cuán excelso te conduciste en la India*» (Castellano, trad. Ovidio, *Arte*, 14).
2 Construcción: *conducir* A *la catástrofe; conducir* A *reducir precios*.

conductismo. 'Método de observación psicológica que estudia las relaciones entre el estímulo y el comportamiento'. Este es el nombre español —y no *behaviorismo*— con que se debe traducir el inglés *behaviourism* (de *behaviour*, 'conducta').

conejillo. *Conejillo de Indias:* → COBAYO.

confabular. Construcción: *confabularse* CON *los contrarios*.

confederar. Construcción: *confederarse* CON *alguno*.

conferenciante. En el sentido de 'persona que diserta en público sobre algún punto doctrinal', se usa en América la palabra *conferencista*.

conferenciar. 1 Se conjuga, en cuanto al acento, como *cambiar* [1 a].
2 Construcción: *conferenciar* CON *los periodistas*.

conferencista → CONFERENCIANTE.

conferir. Verbo irregular. Se conjuga como *sentir* [60].

confesar. 1 Verbo irregular. Se conjuga como *apretar*.
2 Construcción: *confesar su crimen; confesarse* A *Dios; confesarse* CON *alguno; confesarse* DE *sus culpas*.

confeti. Aunque en italiano, lengua de origen, *confetti* es plural, la adaptación española, *confeti* (con una sola *t*), se usa como singular. Puede tener sentido colectivo ('conjunto de los trocitos de papel de colores que se arrojan unas personas a otras en determinadas fiestas') o individual ('cada uno de esos trocitos'). En este último sentido tiene plural, *confetis*.

confetti → CONFETI.

confiar. 1 En cuanto a la acentuación, se conjuga como *desviar* [1 c].
2 Construcción: *confiar* EN *alguno; confiar* EN *que algo suceda* (no *confiar que*, sin preposición).

confinar. Construcción: *confinar a alguno* EN *un lugar; España confina* CON *Francia*.

confirmar. Construcción: *confirmar* EN *la fe; confirmar* POR *sabio; confirmar a alguien* EN *el cargo; confirmarse* EN *su opinión*.

confluir. 1 Verbo irregular. Se conjuga como *huir* [48].
2 Construcción: *confluir* EN *un punto*.

conformar. Construcción: *conformar su opinión* CON *la ajena; conformarse* CON *lo que hay*.

conforme. 1 Adjetivo. Construcción: *estoy conforme* CON *él; no están conformes* CON *el resultado*.
2 Conjunción. Equivale a 'según', con valor de modo: *Todo queda conforme estaba;* o de progresión paralela: «*Conforme Delfín se iba haciendo viejo, las barbas le encanecían*» (Pérez de Ayala, *Prometeo*, 123). Se pronuncia átona.
3 *Conforme a*, locución prepositiva, 'con arreglo a': *Conforme a lo acordado, hoy entre en vigor la tarifa*. Se pronuncia átona. No debe usarse como preposición la palabra *conforme* sola (*conforme lo acordado;* «*Conforme instrucciones, se dividió a los 83 usuarios en seis grupos*», Vargas Llosa, *Pantaleón*, 151). Cuervo, que registraba el uso esporádico de *conforme* como preposición en la época clásica, creía que modernamente está olvidado (*Diccionario*, II, 372).

confort. 'Comodidad o bienestar'. Se pronuncia corrientemente /konfór/. Su plural es *conforts*. Algunos han tratado de adaptar a la fonología española esta palabra, importada del francés, dándole la forma *conforte:* «*La falta de conforte, de gusto, de limpieza, que hay en los pueblos españoles*» (Azorín, *Voluntad*, 241); «*En medio de aquella hospitalidad y conforte*» (Reyes, trad. Chesterton, *Hombre*, 151). En ninguna de las dos formas recoge el término la Academia, pese a que *confort* es palabra muy admitida en el uso general y a que actúa en su apoyo el adjetivo *confortable*, este sí reconocido por la Academia.

confortable, conforte → CONFORT.

114

confrontar. Construcción: *confrontar un texto* CON *otro*.

confundir. Construcción: *confundir una cosa* CON *otra; confundirse* DE (o EN *el) piso*.

congeniar. 1 Se conjuga, en cuanto al acento, como *cambiar* [1 a].

2 Construcción: *congeniar* CON *alguien*.

Congo. El adjetivo correspondiente a la República del *Congo* —o a las antiguas colonias europeas del mismo nombre— es *congoleño,* o, más raro, *congolés.*

congoleño, congolés → CONGO.

congraciar. 1 Se conjuga, en cuanto al acento, como *cambiar* [1 a].

2 Construcción: *congraciarse* CON *otro*.

congratularse. 1 Significa 'alegrarse' o 'mostrar alegría'; no 'congraciarse', como creen algunos: *«Su ofrecimiento solo estaba encaminado a congratularse con ella»* (Castillo Navarro, *Perros,* 193); *«Lo diría para congratularme contigo»* (Torrente, *Señor,* 442).

2 Construcción: *congratularse* CON *los suyos; congratularse* DE o POR *alguna cosa.*

congresal, congresante, congresional, congresista → CONGRESO.

congreso. 1 El miembro de un congreso es *congresista* (sobre la forma *congresante,* → 2). Lo relativo a un congreso puede ser *congresal* (que la Academia registra solo como uso americano equivalente de *congresista*) o *congresual.* No es recomendable la forma *congresional,* tomada del inglés *congressional.*

2 En Venezuela se usa *congresante* como 'congresista'. Rosenblat (*Palabras,* III, 72), por «razones de unidad hispánica y, sobre todo, de unidad hispanoamericana», recomienda que se diga *congresista.*

congresual → CONGRESO.

coni-. Forma prefija del latín *conus,* 'cono': *conífera.*

conjeturar. Construcción: *conjeturar algo* POR *los indicios.*

conllevar → COMPORTAR.

conmigo → YO, 3.

conmover. 1 Verbo irregular. Se conjuga como *mover* [18].

2 Construcción: *no conmoverse* CON *nada.*

conmutar. Construcción: *conmutar una cosa* CON o POR *otra; conmutar una pena* EN *otra.*

conocer. Verbo irregular. Se conjuga como *agradecer* [11].

conque. 1 Conjunción que anuncia una consecuencia natural de lo que acaba de decirse: *Está de muy mal humor, conque trátale con cuidado.* También se emplea introduciendo una frase interrogativa con la que se echa en cara al interlocutor una afirmación o promesa incumplida: *¿Conque ibas a venir a las seis?* Esta conjunción en todos los casos se pronuncia átona.

2 No debe confundirse esta conjunción con la suma —también átona— de la preposición *con* y el relativo *que: Estos son los medios con que cuento.* Esta suma, *con que* (escrita en dos palabras), equivale a 'con el cual', 'con la cual', 'con lo cual', 'con los cuales' o 'con las cuales'. Tampoco debe confundirse la conjunción consecutiva *conque* con la preposición *con* precediendo a una proposición introducida por la conjunción *que: Con que fuera como la otra hermana, nos conformaríamos* ('nos conformaríamos con el hecho de que fuera...').

3 Ni la conjunción *conque* ni la suma *con + que* (ambas átonas) han de confundirse con la suma de la preposición *con* y el interrogativo *qué* (tónico): *¿Con qué medios cuentas?; Dime con qué medios cuentas.*

conqui-, conquilio-. Formas prefijas del griego *konchílion,* 'concha': *conquiforme, conquiliólogo.*

consanguineidad. La 'condición de consanguíneo' es *consanguineidad,* de acuerdo con la norma vigente en estas derivaciones (de *espontáneo, espontaneidad;* de *contemporáneo, contemporaneidad*). Pero también existe una forma *consanguinidad* —la preferida por la Academia—, que tiene a su favor la etimología latina *consanguinitas.* Las dos formas deben considerarse válidas.

consciencia, consciente, conscientemente → CONCIENCIA.

consecuencia. 1 Construcción: *quedó*

consecuente

cojo a (o *como*) *consecuencia* DE *una caída.*
   2 *De consecuencia,* en lugar de *por consiguiente,* no es aceptable. Sí es normal, en cambio, *en consecuencia.*

consecuente. Construcción: *consecuente* CONSIGO *mismo; consecuente* CON *sus ideas.*

conseguir. 1 Verbo irregular. Se conjuga como *vestir* [62].
   2 Construcción: *conseguir algo* DE *alguien.*

consejero. El femenino de este nombre es *consejera.*

consentir. 1 Verbo irregular. Se conjuga como *sentir* [60].
   2 Construcción: *consentir* CON *los caprichos* (más frecuente sin preposición: *consentir los caprichos); consentir* EN *la venta; consentir* EN *hablar.* No es aceptable *consentir* A *(«Estados Unidos está presionando al Presidente survietnamita .. para que consienta a firmar un acuerdo»,* V. Salaner, *Informaciones,* 22.12.1972, 3).

considerar. 1 Construcción: *considerar una cuestión* EN (o BAJO) *todos sus aspectos; considerar* POR *todos lados.*
   2 El verbo *considerar* se usa a veces, por anglicismo, en el sentido de 'pensar en la conveniencia de (algo)': *«Washington considera la venta de armas a Hassan II»* (*Ya,* 26.7.1979, 8). Es preferible *estudiar,* o *estudiar la posibilidad de.*

consigo → SÍ², 1.

consistir. Construcción: *consistir* EN *una serie de cosas.* No es aceptable *consistir* A ni *consistir* DE (*«El retén consistía exactamente de tres policías», Cambio,* 3.12.1978, 71).

consola. 'Cierto mueble'. La pronunciación esdrújula, /kónsola/, es vulgar.

consolar. 1 Verbo irregular. Se conjuga como *acordar* [4].
   2 Construcción: *consolar a uno* DE *un sufrimiento; consolarle* EN *su desgracia.*

consomé. 'Caldo de carne'. Españolizado en esta forma el francés *consommé,* no hace falta usar la grafía del idioma originario.

consommé → CONSOMÉ.

116

consumir

consonar. Verbo irregular. Se conjuga como *acordar* [4].

conspirar. Construcción: *conspirar* A *un fin; conspirar* CON *otros; conspirar* CONTRA *alguien; conspirar* EN *un intento.*

constar. Construcción: *constar el todo* DE *partes; constar* EN *los autos.*

constatación → CONSTATAR.

constatar. 'Comprobar' o 'hacer constar'. La Academia registra ya en su *Diccionario* este verbo, galicismo (francés *constater*) bastante usado hoy, especialmente en el castellano de Cataluña. Conviene hacer prudente empleo de él, ya que se presta a frecuentes ambigüedades. Lo mismo hay que decir de su derivado *constatación,* 'comprobación' o 'afirmación'.

constelar. La Academia rechaza este galicismo, que significa 'cubrir, llenar'. Pero no hay motivos graves para ello.

constituir. 1 Verbo irregular. Se conjuga como *huir* [48].
   2 Construcción: *estar constituido* POR *varios órganos; constituirse* EN *defensor.*

constreñir. Verbo irregular. Se conjuga como *reñir* [58].

construir. Verbo irregular. Se conjuga como *huir* [48].

cónsul. Su femenino es *consulesa: «Era secretario del Consulado de Chile en Madrid, cuando era consulesa Gabriela Mistral»* (C. J. Cela, *Triunfo,* 11.11.1972, 38). La Academia solo registra *consulesa,* como *cónsula,* en el sentido de 'mujer del cónsul', sin recoger ninguna forma para la mujer que desempeña el cargo.

consultar. Construcción: *consultar* CON *un perito; consultar* CON *la almohada.*

consulting → CONSULTORÍA.

consultoría. 'Actividad de consultor o asesor en asuntos profesionales'; también su despacho u oficina: *«Tea-Cegos, Empresa multinacional de Consultoría en Dirección y Organización de Empresas, .. precisa cubrir los siguientes puestos»* (*País,* 5.5.1977, 5). No hay necesidad de usar el término inglés *consulting.*

consumir. Construcción: *consumirse* CON *la fiebre,* o DE *fiebre; consumirse* DE *fastidio.*

contactar. 'Establecer contacto o comunicación'. A pesar del escándalo de algunos, la Academia acoge este verbo. Lo da como transitivo *(contactar A alguien)*, pero en el uso normal es casi siempre intransitivo *(contactar CON alguien)*.

contado. *Por de contado:* → DESCONTADO.

contagiar. 1 Se conjuga, en cuanto al acento, como *cambiar* [1 a].
2 Construcción: *contagiarse* CON, DEL, POR *el roce; contagiarse* DE *una enfermedad.*

container → CONTENEDOR.

contaminar. Construcción: *contaminar* CON *gases; contaminarse* DE *aquellas ideas.*

contar. 1 Verbo irregular. Se conjuga como *acordar* [4].
2 Construcción: *contar* CON *sus fuerzas; contar* CON *un amigo; contar sesenta años de edad.*

contemporizar. Construcción: *contemporizar* CON *alguno.*

contender. 1 Verbo irregular. Se conjuga como *entender* [14].
2 Construcción: *contender* CON *alguno; contender* EN *esplendidez; contender* SOBRE *alguna cosa.*

contenedor. 'Embalaje metálico grande y recuperable, de tipos y dimensiones normalizados internacionalmente y con dispositivos para facilitar su manejo'. Este es el nombre español, recogido por la Academia, con que se traduce el inglés *container.*

contener. 1 Verbo irregular. Se conjuga como *tener* [31].
2 Construcción: *contener algo* EN *su interior; contenerse* EN *sus deseos.*

contentar. Construcción: *contentarse* CON *su suerte.*

conterráneo. 'Natural de la misma tierra (que otro)'. Son igualmente correctas las formas *conterráneo* y *coterráneo*. La primera es la más antigua y la menos frecuente (la usa, sin embargo, Menéndez Pidal, *Cid*, 291). La segunda debe su predominio, según Corominas, a la influencia de *coetáneo.*

contestación → CONTESTAR.

contestar. 1 Construcción: *contestar* A *la pregunta; contestar* A *su carta; contestar* CON *el declarante.* Sobre la construcción vulgar *contestó* DE *que eso no era así,* → DE, 4.
2 La Academia ha acogido recientemente la acepción transitiva, de origen francés, de 'adoptar actitud polémica, a veces de oposición o protesta violenta' (contra algo establecido): *La autoridad paterna es contestada por los hijos.* De ese uso de *contestar* deriva una nueva acepción de *contestación* ('acción de contestar' en el sentido expresado) y el adjetivo *contestatario.*

contestatario → CONTESTAR, 2.

contexto. Son usos normales de este nombre el de 'conjunto del texto que precede y sigue', con respecto a un enunciado: *Depende del contexto en que se escribió esa frase;* y 'conjunto de circunstancias acompañantes': *Hay que juzgar este suceso dentro de su contexto.* Pero se abusa de la palabra cuando se emplea con el sentido de 'texto': *Deberá haber elecciones para que se renueve la Junta, de acuerdo con el contexto de los nuevos Estatutos;* o cuando se le da un vago sentido de 'ámbito' o 'situación': *En el contexto actual de las relaciones entre los dos partidos.* Muchas veces el término es completamente superfluo: *El Presidente hizo esta afirmación en el contexto de un acto celebrado en...* (aquí bastaba haber dicho: «hizo esta afirmación en un acto...»); *Estas son las noticias que configuran el contexto de la actualidad* (esto es, simplemente, «que configuran la actualidad»).

contextuar. Se conjuga, en cuanto al acento, como *actuar* [1 d].

contigo → TÚ, 3.

contiguo. Construcción: *contiguo* AL *jardín.*

continuar. Se conjuga, en cuanto al acento, como *actuar* [1 d].

continuo. Se usa como nombre masculino con el sentido de 'serie o conjunto en que ninguna parte es diferenciable de sus adyacentes': *«El tiempo, un continuo impreciso sin bordes definidos»* (Cortázar, *Rayuela*, 269). No es necesario usar la forma latina *continuum.*

continuum → CONTINUO.

contorcerse. Verbo irregular. Se conjuga como *mover* [18].

contra. 1 Preposición (siempre átona) que denota oposición o contrariedad, en sentido recto o figurado; pugna o repugnancia entre personas o cosas: *Lo estrelló contra la pared; Luis va contra Antonio; La triaca es contra el·veneno.* Significa también 'enfrente de' o 'mirando hacia': *Esta habitación está contra el Norte.* Contra con el sentido de 'junto a' es regional (Salamanca); también existe en la Argentina.

2 Usado como adverbio, con el valor de 'cuanto', es vulgarismo: *Contra más pobre, más soberbio.* Los dos textos que siguen están puestos en boca de personas incultas: *«Contra más estrambóticos más les gustan a las aldeanas»* (Pérez de Ayala, *Luna,* 82); *«Contra menos paren por casa, más desahogada y más tranquila se les ve la mujer»* (Sánchez Ferlosio, *Jarama,* 297).

3 *En contra,* locución adverbial, 'en oposición': *Yo estoy en contra.* Generalmente lleva un complemento con *de: Estoy en contra del proyecto.* La omisión de la preposición *de,* en este caso, es vulgarismo: *«En contra lo acaecido en días anteriores, en aquella jornada los pueblos parecían alejarse»* (Salvador, *Cuerda,* 359).

4 *Por contra* es calco del francés *par contre: «Una emocionante noche de adulterio, librado a tres asaltos: el primero, precipitado, ardoroso y por tanto poco efectivo ..; por contra, los dos restantes han resultado mejor»* (F. Lázaro, *Gaceta,* 11.1.1976, 7). El uso no es nuevo: ya está, por lo menos, en Galdós, en 1899 (*Luchana,* 371): *«Hubo proporción de celebrar .. festines, de que participaban los guipuzcoanos, estimando estos como bocado exquisito el pan de trigo .. Y por contra, Aura gustaba con preferencia de los caldos de habas con cecina y de la borona».* Debe decirse *por el contrario* o *en cambio.*

contra-. Prefijo latino que significa oposición o contrariedad: *contraindicación;* refuerzo: *contraventana;* segundo lugar: *contramaestre.*

contraalmirante. 'Oficial de la armada, inmediatamente inferior al vicealmirante'. Puede escribirse *contraalmirante* o *contralmirante.* Las dos formas son acogidas por la Academia, aunque con preferencia por la primera.

contracepción, contraceptivo → ANTICONCEPTIVO.

contradecir. Verbo irregular. Se conjuga como *decir* [42].

contraer. 1 Verbo irregular. Se conjuga como *traer* [32].

2 Construcción: *contraer amistad* CON *alguno.*

contrahacer. Verbo irregular. Se conjuga como *hacer* [16].

contralmirante → CONTRAALMIRANTE.

contraluz. Según la Academia, es femenino: *la contraluz.* Rosenblat (*Compuestos,* 96), que es de la misma opinión, cita como anormal *el contraluz,* usado por el argentino Poletti, quien además dice que «así lo ha visto siempre». También en España lo normal es precisamente oírlo como masculino —como lo usa Poletti—, aunque etimológicamente le corresponde el género femenino.

contraponer. 1 Verbo irregular. Se conjuga como *poner* [21].

2 Construcción: *contraponer una cosa* A *otra.*

contrariar. Se conjuga, en cuanto al acento, como *desviar* [1 c].

contrario. Construcción: *contrario* A *o* DE *muchos; contrario* EN *ideas.*

contravenir. 1 Verbo irregular. Se conjuga como *venir* [61].

2 Construcción: *contravenir* A *la ley.*

contribuir. 1 Verbo irregular. Se conjuga como *huir* [48].

2 Construcción: *contribuir* A *una empresa; contribuir* CON *dinero; contribuir* PARA *la construcción de un monumento; contribuir* A *hacerlo.*

contricción → CONTRICIÓN.

contrición. 'Arrepentimiento'. En la terminación de esta palabra hay una sola *c;* por tanto, es erróneo pronunciar /kontrikzión/ y escribir *contricción.*

control. La palabra *control* tiene dos sentidos registrados por la Academia: 'inspección, fiscalización, intervención' y 'dominio, mando': *El portero lleva el control* *de las personas que entran y salen; El ejército tiene el control de la situación.* Como hay contextos en que el sentido de *control* resulta ambiguo, es aconsejable sustituir este término, en su segundo sentido, por *dominio* o *mando,* pues en esta acepción no es tan necesario como en la primera el uso de *control: El ejército tiene el dominio de la situación.* La misma observación vale para el verbo *controlar: El ejército domina* (mejor que *controla*) *la situación.*

controlar → CONTROL.

controvertir. Verbo irregular. Se conjuga como *sentir* [60].

convalecer. 1 Verbo irregular. Se conjuga como *agradecer* [11].
2 Construcción: *convalecer* DE *una enfermedad.*

convencer. Construcción: *convencer a alguien* DE *una verdad; convencerle* CON *buenas razones; estoy convencido* DE *que no lo sabe.* En este último caso, en que el complemento es una proposición con *que,* no debe omitirse el *de: «Estoy firmemente convencido que nadie explicará un hecho»* (Unamuno, *Raza,* 144).

convenir. 1 Verbo irregular. Se conjuga como *venir* [61].
2 Construcción: *convenir una cosa* AL *enfermo; convenir* CON *otro* EN *alguna cosa; convenir* EN *ir.*

converger → CONVERGIR.

convergir. 'Concurrir en un punto (dos o más cosas)'. Existe también, como sinónimo de este verbo, *converger.* Los dos son regulares, y por ello son erróneas formas como *convirgió, convirgieron, convirgiera* (por *convergió, convergieron, convergiera*).

conversar. Construcción: *conversar* CON *alguno; conversar* SOBRE *tal asunto.* En algunas partes de América, en lugar de CON *alguno,* se construye con complemento indirecto: *«Le conversaba con ternura y lo despedía con un beso en la boca»* (Edwards, *Máscaras,* 10).

convertir. 1 Verbo irregular. Se conjuga como *sentir* [60].
2 Construcción: *convertir el agua* EN *vino; convertirse* AL *catolicismo.*

convicción. 1 Esta palabra se pronuncia /kombikzión/. Pronunciaciones como /kombizión/ y, sobre todo, /kombinzión/ son vulgarismos.
2 Construcción: *tener la convicción* DE *un hecho;* DE *que ello es así* (no *en: «Después de haber manifestado repetidas veces su convicción en que Manuel Fraga no sería un buen gobernante»,* Diario 16, 10.10.1985, 2).

convidar. Construcción: *convidar a alguno* A *comer,* A *vino,* CON *lo que se tiene.* En varios países de América se emplea como transitivo, al margen del uso general. Así se ve en estos ejemplos: *«Me convidaba un puro»* (Donoso, *Domingo,* 110); *«—¿Convidarán? .. —Plomo te van a convidar»* (Benedetto, *Caballo,* 195). Cf. Kany, 334.

convivial. Es adjetivo tomado del inglés y usado innecesariamente por *sociable: «El talante conservador de sus habitantes florece en una sociedad convivial con sus hábitos provincianos y su secreto bancario»* (L. Vadillo, *Ya,* Supl., 27.9.1981, 22). De modo paralelo, *convivialidad* ocupa indebidamente el lugar de *sociabilidad: «El vino y la copa facilitan la convivialidad»* (X. Domingo, *Diario 16,* Supl., 5.6.1983, 40).

convivialidad → CONVIVIAL.

convocar. Construcción: *convocar a junta.*

convoy. El plural de este nombre es *convoyes* (no *convoys*).

cónyuge. 'Consorte'. Es nombre masculino y femenino: *el cónyuge* y *la cónyuge.* Es vulgarismo pronunciar «cónyugue», como se oye incluso en la radio y la televisión, con más frecuencia de la deseable.

coñá → COÑAC.

coñac. 'Cierta bebida alcohólica'. Es nombre masculino. Su plural es *coñacs.* La pronunciación normal cuidada es /koñák/, plural /koñáks/; pero es muy común /koñá/, /koñás/, y la misma Academia acoge hoy la forma *coñá* junto a *coñac.* Debe desecharse la grafía *cognac,* ya en desuso. En cuanto al nombre *brandy* con que a veces se designa la misma bebida, su uso debe limitarse a los casos en que lo exija la nomenclatura comercial internacional.

cooperar. Construcción: *cooperar* A O EN *alguna cosa; cooperar* CON *otro.*

copetín → CÓCTEL.

copia. 'Traslado o reproducción (de un escrito, etc.)'. Es impropiedad, debida a anglicismo, decir *copia* por *ejemplar* de una obra editada (libro, periódico, grabación): «*Cincuenta mil copias del libro vendidas en pocos días —un récord editorial sin precedentes en Portugal*» *(Informaciones,* 18.3.1974, 14).

copiadora → REPRODUCIR.

copiar. 1 Se conjuga, en cuanto al acento, como *cambiar* [1 a].
2 Construcción: *copiar* A *máquina; copiar* DEL *original.*

coqueluche → TOS.

coral. Como nombre, es masculino tanto en el sentido de 'colonia de pólipos con que se hacen joyas' como en el de 'composición musical para cuatro voces'. Es femenino cuando es sustantivación de *agrupación coral* o *masa coral.* De acuerdo con esto, es inadecuado el uso que hallamos en Cunqueiro: «*El todo es una coral de Bach*» *(Historia 16,* 8.1977, 127).

corambre. 'Odre' o 'conjunto de cueros'. El género de este nombre es femenino; no masculino, como vemos en este ejemplo: «*Cargaban .. a sus mulos con los viejos corambres*» (Chamorro, *Sin raíces,* 205).

cordi-. Forma prefija del latín *cor,* 'corazón': *cordimariano.*

-cordio. Forma sufija del latín *chorda,* 'cuerda': *clavicordio, monocordio.*

córner. En fútbol, 'saque de esquina'. Aunque la palabra es inglesa, está completamente aclimatada en español, salvo en su plural, que es *córners.* Sería preferible, y no hay dificultad para ello, decir *córneres,* de la misma forma que decimos *chóferes, revólveres, líderes, dólares* como plurales de otras palabras de origen extranjero con igual terminación.

Cornualles. Nombre de una península y condado al sudoeste de Gran Bretaña. Co-

rresponde al inglés *Cornwall.* En la Edad Media, con más acierto, el nombre español era *Cornualla:* «*El príncipe de Gales, duque de Guiana, señor de Cornualla*» (Díez Games, *Victorial,* 101).

cornúpeta. Este adjetivo, usado como nombre masculino, designa en lenguaje literario al toro de lidia. También se puede decir *cornúpeto.*

cornúpeto → CORNÚPETA.

Cornwall → CORNUALLES.

coronar. Construcción: *coronar* CON O DE *flores; coronar* POR *monarca* (también sin preposición: *coronar monarca).*

corporeidad → CORPOREIZAR.

corporeizar. 1 'Dar cuerpo' (a algo). Como derivado del adjetivo *corpóreo,* la forma de este verbo ha de ser *corporeizar,* y no, como algunos dicen, *corporizar:* «*Esos fantasmas que periódicamente se corporizan*» (P. Altares, *País,* 26.2.1981, 11). Algo semejante hay que decir del nombre *corporeidad* (no *corporidad).*
2 En cuanto al acento, *corporeizar* se conjuga como *enraizar* [1 f].

corporidad, corporizar → CORPOREIZAR.

corregir. 1 Verbo irregular. Se conjuga como *pedir* [62].
2 Construcción: *corregirse* DE *una falta.*

correr. Construcción: *correr* A *caballo; correr* CON *los gastos; correr* EN *busca de otro; correr* POR *mal camino; correr un velo* SOBRE *lo pasado.*

corresponder. Construcción: *corresponder* A *los beneficios; corresponder* CON *la gente.*

corriente. El superlativo de este adjetivo es *corrientísimo* (raramente *correntísimo).*

Corriente del Golfo. La corriente marítima que en inglés se llama *Gulf Stream* tiene en español el nombre de *Corriente del Golfo.*

corroer. Verbo irregular. Se conjuga como *roer* [25].

cortacircuito → CORTOCIRCUITO.

cortocircuito. 'Circuito que se establece cuando la corriente eléctrica pasa directamente de uno a otro polo del generador'. Se puede escribir también *corto circuito*. Es errónea la forma *cortacircuito*.

cosa. 1 La palabra *cosa* se usa en todos los países hispánicos, en el habla coloquial, a manera de comodín verbal para suplir la palabra que no se recuerda o que no quiere uno tomarse el trabajo de recordar o articular: *Déme la cosa; Esta cosa se ha estropeado; La cosa salió como yo esperaba.* Muchas veces se le da forma masculina: *el coso*; e incluso se deforma con sufijos grotescos, como en *la cosiata, el cosiánfiro, la cosiánfira,* de Colombia (Flórez, *Lengua,* 227). *Cosiata* también se oye mucho en Venezuela (Rosenblat). Se llegan a formar verbos derivados *(cosiatar, cosianfirar,* cit. Flórez). El mismo papel que *cosa* o *coso* desempeñan en algunos sitios otras palabras: *chisme, macana, vaina; coroto, perol, bicho* o *bicha,* en Venezuela, etc.

2 *Cosa que.* En muchas regiones de Hispanoamérica es corriente *cosa que,* usado en la lengua coloquial como conjunción con el valor de *para que, de modo que: Vente temprano, cosa que no faltes a la reunión; Comamos aquí el sábado y allá el domingo, cosa que tengamos dos fiestas* (Kany, 384).

3 *Cosa de,* locución prepositiva, se emplea en España precediendo a especificaciones de cantidad, con el sentido de 'alrededor de': *Dista del pueblo cosa de seis kilómetros.* En América, en la lengua coloquial equivale a *para* (→ 2): «*Después me dormí a pata suelta, cosa de olvidarme*» (Cortázar, *Rayuela,* 440).

coscino-, coscinio-. Forma prefija del griego *kóskinon,* 'criba': *coscinomancia.*

cosmetología, cosmetologista, cosmetólogo → ESTETICISTA.

cosmo-. Forma prefija del griego *kosmos,* 'mundo': *cosmología, cosmopolita.* Ahora se usa también para formar compuestos relativos al espacio sideral: *cosmonauta.*

cosmovisión. 'Concepción del universo'. Este nombre (o sintagmas como *visión del mundo, visión del universo,* etc.) es el equivalente que se emplea en español para el alemán *Weltanschauung*: «*Algo así como*

la concepción del universo, como la cosmovisión del poeta» (Salinas, *Ensayos,* 178). Bousoño utiliza el adjetivo derivado *cosmovisionario,* igualmente bien formado: «*El núcleo cosmovisionario que .. centra y da sentido a mi poesía*» (*Versos,* 22).

cosmovisionario → COSMOVISIÓN.

Costa de Marfil. El adjetivo correspondiente a *Costa de Marfil* es *marfileño.*

costar. Verbo irregular. Se conjuga como *acordar* [4].

coste. *Coste* y *costo,* en general, se usan como sinónimos. Sin embargo, hay una pequeña diferencia de matiz. *Coste* es el precio en dinero: *coste de un mueble. Costo* se usa principalmente referido al conjunto de una obra importante, o entre economistas: *costo de un puente; costo de producción.* Cf. Gili Gaya, *Sinónimos.*

costo → COSTE.

cotejar. Construcción: *cotejar la copia* CON *el original.*

coterráneo → CONTERRÁNEO.

cotidianeidad → COTIDIANIDAD.

cotidianidad. 'Condición de cotidiano'. Este nombre, como derivado del adjetivo *cotidiano,* tiene como forma normal *cotidianidad* («*El vocabulario de Foix .. es aquí sobre todo cotidiano, y es en el uso insólito del repertorio de la cotidianidad .. donde revela el dominio del poeta*», P. Gimferrer, *Destino,* 1.3.1975, 31); no *cotidianeidad* (que correspondería a «cotidiáneo»), frecuentemente usada por periodistas («*Esa morosa y densa cotidianeidad carcelera*», R. Montero, *País,* Supl., 10.9.1978, 4). (→ -DAD, 3.)

couché → CUCHÉ.

couplet → CUPLÉ.

cowboy → VAQUERO. 1.

coxígeo, coxis → CÓCCIX.

coxo-, cox-. Formas prefijas del latín *coxa,* 'cadera': *coxalgia, coxofemoral.*

-cracia. Forma sufija del griego *kratos,* 'fuerza, dominación': *democracia, teocracia.* Se usa para nombres abstractos.

-crata. Forma sufija del griego *kratos,* 'fuerza'. Sirve para sustantivos de persona:

demócrata. Con la forma -*crático* se construyen adjetivos: *democrático.*

crear. En el uso actual, *criar* y *crear* no son sinónimos. *Crear* es 'producir algo de la nada' *(Dios creó el mundo);* 'hacer nacer, instituir' *(Crear una sociedad);* 'componer, producir (una obra)' *(Ha creado un héroe de novela);* 'elevar a una dignidad' *(Fue creado Papa). Criar* se usa, en cambio, para 'producir (seres vivos)' *(Esta tierra cría gusanos);* 'nutrir, alimentar' o 'cuidar' *(Este niño se cría muy bien).*

crecer. Verbo irregular. Se conjuga como *agradecer* [11].

creer. 1 Se conjuga como *proveer* [22].

2 Construcción: *creer algo* DE *otro; creer* EN *Dios; creer a uno* SOBRE *su palabra; creer* EN *habladurías. Creer* EN *una persona* es tener fe en ella, confiar en sus cualidades; *creer* A *una persona* es darle crédito, tomar como veraz una afirmación suya. Sobre la construcción vulgar *creo* DE *que vamos a hacerlo,* → DE. 3.

3 Evítese, al enunciar las formas *cree, creen,* acentuar la segunda *e* /kreé, kreén/ por el afán de evitar la reducción de la doble vocal a una sola, /kré, krén/. Es defecto en que incurren algunos americanos.

Cremona. El nombre de la ciudad del norte de Italia es voz llana, /kremóna/. *Crémona* es erróneo *(«Bérgamo, Crémona, Lodi y Verona»,* Calvo, trad. Pirenne, *Ciudades,* 62).

criar. 1 Se conjuga, en cuanto al acento, como *desviar* [1 c].

2 Diferencia entre *criar* y *crear:* → CREAR.

cricket → CRÍQUET.

crin. 'Conjunto de cerdas en la cerviz de un animal'. El género de este nombre es femenino, *la crin.* El uso como masculino es regional (Iribarren), y no está justificado en este ejemplo: *«A nosotros los del circo, el olor del crin de los animales .. puede llegar con el tiempo a ser una cosa familiar» (Informaciones,* 16.4.1970, 16).

crio-. Forma prefija del griego *kryos,* 'frío glacial': *crioscopia;* o de *krios,* 'carnero': *criófago.*

cripto-. Forma prefija del griego *kryptós,* 'oculto': *criptografía.*

críquet. 'Cierto deporte inglés'. Este nombre masculino es la forma establecida en español para el inglés *cricket.* Es palabra grave, /kríket/, aunque la Academia escriba, por error, *criquet.*

crisma. 1 Es nombre masculino cuando significa 'óleo sagrado'; femenino, cuando, en lenguaje coloquial, se usa en el sentido de 'cabeza' *(romperse la crisma).* El uso de *crisma* como femenino en el primer sentido es anticuado *(«El sacerdote había puesto la crisma en la nuca de Paco»,* Sender, *Réquiem,* 14).

2 Del inglés *Christmas card,* 'tarjeta de Navidad', abreviado en español como *christmas* (pronunciado corrientemente /krísmas/), nombre masculino, ha surgido como forma popular *el crisma,* que va ganando terreno en el uso general, a pesar de que en la escritura se sigue prefiriendo *el christmas* (a veces se ve *el christma).*

criso-, cris-. Formas prefijas del griego *chrysós,* 'oro': *crisolito, crisantemo.*

crítico. Como nombre, designando a persona, igual que como adjetivo, su femenino es *crítica;* no *crítico,* como a veces se lee: *«Doña María Lluisa Borràs, crítico de arte» (Informaciones,* 16.8.1974, 9).

croché, crochet → GANCHILLO.

croissant → CRUASÁN.

cromato-, cromat-, cromo-. Formas prefijas del griego *chroma,* 'color': *cromatóforo, cromolitografía.*

cromolitografiar. Se conjuga, en cuanto al acento, como *desviar* [1 c].

crono-. Forma prefija del griego *chronos,* 'tiempo': *cronómetro.* La forma sufija también es -*crono: isócrono.*

croqueta. 'Fritura de forma ovalada'. Evítese la forma vulgar *cocreta.*

cross. El deporte cuyo nombre inglés es *cross-country* ha recibido en español el nombre de *campo a través,* no muy afortunado. Es preferible la denominación hoy más extendida, *cross,* nombre masculino que designa no solo el deporte, sino la competición.

cruasán. 'Bollo de forma semejante a una C'. El nombre francés es *croissant,* y a su pronunciación responde la adaptación

122

española, cuyo plural es *cruasanes*. La Academia no registra este nombre en su *Diccionario* porque propone el de *medialuna*. Este último sustantivo, aunque inusitado por el momento en España, es corriente en la Argentina, bien con la grafía *medialuna* (pl. *medialunas*: «*Fue a buscar medialunas a la panadería*», Sábato, cit. Steel, *Americanismos*, 184), o con la grafía *media luna* (pl. *medias lunas*: «*La leche, Bertito, con medias lunas y mermelada*», Benedetto, *Caballo*, 94).

cruci-. Forma prefija del latín *crux*, 'cruz': *crucífero, crucifixión*.

cruel. 1 Construcción: *cruel* CON, PARA o PARA CON *su esposa*.
2 El superlativo de este adjetivo es *crudelísimo* o *cruelísimo*. La primera forma es exclusivamente literaria; la segunda es la usada en la lengua hablada.

cruzar. Construcción: *cruzar una especie vegetal* CON *otra; cruzarse* DE *brazos; cruzarse* CON *otro por la calle*.

cuadrar. Construcción: *cuadrar algo* A *alguien; cuadrar lo uno* CON *lo otro*.

cuadri-, cuadru-. Formas prefijas de *cuatro: cuadrisílabo, cuadrienio, cuadrúpedo*. También existe la forma *cuatri-: cuatrisílabo, cuatrimotor*.

cuadriga. 'Carro tirado por cuatro caballos de frente'. Es palabra grave, /kuadríga/, no esdrújula.

cuadrilátero. En boxeo, el recinto en que se desarrolla el combate se suele llamar con su nombre inglés, *ring*. Los periodistas españoles usan, alternando con esta palabra, el nombre *cuadrilátero*, que parece bastante aceptable.

cuadripartito → CUATRIPARTITO.

cuadro → EMPLEADO.

cuadrumano. 'De cierto orden de mamíferos'. Existe también la forma *cuadrúmano*, igualmente válida. La Academia da preferencia a la forma grave.

cuádruple. 'Que contiene un número cuatro veces exactamente' o 'que contiene cuatro elementos'. Puede usarse también, aunque es rara, la forma *cuádruplo* (femenino *cuádrupla*). De este adjetivo deriva el verbo *cuadruplicar* (no debe decirse *cuatriplicar*, formado por analogía con *triplicar*).

cuadruplicar, cuádruplo → CUÁDRUPLE.

cual. 1 Pronombre relativo. Hoy solo se usa (salvo en los casos que luego se exponen) precedido de *el, la, lo, los, las*, formando con este artículo un pronombre relativo compuesto, dotado —gracias al elemento añadido— de los accidentes de género y número. Sus formas, pues, son *el cual, la cual, lo cual, los cuales* y *las cuales;* en ellas se pronuncian tónicos *cual, cuales*, en lo que se diferencia este relativo de los demás, que son átonos. No admite otro adjetivo acompañante que *todo*: «*Interrogó a un muchacho campesino de unos doce años, haciéndole varias preguntas intencionadas, a todas las cuales contestó el chicuelo con gran soltura*» (Joaquín Costa, cit. Fernández Ramírez, § 166).

El cual, la cual, etc., equivalen al relativo *que*, pero solo pueden sustituir a este en proposiciones explicativas: *Los abuelos, que nada sabían de aquello, quedaron asombrados* (= *los abuelos, los cuales...*); o cuando sigue a preposición: *Este es el asunto de que* (o *del que*, o *del cual*) *te hablé*. La lengua escrita y sobre todo la hablada prefieren en todos estos casos el pronombre *que*.

Lo cual que es vulgarismo español que equivale a *y eso*: «*De ver canalladas sin fin, cada lunes y cada martes, paréceme que soy vieja, lo cual que no lo soy*» (Galdós, *O'Donnell*, 121); o a *y con eso, y por eso*: «*Hago así para contener el caballo, lo cual que el animal se espanta*» (Vega, *Verbena*, 257).

2 Adjetivo relativo. También tónico y precedido de artículo: «*Se instaló en el Cuzco, de la cual ciudad narra algunas escenas divertidas*» (Ortega, *Viajes*, 200). Su uso es solo literario y poco frecuente. Más acorde con lo habitual sería: «*... el Cuzco, ciudad de la cual narra...*»

3 Sobre el uso de *del cual, de la cual*, etc., con sentido posesivo, en lugar de *cuyo*, → CUYO.

4 Se usa sin artículo y se pronuncia átono el relativo *cual* en la fórmula *sea cual fuere*, o *sea cual sea*, que constituye una cláusula concesiva: «*Sean cuales fueren los motivos que a este penoso trance han conducido a los caballeros...*» (Palacio Valdés, cit. Fernández Ramírez). En estas

cuál   cualquiera

construcciones, *cual* y *cuales* equivalen a *el que*, y con frecuencia son sustituidos por estos, sobre todo en la conversación. Téngase en cuenta que en *sea cual fuere* (o *sea cual sea*) el término *cual* no es invariable, y debe concertar en número con el sujeto de *fuere*. En este pasaje: «*De cualquier forma, y sean cual fueren los hechos determinantes, la noticia ha causado gran conmoción*» (*Abc*, 18.5.1978, 1), había de decirse «*sean cuales fueren*».

5 Usado como correlativo, *cual* va sin artículo y se pronuncia átono. Su antecedente es el demostrativo *tal*: «*Hasta los más frioleros .. se muestran tales cuales son*» (Pérez de Ayala, *Urbano*, 80).

6 Conjunción de modo, equivalente a *como*. Este uso es anticuado y solo vive en la lengua literaria: «*Alza hasta el alto cielo remolinos, / con luz siniestra iluminando valles, / .. cual suelen encendidos los volcanes*» (Duque de Rivas, cit. Bello, § 405). No es raro, en cambio, si lleva *tal* por antecedente: *Lo hizo tal cual se lo habían mandado*. De todos modos, el uso corriente es *tal como* (→ TAL, 1). *Cual*, con esta función, es siempre palabra átona. En América es frecuente pronunciarla como tónica, confundiéndola fonéticamente con *cual* pronombre relativo y *cuál* interrogativo.

7 *Cada cual:* → CADA, 4.

8 *A cual más:* → CUÁL, 5.

cuál. 1 Pronombre interrogativo. Tiene variación de número (singular, *cuál;* plural, *cuáles*). Es siempre tónico y se escribe con tilde: *¿Cuál es el más loco de los dos?; No sé cuál es el más loco.* En el uso actual pregunta sobre las personas o cosas; está anticuado el uso en que pregunta o pondera las cualidades: *Si el criado es tan discreto, ¿cuál debe ser el amo?* En este sentido, puede usarse como exclamativo.

2 Puede ser adjetivo interrogativo: *¿Cuáles parientes dices?; «¿Cuál hacha le libró de la conforme / servidumbre selvática?»* (Salinas, *Todo*, 55). En España, con esta función se prefiere usar *qué* («*¿qué parientes?*»). Pero *cuál* es frecuente en América: «*¿Cuál damajuana, la del agua o la del vino?*» (Benedetto, *Caballo*, 182). Cf. Kany, 48, y Steel, *Americanismos*, 192.

3 Adverbio interrogativo o exclamativo

de modo —anticuado—: «*¡Cuál gritan esos malditos!*» (Zorrilla, *Tenorio*, 64).

4 Pronombre indefinido. Se usa en oraciones coordinadas distributivas: *Todos contribuyeron, cuál más, cuál menos, al buen resultado.*

5 *A cuál más* (frecuentemente escrito *a cual más*) es fórmula de valor adverbial y sentido ponderativo que se usa precediendo a un adjetivo. Aunque la ponderación versa sobre una pluralidad de seres que acaba de mencionarse, el adjetivo ha de ir en singular, puesto que sintácticamente va referido al interrogativo *cuál*, que es singular: *Son tres hermanas a cuál más inteligente;* «*Fueron un par de jeroglíficos a cuál más enigmático e indescifrable*» (Galdós, *Torquemada*, II, 94). Por ello es erróneo poner el adjetivo en plural: «*Algunos sonetos que le dirigieron, a cuál más procaces*» (Entrambasaguas, *Vida*, 163). La confusión es antigua; he aquí un ejemplo de 1758: «*Innumerables ideas .., todas a cuál más confusas, a cuál más embrolladas, a cuál más extravagantes*» (Isla, *Gerundio*, I, 336). Evítese también la forma *a cada cual más*, resultante de la confusión de *a cuál más* con *cada cual:* «*Desde monseñor Guerra Campos hasta don Javier de Santiago hay una larga tradición de sotanas a cada cual más alejada de la realidad espiritual del país*» (J. Cueto, *País*, 29.5.1976, 22).

cualquiera. 1 Pronombre o adjetivo indefinido de indiferencia: expresa la indistinción de una o varias cosas dentro de la serie, la idéntica manera de actuar el sujeto frente a unas y otras (Fernández Ramírez, § 197). En singular tiene la forma *cualquiera* (o *cualquier*); en plural, *cualesquiera*. Carece de variación genérica.

Como pronombre, designa persona indeterminada, a no ser que lleve complemento partitivo. En oraciones exclamativas puede expresar, irónicamente, negación: «*¡Cualquiera entiende a las mujeres!*» (Benavente).

Como adjetivo, puede acompañar a sustantivos de persona o de cosa, antepuesto —en la forma *cualquier*— o bien pospuesto; en este caso, el nombre va precedido de algún determinante: *cualquier pretexto; un pretexto cualquiera.* También puede ir con algunos pronombres, como

124

cuan

cuando

adjetivo pospuesto: *uno (una) cualquiera,
otro (otra) cualquiera*.

Como antecedente de un pronombre relativo, el sentido de *cualquiera* es generalizador: *«Cualquiera que lo hubiera visto, de
no conocerlo, se hubiera creído ante el mis-
mísimo San Roque»* (Cela, cit. Fernández
Ramírez, § 199).

2 Cuando va antepuesto al nombre,
toma la forma apocopada *cualquier,* tanto
si el nombre es masculino como femenino:
cualquier hombre; cualquier mujer. Puede
interponerse otro adjetivo entre *cualquier*
y el nombre: *cualquier otro hombre; cualquier honrada mujer.* La forma plena *cualquiera* se presenta a veces, raramente, ante
nombre femenino: *«Cualquiera decisión»*
(Ortega, *Deshumanización,* 14). Mucho
más insólito es ante nombre masculino:
«Cualquiera otro hombre» (Castilla, *Alienación,* 43).

3 El plural de *cualquiera,* adjetivo o
pronombre, es *cualesquiera: cualesquiera
que sean las causas; cualesquiera bienes de
los inventariados; unos mercenarios cualesquiera.* En la lengua hablada, y también en
la escrita descuidada, es frecuente usar
para el plural la misma forma de singular:
*«Cualquiera que fueran los hechos, nues-
tros padres les oirían a ellos antes que a nosotros»* (Sender, *Crónica,* I, 183); *«Ellos
no son unos mercenarios cualquiera»* (M.
Alcántara, *Ya,* 15.3.1962, 23). Inversamente, por ultracorrección, incurren algunos en el uso de plural por singular:
*«Tenemos que aspirar a la supresión de
cualesquiera forma de alienación»* (Castilla,
Alienación, 35). Este uso es también vulgar y está muy extendido en Hispanoamérica (cf. Fernández Ramírez, § 198; Rosenblat, *Notas,* 155, y Kany, 146).

4 *Cualquiera* (o *cualquier* + nombre)
puede ir, naturalmente, seguido de una
proposición adjetiva con *que: Cualquiera
que lo vea se asustará.* Pero *cualquiera
que,* seguido de verbo en subjuntivo,
puede tener un uso especial, constituyendo
una construcción de carácter concesivo:
*Cualquiera que sea tu idea, tendrás que
obedecer* ('sea cual sea...'). En esta construcción, la supresión del *que* (*«cualesquiera sean sus errores»,* Ortega, *Deshumanización,* 53) no es normal. Sin embargo, existe sin *que* la construcción, más

rara, *sea cualquiera: «Todo hombre, sea
cualquiera su posición social .., es siempre
un hombre»* (Maeztu, *Defensa,* 66).

5 *Cualquieras.* Cuando *cualquiera* es
nombre común *(un cualquiera, una cualquiera),* su plural se forma añadiendo *-s* final, según la norma general de los sustantivos: *Son dos cualquieras.* Pero es anormal usar esta forma de plural para el pronombre *cualquiera: «Cualquieras sean las
dificultades que se presenten, será necesario
salvarlas»* (cit. Kany, 146).

cuan → CUANTO. 3.

cuán → CUÁNTO. 4.

cuando. Se pronuncia átono. No debe
hacerse tónico, confundiéndolo fonéticamente con el interrogativo *cuándo.* Esta
pronunciación está muy extendida en Hispanoamérica.

1 Adverbio relativo (o conjunción) que
introduce proposiciones que expresan
tiempo: *La catástrofe ocurrió cuando inten-
taban desembarcar.* A veces la proposición
tiene un antecedente, como *entonces, apenas, no bien, no, aún no: No bien hubo
contestado, cuando ya estaban todos dentro; Apenas dejó de llover, cuando nos pusimos en camino.* Con antecedente nombre
se usó alguna vez en la lengua clásica:
*«Pasaron ya los tiempos / cuando lamiendo
rosas / el céfiro bullía / y suspiraba aro-
mas»* (Vega, *Poesías,* II, 137); hoy se usa
el pronombre relativo: *«pasaron ya los
tiempos en que...».* El empleo de *cuando*
en estos casos es ahora un anglicismo que
debe evitarse: *«En años cuando bien pocos
hacían caso de los versos de este»* (Cernuda, *Estudios,* 99).

Más raramente se usa esta conjunción
con matiz condicional o causal: *Cuando él
lo dice, será verdad.*

2 Conjunción concesiva: *«Cuando yo
quisiese olvidarme de los garrotazos, no lo
consentirían los cardenales»* (Cervantes).
Este uso es anticuado; hoy se sustituye
cuando por *aun cuando* o *aunque.*

3 Preposición que indica tiempo; equivale a *durante: «¿Conoces la iglesia de
Santa María del Mar? .. Cuando la guerra,
la quemaron»* (Laforet, *Nada,* 158). El
mismo uso cobra calidad poética en este
pasaje de Gabriela Mistral: *«Ya [el árbol]
es mío / y le juro protección / cuando el*

125

viento, cuando el frío, / cuando el hombre matador» (Ternura, 135).

4 *Cuando quiera*, locución adverbial, 'en cualquier tiempo'.

5 *Cuando quiera que*, locución conjuntiva, 'siempre que': *«Cuando quiera que en la vida española se ponen tensos los ánimos y la pasión hinche los pechos, se reproduce el mismo fenómeno»* (Pérez de Ayala, *Política*, 293).

6 *Cuando menos*, 'por lo menos', no debe ser sustituido por *cuanto menos*, como algunos dicen y escriben: *«Para otros enfoques de la morfología remitimos, cuanto menos, a Alarcos Llorach»* (Arias, *Morfosintaxis*, 26). De modo semejante, *cuando más*, 'a lo sumo', no debe ser *cuanto más*: *«Unos segundos —pocos: dos o tres, cuanto más— de alivio»* (Pinilla, *Hormigas*, 102).

cuándo. **1** Adverbio interrogativo (siempre tónico, por lo que se escribe con tilde para diferenciarlo de *cuando* átono). Significa 'en qué tiempo o momento': *¿Cuándo vas a venir?; Dime cuándo vas a venir.*

2 En la lengua literaria, se emplea, sin valor interrogativo, repetido al comienzo de dos o más sintagmas, significando 'unas veces... otras veces': *«Asilos .. que, no bien en ellos me había aposentado, me apresuraba a mudar, cuándo por caros, cuándo por feos, cuándo por sórdidos»* (Pérez de Ayala, *Prometeo*, 99). No debe omitirse la tilde de *cuándo* en este uso.

3 Nombre masculino: *«El porqué, el cómo y el cuándo de esta costumbre»* (Galdós, *Torquemada*, IV, 113). Se escribe también siempre con tilde en este uso.

cuanto. **1** Como pronombre o adjetivo relativo (siempre átono), tiene variaciones de género y número: *cuanto, cuanta, cuantos, cuantas*. Significa 'todo el que' (o, como pronombre singular «neutro», 'todo lo que'): *Anotaba cuantas novedades observaba* ('todas las novedades que observaba'); *Cuanto observaba lo anotaba* ('todo lo que observaba'). A veces lleva como antecedente *todo*, y en este caso su significado es simplemente 'el que' (o 'lo que'): *Le dio todo cuanto dinero tenía* ('todo el dinero que tenía'); *Le dio todo cuanto tenía* ('todo lo que tenía').

2 Como adverbio relativo (también átono), carece, naturalmente, de variaciones de género y número. Significa 'todo lo que': *Trabajo cuanto puedo*. Puede llevar como antecedentes *todo* o *tanto*: *Trabajo todo (o tanto) cuanto puedo* ('trabajo todo lo que puedo'). Es frecuente que *cuanto* funcione como complemento de otro adverbio: *Cuanto más trabaja, más pierde*.

3 El adverbio *cuanto* se apocopa en la forma *cuan* si le sigue inmediatamente un adjetivo o un adverbio: *Cayó cuan largo era; Rogó cuan encarecidamente podía*. Pero no se produce apócope ante las palabras *más, menos, mayor, menor, mejor, peor: Cuanto más insistas, menos conseguirás; Cuanto mayor sea el delito, mayor será la pena.*

4 *En cuanto*, locución conjuntiva, 'tan pronto como': *Iré en cuanto tenga tiempo*. Es vulgar *en cuanto que (Iré en cuanto que tenga tiempo; «El primer peligro le esperaba a pie de taxi, en cuanto que llegaran al hotel»* (Montero, *Reina*, 161).

5 *En cuanto* también puede ser locución prepositiva, 'en el aspecto o condición de': *«En cuanto persona individual y en cuanto miembro de esa generación, Marañón se sintió obligado a situarse al margen de la política imperante»* (Laín, *Marañón*, 42). Tampoco en este caso debe usarse la forma *en cuanto que: «¿Cómo .. ha llegado a estar el enfermo, en cuanto que sujeto pasivo o activo de esos síntomas y esas lesiones, en las historias clínicas de los médicos verdaderamente sabios y concienzudos?»* (Laín, *Informaciones*, 27.7.1978, 15). Y menos *en cuanto a: «Sí que lo tiene [valor, la anécdota] .. en cuanto a síntoma del abuso con que miembros concretos de la magistratura emplean los enormes márgenes de discrecionalidad que .. les conceden las leyes»* (P. J. Ramírez, *Diario 16*, 1.5.1985, 3); *«Ustedes, en cuanto a pueblo futurista, no ponen mal gesto a los paisajes espirituales exóticos»* (Mistral, *Prosa*, 75).

6 *En cuanto a*, locución prepositiva, 'por lo que toca a', 'por lo que se refiere a': *En cuanto al otro problema, tendremos que esperar.*

7 *Por cuanto*, locución conjuntiva, 'puesto que'. Es propia de la lengua literaria: *Es muy de agradecer su esfuerzo, por* *cuanto han sido muy grandes los sacrificios que ha realizado.* No debe decirse *por cuanto que: «La poesía épica española era en algún sentido más instructiva que la francesa, por cuanto que en España poema y acontecimiento histórico estaban mucho más próximos en el tiempo»* (Martínez Loza, trad. Smith, *Poema Cid*, 18).

8 *Cuanto* puede ser nombre masculino (naturalmente, tónico). Significa, en física, 'salto que experimenta la energía de un corpúsculo cuando absorbe o emite radiación': *«Nos basta que Charles Henry, entre otros, deje enunciada la posibilidad de una explicación común para lo psíquico, lo biológico y lo físico, a base de 'cuantos' energéticos y conforme a las leyes de la radiación»* (Reyes, *Experiencia*, 12). No debe usarse, con este sentido, la forma latina *quantum* (cuyo plural es *quanta*), usada en otros idiomas.

9 *Cuanto menos,* por *cuando menos; cuanto más,* por *cuando más:* → CUANDO, 6.

cuánto. **1** Puede ser pronombre o adjetivo interrogativo (siempre tónico, por lo que se escribe con tilde para diferenciarlo de *cuanto* átono). Tiene variaciones de género y número: *cuánto, cuánta, cuántos, cuántas;* como pronombre «neutro», solo se usa *cuánto: ¿Cuántos días faltan?; He olvidado cuánto dinero gané; ¿Cuánto quieres?*

2 Este mismo pronombre y adjetivo puede usarse exclamativamente: *¡Cuánto tiempo sin verte!; ¡Cuánto he gastado!*

3 *Cuánto* puede ser también adverbio interrogativo: *¿Cuánto has dormido?*

4 El mismo adverbio puede usarse exclamativamente: *¡Cuánto has dormido!* En este uso, se apocopa en la forma *cuán* si le sigue inmediatamente un adjetivo o un adverbio: *¡Cuán hermoso es el amanecer!; ¡Cuán despacio caminan!* Pero no se produce apócope ante las palabras *más, menos, mayor, menor, mejor, peor: ¡Cuánto mejor hubiera sido!* Por eso es erróneo el uso que hace Ortega en este ejemplo: *«Y si era revolucionario es ya cosa grave, ¡cuán más serlo, paradójicamente, por tradición!»* (*Rebelión*, 33). Conviene advertir que el uso de *cuán* (no de *cuánto*) es exclusivamente literario; en los casos en que correspondería su presencia se emplea normalmente

qué: ¡Qué hermoso es el amanecer!, ¡Qué despacio caminan!

cuartel → CASERNA.

cuarto. **1** *Cuarto* (o *sala*) *de estar,* 'pieza de la casa, distinta del comedor, destinada a la vida familiar'. No hay necesidad de usar la palabra *living,* abreviación del inglés *living-room* (que significa exactamente 'cuarto de estar').

2 *Cuarto kilo, cuarto litro* es vulgarismo por *cuarto de kilo* o *de litro: «Se bebió de un saque un cuarto litro de tinto»* (Cortázar, *Rayuela,* 361).

cuatri- → CUADRI-.

cuatrillizo → TRILLIZO.

cuatripartito. 'Constituido por cuatro partes'. No es usual la forma *cuadripartito,* aunque no hay motivo para rechazarla.

cuatriplicar → CUÁDRUPLE.

cuba libre. 'Mezcla de ron o ginebra con un refresco de cola'. También se escribe *cuba-libre* y *cubalibre.* Es masculino. Para el plural, se vacila entre *cubas libres* y *cuba-libres* o *cubalibres: «Me acerqué al bar a pedir dos cuba-libres de ginebra»* (Goytisolo, *Fin,* 37); *«Los cubalibres no, pero el vino debe saber igual en todas partes»* (Fernández Santos, *Catedrales,* 189).

cubrir. **1** Verbo irregular. Se conjuga como *abrir* [37].

2 Construcción: *cubrir* CON *una manta; cubrir* DE *honores.*

cuché. 'Cierto papel satinado'. Es preferible la forma españolizada *cuché* a la francesa *couché.*

cuenta. **1** Según la Academia, *a cuenta* significa 'sobre la fe y autoridad' (de uno) y (cantidad) 'que se da o se recibe sin finalizar la cuenta'; mientras que *por cuenta* de uno significa 'en su nombre o a su costa'.

2 *Cuenta atrás,* 'acción de contar de número mayor a menor' (usado frecuentemente en sentido figurado), también se puede llamar *retrocuenta* —término que prefiere la Academia—.

3 *Salir de cuenta* una mujer, 'haber cumplido el período de gestación'; no es normal decir *salir de cuentas: «Y tú, Pu-*

rina, ¿cuándo sales de cuentas?» (Suárez Solís, *Camino,* 54).

4 *Tener cuenta* una cosa, 'ser beneficiosa o útil'. No es normal, aunque se use en algunas zonas, *salir* o *resultar a cuenta: «El jurel está acabado... Pescar Harriers sale más a cuenta»* (R o m e u, *P a í s,* 13.6.1983); *Nos hubiera resultado más a cuenta venirnos a pie»* (Edwards, *Máscaras,* 9).

5 Construcción: *caer en la cuenta* DE *una cosa,* o DE *que ocurre una cosa,* 'llegar a percibirla o percibirlo'; *darse cuenta* DE *una cosa,* o DE *que ocurre una cosa,* 'captarla o captarlo' (la omisión de la preposición *de* es solo coloquial: *«Me gustaría .. que te dieras cuenta lo que siento por ti»,* Alonso Millán, *Marta,* 225); *dar cuenta* DE *una cosa,* 'acabar con ella' (no *dar cuenta* A *una cosa: «Había dado cuenta a su ración de sardinas»,* Arce, *Testamento,* 25); *hacer,* o *hacerse, cuenta* DE *que ocurre algo (no hacer(se) cuenta que: «Haz cuenta que estás hablando con tu hermano»,* Unamuno, *San Manuel,* 74; ni *hacer(se) de cuenta que: «Haga de cuenta que lo han destinado al Servicio de Inteligencia»,* Vargas Llosa, *Pantaleón,* 26); *habida cuenta* DE *lo dicho,* 'teniéndolo en cuenta'.

6 *Darse de cuenta,* que se oye en Galicia (García, *Temas,* 123), ha de ser *darse cuenta.*

cuidado. Construcción: *cuidado* CON *el perro; tener cuidado* DE *la casa.*

cuidadoso. Construcción: *cuidadoso* CON, PARA, PARA CON *el enfermo.*

cuidar. Construcción: *cuidar* DE *alguno; no cuidarse* DEL *qué dirán.*

-culo. Sufijo átono de sustantivos y adjetivos. Suele tener valor diminutivo y solo se halla en latinismos: *tubérculo, molécula, cálculo, minúsculo;* rara vez en formaciones nuevas: *grupúsculo.*

culpar. Construcción: *culpar a alguien* DE *lo sucedido.*

-cultor, -cultura. Formas sufijas del latín *cultor,* 'cultivador', y *cultura,* 'cultivo': *agricultor, apicultura.* La primera forma sirve para sustantivos de personas, la segunda para sustantivos abstractos.

cúmel. 'Bebida alcohólica muy dulce'.

Es nombre masculino. Al existir ya esta forma españolizada, no deben emplearse las grafías *kummel* y *kümmel.*

cum laude. Locución adjetiva latina, en calificación de tesis doctorales: 'con opción a premio extraordinario'. También *summa cum laude.* No es *cum laudem,* como algunos creen: *«El tribunal, presidido por Dámaso Alonso, le dio sobresaliente 'cum laudem'»* (M. Gordon, *Ya,* 20.1.1985, 27).

cumpleaños. Es nombre singular, a pesar de la *s;* por tanto, no es normal decir, según el uso popular, *Hoy son sus cumpleaños;* como tampoco el falso singular *cumpleaño.*

cumplir. Construcción: *cumplir* CON *alguno; cumplir* CON *su obligación* (también sin preposición: *cumplir su obligación).*

cuplé. 'Género de canción popular de comienzos de siglo'. Esta palabra es españolización arraigada del francés *couplet,* y por tanto no es necesario usar la grafía francesa.

cura. Es masculino cuando significa 'sacerdote'; femenino en los demás sentidos.

Curaçao, curaçao → CURAZAO.

curar. Construcción: *curarse* DE *una enfermedad.*

curasao → CURAZAO.

Curazao. 1 El nombre español de la isla antillana de *Curaçao* es *Curazao.* El adjetivo derivado de este nombre es *curazoleño.*

2 El licor *curaçao* se llama en español *curasao.*

curazoleño → CURAZAO, 1.

curioso. Construcción: *curioso* DE *noticias; curioso* POR *saber.*

currículo → CURRÍCULUM.

currículum. *Currículum,* o, más exactamente, *currículum vitae,* es 'historial profesional' (de una persona). También puede decirse *currículo,* sin complemento; esta segunda forma significa también 'plan de estudios'. Tanto *currículum vitae* como *currículo* están registrados por la Academia. Como plural de *currículum* y de *currículo* debe usarse *currículos.* En cuanto al sintagma *currículum vitae,* puede elegirse entre el plural latino *currícula vitae* o mantener invariable la forma del singular.

cursar. Es impropiedad emplear este verbo en el sentido de 'correr' o 'regir': *El día 15 del que cursa*. Lo normal es *del mes corriente* o *del mes en curso*.

cursi. 'Que presume de elegante y es ridículo'. Su diminutivo es *cursilito;* su aumentativo, *cursilón;* su superlativo, *cursilísimo.*

curtir. Construcción: *curtirse* AL. DEL o CON *el aire; curtirse* EN *los trabajos.*

custodiar. Se conjuga, en cuanto al acento, como *cambiar* [1 a].

cuyo. 1 Adjetivo relativo que expresa posesión: 'del cual'. Va siempre antepuesto al nombre, con el que concierta. Tiene, pues, variaciones de género y número: *cuyo, cuya, cuyos, cuyas: Los concursantes cuyas obras no sean premiadas podrán retirarlas en el plazo de un mes; Don Juan, cuya salud había empeorado, no pudo asistir.* El adjetivo *cuyo* es raro en la lengua hablada. En la conversación se suele sustituir por la combinación *que su,* en que aparecen repartidas entre dos palabras las funciones de relativo y posesivo que reunía *cuyo* en una sola: *Ese chico que su hermano es carpintero; «Mencionamos aquellos diccionarios o léxicos publicados en castellano y que su uso en el campo de la docencia es o ha sido generalizado»* (*Ánthropos,* 5/6.1984, 43). Esta construcción no se admite en la lengua oral cuidada ni en la lengua escrita.

2 Es exclusivamente literario el uso de *cuyo* como predicativo: *«El poeta cuyos son estos versos»* (Machado, *Mairena,* 251).

3 Es impropio el empleo de *cuyo* como puro relativo, sin sentido posesivo: *Hay que asumir la defensa de la sociedad, cuya defensa ha de ser firme* (aquí debió decirse: *«defensa que ha de ser firme»*); *«Le casó*

con doña Juana de Velasco .., de cuyo suceso se hablará en otro lugar de este libro» (Marañón, *Olivares,* 90) (aquí debió decirse: *«suceso del cual se hablará...»*). Cf. Fernández Ramírez, § 171, y Rosenblat, *Notas,* 148.

4 En Nuevo Méjico se usa *cuyo* por que: *«Las leyes cuyas la comisión acaba de revisar»; «Sacaron de la mina más de veinte cadáveres, cuyos no fue posible identificar»* (cit. Espinosa, *N. Méjico,* II, § 73).

5 Por mala traducción o por calco del francés *dont,* se escribe muchas veces *del cual, del que, de quien,* en lugar de *cuyo: «Decía tu madre, con una de esas frases hechas de las cuales Genoveva había heredado el secreto»* (Gutiérrez, trad. Mauriac, *Nudo,* 41); debió escribirse aquí: «una de esas frases hechas *cuyo secreto* había heredado Genoveva». Ejemplos de textos originales: *«Es un hombre que parece arrancado al poema de quien voy siguiendo las trazas»* (Ortega, *Notas,* 18), donde debió decirse: «el poema *cuyas huellas* (no *trazas*) voy siguiendo»; *«Un mundo con sus montañas, y sus valles, y sus ríos, de los que la vista puede seguir el curso hasta el mar»* (Camba, *Peseta,* 130), que habría de ser: «sus ríos, *cuyo curso* puede seguir la vista hasta el mar».

¿cúyo? Pronombre interrogativo anticuado. Equivale a *¿de quién?* Solo se ha usado normalmente con el verbo *ser: «¿Qué es lo que dices? —Que miro / abrir aquel aposento. / —¿Cúyo es? —El de don Luisillo»* (Rojas Zorrilla, *Bobos,* 72). Todavía se oye hoy en algunos medios rústicos de Colombia: *¿Cúyo es este azadón?* (Flórez, *Lengua,* 243). También en otros lugares: cf. Rosenblat, *Notas,* 143. En España su uso actual es muy raro y exclusivamente literario: *«Nos tuvo a los augures todo un año trabajando en averiguar cómo vendría el vengador, por cuál puerta, cúyo el largo de sus pasos»* (Cunqueiro, *Un hombre,* 42).

czar, czarina, czarevitz → ZAR.

d

d. **1** Quinta letra del alfabeto español (cuarta del universal). Su nombre es *de* (femenino), plural *des*. Corresponde al fonema consonante /d/, que tiene dos realizaciones: fricativa y oclusiva. En la fricativa, el ápice de la lengua se coloca muy próximo al borde inferior de los dientes incisivos, sin llegar a ponerse en contacto con él, ni tampoco rebasarlo. Los incisivos inferiores, ligeramente retrasados, sirven de apoyo al ápice de la lengua. El aire sale por la estrecha ranura que dejan entre sí los dientes superiores y la lengua, y va acompañado de voz, es decir, de vibración de cuerdas vocales: es una consonante dental fricativa sonora. Ejemplos de esta articulación fricativa: *cada, lodo, padre*.
2 La articulación oclusiva se produce cuando el fonema va en posición inicial de

Articulación de /d/
fricativa

frase tras una pausa, o precedido de /l/ o /n/. La punta de la lengua se apoya, no contra el borde, sino contra la cara interior de los dientes superiores —como ocurre en

/t/—. Ejemplos: *conde, caldo, manda*. El pronunciar /d/ oclusiva fuera de los casos expuestos es anormal en nuestro idioma. La variante fricativa de /d/ —como la de /b/ y /g/— es una de las peculiaridades fonéticas del español.
3 En la pronunciación coloquial, y muy especialmente en el nivel popular, la relajación en la articulación del fonema /d/, representado por esta letra, da lugar con frecuencia a su desaparición en la terminación *-ado* de participios o de nombres: *acabado, pasado, estado*, /akabáo, pasáo, estáo/; o en final de palabra: *Madrid, salud*, /madrí, salú/. La pronunciación culta, especialmente cuando se habla en público, debe evitar esta caída de /d/. En zonas dialectales el fenómeno se produce no solo en los casos citados, sino cuando /d/ se encuentra en posición intervocálica en general: *cada*, /ka/; *nada*, /na/; *moneda*, /monéa/; *perdido*, /perdío/; *cadena*, /kaéna/.

Articulación de /d/
oclusiva

4 En la pronunciación afectada de algunas personas, y en la común de algunas

130

regiones, la /d/ final de sílaba o de palabra se hace /z/: *adquirir,* /azkirír/; *advertir,* /azbertír/; *verdad,* /berdáz/; *salud,* /salúz/. En otras regiones la variante enfática no es /z/, sino /t/, especialmente en posición final de palabra: *claridad,* /klaridát/. Estas pronunciaciones también deben evitarse.

5 La representación gráfica del fonema /d/ es siempre la letra *d.*

-da. Sufijo de nombres derivados de otros nombres o de verbos. Se presenta en dos variantes: *-ada* e *-ida.* La primera es la usual cuando la formación tiene una base correspondiente a un verbo en *-ar;* la segunda, cuando la base corresponde a un verbo en *-er* o *-ir.*

1 Variante *-ada.* Forma nombres que expresan conjunto *(torada, estacada),* contenido *(carretada),* duración *(otoñada),* golpe *(cornada),* acción *(alcaldada),* abundancia *(riada).* Los procedentes de verbos expresan acción y efecto *(llegada, punzada).* Puede combinarse con otros sufijos, como *-arro (nubarrada), -ar (llamarada).*

2 Variante *-ida.* Forma nombres que expresan fundamentalmente acción y efecto: *comida, bebida, vencida, salida, partida, amanecida, estampida.*

3 Sufijo *-da (-ada, -ida),* femenino de *-do (-ado, -ido):* → -DO.

dacrio-, dacri-. Formas prefijas del griego *dakryon,* 'lágrima': *dacriocisto.*

dactilo-, dactili-. Formas prefijas del griego *dáktylos,* 'dedo': *dactilografía, dactiliforme.*

dactilografiar. Se conjuga, en cuanto al acento, como *desviar* [1 c].

-dad. **1** Sufijo de nombres abstractos de cualidad derivados de adjetivos. Cuando el adjetivo primitivo es bisílabo, el prefijo suele tomar la forma *-edad: cortedad, levedad;* cuando el primitivo es de más de dos sílabas, el sufijo toma la forma *-idad: animalidad, generosidad.* Pero muchas veces se apocopa reduciéndose a *-dad: bondad, maldad.* Con adjetivos en *-ble,* se forman derivados terminados en *-bilidad: amabilidad, debilidad.*

2 Confusión *-idad/-iedad.* Los adjetivos (y nombres) terminados en *-io* —a veces en *-ío*— forman su derivado en *-iedad: socio > sociedad, sucio > suciedad, vario >* *variedad, arbitrario > arbitrariedad, rancio > ranciedad, sobrio > sobriedad, obligatorio > obligatoriedad, perentorio > perentoriedad, serio > seriedad, ebrio > ebriedad, contrario > contrariedad, vacío > vaciedad, pío > piedad, impío > impiedad.* La terminación *-idad* no es la que corresponde a estos adjetivos en *-io;* por ello, el derivado de *interdisciplinario* es *interdisciplinariedad (no interdisciplinaridad),* y el de *complementario* es *complementariedad (no complementaridad).* Es excepción *solidario,* que ha afianzado el derivado *solidaridad* en lugar de *solidariedad.*

3 La forma *-eidad* se usa en derivados de adjetivos terminados en *-eo:* de *contemporáneo, contemporaneidad;* de *espontáneo, espontaneidad.* Se exceptúa *consanguinidad,* no formado sobre el español *consanguíneo,* sino tomado directamente del latín *consanguinitas.* La terminación *-eidad* no debe usarse para formar derivados de adjetivos que no terminen en *-eo.* Por eso, el derivado de *estanco* no es *estanqueidad,* sino *estanquidad,* y el de *cotidiano* no es *cotidianeidad,* sino *cotidianidad* (de la misma manera que de *vano, vanidad,* y de *moderno, modernidad).*

dado. *Dado que,* locución conjuntiva, se usa hoy principalmente con sentido causal: *Será preciso esperar aún varios meses, dado que carecemos de bastantes datos.* Es errónea la forma *dado a que,* motivada por confusión con *debido a que.*

Dánae. El nombre de la mitológica madre de Perseo se pronuncia como esdrújulo y se escribe con tilde en la primera *a: Dánae,* no *Danae:* «Fue *Dánae,* fue *Calixto,* fue *Diana»* (Alberti, *Pintura,* 50).

Dánao. El nombre de este personaje mitológico, rey de Egipto y de Argos, es esdrújulo: *Dánao,* no *Danao.*

dandi, dandismo → DANDY.

dandy. 'Hombre que viste según la moda elegante'. Aunque la Academia escribe este nombre con la grafía *dandi,* el uso general prefiere escribir *dandy.* Sin embargo, el derivado *dandismo* aparece normalmente con *i,* no con *y:* «Mi dandismo se consume en fuegos de miseria, en hirvientes aguas de impotencia» (Mallea, *Cuentos,* 97).

CONJUGACIÓN DEL VERBO «DAR»

(tiempos simples)

INDICATIVO

Pres. doy, das, da, damos, dais, dan.
Pret. impf. daba, dabas, daba, dábamos, dabais, daban.
Pret. indef. di, diste, dio, dimos, disteis, dieron.
Fut. impf. daré, darás, dará, daremos, daréis, darán.
Pot. simple daría, darías, daría, daríamos, daríais, darían.

SUBJUNTIVO

Pres. dé, des, dé, demos, deis, den.
Pret. impf. diera o diese, dieras o dieses, diera o diese, diéramos o diésemos, dierais o dieseis, dieran o diesen.
Fut. impf. diere, dieres, diere, diéremos, diereis, dieren.

IMPERATIVO

da, dé, dad, den.

FORMAS NO PERSONALES

Inf. dar.   *Ger.* dando.   *Part.* dado.

Dante. Hay en España una larga tradición de anteponer al nombre de *Dante* el artículo *el*. Es preferible no hacerlo, ya que, si bien es cierto que a veces se pone artículo ante apellidos de escritores o artistas italianos, siguiendo una costumbre de la propia lengua italiana *(el Petrarca, el Tasso)*, el uso no está justificado en *Dante*, que es nombre de pila.

Dantzig → DÁNZIG.

Dánzig. La ciudad polaca de *Gdansk*, que en francés se llama *Dantzig*, recibe en español el nombre de *Dánzig*. Evítese la pronunciación viciosa /dánzɪng/, frecuente entre los locutores.

dar. 1 Verbo irregular. (Véase cuadro.)
2 Construcción: *dar una ventana* A *la calle; dar* CON *la carga* EN *el suelo; dar* CON *alguien; dar* CONTRA *un poste; dar* DE *sí* (→ 7); *dar* EN *coleccionar sellos; dar* POR *visto; dar* POR *hecho el trabajo; le da* POR *cantar; dar* EN *el blanco; dar* EN *el quid; dar ocasión* PARA *conocer; darse* A *la buena vida; darse* POR *vencido.*
3 *Darle a uno vergüenza (pena, lástima, gusto, rabia, asco,* etc.) *hacer una cosa* es construcción que alterna con DE

hacer una cosa. En el primer caso, *Me da vergüenza hacerlo,* el sujeto de *dar* ('causar') es *hacerlo.* En el segundo caso, *Me da vergüenza de hacerlo,* el sujeto de *dar* (que aquí significa 'entrar') es *vergüenza,* y *de hacerlo* es un complemento de causa; la frase significa en este caso, pues, 'me entra vergüenza por hacerlo'. Por tanto son, en principio, válidas las dos construcciones. Pero cuando *a vergüenza,* etc., sigue una proposición con *que,* es normal no usar *de: Me da pena que hayan tirado la casa.* Lo mismo ocurre cuando a los nombres *rabia, asco, gusto, risa,* etc., sigue un sustantivo: *Me da rabia esta actitud; Me da asco todo esto; Me da risa su cara.* Pero con *lástima, pena, vergüenza,* seguidas de sustantivo, no es rara la presencia de la preposición *de: Me da lástima del niño; Me da vergüenza de lo que he hecho* (= *de mi acción*).
4 *Dar palabra:* → PALABRA.
5 *No dar abasto:* → ABASTO.
6 *Dar vuelta,* en América, 'volver': → VUELTA.
7 *Dar de sí* tiene dos sentidos: 'ensancharse, estirarse' (un tejido, una prenda) y 'rendir, producir' (una persona). En el pri-

mero, se usa solo en tercera persona, pues solo en ella puede estar su sujeto. En el segundo sentido, lo habitual es usar también solo la tercera persona *(El chico no da más de sí; Los chicos no dan más de sí)*. En las restantes personas, la forma no puede ser *doy de sí, das de sí, damos de sí, dais de sí* (a pesar de este ejemplo de Delibes: *«A veces temo no dar más de sí», Destino,* 17.7.1971, 47), puesto que *sí* es pronombre reflexivo únicamente de tercera persona; habría de ser *doy de mí, das de ti, damos de nosotros, dais de vosotros.* Pero, como en realidad estas formas son inusitadas, lo normal es evitar el uso de la locución fuera de la tercera persona. Una buena solución de recambio es la que vemos en este ejemplo de Bioy: *«En ese juego gana el de más aguante, y yo no doy más» (Cavar,* 198); uso que también se registra en Chile (Morales, *Dicc. chilenismos).*

dársena. 'Parte resguardada artificialmente, en aguas navegables, para surgidero o para la cómoda carga y descarga de embarcaciones'. No es necesario el empleo del nombre inglés *dock.*

de. 1 Preposición. Las relaciones que expresa se pueden clasificar en los siguientes grupos (cf. Gili Gaya, § 190):

a) Posesión y pertenencia: *El coche del director; El crimen de Cuenca.* Dentro de la relación de pertenencia se encuentran los casos particulares de los complementos subjetivo y objetivo: *El amor de los padres; La venta del piso.*

b) Materia: *Una mesa de madera.* Por tropo atribuimos la materia contenida al objeto que la contiene, y decimos *Un vaso de agua.* La materia puede ser en sentido figurado: *Una lección de historia; Hablamos de lo divino y de lo humano.* Siguiendo a un adjetivo y precediendo a un sustantivo, indica el aspecto en que la cualidad del adjetivo es aplicable: *Una moza, pequeña de boca, pero recia de voz.* Lo mismo ocurre ante infinitivos: *Un libro grato de leer; Un problema fácil de resolver.*

c) Cualidad: *Hombre de carácter; Corazón de hiena; Le tildan de ignorante.* Puede incluirse junto a la cualidad la profesión u oficio: *Está de asesor jurídico en*

una empresa; Trabaja de botones; Fue de cónsul a Burdeos. Una extensión regional de este sentido la vemos en este ejemplo de Miró: *«¿No os queréis de hermanos?»* (= como hermanos) *(Cercado,* 173).

d) Cantidad indeterminada: *Le dieron de puñaladas; «Tras el reparto hecho por Fernando I, hubo de todo eso»* (Menéndez Pidal, *Cid,* 27). Este uso, bastante limitado en España, está más extendido en Hispanoamérica: *Seguía pegando de gritos; Dando de vueltas por la ranchería; Me tuvo de ojeriza desde que me vio* (cit. Kany).

5 Parte: *Comed y bebed todos de él; Varios de los presentes; ¿Quién de vosotros?* De este uso deriva el de las comparaciones de cantidad: *más de cuatro, menos de la mitad.*

e) Origen o procedencia: *Vengo de casa; Procede de buena familia.* En el tiempo: *Data del año 1930;* equivalente a 'desde': *«De tan largo tiempo enmudecido»* (Unamuno, *Espejo,* 130). En sentido figurado: *De esto se deduce.* (Sobre giros del tipo *de mano en mano,* → EN.)

f) Causa (relación íntimamente ligada con la anterior): *Se muere de miedo; Rabia de impaciencia; «Del poco dormir y del mucho leer se le secó el celebro»* (Cervantes, *Quijote,* I, 35); *«Le abrasaban de secas .. sus pobres mejillas»* (Miró, *Cercado,* 35). → PURO.

g) Modo: *de frente, de espaldas, de corrido.* Muchas locuciones adverbiales están formadas con esta preposición.

h) Tiempo: *de día, de noche, de mañana.*

i) Agente de pasiva: *Muy querido de todos; Estimado de sus compañeros.* Es poco frecuente hoy.

j) Aposición: *La calle de Alcalá; El golfo de Lepanto.* (→ APOSICIÓN, 3.)

k) Realce de la cualidad (siguiendo a un adjetivo y precediendo a un sustantivo): *El idiota de Pedro; ¡Pobre de mí!* Esta construcción encierra siempre matiz despectivo o compasivo, tanto si el adjetivo es en sí despectivo como si no lo es: *El gracioso de Pepito; El bueno de Juan.* El adjetivo desempeña en estos casos la función de epíteto (cf. Sobejano, *Epíteto,* 151). En lugar de adjetivo, puede depender de la interjección *ay: ¡Ay de ti!* La de   de-

compasión, como se ve en este ejemplo, puede implicar amenaza.

l) Condición (ante un infinitivo): *«De retardarnos, hubiéramos perdido el chocolate»* (Azorín, *Confesiones,* 49); *«El viajero, de haber ido a pie, hubiera podido cruzar por el atajo de la Entrepeña»* (Cela, *Alcarria,* 126).

m) Además, la preposición *de* forma parte de frases verbales: *haber de* + infinitivo, *tener de* + infinitivo, *deber de* + infinitivo (→ HABER, TENER, DEBER).

2 Omisión indebida. Hay una serie de verbos, adjetivos y nombres que exigen complemento precedido de la preposición *de: acordarse* DEL *número; darse cuenta* DE *la situación; estar seguro* DE *ello; tener noticia* DE *lo sucedido,* etc. La misma exigencia se mantiene cuando el complemento está constituido por una proposición (iniciada por *que* o por otra conjunción): *Me alegro* DE *que sea así; Estaba seguro* DE *que ocurriría; No se dio cuenta* DE *que llegaban.* En la lengua coloquial, especialmente en el nivel popular, es frecuente en este caso la omisión de la preposición: *Me alegro que sea así; Estaba seguro que ocurriría; No se dio cuenta que llegaban.* La omisión de la preposición de también se produce, en la lengua vulgar, en locuciones prepositivas constituidas por adverbio + *de (dentro de, acerca de, cerca de, encima de, en medio de, delante de,* etc.): *dentro la casa, encima la mesa, en medio la calle,* etc.

3 Omisión de la preposición *de* en denominaciones de calles, plazas, paseos, etc.: → CALLE.

4 Uso innecesario. En la lengua vulgar, y sobre todo en algunas regiones, es frecuente el uso de la preposición *de* precediendo a proposiciones dependientes de verbos que no rigen ninguna preposición: *Lo he visto* DE *caer; No le importa* DE *reconocerlo; No le importa* DE *que le vean; ¡Estás deseando* DE *abrazarme!»* (Martín Recuerda, *Salvajes,* 34); *«A la muy bruta no le importa* DE *pincharme»* (Urbina, *Carromato,* 84). Esto ocurre muy especialmente con verbos que significan en general 'decir' o 'pensar' *(aclarar, aconsejar, advertir, afirmar, asegurar, contestar, creer, decir, imaginar, negar, pensar, señalar, sospechar, suponer,* etc.): *Me dijeron* DE *que*

volviese; Te prohíbo DE *que pises esta casa; Pienso* DE *que la orden no es justa.* El uso se ha extendido ampliamente en los últimos tiempos entre los hablantes semicultos, así en España como, sobre todo, en América. Cf. Kany, 352; García, *Temas,* 123; Náñez, *Dequeísmo;* Academia, *Esbozo,* § 3.19.9 nota.

5 Es catalanismo el empleo partitivo de la preposición *de* en casos como estos: *«Al parecer, todos sus compañeros le apreciaban mucho .. Teresa dijo: de prestigio tiene en todas partes»* (Goytisolo, *Recuento,* 164); *«No creo que mi acción tenga mayor importancia, y anónimamente deben proliferar de semejantes por esas playas durante el verano» (Destino,* 7.8.1971, 3).

6 En Argentina, *de* se usa a veces por *a (a casa de): Voy del médico; «¿Por qué no va de otra modista?»* (Cortázar, *Rayuela,* 413).

7 *De no.* Expresión condicional que equivale a la general *si no.* Se usa mucho en el habla popular de varias regiones de América: *«Puedo trabajar otra vez en la olería. O de no, en nuestra kapuera»* (Roa, *Hijo,* 92). Cf. Kany, 298.

8 En varias zonas de América, especialmente en el habla popular, se emplean diversas locuciones iniciadas con las preposiciones *de a,* y que corresponden, en la lengua general, a las formas que indico entre paréntesis: *de a buenas (por las buenas,* o *a buenas), de a malas (por las malas,* o *a malas), de a caballo (a caballo), de a de balde (de balde), de a de veras —o de de veras— (de veras), de adrede (adrede), de a pie (a pie), de a poco (poco a poco), de a ratos (a ratos), de a prisa (con prisa).* También es frecuente la construcción distributiva *de a dos, de a tres,* etc., no desconocida en el uso español, en el que es más usual, sin embargo, *de dos en dos, de tres en tres,* etc.

9 *El día* DE *antes:* → ANTES, 1.

10 *Dar vergüenza, asco, gusto, lástima, pena,* etc., DE: → DAR, 3.

11 *Deber de* + infinitivo, frente a *deber* + infinitivo: → DEBER, 2 y 3.

12 *Yo* DE *ti, yo* DE *usted:* → YO, 6.

13 *De por sí:* → SÍ², 2.

14 *De que,* 'cuando': → QUE², 5.

de-. Prefijo latino que significa 'disociación' o 'dirección de arriba abajo'; aunque

134

«DEBER» Y «DEBER DE» + INFINITIVO

(Resumen)

a) *«Deber»* + *infinitivo* significa obligación: *Pedro debe estar en el museo* = Pedro tiene obligación (legal o moral) de estar en el museo.

b) *«Deber de»* + *infinitivo* significa probabilidad: *Pedro debe de estar en el museo* = Pedro está probablemente en el museo; supongo que está en el museo.

Estos son los usos correctos, según la Academia. Sin embargo, es muy frecuente la confusión entre ambas construcciones, incluso en escritores importantes. Dentro de esta confusión, se observa en la lengua culta actual una preferencia por *deber* (sin *de)* en las dos significaciones.

---

también puede ofrecer otros significados: *decadencia, destruir, detener, decolorar.*

debajo. 1 Construcción: *debajo* DE *la mesa.* No se admite como normal la construcción *debajo* + adjetivo posesivo *(debajo nuestro, debajo suyo).*

2 Diferencia entre *debajo* y *abajo:* → ABAJO.

deber. 1 *Deber* + *infinitivo.* Locución verbal que significa obligación: *Pedro debe estar en el museo* (= está obligado). No significa necesidad (= *tener que),* como ocurre en el español hablado por catalanes: *«Ricardo se endeuda y debe pedir prestado a todo el mundo»* (Goytisolo, *Fin,* 43).

2 *Deber de* + *infinitivo.* Frase verbal que significa suposición: *Pedro debe de estar en el museo* (= probablemente está); *«Sí, la Alcarria. Debe de ser un buen sitio para andar»* (Cela, *Alcarria,* 12).

3 Es muy frecuente la confusión entre los usos de *deber de* y *deber* + infinitivo, facilitada, sin duda, por el hecho de que la suposición firme se suele expresar en forma de obligación: *Pedro tiene que estar en el museo* (= está, con toda probabilidad; está, sin duda). (Compárese el inglés *must* = 'debe' y 'debe de'). Por esta razón es más frecuente el uso, no académico, de *deber* + infinitivo en el sentido de probabilidad, que el de *deber de* + infinitivo en el sentido de obligación. El primero, además, encierra la gran ventaja de ahorrar las numerosas cacofonías a que da lugar el uso de *deber de: debe de decir; debe de ver; debe de visitar; debe de haber; debe de dar,* etc.

He aquí algunos ejemplos de *deber* + infinitivo (probabilidad) en escritores españoles modernos: Valera: *«Casi sé que deben haberse vendido muchos ejemplares» (Correspondencia,* 137). Palacio Valdés: *«El agujero debía ser efectivamente muy gracioso porque mi madre y mi tía se retorcían contemplándolo» (Novela,* 62; otros ejemplos: 194, 198). Azorín: *«Debe estar en el despacho; voy a ver» (Voluntad,* 234). Baroja: *«Debe ser listo este perro» (Románticos,* 76; otros ejemplos: 140, 145). Ortega: *«Zetzner, pues, debió ser un pobre hombre» (Viajes,* 1; otros ejemplos: 3, 28). Miró: *«Si alguna avecita osaba rebullirse, debía hacerlo muy escondida .. porque su canción sonaba apagada y breve» (Cercado,* 63; otros ejemplos: 21, 40, 79, 88, 89, 132; *Vivir,* 128, 132). Menéndez Pidal: *«De este tipo debe ser también la jarchya 7.ᵃ» (España,* 97). Cela: *«Debía andar por los cinco años» (Colmena,* 18; otros ejemplos: *Retablo,* 10; *Alcarria,* 25, 38, 103, 106, 111). García Blanco: *«Estos años bilbaínos .. debieron ser para él de intenso trabajo» (Unamuno y lengua,* 13). Zamora: *«La patria chica ha debido suponer mucho en numerosas ocasiones» (Presencia,* 144). Amado Alonso: *«A su aparición ha debido contribuir la abundancia de casos sintácticos» («Como que»,* 137).

Véanse, ahora, inversamente, ejemplos de *deber de* + infinitivo (obligación). Los autores en que los he encontrado son menos que en el caso anterior *(deber* + infinitivo, 'probabilidad') y la frecuencia también es menor: Palacio Valdés: *«Si las instituciones hubieran tenido algún instinto de conservación (que no lo tenían), Ma-*

merto no debiera de andar suelto» (Novela, 86; otro ejemplo: 113). Baroja: «*No debo de asustarme, sino estar muy satisfecho» (Aventuras Paradox,* 91; otro ejemplo: 93). Miró: «*Sabiendo que debían de volver a esta vida de bosque» (Cercado,* 68). Pemán: «*Velar el alma, mi amado, / que las mañanas de abril / galán que busca su dicha / no las debe de dormir» (Antología,* 21). López Rubio: «*Todos los días debe uno de reír un rato» (Celos,* 40). Criado: «*'Course to follow' [se traduce] 'procedimiento que debe de seguir'» (Morfología,* 152). Vicens: «*Representan .. una contribución singular e inteligente, por lo que debemos de estarles reconocidos» (Aproximación,* 22). Agustí: «*Ahora me explico .. la preocupación que tienen estos muchachos cuando me ven. En realidad, la preocupación debiera de ser mía» (Triunfo,* 18.7.1962, 7). J. Casares: «*Cuando debía de sonar el aplauso que estos les tributarían de buen grado, quedan en una posición desairada» (Abc,* 16.4.1963, 3). Muñoz: «*Según las férreas leyes de la herencia, Carlos hubiera debido de ser un neurótico semidemente»* (trad. Lewis, *Carlos de Europa,* 59). Diario *Excelsior:* «*Ordenó que todos registraran sus armas .. para lo cual debían de presentar cuatro cartas»* (11.4.1958, 7). Diario *Pueblo:* «*Las líneas de transporte, tanto de mercancías como de personas, deben de complementarse»* (30.10.1958, 3).

Lo más recomendable es mantener la distinción establecida por la Academia *(deber* + infinitivo = obligación; *deber de* + infinitivo = probabilidad). También se considera, en la práctica, admisible el uso de *deber* con el sentido de probabilidad; se considera vulgar, en cambio, el uso de *deber de* con el sentido de obligación.

4 *Deber,* nombre masculino. Construcción: *el deber* DEL *trabajo; el deber* DE *trabajar.*

debido. *Debido a,* locución prepositiva equivalente a 'a causa de', 'en virtud de': «*Debido a los apuros del señor, [la heredad] había ido mermando rápidamente»* (Larreta, *Don Ramiro,* 32). Aunque no figure en el *Diccionario* de la Academia, es perfectamente normal.

debú → DEBUT.

debut. 'Presentación' (de un artista, un

torero o un espectáculo). Suele pronunciarse /debú/ o /debút/. Su plural es *debuts,* /debús/ o /debúts/. Aunque es palabra francesa, está arraigada en español, donde no conserva su forma fónica ni gráfica original. (Algunos periódicos españoles usan la grafía *debú,* que no está reconocida por la Academia.) Se usan normalmente también los derivados *debutar,* 'presentarse', y *debutante,* 'que se presenta' —a veces con el sentido especial de '(muchacha) que se presenta en sociedad'—. Es frecuente el uso de *debutante* como 'principiante': «*Paso la cita a los autores de estrategias literarias .. o de consejos al debutante»* (Reyes, *Experiencia,* 95).

debutante, debutar → DEBUT.

deca-. Forma prefija que en el sistema métrico decimal significa 'diez'. Se pronuncia tónica la /a/ en *decámetro,* pero es átona, recayendo el acento en la sílaba siguiente, en *decagramo* y *decalitro.*

década. *La década de los treinta:* → AÑO.

decaer. **1** Verbo irregular. Se conjuga como *caer* [13].

2 Construcción: *decaer* DE *su antiguo esplendor.*

decagramo, decalitro, decámetro → DECA-.

decantar. Este verbo transitivo significa 'depurar (un líquido) inclinando suavemente sobre otra la vasija que lo contiene, de manera que caiga aquel sin que salga el poso'. En uso pronominal, *decantarse,* será 'depurarse' el líquido por ese procedimiento. El uso metafórico de *decantar* como 'aclarar, poner en claro', y su forma pronominal *decantarse* como 'aclararse, ponerse en claro', no parece reprochable: *Es preciso que se decante la opinión del partido.* Pero usar esta forma pronominal, como se hace con frecuencia en el lenguaje de los políticos y de los periodistas, como equivalente de *decidirse (La opinión se ha decantado a favor de X),* es abusivo. Conviene recordar que en el uso pronominal del catalán *decantar* existe desde antiguo el sentido de 'inclinarse, tender'; podría haber aquí una clave del empleo moderno castellano.

decenio → AÑO.

decepción — decreto-ley

decepción. En español significa 'desengaño'; usar esta palabra en el sentido de 'embuste', falsedad' o 'engaño' (por anglicismo), es poco recomendable por la confusión que crea: *«Las decepciones de parte de la radio nazi reflejan sobre la Argentina»* (cit. Alfaro); *«Lo fatal del error de Mussolini en junio de 1940 no deriva de la decepción en cuanto a la capacidad bélica de la Italia fascista que lideraba»* (Diario 16, Supl., 19.3.1985, 60).

deci-. Forma prefija que en el sistema métrico decimal significa 'décima parte'. Se pronuncia tónica la /i/ en *decímetro;* es átona, en cambio, recayendo el acento en la sílaba siguiente, en *decigramo* y *decilitro.*

decidir. Construcción: *decidirse* A *viajar; decidirse* EN *favor de alguno; decidirse* POR *un sistema.*

decigramo, decilitro, decímetro → DECI-.

décimo. 1 Adjetivo ordinal correspondiente a *diez.* Referido a reyes o a siglos, alterna con *diez: Alfonso X,* «Alfonso décimo o Alfonso *diez»; siglo X,* «siglo décimo o siglo *diez».* Pero se considera preferible *décimo.*

2 *Décimo tercero, décimo cuarto,* etc.: → DECIMO-. 1.

decimo-. 1 Los ordinales que corresponden a los números del 13 al 19 son palabras compuestas con la forma prefija *decimo-* (escrita sin tilde) y el ordinal que corresponde a la unidad respectiva: *decimotercero, decimocuarto, decimoquinto, decimosexto, decimoséptimo, decimoctavo, decimonoveno.* Todas estas palabras son susceptibles de variaciones de género y número; así, *decimoquinto, decimoquinta, decimoquintos, decimoquintas.* En todos estos compuestos, el primer elemento es átono: /dezimoterzéro, dezimokuárto/, etc. Manteniendo la atonía del primer elemento, pero escribiéndolo con tilde y como palabra separada, existen también las formas *décimo tercero, décimo cuarto,* etc., caracterizadas porque el primer elemento sufre, como el segundo, variaciones de género y número: *décima tercera, décima cuarta,* etc.; pero estas formas son hoy raras.

2 *Decimoprimero* y *decimosegundo:* → UNDÉCIMO y DUODÉCIMO.

3 *Decimotercero* también puede decirse *decimotercio,* aunque hoy es raro. La forma masculina singular *decimotercero* sufre apócope igual que *tercero:* → TERCERO.

4 *Decimoctavo* no debe escribirse *decimooctavo.*

5 *Decimonoveno* también puede decirse *decimonono,* aunque hoy es raro.

decimoctavo → DECIMO-. 4.

decimocuarto → DECIMO-. 1.

decimonono, decimonoveno → DECIMO-. 5.

decimooctavo → DECIMO-. 4.

decimoprimero → UNDÉCIMO.

decimoquinto → DECIMO-. 1.

decimosegundo → DUODÉCIMO.

decimoséptimo, decimosexto → DECIMO-. 1.

decimotercero, decimotercio → DECIMO-. 3.

decir. 1 Verbo irregular. (Véase cuadro.)

2 Construcción: *decir algo* DE *alguno; decir algo* PARA *sí; esto no dice bien* CON *lo otro.*

3 *Decir de* + infinitivo, en lugar de *decir que* + subjuntivo, no es normal: *¿Quién ha dicho de invitarle?* (= ¿quién ha dicho que le invitemos?); *«Tanto oro dijo de pedir, que toda la sala parecía resplandecer maravillosamente»* (Miró, *Abuelo,* 168).

4 Sobre la construcción viciosa *dijo* DE *que lo haría,* → DE. 4.

5 *Ni que decir tiene:* → QUE². 4.

decisión. Construcción: *tomar la decisión* DE *hacer algo* (no A *hacer: «Una absoluta decisión a realizarme como persona»,* Destino, 1.3.1975, 5).

declarar. Construcción: *declararse* A *una mujer; declararse* POR *un partido.*

decodaje, decodificación, decodificar → DESCODIFICAR.

decrecer. Verbo irregular. Se conjuga como *agradecer* [11].

decreto-ley. El plural de este nombre es *decretos-leyes* (no *decretos-ley).*

CONJUGACIÓN DEL VERBO «DECIR»

(tiempos simples)

INDICATIVO

Pres. digo, dices, dice, decimos, decís, dicen.
Pret. impf. decía, decías, decía, decíamos, decíais, decían.
Pret. indef. dije, dijiste, dijo, dijimos, dijisteis, dijeron.
Fut. impf. diré, dirás, dirá, diremos, diréis, dirán.
Pot. simple diría, dirías, diría, diríamos, diríais, dirían.

SUBJUNTIVO

Pres. diga, digas, diga, digamos, digáis, digan.
Pret. impf. dijera o dijese, dijeras o -ses, dijera o -se, dijéramos o -semos, dijerais o -seis, dijeran o -sen.
Fut. impf. dijere, dijeres, dijere, dijéremos, dijereis, dijeren.

IMPERATIVO

di, diga, decid, digan.

FORMAS NO PERSONALES

Inf. decir.   *Ger.* diciendo.   *Part.* dicho.

---

dedicación. *Dedicación exclusiva:* → TIEMPO.

dedicar. Construcción: *dedicarse* A *la medicina; dedicarse* A *estudiar*.

deducir. 1 Verbo irregular. Se conjuga como *conducir* [41].
2 Construcción: *deducir* DE (O POR) *lo dicho; deducir una cantidad* DE *otra*.

defender. 1 Verbo irregular. Se conjuga como *entender* [14].
2 Construcción: *defender a uno* DE *sus enemigos*.

defenestrar. 'Arrojar por una ventana'; figuradamente, 'destituir' (frecuentemente con la connotación 'de forma violenta o sorpresiva'). Evítese la forma *desfenestrar*. La misma advertencia vale para el nombre derivado *defenestración (*no *desfenestración)*.

defensor. *Defensor del pueblo* es el alto funcionario designado para la defensa de los derechos fundamentales del ciudadano. Este nombre, utilizado en la Constitución española de 1978, es el que conviene para ocupar en nuestro idioma el lugar del

sueco *ombudsman,* que ha aparecido con alguna frecuencia en los periódicos.

deferir. Verbo irregular. Se conjuga como *sentir* [60]. No debe confundirse este verbo, que significa 'adherirse al parecer de uno', con *diferir* 'aplazar' o 'diferenciarse', que tiene la misma irregularidad.

déficit. 'Cantidad que falta para cubrir el gasto'; también en sentido figurado. El plural preferido por la Academia es *los déficit,* sin variación, aunque en la lengua escrita no es raro encontrar *los déficits.*

deflacción → DEFLACIÓN.

deflación. Tanto en economía ('reducción de la actividad económica') como en geología ('arrastre de partículas pétreas por la acción de la intemperie'), se dice y escribe *deflación,* no *deflacción.*

deformar. 'Alterar la forma propia (de una cosa)'. Aunque la Academia registra como equivalentes de este verbo *desformar* y *disformar,* el uso normal los rechaza.

deforme. 'Que tiene forma desproporcionada e irregular'. Aunque puede usarse igualmente *disforme,* el uso general prefiere *deforme.*

degenerar. Construcción: *degenerar* EN *monstruo.*

degollar. Verbo irregular. Se conjuga como *acordar* [4].

dejar. 1 Construcción: *dejar* DE *escribir; dejar algo* EN *manos de alguien; dejar a alguien* POR *loco; dejarse* DE *rodeos.*
2 En los países de la zona del Caribe, *dejar saber* se dice, por calco del inglés *(let know)*, en lugar de *informar* o *avisar: «Guárdese el cambio y cuando termine de fumarlo déjeme saberlo»* (Novás, trad. Faulkner, *Santuario*, 214).

del → EL, 4.

delante. 1 Adverbio de lugar que significa 'con prioridad de lugar, en la parte anterior, o en sitio detrás del cual está una persona o cosa' (Academia).
En la lengua antigua y clásica fue preposición: *«Había tan bien hablado delante aquel príncipe extranjero»* (Guevara, *Reloj*, 17); *«Ponerme delante los ojos»* (Montemayor, *Diana*, 15). Hoy es vulgar *Se sentó delante la casa* por *delante* DE *la casa* (→ DE).
2 *Delante de,* locución prepositiva que significa 'en lugar anterior a': *Delante de nuestro coche iba un camión;* 'enfrente de': *Delante de nosotros se alzaba un soberbio edificio;* 'en presencia de': *Delante del jefe, no daba pie con bola.*
3 No se admite en la lengua normal la construccion *delante* + adjetivo posesivo *(delante mío, delante suyo),* aunque aparezcan ejemplos de ella en Unamuno, Agustí (cit. Fernández Ramírez, § 121) y otros escritores: *«El sinfín de trastos inútiles que era todo cuanto podía ver delante suyo»* (Garmendia, *Memorias*, 12). En algunos países americanos, como Perú, Bolivia y Ecuador, se oyen las formas *en su delante, por su delante,* igualmente rechazadas en el uso normal (Kany, 45).
4 Sobre la diferencia entre *delante* y *adelante,* → ADELANTE.

delegado. El femenino de este nombre es *delegada* (no *delegado: «Doña Pilar Primo de Rivera, delegado nacional de la Sección Femenina»,* Vanguardia, 4.4.1973, 33).

deleitar. Construcción: *deleitarse* CON o EN *la contemplación.*

deleznable. Este adjetivo significa 'que se disgrega o deshace fácilmente', o bien 'inconsistente'. Se puede hablar, por ejemplo, de una casa construida con materiales *deleznables,* o de los argumentos *deleznables* manejados en una discusión. No hay ningún fundamento para usar el adjetivo con el sentido de 'reprobable' o 'digno de repulsa': *«Le parecen insuficientes las penas impuestas a los culpables de crímenes que nos resultan horrísonos y deleznables» (País,* 1.8.1982, 8).

deliberar. Construcción: *deliberar* EN *junta; deliberar* ENTRE *amigos; deliberar* SOBRE *un asunto.*

delinear → ALINEAR.

delta. Es nombre masculino cuando designa la isla aproximadamente triangular que se forma en la desembocadura de un río: *el delta del Nilo.* Es femenino cuando designa la letra griega que equivale a *d* latina.

demanda. *Bajo demanda:* → BAJO, 7.

demandadera → ASISTENTA.

demandar. Construcción: *demandar* ANTE *el juez; demandar* DE *calumnia; demandar* EN *juicio.*

demás. 1 Adjetivo indefinido invariable en cuanto al género y al número. Significa 'el resto', la parte no mencionada de un todo. Puede sustantivarse; en este caso, se usa precedido de los artículos *los* y *las* y casi siempre designa personas; con el artículo *lo* designa cosas. Usado como adjetivo, va siempre acompañando a nombres en plural —precediéndolos—, y en singular si son colectivos *(la demás gente).* En el uso adjetivo le precede siempre el artículo determinado o un posesivo *(los demás amigos; mis demás asuntos).* En el uso sustantivo y adjetivo puede ir sin artículo como término de una enumeración: *«En los días solemnes —santos, pascuas y demás—»; «Y demás camelos estúpidos con los que se llenan unas líneas en los periódicos»* (Díaz Cañabate, cit. Fernández Ramírez, § 206).
2 *Estar demás:* → MÁS, 10.

demasiado. Es vulgarismo intercalar *de* entre este adverbio y el adjetivo al que se refiere: *«Es usted demasiado de bueno* *para estos tiempos»* (Delibes, *Parábola,* 42). Este uso, sin embargo, era normal en la lengua clásica: *«'Beber por onzas', ser muy limitados y demasiado de reglados»* (Covarrubias, *Tesoro,* 135). Cf. Keniston, *Syntax,* 583.

Deméter. Nombre griego de la diosa Ceres. Puede decirse *Deméter* o *Demeter,* si bien es preferible la primera forma (Fernández Galiano), la que usa Machado: *«Deméter jadeante / pose a tu sombra, bajo el sol de estío» (Poesías,* 193).

demo-, dem-. Formas prefijas del griego *demos,* 'pueblo': *democracia, demagogia.* La forma sufija es *-demia: epidemia.*

demoler. Verbo irregular. Se conjuga como *mover* [18].

demoníaco. Son igualmente válidas las formas *demoníaco* /-íako/ y *demoniaco* /-iáko/, si bien la Academia da preferencia a la primera.

demono-. Forma prefija de *demonio: demonomancia.*

demonomancia. 'Adivinación mediante la inspiración de los demonios'. La Academia registra también la forma *demonomancía.*

demostrar. Verbo irregular. Se conjuga como *acordar* [4].

dendro-, dendri-. Formas prefijas del griego *dendron,* 'árbol': *dendriforme, dendrómetro.*

denegar. Verbo irregular. Se conjuga como *cerrar* [6].

denegrir. Verbo defectivo. Se conjuga como *abolir.*

denostar. 1 Verbo irregular. Se conjuga como *acordar* [4]. No es raro, sin embargo, verlo usado como regular: *«Se le denosta»* (Azorín, *Dicho,* 83); *«Unamuno denosta al rey»* (Serrano Poncela, *Unamuno,* 20).
2 Es verbo transitivo *(denostar a alguien);* no es normal *denostar* DE *alguien,* como se ve en este ejemplo: *«Se discuten sus procedimientos [del Premio Planeta] .. y se denosta del editor comerciante»* (F. Martínez Ruiz, *Abc,* 14.10.1978, 26).

dentar. Verbo irregular. Se conjuga como *cerrar* [6]. En este verbo, como en sus compuestos *endentar* y *desdentar,* hay tendencia a usar las formas con diptongo /-dient-/ en toda la flexión (Academia, *Esbozo,* § 2.12.3 nota 23).

denti-, dento-. Formas prefijas del latín *dens: dentífrico, dentolabial.*

dentífrico. Es vulgarismo la forma *dentrífico.*

dentrífico → DENTÍFRICO.

dentro. Adverbio de lugar, que significa 'en la parte interior'. Puede ir precedido de diversas preposiciones que denotan primariamente movimiento o aproximación: *de dentro, desde dentro, hacia dentro, hasta dentro, por dentro.* Cuando se trata de la preposición *a,* se escribe *adentro,* como una sola palabra. Por otra parte, *adentro* tiene un valor propio como adverbio; sobre la diferencia entre *dentro* y *adentro,* → ADENTRO.
2 Construcción: *estaba dentro* DE *la cartera* ('en el interior de la cartera'); *terminaré mi novela dentro* DE *un año* ('al término del plazo de un año').
3 Sobre el uso vulgar de *dentro* por *dentro de (dentro la casa, por dentro* DE *la casa),* → DE, 2.

denunciar. Se conjuga, en cuanto al acento, como *cambiar* [1 a].

departamento → APARTAMENTO.

departir. Construcción: *departir* CON *el compañero; departir* DE o SOBRE *la guerra.*

dependencia. Construcción: *dependencia* DE o RESPECTO DE *otro.* Es anormal la construcción con *a: «La independencia del labrador vive de su dependencia a la tierra»* (Halcón, *Campo,* 11).

depender. Construcción: *depender* DE *alguno; depender* DE *las circunstancias.* No es normal *depender* EN *algo* (influjo del inglés *to depend on): «Este uso depende en ciertas similitudes de nuestra experiencia»* (Azúa, trad. Wilson, *Lenguaje,* 25).

dependiente. Como nombre, su femenino es *dependienta.* Como adjetivo, en cambio, es invariable en cuanto al género: *Esta cuestión es dependiente de la anterior.*

deploración. Por italianismo (italiano *deplorazione),* no es infrecuente que los periodistas españoles que trabajan en Italia digan indebidamente *deploración* por *reprobación* o *censura: «La Santa Sede .. ha intervenido varias veces para pedir informaciones y para expresar su deploración» (Vanguardia,* 12.7.1973, 17).

deponer. 1 Verbo irregular. Se conjuga como *poner* [21].

2 Construcción: *deponer* CONTRA *el acusado; deponer a alguien* DE *su cargo.*

depositar. Construcción: *depositar* EN *el banco.* No es normal la construcción con *a: depositar confianza* A *alguien: «La confianza que estos le depositaron» (Independiente,* 7.5.1958, 9); o con la preposición *con: «Hemos depositado con dicha Legación esta cantidad»* (cit. Alfaro).

depósito. Para designar la 'cavidad en que se almacena un líquido' utilizan algunos médicos el nombre *reservorio,* que pretende traducir el francés *réservoir.* También lo emplean algunos en lenguaje no técnico: *«Aún hay secretos reservorios que no tocamos y que son los que se resienten de morir enteros»* (Gómez de la Serna, *Muertos,* 35). Pero la traducción exacta de esta palabra es, en todos sus sentidos, *depósito.* Cf. Laín, *Lenguaje,* 41.

depreciar. Se conjuga en cuanto al acento, como *cambiar* [1 a].

deque. 'Cuando': → QUE², 5.

derby. Se da este nombre inglés (que designa propiamente una carrera anual de caballos que se celebra en Epsom, Gran Bretaña) a algunas competiciones hípicas importantes. Es palabra perfectamente admisible dentro del léxico de este deporte. Su género es masculino, *el derby,* y su plural, *derbys.*

derecho. 1 Construcción: *derecho* DE *réplica; derecho* AL *trabajo; derecho* A *vivir* o DE *vivir («Niegan a Bertolai el derecho de haber vivido»,* Menéndez Pidal, *Godos,* 66; *«Tendréis el derecho de despreciarlas»,* Maragall, *Elogios,* 129); *no hay derecho* A *que nos hagan esto.*

2 Es vulgar la confusión entre *derecho* y *obligación: ¡Usted no tiene obligación a decirme eso!* Cf. Casares, *Nuevo concepto,* 250.

derivar. Construcción: *derivar* DE *lo expuesto; derivar* A *otras cuestiones.*

dermato-, dermat-, dermo-, derm-. Formas prefijas del griego *derma,* 'piel': *dermatólogo, dermatitis, dermitis.* La forma sufija es *-dermo: paquidermo.*

dermis. 'Capa inferior de la piel', nombre técnico de anatomía, es femenino: *la dermis.*

-dero. Sufijo de sustantivos y adjetivos derivados de verbos. En un sustantivo significa 'instrumento', preferentemente en la forma femenina: *prendedero, regadera, lanzadera;* o 'lugar', preferentemente en la forma masculina: *vertedero, matadero.* En la forma femenina plural significa 'capacidad': *entendederas, despachaderas.*

En un adjetivo significa 'posibilidad': *hacedero;* o 'necesidad': *venidero.*

derramar. Construcción: *derramar* EN o POR *el suelo.*

derredor. 1 *En derredor* equivale a *alrededor,* pero es forma propia de la lengua literaria.

2 Construcción: *en derredor* DE *la casa* (no A *la casa).*

derrengar. Antiguamente era irregular (conjugado como *cerrar* [6]), pero hoy se usa siempre como regular.

derretir. Verbo irregular. Se conjuga como *vestir* [62].

derribar. Construcción: *derribar* DE *la cumbre; derribar* EN o POR *tierra.*

derrocar. 1 Este verbo se usa hoy normalmente como regular, aunque a veces aparece empleado como irregular (conjugación 4, como *acordar),* que fue lo normal hasta el siglo XVII. Ejemplo del uso excepcional moderno de la forma irregular nos lo da Pérez de Ayala: *«El castillete de naipes .. no se derrueca tan presto»* (Escritos, 50).

2 Construcción: *derrocar* DE *la cumbre; derrocar* EN o POR *tierra.*

derruir. Verbo irregular. Se conjuga como *huir* [48].

des-. Prefijo que significa 'privación' o 'negación': *deshacer, destripar, desconfianza;* también puede significar 'exceso': *deslenguado, despavorido.*

desabastecer. Verbo irregular. Se conjuga como *agradecer* [11].

desacertar. Verbo irregular. Se conjuga como *cerrar* [6].

desacreditar. Construcción: *desacreditar a alguien* CON *los sabios,* EN *su profesión,* ENTRE *los compañeros.*

desafiar. Se conjuga, en cuanto al acento, como *desviar* [1 c].

desagradecer. Verbo irregular. Se conjuga como *agradecer* [11].

desagradecido. Construcción: *desagradecido* AL *favor; desagradecido* CON O PARA CON *su bienhechor.*

desagraviar. Se conjuga, en cuanto al acento, como *cambiar* [1 a].

desaguar. Se conjuga, en cuanto al acento, como *averiguar* [1 b].

desahogar. Construcción: *desahogarse* CON *alguno; desahogarse* DE *su pena; desahogarse* EN *denuestos.*

desahuciar. Se conjuga como *cambiar* [1 a]. Por lo que se refiere al grupo /au/, sigue el modelo de *causar* [1 f]: /desáuzio, desáuzias/, etc. En la lengua clásica, sin embargo, se pronunciaba /desaúzio, desaúzias/, etc. (cf. Cuervo, *Diccionario*).

desalentar. Verbo irregular. Se conjuga como *cerrar* [6].

desalinear → ALINEAR.

desalojar. Construcción: *desalojar la sala; desalojar a alguno* DEL *puesto.*

desandar. Verbo irregular. Se conjuga como *andar* [5]. Por descuido se olvida a veces la irregularidad: *«Desandaron el camino»* (Berlanga, *Pólvora*, 26).

desaparecer. Verbo irregular. Se conjuga como *agradecer* [11].

desaprobar. Verbo irregular. Se conjuga como *acordar* [4].

desarraigar. 1 Se conjuga, en cuanto al acento, como *bailar* [1 e].
2 Construcción: *desarraigar* DEL *suelo.*

desasir. 1 Verbo irregular. Se conjuga como *asir* [39].
2 Construcción: *desasirse* DE *las ligaduras.*

desasosegar. Verbo irregular. Se conjuga como *cerrar* [6].

desatar. Construcción: *desatarse* DE *todos los vínculos; desatarse* EN *improperios.*

desatender. Verbo irregular. Se conjuga como *entender* [14].

desayunar. Este verbo puede funcionar como transitivo *(He desayunado un café con tostadas)* o como intransitivo *(Todavía no he desayunado)*. Tanto transitivo como intransitivo, puede presentarse en forma pronominal: *Me he desayunado un café; Me he desayunado con un café; Todavía no me he desayunado.* Este uso pronominal (especialmente intransitivo) es raro en España; no lo es, en cambio, en América (Steel, *Americanismos*, 192).

descalabrar. 'Herir en la cabeza'; figuradamente, 'causar grave perjuicio'. Puede decirse igualmente *descalabrar* («*La pedrea diluviaba sobre sus desprevenidas cabezas, obligándoles a correr o a tirarse por tierra para no morir descalabrados»*, Alberti, *Arboleda*, 41) o *escalabrar* («*¡Me ha escalabrado ese animal!»*, Arniches, *Diosa*, 1113); pero la segunda forma es de nivel más popular.

descambiar. 1 Se conjuga, en cuanto al acento, como *cambiar* [1 a].
2 Es impropiedad vulgar usarlo por *cambiar: Tengo que descambiar este billete. Descambiar* significa 'destrocar, deshacer el cambio'; es decir, lo contrario de *cambiar.*

descansar. Construcción: *descansar* DE *la fatiga; descansar el padre* EN *los hijos; la cúpula descansa* SOBRE *columnas.*

descargar. Construcción: *descargar su ira* SOBRE *alguien; descargarse* DE *un peso.*

descarriar. Se conjuga, en cuanto al acento, como *desviar* [1 c].

descender. 1 Verbo irregular. Se conjuga como *entender* [14].
2 Construcción: *descender* AL *valle; descender* DE *buen linaje; descender* EN *el favor del público; descender* DE *categoría.*

desceñir. Verbo irregular. Se conjuga como *reñir* [58].

desciframiento, descifrar → DESCODIFI-CAR.

descodificación → DESCODIFICAR.

descodificar. 'Aplicar inversamente a un mensaje codificado las reglas de su código para obtener la forma primitiva del mensaje'. Puede decirse también *decodificar.* Una y otra forma, que corresponden al francés *décoder* y al inglés *decode*, son registradas por la Academia. El nombre de acción es *descodificación* o *decodificación* (no *decodaje*, como dicen lamentablemente ciertos lingüistas). También pueden usarse como verbo *descifrar* y como nombre *desciframiento.*

descolgar. 1 Verbo irregular. Se conjuga como *acordar* [4].
2 Construcción: *descolgarse* DEL *balcón; descolgarse* POR *la pared; descolgarse* CON *una noticia.*

descollar. 1 Verbo irregular. Se conjuga como *acordar* [4].
2 Construcción: *descollar* EN *ingenio; descollar* ENTRE O SOBRE *los otros.*

descomponer. Verbo irregular. Se conjuga como *poner* [21].

desconcertar. Verbo irregular. Se conjuga como *cerrar* [6].

desconfiar. Se conjuga, en cuanto al acento, como *desviar* [1 c].
2 Construcción: *desconfiar* DE *una persona* o DE *una cosa.*

desconocer. Verbo irregular. Se conjuga como *agradecer* [11].

desconsolar. Verbo irregular. Se conjuga como *acordar* [4].

descontado. *Por descontado*, locución adverbial, 'por supuesto, sin duda alguna'. También puede decirse *por de contado;* pero es mucho más usual la primera forma, pese a que la Academia durante largos años solo ha reconocido la segunda.

descontar. 1 Verbo irregular. Se conjuga como *acordar* [4].
2 Construcción: *descontar una cantidad* DE *otra.*

descontento. Construcción: *descontento* CON *su suerte; descontento* DE *sí mismo.*

descornar. Verbo irregular. Se conjuga

como *acordar* [4]. También puede decirse *escornar*, en un nivel más popular, aunque no lo registre la Academia.

describir. Verbo irregular. Se conjuga como *escribir* [46].

descubrir. Verbo irregular. Se conjuga como *abrir* [37].

descuidar. Construcción: *descuidar su obligación; descuidarse* EN O DE *su obligación.*

desde. 1 Preposición que denota:
a) En el tiempo: punto en que ha de empezar a contar una cosa: *desde el mes pasado hasta hoy.*
b) En el espacio: punto en que se origina una distancia: *desde la plaza hasta mi casa.* Puede emplearse en sentido figurado: *desde el primero hasta el último.*
2 *Desde que. a)* Conjunción temporal que significa 'a partir del tiempo en que'.
b) En varios países de Hispanoamérica, sobre todo en la Argentina, se usa como conjunción causal, con el sentido de 'ya que', 'puesto que'. Puede deberse a portuguesismo (portugués *desde que*, 'desde que' y 'puesto que') o a galicismo (francés *dès que;* cf. inglés *since*, 'desde que' y 'puesto que'). Hasta en un purista argentino encontramos: «*Desde que será raro dar, en nuestra época, con escuela, colegio o universidad que no pueda ser franqueada por la mujer, ¿por qué negarle tan legítima designación?*» (Selva, *Guía*, 15). Como se trata de un uso poco extendido en la lengua culta y limitado a unas pocas regiones —principalmente en el Río de la Plata—, debe evitarse este *desde que* causal, empleando alguna de las conjunciones, nada escasas, que posee la lengua general: *ya que, puesto que, como, siendo así que, pues, pues que, si.*
3 *Desde ya:* → YA, 1.

desdecir. 1 Verbo irregular. Se conjuga como *decir* [42].
2 Construcción: *desdecirse* DE *su promesa.*

desdentar → DENTAR.

desdichado. Construcción: *desdichado* DE *mí*, DE *ti*, DEL *que nace con mala estrella.*

desear. *Desear de* + infinitivo: → DE, 4.

desembarazar. Construcción: *desembarazarse* DE *estorbos.*

desembarcar. Construcción: *desembarcar* DE *la nave; desembarcar* EN *el puerto.*

desembocar. Construcción: *desembocar* EN *el mar.*

desemejante. Construcción: *desemejante* DE *los otros.*

desempeñar → DETENTAR.

desengañar. Construcción: *desengañarse* DE *las amistades.*

desentenderse. 1 Verbo irregular. Se conjuga como *entender* [14].
2 Construcción: *desentenderse* DE *la familia; desentenderse* DE *sus obligaciones.*

desenterrar. 1 Verbo irregular. Se conjuga como *cerrar* [6].
2 Construcción: *desenterrar* DEL *polvo.*

desentumecer. Verbo irregular. Se conjuga como *agradecer* [11].

desenvolver. Verbo irregular. Se conjuga como *volver* [35].

desertar. Construcción: *desertar* AL *campo contrario; desertar* DE *sus banderas.*

desesperar. Construcción: *desesperar* DE *alcanzarlo.*

desestimiento → DESISTIMIENTO.

desfallecer. Verbo irregular. Se conjuga como *agradecer* [11].

desfenestración, desfenestrar → DEFENESTRAR.

desformar → DEFORMAR.

desgaste. 'Consunción natural por el uso'. Es impropiedad que cometen algunos médicos emplear, en lugar de esta palabra, *usura,* mala traducción del francés *usure* (Laín, *Lenguaje,* 41). Fuera de este ámbito utilizó *usura* por *desgaste* Ortega: «*Ha sido preciso que la música de Wagner deje de ser nueva ..,* que *sus óperas se hayan convertido bajo la usura del tiempo en unos tristes pedagógicos paisajes de tratado de Geología*» (*Espectador,* III, 17).

desgobernar. Verbo irregular. Se conjuga como *cerrar* [6].

desgraciar. Se conjuga, en cuanto al acento, como *cambiar* [1 c].

desguarnecer. Verbo irregular. Se conjuga como *agradecer* [11].

deshacer. 1 Verbo irregular. Se conjuga como *hacer* [16].
2 Construcción: *deshacerse* DEL *enemigo; deshacerse* EN *llanto.*

deshelar. Verbo irregular. Se conjuga como *cerrar* [6].

deshuesar → DESOSAR.

desiderata. 1 'Lista de objetos cuya adquisición se propone (especialmente libros en las bibliotecas)'. Es nombre femenino, *la desiderata.*
2 Como plural de *desiderátum,* → DESIDERÁTUM.

desiderátum. Palabra latina que significa literalmente 'lo deseado'. Se usa como sinónimo de *aspiración* o *ideal.* El plural, poco usado, es el latino, *los desiderata* «*Una vida* standard, *compuesta de* desiderata *comunes a todos*» (Ortega, *Rebelión,* 31); «*Lo contrario .. de los desiderata sociales son los jubilados*» (A. Gala, *País,* Supl., 8.10.1978). También, como dice la Academia (*Esbozo,* § 2.3.2), puede quedar invariable, *los desiderátum.*

desistimiento. La acción de desistir se llama *desistimiento;* no *desestimiento,* como con cierta frecuencia se lee y oye: «*Tampoco se admitirán los desestimientos de tomar parte en el concurso*» (*BOE,* 27.1.1973, 1538).

desistir. Construcción: *desistir* DEL *intento.*

desleal. Construcción: *desleal* A *su patria; desleal* CON O PARA CON *sus amigos.*

desleír. Verbo irregular. Se conjuga como *reír* [57].

deslenguar. Se conjuga, en cuanto al acento, son *averiguar* [1 b].

desliar. Se conjuga, en cuanto al acento, como *desviar* [1 c].

deslizar. Construcción: *deslizarse* AL O EN *el vicio; deslizarse* POR *la pendiente.*

deslucir. Verbo irregular. Se conjuga como *lucir* [51].

desmembrar. Verbo irregular. Se conjuga como *cerrar* [6]. El uso de este verbo como regular, que aparece de vez en cuando (*«Una gran Paz que se desmembra»*, Manzano, trad. Eco, *Edad Media*, 13), ya era censurado por Cuervo (*Apuntaciones*, § 263).

desmentida. 'Acción y efecto de desmentir'. Con el mismo sentido pueden usarse *mentís* y *desmentido*, aunque este último sea un galicismo innecesario (francés *démenti*). Las tres palabras están recogidas por la Academia.

desmentido → DESMENTIDA.

desmentir. Verbo irregular. Se conjuga como *sentir* [60].

desmerecer. Verbo irregular. Se conjuga como *agradecer* [11].

desobedecer. Verbo irregular. Se conjuga como *agradecer* [11].

desoír. Verbo irregular. Se conjuga como *oír* [54].

desolar. Verbo irregular. Se conjuga como *acordar* [4]. De este verbo se emplea casi exclusivamente el participio (cf. Academia, *Esbozo*, § 2.12.3).

desoldar. Verbo irregular. Se conjuga como *acordar* [4].

desollar. Verbo irregular. Se conjuga como *acordar* [4].

desosar. Verbo irregular. Se conjuga como *acordar* [4], poniendo *h* delante del diptongo *ue* cuando este se presenta; así, el presente de indicativo: *deshueso, deshuesas, deshuesa, desosamos, desosáis, deshuesan*. Existe también el verbo *deshuesar*, con el mismo significado y de uso más frecuente.

despabilar. Los sentidos principales de este verbo son 'acabar de despertar (a alguien)' y 'quitar la torpeza o la excesiva ingenuidad'. Se usa con frecuencia en la forma pronominal, *despabilarse* ('terminar de despertarse' y 'despojarse de la torpeza o la ingenuidad'). Existe también *espabilar (y espabilarse)*, que, según la Academia, es sinónimo perfecto de *despabilar*. La lengua hablada tiende a usar más la forma con *e-*.

despacio. El sentido de este adverbio es

'poco a poco, lentamente'. Es vulgarismo usar *despacio* con el sentido de 'en voz baja': *No le oigo porque habla despacio.*

despavorir. Verbo defectivo. Solo se conjuga en aquellas personas cuyas desinencias comienzan por *i*. En realidad, apenas se usa más que en participio.

despedir. 1 Verbo irregular. Se conjuga como *vestir* [62].
   2 Construcción: *despedirse* DE *los amigos.*

despegar. Construcción: *despegar una cosa* DE *otra*.

despensa. 'Provisión de comestibles' o 'habitación en que se guardan'. Es vulgarismo decir *dispensa* con ese sentido; *dispensa* es solo 'acción de dispensar o eximir'.

despeñar. Construcción: *despeñarse* AL o EN *el mar*; *despeñarse* DE *un vicio* EN *otro*; *despeñarse* POR *la cuesta.*

desperdiciar. Se conjuga, en cuanto al acento, como *cambiar* [1 a].

despertar. 1 Verbo irregular. Se conjuga como *cerrar* [6].
   2 Construcción: *despertar* DE *un sueño.*

despezar. Verbo irregular. Se conjuga como *cerrar* [6]. Es verbo de uso raro, desplazado casi siempre por el regular *despiezar*, sinónimo suyo.

despistaje. Adaptación innecesaria del francés *dépistage*, usada entre los médicos, por *detección* (*«Las grandes campañas de despistaje del cáncer gástrico en Japón»*, M. G. Barón, *Abc*, 16.9.1984, 52). Cf. Laín, *Lenguaje*, 42.

desplacer. Verbo irregular. Se conjuga como *agradecer* [11].

desplegar. Verbo irregular. Se conjuga como *cerrar* [6]. Sin embargo, se usa también como regular (cf. Academia, *Esbozo*, § 2.12.3): *«El gusto y esmero especial que desplegan los franceses para obsequiar»* (Pardo Bazán, *Viaje*, 129); *«La paciencia que desplegan»* (F. Díaz-Plaja, *País*, 14.4.1978, 6).

despoblar. Verbo irregular. Se conjuga como *acordar* [4].

despojar. 1 Construcción: *despojar* DE *sus bienes a alguien.*

2 En el sentido, no académico, de 'examinar (textos) extrayendo noticias o datos', es un galicismo —del francés *dépouller*— muy expresivo, y por tanto útil: «*En estos últimos años M. Charles H. Pouthas ha tomado sobre sí la fatigosa tarea de despojar los archivos de Guizot»* (Ortega, *Rebelión*, 22).

desposeer. 1 Verbo irregular. Se conjuga como *leer* [17].

2 Construcción: *desposeer* DE *sus bienes.*

despreciar. Se conjuga, en cuanto al acento, como *cambiar* [1 a].

desprender. Construcción: *desprenderse* DEL *techo; desprenderse* DE *sus propiedades.*

desprestigiar. Se conjuga, en cuanto al acento, como *cambiar* [1 a].

desproveer. Verbo irregular. Se conjuga como *proveer* [22].

después. 1 Adverbio de tiempo, de lugar o de orden, que expresa posterioridad. Puede ir seguido de la preposición *de,* formando la locución prepositiva *después de: después de la fiesta, después de cenar.*

2 Con la conjunción *que* (precedida o no de la misma preposición *de*), forma las locuciones conjuntivas *después que* y *después de que: Después que supo la noticia, no volvió a escribirnos; Lo terminaré después de que todos se hayan marchado.* Las dos son igualmente válidas.

3 *Después de que* + subjuntivo es construcción calcada del inglés: *Cuatro personas resultaron heridas después de que estallara un artefacto explosivo.* En español se dice *después de* + infinitivo, o *cuando* + indicativo: *después de estallar,* o *cuando estalló.*

4 Correspondencia entre *después de* y *tras:* → TRAS.

desquiciar. Se conjuga, en cuanto al acento, como *cambiar* [1 a].

desquitar. Construcción: *desquitarse* DE *la pérdida.*

desteñir. Verbo irregular. Se conjuga como *reñir* [58].

desternillarse. 1 Construcción: *desternillarse* DE *risa.*

2 Es vulgarismo decir *destornillarse* de risa. El que ríe, por muy fuerte que lo haga, no puede romperse los *tornillos,* que no forman parte del cuerpo humano, sino las *ternillas* o cartílagos.

desterrar. 1 Verbo irregular. Se conjuga como *cerrar* [6].

2 Construcción: *desterrar a uno* A *una isla; desterrar a uno* DE *su patria.*

destinar. Construcción: *destinar a uno* A *trabajar.*

destituir. 1 Verbo irregular. Se conjuga como *huir* [48].

2 Construcción: *destituir* DE *un cargo.*

destornillarse → DESTERNILLARSE.

destroyer → DESTRUCTOR.

destructor. Como nombre masculino, 'cierto buque de guerra'. No es necesario usar el nombre inglés *destroyer.*

destruir. Verbo irregular. Se conjuga como *huir* [48].

desvaír. Verbo defectivo. Se conjuga como *abolir.* En las formas a las que corresponden los formantes *-ió, -ieron, -iera, -iendo,* etc., la *i* se sustituye por *y* (como en *huir): desvayó, desvayendo.*

desvanecer. Verbo irregular. Se conjuga como *agradecer* [11].

desvariar. Se conjuga, en cuanto al acento, como *desviar* [1 c].

desvastar → DEVASTAR.

desvelador, desvelamiento, desvelar → DEVELAR.

desvergonzarse. 1 Verbo irregular. Se conjuga como *acordar* [4].

2 Construcción: *desvergonzarse* CON *alguno.*

desvestir. Verbo irregular. Se conjuga como *vestir* [62].

desviar. 1 En su conjugación, se acentúa la *i* en las siguientes formas: Modo indicativo: presente (todo el singular y tercera persona del plural). Modo subjuntivo: presente (todo el singular y tercera persona del plural). Imperativo (segunda persona del singular, tercera del singular y del

---

CONJUGACIÓN DEL VERBO «DESVIAR»

(tiempos presentes)

INDICATIVO

Pres. desvío, desvías, desvía, desviamos, desviáis, desvían.

SUBJUNTIVO

Pres. desvíe, desvíes, desvíe, desviemos, desviéis, desvíen.

IMPERATIVO

desvía, desvíe, desviad, desvíen.

---

plural). En todas las restantes formas, esa *i* es átona, pero no forma diptongo con la vocal que le sigue: *desviamos* /desbi-ámos/, *desviaba* /desbi-ába/, *desviando* /desbiándo/, *desviéis* /desbi-éis/. (Véase cuadro.)
2 Construcción: *desviarse* DEL *camino*.

desvirtuar. Se conjuga, en cuanto al acento, como *actuar* [1 d].

desvivirse. Construcción: *desvivirse* POR *conseguir el puesto; se desvivieron* POR *atenderme; se desvivieron* CON*migo*.

detección → DESPISTAJE.

detener. 1 Verbo irregular. Se conjuga como *tener* [31].
2 Construcción: *detenerse* A *comer; detenerse* CON O EN *los obstáculos*.

detentar. 'Retener sin derecho' (una cosa). Es error grave usar este verbo por *tener en su poder* o *en sus manos, disponer de, ocupar* o *desempeñar*. Se puede decir que *un dictador detenta el poder*, pero no que *un boxeador detenta un título* ni que *los tribunales detentan la administración de la justicia*. Ya en 1893 censuraba Clarín este pasaje de Cánovas: *«Más que reprensible aún, sería innecesario .. que detentase esa cátedra con fines personales de ningún género»* (Alas, *Palique*, 308).

détente → DISTENSIÓN.

determinar. Construcción: *determinarse* A *partir; determinarse* EN *favor de uno*.

detraer. Verbo irregular. Se conjuga como *traer* [32].

detrás. 1 Adverbio de lugar que signi-fica «en la parte posterior, o con posterioridad de lugar, o en sitio delante del cual está una persona o cosa» (Academia). En sentido figurado, puede referirse a tiempo. Seguido de la preposición *de*, forma la locución prepositiva *detrás de: Déjalo detrás de la puerta; «Tal como me sucedieron: unos detrás de los otros»* (Cela, *Lazarillo*, 23). No se admite como normal la construcción *detrás* + adjetivo posesivo: *«Quien las pronunció [las palabras] tiene detrás suyo un pasado»* (J. Tusell, *Abc*, 3.8.1978, 3); *«Dejamos detrás nuestros los dos tercios del puerto»* (Campión, *Narraciones*, 20).
2 Diferencia entre *detrás* y *atrás:* → ATRÁS. 4 y 5.
3 *Detrás de* y *tras:* → TRAS.

detrito. 'Resultado de la descomposición de una masa sólida en partículas'. Es preferible usar la forma *detrito* (cuyo plural es normal, *detritos*) a la latina *detritus* (que se usa, sin variación, también como plural). Usó bien *detrito* Unamuno: *«¡Nebulosidades! De ellas baja la lluvia fecundante, ellas llevan a que se sedimente en el valle el detrito de la roca»* (*Casticismo*, 36).

detritus → DETRITO.

Detroit. El nombre de esta ciudad de Estados Unidos se pronuncia entre nosotros /detróit/. No debe imitarse a los locutores que piensan que debe pronunciarse como francés, /detruá/.

deudor. Construcción: *deudor* A O DE *la Hacienda; deudor* EN O POR *muchos miles*.

deutero-, deuter-, deuto-. Formas prefijas del griego *deúteros*, 'segundo': *Deuteronomio, deutóxido*.

devastar. 'Destruir o arrasar'. Evítese la forma *desvastar*.

develador, develamiento → DEVELAR.

develar. 'Revelar' o 'descubrir, dejar ver'. Este verbo, de uso principalmente literario, y que es un galicismo (francés *dévoiler*), ha sido acogido por la Academia, así como el uso equivalente de *desvelar (desvelar una incógnita)*, de aceptación mucho más amplia que *develar*. Ejemplos: «*Cuando la escritura devele el indefinido secreto de los tiempos prehistóricos*» (Romero, *Historia*, 19); «*Es entonces cuando el clásico nos devela su mejor armonía*» (Zamora, *Presencia*, 9); «*Trató de airear la imagen de España para desvelar tópicos y desarmar caricaturas*» (G. Gómez de la Serna, *Abc*, 19.10.1962, 3). Los derivados respectivos son *develador, develamiento* y *desvelador, desvelamiento*.

devenir. 1 Verbo irregular. Se conjuga como *venir* [61].

2 La construcción normal de este verbo, que significa 'hacerse', es con predicativo y sin preposición: «*Sacudía temblorosamente la palabra* madre*, y los más helados corazones devenían incandescentes*» (Jarnés, *Castelar*, 20). Pero existe también una construcción con *en*, por analogía con el verbo *convertirse*: «*Muchos de mis recuerdos se han desdibujado al evocarlos, han devenido en polvo como un cristal irremediablemente herido*» (Neruda, *Confieso*, 9).

devolver. 1 Verbo irregular. Se conjuga como *volver* [35].

2 Es americanismo *devolverse* por *volverse* o *volver*: «*Salieron algunas gentes .. y como no viesen nada, se devolvieron a sus lechos*» (Azócar, cit. Kany, 189).

devoto. Construcción: *devoto* DE *San Andrés*.

dexio-. Forma prefija del griego *dexiós*, 'diestro, derecho': *dexiocardia*.

dextro-. Forma prefija del latín *dexter*, 'diestro, derecho': *dextrógiro*.

di-. 1 Prefijo latino que significa oposición o contrariedad: *disentir;* separación u origen: *dimanar, difundir*.

2 Prefijo griego que significa 'dos': *díptero*.

3 → DIA-.

día. 1 *Los otros días*. Uso propio del Río de la Plata, que corresponde al normal general *el otro día*: «*Los otros días .. le dejé entrever la posibilidad de que tú vinieras a la capital*» (Bellán [Uruguay], cit. Kany, 12). También en la región caribe.

2 *Los medios días* se usa en Costa Rica frente al normal *el mediodía* (Kany, 12).

dia-, di-. Prefijo griego que significa separación: *diacrítico;* 'a través de', 'entre': *diálogo;* 'con': *dialtea*.

diabetes. 'Cierta enfermedad'. Es nombre femenino *la diabetes*. Es errónea la forma *diabetis*, que ha tomado la terminación *-is* por analogía con otros nombres de enfermedades: *conjuntivitis, otitis, faringitis*, etc. Evítese también la acentuación *diábetes*, que se oye en Venezuela.

diabetis → DIABETES.

diablo. El femenino de este nombre es *diabla* o *diablesa*: «*poner en fuga a las diablesas malas*» (Darío, *Argentina*, 827).

diácono. El femenino de este nombre es *diaconisa*.

diali-. Forma prefija del griego *dialyo*, 'disolver': *dialipétalo*.

diálisis. En química, 'separación de los coloides y cristaloides cuando están juntamente disueltos'. Es nombre femenino, y su acentuación es esdrújula. Es erróneo, pues, decir *dialisis*.

diario. En el habla popular de Bolivia, Colombia, Perú, América Central, Méjico, Puerto Rico y otros países se usa *diario* por *a diario*: *Ahí lo veo pasar diario; Diario va a la finca* (Kany, 274).

diástole. 'Movimiento de dilatación del corazón'. Es nombre femenino: *la diástole*.

dibujante. El femenino de este nombre es *dibujanta*: «*Dibujanta para catálogos, precisa Jerson, S. A.*» (*Vanguardia*, 5.9.1974, 69). Sin embargo, también se usa la forma *dibujante*, sin variación.

dico-. Forma prefija del griego *dicha*, 'en dos partes': *dicotomía*.

dictar. Debe evitarse el uso, frecuente

en algunos países americanos, de los cuales
ha venido a España, del verbo *dictar* referido a *curso, clase, lección* o *conferencia*.
Dictar es propiamente 'decir (algo) con las
pausas necesarias para que otros lo escriban' o 'imponer (una ley o un precepto)'.
El uso adecuado es *dar un curso, dar o explicar una clase, una lección,* y *dar o pronunciar una conferencia.*

dieci-. 1 *Dieciséis, diecisiete, dieciocho,
diecinueve* pueden escribirse también *diez
y seis, diez y siete, diez y ocho, diez y
nueve* (con igual pronunciación, es decir,
manteniendo átono el elemento /diez/);
pero esta grafía en tres palabras es hoy
rara.
2 *Dieciocho* se pronuncia sin hacer diptongo /io/: /diezi.ócho/.

**diecinueve, dieciocho, dieciséis, dieci-
siete** → DIECI-.

diestro. 1 Construcción: *diestro* EN *la
esgrima.*
2 El superlativo de este adjetivo puede
ser *destrísimo* y *diestrísimo.* La primera es
la forma más culta; la segunda, la más generalizada.

diez. 1 *Diez y seis, diez y siete, diez y
ocho, diez y nueve:* → DIECI-.
2 *Diez,* usado como ordinal: → DÉCIMO.

difamación, difamador, difamatorio →
DIFAMAR.

difamar. 'Desacreditar'. La forma *disfamar* es vulgarismo, aunque figure en el
Diccionario de la Academia. Lo mismo
hay que decir de los derivados *disfamación, disfamador, disfamatorio,* rechazados
por el uso normal en favor de las formas
con *di-.*

diferencia. Construcción: *diferencia* DE
uno A *otro* o ENTRE *uno y otro.* Se dice *con
la diferencia* DE *que,* no *con la diferencia
que* («*Son visitantes los dos, el cura y él,
con la diferencia que el otro, cuando termine la novena, tendrá a dónde volver*»,
Benedetto, *Caballo,* 33).

diferenciar. 1 Se conjuga, en cuanto al
acento, como *cambiar* [1 a].
2 Construcción: *diferenciarse uno* DE
otro; diferenciarse ambos ENTRE *sí.*

diferente. Construcción: *diferente* DE *los*

demás o A *los demás.* El uso de *a* es más
raro en la lengua culta.

diferir. 1 Verbo irregular. Se conjuga
como *sentir* [60].
2. Construcción: *diferir algo* A o PARA
otro momento; diferir DE *hoy* A *mañana;
diferir* DE *Juan; diferir* EN *opiniones; diferir*
ENTRE *sí.*
3 Confusión con *deferir:* → DEFERIR.

difícil. Construcción: *difícil* DE *explicar.*

dificultad → PROBLEMA.

digerir. Verbo irregular. Se conjuga
como *sentir* [60].

digiti-. Forma prefija del latín *digitus,*
'dedo': *digitígrado.*

dignarse. El uso normal de este verbo
hoy es como transitivo, llevando como
complemento un infinitivo: *No se dignó
contestarnos.* No debe haber preposición
intermedia: *dignarse* DE y *dignarse* A son
anticuados (Cuervo, *Diccionario*); hoy son
vulgarismos, lo mismo que *dignarse* EN: «*Si
los hombres de formación estrictamente
científica se dignaran en parar mientes en
esas fantasmagorías*» (Unamuno, *Raza,*
360); «*La incuria del español no se digna
siquiera a remozarla ni a protegerla [la
obra de arte]*» (Ferrer-Vidal, *Duero,* 207).

digresión. 'Tema que se trata apartán-
dose del hilo del discurso'. La forma *disgresión* es vulgarismo.

diletante. 'Persona que cultiva un arte o
una ciencia careciendo de la preparación
necesaria'. Es voz tomada del italiano *dilettante* (plural *dilettanti*). No debe usarse
la forma italiana, sino su adaptación española, acogida por la Academia, y que tiene
como plural *diletantes:* «*Un mal entendido
esteticismo de diletantes —generalmente sin
imaginación— hace algo peor todavía que
los pedagogos profesionales*» (Bergamín,
Fronteras, 27). Es nombre masculino y femenino *(el diletante* y *la diletante).* No es
admisible el plural hispanoitaliano —ni italiano ni español— *diletantis,* que usó, por
ejemplo, Baroja: «*Diletantis del asesinato*»
(Románticos, 80), y que corresponde a un
falso singular *diletanti.* Existe también el
nombre abstracto *diletantismo* (en italiano,
dilettantismo).

diletantismo, dilettante, dilettantismo
→ DILETANTE.

diligenciar. Se conjuga, en cuanto al acento, como *cambiar* [1 a].

diluir. Verbo irregular. Se conjuga como *huir* [48].

diluviar. Se conjuga, en cuanto al acento, como *cambiar* [1 a].

dimanar. Construcción: *dimanar una cosa* DE *otra*.

diminutivo. '(Palabra o sufijo) que expresa menor tamaño o cuantía'. Adjetivo, también nombre masculino. La forma *disminutivo* (hecha por influjo de *disminuir*) es vulgarismo.

dimitir. Construcción: *dimitir* DE *su cargo*. También se construye como transitivo: *dimitir el cargo*. Pero es anormal el uso, hoy bastante frecuente, del verbo *dimitir* con complemento directo de persona: *Le han dimitido; «A un empleado lo despiden; a un directivo lo dimiten»* (Perich, *Autopista*, 133). Debe decirse *Le han hecho dimitir* (a no ser que sea un eufemismo, como en el segundo ejemplo; en ese caso se quiere decir *Le han destituido*).

dinamo. 'Máquina que transforma la energía mecánica en eléctrica'. Se dan como igualmente válidas las formas *dinamo* (grave) y *dínamo* (esdrújula), pero el uso general y la Academia dan preferencia a la primera forma. El género es femenino: *la dinamo*. Sin embargo, *el dínamo* se oye en algunos países americanos, como Argentina y Cuba.

dino-. Forma prefija del griego *deinós*, 'terrible': *dinosaurio, dinoterio*.

dintel → UMBRAL.

Diomedes. Nombre de dos personajes legendarios griegos. La forma correcta de acentuación no es esdrújula, /diómedes/, sino llana, /diomédes/.

Dionisos. La buena transcripción del nombre griego del dios Baco es *Dioniso* (Fernández Galiano).

dioptría. 'Unidad de medida usada por los oculistas'. Es errónea la pronunciación /diotría/.

Dioscuros. Los mitológicos Cástor y Pó-

lux se llaman *Dioscuros* (palabra llana) o *Dióscuros* (palabra esdrújula). Es preferible la primera forma.

diplo-. Forma prefija del griego *diploos*, 'doble': *diplopía*.

diplómata. Galicismo usado en algunos países americanos por *diplomático*. Ya era censurado por Cuervo (*Apuntaciones*, § 1003). Cf. Rosenblat, *Palabras*, III, 228.

dipso-. Forma prefija del griego *dipsa*, 'sed': *dipsomanía*.

diputado. 1 Construcción: *diputado* AL o EN *el Congreso; diputado* POR *Burgos*.
2 El femenino de este nombre es *diputada*, no *diputado* ni *mujer diputado*.

dirección. Construcción: *en dirección* AL *colegio; en la dirección* DE *la luz*.

director. 1 El femenino de *director* es *directora*. No tiene razón de ser el decir *la director de cine* ni *la director general*.
2 *Director* también puede ser adjetivo: *principio director*. Su forma femenina es *directriz: norma directriz*. Esta forma femenina se usa como sustantivo, *la directriz*, en geometría; y, fuera de ella, se emplea con el sentido de 'norma fundamental'. Algunos usan erróneamente *directriz* como adjetivo unido a un nombre masculino (por *director*): *«principio directriz»* (Gimbernat, trad. Henkel, *Derecho*, 543), *«contenido directriz»* (ibíd., 581), *«punto directriz»* (ibíd., 605).

directriz → DIRECTOR. 2.

dirigir. Construcción: *dirigir* A o HACIA *un sitio; dirigir a otro* EN *una actividad; dirigir* POR *un atajo; dirigirse* A *una persona; dirigirse* A *la casa*.

dis-. 1 Prefijo latino que significa negación o contrariedad: *discordancia, disculpar*; o separación: *distraer*.
2 Prefijo griego que significa 'malo o difícil': *disfagia, disnea*.

discernir. 1 Verbo irregular. (Véase cuadro.)
2 Construcción: *discernir una cosa* DE *otra*.

disc-jockey → PINCHADISCOS.

discordar. 1 Verbo irregular. Se conjuga como *acordar* [4].

CONJUGACIÓN DEL VERBO «DISCERNIR»

(tiempos irregulares)

INDICATIVO

Pres. discierno, disciernes, discierne, discernimos, discernís, disciernen.

SUBJUNTIVO

Pres. discierna, disciernas, discierna, discernamos, discernáis, disciernan.

IMPERATIVO

discierne, discierna, discernid, disciernan.

---

2 Construcción: *discordar* DEL *maestro; discordar* EN *pareceres.*

discrección, discreccional → DISCRECIÓN.

discreción. 'Sensatez, tacto'. En la terminación de esta palabra hay una sola *c;* por tanto, es erróneo pronunciar /diskrekzión/ y escribir *discrección.* La misma observación vale para el nombre *indiscreción,* 'falta de discreción', y para el adjetivo derivado *discrecional* (no *discreccional*), 'que se hace libre y prudencialmente'.

discrecional → DISCRECIÓN.

discrepar. Construcción: *discrepar* DE *una opinión; discrepar* DE *alguien* EN *un punto.*

disculpar. Construcción: *disculpar a alguien* CON *su padre; disculpar* DE *una falta; disculparse* CON *alguien; disculparse* DE (o POR) *haber llegado tarde.*

disentir. **1** Verbo irregular. Se conjuga como *sentir* [60].

2 Construcción: *disentir* DE *los otros; disentir* EN *política.*

disfagia. 'Dificultad o imposibilidad de tragar'. No se admite como normal la forma *disfagía.*

disfamación, disfamador, disfamar, disfamatorio → DIFAMAR.

disformar → DEFORMAR.

disforme → DEFORME.

disfrazar. Construcción: *disfrazarse* DE *moro; disfrazarse* CON o EN *traje humilde.*

disfrutar. Construcción: *disfrutar* DE *buena renta; disfrutar* CON *la televisión.*

disgresión → DIGRESIÓN.

disgustar. Construcción: *disgustarse* CON *uno; disgustarse* DE *algo; disgustarse* POR *una tontería.*

disminuir. Verbo irregular. Se conjuga como *huir* [48].

disminutivo → DIMINUTIVO.

disociar. Se conjuga, en cuanto al acento, como *cambiar* [1 a].

disolver. Verbo irregular. Se conjuga como *volver* [35].

disonar. Verbo irregular. Se conjuga como *acordar* [4].

dispensa → DESPENSA.

dispensar. Construcción: *dispensar* DE *una obligación; dispénseme* POR *haberle molestado.* Con el sentido de 'dar', el uso es transitivo: *dispensar favores.*

displacer. Verbo irregular. Se conjuga como *agradecer* [11].

disponer. **1** Verbo irregular. Se conjuga como *poner* [21].

2 Construcción: *disponer a alguien* A *bien morir; disponer* DE *los bienes; disponerse* A o PARA *salir.*

3 Uso de *detentar* por *disponer de:* → DETENTAR.

disputar. Construcción: *disputar* CON *alguien; disputar* DE, ACERCA DE O SOBRE *algo.*

distancia. Construcción: *a poca distancia* DE *él* (no *a poca distancia suya: «Estalló una pelea a poca distancia suya»,* Edwards, *Máscaras,* 20).

CONJUGACIÓN DEL VERBO «DIVERTIR»

(tiempos irregulares)

INDICATIVO

Pres. divierto, diviertes, divierte, divertimos, divertís, divierten.
Pret. indef. divertí, divertiste, divirtió, divertimos, divertisteis, divirtieron.

SUBJUNTIVO

Pres. divierta, diviertas, divierta, divirtamos, divirtáis, diviertan.
Pret. impf. divirtiera o divirtiese, divirtieras o -ses, divirtiera o -se, divirtiéramos o -semos, divirtierais o -seis, divirtieran o -sen.
Fut. impf. divirtiere, divirtieres, divirtiere, divirtiéremos, divirtiereis, divirtieren.

IMPERATIVO

divierte, divierta, divertid, diviertan.

FORMAS NO PERSONALES

Ger. divirtiendo.

---

distanciar. 1 Se conjuga, en cuanto al acento, como *cambiar* [1 a].
2 Construcción: *distanciarse* DE *alguien.*

distar. Construcción: *distar un pueblo* DE *otro.*

distender. Verbo irregular. Se conjuga como *entender* [14].

distensión. 'Reducción de una tensión'. No debe usarse el francés *détente,* pronunciado /detánt/ *(Se observa una «détente» en las relaciones, hasta ahora tirantes, entre los dos países).*

distinguir. Construcción: *distinguir una cosa* DE *otra; distinguirse* DE *otros; distinguirse* EN *las letras; distinguirse* ENTRE *todos.*

distinto. Construcción: *distinto* DE *otro* o A *otro.* La construcción con *a* es más rara en la lengua culta.

distoccia, distóccico → DISTOCIA.

distocia. En medicina, 'parto difícil'. Tiene una sola *c;* por tanto, no se pronuncia /distókzia/ ni se escribe *distoccia.* La misma observación es aplicable al adjetivo derivado *distócico* (no *distóccico*).

distraer. 1 Verbo irregular. Se conjuga como *traer* [32].

2 Construcción: *distraer a alguien* DE *sus obligaciones.*

distribuir. 1 Verbo irregular. Se conjuga como *huir* [48].
2 Construcción: *distribuir* EN *porciones; distribuir algo* ENTRE *los compañeros; distribuir a los niños* POR *edades.*

disuadir. Construcción: *disuadirle* DE *un propósito; disuadirle* DE *hacerlo.*

divergir. 'Irse apartando' o 'discrepar'. Es verbo regular: su pretérito es *divergió* (no *divirgió*), su presente de subjuntivo es *diverja* (no *divierja*), etc.

divertir. 1 Verbo irregular. Se conjuga como *sentir* [60]. Evítese la forma, muy frecuente, *que os divertáis* (por *que os divirtáis*), así como el pretérito *divertió, divertieron,* y el pretérito de subjuntivo *divertiera, divertiéramos, divertiese, divertiésemos,* etc. (por *divirtió, divirtieron, divirtiera,* etc.): «*Sacaba fuerzas de flaqueza para hacer como si se divertiera*» (Martín-Santos, *Tiempo,* 229). (Véase cuadro.)
2 Construcción: *divertirse* CON *los amigos; divertirse* CON *una película; divertirse* EN *pintar* (más frecuente, *divertirse pintando*).

dividir. Construcción: *dividir* ENTRE *mu-*

chos; *dividir* EN *partes; dividir* POR *la mitad; dividir* POR *cinco.*

divorciar. 1 Se conjuga, en cuanto al acento, como *cambiar* [1 a].

2 Construcción: *divorciarse* DE *su mujer.*

diz. *Diz que* (o *dizque*), 'se dice que', hoy raro y rústico en España, se mantiene muy vivo en muchas zonas de América, a veces alterado en variantes como *izque, y que, es que* (cf. Kany, 244): *«Dizque el sacerdote coadjutor .. tronó un día en el sermón de la iglesia contra la brujería»* (León Rey, *Nidito,* 84). Un ejemplo español —excepcional en la literatura moderna—: *«No es desde luego la grandeza que diz que estorbaba a Luis XIV»* (Madariaga, *A la orilla,* 5).

do [1]. El plural de *do,* 'nota musical', es *dos.*

do [2]. Forma apocopada del adverbio *donde.* Su uso actual es muy raro y solo se consiente en poesía. Lo mismo hay que decir respecto de *dó,* apócope del adverbio interrogativo *dónde.*

-do. Sufijo de adjetivos y nombres derivados de adjetivos y verbos. Se presenta en dos formas: *-ado* e *-ido.* La primera suele presentarse cuando se agrega a una base correspondiente a un verbo en *-ar;* la segunda, cuando se agrega a una base correspondiente a un verbo en *-er* o *-ir.*
1 Variante *-ado. a)* Forma adjetivos que indican posesión *(barbado)* o semejanza *(azafranado).* Algunos de ellos son originariamente participios.
b) Forma nombres que expresan empleo o dignidad *(doctorado, arzobispado),* tiempo *(reinado),* lugar *(noviciado),* acción *(afeitado),* colectividad *(alumnado).*
2 Variante *-ido. a)* Forma adjetivos de cualidad *(dolorido, descolorido).* Algunos de ellos son originariamente participios.
b) Forma nombres que designan sonidos: *chillido, ladrido, crujido.*
3 Nombres en *-da (-ada, -ida):* → -DA.

doble. 1 Adjetivo numeral multiplicativo correspondiente al número *dos.* Puede sustantivarse, precedido del artículo *el.* Puede funcionar también como adverbio, con o sin el artículo: *Hay que trabajar el doble.*

2 Como adverbio, *doble* o *el doble,* 'doblemente', la limitación de cualidad se expresa con *de;* el término de comparación, con *que: «Y tías; las hay doble de guarras; doble que yo»* (Pombo, *Héroe,* 194). Construcción: *doble* DE *lo que tenía.* Sin embargo, también existe, con menos prestigio, *doble* A: *«[Huevos] muy blancos y de tamaño doble al de un huevo de pava»* (Mas, *Luna,* 155).

doblez. Es masculino cuando significa 'parte que se dobla o pliega de una cosa' o 'señal que queda de doblar'. En el sentido de 'mala fe', es ambiguo según la Academia; pero predomina el uso femenino: *la doblez* (un ejemplo en masculino: *«Una moral social que rechaza cada vez más el doblez»,* P. Altares, *País,* 24.8.1984, 7).

doceavo → -AVO Y DUODÉCIMO.

dock → DÁRSENA.

doctor. 1 Construcción: *doctor* EN *Ciencias* POR *la Universidad de Madrid.*
2 El femenino de este nombre es *doctora: «Violeta Cela quiere ser médica. Violeta Cela quiere ser doctora cuando sea mayor»* (*Abc,* 1.11.1983, 76).

dodeca-. Forma prefija del griego *dódeka,* 'doce': *dodecaedro.*

doler. 1 Verbo irregular. Se conjuga como *mover* [18].
2 Construcción: *dolerse* DE *lo sucedido.*

dolico-. Forma prefija del griego *dolichós* 'largo': *dolicocéfalo.*

dolor. 1 Construcción: *dolor* DE *cabeza; dolor* EN *la cabeza.* Se usa *de* cuando el complemento no lleva artículo *(dolor de cabeza, de pies, de oído, de muelas,* etc.), y *en* cuando sí lo lleva *(dolor en la rodilla, dolor en un pie,* etc.). Pero no son construcciones equivalentes: la primera significa 'dolor extenso (en el cráneo)'; la segunda, 'dolor localizado en un determinado punto (de la cabeza)'.
2 *Dolor a los oídos.* En las frases *ataque al corazón, ataque al hígado,* el uso de la preposición *a* está justificado por la significación fundamental del sustantivo *ataque,* que implica una idea de movimiento. Por influjo de esta construcción, y también, posiblemente, por galicismo (cf. francés *j'ai mal aux dents),* se ha extendido

el uso de *a* a los complementos de *dolor,
afección* y otros sustantivos similares: *afección a los nervios; Siento también unos dolores al hígado y al bazo; Murió con unos
dolores a la barriga.* El uso parece más frecuente en América (cf. Kany, 337). En español normal se emplea el complemento
con *de,* o a veces un adjetivo calificativo:
*dolor de oídos, de estómago; afección de
los nervios* (o *nerviosa), afección de corazón (o cardiaca),* etc.

doméstico. 'De casa'. Es impropiedad,
debida a anglicismo, usar este adjetivo por
interior o *nacional (un vuelo doméstico de
las Líneas Aéreas Indias; injerirse en los
asuntos domésticos del país vecino).*

domiciliar. Se conjuga, en cuanto al
acento, como *cambiar* [1 a].

domínica. En liturgia, 'domingo'. La
Academia prefiere esta forma esdrújula a
la grave *dominica,* bastante difundida por
influjo del nombre propio de mujer *Domínica,* o de *dominica,* 'monja de la orden de
Santo Domingo'.

dominó. 'Juego'; también 'traje de baile
de máscaras'. Su plural es *dominós: «los
dominós traqueteados»* (Azorín, *Voluntad,*
70).

domo. 'Cúpula'. Debe evitarse el uso de
esta voz para traducir el italiano *duomo,*
que en español corresponde a *catedral:
«Una nave lateral del domo de Florencia»*
(Riba, trad. Gillet, *Dante,* 54).

donde. Es palabra átona. No debe pronunciarse tónica, confundiéndola fonéticamente con el *dónde* interrogativo. Esta
confusión existe en algunos países americanos.

Desempeña las siguientes funciones:
  1 Adverbio relativo o conjunción, cuyo
papel en la frase es introducir una proposición adverbial de lugar: *La foto estaba
donde yo te había dicho.* Puede ir precedido de un antecedente: *Allí donde no hay
leyes impera el desorden; En esas tierras
donde no crece la hierba; «La arena donde
te tiendes»* (Salinas, *Voz,* 9). Para indicar
las diversas relaciones de lugar (destino,
origen, procedencia, tránsito, dirección, situación), este adverbio puede ir precedido
de diversas preposiciones: *a, de, por, hacia, hasta, para, en: Voy a donde me man-*

*dan; La casa de donde vengo es extraordi-
naria; No señaló el sitio por donde había
entrado en el jardín; Hasta aquel poste es
hasta donde debéis correr.* La relación de
destino puede estar expresada, aunque no
muy frecuentemente, por *donde* sin preposición: *«Ese café donde van los señoritos»*
(Baroja, *Aventuras Paradox,* 100).

  2 Preposición usada en el habla popular de algunas regiones de España y de
América, con el valor de 'en casa de', o 'a
casa de', 'en el sitio o al sitio de' o simplemente 'a' o 'en': *He estado donde Pedro;
Ve donde la maestra; Lo compré donde los
periódicos; «Espabílame rápido la conferencia, anda. Me la das aquí mismo, ¿eh?,
donde la Aurelia, ya sabes»* (Sánchez Ferlosio, *Jarama,* 290). El uso no tiene aceptación en la lengua culta de España, Méjico, Argentina y otros países. En Chile,
Bolivia, Perú, Ecuador, América Central y
Antillas, en cambio, disfruta de plena vigencia: *«Acudió con sus preocupaciones
donde su ilustre y doctísimo amigo Federico Leopoldo, conde de Stolberg»* (Palma,
Fernán Caballero, 54); *«Había llegado ..
con uno de los niños enfermo y quería llevarlo donde el médico»* (Donoso, *Domingo,* 102). Cf. Kany, 363.

  3 Conjunción temporal, equivalente a
cuando. Hoy solo se usa en el habla popular y rústica, más en América que en España (cf. Kany, 390). Es insólito este
ejemplo en un texto español escrito: *«Nubosidad variable, más importante al atardecer, donde se producirán chubascos»* (B.
R. Mallol, *País,* 27.9.1982, 30).

  4 Conjunción condicional, equivalente
a *si,* y usada, como la anterior, solamente
en el habla rústica: *«Es mi hijo; donde le
toques un pelo, te rajo»* (cit. Kany, 390).
Puede tomar a veces la forma *adonde.*

  5 *A donde* y *adonde.* Sobre la diferencia entre estas dos grafías, → ADONDE, 1.

dónde. Adverbio interrogativo, es siempre tónico, a diferencia de *donde,* adverbio
relativo o conjunción (→ DONDE). Gráficamente se manifiesta esta diferencia escribiendo siempre con tilde el interrogativo
dónde. Sin preposición, puede usarse con
verbos de reposo: *¿Dónde estamos?; No sé
dónde estamos;* o de movimiento: *¿Dónde
me llevan?* En este último caso compite

CONJUGACIÓN DEL VERBO «DORMIR»

(tiempos irregulares)

INDICATIVO

Pres. duermo, duermes, duerme, dormimos, dormís, duermen.
Pret. indef. dormí, dormiste, durmió, dormimos, dormisteis, durmieron.

SUBJUNTIVO

Pres. duerma, duermas, duerma, durmamos, durmáis, duerman.
Pret. impf. durmiera o durmiese, durmieras o -ses, durmiera o -se, durmiéramos o -semos, durmierais o -seis, durmieran o -sen.
Fut. impf. durmiere, durmieres, durmiere, durmiéremos, durmiereis, durmieren.

IMPERATIVO

duerme, duerma, dormid, duerman.

FORMAS NO PERSONALES

Ger. durmiendo.

---

con *adónde* (→ ADÓNDE). Con preposición, generalmente se usa con verbos de movimiento: *¿De dónde vienes?; ¿Por dónde pasamos?;* pero también, en algunos casos, con verbos de reposo: *No sé por dónde vives; Dime en dónde lo has dejado.*

dondequiera. 'En cualquier sitio'. Es frecuente que este adverbio sea antecedente del relativo *que: Dondequiera que estés, recuérdalo.* No debe omitirse en estos casos el relativo *(dondequiera estés; «Me impiden encontrarle justificación dondequiera se presenta»,* Ortega, *Deshumanización,* 106); «Decía la gente que dondequiera don Gaspar hallase un indio a solas, lo bajaba de un winchestazo sin más contemplaciones» (Castellani, *Caso,* 104).

dopar, doping → DROGADO.

doquier. Este adverbio (también con la forma *doquiera*) equivale a *dondequiera.* Se diferencia de él en su uso más marcadamente literario y en que normalmente no va seguido del relativo *que.* Es frecuente que vaya precedido de la preposición *por: «Tupida y alta maleza crecía libremente por doquier»* (Larreta, *Don Ramiro,* 16)

-dor. Sufijo de sustantivos o adjetivos derivados de verbos. Significa agente: *luchador;* instrumento: *trituradora;* lugar: *co-* *medor.* También puede formar derivados de sustantivos: *aguador.*

Dóride. Nombre de una región de la Grecia antigua. Es preferible esta forma a *Dórida* (Fernández Galiano).

dormir. Verbo irregular. (Véase cuadro.) Deben evitarse las formas vulgares *durmiste, durmimos, durmisteis* (por *dormiste, dormimos, dormisteis,* pretérito de indicativo) y *dormamos, dormáis* (por *durmamos, durmáis,* presente de subjuntivo).

dos. *Cada dos por tres,* locución adverbial coloquial, 'con frecuencia'. Puede decirse también *a cada dos por tres* (no *al dos por tres).*

dosaje → DOSIS.

dosis. 'Cantidad que se toma, especialmente de medicina'. *Dosaje* es galicismo innecesario (francés *dosage*), usado en algunos países americanos: «El dosaje exacto de las sales minerales» (Cortázar, trad. Yourcenar, *Adriano,* 9).

dossier. 1 Esta palabra francesa —que corrientemente pronunciamos /dosiér/— está muy arraigada en el lenguaje periodístico con el sentido de 'informe o serie de informes y datos sobre una materia concreta'. El sentido literal del término francés es 'expediente', pero en español la palabra *expediente* evoca con demasiada fuerza el procedimiento administrativo. Parece, pues útil aceptar el galicismo, aunque en muchas ocasiones se podría decir perfectamente *informe*. Fuera del periodismo, *dossier* se puede traducir *carpeta* o *expediente*. **2** El plural francés de *dossier* es *dossiers*.

dotar. Construcción: *dotar a una hija* CON *bienes raíces; dotar* DE *vivienda.*

dote. Este sustantivo es ambiguo (masculino o femenino) en el sentido de 'caudal que lleva la mujer al matrimonio' o de 'patrimonio que lleva al convento la religiosa'. Valera, en una misma novela, dice una vez «*el dote [de monja] de Juanita*», y otra vez «*la dote de su monjío*» *(Juanita,* 193 y 353). Pero el uso corriente actual suele ser femenino: *la dote.* Es solo femenino, en plural, con el sentido de 'prenda, buena cualidad': *las dotes personales del nuevo ministro.*

dozavo → DUODÉCIMO.

dracma. 'Moneda griega'. Es nombre femenino: *una dracma.*

Dresde. El nombre español de la ciudad alemana de *Dresden* es *Dresde.*

Dresden → DRESDE.

drive-in → AUTOCINE.

drogado. 'Introducción de una sustancia en el organismo con objeto de aumentar artificialmente y de manera desleal el rendimiento de una persona en una competición'. El nombre masculino *drogado* es la traducción académica del inglés *doping.* El verbo *dopar* tiene su correspondiente español en el vergo *drogar.* Sin embargo, el uso de *doping* y *dopar* se justifica por la diferencia de los efectos buscados respecto a *drogado* y *drogar* (referidos, en general, al consumo de estupefacientes).

drogar → DROGADO.

droguería. En algunos países americanos se usa, por anglicismo (inglés *drugstore*), el nombre de *droguería* en lugar de *farmacia.* También *droguista* por *farmacéutico* (Alfaro).

droguista → DROGUERÍA.

-dromo. Forma sufija del griego *dromos,* 'carrera': *velódromo.*

Dublín. El nombre en español de la capital de Irlanda es *Dublín,* con acentuación aguda.

ducho. Construcción: *ducho* EN *negocios.*

duda. Construcción: *duda* SOBRE o ACERCA DE *una cuestión; duda* ENTRE *dos caminos; no cabe duda (o no hay duda)* DE *que se han perdido. No cabe duda que, no hay duda que,* sin preposición, tal como lo usó Azorín (*«No cabe duda que los dos son espíritus avezados», Voluntad,* 43), es coloquial.

dudar. Construcción: *dudar* DE *su cariño; dudar* EN *salir; dudar* ENTRE *el sí y el no,* ENTRE *hacer esto o lo otro,* DE *que sea verdad* (o *que sea verdad*). En este último caso, en que el complemento es una proposición con *que,* el uso normal admite la construcción con preposición *de* o sin ella: «*Yo no dudo de que .. el funcionario español llegaría a ser lo que hoy es el alemán*» (Ortega, *Viajes,* 172); «*No dudo que lo siente*» (Galdós, *Torquemada,* IV, 85). Cuando la oración está suplida por un pronombre neutro *(ello, esto),* se prefiere la ausencia de preposición: *No lo dudo; Yo no dudo esto* (más frecuente que *No dudo de ello; Yo no dudo de esto*).

duermevela. 'Sueño ligero en que se halla el que dormita'. El uso vacila en el género de esta palabra: *el* o *la duermevela.* No obstante, parece más frecuente el femenino, por influjo del género de *la vela.* Así aparece, por ejemplo, en Delibes, *Parábola,* 219; Zamora, *Traque,* 24, y Torrente, *Saga,* 232.

Duina. Nombre de dos ríos de Rusia. Es preferible el uso de esta forma españolizada al de la forma *Dvina* (y, sobre todo, al de *Dwina,* forma alemana que alguna vez se lee: «*El cónsul se había arrojado al Dwina*», Espina, *Ganivet,* 141).

dulzor → DULZURA.

dulzura. Aunque los diccionarios dan como equivalentes *dulzor* y *dulzura,* pues ambos significan 'cualidad de dulce', el uso general suele distinguir entre un sentido material para *dulzor* y un sentido no material para *dulzura*. Así, se habla del *dulzor* de la miel y de la *dulzura* del carácter o de las palabras de una persona.

duodécimo. El ordinal correspondiente a *doce* es *duodécimo; no decimosegundo* ni *doceavo*, como creen muchos periodistas, locutores y otros. Por no reproducir los numerosos ejemplos de *decimosegundo* que tengo recogidos de radio, televisión y periódicos, citaré solamente «*decimosegunda dinastía*» (Celada, *Lit. orientales*, 7), «*la decimosegunda [edición] en 1884*» (Alvar Ezquerra, *Lexicología*, 239).

-dura. Sufijo de sustantivos derivados de verbos. Significa acción o efecto: *dictadura, escocedura.*

durante. Preposición que denota tiempo: *durante todo el curso.* Las gramáticas (entre ellas el *Esbozo* de la Academia, § 3.16.16*f*) no suelen incluirla todavía entre las preposiciones, y los diccionarios la llaman adverbio de tiempo, a pesar de que ya Bello (§ 1189) señalaba su carácter prepositivo.

durar. Construcción: *durar* EN *el mismo estado; durar* POR *mucho tiempo* (también sin preposición: *durar mucho tiempo*).

Dvina, Dwina → DUINA.

e

e¹. **1** Sexta letra del alfabeto español (quinta del universal). El nombre de esta letra es femenino, y su plural es *es*, aunque la Academia haya dicho en otro tiempo *ees*.

2 Corresponde al fonema vocal /e/, en cuya articulación el ápice de la lengua se apoya en los incisivos inferiores; el dorso se eleva hacia el paladar, dejando una abertura mayor que la de /i/; los labios se entreabren dejando también una abertura mayor.

La articulación de /e/ es más abierta en los siguientes casos: 1.ª, cuando está antes de un sonido /rr/: *perro, sierra;* 2.ª, cuando va detrás del sonido /rr/ y no forma sílaba trabada por los sonidos /d, m, n, s, z/: *reptil, recto;* 3.ª, cuando precede al sonido /j/: *eje, viejo;* 4.ª, en el diptongo /ei/: *veis, pleito;* 5.ª en sílaba trabada por una consonante que no sea alguno de los sonidos /d, m, n, s, z/: *cerdo, aséptico, perfecto, flexión.*

Tiende a cerrarse ligeramente cuando va seguida de vocal abierta, especialmente si esta es tónica. En el habla vulgar de Colombia y de otros países americanos se convierte en /i/, formando con la otra vocal un diptongo perfecto: /piór/ por *peor,* /golpió/ por *golpeó,* /pasié/ por *paseé,* /biatrís/ por *Beatriz;* etc. Como reacción contra este defecto, algunas personas semicultas incurren en el contrario: sustituyen por /e/ la /i/ de los grupos /io, ia/ diciendo *espúreo* por *espurio, vacear* por *vaciar, cambear* por *cambiar:* en general, *-ear,* por

-iar; error que trae como consecuencia otro más grave: la creación de formas como *yo vaceo, yo cambeo,* etc. (cf. Flórez, *Lengua,* 217).

e². Variante de la conjunción *y:* → Y².

e- → EX-.

-e. Terminación átona de sustantivos postverbales: *acuse* (de *acusar*), *aguante* (de *aguantar*), *embarque* (de *embarcar*), *debate* (de *debatir*).

-ear. **1** Sufijo de verbos derivados de nombres o de adjetivos. A veces tiene significación incoativa *(azulear)* o frecuentativa *(vocear),* pero, en general, significa 'tener o dar el objeto o la cualidad nombrada': *agujerear, apalear, pasear.*

2 Sobre la pronunciación *-iar* por *-ear,* → E¹, 2.

Ecbátana. Nombre de la capital de la antigua Media, región de Asia. Es esdrújulo. Está bastante extendida, sin embargo, la pronunciación grave *Ecbatana.*

eccema. 'Afección de la piel'. Puede escribirse también *eczema,* aunque es preferible la primera grafía. El género de este nombre es masculino: *el eccema.*

-ececico, -ececillo → -ECECITO.

-ececito. Los sufijos *-ececito, -ececillo, -ececico, -ecezuelo* (todos con terminación femenina en *-a)* son sufijos diminutivos que se aplican a nombres y adjetivos monosílabos acabados en vocal: *piececito* (de *pie*).

158

-ecer. Sufijo de verbos derivados de nombres o de adjetivos. Su significación es generalmente incoativa: *envejecer, endurecer, entristecer, amanecer.* Pero esta significación no se da en muchos casos: *favorecer, parecer.*

-ecezuelo → -ECECITO.

echar. 1 Construcción: *echar* POR. EN O A *tierra; echar* DE *casa; echar* DE *ver; echar* A *correr; echárselas* DE *fino; echar* DE *menos a alguien. Echar a* + infinitivo es locución verbal de valor incoativo: *Echó a andar; Echarán a correr; Echaron a volar.* Su uso se limita a algunos verbos, especialmente de movimiento; no puede decirse, por ejemplo, *He echado a leer tu novela,* o *Hemos echado a trabajar en la fábrica.* Más vitalidad parece tener *echarse a* + infinitivo ('lanzarse a', 'tomar una decisión temeraria'): *«Se echó a discurrir barbaridades»* (Pérez de Ayala, *Luna,* 57).

2 *Echar a faltar,* por *echar de menos* o *echar en falta,* es catalanismo, aunque ha ampliado su extensión geográfica: *«Con mis hijos, he perdido / .. unos brazos de labriego / que ahora, viejo, echo a faltar»* (Celaya, *Poesía urgente,* 81); *«—¿Avisaron a la familia? —No; tampoco lo habrán echado a faltar»* (Cela, *Mazurca,* 240).

3 En el habla popular de América, *echar,* seguido de un sustantivo verbal con el sufijo *-ada* o *-ida,* expresa acción terminada o «perfecta» (a diferencia del verbo simple, con el que se expresa acción continuada o «imperfecta»): *«Tengo ganas de echar una conversada larga contigo».* La expresión puede formarse con otros verbos, como *pegar(se)* o *dar(se): «Habría que pegarse unas escapadas de cuando en cuando»; «Hija, date una asomadita por la despensa»* (Kany, 15).

4 En la lengua popular, *echar* es un verbo comodín que la lengua culta tiende a no emplear, prefiriendo verbos de sentido más preciso (indico entre paréntesis las formas más aceptadas en el uso culto): *echar una película (poner una película); echar una instancia (presentar una instancia); echar un discurso (pronunciar un discurso); echar un responso (rezar un responso); echar la bendición (dar la bendición); echar a la lotería (jugar a la lotería).*

echarpe. 'Especie de chal'. Aunque en francés, de donde se ha tomado prestada la palabra, tiene género femenino *(une écharpe),* en español se usa como masculino: *un echarpe* (ya en Larra en 1834: *«Me rodeo al cuello un echarpe»,* Artículos, 359).

-ecico, -ecillo → -ECITO.

-ecito. Los sufijos *-ecito, -ecillo, -ecico, -ezuelo, -achuelo, -ichuelo* (todos con terminación femenina en *-a),* de sustantivos y adjetivos, tienen significación diminutiva: *piernecica, pececillo, lucecita, gordezuelo.*

Llevan estos sufijos:

a) Los monosílabos acabados en consonante, incluida la *y: redecilla (red), solecito (sol), florecita (flor), trenecito (tren).* Se exceptúan *ruincillo (ruin)* y los nombres propios de personas: *Juanito, Luisito.*

b) Los bisílabos cuya primera sílaba contiene el diptongo *ei, ie, ue: reinecita, cieguezuelo, hierbecilla, puertecita, portezuela.*

c) Los bisílabos cuya segunda sílaba contiene el diptongo *ia, io, ua: bestiecita, geniecillo, lengüecita.* Excepciones: *rubita, agüita, pascuita.*

d) Muchas palabras bisílabas terminadas en *-ío: riachuelo.*

e) Todas las palabras bisílabas terminadas en *e: bailecito, cofrecillo, navecilla, avecilla, cochecito.*

-eco. 1 Sufijo fósil de sustantivos concretos: *muñeco, manteca.*

2 Sufijo de origen nahua, que forma en América numerosos adjetivos que designan vicio o defecto: *patuleco, boleco, tontoneco, terebeco, chapaneco, tulleco.*

ecto-. Forma prefija del griego *ektós,* 'extremo': *ectoplasma.*

ecuatoguineano → GUINEA ECUATORIAL.

eczema → ECCEMA.

-edad → -DAD.

-edal. Sufijo compuesto de *-edo* y *-al.* Significa lugar donde abunda algo: *nocedal, robledal.*

-edero → -DERO.

edificio → BUILDING.

Edimburgo. La capital de Escocia, *Edinburgh,* tiene en español el nombre de *Edimburgo.*

Edinburgh → EDIMBURGO.

editor. 'Propietario o director de una editorial'. Usar este nombre, como hacen algunos periodistas, por *director* de un periódico o de una sección del periódico, es impropiedad debida a anglicismo.

editorial. En el sentido de 'casa editora', es nombre femenino; en el de 'artículo no firmado que expone el pensamiento del periódico', es masculino.

-edizo → -IZO.

-edo, -eda. Sufijos de sustantivos colectivos: *robledo, alameda.* Combinados con *-al: robledal.* Combinados con *-ar: polvareda, humareda.*

-edor → -DOR.

educacional → EDUCATIVO.

educar. Construcción: *educar* EN *los buenos principios.*

educativo. 'Que sirve para educar' o 'relativo a la educación'. No es muy necesario el anglicismo *educacional,* tan difundido hoy que tiende a suplantar a *educativo,* especialmente en la segunda acepción.

educir. Verbo irregular. Se conjuga como *conducir* [41].

-edura → -DURA.

EE. UU. 1 No es recomendable el empleo de la sigla *U. S. A.* o *USA (United States of America)* para designar a los *Estados Unidos.* Si se desea obtener con ella la brevedad necesaria en un titular de prensa, la misma brevedad se consigue con las siglas españolas *EE. UU.* o *E. U. A.* (o *EUA*).

2 Menos recomendable es el empleo de la sigla *USA* con función de adjetivo: *la delegación USA, el embajador USA;* hábito periodístico explicable por la necesidad de agilizar los titulares. De todos modos —si toleramos en este caso concreto la violencia sintáctica de usar una sigla como adjetivo—, el mismo fin telegráfico puede conseguirse empleando las siglas españolas citadas.

3 Sobre la concordancia de *Estados Unidos,* → ESTADOS UNIDOS.

efecto. 1 *Tener efecto* como equivalente de *tener lugar, efectuarse* o *celebrarse,* es

válido; pero emplearlo con exclusión de las otras formas, que son mucho más generales, es peculiaridad del castellano hablado por catalanes: *«Tuvo efecto anoche el anunciado homenaje a Pilar López» (Vanguardia,* 29.3.1958, 42); *«Anoche tuvo efecto en el Palacio de la Música un concierto» (ibíd.,* 42); *«En el auditórium de la Caja de Ahorros de Tarrasa tuvo efecto la última conferencia» (ibíd.,* 21); *«Ayer por la tarde, a las siete y media, tuvo efecto, en la sala de actos del Hotel Ritz, una nueva sesión...» (ibíd.,* 24).

2 *Con efecto,* locución adverbial, por *en efecto* o *efectivamente,* es forma anticuada, si bien se conserva viva en Venezuela (Rosenblat, *Palabras,* III, 205).

efectuar. Se conjuga, en cuanto al acento, como *actuar* [1 d].

efeméride. En singular, *la efeméride,* es 'acontecimiento notable que se recuerda en cualquier aniversario del mismo', o también 'conmemoración de dicho aniversario'. En plural, *las efemérides,* es 'libro en que se refieren los hechos de cada día' o 'sucesos notables ocurridos en un mismo día de diferentes años'.

Éfeso. El nombre de esta antigua ciudad de Asia Menor es esdrújulo, /éfeso/; no grave, /eféso/, como a menudo se oye.

Égica. El nombre del rey godo *Egica* se pronuncia generalmente como palabra llana; pero etimológicamente es esdrújulo, *Égica,* y así lo escribe Menéndez Pidal (*Godos,* 34).

égida. 'Piel de la cabra Amaltea, atributo de Júpiter y de Minerva', y, por extensión, en lenguaje literario, 'escudo, defensa'. Es palabra esdrújula; pero la Academia admite también la acentuación grave, *egida.*

-ego → -IEGO.

Eguílaz. Es palabra llana: *Eguílaz.*

-eidad. Confusión entre las terminaciones *-eidad* e *-idad:* → -DAD, 3.

-ejar. Sufijo verbal equivalente a *-ear,* pero de uso mucho más restringido: *cortejar.*

ejecutivo → EMPLEADO.

ejercitarse

ejercitarse. Construcción: *ejercitarse* EN *la natación.*

-ejo. Sufijo de sustantivos y adjetivos. Su significación es diminutiva con cierto matiz despectivo: *animalejo, caballejo, calleja, medianejo.*

el. **1** Artículo definido. Se pronuncia siempre átono. Su forma femenina es *la* (a veces *el:* → 2). Las formas plurales son *los* para el masculino y *las* para el femenino. Se coloca siempre delante del sustantivo, aunque pueden interponerse adjetivos u otros complementos: *El nuevo presidente, El hasta ayer primer ministro.* El sustantivo al que precede el artículo no es necesariamente un nombre; puede ser una palabra o un sintagma sustantivados: *El sí de los electores; El que fuese tarde no era razón suficiente; Los que hayan entrado, siéntense; «El no haber hallado las tres pesetas era a buen seguro culpa de lo defectuoso de la busca»* (Cela, *Lazarillo*, 50).

2 El artículo femenino singular toma la forma *el* cuando va inmediatamente delante de nombre femenino que empieza por el fonema /a/ tónico: *el alma, el agua, el ave, el hacha, el hambre, el águila, el África.* Se exceptúan los nombres propios de mujer *(la Ángela, la Águeda:* → 5), el de la ciudad de *La Haya* y el de la letra *hache.*

3 *a)* La norma anterior solo rige, como se ha dicho, cuando el artículo singular precede inmediatamente al nombre en cuestión. La interposición de cualquier otra palabra hace que el artículo tome la forma normal *la;* así, aunque se dice EL *agua,* se dirá LA *misma agua;* aunque se dice EL *arma,* se dirá LA *eficaz arma.* No está justificado, pues, el uso de *el* en este ejemplo de Alarcón: *«A fin de hacer paladar / se sirvió* EL *anterior acta, / y la Cámara compacta / la tragó sin rechistar» (Poesías*, 239).

b) No es raro que, por influjo de la construcción sin interposición *(el agua, el arma),* encontremos construcciones con interposición en que el elemento interpuesto ha tomado una falsa forma masculina: EL MISMO *agua,* EL NUEVO *arma; «La subida de precios de los combustibles, a raíz* DEL ÚLTIMO *alza del petróleo» (Abc*, 9.8.1979, 27); *«*EL OTRO *aria .. es una lógica conce-*

sión a *Pavarotti» (J. L. Pérez de Arteaga, País*, 31.8.1983, 23). Este uso no se admite en la lengua normal.

c) El empleo de la forma *el* ante nombre femenino singular que comienza por /a/ tónica influye también en el uso de *todo* por *toda* delante del sintagma artículo + nombre: TODO *el agua,* TODO *el habla.* (→ TODO, 1.)

d) Paralelo al uso de *el* ante nombre femenino singular que comienza por /a/ tónica es el del demostrativo *aquel* por *aquella* (AQUEL *agua,* AQUEL *arma*), y el de las formas correspondientes de los otros dos demostrativos que forman sistema con *aquel: este* y *ese,* por *esta* y *esa* (ESTE *agua,* ESE *arma*). (→ AQUEL, 4; ESE, 4; ESTE, 4.)

e) La consecuencia extrema de la existencia de las construcciones tipo *el agua* es, en el habla inculta y semiculta, la mutación generalmente ocasional de género en los nombres femeninos que comienzan por /a/ tónica: MUCHO *hambre* (→ HAMBRE); *«El habla* ANDALUZ*» (F. Samaniego, País,* Supl., 21.10.1979, p. II): *«El habla* ANDALUZ *aparece* MITIGADO*» (F. Quiñones, ibíd.); «El asa,* FINO *y* LARGO, *llega hasta la mitad de la panza» (P. Torres, Pueblo,* 5.12.1979, 25); *«Un soldado resultó muerto al disparársele el arma con* EL *que hacía guardia» (Alerta,* 11.8.1984, 15).

f) Sobre *un agua, un arma;* su extensión a casos como UN BUEN *arma,* y el influjo en usos como ALGÚN *alma,* NINGÚN *área,* → UN, ALGUNO, NINGUNO.

4 Cuando la forma *el* va precedida de las preposiciones *a* y *de,* se producen las contracciones *al* y *del,* no solo en la pronunciación, sino también en la escritura: AL *salir* DEL *colegio.* Si *el* se escribe con mayúscula por formar parte de determinados nombres propios (→ 6), la contracción no se suele realizar en la escritura, pero sí en la pronunciación: *El monasterio de El Escorial,* /deleskoriál/; *Fueron a El Ferrol,* /alferról/.

5 El artículo no se usa normalmente ante nombres propios de persona; pero en el lenguaje popular, sobre todo rústico, suelen llevarlo los nombres de pila: *el Andrés, la Juana.* También se da este uso en el lenguaje forense, no solo en nombres de pila, sino en apellidos: *el García.* En el uso culto, admiten artículo algunos apellidos de artistas o escritores italianos: *el Petrarca, el Correggio* (pero → DANTE). Los apellidos de mujeres escritoras o artistas, de cualquier nacionalidad que sean, es frecuente que vayan precedidos de artículo: *la Avellaneda, la Pardo Bazán, la Callas;* pero abunda más en personas de otras épocas.

Cuando un nombre propio de persona (nombre de pila o apellido) se usa en sentido genérico, admite el artículo: *La dinastía de los Borbones; Felicita a todos los Pepes de la casa.* También va necesariamente con el artículo cuando le acompaña un adjetivo calificativo: *la gran Semíramis, el Mozart español.* Esta última norma también es válida para los nombres geográficos (→ 6): *la Andalucía oriental, la España de la posguerra.*

6 De los nombres propios geográficos, se usan sin artículo los de continentes (pero *Asia* y *África* se pueden usar con él). Tampoco lo llevan los nombres de países, regiones, islas, ciudades: *Italia, Castilla, Mallorca, Londres.* Sí pueden ir con artículo cuando la denominación es plural o cuando es compuesta: *los Países Bajos, las Landas, los Estados Unidos, el Franco Condado.* Otras excepciones: *el Piamonte, la Mancha, el Palatinado, el Perú, el Líbano, el Yemen. La Haya, El Cairo, La Meca, El Escorial, La Bañeza,* etc. (Es norma escribir el artículo con mayúscula solo cuando el nombre es de ciudad.) Muchos de los nombres que se usan con artículo admiten cada vez más el uso sin él: *(La) Coruña, (El) Ferrol, (la) Argentina, (el) Brasil, (la) China, (el) Japón, (la) India, (el) Uruguay, (el) Paraguay, (el) Irak, (el) Irán, (el) Canadá,* etc. (→ 5, final).

7 Los nombres de ríos, mares, lagos, montes, llevan implícito el nombre genérico correspondiente; por tanto, se usan con artículo: *el* (río) *Duero, el* (mar) *Mediterráneo, los* (montes) *Pirineos.* Pero los nombres de ríos no tienen artículo cuando siguen a un nombre de pueblo, formando parte de la denominación de este: *Aranda de Duero, Miranda de Ebro, Belmonte de Tajo, Alcalá de Henares.* (Se exceptúan los nombres extranjeros: *Francfort del Main.)*

8 *Lo,* artículo «neutro», se usa delante de un adjetivo calificativo con terminación masculina para convertirlo en un sustantivo abstracto: *lo grande;* frecuentemente

con valor colectivo: *Lo bueno dura poco,* 'las cosas buenas duran poco'. También se usa delante de una proposición adjetiva sustantivándola: *No entiendo lo* QUE DICES. Antepuesto al relativo *cual,* introduce una proposición que constituye una aposición explicativa del hecho enunciado previamente: *No les escribió ni una sola vez, lo cual les causó bastante disgusto.*

9 Omisión indebida del artículo: *la mayoría de personas,* por *la mayoría de* LAS *personas; el resto de diarios,* por *el resto de* LOS *diarios,* etc.: → MAYORÍA.

él. 1 Pronombre personal masculino de 3.ª persona. Su femenino es *ella.* Las formas plurales son *ellos, ellas.* Estas cuatro formas funcionan como sujeto, como predicativo o como complemento con preposición: *Ella no está conforme; Vive con ellos.*

2 El uso del pronombre personal de 3.ª persona (masculino y femenino, en singular o en plural) como sujeto, cuando el verbo de la oración está explícito, solo es normal: *a)* Cuando su presencia es necesaria para evitar anfibologías; p. ej., cuando una forma verbal puede ser igual para 1.ª o 3.ª persona de singular o cuando interesa distinguir entre un sujeto «él» / «ella» / «usted», o «ellos» / «ellas» / «ustedes». Estas posibilidades de confusión son relativamente raras, ya que casi siempre las disipa el contexto. *b)* Cuando queremos destacar enfáticamente el sujeto, en especial si se contrapone *(Tú quieres ir, pero* ÉL *no te dejará)* o se agrega *(También* ÉL *puede vencerte)* a otros. Fuera de estos casos, es abusivo el empleo de este pronombre personal como sujeto.

3 No debe usarse este pronombre con valor reflexivo, que corresponde a *sí: Lleva muchos libros* CON ÉL, por *Lleva muchos libros* CONSIGO; *«Seres demasiado normales y satisfechos* DE ELLOS *mismos»* (Laforet, *Nada,* 169), por *satisfechos* DE SÍ *mismos.*

4 *a)* El pronombre de 3.ª persona tiene para la función de complemento indirecto las formas átonas *le,* para el singular masculino y femenino, y *les,* para el plural masculino y femenino, usadas siempre sin preposición: LE *he escrito una carta* (a mi padre o a mi madre); LES *he escrito una carta* (a mis tíos o a mis tías).

b) Es vulgar el uso de *lo* o *los* como masculino con esta función («LOS *ha dado paso*», Zunzunegui, *Camino*, 350).

c) Es regional el empleo de *la* o *las* como femenino para la misma función («LAS *digo adiós con la mano*», Diego, *Primera antología*, 89; «LA *hemos dado una esmerada educación*», Mihura, *Decisión*, 37).

El uso de *la* como complemento indirecto femenino *(laísmo)* en lugar de *le*, que es la forma académica, es general en la lengua hablada familiar, y sobre todo popular, de Castilla; es muy antiguo (hay ejemplos en el *Poema del Cid*) y aparece en muchos escritores distinguidos de siglos pasados (Moratín es sistemáticamente laísta); pero no ha alcanzado la extensión y el prestigio del leísmo. De 24 escritores españoles del siglo XX examinados por Fernández Ramírez (§ 108), solo tres (Francisco de Cossío, R. Gómez de la Serna y Emilia Pardo Bazán) emplean casi exclusivamente *la;* en dos (Blasco Ibáñez y Arniches) se iguala o casi se iguala el número de casos de *la* y *le;* y en todos los restantes (Cela, Benavente, Zunzunegui, Pemán, Azorín, Concha Espina, Galdós, Miró, Baroja, Unamuno, Valle-Inclán, Pérez de Ayala, Juan Ramón Jiménez, Álvarez Quintero, etc.), hay un importante predominio o un uso exclusivo de *le.* El laísmo, pues, tiene hoy muy poca aceptación entre los escritores. Tampoco está admitido por la Academia. En descargo de los que lo practican, no hay que olvidar que es una tendencia muy antigua y popular, «natural e instintiva», como dice Robles Dégano. «¿Cuántos hay —pregunta el mismo gramático—, aun entre los doctos, que en todos los casos sepan perfectamente si el pronombre ha de estar en acusativo o en dativo?» *(Ortología*, § 189). Pero, en definitiva, debe hacerse lo posible por evitar el laísmo, al menos cuando se habla o escribe para un público, ya que es un uso que está al margen de la norma general del idioma.

d) Conviene no incurrir en el descuido, bastante frecuente en España y sobre todo en América, de emplear la forma *le*, en lugar de *les*, para complemento indirecto en plural: «*Es poner*LE *a los comunistas el apellido de terroristas*» (L. Contreras, *Sá-*

bado, 27.8.1975, 10); «¿*Cómo se explica el que esta municipalidad .. no se haya cuidado nunca de dar*LE *temas a los escritores?*» (Camba, *Rana*, 77); «*Un ánima* LE *puede hablar a los vivos*» (Benedetto, *Caballo*, 135).

5 *a*) Para la función del complemento directo, el pronombre de 3.ª persona tiene, en la norma culta de hoy, tres formas para el singular: *le, lo, la.* Como masculino, designando persona, se usa *le.* (LE *encontré* [a tu hermano]) o *lo*, preferido en algunas zonas de España y en toda América (LO *encontré* [a tu hermano]). Como masculino, designando cosa, *lo:* LO *encontré* (el papel). Como femenino, designando persona o cosa, *la:* LA *encontré* (a tu hermana), LA *encontré* (la cartera).

b) El uso de *le* como complemento directo masculino de persona —uso que se llama *leísmo*, aunque esta denominación suele reservarse a los que se exponen después (→ c, e, f)— compite, como decimos, con el de *lo*, si bien predominando sobre este, el cual se prefiere reservar para complemento directo masculino de cosa. Según los recuentos llevados a cabo por Fernández Ramírez (§ 105), de 25 escritores españoles contemporáneos, 19 usan *le* exclusivamente o casi exclusivamente, para complemento directo masculino de persona (Martínez Sierra, Concha Espina, Benavente, J. Guillén, Blasco Ibáñez, Pardo Bazán, Gómez de la Serna, Rosa Chacel, F. de Cossío, Galdós, Baroja, Valle-Inclán, Zunzunegui, Pérez de Ayala, Azorín, Unamuno, Díaz Cañabate, Picón, Miró); dos lo usan de manera predominante, aunque en una proporción que no llega a 2/1 (Pemán y Arniches); y cuatro prefieren *lo*, aunque no excluyen *le* (Cela, J. R. Jiménez, Pedro Álvarez y A. Quintero). Observa Fernández Ramírez que las cifras de empleo máximo de *le* se encuentran en autores castellanos (Martínez Sierra, Concha Espina, Benavente, Guillén, Gómez de la Serna, R. Chacel, F. de Cossío), mientras que el empleo máximo de *lo* aparece en autores andaluces (A. Quintero, J. R. Jiménez) o de otros territorios no leístas o cuya lengua regional no conoce la forma *le* para acusativo (Cela y P. Álvarez); pero aun los que proceden de estas regiones se atienen muy a menudo al uso de los castellanos (por ejemplo, Pardo Bazán, Galdós, Valle-Inclán, Pérez de Ayala). Aunque la Academia admite el *le* complemento directo de persona, dice que «sería de desear» que esta forma se reservara para el complemento indirecto y que se dijera para el directo siempre *lo*, tanto para persona como para cosa (*Gramática*, § 246; cf. *Esbozo*, § 2.5.2*d*).

c) El empleo de *le* como complemento directo masculino de cosa («*Doña Inés .. le infundía miedo; pero .. hizo cuanto pudo por apartar*LE», Valera, *Juanita*, 135), aunque bastante frecuente en la lengua clásica y todavía en el siglo pasado, hoy es raro en literatura: un caso cada 9 de *lo* con el mismo valor (Fernández Ramírez). En la lengua hablada la proporción es mayor, pero se limita al área de Castilla y León. Por ser uso regional, conviene evitarlo.

d) Para el plural, la norma culta registra solo dos formas: una masculina, *los*, designando persona o cosa: LOS *encontré* (a tus hermanos, o los papeles); otra femenina, *las*, designando también persona o cosa: LAS *encontré* (a tus hermanas, o las carteras).

e) El empleo de *les* como complemento directo masculino de persona es mucho menos acusado que el de *le* para persona en singular (→ b). Según los recuentos de Fernández Ramírez, solo se presenta *les* de complemento directo de persona una de cada diez veces frente a *los*. La lengua literaria, pues, no lo admite en general, si bien no escasean ejemplos de escritores cultos: «*Les sorprende el capitán moro Galbe, les cerca, les rinde, y acuciado por el traidor Ruy Velázquez los degüella*» (Menéndez Pidal, *Godos*, 222; nótese la variación al final); «*Sin olvidar lo mucho que les distingue*» (Alonso, *Poetas*, 172): «*¿Cómo no les retuvieron en la otra religión, en la oficial, los predicadores de ella?*» (Unamuno, *Visiones*, 91). He encontrado bastantes ejemplos en Miró, Azorín, Baroja, Galdós y hasta Cela; esporádicamente en otros autores. En la lengua hablada es mucho más frecuente, sobre todo en Castilla. Pero, como queda dicho, no es uso aceptado en la norma general.

f) El empleo de *les* como complemento directo masculino de cosa (LES *he guardado* [los papeles] *en el armario*) es prácti-

camente nulo es la lengua literaria (4 casos halla Fernández Ramírez, frente a 234 de *los*). Sin embargo, en las zonas en las que se usa *le* con el mismo valor en singular, la forma predominante en plural es *les*.

g) A veces aparece, incluso en textos literarios, la forma *le* (o *les*) indebidamente usada por *la* (o *las*) complemento directo femenino; en unos casos es ultracorrección debida al temor de incurrir en laísmo; en otros, puede tratarse de uso regional (cuando no se deba a errata o adulteración del texto): «*La Señora sabe que ella no pronuncia como todas las gentes, y esto le halaga y le confirma en su señorío lugareño*» (Miró, *Cercado*, 176; cuatro ejemplos más recogidos en la misma obra); «*Una jovialidad y un buen humor que a Pilar le sorprendieron y hasta le escandalizaron*» (Baroja, *Románticos*, 23; dos ejemplos más en la misma obra); «*Don Jaime le pegó [a doña Angustias]. Las criadas dicen que le pegó*» (Torrente, *Señor*, 23).

h) En el español hablado por gallegos aparece coloquialmente un *le* expletivo referido a la persona *usted*, y que es marcadamente regional (cf. Rabanal, *Hablas*, 46; García, *Temas*, 123). En los ejemplos que siguen, son gallegos los que hablan: «*Le somos una nación, ¿sabe usted?... Le tenemos una personalidad nacional tan fuerte como la primera*» (Camba, *Rana*, 51); «*—Entonces, ¿usted dice que es de la parte de Porriño? —Eso es, de cerca; yo le vengo a ser de Mos*» (Cela, *Colmena*, 209).

6 Cuando el pronombre personal de 3.ª persona en función de complemento directo concurre con *se* en oraciones de sentido impersonal, hay duda entre usar *le*, *les* para masculino y femenino (SE LES *castigará*, 'ellos serán castigados' o 'ellas serán castigadas') o bien *le* o *lo*, *los* para masculino (SE LOS *castigará*, 'ellos serán castigados') y *la*, *las* para femenino (SE LAS *castigará*, 'ellas serán castigadas'); o bien *le*, *les* para masculino («SE LES *puede sacar a flote*» [a ellos], Galdós, *Torquemada*, II, 85), y *la*, *las* para femenino («*Según el punto de donde* SE LAS *mira*», Baroja, *Románticos*, 140). Aunque es cuestión mal dilucidada por los gramáticos, el hecho es que en la lengua general de hoy, en España, se prefiere la tercera y última opción de las mencionadas (masculino, *se le*, *se*

«ÉL», PRONOMBRE PERSONAL DE TERCERA PERSONA: USO DE LAS FORMAS ÁTONAS «LE», «LA» Y «LO»

(Resumen)

SINGULAR

Masculino, persona, complemento directo .... LE [1]: He buscado a Luis y no *le* he visto.
LO [2]: He buscado a Luis y no *lo* he visto.

Masculino, persona, complemento indirecto........... LE: He buscado a Luis y *le* he dado la noticia.

Masculino, cosa, complemento directo........... LO [3]: Perdí el documento, pero ya *lo* he encontrado.

Masculino, cosa, complemento indirecto .... LE: He leído tu artículo y *le* he encontrado un defecto.

Femenino, persona o cosa, complemento directo........... LA: He buscado a Luisa y no *la* he visto. Perdí la carta, pero ya *la* he encontrado.

Femenino, persona o cosa, complemento indirecto .... LE [4]: He visto a Luisa y *le* he dado la noticia. He leído tu carta y *le* he encontrado una falta.

Neutro, complemento directo........... LO: He visto esto y *lo* he comprado.

Neutro, complemento indirecto .... LE: Me gusta esto, pero *le* han puesto un precio muy caro.

PLURAL

Masculino, persona o cosa, complemento directo........... LOS: He buscado a tus hermanos y no *los* he visto [5]. Perdí los documentos, pero ya *los* he encontrado.

Masculino, persona o cosa, complemento indirecto .... LES: He buscado a tus hermanos y *les* he dado la noticia. He leído tus artículos y *les* he encontrado un defecto.

Femenino, persona o cosa, complemento directo........... LAS: He buscado a tus hermanas y no *las* he visto. Perdí las cartas, pero ya *las* he encontrado.

Femenino, persona o cosa, complemento indirecto .... LES [6]: He buscado a tus hermanas y *les* he dado la noticia. He leído tus cartas y *les* he encontrado una falta.

---

[1] Forma preferida por la mayoría de los escritores españoles actuales (*leísmo* correcto).
[2] Forma preferida por la Academia, por el uso general hispanoamericano y por el de algunas regiones españolas.
[3] El uso de *le* en este caso es hoy regional (*leísmo* incorrecto).
[4] El uso de *la* en este caso (*laísmo*) es propio de la lengua hablada en gran parte de España, incluyendo Madrid. No se considera aceptable en la lengua escrita.
[5] Existe también, frecuente en la lengua hablada, pero con poco prestigio en la escrita, la forma *les* para persona complemento directo: He buscado a tus hermanos y no *les* he visto.
[6] El uso de *las* por *les* en este caso (*laísmo*) es tan frecuente en la lengua hablada como el correspondiente singular (v. nota 4); pero se considera igualmente inaceptable en la lengua escrita.

les; femenino, *se la, se las*); en América, la segunda (masculino, *se lo, se los;* femenino, *se la, se las*).

7 Cuando el pronombre átono de 3.ª persona en función de complemento indirecto concurre con otro pronombre átono de 3.ª persona en función de complemento directo, el primero toma la forma *se* (invariable en género y número): *Se lo di,* 'lo di a él, o a ella, o a ellos, o a ellas'; *Se las vendió,* 'las vendió a él, o a ella, o a ellos, o a ellas'. No debe confundirse este *se* con el *se* reflexivo, que significa 'para sí' (→ SÍ ², 3). En algunas zonas de América se pone indebidamente en plural el segundo pronombre de esta secuencia cuando el *se* complemento indirecto se refiere a una pluralidad de personas: *Se* LOS *dije,* por *Se* LO *dije* [a ellos]; *«Una noche de nevada se habían divertido en escribir RIP con un palito en todas las cajas de latón, y a un policía le había gustado más bien poco la gracia y se* LOS *había dicho»* (Cortázar, *Rayuela,* 358). (Cf. Cuervo, *Apuntaciones,* § 356; Kany, 109; Flórez, *Apuntes,* 141-)

8 Los pronombres átonos de 3.ª persona en función de complemento directo y de complemento indirecto *(le, lo, la, los, las)* pueden ir acompañados, dentro de la frase, por la forma tónica del mismo pronombre precedida de la preposición *a;* es decir, el complemento directo o el complemento indirecto aparece mencionado dos veces por el mismo pronombre en dos formas distintas. En este caso, la forma tónica con *a* tiene un papel enfático semejante al señalado antes (→ 2, b): A ÉL *no* LE *gustó la propuesta; La propuesta no* LE *gustó* A ÉL.

9 Sobre el pronombre personal neutro *ello,* → ELLO.

10 Sobre colocación de las formas átonas *le, lo, la, les, los, las* respecto al verbo *(lo pide / pídelo / pidiéndolo)* y respecto a otros pronombres personales átonos *(me lo das, se les fue, póntelos),* → PRONOMBRES PERSONALES ÁTONOS.

-el. Sufijo fósil de sustantivos (a veces de adjetivos): *lebrel, vergel, cuartel, cordel, novel.*

electro-. Forma prefija del adjetivo *eléctrico: electroimán, electromecánico.*

electrochoc, electrochoque → CHOQUE.

electrólisis. 'Descomposición de un cuerpo por la electricidad'. Es nombre femenino. Su acentuación es esdrújula; es errónea, por tanto, la forma *electrolisis,* frecuente entre los físicos y químicos (es la única registrada por la Academia de Ciencias en su *Vocabulario*).

electrólito. 'Cuerpo que se somete a la descomposición por la electricidad'. La acentuación de esta palabra es esdrújula; es errónea, por tanto, la forma *electrolito.* Esta forma, sin embargo, parece la preferida por muchos físicos y químicos (cf. Academia de Ciencias, *Vocabulario*).

electro-shock → CHOQUE.

elefantiasis. 'Cierta enfermedad'. Se pronuncia /elefantiásis/, no /elefantíasis/.

elegir. Verbo irregular. Se conjuga como *vestir* [62].

eleo-. Forma prefija del griego *élaion,* 'aceite': *eleometría.*

elevar. Construcción: *elevarse* AL o HASTA *el cielo; elevarse* DE *la tierra; elevarse* POR *los aires; elevarse* SOBRE *el vulgo.*

Élide. Nombre de una región de Grecia. Es preferible esta forma a *Élida* (Fernández Galiano).

Eliseo. 1 *Eliseo,* /eliséo/, es nombre de varón.

2 *Elíseo,* /elíseo/, o mejor *Elisio* (del latín *Elysius*), es el nombre del lugar donde, según el mito antiguo, residían las almas de los bienaventurados. También puede ser adjetivo: *los Campos Elíseos* o *Elisios.*

Elisio → ELISEO. 2.

élite. Es palabra francesa, se pronuncia /elít/, y es nombre femenino y significa 'minoría selecta'. Su plural es *élites,* /elít/. En España y en América muchos pronuncian, con lectura española, /élite/, ignorando que la tilde francesa tiene una función muy distinta de la que tiene la española. La Academia propone la forma *elite,* con pronunciación /elíte/, cuyo plural es *elites,* /elítes/.

elixir. 'Licor medicinal'. Puede ser *elixir,* con acentuación aguda, o *elíxir,* con acentuación grave. Suele preferirse la primera forma.

ella → ÉL.

ello. 1 Pronombre personal neutro de 3.ª persona. No se refiere nunca a persona ni a cosa determinada, sino a conjuntos de cosas, a ideas complejas o a hechos: *¿Alcanzar un porvenir sin esfuerzo?; no pienses en ello.* Puede funcionar como sujeto, como predicativo o como complemento con preposición. En esta forma tónica *(ello)* es raro en la lengua hablada, pero frecuente en la escrita: *«Ello fue que al día siguiente, en bestias de la hacienda, salimos a conocer la finca ofrecida»* (León Rey, *Nidito,* 96). La lengua conversacional aquí hubiera dicho *el caso fue que...* Cf. Henríquez Ureña, *«Ello»,* 221.

2 Para las funciones de complemento directo y complemento indirecto toma las formas átonas *lo* y *le,* respectivamente: *Lo que han dicho no* LO *he entendido; A todo aquello no* LE *veíamos solución.* Es anormal el uso de *ello* como complemento sin preposición: *«Tanto Corominas como García de Diego comprenden ello muy bien y así lo hacen notar en los prólogos de sus respectivas obras»* (Fernández-Sevilla, *Lexicografía,* 50).

3 La forma átona *lo* puede también funcionar como predicativo en oraciones con *ser* o *estar: Si él es listo, yo también* LO *soy; Si ella es lista, la otra también* LO *es.*

-elminto. Forma sufija del griego *hélmins,* 'gusano': *platelminto.*

-elo. Sufijo de sustantivos, con significado originariamente diminutivo: *libelo, novela, ciudadela, pastorela.*

elogiar. Se conjuga, en cuanto al acento, como *cambiar* [1 a].

elucubración. 1 'Composición o escrito hecho por alguien con sus propias meditaciones'; también 'divagación' (Moliner). Hoy es más frecuente este término que su sinónimo, preferido por la Academia y de carácter más literario, *lucubración.*

2 Lo mismo puede decirse respecto a los verbos correspondientes *elucubrar* y *lucubrar.* Conviene advertir, a propósito de ellos, que, aunque la Academia los considera transitivos, se usan normalmente como intransitivos: *«Acabó por hablar de la película que iban a ver; elucubraban a sus expensas»* (Payno, *Curso,* 67); *«El*

aceite, para espabilar la lamparita del alma, para lucubrar» (Cela, *Viaje andaluz,* 212).

elucubrar → ELUCUBRACIÓN.

em- → EN-.

emanar. Este verbo es intransitivo y significa 'proceder' (de alguien o algo): *La simpatía que emana de su persona.* No debe confundirse con *exhalar* o *emitir,* haciéndolo transitivo: *«Quiérase o no, el coto emana un tufo de privilegio»* (Delibes, *Perdiz,* 147); *«Los malos olores que emana el populoso barrio de la China»* (Ya, 3.8.1962, 12) (hubiera sido acertado decir «que emanan del barrio de la China»).

embadurnar. Construcción: *embadurnar* DE *pintura.*

embaír. Verbo defectivo. Se conjuga, como *abolir,* solo en las personas cuyas desinencias comienzan por *i.* En las formas a las que corresponden los formantes *-ió, -ieron, -iera, -iendo,* etc., la *i* se sustituye por *y* (como en *huir*): *embayó, embayendo.* (Véase cuadro.)

embajador. El femenino de este nombre es *embajadora.* No hay motivo para decir *la embajador,* «la señorita embajador» (J. Carabias, *Ya,* 19.10.1972, 8).

embarazada. Construcción: *embarazada* DE *seis meses.*

embarcarse. Construcción: *embarcarse* DE *polizón; embarcarse* EN *un vapor; embarcarse* PARA *América; embarcar a alguien* EN *un negocio.*

embargo. 1 *Sin embargo.* Locución adverbial (no conjuntiva, como dicen casi todas las gramáticas) que expresa oposición parcial a lo enunciado anteriormente en el discurso. Es frecuente que ocupe un segundo lugar en la oración; pero puede ir en cualquier sector de ella, preferentemente al principio. En todo caso, es norma ortográfica aislar esta locución del resto de la frase por medio de comas. Es error vulgar confundir *sin embargo* con *en cambio,* otra locución adverbial que también expresa oposición, pero no parcial, sino total: significa 'por el contrario'; por ello no está bien empleado *sin embargo* en este ejemplo: *«El primer ministro soviético .. saludó con todo afecto, sonriente, a su*

CONJUGACIÓN DEL VERBO «EMBAÍR»

(tiempos simples)

INDICATIVO

Pres. embaímos, embaís.
Pret. impf. embaía, embaías, embaía, embaíamos, etc.
Pret. indef. embaí, embaíste, embayó, embaímos, embaísteis, embayeron.
Fut. impf. embairé, embairás, embairá, embairemos, etc.
Pot. simple embairía, embairías, embairía, embairíamos, etc.

SUBJUNTIVO

Pres. No tiene.
Pret. impf. embayera o embayese, embayeras o embayeses, etc.
Fut. impf. embayere, embayeres, etc.

IMPERATIVO

embaíd.

FORMAS NO PERSONALES

Inf. embaír.   *Ger.* embayendo.   *Part.* embaído.

---

colega español. El embajador chino, SIN EMBARGO, *le estrechó la mano secamente» (Triunfo,* 7.10.1972, 7). Aquí quiso decirse *en cambio.*

2 *Sin embargo de.* Locución prepositiva, 'a pesar de': *Sin embargo de lo dicho; Sin embargo de ser fiesta.* En esta locución no debe escribirse coma después de *embargo.* Esta locución prepositiva es hoy exclusiva de la lengua escrita.

3 No es aceptable la grafía *sinembargo,* como una sola palabra, usada por muchas personas en América.

4 *Embargo,* como nombre masculino, es 'retención de bienes por mandato oficial' y 'prohibición gubernamental de comercio'. No debe usarse en lugar de *reserva* o *secreto,* como por anglicismo ocurre a veces: *«Es una lástima que Santiago Carrillo haya pretendido desmentir lo que sin solicitud de embargo de ninguna clase .. dijo durante nuestra comentada cena»* (P. J. Ramírez, *Abc,* 3.2.1980, 7).

embarnecer. Verbo irregular. Se conjuga como *agradecer* [11].

embastecer. Verbo irregular. Se conjuga como *agradecer* [11].

embaucar. Se conjuga, en cuanto al acento, como *causar* [1 e]: *embauco, embaucas, embauca, embaucamos, embaucáis, embaucan.*

embaular. Sobre la pronunciación de este verbo no hay norma definida. Unos lo pronuncian con hiato *(embaúlo, embaúlas, embaúla)* y otros con diptongo *(embaulo, embaulas,* etc.). En España, entre personas cultas, se oye generalmente la primera pronunciación (como *aullar* [1 f]).

embebecer. Verbo irregular. Se conjuga como *agradecer* [11].

embellecer. Verbo irregular. Se conjuga como *agradecer* [11].

embestir. 1 Verbo irregular. Se conjuga como *vestir* [62].
2 Construcción: *embestir* A o CONTRA *la multitud.*

emblanquecer. Verbo irregular. Se conjuga como *agradecer* [11].

emborrachar. Construcción: *emborracharse* CON o DE *aguardiente.*

emboscar. 'Poner oculta (una tropa) para atacar por sorpresa'. Más frecuente que este uso transitivo es el reflexivo, *emboscarse.* Otro uso transitivo, 'tender una emboscada (a alguien)', no es normal: «*Dos pistoleros de ETA lo emboscaron.* *Un capitán de infantería cacereño, herido grave en París»* (*Hoy,* 9.10.1975, 7); «*Destacamentos 'senderistas' .. fueron emboscados, maltratados y ejecutados en toda la zona de Iquicha»* (Vargas Llosa, *Abc,* 9.8.1983, 3).

embravecer. Verbo irregular. Se conjuga como *agradecer* [11].

embriagar. Construcción: *embriagarse* CON *champán; embriagarse* DE *júbilo.*

embrutecer. Verbo irregular. Se conjuga como *agradecer* [11].

embutir. Construcción: *embutir* DE *algodón; embutir una cosa* EN *otra.*

-emesia, -emesis, -emisia. Formas sufijas del griego *emeo,* 'vomitar': *hiperemesia.*

-emia. Forma sufija del griego *haima,* 'sangre': *hiperemia.*

emolir. Verbo defectivo. Se conjuga, como *abolir,* solo en aquellas personas cuya desinencia comienza por *i.*

empalmar. Construcción: *empalmar un madero* CON *otro.*

empapar. Construcción: *empapar* DE O EN *esencias: «empapado* DE *su sangre»* (Hierro, *Poesía,* 75).

emparedado → SÁNDWICH.

emparentar. 1 Se conjuga normalmente como regular, aunque raramente, siguiendo el uso antiguo, aparece como irregular (modelo *cerrar* [6]).
2 Construcción: *emparentar* CON *otra familia.*

empecer. Verbo irregular. Se conjuga como *agradecer* [11].

empedrar. Verbo irregular. Se conjuga como *cerrar* [6].

empeñar. Construcción: *empeñarse* EN *una empresa; empeñarse* EN *mil duros; empeñarse* EN *ir* (no DE *ir*).

empequeñecer. Verbo irregular. Se conjuga como *agradecer* [11].

emperador. El femenino de este nombre es *emperatriz.*

empero. Adverbio que expresa oposi-

ción restringida. Su uso se limita a la lengua literaria. Puede ir en primero o en segundo lugar de la oración: «*Aunque el [santo] enseñaba cosas más devotas que curiosas .., eran empero aquellas palabras eficaces y de gran fuerza»* (Ribadeneyra, cit. Academia, *Gramática,* § 344).

empezar. 1 Verbo irregular. Se conjuga como *cerrar* [6].
2 Construcción: *empezar* A *hablar; empezar* POR *hablar. Empezar a* + infinitivo es locución verbal que expresa comienzo de la acción expresada por el infinitivo.

Empíreo. 'El cielo'. Advierte Fernández Galiano que la forma correcta de esta palabra de origen griego debería ser *Empirio.* Pero *Empíreo* es la más generalizada.

emplastecer. Verbo irregular. Se conjuga como *agradecer* [11].

empleado. El empleado de categoría superior con funciones de responsabilidad o dirección en una empresa se suele llamar *ejecutivo* (femenino, *ejecutiva*); en un organismo público se llama *alto funcionario* (femenino, *alta funcionaria*). En otros ámbitos se puede decir *mando intermedio.* Como nombre colectivo para unos y otros se puede usar el nombre de *los cuadros: «Lo conseguido por la Sección Femenina se debe sobre todo a la preparación de sus cuadros»* (Primo de Rivera, *Discursos,* 19); «*El bienestar debe residir en nuevas pretensiones, en nuevas aspiraciones. Y esto lo entiende mejor el campesino que el obrero urbano. Y sobre todo lo entienden mejor los cuadros. Por eso no somos un partido de masas»* (Tierno Galván, *Gaceta,* 15.8.1976, 26). Aunque este empleo de *cuadros* procede directamente de un uso moderno del francés *cadres,* no carece de relación con los *cuadros de mando* militares, ya bien implantados en el idioma y que a su vez tienen su origen en otro uso francés que data de la Revolución. En realidad, el sentido moderno del francés *cadres* (que también ha pasado al inglés y al alemán), como el del italiano *quadri,* es calco del plural ruso *kadry* —no usado en singular—, 'dirigentes del Partido Comunista' (que históricamente se remonta al sentido militar francés mencionado; cf. Cortelazzo-Zolli).

Del plural *cuadros* se ha formado un uso singular *cuadro* (en francés *cadre*) para designar a cada individuo de los que forman los *cuadros;* es decir, al ·empleado o funcionario con cargo de responsabilidad·: *«El Sindicato de Cuadros del Banco de España .. Informa .. Del profundo malestar de los empleados del Banco de España por el agravio cometido en la persona de nuestro compañero» (Abc,* 29.9.1981, 25). Se trata de una utilización abusiva del término, ya que *cuadro,* con la idea de ·mando·, tiene naturalmente sentido colectivo (aunque también es cierto que el uso no deja de tener explicación dentro de los mecanismos semánticos del idioma).

emplear. Construcción: *emplear sus fuerzas* EN *algo; emplear a una persona* EN *su oficina.*

empobrecer. Verbo irregular. Se conjuga como *agradecer* [11].

emporcar. Verbo irregular. Se conjuga como *acordar* [4].

empotrar. Construcción: *empotrar* EN *el muro.*

en. 1 Preposición. Es siempre átona. Expresa las siguientes relaciones:

a) Lugar en donde: *Estoy en casa; Llueve en provincias.*

b) Tiempo durante el cual ocurre la acción: *Estamos en verano; Nació en 1920.*

c) Aspecto, limitación, parte: *Perito en la materia; Especialista en niños; Abundante en caza; La supera en belleza.*

d) Término de un movimiento, con determinados verbos: *Cayó en tierra; Entraron en la alcoba.* Se podría emplear en estos casos la preposición *a (Cayó a tierra, entraron a la alcoba),* pero aludiendo al movimiento y no a su final (Gili Gaya, § 191). (Sobre *entrar* A / *entrar* EN. → ENTRAR.) También aparece la preposición *en,* con el mismo sentido de término, en frases hechas: *caer en gracia, caer en desgracia, venir* (o *ir) en ayuda,* y en giros en que consta igualmente el punto de partida: *de mano en mano, de mal en peor, de uno en otro, de sorpresa en sorpresa, «de admiración en admiración»* (Galdós, *Torquemada,* II, 30). El término ·es impreciso en la frase *de allí* (o *de aquí) en adelante,* con sentido local o temporal.

e) Modo: *en serio, en secreto, en confianza, en fila, en orden, en color, en serie, en conjunto.* Se forman así varias locuciones adverbiales.

f) Medio o instrumento: *Hablar en español; Viajar en tren.*

g) Precio: *Se lo vendo en cien pesetas.*

h) Causa: *Le conocí en el andar; Se le notaba en la manera de contestar.*

i) Seguido de un gerundio: tiempo a partir del cual se realiza inmediatamente la acción: *En poniendo el general los pies en la playa, dispara la artillería.*

2 El uso de *en* para denotar materia no es el más normal en español: *vestido* EN *lana, estatua* EN *bronce, cubo* EN *plástico.* Esta noción corresponde a la preposición *de: vestido* DE *lana, estatua* DE *bronce, cubo* DE *plástico.* No obstante, en algunos casos es conveniente el empleo de *en* en beneficio de la claridad. Véase este anuncio: *«Escurridor de verduras* EN *plástico .. Botella de un litro* EN *plástico .. Cubo para agua* EN *plástico .. Bolsa para la compra* EN *nylon .. Alfombra para baño* EN *goma .. Tapa de 'water'* EN *plástico .. Guantes para limpieza* EN *goma 'látex' .. Cubierto de mesa* EN *alpaca» (Ya,* 3.8.1962, 7). En estos enunciados, el empleo de *de* en lugar de *en* hubiera dado lugar a algunas anfibologías. El mismo anuncio, en otros lugares en que no hay riesgo en este sentido, emplea la preposición *de: «Plato* DE *plástico flexible .. Bayeta* DE *celulosa».*

3 *En cinco minutos,* por *dentro de cinco minutos,* es uso, si no calcado del inglés, sí influido por él, que conviene evitar en favor de la claridad y la exactitud: *en* significaría ·durante·; *dentro de* es ·al cabo de·. El uso de *en* está más extendido en América que en España: *«En minutos se rán ya las cinco»* (Benedetto, *Caballo,* 116).

4 *En la mañana, en la tarde, en la noche* (*«Una lanza que le habían dado en la mañana»,* Uslar Pietri, *Lanzas,* 220; *«Matas solitarias, de hojas velludas, que sudaban en la noche»,* Carpentier, *Reino,* 19), son construcciones normales en América, frente a las de España *por la mañana, por la tarde, por la noche* (cf. Steel, *Americanismos,* 181). Sin embargo, el uso era normal en el español clásico (cf. Cuervo, *Diccionario,* Cont., s.v., en § 8b): *«Me*

conviene y me importa quedar mañana en la tarde libre de tener quien me siga y me persiga» (Cervantes, *Vizcaíno*, 156). La presencia del uso en Sender (*«Los domingos en la tarde .. iba a jugar a las birlas», Réquiem*, 35, etc.) no se debe a arcaísmo, sino a su prolongada estancia en América.

5 En la lengua literaria se usa a veces, por galicismo, *en* por *como* o *a lo: Vive en príncipe* debe ser *Vive como un príncipe, Vive a lo príncipe: «Don Mónico es un alcalde antiguo, que rige al pueblo en padre de familia»* (Cela, *Alcarria*, 134); *«Uno de los caballeros cristianos más nobles de todos los tiempos, que murió en paladín»* (Muñoz, trad. Lewis, *Carlos de Europa*, 104); *«El mundo de poderes que Solimán invocaba con sus conjuros, en verdadero amo de la isla»* (Carpentier, *Reino*, 78). En los ejemplos debió decirse *como: como padre de familia, como paladín, como amo.*

6 En el habla popular de muchas regiones hispanoamericanas se omite la preposición *en* delante del sustantivo *ocasión*, cuando este tiene el significado de 'vez', o delante de otros sustantivos semejantes *(momento, instante,* etc.): *una ocasión,* 'en una ocasión'; *aquel momento,* 'en aquel momento'. La omisión se debe, sin duda, a la influencia de expresiones en que la supresión de *en* es normal, como *una vez, aquel día, aquel año, días pasados* (*«Nevó días pasados, pero sin cuajar»*, Ridruejo, *Diario*, 23). Ejemplos: *«Esa ocasión eché el resto»; «¿No lo había descubierto él una siesta?»; «Dos moscas que pasaban ese momento»; «El dios Pan encontró cierta ocasión una ninfa en el bosque»* (cit. Kany, 366).

7 *Ir en casa de:* → CASA.
8 *En base a:* → BASE.
9 *En balde:* → BALDE.

en-. Prefijo latino y griego de sustantivos o verbos. Su significación es muy variada, aunque con frecuencia indica la idea de 'dentro de' o 'sobre': *encubrir, ensalivar.* Toma la forma *em-* cuando precede a *b* o *p: empapelar, emborrachar.*
En palabras procedentes directamente del latín tiene a veces valor de negación: *enemigo, enfermedad.* → IN-.

-en. Sufijo átono de sustantivos, variante de *-e,* propio de la lengua popular: *el aprovechen, el chupen.* Cf. Seco, *Un sufijo,* 458.

-én. Sufijo tónico de sustantivos o adjetivos derivados de numerales: *seisén, catorcén.*

-ena → -ENO.

enaltecer. Verbo irregular. Se conjuga como *agradecer* [11].

enamarillecer. Verbo irregular. Se conjuga como *agradecer* [11].

enamorar. Construcción: *enamorarse* DE *alguien.*

enardecer. Verbo irregular. Se conjuga como *agradecer* [11].

encajar. Construcción: *encajar una pieza* EN O CON *otra.*

encallar. Construcción: *encallar la nave* EN *la arena.*

encallecer. Verbo irregular. Se conjuga como *agradecer* [11].

encaminar. Construcción: *encaminarse* A *la puerta.*

encanecer. Verbo irregular. Se conjuga como *agradecer* [11].

encante. Aunque esta voz figura en el *Diccionario* de la Academia con la calificación de «poco usada», en realidad es castellanización, en boca de catalanes, del nombre catalán *encant,* que equivale al castellano *baratillo* o *tienda de ocasión.*

encapricharse. Construcción: *encapricharse* CON *algo.*

encaramar. Construcción: *encaramarse* AL *tejado; encaramarse* A O EN *un árbol.*

encarar. Construcción: *encararse* CON O A *alguno.*

encarecer. Verbo irregular. Se conjuga como *agradecer* [11].

encargar. Construcción: *encargarse* DE *un negocio.*

encargo. *Bajo encargo:* → BAJO, 7. *Sobre encargo:* → SOBRE, 4.

encarnizar. Construcción: *encarnizarse* CON (raro EN) *los fugitivos.*

encenagar. Construcción: *encenagarse* EN *los vicios.*

encender. 1 Verbo irregular. Se conjuga como *entender* [14].

2 Construcción: *encender un cigarro* A o EN *la lumbre; encenderse* DE o EN *ira.*

encerrar. Verbo irregular. Se conjuga como *cerrar* [6].

-encia. Sufijo de sustantivos abstractos: *continencia, excelencia, querencia.*

encima. 1 Adverbio de lugar que significa 'en lugar o puesto superior'.

2 Adverbio que expresa acumulación, equivalente a *además* o *aún más:* «*En cada diálogo, Platón enfoca un tema singular y trata de otros ocasionalmente. Además, varía a veces de opinión. Y, encima, gusta de revestir sus ideas bajo imágenes plásticas*» (Carreras, *Hist. filosofía,* 39). Se usa sobre todo en la lengua coloquial.

3 Construcción: *encima* DE *la mesa; encima* DE *llegar tarde, te burlas. Encima de* constituye una locución prepositiva, que puede ir precedida de la preposición *por,* añadiendo idea de tránsito: *Voló por encima del pueblo;* o formando la locución *por encima de* 'a pesar de', 'contra la voluntad de': *Lo haré por encima de quien sea; por encima de todo.*

Encima de + pronombre personal *(encima de mí)* se sustituye, en el habla vulgar, por *encima* + posesivo *(encima mía* o *encima mío).* En algunos países incluso se antepone el posesivo *(en mi encima).* Este uso no se admite en la lengua normal.

4 Sobre el uso de *encima* por *encima de (encima la mesa,* por *encima* DE *la mesa),* → DE, 2.

5 Diferencia entre *encima* y *arriba:* → ARRIBA, 4.

encinta. 'Embarazada'. Puesto que esta palabra es adjetivo y no adverbio, no es invariable, como algunos creen: «*Cuéntase que las mujeres encinta no podían ver las tragedias de Esquilo*» (Pérez de Ayala, *Máscaras,* 228); «*Las dos condenadas se encuentran encinta*» *(Informaciones,* 18.9.1975, 1). El plural es *encintas.*

enclenque. 'Enfermizo'. Es errónea la forma *enquencle.*

enclocar. Verbo irregular. Se conjuga como *acordar* [4].

-enco. Sufijo de adjetivos, que indica pertenencia: *ibicenco, azulenco.* Puede tomar la forma *-engo,* para sustantivos y adjetivos: *abolengo, realengo.*

encoger. Construcción: *encogerse* DE *hombros.*

encomendar. 1 Verbo irregular. Se conjuga como *cerrar* [6].

2 Construcción: *encomendarse* A *Dios; encomendarse* EN *manos de alguno.*

encomiar. Se conjuga, en cuanto al acento, como *cambiar* [1 a].

encontrar. 1 Verbo irregular. Se conjuga como *acordar* [4].

2 Construcción: *encontrarse* CON *un amigo.*

3 *Encontrar a faltar,* en el castellano hablado por catalanes, corresponde al general *echar de menos* o *echar en falta:* «*El verbo* llorar *puedo aplicarlo en un sentido más lato, significando no solo la mera acción de* verter lágrimas, *sino de* anhelar, lamentar, encontrar a faltar*» (Montoliu, *Gramática,* III, 216). Alguna vez aparece en no catalanes: «*Yo encuentro a faltar en el idioma escrito muchos más signos*» (A. de Miguel, *Informaciones,* 28.10.1972, 16).

encuadernar. Construcción: *encuadernar* EN *rústica,* EN *pasta.*

encubrir. Verbo irregular. Se conjuga como *abrir* [37].

encuentro. 'Prueba deportiva en que se enfrentan dos personas o dos equipos'. No es necesario el anglicismo *match.*

encumbrar. Construcción: *encumbrarse* A o HASTA *el cielo; encumbrarse* SOBRE *sus conciudadanos.*

endeble. El superlativo de este adjetivo es *endeblísimo* (no *endebilísimo,* como pediría la norma que rige para los adjetivos en *-ble).*

endeca-. Forma prefija del griego *héndeka,* 'once': *endecasílabo.*

endemoniar. Se conjuga, en cuanto al acento, como *cambiar* [1 a].

endentar. Verbo irregular. Se conjuga como *cerrar* [6]. (→ DENTAR.)

endo-. Forma prefija del griego *endon,* 'dentro': *endocrinología.*

-endo. Sufijo de sustantivos y adjetivos; expresa originariamente necesidad: *estupendo, horrendo, dividendo.*

endosar. Tiene dos sentidos: en comercio, 'ceder a favor de alguien (un documento de crédito), haciéndolo constar al dorso'; y, en el uso común, 'encargar a alguien (algo molesto)'. Es inadecuado emplear este verbo en lugar de *respaldar* o *apoyar* —por influjo del inglés *endorse*—: «*Los blancos no endosarán jamás, por su propia iniciativa y sin ser sometidos a fuertes presiones exteriores, ningún cambio fundamental del actual sistema*» (D. Pino, *País*, 8.8.1976, 6).

endósmosis → ÓSMOSIS.

endurecer. 1 Verbo irregular. Se conjuga como *agradecer* [11].
2 Construcción: *endurecerse* AL *trabajo; endurecerse* CON, EN O POR *el ejercicio.*

enea → ANEA.

enea-. Forma prefija del griego *ennea*, 'nueve': *eneágono.*

enema. 'Irrigación, lavativa'. Es nombre masculino, *el enema.* Sin embargo, la Academia lo dio como femenino hasta 1970, y como femenino lo usan todavía algunos médicos: «*No debe administrarse nada por la boca ni poner una enema*» (Mascaró, *Médico*, 43).

enemistar. Construcción: *enemistar a uno* CON *otro.*

enervamiento, enervante → ENERVAR.

enervar. El significado de este verbo es 'debilitar, aflojar' (del latín *e-nervare*, 'quitar el nervio'): «*La pieza de coto trasciende domesticidad, se le antoja al cazador enervada y vacilante; carece .. de la estupenda bravura, pongo por caso, de la perdiz de ladera*» (Delibes, *Perdiz*, 147). No es, como muchos creen, 'poner nervioso': «*Por la noche, enervada por el calor, daba vueltas y más vueltas en el lecho sin conseguir pegar un ojo*» (Goytisolo, *Resaca*, 235). La misma advertencia vale para los derivados *enervamiento* y *enervante.*

enfadar. Construcción: *enfadarse* CON O CONTRA *alguno; enfadarse* DE *la réplica; enfadarse* POR *poco.*

énfasis. 'Fuerza de expresión o de ento-

nación con que se quiere realzar lo que se dice'. Aunque la Academia dice que este nombre es ambiguo en cuanto al género, lo cierto es que su uso actual es exclusivamente masculino.

enfermar. Construcción: *enfermar* DEL *pecho.* Es regional en España el uso reflexivo, *enfermarse;* en América, en cambio, es general.

enfermo. Construcción: *enfermo* CON *fiebre; enfermo* DEL *hígado; enfermo* DE *hepatitis.*

enflaquecer. Verbo irregular. Se conjuga como *agradecer* [11].

enfrascar. Construcción: *enfrascarse* EN *la lectura.*

enfrente. 1 Adverbio de lugar: 'a la parte opuesta', 'en punto que mira a otro': *Allí está la iglesia y, enfrente, mi casa.* La grafía *en frente*, aunque figura en los diccionarios, ha caído en desuso.
2 Adverbio de modo: 'en pugna': *Su propio hijo se le puso enfrente.*
3 Construcción: *enfrente* DE *la iglesia; se puso enfrente* DE *su propio padre.* No es normal la construcción con posesivo *(enfrente suyo)* en lugar de la preposición *de* con pronombre personal *(enfrente de él* o *de ella).*

enfriar. Se conjuga, en cuanto al acento, como *desviar* [1 c].

enfurecer. 1 Verbo irregular. Se conjuga como *agradecer* [11].
2 Construcción: *enfurecerse* CON O CONTRA *alguno; enfurecerse* DE *ver injusticias; enfurecerse* POR *todo.*

engalanar. Construcción: *engalanarse* CON *plumas ajenas.*

engastar. Construcción: *engastar* EN *oro; engastar* CON *perlas.*

-engo → -ENCO.

engolfar. Construcción: *engolfarse* EN *cosas graves.*

engolosinarse. Construcción: *engolosinarse* CON *algo.*

engrandecer. Verbo irregular. Se conjuga como *agradecer* [11].

engreír. 1 Verbo irregular. Se conjuga como *reír* [57].

2 Construcción: *engreírse* CON O DE *su fortuna.*

engrosar. Este verbo tiene una conjugación irregular, como *acordar* [4], y una regular. La primera —la más antigua— está hoy casi en desuso. De las dos acepciones de *engrosar*, una, 'poner grueso', tiende a expresarse hoy por medio del verbo *engruesar;* la otra, 'acrecentar', se expresa por medio del regular *engrosar* (cf. Academia, *Esbozo,* § 2.12.3, n. 56): *«Estos son los que realmente engrosan las recaudaciones»* (J. L. Castillo-Puche, *Ya,* 10.2.1963).

engruesar → ENGROSAR.

engrumecerse. Verbo irregular. Se conjuga como *agradecer* [11].

engullir. Verbo irregular. Se conjuga como *mullir* [53].

enhestar. Verbo irregular. Se conjuga como *cerrar* [6].

enhorabuena. **1** Cuando es nombre tiene un solo acento, en la penúltima sílaba: *Vengo a darle la enhorabuena,* /enorabuéna/.
2 Cuando es adverbio, con frecuencia se pronuncia con dos acentos: *¡Que sea enhorabuena! ¡Enhorabuena, amigo!,* /enórabuéna/. En este caso puede escribirse también *en hora buena,* aunque no es usual.

enlazar. Construcción: *enlazar una cosa* A O CON *otra.*

enlobreguecer. Verbo irregular. Se conjuga como *agradecer* [11].

enloquecer. **1** Verbo irregular. Se conjuga como *agradecer* [11].
2 Construcción: *enloquecer* DE *pesadumbre.*

enlucir. Verbo irregular. Se conjuga como *lucir* [51].

enmagrecer. Verbo irregular. Se conjuga como *agradecer* [11].

enmedio → MEDIO, 2.

enmendar. **1** Verbo irregular. Se conjuga como *cerrar* [6].
2 Construcción: *enmendarse* DE *una falta.*

enmohecer. Verbo irregular. Se conjuga como *agradecer* [11].

enmudecer. Verbo irregular. Se conjuga como *agradecer* [11].

enmugrecer. Verbo irregular. Se conjuga como *agradecer* [11].

ennegrecer. Verbo irregular. Se conjuga como *agradecer* [11].

ennoblecer. Verbo irregular. Se conjuga como *agradecer* [11].

eno-. Forma prefija del griego *oinos,* 'vino': *enólogo.*

-eno. Sufijo que forma numerales ordinales: *noveno;* o (en su forma femenina) sustantivos colectivos abstractos: *decena, docena;* o adjetivos que significan semejanza: *moreno.* Se combina con *-ar: centenar.*

enojar. Construcción: *enojarse* CON O CONTRA *una persona; enojarse* DE *lo que se dice.*

enojoso. Construcción: *enojoso* A *su familia; enojoso* EN *el hablar.*

enorgullecer. **1** Verbo irregular. Se conjuga como *agradecer* [11].
2 Construcción: *enorgullecerse* DE *sus obras.*

enquencle → ENCLENQUE.

enquilosar → ANQUILOSAR.

enrabiar. Se conjuga, en cuanto al acento, como *cambiar* [1 a].

enraizar. En la conjugación de este verbo, la segunda vocal del grupo /ai/ es tónica en las personas «yo», «tú», «él/usted» y «ellos/ustedes», de los presentes de indicativo y subjuntivo y del imperativo. En todas las demás formas del verbo, esa segunda vocal /i/ es átona y constituye normalmente diptongo con la /a/ precedente. (Véase cuadro.)

enranciar. Se conjuga, en cuanto al acento, como *cambiar* [1 a].

enrarecer. Verbo irregular. Se conjuga como *agradecer* [11].

enredar. Construcción: *enredarse una cosa* A, EN O CON *otra; enredarse* ENTRE *zarzas.*

enriar. Se conjuga, en cuanto al acento, como *desviar* [1 c].

CONJUGACIÓN DEL VERBO «ENRAIZAR»

(tiempos simples)

INDICATIVO

Pres. enraízo, enraízas, enraíza, enraizamos, enraizáis, enraízan /en.ra.í.zo, en.ra.í.zas, en.ra.í.za, en.rai.zá.mos, en.rai.záis, en.ra.í.zan/.

Pret. impf. enraizaba, enraizabas, enraizaba, etc. /en.rai.zá.ba, en.rai.zá.bas, en.rai.zá.ba/, etc.

Pret. indef. enraicé, enraizaste, enraizó, etc. /en.rai.zé, en.rai.zás.te, en.rai.zó/, etc.

Fut. impf. enraizaré, enraizarás, enraizará, etc. /en.rai.za.ré, en.rai.za.rás, en.rai.za.rá/, etc.

Pot. simple enraizaría, enraizarías, enraizaría, etc. /en.rai.za.rí.a, en.rai.za.rí.as, en.rai.za.rí.a/, etc.

SUBJUNTIVO

Pres. enraíce, enraíces, enraíce, enraicemos, enraicéis, enraícen /en.ra.í.ze, en.ra.í.zes, en.ra.í.ze, en.rai.zé.mos, en.rai.zéis, en.ra.í.zen/.

Pret. impf. enraizara o -se, enraizaras o -ses, enraizara o -se, etc. /en.rai.zá.ra, en.rai.zá.se; en.rai.zá.ras, en.rai.zá.ses; en.rai.zá.ra, en.rai.zá.se/, etc.

Fut impf. enraizare, enraizares, enraizare, etc. /en.rai.zá.re, en.rai.zá.res, en.rai.zá.re/, etc.

IMPERATIVO

enraíza, enraíce, enraizad, enraícen /en.ra.í.za, en.ra.í.ze, en.rai.zád, en.ra.í.zen/.

FORMAS NO PERSONALES

Inf. enraizar /en.rai.zár/.
Ger. enraizando /en.rai.zán.do/.
Part. enraizado /en.rai.zá.do/.

---

enriquecer. **1** Verbo irregular. Se conjuga como *agradecer* [11].

2 Construcción: *enriquecer* CON *dádivas; enriquecer* DE *virtudes.*

enrodar. Verbo irregular. Se conjuga como *acordar* [4].

enrojecer. Verbo irregular. Se conjuga como *agradecer* [11].

enronquecer. Verbo irregular. Se conjuga como *agradecer* [11].

enrubiar. Se conjuga, en cuanto al acento, como *cambiar* [1 a].

ensangrentar. Verbo irregular. Se conjuga como *cerrar* [6].

ensañarse. Construcción: *ensañarse* CON *alguien.*

ensayar. **1** El uso de este verbo con el sentido de 'intentar' es anticuado; su aparición en textos de nuestra época se debe a influjo del francés *essayer.* Lo mismo ocurre con el nombre *ensayo,* 'tentativa', 'intento': «*Andalucía ha caído en poder de todos los violentos mediterráneos, y siempre en veinticuatro horas, por decirlo así, sin ensayar siquiera la resistencia*» (Ortega, *Viajes,* 86); «*Nada significaría* [*esto*] .. *si hubiésemos asistido a ensayos enérgicos para corregirla*» (*ibíd.,* 118). El uso normal dice *intentar* e *intento,* respectivamente.

2 Construcción: *ensayarse* A *cantar* («*A morir* .. / *este buen corazón se va ensayando*», Storni, *Antología,* 67); *ensayarse* EN *la declamación; ensayarse* PARA *hablar en público.*

ensayo → ENSAYAR.

CONJUGACIÓN DEL VERBO «ENTENDER»

(tiempos irregulares)

INDICATIVO

Pres. entiendo, entiendes, entiende, entendemos, entendéis, entienden.

SUBJUNTIVO

Pres. entienda, entiendas, entienda, entendamos, entendáis, entiendan.

IMPERATIVO

entiende, entienda, entended, entiendan.

-ense. Sufijo de nombres y adjetivos gentilicios: *matritense, londinense.*

enseguida → SEGUIDA, 1 y 2.

enseñar. Construcción: *enseñar* A *leer.*

enseñorearse. Construcción: *enseñorearse* DE *un reino.*

enseres. 'Efectos, muebles o utensilios'. Es nombre masculino que solo se usa en plural. Resulta totalmente insólito un ejemplo como este: *«Comienzan a verse casas derrumbadas .. Alrededor, algunas personas merodean y tratan de recuperar cualquier pequeño enser» (País,* 8.5.1976, 48).

ensoberbecer. Verbo irregular. Se conjuga como *agradecer* [11].

ensombrecer. Verbo irregular. Se conjuga como *agradecer* [11].

ensoñar. Verbo irregular. Se conjuga como *acordar* [4].

ensordecer. Verbo irregular. Se conjuga como *agradecer* [11].

ensuciar. Se conjuga, en cuanto al acento, como *cambiar* [1 a].

ent- → ENTO-.

entallecer. Verbo irregular. Se conjuga como *agradecer* [11].

-ente → -NTE.

entender. 1 Verbo irregular. (Véase cuadro.)
2 Construcción: *entender* DE *filosofía; entender* EN *un asunto; entenderse* CON *alguien; entenderse* POR *señas; entenderse* EN *inglés.*

entendido. 1 *Bien entendido que,* locución conjuntiva, 'con la advertencia de que' o 'si bien'. Es fórmula tomada del francés en fecha relativamente reciente, por lo que no figura en los diccionarios (sí en Moliner); pero es bastante usada, y no hay motivo para rechazarla. En cambio, no merece acogida *en el bien entendido de que,* locución equivalente a la anterior y que entre otros defectos tiene el de ser más pesada que ella.
2 *Mal entendido:* → MALENTENDIDO.
3 Construcción: *hombre entendido* EN *la materia.*

entendimiento → ENTENTE.

entenebrecer. Verbo irregular. Se conjuga como *agradecer* [11].

entente. Es palabra francesa que significa 'entendimiento o acuerdo'. Es nombre femenino, y entre nosotros es frecuente pronunciarlo tal como se lee, sin considerar que es voz extranjera, lo cual nos permite pensar que está aclimatado en nuestro idioma: *«Los riesgos de que un tratado de cooperación .. se trueque por egoísmo en una entente o un eje que tendiera a ejercer sobre el resto del continente una hegemonía» (Ya,* 24.1.1963, 5). Sin embargo, es mejor usar sus equivalentes: *entendimiento, acuerdo.*

enterar. Construcción: *enterarse* DE *la carta.* Cuando el complemento es una proposición, no debe omitirse la preposición *de: Se enteraron* DE *que había sido asesinado.*

enternecer. Verbo irregular. Se conjuga como *agradecer* [11].

entero-, enter-. Formas prefijas del griego *énteron*, 'intestino': *enterocolitis*.

enterrar. Verbo irregular. Se conjuga como *cerrar* [6].

entibiar. Se conjuga, en cuanto al acento, como *cambiar* [1 a].

ento-, ent-. Formas prefijas del griego *entós*, 'dentro': *entozoario*.

-ento. Sufijo de adjetivos. Significa 'manera o condición': *amarillento*. Suele tomar las formas *-iento*, *-olento*, *-ulento*: *calenturiento*, *mugriento*, *violento*, *corpulento*.

entomo-. Forma prefija del griego *éntomon*, 'insecto': *entomólogo*.

entonces. La lengua coloquial emplea abusivamente el adverbio *entonces* con valor casi puramente expletivo, apenas como mera conexión copulativa entre dos puntos del discurso: *Yo soy madre de uno de los niños del colegio;* ENTONCES *quiero decir que...* Lo mejor que se puede hacer con la palabra *entonces* en este caso es no usarla.

entontecer. Verbo irregular. Se conjuga como *agradecer* [11].

entorpecer. Verbo irregular. Se conjuga como *agradecer* [11].

entrambos. Adjetivo y pronombre. Equivale a *ambos*. Igual que esta palabra, se usa solo en plural, tiene variación de género *(entrambos, entrambas)* y admite también un complemento expletivo *(entrambos a dos)*. Se diferencia de *ambos* en que tiene un carácter más literario y por tanto es más rara.

entrar. 1 Construcción: *entrar* EN *la iglesia; entrar* POR *la puerta principal*. En América, lo normal es *entrar* A *la iglesia*, y no EN *la iglesia*: «*Entraron al bohío en donde los niños del cacique dormían*» (León Rey, *Guayacundo*, 27). En España, aunque no es extraña la construcción con *a*, su uso tiene un matiz especial de dirección: alude al comienzo de la acción de *entrar*, mientras que la construcción con *en* alude al término de esa acción. La construcción con *a* es muy antigua: «*Y entrando a Burgos oviéronla siniestra*» (*Poema del Cid*, v. 12).

2 *Entrar y salir*. Estos dos verbos constituyen en muchos casos un sintagma verbal que significa una acción compleja reiterada, que mentalmente se representa como una sola acción. Por ello se dice: *Muchas personas entraban y salían en el inmenso edificio*, con un solo complemento para los dos verbos: *en el inmenso edificio;* si se considerasen dos acciones diferentes, se diría: *Muchas personas entraban en el inmenso edificio y salían de él*. Otro ejemplo: «*Las golondrinas entran y salen, chillando como locas, en el zaguán, que está lleno de nidos*» (Cela, *Alcarria*, 75).

entre. 1 Preposición. Se pronuncia siempre átona. Denota:

a) Situación o estado en medio de dos o más personas o cosas: *entre la espada y la pared; entre agradecido y quejoso; entre dos luces; entre hombres*. Es frecuente que la preposición preceda a dos sustantivos unidos por *y* (como se ve en el primer ejemplo). Cuando el primero de esos sustantivos es un pronombre personal de primera o segunda persona singular, el pronombre toma la forma *mí* o *ti* si el otro elemento es un nombre: «*Pongo perpetua enemistad entre ti y la mujer*» (Nácar-Colunga, *Biblia*, Gén. 3,15); «*Entre mí y el mundo a mi alrededor se había roto un velo*» (Manzanares, trad. Hesse, *Lobo*, 107); toma la forma *yo* o *tú* si el otro elemento es un pronombre: *Entre tú y ellos hay un abismo*; «*Me agobió la barrera de tanto sedimento como he ido almacenando entre yo y los demás*» (Martín Gaite, *Retahílas*, 41).

b) Intervalo de un momento a otro: *entre 1800 y 1850; entre las nueve y las diez de la mañana*.

c) Relación y comparación: *Hubo acuerdo entre los contrarios; Entre este y aquel no hay diferencia*.

d) Participación o cooperación en un grupo o conjunto: *Era costumbre entre los romanos; Entre todos la mataron; Entre el padre y el hijo me lo han robado todo*. En casos como el del último ejemplo (*entre* + sustantivo + *y* + sustantivo) se forma una locución conjuntiva de valor copulativo: *Entre tú y yo vamos a abrir estas cajas;* o de valor disyuntivo (también con *o* en vez de *y*): *Vacilaba entre salir y quedarse; Estoy dudando entre escribir o no escribir*. Cuando los elementos unidos por *y* son pronombres personales, estos toman siempre la forma de sujeto *(entre* TÚ *y* YO*)*, como se ha visto en uno de los últimos ejemplos.

2 Cuando la preposición precede al reflexivo *sí*, acompañando a un verbo en forma reflexiva, la frase toma sentido recíproco: *Juan y Pedro se atormentan entre sí.*

3 En el sentido de 'dentro de', es arcaísmo: *dije entre mí.* Se conserva en algunas regiones de España: *«Cogió el pollo y lo engolvió en una toalla y se lo metió entre su capa»* (Espinosa, *Cuentos,* 112 [Granada]); y también en el habla popular de varios países americanos, entre ellos Argentina, Colombia, Venezuela y Centroamérica: *«¡Usan un lenguaje entre casa, esas señoras decentes!»; «Está entre el baúl»; «Se ponen a apostar a ver cuál aguanta más entre el agua»; «Entre poco acabamos»; «Entre un mes vendré a verte»* (Kany, 368).

4 Es uso regional en España y popular en algunos países de América *entre,* como adverbio, por *cuanto,* en construcciones correlativas: *Entre más quiero, menos me dan; «Entre más profundamente piensa el hombre, más se hunde en lo humano»* (Zavala, trad. Rostand, *Hombre,* 56). Debe evitarse en la lengua culta.

5 *Entre que,* locución conjuntiva equivalente a *mientras: «Entre que le espero, pasaré el rato con Manuela»* (Pérez de Ayala, *Urbano,* 147). Aunque registrada por la Academia sin ninguna indicación, es solo popular.

entre-. Prefijo que significa situación intermedia, cualidad o acción no perfecta: *entreacto, entrefino, entreoír.*

entreabrir. Verbo irregular. Se conjuga como *abrir* [37].

entrecerrar. Verbo irregular. Se conjuga como *cerrar* [6].

entrecot. Del nombre femenino francés *entrecôte,* 'trozo de carne cortado entre dos costillas', se ha hecho en español el nombre masculino *entrecot* (plural *entrecots* o *entrecotes*). No habría dificultad en españolizarlo completamente dándole la forma *entrecó* (con un plural *entrecós*), a semejanza de *chalet > chalé, chaquet > chaqué,* etc.

entregar. Construcción: *entregarse* AL *estudio; entragarse* EN *brazos de la suerte.*

entremeter. **1** Construcción: *entremeterse* EN *asuntos de otro.*

2 También se dice *entrometerse,* con el mismo significado de *entremeterse,* esto es, 'meterse donde a uno no le llaman'.

entrenamiento. 'Acción de entrenar o entrenarse'. Pueden también usarse los nombres *entrene* y *entreno,* que, aunque a veces censurados, están formados correctamente.

entrenar. El verbo *entrenar,* como intransitivo, solo debe ir en forma pronominal: *El equipo se entrenó ayer* (no «El equipo *entrenó* ayer»). En forma no pronominal es transitivo: *El Sr. N. entrenará al Betis.*

entrene, entreno → ENTRENAMIENTO.

entreoír. Verbo irregular. Se conjuga como *oír* [54].

entresacar. Construcción: *entresacar todo lo bueno* DE *un libro.*

entresemana → SEMANA.

entretanto. **1** Como adverbio, con el sentido de 'mientras tanto', puede escribirse en las formas *entre tanto* y *entretanto;* pero normalmente se prefiere la primera (en dos palabras).

2 Como nombre, con el sentido de 'tiempo intermedio', se escribe siempre en una palabra: *En el entretanto, se puso a contemplar los cuadros.*

3 *Entre tanto que* (o *entretanto que*), locución conjuntiva que expresa simultaneidad entre la acción principal y la de la proposición: *Entre tanto que vienes, voy a preparar el trabajo; «El náufrago respondió que aceptaba solo entretanto que de Pilares le traían ropa y dineros»* (Pérez de Ayala, *Prometeo,* 38). A veces se omite el *que: «Suprimiría las corridas .. Pero, entretanto las hay, asisto a ellas»* (íd., *Política,* 259).

entretener. **1** Verbo irregular. Se conjuga como *tener* [31].

2 Construcción: *entretenerse* CON *cualquier cosa; entretenerse* EN *leer,* o *leyendo.*

entrever. Verbo irregular. Se conjuga como *ver* [34].

entrevista. 'Reunión entre dos o más personas para cambiar impresiones', o 'conversación de un informador con otra persona para obtener de ella noticias u opiniones'. En este segundo sentido se usa a veces, sin necesidad, el nombre *interviú* (adaptación del inglés *interview*), del cual se han derivado el verbo *interviuvar* y el nombre *interviuvador*. Deben usarse los derivados normales de *entrevista*, que son *entrevistar* y *entrevistador*.

entrevistador, entrevistar → ENTRE- VISTA.

entristecer. 1 Verbo irregular. Se conjuga como *agradecer* [11].
2 Construcción: *entristecerse* CON, DE o POR *el bien ajeno*.

entrometer → ENTREMETER. 2.

entumecer. Verbo irregular. Se conjuga como *agradecer* [11].

enturbiar. Se conjuga, en cuanto al acento, como *cambiar* [1 a].

entusiasta. No son enteramente equivalentes *entusiasta* y *entusiástico*. La primera palabra puede ser nombre *(Mi hermano es un entusiasta de los toros)* o adjetivo *(Es un admirador entusiasta de Sara Montiel)*; la segunda solo puede ser adjetivo *(Le hicieron un recibimiento entusiástico)*. En el uso adjetivo, la forma *entusiasta* se aplica preferentemente a personas; pero, con el valor de *entusiástico*, esto es, 'que expresa entusiasmo', también puede referirse a cosas: *«entusiastas aplausos»* (Galdós, *Torquemada*, III, 161); *«Se hallaba estacionado numeroso público, que prorrumpió en vítores y aclamaciones entusiastas a la llegada del Caudillo»* *(Pueblo,* 8.10.1962, 1).

enunciar. Se conjuga, en cuanto al acento, como *cambiar* [1 a].

envanecer. 1 Verbo irregular. Se conjuga como *agradecer* [11].
2 Construcción: *envanecerse* CON, DE o POR *la victoria.*

envejecer. 1 Verbo irregular. Se conjuga como *agradecer* [11].
2 Construcción: *envejecer* CON, DE o POR *los disgustos; envejecer* EN *el oficio.*

enverdecer. Verbo irregular. Se conjuga como *agradecer* [11].

enviar. 1 Se conjuga, en cuanto al acento, como *desviar* [1 c].
2 Construcción: *enviar a uno* AL *pueblo; enviar* POR *vino.*

enviciar. 1 Se conjuga, en cuanto al acento, como *cambiar* [1 a].
2 Construcción: *enviciarse* CON o EN *el juego.*

envidiar. Se conjuga, en cuanto al acento, como *cambiar* [1 a].

envilecer. Verbo irregular. Se conjuga como *agradecer* [11].

envolver. 1 Verbo irregular. Se conjuga como *volver* [35].
2 Construcción: *envolver* CON o EN *una manta; envolver* ENTRE *mantas.*

enzarzar. Construcción: *enzarzarse* EN *una pelea.*

enzima. 'Complejo orgánico que cataliza las reacciones bioquímicas'. El género de este nombre es «ambiguo», según la Academia, aunque el uso predominante es como femenino.

-eño. Sufijo de adjetivos. Significa cualidad: *aguileño;* nación: *puertorriqueño, guadijeño.* En la forma femenina, *-eña,* también es sufijo de nombres: *almadreña.*

eo-. Forma prefija del griego *eós,* 'aurora': *eoceno.*

-eo. 1 Sufijo tónico de sustantivos derivados de verbos en *-ear.* Significa acción: *paseo, coqueteo.*
2 Sufijo de adjetivos (femenino, *-ea).* Se pronuncia átono y significa cualidad: *arbóreo, marmóreo, idóneo.*

Eólide. Nombre de una antigua región de Asia menor. Esta forma es preferible a *Eólida.*

Eolo. Nombre del dios griego de los vientos. Puede decirse también *Éolo,* de acuerdo con la etimología del nombre.

-epático. Forma sufija del griego *hépar* 'hígado': *cistepático.*

epi-, ep-. Prefijo griego que significa 'sobre': *epitafio, epidemia, epéntesis.*

Epicteto. Nombre de un filósofo griego. Es palabra llana; no es correcta, pues, la acentuación esdrújula. En cambio, sí es esdrújulo el nombre común *epíteto,* que nada tiene que ver etimológicamente con el anterior.

epifonema. Término de retórica y poética: 'exclamación o reflexión final'. Es femenino, según el uso tradicional, y así figura también en los diccionarios. Sin embargo, hoy es masculino, como *fonema:* «*El epifonema adopta frecuentemente la forma de una oración consecutiva invertida*» (Fernández Ramírez, *Dicc. literatura*, 238).

epiglotis. 'Cartílago que cierra la glotis durante la deglución'. Es nombre femenino. Es errónea la pronunciación *epíglotis.*

epigrama. 'Composición poética satírica'. Nombre masculino. Es errónea la pronunciación *epígrama.*

epilepsia. 'Enfermedad caracterizada por crisis convulsivas'. Aunque muchos médicos digan *epilepsía,* la pronunciación normal y general es *epilepsia,* con acento fonético sobre la segunda *e.*

Epiro. Nombre de una región de Grecia. Es palabra llana, /epíro/.

epíteto → EPICTETO.

epizootia. 'Epidemia entre animales'. El acento fonético recae sobre la segunda *o: /epizoótia/,* no sobre la *i, epizootía,* como erradamente escriben a veces los periodistas (p. ej., *Ya,* 12.2.1958, 8) o dicen los locutores (p. ej., Radio Nacional, 20.9.1974, 14.30 h.).

epodo. 'Composición poética'. Es errónea la pronunciación *épodo,* aunque la veamos usada por B. Chamorro en una edición de los *Epodos* de Horacio, y por Espinosa, trad. Bayet, *Lit. latina,* 243. La acentuación esdrújula no corresponde a la etimología griega ni a la pronunciación latina. Escriben bien *epodos,* por ejemplo, Millares, *Lit. latina,* 94, y Riba, trad. Gudeman, *Lit. latina,* 146.

equi-. Prefijo que significa 'igual': *equilátero.*

equino-, equin-. Formas prefijas del griego *echinos,* 'erizo': *equinodermo.*

equipar. Construcción: *equipar a uno* CON o DE *lo necesario.*

equiparar. Construcción: *equiparar una cosa* CON o A *otra.*

equipo. **1** En el sentido de 'conjunto de aparatos y accesorios', no debe usarse

aparellaje (del francés *appareillage*): «*Transformadores y aparellaje eléctrico fabricados en Córdoba para todo el mundo*» (*Informaciones,* Supl., 5.5.1972, 25). La palabra española es *equipo.*
2 *Equipo de novia,* 'ajuar', → AJUAR.

equivaler. **1** Verbo irregular. Se conjuga como *valer* [33].
2 Construcción: *equivaler una cosa* A *otra.*

equivocar. Construcción: *equivocar una cosa* CON *otra; equivocarse* EN *algo; equivocarse* CON *otro; equivocarse* DE *portal.*

-er. **1** Formante de infinitivo verbal. Todos los verbos que tienen este formante pertenecen a la segunda conjugación, cuyo modelo es el verbo *comer* [2].
2 → -ERO.

ere → R.

Erebo. 'Infierno, averno'. Aunque la acentuación llana de esta palabra de origen griego es la adoptada por la Academia por ser la más usada en nuestro idioma, es más correcto acentuar *Érebo* (Fernández Galiano).

erguir. Verbo irregular. (Véase cuadro.)

-ería → -ÍA.

Erifile. Este nombre griego, que figura en el título de un poema pastoril de Bernardo de Balbuena —*El Siglo de Oro en las selvas de Erifile*—, es palabra llana, no esdrújula, como algunos la pronuncian. Hallo *Erifile,* por ejemplo, en Hurtado-G. Palencia, *Literatura,* 519; Valbuena, *Literatura,* II, 281; Zamora, *Dicc. literatura,* s.v. *Balbuena; Erífile,* en Anderson, *Lit. hispanoamericana,* I, 91; Cuevas, *Poesía XVI,* 310; Alborg, *Literatura,* II, 949.

-erio. Sufijo de sustantivos derivados de verbos. Indica originariamente acción: *imperio, vituperio.* Debe distinguirse del sufijo *-terio.*

eritro-. Forma prefija del griego *erythrós,* 'rojo': *eritrocito.*

erizado. Construcción: *erizado* DE *espinas; erizado* DE *dificultades.*

-ero. Sufijo de sustantivos y adjetivos. Significa oficio: *librero;* árbol: *limonero;* lugar: *basurera;* pertenencia: *ganadero, so-*

CONJUGACIÓN DEL VERBO «ERGUIR»

(tiempos irregulares)

Las formas que van entre paréntesis son raras.

INDICATIVO

Pres. yergo, yergues, yergue, erguimos, erguís, yerguen (irgo, irgues, irgue, irguen).
Pret. indef. erguí, erguiste, irguió, erguimos, erguisteis, irguieron.

SUBJUNTIVO

Pres. yerga, yergas, yerga, yergamos, yergáis, yergan (irga, irgas, irga, irgamos, irgáis, irgan).
Pret. impf. irguiera o irguiese, irguieras o -ses, irguiera o -se, irguiéramos o -semos, irguierais o -seis, irguieran o -sen.
Fut. impf. irguiere, irguieres, irguiere, irguiéremos, irguiereis, irguieren.

IMPERATIVO

yergue (irgue), yerga (irga), erguid, yergan (irgan).

FORMAS NO PERSONALES

Ger. irguiendo.

---

pero. En la terminación femenina, *-era*, forma nombres que significan cualidad o estado: *flojera, tembladera.*
Son de origen catalán u occitánico las formas *-er* y *-el: mercader, lebrel.*
Se combina con otros sufijos: *-ajo (vinajera), -azo (aguacero), -ando (curandero), -endo (barrendero).*

-erón → -ÓN.

Eróstrato. Nombre del pastor que se hizo célebre por haber incendiado el templo de Artemisa en Éfeso. Es palabra esdrújula, /eróstrato/, no llana.

eroto-, erot-. Formas prefijas del griego *eros*, 'amor': *erotomanía.*

erradicar. Construcción: *erradicar un mal* DE *un lugar.*

errar. 1 'Cometer error'. Verbo irregular. (Véase cuadro.) En algunos países americanos, como Argentina, Chile, Colombia y Costa Rica, es bastante corriente el uso de este verbo como regular: «*Si nuestras previsiones no erran*» (Borges, *Ficciones,* 34). El uso también se da en Es-

paña, pero no se acepta como normal. Cf. Academia, *Esbozo,* § 2.12.3, B.
2 Con el sentido de 'andar errante', es frecuentemente regular. Cf. Cuervo, *Apuntaciones,* § 266.

-érrimo. Sufijo de adjetivos en grado superlativo. Es variante de *-ísimo*, y solo se presenta, fosilizado, en la formación superlativa de determinados adjetivos: *misérrimo (mísero), integérrimo (íntegro), acérrimo (acre), paupérrimo (pobre), celebérrimo (célebre), aspérrimo (áspero), pulquérrimo (pulcro), libérrimo (libre), salubérrimo (salubre), nigérrimo (negro), ubérrimo* (sin forma positiva en español). Algunos de estos superlativos, de carácter culto todos, alternan en el uso con los de formación corriente: *negrísimo, pobrísimo, pulcrísimo.*

-erro → -RRO.

eructar → ERUCTO.

eructo. 'Expulsión de gases por la boca'. Es errónea la forma *erupto*, que algunos emplean (sin duda por influjo de *erup-*

CONJUGACIÓN DEL VERBO «ERRAR»

(tiempos irregulares)

INDICATIVO

Pres. yerro, yerras, yerra, erramos, erráis, yerran.

SUBJUNTIVO

Pres. yerre, yerres, yerre, erremos, erréis, yerren.

IMPERATIVO

yerra, yerre, errad, yerren.

---

ción). Tampoco debe usarse, por anticuada, la forma *eruto*, que figura en los diccionarios. La misma observación vale respecto al verbo *eructar*, cuyas variantes *eruptar* y *erutar* deben rechazarse (*«El estómago eruptó tres veces»*, J. Cerón, *Abc*, 1.12.1984, 41; *«Los caballeros .. eruptan en silencio»*, Garmendia, *Memorias*, 31).

eruptar, erupto, erutar, eruto → ERUCTO.

es-. Prefijo que significa 'fuera': *estirar, escoger*. Con frecuencia se confunde con *des-*, sobre todo en el habla popular: *espabilar* y *despabilar, desnucar* y *esnucar*.

-és. Sufijo de nombres y adjetivos gentilicios: *leonés, cordobés*. La forma femenina es *-esa*, pero en el adjetivo *cortés* no hay variación de género. (→ -ESA.)

-esa. 1 Desinencia femenina de algunos nombres de cargo o dignidad: *abadesa*, de *abad; condesa*, de *conde; duquesa*, de *duque; baronesa*, de *barón; alcaldesa*, de *alcalde; consulesa*, de *cónsul*.
2 Sobre *-esa*, forma femenina del sufijo *-és*, → -ÉS.

escabullirse. 1 Verbo irregular. Se conjuga como *mullir* [53].
2 Construcción: *escabullirse* DE *la reunión*.

escalabrar → DESCALABRAR.

escalda. 'Poeta': →ESCALDO.

Escalda. El río cuyo nombre francés es *Escaut* y cuyo nombre holandés es *Schelde* tiene en español el nombre de *Escalda*.

escaldo. 'Poeta escandinavo medieval': *«Hacia el año 1000, los 'thulir' o recitadores anónimos fueron desplazados por los escaldos, poetas de conciencia literaria y de intención creadora»* (Borges, *Lit. germánicas*, 87). *Escaldo* es la única forma recogida en el *Diccionario* académico. Sin embargo, es frecuente en los historiadores de la literatura la forma *escalda* (así en Blecua, *Literatura*, I, 108; Díaz-Plaja, *Literatura*, 48; *Trad. Dicc. Bompiani*, IV, 352). Pero la *-a* de *escalda* no parece tener otra explicación que una mala adaptación del francés *escalde*. La voz original escandinava es *skald*; en italiano es *scaldo*.

escalofriar. Se conjuga, en cuanto al acento, como *desviar* [1 c].

escanciar. Se conjuga, en cuanto al acento, como *cambiar* [1 a].

escáner. 'Aparato para la exploración radiográfica, en el que la radiación es enviada concéntricamente al eje longitudinal del cuerpo humano'. Este nombre, de género masculino, es la adaptación española propuesta por la Academia para el inglés *scanner*. Su plural es *escáneres*. También propone la Academia (*Boletín*, 1985, 23) una forma *escanógrafo*, que ha empezado a usarse en algunos países americanos.

escanógrafo → ESCÁNER.

escapar. Construcción: *escapar* A *la calle; escapar* CON *vida; escapar* DEL *peligro*.

escarmentado. Construcción: *escarmentado* DE *luchar en vano*.

escarmentar. 1 Verbo irregular. Se conjuga como *cerrar* [6].

2 Construcción: *escarmentar* CON *la desgracia; escarmentar* EN *cabeza ajena.*

escarnecer. Verbo irregular. Se conjuga como *agradecer* [11].

escato-. Forma prefija del griego *skor,* 'excremento': *escatología,* 'estudio de los excrementos'; o del griego *éschatos,* 'último': *escatología,* 'doctrina de la vida de ultratumba'.

escaut → SCOUT.

Escaut → ESCALDA.

escepticismo → ESCÉPTICO.

escéptico. 'Incrédulo'. Tanto este adjetivo como su derivado *escepticismo* carecen de toda relación, fuera de la semejanza fonética, con *excepto.* Por tanto, las grafías *excéptico, excepticismo* son erradas.

escisión. 'Rompimiento o desavenencia'; en medicina, 'ablación'. La forma *excisión,* que registra el *Dicc. ciencias médicas Salvat* como sinónima de *escisión,* no está aprobada por la Academia.

esclarecer. Verbo irregular. Se conjuga como *agradecer* [11].

esclero-, escler-. Formas prefijas del griego *sklerós,* 'duro': *esclerosis.*

-esco → -SCO.

escocer. Verbo irregular. Se conjuga como *mover* [18].

escoger. Construcción: *escoger* DEL O EN *el montón; escoger* ENTRE *varias cosas.*

esconder. Construcción: *esconderse* DE *alguno; esconderse* EN *alguna parte.*

escornar → DESCORNAR.

escribir. 1 Verbo irregular. Su única forma irregular es el participio *escrito.* La forma *escribido* solo se usa en la expresión irónica *leído y escribido.*

2 Construcción: *escribir* DE O SOBRE *Historia; escribir* DESDE *Roma; escribir* EN *español; escribir* POR *correo; escribir* PARA *el teatro; escribir* EN *los periódicos.*

esculpir. Construcción: *esculpir* A *cincel; esculpir* EN *mármol.*

escupir. Construcción: *escupir* AL O EN *el rostro; escupir* EN *el suelo.*

escurrir. Construcción: *escurrirse* AL *suelo; escurrirse* DE O ENTRE *las manos; escurrirse* EN *el hielo.*

escúter. 'Motocicleta de ruedas pequeñas y cuadro abierto'. La palabra inglesa *scooter* (plural *scooters*) se usa en español, como nombre masculino, con la pronunciación /eskúter/. Puede usarse perfectamente la grafía españolizada *escúter,* con un plural normal *escúteres.*

ese. 1 Adjetivo y pronombre demostrativo. Tiene en singular y plural formas masculinas *(ese, esos)* y femeninas *(esa, esas);* como pronombre, tiene, además, una forma «neutra», *eso,* sin plural (→ ESO).

2 Como adjetivo —igual que los otros demostrativos—, su colocación normal es antepuesto al nombre: *ese árbol;* pero puede ir pospuesto si precede al nombre el artículo *el (la,* etc.): *el árbol ese, la chica esa.* La posposición suele llevar consigo un matiz despectivo.

3 También como los otros demostrativos, el adjetivo *ese* es siempre tónico: *ese hombre, esas cosas,* /ése-ómbre, ésaskósas/ (no /eseómbre, esaskósas/).

4 La forma *ese* aparece con frecuencia usada, en lugar de *esa,* ante nombre femenino que comienza por /a/ tónica *(ese agua, ese arma;* «ese alma», Salinas, *Presagios,* 60; «ese hambre», Sastre, *Cornada,* 75); debe usarse la forma *esa* ante cualquier nombre femenino: *esa agua, esa arma,* etc.

5 Como pronombres, se escriben tradicionalmente con tilde (acento ortográfico) las formas masculinas y femeninas: *Me lo dijo ése; A ésas no las he visto.* Pero esta acentuación, que no tiene ninguna justificación fonética ni semántica y sí estrictamente gramatical, es innecesaria y ha dejado de ser obligatoria. En cuanto a la forma «neutra» *(eso),* no debe escribirse con tilde en ningún caso.

6 Diferencias de sentido entre *ese, este* y *aquel:* → ESTE, 6. En el español americano es frecuente que *ese* invada el lugar de *aquel:* «*Esa vez, como tantas otras, nuestra charla había comenzado sobre temas intrascendentes*» (Duplan, *Mate,* 153). Cf. Kany, 135.

esfigmo-. Forma prefija del griego *sphygmós,* 'pulso': *esfigmómetro.*

esfinge. La Academia da este nombre como ambiguo —*el esfinge* o *la esfinge*—, pero el uso actual es siempre femenino.

esforzado. Adjetivo, 'valiente'. No es normal el uso de este adjetivo como 'no natural' o 'hecho con violencia': «*Perdón por el esforzado esquematismo, pero no veo otra forma más convincente de expresar algo que me oprime por uno y otro lado*» (R. de la Cierva, *Gaceta,* 28.9.1975, 16). Son sentidos que corresponden a *forzado.*

esforzar. 1 Verbo irregular. Se conjuga como *acordar* [4].

2 Construcción: *esforzarse* POR o EN *trabajar.*

esgrafiar. Se conjuga, en cuanto al acento, como *cambiar* [1 a].

eslálom → SLALOM.

eslogan. La palabra inglesa *slogan* ocupa indebidamente en muchos casos el lugar de *consigna* o *lema.* No hay por qué decir *Los manifestantes gritaban «slogans»,* sino *consignas; Siempre al servicio del cliente, es nuestro «slogan»,* sino *nuestro lema.* Sin embargo, sí es útil en el sentido de 'frase publicitaria'. En cualquier caso, debe usarse la forma españolizada *eslogan* (plural *eslóganes*), y no *slogan* (plural *slogans*).

esmaltar. Construcción: *esmaltar* CON o DE *flores.*

esmerarse. Construcción: *esmerarse* EN *alguna cosa.*

Esmirna. Este es el nombre español de la ciudad turca de *Izmir.*

esmoquin. La palabra inglesa *smoking* se emplea en español como nombre masculino (plural *smokings*) con el sentido de 'traje de etiqueta'. La Academia, teniendo en cuenta la pronunciación corriente, ha recogido este nombre en la forma *esmoquin,* cuyo plural es *esmóquines.*

esnob. 'Persona que acoge las novedades por admiración necia o para darse tono'. La palabra inglesa *snob* es pronunciada /esnób/ por los españoles, y por eso es conveniente adaptarla a nuestro idioma con la grafía *esnob,* en correspondencia con *esnobismo* (forma esta recogida por la

Academia); o tal vez mejor en la forma *esnobista,* que no presenta las dificultades fonológicas y morfológicas de la terminación /b/. El plural de *snob* o *esnob* (nombre masculino y femenino, también usado como adjetivo) se forma añadiendo una simple -*s.* He aquí algunos ejemplos de uso de las formas con *e-: «Indulgencia para el esnob»* (A. Espina, *Rev. Occidente,* 4.1963, 58); «*Luci y Nuria son dos esnobs incorregibles*» (Goytisolo, *Fin,* 198); «*Sin esnobismo, sentía un interés natural y simpático por todas las cosas del espíritu*» (García Gómez, *Silla,* 43); «*Nos presentaría al infeliz y depravado Rey como un tipo de precursor esnobista*» (Marañón, *Enrique IV,* 105); «*Una psicología esnobista*» (Monteforte, trad. Straumann, *Lit. norteamericana,* 40).

esnobismo, esnobista → ESNOB.

eso. 1 Forma «neutra» del pronombre demostrativo *ese:* → ESE, 1 y 5.

2 *A eso de,* locución prepositiva, 'alrededor de' (una determinada hora): *Llegaremos a eso de las cuatro; Llamó a eso de la medianoche.*

3 *Y eso que,* locución conjuntiva, 'a pesar de que', seguida siempre de verbo en indicativo: «*Pues iré. Y eso que desconfío de Mazorral. Es tan pedante...*» (Pérez de Ayala, *Troteras,* 221); «*La mayor parte de mis amigos de excursiones y correrías monteses eran escribientes .., y el campo les servía preferentemente para maldecir del escritorio. Y eso que todos ellos servían leal y concienzudamente a las casas que los ocupaban*» (Unamuno, *Andanzas,* 35); «*No quedaba ya .. sino un asiento .., y eso que a última hora las localidades más baratas costaban de diez mil reis para arriba*» (Camba, *Peseta,* 137). Como se ve por los ejemplos, la relación entre lo que precede y lo que sigue a la conjunción es de coordinación.

eso-. Forma prefija del griego *eso,* 'dentro': *esotérico.*

esófago. 'Conducto que va desde la ʃa. ringe al estómago'. Es errónea la forma *exófago.*

esotérico. 'Oculto, reservadʾ ..ɔ debe confundirse con *exotérico* 'común, accesible para el vulgo'.

espabilar → DESPABILAR.

espaciar. Se conjuga, en cuanto al acento, como *cambiar* [1 a].

espagueti. La Academia adapta el nombre masculino plural italiano *spaghetti* en la forma *espagueti,* que considera como nombre masculino singular y define así: «Pasta alimenticia de harina de trigo en forma de cilindros macizos, largos y delgados, pero más gruesos que los fideos». En realidad, el uso general aplica el nombre, no a la pasta, sino a los mismos cilindros, y dice *los espagueti* o (con el morfema -*s* del plural español, olvidando que en el original italiano la -*i* ya es morfema de plural) *los espaguetis.* Si, como es razonable, se españoliza el término, debe hacerse con todas sus consecuencias y aceptar por tanto el plural español con -*s* (como ya se ha hecho en un caso semejante, *el confeti / los confetis*), aunque tal formación sea absurda desde el punto de vista del italiano.

espalda. 1 *De espaldas,* 'volviendo la espalda', también puede decirse *de espalda* («*Alfonso se había vuelto de espalda*», Goytisolo, *Resaca,* 157). Pero el uso general prefiere la primera forma.
2 *A espaldas de* una persona, 'sin su conocimiento'. No debe confundirse con *de espaldas a* una persona, 'siguiendo un parecer ajeno a ella'.

espantar. Construcción: *espantarse* CON *el estruendo; espantarse* DE O POR ALGO.

español. 1 Para designar la lengua común de España y de las Repúblicas hispanoamericanas pueden emplearse los nombre de *castellano* y *español.* En muchas regiones se usan indistintamente las dos palabras. Sin embargo, en América y en algunas zonas de España se prefiere la denominación de *castellano.* Esto se debe, ante todo, a una larga tradición que estuvo apoyada hasta 1925 por la propia Academia Española (pero no olvidemos que el primer diccionario de nuestro idioma, el de Sebastián de Covarrubias, 1611, se titula *Tesoro de la lengua castellana o española*). En América se ha unido a ello tal vez un resto de recelo patriótico frente al nombre de *español,* considerando acaso como una manera de sumisión a España, la antigua metrópoli, el reconocimiento explícito de que se sigue hablando su lengua. En las regiones de España con lengua materna propia, el nombre de *castellano* parece mucho más adecuado que el de *español,* porque —y esto es indiscutible— tan español es el catalán, el gallego o el vascuence como el castellano.
2 Los hispanoamericanos deben recordar que los norteamericanos no se consideran en modo alguna «colonizados» por Inglaterra por decir que ellos hablan *inglés.* Los españoles deben recordar el uso universal: en cada país, normalmente, la lengua oficial, sea cual fuere la región del país en la que haya nacido, ha tomado el nombre de toda la nación: en Rumanía, el rumano; en Alemania, el alemán; en Italia, el italiano; en Francia, el francés... En estos países existen (como en España) idiomas importantes que no son la lengua común o general.
3 El empleo del nombre *castellano* implica una inexactitud: la de suponer que la lengua general o común, no ya de toda España, sino de todas las naciones hispanoamericanas, es patrimonio de una sola región, Castilla. Y esto es falso, pues la lengua castellana hoy no es propiedad de Castilla, sino de todas las regiones y naciones en que es hablada, las cuales, además de tenerla como suya, colaboran todas en su conservación y enriquecimiento. Lo exacto sería emplear el nombre *castellano* solamente para designar la lengua que durante la Edad Media fue privativa del reino de Castilla, o las modalidades particulares que presenta el habla de Castilla en los tiempos modernos frente al *español* general. También es oportuno mantener el nombre de *castellano* cuando se menciona la lengua general al lado de las otras lenguas españolas (catalán, etc.).
4 En conclusión, y volviendo a lo expuesto en el párrafo 1: las dos denominaciones, *castellano* y *español,* son válidas. La preferencia de cada hablante por uno de estos dos términos se funda en una tradición arraigada de siglos, y es ingenuo pretender desalojar del uso cualquiera de ellos. Cada persona puede emplear el que guste; pero debe respetar el derecho a que otros prefieran el otro.

espatulomancia. 'Adivinación por los huesos de los animales'. La Academia admite también *espatulomancía*.

especia. Es impropiedad emplear *especie* por *especia*, 'cualquiera de las drogas aromáticas usadas como condimento': «Había también el comercio de las especies» (Madariaga, *Colón*, 107).

especie → ESPECIA.

espécimen. 'Muestra o ejemplar'. Su plural es *especímenes*, con desplazamiento del acento; no *espécimenes* ni *espécimens* («*Aparecen, de tanto en tanto, espécimens femeninos de categoría indudable*», Pla, *América*, 56). También es equivocada la pronunciación /espezímen/ para el singular, que a veces emiten los locutores.

espectáculo. *Espectáculo*, a veces *número*, es el término que corresponde al inglés *show*. No hay mucha necesidad de usar la palabra inglesa.

esperar. 1 Construcción: *espero A que venga*, 'estaré el tiempo necesario hasta que venga'; *espero que venga*, 'confío en que venga'.
2 *Ser de esperar:* → SER. 2.

esperma. 'Semen'. El género de este nombre es masculino o femenino, indistintamente: *el esperma* o *la esperma*.

espiar. Se conjuga, en cuanto al acento, como *desviar* [1 c].

Espira. Este es el nombre español de la ciudad alemana de *Speyer*. No debe usarse la grafía *Spira*, que se lee en algunos manuales de historia.

esplacno-. Forma prefija del griego *splanchnon*, 'víscera': *esplacnología*.

esplendidez, espléndido → ESPLENDOR.

esplendor. 'Brillo'. En este nombre, en *esplendidez* y en los adjetivos *espléndido* y *esplendoroso* deben evitarse las grafías erróneas con *ex-*, y, naturalmente, las pronunciaciones /eksplendór, ekspléndido/, etcétera.

esplendoroso → ESPLENDOR.

espleno-, esplen-. Formas prefijas del griego *splen*, 'bazo': *esplenitis*.

esplín. 'Hastío o tedio de vivir'. Es nombre masculino, adaptación del inglés *spleen*

establecida ya hace tiempo por la Academia de acuerdo con la pronunciación corriente. No debe usarse la forma inglesa. La grafía *esplín* no es nueva; antes de 1790 ya la usaba Iriarte: «*Es el esplín, señora, una dolencia / que de Inglaterra dicen que nos vino*» (*Poesías*, 136).

espúreo → ESPURIO.

espurio. 'Bastardo, adulterado'. Muchas personas, entre ellas muchos escritores, usan la forma errónea *espúreo*. Es curioso que más de una vez esta forma en *-eo* haya sido usada inadvertidamente por distinguidos críticos de lenguaje.

esquí. El plural de este nombre es *esquís* o, más raro, *esquíes*.

esquiar. Se conjuga, en cuanto al acento, como *desviar* [1 c].

esquizo-. Forma prefija del griego *schizo*, 'disociar, dividir en dos': *esquizofrenia*.

Esrí Lanka, esrilankés, esrilanqués → SRI LANKA.

establecer. Verbo irregular. Se conjuga como *agradecer* [11].

establecimiento → ESTABLISHMENT.

establishment. 'Sector o grupo dominante'. Es nombre inglés que en español se usa con género masculino y con la pronunciación corriente /estáblisment/. No equivale a *sistema* (en sentido político), aunque algunos lo usan con ese valor. Hay quienes traducen esta voz como *establecimiento* («*los medios de información del establecimiento*», L. Carandell, *Triunfo*, 28.4.1973. 12); pero lo habitual es emplearla, entre comillas o en cursiva, en su forma original. Es errónea la grafía *stablishment*.

estadinense → ESTADOUNIDENSE.

estadio. 'Campo de deportes con gradas para el público'. No deben utilizarse la forma latina *stádium* ni la semiespañola *estádium*.

estádium → ESTADIO.

estado → STATUS.

Estados Unidos. 1 Puede decirse con artículo o sin él: *Estados Unidos* o *los Estados Unidos*. El nombre oficial de la na-

estadounidense / **estar**

ción es con artículo: *los Estados Unidos de América;* pero esta forma de nombrarla es poco frecuente. Lo corriente es decir *Estados Unidos,* y más a menudo sin artículo que con él.

2 Si se emplea la forma *los Estados Unidos,* el verbo ha de ir en plural, pues el artículo marca claramente el carácter plural del nombre: *Los Estados Unidos van a lanzar un nuevo satélite.* En cambio, el uso de la forma *Estados Unidos,* sin artículo, suele llevar consigo la noción de singularidad: se piensa en *Estados Unidos* como una nación, no como una pluralidad de estados: *Estados Unidos va a lanzar un nuevo satélite.* En este caso, la *-s* final ha dejado de ser indicador de plural. Compárese con el topónimo urbano *Cuatro Caminos:* se dice *Cuatro Caminos* ESTÁ (y no ESTÁN) *muy lejos.*

3 *USA,* por *Estados Unidos:* → EE.UU.

4 Sobre las siglas correspondientes a *Estados Unidos,* → EE.UU.

estadounidense. 'De los Estados Unidos'. Es más propio este adjetivo que *norteamericano* y, sobre todo, más que *americano,* que corresponden, respectivamente, a toda América del Norte (no solo Estados Unidos) y a todo el continente americano. En algunos países hispanoamericanos se dice *estadunidense* y *estadinense,* pero son formas que no tienen aceptación en España.

estadunidense → ESTADOUNIDENSE.

estafilo-, estafil-. Formas prefijas del griego *staphylé,* 'racimo': *estafilococo.*

estalactita. *Estalactitas* y *estalagmitas* son las concreciones calcáreas que se forman, respectivamente, en el techo y el suelo de las cavernas. Evítese el contagio mutuo en la grafía de las dos palabras: la primera lleva el grupo *-ct-;* la segunda, el grupo *-gm-.*

estalagmita → ESTALACTITA.

estampar. Construcción: *estampar* A *mano; estampar* EN *papel; estampar* SOBRE *tela.*

estándar. **1** La Academia registra el nombre masculino *estándar,* como adaptación del inglés *standard,* con el sentido de

'tipo, modelo, patrón, nivel'. Igualmente acoge *estandarizar,* 'tipificar, ajustar a un tipo, modelo o norma'; y *estandarización,* 'acción y efecto de estandarizar'. Acepta también, pero no prefiere, las formas *estandardizar* y *estandardización.* No es necesario, pues, usar la forma *standard* ni, en los derivados, las grafías *st-,* que no escasean en los periódicos.

2 Hay que añadir que, aunque la Academia no aluda a ello, *standard* tiene entre nosotros también un uso adjetivo, 'corriente o común'. No hay ninguna dificultad en aprovechar la españolización *estándar* también para este uso: *Modelo estándar.*

3 El plural de *estándar,* nombre o adjetivo, es *estándares.*

estandardización, estandardizar, estandarización, estandarizar → ESTÁNDAR.

estanqueidad → ESTANQUIDAD.

estanquidad. 'Cualidad de estanco (que no hace agua por las junturas)'. No es recomendable decir *estanqueidad* (que correspondería a «estánqueo», como *homogeneidad* corresponde a *homogéneo*) (→ -DAD, 3). A pesar de ello, la Academia recoge también la segunda forma.

estar. **1** Verbo irregular. (Véase cuadro.)

2 Construcción: *estar* A O BAJO *las órdenes de otro; estar* CON *ánimo de viajar; estar* DE *vuelta; estar* EN *casa; estar* PARA *salir; estar algo* POR *suceder; estar* PARA *bromas; estar* DE *gobernador; estar* POR *dejarlo todo; estamos* A *dos de enero,* A *10 grados.*

3 *Estarse,* pronominal, se usa con el sentido de 'quedarse o mantenerse': *Estáte quieto; Se estuvo en la cama, por miedo al frío. Estarse de* una cosa, por *abstenerse de* ella, es catalanismo que a veces pasa al castellano hablado por catalanes (Casanovas, 71): «*Uno no puede estarse de preguntar qué se entiende en las normas por 'conciencia colectiva'*» (M. Porter Moix, *Destino,* 15.3.1975, 49).

4 *Estar de más:* → MÁS, 8.

5 En algunos países de América, particularmente en Santo Domingo, se usa la construcción *estar al* + infinitivo *(está al*

187

CONJUGACIÓN DEL VERBO «ESTAR»

(tiempos simples)

INDICATIVO

Pres. estoy, estás, está, estamos, estáis, están.
Pret. impf. estaba, estabas, estaba, estábamos, estabais, estaban.
Pret. indef. estuve, estuviste, estuvo, estuvimos, estuvisteis, estuvieron.
Fut. impf. estaré, estarás, estará, estaremos, estaréis, estarán.
Pot. simple estaría, estarías, estaría, estaríamos, estaríais, estarían.

SUBJUNTIVO

Pres. esté, estés, esté, estemos, estéis, estén.
Pret. impf. estuviera o estuviese, estuvieras o -ses, estuviera o -se, estuviéramos o -semos, estuvierais o -seis, estuvieran o -sen.
Fut. impf. estuviere, estuvieres, estuviere, estuviéremos, estuviereis, estuvieren.

IMPERATIVO

está, esté, estad, estén.

FORMAS NO PERSONALES

Inf. estar.   *Ger.* estando.   *Part.* estado.

---

llegar; estuve al casarme; el ardiente deseo estaba al cumplirse), por *estar para* + infinitivo (Kany, 344). Es seguramente una extensión del modismo *estar al caer,* que es normal.

6 *Estar a* + infinitivo, por *estar* + gerundio, es construcción típica del castellano de Galicia: *Está a trabajar,* 'está trabajando' (García, *Temas,* 123).

7 *Estar por* + infinitivo, por *ir a* + infinitivo, es uso argentino y chileno: *«Usted me estaba por contar su niñez»* (Cortázar, *Rayuela,* 175); *«El pueblo pronto 'se pondrá de largo',* pues está por cumplir los veinte años» (Brunet, *Humo,* 51).

estasis. En medicina, 'estancamiento de la sangre o de otro líquido en una parte del cuerpo'. Es nombre femenino de acentuación grave, /estásis/. Deben evitarse, pues, la acentuación /éstasis/ y la grafía *éxtasis,* que corresponden a otro nombre muy distinto *(éxtasis,* masculino, es 'arrobamiento'): *«Éxtasis .. de la válvula mitral»* (Torrente, *Saga,* 134).

estato-, estat-. Formas prefijas del griego *estatós,* 'parado': *estatocisto.*

estatúder. 'Jefe o magistrado supremo de la antigua república de los Países Bajos'. Esta es la forma española (registrada por la Academia) del holandés *Stadhouder.* Debe desecharse la forma *statouder* que usan todavía algunos historiadores.

estatuir. Verbo irregular. Se conjuga como *huir* [48].

estauro-. Forma prefija del griego *staurós,* 'estaca, cruz': *estaurolita.*

este. **1** Adjetivo y pronombre demostrativo. Tiene en singular y plural formas masculinas *(este, estos)* y femeninas *(esta, estas);* como pronombre tiene, además, una forma «neutra», sin plural *(esto).*

2 Como adjetivo —igual que los otros demostrativos—, su colocación normal es antepuesto al nombre: *este señor;* pero puede ir pospuesto si precede al nombre el artículo *el (la,* etc.): *el señor este, la niña esta.* La construcción pospuesta suele implicar un matiz despectivo.

3 También como los otros demostrativos, el adjetivo *este* es siempre tónico: *este día, estas cosas,* /éste-día, éstas-kósas/ (no /estedía, estaskósas/).

4 La forma *este* aparece con frecuencia usada, en lugar de *esta*, ante nombre femenino que comienza por /a/ tónica *(este agua, este arma)*; debe usarse *esta* ante todos los femeninos, sea cual sea su fonema inicial: *esta agua, esta arma*.

5 Como pronombres, tradicionalmente se escriben con tilde (acento ortográfico) las formas masculinas y femeninas: *Me quedo con ésta; Éstos han llegado hoy*. Pero esta acentuación, que no tiene ninguna justificación fonética ni semántica como diferenciación respecto al adjetivo, y sí estrictamente gramatical, es innecesaria y ha dejado de ser obligatoria. En cuanto a la forma «neutra» *(esto)*, en ningún caso debe escribirse con tilde.

6 Diferencias de sentido entre los demostrativos *este, ese, aquel*. *a) Este* se refiere a un ser situado cerca de la persona que habla. Puede expresar también tiempo actual *(Este año)*, o inmediatamente pasado *(Este invierno no ha hecho frío)*, o inmediatamente futuro *(Esta noche la veré)*. *b) Ese* se refiere a un ser situado cerca de la persona a la que se habla. También sirve para referirse a una unidad de tiempo que se acaba de mencionar: *Un día regresó el padre; ese día hubo fiesta en la casa*. (Sobre el uso americano de *ese* por *aquel*, → ESE, 6.) *c) Aquel* se refiere a un ser no situado cerca de la persona que habla ni de la que escucha. Puede expresar también lejanía en el tiempo. A diferencia de los otros dos demostrativos, se usa vacío de significado —con pura función gramatical— cuando es antecedente de un relativo *(Aquellos que deseen más información*, 'los que deseen más información').

7 *Esto* en España, *este* en gran parte de América, se usan en la lengua coloquial como muletillas de relleno en momentos de vacilación sobre lo que se va a decir. Cf. Kany, 136, y Steel, *Americanismos*, 181.

estear-, esteato-, estea-. Formas prefijas del griego *stéar*, 'sebo': *esteatita, esteatopigia*.

esteno-, esten-. Formas prefijas del griego *stenós*, 'estrecho': *estenografía*.

estéreo → ESTEREOFONÍA.

estéreo-. Forma prefija del griego *stereós*,

'sólido': *estereoscopio*. Se usa en todos los neologismos que denotan 'tres dimensiones'.

estereofonía. **1** 'Reproducción del sonido caracterizada por la reconstrucción espacial de los manantiales sonoros'. Tanto para este nombre como para el adjetivo *estereofónico* y la apócope *estéreo*, deben desecharse las formas iniciadas con *s-* (*stereofonía, stereofónico, stéreo)*.
2 *Estéreo* es apócope de *estereofonía* *(música en estéreo)* o, más frecuentemente, de *estereofónico (disco estéreo)*. Es palabra invariable en género y número *(una grabación estéreo, discos estéreo)*.

estereofónico → ESTEREOFONÍA.

esteticista. 'Mujer especialista en cosmética'. Esta es la forma más adecuada, y que disfruta de cierta aceptación, para traducir el francés *esthéticienne* (pronunciado corrientemente /estetisién/).

esteto-, estet-. Formas prefijas del griego *stethos*, 'pecho': *estetoscopio*.

esthéticienne → ESTETICISTA.

estilóbato. 'Pedestal o zócalo en que se apoya una serie de columnas'. El *Diccionario* de la Academia establece la forma *estilóbato*, esdrújula; pero algunos tratadistas de arte usan la forma llana *estilobato* (Angulo, *Arte*, I, 78; Velarde, *Arquitectura*, 38).

estimular. Construcción: *estimular* AL estudio; *estimular* A hacer algo.

estirar. Significa 'alargar o dilatar (una cosa), extendiéndola con fuerza para que dé de sí'. Es vulgarismo usar este verbo por *tirar* ('hacer fuerza para traer hacia sí'): *Le estiró del brazo*, en lugar de *Le tiró del brazo; «Si caídos al mar, nos agarrasen / de los pies y estirasen, tercas, de ellos / unas manos no humanas»* (Otero, *Ángel*, 109). La misma confusión vulgar se da en *un estira y afloja*, por *un tira y afloja: «Es usted un enemigo más .. del estira y afloja de Cortes que gobiernan y Rey que reina»* (Galdós, *Apostólicos*, 183).

estomato-, estomat-. Formas prefijas del griego *stoma*, 'boca': *estomatología*.

estrábico → ESTRABISMO.

estrabismo. 'Desviación de la dirección

normal de la mirada'. No debe pronunciarse /ekstrabísmo/ ni escribirse *extravismo*, pues la palabra no tiene sino una relación aparente con *extraviar*. Lo mismo hay que decir del adjetivo *estrábico* (no *extrávico*).

estrangulación, estrangulador, estrangulamiento → ESTRANGULAR.

estrangular. 'Ahogar oprimiendo el cuello'. Evítese la pronunciación /ekstrangulár/ y la grafía *extrangular*. Lo mismo hay que decir de sus derivados *estrangulador, estrangulamiento, estrangulación,* que no tienen ninguna relación con el prefijo *extra-*.

estraperlo. 'Mercado negro'. No debe usarse la grafía *straperlo*.

Estrasburgo. La ciudad francesa de *Strasbourg* tiene en español el nombre de *Estrasburgo* (no *Strasburgo*).

estratosfera. 'Capa superior de la atmósfera'. No es normal la forma *estratoesfera*.

-estre. Sufijo de adjetivos, que significa pertenencia: *campestre, ecuestre*.

estregar. Verbo irregular. Se conjuga como *cerrar* [6].

estrellar. Construcción: *estrellarse* CON *alguno; estrellarse* CONTRA (O EN) *alguna cosa*.

estremecer. Verbo irregular. Se conjuga como *agradecer* [11].

estrenar. Construcción: *estrenarse* CON *una obra maestra*.

estreno. 'Primera exhibición' (de un filme o de una obra teatral). El uso del francés *première*, que a veces aparece en la prensa, se debe simplemente a esnobismo; y el de su traducción literal, *primera*, a ignorancia.

estreñir. Verbo irregular. Se conjuga como *reñir* [58]. Es vulgar la forma *estriñir*, de la que se oye principalmente el participio *estriñido*.

estrés. 'Situación de un individuo o de un órgano, que, por exigir de ellos un rendimiento muy superior al normal, los pone en riesgo próximo de enfermar'. Debe preferirse esta forma, adoptada por la Acade-

mia, a la original inglesa *stress*. Es nombre masculino, y su plural es *estreses*. Existe también el adjetivo *estresante*, 'que produce estrés'.

estresante → ESTRÉS.

estriar. Se conjuga, en cuanto al acento, como *desviar* [1 c].

estribar. Construcción: *su felicidad estriba* EN *el trabajo*.

estriñir → ESTREÑIR.

estudiante. Como nombre, que es el uso habitual de esta palabra, es invariable en género: *el estudiante, la estudiante*. Pero la lengua coloquial emplea una forma femenina *la estudianta*.

estudiar. 1 Se conjuga, en cuanto al acento, como *cambiar* [1 a].

2 Construcción: *estudiar* CON *los escolapios; estudiar* PARA *médico; estudiar* POR *libre*.

estupefaciente. 'Droga narcótica'. Evítese la pronunciación /estupefakziénte/.

esvástica. 'Cruz gamada'. También puede decirse *suástica*. No debe usarse la grafía *svástica*.

et alia, et alii → ALII.

etcétera. 1 Debe evitarse la pronunciación, bastante extendida, /ekzétera/.

2 Como esta palabra significa 'y demás, y lo demás', no debe ir precedida de *y*, ya que esta conjunción va incluida en su significado: *Perros, gatos y etcétera*. Esta observación no afecta al reiterado cliché periodístico *y un largo etcétera*, puesto que en él la palabra en cuestión va funcionando como sustantivo con el sentido de 'serie de otros elementos (personas o cosas)'.

-ete. Sufijo de adjetivos que encierra matiz despectivo o que significa calidad menos notable: *clarete, pesadete*. La forma femenina es *-eta*.

Es también sufijo de sustantivos derivados de sustantivos. Su significación es diminutiva y a veces despectiva: *historieta, peseta, vejete*.

Eteocles. Nombre de un personaje de varias tragedias griegas, hermano de Antígona. Es palabra llana, /eteókles/, no esdrújula, según Fernández Galiano; sin embargo, Reyes escribe *Etéocles* (trad. de Bowra, *Lit. griega*, 64).

-etín → -ÍN.

etíope. 'De Etiopía'. La Academia considera también válida la forma *etiope*, aunque prefiere la acentuación esdrújula, /etíope/.

etno-. Forma sufija del griego *ethnos*, 'raza': *etnografía*.

-eto. Sufijo de sustantivos o de adjetivos derivados de sustantivos: *buleto, folleto*. La forma femenina es *-eta*. En América está mucho más vivo que en España, alternando con *-eco: patuleto, corneto*. (→ -ETE.)

-etón → -ÓN.

eu-. Prefijo griego que significa 'bien', 'bueno': *eufonía*.

EUA → EE. UU.

eucalipto. 'Árbol mirtáceo'. Es preferible usar este nombre al de *eucaliptus* (que, por otra parte, habría que escribir *eucalyptus*, su verdadera grafía latina).

eucaliptus → EUCALIPTO.

Éufrates. El nombre de este río, en la pronunciación generalmente admitida, es esdrújulo, /éufrates/, aunque, según Fernández Galiano, la acentuación más acertada sería la llana, /eufrátes/.

Eufrosine. Nombre de una de las tres Gracias. También se llama *Eufrosina*. Según Fernández Galiano, la acentuación correcta es *Eufrósine* o *Eufrósina;* pero la forma grave es la que prevalece en el uso.

europeizar. Se conjuga como *enraizar* [1 f].

euskera, euskero → EUSQUERA.

eusquera. 'Lengua vasca' (adjetivo) 'de la lengua vasca'. La Academia considera preferible en castellano la grafía *eusquera* a *euskera*, si bien da por buenas las dos. La acentuación de esta voz es grave, /euskéra/; no esdrújula, /éuskera/. Como adjetivo, es invariable; no debe usarse, pues, la forma *eusquero* o *euskero*. No debe olvidarse que existe en español un nombre tradicional, perfectamente vivo y correcto: *vascuence*.

eusquero → EUSQUERA.

evacuar. Se conjuga, en cuanto al acento, como *averiguar* [1 b]. Es errónea la acentuación *evacúa, evacúe,* etc., empleada por muchos locutores y periodistas; lo normal es *evacua, evacue,* /ebákua, ebákue/. No obstante, esta acentuación es aceptada en la norma culta de algunos países hispanoamericanos.

evaluar. Se conjuga, en cuanto al acento, como *actuar* [1 d].

eventualmente. Es error debido a anglicismo el uso de *eventualmente* por *finalmente:* «*Al principio se reciben sus ofrecimientos con cierto recelo .. Eventualmente prevalece cerca de los príncipes, habiéndoles asegurado la pureza de su celo luterano para que se unan a él*» (Muñoz, trad. Lewis, *Carlos de Europa*, 155).

evidencia. 'Cualidad de evidente o manifiesto'. Por anglicismo se usa a veces, impropiamente, por *prueba* (de un delito): «*El Gobierno de Su Majestad tiene una evidencia objetiva y subjetiva de que los disturbios están influidos por una mano extranjera*» (*Ya*, 11.1.1959, 3).

evidenciar. Se conjuga, en cuanto al acento, como *cambiar* [1 a].

evidente. 1 *Ser evidente* (una cosa, un hecho): → SER, 3.
2 Uso de *aparente* por *evidente:* → APARENTE.

evidentemente → APARENTE.

evónimo. 'Bonetero, arbusto'. Es preferible la forma española *evónimo* a la medio latina *evónimus*. De esta palabra se han visto y oído varias grafías y pronunciaciones: *evonymus*, que es la forma latina correcta, en Galdós *(Miau*, 249); *evonimus*, en Azorín *(Voluntad*, 150); *bónibus*, en el habla popular recogida por Galdós *(Fortunata*, I, 277, 308; III, 233). Alonso *(Poetas*, 105) ha señalado cómo Antonio Machado, en la primera edición de *Soledades* (1903), había escrito *bónibus* y *ebónibus*, que luego corrigió en *evónimus*.

ex-. 1 Prefijo que significa 'fuera', 'más allá': *exponer, excomulgar*. Delante de nombres o adjetivos de persona significa que esta ha dejado de ser lo que aquellos representan. En este caso se suele escribir separado del nombre o adjetivo, y así lo usa la Academia en su *Diccionario: ex Ministro, ex Diputado*. Pero, tratándose de un prefijo, debería escribirse unido al nombre: *exmonárquico;* o enlazado por medio de un guión, con lo cual se conserva la posibilidad de mantener la mayúscula: *ex-Diputado, ex-Rey.*

2 El prefijo *ex-* es siempre átono, tanto si se escribe junto, como separado, como con guión. No está justificada la pronunciación tónica de muchos locutores: /éks-presidénte/, /éks-direktór/.

exacto. En el sentido de 'sumamente parecido', se construye con la preposición *a:* «*Esa criatura es tu vivo retrato .. Es tan exacto a ti que el rumor se ha convertido en evidencia*» (Fernández de la Reguera-March, *Fin*, 368).

exaltación. Construcción: *exaltación* DE *su memoria.* Es anormal la construcción con *a:* «*Exaltación a la naturaleza*» *(Diario 16,* 6.2.1983, 3).

examinar. Construcción: *examinar* DE *gramática; examinarse* DE *gramática.* En Méjico, Costa Rica y Guatemala es corriente decir *examinarse* EN *gramática*, EN *álgebra* (Kany, 366).

exceder. Construcción: *exceder una cuenta* A *otra; exceder* DE *la talla; exceder* EN *cien pesetas; excederse* EN *los elogios.*

excepción. 1 La pronunciación /ekszek-zión/, deformando el sonido /p/ en /k/, es usual en muchos hablantes públicos. La misma alteración se oye en *excepcional, excepto, exceptuar.* La *p* debe pronunciarse como /p/.

2 Construcción: *todos,* A (o CON) *excepción* DE *tres o cuatro.*

excepcional → EXCEPCIÓN, 1.

excepticismo, excéptico → ESCÉPTICO.

excepto. 1 Preposición que significa 'a excepción de, fuera de'. Se pronuncia átona. Tiene la particularidad de que, cuando precede a los pronombres de 1.ª y 2.ª persona de singular, estos no toman las formas *mí, ti,* sino *yo, tú: Excepto tú, todos han pagado.*

2 Pronunciación viciosa de *excepto:* → EXCEPCIÓN, 1.

exceptuar. 1 Se conjuga como *actuar* [1 d].

2 Construcción: *exceptuar a alguno* DE *la regla.*

3 Pronunciación viciosa de *exceptuar:* → EXCEPCIÓN, 1.

excisión → ESCISIÓN.

excitar. En Venezuela se usa este verbo con sentido de 'instar' o 'invitar': *Se excita a los estudiantes a inscribirse en los equipos de la Universidad.* El uso es antiguo en la lengua española, pero ha dejado de existir en la mayoría de los países hispánicos. *Excitar* tiene hoy un sentido puramente sensorial: *excitar los nervios, excitar los sentidos, las pasiones.* Cuando se emplea en otro ámbito, debe sustituirse por *instar, invitar, exhortar, incitar,* verbos que expresan diferentes matices (v. Rosenblat, *Palabras,* I, 201).

excluir. 1 Verbo irregular. Se conjuga como *huir* [48].

2 Construcción: *excluir a uno* DE *una lista.*

exclusive. Adverbio que significa 'sin contar el último o últimos objetos mencionados'. No debe usarse como adjetivo, atribuyéndole variación de número: *Entre el segundo y el octavo, ambos exclusives.*

excogitar. Es impropiedad usar este verbo en el sentido de *escoger. Excogitar* significa 'hallar o descubrir algo por la reflexión'.

excoriar. Se conjuga, en cuanto al acento, como *cambiar* [1 a].

excusar. Construcción: *excusarse* CON *alguno; excusarse* DE *hacer algo; excusarse* POR *su conducta.*

exegesis → EXEGETA.

exegeta. 'Intérprete o explicador'. La acentuación académica es grave, /eksejéta/; pero el uso más corriente es esdrújulo, *exégeta.* Para el nombre abstracto *exegesis,* 'interpretación o explicación', la Academia recoge las dos acentuaciones, grave *(exegesis)* y esdrújula *(exégesis).* Ambas pronunciaciones, en las dos palabras, deben considerarse válidas.

exención. 1 'Acción y efecto de eximir'. No debe usarse la forma *eximición*, que algunos periodistas usan. 2 Construcción: *exención* DE *impuestos*.

exento. Construcción: *exento* DE *cargas*.

exequátur. 'Autorización civil para las bulas pontificias'. Se pronuncia /eksekuátur/. Es nombre masculino poco usado; aún menos, en plural. En este último caso se mantiene sin variación de forma: *los exequátur.*

exequias. 'Honras fúnebres'. Es nombre femenino solo usado en plural.

exfoliar. Se conjuga, en cuanto al acento, como *cambiar* [1 a].

exhortar. Construcción: *exhortar* A *la austeridad.*

exilado, exilar, exiliado → EXILIAR, 2.

exiliar. 1 Se conjuga, en cuanto al acento, como *cambiar* [1 a].
2 No debe usarse *exilar* por *exiliar*, puesto que el verbo se forma sobre el nombre *exilio*. Lo mismo hay que decir del participio, frecuentemente sustantivado, *exilado*, por *exiliado.*

eximente. Usado como nombre ('circunstancia que exime de toda culpa'), su género es femenino: *la eximente.*

eximición → EXENCIÓN.

eximir. Construcción: *eximir a alguien* DE *una obligación.*

exo-. Prefijo griego que significa 'fuera': *exósmosis.*

exófago → ESÓFAGO.

exonerar. Construcción: *exonerar* DEL *cargo; exonerar* DE *una obligación.*

exósmosis → ÓSMOSIS.

exotérico → ESOTÉRICO.

expander → EXPANDIR.

expandir. 'Extender o dilatar'. Es errónea la forma *expander*, probablemente influida por *extender.*

expatriar. Se conjuga, en cuanto al acento, como *desviar* [1 c]. Se usa también, no obstante, la conjugación como *cambiar* [1 a].

expedir. 1 Verbo irregular. Se conjuga como *vestir* [62].
2 Diferencia entre *expedir* y *expender:* → EXPENDER.

expedito. 'Libre de estorbos'. La pronunciación es llana, /espedíto/; no /espédito/, como se oye a algunos locutores.

expeler. Construcción: *expeler* DEL *cuerpo; expeler* POR *la boca.*

expendeduría. 'Tienda', especialmente de tabaco. Es errónea la forma *expendiduría.*

expender. No debe confundirse este verbo con *expedir. Expender* es 'gastar': *Expendió toda su fortuna;* 'vender al por menor': *En su tienda se expendía toda clase de productos;* 'poner en circulación' (moneda falsa). *Expedir* es 'despachar' (un asunto), 'poner por escrito' (un certificado), 'remitir, enviar' (una carta, un paquete, una mercancía).

expendiduría → EXPENDEDURÍA.

expensas. Construcción: *vivir a expensas* DE *otro.*

expiar. Se conjuga, en cuanto al acento, como *desviar* [1 c].

expléndido, explendor, explendoroso → ESPLENDOR.

explosionar → EXPLOTAR.

explotar. El uso de *explotar* con el sentido de 'hacer explosión, estallar', muy extendido por España y América, está ya reconocido por la Academia. Los técnicos, no obstante, prefieren el verbo *explosionar*, que aparte del sentido citado tiene el de 'hacer estallar': *El artefacto fue explosionado por especialistas de la Policía.* Conviene señalar que este último uso transitivo no se encuentra en *explotar*, por lo que no debemos considerar normal este ejemplo: *«Amenazan con explotar el avión» (Ya, 22.7.1973, 3).*

expoliar. Se conjuga, en cuanto al acento, como *cambiar* [1 a].

exponer. 1 Verbo irregular. Se conjuga como *poner* [21].
2 Construcción: *exponerse* A *un desaire; exponer* ANTE *el público.*

exprofesamente → EX PROFESO.

ex profeso. Locución latina que significa 'de propósito, deliberadamente'. Se pronuncia /eksproféso/ y se escribe en dos palabras. Algunos usan un adverbio *exprofesamente*, que no tiene ninguna razón de ser.

expropiar. Se conjuga, en cuanto al acento, como *cambiar* [1 a].

extasiarse. Se conjuga, en cuanto al acento, como *desviar* [1 c].

éxtasis → ESTASIS.

extender. 1 Verbo irregular. Se conjuga como *entender* [14].

2 Construcción: *extenderse* EN *digresiones; extenderse* POR *el suelo.*

extenuar. Se conjuga, en cuanto al acento, como *actuar* [1 d].

extra-. Prefijo latino que significa 'fuera': *extraordinario.* En algún caso, 'sumamente': *extraplano.*

extradicción → EXTRADICIÓN.

extradición. Este nombre tiene una sola *c* en su terminación. Son erróneas, pues, la pronunciación /ekstradikzión/ (a veces oída en la radio) y la grafía *extradicción.*

extradicto, extradir → EXTRADITAR.

extraditar. 1 'Entregar (un reo refugiado en un país) a las autoridades de otro país que lo reclama'. Este verbo, que sigue el modelo del inglés *to extradite,* ha sido acogido por la Academia. Pero es igualmente válido, y mejor formado, *extradir* (regresivo de *extradición),* que figura en *Vox* (1973), tiene uso ya antiguo en Hispanoamérica y empieza a aparecer en diarios españoles: *«Un juez argentino pone en libertad al ultraderechista Raúl Guglielminetti, extradido por España» (País,* 3.1.1986, 1).

2 Los participios de *extraditar* y *extradir* son, naturalmente, *extraditado* y *extradido.* No tiene razón de ser *extradicto,* que alguna vez se ha visto usado: *«La entrega del extradicto por un Estado a otro»* (J. Miralles, *Diario 16,* 7.12.1985, 3).

extraer. 1 Verbo irregular. Se conjuga como *traer* [32].

2 Construcción: *extraer* DE *la mina.*

extrañar. 1 Construcción: *extrañar la cama; extrañarle* A *uno un hecho; extrañar* A *un conspirador* ('desterrarlo'); *extrañar* A *un amigo* ('echarlo de menos': → 3); *extrañarse uno* DE *algo.*

2 El sentido 'causar extrañeza', aunque no registrado por la Academia, es perfectamente normal y nada nuevo en el idioma: *«Me extraña que insistas todavía en que escriba un nuevo tomo»* (Rosalía de Castro, *Carta,* 26.7.1881, 1012).

3 El sentido 'echar de menos', transitivo, desusado en España, vive en América: *«Oh mi amor, te extraño, me dolés en la piel, en la garganta, cada vez que respiro es como si el vacío me entrara en el pecho donde ya no estás»* (Cortázar, *Rayuela,* 232).

extravertido. 'Que se interesa principalmente por lo exterior a sí mismo'. Es errónea la forma *extrovertido,* influida por *introvertido,* que es el adjetivo opuesto de *extravertido.*

extraviar. 1 Se conjuga, en cuanto al acento, como *desviar* [1 c].

2 Construcción: *extraviarse* POR O EN *el bosque; extraviarse* EN *sus opiniones.*

extrávico, extravismo → ESTRABISMO.

extremo. *Al extremo de, a tal extremo* (*«Le rogué que me dijera algo .. que diera firmeza a mi posición sobre la tierra, a tal extremo dependiente de ella»,* Benedetto, *Caballo,* 20) no son las construcciones más normales, sino HASTA *el extremo de,* HASTA *tal extremo.*

extrovertido → EXTRAVERTIDO.

-ez. 1 Sufijo átono patronímico: *López, Sánchez.*

2 Sufijo tónico de nombres abstractos femeninos derivados de adjetivos: *acidez, delgadez.*

-eza. Sufijo de sustantivos abstractos femeninos derivados de adjetivos: *dureza, tristeza, entereza.*

-ezno. Sufijo de sustantivos, con valor diminutivo: *osezno, rodezno, torrezno.*

-ezuelo → -ECITO.

f

f. Séptima letra del alfabeto español (sexta del universal). Su nombre —femenino— es *efe,* plural *efes.* Corresponde al fonema consonante /f/, en cuya realización el labio inferior se junta al borde de los incisivos superiores, de manera que queda una hendidura horizontal, por donde escapa el aire produciendo un ruido de roce.

fa. 'Nota musical'. Su plural es *fas.*

facies. 'Aspecto'. Es nombre femenino: *la facies.* En plural es invariable.

fácil. Construcción: *fácil* A *los halagos; fácil* PARA *un perito; fácil* DE *digerir; es fácil que sea así* (no DE *que sea así).*

facsímil. 'Reproducción exacta'. Es nombre masculino. Se pronuncia /faksímil/ —no /fazsímil/ ni /faszímil/, como dicen algunas personas aparentemente cultas—. También existe, más rara, la forma *facsímile.* El plural de las dos palabras es *facsímiles.*

facsímile → FACSÍMIL.

factible. 'Que se puede hacer, realizable'. No debe confundirse con *posible,* y menos con *susceptible* (como en este ejemplo: «*Esta primera Agrupación Mixta Femenina de Circulación .. es factible de ampliar su plantilla*», *Ya,* Supl., 14.5.1972).

faena. 'Trabajo de asistenta': → ASISTENTA.

-fagia. Forma sufija del griego *phágomai,* 'comer': *antropofagia.* Constituye sustantivos abstractos. Las formas *-fago,* *-faga,* son para sustantivos de personas: *antropófago.*

fagot. 'Instrumento músico de viento'. También puede llamarse *fagote.* El plural para ambas formas es *fagotes.*

falacia. 'Engaño, fraude o mentira con que se intenta dañar a otro'. Es impropiedad, debida a anglicismo, dar a este nombre el sentido de 'error, sofisma o argumento falso'.

Falkland → MALVINAS.

fallar. En su uso intransitivo, el sentido más corriente de este verbo es 'fracasar'. El empleo de *fallar en* + infinitivo por *dejar de* + infinitivo, o por *no* + indicativo, es extraño al español y se debe a influjo del inglés *fail to* + infinitivo: «*Este gran cambio llegó a producir una nueva generación que ha fallado en comprender la historia y apreciar la herencia de sus antepasados*» (Argüelles, *Enseñanza,* 283).

fallecer. Verbo irregular. Se conjuga como *agradecer* [11].

falso. *Ser falso* (un hecho): → SER. 3.

faltar. **1** Construcción: *faltar* A *la cita; faltar* A *la palabra; faltar* DE *su puesto; faltar a uno* EN *algo; faltar una peseta* PARA *las cien; faltar el rabo* POR *desollar.*

2 Evítese la confusión de *faltar* con *carecer:* «*Algunas [partículas] .. pueden faltar de antecedente*» (Roca, *Gramática,* II, 180).

3 *Encontrar a faltar:* → ENCONTRAR. 3.

4 *Echar a faltar:* → ECHAR. 2.

fan. 'Admirador fanático'. Plural *fans.* Es anglicismo usual, fácil de sustituir por *fanático* o —especialmente en deportes— por *hincha.*

fanero-. Forma prefija del griego *phanerós,* 'manifiesto': *fanerógama.*

-fano. Forma sufija del griego *phanós,* 'claro, manifiesto': *quirófano.*

fantaciencia, fantacientífico, fantasía científica → CIENCIA-FICCIÓN.

fantasma. Según la Academia, este nombre es femenino en el sentido de 'espantajo o persona que simula una aparición o un espectro', y masculino en los de 'visión quimérica' y 'hombre presuntuoso'. Pero en el uso corriente actual es masculino en todos los sentidos. El uso femenino se mantiene solo en lenguaje rústico y, en ocasiones, en lenguaje literario: *«La voraz fantasma de la noche»* (Miró, *Cercado,* 10).

farmaceuta. En Venezuela, Colombia, Guatemala, Ecuador y tal vez en otros países americanos dicen algunos *el farmaceuta* en lugar de *el farmacéutico.* También se ha usado algo —muy poco— en España: *«El joven e inteligente farmaceuta»* (R. Gómez de la Serna, *Pombo,* cit. Rosenblat). No es palabra incorrecta, pero el uso general prefiere siempre *el farmacéutico* (cf. Rosenblat, *Palabras,* III, 225).

farol → BLUFF.

Far West → OESTE.

fastidiar. Se conjuga, en cuanto al acento, como *cambiar* [1 a].

fatigar. Construcción: *fatigarse* DE *andar; fatigarse* EN *pretensiones; fatigarse* POR *sobresalir; fatigar* CON *sermones.*

favorable. Construcción: *la situación les es favorable; la situación es favorable* PARA *un cambio.*

favorecer. Verbo irregular. Se conjuga como *agradecer* [11].

fe. En el sentido de 'intención', se usa frecuentemente *fe* en el sintagma *buena fe,* 'intención honrada', y en *mala fe,* 'intención alevosa'. Los adjetivos *buena* y *mala* pueden ser reemplazados, cuando convenga, por sus comparativos *mejor* y *peor: Lo hizo con la mejor fe del mundo; Lo hizo con la peor fe que te puedes imaginar.* Pero no deben emplearse construcciones redundantes como *la mejor buena fe* o *la peor mala fe: «A la verdad se le* [sic] *ataca con la mentira .., y a la buena fe, con la peor mala fe del mundo»* (*N. Diario,* 4.6.1968, 9); *«Deformándolo con la mejor buena fe»* (Miret Magdalena, *Triunfo,* 4.5.1974, 55).

febrífugo → ANTIFEBRÍFUGO.

fecha. En la expresión de la fecha, el día lleva la preposición *a* si es complemento de *estar,* y siempre que se nombre sin artículo siendo complemento de tiempo: *Estamos a 15; Expido el presente certificado en Valladolid, a 6 de febrero de 1954.* No lleva ninguna preposición en los demás casos: *El día 4 se examinan.* La fecha aproximada y la fecha límite se expresan, como es natural, por medio de las preposiciones convenientes: *hacia el día 4; alrededor del 4; por el 4; sobre el 4; hasta el 4; para el 4.*

El mes y el año llevan la preposición *en: Estamos en marzo; Llegó en noviembre; Nació en 1920.*

La fecha de una carta o documento (día, mes y año) puede no ir precedida de ninguna preposición: *Madrid, 12 de agosto de 1950;* o tener la preposición *a,* especialmente cuando hay cierta solemnidad: *Firmo la presente en Madrid, a 3 de junio de 1956.* Fuera del estilo formal, es frecuente y aceptable suprimir las preposiciones *de* entre el día, el mes y el año: *3 junio 1956.*

En Hispanoamérica es frecuente escribir el día después del mes: *Montevideo, Octubre 24 de 1962.* Este uso es censurado por algunos filólogos de aquellos países. Es posible que en él haya alguna dosis de influencia del inglés; pero en realidad la costumbre tiene origen español. El P. Feijoo escribía siempre así las fechas de sus dedicatorias: *«De este Colegio de San Vicente de Oviedo, y Febrero diez y ocho de mil setecientos y veinte y ocho»* (*Teatro crítico,* II, Madrid, 1728); *«Oviedo y Noviembre 4 de 1730»* (*ibíd.,* IV, Madrid, 1733). No es gusto personal de Feijoo: en las aprobaciones de esos mismos volúmenes, firmadas por diversas personas, alternan las dos maneras de escribir la fecha. Un siglo antes ya existía la forma «mes-día», pero con aceptación aún muy restringida: en las aprobaciones de *Las Soledades de D. Luis de Góngora comentadas por D. García de Salzedo Coronel* (Madrid, 1636), todas las fechas están escritas al modo tradicional, excepto una: *«Madrid, Março 23, 635. Francisco de Macedo».* En el tomo II de la misma obra (Madrid, 1645) también hay una única excepción: *«Diziembre 2 de 644 años. El Doctor Don Juan Calderón».* Se trata, pues, de un uso antiguo peninsular que en España, tras una época de relativo apogeo, fue abandonado, mientras que en América arraigó con especial fortuna. Es un ejemplar más de los arcaísmos que se conservan vivos en la lengua de América.

El primer día del mes se llama tradicionalmente *primero: 1.º de abril de 1939;* pero es cada vez más frecuente oír *uno* (y escribir *1*), uniformando esta fecha con las restantes del mes. En Colombia, según Flórez, se dice solamente *primero.* Algunos preceptistas, entre ellos la Academia Argentina de Letras, ha censurado como solecismo el uso de *uno;* es verdad que es menos «castizo», pero no hay motivo para rechazarlo.

El nombre del día de la semana *(martes, miércoles,* etc.), se escribe siempre con minúscula. El nombre del mes puede escribirse con mayúscula o con minúscula, según el gusto de cada cual; hoy predomina sin duda la minúscula.

No debe seguirse la moda, difundida entre las mecanógrafas, de escribir un punto detrás del millar de los años: *1.959.*

fedayin. Es palabra árabe en plural: 'guerrilleros palestinos'. Se dice, pues, *los fedayin,* no *los fedayines.* Si se quiere emplear en singular, hay que decir *un feday:* *«Los niños son siempre activos colaboradores de los fedayin» (Informaciones,* 13.9.1972, 4); *«Lo único que despierta a un feday es la señal de alerta» (Informaciones,* 15.9.1972, 4).

feérico → MÁGICO.

femineidad. 'Cualidad de femenino'. Es igualmente válida la forma *feminidad.* La primera se basa en *femíneo;* la segunda, en *fémina* (como dice la Academia) o en una

haplología (reducción) de un hipotético e incómodo *femeninidad.*

feminidad → FEMINEIDAD.

fenecer. Verbo irregular. Se conjuga como *agradecer* [11].

fénix. 'Ave fabulosa'. Es nombre masculino. Su plural es invariable.

feo-. Forma prefija del griego *phaios,* 'oscuro': *feofíceo.*

feriar. Se conjuga, en cuanto al acento, como *cambiar* [1 a].

-fero. Forma sufija del latín *fero,* 'llevar' o 'producir': *calorífero.*

ferry → TRANSBORDADOR.

fiar. **1** Se conjuga, en cuanto al acento, como *desviar* [1 c].
2 Construcción: *fiarse* DE *alguno; fiado* EN *su palabra.*

ficción científica → CIENCIA-FICCIÓN.

-fíceo. Forma sufija del griego *phykos,* 'alga': *feofíceo.*

-ficio. Forma sufija del latín *facio,* 'hacer'; constituye sustantivos abstractos: *beneficio.*

fico-. Forma prefija del griego *phykos,* 'alga': *ficomiceto;* o del latín *ficus,* 'higo': *ficoideo.*

-fico. Forma sufija del latín *facio,* 'hacer', que constituye nombres y adjetivos de agente: *benéfico.*

fiel. **1** Construcción: *fiel* A, CON, PARA O PARA CON *sus amigos; fiel* A *sus principios; fiel* A *sí mismo.*
2 El superlativo de *fiel* es *fidelísimo.*

fiesta. *Fiesta* o *reunión social* son denominaciones españolas que significan perfectamente lo mismo que el inglés *party.*

fijar. Construcción: *fijar carteles* EN *la pared; fijarse* EN *el precio.*

fili-. Forma prefija del latín *filum,* 'hilo': *filiforme.*

-filia. Forma sufija del griego *philía,* 'amor': *bibliofilia.*

film, filmación, filmar → FILME.

filme. Como adaptación del inglés *film* (plural *films),* la Academia ha puesto en circulación, con no mal éxito, la palabra *filme* (plural *filmes*). En realidad, tanto *film* como *filme* solo son usados por los especialistas de cine (que también dicen *cinta*), pues el hablante común dice siempre *película*. De todos modos, el término *filme* es necesario en el idioma por la familia léxica que existe a su alrededor: los verbos *filmar* y *microfilmar*, el adjetivo *fílmico*, los nombres *filmación*, *microfilmación*, *filmina*, *microfilme*, *filmoteca* y *filmografía*.

fílmico, filmina, filmografía, filmoteca → FILME.

filmo-. Forma prefija de *filme* o *film: filmoteca*.

filo-, -filo. Formas prefija y sufija del griego *philos*, 'amante': *filósofo, hidrófilo;* o del griego *phylon*, 'raza': *filogenia;* o del griego *phyllon*, 'hoja': *filófago*. Como prefijo, en el primer sentido, puede tomar la forma *fil-: filántropo*.

filólogo. El femenino de este nombre es *filóloga*.

filósofo. El femenino de este nombre es *filósofa: «Madame de Staël, tan gran política como filósofa»* (Rosalía de Castro, *Hija*, 11).

fin. 1 *A fin de*, locución prepositiva, 'para' o 'con objeto de', se usa ante infinitivo o ante proposición introducida por *que: Hay que trabajar intensamente* A FIN DE *terminar la obra en el plazo previsto;* o A FIN DE QUE *la obra quede terminada en el plazo previsto*. También puede decirse *con el fin de: con el fin de terminar; con el fin de que la obra quede terminada*.

2 *Fin de semana*, 'sábado y domingo' y, especialmente, 'descanso de sábado y domingo'. No es necesario emplear el nombre inglés *week-end*.

3 *Sin fin* y *sinfín:* → SINFÍN.

financiar. Se conjuga, en cuanto al acento, como *cambiar* [1 a].

fiord → FIORDO.

fiordo. 'Golfo estrecho y profundo en Escandinavia'. Es preferible usar la forma *fiordo* a *fiord*.

Firenze → FLORENCIA.

firma → SELLO.

fiscal. El femenino del nombre *fiscal* es igual que el masculino.

fisi-. Forma prefija del latín *fissus*, 'hendido': *fisirrostro*.

físico. El femenino del nombre *físico* es *física*, como el del adjetivo.

fisio-. Forma prefija del griego *physis*, 'naturaleza': *fisiología*.

fito-, -fito. Formas prefija y sufija del griego *phytón*, 'vegetal': *fitófago, talofita, palafito*.

flabeli-. Forma prefija del latín *flabellum*, 'abanico': *flabeliforme*.

flaccidez → FLÁCCIDO.

fláccido. 'Flojo'. Este adjetivo y su nombre abstracto correspondiente, *flaccidez*, también pueden usarse en las formas *flácido* y *flacidez*. Por consiguiente, son igualmente válidas las pronunciaciones /flákzido, flakzidéz/ y /flázido, flazidéz/.

flacidez, flácido → FLÁCCIDO.

flagrante → FRAGANTE.

flanear → CALLEJEAR.

flash. Esta voz inglesa significa literalmente 'relámpago o destello'. Su plural es *flashes*. En español se usa como nombre masculino para designar el aparato, empleado en fotografía, que produce una luz intensa y momentánea, así como la propia luz producida. También se usa, en otra acepción tomada del inglés, en lenguaje periodístico, como 'avance muy breve de noticia importante'. Es palabra muy usada y sin duda útil. Como en español se pronuncia corrientemente /flas/, no sería difícil adaptarla por completo a nuestro idioma en la forma *flas*, plural *flases*.

flébil. El significado de este adjetivo, solo usado en la lengua literaria, es 'digno de ser llorado', 'lamentable, triste'. Algunos lo usan con el sentido de 'débil', quizá por cruce entre *débil* y *feble: «Verdades que desnudas cegarían la flébil razón de las muchedumbres»* (Pérez de Ayala, *AMDG*, 84).

flebo-, fleb-. Formas prefijas del griego *phleps*, 'vena': *flebotomía*.

flirt, flirtear → FLIRTEO.

flirteo. Como adaptación del inglés *flirt* la Academia propone el nombre *flirteo*, al lado del verbo *flirtear* (que tiene más de un siglo de vida en español). *Flirteo*, en la definición académica, es «discreteo y juego amoroso que no se formaliza ni supone compromiso».

florecer. Verbo irregular. Se conjuga como *agradecer* [11].

Florencia. La ciudad italiana de *Firenze* tiene en español el nombre de *Florencia*.

florería → FLORISTERÍA.

flori-, -floro. Formas prefija y sufija del latín *flos*, 'flor': *floricultura, multifloro*.

floristería. 'Tienda donde se venden flores'. El nombre tradicional español es *florería*, que todavía está en uso; pero en los últimos años le ha ganado terreno *floristería* (formado, no sobre *flor*, como el primero, sino sobre *florista*). Los dos nombres son perfectamente válidos.

fluctuar. Se conjuga, en cuanto al acento, como *actuar* [1 d].

fluir. Verbo irregular. Se conjuga como *huir* [48].

fluvio-. Forma prefija del latín *fluvius*, 'río': *fluviógrafo*.

-fobia. Forma sufija del griego *phobos*, 'aversión'. Sirve para nombres abstractos: *claustrofobia*. Para nombres o adjetivos de persona se usa *-fobo, -foba: hidrófobo*.

Fócide. Nombre de una región de la Grecia antigua. *Fócide* y no *Fócida* es, según Fernández Galiano, la forma española más acertada.

folclor, folclore, folclórico, folclorista → FOLKLORE.

foliar. Se conjuga, en cuanto al acento, como *cambiar* [1 a].

folklore. Cultura popular. Es palabra inglesa adoptada en su grafía original por la Academia desde hace muchos años. En España se pronuncia según la lectura: /folklóre/. Sobre este nombre se han formado derivados, como *folklórico* y *folklorista*. Recientemente la Academia ha desechado las grafías con *k* y las ha sustituido por otras con *c: folclore, folclórico, folclorista*; y ha acogido además *folclor* —equi-valente de *folclore* o *folklore*—, forma usual, junto con las otras grafías con *c*, en algunos países americanos.

folklórico, folklorista → FOLKLORE.

foniatra. 'Médico especializado en trastornos de la fonación'. La Academia, en su *Diccionario* de 1984, da como válidas las dos formas, *foníatra* y *foniatra*, considerando preferible la primera; pero sin duda es un error, pues el criterio general en ese mismo *Diccionario* para los compuestos con *-iatra* es considerar como válidas únicamente las formas con acentuación en la /a/, no en la /i/ (→ -IATRA). Es preferible, pues, *foniatra*, /foniátra/.

fono-, -fono. Formas prefija y sufija del griego *phoné*, 'sonido'. La primera puede tomar la forma *fon-*; la segunda tiene una terminación femenina, *-fona: fonógrafo, fonendoscopio, magnetófono, antífona*.

fontanero. 'El que tiene por oficio instalar cañerías'. Las palabras *lampista* y *plomero*, usadas con este sentido, son regionales. Lo mismo ocurre con *lampistería* y *plomería* frente al general *fontanería*.

football → BALOMPIÉ y FÚTBOL.

fórceps. 'Instrumento que se usa en los partos difíciles'. Se escribe con tilde en la *o*. La pronunciación /fórzes/ es vulgar. El uso normal es en singular: *el fórceps*. El plural es invariable.

forjar. Construcción: *forjar el hierro* EN *barras*.

formal → SEMÁNTICO.

formar. Construcción: *formar* EN *columna; formar* POR *compañías*.

foro. 'Reunión para discutir asuntos de interés actual ante un auditorio que a veces interviene en la discusión'. La Academia propone acertadamente el uso de *foro*, en lugar de *fórum*, para este significado.

-foro. forma sufija del griego *phoros*, 'el que lleva': *reóforo, semáforo*.

forrar. Construcción: *forrar* DE, CON o EN *piel; forrarse* DE *dinero*.

fortalecer. Verbo irregular. Se conjuga como *agradecer* [11].

fórum → FORO.

forzado → ESFORZADO.

forzar. Verbo irregular. Se conjuga como *acordar* [4].

fosf-, fosfo-, fosfor-. Formas prefijas de *fósforo: fosfato, fosfoproteína.*

fosforecer. Verbo irregular. Se conjuga como *agradecer* [11].

foto-. Forma prefija del griego *phos,* 'luz': *fotómetro.* También se usa en compuestos relativos a la fotografía: *fotocopia, fotomontaje.*

fotocopiar. Se conjuga, en cuanto al acento, como *cambiar* [1 a].

fotografiar. Se conjuga, en cuanto al acento, como *desviar* [1 d].

fotógrafo. El femenino de este nombre es *fotógrafa; no fotógrafo,* como a veces se lee *(«La fotógrafo Dora Maar»,* R. Conte, *Informaciones,* 9.4.1973, 15).

frac. 'Prenda de vestir masculina, que por delante llega hasta la cintura y por detrás tiene dos faldones'. El plural es *fraques* (apoyado por la Academia; *«Uno de esos fraques color tabaco»,* Torrente, *Saga,* 273) o *fracs* (más usual). No es corriente —aunque figura en el *Diccionario* académico— el singular *fraque: «Torrente Ballester llega, apresurado y sin fraque» (Abc,* 16.12.1985, 33).

fragante. Aunque los diccionarios admiten la sinonimia *fragante / flagrante,* es conveniente mantener la distinción entre los dos términos. *Fragante* es, propiamente, lo que despide fragancia, es decir, lo que desprende un olor delicioso, se habla de *una rosa fragante. Flagrante* es lo que se está ejecutando en el momento en cuestión: *en flagrante delito.*

fraganti. *En fraganti:* → IN FRAGANTI.

fraguar. Se conjuga, en cuanto al acento, como *averiguar* [1 b].

Francfort. 1 Las dos ciudades alemanas llamadas *Frankfurt* (del Main y del Oder) suelen designarse en español con el nombre (también francés) de *Francfort.*
2 *Francfort del Main* o *del Meno:* → MAIN.

franco. Construcción: *franco* A. CON O PARA CON *todos; franco* DE *servicio.*

franco-. Forma prefija del latín *Franci,* 'pueblo germánico que conquistó la Galia en la alta Edad Media'. Se usa generalmente con el sentido de 'francés': *francohablante.*

Frankfurt → FRANCFORT.

franquear. Aparte de 'pagar en sellos el porte postal (de un envío)', este verbo significa 'quitar los impedimentos (para el paso, para una entrada)': *Franquear la puerta* no es, por tanto, 'pasar por ella', sino 'dejar pasar por ella'.

fraque → FRAC.

fraticida, fraticidio → FRATRICIDA.

fratricida. 'Que ha matado a su hermano', o también, 'propio del fratricida'. En pronunciación descuidada, desde luego oída en la radio, se omite la segunda /r/, tanto en esta voz como en *fratricidio.*

fratricidio → FRATRICIDA.

fregaplatos → FRIEGAPLATOS.

fregar. Verbo irregular. Se conjuga como *cerrar* [6].

fregasuelos → FRIEGAPLATOS.

Freiburg → FRIBURGO.

freír. 1 Verbo irregular. (Véase cuadro.)
2 Construcción: *freír* CON O EN *aceite.*

freno-. Forma prefija del griego *phren,* 'inteligencia': *frenopatía.*

frente. 1 Es femenino cuando designa una parte de la cabeza; es masculino cuando significa 'parte anterior' *(el frente de un edificio)* o 'línea de combate' *(Las tropas marcharon al frente).*
2 *Al frente de,* 'en cabeza de' o 'con el mando de': *Lleva dos años al frente del Ministerio.* Es erróneo usar esta locución en el sentido contrario, 'bajo el mando de': *Un ejército de funcionarios, al frente del ministro.*
3 *Frente a,* 'ante' o 'enfrente de': *Dejaron el coche frente a la estación.* También en sentido no material, expresando oposición: *Frente a los otros teólogos, defendió la predestinación.* Sobre la sustitución ocasional de *frente a* por *versus,* → VERSUS.

CONJUGACIÓN DEL VERBO «FREÍR»

(tiempos irregulares)

INDICATIVO

Pres. frío, fríes, fríe, freímos, freís, fríen.
Pret. indef. freí, freíste, frió, freímos, freísteis, frieron.

SUBJUNTIVO

Pres. fría, frías, fría, friamos, friáis, frían.
Pret. impf. friera o friese, frieras o -ses, friera o -se, friéramos o -semos, frierais o -seis, frieran o -sen.
Fut. impf. friere, frieres, friere, friéremos, friereis, frieren.

IMPERATIVO

fríe, fría, freíd, frían.

FORMAS NO PERSONALES

Ger. friendo.   *Part.* frito *(o, más raro,* freído*).*

---

4 *Frente a frente,* 'cara a cara, en presencia y descubiertamente'. No debe confundirse con *frente por frente,* 'justamente enfrente' (una cosa de otra).

Friburgo. Las ciudades, alemana y suiza, que en alemán se llaman *Freiburg* tienen en español el nombre de *Friburgo.*

friegaplatos. 1 'Máquina para fregar la vajilla' o 'persona cuyo cometido es fregar la vajilla'. En esta palabra, y en *friega-suelos,* 'instrumento para fregar el suelo', de formación semejante, son vulgares las variantes *fregaplatos* y *fregasuelos.*
2 El género de los dos nombres, designando máquina o instrumento, es masculino. El de *friegaplatos* es masculino o femenino, según el sexo de la persona designada.

friegasuelos → FRIEGAPLATOS.

fríjol. 'Fréjol, judía'. La Academia también recoge la forma aguda *frijol,* /frijól/, que se usa en América.

frío. El superlativo de este adjetivo es *frigidísimo* (forma usada solo en lengua literaria) o *friísimo* (de uso común): «*Y un friísimo fuego se desvía*» (Otero, *Ángel,* 108).

frisar. Construcción: *frisaba* EN *los cuarenta años,* 'se aproximaba a los cuarenta'.

fruicción → FRUICIÓN.

fruición. Este nombre tiene en su terminación una sola *c.* Es errónea, por tanto, la pronunciación /fruikzión/.

frustrar. 'Privar (a uno) de lo que esperaba' o 'dejar sin efecto, malograr'. Debe evitarse la forma vulgar en que se omite la primera /r/: *fustrar.*

fuel. 'Fracción del petróleo natural, obtenida por refinación y destilación, que se destina a la calefacción'. Aunque es corriente decir *fuel-oil,* y en lenguaje técnico y administrativo se encuentra *fuelóleo* (formado por el mismo procedimiento que *gasóleo,* de *gas-oil),* parece más práctico decir simplemente *fuel,* como propone la Academia.

fuel-oil, fuelóleo → FUEL.

fuer. *A fuer de,* locución prepositiva, 'a ley de, por la condición de': «*Don Fausto, a fuer de hombre galante, no podía permitir tal cosa*» (Baroja, *Románticos,* 83). Es de uso exclusivamente literario.

fuera. 1 Adverbio que significa 'en la

fueraborda

futuro

parte exterior' o 'a la parte exterior'. Puede ir precedido de las preposiciones *de, desde, hacia, para, por.* Diferencia entre *fuera* y *afuera:* → AFUERA.

2 La Academia considera igualmente válidas las locuciones adjetivas *fuera bordo, fuera borda, fuera de bordo* y *fuera de borda.* El uso más frecuente es *fuera borda: motor fuera borda.* Como nombre masculino debe escribirse en una sola palabra, *fueraborda.*

fueraborda → FUERA, 2.

fuerte. El superlativo de este adjetivo es *fortísimo.* Existe también la forma *fuertísimo,* en la lengua coloquial.

fuerza. En doblajes cinematográficos o traducciones del italiano se usa a veces, exclamativamente, la palabra *fuerza* por *ánimo* (en italiano, *forza*): «¡Vamos, adelante!... ¡Vamos!... ¡Fuerza!» [exhortando a dos chicas que pelean] (Elorza, trad. Antonioni, *Blow-up,* 378).

-fugo. Forma sufija del latín *fugere,* 'huir': *centrífugo.*

full-time → TIEMPO.

función. *En función de,* no *en términos de:* → TÉRMINO.

funcionario. **1** El femenino de *funcionario* es *funcionaria* (no *mujer funcionario*).

2 *Alto funcionario:* → EMPLEADO.

furioso. Construcción: *furioso* CON *la noticia; furioso* CONTRA *Juan; furioso* DE *ira; furioso* POR *un contratiempo.*

fustrar → FRUSTRAR.

fútbol. **1** Como nombre del conocido deporte, la Academia recoge las formas *fútbol* y *futbol,* dando preferencia a la primera, que es sin duda la normal en España. No debe emplearse la grafía inglesa *football.*

2 *Fútbol* y *balompié:* → BALOMPIÉ.

futbolístico → BALOMPIÉ.

futuro. **1** *Futuro imperfecto de indicativo. a)* Tiempo verbal *(cantaré)* que expresa una acción venidera que no se da como terminada: *El domingo comeremos en el campo.* (V. figura.) Al lado del nom-

bre tradicional de futuro imperfecto existe el de *futuro,* usado por Bello, Alonso-Henríquez Ureña y el *Esbozo* de la Academia.

b) Un tipo especial de futuro es el *de mandato* o *de obligación,* que indica la seguridad del hablante en el cumplimiento futuro de una orden: *Se presentará en el plazo de diez días; No matarás.* Con entonación interrogativa, el mandato se convierte en ruego cortés: *¿Me acompañarás a merendar?; ¿Me regalarás este bolso?* Aunque el sentido de obligación es el que tuvo en su origen la actual forma de futuro española, hoy se siente como secundario y derivado del sentido de acción venidera.

c) Por medio del futuro se expresa también la *probabilidad* o la *posibilidad* en un momento presente: *Usted recordará que..; Ahora estará nevada la sierra; ¿Qué hora será?; ¿Cómo se atreverá?*

d) Es anormal el uso del tiempo futuro en proposiciones de sentido futuro introducidas por adverbios relativos *(donde, cuando, como, cuanto),* o por pronombres relativos *(que, quien,* etcétera) cuyos antecedentes sean personas indeterminadas: *Ven cuando* QUERRÁS; en estos casos hay que emplear el presente de subjuntivo: *Ven cuando* QUIERAS. Cometen este error con frecuencia los extranjeros al hablar español; pero el uso existió, aunque más bien raro, en la lengua antigua. Por influencia de su lengua nativa, aparece en el habla de algunos catalanes: «Y al final de todo, cuando RECUPERARÁ la razón, afirmará categóricamente ser Alonso Quijano» (Riquer, *Cervantes,* 74); «Iré el año que viene, cuando todo ESTARÁ preparado» (Roca, *Gramática,* II, 176). Lo normal sería, en estos dos ejemplos, *recupere* y *esté.*

2 *Futuro imperfecto de subjuntivo.* Tiempo verbal *(cantare)* que expresa una acción hipotética considerada como no acabada, en el presente o en el futuro: *Si alguien dudare del cumplimiento de esta promesa, yo le convenceré de su error.* Se usa solo en las oraciones del tipo llamado condicional contingente; pero hoy ha desaparecido casi totalmente en el habla de la Península, sustituido por el presente de indicativo *(Si alguien duda...)* o de subjuntivo *(Cuando alguien dude...).* Se conserva, así como el futuro perfecto *(hubiere*

202

cantado, → 4), en la lengua escrita, generalmente solo en algún modismo *(sea lo que fuere)* o en redacción de estilo solemne o burocrático. Tienen ambos vitalidad, sin embargo, en algunos países americanos, sobre todo, según Rosenblat *(Palabras,* I, 232), en Venezuela, donde con supone pasado: *Ya habrá empezado la misa; ¿Se lo habrá tragado la tierra?*

c) Es incorrecto el uso del futuro perfecto de indicativo en proposiciones introducidas por adverbios relativos *(donde, cuando, como, cuanto)* o por pronombres relativos *(que, quien,* etc.) cuyos antece-

frecuencia usurpa el lugar que corresponde a las formas en *-ra* (pretérito de subjuntivo): *«En esto de abandonar una opinión que hubiere sustentado, ño Pernalete era como las bestias, que luego de derribar al jinete lo cocean en el suelo»* (Rómulo Gallegos).

3 *Futuro perfecto de indicativo. a)* Tiempo verbal *(habré cantado)* que enuncia una acción venidera, pero que se da ya por acabada para cuando ocurra otra tam-

dentes sean personas indeterminadas: *Lo habrá hecho cuando habrá querido.* Debe usarse en este caso el pretérito perfecto de subjuntivo. Aunque en español antiguo existió este uso del futuro perfecto, hoy solo aparece, en general, en boca de extranjeros (→ 1, d).

4 *Futuro perfecto de subjuntivo.* Tiempo verbal *(hubiere cantado)* que, dentro de la irrealidad del subjuntivo, enuncia un hecho futuro como acabado con rela-

bién venidera: *Cuando vengas, ya habré preparado el equipaje.* El preparar será ya un hecho consumado cuando vengas, que es una acción futura. Gráficamente se ve la situación relativa, en *B,* del verbo *preparar* respecto de la situación en *A* del verbo *venir.* En la nomenclatura de Bello, este tiempo se denomina *antefuturo.*

b) Puede expresar también la *probabilidad* o *posibilidad* de un hecho que se

ción a otro futuro: *Si para Navidad no hubiere vuelto, no me esperéis.* El *volver* es pasado con respecto al momento futuro expresado por *Navidad.* Solo se usa este tiempo en las oraciones de tipo condicional contingente; pero su uso es hoy muy reducido, pues se sustituye casi siempre por el pretérito perfecto de indicativo o de subjuntivo. Sobre su supervivencia, → 2.

g

g. **1** Octava letra del alfabeto español (séptima del universal). Su nombre es *ge* (femenino), plural *ges*. Corresponde a dos fonemas diferentes: /g/ y /j/.

2 El fonema /g/ tiene dos realizaciones: fricativa y oclusiva. En la fricativa, el punto de articulación es el velo del paladar, hacia el cual se eleva, sin llegar a tocarlo, el postdorso de la lengua. El aire sale por la estrechísima rendija que queda entre los dos órganos aproximados. Mientras tanto, hay vibración en las cuerdas vocales: es una consonante velar fricativa sonora. Ejemplos de esta articulación fricativa: *lago, agua, arreglo.*

3 La pronunciación oclusiva de /g/ solo se presenta cuando va en comienzo de frase después de pausa, o bien precedido de /n/: *guante, manga.* El postdorso de la

Articulación de /g/
fricativa

lengua toca el velo del paladar, cerrando momentáneamente el paso del aire. La articulación es sonora, como la fricativa; esto

es, con vibración de las cuerdas vocales. El pronunciar /g/ oclusiva fuera de los casos expuestos es anormal en nuestro idioma, una de cuyas peculiaridades fonéticas es precisamente la existencia de las variantes fricativas en los fonemas /g/, /d/, /b/.

Articulación de /g/
oclusiva

4 La pronunciación inculta altera el sonido /g/ en final de sílaba, convirtiéndolo en /j/: *ignorar* /ijnorar/, *Ignacio* /ijnázio/; y a veces en /z/: /iznorar/.

5 Este fonema /g/ se representa gráficamente de dos maneras, según que preceda a una vocal palatal o no. Ante *e* o *i*, se representa por *gu: guerra, guisante, Guecho, águila.* Ante *a, o, u,* se escribe *g: gallo, gordo, gusano.* Lo mismo ante cualquier otro sonido: *sangre, inglés, ignorar.* En algunas palabras de origen extranjero se presenta como sonido final —escrito *g*—: *gong, Gog, Abisag, zigzag, iceberg, ring, swing,* etc., así como la serie de términos ingleses en *-ing* derivados de verbos *(li-*

ving, camping, marketing, standing, etc.).
En el habla popular se produce también
el sonido /g/ en las palabras que comienzan
por el diptongo /ue/ (grafía hue): así,
hueso, huevo, hueco, huerta, huésped,
hueste, Huesca, Huelva, pronunciados
/güéso/, /güébo/, /güéko/, etcétera.
   6 Sobre el fonema /j/, segundo de los
que pueden estar representados por la letra g, → J.

Gabón. El adjetivo correspondiente a
Gabón es gabonés.

gabonés → GABÓN.

gallegohablante, gallegoparlante → HA-
BLANTE.

Gambia. El adjetivo correspondiente a
Gambia es gambiano o gambio.

gambiano, gambio → GAMBIA.

gamo-, -gamo. Formas prefija y sufija
del griego gamos, 'unión': gamopétala,
criptógama, monógamo.

ganapierde. 'Juego en que se acuerda
que sea perdedor el que gana'. Según la
Academia, es nombre ambiguo (el o la ganapierde). En el uso corriente es masculino.

ganar. Construcción: ganar AL ajedrez;
ganar CON el tiempo; ganar EN categoría;
ganar PARA vivir; ganar POR la mano; ganar una plaza POR oposición.

ganchillo. 'Labor de gancho'. No es necesario usar el nombre francés crochet ni
su adaptación española croché.

Gand → GANTE.

gangrena. 'Muerte de un tejido animal'.
Al lado de esta forma existe cangrena,
que, como ella, figura en el Diccionario de
la Academia; pero es vulgar y debe evitarse. Lo mismo hay que decir del verbo
cangrenarse frente al normal gangrenarse.

gangrenarse → GANGRENA.

gángster. 'Malhechor que forma parte
de una banda'. El nombre inglés gangster,
que en España se pronuncia corrientemente /gánster/ (popularmente, /gáster/),
no tiene en nuestro idioma traducción en
una sola palabra. Gángster (plural gángsters) y su derivado gangsterismo, aunque
son palabras muy conocidas, suelen en Es-

paña emplearse más bien referidas solo a
Estados Unidos; se dice He visto una película de gángsters, pero no es muy frecuente Unos gángsters atracaron un banco
en Barcelona. Son más usuales términos
genéricos como bandido, atracador o pisto-
lero.

gangsterismo → GÁNGSTER.

Ganimedes. Nombre, en la mitología
griega, del copero de Zeus. Es voz llana;
no debe usarse, por tanto, la forma esdrújula Ganímedes.

Gante. La ciudad belga de Gand tiene
es español el nombre de Gante.

gañir. Verbo irregular. Se conjuga como
mullir [53].

garantizar. Construcción: garantizar
POR un año.

Garter → JARRETERA.

gaseoducto → GASODUCTO.

gasoducto. 'Conducto para transportar
gas a larga distancia'. Está mal formada la
palabra gaseoducto (creada por falsa analogía con oleoducto), que aparece a veces en
los periódicos: «El gaseoducto que se cons-
truirá entre este continente y Argelia» (País,
23.10.1977, 27); «Un gaseoducto de cinco
mil kilómetros de longitud» (Abc,
15.3.1981, 13).

gas-oil → GASÓLEO.

gasóleo. 'Carburante para motores die-
sel'. La Academia propone el nombre gasóleo, utilizado ya con frecuencia en el lenguaje administrativo, para sustituir a gas-
oil (pronunciado corrientemente /gasóil/),
que, no obstante, continúa siendo el nombre más usado en la lengua general.

gastar. Construcción: gastar DE lo suyo;
gastar mucho EN fiestas.

gastro-, gastr-. Formas prefijas del
griego gaster, 'estómago': gastronomía,
gastralgia.

Gdansk → DÁNZIG.

géiser. 'Fuente termal en surtidor'. Su
plural es géiseres. Tomada la palabra del
inglés geyser (el cual, a su vez, la tomó del
islandés), la grafía normal española es géiser y no es necesario usar la inglesa.

gemi-. Forma prefija del latín *gemma*, 'yema': *gemíparo*.

gemir. Verbo irregular. Se conjuga como *vestir* [62].

generatriz. Es nombre de geometría que designa la recta que genera una superficie. En realidad es un adjetivo sustantivado; lo vemos como adjetivo en *recta generatriz*. Pero conviene advertir que, como adjetivo, es la forma femenina que corresponde al adjetivo *generador* (junto con otra forma femenina, *generadora*). Es, por tanto, erróneo decir: «*Nuestra ciudad .. es .. un centro generatriz de progreso espiritual y material*» (*Barcelona*, 11).

generoso. Construcción: *generoso* CON. PARA. PARA CON *los demás*.

génesis. Es masculino cuando (escrito con inicial mayúscula) designa un libro de la Biblia: *el Génesis*. Es femenino cuando significa 'origen o principio': *la génesis de la revolución*.

Genève → GINEBRA.

-genio, -geno, -genia, -génico. Formas sufijas del griego *gennao*, 'engendrar': *primigenio, gasógeno, orogenia, orogénico*.

Génova. Confusión de este nombre con *Ginebra*: → GINEBRA, 2.

gente. Con el sentido de 'persona', parece estar bastante extendido por América: *una gente*, 'una persona'. En España existe el uso regional *buena gente*, 'buena persona': *Fulano es buena gente* (Steel, *Americanismos*, 182).

gentilhombre. 'Señor que acompaña al rey en su cámara y en algunos actos públicos'. Su plural es *gentileshombres*.

geo-, -geo. Formas prefija y sufija del griego *ge*, 'tierra': *geología, apogeo*.

geógrafo. El femenino de este nombre es *geógrafa*.

geólogo. El femenino de este nombre es *geóloga*.

geomancia. 'Adivinación por medio de figuras trazadas en la tierra'. La Academia registra también la forma *geomancía*.

geráneo → GERANIO.

geranio. 'Planta de jardín'. Es errónea la forma *geráneo*, aunque esté bastante extendida: «*Yo estaba tras una reja / aprisionada en un marco / de rosas y margaritas, / de claveles y geráneos*» (Echegaray, *Africana*, 226); «*Los oscuros balcones con geráneos*» (Crémer, *Poesías*, 118); «*Una línea .. de geráneos, de dalias, de filipéndulas*» (Benet, *Viaje*, 142).

gerente → MANAGER.

geriatra. 'Médico especializado en enfermedades de la vejez'. La Academia solo registra la forma *geriatra*, /jeriátra/, aunque hasta no hace mucho daba también por buena *geríatra*, con acentuación esdrújula. (→ -IATRA.)

germano-. Forma prefija del latín *Germani*, 'pueblo o conjunto de pueblos que habitaban la antigua Germania'. Se usa generalmente con el sentido de 'alemán': *germanófilo*.

gerundio. El gerundio simple *(cantando)* y el gerundio compuesto *(habiendo cantado)* son dos formas verbales auxiliares, o no personales —esto es, que carecen de la variación morfológica de persona—, que reúnen a su significación verbal, de acción, una función modificadora o adjunta, de tipo adverbial y en cierto modo adjetivo.

Admiten pronombres enclíticos *(paseándose, diciéndole, dándomelo)*, pero nunca proclíticos *(lo haciendo)*, aunque estos eran corrientes en la lengua antigua.

Algunos gerundios admiten sufijos diminutivos: *callandito, rozandito*, sobre todo en el lenguaje familiar y popular, y más en América que en España.

He aquí los usos principales del gerundio.

1 *Gerundio concertado.* El sujeto de su acción es un elemento de la oración en que se encuentra el gerundio. Puede expresar modo *(Vino corriendo)*, medio *(Cenando muy de prisa pudo llegar a tiempo)*, causa *(Sonríe Florinda, deseando mostrarse menos preocupada)*, condición *(Yendo todos juntos, podremos pasar)*, concesión *(Viviendo en Avilés, hasta entonces a nadie había oído gloriarse de esta ventaja)* o tiempo *(Estando en el teatro se sintió enfermo)*.

Cuando el gerundio —tanto concertado como absoluto (→ 2)— expresa tiempo, puede enunciar acción simultánea a la del verbo principal: «*Teniendo yo once años, en las postrimerías de la guerra civil, ingresé en el Instituto Vizcaíno*» (Unamuno, *Recuerdos*, 79); o inmediatamente anterior: «*Alzando con dos manos el dulce y amargo jarro, lo dejó caer sobre mi boca*» *(Lazarillo de Tormes);* o inmediatamente posterior: «*Y aun ellos también no cesan entre sí de armarse zancadillas, cayendo todos con más daño que escarmiento*» (Baltasar Gracián); «*Entornó las ventanas para dejar el cuarto a media luz y se salió de puntillas, cerrando la puerta sin hacer el menor ruido*» (Valera). Este gerundio de posterioridad no es considerado correcto por los gramáticos (→ 10), pero lo es cuando la posterioridad es inmediata a la acción principal, como se ve en los ejemplos. (Bouzet, *Gérondif*, 349-74; cf. Flórez, *Temas*, 175-78; Badía, *Gerundio*.)

El gerundio compuesto expresa siempre acción anterior a la principal: *Habiendo venido Pedro, ya está solucionado el problema.*

La anterioridad inmediata se expresa también cuando al gerundio precede la preposición *en:* «*En liquidando yo todo esto, nos vamos a vivir a El Escorial*» (G. Martínez Sierra, cit. Spaulding). Por extensión, la misma construcción *en* + gerundio expresa circunstancia concomitante: «*En habiendo dinero por medio, son peores que nosotras*» (Benavente, cit. Spaulding).

El sujeto de la acción del gerundio concertado suele ser el mismo de la oración en que este se encuentra: «*El ama, imaginando que de aquella consulta había de salir la resolución de la tercera salida, toda llena de congoja y pesadumbre se fue a buscar al bachiller Sansón Carrasco*» (Cervantes). También puede ser sujeto de la acción del gerundio el complemento directo de la oración, pero solo —según Cuervo— cuando el gerundio denota una actitud que se toma, una operación que se está ejerciendo o un movimiento que se ejecuta ocasionalmente en la época señalada por el verbo principal: «*Tuvo la sorpresa de encontrarlo en un extremo del muelle hablando con Iturrioz*» (Baroja, cit. Spaulding). Solo llevan gerundio referido al complemento directo los verbos de per-

cepción sensible o intelectual *(ver, mirar, oír, sentir, notar, observar, contemplar, distinguir, recordar, hallar,* etc.) (Gili Gaya, § 148).

2 *Gerundio absoluto.* El gerundio tiene un sujeto propio, que no es ningún elemento de la oración en que se encuentra. Puede expresar las mismas relaciones que el gerundio concertado. Por ejemplo: en «*Con voluntad mía, siendo vosotros testigos de ella, le doy la mano de ser su esposa*» (Cervantes), *siendo* —cuyo sujeto es *vosotros*— tiene valor temporal; en «*Remordiéndole la conciencia de que dejaba al jumento solo, se llegó a una reverenda dueña*» (Cervantes), el gerundio *remordiendo* —cuyo sujeto es *la conciencia*— tiene valor causal; en «*No es bien que los hombres honrados sean verdugos de los otros hombres, no yéndoles nada en ello*» (ídem), el gerundio *yendo* —que tiene por sujeto *nada*— encierra un sentido condicional.

El sujeto del gerundio absoluto —como se ve en los ejemplos precedentes— ha de ir siempre detrás de él.

3 *Gerundio en locuciones verbales.* El gerundio que sigue a determinados verbos que funcionan accidentalmente como auxiliares *(andar, estar, ir, venir, seguir, proseguir, continuar...)* forma con ellos locuciones verbales de sentido progresivo o durativo. Este gerundio puede considerarse un caso especial del gerundio concertado.

4 *Gerundio en oraciones nominales.* Se usa también el gerundio en oraciones sin verbo personal que expresan una acción ocasional en su transcurso, en su producirse. Se presenta en exclamaciones: *¡Una casa ardiendo!* ('una casa está ahora, ante mis ojos, ardiendo'), o en títulos de obras literarias o pictóricas —en que se quiere representar una cosa a lo vivo, poniéndola ante los ojos del espectador o lector—: *Las ranas pidiendo rey; Napoleón pasando los Alpes* ('las ranas están, en este relato, pidiendo rey'; 'Napoleón está, en este cuadro, pasando los Alpes').

5 *Gerundio adjetivo.* El gerundio como simple adjetivo solamente puede usarse en el caso de *hirviendo* y *ardiendo:* «*Proyectaban chorros de agua hirviendo*»; «*Continuaban las dos filas de hombres con velas ardiendo*» (Valera, cit. Spaulding). Ambos son siempre invariables en género y número.

6 *Gerundio especificativo.* El gerundio usado, no explicativamente (o sea, enunciando algo acerca de un individuo bien determinado), sino especificativamente (esto es, para especificar o individualizar, dentro del grupo de seres a que puede aplicarse el nombre común), no es normal: *«Ya no quedan en el mundo más personas que tú y yo llevando directamente el apellido de Landrey»* (E. Pardo Bazán). *Llevando* concreta y determina a *personas.* Habría que usar en este caso una proposición de relativo especificativa: *que lleven...*

No hay que olvidar que el gerundio tiene carácter adverbial, y su referencia al sujeto de la oración no es suficiente para justificar su presencia en ella. Tiene que servir para desenvolver o explicar la acción principal; de otra forma se convierte en un mero adjetivo del sujeto, como ocurre en este ejemplo: *«Ciento sesenta y siete buques de la Armada británica, desplazando 1.021.510 toneladas, serán revistados en aguas de Spithead»* (Camba, *Londres*, 59); donde debió decirse, en lugar de *desplazando, que desplazan.*

7 *Gerundio concertado referido a un nombre que no es sujeto ni complemento directo de la oración.* Al hablar del gerundio concertado (→ 1) se ha dicho que su sujeto era o bien el sujeto o bien el complemento directo de la oración en que se encuentra. Es incorrecto, según Cuervo, referirlo a otros complementos: *Oirá la voz del héroe admirándonos con su fortaleza, del sabio predicando la verdad, y la del siervo de Dios acusando nuestra tibieza;* o al predicativo: *La Religión es Dios mismo hablando y moviéndose en la humanidad.* Se ve más clara la anomalía en estos ejemplos: *«Ambos sois del pueblo esforzándose* [= que se esfuerza] *hacia la altura»* (Maragall, *Elogios*, 90); *«El abuelo era un casero de la montaña, un honrado labriego, sencillo y sin letras, hablando* [= que hablaba] *con dificultad la lengua castellana»* (Unamuno, *Religión*, 441).

8 *Gerundio referido al complemento directo.* Se ha dicho más arriba (→ 1) que el gerundio concertado solo puede tener como sujeto de su acción el complemento directo de la oración cuando el gerundio

denota una actitud que se toma, una operación que se está ejerciendo o un movimiento que se ejecuta ocasionalmente en la época señalada por el verbo principal. Según esto, no son normales oraciones como estas: *Te envío una caja conteniendo libros;* *«Se había recibido un telegrama de Cuba manifestando estar asegurada la elección de José María»* (Galdós). En ninguno de los dos casos se trata de operación o actitud ocasional.

9 *Gerundio del «Boletín Oficial».* El empleo del gerundio en oraciones nominales solo es posible, como se ha dicho antes (→ 4), cuando en ellas se quiere representar una cosa que está ocurriendo —real o figuradamente— de manera ocasional, en este lugar y en este momento. Es impropio, por tanto, en títulos de leyes y decretos *(decreto disponiendo..., orden estableciendo...)*, pues —dice Cuervo— «no se representan las leyes a la imaginación en una especie de movimiento indefinido». Además, estas construcciones son especificativas, con lo que figuran también en nuestro apartado 6. Y el ejemplo que sigue puede incluirse, por otra parte, en el apartado 7: *«En la Bula erigiendo tales diócesis .. se establece el mero derecho pontifical»* (Pérez Embid-Morales, *España en América*, 227).

10 *Gerundio de posterioridad.* Al hablar del gerundio temporal ya se ha dicho que, contra el parecer de muchos gramáticos, el gerundio que denota acción posterior a la expresada por el verbo principal no es incorrecto, *siempre que esa posterioridad sea inmediata.* Así lo han usado escritores españoles de todos los tiempos (→ 1). Pero no se admite el gerundio cuando no se cumple esa condición; por tanto, son anormales estos ejemplos: *«A los sesenta años (1607) emigró a América, muriendo en Méjico, tal vez en 1614»* (Tamayo, *Panorama*, 135); *«En lo más rudo de la campaña tuvo que retirarse a su heredad, desazonado por un terrible ataque de gota, recibiendo, poco después, el hábito de Santiago en pago de sus servicios»* (Larreta, *Don Ramiro*, 19).

11 *Como + gerundio.* El gerundio precedido de *como* con valor comparativo irreal es normal: *«Le tomó riéndose y como haciendo burla de todo lo que había* *oído»* (Cervantes). Equivale en estos casos a la construcción *como si* + subjuntivo: *como si hiciese burla.* Fuera del caso anterior, es ajeno a la norma y no debe emplearse: *«El rey ha declarado nulas las resoluciones adoptadas por los diputados ..., como siendo ilegales e inconstitucionales»* (Martínez de la Rosa). (Academia.) El uso está calcado del francés en el anterior ejemplo, pero puede serlo también del inglés, como en el siguiente: *«El periódico 'South China Morning Post' cita hoy a viajeros procedentes de China como diciendo que todos los consulados soviéticos .. han sido ahora cerrados»* (*Ya*, 30.10.1962, 9). El *como diciendo* quiere ser *que dicen.*

12 *Acumulación de frases de gerundio.* En general, la abundancia de construcciones de gerundio en una oración, aun en el caso de que sean gramaticalmente correctas, denota pobre dominio del idioma; sobre todo cuando la única finalidad de su uso es estirar la oración, convirtiendo en un solo período larguísimo lo que lógicamente habría de ser una serie de oraciones independientes más cortas. Véase un ejemplo de esta lamentable agregación de construcciones de gerundio: *«Otra nota destacada de esa actividad característica de los días que preceden a la Semana Grande ha sido la redacción de un proyecto de bases por el antiguo Patronato de Semana Santa que ha sido sometido a la aprobación de la jerarquía eclesiástica, del Gobierno Civil, del Ayuntamiento y de las hermandades, Patronato que ha dado por terminada la primera fase de su actuación,* HALLÁNDOSE *ahora en un período transitorio para resurgir con mayores bríos y una organización de máxima solidez y personalidad una vez haya sido aprobado por todos el proyecto redactado,* CONSTITUYÉNDOSE *para las tareas de reorganización en comisión gestora los integrantes del antiguo Patronato al que la ciudad vallense debe la realización de una labor celosa, entusiástica y fructífera, merced a la cual se estimuló la creación de las cofradías o hermandades del Santo Cristo de Lepanto, Virgen de los Dolores y Padre Claret,* COSTEANDO *la asistencia a las procesiones de dos bellísimos 'pasos', Jesús Nazareno y Descendimiento,* MECANIZÁNDOSE *los 'pasos' en beneficio de los mismos,* CORRIENDO *a su cargo las or-*questas que los acompañaban,* GESTIONANDO *la concurrencia a los cortejos religiosos de secciones del Ejército y* LLEVANDO *a cabo la edición de folletos de propaganda de la Semana Santa, repartidos profusamente, así como carteles murales entre otras actividades cuya enumeración darían* [sic] *excesiva extensión a esta crónica»* (*Vanguardia*, 29.3.1958).

geyser → GÉISER.

Ghana. El adjetivo correspondiente a *Ghana* es *ghanés.*

ghanés → GHANA.

gimno-. Forma prefija del griego *gymnós*, 'desnudo': *gimnosperma.*

gincana. Prueba automovilística de obstáculos. Es nombre femenino. Es aconsejable simplificar en la forma *gincana* (acorde con la pronunciación corriente entre nosotros) la complicada grafía de *gymkhana*, causa de frecuentes tropiezos para los redactores deportivos y para los impresores.

Ginebra. **1** La ciudad suiza que en francés se llama *Genève* tiene en español el nombre de *Ginebra.*

2 Conviene cuidar de no traducir *Genève* por *Génova*, error más frecuente de lo deseable: *«El maestro de Génova»* (Marcos, trad. Mounin, *Lingüística*, 28: el original francés dice *«Le maître de Genève»*).

gineco-. Forma prefija del griego *gyné*, 'mujer': *ginecología.*

ginecólogo. El femenino de este nombre es *ginecóloga*, no *ginecólogo*, como a veces se lee: *«Una encuesta llevada a cabo por una ginecólogo inglesa, la doctora Dalton»* (*Triunfo*, 7.10.1972, 23).

gira. **1** 'Serie de actuaciones de una compañía teatral, una orquesta o un artista en diferentes localidades'. Es innecesario en este sentido el uso de la palabra francesa *tournée.*

2 Diferencia entre *gira* y *jira*: → JIRA.

gladíolo. Cierta planta. La Academia recoge las dos formas, *gladíolo* y *gladiolo*, dando preferencia a la primera, aunque la segunda es la más usual.

glico- → GLUCO-.

glipto-

glipto-. Forma prefija del griego *glyptós*, 'grabado': *gliptoteca*.

globe-trotter → TROTAMUNDOS.

gloriarse. 1 Se conjuga, en cuanto al acento, como *desviar* [1 c].

2 Construcción: *gloriarse* DE *algo*.

gloto-, glot-, gloso-, glos-. Formas prefijas del griego *glotta* o *glossa*, 'lengua': *glotología, glosopeda*. Formas sufijas son *-gloto, -glota: polígloto, políglota*.

gluco-, gluc-. Formas prefijas del griego *glykys*, 'dulce': *glucógeno*. Observa con mucha razón Laín *(Lenguaje,* 35) que *gluco-, gluc-* son en realidad formas anómalas. Lo correcto sería *glico-, glic-* (cf. *glicerina)*, ya que la transcripción normal en español del fonema griego *y* es *i* (cf. *hydor* > *hidro-, hyper* > *hiper-*, etc.).

gneis. 'Roca de estructura pizarrosa'. También puede usarse la forma *neis*. Igualmente, el adjetivo derivado *gnéisico* puede ser sustituido por *néisico*.

gnéisico → GNEIS.

gnomo. 'Enano de la mitología popular'. La Academia registra también la forma *nomo*.

gnomon. 'Indicador de las horas en el reloj de sol'. La Academia registra también la forma *nomon*.

-gnosia. Forma sufija del griego *gnosis*, 'conocimiento': *farmacognosia*.

gnosticismo → GNÓSTICO.

gnóstico. 'Seguidor de cierta doctrina filosófica antigua'. Tanto para esta palabra como para su derivado *gnosticismo*, la Academia registra también las formas sin *g-: nóstico, nosticismo*.

gobernar. Verbo irregular. Se conjuga como *cerrar* [6].

Goethe. El nombre del ilustre escritor alemán suele ser pronunciado por los locutores como el inglés *get*. El grupo *oe* debe pronunciarse como /e/ «redondeada» (semejante a la pronunciación francesa de *eu* en *leur*), y la *e* final no tiene que omitirse.

gong. 'Lámina de metal suspendida que, golpeada con un mazo, produce un sonido semejante al de la campana'. Es nombre masculino; su plural es *gongs*. También

existe una forma españolizada, *gongo*, cuyo plural es *gongos*.

gongo → GONG.

gonio-, -gono. Formas prefija y sufija del griego *gonía*, 'ángulo': *goniómetro, octógono*.

Göteborg → GOTEMBURGO.

Gotemburgo. La ciudad sueca de *Göteborg* tiene en español el nombre de *Gotemburgo*.

Gotinga. La ciudad alemana de *Göttingen* tiene en español el nombre de *Gotinga:* «*Albrecht von Haller [enseñaba] en la Gotinga del XVIII*» (Laín, *País,* 14.2.1978, 24).

Göttingen → GOTINGA.

gouache → AGUADA.

gozar. Construcción: *gozar* EN O CON *el bien ajeno; gozar* DE *buena posición; se goza* EN *hacerla sufrir*.

gozoso. Construcción: *gozoso* CON *la noticia; gozoso* DEL *triunfo*.

grabadora → MAGNETÓFONO.

grabar. Construcción: *grabar* AL *agua fuerte; grabar* CON *agujas; grabar* EN *madera; grabar* EN *cinta magnetofónica*.

grácil. 'Sutil, delgado o menudo'. «Los semicultos han hecho estragos en este vocablo, puramente erudito en español, haciéndolo pertinazmente sinónimo de 'gracioso', con el cual nada tiene que ver en latín ni en castellano» (Corominas).

graduar. 1 Se conjuga, en cuanto al acento, como *actuar* [1 d].

2 Construcción: *graduarse* DE *bachiller; graduarse* EN *Letras*.

graffiti → PINTADA.

grafo-, -grafía, -grafo. 1 Formas prefija y sufijas del griego *grapho*, 'escribir': *grafología, fotografía, bolígrafo*.

2 Los nombres de profesión u ocupación en que entra *-grafo* como segundo elemento tienen su forma femenina natural en *-a: geógrafa, fotógrafa, calígrafa,* etc. No tiene razón de ser el uso que algunos hacen de la forma en *-o* para designar mujer.

grafólogo. El femenino de este nombre es *grafóloga.*

-grama. Forma sufija del griego *gramma,* 'letra': *telegrama.*

gran → GRANDE, 1.

grande. **1** Este adjetivo sufre apócope, tomando la forma *gran,* cuando va inmediatamente antes del nombre en singular a que se refiere, tanto si este es masculino como femenino: *su gran empeño; una gran región.* Solo en casos excepcionales, a veces por cliché (p. ej., *un grande hombre*), no se cumple esta norma.

Según Bello, § 157, antes de vocal se dice comúnmente *grande* y antes de consonante *gran* (*grande esperanza, gran caridad*), opinión que Fernández Ramírez, § 65, cree confirmada en sus propios recuentos. Más recientemente, la Academia (*Esbozo,* § 2.4.7*a*), tras afirmar que la forma apocopada es casi la única usada ante nombre que empieza por consonante, señala que ante vocal se emplea *gran* «mucho más» que *grande,* y que el uso de *grande* ante nombre, en cualquier caso, es casi exclusivamente literario. En realidad puede decirse aún más: que incluso en la lengua literaria, incluso ante vocal, la forma no apocopada es muy rara. Ejemplos como «*grande alborozo*», «*grande esfuerzo*», «*grande interés*», que hallamos en García Márquez (*Amor,* 303, 413 y 433), «*grande escritora*», en Neruda (*Confieso,* 132), y, sobre todo, «*grande familia*», en Benedetto (*Caballo,* 125), son hoy excepcionales.

Precedido de *más* o de *menos, grande* no se apocopa: «*el más grande saqueo*» (L. Novás Calvo, cit. Fernández Ramírez); no «el más *gran* saqueo».

2 El comparativo de *grande* es *mayor,* en general; pero se usa la forma perifrástica *más grande* a menudo, especialmente en la lengua coloquial. Es vulgarismo usar la forma *mayor* precedida del adverbio *más: Juan es más mayor que Pepe;* «*Los más mayores, los dieciochoañeros, hablan entre sí*» (R. Montero, *País,* Supl., 8.2.1983, 3). Cervantes puso este uso en boca de Teresa Panza: «*No las hallé más mayores*» (*Quijote,* II, 981). *Mayor* se construye con *que: Una superficie tres veces mayor* QUE *la de Europa;* es errónea la construcción con *a (tres veces mayor* A *la de Europa;* «*El gasto general no debería suponer una cantidad mayor* A *la ya calculada*», *Ya,* 15.6.1974, 8; «*Le rodeaban tesoros mayores* A *los de México y Perú*», Anderson, *Lit. hispanoamericana,* I, 45).

3 El superlativo normal es *grandísimo.* La forma latinizante *máximo* pertenece exclusivamente a la lengua culta y tiene un significado enfático especial: 'el mayor posible'. Además, también se usa como nombre masculino: *Conseguir un máximo de rendimiento.* En este último caso, algunos emplean, por dar una apariencia más culta a su expresión, la forma *máximum.*

grandielocuencia, grandielocuente, grandilocuencia → GRANDILOCUENTE.

grandilocuente. 'Que habla en tono elevado'. Evítese la forma *grandielocuente.* Del mismo modo, debe decirse *grandilocuencia* y no *grandielocuencia.*

gratis. 'Sin pagar'. Puede usarse como adjetivo invariable *(comida gratis; comidas gratis)* o como adverbio *(comer gratis).* Es vulgar la forma *de gratis* (cf. Cuervo, *Apuntaciones,* § 383).

grave → SEVERO.

greco-. Forma prefija del latín *Graecus,* 'griego': *grecorromano.*

grosso modo. Locución adverbial latina, 'sin detalle, en líneas generales'. Es erróneo anteponerle la preposición *a (a grosso modo):* «*Las cifras de miles que se dieron en diferentes ocasiones no pasaron nunca de conjeturales, calculadas a grosso modo*» (Torrente, *Saga,* 76).

grueso. El superlativo de este adjetivo es *gruesísimo* o, más raro, *grosísimo.*

gruñir. Verbo irregular. Se conjuga como *mullir* [53].

guache → AGUADA.

gualda → GUALDO.

gualdo. Como adjetivo, existen terminaciones masculina y femenina: *gualdo, gualda.* No debe decirse, pues, *color gualda.* Sustantivado, es el gualdo, 'el amarillo'.

guarda. **1** Es femenino cuando significa 'acción de guardar o conservar'. Es

masculino cuando designa al hombre que
tiene a su cargo la conservación y cuidado
de una cosa. La mujer que desempeña esa
función, o también la mujer del *guarda*, se
llama *guardesa*.
　　2 El uso normal no admite el nombre
en plural *guardeses* para designaɪ a la pareja formada por el guarda y la guardesa
(«*Precísase matrimonio guardeses, jardinero y cocinera, internos, para finca en Somosaguas*», *Ya*, 6.9.1974, 9), que se llaman, naturalmente, los *guardas*. Ni admite
el masculino singular *guardés* para designar
al *guarda*. (Conviene saber, sin embargo,
que la Academia lo registra.) Cf. Casares,
Crítica profana, 37.

guardaagujas → GUARDAGUJAS.

guardabarros. 'Aleta del coche'. Tiene
la misma forma en singular que en plural.

guardabosque. 'Guarda de bosques'. En
singular es *guardabosque;* la forma *guardabosques* debe usarse solo como plural (a
pesar de Goytisolo: «*El guardabosques está
medio sordo*», *Fin*, 140).

guardacostas. 'Barco de poco porte destinado a vigilar el litoral'. Tiene la misma
forma en singular que en plural. No debe
usarse la forma *guardacosta*.

guardaespaldas. 'Hombre de escolta no
uniformado'. Tiene la misma forma en singular que en plural. No debe usarse la
forma *guardaespalda*.

guardagujas. 'Empleado ferroviario que
tiene a su cargo el manejo de las agujas'.
Tiene la misma forma en singular que en
plural. La Academia no acepta la grafía
guardaagujas.

guardapolvo. 'Sobretodo de tela ligera
para preservar del polvo el traje' o 'tejadillo de un balcón o de un púlpito'. La
forma *guardapolvos* solo debe usarse como
plural.

guardar. Construcción: *guardar* BAJO o
CON *llave; guardar* EN *la memoria; guardarse* DE *alguno; guardarse* DE *hacerlo.*

guardarropa. 'Habitación de un local
público donde se custodian los abrigos,
sombreros y otros objetos'. Es masculino:
el guardarropa. La forma *guardarropas* corresponde exclusivamente al plural.

guardés, guardeses → GUARDA.

guardia. **1** Es femenino en el sentido
de 'conjunto de soldados o gente armada
encargado de custodiar a alguien o algo', o
en el abstracto de 'defensa o custodia'. Es
masculino o femenino cuando designa, respectivamente, al hombre o a la mujer perteneciente a una *guardia*. Para el femenino, en este caso, y con objeto de evitar
anfibologías, se dice a veces *mujer guardia*.
　　2 *Guardia civil*, nombre masculino,
'miembro de la Guardia Civil', es en plural
guardias civiles, como escribió Lorca, *Romancero*, 94, y *Cante*, 92 (no *guardiaciviles*, aunque así lo haya escrito Cela, *Alcarria*, 144, y *Mazurca*, 206).
　　3 *Guardia marina*, nombre masculino,
'hombre que se educa para ser oficial de la
armada', no debe escribirse como una sola
palabra, *guardiamarina*. En plural es *guardias marinas* (no *guardiamarinas*).

guardiamarina → GUARDIA. 3.

guardilla → BUHARDILLA.

guarecer. **1** Verbo irregular. Se conjuga como *agradecer* [11].
　　2 Construcción: *guarecerse* DE *la lluvia; guarecerse* BAJO *techado; guarecerse* EN *una choza.*

guarnecer. Verbo irregular. Se conjuga
como *agradecer* [11].

guatado. También *guateado*, 'recubierto
o formado por dos telas con una capa de
algodón interpuesta'. Es voz derivada de
guata. Son erróneas las formas *boatado* y
boateado («*Una colcha boatada*», *Abc*,
6.1.1985, 8).

guía → SCOUT.

guiar. Se conjuga, en cuanto al acento,
como *desviar* [1 c].

guignol → GUIÑOL.

Guinea Ecuatorial. El adjetivo correspondiente a *Guinea Ecuatorial* es *ecuatoguineano*.

guiñol. 'Espectáculo infantil de muñecos
movidos con los dedos'. Aunque es adaptación del francés *guignol*, no debe emplearse ya la grafía francesa.

guirigay. 'Gritería confusa'. El plural de
este nombre es *guirigays* (o, en la grafía

propuesta por la Academia en su *Esbozo* de 1973, *guirigáis).*

güisqui. El nombre inglés *whisky,* que los españoles pronunciamos corrientemente /güiski/, ha sido adaptado gráficamente al español por la Academia de acuerdo con esa pronunciación: *güisqui.* Aunque da preferencia a esta grafía, la Academia también considera válida la que aún predomina, *whisky.*

Gulf Stream → Corriente del Golfo.

gustar. Construcción: *gustar* DE *bromas; gustar* ('saborear') *las mieles del triunfo; no gustarle a uno las bromas.* Cuando *gustar* tiene el sentido de 'agradar' no lleva preposición alguna: *Me gusta que vengáis.*

Frente a la construcción peninsular *gustar* DE *bromas,* en América es muy frecuente con este verbo la omisión de la preposición *de: ¿No gustan tomar algo?; El capitán gusta contemplar eso; Julia gustaba ir por las noches a sentarse unos minutos en el banco* (Kany, 352).

gusto. 1 Construcción: *gusto* PARA *ves-*

tir; gusto POR *las flores; tener el gusto* DE *hacer una cosa.*

2 *Mucho gusto* EN *conocerle* es una fórmula de cortesía que se convierte en vulgar si se le da la forma *Mucho gusto* DE *conocerle («Hasta luego .. Mucho gusto de haberle visto»,* Edwards, *Máscaras,* 27). Sin duda el vulgarismo se debe a influjo de la locución, también de cortesía, *tener el gusto* DE *conocerle* (→ 1).

3 *Mal a gusto* es locución adverbial, usada en algunas regiones, por *a disgusto: «Ninguna mujer se ha enamorado de Napoleón dueño del mundo; todas se sentían inquietas, desazonadas y mal a gusto cerca de él»* (Ortega, *Amor,* 137). Debe evitarse, por ser ajena a la lengua general.

4 *A mi gusto* significa 'según mi deseo', 'a mi satisfacción': *No han hecho los muebles a mi gusto. Para mi gusto* es 'según mi opinión', 'desde mi punto de vista': *Para mi gusto, los muebles son feos.* Es vulgarismo usar *a mi gusto* en lugar de *para mi gusto.*

5 *Dar gusto:* → DAR, 3.

gymkhana → GINCANA.

h

h. 1 Novena letra del alfabeto español (octava del universal). Su nombre es *hache*, plural *haches*. El género de este nombre es femenino, como ocurre con los de las demás letras. Se dice *la hache* (no *el hache*, pues se exceptúa de la regla que impone la forma *el* del artículo ante los nombres femeninos que comienzan por /a/ tónica: → EL, 2). Esta letra no representa ningún fonema, y su presencia en muchas palabras se debe a razones etimológicas o tradicionales. Sin embargo, en algunas voces extranjeras o de origen extranjero se le suele dar la pronunciación de /j/: *hall*, /jol/; *hinterland*, /jínterland/; *hippy*, /jípi/; *holding*, /jóldin/; *Haendel*, /jéndel/; *Hawai*, /jáwai/ o /jawái/.

2 Ortografía de la letra *h*. Se escriben con *h*:

a) Todas las formas de los verbos *haber* y *hacer*.

b) Las palabras que empiezan por los sonidos /ia/, /ie/, /ue/, /ui/: *hiato, hiena, huevo, huir*.

c) Las palabras que empiezan por los sonidos /idr/, /iper/, /ipo/: *hidrógeno, hipertrofia, hipótesis*. Excepción: *iperita*.

ha. Interjección: → AH.

Habana. El nombre de la capital de Cuba es *La Habana*. No debe suprimírsele el artículo.

haber. 1 Verbo irregular. (Véase cuadro.) Sobre la forma especial *hay* de tercera persona de singular de presente de in-

dicativo, → 5. Sobre la forma *habemos*, por *hemos*, en el presente de indicativo, → 2 y 6.

2 Construcción: *haber* DE *soportar* (→ 4); *haber* QUE *soportar* (→ 7); *habérselas* CON *la policía* ('tratar con ella o enfrentarse con ella'). En esta última construcción es frecuente que para la primera persona de plural del presente se emplee la forma *habemos* en vez de *hemos: Ya sabéis con quiénes nos las habemos; «En don Luis y Pepita nos las habemos nuevamente con el Hombre y la Mujer»* (Montesinos, *Valera*, 109).

3 El uso más corriente del verbo *haber* es como auxiliar para formar, seguido del participio de un verbo, los llamados tiempos compuestos de este: *he sabido, habías podido, habrán llegado, haber olvidado*.

4 Otro uso del verbo *haber* como auxiliar es en la perífrasis «de obligación» *haber + de + infinitivo: Hemos de llegar*. No solo expresa obligación, sino intención y a veces simple acción futura. Pero su uso en la lengua general es bastante limitado; es más frecuente hallarlo en la lengua literaria. *Has de decirme cómo se hace* puede hoy oírse fácilmente en el castellano hablado por un catalán, pero en español común lo normal es oír *Tienes que decirme cómo se hace*. En Méjico y otros países americanos se usa mucho la perífrasis de sentido futuro (*Te has de matar*, 'te vas a matar') o de probabilidad (*Ha de ser tarde*, 'debe de ser tarde') (cf. Kany, 152; Steel, *Americanismos*, 182). En el castellano de

214

CONJUGACIÓN DEL VERBO «HABER»

INDICATIVO

Pres. he, has, ha, hemos, habéis, han.
Pret. impf. había, habías, había, habíamos, habíais, habían.
Pret. indef. hube, hubiste, hubo, hubimos, hubisteis, hubieron.
Fut. impf. habré, habrás, habrá, habremos, habréis, habrán.
Pot. simple habría, habrías, habría, habríamos, habríais, habrían.
Pret. pf. he habido, has habido, ha habido, etc.
Pret. ppf. había habido, habías habido, había habido, etc.
Pret. ant. hube habido, hubiste habido, hubo habido, etc.
Fut. pf. habré habido, habrás habido, habrá habido, etc.
Pot. comp. habría habido, habrías habido, habría habido, etc.

SUBJUNTIVO

Pres. haya, hayas, haya, hayamos, hayáis, hayan.
Pret. impf. hubiera o hubiese, hubieras o -ses, hubiera o -se, hubiéramos o -semos, hubierais o -seis, hubieran o -sen.
Fut. impf. hubiere, hubieres, hubiere, hubiéremos, hubiereis, hubieren.
Pret. pf. haya habido, hayas habido, haya habido, etc.
Pret. ppf. hubiera o hubiese habido, hubieras o -ses habido, etc.
Fut. pf. hubiere habido, hubieres habido, hubiere habido, etc.

IMPERATIVO

habe (tú), haya (usted), habed (vosotros), hayan (ustedes).

FORMAS NO PERSONALES

Inf. simple haber.   *Ger. simple* habiendo.   *Part.* habido.
Inf. comp. haber habido.   *Ger. comp.* habiendo habido.

Galicia se emplea *haber de* + infinitivo con el sentido de 'estar a punto de': *Hube de decirlo,* 'estuve a punto de decirlo' (cf. Rabanal, *Hablas,* 42; García, *Temas,* 122). Este uso también existe en la Argentina, según Capdevila: «Cuando un argentino dice que *hubo de viajar* a Europa, quiere significar que, habiendo estado a punto de hacerlo, no lo hizo» (*Babel,* 110).

5 Es muy importante el empleo de *haber* como impersonal, para expresar la presencia del ser o seres, objeto u objetos designados por el sustantivo que en el enunciado se sitúa normalmente después del verbo. En este uso, en que el verbo solo tiene una persona (la 3.ª de singular) en cada tiempo, el presente tiene la forma especial *hay: Hay* (no «ha») *mucha gente en*

la calle. Interesa tener presente que ese sustantivo que acompaña al verbo (y que designa el ser u objeto cuya presencia enunciamos) no es su sujeto, sino su complemento directo, y lo demuestra el hecho de que cuando no es un nombre, sino un pronombre personal, este toma la forma de complemento directo *(lo, la, los, las)* y no la de sujeto *(él, ella, ellos, ellas): No lo hay, No las hay.* Por no ser sujeto ese sustantivo, es erróneo poner en plural el verbo cuando el sustantivo está en plural (HABÍAN *pocas personas*). Esta concordancia del verbo *haber* con el sustantivo en plural se produce en España principalmente en el área del catalán y en hablantes procedentes de ella («*En los escalones de la picota habían tres o cuatro viejos»*, Salvador, *Cuerda*, 134; «*Habrán lluvias y chubascos .. en Galicia, Cantábrico, ambas Castillas»*, B. R. Mallol, *País*, 6.11.1977, 20), y está bastante extendida en América («¿*Han habido tiros, muertos?»*, Vargas Llosa, *Pantaleón*, 287).

6 Cuando se desea expresar la presencia de una 1.ª o una 2.ª persona, no se emplea *haber*, cuyo uso impersonal solo se refiere a terceras personas. Como, por otra parte, ya queda dicho (→ 5) que en este uso impersonal la persona o cosa referida es complemento directo y no sujeto, no es aceptable una construcción como *Habíamos solo tres personas en la sala*. En casos como este se emplea el verbo *estar: Estábamos solo tres personas en la sala*. No obstante, esta construcción culta no siempre responde bien a la expresividad que en la lengua coloquial, especialmente en el nivel popular, tiene la concordancia de *haber* con «nosotros»; así en este ejemplo: «*No hay ningún tío, mejor dicho, no habemos ninguno»* (Castillo-Puche, *Paralelo*, 170). Obsérvese en este caso se emplea la forma *habemos* por *hemos* (cf. 2).

7 El verbo *haber* en su uso impersonal, seguido de *que* y de otro verbo en infinitivo, constituye una perífrasis verbal que significa necesidad u obligación impuesta por un sujeto que no se puede o no se quiere determinar: *Hay que trabajar más; Había que conseguirlo; Ha habido que operarle*. Esta construcción, pues, equivale a *ser necesario: Hay que trabajar más = Es necesario trabajar más*.

8 Otro uso impersonal es exclusivamente literario y expresa lapso de tiempo transcurrido: «*La historia que voy a referir acaeció algunos años ha»* (Pérez de Ayala, *Prometeo*, 99). La lengua general utiliza en este caso el impersonal *hacer: hace algunos años*.

9 El uso transitivo de *haber* con el sentido de 'tener' es anticuado y solo excepcionalmente, por voluntario arcaísmo, aparece en la lengua literaria: «¡*Oh, gran espectáculo del mundo, tan interesante y delicioso para las almas que han curiosidad!»* (R. León, cit. Casares, *Crítica profana*, 167); «*Aun la misma verdad sustantiva ha necesidad .. de alguna circunstancia imperativa que restablezca la justicia y el orden»* (Sanz, *Consecuencias*, 11). Solamente para

este uso es posible hablar de la forma de imperativo: *habe, haya, habed, hayan* (véase cuadro). La segunda persona de singular de ese imperativo es *habe*, no *he* —como dicen todavía muchas gramáticas—; cf. Cuervo, *Disquisiciones*, 24. La Academia, *Esbozo*, § 2.12.4, dice que no existe. (→ HE.)

10 *Haber menester:* → MENESTER.

11 *He aquí:* → HE.

habilitar. Construcción: *habilitar a uno* CON *fondos; habilitar* DE *ropa; habilitar* PARA *una actividad*.

hábitat. 'Habitación o estación de una especie animal o vegetal'. Es nombre masculino. Su plural es *hábitats*. La acentuación es esdrújula; por tanto, debe escribirse con tilde en la primera *a*, y evitarse la pronunciación /abitát/.

habituar. **1** Se conjuga, en cuanto al acento, como *actuar* [1 d].

2 Construcción: *habituarse* AL *frío*.

hablante. La persona que tiene un determinado idioma como propio se dice que es *hablante* de ese idioma, esto es, 'que lo habla como suyo'; no que es *parlante* de él, lo cual significaría 'que lo parla'. Pero *parlar* es un verbo de nivel coloquial y matiz despectivo que significa, entre otras cosas, 'hablar mucho y sin sustancia' y 'revelar lo que se debe callar'. Atribuir a las palabras españolas *parlar* y *parlante* el significado de los franceses *parler*, 'hablar', y *parlant*, 'hablante', se explica solo como fruto de la ignorancia. Por ello no son aceptables nombres y adjetivos compuestos como *hispanoparlante, castellanoparlante, catalanoparlante, vascoparlante, gallegoparlante*, etc. Las formas normales, usadas por los lingüistas que saben español, son *hispanohablante, castellanohablante, catalanohablante, vascohablante, gallegohablante*, etc.

El hecho de que *hablar* sea en catalán *parlar* explica la tendencia del castellano usado por catalanes --incluso lingüistas— a la forma sufija *-parlante* (en catalán se dice *angloparlant, catalanoparlant*). Por otra parte, el uso de esta forma sufija puede estar favorecido en América por la existencia muy arraigada allí de *altoparlante*, adaptación del francés *haut-parleur*,

---

CONJUGACIÓN DEL VERBO «HACER»

(tiempos simples)

INDICATIVO

Pres. hago, haces, hace, hacemos, hacéis, hacen.
Pret. impf. hacía, hacías, hacía, hacíamos, hacíais, hacían.
Pret. indef. hice, hiciste, hizo, hicimos, hicisteis, hicieron.
Fut. impf. haré, harás, hará, haremos, haréis, harán.
Pot. simple haría, harías, haría, haríamos, haríais, harían.

SUBJUNTIVO

Pres. haga, hagas, haga, hagamos, hagáis, hagan.
Pret. impf. hiciera o hiciese, hicieras o -ses, hiciera o -se, hiciéramos o -semos, hicierais o -seis, hicieran o -sen.
Fut. impf. hiciere, hicieres, hiciere, hiciéremos, hiciereis, hicieren.

IMPERATIVO

haz, haga, haced, hagan.

FORMAS NO PERSONALES

Inf. hacer.   *Ger.* haciendo.   *Part.* hecho.

---

que corresponde al español europeo *altavoz*.

hablar. Construcción: *hablar* CON *alguno; hablar* DE, SOBRE O ACERCA DE *algo; hablar* POR O EN NOMBRE DE *otro.*

hacer. 1 Verbo irregular. (Véase cuadro.)

2 Construcción: *hacer* DE *protagonista; hacer* PARA *sí; hacer* POR *la patria; hacer* POR *corregirse; hacer bien o mal* EN *casarse* (no DE *casarse); hacer rabiar a alguien* (no *hacer* DE *rabiar); hacerse* A *las costumbres; hacerse* CON *este libro (hacerse* DE *este libro* es raro en España, no en América); *hacerse* DE *nuevas; hacerse* DE *rogar* (también puede ser *hacerse rogar*).

3 En forma pronominal significa 'convertirse en' o 'llegar a ser': *Se hizo médico;* pero si entre el verbo y el predicativo se interpone el artículo, el significado se cambia en 'fingirse': *Se hizo el distraído.*

4 Existen dos usos impersonales de *hacer:* uno, 'haber transcurrido el plazo de tiempo' (que se indica): *Hace diez días que se marchó; Se marchó hace diez días,* el otro, 'presentarse el tiempo atmosférico'

(con la cualidad que se indica): *Hace frío.* También con referencia a la temperatura precisa: *«Hace treinta grados bajo cero en este Moscú»* (Neruda, *Confieso,* 278).

5 *Hacerse* + infinitivo, con sentido pasivo, es decir, usado como equivalente de *ser* + participio, no es construcción española: *«El domingo último, Alfonso* SE HABÍA HECHO CORNEAR *en una becerrada .. Solo sufrió una herida leve»* (Goytisolo, *Resaca,* 258); aquí debió decirse *había sido corneado.* Otro ejemplo: *«Durante una guerra .., una viuda* SE HACE VIOLAR *durante un sueño, producido por hierbas tranquilizantes, por un oficial .. Cae encinta. Espanto y sorpresa, pues no ha sido consciente del acto»* (C. Semprún, *Diario 16,* 18.12.1976, 18); aquí parece evidente que se quisó decir *es violada.*

6 *Hacer cara de cansado, hacer mala cara,* se oye en el castellano hablado por catalanes, en lugar del normal *poner o tener cara de cansado, poner mala cara.*

7 *Hacer vacaciones, hacer una siesta,* son también construcciones del castellano hablado por catalanes; lo normal es *tomar vacaciones* y *echar* (o *echarse) una siesta.*

hache

8 *Solo hace que*, o *solo hizo que* + infinitivo es vulgarismo («*Juanito solo hizo que insultar y zarandear al árbitro*», *Informaciones*, 18.11.1978); «*Fenómeno .. que en el fondo solo hace que expresar la efectiva y paulatina reducción de la persona a organismo elemental*» (Goytisolo, *Recuento*, 306). Se dice *no ha hecho más que* o *no hizo más que*.

9 *¿Qué lo hizo?* se usa en Chile por el normal *¿qué hizo de (o con) él?*: «*¿Qué hiciste tu sueldo, que no me lo has entregado?*» (J. Castro, cit. Kany, 3).

10 *¿Qué se hizo* (+ nombre)? Construcción, hoy solo literaria, equivale a *¿qué fue de...?* Su modelo está en las célebres *Coplas* de Jorge Manrique (1476): «*¿Qué se hizo el rey don Juan? / Los infantes de Aragón / ¿qué se hicieron?*». No debe llevar la preposición *de*, que ponen por su cuenta algunos usuarios modernos: «*¿Qué se hicieron* DE *sus jardines colgantes, de sus canales y puertas?*» (L. Castresana, *Abc*, 30.12.1965, 74).

11 *Hacer público:* → PÚBLICO, 2.

12 *Hacer mención:* → MENCIÓN.

hache. *La hache*, no *el hache:* → H.

hachís. 'Cierta droga'. El nombre, adaptado con esta grafía, se pronuncia en nuestro idioma /achís/, no /jachís/ ni /jáchis/, como dicen algunos locutores.

hacia. Preposición. Es siempre palabra átona, como todas las preposiciones. Indica:

1 Con verbos de movimiento, la dirección del mismo, sin especificar su término: *Voy hacia mi tierra; Caminan hacia su perdición; Miran hacia el Norte.*

2 Con verbos de reposo, lugar vagamente determinado: *Hacia allá está El Escorial; Hacia Aranjuez llueve.*

3 Tiempo aproximado: «*La muwaschaha y el zéjel florecen entre los árabes andaluces desde hacia 890*» (Menéndez Pidal, *España*, 135).

hagio-. Forma prefija del griego *hagios*, 'santo': *hagiográfico.*

hall. Esta palabra inglesa se usa en español como nombre masculino, con la pronunciación /jol/. Su plural es *halls*. A pesar de ser un término ampliamente extendido, ocupa sin necesidad el lugar de palabras

harina

españolas normales como *vestíbulo* (en general) y *recibimiento* o *entrada* (en un piso).

hallar. Construcción: *hallar algo* EN *el suelo; hallarse* EN *la fiesta; hallarse* CON *un obstáculo.*

hambre. El género de este nombre es femenino. El usarse con los artículos *el* o *un* se debe a la regla de los nombres femeninos que comienzan por el fonema /a/ tónico (→ EL, 2). Se dice, pues, *un hambre canina, el hambre enfermiza, las grandes hambres.* Es vulgarismo el empleo de *hambre* como masculino: «*Por aquí no había más que mucho hambre repartido*» (Nácher, *Guanche*, 130); «*A este hambre de visitadoras que se ha despertado en la selva no lo para ni Cristo*» (Vargas Llosa, *Pantaleón*, 244).

handball → BALONMANO.

hándicap. 'Prueba deportiva en que se da ventaja a algunos competidores para igualar las oportunidades', y también 'desventaja en peso, distancia, etc., impuesta a un competidor'. El nombre inglés *handicap* se usa en español como masculino y se pronuncia corrientemente /jándikap/; se escribe, por tanto, con tilde en la primera sílaba. Su plural es *hándicaps*. Aparte de su empleo en el ámbito deportivo, es frecuente en la lengua general con el sentido de 'desventaja' o 'obstáculo'. También, partiendo de este sentido, se usan los verbos *handicapear*, pronunciando /jandikapeár/, y, más raramente, *handicapar*, /jandikapár/.

handicapar, handicapear → HÁNDICAP.

haplo-. Forma prefija del griego *haplous*, 'simple': *haplología.*

harem → HARÉN.

harén. 'Departamento, en una casa musulmana, en que viven las mujeres', o, también, 'conjunto de estas'. Puede usarse también la forma *harem*, que figura en los diccionarios; pero no es la usual.

harina. Es nombre femenino, *la harina*, y no hay ninguna justificación para decir *el harina* («*Cuando se haya conseguido una emulsión homogénea se agrega el harina*», Zenón, *Ya*, 9.6.1985, 52).

harpa

harpa → ARPA.

harpía → ARPÍA.

hartar. Construcción: *hartar(se)* DE *fruta; hartarse* DE *esperar.*

hasta. 1 Preposición, átona, que sirve para expresar el término del cual no se pasa, con relación al espacio: *Llegaré hasta Burgos;* al tiempo: *Se ha de pelear hasta vencer o morir; Se despidió hasta la noche;* o a la cantidad: *Gastaré hasta cien pesetas; «Había en la sala hasta un par de docenas de personas»* (Baroja, *Románticos,* 86).

2 Adverbio de cantidad, átono, equivalente a *incluso, aun: Gritó, lloró y hasta pataleó; «¡Y qué esquiva para tus bienes / y qué amarga hasta cuando amé!»* (Mistral, *Desolación,* 33).

3 La preposición *hasta,* precediendo a la conjunción *que,* introduce proposiciones temporales: *Leeré hasta que me canse; Todos se quedaron hasta que se acabó el vino.* Cuando el verbo principal va acompañado de una negación, es frecuente que se presente un *no* expletivo en la proposición: *Ninguno se marchó hasta que* NO *se acabó el vino.* Aunque es un uso normal en España, sería deseable omitir ese *no* (que carece de todo sentido negativo) a fin de evitar la posible interpretación equivocada del mensaje (v. Cuervo, *Apuntaciones,* § 448). También la ausencia del *no* es normal: *Ninguno se marchó hasta que se acabó el vino.*

Hasta cuando, por *hasta que,* se usa en algunos países americanos. Kany, 392, cita un ejemplo de Panamá. El siguiente es colombiano: *«¡Quedad hincados a la roca hasta cuando vuestras lágrimas llenen el cuenco del valle!»* (León Rey, *Guayacundo,* 28).

4 En Méjico, América Central y Colombia se usa *hasta* con un sentido de 'solo, no antes': *Hasta las tres iré; Llegó hasta ayer.* En español general se añadiría *no* antes del verbo: *Hasta las tres no iré; No llegó hasta ayer.* (Cf. Cuervo, *Apuntaciones,* § 447; Kany, 369; Steel, *Americanismos,* 183.)

5 *Hasta tanto que:* → TANTO. 4.

hastiar. Se conjuga, en cuanto al acento, como *desviar* [1 c].

Haya. *La Haya,* nombre de la ciudad

he

sede del Gobierno de Holanda, lleva siempre el artículo *La* (excepción a la regla del artículo *el* ante nombres femeninos en /a/ tónica; → EL. 2).

haz. Es nombre masculino cuando significa 'porción atada' (de mieses, leña, etc.) o 'conjunto de rayos luminosos'. Es femenino cuando significa 'cara' o 'superficie'; en este caso lleva, por regla fonética, el artículo *el* o *un* (→ EL. 2): *el haz de la hoja.* Dejándose llevar por este artículo aparentemente masculino, Ortega toma *haz* como masculino: *«La perfección del haz externo y la inmadurez del íntimo» (Viajes,* 143). No es raro el incumplimiento de la norma del artículo en este sustantivo: *«Según ellos vida material y obra corresponden, como la haz y el envés de un tapiz»* (Salinas, *Rubén Darío,* 9); *«Una cuestión que con apariencia contradictoria rueda por la haz de sus escritos»* (Laín, *Marañón,* 197); la Academia misma, en su *Diccionario* (s. v. *felpa*), dice: *«Tejido .. que tiene pelo por la haz».*

he. La palabra *he* (en *he aquí, he ahí*) no es, como suelen decir las gramáticas y los diccionarios, ni imperativo del verbo *haber* ni adverbio demostrativo. Es un verbo defectivo e impersonal. Expresa la mera existencia de algo en un lugar, como el impersonal *hay;* pero se diferencia de este en que presenta siempre esa existencia «ante los ojos» del oyente. Es invariable: no tiene otra forma personal, temporal ni modal que esta. Lleva siempre dos acompañantes forzosos: 1.º, el adverbio *aquí* o *allí* (en ocasiones, otro complemento adverbial de lugar: *Henos ya* EN CASA); 2.º, un complemento directo: *He aquí el resultado; He aquí a tu madre; Heme aquí.* Es palabra de uso principalmente literario.

En el siguiente pasaje de Bousoño, el complemento directo del primer *he* es una proposición («que nosotros nos preguntamos», etc.); en las oraciones posteriores, el *aquí* de la primera va sobrentendido, y el complemento directo *nos* va acompañado de diversos predicativos *(caídos, levantados,* etc.) e incluso de un gerundio *(acumulando): «He aquí que nosotros nos preguntamos si acaso somos verdaderamente necesarios. /../ Henos caídos, levantados, henos inclinados a roer nuestra propia felicidad. /../ Henos asociados al error*

*como a una verdad más pequeña. /../
Henos acumulando, día a día, la pequeña
fortuna de errores» (Versos,* 86).

hebraizar. Se conjuga, en cuanto al
acento, como *enraizar* [1 f].

hecto-. Forma prefija que en el sistema
métrico decimal significa 'cien'. Se pronuncia tónica la /o/ en *hectómetro;* en cambio,
es átona, recayendo el acento en la sílaba
siguiente, en *hectogramo* y *hectolitro* (no
hectógramo ni *hectólitro,* formas persisten-
temente usadas por los locutores).

hectogramo, hectolitro, hectómetro
→ HECTO-.

heder. Verbo irregular. Se conjuga como
entender [14].

helar. 1 Verbo irregular. Se conjuga
como *cerrar* [6]. Es impersonal en el sentido de 'formarse hielo': *Esta noche ha helado.*
2 Construcción: *helarse* DE *frío.*

helio-, heli-. Formas prefijas del griego
helios, 'Sol': *heliotropo.*

Helsinki. La pronunciación tradicionalmente aceptada en nuestro idioma del
nombre de la capital de Finlandia es llana,
con o sin aspiración inicial: /elsínki/ o /jel-
sínki/.

hema-, hemat-, hemato-, hemo-.
Formas prefijas del griego *haima,* 'sangre':
hematología, hemorragia, hematemesis.

hemi-. Prefijo griego que significa 'medi-
do': *hemiciclo, hemiplejía.*

hemiplejía. 'Parálisis de un lado del
cuerpo'. Existe, bastante extendida, la
forma *hemiplejia* (pronunciación /emiplé-
jia/). La Academia acepta como buenas las
dos formas, pero da preferencia a la primera. En otra palabra análoga, con el
mismo componente que esta, todo el
mundo dice *apoplejía,* no /apopléjia/.

henchir. 1 Verbo irregular. Se conjuga
como *vestir* [62].
2 Construcción: *henchir el colchón* DE
lana; henchido DE *gozo.*

hender. 1 Verbo irregular. Se conjuga
como *entender* [14].
2 Se puede usar también, preferido
modernamente, según la Academia (*Es-*

bozo, § 2.12.3), el verbo equivalente *hendir* (→ HENDIR).

hendir. 1 Verbo irregular. Se conjuga
como *discernir* [43]. No debe confundirse,
en su conjugación, con los verbos del
grupo 60 (como *sentir*): no se dice *hindió,
hindieron.*
2 Sobre *hendir* y *hender,* → HENDER,
2.

heñir. Verbo irregular. Se conjuga como
reñir [58].

heredar. Construcción: *heredar algo* DE
un pariente; heredar a otro EN *el título; heredar* EN o POR *línea recta.*

herir. 1 Verbo irregular. Se conjuga
como *sentir* [60].
2 Construcción: *herir* DE *muerte; herir*
EN *su amor propio.*

hermafrodita. 'Que tiene los dos sexos'.
Como adjetivo o como nombre, la forma
-a se usa tanto para el género masculino como para el femenino, pero para el
masculino se puede decir también *herma-
frodito.*

hermanar. Construcción: *hermanarse
una cosa* CON *otra.*

Heródoto. El nombre del historiador
griego es esdrújulo, /eródoto/; no debe
usarse la acentuación grave, /erodóto/.

héroe. El femenino de este nombre es
heroína.

herpe. 'Enfermedad cutánea'. Según la
Academia, es nombre ambiguo en cuanto
al género (*el* o *la herpe);* pero el uso corriente es como masculino. Es raro oírlo
en singular; suele decirse *los herpes.* Para
el singular también se emplea la forma
herpes (el herpes).

herrar. 1 Verbo irregular. Se conjuga
como *cerrar* [6].
2 Construcción: *herrar* A *fuego; herrar*
EN *frío.*

hervir. 1 Verbo irregular. Se conjuga
como *sentir* [60].
2 Construcción: *hervir* DE *gente un lugar.*

Hesíodo. El nombre del poeta griego se
pronuncia como esdrújulo, /esíodo/, según
la pronunciación más aceptada; pero tam-

bién se admite la forma grave, *Hesiodo,* /esiódo/.

hetero-, heter-. Formas prefijas del griego *heteros,* 'otro': *heterodoxo.*

heteromancia. 'Adivinación por el vuelo de las aves'. La Academia admite también la forma *heteromancía.*

hexa-. Prefijo griego que significa 'seis': *hexágono.*

hialo-, hial-. Formas prefijas del griego *hyalos,* 'cristal': *hialotecnia.*

hibernación. 'Estado de sopor, natural o artificial, con profunda disminución de las funciones vegetativas'. Aunque la Academia no registra *invernación,* esta voz se emplea también —con menos frecuencia— con el mismo sentido.

hidrácida. 'Ácido resultante de la combinación del hidrógeno con un no metal'. Es nombre femenino. La Academia considera válidas las dos acentuaciones, *hidrácida* e *hidracida,* aunque prefiere la primera.

hidro-, hidr-. Formas prefijas del griego *hydor,* 'agua': *hidrógeno, hidráulico.*

hidrocefalia. 'Hidropesía del encéfalo'. No debe usarse la forma *hidrocefalía,* con acento en la *i,* aunque durante algún tiempo la haya admitido la Academia.

hidrólisis. 'Descomposición de un compuesto químico por la acción del agua'. No es recomendable la acentuación llana, *hidrolisis.* Esta palabra, como *análisis, catálisis,* etc., es esdrújula.

hidromancia. 'Adivinación por la observación del agua'. La Academia admite también la forma *hidromancía.*

hidromiel. 'Bebida hecha a base de miel y agua'. El género de este nombre es masculino: *el hidromiel.*

hijodalgo. 'Hidalgo'. El femenino de este nombre es *hijadalgo;* en plural, el masculino es *hijosdalgo,* y el femenino, *hijasdalgo.* El que aparezcan de vez en cuando otras formas (*hijodalga, hijosdalgos, hijodalgos,* etc.) se debe al desuso de la palabra y a la consiguiente falta de familiaridad con ella. Hoy se dice habitualmente *hidalgo* (cuyas variaciones de gé-

nero y número son corrientes: *hidalga, hidalgos, hidalgas*).

hilo-, hil-. Formas prefijas del griego *hyle,* 'materia': *hilomorfismo.*

himeno-. Forma prefija del griego *hymen,* 'membrana': *himenóptero.*

hincha → FAN.

hindú. 'Adepto al hinduismo', que es la religión predominante en la India, resultado de la evolución del antiguo brahmanismo. Como adjetivo (sin variación de género) significa 'del hinduismo' o 'de los hindúes'. El plural *hindúes* corresponde tanto al nombre como al adjetivo.

La semejanza fonética entre *hindú* e *indio* y el deseo de diferenciar léxicamente *indios* americanos e *indios* de la India han propiciado el creciente uso del nombre de *hindúes* para designar a los ciudadanos de la India. El doble sentido, religioso y gentilicio, de *hindú* existe también desde antiguo en el inglés *hindu,* de donde lo tomó el francés *hindou* (hoy anticuado en el sentido de 'indio'), el cual a su vez, según Cortelazzo-Zolli, lo pasó al italiano *(indù).* El uso español (no registrado por nuestros diccionarios antes de 1964) viene probablemente del inglés. Pero este empleo, aunque esté registrado en el *Diccionario* de la Academia, es abusivo, pues aplica un término de religión a una realidad nacional, cuando, como es sabido, el pueblo indio se reparte en bastantes confesiones religiosas, de la cuales la hindú, aunque mayoritaria, es solo una.

Es recomendable, pues, delimitar los usos: *indio* es el miembro de una entidad política, la India; *hindú* es el miembro de una entidad religiosa, el hinduismo.

hiper-. Prefijo griego que indica superioridad, exceso: *hiperclorhidria.*

hipérbaton. 'Inversión del orden normal de las palabras'. Es nombre masculino. Su plural más aceptado es *hipérbatos,* aunque también puede decirse, con traslación de acento, *hiperbatones,* /iperbatónes/. No es aconsejable, en cambio, *hipérbatons,* aunque lo haya usado Machado: «Sintió pesar *del tiempo que perdía / enderezando hipérbatons latinos»* (*Poesías,* 102).

hipérbole. 'Exageración'. Es nombre femenino, *la hipérbole,* aunque en la lengua clásica se haya usado como masculino: «*Fuera el hipérbole corto*» (Calderón, *Mágico,* 62).

hipertrofiar. Se conjuga, en cuanto al acento, como *cambiar* [1 a].

hípica. 'Deporte de las carreras de caballos'. No hay necesidad de usar el término inglés *turf.*

hipno-, hipn-. Formas prefijas del griego *hypnos,* 'sueño': *hipnotizar.*

hipo-, hip-. 1 Prefijo griego que significa inferioridad: *hipogeo, hipocresía.* 2 Formas prefijas del griego *hippos,* 'caballo': *hipódromo.*

hipogrifo. 'Animal fabuloso, especie de caballo con alas'. Es palabra grave, /ipogrífo/ (*«El lírico hipogrifo sueños pace»,* Salinas, *Presagios,* 79), a pesar de que bastantes actores y recitadores la pronuncien /ipógrifo/ en la frase *Hipogrifo violento* con que empieza el drama de Calderón *La vida es sueño.*

hipso-. Forma prefija del griego *hypsos,* 'altura': *hipsómetro.*

Híspalis. El nombre de la ciudad de Sevilla en la época romana es *Híspalis,* palabra esdrújula; no debe pronunciarse, pues, /ispális/.

hispano-. Forma prefija del latín *Hispanus,* 'español': *hispanohablante.*

Hispanoamérica. 1 En rigor, *Hispanoamérica, Iberoamérica* y *Latinoamérica* (o *América Latina*) no son equivalentes: el primero designa el conjunto de los países americanos de lengua española; el segundo, el conjunto de los que tiene lenguas de la Península Ibérica, esto es, español y portugués; y el tercero, el conjunto de los que hablan lenguas de origen latino, que en aquel continente son el español, el portugués y el francés. Las tres denominaciones, por tanto, apuntan a entidades que no están en relación de oposición, sino de inclusión *(Latinoamérica* incluye a *Iberoamérica,* que a su vez incluye a *Hispanoamérica*). Por consiguiente, no hay error en llamar *latinoamericanos* a los *hispanoamericanos,* como no hay error en llamar español a un andaluz. Habrá, sí, impreci-

sión siempre que sea deseable o necesaria la precisión. 2 Los términos *Latinoamérica, América Latina* y *latinoamericano* fueron creados en Francia en 1860 y utilizados para arropar la política imperialista de Napoleón III en su intervención en Méjico. Fueron rápidamente adoptados por escritores hispanoamericanos residentes en Francia, y después han ido ganando terreno en la propia América (cf. Berschin, *Problemas,* 208). A pesar del origen reaccionario del nombre *Latinoamérica* (o *América Latina*) y a pesar de haber sido acogido sistemáticamente por los norteamericanos, hoy en España se atribuye a este nombre y a sus derivados un cierto prestigio progresista. A esto se une la preferencia generalizada de estas palabras en todo el mundo y en todas las lenguas, lo que hace que los españoles las sientan más «modernas». 3 El avance de *Latinoamérica* (o *América Latina*) y sus derivados, frente a *Hispanoamérica* (e *Iberoamérica*) y los suyos, ha de ser aceptado por los lingüistas como un hecho, y lo sería también aunque fuese más arbitrario de lo que es. De todos modos, es importante no perder de vista que *Latinoamérica* y sus derivados aluden fundamentalmente a realidades políticas y económicas, y que *Hispanoamérica* (y también *Iberoamérica*) y sus derivados aluden más propiamente a una realidad lingüística y cultural. En este sentido escribe el mejicano Carlos Fuentes: «*Octavio Paz, el primer poeta de la América Española*» *(Abc,* Supl., 22.9.1984, 16); y el español Pedro Laín Entralgo: «*Unos sacerdotes iberoamericanos .. Será resabio de hablante viejo, pero no puedo acostumbrarme a lo de 'latinoamericano', aunque tantos irreversiblemente lo digan*» *(Gaceta,* 3.9.1978, 43). 4 Sobre la oposición *Latinoamérica/ América* (= Estados Unidos), de origen genuinamente estadounidense, pero aceptada por muchos hispanoamericanos, v. Cela, *Carta a Fidel Castro,* 310-11.

hispanohablante, hispanoparlante → HABLANTE.

hístico. En medicina, 'de los tejidos'. También se dice *histológico,* aunque el sentido propio de este adjetivo es 'de la histología', esto es, 'del estudio de los tejidos'. Muchos médicos dicen *tisular*, adaptación del francés *tissulaire* (de *tissu*, 'tejido').

histo-. Forma prefija del griego *histós*, 'tejido': *histología*.

histológico → HÍSTICO.

historiar. Se conjuga, en cuanto al acento, como *cambiar* [1 a]. También se oye, aunque parece menos aceptado, con la conjugación 1 c (como *desviar*).

histrión. 'Actor'. Es voz exclusivamente literaria. Su femenino es *histrionisa*.

hobby. 'Trabajo que se realiza por puro placer'. Es palabra inglesa que en español se usa como nombre masculino, se pronuncia corrientemente /jóbi/, y se le da el plural *hobbys* (el plural inglés es *hobbies*). Como es voz útil y frecuente en nuestro idioma, el lingüista colombiano Luis Flórez *(Temas,* 270) propuso, con acierto, que se españolizase en la forma *jobi*.

hogaño. Adverbio, 'este año' o 'en la actualidad'. Aunque la Academia registra también una grafía *ogaño*, el uso normal no la acepta.

hojaldre. 'Masa cocida que forma muchas hojas delgadas superpuestas'. Aunque la Academia da este nombre como ambiguo en cuanto al género, el uso actual es solo masculino, *el hojaldre*.

holgar. Verbo irregular. Se conjuga como *acordar* [4].

hollar. Verbo irregular. Se conjuga como *acordar* [4].

holo-. Forma prefija del griego *holos*, 'todo': *holoédrico*.

hológrafo. '(Testamento) autógrafo'. La Academia registra también la grafía *ológrafo;* pero, por razones etimológicas (viene del griego *holos;* → HOLO-), es preferible la forma con *h*.

hombrear. Construcción: *hombrearse* CON *los mayores*.

hombre-rana. El plural de este nombre es *hombres-ranas*.

hombro. Son igualmente normales las locuciones *en hombros* y *a hombros*. Aunque significan lo mismo, 'sobre los hombros', hay una pequeña diferencia en su

uso: *a hombros* se puede llevar a una persona o una cosa; *en hombros* solo se lleva a una persona.

homeo-. Forma prefija del griego *hómoios*, 'semejante': *homeopatía*.

homilía. 'Plática religiosa'. Es errónea la pronunciación /omília/, a veces oída a locutores (que cuenta, no obstante, con antecedentes ilustres: *«Y no hay que extrañar la homilia: / son pláticas de familia, / de las que nunca hice caso»,* Zorrilla, *Tenorio,* 96).

homo-. Forma prefija del griego *homos*, 'el mismo': *homólogo*.

homogeneidad. Los derivados del adjetivo *homogéneo* son *homogeneidad, homogeneizar;* no *homogenidad* y *homogenizar* (→ -DAD, 3).

homogeneizar, homogenidad, homogenizar → HOMOGENEIDAD.

honesto. Aunque este adjetivo significa no solo 'decente, recatado', sino también 'honrado, recto' (sentidos ambos recogidos por la Academia), es útil mantener, por precisión, la distinción tradicional entre *honesto,* para la primera acepción, y *honrado,* para la segunda.

honor. Construcción: *honor* A *los héroes; una recepción* EN *honor* DE *los visitantes*. La construcción *en honor a* solo se usa en la locución *en honor a la verdad* (que también puede decirse *en honor* DE *la verdad: «Hay que decir, en honor de la verdad, que en semejante ocasión todo el mundo se puso de su parte»,* Torrente, *Pascua,* 462).

honrado → HONESTO.

honrar. Construcción: *me honro* EN *complacerle* (o *me honra complacerle); (él) me honra* CON *su amistad; (yo) me honro* CON *su amistad*.

hora. 1 *De buen hora,* o *de buena hora,* es traducción literal de la locución francesa *de bonne heure: «Cuesta trabajo, sin duda, abandonar las sábanas de buen hora»* (Marañón, *Españoles,* 119); *«Los automóviles aparecen aparcados aquí y allá, a sabiendas de que, mientras .. sean retirados de buena hora, al día siguiente, nadie les va a sancionar» (Vanguardia,* 22.5.1975, 31). En español se dice *tem-*

CONJUGACIÓN DEL VERBO «HUIR»

(tiempos simples)

INDICATIVO

Pres. huyo, huyes, huye, huimos, huís, huyen.
Pret. impf. huía, huías, huía, huíamos, huíais, huían.
Pret. indef. huí, huiste, huyó, huimos, huisteis, huyeron.
Fut. impf. huiré, huirás, huirá, etc.
Pot. simple huiría, huirías, etc.

SUBJUNTIVO

Pres. huya, huyas, huya, huyamos, huyáis, huyan.
Pret. impf. huyera o huyese, huyeras o huyeses, etc.
Fut. impf. huyere, huyeres, etc.

IMPERATIVO

huye, huya, huid, huyan.

FORMAS NO PERSONALES

Inf. huir.   *Ger.* huyendo.   *Part.* huido.

---

prano o, con más precisión, *por la mañana temprano*.

2 *Hora-punta*, 'hora de máximo tráfico o ajetreo'. Su plural es *horas-punta*.

3 *En hora buena:* → ENHORABUENA. 2.

4 *Noventa* (*cien*, etc.) *kilómetros* A *la hora*. Lo normal es *noventa* (*cien*, etc.) *kilómetros* POR *hora*.

huésped. **1** Construcción: *huésped* DE *su tío; huésped* EN *casa de su tío.*

2 El femenino de *huésped* es *huéspeda;* pero también se usa la misma forma del masculino.

hugonote. 'Seguidor, en Francia, de la doctrina de Calvino'. Como nombre y como adjetivo, su femenino es *hugonota*

(no *hugonote:* «Su familia, de religión hugonote, fue acusada de haberle asesinado», Fernández Zulaica, trad. Mason, *Voltaire*, 116).

huir. **1** Verbo irregular. (Véase cuadro.)

2 Construcción: *huir* AL *desierto; huir* DE *la ciudad; huir* DE *sus amigos.*

humedecer. Verbo irregular. Se conjuga como *agradecer* [11].

humillar. Construcción: *humillarse* A *hacer algo; humillarse* ANTE *otro.*

hundir. Construcción: *hundir* EN *el barro.*

i

i. 1 Décima letra del alfabeto español (novena del universal). El nombre de esta letra es femenino. Su plural es *íes (is* es vulgar).

2 Corresponde al fonema vocal /i/, cuya articulación puede ser plenamente vocálica, semivocálica o semiconsonántica.

a) /i/, vocal palatal cerrada, se articula de la siguiente manera: la punta de la lengua se apoya contra los incisivos inferiores; el dorso se eleva contra el paladar duro, tocándolo ampliamente a ambos lados y dejando en el centro una abertura relativamente estrecha; los labios dejan una abertura alargada. Es algo mayor la separación entre la lengua y el paladar: 1.°, cuando la /i/ está en sílaba trabada: *pedir;* 2.°, cuando sigue o precede a un sonido /rr/: *rico;* o 3.°, cuando precede al sonido /j/: *elige.* En todos estos casos se habla de /i/ abierta; pero no debe olvidarse que la abertura carece de valor fonológico y que para un oído español es prácticamente imperceptible.

b) /i/ semiconsonante es la /i/ que va unida dentro de una sílaba con otra vocal más abierta, precediendo a esta. En este caso, su articulación es más cerrada y más breve; su abertura es cambiante, como una transición entre la consonante anterior y la vocal siguiente. Ejemplos de /i/ semiconsonante: *viene, aciago, salió.*

c) /i/ semivocal es la /i/ que sigue a otra vocal más abierta, formando diptongo con ella. Igual que en la /i/ semiconsonante, su

abertura no es fija: va disminuyendo a lo largo de la articulación, que en conjunto es breve. Ejemplos: *seis, dais, hoy.*

3 La representación ortográfica del fonema /i/ es normalmente la letra *i* (*niño, salí, avión*) o, más raramente, la letra *y.* Esta letra solo se usa con valor vocálico (o semivocálico) en los siguientes casos: *a*) en la conjunción copulativa *y: luz y gas; b*) cuando el sonido /i/ es semivocal y final absoluto de palabra: *doy, voy, estoy, rey, ley, buey, Valderaduey.*

-í. Sufijo de adjetivos derivados de nombres propios. Significa posesión o pertenencia: *ceutí, alfonsí.*

-ia. Sufijo átono de nombres abstractos: *paciencia, gloria;* o de nombres de países: *Italia, Francia, Rusia.*

-ía. Sufijo de sustantivos, con significados muy diversos: dignidad o cargo: *alcaldía;* colectivo: *morería;* cualidad: *falsía, valentía;* país: *Hungría.* Combinado con *-ero* da el sufijo *-ería: cerrajería.* Cuando se añade a nombres en *-dor, -tor,* la *o* suele cambiarse en *u:* de *contador, contaduría;* de *expendedor, expendeduría.*

-íaco → -ACO.

-ial → -AL.

-iano → -ANO.

-iatra. En los nombres en *-iatra* (del griego *iatrós,* 'médico'), que designan determinados médicos especialistas, como *pediatra, psiquiatra, geriatra,* la Academia, después de vacilar algún tiempo entre las formas citadas —con acentuación en la /a/: /pediátra, psikiátra/, etc.— y las esdrújulas —con acentuación en la /i/: /pedíatra, psikíatra/, etc., escritas *pedíatra, psiquíatra*, etc.—, se ha decidido por las primeras, que son las usuales. Por excepción, y sin duda por descuido, en el *Diccionario* de 1984 registra *foníatra* junto a *foniatra*.

ibero. En esta palabra se admiten como buenas la pronunciación grave *(ibero)* y la esdrújula *(íbero); pero suele preferirse la primera.

ibero-. Forma prefija del latín *Iberi*, 'iberos', uno de los pueblos que habitaron antiguamente la Península Ibérica. Se usa casi siempre para referirse conjuntamente a las dos naciones de la Península: *iberoamericano*.

Iberoamérica, iberoamericano → HISPANOAMÉRICA.

iceberg. 'Masa flotante de hielo'. Aunque extranjera, es palabra incorporada a nuestro idioma como nombre masculino y con pronunciación española, /izebérg/. Su plural es *icebergs*.

-ichuelo → -UELO.

-icia. Sufijo de sustantivos abstractos: *milicia, malicia, caricia, pericia*.

-icio. Sufijo de sustantivos que significa acción o efecto: *estropicio, servicio, bullicio;* también de adjetivos, significando pertenencia: *alimenticio, traslaticio*.

Como sufijo de sustantivos puede tener valor despectivo o burlesco: *«canticios de monjas», «cleriguicio»* (Galdós, *Torquemada*, IV, 122, 124, 162).

-ición → -CIÓN.

icno-. Forma prefija del griego *ichnos*, 'traza': *icnografía*.

-ico. 1 Sufijo átono de adjetivos: *cómico, sulfúrico, práctico;* y de algunos sustantivos, especialmente en la forma femenina: *química, lógica, estilística*.
2 Sufijo tónico de nombres y adjetivos: → -ITO.

icono-. Forma prefija del griego *eikon*, 'imagen': *iconoclasta, iconografía*.

ictio-. Forma prefija del griego *ichthys*, 'pez': *ictiosauro*.

-idad → -DAD.

idéntico. Construcción: *idéntico* A *su hermano.* Cuando equivale a *el mismo* se usa la comparativa *que: «Por los diez capítulos del libro pasan con idéntica lucidez los problemas de un Ejecutivo fuerte* QUE *la necesidad de la planificación en un Estado moderno» (Pueblo,* 8.10.1962, 4). También se puede usar *y: ...*Y *la necesidad de la planificación...*

ideo-. Forma prefija de *idea: ideología*.

ideosincrasia → IDIOSINCRASIA.

-idero → -DERO.

idiosincracia → IDIOSINCRASIA.

idiosincrasia. 'Índole o carácter de una persona o una colectividad'. Son formas erróneas *idiosincracia* (por influjo de *democracia*, etc.) e *ideosincrasia* (por influjo de *idea*).

-ido → -DO, 2.

idolo-, idol-. Formas prefijas del griego *eídolon*, 'imagen': *idolopeya, idolatría*.

idóneo. Construcción: *idóneo* PARA *un empleo; idóneo* PARA *contentarle* (no A *contentarle*).

-idor → -DOR.

-idura → -DURA.

-iedad. Confusión entre las terminaciones *-iedad, -idad:* → -DAD, 2.

-iego. Sufijo de adjetivos que significan pertenencia: *mujeriego, solariego*. Puede tomar la forma *-ego* (cuando sigue a consonante palatal): *manchego*. Puede combinarse con *-ar,* en la forma *-ariego: pinariego;* o con *-erno,* en la forma *-erniego: nocherniego*.

-iendo → -NDO.

-iente → -NTE.

-iento → -ENTO.

-ificar. Sufijo de verbos derivados de nombres y adjetivos: *santificar*.

igni-. Forma prefija del latín *ignis*, 'fuego': *ignívomo*.

ignorar. El significado de este verbo es 'desconocer'. El uso, debido a anglicismo, en el sentido de 'no hacer caso (de alguien igual

o algo)' es impropio, aunque sin duda muy usual: *El gobierno soviético ha ignorado la nota de protesta; Ignoró a su mujer durante toda la reunión.*

igual. 1 Construcción: *igual* A *otro; igual* EN *fuerzas.* Cuando se comparan hechos se dice *igual* QUE: *Trabaja igual que yo.* No es normal *igual* COMO: *«Unos jerséis a rombos negros y marrones, iguales como los de los excursionistas de unos años antes»* (Umbral, *Memorias,* 14); *«Kalick .. espiaba, igual como espía hoy»* (Casas, trad. Böll, *Opiniones,* 185).
  2 *Igual que:* → TAL, 1.

igualar. Construcción: *igualarse* A O CON *otro; igualarse* EN *saber.*

-iguar. Sufijo de verbos derivados de nombres o adjetivos: *santiguar, averiguar, apaciguar.*

-ijo. Sufijo de sustantivos derivados de sustantivos, con significación diminutiva: *clavija, lagartija;* o de sustantivos derivados de verbos, significando acción o efecto: *amasijo;* o lugar: *escondrijo.*

-il. Sufijo de adjetivos, con el significado de pertenencia: *mujeril, cerril.* También es sufijo de sustantivos: *toril, tamboril.*
  En los adjetivos de origen latino que tienen este sufijo, unas veces es tónico: *prensil, sutil, hostil, civil, viril, femenil, textil, fabril, febril, reptil, senil, juvenil, pueril;* pero otras muchas es átono: *táctil, dúctil, retráctil, hábil, dócil, lábil, fácil, útil, frágil, volátil, inconsútil, núbil, móvil, errátil, portátil, contráctil.*

ilación. 'Conexión lógica'. Como procede del latín *illatio,* ha de escribirse sin *h.* No es *hilación,* como se escribe a veces, pensando que existe relación con *hilo: «Esta hilación de sucesos» (País,* 3.2.1980).

íleon. 'Tercera porción del intestino delgado', en los mamíferos. Conviene no confundir este nombre con *ilion,* 'hueso de la cadera' (→ ILION), aunque en el *Diccionario* académico se recoja también *íleon* como variante de *ilion.*

ilíaco. Son igualmente válidas las formas *iliaco,* /-iáko/, e *ilíaco,* /-íako/, si bien la Academia da preferencia a la segunda. Este adjetivo significa 'del hueso ilion o de la cadera'.

impartir

Ilíada. El nombre del poema homérico se cita más frecuentemente como *Ilíada,* con acentuación esdrújula; pero también es válida la forma grave, *Iliada.*

ilion. 1 'Hueso de la cadera'. La acentuación de este nombre es /ílion/, no /ilión/.
  2 Conviene evitar la confusión con *íleon:* → ÍLEON.

-illo → -ITO.

im- → IN-.

imaginar. Sobre la construcción vulgar *imaginó* DE *que aquello podría salir bien,* → DE, 4.

-imbre. Sufijo de sustantivos. Significa resultado de la acción: *urdimbre.*

imbuir. 1 Verbo irregular. Se conjuga como *huir* [48].
  2 Construcción: *imbuir a uno* DE *opiniones erróneas.*

-imiento → -MIENTO.

imitación. Construcción: *imitación* DE *cuero* (no A *cuero).*

-imo. Sufijo átono que forma numerales ordinales y algunos adjetivos superlativos: *décimo, séptimo, vigésimo, óptimo, pésimo, último.*

impaciente. Construcción: *impaciente* POR *terminar* (no DE *terminar).*

impactar. Aunque ya registrado por la Academia, este verbo nuevo, que significa 'causar impacto' (→ IMPACTO), es rechazado por algunos. No hay razón seria para ello. Su formación es análoga a la de *impresionar,* 'causar impresión', y el único motivo real de no aceptación por parte de algunas personas es la novedad de la palabra.

impacto. 'Choque de un proyectil en el blanco' y 'huella o señal que en él deja'. No hay inconveniente en usar este nombre con los sentidos figurados, hoy usuales, de 'impresión' y 'efecto o repercusión': *Las declaraciones del ministro han causado fuerte impacto en la Bolsa.*

impartir. El uso de *impartir* referido a *clase, lección, curso, asignatura, materia, enseñanza* es un neologismo innecesario. *Impartir* siempre se ha dicho referido a

227

bendición: El Papa impartió la bendición «urbi et orbi». Con respecto a *clase, lección*, etc., el verbo adecuado es *dar.*

impasse. 'Asunto sin solución a la vista'. La palabra francesa *impasse* es usada en español como nombre masculino (en francés es femenino) y pronunciada corrientemente /impás/. Su empleo no es muy necesario, pues el español *callejón sin salida* significa lo mismo.

impedido. Construcción: *impedido* DE *un brazo; impedido* PARA *trabajar.*

impedir. Verbo irregular. Se conjuga como *vestir* [62].

impeler. Construcción: *impeler a uno* A *una acción.*

imperativo. 1 Modo verbal que presenta la acción como un mandato: *Ven, Pedro.* Aquí se expresa la voluntad decidida del que habla de que *Pedro* —el que oye— ejecute un acto; es, pues, un mandato, que en ocasiones puede suavizarse hasta convertirse en ruego o súplica: *¡Ten piedad de mí!, ¡Compadeceos, Señor!*

Las únicas formas propias que tiene el imperativo son las de las personas *tú* y *vosotros*. Las de *usted* y *ustedes* se suplen con las del subjuntivo: *venga usted, vengan ustedes*. Lo mismo ocurre en todas las personas cuando el imperativo es negativo: *no vengas, no vengáis, no venga usted, no vengan ustedes.*

El imperativo no tiene más que un tiempo, llamado *presente* por la Academia (*Esbozo* § 2.10.3), pero que podría llamarse futuro. (→ PRESENTE, 3.) Según Bello, existe además un *futuro perfecto* —él lo llama *antefuturo*—, usado solo en la persona *vosotros: En amaneciendo id al mercado, y para cuando yo vuelva, habedme aderezado la comida.* Esta forma, *habedme aderezado*, no la ha visto usada nunca; el mismo Bello dice que es «de ninguno o poquísimo uso». El sentido que se le atribuye se expresa con el imperativo de *tener*, construido con el participio concertado: *Tenme preparado el desayuno; Tenedme preparada la alcoba* (Bello, §§ 681 y 682).

2 *Desinencia -r por -d.* En el habla popular se sustituye generalmente la desinencia *-d*, de la persona *vosotros*, por *-r*, di-

ciendo *venir, callar*, en lugar de *venid, callad: «Seamos, prácticos, digo, "serlo" vosotros... "Ser" prácticos si no queréis que vuestra vida revista los caracteres de una tela de Penélope»* (Galdós, Torquemada, III, 162. La frase está puesta en boca de un hombre inculto). En el siguiente empleo de Lorca es también popularismo: *«Dormir tranquilamente, niños míos .. / Soñar en la verbena y el jardín / de Cartagena, luminoso y fresco» (Mariana,* 33). Más difícil de explicar es que lo encontremos en una circular impresa que firman los maestros del pueblo de La Adrada (Ávila), fechada en septiembre de 1962: *«Queridos compañeros: Perdonar si nos dirigimos a vosotros para pediros dinero .. pero seguir leyendo y ya veréis como el caso es justo.»* También es viciosa la *-r* de los imperativos con pronombre enclítico *callaros, acercaros,* por *callaos, acercaos.*

3 *«No» con imperativo.* Cuando la expresión imperativa es negativa, es preciso usar, como se ha dicho (→ 1) las formas del presente de subjuntivo: *no habléis.* Es incorrecto el uso de la forma de imperativo: *no hablad.* Por popularismo aparece en Lorca: *«No llorad ninguna» (Cante,* 110).

impetrar. Construcción: *impetrar algo* DE *alguien.*

implicar. Construcción: *implicar a alguien* EN *un enredo; implicar una cuestión* EN *otra; una cosa implica la otra.*

imponderable. Usado como nombre, con el sentido de 'factor que no puede calcularse o preverse', es masculino y se usa generalmente en plural: *los imponderables.*

imponer. 1 Verbo irregular. Se conjuga como *poner* [21].
2 Construcción: *imponer su voluntad* EN *la reunión; imponer su gusto* A *los demás; imponerse* A *los revoltosos.*

importar. 1 Construcción: *importar* DE *Francia; importar* A o EN *España.*
2 *No importa qué*, con valor adjetivo, es galicismo innecesario por *cualquier(a): «Trátese de poesía, filosofía, novela, ensayo o no importa qué otro género, siempre estamos leyendo historia»* (Gaya Nuño, Conflicto, 12). Lo mismo hay que decir de *no importa quién*, con valor pronominal,

por *cualquiera: «No importa quién te lo hubiera quitado»* (Gutiérrez, trad. Mauriac, *Nudo,* 41). Y de *no importa qué,* con valor pronominal, por *cualquier cosa: «No había tenido ocasión de hacer otras cosas que le atraían. Una de ellas, ingresar en una universidad y estudiar no importa qué»* (R. Sender, *Destino,* 7.8.1971, 10).

3 *No le importa* DE *reconocerlo; No le importa* DE *que lo vean:* → DE, 4.

imposible. *Imposible,* por *no susceptible:* → SUSCEPTIBLE, 3.

imprimir. Verbo irregular solo en su participio: *impreso.* El participio *imprimido,* aunque válido, es hoy poco usado.

impropio. Construcción: *impropio* DE (o PARA) *su edad.*

impuesto. Construcción: *impuesto* DE *lujo; impuesto* SOBRE *el uso y tenencia de automóviles.*

impulsar. Construcción: *impulsar a uno* AL *crimen; impulsar* A *trabajar.*

in-. Prefijo latino que significa:
1 Lugar en donde: *insistir, implantar.*
2 Negación o privación: *imposible, insociable, incultura.*
Toma la forma *im-* ante *p* o *b: impalpable; i-,* ante *l* o *r: ilegible, irregular.*

-ín. Sufijo de sustantivos y adjetivos; su significación es diminutiva: *llavín, pequeñín;* en algún caso es gentilicio: *mallorquín, menorquín.* Se combina con otros sufijos: *-ete, -ello, -ito, -acho, -ancho, -ario, -ante: cafetín, faldellín, matachín, parlanchín, andarín, labrantín.*

-ina. Sufijo de sustantivos que designan acción violenta: *degollina, regañina;* o sustancia química, sea natural o sintética: *toxina, cafeína, penicilina.*

inaccesible. 1 No deben confundirse *inaccesible* ('que no tiene posible acceso o entrada', o, referido a persona, 'que no es de fácil trato') e *inasequible* ('que no se puede conseguir'). → ACCESIBLE.
2 Construcción: *inaccesible* A *los curiosos.*

inaptitud, inapto → INEPTO.

inasequible → INACCESIBLE, 1.

incapaz. Construcción: *incapaz* DE *cometer un crimen; incapaz* PARA *un cargo.*

incendiar. Se conjuga, en cuanto al acento, como *cambiar* [1 a].

incensar. Verbo irregular. Se conjuga como *cerrar* [6].

incidir. Construcción: *incidir* EN *culpa.*

incierto. Los diccionarios registran tres sentidos para este adjetivo: 'no verdadero', 'no seguro', 'ignorado'. Conviene usarlo con precauciones, pues en algunos casos se puede producir confusión entre las dos acepciones primeras: *«Es incierto que .. se estén produciendo bajas en la Asociación»* (*Abc,* 1.9.1978).

incitar. Construcción: *incitar a uno* A *rebelarse; incitar a uno* CONTRA *otro.*

inclinar. Construcción: *inclinarse* A *la clemencia; inclinarse* HACIA *la derecha; inclinarse* HASTA *el suelo.*

incluir. 1 Verbo irregular. Se conjuga como *huir* [48].
2 Construcción: *incluir* EN *la lista; incluir* ENTRE *los buenos.*
3 *Incluyendo,* por *entre ellos / entre ellas:* → INCLUYENDO.

inclusive. Adverbio que significa 'incluyendo el último o últimos objetos mencionados'. No debe usarse como adjetivo, atribuyéndole variación de número: *Del tres al diez, ambos inclusives;* debe ser *ambos inclusive.*

incluso. Adverbio, 'aun, hasta, también': *Incluso puedes telefonearle.* Puede funcionar como preposición: *Tengo todos los papeles, incluso la carta; «Todo me parecía bien, incluso la persona de doña Javiera»* (Galdós, *Amigo,* 279). En este caso, cuando precede a los pronombres de 1.ª y 2.ª persona de singular, estos no toman las formas *mí, ti,* sino *yo, tú: Habéis aprobado todos, incluso tú.*

incluyendo. Es mala traducción del inglés el uso de *incluyendo* en casos como este: *Resultaron heridas seis personas, incluyendo tres mujeres;* donde en español se ha de decir *entre ellas.* El empleo aquí de *incluyendo* se interpretaría rectamente en nuestro idioma en el sentido de que se trata de seis personas, «si es que dentro de este concepto entran las mujeres».

incompatible. Construcción: *incompatible* CON *otro.*

inconciencia, inconciente, inconcientemente, inconsciencia, inconsciente, inconscientemente → CONCIENCIA.

inconsútil. 'Sin costuras'. Debe evitarse el error, no raro en escritores y periodistas, de atribuir a este adjetivo el sentido de 'sutil'. Casares, *Crítica profana*, 30-31, cita ejemplos de este error en Valle-Inclán, Azorín, Répide, Manuel Abril y Ricardo León.

incordiar. Se conjuga, en cuanto al acento, como *cambiar* [1 a].

incorporar. Construcción: *incorporar una cosa* A (o EN) *otra; incorporarse* A *su destino.*

incrustar. 1 'Embutir'. Es vulgarismo *incustrar.*
2 Construcción: *incrustarse la bala* EN *la pared.*

inculcar. Construcción: *inculcar una idea* EN *el ánimo.*

incurrir. Construcción: *incurrir* EN *falta.*

incustrar → INCRUSTAR.

indemnizar. Construcción: *indemnizar a alguno* DEL *perjuicio.*

independiente. Construcción: *independiente* DE *todos.*

indignar. Construcción: *indignarse* CON o CONTRA *alguno; indignarse* DE o POR *una acción.*

indio → HINDÚ.

indiscreción, indiscreción → DISCRECIÓN.

indispensable. *Ser indispensable:* → SER. 3.

indisponer. 1 Verbo irregular. Se conjuga como *poner* [21].
2 Construcción: *indisponer a uno* CON o CONTRA *otro.*

individuo. Con el sentido de 'hombre', suele tener connotación despectiva. Esta connotación es más acusada en el femenino *individua*, 'mujer'.

indo-. Forma prefija de *indio: indoeuropeo.*

índole. 'Naturaleza o condición'. El género de este nombre es femenino: *la índole.* Es erróneo, pues, atribuirle género

masculino, como hacen algunos escritores y periodistas: *«Dos razones fundamentales: una de índole académico y otra de índole extrauniversitario» (Madrid,* 4.4.1968, 4).

inducir. 1 Verbo irregular. Se conjuga como *conducir* [41].
2 Construcción: *inducir* A *robar; inducir* A (raro, EN) *error.*

indultar. Construcción: *indultar a uno* DE *la pena.*

indulto → AMNISTÍA.

ineptitud → INEPTO.

inepto. El adjetivo contrario de *apto* no es *inapto,* sino *inepto;* y la cualidad correspondiente a este adjetivo no es *inaptitud,* sino *ineptitud.*

inescrutable. 'Que no se puede escrutar o averiguar'. Es errónea la grafía *inexcrutable.*

inexcrutable → INESCRUTABLE.

inextricable. 'Imposible de desenredar'. Es errónea la forma *inextrincable.*

inextrincable → INEXTRICABLE.

infalibilidad. 'Cualidad de infalible'. Evítese la pronunciación descuidada /infabilidád/.

infante. *Infante de marina,* 'soldado de infantería de marina'. No está justificado el uso del término inglés *marine* (que en España se pronuncia según la lectura: /maríne/). Los *marines* de que hablan algunos informadores son la *infantería de marina.*

infantería → INFANTE.

infectar. 'Contaminar con los gérmenes de una enfermedad': *La herida se ha infectado.* Evítese la confusión con el verbo *infestar,* que significa 'invadir' (un lugar) animales, plantas u otros agentes perjudiciales: *La gripe infesta la ciudad; El puerto está infestado de ratas.* Muestras de la confusión: *«Tenía infestada una herida»* (Salvador, *Atracadores,* 21); *«Las parasitosis intestinales son las enfermedades más frecuentes, tanto que en la actualidad se calcula que hay más de 2.000 millones de personas infestadas» (Cambio,* 3.12.1978, 15); *«Las hordas de malhechores que infectan las partidas agresoras» (Ya,* 11.12.1957,1).

inferior → BAJO. 1.

inferir. 1 Verbo irregular. Se conjuga como *sentir* [60].
2 Construcción: *inferir una cosa* DE *otra.*

infernar. Verbo irregular. Se conjuga como *cerrar* [6].

infestar. 1 Construcción: *infestarse* DE *ratas.*
2 Confusión de *infestar* con *infectar:* → INFECTAR.

inficionar. 'Contagiar'. No tiene más que una *c;* no es *inficcionar.*

infiel. Construcción: *ser infiel* A *su mujer* CON *otra.*

ínfimo → BAJO. 2.

infinitivo. El infinitivo simple *(cantar)* y el compuesto *(haber cantado)* son dos formas verbales no personales, caracterizadas por unir a la significación propia del verbo una función sustantiva. Por eso se dice que el infinitivo es el «nombre del verbo». El infinitivo simple tiene sentido imperfectivo, es decir, considera la acción en su transcurso, como no terminada; mientras que el infinitivo compuesto tiene sentido perfectivo, esto es, considera la acción como terminada.
1 *Infinitivo nombre.* En algunos casos el infinitivo se convierte en mero nombre y se comporta sintáctica y aun morfológicamente como tal: *el deber, el cantar, el amanecer* (plurales: *los deberes, los cantares, los amaneceres).* Así, los complementos que se le adjuntan no son los propios de un verbo, sino los de un nombre: *«El dulce lamentar de dos pastores»* (Garcilaso de la Vega); *Este constante interrumpir es insufrible.* El género de los infinitivos sustantivados, como se ve en los ejemplos, es siempre masculino.
2 *Infinitivo, sustantivo verbal.* Pero lo normal es que el infinitivo sea no solo sustantivo, sino sustantivo y verbo a la vez. Su significación es verbal; su función sintáctica es sustantiva; sus complementos son verbales; puede incluso tener sujeto propio, como un verbo en forma personal. En el ejemplo *Al ponerse el Sol, la sombra crece,* el infinitivo *poner* va precedido de artículo y preposición como sustantivo, y

funciona como complemento; pero al mismo tiempo, como verbo, tiene un pronombre enclítico, *se,* y un sujeto, *el Sol.*
El sujeto del infinitivo puede ser el mismo de la oración: *Siempre he pensado volver a España;* o, como se acaba de ver, puede ser otro. Ocurre entonces, o bien que el sujeto del infinitivo aparezca como totalmente independiente del verbo principal (así en el ejemplo citado: *Al ponerse el Sol, la sombra crece);* o que ese sujeto se presente como complemento del verbo principal *(Te veo pasar todos los días);* o que no se mencione el sujeto, unas veces por su carácter general *(Querer es poder),* otras por falta de interés hacia él *(Carlos III mandó construir este edificio).* (Gili Gaya, § 143.)
En el caso de sujeto independiente, este va, prácticamente, siempre detrás del verbo; el ejemplo que cita Gili de sujeto antepuesto —*Por yo no saber nada me sorprendieron*— es raro.
3 *Infinitivo imperativo.* En el lenguaje coloquial se usa a veces el infinitivo con valor de imperativo, tanto para el singular como para el plural. Cuando lleva pronombre enclítico, este es de tercera persona: *«Y... lo que digo... conservarse»* (dirigido a una sola persona); *«Buenas noches... Conservarse»* (a varias personas) (Galdós, *Torquemada,* II, 18 y 94). A veces va precedido de la preposición *a: ¡A callar!*
Sobre las formas *entrar, dormir,* por *entrad, dormid,* → IMPERATIVO. 2.
4 *Infinitivo con preposición.* Con algunas preposiciones, el infinitivo puede tomar sentidos especiales:
a) Al + infinitivo tiene sentido temporal: *Tipos de esos los encuentra usted al volver una esquina.* Uso con valor condicional: → A², 2, 10.º
b) A + infinitivo tiene sentido condicional: *A no ser por el capitán, todos hubiéramos muerto* (→ A². 2, 10.º). Para otros valores de *a* + infinitivo, → A². 2, 5.º; 7 y 8. Sobre el uso con valor imperativo, → 3.
c) De + infinitivo tiene sentido condicional: *De no ser a ese precio, no me conviene el artículo.* Cuando *de* + infinitivo depende de determinados adjetivos *(fácil, difícil, digno, indigno, agradable, desagra-*

231

inflacción   in fraganti

dable...), el infinito tiene sentido pasivo: *fácil de hacer,* 'fácil de ser hecho'.

d) Con + infinitivo tiene sentido concesivo: *Con tener tanto dinero, no impidió don Antonio su humillación* (→ CON, 5).

e) Por + adjetivo, complemento de sustantivo, significa que todavía no se ha realizado la acción que había de llevarse a cabo: *la casa por barrer.*

5 *Infinitivo en perífrasis verbales.* Siguiendo a determinados verbos que funcionan accidentalmente como auxiliares, a los que se une por medio de una preposición o una conjunción, el infinitivo forma perífrasis verbales diversas: *ir a, echar a, pasar a, venir a, volver a, haber de, haber que, tener que, deber de,* etc. + infinitivo (→ DEBER, TENER, IR, etc.).

6 *Infinitivo introductor.* Desde hace unos años —por lo menos desde 1980— usan con alguna frecuencia locutores de radio y televisión, presentadores de actos públicos, más raramente periodistas, e incluso profesores y escritores, el infinitivo del verbo *decir* o de algún sinónimo o semi-sinónimo suyo *(exponer, advertir, señalar, destacar, añadir,* etc.) introduciendo un mensaje en forma de proposición con *que: «Ya en la información internacional, destacar que el Parlamento iraní ha anulado hoy el mandato parlamentario del almirante X»* (Radio Nacional de España, 4.8.1980); *«Añadir, ya para terminar, que el ministro del Interior comparecerá esta tarde ante .. el Senado»* (ibíd., 5.8.1980); *«Finalmente, señalar que, en lo que toca a la cría en granjas y parques estatales, la mayoría de las especies se van desarrollando conforme a los cálculos efectuados» (Ya,* 22.3.1980); *«Por lo que respecta a 'descafilador', solo señalar que es una palabra que no aparece en el 'DRAE'»* (J. A. Moya Corral, *Rev. Esp. Lingüística,* núm. 10, 1980, 192); *«Añadir que se trata de un cuadro pintado en 1970»* (J. G. Soubrier, *Diario 16,* Supl., 18.9.1983, VIII). En la norma tradicional, en lugar de este infinitivo introductor se usa un subjuntivo en plural de modestia *(señalemos, digamos,* etc.), o una construcción *quiero/queremos* + infinitivo, o *he/hemos de* + infinitivo *(queremos advertir, he de destacar,* etc.).

inflacción → INFLACIÓN.

inflación. 'Desequilibrio económico caracterizado por el alza general de precios'. En la terminación de esta palabra hay una sola *c;* es erróneo, pues, escribir *inflacción* y pronunciar /inflakzión/. Esta pronunciación se da con persistencia en los locutores de radio y televisión.

inflamar. Construcción: *inflamar* DE o EN *ira.*

inflexible. Construcción: *inflexible* A *las súplicas.*

infligir, inflingir → INFRINGIR.

influenciar. **1** Se conjuga, en cuanto al acento, como *cambiar* [1 a].
2 Diferencia entre *influenciar* e *influir:* → INFLUIR.

influir. **1** Verbo irregular. Se conjuga como *huir* [48].
2 Construcción: *influir* CON *el jefe* PARA *una cosa; influir* EN o SOBRE *su carácter.* Es anormal *influir* A *alguna cosa («A ello debió influir, seguramente, la Audiencia allí existente»,* Ferrandis, *Cultura,* 558).
3 Diferencia entre *influir* e *influenciar.* Aparte de que, gramaticalmente, el primero es casi siempre intransitivo, rigiendo diversos complementos con preposición (→ 2), y el segundo es siempre transitivo, existe alguna diferencia en cuanto a su empleo. *Influir* versa principalmente sobre cosas o hechos: *La guerra influye mucho en la economía; influenciar* indica principalmente acción o ascendiente que se ejerce sobre personas: *Se le ve influenciado por su maestro.* (Cf. Rosenblat, *Palabras,* III, 267.) Pero también en este sentido se puede usar *influir.*

informar. **1** Construcción: *informar* A *alguien* DE *algo.*
2 En el sentido de 'dar noticias (de algo)', no debe decirse *reportar* por *informar.*

informe → DOSSIER.

infra-. Prefijo latino que significa 'debajo': *infrahumano.*

in fraganti. 'En el mismo momento de estar cometiéndose un delito'. Es deformación de la locución latina *in flagranti;* pero la forma latina pura no se usa nunca, mientras que la deformada es la normal y la que figura en los diccionarios. La variante, más alterada, *en fraganti* no se considera aceptable.

infrigir → INFRINGIR.

infringir. Evítese la confusión entre *infringir* e *infligir*. *Infringir* es 'quebrantar' (una ley, un precepto, una prohibición); *infligir* es 'imponer' (un castigo) o 'causar' (un daño). Se dice, pues: *Ha infringido las disposiciones vigentes; Les infligieron una dura derrota*. Aparte del uso de un verbo por otro, no raro en los medios informativos, se presentan ocasionalmente formas híbridas, como *inflingir, infrigir,* utilizadas para cualquiera de los dos sentidos: *«El Ejército español infrigió dura derrota a los marroquíes»* (J. H. Polo, *Ya,* 2.9.1959, 2); *«Oscuro desquite de todas las injurias que la vida inflinge»* (Goytisolo, *Recuento,* 435). Cf. Cuervo, *Apuntaciones,* § 948; Toro, *Tesoro,* 209.

ínfula. El plural, *ínfulas,* significa 'pretensiones': *Vino aquí con muchas ínfulas de conquistador.* Es error vulgar emplear la palabra *ínsulas* con este sentido.

ingeniar. 1 Se conjuga, en cuanto al acento, como *cambiar* [1 a].
2 Construcción: *ingeniárselas* PARA *ir viviendo.*

ingeniero. El femenino de este nombre es *ingeniera.*

ingerir. 1 Verbo irregular. Se conjuga como *sentir* [60].
2 Construcción: *ingerir alimentos* EN *el estómago.*
3 Debe evitarse la confusión ortográfica entre *ingerir* e *injerir.* El primer verbo significa 'introducir por la boca' (alimento); el segundo significa 'insertar' (una cuestión en otra) o, en construcción pronominal —*injerirse*—, 'entremeterse o inmiscuirse'. El nombre que designa la acción de ingerir es *ingestión:* el que designa la de injerir, *injerencia.*

ingestión → INGERIR, 3.

ingresar. Construcción: *ingresar* EN *la Universidad.* En América, *ingresar* A *la Universidad.*

ingreso. Construcción: *ingreso* EN *la Uni-*

versidad. En América, *ingreso* A *la Universidad.*

inhabilitar. Construcción: *inhabilitar a alguno* PARA *una función.*

inherente. Construcción: *inherente* AL *cargo que desempeña.*

inhibir. Construcción: *inhibirse el juez* DE o EN *el conocimiento de una causa.*

iniciar. 1 Se conjuga, en cuanto al acento, como *cambiar* [1 a].
2 Construcción: *iniciar a alguno* EN *un arte.*

inicuo. El superlativo —de uso exclusivamente literario— del adjetivo *inicuo* es *iniquísimo.*

injerencia → INGERIR, 3.

injerir. 1 Verbo irregular. Se conjuga como *sentir* [60].
2 Construcción: *injerirse* EN *asuntos ajenos.*
3 Diferencia entre *injerir* e *ingerir:* → INGERIR, 3.

injuriar. Se conjuga, en cuanto al acento, como *cambiar* [1 a].

inmediato. Construcción: *inmediato* A *la ciudad.*

inmiscuir. 1 Verbo irregular. Se conjuga como *huir* [48].
2 Construcción: *inmiscuirse* EN *un asunto.*

innovar. A pesar de tener el mismo origen que el verbo irregular *renovar* (→ RENOVAR), el verbo *innovar* es regular en todos sus tiempos. Precisamente la analogía con *renovar* llevó a Goytisolo a escribir *innueva: «Una actitud solidaria en el desdén hacia lo que se innueva»* (*Recuento,* 315).

-ino. Sufijo de sustantivos y adjetivos derivados de sustantivos: *marino, ambarino, bilbaíno.* Su forma de femenino es *-ina.* También puede tener valor diminutivo: *neblina.* Pero, como diminutivo, solo tiene vitalidad regional (Extremadura), como variante de *-ín* (→ -IN). Como sufijo de sustantivos femeninos derivados de verbos, significa acción: *escabechina, degollina, tremolina.*

inocente. Construcción: *inocente* DEL *crimen.*

inquirir. 1 Verbo irregular. Se conjuga como *adquirir* [38].

2 Construcción: *inquirir algo* DE *alguien.*

inscribir. Verbo irregular. Se conjuga como *escribir* [46].

inseparable. Construcción: *inseparable* DE *la honradez.*

insertar. Construcción: *insertar un documento* EN *otro.*

inserto. Esta voz equivale a *insertado,* pero no funciona exactamente igual. *Insertado* se usa como participio en formas compuestas del verbo *insertar: Hemos insertado un anuncio;* o como participio-adjetivo: *El anuncio insertado ayer. Inserto,* en cambio, solo tiene función adjetiva, y es de empleo menos frecuente que *insertado: El anuncio inserto ayer.*

insinuar. 1 Se conjuga, en cuanto al acento, como *actuar* [1 d].

2 Construcción: *insinuarse* A o CON *alguien.*

insistir. Construcción: *insistir* EN o SOBRE *una cosa; insistir* EN *hablar.*

inspiración → VERBA.

inspirar. Construcción: *inspirar una idea* A (raro, EN) *alguno.*

instalar. Construcción: *instalar a uno* EN *su casa.*

instituir. Verbo regular. Se conjuga como *huir* [48].

instruir. 1 Verbo irregular. Se conjuga como *huir* [48].

2 Construcción: *instruir a uno* EN *una materia.*

ínsula → ÍNFULA.

integrar. Construcción: *todos ellos integran un grupo; algunos se integran* EN *un grupo.*

íntegro. El superlativo de este adjetivo es *integérrimo.* En un nivel coloquial se usa también *integrísimo.*

intención → INTENCIONALIDAD.

intencionalidad. 'Condición de intencional o deliberado' (de un acto). Es erróneo el uso de esta palabra como equivalente de

intención: Ignoramos la intencionalidad con que fueron pronunciadas estas frases.

intentar, intento → ENSAYAR.

inter-. Prefijo latino que significa 'entre', 'en medio': *intercambio, internacional.* Para formar nuevos adjetivos, normalmente precede a un adjetivo: *interurbano, internacional, intermitente.*

intercalar. Construcción: *intercalar un chiste* EN *la conversación.* No es normal *intercalar* A.

interceder. Construcción: *interceder* CON o ANTE *alguno; interceder* POR *otro.*

intercepción → INTERCEPTACIÓN.

interceptación. 'Acción de interceptar'. Es preferible este derivado de *interceptar* a *intercepción* (que correspondería más bien a un inexistente *intercebir* o *intercibir;* cf. *concepción,* de *concebir; recepción,* de *recibir*), forma usada por algunos: «*El secretario se negó a decir cuándo se producirá exactamente la primera intercepción de un buque soviético*» (*Ya,* 24.10.1962, 6).

intercesión → INTERSECCIÓN.

interdisplinariedad. El nombre abstracto del adjetivo *interdisciplinario* es *interdisciplinariedad;* no *interdisciplinaridad,* como escriben destacados científicos. (→ -DAD, 2.)

interés. Construcción: *tener interés* EN *una cosa; tener interés* POR *una persona o una cosa; tener interés* EN (o POR) *hacer algo* (no es normal DE: «*Desde que vi la obra en Madrid, tuve interés de presentarla en uno de mis teatros barceloneses*», *Semana,* 6.8.1977, 17)

interesar. Construcción: *interesar a alguien* EN *una empresa; interesarse* POR *otro.* No es normal *interesarse* A *una cosa.*

interfecto. Se usa a menudo *interfecto, interfecta* en la lengua coloquial como nombre masculino y femenino con el sentido de 'individuo'. Conviene no olvidar que el verdadero significado de esta palabra es 'muerto de forma violenta'. Véase este curioso ejemplo, escrito por un médico: «*Puedo citar a aquel paciente mío que escribía o llamaba por teléfono a las señoritas que anunciaban clases de idiomas...*

Al cabo de dos o tres clases, el interfecto se 'declaraba'» (*Sábado*, 13.8.1977, 27).

interferir. 1 Verbo irregular. Se conjuga como *sentir* [60].

2 Construcción: *«interferir la libre determinación»* (Rómulo Gallegos, cit. Rosenblat, *Palabras*, III, 214); *«interferir .. EN su derecho a discrepar»* (J. M. Areilza, *Vanguardia*, 27.2.1972, 13); *«interferirnos EN los asuntos internos de otros partidos»* (*Diario 16*, 26.11.1984, 4). Las tres construcciones —transitiva, intransitiva con *en* y pronominal con *en*— son equivalentes e igualmente admitidas por la Academia.

ínterin. 1 Es palabra esdrújula; es errónea, pues, la pronunciación /interín/. No debe emplearse la forma *ínterim*. Como nombre masculino significa 'intervalo'. Como adverbio —poco usado— significa 'mientras'.

2 Como plural del nombre *ínterin*, la Academia (*Esbozo*, § 2.3.2) propone que se utilice sin variación la misma forma de singular.

interina → ASISTENTA.

interior → DOMÉSTICO.

internar. Construcción: *internarse EN el bosque*.

interpolar. Construcción: *interpolar unas cosas ENTRE otras; interpolar un pasaje EN un texto*.

interponer. 1 Verbo irregular. Se conjuga como *poner* [21].

2 Construcción: *interponer su autoridad CON alguno; interponerse ENTRE los contendientes*.

interrogante. Como nombre, con el sentido de 'pregunta', es masculino: *«El gran interrogante»* (Salinas, *Ensayos*, 31). No obstante, también se acepta el uso como femenino.

intersección. 'Encuentro de dos líneas que se cortan'. Algunos locutores y periodistas confunden esta palabra con *intercesión*, 'acción de interceder o rogar por otro': *«En Madrid hay unos 30 kilómetros de calles donde hay problemas. Más que calles son intercesiones»* (*Ya*, 22.8.1965, 2); *«La peligrosa intercesión de la avenida de Séneca con el Arco de la Victoria»* (*Informaciones*, 6.9.1975, 12).

intervalo. 'Espacio o tiempo intermedio'. Es palabra grave, /interbálo/. Evítese, pues, la pronunciación esdrújula, /intérbalo/, aunque haya sido usada por Bécquer en un célebre poema: *«Veíase a intérvalos / dibujarse rígida / la forma del cuerpo»* (*Rimas*, 450).

intervenir. 1 Verbo irregular. Se conjuga como *venir* [61].

2 Construcción: *intervenir EN el reparto*.

interviú, interviuvador, interviuvar → ENTREVISTA.

intimar → INTIMIDAR.

intimidar. Este verbo, transitivo, significa 'atemorizar'. Algunos periodistas lo confunden con *intimar*, también transitivo, que significa 'exigir': *Le intimidaron a que entregase el dinero* es una frase inaceptable; tendría que ser *Le intimaron que entregase el dinero*.

intra-. Prefijo latino que significa 'dentro de': *intramuros, intramuscular, intravenoso*.

intro-. Prefijo latino que significa 'hacia dentro': *introducción, introspección*.

introducir. 1 Verbo irregular. Se conjuga como *conducir* [41].

2 Construcción: *introducir algo EN agua; introducir a alguien EN la habitación* (en América: A *la habitación*); *introducir POR un agujero; introducir ENTRE las filas*.

introvertido → EXTRAVERTIDO.

intuir. Verbo irregular. Se conjuga como *huir* [48].

inundar. Construcción: *inundar DE o EN sangre*.

inventariar. Se conjuga, en cuanto al acento, como *desviar* [1 c].

invernación → HIBERNACIÓN.

invernar. Este verbo se usa hoy normalmente como regular (cf. Academia, *Esbozo*, § 2.12.3), a pesar de que tradicionalmente se ha usado —y a veces aún aparece— como irregular, conjugado como *cerrar* [6].

inverso. Construcción: *cosa inversa DE otra*.

CONJUGACIÓN DEL VERBO «IR»
(tiempos simples)

INDICATIVO

Pres. voy, vas, va, vamos, vais, van.
Pret. impf. iba, ibas, iba, íbamos, ibais, iban.
Pret. indef. fui, fuiste, fue, fuimos, fuisteis, fueron.
Fut. impf. iré, irás, irá, iremos, iréis, irán.
Pot. simple iría, irías, iría, iríamos, iríais, irían.

SUBJUNTIVO

Pres. vaya, vayas, vaya, vayamos, vayáis, vayan.
Pret. impf. fuera o fuese, fueras o -ses, fuera o -se, fuéramos o -semos, fuerais o -seis, fueran o -sen.
Fut. impf. fuere, fueres, fuere, fuéremos, fuereis, fueren.

IMPERATIVO

ve, vaya, id, vayan.

FORMAS NO PERSONALES

Inf. ir.   *Ger.* yendo.   *Part.* ido.

---

invertir. 1 Verbo irregular. Se conjuga como *sentir* [60].

2 Construcción: *invertir dinero* EN *fincas.*

investir. Verbo irregular. Se conjuga como *vestir* [62].

invitar. Construcción: *invitar* A *entrar; invitar* A *un trago.* En algunos países de América se emplea como transitivo *(invitar un trago;* cf. Kany, 334), al margen del uso general. Esta construcción se da en especial cuando el complemento designa cosa material; compárense estos tres ejemplos de Edwards: *«Meditaba si invitarle otra botella» (Máscaras,* 48); *«Iba a invitarle a un concierto» (ibíd.,* 200); *«Lo invité a beber una botella de vino» (ibíd.,* 48).

-iño. Sufijo gallego equivalente a *-ino.* Con él han pasado algunas palabras a la lengua general: *corpiño, socaliña, cariño.*

-ío. Sufijo de adjetivos intensivos o de pertenencia, derivados de adjetivos o nombres: *bravío, cabrío.* También es sufijo de nombres colectivos o intensivos derivados de nombres o verbos: *mujerío.* Puede com-

binarse en este último caso con *-ero: caserío, mocerío, griterío.*

-ión → -SIÓN y -CIÓN.

-iondo. Sufijo de adjetivos que significa 'en celo': *toriondo, verriondo, butiondo.* Toma la forma *-ondo* en *cachondo.*

ir. 1 Verbo irregular. (Véase cuadro.) Evítese el vulgarismo *ves,* por *ve,* para la persona «tú» del imperativo.

2 Construcción: *ir* DE *un sitio* A *otro; ir* A *pie,* EN *coche,* EN *tren,* EN *avión,* EN *barco,* A *caballo,* EN *burro; ir* POR *carretera,* POR *ferrocarril,* POR *mar; ir un paquete* POR *avión; ir* HASTA *Roma; ir* PARA *viejo; ir* POR *pan* (sobre A POR *pan,* → A², 10); *ir* A *comprar sillas; ir* DE *compras* (no A *compras).*

3 *Ir a* + infinitivo es perífrasis verbal que expresa inminente comienzo de la acción, o hecho futuro, o intención: *El tren va a salir ya; Van a enterarse todos si hablas tan alto; El año que viene voy a comprar estos terrenos.* Es rústica la supresión de la preposición *a (Vamos bailar; Mañana me voy ir pa allá),* frecuente en algunas re-

giones de España y de Hispanoamérica (cf. Kany, 333).

4 *Irse*, forma pronominal *(me voy, me fui, se irá*, etc.) expresa el comienzo de la acción de ir.

5 *Ir y* + verbo es una construcción muy usada en la lengua coloquial de España y América. El verbo *ir*, en ella, está vacío de significado, y su único papel es poner de relieve el verbo que sigue. Normalmente conciertan los dos verbos en persona, número y tiempo: *Fue y se marchó; Va y se enfada; Tú vas y hablas.* Pero en la forma más vulgar no siempre es así: *«Y fue y entráronle unas tercianas a la otra»* (Pereda). Cf. Kany, 198.

La fórmula *va y* + presente, con valor de futuro, es usada en Colombia y en Centroamérica: *No se levante, porque va y se cae.* Es localismo que debe evitarse, empleando en su lugar el futuro o la frase verbal *va a* + infinitivo: *No se levante, porque se caerá* o *porque va a caerse.* Cf. Kany, 198.

6 *Vaya que.* Vulgarismo por *no vaya a ser que* o *no sea que: Voy a guardarlo, vaya que alguno se lo lleve.*

7 *Juan va* EN *Vigo, va* EN *el médico* ('va a Vigo', 'va al médico'), *Juan va viejo* ('va para viejo': *«Ya vamos viejos para ir haciendo cocos»*, Pardo Bazán, *Pazos*, 173), son construcciones peculiares del castellano de Galicia (cf. Rabanal, *Hablas*, 44; García, *Temas*, 123).

8 *Ir* DEL *médico:* → DE, 6.

-ir. Formante de infinitivo verbal. Todos los verbos que tienen este formante pertenecen a la tercera conjugación, cuyo modelo es *sufrir* [3].

irakí → IRAQUÍ.

iraní. **1** Debe distinguirse entre *iraní*, 'del actual estado de Irán', e *iranio*, 'del antiguo Irán'.

2 El plural de *iraní* es *iraníes.*

iranio → IRANÍ.

iraquí. **1** 'Del Irak'. También puede escribirse *irakí*, aunque es más raro. Debe evitarse la forma *iraquita.*

2 El plural de *iraquí* o *irakí* es *iraquíes* o *irakíes.*

iraquita → IRAQUÍ.

irradiar. Se conjuga, en cuanto al acento, como *cambiar* [1 a].

irrogar → ARROGAR.

-is. Sufijo de la lengua popular, de carácter humorístico, que forma sustantivos y adjetivos. Tiene diversas variantes *(-atis, -itis, -olis, -íbilis*, etc.): *extranjis, perdis, locatis, finolis, mieditis.*

-isa. Sufijo de nombres femeninos que indican ocupación o dignidad: *profetisa, papisa, poetisa.*

isagoge. 'Introducción'. Es incorrecta la acentuación esdrújula: *«Iságoge a los Reales Estudios de la Compañía de Jesús»* (Entrambasaguas, Lope de Vega, 156, 215 y 216).

-iscar. Sufijo verbal compuesto de *-isco* + *-ar: corniscar.*

-isco → -SCO.

-ísimo. Sufijo de adjetivos en grado superlativo: *sencillísimo, altísimo, preciosísimo.* Toma la forma *-císimo* cuando le precede *n* o *r: jovencísimo, trabajadorcísimo* (pero *vulgarísimo*). Algunos adjetivos al recibir el sufijo *-ísimo* toman en su radical la forma latina: *fortísimo, novísimo, fidelísimo,* y todos los que en grado positivo terminan en *-ble: amabilísimo, nobilísimo.* En algunos casos coexisten, sin embargo, la forma latinizante y la moderna o popular, que gana terreno: *bonísimo* y *buenísimo, frigidísimo* y *friísimo, certísimo* y *ciertísimo, ternísimo* y *tiernísimo.* → -ÉRRIMO.

Es vulgar en Colombia la deformación de este sufijo en *-isísimo: gordisísimo, feisísimo* (Flórez). En España lo es la síncopa en *-ismo: «A pesar de haber rezado tanto y de haber oído tantismos sermones»* (Galdós, *Fortunata*, II, 265).

-ismo. Sufijo de sustantivos abstractos que significa modo, sistema, doctrina: *platonismo, socialismo, galicismo.*

iso-. Forma prefija del griego *isos*, 'igual': *isotermo.*

isóbara. 'Línea que une los puntos de igual presión atmosférica'. Aunque se oye la pronunciación grave, /isobára/, la Academia da como única válida la esdrújula, /isóbara/.

237

israelí. *Israelí* e *israelita* no son sinónimos perfectos. *Israelita* es 'hebreo'; *israelí*, 'del estado de Israel'.

israelita → ISRAELÍ.

-ista. Sufijo de sustantivos y adjetivos. Significa el que pertenece a un oficio, profesión, escuela, partido: *marmolista, modista, sofista, comunista.* El sufijo vale tanto para el género masculino como para el femenino; es contraria a la norma, por tanto, la forma *-isto* que encontramos en algunas palabras, como *modisto* (en España), *cuentisto, telegrafisto, pianisto* (en América).

istmo. 'Lengua de tierra que une una península y un continente'. Evítense la grafía y la pronunciación *itsmo.*

-istrajo → -AJO.

-ita. Sufijo de adjetivos y nombres gentilicios: *israelita, moscovita, fatimita, saudita.* En los nombres de pueblos árabes se tiende a sustituir hoy esta terminación por la más tradicional *-í: fatimí, saudí, iraquí.* Para *israelita* frente a *israelí,* → ISRAELÍ.

Ítaca. El nombre de la isla de Ulises es palabra esdrújula, /ítaka/; debe evitarse, pues, la acentuación /itáka/. Escribe *Ítaca,* por ejemplo, Reyes, trad. Bowra, *Lit. griega,* 24; *Itaca,* con acentuación llana exigida por el verso, Pérez de Ayala, *Prometeo,* 17.

italo-. Forma prefija del latín *italus,* 'italiano': *italofrancés.*

-itar. Sufijo verbal en que se combinan *-ito* + *-ar: gravitar.*

item. Es innecesario el empleo del inglés *item,* nombre masculino (pronunciación corriente, /ítem/, aunque hay quienes dicen /áitem/, a la inglesa), por *punto* o *apartado.*

-itín → -ÍN.

-itis. Sufijo griego que significa 'inflamación': *cistitis, poliomielitis.* (→ -IS.)

-itivo → -IVO.

-ito. Sufijo de nombres y adjetivos, y a veces de adverbios, que tiene valor afectivo o diminutivo: *Juanito, hijito, lejitos.* En determinados casos toma las formas *-ecito, -ececito: pececito, piececito.* (→ -ECITO y -ECECITO.) El sufijo *-ito* alterna con otros equivalentes, menos generales: *-illo, -ico, -uelo.* La forma *-ico* es hoy exclusivamente regional (Aragón, Navarra, Murcia, Granada; también en Venezuela, pero solo cuando precede un sonido *t: tantico, ratico); -uelo* tiene un uso muy reducido hoy.

-itorio → -TORIO.

itsmo → ISTMO.

-itud. Sufijo de nombres abstractos: *aptitud, esclavitud, infinitud, negritud.* A veces toma la forma *-tud: juventud.*

-ivo. Sufijo de adjetivos derivados de verbos. Toma la forma *-ativo* si proceden de verbos de la primera conjugación, *-itivo* si de verbos de la tercera, o bien otras formas si se aplica a palabras que no son verbos: *depurativo, partitivo, intensivo.*

-izal → -AL.

-izar. Sufijo verbal: *carbonizar, electrizar, colonizar.*

Izmir → ESMIRNA.

-izo. Sufijo de adjetivos derivados de adjetivos, de nombres y de participios; significa tendencia, semejanza, posesión, pertenencia: *enfermizo, calizo, primerizo, cobrizo.* En sustantivos femeninos significa lugar: *caballeriza.* Se combina con otros sufijos: *cabrerizo, porquerizo, advenedizo, albarizo.*

-izuelo → -ZUELO.

j

j. **1** Undécima letra del alfabeto español (décima del universal). Su nombre es *jota* (femenino), plural *jotas.* Corresponde al fonema /j/.

2 El fonema /j/ se realiza elevando el postdorso de la lengua contra el velo del paladar, en un punto más retrasado que el del sonido /k/ y sin llegar a cerrar el paso del aire. Tiene algún parecido con la *h* aspirada de otros idiomas (inglés, alemán), y como esta —con variados matices— la pronuncian los andaluces, extremeños e hispanoamericanos de determinadas zonas. Pero

Articulación del fonema /j/

la /j/ española normal es más áspera, más interior y siempre sorda. Es una consonante *velar fricativa sorda.*

En final de palabra tiende a perderse: *reloj* se pronuncia corrientemente /reló/.

3 Ortografía del fonema /j/. Este fonema se representa gráficamente por la letra *j* cuando va seguido de cualquier vocal o en final de sílaba o de palabra: *caja, joven, juego, ajeno, dijiste, boj.* Puede representarse por la letra *g* cuando la vocal que sigue es *e* o *i: ligero, vigilia;* en estos casos solo el conocimiento de las mismas palabras o de las reglas ortográficas puede decir cuál es la escritura correcta, *g* o *j.* En muy contados nombres propios —y en sus derivados— se conserva a veces para este sonido la grafía anticuada *x: México, Sax, Barrax, Ximénez, Xerez, Xavier.* Cuando no se trata de un uso general (como ocurre con *México,* escrito así en toda América), el empleo actual de esta grafía *x* con valor de /j/ es simple capricho.

Para el empleo adecuado de las dos letras, *j* y *g,* con que se puede representar el fonema /j/, se pueden dar algunas orientaciones:

1.º Se escriben con *j:*

a) Las formas verbales del pretérito fuerte que tienen en la primera persona la terminación /je/: *dije, reduje, traje; dijiste, redujiste,* etc. Lo mismo rige para los tiempos derivados: *condujera, condujese, condujere.*

b) Los verbos cuyo infinitivo termina en /jeár/: *canjear.*

c) Los sustantivos terminados en /aje, eje, uje, jería/: *garaje, esqueje, granjería.* Excepciones: *cónyuge, auge, enálage, hipálage, ambages, compange.*

2.º Se escriben con *g:*

a) Todas las formas de los verbos cuyos infinitivos terminan en los sonidos /jer, jir, ijerar/: *coger, rugir, aligerar.* (Na-

239

turalmente, cuando en estos verbos al sonido /j/ sigue una vocal /a, o/, la grafía ha
de ser *j: cojo, rujan*, etc.) Excepciones:
mejer, tejer, crujir, brujir o *grujir, desquije-
rar*.

b) Las palabras que empiezan por los
sonidos /jeo, leji, jest/: *geografía, legislar,
gesticular*. Excepciones: *lejía, lejitos, lejísimos*.

c) Las palabras terminadas en los sonidos /jio, jia/ átonos; /lojía/; /jeno/ átono
y sus derivados /jéniko -a/, /jénito -a/ y /jé-
nio -a/; /jero -a/ átonos; /jésimo -a/ y su
derivado /jesimál/. Ejemplos: *regio, oxígeno, primigenio, orogénico, unigénito, alígero, trigésimo, sexagesimal*.

jabalí. El nombre de la hembra de este
animal es *jabalina*.

jactarse. Construcción: *jactarse* DE *valiente*.

jardín. *Jardín de infancia*, 'establecimiento destinado al cuidado y educación
de niños pequeños'. Esta denominación es
la traducción española del nombre alemán
Kindergarten.

jarra. El alemán *Bock* corresponde
exactamente al español *jarra* (de cerveza).

Jarretera. Es el nombre español de una
orden inglesa de caballería, cuyo nombre
inglés es *Garter*. *Orden de la Jarretera*
debe decirse, y no *orden de Garter*, como
hacen algunos periodistas: «*La Reina Isabel de Inglaterra designará posiblemente al
Rey don Juan Carlos caballero de la presti-
giosa orden de Garter*» (A. A. Hernández,
Ya, 3.3.1986, 11).

Jartum. La capital del Sudán se llama
en español *Jartum*, no *Khartoum* ni *Khartum* (formas francesa e inglesa), ni *Kartum*
(adaptación española errónea de las dos
anteriores).

jazz → YAZ.

jeep. 'Pequeño vehículo automóvil apto
para todo terreno'. La palabra inglesa *jeep*
(pl. *jeeps*) se usa en español como nombre
masculino y con la pronunciación /yip/. El
nombre *todo-terreno*, que es una buena
traducción propuesta, ha conseguido escaso éxito, y lo corriente sigue siendo *jeep*.
No sería difícil adaptar esta voz a la grafía

española en la forma *yip*, con un plural
yipes.

jefe. El femenino de este nombre es *jefa:*
«*la jefa del Estado*» (*Ya*, 6.9.1974, 9); «*jefa
de Gobierno*» (*País*, 8.10.1983, 52).

jeque. En países musulmanes, 'jefe'. La
forma *jeque* es la españolización, ya muy
antigua, de la palabra árabe original. Es
descabellada la pronunciación /yéke/ que
se ha oído a veces a locutores de Radio
Nacional de España.

jerga → ARGOT.

jerigonza. 'Jerga', o 'lenguaje incom-
prensible'. Debe evitarse la forma vulgar
jeringonza.

jeringonza → JERIGONZA.

jersey. Prenda de punto que abriga la
mitad superior del cuerpo. Su plural es *jerseys* (o, según propone la Academia, en el
Esbozo, § 2.3.3, *jerséis*). Algún periódico,
por su cuenta y al margen de la norma oficial, escribe habitualmente *jersei* (forma
que, por otra parte, es errada desde el
punto de vista de la tilde, ya que la pronunciación exigiría una forma *jerséi*).

jira. 'Merienda campestre'. No debe
confundirse gráficamente con *gira*, 'excursión o viaje por distintos lugares, volviendo a veces al punto de partida' o 'serie de actuaciones de una compañía teatral, una orquesta o un artista en diferentes localidades' (→ GIRA).

jobi → HOBBY.

jockey → YÓQUEY.

jubilar. Construcción: *jubilar a un empleado; jubilar a uno* DE *su puesto; jubi-
larse* DE *su puesto*.

judaizar. Se conjuga, en cuanto al
acento, como *enraizar* [1 f].

judo → YUDO.

juez. El femenino de este nombre es
jueza, aunque el lenguaje administrativo
dice siempre *la juez*.

jugar. **1** Verbo irregular. (Véase cuadro.)

2 Construcción: *jugar* A *los naipes*, AL
ajedrez (→ 3); *jugar* CON *los sentimientos
de otro*.

3 *Jugar a* + nombre de juego, en el

CONJUGACIÓN DEL VERBO «JUGAR»
(tiempos irregulares)

INDICATIVO

Pres. juego, juegas, juega, jugamos, jugáis, juegan.

SUBJUNTIVO

Pres. juegue, juegues, juegue, juguemos, juguéis, jueguen.

IMPERATIVO

juega, juegue, jugad, jueguen.

---

uso normal, antepone el artículo al nombre del juego (→ 2): *jugar a* LAS *cartas.* La omisión de ese artículo es regional: *«Jugaban a prendas»* (Miró, *Cercado*, 116); *«Jugaban a cartas»* (Goytisolo, *Fin*, 65). En América, por otra parte, existe un uso transitivo, también sin artículo: *«Los artilleros .. jugaban ajedrez»* (Neruda, *Confieso*, 360); *«—¿Qué juegan?* —Póquer» (Vargas Llosa, *Ciudad*, 21).
4 *Jugar un papel:* → PAPEL.

júnior. En deportes, este nombre designa una categoría de deportista basada en la edad. Se pronuncia /yúnior/. Su plural es *júniors*; pero sería fácil, y más normal dentro del idioma, hacerlo *juniores,* /yunióres/.

juntar. Construcción: *juntar una cosa* CON O A *otra.*

junto. 1 El uso de *junto,* como adverbio *(Déjalo allí junto),* es propio de la lengua popular.
2 *Junto a,* locución prepositiva, expresa proximidad. Se pronuncia átona. Existe también una forma *junto de,* de uso literario y raro: *«Junto de la fuente clara»* (Machado, *Poesías*, 114).

3 *Junto con,* locución prepositiva, expresa compañía y cooperación: *Julio, junto con otros seis profesores, ha presentado un escrito.* En esta construcción, el verbo debe concertar únicamente —en singular o plural— con el sujeto gramatical —en este caso, *Julio,* singular—.
4 En Colombia hay una confusión vulgar entre *juntos* y *ambos: Se me durmieron juntas manos,* 'se me durmieron las dos manos' (cf. Cuervo, *Apuntaciones*, § 532; Flórez, *Apuntes*, 52).

jurar. Construcción: *jurar* EN *falso; jurar* POR *Dios; jurar* SOBRE *los Evangelios.*

justamente → MISMO, 4.

justificar. Construcción: *justificarse* CON *el jefe; justificarse* DE *alguna acusación.*

justipreciar. Se conjuga, en cuanto al acento, como *cambiar* [1 a].

justo → MISMO, 4.

juzgar. Construcción: *juzgar a alguien* DE *un delito; juzgar un delito; juzgar* EN *una materia; juzgar* POR O SOBRE *apariencias.*

k

k. 1 Duodécima letra del alfabeto español (undécima del universal). Su nombre es *ka,* plural *kas.*
2 Esta letra representa siempre el fonema /k/. Sin embargo, la ortografía española prefiere habitualmente, para este fonema, las grafías *c* y *qu* (→ C, 3, b y 4, b).

kabila → CABILA.

Kampuchea → CAMBOYA.

karate. 'Sistema oriental de lucha sin armas'. Palabra japonesa que en español es nombre masculino. Aunque entre nosotros está bastante difundida la pronunciación esdrújula, /kárate/, es preferible la grave, /karáte/, que es la original.

kart. 'Vehículo muy ligero, de motor, con cuatro ruedas, exclusivamente usado en carreras'. Su plural es *karts.*

Kartum → JARTUM.

Kashmir → CACHEMIRA.

Kenia. El adjetivo correspondiente a *Kenia* es *keniano* o *keniata.*

keniano, keniata → KENIA.

kermés, kermese, kermesse → QUERMÉS.

kerosene, keroseno → QUEROSENO.

Key West → CAYO HUESO.

Khartoum, Khartum → JARTUM.

Kilimanyaro. Nombre del famoso pico situado en Tanzania. Es preferible esta grafía a las habituales *Kilimandjaro* y *Kilimanjaro.*

kilo-. Forma prefija que significa 'mil'. Se pronuncia tónica la /o/ en *kilómetro;* en cambio, es átona, recayendo el acento en la sílaba siguiente, en *kilogramo, kilolitro, kilociclo, kilovatio.* Puede escribirse también *quilo-,* pero es raro.

kilociclo, kilogramo, kilolitro, kilómetro, kilovatio → KILO-.

Kindergarten → JARDÍN.

K. O. → NOQUEAR.

Koblenz → COBLENZA.

Köln → COLONIA.

kummel, kümmel → CÚMEL.

Kuwait. El adjetivo correspondiente a *Kuwait* es *kuwaití.*

kuwaití → KUWAIT.

l

l. 1 Decimotercera letra del alfabeto español (duodécima del universal). Su nombre es *ele,* plural *eles.* Cuando no va duplicada, representa al fonema /l/; cuando va duplicada, corresponde a /ll/ (→ LL).
2 En la realización del fonema /l/, el ápice de la **lengua** se apoya en los alvéolos, y el aire sale **por** los lados de la cavidad bucal. Las cuerdas vocales vibran

Articulación de /l/

durante la articulación. Es una consonante alveolar lateral sonora.

No es normal en español la articulación velar de este sonido, producida por ahuecar o poner cóncavo el dorso de la lengua, como hacen los catalanes, portugueses e ingleses, por influencia de sus idiomas nativos. La /l/ española se articula con el dorso de la lengua plano.

Dos fenómenos del lenguaje rústico y regional afectan a la pronunciación de /l/: uno es el trueque por /r/, pronunciando /kárdo/ por *caldo,* /dúrze/ por *dulce,* /mardíto/ por *maldito;* el otro es la pérdida en final de palabra: /kapitá/ por *capital.*

la¹. 1 Artículo: → EL.
2 Pronombre: → ÉL, 4, 5, 6 y 8.

la². El nombre de la nota musical *la* (masculino) tiene el plural *las.*

labrar. Construcción: *labrar* A *martillo; labrar* DE *piedra el edificio.*

lacto-, lacti-, lac-. Formas prefijas del latín *lac,* 'leche': *lacticinio.*

ladear. Construcción: *ladear una cosa* A O HACIA *una parte.*

lado. *Al lado de:* → ORILLA.

lameli-, lamel-. Formas prefijas del latín *lamella,* 'lámina': *lamelibranquio.*

lamentar. Construcción: *lamentarse* DE O POR *la desgracia.*

lampista, lampistería → FONTANERO.

languidecer. Verbo irregular. Se conjuga como *agradecer* [11].

lanzallamas. El género de este nombre es masculino. Su plural es invariable.

lanzar. Construcción: *lanzar* AL O EN *el mar; lanzarse* SOBRE *la presa; lanzarse* A *la pelea.*

Laoconte. Nombre de un héroe troyano. La transcripción más rigurosa del nombre griego es *Laocoonte;* pero *Laoconte* debe considerarse igualmente válida, y es preferible por más eufónica.

CONJUGACIÓN DEL VERBO «LEER»

(tiempos irregulares)

INDICATIVO

Pret. indef. leí, leíste, leyó, leímos, leísteis, leyeron.

SUBJUNTIVO

Pret. impf. leyera o -se, leyeras o -ses, leyera o -se, leyéramos o -semos, leyerais
o -seis, leyeran o -sen.
Fut. impf. leyere, leyeres, leyere, leyéremos, leyereis, leyeren.

FORMAS NO PERSONALES

Ger. leyendo.

Laos. El adjetivo correspondiente a *Laos* es *laosiano.*

laosiano → LAOS.

laparo-. Forma prefija del griego *lapara,* 'flanco': *laparotomía.*

laringo-, laring-. Formas prefijas del griego *larynx,* 'laringe': *laringoscopio, laringectomía.*

lasitud, laso → LAXO.

lástima. *Dar lástima:* → DAR, 3.

latente. 'Que no se manifiesta en forma externa' (*una enfermedad latente*). En algunos países hispanoamericanos, y en pequeña extensión en España, se emplea impropiamente este adjetivo con el sentido de 'vivaz, vigoroso, intenso', probablemente por confusión con la idea de *latir* 'palpitar'.
En el Ecuador, *latente* se usa con el significado de 'visible'. Aquí la impropiedad está en la confusión con *patente.*

-látero. Forma sufija del latín *latus,* 'lado': *equilátero.*

lati-. Forma prefija del latín *latus,* 'ancho': *latifundio.*

Latinoamérica, latinoamericano → HISPANOAMÉRICA.

lato sensu. Locución latina que significa 'en sentido amplio'. No debe decirse *latu sensu.*

laudes. En liturgia, 'parte del oficio di-vino que se reza después de maitines'. Es nombre femenino, siempre usado en plural. Se pronuncia /láudes/ (no /laúdes/, como algunos locutores de radio creen).

Lausana. El nombre español de la ciudad suiza de *Lausanne* es *Lausana.*

Lausanne → LAUSANA.

lavar. Construcción: *lavar* CON *detergente; lavar la ofensa* CON *sangre.*

laxitud → LAXO.

laxo. No deben confundirse los adjetivos *laxo* y *laso. Laxo* significa 'relajado'; *laso,* 'cansado o flojo'. La misma diferencia hay que considerar en los respectivos derivados, *laxitud* y *lasitud.*

le. Pronombre personal: → ÉL, 4, 5, 6 y 8.

leader → LÍDER.

leer. Verbo irregular. (Véase cuadro.)

Leghorn → LIORNA.

lejano. Construcción: *lejano* DE *nuestro pensamiento* (no *lejano* A: «*Una ordenación .. no lejana al arte peruginesco*», Camón, *Lázaro Galdiano,* 104).

lejos. 1 Construcción: *lejos* DE *la patria; lejos* DE *asustarse, se envalentonó.* El uso normal no admite la construcción *lejos* + posesivo *(lejos suyo)* en lugar de *lejos de* + pronombre personal *(lejos de él, lejos de ella,* etc.).
2 El superlativo del adverbio *lejos* es *lejísimos* (no *lejísimo*), y su aumentativo

—coloquial— es *lejotes* (no *lejotas*: «*Mira aquel barquito que va allá lejotas*», Zunzunegui, *Camino*, 53).

lente es. 1 Según la Academia, este nombre es ambiguo en cuanto al género; pero en el uso normal es masculino cuando, en plural, designa un tipo de anteojos *(los lentes);* es femenino cuando significa 'cristal refringente'.
 2 *Lentes de contacto:* → LENTILLA.

lentilla. 'Lente que se aplica directamente sobre el globo del ojo'. Es adaptación del francés *lentille,* 'lente'; pero el hablante español interpreta la palabra como un diminutivo de *lente.* Desde este punto de vista, el nombre *microlentilla* no es muy recomendable, pues encierra una redundancia. *Lentilla* es palabra usual y aceptable (y ha sido recogida por la Academia). Existe otra denominación válida, más técnica: *lente de contacto* (donde *lente* tiene género femenino; no masculino, como algunos creen).

lepido-. Forma prefija del griego *lepis,* 'escama': *lepidóptero.*

lepto-. Forma prefija del griego *leptos,* 'delgado': *leptomeninges.*

leso. 'Agraviado, lastimado'. Este adjetivo se usa en contadas construcciones: *un delito de lesa humanidad, de lesa majestad,* o *de lesa patria,* significa 'un delito que agravia o daña a la humanidad, o a la majestad, o a la patria'. No tiene sentido el adjetivo *leso* en una frase como esta: «*Dio lugar a que .. se desplomase parte de la fachada de la casa sobre la acera, produciendo la muerte de nueve personas y heridas de lesa gravedad a otras*» (*Informaciones*, 27.6.1974, 7).

letrado. Como nombre, el femenino de *letrado* es *letrada.* No tiene por qué ser *letrado,* como se lee a veces en los periódicos (*«la letrado Francisca Sauquillo»,* M. A. Iglesias, *Triunfo,* 25.5.1974, 19).

leuco-, leuc-. Formas prefijas del griego *leukós,* 'blanco': *leucocito, leucoma.*

levantar. Construcción: *levantar* AL *cielo; levantar* DEL *suelo; levantar* EN *alto; levantar* POR *las nubes; levantar* SOBRE *todos; levantarse* CONTRA *el Gobierno; levantarse* DE *la silla; levantarse* EN *armas.*

levo-. Forma prefija del latín *laevus,* 'izquierdo': *levógiro.*

liar. Se conjuga, en cuanto al acento, como *desviar* [1 c].

Líbano. El nombre español del país del Oriente Medio va acompañado de artículo: *el Líbano.* No debe quitársele, como se ha hecho en estos ejemplos: «*Reagan mantendrá a los 'marines' en Líbano», «la fuerza multinacional de paz destacada en Líbano», «el cuartel general de los marines en Líbano» (País,* 24.10.1983, 1).

libertar. Construcción: *libertar* DEL *peligro.*

libido. 'Impulso sexual'. Es nombre femenino, y su acentuación es grave: *la libido.* Evítese la acentuación esdrújula, debida probablemente a influjo del adjetivo *lívido («Una posibilidad libertadora de la líbido sublimada»,* Castellet, *Marcuse,* 133). Cf. Laín, *Lenguaje,* 30.

librar. 1 Construcción: *librar* CONTRA *un banco; librar a alguno* DE *riesgos; librarse* DE *los enemigos.*
 2 No es castellano, sino catalán (o francés (según los casos) el uso de *librar(se)* por *entregar(se): «El poeta .. librado por entero al genio poético de este hombre»* (R. Saladrigas, *Destino,* 1.9.1973, 30).

libre. 1 Construcción: *libre* DE *sujeción; libre* DE *hacerlo* (no *libre* A *hacerlo*).
 2 El superlativo de este adjetivo es *libérrimo.*

librería. 'Tienda donde se venden libros' y 'mueble para libros'. El sentido de 'biblioteca', aunque registrado por la Academia, está anticuado, y usarlo hoy es impropiedad debida a anglicismo; así, la *Librería del Congreso* (de Washington), de que hablan algunos periodistas, es la *Biblioteca del Congreso.*

licenciar. 1 Se conjuga, en cuanto al acento, como *cambiar* [1 a].
 2 Construcción: *licenciarse* EN *Farmacia.*

licuar. Se conjuga, en cuanto al acento, como *averiguar* [1 b]. Pero junto a la conjugación *licuo* /lí.kuo/ existe una conjugación /li.kú.o/ [1 d] (cf. Casares, *Informe,* § 35*a*). En su *Diccionario* (1984), s.v. *li-*

cuante y *colicuante*, la Academia escribe *li-cua* y *colicua*, es decir, opta por la forma 1 b.

líder. Como adaptación del inglés *leader*, pronunciado corrientemente /líder/, la Academia registra en su *Diccionario* el nombre (que puede ser masculino y femenino) *líder*, ampliamente usado desde hace mucho en la prensa. Su plural es *líderes*. No debe usarse la forma inglesa original, *leader*, ni su plural *leaders*. En realidad, la misma forma española no es muy necesaria, pues son equivalentes suyos *dirigente*, *jefe* y *cabeza* (en una competición deportiva, solamente este último: *El Rayo es el cabeza de su grupo*). *Cabeza*, referido a varón o a cosa personificada de nombre masculino, se usa como masculino. La Academia no solo ha acogido *líder*, sino sus derivados *liderato* y *liderazgo*. Igual que estos, se ha extendido bastante en España y América el verbo *liderar*, 'dirigir o encabezar': «*El macho cabrío .. lidera el descenso con rumbo al hogar*» (Benedetto, *Caballo*, 121).

liderar, liderato, liderazgo → LÍDER.

lidiar. 1 Se conjuga, en cuanto al acento, como *cambiar* [1 a].

2 Construcción: *lidiar* CON o CONTRA *los infieles; lidiar* POR *los ideales*.

lied. 'Canción lírica'. Es palabra alemana —pronunciada /lid/— con que se designa un género musical. Su plural es *lieder*, /líder/. Por error usan algunos esta forma de plural como singular: «*Dos damas .. entonan un 'lieder' de transida tristeza*» (*Informaciones*, 9.9.1972, 23).

Liège → LIEJA.

Lieja. La ciudad belga de *Liège* tiene en español el nombre de *Lieja*.

ligar. Construcción: *ligar una cosa* CON *otra*.

Lila. La ciudad francesa de *Lille* tiene en español el nombre de *Lila*.

Lille → LILA.

limitar. Construcción: *limitar las importaciones; limitar* CON *otro territorio; limitarse* A *copiar*.

limpiar. 1 Se conjuga, en cuanto al acento, como *cambiar* [1 a].

2 Construcción: *limpiar la tierra* DE *broza; limpiar* CON *el pañuelo; limpiar* DE *culpas*.

limpieza. *Limpieza* A *seco*, como se anuncia en algunas tintorerías, no se dice en español; sino *limpieza* EN *seco*.

lindar. Construcción: *lindar una tierra* CON *otra*.

linde. 'Límite'. Aunque la Academia da este nombre como ambiguo en cuanto al género, en el uso actual es generalmente femenino: «*Esta linde sentimental*» (Pérez de Ayala, *Urbano*, 104); «*Derribadas las lindes*» (Alonso, *Noticia*, 11). Un ejemplo masculino: «*Este año, hallándome en los lindes de mis 57*» (Benedetto, *Caballo*, 214).

linfo-, linf-. Formas prefijas del latín *lympha*, 'agua': *linfocito*.

linóleo. 'Cierta tela fuerte e impermeable': «*Fue caminando por la tira de linóleo*» (Onetti, *Astillero*, 10). Es preferible usar la forma *linóleo* (cuyo plural es *linóleos*) a la forma *linóleum* (cuyo plural es *linóleums*). Solo la primera de ellas está registrada por la Academia.

linóleum → LINÓLEO.

Liorna. La ciudad italiana de *Livorno* tiene en español el nombre tradicional de *Liorna*: «*Nacido en Liorna (Toscana) hace cincuenta y ocho años*» (L. Azancot, *Pueblo*, Supl., 31.5.1978, 15). Es preferible ese nombre al italiano, y sobre todo al inglés *Leghorn*, que solo debe usarse cuando se habla de una raza de gallinas.

lipo-, lip-. 1 Formas prefijas del griego *lipos*, 'grasa': *liposoluble*.

2 Formas prefijas del griego *leipo*, 'faltar': *lipotimia*.

lis. 'Lirio' o 'forma heráldica de la flor del lirio'. La Academia da este nombre como femenino, pero añade que modernamente se usa como masculino. En femenino lo usó Machado: «*Para ti la roja flor / que antaño fue blanca lis*» (*Poesías*, 260); en masculino, Larreta: «*El blasón de los cinco lises*» (*Don Ramiro*, 28).

lisiar. Se conjuga, en cuanto al acento, como *cambiar* [1 a].

-lisis, -lisia. Formas sufijas del griego *lysis*, 'disolución': *análisis*.

Lisístrata. Nombre de la protagonista de una famosa comedia de Aristófanes. Es voz esdrújula, /lisístrata/; no llana, /lisistráta/.

lista. *Lista* o *tabla clasificatoria*, o simplemente *lista*, o *tabla*, es la relación de una serie de elementos (personas, entidades, etc.) por orden de mayor a menor categoría o puntuación. No es necesario el uso del inglés *ranking*.

Liszt. El nombre del célebre compositor húngaro se pronuncia /list/, no /lits/, como dicen algunos locutores.

lito-, lit-, -lito. Formas prefijas y sufija del griego *lithos*, 'piedra': *litografía, megalito*.

litografiar. Se conjuga, en cuanto al acento, como *desviar* [1 c].

lívido. Significa 'amoratado'; no, como muchos creen, 'pálido': *«Los tres muchachos, que se quedaron inmóviles y lívidos, fueron los únicos testigos directos del socavón»* (*Ya*, 16.10.1962, 3). La Academia, no obstante, acoge ya este sentido.

living → CUARTO, 1.

Livorno → LIORNA.

ll. **1** Decimocuarta letra del alfabeto español. Su nombre (femenino) es *elle*, plural *elles*. No debe usarse la denominación *ele doble* sino cuando se deletreen palabras de otros idiomas.

No hay, en realidad, fundamento sólido para que esta secuencia de letras sea incluida por la Academia como una letra más en nuestro abecedario: el hecho de que constituya la representación de un fonema unitario, /ll/, no es razón suficiente. Se da aquí el mismo caso que con la letra *ch*. Sobre la conveniencia de abandonar la consideración de los grupos gráficos *ch* y *ll* como letras en español, → CH.

2 Esta letra doble representa el fonema /ll/, que se realiza elevando la lengua hasta ponerla en contacto con el paladar, dejando solo estrechos canales a los lados para la salida del aire. El ápice de la lengua se sitúa detrás de los incisivos inferiores. Durante la articulación vibran las cuerdas vocales.

Articulación del fonema /ll/

La articulación descrita se mantiene viva en amplias regiones de España y de América, y la poseen también —adquirida por la enseñanza— personas cultas de otras regiones. Pero hay asimismo muchas zonas, tanto en España como en el Nuevo Mundo, que igualan la articulación de este fonema a la de /y/: *caballo*, /kabáyo/. Esta igualación, llamada *yeísmo*, se considera hoy también correcta (→ Y [1]).

llamado. *Así llamado*, seguido de predicativo, es traducción literal del inglés *so-called*: *«Los fines atribuidos al así llamado consejo de guerra»* (A. Marquina, *País*, 22.11.1978, 7); *«Los así llamados discursos científicos»* (J. Lozano, *País*, 21.6.1984, 30). La forma española es simplemente *llamado*: «al *llamado* consejo de guerra», «los *llamados* discursos científicos».

llamar. **1** Construcción: *llamar* A *la puerta*; *llamar* A *juicio*; *llamar* A *voces*, CON *la mano*, POR *señas*; *llamar* DE *tú a otro*; *llamar a uno* A *dirigir el colegio*; *llamarse* A *engaño*.

2 Es característico del castellano de Galicia el uso de *llamar*, 'nombrar', como intransitivo, rigiendo complemento indirecto: *«[A la chica] yo siempre le llamé Reina»* (Mayoral, *Muerte*, 15). El uso normal es como transitivo («*la* llamé Reina»).

3 Es también propio del castellano gallego *llaman por ti* en vez de *te llaman* (García, *Temas*, 123).

llegar. Construcción: *llegar* A *casa*; *llegar* DE *Alemania*; *llegar* A *creerlo*.

llenar. Construcción: *llenar el hoyo* CON *tierra*; *llenar el saco* DE *trigo*; *llenar a alguien* DE *improperios*.

llevar. Construcción: *llevar algo* A *casa*;

CONJUGACIÓN DEL VERBO «LLOVER»
(tiempos simples)

MODO INDICATIVO

Pres. llueve
Pret. impf. llovía.
Pret. indef. llovió.
Fut. impf. lloverá.
Pot. simple llovería.

MODO SUBJUNTIVO

Pres. llueva.
Pret. impf. lloviera o lloviese.
Fut. impf. lloviere.

FORMAS NO PERSONALES

Inf. llover.   *Ger.* lloviendo.   *Part.* llovido.

---

llevar un contratiempo CON *paciencia; llevar a uno* A *creerlo; llevarse bien* CON *el vecino.* *Llevar* + gerundio es perífrasis verbal que va acompañada de un complemento de tiempo: *Llevo diez años esperando la ayuda prometida,* 'hace diez años que espero la ayuda prometida'.

llorar. Construcción: *llorar* DE *gozo; llorar* POR *la felicidad ajena.*

llover. 1 Verbo irregular. Se conjuga como *mover* [18]. (Véase cuadro.) En su sentido recto ('caer lluvia') es impersonal: solo se usa en las terceras personas de singular. Pero puede usarse como verbo personal con sujeto interno *(la lluvia llueve)* u otro: *«La Peña Negra, en la que nos llovió la aguanieve que escapaba de Gredos»* (Cela, *Miño,* 7). Esto es más frecuente cuando el verbo toma el sentido metafórico de 'caer en abundancia': *Llueven los premios.*

Otro uso personal es el de la forma pronominal *lloverse,* 'sufrir (un techo, un edificio) la penetración de la lluvia': *Esta casa se llueve* (Academia, *Gramática,* § 283c). El uso no parece muy vivo en España, pero se encuentran ejemplos en América: *«Que se me está lloviendo la casa»* (Donoso, *Domingo,* 34).

2 Construcción: *llover* A *cántaros; llover desgracias* SOBRE *una familia; llover* SOBRE *mojado.*

lo. 1 Artículo neutro: → EL, 8.

2 Pronombre personal masculino: → ÉL, 4, 5, 6 y 8.

3 Pronombre personal neutro: → ELLO, 2 y 3.

lock-out → CIERRE.

loco-. Forma prefija del latín *locus,* 'lugar': *locomotora.*

-logía. Forma sufija del griego *logos;* significa 'tratado', 'ciencia': *teología.*

logo-. Forma prefija del griego *logos,* 'palabra': *logomaquia.*

-logo. Forma sufija del griego *logos;* sirve para sustantivos concretos y significa 'el que cultiva un saber': *teólogo.* Los nombres formados con este componente átono tienen, naturalmente, diferenciación de género en las formas *-o/-a: antropólogo/antropóloga; geólogo/geóloga,* etc. No tienen razón de ser, por tanto, casos como *la antropólogo, la ginecólogo, la arqueólogo, la grafólogo,* etc.

lograr. Construcción: *lograr algo* DE *alguien.*

Loira. El río francés *Loire* tiene en español el nombre de *Loira.*

Loire → LOIRA.

lonche → LUNCH.

longi-. Forma prefija del latín *longus,* 'largo': *longilíneo.*

lord. Título honorífico inglés. El plural que se da a este nombre en español es *lores.*

Lorena. La región francesa de *Lorraine* tiene en español el nombre de *Lorena.*

CONJUGACIÓN DEL VERBO «LUCIR»

(tiempos irregulares)

INDICATIVO

Pres. luzco, luces, luce, lucimos, lucís, lucen.

SUBJUNTIVO

Pres. luzca, luzcas, luzca, luzcamos, luzcáis, luzcan.

IMPERATIVO

luce, luzca, lucid, luzcan.

Lorraine → LORENA.

Lourdes. Como nombre de una ciudad francesa o como nombre de mujer, la pronunciación española de esta palabra es /lúrdes/.

Louvain → LOVAINA.

Lovaina. La ciudad belga de *Louvain* tiene en español el nombre de *Lovaina*.

lubricante, lubricar → LUBRIFICANTE.

lubrificante. Son igualmente válidas las formas *lubrificante* y *lubricante*, adjetivos y nombres masculinos, así como las formas *lubrificar* y *lubricar*, verbos.

lubrificar → LUBRIFICANTE.

luchar. Construcción: *luchar* CON o CONTRA *alguno; luchar* POR *recobrar algo.*

lucir. Verbo irregular. (Véase cuadro.)

lucubración, lucubrar → ELUCUBRACIÓN.

lúe. La Academia define *lúe*, nombre femenino, como 'infección, contagio'; pero en medicina designa especialmente la sífilis. Existe también, aunque no recogida por la Academia, la forma *lúes*.

luego. 1 Adverbio que equivale a *después.* En España es anticuado, hoy regional, el uso en el sentido de 'inmediatamente, al instante' (es normal, en cambio, en varios países americanos). Debe evitarse la redundancia *luego después.*

2 Conjunción que introduce la expresión de la consecuencia lógica: *Pienso, luego existo.* Con esta función, la palabra *luego* es átona.

3 *Luego que*, locución conjuntiva, 'tan pronto como'. Es de uso literario.

lujurioso. 'Lascivo'. Es error, debido a anglicismo, usar este adjetivo con el sentido de 'lujoso o fastuoso' (el valor más habitual del inglés *luxurious*): «*La íntima asociación del culto del Templo con la corte real [de Salomón] y su vida lujuriosa —las vestiduras de los sumos sacerdotes eran justamente una adaptación de las vestiduras reales— nos capacita para entender por qué los sacerdotes .. llegaron a caracterizarse por sus actitudes aristocráticas*» (Chamorro, trad. Ling, *Religiones*, I, 94).

lumen. En física, 'unidad de flujo luminoso'. Es nombre masculino. En plural es *lúmenes* (no *lumen*).

lunch. La palabra inglesa *lunch*, que significa literalmente 'comida', se usa en España como nombre masculino, pronunciado generalmente /lanch/ o /lonch/, y con el sentido de 'refrigerio que se ofrece a los invitados a una ceremonia'. En América, donde se usa con otro sentido, se ha españolizado la palabra en la forma *lonche*, que no es mala solución.

luso-. Forma prefija de *lusitano*, 'portugués': *lusoespañol.*

m

m. Decimoquinta letra del alfabeto español (decimotercera del universal). Su nombre (femenino) es *eme*, plural *emes*. Corresponde al fonema consonante /m/, en cuya realización la disposición de los órganos de articulación es igual que para una /b/ oclusiva; pero la salida del aire, en vez de interrumpirse un instante y reanudarse luego con una leve explosión en los labios, se realiza aquí sin interrupción y por un camino distinto, que es el de las fosas nasales. Esta desviación se debe a la abertura que presenta el velo del paladar al bajarse. Es una consonante bilabial nasal sonora. Gráficamente se representa este sonido por la letra *m;* pero se usa *n* cuando la letra que sigue es *v: tranvía,* /trambía/.

macarra → RUFIÁN.

magazine → REVISTA.

magdalena. 'Cierto bollo'. Tanto en este nombre como en el nombre de persona *Magdalena,* es vulgar la pronunciación /madaléna/, omitiendo el fonema /g/.

Maghreb → MAGREB.

mágico. 'De la magia, de los magos o de las hadas'. No debe usarse *feérico,* mala españolización del francés *féerique: «Bajo sus palabras nació lo feérico, lo fantástico»* (Torre, *Rilke,* 13).

magma. En geología, 'masa de materias en fusión que se solidifican'. Su género es masculino, *el magma* (no femenino: *«La magma de datos y documentos que logré*

recopilar», J. L. Olaizola, *Ya,* 16.11.1983, 33).

magneto. 'Generador de electricidad de alto potencial'. El género de este nombre es masculino o femenino: en España predomina el femenino; en América, el masculino.

magnetofón → MAGNETÓFONO.

magnetófono. 'Aparato grabador y reproductor de cintas magnéticas'. Es preferible, sin duda, la forma *magnetófono* a *magnetofón;* los aparatos relacionados con el sonido se designan en español normalmente por medio de la forma sufija átona *-fono: teléfono, micrófono, megáfono, audífono* o *audiófono.* En todo caso, el nombre más usado en América, *grabadora,* no desconocido en España, elimina toda discusión.

magnífico. El superlativo de este adjetivo es *magnificentísimo,* de uso exclusivamente literario.

Magreb. Parte noroeste de África. Con este nombre se designa habitualmente la región constituida por Marruecos, Argelia y Túnez, y a veces Libia. No debe usarse la grafía *Maghreb.* El adjetivo correspondiente es *magrebí.* Es válido también el nombre tradicional *Mogreb,* hoy poco usado, con su adjetivo *mogrebí.*

magrebí → MAGREB.

maguer. Conjunción 'aunque'. Es voz desusada desde hace varios siglos; pero conviene saber, en la lectura, recitación o transcripción de textos antiguos, que es errónea la forma *magüer* que algunos usan.

magüer → MAGUER.

Maguncia. La ciudad alemana de *Mainz*, que en francés se llama *Mayence*, tiene en español el nombre de *Maguncia*.

mahonesa → MAYONESA.

maillot → CAMISETA.

Main. El río alemán *Main*, conocido principalmente porque pasa por la ciudad de Francfort, tiene un nombre español, *Meno*; pero este nombre está en desuso. Se dice normalmente, pues, *Francfort del Main*. Deben evitarse formas erradas, como *Maine* y *Mein*. (*Maine* es el nombre de un estado norteamericano y de una antigua provincia francesa.)

Maine → MAIN.

Mainz → MAGUNCIA.

mal. 1 Forma apocopada del adjetivo *malo:* → MALO, 1.

2 Puede ser nombre masculino: *No ha sufrido ningún mal.*

3 También puede ser adverbio: 'de mala manera' *(Está mal hecho),* o 'difícilmente' *(Mal puedo saberlo si no lo he visto).* El uso como adverbio de tiempo, 'apenas', está anticuado («*Las flores mal despuntadas / de sus rosados capullos / saldrán la primera vez / a ver el alba en confuso*», Calderón, *Gran teatro,* 74); modernamente, su empleo es portuguesismo, como en este ejemplo: «*El ministro de Asuntos Exteriores portugués .. habla de hospitales [en Guinea Bissau] reducidos a 'depósitos de enfermos' y de la desesperación de algún médico ruso o cubano que mal consigue comunicarse con sus enfermos que .. no conocen siquiera la lengua portuguesa*» (N. Guardiola, *País,* 5.1.1983, 5).

4 El comparativo de este adverbio es *peor: La silla está peor hecha que la mesa.* Por tratarse de un adverbio, no tiene justificación el uso vulgar que le da la forma plural cuando acompaña a un participio en plural *(Las sillas están peores hechas).*

5 El superlativo corriente es *malísimamente;* pero al lado de él existe una forma culta, *pésimamente,* de connotación más enfática.

6 *Mal que,* locución conjuntiva, 'aunque'. Su uso se limita casi exclusivamente a la construcción con el verbo *pesar* en subjuntivo y un complemento indirecto: *mal que pese a algunos; mal que nos pesara; mal que te pese.*

7 *Mal que bien* (más raro, *bien que mal*), locución adverbial, 'bien o mal': «*Reunía lo suficiente para que pudiesen ir tirando mal que bien los individuos de la modesta tribu de los Paradox*» (Baroja, *Aventuras Paradox,* 20). En la Argentina y otros países americanos existe la variante *mal que mal* (Kany, 399).

8 *Mal pensado:* → MALPENSADO.

9 *Mal a gusto:* → GUSTO, 3.

mal-, mala-. Prefijo que añade la significación de 'mal' (adjetivo o adverbio) a nombres, a verbos y a participios: *malhumor, maltraer, malherido, malaventura.*

malaco-. Forma prefija del griego *malakós,* 'blando': *malacopterigio.*

Malaisia. Conviene evitar la confusión entre *Malasia* y *Malaisia.* El primer nombre corresponde a un archipiélago situado entre Asia y Oceanía, que también se llama *Archipiélago Malayo* o *Insulindia.* El segundo designa una federación del sudeste asiático constituida por la antigua Federación Malaya y los Estados de Borneo del Norte y Sarawak. El adjetivo de *Malasia* es *malayo;* el de *Malaisia* es *malaisio.* No deben emplearse para estos últimos términos las grafías *Malaysia* y *malaysio.*

malaisio, Malasia, malayo, Malaysia, malaysio → MALAISIA.

malcriar. Se conjuga, en cuanto al acento, como *desviar* [1 c].

maldecido. *Maldecido* y *maldito. Maldecido* se utiliza como participio en la formación de los tiempos compuestos y de la pasiva de *maldecir: he maldecido, fue maldecido. Maldito* se emplea exclusivamente como adjetivo: *el maldito dinero, maldita sea mi suerte.*

maldecir. 1 Verbo irregular. Se conjuga como *bendecir* [40].

2 Construcción: *maldecir A otro; maldecir DE todo.*

maldito → MALDECIDO.

malentendido. 'Equívoco, mala interpretación o mal entendimiento'. En plural es *malentendidos*. No debe usarse la grafía *mal entendido*, que implicaría un plural (no existente) *malos entendidos*. Aunque *malentendido* es galicismo (francés *malentendu)*, no hay objeción seria para no aceptarlo, y la Academia, en efecto, lo ha recogido.

malherir. Verbo irregular. Se conjuga como *sentir* [60].

Malí. El adjetivo correspondiente a la República del *Malí* es *malí*.

maliciar. Se conjuga, en cuanto al acento, como *cambiar* [1 a].

malo. 1 La forma masculina singular de este adjetivo sufre apócope, convirtiéndose en *mal,* cuando precede inmediatamente al sustantivo a que se refiere: *el mal poema; un mal momento.*
2 El comparativo de *malo* es *peor,* en general; pero la forma perifrástica *más malo* se usa a menudo en la lengua coloquial.
3 El superlativo normal es *malísimo.* La forma latinizante *pésimo* tiene un significado enfático especial.
4 *Mala fe:* → FE.
5 *Malo* (de película): → VILLANO.

malpensado. 'Inclinado a imaginar maldad en los demás'. Puede escribirse también *mal pensado;* pero parece preferible la primera forma.

malquistar. Construcción: *malquistar a uno* CON *otro; malquistarse* CON *otro.*

maltraer. Verbo irregular. Se conjuga como *traer* [32].

Malvinas. Las islas *Falkland* tiene en español el nombre de *Malvinas.*

mamá. El plural de este nombre es *mamás.*

mampara. 'Bastidor que sirve para dividir una habitación o para cerrar una entrada'. Es vulgar la acentuación /mámpara/.

mamut. 'Animal proboscidio prehistórico'. Su plural es *mamutes* (mejor que *mamuts).*

manager. El nombre inglés *manager* (que entre nosotros se pronuncia /má-

nayer/) significa 'gerente', 'administrador', 'apoderado'. En España se emplea habitualmente como 'persona que organiza las actividades y cuida los intereses económicos' (de un deportista, especialmente boxeador, o de un artista). Aunque muy bien podrían utilizarse para este sentido palabras españolas como *administrador* o, mejor, *apoderado* (usual en el mundo taurino), no parece fácil prescindir del ya muy arraigado término *manager,* dentro de los ámbitos señalados. Fuera de ellos, debe traducirse como *gerente.*

manar. Construcción: *manar agua* DE *una fuente.*

manchar. Construcción: *manchar la ropa* CON o DE *tinta.*

manchú. 'De Manchuria'. Su plural es *manchúes.*

-mancia. En todas las palabras formadas con este elemento sufijo (del griego *mantéia,* 'adivinación'), la Academia registra dos formas diferentes en su acentuación: *cartomancia* y *cartomancía* ('adivinación por los naipes'), *nigromancia* y *nigromancía* ('magia negra'), *oniromancia* y *oniromancía* ('adivinación por los sueños'), *quiromancia* y *quiromancía* ('adivinación por las rayas de la mano'), etc. En todos estos casos, la forma preferida en el uso es decididamente la primera.

mancomunar. Construcción: *mancomunarse* CON *otros.*

mandadera → ASISTENTA.

mandar. 1 Construcción: *mandar a uno* A *un recado; mandar a uno* DE *emisario; mandar a uno* POR *pan (sobre* A POR *pan,* → A [2], 10).
2 Evítese la confusión entre *mandar* + infinitivo ('ordenar') y *mandar a* + infinitivo ('enviar').

mandolina → BANDOLINA.

manera. 1 *De manera que,* locución conjuntiva. Con verbo en indicativo, puede expresar consecuencia real, 'de tal manera que': *Lo hizo de manera que todos quedaron contentos;* o consecuencia lógica, 'conque': *¿De manera que te niegas a contestar?* Es hoy vulgar el empleo, en este último sentido, de la forma *por manera que.*

Tampoco es muy apreciado *de manera es que,* ni el redundante *de modo y manera que.*

2 La misma locución conjuntiva, con verbo en subjuntivo, expresa finalidad, 'de manera encaminada a que': *Se situó de manera que no le pudieran ver.* El uso, con el mismo valor, de la construcción —calcada del francés— *de manera a* seguida de infinitivo (*Actúan de manera a hacerse notar;* «*Una estructura desigual de los precios mundiales de los productos, favoreciendo los de los manufacturados sobre los de las materias primas, de manera a sustentar un orden económico mundial radicalmente injusto*», manifiesto socialista, *Informaciones,* 4.3.1978, 6) es extraño al idioma y debe evitarse. En Argentina, *de manera de:* «*Ponete de manera de poder atar bien los dos tablones*» (Cortázar, *Rayuela,* 402). Compárese con *de modo de* y *de modo a* (→ MODO, 2).

manga. *Manga raglán:* → RAGLÁN.

maníaco. Son igualmente válidas las formas *maniaco,* /-iáko/, y *maníaco,* /-íako/, si bien la Academia da preferencia a la segunda.

maniatar. 'Atar las manos (a alguien)'. El complemento directo de este verbo ha de ser 'alguien', no sus 'manos', como muestra este ejemplo: «*Tras la invasión de los tanques soviéticos, Svoboda, pese a mantenerse en el poder, tuvo las manos maniatadas por el nuevo hombre fuerte, Husak*» (*Siglo XX,* XXXII, 94). Se trata de una confusión de *maniatar* con *atar;* confusión puesta frecuentemente de manifiesto en la curiosa construcción *maniatar* (a alguien) *de pies y manos:* «*Los bomberos .. encontraron el cadáver de un hombre estrangulado y con señales de haber permanecido maniatado de pies y manos*» (*Pueblo,* 14.2.1976, 40).

manifestar. Verbo irregular. Se conjuga como *cerrar* [6].

mano. 1 El diminutivo de este nombre femenino es en España *manita;* en América y en el castellano de Galicia (Rabanal, *Hablas,* 43), *manito.*

2 *En manos,* 'en poder', con un complemento de posesión: *Estás en mis manos; El documento está en manos del gobierno.*

No debe confundirse con *a manos,* 'por efecto de la agresión' (de alguien): *Murió a manos de sus enemigos.*

3 *Echar mano* DE una persona o cosa es 'recurrir a ella'. *Echar mano* A algo es 'alcanzarlo, tomarlo con la mano'.

mantener. 1 Verbo irregular. Se conjuga como *tener* [31].

2 Construcción: *mantener la casa* EN *buen estado; mantenerse* CON o DE *hierbas; mantenerse* EN *paz.*

manuscribir. Verbo irregular. Se conjuga como *escribir* [46].

mañana. 1 *De buena mañana* es traducción literal del francés *de bon matin* («*Cogeros a las novelas radiofónicas que da la Radio Nacional por las mañanicas .. Cuando no era una hambrona que se quería beneficiar a un ingenuo pueblerino era una chavala que estaba con ganas de bureo .. Nada: que de buena mañana ya le ponen a uno en forma*», Aristófanes, *Sábado,* 20.8.1975, 55); en español se dice *muy de mañana* o *por la mañana temprano.*

2 *En la mañana,* 'por la mañana': → EN, 3.

3 *Ayer mañana:* → AYER, 1.

maquinar. Construcción: *maquinar algo* CONTRA *alguno.*

mar. El género de este nombre en el uso general es masculino: *El mar Mediterráneo; Se cayó al mar; Prefiero el mar a la montaña; Un mar de sangre.* Pero en el uso de la gente de mar es femenino: *alta mar, hacerse a la mar, mar picada, mar rizada.* También es femenino en el modismo *la mar de,* 'mucho o muchos'.

marathón → MARATÓN.

maratón. 'Carrera pedestre de resistencia'. Aunque se ve con frecuencia usado este nombre como femenino —sin duda por sobrentender «la prueba»—, es preferible emplearlo, según también hacen muchos, como masculino, *el maratón.* Evítese la grafía *marathón.*

maravedí. 'Cierta moneda antigua'. Su plural más frecuente es *maravedís;* son raros *maravedises* y *maravedíes.*

marca. 1 Para traducir al español el término deportivo internacional *record* se ha propuesto, y se usa con frecuencia, *marca* (que la Academia define así: «El mejor resultado técnico homologado en el ejercicio de un deporte»). Menos usado, *plusmarca* (no registrado por la Academia) (→ PLUSMARQUISTA). Las tres formas son aceptables, aunque es preferible *marca.* Solo hay que advertir que, si se adopta la palabra inglesa, debe escribirse con tilde, *récord* (pl. *récords*). Hay un caso en que *récord* es insustituible, y es cuando se usa como adjetivo (invariable): *Lo ha escrito en un tiempo récord.*

2 *Batir el récord* y *establecer la marca* son construcciones equivalentes, ambas usuales y aceptables, aunque, de acuerdo con lo dicho antes, es preferible la segunda. No obstante, en sentido figurado se usa normalmente solo la primera construcción: *Has batido el récord de tontería.*

3 *Sello* (discográfico) por *marca:* → SE-LLO.

marcapaso. 'Aparato para estimular el músculo cardíaco'. También se dice frecuentemente *el marcapasos.*

mare mágnum. 'Multitud confusa de cosas'. Aunque con frecuencia aparece escrito *maremágnum,* la Academia no registra más grafía que *mare mágnum.* Su plural es invariable.

marfileño → COSTA DE MARFIL.

margen. Es nombre ambiguo en cuanto al género: *el margen* o *la margen.* Sin embargo, tiende a diferenciar su género según el significado. Es habitualmente masculino cuando designa el espacio en blanco que se deja alrededor de una página: *Escribió unas palabras al margen.* También en sentido figurado, 'espacio libre': *Hay que darle algún margen para que se desenvuelva.* O 'aspecto lateral, no central' (de una cuestión): *Quiero plantear una pregunta al margen del problema.* Suele ser femenino cuando significa 'orilla de una corriente de agua': *Pasean por las márgenes del río.*

marine → INFANTE.

márketing → MERCADOTECNIA.

Marrakech. Esta es la grafía generalmente usada en España para el nombre de la antigua capital de Marruecos. Menos

frecuentemente, también se usa la forma *Marraquech.* No deben emplearse, en cambio, las formas *Marrakex, Marrakesh.*

Marrakesh, Marrakex, Marraquech → MARRAKECH.

marrón. 'De color castaño'. Este adjetivo es de aplicación general a todo lo que tiene tal color, excepto a ojos y cabello; se prefiere decir *ojos castaños* y *cabello castaño.*

marroquí. El plural de este adjetivo o nombre es *marroquíes* —no *marroquís*—. *Marroquización* (mejor que *marroquinización*) es el nombre que corresponde a la política nacionalizadora de Marruecos.

marroquinización, marroquización → MARROQUÍ.

mas. Conjunción, siempre átona, equivalente a *pero* o a *sino.* Su uso hoy es literario y corresponde casi siempre al primer sentido.

más. 1 En comparaciones de intensidad con *más,* el segundo término de la comparación va introducido por *que: Es más alto* QUE *su hermano.* (Es erróneo el empleo de *a:* «*Alcanzamos otro fin de semana con temperaturas más altas .. * A *las que pueden considerarse normales*», Abc, 8.10.1983, 38. Tampoco es aceptable *como:* «*Pocos sitios más irreales, más fantásticos y sorprendentes hay* COMO *estos desfiladeros del gran río*», Neruda, *Confieso,* 326.) Pero cuando este segundo término es un número o una expresión cuantitativa, va introducido por *de: Había más* DE *cien personas.* En construcciones en que se destaca la cualidad en uno o varios individuos respecto a la de los demás, se usa *de: Es el más alto* DE *todos; Estos dos jugadores son los más duros* DEL *equipo.* Si el segundo término de la comparación se inicia con *lo que,* debe ir precedido por *de: Es más difícil* DE *lo que pensaba.*

2 Es vulgarísimo el uso de *más* ante formas adjetivas o adverbiales que ya son de suyo comparativas, como *mayor, menor, mejor, peor, antes, después.* Tampoco puede usarse ante un adjetivo o adverbio en forma superlativa (*más buenísimo;* «*¡¡¡Chalets!!! El más variadísimo repertorio de fincas de recreo y chalets en Madrid*», Abc, 29.6.1983, 22).

3 Cuando *más* va como adjunto de *nada, nadie, ninguno, nunca*, se enuncia, según la norma peninsular, detrás de estas palabras: *nada más, nadie más*. La anteposición (*más nada, más nadie*; «*El dolor .. de acordarme de las cosas que no veré más nunca*», Uslar Pietri, *Lanzas*, 93) es, en España, uso regional —Galicia, León—; pero es bastante frecuente en América (Kany, 309).

4 *Más* se pronuncia átono (aunque sin dejar de escribirse con tilde) cuando corresponde al signo de la suma (+): *4 + 2* se lee /kuátro masdós/. Del uso matemático ha pasado al general, con el sentido de 'además de': *Por esto,* MÁS *por otras razones que no digo, me retiro* (léase: /masporótras/); «*Que primero serían dos gotas disueltas en el té ..,* MÁS *luego, a las cuatro horas, dos gotas de lo mismo*» (Pombo, *Héroe*, 34) (léase: /masluégo/).

5 El empleo de *más* con el sentido de 'ya' no es normal en español (excepto en algunos países, como los de la región del Plata: «*Yo no los veo más, pero sé que están allí*», Roa, *Hijo*, 19), y generalmente se da en traducciones defectuosas del francés o del italiano: «*Esta negativa responde a costumbres seculares que la gente no entiende más*» (*Abc*, 3.10.1978, traduciendo de un periódico italiano). Debería haberse escrito «que la gente ya no entiende».

6 *De más en más* es mala traducción del francés *de plus en plus* («*Aquellas habitaciones claras se volvían de más en más el recinto de una Musa*», Cortázar, trad. Yourcenar, *Adriano*, 78); en español se dice *cada vez más*.

7 *Más... más...* también es galicismo innecesario (francés *plus... plus...*): «*Más se los miraba, más sentía la necesidad de despertar a Traveler*» (Cortázar, *Rayuela*, 388). La construcción española es *cuanto más... más...* (que aquí usa el propio Cortázar: «*Cuanto más frágil y perecedero el armazón, más libertad para hacerlo y deshacerlo*», ibíd., 487).

8 *A más*, como equivalente de *además*, aunque esté registrado en el *Diccionario* académico, no se usa hoy en la lengua general. Es frecuente, no obstante, en el castellano hablado por catalanes, quienes incluso lo emplean repetido (*a más a más*)

(Esta última forma tampoco es desconocida en el castellano común: «*A más a más, se me ha saltao el botón de la cintura*», Pereda, *Escenas*, 302.) *A más de*, 'además de', sí se usa en la lengua común, pero solo en el nivel literario.

9 *Si más no* es catalanismo que corresponde al castellano normal *por lo menos:* «*Partidos y partiditos clandestinos, con opciones de cárcel o, si más no, de comisaría*» (J. Fuster, *Informaciones*, 12.8.1977, 16).

10 *Estar de más*, 'estar de sobra o sin ocupación', se escribe separando *de* y *más* (no *demás*).

11 *Nada más* + infinitivo: → NADA, 3.

12 *No más:* → NO.

13 *Siempre más:* → SIEMPRE.

masacrar, masacre → MATANZA.

mascar → MASTICAR.

masculinidad. El nombre abstracto que designa la cualidad de masculino es *masculinidad* (no *masculineidad:* «*Esto .. parece indicar ya la existencia de dos sexos, con una masculineidad y una femineidad diferenciadas*», J. Botella, *Abc*, Supl., 4.1.1970, 30). → -DAD, 3.

mass-media → MEDIO, 6.

masticar. *Masticar* y *mascar* significan lo mismo: 'desmenuzar (alimentos) con los dientes'. Se diferencian en el nivel de uso, que es coloquial en el segundo verbo. *Mascarse*, con el sentido de 'sentirse como inminente' *(se masca la tragedia)*, no es intercambiable con *masticarse*.

masto-, mast-. Formas prefijas del griego *mastós*, 'pezón': *mastitis*.

matanza. El nombre francés *massacre*, que es masculino, se usa entre nosotros como femenino, escrito *masacre* y pronunciado /masákre/, con el sentido de 'matanza' o 'carnicería'. En realidad es un préstamo innecesario que debe evitarse, pues las mismas palabras *matanza* y *carnicería* expresan perfectamente el significado con que es usado *masacre*. El verbo *masacrar* equivale a *hacer una matanza* o *una carnicería*, o —usado como transitivo— *asesinar en masa*.

matar. 1 Este verbo es regular; su participio, por tanto, es *matado*. Sin embargo, en la lengua escrita se usa a veces *muerto* en construcciones pasivas: *Tres guerrilleros fueron muertos por los soldados.* Fuera de este caso, el empleo de *muerto* como 'matado' es exclusivamente literario: *«José Marco ha muerto siete perdices»* (Azorín, *Voluntad,* 26).

2 Construcción: *matarse* A *trabajar; matarse* CON *otro; matarse* POR *conseguir una cosa.*

match → ENCUENTRO.

matemático. Como nombre, igual que como adjetivo, el femenino de esta palabra es *matemática.*

matrimoniar. Se conjuga, en cuanto al acento, como *cambiar* [1 a].

maullar. Se conjuga, en cuanto al acento, como *aullar* [1 f].

máximo, máximum → GRANDE, 3.

Mayence → MAGUNCIA.

mayonesa. 'Salsa que se hace batiendo aceite crudo y yema de huevo'. Aunque los puristas sostienen que es preciso decir *mahonesa,* el uso más extendido prefiere la forma con *-y-.* La Academia registra las dos formas, si bien inclinándose a favor de *mahonesa.* La forma *bayonesa* es un vulgarismo.

mayor. 1 Comparativo de *grande:* → GRANDE, 2.

2 *La mayor parte, el mayor sector de (los) españoles:* → MAYORÍA.

3 Sobre la construcción *mayor* A. → GRANDE, 2.

mayoría. Es propio del castellano hablado por catalanes omitir el artículo del complemento que sigue a *la mayoría, la mayor parte, la mayor cantidad, el resto, el x por ciento, la mitad* u otras expresiones semejantes. El uso de los catalanohablantes se ha difundido también entre algunos que no lo son. He aquí una serie de ejemplos: *«Por las grandes autopistas europeas, la inmensa mayoría de automovilistas lo llevan usando hace tiempo»* (J. J. Soler Sans, *Gaceta,* 2.11.1963, 87); *«Expone la historia de su pueblo con una soltura y un soporte técnico muy superior al de la mayoría de libros eruditos y monográficos»* (J. Meliá, *Abc,* 13.4.1978, 37); *«El 68,2 por ciento de pacientes abandonaba el tratamiento»* (*Gaceta,* 30.7.1978, 16); *«La*

mayoría de peruanos oyó hablar de Sendero Luminoso por primera vez en las postrimerías de la dictadura militar» (Vargas Llosa, *Abc,* 4.8.1983, 3); *«La mayoría de 'etarras' acogidos a la reinserción está en el penal alavés» (País,* 5.12.1985, 13); *«En inglés, la mayor parte de substantivos pueden ser igualmente empleados como verbos»* (Montoliu-Casas, trad. Vendryes, *Lenguaje,* 169); *«[El problema] ha sido tratado ligeramente por la mayor parte de especialistas»* (Badía, *Gerundio,* 287); *«Es obvio que el resto de editoriales no iban a dejarse arrebatar su parcela tranquilamente» (País,* 21.6.1984, 33). En todos ellos, el uso normal castellano sería *la mayoría* DE LOS..., *la mayor parte* DE LOS..., *el resto* DE LOS..., *el x por ciento* DE LOS...

mayormente. 'Principalmente'. El empleo de este adverbio suele considerarse vulgarismo.

Mazalquivir. El puerto argelino de *Mers-el-Kebir* tiene en español el nombre de *Mazalquivir.*

me. Pronombre personal: → YO, 4 y 5.

Meca. *La Meca,* nombre de la ciudad santa de los musulmanes, lleva siempre el artículo *La.* No deben usarse las grafías *Mecca* y *Meka.*

mecano-, mecan-. Formas prefijas del latín *mechanicus,* 'mecánico': *mecanografía.*

mecanografiar. Se conjuga, en cuanto al acento, como *desviar* [1 c].

Mecca → MECA.

mecer. Este verbo es regular *(mezo, meza,* etc.), a pesar de que algunas personas, por influjo de otros verbos, como *crecer,* dicen *mezco, mezca;* conjugación que era normal en la época clásica (cf. Academia, *Esbozo,* § 2.12.4) y a la que todavía se atenía Bécquer: *«Yo, en los dorados hilos / que los insectos cuelgan, / me mezco entre los árboles / en la ardorosa siesta» (Rimas,* 408).

medialuna → CRUASÁN.

mediante. 'Por medio de'. Es preposición y se pronuncia átona. No debe usarse la forma *mediante a.*

mediar. 1 Se conjuga, en cuanto al acento, como *cambiar* [1 a].
2 Construcción: *mediar* EN *una cuestión; mediar* ENTRE *los contrarios; mediar* POR *un amigo.*

medical → MÉDICO, 2.

médico. 1 El femenino de este nombre es *médica*. No tiene por qué ser *médico*, ni *mujer médico*.
2 Como adjetivo no debe ser suplantado por el galicismo y anglicismo *medical: «Fajas medicales»*, se lee en un anuncio *(País,* 3.10.1978).

medida. 1 *Estar en medida de*, 'estar en condiciones de', es construcción calcada de la francesa *être en mesure de* (*«Posiblemente estamos en medida de poder ser nosotros quienes otorguemos a este delito de lesa patria su verdadero sentido»*, R. Conte, *País*, 25.11.1978, 9).
2 *Sobre medida*, 'a la medida': → SOBRE.

medio. 1 Esta palabra, además de nombre masculino *(los medios de vida)* y de adjetivo *(medio kilo)*, puede ser adverbio *(medio dormido, medio muertas)*. En este último caso es palabra átona: /mediodormído/. La sustitución de adverbio por adjetivo, *Tu tía está media loca*, se encuentra en el castellano de Galicia (García, *Temas*, 122).
2 *En medio*, locución adverbial, 'en lugar equidistante de los dos extremos' o 'en el centro' (la grafía en una palabra, *enmedio*, aunque defendida por Moliner, no es normal). Generalmente se construye con un complemento con *de: en medio* DEL *camino; en medio* DE *la fiesta*. No son normales *en medio* A, ni *en medio* sin preposición —*en medio a la selva, en medio el mar*—, que son vulgarismos (→ DE, 2), aunque los encontremos en Coronado: *«Yo de entre la tierra obscura / la vi brotar, como pura / memoria de tu pasión, / en medio la desventura / de mi ausente corazón»* (*Poesías*, 185); en Espronceda: *«Isla yo soy de reposo / en medio el mar de la vida»* (*Diablo*, 198); *«Mi pensamiento errante / flota en medio a la turbia tempestad»* (*ibíd.*, 196), y en Storni: *«En medio a la selva / tu dulce voz me llama»* (*Antología*, 25).

3 *Por medio*, o *por el medio*, locución adverbial, 'por el centro'; hoy más frecuentemente *por en medio: Cruzó por en medio de la plaza*. La construcción *por medio de* se reserva principalmente para el sentido 'por intermedio de': *Lo he conseguido por medio de mi cuñado.*
4 *Medio ambiente* es una forma redundante de decir *medio* o *ambiente*. (*Medio*, 'conjunto de circunstancias o condiciones exteriores en que vive alguien o algo'.)
5 La Academia propone *medio*, nombre masculino y femenino, como equivalente de *médium*, 'persona a la que se considera dotada de facilidad para comunicarse por medio de los espíritus'.
6 *Medios de comunicación de masas* es la traducción más exacta del inglés *mass-media*. Conviene no usar este último término (y menos aún haciéndolo femenino singular, *la mass-media*, ignorando que *media* es el plural del latín *medium:* tendría que ser *los mass-media*). Como el nombre español es demasiado largo, suele abreviarse en *medios de comunicación.*

medir. Verbo irregular. Se conjuga como *vestir* [62].

meditar. Construcción: *meditar* SOBRE *un problema.*

médium → MEDIO, 5.

médula. 'Sustancia interior del hueso'. Es muy frecuente el uso de esta voz en sentido figurado. Puede decirse y escribirse *medula*, /medúla/, o *médula*. La Academia, que registra las dos formas, prefiere la primera, que es la etimológica; pero el uso general prefiere la segunda. Puede considerarse casi excepcional el ejemplo de Garciasol: *«Sí: renuncio a vivir como posible / en la grave medula de los huesos»* (*Testimonio*, 166).

mega-, megalo-. Formas prefijas del griego *megas*, 'grande': *megalomanía*. *Mega-* se emplea también con el valor de 'un millón': *megaciclo.*

Mein → MAIN.

Méjico. Este nombre puede escribirse (siempre pronunciado /méjiko/) con *j* o con *x*, así como todos sus derivados: *mejicano, mejicanismo, mejicanista, nuevomejicano. México* es la grafía oficial que los mejicanos han querido dar al nombre de su nación y que, a petición suya, se ha extendido en el uso de todos los demás países hispanoamericanos. Ahora, en España, casi todos los periódicos adoptan la misma grafía. Se trata de un arcaísmo ortográfico semejante al de escribir *Jiménez* en la forma *Ximénez* y *Jerez* en la forma *Xerez*. Lo más recomendable es escribir *Méjico* y extender esta *j* a todos los derivados de ese nombre. La grafía con *x* puede dar lugar, como ocurre con cierta frecuencia, a que locutores ignorantes digan /méksiko/ y /meksikáno/.

mejor. 1 Comparativo de *bueno:* → BUENO, 2.

2 Comparativo de *bien:* → BIEN, 1.

3 *A lo mejor,* locución adverbial, 'quizá'. A diferencia de *quizá* y de *tal vez,* acompaña siempre a verbo en indicativo («*Luego, ya veremos; a lo mejor no salgo más; depende*», Cela, *Alcarria,* 12) y no en subjuntivo, como normalmente lo hacen los otros *(Quizá,* o *tal vez, vaya esta tarde).* Es bastante más usada en la lengua coloquial que sus equivalentes. La variante *a la mejor* es regional.

4 *Mejor* + verbo en indicativo o imperativo *(Mejor voy mañana; Mejor cállate;* «*Mejor sacas de ahí ese cartel, hijito*», Vargas Llosa, *Pantaleón,* 129), en lugar de *es mejor que* + verbo en subjuntivo *(Es mejor que vaya mañana, Es mejor que te calles),* es construcción normal en América (Steel, *Americanismos,* 184), y hoy, en España, bastante popular, aunque no asimilada por el uso culto.

5 Sobre la construcción *mejor* A, → BUENO, 2.

6 Sobre las construcciones *los mejores dotados* (por *los mejor dotados*) y *más mejor* (por *mejor*), → BIEN, 1.

mejora. Diferencia entre *mejora* y *mejoría:* → MEJORÍA.

mejoría. *Mejoría* es, en general, sinónimo de *mejora*; pero *mejoría* es, especialmente, 'alivio de una enfermedad', y *mejora* es 'aumento o progreso'.

mejunje. 'Cosmético o medicamento'. Existen también las formas *menjunje* y *menjurje*, registradas por la Academia, como la primera. Pero es esta la más extendida en el uso general.

Meka → MECA.

melano-, melan-. Formas prefijas del griego *melas*, 'negro': *melanoma*.

meli-. Forma prefija del latín *mel*, 'miel': *melificar*.

melo-. Forma prefija del griego *melos*, 'música': *melomanía*.

Melquiades. El nombre propio de persona *Melquiades* debe pronunciarse /melkíades/, no /melkíades/.

memorando → MEMORÁNDUM.

memorándum. 'Comunicación diplomática'. El plural más frecuente de esta palabra es *memorándums*; pero también puede decirse *memorandos*, correspondiente a un singular *memorando* que la Academia propone al lado del tradicional *memorándum*. La solución más práctica sería adoptar decididamente el singular españolizado, *memorando* (ya usado, p. ej., por García Márquez: «*Encontró un memorando de Leona Cassiani*», *Amor,* 271), con su plural normal.

memorial. El uso de *memorial* por *monumento* no pertenece a la lengua española, sino a la inglesa: «*Homenaje a Kennedy en Inglaterra. Un pedazo de tierra, con un memorial de piedra de siete toneladas, es regalado a Estados Unidos*» (*Pueblo,* 15.5.1965, 6).

mención. Construcción: *hacer mención* DE *un asunto* («*Volveré, pues, hecha mención* DE *tan venturosa particularidad, a mi viaje de antaño*», Gimferrer, *Aleixandre,* 18); no *hacer mención* A, como escriben y dicen muchos periodistas.

menester. 1 *Haber menester* (no *haber* DE *menester:* «*—Flojo consuelo me proporciona usté. —Porque no lo ha de menester*», Pérez de Ayala, *Tigre,* 135), locución verbal transitiva, 'necesitar': *No he menester tu ayuda,* 'no necesito tu ayuda'. Es de uso literario. (El complemento no lleva preposición; no se construye *No he menester* DE *tu ayuda;* «*El siglo XX .. ha venido, sin haber menester de que bajara a la tierra el mismo Apolo, a desmentir con radiante evidencia eso*», Salinas, *Ensayos,* 337.)

2 *Ser menester,* locución verbal intransitiva, 'ser necesario': *Es menester que nos*

ayuden; Es menester vuestra ayuda; Son menester muchas ayudas. Obsérvese que, mientras el verbo *ser* está sometido a sus variaciones normales, la palabra *menester* permanece invariable. Es, como la anterior locución, de uso literario. (Tampoco aquí debe haber ninguna preposición después de la palabra *menester.*)

menguar. Se conjuga, en cuanto al acento, como *averiguar* [1 c].

menjunje, menjurje → MEJUNJE.

Meno → MAIN.

menor. 1 Comparativo de *pequeño:* → PEQUEÑO, 1.
2 Sobre la construcción *menor* A, → PEQUEÑO, 1.

menos. 1 En comparaciones de intensidad con *menos,* el segundo término de la comparación va introducido por *que: Es menos fuerte* QUE *su hermano.* Cuando ese segundo término es un número o una expresión de cantidad, va introducido por *de: Había menos* DE *cien personas.* En construcciones en que se pone en relación la cualidad de uno o varios individuos respecto a la de los demás, se usa *de: Es el menos fuerte* DE *los hermanos.* Si el segundo término de la comparación se inicia con *lo que,* debe ir precedido por *de: Es menos complicado* DE *lo que creíamos.*
2 *Menos* se pronuncia átono cuando corresponde al signo de la operación de restar (−): *Cuatro menos tres (4 − 3)* se lee /kuátro menostrés/. También es átono cuando equivale a *excepto: Han ido todos menos tú,* /menostú/; *«Menos miel, que la compran los acaparadores, tiene de todo»* (Cela, *Alcarria,* 9), /menosmiél/.
3 *A menos que,* seguido de verbo en subjuntivo, equivale a *a no ser que: No saldrá a menos que se le den garantías.* Puede usarse también la construcción *a menos de* + infinitivo: *a menos de obtener garantías.* Pero debe evitarse el cruce *a menos de que,* con subjuntivo (*«A menos de que el señor Suárez se resigne a depender de las minorías nacionalistas .. ese nudo gordiano solo lo podría deshacer la disolución de las Cortes»,* País, 17.12.1978, 10).
4 *Cuanto menos,* por *cuando menos:* → CUANDO, 6.

5 *Por lo menos,* sustituido por *si más no:* → MÁS, 9.

menospreciar. Se conjuga, en cuanto al acento, como *cambiar* [1 a].

menstruar. Se conjuga, en cuanto al acento, como *actuar* [1 d].

-menta. Sufijo de sustantivos; su significado es colectivo: *impedimenta, osamenta.* En algunas palabras toma la forma *-mienta: herramienta.*

mentar. Verbo irregular. Se conjuga como *cerrar* [6]. Es frecuente el uso de las formas sin diptongar (cf. Academia, *Esbozo,* § 2.12.3): *«No la mentes»* (Marsé, *Tardes,* 274); pero sin aceptación en la lengua culta.

-mente. Sufijo de adverbios derivados de adjetivos. Se une a la forma femenina de estos. Significa 'manera': *fácilmente.*

mentir. Verbo irregular. Se conjuga como *sentir* [60].

mentís. 1 El plural de *mentís,* nombre masculino, es invariable: *los mentís* (contra la norma general, que hace de *país,* plural *países,* y de *anís,* plural *anises).*
2 Sobre el uso de *mentís, desmentido* y *desmentida,* → DESMENTIDA.

-mento. Sufijo de sustantivos; significa acción o efecto: *cargamento, impedimento.* (→ -MIENTO.)

menú. 'Lista de platos de una comida o de un restaurante'. Aunque los puristas siguen rechazando el nombre *menú* (que se pronuncia y se escribe en español de manera distinta a la del original francés), y a pesar de que se han propuesto en su lugar *carta* y *minuta,* lo cierto es que la palabra está arraigada en español desde hace casi un siglo, y no vale la pena luchar contra el uso general. En plural es *menús.*

mercadotecnia. En comercio, 'técnica del mercadeo'. Esta es la palabra española, registrada por la Academia, que corresponde al anglicismo *márketing.*

merecedor. Construcción: *merecedor* DE *atención* (no *merecedor* A: *«Las condiciones de decoro y salubridad a que son merecedores»,* Abc, 27.11.1970, 42).

merecer. 1 Verbo irregular. Se conjuga como *agradecer* [11].

2 *Merecer la pena:* → PENA, 1.

merendar. Verbo irregular. Se conjuga como *cerrar* [6].

mero. *Mero* significa, en el uso normal, 'puro, simple y que no tiene mezcla de otra cosa' (Academia). En Méjico se usa esta palabra, como adjetivo, con los significados de 'mismo' (*«¿Quién es el jefe de las tropas acantonadas en este lugar? —¡Yo mero!»*), 'principal o verdadero' (*«Se me olvidaba lo mero güeno»*), 'exacto' (*«a las meras once»*); y, como adverbio, con los sentidos de 'mismo' (*«ya mero»* = ahora mismo), 'casi' (*«Mero me deja el tren»*), 'muy' (*«Este niño es mero vivo»*). Algunos de estos empleos existen en otras regiones: América Central, Colombia, Venezuela y Perú. En el habla rústica de Colombia y Venezuela equivale a 'solo' (adjetivo o adverbio): *«—Pero tendrán otros niños. —Este mero»*. (Kany, 36-39.)

mero-. Forma prefija del griego *meros,* 'parte': *merostoma.*

-mero, -mería. Formas sufijas del griego *meros,* 'parte'; la primera sirve para adjetivos, la segunda para sustantivos abstractos: *isómero, isomería.*

Mers-el-Kebir → MAZALQUIVIR.

mesa. *Mesa camilla,* 'mesa redonda, cubierta con faldas, debajo de la cual hay una tarima para brasero'. También, frecuentemente, solo *camilla.* Es vulgarismo *mesa de camilla.* En plural es *mesas camillas* (no *mesas camilla).*

meso-. Forma prefija del griego *mesos,* 'medio': *mesocracia.*

mester. *Mester de clerecía, mester de juglaría,* 'formas poéticas medievales castellanas'. El nombre *mester* es agudo, /mestér/; evítese la pronunciación errónea /méster/.

-mestral, -mestre. Formas sufijas del sustantivo *mes;* la primera corresponde a adjetivos, la segunda a sustantivos: *trimestral, semestre.*

meta-, met-. Prefijo griego que significa 'más allá', 'después': *metafísica.*

metamorfosis. 'Transformación', especialmente en zoología. Es nombre feme-

nino y su plural es invariable. Es errónea la acentuación /metamórfosis/.

metempsicosis. 'Doctrina de la transmigración de las almas'. La Academia registra, además de esta forma, *metempsícosis.* Esta última es la más frecuentemente usada; pero la primera, aparte de estar de acuerdo con la etimología, está apoyada por el término simple *psicosis,* en el que la acentuación usual coincide con la etimológica.

meteorología. 'Estudio de los fenómenos atmosféricos'. En esta voz y en sus derivadas *meteorólogo* y *meteorológico* se oyen con alguna frecuencia en la lengua vulgar las formas alteradas *metereología, metereólogo* y *metereológico,* que a veces llegan a aparecer impresas.

meteorológico, meteorólogo → METEOROLOGÍA.

meter. Construcción: *meter* EN *la cartera* (en América, *meter* A); *meterse* A *gobernar; meterse* CON *la gente; meterse* EN *los peligros,* EN *el asunto* (en América, *meterse* A); *meterse* ENTRE *mala gente; meterse* POR *medio; meterse* A *fraile* (más frecuente, *meterse fraile).*

metereología, metereológico, metereólogo → METEOROLOGÍA.

metrópoli. 'Ciudad principal' o 'nación, respecto de sus colonias'. Es nombre femenino. La forma *metrópolis* no debe usarse como singular, pues es anticuada.

mexicanismo, mexicanista, mexicano, México → MÉJICO.

mezclar. Construcción: *mezclar una cosa* CON *otra; mezclarse* CON *mala gente; mezclarse* EN *negocios sucios.*

mi[1]. Adjetivo posesivo: → MÍO.

mi[2]. 'Nota musical'. Su plural es *mis.*

mí. Pronombre personal: → YO, 3 y 5.

miasma. 'Efluvio infeccioso'. El género de este nombre es masculino: *los miasmas;* aunque no es raro encontrarlo como femenino: *«Las insalubres miasmas / de dos fétidos tejares / que densa humareda exhalan»* (Balart, *Poesías,* 145); *«Un depósito de desconocidas miasmas»* (Caballero Bonald, *Ágata,* 148).

-miceto. Forma sufija del griego *mykes*, 'hongo': *ascomiceto*.

micro-. Forma prefija del griego *mikros*, 'pequeño': *microorganismo*.

microfilmar, microfilme → FILME.

microlentilla → LENTILLA.

mientras. 1 Como conjunción, es palabra átona: *No puedo oír la radio mientras estudio*, /mientrasestúdio/. También es átona en la locución adverbial *mientras tanto*, /mientrastánto/. Pero es tónica cuando es adverbio equivalente a 'entre tanto': *Ahora vendrá; mientras, puedes ir viendo estas revistas*.

2 *Mientras que* (*mientras* aquí también es átono), 'en tanto que', puede usarse con valor temporal, como el simple *mientras: Mientras que puedas, manténte en tu postura.* Pero en este caso es más frecuente *mientras.* En cambio, es más usual *mientras que* con valor adversativo: *Él trabaja, mientras que ella no hace nada*.

3 Adverbio de cantidad, equivalente a *cuanto.* Se usa en la lengua familiar, más aún en América que en España (Kany, 53), en las construcciones correlativas del tipo *Mientras más trabajas, más te cansas* (= *cuanto más trabajas, más te cansas).*

4 Preposición, cuyo término suele ser el pronombre neutro *tanto*, con el que forma la locución adverbial *mientras tanto;* o a veces un nombre de acción: «*Mientras el combate, el que podía apartaba el becerro*» (Alberti, *Arboleda*, 41).

mil. 1 Como numeral, es siempre tónico en cualquier posición: *mil quinientos*, /míl kiniéntos/; *tres mil*, /tresmíl/.

2 Sobre el empleo de *un* o *una* ante *mil* (p. ej., *treinta y un mil pesetas*), → UNO, 2.

3 Como nombre, tiene género masculino y se usa solamente en plural. Normalmente va seguido de un complemento con *de: Había varios miles de personas.* Es irregular el ejemplo de Espronceda: «*Tú su lodo modelas, y creas / miles seres de formas sin fin*» (*Diablo*, 206).

4 *Mil y una, mil y uno, mil y un:* → UNO, 6.

Milán. La ciudad italiana de *Milano* tiene en español el nombre de *Milán*.

Milano → MILÁN.

mildeu → MILDIU.

mildiu. 'Cierta enfermedad de la vid'. Es nombre masculino y se pronuncia /míldiu/ (no /mildiú/). También puede emplearse, aunque es más rara, la forma *mildeu*, /míldeu/.

mili-. Forma prefija que en el sistema métrico decimal significa 'milésima parte'. Se pronuncia tónica la /i/ segunda en *milímetro;* es átona, en cambio, recayendo el acento en la sílaba siguiente, en *miligramo* y *mililitro*, /miligrámo, mililítro/.

miligramo, mililitro, milímetro → MILI-.

millar. 1 'Cantidad de mil'. Es nombre masculino, generalmente usado con intención meramente aproximativa. Lleva habitualmente un complemento con *de* que expresa aquello que se numera: *Habría un millar de personas*.

2 No debe traducirse como *millar* el francés *milliard*, que significa 'mil millones'.

millón. 1 Cuando el nombre *millón*, o su plural *millones*, va seguido (aunque se interpona un calificativo) de la mención de aquello que se numera, esa mención tiene que ir introducida por la preposición *de: un millón de habitantes; un millón escaso de habitantes; tres millones de nuevas viviendas*.

2 Cuando a *millón* o *millones* siguen uno o más numerales que expresan una cantidad adicional, el nombre del objeto que se numera no va introducido por *de: un millón seiscientas mil pesetas; dos millones trescientas quince pesetas*.

miniar. Se conjuga, en cuanto al acento, como *cambiar* [1 a].

mínimo, mínimum → PEQUEÑO, 2.

ministro. El femenino de este nombre es *ministra*, de la misma manera que el femenino de *maestro* es *maestra*. No son aceptables «*la ministro de Educación de Honduras*» (*Abc*, 28.11.1972, 33); «*la primer ministro israelí*» (Radio Nacional, 23.8.1972); menos aún, «*la señor ministro*» (*Gaceta del Norte*, Supl., 4.8.1974, 12). Si se adopta la forma *ministra*, debe hacerse con todas las consecuencias; no podrá escribirse «*la ex primer ministra*» *(País,* 27.8.1977, 1), sino la *ex primera ministra*.

mio-, mi-. Formas prefijas del griego *mys,* 'músculo': *mialgia*.

mío. 1 Adjetivo posesivo, 'de mí'. Tiene variación de género y número: *mío, mía, míos, mías*. Cuando va delante del nombre, aunque se interponga otro adjetivo, sufre apócope: *mi* (singular, tanto masculino como femenino), *mis* (plural masculino y femenino): *mi amigo; mi casa; mis buenos amigos*. Estas formas apocopadas son siempre átonas: /mikása, misbuénos amígos/. El pronunciarlas tónicas es regionalismo.

2 *Delante mío, detrás mío,* etc.: → DE-LANTE, DETRÁS, etc.

mirar. Construcción: *la casa mira* AL *norte; mirar la ciudad* A *Oriente; mirar* CON *buenos ojos; mirar* DE *reojo; mirar* POR *alguien* O POR *algo; mirar* POR *encima del hombro; mirarse* AL *espejo; mirarse* EN *el agua*.

miria-, mirio-. Formas prefijas del griego *myriás* o *myrioi,* 'diez mil': *miriámetro, miriópodo*.

mísero. El superlativo de este adjetivo es *misérrimo*.

mísil. 'Cabeza o cápsula de un cohete militar o espacial'. Aunque la Academia registra como válidas las dos formas *mísil* y *misil,* es preferible la primera, de acuerdo con el étimo latino, aunque la segunda sea hoy la forma más extendida. En plural es *mísiles* o *misiles*. Debe desecharse la grafía *missiles*.

Misisipí. El nombre español del río norteamericano *Mississippi* es *Misisipí*.

mismamente. 'Cabalmente, precisamente'. Aunque en el *Diccionario* de la Academia figura este adverbio como «familiar», su uso es de nivel vulgar. Adecuadamente lo pone Galdós en boca de un hombre inculto: «*Tráteme la señora mismamente como a un chiquillo*» (*Torquemada,* II, 25).

mismo. 1 Como adjetivo, con variaciones de género y número *(mismo, misma, mismos, mismas),* expresa fundamentalmente identidad: *Los dos cuadros han salido del mismo taller;* o igualdad: *Tiene la misma cara que su padre.* O tiene un valor de mero refuerzo significativo: *Yo mismo lo he averiguado; Me recibió en su misma casa.* En este caso, admite fácilmente sufijación expresiva: *yo mismito, su mismísima casa; «El mismo pobre pueblo, el mismito»* (Unamuno, *Visiones,* 82).

2 El adjetivo puede sustantivarse por la anteposición del artículo *el*. Es de uso frecuente, especialmente en el lenguaje administrativo, para hacer referencia a nombres ya mencionados: *Se prohíbe la entrada en esta oficina a toda persona ajena a la misma*.

3 *Mismo* funciona como adverbio complemento de otro adverbio en construcciones como *aquí mismo, ahora mismo, encima mismo, detrás mismo; «El río Cifuentes nace de debajo mismo de las casas»* (Cela, *Alcarria,* 62). Puede seguir igualmente a un complemento de lugar constituido por nombre propio: *en España mismo («En Francia, en Italia, en España mismo»,* Camba, *Ciudad,* 43); pero en este caso se prefiere el uso del adjetivo concertado: *en España misma* o *en la misma España («De Sevilla misma ..; soy de la misma Sevilla»,* Ayala, *Rapto,* 1231).

4 Fuera de los casos expuestos (→ 3), el uso de *mismo* como adverbio es regional: «*Mismo parecía que estábamos entre caballeros*» (Cela, *Lazarillo,* 49). El uso normal es *justo, justamente, cabalmente*.

5 Construcción: *de la misma manera* QUE *se pensaba; del mismo material* QUE *el otro* (no COMO: «*Ella es de la misma pasta quebradiza como las demás mujeres*», Pérez de Ayala, *Curandero,* 100); *No es lo mismo prometer las cosas* QUE *hacerlas* (no A: «*No era lo mismo verla desde lejos .. a tenerla cogida entre las manos*», Castillo-Puche, *Paralelo,* 450).

miso-, mis-. Formas prefijas del griego *myso,* 'odiar': *misógino, misántropo*.

missile → MÍSIL.

Mississippi → MISISIPÍ.

mistificación, mistificador → MISTIFI-CAR.

mistificar. 'Embaucar' o 'falsear'. La Academia registra dos formas, *mistificar* y *mixtificar,* pero da preferencia a la primera. La misma duplicidad gráfica e igual preferencia se da en los derivados: *mistificación (mixtificación)* y *mistificador (mixtificador)*.

mitad. 1 *En mitad de*, locución prepositiva popular, en la lengua general es *en medio de*.

2 *La mitad de (las) empresas españolas* (omisión del artículo *las*): → MAYORÍA.

mitin. 'Reunión donde se discuten públicamente asuntos políticos o sociales'. Es nombre masculino, adaptación (registrada por la Academia) del inglés *meeting*. Es palabra grave, /mítin/; la acentuación /mitín/ está en desuso. El plural es *mítines*. Deben desecharse las grafías *meeting* y *miting*.

mixo-, mix-. Formas prefijas del griego *myxa*, 'mucosidad': *mixedema*.

mixtificación, mixtificador, mixtificar → MISTIFICAR.

mnemo-. Forma prefija del griego *mneme*, 'memoria': *mnemotecnia* (→ MNEMOTECNIA).

mnemónica → MNEMOTECNIA.

Mnemósine. Nombre de la diosa griega de la memoria. Debe pronunciarse como esdrújulo, no *Mnemosine* (Fernández Galiano).

mnemotecnia. 'Método para aumentar la capacidad de la memoria'. En esta palabra, así como en su sinónima *mnemónica* y su derivada *mnemotécnico*, es normal la pronunciación /nemo-/ omitiendo la /m/ inicial. Se puede escribir también *nemotecnia, nemónica, nemotécnico* (formas que igualmente registra la Academia); pero el uso culto sigue prefiriendo las grafías con *mn-*.

mnemotécnico → MNEMOTECNIA.

moderar. Construcción: *moderarse* EN *las palabras*.

modista. 'Persona que hace vestidos para señoras' o 'creador de moda femenina'. Es nombre masculino y femenino: *el modista* y *la modista*. Existe, bastante arraigada, una falsa forma masculina *modisto*.

modisto → MODISTA.

modo. 1 *De modo que* funciona con los mismos valores que *de manera que* (→ MA-

NERA). No coincide, sin embargo, en cuanto a los usos poco recomendables, excepto *de modo es que*, que corresponde a *de manera es que* (→ MANERA. 1). Evítese también el giro redundante *de modo y manera que* (y, sobre todo, *de modo y manera es que*).

2 *De modo de* (o *de modo a*) + infinitivo es construcción usada por algunos escritores hispanoamericanos en lugar de la general *de modo que* + subjuntivo: *«Limitar la teoría lingüística de modo de excluir la investigación relativa a la gramática universal»* (Contreras, *Gramática*, 9); *«Lo fundamental consistía en conservar la razón de modo a preservar y transmitir el patrimonio de la especie humana»* (Bray, trad. Orwell, *1984*, 35). Compárese *de manera de, de manera a* (→ MANERA. 2).

mofarse. Construcción: *mofarse* DE *alguien*.

Mogreb, mogrebí → MAGREB.

mojar. Construcción: *mojar* EN *caldo*.

moler. Verbo irregular. Se conjuga como *mover* [18].

molestar. Construcción: *molestar* CON *visitas; molestarse* EN *vigilar* (no *molestarse* A).

momento. *Desde el momento que* (o *desde el momento en que*), locución conjuntiva que puede usarse en su sentido literal de tiempo: *Desde el momento que llegó, no le quité ojo;* o con sentido de causa, 'puesto que': *«Vulgar no lo era. No lo era desde el momento en que produjo en mí tan intensa impresión»* (Azorín, *Dicho*, 163).

Mondariz. Nombre de una población de la provincia de Pontevedra. Es palabra aguda, /mondaríz/; es errónea la pronunciación /mondáriz/.

mono-, mon-. Formas prefijas del griego *monos*, 'uno solo': *monoteísmo, monarquía*.

monodia. 'Canto en que interviene una sola voz con acompañamiento musical'. La Academia solo registra la acentuación /monódia/. Hay que advertir, no obstante, que algunos musicólogos usan la forma *monodía* (apoyada por *melodía*).

montar   motor

CONJUGACIÓN DEL VERBO «MORIR»
(tiempos irregulares)

INDICATIVO

Pres. muero, mueres, muere, morimos, morís, mueren.
Pret. indef. morí, moriste, murió, morimos, moristeis, murieron.

SUBJUNTIVO

Pres. muera, mueras, muera, muramos, muráis, mueran.
Pret. impf. muriera o -se, murieras o -ses, muriera o -se, muriéramos o -semos, murierais o -seis, murieran o -sen.
Fut. impf. muriere, murieres, muriere, muriéremos, muriereis, murieren.

IMPERATIVO

muere, muera, morid, mueran.

FORMAS NO PERSONALES

Ger. muriendo.   *Part.* muerto.

---

montar. Construcción: *montar* A *caballo*, EN *burro*, EN *bicicleta*; *montar* EN *cólera*.

montepío. 'Establecimiento de socorros mutuos'. Aunque la Academia recoge también la grafía en dos palabras, *monte pío*, esta no se usa nunca en la actualidad.

morder. Verbo irregular. Se conjuga como *mover* [18].

morfo-, -morfo. Formas prefija y sufija del griego *morphé*, 'forma': *morfología, polimorfo.*

morir. 1 Verbo irregular. (Véase cuadro.)
2 Construcción: *morir* A *manos del contrario; morir* A (o DE) *mano airada; morir* DE *poca edad; morir* DE *la peste; morir* POR *Dios; morirse* DE *frío; morirse* POR *lograr alguna cosa.*
3 *Muerte a N.*, por *muera N.*: → MUERTE.

Mostagán. La ciudad argelina de *Mostaganem* tiene en español el nombre de *Mostagán.*

Mostaganem → MOSTAGÁN.

mostrar. Verbo irregular. Se conjuga como *acordar* [4].

motejar. Construcción: *motejar a uno* DE *ignorante.*

motivado. Por influjo de *atendiendo a*, *debido a* y expresiones semejantes, aparece en el habla popular de algunas regiones de España y América *motivado a*, locución prepositiva que ocupa el lugar de las formas normales *con motivo de*, *por* o *debido a*: «Reniegan de él, motivado a que echó un manifiesto ensalzando el liberalismo» (Galdós, *Bodas*, 1372). Cf. Rosenblat, *Palabras*, III, 192.

motivo. *Con motivo de*, locución prepositiva, 'a causa de'. Evítese el vulgarismo *con motivo a*, que existe en Colombia y Venezuela (Cuervo, *Apuntaciones*, § 446; Rosenblat, *Palabras*, III, 193).

motocarro. 'Pequeña furgoneta de tres ruedas'. El género de este nombre es masculino.

motor. 1 Como adjetivo, con el sentido de 'que produce movimiento', tiene la forma femenina *motriz* (o *motora*). Pero esta forma, naturalmente, es para emplearla con nombre femenino: *fuerza motriz*; no con nombre masculino: «*sistema motriz*» (*Cambio*, 7.11.1977, 46). Otro tanto ocurre con el adjetivo *psicomotor*,

264

CONJUGACIÓN DEL VERBO «MOVER»
(tiempos irregulares)

INDICATIVO

Pres. muevo, mueves, mueve, movemos, movéis, mueven.

SUBJUNTIVO

Pres. mueva, muevas, mueva, movamos, mováis, muevan.

IMPERATIVO

mueve, mueva, moved, muevan.

---

cuya forma *psicomotriz* no debe emplearse con nombres masculinos como *centro, aspecto,* «*el desarrollo psicomotriz del niño*» (*Abc*, 16.9.1980, 32).

2 *Motor fuera borda, fuera bordo,* etc.: → FUERA, 2.

motriz → MOTOR.

mover. 1 Verbo irregular. (Véase cuadro.) 2 Construcción: *mover* A *piedad; mover* DE *una parte* A *otra.*

Mozambique. El adjetivo correspondiente a *Mozambique* es *mozambiqueño.*

mozambiqueño → MOZAMBIQUE.

mucho. 1 Seguido de *más* o de *menos,* y precediendo todo a un nombre, *mucho* funciona como adjetivo, y por tanto tiene concordancia con el nombre: *Muchas más lluvias y tempestades hubo aquel año.*

2 Como adverbio, *mucho* se apocopa en la forma *muy* cuando precede a otro adverbio o a un adjetivo: *muy verde, muy poco, muy dignamente;* o cuando precede a cualquier palabra o grupo que desempeñe función de adjetivo o de adverbio: *Es muy mujercita de su casa; Era muy de noche.* No hay apócope cuando le sigue *mayor, menor, mejor, peor, más, menos, antes, después: Me gusta mucho más; Es mucho menor; Habéis llegado mucho después.* Es vulgarismo, solo aceptado cuando se trata de uso humorístico y expresivo, la anteposición de *muy* a un adjetivo o adverbio en forma superlativa: *Es muy buenísimo; Está muy cerquísima.*

CONJUGACIÓN DEL VERBO «MULLIR»
(tiempos irregulares)

INDICATIVO

Pret. indef. mullí, mulliste, mulló, mullimos, mullisteis, mulleron.

SUBJUNTIVO

Pret. impf. mullera o mullese, mulleras o -ses, mullera o -se, mulléramos o -semos, mullerais o -seis, mulleran o -sen.
Fut. impf. mullere, mulleres, mullere, mulléremos, mullereis, mulleren.

FORMAS NO PERSONALES

Ger. mullendo.

---

mudar **muy**

mudar. Construcción: *mudar alguna cosa* A *otra parte; mudar* DE *intento; mudar el agua* EN *vino; mudarse* DE *ropa; mudarse* DE *casa.*

muerte. *¡Muerte a N.!* («*Fue ahorcado por negarse a gritar 'muerte a Radjavi'*», *Ya*, 15.10.1981, 4) es mala traducción del inglés; en español se dice *¡Muera N.!*

muerto. Como participio de *matar*, → MATAR, 1.

mugre. 'Suciedad'. El género de este nombre es femenino.

mujer. *Mujer de faenas*, o *mujer que hace faenas:* → ASISTENTA.

mullir. Verbo irregular. (Véase cuadro.)

multi-. Forma prefija del latín *multus*, 'mucho': *multinacional.*

München → MÚNICH.

Múnich. La ciudad alemana de *München* tiene en español el nombre de *Múnich*, que se pronuncia corrientemente /múnik/ (aunque también se oye /múnich/). Como es nombre españolizado, debe someterse a las reglas de acentuación española, que determinan que lleve tilde en la primera sílaba. El adjetivo derivado de *Múnich* es *muniqués.*

muniqués → MÚNICH.

murmurar. Construcción: *murmurar* DE *los ausentes.*

mustiarse. Se conjuga, en cuanto al acento, como *cambiar* [1 a].

muy → MUCHO, 2.

266

n

n. Decimosexta letra del alfabeto español (decimocuarta del universal). Su nombre es *ene,* plural *enes.* Corresponde al fonema consonante /n/, en cuya realización la lengua se sitúa en la misma posición que en la articulación de /l/; pero, en lugar de dejar salir el aire por los lados de la boca, entre la lengua y los molares, la lengua se apoya en estos, cerrando toda salida por la boca; entonces el aire escapa, por la abertura que le deja el velo del paladar, a las fosas nasales y de ahí al exterior. Es una consonante alveolar nasal sonora.

En algunas regiones, cuando este fonema va en final de palabra *(tirón)* o de sílaba *(entero),* se articula no apoyando la lengua en los alvéolos, sino en el velo del paladar (articulación velar).

nacer. 1 Verbo irregular. Se conjuga como *agradecer* [11].

2 Construcción: *nacer* DE *buena familia; nacer* EN *Burgos.*

nacional → DOMÉSTICO.

nada. 1 Como pronombre, aunque las gramáticas lo llaman «neutro», funciona como masculino, ya que los adjetivos que conciertan con él han de ir en la forma masculina: *Nada es nuevo.*

2 Como nombre, su género es femenino: *la nada.*

3 *Nada más* + infinitivo es una construcción de sentido temporal ('inmediatamente después de' + infinitivo): *«Se reúnen todas las tardes, nada más comer, en una lechería»* (Cela, *Colmena,* 139).

4 *Más nada,* por *nada más:* → MÁS, 3.

5 Construcción: *no tengo nada* DE *dinero; no saben nada* DE *ella.* Cuando *nada* es adverbio ('de ninguna manera'), no debe haber ninguna preposición entre él y el término modificado: *No me llevo nada bien con él.* Es propio de la lengua popular introducir *de:* «*Yo no me llevo nadita* DE *bien con el Fausto*» (Donoso, *Domingo,* 48).

nadar. Construcción: *nadar* EN *el río; nadar* EN *la abundancia; nadar* ENTRE *dos aguas; nadar* CONTRA *corriente.*

nadie. *Más nadie,* por *nadie más:* → MÁS, 3.

nailon. 'Material sintético con el que se fabrican fibras y tejidos'. El nombre registrado inglés *Nylon* suele ser escrito por los españoles en su forma original, *nylon,* y pronunciado /náilon/. Teniendo en cuenta esta realidad fonética, la Academia incluye en su *Diccionario* la palabra como *nailon.* Como también existe —con menor difusión— una pronunciación /nilón/, la Academia ha recogido asimismo la forma *nilón,* si bien dando preferencia a la primera.

Namibia. El adjetivo correspondiente a *Namibia* es *namibio,* aunque también se ve usado *namibiano.*

namibiano, namibio → NAMIBIA.

naturaleza. *Por naturaleza,* equivalente a *de por sí:* → SÍ², 2.

267

navegar. Construcción: *navegar* A o PARA *América; navegar* EN *un vapor; navegar* CON *viento fresco; navegar* DE *bolina; navegar* CONTRA *corriente.*

-ndo. 1 Formante de gerundio. Toma la forma *-ando* en los verbos de la conjugación *-ar (bajando,* de *bajar); -iendo,* en los de las conjugaciones *-er, -ir (sabiendo,* de *saber; subiendo,* de *subir).*
2 Con variación de género *(-ndo/-nda),* es sufijo de adjetivos —que a menudo se sustantivan— derivados de verbos. Significa 'que va a ser o merece ser objeto de la acción del verbo': *graduando, examinando, confirmando, venerando, dividendo, sustraendo.* También está, sin ese significado, en otros nombres derivados de verbos: *hacienda, molienda.*
3 En la lengua popular hay nombres derivados con el sufijo *-anda,* ajenos a los significados anteriores: *escurribanda, zurribanda.*

neblumo → NIEBLA.

necesario. *Ser necesario:* → SER, 3.

necesitar. Construcción: *necesitar* DE *ayuda.* Es más frecuente el uso transitivo, sin preposición.

necro-. Forma prefija del griego *nekros,* 'muerto': *necrología.*

nefel-, nefelo-, nefo-. Formas prefijas del griego *nephele, nephos,* 'nube': *nefelómetro.*

nefro-, nefr-. Formas prefijas del griego *nephrós,* 'riñón': *nefrología.*

negar. 1 Verbo irregular. Se conjuga como *cerrar* [6].
2 Construcción: *negarse* AL *trato; negarse* A *venir.* Sobre la construcción vulgar *negó* DE *que eso fuese así,* → DE, 3.

negociar. 1 Se conjuga, en cuanto al acento, como *cambiar* [1 a].
2 Construcción: *negociar un tratado; negociar* CON *papel; negociar* EN *granos; negociar* CON *el gobierno.*

negro. 1 El superlativo de este adjetivo es *negrísimo.* En un nivel culto se puede usar la forma latinizante *nigérrimo:* «*Las nigérrimas tintas con que describen la España ante sus ojos existente*» (Laín, *Menéndez Pelayo,* 21).
2 *Café negro:* → CAFÉ.

neis, néisico → GNEIS.

nemato-, nemat-, nema-. Formas prefijas del griego *nema,* 'hilo': *nematelminto.*

nemónica, nemotecnia, nemotécnico → MNEMOTECNIA.

neo-. Prefijo griego que significa 'nuevo': *neologismo.*

neocelandés → NUEVA ZELANDA.

neoyorkino → NUEVA YORK.

neozelandés → NUEVA ZELANDA.

nerviosidad → NERVIOSISMO.

nerviosismo. 'Estado de excitación nerviosa'. Existe también *nerviosidad.* Una y otra palabra están registradas por la Academia; en cambio, no recoge *nervosismo,* forma que también se emplea y que no es censurable. De todos modos, la preferida en el uso normal es *nerviosismo.*

nervosismo → NERVIOSISMO.

neumato-, neumat-. Formas prefijas del griego *pneuma,* 'aliento, aire': *neumatología.*

neumo-. Forma prefija del griego *pneumon,* 'pulmón': *neumostoma.*

neuro-, neur-. Forma prefija del griego *neuron,* 'nervio': *neurología.*

neurósico → NEURÓTICO.

neurótico. El adjetivo derivado de *neurosis* es *neurótico,* mejor que *neurósico* (Laín, *Lenguaje,* 32).

nevar. Verbo irregular. Se conjuga como *cerrar* [6]. Como es impersonal, solo se usa en las terceras personas de singular.

Newfoundland → TERRANOVA.

New York → NUEVA YORK.

ni. *Ni que sea,* 'ni siquiera': → SER, 12.

Niasalandia. Al nombre inglés de *Nyassaland* —hoy *Malawi*— corresponde el español de *Niasalandia.*

niebla. *Niebla tóxica* es la traducción más aceptada para la palabra inglesa *smog,* 'niebla que lleva en suspensión partículas tóxicas', palabra que está formada por contracción de *smoke,* 'humo', y *fog,* 'niebla'. El novelista J. Goytisolo utiliza una acertada traducción literal de *smog* en la palabra *neblumo,* perfectamente válida, aunque todavía sin difusión. También parece útil *brumo*, usado en Chile.

Nigeria. El adjetivo correspondiente a *Nigeria* es *nigeriano.*

nigeriano → NIGERIA.

nigromancia → -MANCIA.

nilón → NAILON.

nimio. El sentido primero y etimológico de *nimio* es 'excesivo'; pero el uso corriente, llevado de la analogía fonética con *mínimo*, le atribuye el sentido, casi opuesto, de 'pequeño o minúsculo': «*Si encendiéramos una lucecita nimia y tímida que no llegara a los ojos de Rocamadour*» (Cortázar, *Rayuela*, 293). La Academia da por buenos los dos significados.

ningún → NINGUNO.

ninguno. **1** Como adjetivo, sufre apócope cuando precede a un nombre masculino singular, aunque entre este y el adjetivo se interponga otro adjetivo: *ningún placer, ningún otro placer.* No suele aceptarse esta forma apocopada ante nombres femeninos que comiencen por /a/ tónica: *ningún aula, ningún arma;* habría de decirse *ninguna.* Cf. ALGUNO.

2 El plural *ningunos, ningunas,* se usa muy poco, generalmente con «pluralia tantum» o con plurales expresivos (cf. Fernández Ramírez, § 194): «*Gracias a Dios no somos ningunos animales*» (Benavente); «*No tenía ningunas ganas de entrar*» (Noel Clarasó); *No encontró ningunas tijeras.*

3 Cuando esta palabra, sea adjetivo o pronombre, va detrás del verbo de la oración, es necesario anteponer a este otra palabra negativa, generalmente el adverbio *no: No ha venido ninguno; No he visto a ninguno; Nada he recibido de ninguno.* El adverbio negativo puede ir implícito en interrogaciones retóricas: *¿Hice daño a ninguno de vosotros?* Si *ninguno* va delante del verbo, no se pone con él ese segundo elemento negativo: *Ninguno me ha dicho lo que pasaba.*

4 Cuando *ninguno* lleva un complemento *nosotros, vosotros,* la concordancia vacila entre el completado y el complemento: *Ninguno de nosotros lo sabe* (o *lo sabemos*); *Ninguna de vosotras, mujeres españolas, habéis olvidado* (o *ha olvidado*). Si ese complemento va implícito, es nece-

saria la concordancia con este: «*Ninguno comprendíamos el secreto nocturno de las pizarras*» (Alberti, *Cal*, 110); «*Ninguno estamos solos*» (Hierro, *Poesía*, 55); «*No llorad ninguna*» (Lorca, *Cante*, 110).

nivel. **1** *Nivel,* en el sentido de 'categoría', es a veces indebidamente suplantado por el inglés *standing:* → STANDING.

2 *A nivel de* es locución prepositiva que significa propiamente 'a la altura de', pero que se usa más en sentido figurado (en su sentido propio se dice principalmente *al nivel de*). Entre los sentidos figurados con que hoy más se abusa de esta locución, están 'en o con el grado de', 'entre', 'en el ámbito de', 'desde el punto de vista de', 'en el aspecto de': «*Ha abordado [la película] el tema de la integración racial a nivel de historia sentimental*» (*Mundo*, 8.3.1969, 10); «*Ello, a nivel de una España zarzuelera y pintoresca, podía tener hasta gracia*» (Alfonso, *España*, 92); «*Toda la novela, a nivel de lenguaje, a nivel de acción e, incluso, a nivel de construcción es una provocación*» (*Vanguardia*, 27.7.1978); *A nivel de compañeros, es formidable.* Todos estos empleos excesivos parecen extensión de un sentido normal del nombre *nivel:* 'grado jerárquico': *Las conversaciones se celebrarán al más alto nivel; Las relaciones diplomáticas se establecerán a nivel de embajada.*

no. **1** Aunque es adverbio de negación, hay ocasiones en que carece de todo valor negativo: *a)* En determinadas comparaciones: *Es mejor ayunar que* NO *enfermar;* especialmente, cuando se desea evitar la sucesión inmediata de dos *que: Más vale que sobre que* NO *que falte. b)* En determinadas frases exclamativas: «*¡Cuánto* NO *le dolerá esa cabeza!*» (Miró, *Cercado*, 88). *c)* Introduciendo una proposición dependiente de un verbo de temor: *Temo* NO *vayan a estropearlo.*

2 Se usa como prefijo negativo de nombres o de adjetivos; en este caso conviene escribirlo unido con un guión al nombre o adjetivo: *la no-intervención; la no-violencia; «el hecho de seguir existiendo, el no-suicidio*» (Laín, *Marañón*, 206).

3 *No más.* En la lengua literaria de España *no más* tiene el mismo valor que *solamente;* su uso, en todo caso, es raro, frente al corriente *nada más*. En cambio, en América es muy abundante. Unas veces equivale a 'nada más' o 'solo': *No es malo, no más un poco exigente;* otras funciona como simple refuerzo expresivo: *Ahí no más;* «*Vas a ver no más lo que te va a pasar, vieja atrevida*» (Donoso, *Domingo*, 14). En Méjico, y a veces en otros países, es frecuente la grafía *nomás.*

4 Presencia u omisión anormales de *no* con *hasta: Ninguno se marchó hasta que no se acabó el vino; Hasta las tres iré:* → HASTA, 3 y 4.

Nobel. El apellido *Nobel,* en su lengua sueca, tiene acentuación aguda, /nobél/. Como se ha hecho normal entre nosotros la pronunciación grave, /nóbel/, debemos considerar aceptable este uso; pero sería deseable generalizar la pronunciación originaria.

noble. El superlativo de este adjetivo es *nobilísimo.*

noche. **1** *En la noche,* 'por la noche': → EN, 4.

2 *Ayer noche:* → AYER, 2.

nocti-, noct-. Formas prefijas del latín *nox,* 'noche': *noctámbulo.*

nomás → NO, 3.

nombrar. Construcción: *nombrar director a uno; nombrar a uno* PARA *el cargo de director.*

nombre. *En nombre de,* 'en representación de', 'haciendo las veces de': *El portero firmó el recibo en nombre del casero.*

2 *A nombre de,* 'con el nombre de': *Pon el sobre a nombre de su marido; Abrió una cuenta a nombre de los dos.* No debe confundirse (aunque lo haga la Academia) *a nombre de* con *en nombre de.*

nominación → NOMINAR.

nominar. 'Nombrar'. Debe evitarse el uso, por anglicismo, de *nominar* por *proponer como candidato* («*Barbara Streisand .. ha sido nominada para el 'Oscar'*», *Mundo,* 8.3.1969, 55). Lo mismo hay que decir del nombre *nominación,* usado por *candidatura* o por *propuesta para candidato.*

nomo → GNOMO.

nomo-. Forma prefija del griego *nomos,* 'ley': *nomografía.* Como formas sufijas se

usan *-nomo* y *-nomía.* La primera es de sustantivos concretos (generalmente de persona); la segunda, de sustantivos abstractos: *astrónomo, economía.*

nomon → GNOMON.

non grato. *Persona grata* es expresión latina usada en lenguaje diplomático para designar a la persona que será recibida con agrado por el gobierno ante el cual se acredita. *Persona non grata* es la que se encuentra en la situación opuesta. Las dos locuciones, especialmente la segunda, se usan en el lenguaje corriente fuera de las relaciones diplomáticas. *Non grato,* como adjetivo masculino («*Párroco 'non grato' se reconcilia con el alcalde*», *Abc,* 8.11.1983, 27; «*Ex presidente 'non grato'*», *País,* 22.8.1984, 8), no es ni latín ni español: en latín sería *non gratus,* y en español, *no grato.* Deberá usarse, o bien la locución latina entera, *persona non grata* (en plural, *personae non gratae),* o bien el adjetivo traducido a nuestro idioma, *no grato.*

nono → NOVENO.

noquear. En boxeo, 'dejar fuera de combate'. Este verbo, formado sobre el inglés *knock* (más propiamente, *knock out),* equivale a la perífrasis citada aquí como definición, o a la más coloquial *dejar K. O. (K. O.,* pronunciado /káo/). Dentro de su ámbito especial, *noquear* no pasa de pertenecer a un nivel popular.

nor-, nord-, norte-. **1** Formas prefijas de *norte: norvietnamita, nordeste, norteafricano.*

2 Se dice *nordeste,* 'punto del horizonte entre el norte y el este'; pero *noroeste,* 'punto del horizonte entre el norte y el oeste'. *Nordeste* está atestiguado en español desde 1435-38 (Díez Games, *Victorial* [FA]) sin interrupción hasta nuestros días, mientras que *noreste* no aparece antes de 1909. En cuanto a *noroeste,* se ha usado en la forma *norueste* desde su primer testimonio, en 1492 (Colón, cit. Corominas, II, 780), hasta hoy, y como *noroeste* solamente desde 1585 (Poza, *Hidrografía* [FA]); *nordoeste* es excepcional (1850, Reguero Argüelles, *Astronomía* [FA]). La presencia de la forma *nord-* en *nordeste* frente a la forma *nor-* en *noroeste* se explica posiblemente porque ambos compuestos se tomaron directamente del inglés, donde *northeast* pudo adaptarse al español conservando fácilmente la consonante inglesa *th* (> español /d/) entre /r/ y la vocal plena /e/, mientras que *northwest*, al pasar al español, difícilmente podía conservar una consonante entre dos, /r/ y /w/ (la palabra *norueste*, pronunciada aproximadamente /norgüéste/). Cf. Casares, *Cosas del lenguaje*, 282-86.

3 En los derivados de nombres propios que llevan el complemento *del Norte* se prefiere la forma *norte-* cuando el nombre propio comienza por vocal: *norteafricano*, *norteamericano*; y *nor-*, cuando el nombre propio comienza por consonante: *norvietnamita*, *norcoreano*, *norsantandereano* (del Norte de Santander, en Colombia). Pero son frecuentes las excepciones a estas preferencias: *norirlandés* (no tengo registrado ningún ejemplo de *norteirlandés*), *nortecoreano* (al lado de *norcoreano*), *nortesantandereano* (en *Larousse*, al lado de *norsantandereano*). La forma *nord-*, que a veces usan los periodistas («*nordcoreano*», *Abc*, 14.9.1968, 40; *Destino*, 6.1.1973, 15), debe reservarse exclusivamente para *nordeste* (→ 2).

norcoreano, nordcoreano → NOR-, 3.

nordeste, nordoeste, noreste → NOR-, 2.

norirlandés → NOR-, 3.

noroeste → NOR-, 2.

norsantandereano, norteafricano → NOR-, 3.

norteamericano → NOR-, 3, y ESTADOUNIDENSE.

nortecoreano, nortesantandereano → NOR-, 3.

norueste → NOR-, 2.

norvietnamita → NOR-, 3.

nos. 1 Pronombre personal átono, con función de complemento directo o complemento indirecto: → NOSOTROS, 3 y 4.

2 Pronombre personal tónico de 1.ª persona singular «mayestático», hoy solo usado, con frecuencia cada vez menor, en boca de jerarcas de la Iglesia en ocasiones solemnes. A pesar de su significado de singular, este pronombre funciona gramaticalmente como plural con respecto al verbo: *Nos os bendecimos;* pero como singular,

con respecto al predicativo: *Nos somos consciente.* Esta forma tónica puede funcionar como sujeto, como predicativo o como complemento con preposición. Para las funciones de complemento directo y complemento indirecto sin preposición, se sirve de la forma *nos* átona propia del pronombre *nosotros*: → NOSOTROS. 3.

noso-. Forma prefija del griego *nosos*, 'enfermedad': *nosología*.

nosotros. 1 Pronombre personal de 1.ª persona plural. Su femenino es *nosotras*. Las dos formas, *nosotros, nosotras*, pueden funcionar como sujeto, como predicativo o como complemento con preposición: *Nosotros no sabemos nada; No quiere venir con nosotras.*

2 En general, el uso de *nosotros, nosotras* como sujeto no es necesario, ya que el verbo expresa suficientemente con su desinencia *-mos* la persona «nosotros». Solo se usa cuando su presencia es necesaria para señalar el sexo de la persona referida o cuando se trata de poner énfasis en el propio sujeto. Fuera de estos casos, el empleo de *nosotros, nosotras* sujeto es superfluo y tiene sabor extranjero.

3 Para las funciones de complemento directo e indirecto este pronombre toma la forma átona *nos*: *Nos han recibido mal; Nos permiten muchas cosas.*

4 La forma *nos*, en cualquiera de sus funciones, puede ir acompañada, dentro de la frase, por la forma tónica *nosotros* o *nosotras* precedida de la preposición *a*, con lo cual el complemento directo o el complemento indirecto aparece mencionado dos veces. En este caso, la forma *a nosotros* o *a nosotras* tiene un papel enfático semejante al señalado antes (→ 2): A NOSOTROS *no* NOS *conocen; No* NOS *conocen* A NOSOTROS.

nosticismo, nóstico → GNÓSTICO.

notable. El adjetivo *notable* y el verbo *notar* (u *observar*) son sustituidos con cierta frecuencia, en el castellano hablado por catalanes, por *remarcable* y *remarcar*. Cuando el uso no es de un catalanohablante, se trata de galicismo. En cualquier caso, es preferible evitarlo en español.

notar → NOTABLE.

noticia → COMENTAR.

noticiar. Se conjuga, en cuanto al acento, como *cambiar* [1 a].

notorio. *Ser notorio:* → SER, 2.

novecientos. El numeral que expresa la cantidad 'nueve veces ciento' es *novecientos*. La forma *nuevecientos*, usada, incluso públicamente, por personas aparentemente cultas (p. ej., en *mil nuevecientos setenta*), es un vulgarismo. No obstante, en épocas pasadas ha aparecido a veces en la lengua escrita: *«Finó en la Era de nuevecientos e setenta e dos años»* (*Tercera Crónica General*, 90); *«Mil nuevecientos trabajadores»* (Quadrado, *España*, XII, 220); *«Mil nuevecientos reales»* (Valera, *Doctor Faustino*, 153).

noveno. Numeral ordinal correspondiente a *nueve*. Puede decirse también *nono*, hoy apenas usado. *Nono* se conserva en *Pío nono* (también *Pío noveno*), *decimonono* (que alterna con *decimonoveno*) y, sustantivado, en *la hora de nona*, 'las tres de la tarde' en la medida antigua del tiempo.

noventa. *Noventa y uno, noventa y dos*, etc.: → SESENTA.

noventayochista. 'De la Generación de 1898'. Este adjetivo, sustantivable, debe escribirse como una sola palabra —puesto que lo es— y conservando la *y* entre sus dos elementos componentes. Evítense, pues, las grafías *noventa y ochista* y *noventaiochista*.

-nte. **1** Sufijo ᵈᵉ adjetivos derivados de verbos. Estos adjetivos son llamados tradicionalmente participios de presente o participios activos. El sufijo se presenta en la forma *-ante* cuando la base es un verbo de la conjugación en *-ar;* en la forma *-ente* o *-iente*, cuando la base es un verbo en *-er* o en *-ir*. Significa 'que hace la acción': *amante, principiante, ambulante, conducente, equivalente, permanente, complaciente, conveniente, concerniente*. Algunos de estos adjetivos se sustantivan de modo habitual; otros se han lexicalizado como nombres: *presidente, asistente, sirviente*. En algunos de estos casos se ha creado una forma femenina en *-a* (*presidenta*, etc.).

2 El sufijo *-nte* puede presentarse también en adjetivos no vinculados con ningún

verbo español: *comediante, galante, ausente, presente*.

nuera → YERNO.

Nueva York. La ciudad de *New York* tiene en español el nombre de *Nueva York*. El adjetivo que le corresponde es *neoyorkino*.

Nueva Zelanda. Este es el nombre español tradicional del archipiélago de *New Zealand*, en Oceanía. Sin embargo, en América se usa con frecuencia el nombre de *Nueva Zelandia*. El adjetivo correspondiente a las dos formas es *neozelandés*, también escrito *neocelandés*.

nuevecientos → NOVECIENTOS.

nuevo. El superlativo de este adjetivo es *novísimo*. La forma *nuevísimo* pertenece solo al nivel coloquial. Pero, como advierte la Academia (*Esbozo*, § 2.4.8), hay cierta diferenciación semántica: no es lo mismo *sombrero novísimo* ('de gran novedad') que *sombrero nuevísimo* ('que está muy nuevo').

número → ESPECTÁCULO.

Nuremberg. La ciudad alemana de *Nürnberg* tiene en español el nombre de *Nuremberg*, que se pronuncia /núremberg/ o, más raramente, /nurembérg/. Si se adopta la primera pronunciación deberá escribirse *Núremberg*. Existe también una forma clásica, *Nuremberga*, hoy desusada.

Nürnberg → NUREMBERG.

nutrido. 'Denso o concentrado'. Debe evitarse el error, frecuente en los periodistas, de usar *abigarrado* en lugar de *nutrido, denso, concentrado*: *«Ha sido tan abigarrada la presencia femenina, originada por la falta de espacio, que don Mariano Trueba, magistrado encargado del caso, ha tropezado con grandes dificultades para llegar hasta su despacho»* (*Informaciones*, 13.8.1968, 4); *«El abigarrado número de iglesias madrileñas convierte a la capital en un beaterio»* (*País*, 13.11.1983, 26).

nutrir. Construcción: *nutrir CON manjares sustanciosos; nutrirse DE sabiduría.*

Nyassaland → NIASALANDIA.

nylon → NAILON.

ñ

ñ. Decimoséptima letra del alfabeto español. No existe en el universal. Su nombre (femenino) es *eñe*, plural *eñes*. Representa el fonema /ñ/, en cuya realización la lengua se eleva hasta ponerla en contacto con el paladar, quedando el ápice detrás de los incisivos superiores. El aire escapa por la cavidad nasal, gracias al descenso del velo del paladar. Hay vibración en las cuerdas vocales. Es, por tanto, una consonante palatal nasal sonora. La articulación es simple; por tanto, es errónea la pronunciación de /ñ/ como /ny/ en algunos extranjeros.

ñandú. 'Ave corredora americana'. Su plural es *ñandúes*.

Articulación del fonema /ñ/

O

o[1]. Decimoctava letra del alfabeto español (decimoquinta del universal). Su nombre es femenino, y su plural es *oes* (vulgar *os*). Corresponde al fonema /o/, que se realiza recogiéndose la lengua hacia el fondo de la boca y elevándose su postdorso hacia el velo del paladar. Los labios toman una forma redondeada. Es una vocal velar abierta.

La articulación es algo más abierta de lo normal en los siguientes casos: 1.º, cuando el sonido /o/ sigue o precede inmediatamente al sonido /rr/: *perro, horror;* 2.º, delante del sonido /j/: *mojar;* 3.º, en el diptongo /oi/: *hoy, boina;* 4.º, en sílaba trabada: *conde, dos.* Se llama la /o/ entonces abierta, para diferenciarla de la llamada /o/ cerrada, que es la normal, descrita en el párrafo anterior. Ahora bien, la separación entre una y otra es pequeña, y resulta imperceptible para un hablante español por carecer de significación fonológica.

Tiende a cerrarse la articulación de /o/ cuando está en contacto con /a/: *Bilbao, Joaquín.* El habla vulgar, en América más que en España, acentúa esta tendencia, incluso en contacto con /e/: /tuáya/ por *toalla,* /kuéte/ por *cohete.*

o[2]. **1** Conjunción disyuntiva. Se pronuncia siempre átona. Toma la forma *u* cuando precede inmediatamente a una palabra que comience por el fonema /o/: *siete u ocho, mujeres u hombres, Bélgica u Holanda.*

2 *O sea:* → SER, 8.

3 Conviene evitar el uso de la conjunción *o* en lugar de *y: «La liberalísima actitud de esos dos felizmente supérstites del falangismo literario que son Areilza o Alfaro»* (A. de Miguel, *Diario 16,* 5.5.1986, 4).

-o. Terminación átona de sustantivos postverbales: *acecho,* de *acechar; amago,* de *amagar; baileteo,* de *bailotear; pago,* de *pagar; desembarco,* de *desembarcar; abono,* de *abonar; socorro,* de *socorrer; reparto,* de *repartir.*

Oaxaca. Nombre de una ciudad y un estado de Méjico. Se pronuncia /oajáka/, no /oaksáka/. La *x* de este nombre, pues, tiene el mismo carácter que la de *México* (→ MÉJICO); pero en el caso de *Oaxaca* la grafía con *j,* que sería la coherente con el sistema ortográfico del español, es poco frecuente, aunque la usó Américo Castro (*Cervantes,* 41).

ob-. Prefijo latino que significa 'por causa de'. Solo se encuentra en palabras tomadas del latín y carece de vitalidad en español: *obstáculo, obturar.* Puede tomar la forma *o-: ofrecer, oponer.*

obedecer. Verbo irregular. Se conjuga como *agradecer* [11].

objección → OBJECIÓN.

objeción. 'Dificultad que se expone frente a un argumento'. En la terminación de esta palabra hay una sola *c;* es erróneo, pues, decir /objekzión/ y escribir *objección.*

objeto. *Con objeto de,* 'con el fin de', locución prepositiva, puede también tomar la forma *con el objeto de*. No es recomendable, en cambio, *al objeto de*, a pesar de la frecuencia con que la usa el lenguaje administrativo.

obligación. 1 Construcción: *obligación* DE *hacer una cosa* (es vulgar *obligación* A *hacer*).

2 Confusión con *derecho:* → DERECHO, 2.

obligado. *Ser obligado* (un hecho): → SER, 2.

obligar. Construcción: *obligar* A *restituir; obligar* CON *su amabilidad.*

obligatorio. *Ser obligatorio:* → SER, 2.

oboe. 'Instrumento musical de viento'. La acentuación de esta palabra es grave, /obóe/; deben, pues, evitarse la grafía y la pronunciación *óboe*.

obsceno. 'Deshonesto o contrario al pudor'. Es impropiedad, debida a anglicismo, usar este adjetivo con el sentido de 'desagradable o repugnante'.

obscurecer. 1 Grafía *obscurecer* u *oscurecer:* → OSCURO.

2 Conjugación: → OSCURECER.

obscurecimiento, obscuridad, obscuro → OSCURO.

obsequiar. 1 Se conjuga, en cuanto al acento, como *cambiar* [1 a].

2 Construcción: *obsequiar a alguien* CON *unas flores.* En la norma del español peninsular, no debe emplearse como transitivo *(obsequiar unas flores),* aunque en América es de uso muy corriente: *«Esta piedra es idéntica a la que obsequié para la custodia de San Agustín»* (Palma, *Tradiciones,* III, 48); *«Cuando el gringo salvó a su hija, Taní Caceré llevó la talla para obsequiársela»* (Roa, *Hijo,* 53). Cf. Kany, 349.

observar. *Observar,* sustituido por *remarcar:* → NOTABLE.

obstáculo. Construcción: *obstáculo* PARA *un proyecto.*

obstante. 1 *No obstante,* locución prepositiva, 'a pesar de': *No obstante lo dicho, considero aceptable la idea.* Es de uso principalmente literario. Son erróneas las formas *no obstante a («No obstante a ha-*

berse quedado de momento privado de conocimiento», Ya, 21.2.1961, 17) y *no obstante de («No obstante de ser inmenso el auditorio»,* P. Isla, cit. Cuervo, *Notas,* n.º 143; cf. también *Apuntaciones,* § 446). Tampoco es normal que *no obstante* vaya seguido de proposición introducida por *que (No obstante que se quedó sin conocimiento;* en este caso se diría *A pesar de que se quedó... o No obstante haberse quedado...).*

2 *No obstante,* locución adverbial, 'sin embargo'. Puede ocupar cualquier lugar en la oración, particularmente el primero y el segundo; en todo caso, se aísla gráficamente del resto de la oración, que tiene con respecto a ella cierta independencia de entonación: *La sacudida fue violenta; no obstante, solo hubo daños materiales* (o bien: *solo hubo, no obstante, daños materiales;* o bien: *solo hubo daños materiales, no obstante).*

3 Uso de *con todo y eso, con todo y con eso, con eso y con todo, con todo de* o *con todo y,* por *no obstante:* → TODO, 4 y 5.

obstar. Construcción: *obstar una cosa* A o PARA *otra.*

obstinarse. Construcción: *obstinarse* CONTRA *alguno; obstinarse* EN *alguna cosa.*

obstruir. Verbo irregular. Se conjuga como *huir* [48].

obtener. 1 Verbo irregular. Se conjuga como *tener* [31].

2 Construcción: *obtener algún favor* DE *otro.*

obús. El verdadero significado de este nombre es 'pieza de artillería cuya longitud es menor con relación al calibre que en el cañón'. Usarlo con el sentido de 'proyectil disparado por obús' es impropiedad calcada del francés; pero es un cambio semántico no extraño en nuestro idioma. Aunque los técnicos lo rechazan, el uso se ha hecho general.

obviar. 1 Se conjuga, en cuanto al acento, como *cambiar* [1 a].

2 En las diversas formas de este verbo, como en el adjetivo *obvio* y el nombre *obviedad,* es afectada la pronunciación /óbbio, ob-biár, ob-biedád/; la pronunciación corriente es /óbio, obiár, obiedád/.

obviedad → OBVIAR. 2.

obvio. 1 Pronunciación: → OBVIAR. 2.
2 *Ser obvio:* → SER , 2.

occéano → OCÉANO.

océano. Se escribe y se pronuncia con una sola *c; occéano* no es normal. La acentuación es esdrújula (acento sobre la /e/). La acentuación grave, /ozeáno/, solo se acepta en poesía: «*En la mínima esfera de la gota, / que no en infinitudes de oceano*» (Salinas, *Todo*, 65).

ochenta. *Ochenta y uno, ochenta y dos,* etc.: → SESENTA.

ocluir. Verbo irregular. Se conjuga como *huir* [48].

octa-, octo-. Formas prefijas del griego *októ* o del latín *octo*, 'ocho': *octágono, octosílabo.*

ocultar. Construcción: *ocultar algo* A *otro; ocultar algo* A o DE *la vista de otro.*

ocupar. 1 Construcción: *ocuparse* CON *un negocio; ocuparse* DE *los niños; ocuparse* EN o DE *trabajar; ocuparse* EN o DE *la tarea.*
2 *Ocupado en* (hacer algo), sustituido por *en tren de:* → TREN.
3 *Ocupar,* sustituido por *detentar:* → DETENTAR.

odiar. Se conjuga, en cuanto al acento, como *cambiar* [1 a].

odo-. Forma prefija del griego *odos*, 'camino': *odómetro.*

odonto-, odont-. Formas prefijas del griego *odous*, 'diente': *odontólogo, odontalgia.* La forma sufija es *-odonte: mastodonte.*

oeste. *El Oeste,* por antonomasia, también llamado *el Lejano Oeste* (mejor sería *el Extremo Oeste*), es el *Far West* de los Estados Unidos. Las películas que pertenecen al ciclo legendario que se localiza en esa región se llaman en la lengua general *películas del oeste;* pero los especialistas y entendidos en cine (y los esnobs) prefieren mantener el nombre que se les da internacionalmente: *western* (nombre masculino; plural, *westerns).*

ofender. Construcción: *ofender* DE *palabra; ofenderse* CON *alguien; ofenderse* POR *todo.*

oferta → OFERTAR.

ofertar. La Academia registra este verbo en el sentido, usado en comercio, de 'ofrecer en venta' (un producto). En América se usa con el sentido general de 'ofrecer'. En ninguno de los dos casos parece tener razón de ser el nuevo verbo, que ocupa sin necesidad el lugar de *ofrecer.* Sí, en cambio, se justificaría en un sentido no captado por la Academia, pero usado por los comerciantes: 'vender en *oferta*, esto es, con precio rebajado'. (*Oferta,* en este sentido, también es desconocido por la Academia.)

office → ANTECOCINA.

oficial. Como nombre, el femenino de esta palabra es *oficiala* (en los oficios manuales) o igual que el masculino (en la función pública): *las oficialas de un taller de costura; la oficial de secretaría.*

oficiar. 1 Se conjuga, en cuanto al acento, como *cambiar* [1 a].
2 Construcción: *oficiar una misa; oficiar* DE *maestro de ceremonias.*

oficio → ANTECOCINA.

ofio-, ofi-. Formas prefijas del griego *ophis*, 'reptil': *ofiuroideo.*

ofrecer. 1 Verbo irregular. Se conjuga como *agradecer* [11].
2 Construcción: *ofrecerse* DE *acompañante; ofrecerse* EN *holocausto; ofrecerse* PARA *hacerlo.*
3 *Ofrecer y ofertar:* → OFERTAR.

oftalmo-, oftalm-. Formas prefijas del griego *ophthalmós*, 'ojo': *oftalmólogo.*

ogaño › HOGAÑO.

-oico. Sufijo que se aplica en química a los ácidos orgánicos: *etanoico.*

-oide, -oideo, -oides, -oidal. Sufijos de sustantivos y adjetivos que indican semejanza: *comunistoide, asteroide, esfenoides, coloidal.* El sufijo *-oide* encierra a veces un matiz despectivo: *sentimentaloide.*

oídio. 'Hongo que produce una enfermedad en la vid'. Evítese la forma latina *oidium.*

oidium → OÍDIO.

oír. 1 Verbo irregular. (Véase cuadro.)

CONJUGACIÓN DEL VERBO «OÍR»
(tiempos simples)

INDICATIVO

Pres. oigo, oyes, oye, oímos, oís, oyen.
Pret. impf. oía, oías, oía, oíamos, oíais, oían.
Pret. indef. oí, oíste, oyó, oímos, oísteis, oyeron.
Fut. impf. oiré, oirás, oirá, oiremos, oiréis, oirán.
Pot. simple oiría, oirías, oiría, oiríamos, oiríais, oirían.

SUBJUNTIVO

Pres. oiga, oigas, oiga, oigamos, oigáis, oigan.
Pret. impf. oyera u oyese, oyeras u -ses, oyera u -se, oyéramos u -semos, oyerais
u -seis, oyeran u -sen.
Fut. impf. oyere, oyeres, oyere, oyéremos, oyereis, oyesen.

IMPERATIVO

oye, oiga, oíd, oigan.

FORMAS NO PERSONALES

Inf. oír.   *Ger.* oyendo.   *Part.* oído.

Evítese el vulgarismo *oyes*, por *oye*, para la persona «tú» del imperativo.
2 Construcción: *oír* CON o POR *sus propios oídos; oír* DE *fuente autorizada.*

-ojo. Sufijo despectivo de sustantivos y adjetivos: *ramojo, añojo.*

-ol. **1** Sufijo de sustantivos que en química significa 'alcohol': *fenol.*
2 Sufijo de sustantivos (con terminación femenina *-a*) de significación originariamente diminutiva: *banderola, arteriola, farol.*

-olento → -ENTO.

oleoducto. 'Tubería destinada a conducir el petróleo a larga distancia'. No es necesario el empleo del nombre inglés *pipeline.*

oler. **1** Verbo irregular. (Véase cuadro.)
2 Construcción: *oler* A *rosas.*

olimpiada. Son igualmente válidas las formas *olimpiada,* /-iáda/, y *olimpíada,* /-íada/, si bien la Academia da preferencia a la primera.

ológrafo → HOLÓGRAFO.

olor. Construcción: *olor* A *comida; olor* A *quemado; olor* DE *santidad.*

olvidar. Construcción: *olvidarse* DE *lo pasado; olvidarse* DE *hacerlo; olvidarse* DE *que es viejo.* En la forma pronominal *(olvidarse)* no debe omitirse la preposición *de,* diciendo, por ejemplo, *Me olvidé que tenía invitados,* en vez de *Me olvidé* DE *que...;* en cambio, en la forma no pronominal *(olvidar)* no debe usarse la preposición, diciendo *Olvidé de que tenía invitados,* en lugar de *Olvidé que...*

-oma. Sufijo de sustantivos que significa 'tumor': *fibroma.*

ombudsman → DEFENSOR.

ómnibus. 'Autobús'. Su plural normal es *ómnibus,* sin variación. Sin embargo, existe un plural *omnibuses: «Bajó una mañana en la parada de los 'omnibuses' que llegan de Colón»* (Onetti, *Astillero,* 7), que en realidad corresponderá a un singular *omnibús.*

omóplato. 'Hueso plano de la espalda'.

277

CONJUGACIÓN DEL VERBO «OLER»

(tiempos irregulares)

INDICATIVO

Pres. huelo, hueles, huele, olemos, oléis, huelen.

SUBJUNTIVO

Pres. huela, huelas, huela, olamos, oláis, huelan.

IMPERATIVO

huele, huela, oled, huelan.

La Academia da como válidas las dos formas, *omóplato* y *omoplato*, si bien da preferencia a la primera.

-ón. 1 Sufijo aumentativo que forma sustantivos derivados de sustantivos: *hombrón*.
2 Indica abundancia cuando forma adjetivos derivados de sustantivos que designan partes del cuerpo: *cabezón, barrigón*. Irónicamente se emplea en *pelón* y *rabón*.
3 Indica edad cuando forma adjetivos derivados de numerales: *cincuentón, setentón*.
4 Indica golpe o acción violenta cuando forma sustantivos derivados de verbos: *empujón, tirón*.
5 Indica hábito en nombres que designan personas y que derivan de verbos: *mirón*.
Se combina con otros sufijos, generalmente despectivos: *-arro: abejarrón; -urro: santurrón; -acho: corpachón; -ero: caserón; -ete: mocetón; -ullo: grandullón; -ara + -azo: caparazón*.

-ónazo → -AZO.

onceavo → -AVO y UNDÉCIMO.

-oncho. Sufijo aumentativo de poca vitalidad: *rechoncho, morroncho*. (→ -ANCHO. -ENCHO.)

onco-. Forma prefija del latín *uncus*, gancho': *oncocéfalo;* o del griego *onkos*, tumor': *oncólogo*.

-ongo. Sufijo de escasos sustantivos: *morrongo*.

onico-. Forma prefija del griego *ónyx*, 'uña': *onicomancia*.

-ónimo, -onimia. Formas sufijas del griego *ónoma*, 'nombre'; la primera es para nombres concretos, la segunda para abstractos: *sinónimo, sinonimia*.

oniro-, onir-. Formas prefijas del griego *óneiros*, 'sueño': *oniromancia*.

oniromancia → -MANCIA.

onomato-. Forma prefija del griego *ónoma*, 'nombre': *onomatopeya*.

onto-. Forma prefija del griego *on*, 'ser': *ontogénesis*.

oo-. Forma prefija del griego *óon*, 'huevo': *oosfera*.

-ope, -opía. Formas sufijas del griego *ops*, 'mirada'. La primera es de nombre o adjetivo de persona: *miope;* la segunda, de nombre abstracto de cualidad: *miopía*.

operador › CÁMARA.

opimo. 'Abundante'. Es adjetivo de uso literario. Su pronunciación es grave, /opímo/; debe, pues, evitarse escribir y pronunciar *ópimo*, como hacen algunos, por influjo de *óptimo*.

opinar. Construcción: *opinar* DE O SOBRE *alguien o algo; opinar bien* DE *alguien*. Sobre la construcción vulgar *opino* DE *que esto es así*, → DE, 4.

opo-. Forma prefija del griego *opos*, 'jugo': *opoterapia*.

oponer. 1 Verbo irregular. Se conjuga como *poner* [21].

2 Construcción: *oponer una cosa* A *otra; oponerse* A *la injusticia; oponerse* A *venir.*

opositar. Construcción: *opositar* A *una cátedra.*

-opsia, -opsis. Formas sufijas del griego *opsis,* 'visión': *autopsia, sinopsis.*

optar. Construcción: *optar* A *un empleo; optar* POR *una de dos cosas; optar* ENTRE *dos candidatos.*

óptimamente → BIEN, 1.

óptimo → BUENO, 3.

-or. Sufijo de nombres abstractos masculinos derivados de verbos o de adjetivos: *calor, dulzor, temblor.*

-orama. Forma sufija del griego *órama,* 'lo que se ve': *panorama.*

orar. Construcción: *orar* POR *los difuntos.*

Orcadas. Las islas que en francés se llaman *Orcades* y en inglés *Orkney* tienen en español el nombre de *Orcadas.*

Orcades → ORCADAS.

orden. 1 De los principales sentidos de esta palabra, son femeninos los de 'mandato' *(una orden del director, una Orden Ministerial),* 'instituto religioso' *(la Orden de Predicadores),* 'instituto civil o militar de carácter honorífico' *(la Orden de Carlos III, la Orden de San Hermenegildo);* en plural, 'grados del ministerio eclesiástico' *(las sagradas órdenes).*
2 Son masculinos los sentidos de 'armonía o quietud' *(persona amante del orden),* 'forma arquitectónica' *(orden corintio),* 'grupo de los que constituyen una clase zoológica o botánica' *(el orden de los artiodáctilos),* 'sacramento del sacerdocio' *(el orden sacerdotal).*
3 *Orden del día* es masculino cuando significa 'lista de asuntos que se han de tratar en una junta' (no está justificado el uso —debido a anglicismo— de la palabra *agenda* en este sentido, aunque lo recoja la Academia). Es femenino, *la orden del día,* cuando significa 'consigna dada diariamente a una guarnición', y también en la locución *estar una cosa a la orden del día,* 'haberse hecho muy usual'.

ordenar. Construcción: *ordenar* DE *sacerdote* (también *ordenar sacerdote); ordenar* EN *filas; ordenar* POR *materias.*

-orexia. Forma sufija del griego *orexis,* 'apetito': *anorexia.*

orfanato. 'Residencia de huérfanos'. Debe rechazarse la forma *orfelinato,* adaptación del francés *orphelinat,* de *orphelin,* 'huérfano'.

orfelinato → ORFANATO.

orgulloso. Construcción: *orgulloso* DE *su fuerza.*

orilla. *Orilla de,* locución prepositiva, 'al borde de', pertenece a la lengua clásica y literaria (*«Eran hombres de la altura / de un pino, y que siempre andaban / orilla del mar, pescando / sobre esas rotas pizarras»,* Vega, *Nuevo Mundo,* 369; *«De vez en cuando se iba solo, orilla del lago»,* Unamuno, *San Manuel,* 72), pero hoy generalmente está limitada al nivel popular. Lo mismo ocurre con *orilla a* y simplemente *orilla* (*«Ya cantando orilla el agua, / ya cazando en la espesura»,* Góngora, *Antología,* 247; *«Para cantar contigo / orilla al mar salado»,* Machado, *Poesías,* 48). El uso corriente es *al lado de.*

-orio. Sufijo de adjetivos: *mortuorio;* o de nombres que indican acción o efecto: *casorio, holgorio.*

Orkney → ORCADAS.

ornito-. Forma prefija del griego *ornis,* 'pájaro': *ornitorrinco.*

oro-. Forma prefija del griego *oros,* 'montaña': *orografía.*

-orral → -AL.

-orrio → -RRO.

-orritín → -ÍN.

-orro → -RRO.

-orrón → -ÓN.

orto-. Forma prefija del griego *orthós,* 'recto', 'derecho': *ortodoxo.*

os. Pronombre personal: → VOSOTROS, 3 y 4.

oscurecer. Verbo irregular. Se conjuga como *agradecer* [11].

oscuro. En esta palabra y en todas las de su familia (*oscurecer, oscuridad, oscure-*

cimiento, etc.), son igualmente válidas las grafías con *b* (*obscuro, obscurecer, obscuridad, obscurecimiento*) y sin ella. Las que llevan *b* (*obs-*) son fieles a la etimología y preferidas por la Academia; las que pierden la *b* (*os-*), no rechazadas por esta, responden a la pronunciación corriente y son las más usuales en la escritura, incluso en la prosa culta.

-osis. Sufijo de nombres que significa 'enfermedad': *tuberculosis, psicosis.*

ósmosis. En física, 'paso recíproco de líquidos de distinta densidad a través de una membrana que los separa'. La Academia registra, además de esta forma esdrújula, la grave *osmosis*. La misma duplicidad existe para las formas prefijadas *endósmosis* o *endosmosis, exósmosis* o *exosmosis.*

-oso. Sufijo de adverbios derivados de nombres o de verbos; significa abundancia o acción: *roñoso, pringoso, furioso, quejoso.* Puede combinarse con otros sufijos: *espumajoso, pegajoso.*

osteo-, oste-, -ósteo. Formas prefijas y sufija del griego *osteon*, 'hueso': *osteotomía, teleósteo.*

-otazo → -AZO.

-ote. Sufijo de nombres y adjetivos. Tiene valor aumentativo o diminutivo a la vez que despectivo: *islote, picota.*

oto-, ot-. Formas prefijas del griego *ous*, 'oreja': *otología, otitis.*

otro. Pronombre o adjetivo indefinido. Cuando se usa contrapuesto a *uno*, sin más términos, puede ir precedido del artículo *el: Uno no sabía, el otro no quería.* La correlación *uno..., otro...* sirve para formar oraciones coordinadas distributivas: «*Uno hace el rufián, otro el embustero*» (Cervantes, cit. Academia, *Gramática*, § 339).

Se coloca delante cuando acompaña a un numeral o a *pocos: los otros tres; otros pocos.* Con el adjetivo *alguno* o *ninguno*, se coloca detrás: *Algún otro habrá; No habrá ningún otro* (pero se invierte el orden cuando *alguno* tiene sentido negativo: *No habrá otro alguno*). Puede preceder o seguir a *muchos: muchos otros, otros muchos.*

Usado como adjetivo, puede llevar una proposición comparativa de desigualdad: «*No hacían otra cosa que comer*» (Cervantes, cit. Academia, *Gramática*, § 428). Pero, fuera de la construcción *no... otra cosa que*, este uso es poco frecuente: *Otro que tú lo hubiera hecho*; «*Los personajes otros que don Faustino*» (Montesinos, *Valera*, 140). La construcción normal es con *que*; no lo son con *sino* o con *más que:* «*Desde el mismo día que pisaron los palacios del poder no aceptan otra arrogancia sino la propia*» (P. J. Ramírez, *Diario 16*, 15.5.1983, 3); «*Todos aquellos avatares no son otra cosa más que una lucha*» (D. García Sabell, *Abc*, 28.9.1979).

No puede anteponerse a *otro* el artículo indeterminado: *un otro hombre.*

Es un error emplear la forma *otro* ante un sustantivo femenino que empieza por *a* tónica: «*Otro arte poética*» (Cernuda, *Estudios*, 94), influido por las formas de artículo empleadas con estas palabras: *el arte, un arte.*

Ottawa. Aunque la pronunciación inglesa de *Ottawa*, nombre de la capital del Canadá, es esdrújula, en español se hace tradicionalmente llana, /otáua/.

overbooking → SOBRECONTRATACIÓN.

ovo-, ovi-. Formas prefijas del latín *ovum*, 'huevo': *ovíparo.*

oyes. *Oyes*, por *oye*, imperativo: → OÍR, 1.

p

p. Decimonovena letra del alfabeto español (decimosexta del universal). Su nombre es *pe,* plural *pes.*

Representa el fonema /p/, en cuya realización los labios se mantienen pegados durante un instante, con lo que se cierra el paso al aire que sale por la boca, y se abren inmediatamente, de manera que se produce una pequeña explosión, apenas perceptible, de aire espirado. Durante esta articulación no hay vibración de las cuerdas vocales. Es una consonante bilabial oclusiva sorda.

Cuando precede a un sonido /t/, /z/ o /s/, la articulación se relaja en la pronunciación corriente, convirtiéndose en /b/ fricativa la mayoría de las veces: *adoptar, concepto, cápsula, opción.* En algún caso llega a perderse: *se(p)tiembre, sé(p)timo, suscri(p)tor;* pero, salvo en los tres ejemplos citados, esta pérdida no se admite en el habla culta. La pronunciación inculta tiende a deformar el sonido *p* en esta posición, diciendo /adoztár/ o /adoktár/, /káksula/, etc.

En los grupos *ps* y *pt* iniciales de palabra, la *p* no se pronuncia, si no es por énfasis: *psicología, psitacismo, ptialina.* Para las palabras compuestas de *psyché,* la Academia ya admite la ortografía sin *p: sicólogo,* etc. (→ PSICOLOGÍA.)

pabellón. 'Instalación cubierta, más o menos provisional, dentro del recinto de una exposición o feria'. En algunos casos se emplean los términos *caseta* o *puesto,* que implican dimensiones pequeñas. No parece muy necesario el uso del inglés *stand.*

pabilo. 'Torcida de la vela'. Son válidas las dos formas, *pabilo* y *pábilo* (*pabilo* en Machado, *Poesías,* 120; *pábilo* en Aleixandre, *Espadas,* 63); pero el uso más general y la Academia prefieren *pabilo.*

pacer. Verbo irregular. Se conjuga como *agradecer* [11].

pachá → BAJÁ.

pactar. Construcción: *pactar una tregua* CON *el enemigo; pactar* ENTRE *sí.*

padecer. 1 Verbo irregular. Se conjuga como *agradecer* [11].
2 Construcción: *padecer* DE *los nervios; padecer* EN *la honra.*

Padova → PADUA.

padrenuestro. 'Oración que comienza con las palabras *padre nuestro'.* Puede escribirse también *padre nuestro.* Pero, tanto escrito en una como en dos palabras, se pronuncia con un solo acento, en la penúltima sílaba, /padrenuéstro/. El plural puede ser *padrenuestros* o *padres nuestros.* Las formas de una sola palabra son hoy las corrientes.

Padua. La ciudad italiana de *Padova* tiene en español el nombre de *Padua.* El adjetivo correspondiente es *paduano.*

paduano → PADUA.

paipái. 'Instrumento para abanicarse, en forma de pala y con mango'. Es nombre masculino. Su plural es *paipáis.*

Pakistán, pakistaní → PAQUISTÁN.

palabra. Construcción: *dar palabra* DE

que no ocurrirá. No debe omitirse la preposición *(dar palabra que...).*

palancana → PALANGANA.

palangana. 'Jofaina'. La Academia registra las dos formas, *palangana* y *palancana;* pero, en realidad, solo la primera es normal; la segunda es regional.

palato-. Forma prefija del latín *palatus,* 'paladar': *palatograma.*

paleo-. Forma prefija del griego *palaios,* 'antiguo': *paleolítico.*

Palestina. El adjetivo derivado de *Palestina* es *palestino* (no *palestiniano* ni *palestinés*).

palestinés, palestiniano, palestino → PALESTINA.

paliar. 1 Se conjuga, en cuanto al acento, como *cambiar* [1 a]. No obstante, la Academia (*Esbozo,* § 2.13.5) también reconoce la conjugación tipo 1 c (como *desviar*). 2 Construcción: *paliar una cosa* CON *otra.*

palidecer. Verbo irregular. Se conjuga como *agradecer* [11].

palin-, palim-. Formas prefijas del griego *palin,* 'en sentido inverso': *palingenesia, palimpsesto.*

pamplonés. El habitante de Pamplona se llama *pamplonés.* La forma *pamplonica* es solo coloquial.

pan-, panto-. Formas prefijas del griego *pan,* 'todo': *panamericano, pantógrafo.*

panorama → PANORÁMICA.

panorámica. Como nombre, propiamente, 'procedimiento cinematográfico consistente en tomar vistas haciendo girar la cámara sobre un eje'. Suele emplearse abusivamente esta voz en sentido figurado, cuando bastaría decir simplemente *panorama.*

pantalla. *Pantalla acústica,* o simplemente *pantalla,* es el nombre español correspondiente al inglés *baffle,* con que se designa el dispositivo que acompaña al cono del altavoz y cuyo objeto es obtener sonidos más puros. Es más usual el nombre *baffle* —pronunciado /báfle/—, usado como masculino, que algunos españolizan en la grafía *bafle.*

pantalón. *Pantalón corto* es el nombre español que corresponde al inglés *shorts.* No hay necesidad de usar la palabra inglesa.

panteón → CENOTAFIO.

papa. 'Jefe de la Iglesia'. El femenino de este nombre es *papisa.*

papá. El plural de este nombre es *papás;* su diminutivo, *papaíto,* o también, en América, *papito* o *papacito.*

papel. Con el sentido de 'cargo o función', es frecuente que este nombre se presente como complemento directo de los verbos *hacer* o *representar,* pues se trata de un uso figurado del *papel* del actor. No es muy adecuado, en cambio, el uso —por otra parte también frecuente— del verbo *jugar* en estas construcciones, traducción inexacta del verbo francés *jouer (jouer son rôle,* 'representar su papel').

paperback. En inglés, *paperback* significa 'encuadernación en rústica'; pero también se llama así el libro que se publica con esa encuadernación. Algunos editores españoles han considerado más elegante decir *paperback* que *libro en rústica,* que es como se dice en español.

papiro. 'Cierta planta' y también 'lámina obtenida de ella, sobre la que escribían los antiguos'. La acentuación de esta palabra es grave, /papíro/. Sin embargo, en sentido popular de 'billete de banco', siempre se usa la forma *pápiro.*

papú. 'De la Papuasia, región de Nueva Guinea'. En plural es *papúes.* Es erróneo el falso singular *papúe. Papú* (con su plural *papúes*) y *papúa* (plural *papúas*) figuran en el *Diccionario* de la Academia. La segunda de las dos formas es la más clásica: ya la usaba a principios del siglo XVII Bartolomé Argensola: «*El capitán Alvarado .. descubrió las islas de los Papúas*» (*Malucas,* 64).

Paquistán. Puede escribirse *Pakistán* y *Paquistán,* pero en español es preferible la segunda grafía. Lo mismo puede decirse respecto a *pakistaní* y *paquistaní.*

paquistaní → PAQUISTÁN.

par. *Sin par*, 'sin igual', se usa como adjetivo: *belleza sin par.* No se acepta la grafía en una sola palabra, *«ese simpar pi-ropo»* (J. L. Coll, *Diario 16*, 19.8.1984, 40).

para. **1** Preposición. Es siempre átona. Expresa las siguientes relaciones:

a) Término del movimiento, expresado más vagamente que con la preposición *a: Voy para casa; «Una avispa vuela sobre el cristal, para arriba y para abajo»* (Cela, *Alcarria*, 22).

b) Término de un transcurso de tiempo, también expresado con cierta vaguedad: *Para la semana que viene estarán arreglados los zapatos* (compárese con *la semana que viene*, idea de tiempo más exacta). Pero también puede señalar un plazo fijo y concreto: *La boda se ha señalado para el día 6 de marzo.*

c) Destino o fin de una acción o de un objeto: *papel para forrar; viviendas para obreros; Han traído esto para el señor.* Una variante de estas ideas es la de aptitud: *Antonio es para todo.* Puede preceder a una proposición (con *que* + subjuntivo, o con infinitivo): *Trabajo para que me paguen; Lo estudio para explicárselo yo después.*

d) Contraposición, comparación o relación: *¡Con buena calma te vienes para la prisa que yo tengo!; Poco le alaban para lo que merece.*

2 *Cinco minutos para las ocho*, en lugar de *las ocho menos cinco*, es en España anglicismo puesto de moda por algunos locutores de radio. Parece, sin embargo, que en algunos países de América se usa como normal: *«Llegué a la pensión veinte para las cuatro»* (Edwards, *Máscaras*, 42).

3 *Para con*, locución prepositiva que significa 'con respecto a': *Fue bueno para con sus sobrinos; ¿Quién es usted para conmigo?* (Academia); *Nuestra actitud para con estos problemas ha de ser la misma.*

para-. Prefijo griego que significa 'junto a': *paraestatal.*

parada → PUESTO.

paradisíaco. Son igualmente válidas las formas *paradisiaco*, /-iáko/, y *paradisíaco*, /-íako/, si bien la Academia da preferencia a la segunda.

paralelogramo. 'Cuadrilátero cuyos lados opuestos son paralelos entre sí'. La acentuación de esta palabra es grave; evítese, pues, pronunciar /paralelógramo/.

parangón. Construcción: *su prestigio no tiene parangón* CON *el de su maestro.*

parangonar. Construcción: *parangonar una cosa* CON *otra.*

paranomasia → PARONOMASIA.

parar. Construcción: *parar* A *la puerta; parar* EN *casa; pararse* A *escuchar.*

parecer. **1** Verbo irregular. Se conjuga como *agradecer* [11].

2 Construcción: *parecerse* A *otro* EN *algo.*

3 Cuando el sujeto de *parecer* es una proposición introducida por *que*, el verbo de esta va normalmente en modo indicativo: *Parece que es tarde.* (Pero si *parecer* va en forma negativa, el verbo siguiente estará en subjuntivo: *No parece que sea tarde.*) El uso sistemático de subjuntivo en la proposición es, sin embargo, normal en varias zonas (*«Parece que hayas vivido suelta en zona roja»*, Laforet, *Nada*, 106).

pareja. 'Persona que forma pareja con otra' (en un baile, en una actuación artística, etc.). Es nombre femenino, cualquiera que sea el sexo de la persona (lo que los gramáticos llaman un «nombre epiceno»). Con este sentido, algunos emplean sin necesidad (y sin saber bien en qué idioma se expresan) el inglés *partner* y el francés *partenaire.*

pari-. Forma prefija del latín *par*, 'igual': *parisílabo.*

pariente. El femenino más usual de este nombre es *parienta.* En la traducción de un mismo pasaje del Evangelio (Lucas, 1,36) escriben *parienta* Reina, Nácar-Colunga y Bover; *pariente*, Biblia de Jerusalén y Schökel-Mateos.

parking → APARCAMIENTO.

-parlante. *Hispanoparlante, castellanoparlante, catalanoparlante, vascoparlante*, etcétera: → HABLANTE.

Pármeno. El nombre de uno de los principales personajes de *La Celestina* es *Pármeno*, no *Parmeno*, como dicen algunos responsables de adaptaciones escénicas de la obra, e incluso algunos profesores.

-paro. Forma sufija del latín *pario,* 'parir': *primípara, ovíparo.*

parodiar. Se conjuga, en cuanto al acento, como *cambiar* [1 a].

paronomasia. 'Semejanza física entre dos o más palabras'. La forma *paranomasia,* aunque también está recogida por la Academia, es errónea.

parqué. 'Entarimado hecho de maderas finas'. Este nombre masculino es la adaptación, registrada por la Academia, del francés *parquet* (plural *parquets*). El plural de *parqué* es *parqués.*

parqueadero, parquear → APARCA-MIENTO.

parquet → PARQUÉ.

partenaire → PAREJA.

participar. Construcción: *participar* DE *nuestra comida; participar* EN *el negocio* (no *participar* A).

participio. Forma verbal no personal (es decir, que carece de variación de persona), de sentido perfectivo y pasivo. Su desinencia es *-do* (*-ado* en los verbos de la primera conjugación, *-ido* en los de la segunda y tercera); en algunos verbos tiene forma especial: *-to, -so* o *-cho* (*abierto, impreso, dicho*). Sobre el llamado participio de presente o participio activo, → -NTE.

1 *Participio con verbos auxiliares.* Unido al verbo auxiliar *haber,* conserva el valor perfectivo, pero no el pasivo; es invariable en género y número, y constituye los tiempos compuestos: *he hablado, había hablado, haya hablado,* etc. En cambio, con el verbo *ser* conserva el sentido pasivo y no el perfectivo, y es variable en género y número. Con él forma la voz pasiva: *es recibido, fueron recibidos, serán recibidas.* Con otros verbos auxiliares es variable y conserva los dos valores, perfectivo y pasivo: *Llevo andados muchos kilómetros; Esta zona la tenemos muy explorada.* (→ TENER.)

2 *Participio adjetivo.* Cuando el participio no se construye con verbos auxiliares, es un adjetivo que concierta, como todos los adjetivos, en género y número con el sustantivo a que se refiere. Su sentido es

pasivo si pertenece a un verbo transitivo: *una casa edificada con ladrillos;* es activo si corresponde a un verbo intransitivo o reflexivo: *acostumbrado, atrevido, presumido, resuelto, parecido.* En una serie de participios de verbos transitivos puede darse, según las circunstancias, sentido activo o pasivo: *abrazado, agarrado, agradecido, almorzado, bebido, callado, cansado, comido, cenado, confiado, considerado, desconfiado, descreído, desesperado, desprendido, disimulado, divertido, entendido, fingido, leído, mirado, necesitado, osado, pensado* (en la frase *mal pensado*), *pesado, sabido, sentido, sufrido.*

3 *Participio absoluto.* Cuando el participio concierta con un sustantivo que no forma parte de la oración, sino que constituye precisamente con el participio una proposición incorporada a aquella, recibe el nombre de *participio absoluto.* Tiene un sentido temporal de anterioridad: *Acabada la misa, todos salieron* ('después que acabó'); o condicional: *Quitados los árboles, el parque no valdría nada* ('si se quitaran los árboles'); o concesivo: *Aun muerto su perseguidor, no se atrevía a salir de su escondite* ('aunque había muerto'); o modal: *Iba, metidas las manos en los bolsillos, a lo largo del paseo.*

En la construcción absoluta lo normal es que el participio vaya delante de su sujeto, como se ve en los ejemplos; pero, cuando tiene sentido modal, puede ir detrás: *Iba, las manos metidas en los bolsillos, a lo largo del paseo.* Cuando se usa con sentido temporal, puede precederle una preposición: *Después de vendida la casa, nos arrepentimos;* o el adverbio *una vez: Una vez vendida la casa.*

Una forma especial de construcción absoluta es la locución formada por participio + *que* + verbo en forma personal (*haber, tener, estar, ser, ver*): *Llegado que hubimos al pueblo;* «*Llegado que fue el próximo domingo, Ramiro se engalanó como nunca*» (Larreta, *Don Ramiro,* 144). Es propia de la lengua literaria.

4 *Pronombre personal enclítico tras participio.* La norma general es que el participio no admite pronombre enclítico. No obstante, desde Cervantes se han dado en nuestra literatura muestras aisladas de este uso, y hoy aparece con alguna frecuencia

en varios países americanos, especialmente en Méjico y Venezuela: *la afectuosa acogida dispensádale; los objetos dádoles; el homenaje ofrecídole; gracias al movimiento imprésoles* (cit. Rosenblat, *Palabras*, II, 137-40; cf. Kany, 123-24). Es un uso inelegante y que carece de prestigio. Solo en un caso está hoy permitido: cuando el participio es segundo participio, formando tiempo compuesto con un verbo auxiliar que se ha enunciado sin enclítico en la oración anterior: *«cual si hubiera dado a la Naturaleza una mano de alegría, o pintádola de nuevo»* (Galdós, *Torquemada*, III, 130). Y aun entonces con mucha parquedad.

partir. 1 Construcción: *partir* A o PARA *Italia; partir algo* ENTRE *varios; partir* POR *en medio.*
2 *Partiendo de,* no *en términos de:* → TÉRMINO.

partner → PAREJA.

party → FIESTA.

pasamano. 'Galón o trencilla que sirve de guarnición'; y también 'listón que se coloca sobre una barandilla'. En este segundo sentido, es más frecuente hoy —aunque no lo registra la Academia— el *pasamanos.*

pasante → PROFESOR.

pasar. Construcción: *pasar* DE *Zaragoza* A *Madrid; pasar el gasto* DE *mil pesetas; pasar la distancia* DE *seis kilómetros; pasar* EN *silencio una ofensa; pasar* POR *alto una cosa; pasar* POR *cobarde; pasar* A *desarrollar un punto; pasarse* AL *enemigo; pasarse* CON *poco; pasarse* DE *listo.*

pasear. Construcción: *pasear* POR *el parque.*

paseo. Forma yuxtapuesta en la denominación de paseos, etc. *(paseo Recoletos):* → CALLE.

pasha → BAJÁ.

pasmar. Construcción: *pasmarse* DE *lo que se ve.*

pasodoble. 'Música bailable con ritmo de marcha'. Debe desecharse la grafía anticuada *paso doble.*

pasterización, pasterizar, pasteurización → PASTEURIZAR.

pasteurizar. 'Esterilizar' (leche u otro líquido). La Academia recoge las formas *pasteurizar* y *pasterizar,* dando preferencia a la primera. Lo mismo hace con los derivados *pasteurización* y *pasterización.*

patente. *Ser patente:* → SER, 3.

pátina. 'Tonalidad que da el tiempo a los objetos antiguos'. Es errónea la forma *patina,* /patína/.

pato-. Forma prefija del griego *pathos,* 'enfermedad': *patología.*

patri-, patro-. Formas prefijas del latín y griego *pater,* 'padre': *patriarca, patrimonio, patrocinio, patrología.*

patriotería, patriotero → CHOVINISMO.

patrocinador. La persona o entidad que, con fines generalmente publicitarios, sufraga gastos de más o menos interés público se llama en español *patrocinador.* No es necesario usar el inglés *sponsor.*

payaso. No es necesaria la palabra inglesa *clown* (pronunciada corrientemente /klon/) para designar al *payaso* de circo.

pecar. Construcción: *pecar* DE *palabra; pecar* CON *la intención; pecar* EN *algo; pecar* CONTRA *la caridad; pecar* DE *ignorante; pecar* POR *exceso* o POR *defecto.*

pectini-, pectin-. Formas prefijas del latín *pecten,* 'peine': *pectiniforme.*

ped-. Forma prefija del griego *pais,* 'niño': *pediatría, pedagogía.*

pedi-. Forma prefija del latín *pes,* 'pie': *pediluvio.*

-pedia. Forma sufija del griego *paideía,* 'educación': *enciclopedia, ortopedia.*

pediatra → -IATRA.

pedigree → PEDIGRÍ.

pedigrí. 'Genealogía' (de un animal). Este nombre masculino es la adaptación que la Academia propone para el inglés *pedigree.*

pedir. 1 Verbo irregular. Se conjuga como *vestir* [62].
2 Construcción: *pedir* PARA *la Cruz Roja; pedir* POR *el alma de alguno.*
3 *Pedir,* por *preguntar,* es catalanismo: *Piden por usted,* 'preguntan por usted'; *«Un gendarme de aduanas me pidió si tenía algo que declarar»* (*Destino,* 1.1.1972, 5).

pegar. Construcción: *pegar una cosa* A O CON *otra; pegar* A, CONTRA O EN *la pared; pegar golpes* SOBRE *el tablero.*

Pekín. El nombre tradicionalmente dado en español a la antigua capital china es *Pekín,* que debe seguir usándose, sin adoptar la transcripción *Beijing* que el sistema «pinyin» establece.

pelambre. 'Conjunto de pelo'. Según la Academia, este nombre es masculino; pero en el uso corriente aparece generalmente como femenino.

pelear. Construcción: *pelearse uno* CON *otro; pelearse* POR *algo.* En algunos países americanos se usa como transitivo: «*Señor, he venido a pelearlo*» (Benedetto, *Caballo,* 60). Cf. Kany, 5.

pelícano. Como nombre, 'cierta ave palmípeda', es palabra esdrújula o —rara vez— grave. Como adjetivo, 'que tiene cano el pelo', es solo palabra grave, *pelicano.*

película → FILME.

pelo. *Venir* (una cosa) *a pelo* significa 'presentarse a propósito o con oportunidad'. *Venir al pelo* (una cosa a alguien) es 'resultarle a la medida de su deseo'.

pelota. *Pelota base* es el nombre que se ha dado en español al deporte cuyo nombre en inglés es *baseball.* Pero el nombre español ha caído en desuso, vencido por la forma adaptada *béisbol* (→ BÉISBOL), que ya está registrada por la Academia.

pena. 1 *Valer* o *merecer la pena. Vale* o *merece la pena leer este libro* se construye sin ninguna preposición entre *pena* y *leer,* porque *leer este libro* es el sujeto de *vale* o *merece.* Lo mismo ocurre si decimos *Este libro vale* o *merece la pena leerlo,* pues el sujeto de *vale* o *merece* sigue siendo *leerlo* (= «leer este libro»), y la única particularidad es que el complemento de *leer* —*este libro*— ha sido adelantado al comienzo de la frase. En cambio, cuando decimos *Este libro no vale la pena* DE *leerse* (o DE *ser leído*), es necesaria la preposición *de* entre *pena* y lo que sigue, que ya no es su sujeto, sino su complemento (el sujeto ahora es *este libro*). Resumiendo, pues: la construcción *valer* o *merecer la pena* no debe ir seguida de ninguna preposición,

cuando lo que se enuncia a continuación de *pena* es el sujeto de la frase (esto es, «aquello que vale la pena»). Debe llevar *de* cuando lo que sigue a *pena* no es el sujeto de la frase, sino un complemento de *pena* («en qué consiste la pena o trabajo»).

2 *Darse la pena,* en el castellano hablado por catalanes, corresponde al normal *tomarse el trabajo.*

3 *Dar pena:* → DAR. 3.

penalty. El término deportivo *penalty* alterna en el uso de los periodistas correspondientes, con la palabra española *castigo,* que es traducción exacta de aquella. Pero el nombre español no ha prevalecido en el uso de los aficionados, que utilizan siempre la palabra inglesa. Debemos considerar, pues, el nombre *penalty* como plenamente arraigado dentro del lenguaje del deporte. Por esta misma razón, no está justificado escribir el plural inglés *penalties;* debe usarse, con arreglo al sistema español de formación del plural, *penaltys.* Hay quienes escriben *penalti;* en este caso, el plural habrá de ser *penaltis.*

pender. Construcción: *pender* DE *un cabello; pender* EN O DE *la pared.*

penetrar. Construcción: *penetrar* EN *la casa* (en América *penetrar* A *la casa); penetrarse* DE *la idea.*

peni-. Prefijo, del latín *paene,* 'casi': *península, penillanura.*

penni-. Forma prefija del latín *penna,* 'pluma': *penninervia.*

pensar. 1 Verbo irregular. Se conjuga como *cerrar* [6].

2 Construcción: *pensar* EN *alguien; pensar* EN O SOBRE *algo; pensar* PARA *sí; pensar algo* DE *una persona* o DE *una cosa; pensar* EN *ir.* Sobre la construcción vulgar *pienso* DE *que esto es así,* → DE. 4.

pensil. 'Jardín delicioso'. La Academia registra dos formas: aguda, /pensíl/, que es la más usual; y grave, *pénsil,* que es la etimológica.

penta-, pente-. Forma prefija del griego *pente,* 'cinco': *pentasílabo, pentedecágono.*

pentagrama. 'Pauta musical'. Aunque la Academia registra también la forma esdrújula *pentágrama,* esta acentuación no pasa de ser un vulgarismo semejante al de la pronunciación /kilógramo/.

Pentecostés. 'Fiesta de la venida del Espíritu Santo'. Aunque este nombre se ha usado como femenino, hoy tiene género masculino.

peor. 1 Comparativo de *malo:* → MALO, 2.

2 Comparativo de *mal:* → MAL, 4.

3 Construcción: *peor* QUE *antes; peor* QUE *el otro* (no *peor* A, como a veces se lee: «*La situación* .. *se presentaba ayer algo peor* A *la de la capital*», *País*, 10.12.1978).

peppermint → PIPERMÍN.

-pepsia. Forma sufija del griego *pesso*, 'digerir': *dispepsia.*

pequeño. 1 El comparativo de este adjetivo es *menor*, en general; pero se usa a menudo la forma perifrástica *más pequeño*, especialmente en la lengua coloquial. *Menor* se construye con *que: Su superficie es tres veces menor* QUE *la de Europa;* es errónea la construcción con *a (tres veces menor* A *la de Europa;* «*Un número de Bonos no menor a la cantidad de dos millones de dólares de capital*», *B O E*, 16.4.1945, 3005). Sin valor comparativo se usa a veces *menor*, por anglicismo, como *secundario:* «*No hay noticias de que se hayan producido enfrentamientos armados en la capital, aunque en el interior del país se han señalado algunos choques de menor importancia*» (*País*, 24.3.1982, 1).

2 El superlativo normal es *pequeñísimo*. La forma latinizante *mínimo* pertenece exclusivamente a la lengua culta y tiene un significado enfático especial: 'extremadamente pequeño'. La expresividad actúa más intensamente sobre el adjetivo *mínimo* cuando se refuerza con *más: No tengo la más mínima idea.* Por otra parte, *mínimo* se puede usar como nombre masculino: *Tener un mínimo de respeto; La Bolsa ha alcanzado el mínimo del año.* Algunos, por afectación, prefieren usar la forma *mínimum: un mínimum de respeto.*

per-. Prefijo latino que significa 'intensidad': *pervivir, persistencia;* a veces tiene sentido de 'mal': *perjurar, perverso.*

perder. 1 Verbo irregular. Se conjuga como *entender* [14].

2 Construcción: *perder* EN EL (o AL) *juego; perder algo* DE *vista; perderse* EN *disquisiciones.*

perecer. Verbo irregular. Se conjuga como *agradecer* [11].

peremne, peremnidad → PERENNE.

perenne. La pronunciación de este adjetivo es /perénne/, no /perémne/. Y la del nombre abstracto *perennidad*, /perennidád/, no /peremnidád/.

peri-. Prefijo griego que significa 'alrededor': *pericarpio.*

periferia. La pronunciación normal es /periféria/; no /perifería/, como dicen algunos médicos.

período. La Academia da como válidas las dos formas, *período* y *periodo*, considerando preferible la primera.

perjuicio. Aunque no con frecuencia, se manifiesta a veces la confusión entre *perjuicio* y *prejuicio. Perjuicio* es 'daño'; *prejuicio* es 'opinión sobre algo antes de tener verdadero conocimiento de ello'.

permanecer. 1 Verbo irregular. Se conjuga como *agradecer* [11].

2 Construcción: *permanecer* EN *su lugar.*

permiso. Construcción: *permiso* PARA *hacer algo* (no DE *hacer algo*).

permutar. Construcción: *permutar una cosa* POR O CON *otra.*

pero. 1 Conjunción adversativa. Se usa solo con valor restrictivo; esto es, la oposición existente entre las oraciones coordinadas por esta conjunción tiene un sentido de simple limitación, no de total incompatibilidad.

Puede tener valor meramente enfático. Unas veces expresa el descontento del hablante con su circunstancia: «*¡Pero siéntate, mujer, siéntate!*» (Antonio Casero); en preguntas de asombro, expresa una momentánea autodefensa frente a la nueva situación: «*¿Que tú sirves ar duque de É? Pero ¿desde cuándo?*» (Álvarez Quintero). A veces va seguido de *y:* «*Pero ¿y cómo ha sido eso?*» (A. Casero). (Beinhauer, 127.)

2 *No solo..., pero... (en lugar de no solo..., sino...):* → SOLO.

3 *Pero que*. La conjugación *pero*, en su valor enfático, se une a la conjunción *que* para formar una locución adverbial (en la que, naturalmente, ambas palabras pierden su categoría de conjunciones) que se antepone a adjetivos o adverbios en grado superlativo para darles aún mayor relieve. Se usa bastante en la lengua hablada: «*Es indispensable tener pero que muchísima pupila*» (Baroja, *Aventuras Paradox*, 148); «*La plaza de indiano que se la tiene pero que muy bien ganada..., requeteganada*» (Zunzunegui, *Úlcera*, 25). Más raro es el empleo ante adverbios o expresiones adverbiales no superlativas, como en este ejemplo: «*El crío siempre está pero que llorando*» (Miró, *Vivir*, 135).

4 *Pero si*. El *pero* enfático (→ 1) suele combinarse muy frecuentemente, en la lengua hablada, con el *si* de protesta (→ SI), reforzando la expresividad de este: «*¿Frío? ¡Pero si yo estoy sudando a chorros!*» (Mihura, *Decisión*, 38).

5 *¡Pero, sí!* También de protesta, como el *pero si* átono (→ 4), pero con sentido de afirmación enfática y sin parentesco sintáctico con aquel, es el *¡pero sí!* que de vez en cuando se lee en traducciones del francés: «*Él habría preferido un día tierno, para tener una oportunidad más de oír que le respondía: 'Pero sí, te quiero'*» (Echávarri, trad. Sagan, *Dentro de un mes*, 137). Este *pero sí*, versión demasiado literal del *mais oui* francés, en español es *¡pues claro!*

6 *Pero*, adverbio, en interior de oración —no al principio—, como equivalente de *sin embargo*, se usó en la época clásica: «*Os la pusiera en vuestras manos para que hiciérades della a toda vuestra voluntad y talante, guardando,* PERO*, las leyes de la caballería*» (Cervantes, *Quijote*, I, 550). Hoy solo se usa en el castellano de Cataluña: «*Todo,* PERO*, está decidido solo a medias*» (X. Montsalvatge, *Vanguardia*, 9.5.1978, 62).

perpetuar. Se conjuga, en cuanto al acento, como *actuar* [1 d].

perseguir. Verbo irregular. Se conjuga como *vestir* [62].

perseverar. Construcción: *perseverar* EN *su intento*.

persistir. Construcción: *persistir* EN *una idea*.

persona grata, persona non grata → NON GRATO.

personal. Como nombre masculino, significa 'conjunto de las personas que pertenecen a una dependencia': *el personal del Ministerio; el personal de la fábrica*. El uso de *personal* como 'gente' en general es un vulgarismo (como tal lo empleaban no hace mucho, con propósito caracterizador, los novelistas: «*El personal se fue silenciando*», Cela, *Lazarillo*, 67; «*Nos fuimos a la plaza, donde ya había muchísimo personal*», Laiglesia, *Fulana*, 104), que con intención humorística se usa hoy en todos los niveles.

persuadido. Construcción: *estar persuadido* DE *una verdad*.

persuadir. Construcción: *persuadir* A o PARA *hacer alguna cosa; persuadir* DE *la verdad; persuadir* CON *buenas razones*.

pertenecer. **1** Verbo irregular. Se conjuga como *agradecer* [11].

2 Construcción: *pertenecer* A *una sociedad*.

pertrechar. Construcción: *pertrecharse* CON o DE *lo necesario*.

pervertir. Verbo irregular. Se conjuga como *sentir* [60].

pesar. **1** *A pesar de*, locución prepositiva, 'contra la voluntad de', 'contra la resistencia de' o 'contra el inconveniente de': *A pesar de todos y de todo, lo conseguimos; A pesar de ser tan joven, es un sabio*. Puede preceder a una proposición introducida por *que: A pesar de que estábamos prevenidos, hubo un sobresalto*. No debe omitirse en este caso la palabra *de (a pesar que estábamos...)*.

2 *Pese a:* → PESE.

3 Uso de *con todo de* o *con todo y* por *a pesar de* o por *pese a:* → TODO, 5.

pese. **1** *Pese a*, locución prepositiva, equivalente, en general, a *a pesar de: Pese a todo, lo conseguimos; Pese a ser tan joven, es un sabio*. Puede preceder a una proposición introducida por la conjunción *que: Pese a que se encontraba indefenso, le golpearon*.

2 Uso de *con todo de* o *con todo y* por *pese a:* → TODO, 5.

pésimamente → MAL, 5.

pésimo → MALO, 3.

petro-, petri-, petr-. Formas prefijas del latín *petra*, 'piedra': *petrografía*, *petróleo*.

petroleoquímico. 'Relativo a la industria que utiliza el petróleo o el gas natural como materias primas'. Existe también el nombre femenino *petroleoquímica*, 'ciencia y técnica correspondientes a esta industria'. La Academia, que registra estas formas, y también *petrolquímico*, no lo hace con *petroquímico* y *petroquímica*, más usuales por el momento y que no son rechazables. Conviene saber, sin embargo, que, según la Academia de Ciencias *(Vocabulario)* —que no recoge *petroleoquímica*—, *petrolquímica* es «conjunto de técnicas industriales de base química dirigido al aprovechamiento de los petróleos y obtención de sus derivados», mientras que *petroquímica* es «parte de la petrografía que se ocupa de la composición química de las rocas».

petrolero → PETROLÍFERO.

petrolífero. El sentido de este adjetivo es 'que contiene o produce petróleo': *pozo, yacimiento, país petrolífero*. Con frecuencia se usa impropiamente en lugar del adjetivo *petrolero*, 'del petróleo o relativo al petróleo'. Debe decirse *industria petrolera, precios petroleros, sabotaje petrolero*.

petrolquímico, petroquímico → PETROLEOQUÍMICO.

-peya. Forma sufija del griego *poieo*, 'hacer': *onomatopeya*.

piafar. Este verbo significa, referido a un caballo que está parado, 'alzar alternativamente las manos dejándolas caer con fuerza'. Es erróneo atribuirle el sentido de 'relinchar'.

piar. Se conjuga, en cuanto al acento, como *desviar* [1 c].

picar. Construcción: *picar* DE O EN *todo*.

picazón. 'Picor'. Es nombre femenino, *la picazón* (no masculino, *«los picazones de la piel», Informaciones*, Supl., 11.11.1970, 10).

picia → PIFIA.

pico. *Y pico* sigue a una expresión de número para indicar que aún queda sin detallar una cantidad de orden inferior: *Somos doscientos y pico en la clase*. Cuando se especifica el nombre de lo numerado, puede hacerse detrás de *pico*, sin preposición: *«Doscientos y pico trabajos científicos»* (Laín, *Tovar*, 53); *«Llegan juntos los dos, de veinte y pico años»* (Fernández Santos, *Catedrales*, 178). Pero suele preferirse colocarlo a continuación del numeral: *Somos doscientos alumnos y pico*.

pie. 1 La Academia da como equivalentes las locuciones *de pie, de pies* y *en pie*. Pero en el uso normal no lo son. En primer lugar, *en pie* es hoy casi exclusivamente literario. En cuanto a *de pies*, si bien puede encontrarse en escritores clásicos, la lengua moderna la desdeña en favor de *de pie*. *De pies* es en unas ocasiones vulgar; en otras, regional (se conserva bastante vivo en el País Vasco, en Venezuela y en Colombia).

2 *De pie* y *a pie*. *De pie* es una postura: *Estoy de pie, no sentado*. *A pie* es una forma de caminar: *Unos van a pie y otros en coche*.

3 *A pie juntillas*, 'sin la menor duda', locución adverbial usada generalmente con el verbo *creer*. También es frecuente *a pies juntillas*: *«San Anselmo cree a pies juntillas que la realidad absoluta es Dios»* (Ortega, *Galileo*, 186). La Academia recoge asimismo la forma *a pie juntillo*, que solo conozco en la lengua clásica: *«Neguéselo a pie juntillo»* (Alemán, *Guzmán*, 685).

pifia. 'Error' o 'mala jugada'. Se debe a confusión fonética vulgar la forma *picia*.

pijama. El género de este nombre es masculino en España; femenino en América, donde también se usa la forma *piyama*.

pimpón → PING-PONG.

pinchadiscos. Nombre masculino y femenino: 'persona cuyo trabajo, en una discoteca, consiste en poner la música', y 'presentador, en la radio, de programas dedicados a discos de música ligera moderna'. Es la palabra que se usa popularmente en lugar de *disc-jockey*. Como denominación más formal para el segundo sentido puede decirse *presentador de discos*.

ping-pong. 'Tenis de mesa'. La Academia registra tres nombres para este juego: *tenis de mesa, ping-pong* y *pimpón*. Considera preferible este último, si bien el uso general es el de *ping-pong*.

pinni-. Forma prefija del latín *pinna*, 'pluma': *pinnípedo*.

pintada. 'Letrero, generalmente político, pintado en una pared'. No hay necesidad de usar la palabra italiana *graffito*, y menos aún su plural *graffiti* con valor de singular: *«'Considera, godo, el daño que haces a Canarias'. El 'graffiti' enriquece tres azulejos de un 'men's room' en la terminal de nacionales de Barajas»* (I. Montero, *Informaciones*, 23.2.1978, 19). Correctamente emplea esa forma plural Martín Santos: *«Algunos graffiti realizados apresuradamente»* (*Tiempo*, 171).

pintar. Construcción: *pintar* AL *pastel*, AL *óleo*, A *la acuarela; pintar* DE *azul; no pintar nada* EN *el asunto; pintarse solo* PARA *hacer una cosa*.

pinza. Como nombre de instrumento, el uso más extendido y prestigioso es en plural: *las pinzas*. Sin embargo, existe también, y está registrado por la Academia, al lado del anterior, un uso en singular, *la pinza*.

pipe-line → OLEODUCTO.

pipermín. 'Licor de menta'. La palabra inglés *peppermint* es usada por los españoles con la grafía *pippermint* y la pronunciación /pipermín/. Como la grafía es errónea —ni inglesa ni española— y la pronunciación citada es general en nuestro idioma, parece razonable dar al término la forma *pipermín*, utilizada ya por algunos escritores: *«Solo había medio litro de pipermín y un frasco pequeño de vino de Málaga»* (Goytisolo, *Resaca*, 197).

pippermint → PIPERMÍN.

pirenaico. 'De los Pirineos'. Evítese la forma *pirinaico* (*«Frente al mar pirinaico, de Francia hasta Galicia»*, Basterra, *Antología*, 70).

-pirético. Forma sufija del griego *pyretikós*, 'febril': *antipirético*.

pirinaico → PIRENAICO.

piro-, pir-. Forma prefija del griego *pyr*, 'fuego': *pirotecnia*.

-piteco. Forma sufija del griego *pithekos*, 'mono': *antropopiteco*.

piyama → PIJAMA.

placer. Verbo irregular. Se conjuga como *agradecer* [11]. Aparte de las formas normales de pretérito de indicativo *plació*, *placieron;* de pretérito de subjuntivo *placiera, placieras*, etc. (o *placiese, placieses*, etc.), y de futuro de subjuntivo *placiere, placieres*, etc., se encuentran, a veces, en textos literarios, por prurito arcaizante, las formas anticuadas *plugo, pluguieron; pluguiera, pluguieras*, etc. (o *pluguiese, pluguieses*, etc.); *pluguiere, pluguieres*, etc.

plagar. Construcción: *plagarse* DE *granos*.

plagiar. Se conjuga, en cuanto al acento, como *cambiar* [1 a].

plagio-, plagi-. Forma prefija del griego *plagios*, 'oblicuo': *plagiostomo*.

plani-. Forma prefija de *plano: planimetría*.

plantar. Construcción: *plantar* DE *rosales; plantarse* EN *Cádiz*.

plañir. Verbo irregular. Se conjuga como *mullir* [53].

-plasma. Forma sufija del griego *plasma*, 'formación': *protoplasma*.

-plastia. Forma sufija del griego *plastós*, 'modelado': *galvanoplastia*.

plateau → PLATÓ.

plati-, plat-. Formas prefijas del griego *platys*, 'ancho': *platirrino, platelminto*.

plató. En cine y televisión, 'recinto acondicionado para que sirva de escenario'. Es la grafía española adoptada para el francés *plateau*. Por tanto, no es necesario utilizar la forma francesa. El plural de *plató* es *platós*.

play-back → PREVIO.

plaza. Forma yuxtapuesta en la denominación de plazas, etc. (*plaza España*): → CALLE.

pleamar. El género de este nombre es femenino: *la pleamar*.

plegar. Verbo irregular. Se conjuga como *cerrar* [6]. También se usa como regular (Academia, *Esbozo*, § 2.12.3).

-plejía. Forma sufija del griego *plegé*, 'golpe': *hemiplejía*.

pleni-. Forma prefija del latín *plenus*, 'lleno': *plenilunio, plenipotenciario*.

plio-. Forma prefija del griego *pleíon*, 'más': *plioceno*.

plomería, plomero → FONTANERO.

pluri-. Forma prefija del latín *plures*, 'varios': *pluricelular, pluriempleo*.

plusmarca → MARCA.

plusmarquista. Para traducir al español los términos deportivos seudoingleses *recordman* y *recordwoman* ('hombre o mujer que ha conquistado una marca'), se ha creado, y se usa con frecuencia, el nombre (masculino y femenino) *plusmarquista*, formado sobre *plusmarca*, y cuyo empleo es preferible al de las voces anteriores.

plutonio. 'Elemento radiactivo artificial'. No está justificado el uso de la forma latina *plutónium*.

plutónium → PLUTONIO.

poblar. 1 Verbo irregular. Se conjuga como *acordar* [4].
2 Construcción: *poblar* DE *árboles*.

pobre. El superlativo de este adjetivo es *paupérrimo;* pero esta forma, limitada al uso culto, se sustituye en el coloquial por *pobrísimo*.

poco. 1 *Un poco*, como sustantivo, significa 'una pequeña cantidad' de algo no numerable que se menciona precedido de la preposición *de: un poco de pan, un poco de dinero, un poco de gente*. En estos ejemplos, como se ve, se trata de materia o de conjunto. No se habría dicho *un poco de trozos de pan, un poco de pesetas, un poco de personas* (el uso existe, no obstante, en algunas regiones de América: cf. Kany, 147); al tratarse de objetos numerables, se diría (sin *de*) *unos pocos trozos de pan, unas pocas pesetas, unas pocas personas*. En este segundo caso, *un poco* no es sustantivo, sino dos adjuntos acumulados, que han de concertar en género y número con el nombre que sigue. Debe evitarse aplicar esta concordancia al primer caso, en el que *poco* no la admite por ser un sustantivo; ejemplos como *una poca de luz, una poca de tierra* son vulgarismos

(por popularismo parece haberlo usado Jiménez, *Antología para niños*, 174: «*Le ponía o le sacaba [a la maceta] una poquita de tierra*»). Tampoco debe incurrirse en la otra confusión, la de usar la preposición *de* ante nombres de objetos numerables: *unas pocas de personas;* «*Como vengan unos pocos de fríos, nos han de meter caza de invierno en la Península*» (C. Otero, *Abc*, 24.1.1980, 44).
2 *Por poco* y *a poco*, locuciones adverbiales, no son sinónimas. *Por poco* es 'casi': *Por poco me atropellan. A poco* es 'poco después': *A poco, se retiraron;* puede llevar complemento con *de: A poco de llegar, se retiraron.*
3 *De a poco* es frecuente en la región del Plata y en Chile en lugar del uso general *poco a poco*: «*Dejábamos las bicicletas en la calle y nos internábamos de a poco, parándonos a mirar el cielo*» (Cortázar, *Rayuela*, 125). Cf. Kany, 358.
4 *¿A poco...?* se emplea en Méjico por *¿acaso...?* o *¿es que...?*: «*¿A poco tú y yo les vamos a hacer competencia?*» (Fuentes, cit. Steel, *Americanismos*, 186). Cf. Kany, 286.

poder. 1 Verbo irregular. (Véase cuadro.)
2 Construcción: *poder* CON *la carga*.
3 *No poder menos de*, seguido de infinitivo, 'no poder evitar': «*Obró como no podía menos de hacerlo una mujer orgullosa y romántica*» (Baroja, *Románticos*, 17). También existe, igualmente aceptada, la forma *no poder por menos de:* «*No podemos por menos de pensar*» (Salinas, *Ensayos*, 73). En América se usa más *no poder menos que* («*Ti Noel no pudo menos que pensar en las tiendas de los herbolarios*», Carpentier, *Reino*, 24), construcción que tampoco es desconocida en España («*Ni sus cuerpos pueden menos que caer a tierra, pues tal es su ley, ni las almas menos que obrar por ley de gravitación espiritual*», Unamuno, *Vida*, 85).
4 *Puede ser*, frecuentemente seguido de una proposición introducida por *que*, es construcción que tiene el valor de 'quizá, acaso': *Puede ser que nos hayan olvidado*. Debe evitarse la forma vulgar PUEDA *ser*.

poderoso. Construcción: *poderoso* A o PARA *triunfar* ('capaz de triunfar').

CONJUGACIÓN DEL VERBO «PODER»
(tiempos simples)

INDICATIVO

Pres. puedo, puedes, puede, podemos, podéis, pueden.
Pret. impf. podía, podías, podía, podíamos, podíais, podían.
Pret. indef. pude, pudiste, pudo, pudimos, pudisteis, pudieron.
Fut. impf. podré, podrás, podrá, podremos, podréis, podrán.
Pot. simple podría, podrías, podría, podríamos, podríais, podrían.

SUBJUNTIVO

Pres. pueda, puedas, pueda, podamos, podáis, puedan.
Pret. impf. pudiera o pudiese, pudieras o pudieses, pudiera o pudiese, etc.
Fut. impf. pudiere, pudieres, pudiere, pudiéremos, pudiereis, pudieren.

IMPERATIVO

(inusitado) puede, pueda, poded, puedan.

FORMAS NO PERSONALES

Inf. poder.   *Ger.* pudiendo.   *Part.* podido.

---

podio. 'Pedestal para el triunfador de una prueba deportiva' o 'plataforma del director de la orquesta'. No hay necesidad de usar la forma latina *pódium*.

pódium → PODIO.

podo-, -podo. Formas prefija y sufija del griego *pous*, 'pie': *podómetro, artrópodo*.

podrir. Verbo irregular. Su infinitivo es *podrir* o *pudrir*. La forma *podrir* es rara; se prefiere *pudrir*. El participio es siempre *podrido*. Y las restantes formas del verbo tienen *u*, no *o*, en la base: *pudre, pudría, pudrió, pudriendo*, etc.

poeta. El femenino de este nombre es *poetisa*. Ya se usa *poetisa* por lo menos en el siglo XVII («*¡Gran poetisa!*», Quevedo, *Privado*, 631). Hoy existe cierta prevención contra la forma *poetisa*, que con frecuencia se sustituye por *poeta*: «A las mujeres españolas que escriben hoy en verso —dice Dámaso Alonso— parece que no les gusta que se las llame *poetisas:* se suelen llamar, entre sí, *poetas*. Habrá, sin embargo, que rehabilitar la palabra *poetisa*: es compacta y cómoda» (*Poetas*, 359). Véase un caso extremo de esa prevención:

«*La sensibilidad inocente y sabia del gran poeta-mujer que le acompañaba [a Carles Riba], del gran poeta catalán de lo vivo, lo cotidiano, lo valioso, que es Clementina Arderiu*» (Ridruejo, *Destino*, 29.7.1972, 6). Una situación parecida se ha dado en el italiano *romanziera*, femenino de *romanziere*, 'novelista': Migliorini (*Lingua contemporanea*, 19) señala que A. Baldini llamaba a Grazia Deledda *un romanziere*, y comenta que la forma femenina en *-a*, como ya notaba Tommaseo, tiene un tinte ligeramente despectivo. En español, la contraposición *poetisa/poeta* ya está explícita en 1881 en Clarín: «*La poetisa fea, cuando no llega a poeta, no suele ser más que una fea que se hace el amor en verso a sí misma*» (*Solos*, 86). Por otra parte, el uso de *poeta* aplicado a mujer no es nuevo: no solo se encuentra ya, por ejemplo, en Rosalía de Castro en 1859 («*Madame de Staël, tan gran política como filósofa y poeta*», *Hija*, 11), sino, mucho antes, en Lope de Vega, en 1602: «*Solícita, poeta, enferma, fría*» (*Poesías*, I, 141). Es más: *poeta* es la única forma española que da Nebrija en 1492 para «varón» y «hembra» (*Diccionario*, s.v. *poeta* y *poetis*).

póker → PÓQUER.

polca. 'Cierta música y danza de movimiento rápido'. La grafía *polca*, única registrada por la Academia, es preferible a *polka*.

poli-. Prefijo, del griego *poly-*, que significa 'muchos': *polivalente*.

-poli, -polis. Formas sufijas del griego *polis*, 'ciudad': *metrópoli*.

policía. Sobre el género de esta palabra, es válido todo lo dicho en GUARDIA, 1.

policíaco. Son igualmente válidas las formas *policiaco*, /-iáko/, y *policíaco*, /-íako/, si bien la Academia da preferencia a la segunda.

policromo. 'De varios colores'. Es palabra grave, /polikrómo/; por tanto, no debe usarse la forma *polícromo*.

políglota → POLÍGLOTO.

polígloto. En el *Diccionario* de la Academia figura el adjetivo *poligloto*, con su femenino *poliglota*, 'escrito en varias lenguas' o 'versado en varias lenguas'. Además de esta acentuación grave, etimológica, /poliglóto, poliglóta/, que da como preferible, registra una forma esdrújula, *polígloto*, femenino *políglota*. Pero el uso general conoce una sola forma, la esdrújula *políglota*, empleada indistintamente como masculino y femenino. Es necesario aceptar este uso como normal; pero sería deseable que, al menos, la lengua culta mantuviese la diferenciación formal *polígloto*, masculino / *políglota*, femenino. El problema es semejante al de la palabra *autodidacto* (→ AUTODIDACTO).

polio. Apócope de *poliomielitis*. Como el nombre completo tiene género femenino, también es femenina la forma apocopada.

polisíndeton. En gramática, 'repetición expresiva de conjunciones'. El género de este nombre es masculino, a pesar de que algunos gramáticos (p. ej., Gili Gaya, § 209) lo hayan usado como femenino.

polka → POLCA.

polo. *Polo acuático* es el nombre español del deporte que en inglés se denomina *water-polo*. Si, de todos modos, se prefiere usar el nombre inglés, sería mejor pronun-

ciar /uóter-pólo/ que /báter-pólo/. En el nombre del deporte se emplea la palabra inglesa *water* con su sentido propio, 'agua', y pronunciarla a la manera española es evocar el sentido de 'retrete' que en nuestro idioma ha tomado tal palabra (pronunciada en este caso /báter/).

polonio. 'Cierto metal radiactivo'. No está justificado el uso de la forma *polónium*.

polónium → POLONIO.

poner. 1 Verbo irregular. (Véase cuadro.)

2 Construcción: *poner a alguien* BAJO *tutela; ponerse* A *malas* CON *otro; poner a uno* DE *inspector; poner algo* EN *tal sitio; ponerse* A *escribir; poner a uno* DE *vuelta y media; ponerse* POR *medio*.

póney → PONI.

poni. 'Caballo de poca alzada'. Esta es la forma española propuesta por la Academia como preferible a *póney*.

popelín. 'Cierto tejido'. Como adaptación del francés *popeline*, la Academia registra el nombre femenino *popelina*. El uso general dice *popelín*, nombre masculino (a pesar de que el francés sea femenino). Como la palabra *popelín* está perfectamente formada, debemos considerarla normal frente a la académica *popelina*, forma quizá totalmente inusitada.

popelina → POPELÍN.

popurrí. 'Composición musical formada de fragmentos de otras varias'. También se usa en sentido figurado. Es nombre masculino que no debe escribirse en la forma francesa originaria, *pot-pourri*, ni tampoco pronunciarse como voz llana, /popúrri/. Su plural es *popurrís*.

póquer. 'Cierto juego de naipes'. La grafía *póquer* es la adoptada por la Academia y preferible a *póker;* pero esta es más usual y debe considerarse también válida.

por. 1 Preposición. Es siempre átona. Expresa las relaciones siguientes:

a) Lugar aproximado: *Ese pueblo está por León;* de tránsito: *Iba paseando por el jardín; Pasaremos por Ávila;* parte: *Le agarró por las solapas.*

b) Tiempo aproximado: «*Por mayo*

CONJUGACIÓN DEL VERBO «PONER»
(tiempos simples)

INDICATIVO

Pres. pongo, pones, pone, ponemos, ponéis, ponen.
Pret. impf. ponía, ponías, ponía, poníamos, poníais, ponían.
Pret. indef. puse, pusiste, puso, pusimos, pusisteis, pusieron.
Fut. impf. pondré, pondrás, pondrá, pondremos, pondréis, pondrán.
Pot. simple pondría, pondrías, pondría, pondríamos, pondríais, pondrían.

SUBJUNTIVO

Pres. ponga, pongas, ponga, pongamos, pongáis, pongan.
Pret. impf. pusiera o pusiese, pusieras o -ses, pusiera o -se, pusiéramos o -semos, pusierais o -seis, pusieran o -sen.
Fut. impf. pusiere, pusieres, pusiere, pusiéremos, pusiereis, pusieren.

IMPERATIVO

pon, ponga, poned, pongan.

FORMAS NO PERSONALES

Inf. poner.   *Ger.* poniendo.   *Part.* puesto.

---

era, por mayo» (*Romances*, 163); *Por aquellos días;* lapso de tiempo: *Me he matriculado por un curso; Por ahora no se puede hacer nada; Este cambio es solo por unos días.*

c) Agente de voz pasiva: *Fue detenido por la policía; Por el Ministerio de Hacienda se ha convocado oposición para cubrir 15 plazas.*

d) Medio: *Remitido por correo; Hablará por la radio; Hablan por señas.*

e) Causa: *Por nada del mundo lo haría; No comió por el disgusto que tenía; Por reciente luto, no habrá «lunch».*

f) Finalidad, objetivo: *Lo he hecho por ayudarte; Ir por agua* (→ A², 10); *Preguntan por usted.*

g) Sustitución, equivalencia: *Firma por mí; Gracias por todo; Se lo vendo por quinientas pesetas;* en sentido moral: *Le reconoció por hijo; Querer por esposa; Le tengo por honrado; Pasa por experto.* Del sentido de sustitución se pasa fácilmente al de 'en favor de': *Hable usted por mí; Hacer algo por alguien* (Gili Gaya, § 193).

h) Modo: *por lo general, por fin, por* la tremenda, por todo lo alto, por las buenas.

i) Concesión (seguida de adjetivo o adverbio cuantitativo y la conjunción *que*): *Por mucho que luche, fracasará; No se le entendió, por más que repitió la explicación; Por buenas que sean, no las compres.*

j) Perspectiva futura, necesidad (seguida de infinitivo): *Todos los hombres habidos y por haber; Todavía está por ver si alguno me puede; Plazas por cubrir.*

Esta preposición forma con el verbo *estar* la perífrasis verbal *estar por* | infinitivo (→ ESTAR, 2 y 7). Seguida de la conjunción *que*, forma la conjunción causal —o final— *porque* (→ PORQUE).

2 *A por* → A², 10.
3 *Por contra:* → CONTRA, 4.
4 *Por cuenta de:* → CUENTA.
5 *Por lo pronto, por de pronto, por el pronto:* → PRONTO, 2.
6 *Por manera que:* → MANERA, 1.
7 *Por que:* → PORQUE, 3 y 4.
8 *Por qué:* → PORQUÉ.
9 *Por si acaso:* → ACASO, 6.
10 *Por tal de:* → TAL, 3.

porción. Es femenino. *una porción;* el uso masculino, *un porción,* es vulgarismo (cf. Rosenblat, *Notas,* 118), y como tal lo recoge Zamora: *«Ya ve, en el periódico, en la tele, en el nodo, hay que ver. Y de autógrafos, y de regalos, un porción»* (*Traque,* 145).

porfiar. 1 Se conjuga, en cuanto al acento, como *desviar* [1 c].

2 Construcción: *porfiar* CON *alguno; porfiar* EN *un empeño; porfiar* SOBRE *el mismo tema.*

porque. 1 La conjunción causal *porque,* átona, compuesta por la preposición *por* y la conjunción *que,* se escribe siempre como una sola palabra: *Voy, no porque me llamen, sino porque quiero.*

2 La misma conjunción puede expresar finalidad: *Entró de puntillas porque no le oyesen* ('para que no le oyesen'). La Academia (*Diccionario*) da como válida también la grafía en dos palabras: *Hice cuanto pude por que no llegara este caso;* pero este uso no es corriente.

3 Debe evitarse la confusión entre la conjunción *porque* (→ 1 y 2) y el relativo con preposición *por que,* equivalente a 'por el cual, por la cual, por los cuales o por las cuales': *Estas son las razones por que no quiero ir.*

4 Igualmente es preciso no confundir *porque* (conjunción) y *por que* (pronombre relativo) con *por qué* (pronombre o adjetivo interrogativo) y *porqué* (nombre masculino) (→ PORQUÉ). Aparte del sentido, la diferencia más patente está en que en los dos últimos es tónico el elemento *que* —por ello se escribe con tilde—, lo cual no ocurre en los primeros.

porqué. No debe confundirse *por qué* —pronombre o adjetivo interrogativo precedido de la preposición *por*— con *porqué* —nombre masculino que significa 'causa'—. Ejemplos del pronombre y adjetivo: *¿Por qué no contestas?; ¿Por qué razón no contestas?; No sabemos por qué no contestas.* Ejemplo del nombre: *No sabemos el porqué de tu silencio.* Advertencia: en el caso del pronombre, la proposición interrogativa *por qué no contestas* puede ir precedida del artículo *el: No sabemos el por qué no contestas.* Se escribe *por qué,* separado, pues el artículo realza el carác-

ter sustantivo de toda la proposición que sigue. No puede confundirse con *No sabemos el porqué de tu silencio,* o *el porqué de que no contestes;* aquí se ve claramente que *el porqué* es un nombre que podría ser reemplazado perfectamente por otros nombres sinónimos, como *la causa* o *el motivo.*

portaaviones. 'Buque de guerra destinado a conducir y lanzar aviones'. Es nombre masculino. La Academia no registra la forma *portaviones,* a pesar de que en casos semejantes *(contraalmirante/contralmirante, sobreentender/sobrentender)* acoge la doble grafía.

portaviones → PORTAAVIONES.

portorriqueño → PUERTORRIQUEÑO.

pos. *En pos de,* locución prepositiva que significa 'detrás de' o 'en busca de': *«Caminan, incansablemente, en pos de la verdad»* (Cela, *Lazarillo,* 81). No es normal la construcción *en pos* + posesivo *(«Simona venía en pos suyo»,* Pérez de Ayala, *Luna,* 62, en lugar de *en pos de él* o *de ella).*

pos-, post-. Prefijo latino que significa 'detrás o después de': *posponer, posguerra, postromántico.* Es preferible, sobre todo cuando sigue consonante, la forma *pos-,* ya que la pronunciación española no articula, o apenas articula, la *t* de *post-.* Por eso, las palabras del patrimonio tradicional tienen siempre *pos-: posponer, posfecha, pospelo.*

poseer. Verbo irregular. Se conjuga como *proveer* [22].

posible. 1 Confusión entre *posible* y *susceptible:* → SUSCEPTIBLE, 3.

2 *Ser posible* (un hecho): → SER, 3.

posponer. 1 Verbo irregular. Se conjuga como *poner* [21].

2 Construcción: *posponer el interés* AL *honor.*

posterior. 'Que está detrás' o 'que está después'. Construcción: *posterior* AL *año 1900* (nunca *posterior* QUE).

posteriormente. Adverbio, 'después'. La locución prepositiva *posteriormente a,* usada a menudo por los periodistas, se sustituye con ventaja por *después de.*

postrar. Construcción: *postrarse* A *los pies de alguno; postrarse* DE *dolor; postrarse* EN *cama; postrarse* POR *el suelo.*

postrer → POSTRERO.

postrero. 'Último'. Adjetivo de uso exclusivamente literario. Sufre apócope, tomando la forma *postrer*, cuando va delante del nombre masculino: *el postrer encuentro*. También cuando entre el nombre y el adjetivo se interpone un segundo adjetivo: *el postrer desagradable encuentro*. Según Bello (§ 155), se emplea en la forma plena *postrero* cuando a este adjetivo sigue una conjunción: *el postrero y más desagradable encuentro*. La apócope es de rigor cuando el sustantivo que sigue es masculino. Pero a veces —como ocurre con *primer*— se presenta ante sustantivos femeninos: «*esta postrer frase*» (Azorín, cit. Fernández Ramírez, § 65).

potencial. La Academia, en 1931 (*Gramática*, § 84), consideraba el *potencial* uno de los modos del verbo; desde 1973 (*Esbozo*, § 2.11.1), uniéndose al parecer general de los gramáticos —formulado ya por Bello, § 452—, lo incluye entre los tiempos del modo indicativo, dándole ahora el nombre de *condicional* (Bello lo llama *pospretérito;* Gili Gaya, § 129, *futuro hipotético*). El potencial es una pareja de tiempos, uno simple y otro compuesto.

1 El *potencial simple* (o *condicional*, o *pospretérito*, o *futuro hipotético*) expresa un hecho futuro en una perspectiva pasada. Se distingue del futuro imperfecto en ser un tiempo relativo, no absoluto; pero, como él, es imperfecto. Ejemplo: *Dijeron que vendrían*. (Si el acto de *decir* no fuese pasado, sino presente, la frase sería: *Dicen que vendrán*.)

gases tarde. La perspectiva, entonces, no es pasada, sino presente.

Con este sentido de posibilidad o probabilidad puede usarse también la forma en *-ra (cantara)*, que figura en las gramáticas como imperfecto de subjuntivo: *¡Nadie lo creyera!* Este uso es de sabor libresco, como puede verse en estos ejemplos: «*El ideal fuera que se hablara de Marruecos en todos los Ministerios menos en los de Guerra y Marina*» (Ortega, *Viajes*, 31); «*Con las guías del bigote terminadas en dos círculos tan perfectos, que honraran a cualquier peluquero*» (Baroja, *Aventuras Paradox*, 14); «*No fuera de bien criado tratar de enmendar la plana al Padre Eterno*» (Cela, *Lazarillo*, 41). Sin embargo, en Venezuela se conserva bastante vivo, según Rosenblat (*Palabras*, III, 12): *Yo fuera a Europa si tuviera dinero*. No es normal la forma en *-se (cantase)* con este sentido, a pesar de estos ejemplos: «*Sin embargo, miradas estas páginas desde distintas vertientes, pudiesen parecer tan pronto una cosa como otra*» (Bousoño, *Teoría*, 11); «*Los siglos no empiezan ni terminan con la exactitud cronológica que fuese de desear*» (Machado, *Mairena*, 101).

2 El *potencial compuesto* (Academia, *Esbozo*, § 2.11: *condicional perfecto;* Bello, § 648: *antepospretérito;* Gili Gaya, § 131: *antefuturo hipotético*) expresa también un hecho futuro con relación a un momento pasado; pero a su vez pasado respecto de otro momento futuro. Así en *Me dijo que para la semana próxima ya habría venido*, el *venir* es futuro con relación al momento en que *me dijo*, pero pasado

De esta significación de futuro del pasado nace la de *probabilidad* o *posibilidad* vista desde un pasado (paralela a la del futuro de probabilidad: → FUTURO): *Serían las tres de la tarde cuando acabó de llover*. Pero esa probabilidad puede estar referida no solo a un momento pasado, sino también a un momento futuro: *Sentiría que lle-*

con relación a *la semana próxima*. Es, pues, un tiempo perfecto.

Puede indicar probabilidad o posibilidad, igual que el potencial simple: *Me habría gustado verte*. Pero solo en el pasado. Con este mismo sentido pueden usarse las formas del pluscuamperfecto de subjuntivo: *Me hubiera* (o *me hubiese*) *gustado*

para la semana
próxima

verte. En Venezuela, por arcaísmo, se usa también la forma de imperfecto de subjuntivo: «*De buena gana les echara a puntapiés*» ['hubiera echado, habría echado'] (Pocaterra, cit. Rosenblat, *Palabras*, III, 12).

3 *Potencial en oraciones condicionales irreales: Si yo «tendría» dinero, lo compraría.* Escribía Unamuno en 1886: «Aquí [en Bilbao] se dice: 'si yo tendría... compraría'; 'si [s]abría...' y no si tuviera o supiera» (*Raza*, 182). Este uso, propio de la región vasca y de las provincias limítrofes, como Burgos y Santander, debe evitarse, sustituyéndolo por el normal, que es el pretérito imperfecto de subjuntivo: *si yo tuviera dinero*. Lo mismo ocurre con la forma compuesta: en vez de *si yo habría tenido dinero*, dígase *si yo hubiera tenido dinero.*

4 *Potencial con valor conjetural.* Está muy extendido en el lenguaje periodístico de varios países hispanoamericanos —Argentina, Chile, Venezuela, Colombia— el galicismo que consiste en emplear el potencial para comunicar una noticia con reservas: «*Se abrirá la Escuela de Periodismo. Sería adscrita a la Facultad de Humanidades*» (*El Nacional*, Caracas, 24.9.1953, cit. Rosenblat, *Palabras*, II, 232). En España aparece esporádicamente, en especial en noticias procedentes de América: «*Parece que los jefes de las fracciones peronistas .. se habrían inclinado por aconsejar a sus secuaces la entrega del voto a Frondizi*» (*Ya*, 23.2.1958, 1); «*Se sabe de varias equivocaciones trágicas de los tribunales revolucionarios que habrían 'despachado' estos días de atrás a personas que nada tenían que ver con Batista*» (B. Mostaza, *Ya*, 21.1.1959, 1). Obsérvese, sin embargo, que en estos ejemplos el potencial va en subordinación, lo que atenúa algo el efecto del galicismo. No ocurre así en este otro ejemplo: «*El yerno de De Gaulle sería jefe de Estado Mayor .. Indi-*

can en París fuentes generalmente bien informadas que el .. yerno del general De Gaulle sucederá como Jefe de Estado Mayor .. al general .. Cantarel» (*Informaciones*, 15.2.1971, 4).

pot-pourri → POPURRÍ.

Praxiteles. Nombre de un célebre escultor griego. La acentuación de esta palabra, según el uso más extendido, es llana: /praksitéles/. Pero la etimológica es esdrújula, *Praxíteles* (Fernández Galiano).

pre-. Prefijo latino que significa 'antes' o 'delante': *precursor.*

precaver. Construcción: *precaverse* CONTRA *el mal; precaverse* DEL *frío.*

preceder. Construcción: *preceder a otro* EN *categoría.*

preceptuar. Se conjuga, en cuanto al acento, como *actuar* [1 d].

preces. 'Oraciones o súplicas'. Es nombre femenino solo usado en plural.

preciar. **1** Se conjuga, en cuanto al acento, como *cambiar* [1 a].

2 Construcción: *preciarse* DE *valiente; preciarse* DE *su poder.*

precipitar. Construcción: *precipitarse* AL o EN *el foso; precipitarse* DE, DESDE O POR *las almenas.*

preciso. *Ser preciso:* → SER, 3.

predecir. Verbo irregular. Se conjuga como *decir* [42], excepto en los tiempos que siguen:

a) Futuro de indicativo: *prediciré, predicirás, prediciré, prediciremos, prediciréis, predicirán* (o, raramente, *prediré, predirás, predirá, prediremos, prediréis, predirán*).

b) Potencial: *prediciría, predicirías, prediciría, prediciríamos, prediciríais, predicirían* (o, raramente, *prediría, predirías, prediría*, etc.).

c) Imperativo: *predice, prediga, predecid, predigan.*

predisponer. Verbo irregular. Se conjuga como *poner* [21].

preeminencia. Construcción: *preeminencia de una cosa* SOBRE *otra.*

preferible. Construcción: *es preferible ceder* A *morir* (no QUE *morir*).

preferir. 1 Verbo irregular. Se conjuga como *sentir* [60].
2 Construcción: *preferir una cosa* A *otra; preferir una persona* A *otra.* No debe construirse con *que* («*Prefieren escalar cumbres* QUE *tumbarse al sol*», P. Mario Herrero, *Ya,* 28.3.1962, 27; «*A veces prefería demorar el amor* QUE *apagar su infalible cigarro cubano*», García Márquez, *Amor,* 261).

preguntar. Construcción: *preguntar una cosa* A *alguno; preguntar* POR *el ausente* (no DEL *ausente*).

prejuicio → PERJUICIO.

preludiar. Se conjuga, en cuanto al acento, como *cambiar* [1 a].

premiar. Se conjuga, en cuanto al acento, como *cambiar* [1 a].

premier. En inglés, 'primer ministro'. En español se emplea este nombre para designar solamente al primer ministro británico o al de otro país de lengua inglesa en que el primer ministro reciba esa denominación. Fuera de estos casos, el uso de la palabra es impropio.

première → ESTRENO.

premio. Construcción: *premio* DE, POR O A *sus servicios.* La construcción más frecuente hoy es con *a.*

prendar. Construcción: *prendarse* DE *una mujer.*

prender. Construcción: *prender las plantas* EN *la tierra; prender* CON *alfileres; prender* EN *un gancho.*

prensil. 'Que sirve para agarrar'. Es palabra aguda, /prensíl/, no /prénsil/.

preocupar. Construcción: *preocuparse* CON, POR O DE *alguna cosa.*

preparar. Construcción: *prepararse* A O PARA *escribir; prepararse* CONTRA *un mal.*

presagiar. Se conjuga, en cuanto al acento, como *cambiar* [1 a].

prescindir. Construcción: *prescindir* DE *lo esencial.*

prescribir. Verbo irregular. Se conjuga como *escribir* [46].

presenciar. Se conjuga, en cuanto al acento, como *cambiar* [1 a].

presentador → PINCHADISCOS.

presentar. Construcción: *presentar un amigo* A *otro* (no CON *otro*); *presentar una novela* A *un premio; presentar a uno* PARA *un obispado; presentarse* AL *jefe; presentarse* A *un concurso; presentarse* DE O COMO *candidato; presentarse* EN *casa.*

presente[1]. *Tener presente* ha de llevar el adjetivo *presente* en singular o plural, según sea singular o plural el sustantivo designador de lo que se «tiene presente». Se dice, pues: *Tened presente el peligro; Tened presentes los peligros* (no «*Sería .. arbitrario seguir teniendo presente los conflictos de castas*», Castro, *Españoles,* 138).

presente[2]. 1 *Presente de indicativo.* Tiempo del verbo (*hablo, hablas, habla,* etcétera) que expresa una acción no terminada que se ejecuta en el momento de la palabra. El momento presente no debe entenderse como un instante fugaz, sino como un plazo de tiempo más o menos largo, en el cual está comprendido el momento en que se habla.
a) El *presente actual* considera la acción realizándose en el momento en que se habla: *Estamos en casa.*
b) El *presente habitual* expresa una acción que se ha realizado en el pasado y se realizará en el futuro varias veces, aunque no se realice ahora mismo: *Estoy estudiando inglés.*
c) El *presente gnómico* expresa un hecho que tiene validez permanente: *La Tierra gira alrededor del Sol; Los habitantes de Granada se llaman granadinos; Quien mal anda mal acaba.*
d) El *presente histórico* refiere un hecho pasado al que se quiere dar tanta viveza como si ocurriese ahora realmente. Es un recurso estilístico literario: *César se resuelve, pasa el Rubicón y avanza con sus tropas;* pero también lo es del habla popu-

presentir

lar y familiar: *Y entonces va el guardia, se acerca y me dice...*

e) El *presente por futuro* traza con rasgos más vivos la acción que todavía es eventual: *Esta tarde te llevo al cine; El año que viene nos vamos a Inglaterra.*

f) El *presente de obligación* es una variante del anterior: *¿La mato o la perdono?* A veces encierra sentido de *mandato: Mañana buscas a Francisco y se lo cuentas todo; «En cuanto acabes, te vas abajo y le dices al amigo Mendizábal que me haga el favor de un poquito de tinta»* (Galdós, *Miau*, 41); *«Oiga, si vienen mis hermanos y ven humo, usted dice que es suyo, ¿eh?»* (Cela, *Alcarria*, 104); *«Cuando acabes te bajas a la puerta»* (Lorca, *Mariana*, 32). Es muy frecuente, como el anterior, en el habla familiar.

2 *Presente de subjuntivo.* Tiempo del verbo *(hable, hables, hable...)* que expresa, dentro de la irrealidad propia del modo subjuntivo, una acción que puede ser presente o futura. Si decimos, por ejemplo, *No creo que Juan sepa esto*, es indudable que el hecho de *saber* se refiere al momento actual; pero, en cambio, si se dice: *Deseo que llegue pronto el verano*, claro está que el *llegar* es un hecho venidero. Suele depender de un verbo en presente, en pretérito perfecto o en futuro de indicativo: *Te prohíbo (he prohibido, prohibiré, habré prohibido) que vayas.* Pero también puede ser independiente, expresando deseo o duda: *¡Viva España!; Quizá tengas razón.*

Del uso del subjuntivo de deseo, llamado *optativo (Viva España; Ojalá llueva)*, derivan el *exhortativo (Huyamos; Vámonos a casa)* y el *de mandato*, cuyas formas sirven de complemento a las dos únicas que son propias del modo imperativo *(habla tú, hablad vosotros)*, para expresar el mandato referido a las personas *usted* y *ustedes: hable usted, hablen ustedes.* También se utiliza el subjuntivo de mandato en oraciones negativas: *no hables* (tú), *no hable* (usted), *no hablemos* (nosotros), *no habléis* (vosotros), *no hablen* (ustedes).

3 *Presente de imperativo.* El presente es el único tiempo del modo imperativo: *canta tú, cantad vosotros.* Pero, como la acción expresada por estas formas no se está realizando aún en el momento de ser

pretérito anterior

enunciadas por la persona que habla, puede llamarse *futuro* a ese tiempo, como hace Bello (§ 681). → IMPERATIVO.

presentir. Verbo irregular. Se conjuga como *sentir* [60].

preservar. Construcción: *preservar* DEL *daño.*

presidente. El femenino de este nombre es *presidenta* (*«La Luna, presidenta de la noche»*, Alberti, *Cal*, 25), no *presidente*, como a veces se ve: *«La Presidente del Ateneo de Madrid»* (invitación del Ateneo, 21.5.1974); *«excelentísima señora Presidente de la nación argentina»* (nota oficial argentina, reproducida en *Informaciones*, 9.7.1974, 4).

presidir. Construcción: *presidir* EN *un tribunal* (también transitivo: *presidir un tribunal*).

prestar. **1** Construcción: *prestar* A *interés; prestar* SOBRE *una prenda; prestarse* A *hacer este papel.*

2 Es conveniente no usar este verbo en el sentido de 'tomar prestado', que se encuentra en algunos países hispanoamericanos: *Le presté un libro al profesor y no pienso devolvérselo* (Rosenblat, *Palabras*, II, 127).

prestigiar. Se conjuga, en cuanto al acento, como *cambiar* [1 a].

presumir. Construcción: *presumir* DE *listo.*

presuponer. Verbo irregular. Se conjuga como *poner* [21].

pretencioso. 'Presuntuoso, o que pretende ser más de lo que es'. La Academia registra también *pretensioso* (*«Es gorda, sucia y pretensiosa»*, Cela, *Colmena*, 53). Aunque prefiere la primera forma, más usada (adaptación del francés *prétentieux*), *pretensioso* —preferido en América— se acomoda formalmente mejor al término tradicional *pretensión*, con el que tiene relación semántica.

pretensioso → PRETENCIOSO.

preter-. Prefijo latino que significa 'excepto', 'más allá de': *preternatural.*

pretérito anterior. Tiempo del modo indicativo *(hube cantado)*, denominado *an-*

pretérito imperfecto

tepretérito por Bello (§ 640) y Gili Gaya (§ 125), que presenta una acción como inmediatamente anterior a otra pasada: *Cuando hubo amanecido, salí.* El *salir* ocurrió en un tiempo evidentemente pasado, localizado en el punto *A* del gráfico; pues bien, el *amanecer* fue inmediatamente antes, en *B*.

pretérito imperfecto

b) Imperfecto irreal. El imperfecto, al representar una acción continuada que no llega hasta este momento, se considera como opuesto a la realidad del tiempo presente, y se le da un sentido hipotético, irreal: *Debían ahorcarlos* (= deberían ahorcarlos); *Si tuviera dinero, te daba* (= te daría). Es el mismo que, con un grado

Solo se emplea precedido de *tan pronto como, no bien, luego que, así que, apenas,* etc. Nunca aparece en la lengua hablada, y poco en la literaria, desplazado por el indefinido y el pluscuamperfecto —si bien estos son incapaces de expresar exactamente el matiz del anterior—.

pretérito imperfecto. **1** *Pretérito imperfecto de indicativo.* Es un tiempo relativo *(cantaba)* —llamado *copretérito* por Bello (§ 628)— que indica una acción pasada que no se muestra como acabada, y que se ha verificado coincidiendo con otra acción pasada. Si decimos: *Cuando llegaste, nevaba,* entendemos que el *llegar* y el *nevar* eran hechos simultáneos. Como puede apreciarse en el gráfico, queda incierto cuándo acabó el *nevar,* de acuerdo con el carácter imperfecto del tiempo de que se trata, que expresa persistencia o duración en el pasado.

mayor de irrealidad, emplean los niños en sus juegos: *Yo era el bueno y vosotros me atacabais.*

c) Imperfecto de cortesía. Con el irreal se relaciona el *imperfecto de cortesía,* en frases que significan intención; así, al no mencionar la realidad presente, la voluntad del que habla se pone a cubierto de una posible negativa: *Venía a ver a don José* (= vengo a ver).

2 *Pretérito imperfecto de subjuntivo (cantara o cantase).* A pesar de su nombre, la acción que expresa este tiempo verbal puede ser pasada, presente o futura; así, *Te dije que vinieses* puede significar 'te dije que vinieses ayer', 'te dije que vinieses hoy' o 'te dije que vinieses mañana'. Bello llama a este tiempo simplemente *pretérito de subjuntivo* (§ 495).

En la irrealidad propia del subjuntivo representa lo que en la realidad del indicativo valen el pretérito indefinido, el imper-

He aquí algunos usos especiales del pretérito imperfecto:

a) Imperfecto conativo o «de conatu». Como el imperfecto indica una acción pasada que no se da por acabada, hay un uso especial para indicar acciones solo iniciadas o intentadas: es el llamado *imperfecto conativo: Precisamente ahora me marchaba* (= estaba a punto de marcharme, o iniciando la marcha).

fecto y el potencial simple: Realidad (indicativo): *El periódico dice que* ACUDIÓ *mucha gente; Creo que* VIVÍA *bien; Creía que Juan* SABRÍA *esto.* Irrealidad (subjuntivo): *El periódico no dice que* ACUDIESE *mucha gente; No creo que* VIVIERA *bien; No creía que Juan* SUPIERA *esto.*

El verbo en pretérito imperfecto de subjuntivo depende generalmente de otro verbo en pretérito indefinido o imperfecto,

300

o de un potencial simple o compuesto: *Te dije (decía, diría, había dicho, habría dicho) que vinieses.*

Cuando es independiente, este tiempo expresa, como el presente de subjuntivo, el deseo, pero con poca confianza en su cumplimiento: *Ojalá lo encontrásemos aquí;* o bien la duda, ya orientada hacia el pasado: *Quizá llegasen anoche;* ya hacia el futuro —muy acentuada en este caso—: *Quizá mañana yo no estuviese aquí.*

La forma en *-ra (cantara)* tiene a veces valor de potencial, de pretérito pluscuamperfecto de indicativo, de pretérito pluscuamperfecto de subjuntivo o de pretérito indefinido: → POTENCIAL; PRETÉRITO PLUSCUAMPERFECTO, 1 y 2; PRETÉRITO INDEFINIDO.

Sobre la forma *-se* con valor de potencial, → POTENCIAL, 1, final. Con valor de pretérito pluscuamperfecto de indicativo, → PRETÉRITO PLUSCUAMPERFECTO, 1. Con valor de pretérito indefinido, → PRETÉRITO INDEFINIDO.

pretérito indefinido. Tiempo del modo indicativo *(canté)* que expresa una acción pasada cuya terminación se considera anterior al lapso de tiempo más o menos extenso en que hablamos. Es un tiempo perfecto, puesto que da la acción como terminada. Recibe también los nombres de *pre-*

rado...?» (ibíd., 315); *«Tus manos me rozaron / y me distes un beso»* (Lorca, *Poemas,* 107). En el español antiguo —hasta el siglo XVII— existió la desinencia *-astes* o *-istes,* pero con un valor diferente, pues era de segunda persona del plural (luego se transformó en la actual *-asteis, -isteis): «Pues en un hora junto me llevastes / todo el bien que por términos me distes, / llevadme junto al mal que me dejastes. / Si no, sospecharé que me pusistes / en tantos bienes, porque deseastes / verme morir entre memorias tristes»* (Garcilaso, *Obras,* 217). En estos versos, el sujeto de todos los indefinidos es *vos,* enunciado en un verso anterior.

Para el pretérito indefinido se usa a veces la forma en *-ra,* que las gramáticas registran como imperfecto de subjuntivo. Es uso no muy moderno y poco recomendable. Bello (§ 720) cita, entre otros, este ejemplo de Meléndez Valdés: *«Astrea lo ordenó, mi alegre frente / de torvo ceño oscureció inclemente, / y de lúgubres ropas me vistiera».* Aparece en Espronceda: *«Soy melancólico sauce / que su ramaje doliente / inclina sobre la frente / que arrugara el padecer»* (Diablo, 198). Ejemplo más reciente, de un periódico de Madrid: *«La inmensa bahía, la más hermosa cosa que tiene el reino de España, según nos advirtiera Jovellanos».* Véase la observación de

PRETÉRITO _____/_____ PRESENTE _____ FUTURO

Viajamos

térito perfecto simple (Academia, *Esbozo,* § 2.11.1), *pretérito perfecto absoluto* (Gili Gaya, § 122) y *pretérito,* a secas (Bello, § 487). Sobre su diferencia y confusión con el pretérito perfecto *(he hablado),* → PRETÉRITO PERFECTO.

Es vulgarismo dar a la forma de segunda persona del singular la terminación *-s,* por analogía con la *-s* de las segundas personas de los demás tiempos *(cantas, cantabas, cantarás, cantes,* etc.). Muy raras veces pasa a la lengua literaria: *«Y hasta me distes un nombre»* (Espronceda, *Diablo,* 183); *«Y tú feliz, que hallastes en la muerte»* (ibíd., 233); *«¿Vistes aquel pez do-*

Amado Alonso sobre el uso de *-ra,* en PRETÉRITO PLUSCUAMPERFECTO, 1.

Más raro y más rechazable es el empleo de la forma *-se* con el mismo valor de pretérito indefinido: *«No más tarde de 1914 .. inició el fabuloso arquitecto que fuese Ellel Saarinn la Estación Central de Helsingfors»* (F. Ros, *Abc,* 4.1.1963).

pretérito perfecto. 1 *Pretérito perfecto de indicativo (he cantado).* Llamado *pretérito perfecto compuesto* por la Academia *(Esbozo,* § 2.11.1), *antepresente* por Bello (§ 638), *pretérito perfecto actual* por Gili Gaya (§ 123), es un tiempo verbal que expresa un hecho que se acaba de verificar en el momento en que hablamos, o bien un hecho cuyas circunstancias o consecuencias tienen en cierto modo relación con el presente. Así, por ejemplo: *He dicho* (= acabo de decir); *He visitado hoy a tu*

siempre en el punto de vista del que habla, en el cual intervienen juntos un elemento objetivo (distancia temporal) y un elemento subjetivo (mayor o menor interés en el hecho). (Cf. Alarcos, *Estudios*, 13.) No obstante, es norma general que para

tío. En uno y otro caso los hechos enunciados han terminado dentro del momento presente. En el ejemplo *Los griegos nos han dejado el arquetipo de la tragedia antigua*, el *dejar* está en pretérito perfecto, porque en el momento actual seguimos recogiendo los frutos resultantes de este hecho.

Este tiempo y el pretérito indefinido coinciden en significar hechos anteriores al momento en que hablamos, no en su transcurrir (que se expresa por el imperfecto), sino en cuanto transcurridos: *La guerra ha terminado; La guerra terminó*. No representa el indefinido un hecho más antiguo que el representado por el perfecto. Según las circunstancias, podríamos decir: *La guerra terminó hace tres meses*, o *La guerra ha terminado hace tres meses*. Lo mismo ocurriría en *Pasé por tu calle* y *He pasado por tu calle*. La diferencia entre las dos formas usadas se funda en la extensión que quiera dar el hablante al momento presente en que habla. Si para él esa acción de pasar por tu calle tiene cierta cohesión temporal con el presente, entonces empleará el pretérito perfecto; si, por el contrario, la acción no termina dentro de ese presente psicológico, el tiempo usado será el pretérito indefinido. Ese presente psicológico puede tener una amplitud muy variable: puede abarcar solo el instante actual o puede abarcar muchos años. Ejemplos: *Esta mañana ha llovido* (el presente psicológico es 'hoy'); *Esta mañana llovió* (el presente psicológico es 'esta tarde'); *La guerra terminó hace tres meses* (el presente psicológico es 'este mes'); *La guerra ha terminado hace tres meses* (el presente psicológico es 'este año'). La explicación de la preferencia de indefinido o perfecto es necesario buscarla

acciones inmediatamente anteriores al momento presente se use el pretérito perfecto y no el indefinido. Por ello no es adecuado el uso que de este último hacen los locutores de radio cuando dicen, refiriéndose a una audición que acaba de terminar: *Oyeron ustedes el Intermedio de «Goyescas», de Granados; Fue el espacio radiofónico «Gane el dinero que quiera»* (cf. Lapesa, *Tendencias*, 228). El uso existe también en el castellano hablado en Galicia y Asturias, y no es raro hallarlo en escritores nacidos en esas regiones: así, en *La colmena*, de Cela, una mujer no gallega, refiriéndose a un suceso ocurrido ahora mismo, dice: *«¿Y el escándalo que se armó? ¿Y el susto que se llevaron los clientes?»* (201); en *Troteras*, de Pérez de Ayala, el personaje que habla también se refiere a algo que acaba de ocurrir: *«Pero en resumidas cuentas no has dicho si te gustaron o no los versos que te recité»* (104). Probablemente de dichas regiones procede el mismo uso extendido por gran parte de Hispanoamérica. (Y de este continente, a su vez, puede haber venido el hábito radiofónico citado antes.)

También suele darse como norma general el uso del pretérito perfecto para acciones de 'hoy', y el uso del pretérito indefinido para acciones anteriores a 'hoy'. Por ejemplo: *Hoy hemos ido al Museo;* pero: *Ayer fuimos al Museo*. Sin embargo, hay muchas excepciones a esta regla, explicables por lo dicho en los párrafos anteriores.

2 *Pretérito perfecto de subjuntivo (haya cantado)*. Este tiempo (*antepresente de subjuntivo*, en la nomenclatura de Bello, § 657) expresa que la acción enunciada, dentro de la irrealidad del subjuntivo, es pasada y terminada. Compárese *No creo* *que Pedro lea este libro* con *No creo que Pedro haya leído este libro.* El *leer,* en este segundo ejemplo, es acción pasada y terminada, mientras que en el primero aparece como presente —o futura— e incompleta. En cambio, en el ejemplo *Espero que haya venido Pedro cuando yo vuelva,* el *venir Pedro* es un futuro de acción terminada en relación con el *volver,* que tiene también sentido de futuro.

Corresponde, pues, en el sentido de acción «pensada» del subjuntivo, a los tiempos pretérito perfecto y futuro perfecto de la acción «hecha» expresada por el indicativo: Realidad (indicativo): *Creo que Pedro* HA LEÍDO *este libro; Pedro* HABRÁ VENIDO *cuando yo vuelva.* Irrealidad (subjuntivo): *No creo que Pedro* HAYA LEÍDO *este libro; Espero que Pedro* HAYA VENIDO *cuando yo vuelva.*

Este tiempo va subordinado generalmente a los tiempos presente y futuro de indicativo: *Me contento* (o *me contentaré*) *con que el chico haya aprobado.*

pretérito pluscuamperfecto. 1 *Pretérito pluscuamperfecto de indicativo* (denominado por Bello, § 635, *antecopretérito*). Tiempo verbal que expresa un hecho que es pasado respecto a otro también pasado; ese hecho se enuncia como ya terminado. Ejemplo: *Cuando tú llegaste, ya había nevado.* El *nevar* estaba acabado antes de *venir* tú. En una representación gráfica, el *nevar* figuraría acabado en un punto *B,* anterior al punto *A* en que acabó el *llegar.*

cacahuets que antes le diera» (Galdós, *Miau,* 58); *«Oyéndole contar .. las tretas ingeniosas de que él y otros padres se valieran»* (íd., *Torquemada,* IV, 30); *«[Las niñas] venían .. Esto sin saberlo los señores, que las proscribieran porque esas rapazas abandonadas .. podrían traer miseria»* (Miró, *Cercado,* 184); *«Una vieja encorvada explica quién fuera allí enterrado años atrás»* (Azorín, *Voluntad,* 130); *«El buen mozo .. temía perder el dominio que hasta entonces conservara sobre sí»* (Valle-Inclán, cit. Casares, *Crítica profana,* 44); *«Para mí fuera talmente como un padre»* (Cela, *Lazarillo,* 35); *«Bizco como su madre lo echara al mundo y paticorto de la derecha como el sargento .. lo dejara»* (íbid., 67); *«Lecciones que la experiencia le enseñara»* (Montesinos, *Valera,* 209); *«El transatlántico que trajera de Méjico al indiano había anclado»* (Zunzunegui, *Úlcera,* 15). (Nótese en este último ejemplo la variación *trajera/había anclado.*)

Observaba Amado Alonso en 1935 que la lengua escrita de la Argentina parecía tender a dar un particular sentido a esta forma *-ra.* «Cuando un periódico escribe: *La noticia que este diario diera tiene confirmación,* entendemos 'que ya ha dado', 'que, como sabe el lector, ya ha dado'; *el puerto de donde Colón partiera* es 'el puerto de donde, como todos saben, Colón partió'. Es la referencia a un hecho pretérito que se supone conocido del lector» (*Problema,* 52).

Este uso de la forma en *-ra (cantara)* se

presenta normalmente solo en oraciones introducidas por un relativo o por un interrogativo (pronombres o adverbios); así se ve en todos los ejemplos anteriores. Pero algunos escritores gallegos lo emplean también fuera de esos casos: *«Ante aquella inesperada flota la aldeanía huyera a las montañas»* (E. Montes, *Arriba,* 21.9.1958, 31); *«También contamos que el cuarto era*

Igual que el imperfecto de indicativo, puede tener valor irreal, sobre todo en el habla familiar: *Si hubieses venido, te había dado una cosa.*

Con valor de pluscuamperfecto de indicativo aparece con cierta frecuencia en la literatura moderna la forma en *-ra (cantara),* que las gramáticas designan como pretérito imperfecto de subjuntivo: *«Los* *un chino y emprendiera el largo viaje por haber oído de labios de sus más viejos compatriotas .. que en España estaba el prodigio más anhelado de nuestro tiempo»* (W. Fernández Flórez, *Abc*, 21.2.1959, 3).

(Sin embargo, no faltan ejemplos en autores no gallegos: *«Llegaban las fiestas de la Pascua; avisárale su mujer que iba a cumplirse el término de su estado. Y allí le tenían»*, Miró, *Abuelo*, 58. En tales casos se trata de simple arcaísmo.)

El valor de pluscuamperfecto de indicativo es, en realidad, el que tuvo en su origen la forma *-ra* (latín *amaveram* 'había amado' > español *amara*), y con él se usó durante la Edad Media. Se conserva hoy en la lengua gallega. El empleo moderno en español solo se debe, pues, o a capricho arcaizante o a regionalismo. En todo caso, conviene evitarlo, porque «tiende a producir confusión» (Bello, § 720), «repugna a nuestro oído y contribuye a aumentar el desbarajuste, ya lastimoso, que se advierte en el empleo de los tiempos del subjuntivo» (Casares, *Crítica profana*, 44), y «es, principalmente, en los tiempos modernos, una manifestación de cursilería» (Mallo, *Discusión*, 138).

Por analogía con el empleo de *-ra* como pluscuamperfecto de indicativo, aparece alguna vez la forma *-se* con igual valor: *«Parece que no necesitó el rey retirar la palabra que diese el día anterior»* (M. Fernández Almagro, cit. Togeby, *Mode*, 131); *«El paradójico aire ceremonioso de que antes fuese exponente Rubén Darío»* (íd., *Abc*, 30.12.1959, 67); *«Vio que la mujer a quien unos momentos antes dejase dormida allí, había desaparecido»* (Rubín, Méjico; cit. Kany, 174); *«Cuando .. se despidió de mí deseándome buenas noches, volví a experimentar la angustia de soledad que me acongojase una hora antes»* (Delibes, *Sombra*, 20; varios casos más en la misma novela). No hace falta decir que este uso no es normal.

Sobre el uso de *-ra* con el valor de pretérito indefinido, → PRETÉRITO INDEFINIDO.

2 *Pretérito pluscuamperfecto de subjuntivo (hubiera o hubiese cantado)*, o *antepretérito de subjuntivo* —en la nomenclatura de Bello—. Indica una acción pasada respecto de otra pasada, dentro del sentido general del modo subjuntivo: *No sabía Juan que Pedro hubiera* (o *hubiese*) *ganado el premio. Hubiera ganado* expresa un hecho pasado con relación a otro pasado, el *saber* de Juan; cuando Juan *supo*, el *ganar* Pedro el premio era un hecho consumado. Otras veces tiene sentido de posibilidad en el pasado: *Nadie lo hubiera creído* (o *lo hubiese creído*): → POTENCIAL, 2.

Corresponde al subjuntivo a los tiempos pluscuamperfecto de indicativo y potencial compuesto: Realidad (indicativo): *Sabía que Pedro* HABÍA GANADO *el premio; Creí que Pedro* HABRÍA GANADO *el premio.* Irrealidad (subjuntivo): *No sabía que Pedro* HUBIERA (o HUBIESE) GANADO *el premio; No creí que Pedro* HUBIERA (o HUBIESE) GANADO *el premio.*

Depende normalmente de un tiempo pasado del indicativo, de un potencial simple o compuesto o de otro pluscuamperfecto con valor de potencial compuesto: *Negó (negaba, había negado, negaría, habría negado, hubiera negado) que le hubiesen asaltado.* Sobre el uso con valor de potencial compuesto, → POTENCIAL, 2.

Con valor de pretérito pluscuamperfecto de subjuntivo aparece alguna vez, en la lengua literaria, la forma *-ra (cantara)*: *«Quedó el hombre tan bien enterado como si no faltara de Madrid en todo aquel tiempo»* (Galdós, *Torquemada*, IV, 28). Es un uso arcaizante.

pretexto. Es normal *con el pretexto de: Con el pretexto de preguntar la hora, se acercó.* También, más literariamente, *so pretexto de.* No es normal, en cambio, *a pretexto de («A pretexto de proteger a Europa.., los norteamericanos, de hecho, han ocupado militarmente el territorio de sus aliados»*, M. Benedetti, *País*, 6.8.1984, 7).

prevalecer. **1** Verbo irregular. Se conjuga como *agradecer* [11].
   2 Construcción: *prevalecer* ENTRE *todos; prevalecer la verdad* SOBRE *la mentira.*

prevaler. **1** Verbo irregular. Se conjuga como *valer* [33].
   2 Construcción: *prevalerse de* SU *situación.*

preveer → PREVER.

prevenir. 1 Verbo irregular. Se conjuga como *venir* [61].

2 Construcción: *prevenirse* CONTRA *el peligro; prevenirse* PARA *un viaje*.

3 Evítese la confusión con *prever*. *Prevenir* es 'preparar' o 'precaver'. *Prever* es 'ver con anticipación' o 'conjeturar'. *Prevenir un peligro* es 'tomar precauciones contra él'; *preverlo* es 'esperar o temer que se presente'.

prever. Verbo irregular. Se conjuga como *ver* [34]. No debe confundirse en su conjugación con *proveer,* ni en su significado con *prevenir* (→ PREVENIR, 3). Es vulgarismo frecuente decir *preveer* y atribuir a este verbo la conjugación 17 (como *leer*): *«Hay que preveer, planear y ejecutar»* (L. Pedret, *Vanguardia,* 21.1.1962, 21).

previo. En televisión, 'grabación del sonido antes de impresionar la imagen'. *Previo* es el término que la Academia propone como traducción del inglés *play-back*, que, aunque de uso general hoy, sería muy ventajoso y no difícil reemplazar por su equivalente español.

prez. 'Estima, gloria, honor'. Palabra de uso exclusivamente literario. Es nombre ambiguo en cuanto al género: *el prez* o *la prez*. Hallamos atestiguado el primero en Menéndez Pidal (*Cid,* 31); el segundo, en Larreta (*Don Ramiro,* 73).

primer → PRIMERO, 1.

primero. 1 Adjetivo ordinal que corresponde al número uno. Tiene variaciones de género y número: *primero, primera, primeros, primeras.* Sufre apócope, tomando la forma *primer,* cuando precede a nombre masculino, aunque se interponga otro adjetivo: *el primer acontecimiento, el primer extraño acontecimiento.* A veces se presenta también la apócope ante nombre femenino *(la primer vez);* pero no es uso normal, a pesar de estar bastante atestiguado literariamente: *«Aquella primer nave»* (Calderón, *Cena,* 21); *«La primer palabra»* (Galdós, *Miau,* 56); *«La primer señal»* (Pardo Bazán, *Insolación,* 9); *«La primer aspirante»* (Zunzunegui, *Úlcera,* 30); *«La primer postura»* (Cela, *Alcarria,* 11); *«Tu primer manera»* (Salinas, *Todo,* 71); *«La primer locomotora»* (Gómez de la Serna, *Valle-Inclán,* 26).

2 Se emplea tradicionalmente *primero* para designar el primer día del mes (mientras que se usan los cardinales, *dos, tres,* etc., para los demás días): *primero de mayo* (frente a *dos de mayo*), pero es cada vez más frecuente usar *uno,* uniformando esta fecha con las restantes del mes: *uno, dos, cinco de mayo.* (→ FECHA.)

3 Puede tener valor calificativo, con el sentido de 'principal'; en este sentido admite superlativo: *Ocupa un primerísimo lugar entre nuestros actores.*

4 *Primera,* nombre femenino, 'estreno': → ESTRENO.

principiar. Se conjuga, en cuanto al acento, como *cambiar* [1 a].

pringue. Es sustantivo ambiguo: *el pringue* o *la pringue.* No obstante, la *Gramática* de la Academia (§ 17) lo da solo como femenino. Parece que es este el uso más frecuente.

prisma. *Desde el prisma de, bajo el prisma de,* son locuciones equivalentes a *desde el punto de vista de,* y que conviene evitar. Ya Galdós, en 1883, caricaturizaba a un personaje que todo lo veía *bajo el prisma de* algo y a quien llamaba «el señor de los Prismas» (*Centeno,* II, 11). No hace mucho declaraba un diputado español: *«Entendemos que la forma republicana del Estado es más racional y acorde bajo el prisma de los principios democráticos»* (Gómez Llorente, *Ya,* 12.5.1978, 13). Y antes habíamos leído: *«La palabra 'apertura' me parece insuficiente aun desde un prisma evolucionista»* (A. Menchaca, *Cuadernos,* 8.1974, 32).

prístino. 'Primitivo, original'. La acentuación de este adjetivo es esdrújula, a pesar de que algunos la hagan grave, /prístíno/.

privar. Construcción: *privar* CON *el monarca; privar a uno* DE *lo suyo.*

privilegiar. Se conjuga, en cuanto al acento, como *cambiar* [1 a].

pro. 1 Preposición, 'en favor de'. Es átona. Solo se emplea ante nombres sin artículo: *Se organizó una suscripción pro víctimas de las inundaciones.*

2 Nombre femenino, anticuado, 'provecho': *¡Buena pro les haga!*

3 Nombre masculino, 'aspecto o punto favorable', siempre formando pareja con el nombre *contra*: *pesar el pro y el contra*. En plural es *los pros y los contras* (no *los pro y los contra*: «*A la que se debe preguntar es a nuestra juventud .., que es la que disfrutará los pro y contra*», *Vanguardia*, 11.1.1963, 27).

4 *En pro de*, locución prepositiva, 'en favor de': *Habló en pro de una simplificación de los trámites*.

pro-. Prefijo latino que significa 'en vez de': *pronombre*; o 'delante, adelante': *procesión, proponer*.

probable. *Ser probable* (un hecho): → SER, 3.

probar. 1 Verbo irregular. Se conjuga como *acordar* [4].

2 Construcción: *probar* A *hacer una cosa* (no probar DE *hacerla*: «*Levantó la pluma del papel .. y probó de cerrar los ceros más despacio*», Delibes, *Parábola*, 50; ni *probar hacerla*: «*Probó evocar algunos recuerdos de su infancia*», Bray, trad. Orwell, *1984*, 9).

problema. 1 Se oye con mucha frecuencia esta palabra en la conversación cotidiana: *He tenido problemas con el tráfico; ¿Algún problema?; Al regreso tendrán problemas*. En estos casos, *problema* equivale a *dificultad*. No es censurable el uso, sí el abuso (debido a influencia del inglés).

2 *Es su problema*, en lugar de *eso es asunto suyo*; «*No quiero hablar de la dimisión del Sr. X porque no es mi problema*» (Radio Nacional, 11.8.1981) —en lugar de «*porque no es asunto mío*»—, es también anglicismo, y no deseable en este caso.

3 → PROBLEMÁTICA.

problemática. Nombre femenino, 'conjunto de los problemas'. Suele abusarse de esta voz, pudiendo decirse sencillamente *los problemas*. No obstante, solo es verdaderamente erróneo su empleo cuando aparece —fenómeno también frecuente— en lugar del simple nombre *problema*.

proboscídeo → PROBOSCIDIO.

proboscidio. 'Del orden de mamíferos al que pertenece el elefante'. La Academia solo reconoce la forma *proboscidio*, pero debe aceptarse también *proboscídeo*, usada

por algunos naturalistas y que se apoya en el nombre científico latino del orden zoológico: *Proboscidea*.

proceder. Construcción: *proceder* A *la elección; proceder* CONTRA *los morosos; proceder una cosa* DE *otra; proceder* EN *justicia*.

producir. Verbo irregular. Se conjuga como *conducir* [41].

proferir. Verbo irregular. Se conjuga como *sentir* [60].

profesar. Construcción: *profesar* EN *una orden religiosa*.

profesor. *Profesor particular*, 'profesor que trabaja sin formar parte de un centro docente'. Es galleguismo del nombre *pasante* con este sentido, que también se da en algún país americano: «*Seso le entrará, pero lo que las matemáticas no le entran. Eso dice el señor Parra, que es un pasante muy bien recomendado*» (Donoso, *Domingo*, 53).

prohibir. Sobre su conjugación, → COHIBIR.

prohijar. Se conjuga, en cuanto al acento, como *enraizar* [1 f].

promediar. Se conjuga, en cuanto al acento, como *cambiar* [1 a].

promiscuar. Se conjuga, en cuanto al acento, como *averiguar* [1 b]. No obstante, junto a la conjugación indicada existe también una conjugación *promiscúo*, según el modelo 1 d, *actuar* (Academia, *Esbozo*, § 2.13.7).

promover. 1. Verbo irregular. Se conjuga como *mover* [18].

2 Construcción: *promover alborotos; promover a uno* A *un cargo*.

pronombres personales átonos. 1 Sobre la función gramatical y uso de las formas átonas *me, te, lo, la, le, se, nos, os, los, las, les*, correspondientes a los pronombres personales de 1.ª, 2.ª y 3.ª personas, → YO, TÚ, ÉL, ELLO, SÍ², NOSOTROS, VOSOTROS.

2 La posición de los pronombres personales átonos con respecto al verbo —delante o detrás de él— se rige por estas normas:

a) En el español actual el pronombre se

pospone obligatoriamente al verbo en infinitivo o gerundio. Sin embargo, cuando estas formas van precedidas de otro verbo en forma personal, pueden ir delante de este: *Quiere recibirlas* o *Las quiere recibir; Estaba mirándola* o *La estaba mirando.* En cuanto al uso del pronombre personal átono tras participio, → PARTICIPIO, 4.

b) El pronombre átono va detrás del imperativo: *Tenlo; Dádselo;* o del presente de subjuntivo usado como imperativo: *Díganoslo.* Es vulgarismo el anteponerlo a este subjuntivo-imperativo: *Nos lo diga.* Sin embargo, esta anteposición es obligatoria en la lengua normal cuando el subjuntivo se usa para la expresión imperativa negativa: *No se lo digáis.*
La forma «vosotros» del imperativo seguida del pronombre *os* pierde la *-d* final: *Marchaos* (no «marchados»), *Sentaos* (no «sentados»). Se exceptúa *idos* (no «íos»), del verbo *ir.*
Con el subjuntivo exhortativo (→ PRESENTE, 2), el pronombre átono también se pone siempre detrás del verbo (si no va en forma negativa): *Démosle las gracias.* Cuando el pronombre es *nos,* el verbo pierde la *-s* final de la 1.ª persona: *Pongámonos* (no «pongámosnos») *en fila.* Si son dos pronombres, siendo el primero de ellos *se* (*se lo, se las,* etc.), la doble *s* resultante se reduce a una: *Démosela* (no «démossela»).

c) Cuando el verbo va en indicativo o en subjuntivo (en un subjuntivo que no esté incluido en los empleos recogidos en el apartado anterior), el uso corriente actual antepone los pronombres átonos. En la lengua hablada, la posposición solo se da en alguna zona, como Galicia, por influjo de la lengua regional. En la lengua literaria el pronombre puede posponerse al verbo, *siempre que este no sea subordinado ni vaya en forma negativa;* preferentemente, también, si el verbo va encabezando la frase: «*Hallábame cansado de mi larga peregrinación por el mundo*» (Valle-Inclán, *Sonata de invierno,* 10). El uso del pronombre átono pospuesto, que de suyo se siente hoy como una elegancia afectada y que hay que saber manejar con mucha discreción, llega a afear notablemente la prosa si se olvida esa condición que acabo de señalar. Véase este ejemplo: «*La casa*

del amo dejaba únicamente su tristeza de hogar deshabitado cuando APROXIMÁBASE *el día de la tienta de los becerros*» (Mas, *Luna,* 150).

3 Sobre la posición relativa de dos pronombres átonos que concurren junto a un verbo, la norma es que «la segunda persona va siempre antes de la primera, y cualquiera de las dos antes de la tercera; pero la forma *se* .. precede a todas» (Bello, § 932): *No te me escapes; Te las he traído; Póntelo; Me lo buscas; Búscamelo; Os lo ofrecieron; Nos la presentaron; Se nos escucha; Se os escapará; Se te ha perdido; Se me cayó.* Es vulgarismo anteponer *me* o *te* a *se: Me se cayó; Te se ha perdido.*

pronto. **1** Construcción: *pronto* A *enfadarse* (adj.); *es pronto* PARA *desayunar* (adv.).

2 *Por lo pronto, por de pronto, por el pronto,* son tres locuciones adverbiales equivalentes: 'de primera intención, para empezar'. La primera es la más frecuente; la tercera, la menos. No deben confundirse con *al pronto,* 'a primera vista'. Es propio del castellano de Galicia *por lo de pronto* (en lugar de *por de pronto* o *por lo pronto*): «*Por lo de pronto .., el romanticismo, estudiado en este tercer tomo .., queda muy desarbolado*» (C. A. Molina, *Ya,* 12.6.1980, 64).

3 *Tan pronto,* locución adverbial que, repetida delante de dos o más oraciones, expresa alternancia en la realización de los hechos: *Tan pronto ríe, tan pronto llora* ('unas veces ríe, otras veces llora'). La misma alternancia puede expresarse por medio de *tan pronto... como: Tan pronto ríe como llora.*

4 *Tan pronto como,* locución conjuntiva que introduce la expresión de un hecho inmediatamente anterior: *Tan pronto como se hizo de noche, hubo que volver a la aldea.* No es normal, en este uso, decir solo *tan pronto* (omitiendo *como*).

pronunciar. Se conjuga, en cuanto al acento, como *cambiar* [1 a].

propender. Construcción: *propender* A *la benevolencia.*

propenso. Construcción: *propenso* A *la broma.*

propiciar. Se conjuga, en cuanto al acento, como *cambiar* [1 a].

propiciatorio → PROPICIO, 2.

propicio. 1 Construcción: *propicio* AL *ruego*.

2 *Propicio* significa 'favorable'. Evítese la confusión con *propiciatorio*, 'que tiene la virtud de hacer propicio'. Se habla de una *situación propicia*, de una *víctima propiciatoria*.

propileo. 'Pórtico de un templo clásico'. Se pronuncia /propiléo/, a pesar del conocido verso de Rubén Darío: «*Hacia el propíleo sacro que amaba tu alma triste*» (*Prosas*, 594).

propio. 1 Adjetivo de refuerzo de posesivo: *Yo tengo mis propios problemas; Atiende a tus propias obligaciones.* Cuando el poseedor es de tercera persona, puede tener *propio* el sentido de *suyo: Se le concede licencia por asuntos propios.*

2 Adjetivo calificativo, equivalente a 'adecuado', 'conveniente': *Su comportamiento es el propio de un loco.*

3 Adjetivo demostrativo de identidad, equivalente a *mismo,* con valor enfático o de refuerzo: *El propio Andrés se llevó una sorpresa* ('el mismo Andrés', 'incluso Andrés').

4 Construcción: *propio* PARA *el caso; propio* PARA *convencer; propio* DE *la región* (no A *la región).*

proponer. Verbo irregular. Se conjuga como *poner* [21].

propósito. 1 Construcción: *tener el propósito* DE *venderlo.*

2 *A propósito,* adverbio, 'adecuadamente' o 'deliberadamente'. En este segundo sentido, que es el más usual, también se emplea, literariamente, la forma *de propósito.*

3 *A propósito de,* locución prepositiva, 'acerca de', 'con la oportunidad de': *Hice un comentario a propósito de su última película.*

4 *Fuera de propósito,* locución adverbial, 'sin venir al caso': *No hables fuera de propósito.*

5 Diferencia entre *a propósito* y *apropósito:* → APROPÓSITO.

propugnar. Construcción: *propugnamos un nuevo sistema.* No es normal el uso, que se encuentra en algunos países americanos, *propugnamos* POR *un nuevo sistema.*

prorrumpir. Construcción: *prorrumpir* EN *lágrimas.*

proscribir. Verbo irregular. Se conjuga como *escribir* [46].

proseguir. 1 Verbo irregular. Se conjuga como *vestir* [62].

2 Construcción: *proseguir* CON o EN *la tarea.*

prostituir. Verbo irregular. Se conjuga como *huir* [48].

protestar. Construcción: *protestar* CONTRA *la calumnia* ('rechazarla'); *protestar* DE *su inocencia* ('proclamarla'). En el sentido de 'mostrar rechazo o disconformidad vehemente', se usa hoy mucho, al lado de la construcción con la preposición *contra,* la construcción con *de.*

proto-. Prefijo griego que significa 'primero': *protohistoria.*

proveer. 1 Verbo irregular. (Véase cuadro.)

2 Construcción: *proveer* A *la necesidad pública; proveer a alguien* DE *alimentos; proveer el empleo* EN *el más digno.*

proveniente. 'Que proviene'. Son erróneas las formas *proviniente* y *provinente.* Si de *convenir* se forma *conveniente,* de *provenir* se formará *proveniente.*

provenir. 1 Verbo irregular. Se conjuga como *venir* [61].

2 Construcción: *provenir* DE *esta causa.*

provinente, proviniente → PROVENIENTE.

provocar. Construcción: *provocar la risa, la ira* (raro, A *risa,* A *ira); provocar* CON *gestos.* En América, *provocarle a uno algo,* 'apetecerle': «*¿No le provoca bañarse, Campos?*» (Uslar Pietri, *Lanzas,* 86).

proximidad. Construcción: *la proximidad* DE *la carretera* (la carretera está próxima); *la proximidad* A *la carretera* (la persona o cosa está próxima a ella); *en las proximidades* DE *la casa* (no A *la casa).*

próximo. Construcción: *próximo* A *morir; próximo* A *la carretera.*

prueba. 1 La palabra inglesa *test* significa exactamente 'prueba', y no hay necesidad real de usarla. Es suficiente la palabra

---

CONJUGACIÓN DEL VERBO «PROVEER»
(tiempos irregulares)

INDICATIVO

Pret. indef. proveí, proveíste, proveyó, proveímos, proveísteis, proveyeron.

SUBJUNTIVO

Pret. impf. proveyera o -se, proveyeras o -ses, proveyera o -se, proveyéramos o -semos, proveyerais o -seis, proveyeran o -sen.
Fut. impf. proveyere, proveyeres, proveyere, proveyéremos, proveyereis, proveyeren.

FORMAS NO PERSONALES

Ger. proveyendo.   *Part.* provisto o proveído.

---

española *prueba;* el contexto y los complementos correspondientes a cada caso bastan para precisar el sentido de la palabra, justamente como ocurre en inglés con el empleo de *test.* En psicología y pedagogía, *test* equivale a *prueba objetiva.*

2   *Prueba* (de un delito): → EVIDENCIA.

pseudo-, pseudónimo, pseudópodo, pseudoprofeta → SEUDO-.

psicastenia → PSICOLOGÍA.

psico-, psic-. Formas prefijas del griego *psyché,* 'alma': *psicología, psicastenia.* Sobre la posibilidad de utilizar las formas sin *p* inicial, *sico-, sic-,* → PSICOLOGÍA.

psicoanálisis → PSICOLOGÍA.

psicología. 'Estudio del alma o de la mente'. En esta palabra, así como en todas las compuestas con el elemento *psico-,* 'alma o mente', es corriente, salvo en la pronunciación esmerada, omitir la /p/ inicial, diciendo /sikolojía/, etc. Por esta razón la Academia incluye en su *Diccionario,* además de las formas con *ps-,* una serie de formas correspondientes iniciadas con simple *s-.* Por tanto, se puede escribir *psicología, psicólogo, psicológico, psicoanálisis, psicópata, psicopatía, psicosis, psicotecnia, psicoterapia,* etc., o *sicología, sicólogo, sicológico, sicoanálisis...* La misma duplicidad existe en las palabras constituidas con las variantes *psic-, psiq-* del mismo elemento *psico-: psicastenia, psiquiatra, psiquiatría,* o *sicastenia, siquiatra,*

siquiatría. Pero interesa tener presente que no solo la Academia, sino el uso culto en general, siguen prefiriendo las grafías con *ps-.*

psicológico, psicólogo → PSICOLOGÍA.

psicomotriz. *Desarrollo, aspecto, centro psicomotriz:* → MOTOR, 1.

psicópata, psicopatía, psicosis, psicotecnia, psicoterapia → PSICOLOGÍA.

psiquiatra. 1   'Especialista en enfermedades mentales'. Sobre las formas *psiquiatra/psiquíatra,* → -IATRA.

2   Sobre la doble grafía *psiquiatra/siquiatra,* → PSICOLOGÍA.

psiquiatría → PSICOLOGÍA.

psitacismo. 'Método de enseñanza basado exclusivamente en la memoria'. La Academia registra también la grafía *sitacismo;* pero el uso culto y la propia Academia prefieren la forma con *p-.*

psoriasis. 'Cierta enfermedad de la piel'. Según el *Dicc. ciencias médicas Salvat,* existe también la forma *soriasis;* pero no parece que tenga mucha aceptación.

pterido-. Forma prefija del griego *pteris,* 'helecho': *pteridofita.*

ptero-, -ptero. Formas prefija y sufija del griego *pterón,* 'ala': *pterodáctilo, neuróptero.*

público. 1   Como nombre masculino, en el sentido de 'conjunto de personas que asiste a un espectáculo o a un acto, o que escucha (o, más raramente, que lee) a alguien o algo', decimos *el público que asistió al estreno de la comedia; el público de la conferencia; una revista o un autor de poco público*. En el caso concreto de 'escuchar', se puede usar también *auditorio: El auditorio aplaudió al orador*. Hoy es frecuente, por anglicismo y sin necesidad, usar *audiencia* en lugar de *público* o de *auditorio*. Un ejemplo con el valor de 'público': «*El deportista impecable y lacónico tiene poca audiencia*» (N. Luján, *Destino*, 29.7.1972, 5). No obstante, está registrado ya por la Academia el sentido de «conjunto de personas que, en sus domicilios respectivos o en lugares diversos, atienden en un momento dado un programa de radio o de televisión» y el de «auditorio, concurso de oyentes».

2 Como adjetivo, *público* se usa frecuentemente como componente del sintagma *hacer público*, 'manifestar'. En él, el adjetivo *público* está referido a la cosa manifestada, y debe por tanto presentar el género y el número del sustantivo que se enuncia como complemento: *Ha hecho público un comunicado; Hizo pública su protesta; Harán públicos sus deseos*. No se dirá, pues, *Hizo* PÚBLICO *su satisfacción; Ha hecho* PÚBLICO *sus quejas;* «*Deber de justicia es que haga* PÚBLICO, *para vuestra satisfacción, la magnífica disposición y entusiasmo de las distintas entidades*» (*Noche*, 19.6.1958, 2). Cuando el complemento es una proposición, la forma que se usa es en todo caso la masculina singular: *Hizo público que pronto se llevaría a cabo la negociación*.

pudding, pudin, pudín → BUDÍN.

pudrir. Verbo irregular. El infinitivo puede ser *pudrir* o *podrir* (más raro el segundo: «*Vendrán a mis ojos, lentos / para podrirlos*», Prados, *Antología*, 91). El participio es *podrido*. Todas las restantes formas del verbo tienen *u* en la base: *pudría, pudra, pudrió, pudriendo*, etc.

puente. En el español normal actual, este nombre es siempre masculino. Solo en lenguaje rústico o literario, aparte de los nombres propios, puede presentar el uso femenino: «*una gentilísima puente*» (Miró, *Cer-*

cado, 45), «*una puente romana*» (Torrente, *Informaciones*, Supl., 18.10.1973, 3).

pueri-. Forma prefija del latín *puer*, 'niño': *puericultura*.

puertorriqueño. El adjetivo (también sustantivo) derivado de *Puerto Rico* puede ser *portorriqueño* o *puertorriqueño*. Aunque la primera forma es la más clásica, la segunda es la única usada por los propios isleños, y cada vez más extendida también entre los demás hispanohablantes.

pues. 1 Como conjunción, es siempre palabra átona: *Son casi desconocidos, pues solo llevan aquí dos semanas*. También cuando se usa expletivamente (cosa muy frecuente en la lengua coloquial): *¿Qué opinas tú? —Bueno, pues yo estoy conforme hasta cierto punto;* «*—¿Qué tal le va a usted .. en ese hermoso país ..? —Pues en este hermoso país nos pasamos la vida tomando bromoquinina*» (Camba, *Rana*, 16); «*Y como tiene ese corazón, pues la trajo aquí para cuidarla*» (Mihura, *Decisión*, 37). La conjunción *pues* va siempre al comienzo de la proposición (o —en el uso expletivo— de la oración) a que corresponde.

2 Como adverbio, es siempre palabra tónica: *Tú cometiste la falta; sufre, pues, la pena*. Suele aislarse del resto de la frase por una o dos brevísimas pausas, que gráficamente se representan por coma o comas, según se ve en el ejemplo. Este adverbio puede ir intercalado en la frase o al final de ella, pero no al comienzo absoluto de la oración o de la proposición.

3 *Pues bien*, locución adverbial; se pronuncia átono el primer elemento y tónico el segundo, /puesbién/: *¿Recuerdas el parque que había a la derecha de la avenida? Pues bien, lo han convertido en un club privado*. Siempre ocupa el primer lugar de la frase y va separado del resto por una pequeña pausa que gráficamente se representa por una coma o por dos puntos.

puesta. *Puesta al día*, 'hecho de poner o ponerse al día', aunque en su origen sea traducción de una locución francesa, *mise à jour*, es expresión impecablemente formada en español y que cubre con ventaja el contenido del italiano *aggiornamento*, por algunos usado, mal pronunciado y muchas veces mal escrito.

puesto. 1 Como nombre masculino, con el sentido de 'tienda ambulante' o 'tinglado callejero de venta', es catalanismo decir *parada* en lugar de *puesto: «En la misma esquina, un hombre y una mujer, su esposa, vendían, en dos paradas distintas, diversos artículos»* (Guasch, trad. Dostoyevski, *Crimen*, 61).

2 *Stand*, por *puesto:* → PABELLÓN.

3 *Puesto que.* Conjunción causal de uso muy frecuente. La oración introducida por ella puede preceder o seguir a la principal: *Puesto que tú lo dices, verdad será; Verdad será, puesto que tú lo dices.* Los dos elementos componentes de esta conjunción se pronuncian átonos. En la lengua clásica se usaba como conjunción concesiva, equivalente a *aunque: «La víbora no merece ser culpada por la ponzoña que tiene, puesto que con ella mata»* (Cervantes, *Quijote*, I, 142).

pugnar. Construcción: *pugnar* POR *escaparse.*

pujar. Construcción: *pujar* EN O SOBRE *el precio.*

pulcro. El superlativo de este adjetivo es *pulquérrimo.*

punto. 1 *A punto,* locución adverbial, 'en disposición adecuada', va frecuentemente seguido de la preposición *de,* formando la locución prepositiva *a punto de,* que, seguida de infinitivo, denota la inminencia de la acción expresada por ese infinitivo: *Estamos a punto de empezar el rodaje.*

2 *Al punto,* locución adverbial, 'inmediatamente'. Es de uso principalmente literario. Sobre *al punto de,* → 3.

3 *Hasta el punto de,* seguido de infinitivo o de proposición con *que,* presenta a estos como consecuencia con que se pondera lo dicho previamente: *Su éxito fue extraordinario, hasta el punto de ser* (o *de que fue) el libro más difundido de su siglo.* No debe usarse con este valor la forma *al punto de,* posiblemente influida por la locución adverbial *al punto* (→ 2), ni omitir la preposición *de* ante *que: «Yo quisiera enviar a ustedes una relación circunstanciada de cuanto ha sucedido, hasta el punto que no perdonaría el más insignificante detalle»* (Bécquer, *Viajes,* 952); *«Partía el*

alma escuchar las modulaciones de aquel cordero. Al punto que decidí levantarme de madrugada y raptarlo» (Neruda, *Confieso,* 311).

4 Cuando el signo ortográfico *punto* termina párrafo, se dice *punto y aparte* si a continuación viene un párrafo nuevo; *punto y seguido,* si continúa el texto sin empezar nuevo párrafo; y *punto final,* si señala la conclusión del texto. Según la Academia, puede decirse también *punto aparte, punto seguido* (aunque para mí son usos desconocidos). *Punto* Y *final («Pongo punto y final al examen»,* B. Porcel, *Abc,* 3.8.1985, 24) es uso erróneo, algo frecuente, debido a confusión con *punto* Y *aparte.*

5 En boxeo se vence *por puntos,* no *a los puntos,* como dicen algunos cronistas deportivos: *«Urtáin, vencido por 'King' Román. El puertorriqueño le venció a los puntos»* (*Ya,* 4.4.1972, 3).

6 *Bajo el punto de vista:* → BAJO. 6.

7 *Desde el punto de vista de* (no *en términos de*): → TÉRMINO.

8 Empleo de *ítem* por *punto:* → ÍTEM.

9 *Punto acápite:* → ACÁPITE.

10 *Punto,* en lugar de *coma,* para indicar decimales: → COMA, 2.

puntuar. Se conjuga, en cuanto al acento, como *actuar* [1 d].

purgar. Construcción: *purgar* CON *una medicina; purgarse* DE *la culpa; purgar la culpa.*

purificar. Construcción: *purificarse* DE *la mancha.*

puro. 1 *De puro* + adjetivo, 'a fuerza de ser (lo que el adjetivo expresa)': *«Para los viejos como yo, [el mundo] se cae a pedazos de puro seco»* (Palacio Valdés, *Novela,* 9).

2 En América, el adjetivo *puro* se usa con sentidos desconocidos en España: 'solo' *(la pura comida),* 'el mismo' *(de puro Guanajuato),* 'idéntico' *(es pura a su hermana).* También se usa con valor enfático. Estos empleos en general no se aceptan en la lengua culta (Kany, 39). En Colombia, según Flórez *(Apuntes,* 73), es frecuente la función adverbial: —*¿Dónde dejaste el carro?* —*Puro áhi al frente; Estoy puro solo; Nos sentamos puro al fondo; ¿Hay algodón en paquete puro grande?*

pus. 'Secreción de un tejido inflamado'. El género de este nombre es masculino: *el pus*. Es vulgarismo *la pus*, que en ocasiones pasa a la lengua escrita: «*El interclasismo es un estímulo mucho mejor para* el encono en la lucha de clases que el socialismo, ya que este último intenta sacar de una vez la pus, sin contentarse con las medias tintas» (J. M. González Ruiz, *País*, 1.8.1976, 17).

q

q. Vigésima letra del alfabeto español (decimoséptima del universal). Su nombre es *cu,* plural *cus.* Solamente se emplea seguida de la letra *u,* y el grupo que ambas forman, *qu,* corresponde al fonema /k/ y solo se puede usar delante de *e* o *i* (excepto en palabras de otras lenguas, como *quásar, quórum*).

quantum → CUANTO, 8.

que[1]. **1** Pronombre relativo, átono, invariable en género y número. Puede referirse a personas o cosas. Ocupa siempre el primer lugar en la proposición adjetiva, aunque puede ir precedido del artículo, de la preposición o del antecedente repetido: *Recibieron a los estudiantes* QUE *venían de examinarse; Recibieron a los* QUE *venían de examinarse; No sabía nada del problema* QUE *me hablaban; Fui con mi petición a diversas autoridades, petición* QUE *fue siempre rechazada.* Cuando la proposición adjetiva es explicativa —y está por tanto aislada del resto de la frase por ligeras pausas y, gráficamente, por comas—, *que* puede sustituirse por *el cual* (*la cual,* etc.): *Los niños, que estaban en el colegio, no vieron nada* (= *Los niños, los cuales estaban en el colegio, ...*). Esta sustitución no es posible cuando la proposición es especificativa: *Los niños que estaban en el colegio no vieron nada* (esto es, «aquellos que estaban en el colegio, solo aquellos, no todos los niños»).

2 Cuando el pronombre relativo *que* desempeña, dentro de su proposición adjetiva, una función de complemento indirecto o complemento con preposición, esta función va expresada por medio de la anteposición al *que* de la preposición correspondiente: *El amigo* DEL QUE *te he hablado antes es este; Se ha marchado el chico* AL QUE *habías prestado dinero.* En estos casos, la lengua coloquial, sobre todo en el nivel popular, suele expresar la función de complemento por medio de un pronombre personal añadido dentro de la proposición, manteniendo al principio de ella el *que* sin preposición alguna: *El amigo* QUE *te he hablado antes* DE ÉL *es este; Se ha marchado el chico* QUE LE *habías prestado dinero.* Este uso no se acepta en la lengua hablada culta, ni en la escrita general, aunque no escaseen muestras de él: «*Otra porción de desechos, que allí los adobaban para utilizarlos de nuevo*» (Baroja, *Románticos,* 81); «*En el pecho / siento un vacío que solo / me lo llenará ese alma*» (Salinas, *Presagios,* 60); «*Los hombres que les suena el esqueleto*» (Lorca, *Cante,* 121); «*Tendría un ritmo semejante al de la jarchya 17.ª, que la podemos también considerar como una cuarteta*» (Menéndez Pidal, *España,* 103). Cf. el uso de *que su* por *cuyo* (→ CUYO, 1).

3 En proposiciones adjetivas con *que* donde este pronombre tiene función de complemento de tiempo, puede llevar la preposición *en* o no llevar ninguna preposición. El título de un libro de Francisco Umbral, «*La noche* QUE *llegué al Café Gijón*», es tan válido como *La noche* EN QUE *llegué...* La omisión de la preposición no es normal cuando la función de complemento se refiere a una circunstancia que no sea tiempo (p. ej., *la casa* QUE *viví,* por *la casa* EN QUE *viví;* «*Rogelio tropieza en la mesa* QUE *está el Caco*», Sastre, *Taberna,* 99, por *la mesa* EN QUE *está).*

4 *A la que* y *en lo que* son locuciones conjuntivas de valor temporal constituidas sobre el relativo *que. A la que* equivale a *cuando:* «*A la que subimos, nos traemos las sillas*» (Buero, *Hoy,* 18); «*Mucha sonrisas y buenas palabras, y, a la que usté se descuida, le roban hasta el pellejo*» (Goytisolo, *Fin,* 96). *En lo que* equivale a *mientras:* «*Acompáñame tú y te me quedas cerca, en lo que yo me visto*» (Sánchez Ferlosio, *Jarama,* 293). Ambas son de uso exclusivamente popular.

5 Omisión del relativo *que* en la construcción *cualquiera sea,* 'cualquiera que sea': → CUALQUIERA, 4.

6 *Con que* (relativo) y *conque* (conjunción): → CONQUE, 2.

7 *Por que* (relativo) y *porque* (conjunción): → PORQUE, 3.

8 *Yo soy de los que creo...,* Yo soy de *los que sostengo...,* Yo fui de los que *dije...:* → YO, 7.

9 *Fue uno de los que supo comprenderle:* → UNO, 5.

que². **1** Conjunción, siempre átona, de múltiples usos. El hecho de ser la palabra *que,* unas veces como pronombre relativo (→ QUE¹) y otras como conjunción, una de las más alta frecuencia en el idioma, hace que algunas personas, entre ellas escritores, procuren, en busca de elegancia, omitirla en la lengua escrita cuando, como conjunción, introduce proposición sustantiva: «*¿Quién pensara jamás llegase un día?*» (Espronceda, *Diablo,* 229); «*No creo haya habido intento alguno*» (Ortega, *Viajes,* 118); «*Supongo habrá usted oído hablar de mí*» (Zunzunegui, *Úlcera,* 29). En cartas: *Le ruego se sirva tomar nota; Te agradeceré me lo envíes.* Esta omisión de *que* no es rechazable, pero es preferible no realizarla; la Academia (*Gramática,* §§ 379 y 380) decía que es mejor enunciar la conjunción, porque da más claridad y vigor a la frase.

2 Es del nivel popular el uso expletivo

de *que* en frases exclamativas iniciadas por *¡qué...!* o *¡cuánto...!: ¡Qué bien* QUE *se está aquí!; ¡Cuánto dinero* QUE *tienes!* Esta construcción se da en la literatura clásica («*¡Qué glorioso que está el heno / porque ha caído sobre él!*», Góngora, *Antología,* 289), y no falta en la moderna («*Si la luna fuera espejo / qué bien que yo te vería*», Diego, *Primera antología,* 120). Pero el uso normal dice *¡Qué bien se está aquí!; ¡Cuánto dinero tienes!*

3 *Es por esto que, es entonces que, es así que, es aquí que.* Son construcciones anormales, aunque no raras en algunos medios de comunicación y sobre todo en el castellano de Cataluña y en el de América: «*No es por el ruido igual de palabras que los hombres hemos de hacernos hermanos*» (Maragall, *Elogios,* 51); «*Es con esta salvedad que iniciamos esta breve anotación*» (Díaz-Plaja, *Lírica,* 95); «*Era a su propio corazón que debía liberar*» (Matute, *Tiempo,* 49); «*Es para eso que me serán importantes sus servicios*» (Onetti, *Astillero,* 30); «*No recuerdo si fue en París o en Praga que me sobrevino una pequeña duda sobre el enciclopedismo de mis amigos*» (Neruda, *Confieso,* 237). La conjunción *que* ocupa en ellas indebidamente el lugar de un pronombre o un adverbio relativos; en la lengua normal se dice *es por esto* POR LO QUE, *es entonces* CUANDO, *es así* COMO, *es aquí* DONDE. Debe tenerse presente, de todos modos, que estas construcciones llevan consigo una fuerte carga de énfasis y que su utilización ha de reservarse para los casos en que realmente exista esa especial intención enfática. De no ser así, el uso normal en español permite poner de relieve una circunstancia por el sencillo procedimiento de situar en la cabeza de la frase el complemento que expresa la circunstancia. Huelga, pues, decir, p. ej., *Es por esto por lo que insistimos,* cuando se puede decir *Por esto insistimos.*

4 *Ni que decir tiene,* 'huelga decir(lo)', 'no hace falta decir(lo)', no debe escribirse con tilde en *que.*

5 *De que* (en el *Diccionario* de la Academia aparece la grafía *deque,* no usada hoy por nadie) es conjunción muy antigua en el idioma con el sentido de 'después que', 'luego que'; su conservación actual pertenece al nivel popular, y es excepcional en la lengua literaria: «*De que se apartaron de la beata, resolvieron encaminarse al muelle*» (Pérez de Ayala, *AMDG*, 74).

6 *De que:* uso superfluo de la preposición *de* ante *que (Te prohíbo DE QUE pises esta casa):* → DE, 4.

7 *Como que:* → COMO, 9 y 10.

8 *Prefiero seguir aquí QUE marcharme:* → PREFERIR, 2.

9 *Es preferible ceder QUE morir:* → PREFERIBLE.

qué. **1** Pronombre o adjetivo interrogativo. Como pronombre, sirve para preguntar por cosas: *¿Qué dices?; No sé qué dices;* como adjetivo, para preguntar por personas o cosas: *¿Qué amigos tienes?, ¿Qué novela es esa?* Puede usarse exclamativamente: *¡Qué amigos tienes! Qué* puede ser también adverbio de cantidad, usado en frases exclamativas: «*Dios mío, ¡qué solos / se quedan los muertos!*» (Bécquer, *Rimas*, 450).

2 Es regionalismo decir *¿lo qué?* en lugar del simple interrogativo *¿qué?:* «*—¡Quiere beber Mandrágora! —gritó don Crespo estupefacto. —¿Lo qué? —dijo la señora de Cutusso*» (Cortázar, *Rayuela*, 439). Cf. García, *Temas*, 121. Existe también *el qué* en la lengua coloquial general: «*—¿No veis aquello? .. —¡El qué..., el qué..., el qué? —preguntaron todas*» (Pardo Bazán, *Viaje*, 205). Cf. Bello, § 1149, y Fernández Ramírez, § 179, quienes citan, respectivamente, ejemplos de Martínez de la Rosa y Baroja.

3 *Qué sé yo qué* es fórmula popular en que se han cruzado los normales *qué sé yo* y *yo no sé qué:* «*Me ha llamado hipócrita, libertino y qué se yo qué*» (Galdós, *Torquemada*, III, 38).

4 *Según qué*, usado ante un nombre y funcionando como adjetivo en lugar de *determinado(s)* o *cierto(s)*, es propio del castellano de Cataluña: «*No tengo buena fama porque no aguanto a según qué gente*» (A. M. Matute, *Gaceta*, 25.4.1976, 64).

5 *Qué tan(to)*, en lugar del común *cuán(to)* o *qué*, es uso clásico; en España aparece modernamente solo en arcaísmo: «*¡Qué tan fría, boca de nardo!*» (Valle-Inclán, *Luces*, 102); sin embargo,

está vivo en varias partes de América (Kany, 330).

6 *Ni qué decir tiene* debe ser *ni que decir tiene:* → QUE², 4.

7 *Con qué:* → CONQUE, 3.

8 *Por qué:* → PORQUÉ.

Quebec. El nombre de la ciudad y provincia canadiense de *Quebec* (escrito en francés *Québec*) es en español palabra aguda, /kebék/. El adjetivo derivado es *quebequés.*

quebequés → QUEBEC.

quebrar. Verbo irregular. Se conjuga como *cerrar* [6].

quechua. 'Indio habitante del Perú al tiempo de la colonización', y también su lengua. Como nombre y como adjetivo, esta voz no tiene variación en cuanto al género. Se pronuncia /kéchua/; es errónea la acentuación /kechúa/. Puede también usarse la forma *quichua*, menos frecuente, y que, como la anterior, se pronuncia acentuando la primera sílaba.

quedar. **1** Es regional y vulgar el uso de *quedar* por *dejar: Aquí lo quedo,* 'aquí lo dejo'.

2 Construcción: *quedar A deber; quedar EN casa; quedar POR cobarde; quedar CON un amigo; quedar EN venir* (es vulgar *quedar DE venir, quedamos DE vernos aquí;* «*Quedé de mandarles la mitad*», Torrente, *Vuelta*, 259; pero parece usual en algunos países de América, al menos en Méjico —Steel, *Americanismos*, 186— y en Chile: «*Quedamos de ir al día siguiente*», Edwards, *Máscaras*, 65); *quedarse CON el libro* (coloquial *quedárselo*).

quejarse. Construcción: *quejarse DE otro; quejarse DE su salud; quejarse POR todo.*

querellarse. Construcción: *querellarse ANTE el juez; querellarse DE o CONTRA su vecino.*

querer. **1** Verbo irregular. (Véase cuadro.) Evítense las formas vulgares de subjuntivo *querramos, querráis* («*Se lanza en busca del mencey, reyezuelo o cacique, como querramos llamarle*», Manfredi, *Tenerife*, 87) por *queramos, queráis.*

2 *Como quiera*, locución adverbial: → COMO, 11.

CONJUGACIÓN DEL VERBO «QUERER»
(tiempos simples)

INDICATIVO

Pres. quiero, quieres, quiere, queremos, queréis, quieren.
Pret. impf. quería, querías, quería, queríamos, queríais, querían.
Pret. indef. quise, quisiste, quiso, quisimos, quisisteis, quisieron.
Fut. impf. querré, querrás, querrá, querremos, querréis, querrán.
Pot. simple querría, querrías, querría, querríamos, querríais, querrían.

SUBJUNTIVO

Pres. quiera, quieras, quiera, queramos, queráis, quieran.
Pret. impf. quisiera o quisiese, quisieras o -ses, quisiera o -se, etc.
Fut. impf. quisiere, quisieres, quisiere, quisiéremos, quisiereis, quisieren.

IMPERATIVO

quiere, quiera, quered, quieran.

FORMAS NO PERSONALES

Inf. querer.   *Ger.* queriendo.   *Part.* querido.

---

3 *Como quiera que,* locución conjuntiva: → COMO, 12.

quermés. 'Fiesta popular al aire libre' y 'lugar donde esta se celebra'. Es nombre femenino. La Academia registra, además de esta grafía, *kermés.* Deben abandonarse las grafías *kermesse, kermese* y *quermese,* que a veces aparecen en los periódicos.

quermese → QUERMÉS.

querosén → QUEROSENO.

queroseno. 'Uno de los derivados del petróleo'. Es preferible esta grafía a *keroseno.* En América se emplean las formas *kerosene, querosén* y *querosín,* que no tienen ningún uso en España.

querosín → QUEROSENO.

querráis, querramos → QUERER, 1.

quichua → QUECHUA.

quien. **1** Pronombre relativo, átono, que se refiere siempre, en la lengua actual, a persona. En general, este antecedente va implícito: *Quien* ('el que') *mal anda mal acaba.* No tiene variación de género, pero sí de número (pl. *quienes*). Debe evitarse

el uso de *quien* referido a plural: «*Porque apenas si nos dejan / decir que somos quien somos*» (Celaya, *Poesía urgente,* 49); o referido a cosa: «*Quizá es este mismo entusiasmo quien me ha hecho reflexionar*» (Ortega, *Viajes,* 113).
2 Como se ha dicho, el antecedente de este pronombre va generalmente implícito. Puede ir explícito si la proposición adjetiva introducida por *quien* es explicativa: *Se comunicó la noticia a los padres, quienes no sabían nada.* O si, siendo proposición especificativa, se intercala una preposición entre el antecedente y el relativo: *Este es el amigo de quien te he hablado.* Es, pues, anormal el uso de *quien* en proposición adjetiva especificativa con antecedente explícito, como en este ejemplo: «*El chauvinismo francés no toma en cuenta lo que en francés escriben aquellos extranjeros quienes .. en Francia residan y trabajen durante años*» (Cernuda, *Estudios,* 190).
3 *Cada quien:* → CADA, 5.

quién. **1** Pronombre interrogativo, tónico, siempre referido a persona. Carece de variación de género, pero no de número (plural *quiénes*). Debe evitarse, pues, el uso de *quién* referido a plural: *¿Quién son ustedes?*

2 Puede usarse, repetido al comienzo de distintos sintagmas, como equivalente de *unos... otros...: «Caballeros y galanes, guerreros, juglares, poetas y hasta media docenita de bufones; quiénes con calzas estiradas a la florentina, quiénes con breves dalmáticas a usanza de París»* (Pérez de Ayala, *Troteras*, 271).

3 En oraciones negativas, como predicativo, *quién* equivale a 'nadie adecuado', 'nadie autorizado': *«No soy quién para opinar al respecto»* (P. Gimferrer, *Destino*, 7.8.1971, 51).

quienquiera. Pronombre indefinido, 'cualquier persona'. En la lengua actual es exclusivamente literario y solo tiene uso como antecedente del relativo *que: Quienquiera que sea, es un miserable.* No debe omitirse ese relativo, diciendo *quienquiera sea...* El plural de este pronombre es *quienesquiera.*

quilo → KILO.

quilo-. Forma prefija del griego *chylos,* 'jugo': *quilología;* o de *cheilos,* 'labio': *quilogloso;* o de *chílioi,* 'mil' (→ KILO-).

químico. Como nombre, 'especialista en química', su femenino es *química.*

Quindasvinto → CHINDASVINTO.

quinque-. Forma prefija del latín *quinque,* 'cinco': *quinquenio.*

quintaesenciar. Se conjuga, en cuanto al acento, como *cambiar* [1 a].

quintillizo → TRILLIZO.

quíntuple → QUÍNTUPLO.

quíntuplo. La Academia registra un adjetivo *quíntuplo, quíntupla,* 'que contiene un número exactamente cinco veces', y advierte que se usa también como sustantivo masculino. El uso real es distinto de lo que dice la Academia. Se emplea *quíntuplo* como nombre masculino: *el quíntuplo,* 'la cantidad cinco veces mayor' (de algo) *(Gana el quíntuplo de lo que tenía).* Como adjetivo, en cambio, se emplea *quíntuple,* no registrado por la Academia *(Esta suma es quíntuple de la otra).*

quiro-. Forma prefija del griego *cheir,* 'mano': *quiromancia.*

quiromancia → -MANCIA.

quisque. Cada *quisque,* 'cada cual'; *todo quisque,* 'todo el mundo', son locuciones de la lengua coloquial. Es vulgarismo la forma *quisqui.*

quisqui → QUISQUE.

quitanieves. 'Máquina para retirar la nieve'. Es nombre femenino (también adjetivo), y su plural es invariable.

quitar. 1 Construcción: *quitar algo* DE *un sitio; quitar algo* DE *en medio; quitarse* DE *enredos; quitarse* DE *ahí.*

2 En el castellano de Galicia es frecuente la confusión entre *quitar* y *sacar:* se *quitan* las entradas del cine, se *quita* una foto, se *quita* el traje del armario, se *quita* un premio en la lotería, pero se *saca* uno el sombrero, se *saca* de donde está, y hasta se *saca* uno la vida (García, *Temas,* 126; cf. Rabanal, *Hablas,* 55). He aquí un ejemplo muy expresivo: *«—¿Quieres que me quite una teta por el escote? —No, mejor sácate la blusa»* (Cela, *Mazurca,* 198). Pero el uso de *sacar* por *quitar* no es exclusivo de Galicia: se da también en Cataluña *(«Todo el mundo ha respirado tranquilo, como el que se saca de encima un peso insoportable»,* A. Plaja, *Correo Catalán,* 3.1.1973, 7; *«Boris, sin darse cuenta, dejó caer a Nessi [la pelota] del bolsillo del abrigo, al sacárselo para comer en un restaurante»,* Giménez-Frontín, *Pico de Oro,* 55) y en América *(«Desnúdate .. Sácate el vestido»,* Roa, *Hijo,* 104; *«Tus amenos recuerdos le han sacado por lo menos veinte años de encima»,* Cortázar, *Rayuela,* 194); cf. Steel, *Americanismos,* 187.

quizá. 'Tal vez, acaso'. Puede decirse indistintamente *quizá* o *quizás.* Parece más frecuente, tanto en la lengua hablada como en la escrita, la primera de las dos formas, que es la etimológica. La Academia, que acoge las dos, da preferencia a la primera. Puede ir con verbo en indicativo o en subjuntivo; precediendo o siguiendo al verbo en el primer caso *(No lo sabe, quizá / Quizá no lo sabe),* pero solo siguiéndolo, en el segundo *(Quizá no lo sepa;* no es normal este ejemplo: *«Los ventanales más ricos en* *decoración sean quizá los que se hallan en casa Casadevall»*, M. E. Juliá, *Tele-Express*, 21.2.1975, 4).

quizás → QUIZÁ.

quórum. 'Número de individuos presentes necesario para que una votación sea válida'. Es nombre masculino, se pronuncia /kuórum/ y su plural es invariable, *los quórum* (cf. Academia, *Esbozo*, § 2.3.2).

r

r. **1** Vigesimoprimera letra del alfabeto español (decimoctava del universal). Su nombre normal es *erre,* plural *erres* (aunque la Academia también registra el nombre *ere*). La grafía *rr* se denomina *erre doble.*

2 La letra *r* simple representa, según su posición en la palabra escrita, el fonema /r/ o el fonema /rr/. La *r* doble representa únicamente el segundo de estos fonemas.

3 En la realización del fonema /r/, la punta de la lengua hace un movimiento rápido hacia arriba y atrás, tocando los alvéolos y cerrando con ello el paso al aire;

Articulación del fonema /r/

pero este movimiento y contacto duran solo un instante. La articulación, pues, es semejante a una pulsación de cuerda de guitarra. Durante esta articulación hay vibración de las cuerdas vocales. Es una consonante alveolar vibrante (simple) sonora.

Este fonema no se presenta nunca en posición inicial de palabra ni a continuación de /n/, /l/ o /s/.

Su articulación se distingue bastante de la de /r/ inglesa, que es más retrasada, y totalmente de la de /r/ francesa, que es velar. Hay que diferenciarla con claridad también de la articulación de /rr/ (→ 4).

El principal fenómeno dialectal relativo a la pronunciación del fonema /r/ es su supresión en final de palabra: *mujer* /mujé/, *hablar* /ablá/. La confusión de /r/ y /l/, /akabál/ por *acabar,* es igualmente dialectal.

Está muy extendida la pérdida de /r/ en la palabras *para* /pa/ y *parece* /paéze/, /páize/, pero no pasa del ambiente vulgar. Más vulgares aún son las formas /ubiá/ = *hubiera,* /kiés/ = *quieres* y semejantes.

4 El fonema /rr/ se realiza de manera parecida, pero no igual, a la de /r/. La lengua eleva la punta hasta los alvéolos, y, en el momento en que se apoya en ellos, es empujada con fuerza hacia adelante por el

Articulación del fonema /rr/

319

aire espirado; inmediatamente, por su propia elasticidad, vuelve la punta de la lengua a los alvéolos, para ser empujada nuevamente hacia afuera. En estos rapidísimos contactos y despegues, que son dos, tres o cuatro, se producen otras tantas pequeñas explosiones que constituyen el sonido /rr/. Durante la articulación hay vibración de las cuerdas vocales. Es una consonante alveolar vibrante (múltiple) sonora.

Este fonema solamente se presenta en posición inicial de palabra o de sílaba: *rayo, honra, perro*. Su aparición ocasional en final de palabra o de sílaba es enfática.

5 Ortografía de los fonemas /r/ y /rr/.

a) el fonema /r/ se representa siempre por la letra *r: lira, mar, broma, cresta, edredón, arde.*

b) El fonema /rr/ se representa *r* en comienzo de palabra o detrás de las letras *n, l* o *s: rosa, honra, alrededor, Israel;* excepcionalmente, detrás de *b* en *subrayar, subrogar,* /subrrayár, subrrogár/. Se escribe *rr* cuando se encuentra entre vocales: *perro, arroz.*

rabdo-. Forma prefija del griego *rhabdos,* 'varilla': *rabdomancia.*

rabia. *Dar rabia:* → DAR, 3.

rabiar. **1** Se conjuga, en cuanto al acento, como *cambiar* [1 a].

2 Construcción: *rabiar* CONTRA *alguno; rabiar* DE *envidia; rabiar* POR *lucirse.*

radar. 'Sistema de detección mediante la emisión de ondas eléctricas'. Es nombre masculino, y su acentuación en nuestro idioma es aguda, /radár/. No debe usarse la acentuación inglesa, grave. El plural de este nombre es *radares.*

radiactividad → RADIACTIVO.

radiactivo. En física, '(cuerpo) cuyos átomos se desintegran espontáneamente'. No debe emplearse la forma *radioactivo.* La misma observación vale para la forma *radioactividad* frente a la normal *radiactividad.*

radiar. Se conjuga, en cuanto al acento, como *cambiar* [1 a].

radicar. Construcción: *radicar* EN *un sitio.*

radio. **1** Nombre masculino con los sentidos de 'línea del centro a la circunfe-

rencia', 'metal radiactivo', 'hueso del brazo', 'operador de radiotransmisor'. También es masculino cuando es apócope de *radiograma.* Si es apócope de *radiotelegrafista,* será masculino o femenino, según el sexo de la persona.

2 Es femenino cuando es apócope de *radiodifusión* o cuando designa el aparato receptor de radiodifusión. No debe decirse, pues, *un auto-radio* (o *autorradio),* 'aparato de radio instalado en un automóvil', sino *una auto-radio* (o *autorradio).* No obstante, conviene advertir que en varios países americanos —Méjico, América Central, Antillas, Venezuela, Colombia, Ecuador y Perú— el género de *radio* es masculino, aunque en algunos sitios distinguen entre *la radio* (emisora) y *el radio* (receptor). Cf. Rosenblat, *Palabras,* III, 289.

3 Como nombre de un metal —que ya hemos dicho que es masculino (→ 1)—, no debe usarse la forma *rádium.*

radioactividad, radioactivo → RADIACTIVO.

radiografiar. Se conjuga, en cuanto al acento, como *desviar* [1 c].

radioterapia. 'Tratamiento por medio de sustancias radiactivas'. Evítese la forma *radiumterapia,* aunque figure en el *Diccionario* de la Academia.

rádium → RADIO, 3.

radiumterapia → RADIOTERAPIA.

raer. Verbo irregular. (Véase cuadro.)

raglán. El uso corriente de esta palabra es como adjetivo invariable que acompaña a *manga,* designando 'la que empieza en el cuello y cubre el hombro'. También se dice —y está registrado por la Academia— *manga ranglán.* Y existe además, pero no para la Academia, la acentuación etimológica /ráglan/.

raíl. 'Carril de vías férreas'. La Academia registra las formas *raíl* y *rail,* /ráil/, dando preferencia a la primera, que es la usual.

rally. 'Competición de automóviles en carreteras públicas'. Esta palabra inglesa, con la pronunciación /ráli/, es usada en el léxico deportivo español. No debe emplearse la grafía *rallye,* que es adaptación francesa. Su plural inglés es *rallies;* pero,

---

CONJUGACIÓN DEL VERBO «RAER»
(tiempos irregulares)

INDICATIVO

Pres. raigo (o rayo), raes, rae, raemos, raéis, raen.

Pret. indef. raí, raíste, rayó, raímos, raísteis, rayeron.

SUBJUNTIVO

Pres. raiga, raigas, raiga, raigamos, raigáis, raigan (o raya, rayas, raya, rayamos, rayáis, rayan).

Pret. impf. rayera o -se, rayeras o -ses, rayera o -se, rayéramos o -semos, rayerais o -seis, rayeran o -sen.

Fut. impf. rayere, rayeres, rayere, rayéremos, rayereis, rayeren.

IMPERATIVO

rae, raiga (o raya), raed, raigan (o rayan).

FORMAS NO PERSONALES

Ger. rayendo.

---

usado dentro de nuestro idioma, es preferible darle la forma *rallys,* para evitar una falsa pronunciación /rálies/.

rallye → RALLY.

ramaje. 'Conjunto de ramas'. Es nombre masculino. En el castellano de Galicia aparece como femenino, *la ramaje* (García, *Temas,* 121).

ranglán → RAGLÁN.

ranking → LISTA.

rapapolvo. Nombre masculino, 'reprimenda'. La forma *rapapolvos* es solo plural.

raqui-. Forma prefija del griego *rhachis,* 'columna vertebral': *raquialgia.*

rata → TASA.

Ratisbona. La ciudad alemana de *Regensburg* tiene en español el nombre de *Ratisbona.*

Ravena. La ciudad italiana de *Ravenna* tiene en español el nombre de *Ravena* o *Rávena.* Es preferible la acentuación grave, /rabéna/, que es también la italiana.

Ravenna → RAVENA.

ravioles. 'Emparedados de masa con carne picada'. Esta palabra, nombre masculino, es la traducción española del italiano *ravioli.* No es necesario utilizar la voz italiana ni su falso plural *raviolis,* aunque está registrado por la Academia.

ravioli, raviolis → RAVIOLES.

rayar. Construcción: *rayar* EN *lo sublime* (no A *lo sublime).*

razia. 'Incursión o correría', o 'batida, redada'. La Academia ha adoptado la grafía *razia* con preferencia a la francesa *razzia,* que también acepta.

razón. *En razón de,* locución prepositiva 'por causa de': *Estuve presente en razón de mi cargo.* También puede decirse *por razón de.* No es normal, en cambio, *en razón a:* «*Los comunistas, y no en razón a la llegada de Fraga, sino por mera coincidencia, han organizado una manifestación*» (J. A. Giménez Arnau, *Informaciones,* 13.5.1983, 32).

razonar. Construcción: *razonar* CON *alguno; razonar* SOBRE *un punto.*

razzia → RAZIA.

re-. Prefijo latino que significa repetición: *reelaborar;* movimiento hacia atrás:

reacción, rechazar; encarecimiento: *recargar, rebonito.* Con adjetivos o adverbios, puede reforzarse el valor superlativo añadiendo las sílabas *-te* o *-quete: retemonísima, requetebonito, requetebién* (cf. Seco, *Arniches,* 124-27).

reacio. Construcción: *reacio* A *los cambios; reacio* A o EN *acceder.*

realce → REALZAR.

realzar. 'Destacar, poner de relieve'. Esta palabra traduce bien las expresiones francesas *relever* y *mettre en relief.* La Academia ha acogido, sin embargo, *relievar,* como colombiano (en realidad, también existe en Venezuela y Cuba, e incluso se ha usado en España). La locución sustantiva francesa *mise en relief* se traduce adecuadamente por *realce (relievación,* formado sobre el citado *relievar,* no está registrado por la Academia).

reaparecer. Verbo irregular. Se conjuga como *agradecer* [11].

rebasar. 1 Construcción: *rebasar* DE *un punto.* Es más frecuente el uso transitivo, sin preposición: *rebasar la frontera.*
   2 Evítese la confusión entre *rebasar* y *rebosar. Rebasar* es 'pasar' (un límite): *Este trabajo rebasa mi capacidad. Rebosar* es 'derramarse' (un líquido) por no caber en el recipiente': *La cerveza rebosa;* o 'no tener (el recipiente) capacidad suficiente para el líquido que en él se echa, de manera que se sale': *Las jarras rebosan cerveza.*

reblandecer. Verbo irregular. Se conjuga como *agradecer* [11].

rebosar. 1 Construcción: *rebosar* DE *agua.* También transitivo: *rebosar salud.*
   2 Diferencia entre *rebosar* y *rebasar:* → REBASAR, 2.

rebullir. Verbo irregular. Se conjuga como *mullir* [53].

recabar. Construcción: *recabar algo* DE *alguien.*

recaer. 1 Verbo irregular. Se conjuga como *caer* [13].
   2 Construcción: *recaer* EN *la falta; recaer la elección* EN *una persona.*

recalentar. Verbo irregular. Se conjuga como *cerrar* [6].

recambiar. Se conjuga, en cuanto al acento, como *cambiar* [1 a].

recatar. Construcción: *recatarse* DE *las gentes.*

recelar. Construcción: *recelar* DEL *vecino.*

recibir. Construcción: *recibir algo* DE *alguien; recibir a una* POR *esposa; recibirse* DE *abogado* ('obtener el título'). Este último uso, raro, pero no desconocido en España («*Este curso/no más te faltaba para recibirte de abogado»,* Pérez de Ayala, *Tigre,* 112; «*En ocasiones muy solemnes de su vida —el día de sus esponsales, al recibirse de doctor, en algún ejercicio de oposiciones a cátedras—»,* Machado, *Mairena,* 181), es corriente en América (cf. Steel, *Americanismos,* 187).

recibo. Construcción: *acusar recibo* DE *una carta; no ser de recibo una cosa.*

reciclado, reciclaje, reciclamiento → RECICLAR.

reciclar. En tecnología, 'someter repetidamente una materia a un mismo ciclo, para ampliar o incrementar los efectos de este'. En la lengua común se usa con el sentido de 'dar una formación complementaria (a alguien) para permitirle adaptarse a los progresos técnicos y científicos'. La acción de *reciclar* se llama *reciclamiento* o *reciclado,* mejor que *reciclaje* (tomado del francés *recyclage).*

recién. 1 Según la Academia, este adverbio equivale a *recientemente.* En realidad, no son sinónimos. *Recientemente* significa 'poco tiempo antes'; *recién,* 'inmediatamente antes'. Pero la principal diferencia es de tipo funcional: *recién* solamente se emplea precediendo directamente a un participio o a un adjetivo de valor semejante (es decir, que expresa acción concluida): *El pan está recién hecho; Vimos una casa recién destruida; Recién despiertos, tuvimos que salir.*
   2 En buena parte de Hispanoamérica, además del uso reseñado, existe otro que se produce delante o detrás de verbo en forma personal, o bien delante de adverbio, o bien solo. Puede presentar uno de estos sentidos: *a)* 'hace un momento': *Recién llegó; Llegó recién; ¿Cuándo llegó?*

—*Recién; b)* 'solo, no antes': *Recién mañana llegará; c)* 'apenas': *Lo vi recién
llegó.* No es uso únicamente coloquial; está
avalado por buenos escritores, especialmente en la región del Río de la Plata.

reciente. El superlativo de este adjetivo
es *recentísimo* o *recientísimo.* Es más usual
la segunda forma.

recientemente → RECIÉN. 1.

recipiendario. 'Persona que es recibida
solemnemente en una corporación'. Su femenino es *recipiendaria.* Es errónea la
forma *recipiendiario.*

recipiendiario → RECIPIENDARIO.

reclamar. 1 Construcción: *reclamar
una cosa* A (o DE) *alguien; reclamar* ANTE
un tribunal; reclamar EN *juicio; reclamar*
PARA SÍ.
2 *Reclamarse* tiene hoy dos usos inadecuados, que convendrá evitar. El primero,
nacido de una mala traducción del francés
se réclamer de, consiste en emplear *reclamarse de* (una persona o cosa) por *invocar
o apelar a,* o *apoyarse moral o ideológica-
mente en,* o *tomar como punto de referencia:* «*En dicho futuro han de encontrar cabida precisamente las fuerzas que se recla-
man de la democracia y no aquellas que la
combaten*» (M. Martínez Cuadrado, *Ya,*
1.5.1976, 7); «*En el seno del marxismo, del
cual me reclamo*» (V. Bozal, *Pueblo,*
Supl., 21.6.1978, 2); «*No es extraño que
los guerrilleros se reclamen del general San-
dino*» (*País,* 24.8.1978, 6). El otro uso de
reclamarse (o *reclamarse de*) se debe sin
duda a una confusión con *proclamarse:*
«*La derecha clerical y feligresa se reclama
en España de tradicionalista y vestal de la
tradición*» (F. Umbral, *País,* 12.11.1977,
22); «*ETA, que siempre reivindica sus crímenes, rara vez se reclama autora de un
atraco*» (*Cambio,* 5.11.1978, 22).

reclinar. Construcción: *reclinarse* EN o
SOBRE *alguna cosa.*

recluir. 1 Verbo irregular. Se conjuga
como *huir* [48].
2 Construcción: *recluir* EN *prisión.*

recobrar. Construcción: *recobrarse* DE *la
enfermedad.*

recogedor → COGEDOR.

recoger. Construcción: *recoger* EN *un álbum; recogerse* A *casa; recogerse* EN *sí
mismo; recoger* DEL *suelo.*

recomendar. 1 Verbo irregular. Se
conjuga como *cerrar* [6].
2 Construcción: *recomendar Juan* A *Pedro.* Sería anfibológico decir *recomendar* A
Juan A *Pedro.* Tampoco es normal *recomendar* A *Juan* CON *Pedro.*

recompensar. Construcción: *recompensar un beneficio* CON *otro.*

reconciliar. 1 Se conjuga, en cuanto al
acento, como *cambiar* [1 a].
2 Construcción: *reconciliar a uno* CON
otro.

reconocer. 1 Verbo irregular. Se conjuga como *agradecer* [11].
2 Construcción: *reconocer a uno* POR
amigo.

reconvenir. 1 Verbo irregular. Se conjuga como *venir* [61].
2 Construcción: *reconvenir a uno* POR.
SOBRE o DE *alguna cosa.*

récord → MARCA.

recordar. 1 Verbo irregular. Se conjuga como *acordar* [4].
2 Normalmente es transitivo: *¿Recuerdas lo que nos pasó allí?* (En América,
frecuentemente intransitivo con *de:* «*Recordaba demasiado bien de las veces que
siendo niño visitaba a su padre*», Krohn,
trad. Zweig, *Maestros,* 55; cf. Kany, 354.)
También puede usarse como absoluto: *No
recuerdo.* Es anormal el uso pronominal:
«*¿No te recuerdas de aquel día?*» (Pemán,
Antología, 20); «*Yo veré si se recuerda /
que me ha visto alguna vez*» (Vega, *Verbena,* 271), igualmente registrado en América (Kany, 354).

recordman, recordwoman → PLUSMAR-
QUISTA.

recostar. 1 Verbo irregular. Se conjuga
como *acordar* [4].
2 Construcción: *recostarse* EN o SOBRE
la cama.

recrear. Construcción: *recrearse* CON *el
dibujo; recrearse* EN *leer* o *leyendo.*

recrudecer. Verbo irregular. Se conjuga
como *agradecer* [11].

reducir. 1 Verbo irregular. Se conjuga como *conducir* [41].

2 Construcción: *reducir algo* A *la mitad; reducirse* A *lo más preciso; reducirse algo* A *una equivocación.*

redundar. Construcción: *redundar* EN *beneficio de todos.*

reembolsar. La Academia incluye, además de la forma *reembolsar,* la forma *rembolsar* —preferida en algunos países americanos—; pero el uso general, decididamente, y la propia Academia, prefieren la primera. Lo mismo ocurre en la pareja *reembolso* y *rembolso.*

reembolso → REEMBOLSAR.

reemplazar. 1 Construcción: *reemplazar a uno* EN *su puesto; reemplazar una pieza* POR (O CON) *otra.*

2 La Academia incluye en su *Diccionario,* además de la forma *reemplazar, remplazar* —preferida esta última en algunos países americanos—; pero lo propia Academia y, sobre todo, el uso general prefieren la forma normal *reemplazar.* Lo mismo ocurre en el caso de *reemplazo* y *remplazo.*

reemplazo → REEMPLAZAR.

referendo → REFERÉNDUM.

referéndum. 'Consulta al pueblo, mediante votación, para ratificar una ley'. El plural más frecuente de esta palabra es *referéndums;* pero también puede decirse *referendos,* correspondiente a un singular *referendo* que la Academia propone al lado del tradicional *referéndum.* La solución más práctica sería adoptar decididamente el singular españolizado *referendo,* con su plural normal *referendos:* «*Franco sometió la ley ya aprobada por las Cortes a un referendo*» (Madariaga, *España,* 515).

referir. 1 Verbo irregular. Se conjuga como *sentir* [60].

2 Construcción: *referirse* A *una persona o cosa.*

reflexionar. Construcción: *reflexionar* SOBRE *una materia.*

reformar. Construcción: *reformarse* EN *las costumbres.*

reforzar. Verbo irregular. Se conjuga como *acordar* [4].

refregar. Verbo irregular. Se conjuga como *cerrar* [6].

refugiar. 1 Se conjuga, en cuanto al acento, como *cambiar* [1 a].

2 Construcción: *refugiarse* EN *el portal.*

regar. Verbo irregular. Se conjuga como *cerrar* [6].

Regensburg → RATISBONA.

regidor. El femenino de este nombre es *regidora.*

régimen. El plural de este nombre es *regímenes,* con traslación de acento.

regir. Verbo irregular. Se conjuga como *vestir* [62].

regodearse. Construcción: *regodearse* EN (O CON) *alguna cosa.*

regoldar. Verbo irregular. Se conjuga como *acordar* [4].

regresar. Construcción: *regresar* A *casa.* En muchos países americanos es popular el uso transitivo de este verbo con el sentido de 'devolver': *Voy a regresar este libro mañana;* así como el uso reflexivo *regresarse,* correspondiente al peninsular *regresar* (Kany, 189).

rehilar. Se conjuga, en cuanto al acento, como *enraizar* [1 f].

rehuir. Verbo irregular. Se conjuga como *huir* [48].

rehusar. 1 Se conjuga, en cuanto al acento, como *aullar* [1 f].

2 Construcción: *rehusar hacer una cosa; rehusar un honor. Rehusarse* A *hacer una cosa,* 'negarse a ello', es anormal: «*Se había rehusado a dar los nombres de sus compañeros*» (*Triunfo,* 15.5.1976, 9); «*Antonio Lumière se rehusó a venderle un aparato*» (Arreola, trad. Sadoul, *Cine,* 16); «*Las autoridades del barco que se rehúsan a admitir polizones*» (Victoria, *Cómico,* 104). Lo normal es *negarse a,* o simplemente *rehusar* (sin *a*).

reinar. Construcción: *reinar* EN *España; reinar* SOBRE *diez millones de personas; reinar el terror* ENTRE *la muchedumbre.*

reincidir. Construcción: *reincidir* EN *el delito.*

reingresar. Construcción: *reingresar* EN *el servicio activo.*

CONJUGACIÓN DEL VERBO «REÍR»
(tiempos irregulares)

INDICATIVO

Pres. río, ríes, ríe, reímos, reís, ríen.
Pret. indef. reí, reíste, rió, reímos, reísteis, rieron.

SUBJUNTIVO

Pres. ría, rías, ría, riamos, riáis, rían.
Pret. impf. riera o riese, rieras o -ses, riera o -se, riéramos o -semos, rierais o -seis, rieran o -sen.
Fut. impf. riere, rieres, riere, riéremos, riereis, rieren.

IMPERATIVO

ríe, ría, reíd, rían.

FORMAS NO PERSONALES

Ger. riendo.

---

reingreso. Construcción: *reingreso* EN *el Ministerio.*

reintegrar. Construcción: *reintegrar a alguno* EN *su puesto; reintegrarse* AL *trabajo.*

reír. 1 Verbo irregular. (Véase cuadro.)
2 Construcción: *reírse* DE *alguien; reírse* DE o POR *algo; reírse* CON *alguien.*

reivindicar. 'Reclamar' (algo a que se tiene derecho). *Reivindicar un atentado* significa exactamente 'reclamarlo para sí'. Ahora bien, como lo que realmente se quiere decir con esa frase es 'reclamar la responsabilidad o la autoría del atentado', debe decirse *reivindicar la responsabilidad del atentado* o, más sencillamente, *atribuirse el atentado.*

rejuvenecer. Verbo irregular. Se conjuga como *agradecer* [11].

relación. 1 *Con relación a,* 'con respecto a', también puede decirse *en relación con: No tengo nada que declarar en relación con el asunto,* o *con relación al asunto.* Cualquiera de las dos formas es preferible a *en relación a,* cruce de una y otra, hoy usado a menudo en España y América.

2 *Relaciones públicas:* → RELACIONISTA.

relacionar. Construcción: *relacionar un asunto* CON *otro; relacionarse* CON *otras personas.*

relacionista. 'Experto en relaciones públicas'. Es preferible usar este nombre, propuesto por la Academia, al de *relaciones públicas (Es «relaciones públicas» en una empresa),* traducción del inglés *public relations* —utilizado igualmente entre nosotros, como por los franceses, para referirnos a la persona y no a la actividad—. Pero el nombre *relaciones públicas* debe reservarse para designar la actividad, no la persona. El nombre *relacionista* es masculino o femenino, según el sexo de la persona designada.

relais → RELÉ.

relé. La palabra francesa, de uso universal en electrónica, *relais,* 'aparato que produce en su circuito una modificación dada cuando se cumplen determinadas condiciones', ha sido adaptada al español en la forma *relé.* No es necesario, pues, usar la grafía francesa.

relievación, relievar → REALZAR.

reló → RELOJ.

reloj. 1 La pronunciación normal de esta palabra es /reló/; solo en dicción afectada se oye /relój/. Teniendo en cuenta la pronunciación general (que ha pasado no pocas veces a la lengua literaria: Pardo Bazán, *Viaje*, 165; Unamuno, *Poesías*, 209; Machado, *Poesías*, 144; Salinas, *Fábula*, 166, y *Voz*, 9; Rosales, *Poesías*, 83; Casalduero, *Galdós*, 112; Cela, *Colmena*, 267, etc.), la Academia recoge ahora la grafía *reló* al lado del normal *reloj*, advirtiendo, no obstante, que el plural es siempre *relojes*. El plural *relós* es vulgar.

2 *Reloj de pulsera* se dice, no *reloj pulsera* (aunque esta es la forma normal en Argentina: Mallea, *Cuentos*, 126; Cortázar, *Rayuela*, 489).

remalladora. 'Máquina de remallar'. No hay por qué decir *remallosa*, mala adaptación del francés *remailleuse*.

remallosa → REMALLADORA.

remarcable, remarcar → NOTABLE.

rembolsar, rembolso → REEMBOLSAR.

remediar. Se conjuga, en cuanto al acento, como *cambiar* [1 a].

remendar. Verbo irregular. Se conjuga como *cerrar* [6].

remontar. Construcción: *remontarse* HASTA *el cielo; remontarse* POR *los aires; remontarse* SOBRE *todos*.

remorder. Verbo irregular. Se conjuga como *mover* [18].

remoto. Construcción: *remoto* DE *la verdad*.

remover. 1 Verbo irregular. Se conjuga como *mover* [18].

2 Construcción: *remover a alguien* DE *su puesto; removerse* EN *la cama*.

remplazar, remplazo → REEMPLAZAR.

renacer. 1 Verbo irregular. Se conjuga como *agradecer* [11].

2 Construcción: *renacer* A *la vida*.

rendir. 1 Verbo irregular. Se conjuga como *vestir* [62].

2 Construcción: *rendirse* A *la razón; rendirse* DE *fatiga; rendirse* CON *la carga*.

3 Son empleos anormales de *rendir* el de 'traducir' («*No es fácil rendir poética-*

mente en nuestra lengua ese fondo escéptico, agnóstico, nihilista del poeta», Machado, *Mairena*, 311) y el de 'volver, convertir en' («*Hay un terreno bueno para la siembra, aunque el paso del tiempo amenaza con rendirlo yermo*», G. Medina, *Informaciones*, 26.4.1974, 25). Ambos son galicismos.

renegar. 1 Verbo irregular. Se conjuga como *cerrar* [6].

2 Construcción: *renegar* DE *una persona o cosa*.

renovar. Verbo irregular. Se conjuga como *acordar* [4].

rentoy. 'Jactancia o desplante'. El plural es *rentoys* (o, según la grafía propuesta por la Academia, *Esbozo*, § 2.3.3, *rentóis*).

renunciar. 1 Se conjuga, en cuanto al acento, como *cambiar* [1 a].

2 Construcción: *renunciar* A *un proyecto; renunciar sus derechos* EN *otro*.

reñir. 1 Verbo irregular. (Véase cuadro.)

2 Construcción: *reñir* A *alguien* ('reprender'); *reñir* CON *alguien* ('tener una desavenencia o disputa').

reo. 1 Construcción: *reo* CONTRA *la sociedad; reo* DE *muerte*.

2 Como nombre, es invariable en cuanto al género: *el reo, la reo*. Pero como adjetivo ('criminoso, culpado') tiene el femenino *rea*.

reóstato. En física, 'instrumento que sirve para hacer variar la resistencia en un circuito eléctrico'. Es errónea la grafía y acentuación *reostato*.

reparar. Construcción: *reparar* EN *un detalle; reparar un daño* CON *un favor*.

repartir. Construcción: *repartir algo* ENTRE *varios; repartir* EN *porciones*.

repatriar. Se conjuga, en cuanto al acento, como *desviar* [1 c], pero también se usa la conjugación 1 a (como *cambiar*).

repercutir. En sentido figurado, el más usual, este verbo significa 'trascender, causar efecto (una cosa en otra)', y es intransitivo. Se dice: *Las medidas han repercutido en los precios*. Por galicismo, los economistas lo usan como transitivo: «*El comisario de la Energía .. considera que este*

326

CONJUGACIÓN DEL VERBO «REÑIR»
(tiempos irregulares)

INDICATIVO

Pres. riño, riñes, riñe, reñimos, reñís, riñen.
Pret. indef. reñí, reñiste, riñó, reñimos, reñisteis, riñeron.

SUBJUNTIVO

Pres. riña, riñas, riña, riñamos, riñáis, riñan.
Pret. impf. riñera o -se, riñeras o -ses, riñera o -se, riñéramos o -semos, riñerais o -seis, riñeran o -sen.
Fut. impf. riñere, riñeres, riñere, riñéremos, riñereis, riñeren.

IMPERATIVO

riñe, riña, reñid, riñan.

FORMAS NO PERSONALES

Ger. riñendo.

---

incremento debe ser repercutido inmediatamente en los precios interiores» (*Abc*, 19.12.1978, 1).

repetir. Verbo irregular. Se conjuga como *pedir* [62].

replegar. Verbo irregular. Se conjuga como *cerrar* [6]. También se usa como regular (Academia, *Esbozo*, § 2.12.3).

repoblar. 1 Verbo irregular. Se conjuga como *acordar* [4].
2 Construcción: *repoblar* DE *árboles*.

reponer. 1 Verbo irregular. Se conjuga como *poner* [21].
2 Con el sentido de 'replicar', solo se usa en pretérito de indicativo (*repuse*, etc.), pretérito de subjuntivo (*repusiera* o *repusiese*, etc.) y futuro de subjuntivo (*repusiere*, etc.). Las formas que faltan se suplen con las del verbo *responder*.

reportar → INFORMAR, 2.

repórter → REPORTERO.

reportero. 'Periodista que recoge noticias'. El femenino de este nombre es *reportera*. Debe desecharse el nombre, ya en desuso, *repórter*.

representación → STANDING.

reprobación → DEPLORACIÓN.

reprobar. Verbo irregular. Se conjuga como *acordar* [4].

reproducir. 1 Verbo irregular. Se conjuga como *conducir* [41].
2 El sentido 'obtener una copia (de un documento) por procedimiento fotográfico o similar' se expresa con el verbo *reproducir*. La máquina con que se obtiene la reproducción o copia se llama *copiadora* (frecuentemente con alguna forma prefija: *fotocopiadora, xerocopiadora*). No deben emplearse el verbo *duplicar* (que significa exactamente 'hacer doble o multiplicar por dos') ni el nombre *duplicadora*.

reptil. La Academia registra no solo la forma grave *reptil*, sino también *réptil;* pero únicamente la primera es normal.

repudiar. Se conjuga, en cuanto al acento, como *cambiar* [1 a].

reputar. Construcción: *reputar a uno* POR (O DE, O COMO) *honrado*.

requebrar. Verbo irregular. Se conjuga como *cerrar* [6].

requerir. 1 Verbo irregular. Se conjuga como *sentir* [60].
2 Construcción: *requerir* DE *amores a alguien; requerir a alguien* PARA *que hable*.

resabiar. Se conjuga, en cuanto al acento, como *cambiar* [1 a].

rescisión. 'Acción de rescindir'. No es *rescinsión*, como dicen algunos por la radio.

resentirse. 1 Verbo irregular. Se conjuga como *sentir* [60].

2 Construcción: *resentirse* CON o CONTRA *alguien; resentirse* DE o POR *algo; resentirse* DE *la pierna.*

reserva → EMBARGO. 4.

reservado. *Materia reservada:* → CLASIFICADO.

reservorio → DEPÓSITO.

resfriar. Se conjuga, en cuanto al acento, como *desviar* [1 c].

resguardar. Construcción: *resguardarse* DE *la lluvia.*

residir. Construcción: *residir* EN *la ciudad.*

resignar. Construcción: *resignarse* CON *su suerte; resignarse* A *morir.*

resistir. Construcción: *resistirse* A *hacerlo.*

resollar. Verbo irregular. Se conjuga como *acordar* [4].

resolver. 1 Verbo irregular. Se conjuga como *volver* [35].

2 Construcción: *resolverse el agua* EN *vapor; resolverse* A *salir.*

resonar. Verbo irregular. Se conjuga como *acordar* [4].

respaldar → ENDOSAR.

respecto. *Respecto a,* locución prepositiva, 'por lo que se refiere a', 'con relación a': *No te preocupes respecto al porvenir.* Equivalen a esta locución *con respecto a* y *respecto de: Con respecto a la política sus opiniones eran confusas; No sé nada respecto de este asunto.* De las tres locuciones, la más frecuente es *respecto a,* y quizá la menos, *respecto de.*

resplandecer. Verbo irregular. Se conjuga como *agradecer* [11].

responder. 1 Construcción: *responder* A *la pregunta; responder* DE *sus acciones; responder* POR *otro.*

2 Sobre las formas de pretérito *repuse,* etc., equivalentes de *respondí,* etc., → REPONER. 2.

restablecer. Verbo irregular. Se conjuga como *agradecer* [11].

restar. Construcción: *restar una cantidad* DE *otra.*

restaurante. Como adaptación del francés *restaurant* existen dos formas: *restaurante,* que es la preferida por la Academia y la empleada siempre en el lenguaje administrativo, y *restorán,* de uso principalmente coloquial. Aparte de esto, muchos establecimientos se rotulan con la grafía francesa: *restaurant.* Cualquiera de las dos formas españolas, *restaurante* y *restorán,* es válida y aceptada en la lengua general.

restituir. Verbo irregular. Se conjuga como *huir* [48].

resto. *El resto de diarios,* por *el resto de* LOS *diarios:* → MAYORÍA.

restorán → RESTAURANTE.

restregar. Verbo irregular. Se conjuga como *cerrar* [6]. Es vulgarismo conjugarlo como regular.

restricción. 'Acción de restringir'. La forma *restrinción* es un vulgarismo que no falta en la radio.

resuelto. Construcción: *resuelto* A *dejarlo.*

resultar. Construcción: *resultar una cosa* DE *otra.*

rete- → RE-.

retener. Verbo irregular. Se conjuga como *tener* [31].

retirar. Construcción: *retirar dinero* DEL *banco; retirarse* DE *la reunión; retirarse* A *la soledad; retirarse* A *descansar.*

retorcer. Verbo irregular. Se conjuga como *mover* [18].

retractarse. Construcción: *retractarse* DE *sus palabras.*

retraer. 1 Verbo irregular. Se conjuga como *traer* [32].

2 Construcción: *retraerse* A *alguna parte; retraerse* DE *hacerlo.*

retribuir. Verbo irregular. Se conjuga como *huir* [48].

retro-. Prefijo latino que significa 'hacia atrás': *retrovisor.*

retroceder. Construcción: *retroceder* A O HACIA *un sitio; retroceder* DE *un sitio* A *otro.*

retrocuenta → CUENTA, 2.

retrotraer. Verbo irregular. Se conjuga como *traer* [32].

reuma. La Academia registra como válidas las formas *reuma,* /réuma/, y *reúma,* dando preferencia a la primera, aunque, al parecer, es más usual la segunda (cf. Zamora, *Estampas,* 66: «*Esa dice 'réuma', y los colegas de sufrimiento no se atreven a decir ni pío, les parece raro, quizá sea una variante de la enfermedad*»). El género de este nombre es masculino. Se oye como femenino en la lengua popular: «*El pobre, con la reúma, no puede trasladarse ni aun en automóvil*» (Torrente, *Saga,* 257). Cf. García, *Temas,* 121.

reventar. 1 Verbo irregular. Se conjuga como *cerrar* [6].
2 Construcción: *reventar* DE *risa; reventar* POR *hablar.*

reverdecer. Verbo irregular. Se conjuga como *agradecer* [11].

reverenciar. Se conjuga, en cuanto al acento, como *cambiar* [1 a].

reverter. 1 Verbo irregular. Se conjuga como *entender* [14].
2 Diferencia con *revertir:* → REVERTIR, 2.

revertir. 1 Verbo irregular. Se conjuga como *sentir* [60].
2 Diferencia entre *revertir* y *reverter.* *Revertir* significa 'volver (una cosa) al estado o condición que tuvo antes', 'volver a la propiedad que tuvo antes, o pasar a un nuevo dueño'; *reverter,* poco usado, significa 'rebosar'.

revestir. 1 Verbo irregular. Se conjuga como *vestir* [62].
2 Construcción: *revestir* DE *cal; revestir a alguien* DE *facultades.*

revista. La publicación periódica ilustrada, no diaria, de información general,

se llama normalmente *revista;* solo cuando versa sobre una materia determinada (historia, geografía, filatelia, etc.) suele denominarse con un complemento especificador. El nombre inglés *magazine,* que algunos emplean, es innecesario.

revolcar. 1 Verbo irregular. Se conjuga como *acordar* [4].
2 Construcción: *revolcarse* EN *el fango; revolcarse* POR *el suelo.*

revolver. 1 Verbo irregular. Se conjuga como *volver* [35].
2 Construcción: *revolverse* CONTRA *su dueño.*

rezar. Construcción: *rezar un padrenuestro; rezar* A *un santo; rezar* POR *los difuntos.*

Rhein, Rhin → RIN.

Rhodesia → RODESIA.

ribera. 'Orilla de río, lago o mar'. Es voz mucho más frecuente que su homófona *rivera,* 'arroyo'. Como topónimo, *Ribera* también predomina. En cambio, como apellido es más frecuente la forma *Rivera.*

Rin. El río europeo que en alemán se llama *Rhein* y en francés *Rhin* tiene en español el nombre de *Rin.*

ring → CUADRILÁTERO.

rino-. Forma prefija del griego *rhis,* 'nariz': *rinoceronte.*

Río de Janeiro. El nombre de la ciudad brasileña es *Río de Janeiro,* no *Río Janeiro.*

rizo-. Forma prefija del griego *rhiza,* 'raíz': *rizofita.*

róbalo. 'Cierto pez marino'. La Academia registra estas dos formas: *róbalo* y *robalo,* dando preferencia a la primera.

robot. 'Máquina capaz de actuar automáticamente', y también 'autómata'. Es nombre masculino. Su pronunciación es aguda: /robót/. En plural es *robots.*

robustecer. Verbo irregular. Se conjuga como *agradecer* [11].

rociar. Se conjuga, en cuanto al acento, como *desviar* [1 c].

CONJUGACIÓN DEL VERBO «ROER»
(tiempos irregulares)
Las formas que van entre paréntesis son poco usadas

INDICATIVO

Pres. roo (roigo o royo); roes, roe, roemos, roéis, roen.
Pret. indef. roí, roíste, royó, roímos, roísteis, royeron.

SUBJUNTIVO

Pres. roa (roiga o roya), roas (roiga o royas), roa (roiga o roya), etc.
Pret. impf. royera o royese, royeras o -ses, royera o -se, etc.
Fut. impf. royere, royeres, royere, etc.

IMPERATIVO

roe, roa (roiga o roya), roed, roan (roigan o royan).

FORMAS NO PERSONALES
Ger. royendo.

---

rodar. 1 Verbo irregular. Se conjuga como *acordar* [4].
2 Construcción: *rodar* DE o DESDE *lo alto; rodar* POR *tierra.*

Rodesia. Aunque el nombre de la región africana de *Rhodesia* (actuales estados de Zambia, Malawi y Zimbabue) procede del de Cecil Rhodes, la forma española de ese nombre es *Rodesia.*

roer. Verbo irregular. (Véase cuadro.)

rogar. 1 Verbo irregular. Se conjuga como *acordar* [4].
2 Construcción: *rogar* POR *alguien; rogar algo a alguien; le ruego que me escriba* (en América: *le ruego escribirme; «Le ruego conseguirme el local»,* Neruda, *Confieso,* 105).

rojo. *Vino rojo:* → TINTO.

romper. 1 Verbo irregular. Su única irregularidad está en el participio: *roto.*
2 Construcción: *romper* CON *alguien; romper* EN *llanto; romper* A *reír.*

Rouen → RUÁN.

round → ASALTO.

rr → R.

-rragia. Forma sufija del griego *rhégnumi,* 'brotar': *hemorragia.*

-rrea. Forma sufija del griego *rheo,* 'fluir': *graforrea.*

-rrino. Forma sufija del griego *rhis,* 'nariz': *platirrino.*

-rrizo. Forma sufija del griego *rhiza,* 'raíz': *polirrizo.*

-rro. Sufijo de sustantivos. Su significación suele ser diminutiva: *pizarra, cacharro, cachorro, ventorro.* A veces toma la forma *-orrio: villorrio.*

Ruán. La ciudad francesa de *Rouen* tiene en español el nombre de *Ruán* (pronunciado /ru.án/).

Ruanda. El adjetivo correspondiente a *Ruanda* es *ruandés.*

ruandés → RUANDA.

rubéola. 'Enfermedad infecciosa caracterizada por erupción'. Es voz esdrújula, /rubéola/, aunque sea frecuente oír la pronunciación /rubeóla/.

rufián. 'Hombre que explota a una prostituta'. También, en un nivel más coloquial, se dice *chulo,* y, más popular, *maca-*

rra. No es necesario el término francés *souteneur.*

Rumania. El nombre de la nación europea puede ser *Rumania* y *Rumanía.* La primera forma es la que utiliza la Academia *(Diccionario,* s. v. *rumano)* y tiene en su apoyo la analogía con otros nombres geográficos *(Alemania, Albania, Lituania,* etc.). La segunda, *Rumanía,* tampoco carece del apoyo analógico *(Turquía, Oceanía, Etiopía, Andalucía,* etc.); ha sido la forma más usada hasta no hace mucho, y tiene la ventaja de marcar la distinción con el nombre de *la Romania,* /románia/, que designa el conjunto de los territorios de lenguas románicas. Aunque no es argumento que deba pesar en la elección, añadiremos el dato de que en la lengua rumana el nombre de la nación se pronuncia /rumanía/.

rumiar. Se conjuga, en cuanto al acento, como *cambiar* [1 a].

rústica. 1 *Encuadernación en rústica:* → PAPERBACK.

2 *Encuadernar a la rústica:* hoy se dice *en rústica.*

S

s. Vigesimosegunda letra del alfabeto español (decimonovena del universal). Su nombre —femenino— es *ese*, plural *eses*. Representa al fonema /s/, cuya realización fonética tiene dos variedades principales: la «castellana» y la «andaluza».

a) Articulación «castellana». El ápice de la lengua se apoya en los alvéolos, dejando una salida redondeada para el aire. El predorso, mientras tanto, adquiere una forma ligeramente cóncava. No hay vibración de las cuerdas vocales. Es una articulación al-

Articulación apicoalveolar de /s/

veolar (o, mejor, apicoalveolar) fricativa sorda. Sin embargo, la /s/ resulta sonora cuando está en contacto con una consonante sonora: *desde*.

b) Articulación «andaluza». Se produce mediante el contacto del predorso de la lengua con los alvéolos, contacto incompleto, ya que deja en el centro una pequeña abertura por donde sale el aire. En las zonas de lengua española donde no se emplea la articulación apicoalveolar, es la predorsal la que se usa, en numerosas variantes. Así en Andalucía, Canarias y la mayor parte de Hispanoamérica. La variante predorsal propiamente dicha se da

Articulación predorsal de /s/

en zonas de las provincias de Málaga, Córdoba y Granada; la variante llamada coronal, articulada entre los incisivos superiores y los alvéolos, con la lengua plana, se presenta en parte de las provincias de Huelva, Sevilla, Córdoba, Jaén, Granada y Almería.

La particularidad dialectal más importante que se presenta en relación con la /s/ es el *ceceo*, que consiste, *grosso modo,* en identificar los fonemas /s/ y /z/ bajo la única forma de /z/: *sopa* /zópa/, *señor* /zeñó/. Se encuentra esta peculiaridad en Andalucía (parte de las provincias de Huelva, Sevilla, Málaga y Granada, toda la de Cádiz y pequeñas comarcas de Córdoba, Jaén y Almería). En general es una pronunciación poco apreciada socialmente.

CONJUGACIÓN DEL VERBO «SABER»
(tiempos irregulares)

INDICATIVO

Pres. sé, sabes, sabe, sabemos, sabéis, saben.
Pret. indef. supe, supiste, supo, supimos, supisteis, supieron.
Fut. impf. sabré, sabrás, sabrá, sabremos, sabréis, sabrán.
Pot. simple sabría, sabrías, sabría, sabríamos, sabríais, sabrían.

SUBJUNTIVO

Pres. sepa, sepas, sepa, sepamos, sepáis, sepan.
Pret. impf. supiera o supiese, supieras o -ses, supiera o -se, supiéramos o -semos, supierais o -seis, supieran o -sen.
Fut. impf. supiere, supieres, supiere, supiéremos, supiereis, supieren.

IMPERATIVO

sabe, sepa, sabed, sepan.

Más extendido es el rasgo dialectal que consiste en aspirar la /s/ en final de sílaba o de palabra, transformándola en un sonido semejante al de *h* inglesa (*casco* = /káhko/) o, a veces, en el sonido de *j* española, /kájko/. La aspiración llega a desaparecer en muchos sitios, dejando como única huella una mayor abertura de la vocal precedente: *adiós* /adió/, *las mujeres* /la muhére/.

saber. 1 Verbo irregular. (Véase cuadro.)
2 Construcción: *no saber nada* DE *un asunto; saber un alimento* A *queso.*

sabor. Construcción: *sabor* A *miel.*

sacar. 1 Construcción: *sacar a alguien o algo* DE *un sitio; sacarlo* A *la calle; sacar* EN *limpio; sacar* EN *consecuencia.*
2 Es regional en España, aunque general en América, el uso de *sacar* (cuyo significado fundamental es 'extraer') por *quitar:* → QUITAR.

sacaro-, sacari-, sacar-. Formas prefijas del latín *saccharum,* 'azúcar': *sacarífero.*

sacerdote. El femenino de este nombre es *sacerdotisa.*

saciar. 1 Se conjuga, en cuanto al acento, como *cambiar* [1 a].
2 Construcción: *saciar* DE *comida.*

sacrificar. Construcción: *sacrificarse* POR *alguien; sacrificar animales a los dioses.*

safari. 'Expedición de caza en el África negra' (también muy usado en sentido figurado). El género de este nombre es masculino.

Sah. El título del soberano del Irán es registrado por la Academia en la forma *Sah,* si bien el uso general escribe siempre *Sha.* En cualquier caso, la pronunciación corriente es /sa/.

Sáhara. Aunque la pronunciación tradicional mantenía una acentuación grave, /sa.ára/ (que la Academia conserva: *Diccionario,* s.v. *saharaui, sahariano*), hoy el uso general escribe *Sáhara.* La pronunciación corriente actual suele aspirar la *h:* /sájara/, y también en los derivados *saharianо,* /sajariáno/, y *saharaui,* /sajaráui/. Conviene advertir, sin embargo, que la aspiración no es absolutamente dominante, y que al lado de ella existe, perfectamente legítima, la pronunciación /sá.ara, saariáno, saaráui/. Por otra parte, el nombre femenino *sahariana* como 'prenda de vestir' se pronuncia siempre /saariána/.

saharaui, sahariana, sahariano → SÁHARA.

sala. *Sala de fiestas,* 'local recreativo donde se sirven bebidas, dotado de pista de baile y en el que se exhiben espec-

CONJUGACIÓN DEL VERBO «SALIR»
(tiempos simples)

INDICATIVO

Pres. salgo, sales, sale, salimos, salís, salen.
Pret. impf. salía, salías, salía, salíamos, salíais, salían.
Pret. indef. salí, saliste, salió, salimos, salisteis, salieron.
Fut. impf. saldré, saldrás, saldrá, saldremos, saldréis, saldrán.
Pot. simple saldría, saldrías, saldría, saldríamos, saldríais, saldrían.

SUBJUNTIVO

Pres. salga, salgas, salga, salgamos, salgáis, salgan.
Pret. impf. saliera o -se, salieras o -ses, saliera o -se, saliéramos o -semos, salierais o
-seis, salieran o -sen.
Fut. impf. saliere, salieres, saliere, saliéremos, saliereis, salieren.

IMPERATIVO

sal, salga, salid, salgan.

FORMAS NO PERSONALES

Inf. salir.   *Ger.* saliendo.   *Part.* salido.

táculos ligeros'. El nombre normal es *sala de fiestas*, no *sala de fiesta*. Tampoco debe emplearse el nombre francés *cabaret*, plural *cabarets* (pronunciación /kabaré, kabarés/), que en realidad ya está en desuso.

salacot. 'Sombrero tropical'. Es palabra aguda, /salakót/. Es nombre masculino, y su plural es *salacots*.

salchichería. 'Tienda de embutidos' (no dé salchichas exclusivamente). Evítese la pronunciación errónea /salsichería/. No es necesario usar la palabra *charcutería*, préstamo del francés que se ha difundido bastante en algunas regiones; pues *salchichería*, como queda dicho, no solo significa 'tienda de salchichas', sino 'tienda de embutidos'.

salida. 'Ocurrencia'. El francés *boutade* (pronunciado /butád/, nombre femenino) se usa a menudo ocupando el lugar de esta palabra.

salir. 1 Verbo irregular. (Véase cuadro.)
2 Construcción: *salir* DE *un sitio*; *salir* A *la calle*; *salir* A *verle*; *salir* CON *una chica*;

salir DE *pobre*; *salir* CON *un despropósito*; *salir* A *su padre*.

salmodiar. Se conjuga, en cuanto al acento, como *cambiar* [1 a].

salpicar. Construcción: *salpicar* CON o DE *aceite*.

salpimentar. Verbo irregular. Se conjuga como *cerrar* [6].

salpullido → SARPULLIDO.

saltar. Construcción: *saltar* AL *otro lado*; *saltar* A o EN *tierra*; *saltar* A *la vista*; *saltar* EN *paracaídas*; *saltar el obstáculo*, SOBRE o POR ENCIMA DEL *obstáculo*.

saltimbanqui. 'Titiritero'. No debe usarse como singular la forma *saltimbanquis* («este *saltimbanquis*», Azorín, *Confesiones*, 159), que corresponde al plural.

salubre. El superlativo de este adjetivo es *salubérrimo*.

salvaguarda. 'Custodia, amparo'. También *salvaguardia*. El verbo correspondiente es *salvaguardar* (no *salvaguardiar*).

salvaguardar, salvaguardia, salvaguardiar → SALVAGUARDA.

salvar. Construcción: *salvar a alguien* DEL *peligro*.

salvo. Preposición (no adverbio, como dice la Academia), 'excepto': *Todos han sido admitidos, salvo dos*. Se pronuncia siempre átona.

san → SANTO.

sanar. Construcción: *sanar* DE *una enfermedad*.

sándwich. Aunque se han propuesto las palabras *emparedado* y *bocadillo* como traducciones españolas del inglés *sandwich*, el uso general las ha rechazado: la primera, por afectada, y la segunda, por inexacta (todo español distingue perfectamente un bocadillo de un sándwich). La pronunciación corriente es /sángüich/. Para el plural hay una forma culta, prácticamente solo escrita, *sándwiches* («*sandwiches de jamón y queso*», Marías, *Aquí*, 27), una semiculta, también escrita, *sándwichs* («*un par de sándwichs*», Casas, trad. Böll, *Opiniones*, 62), y una usual, invariable respecto al singular, *sándwich*. Una incorporación perfecta a nuestro idioma sería la que ya se produce (según Flórez, *Lengua*, 212) en el habla popular de Colombia: *sángüiche*.

sángüiche → SÁNDWICH.

Sannazaro. El nombre del poeta italiano del Renacimiento es palabra llana, no esdrújula.

sánscrito. 'Lengua antigua de la India'. La Academis registra las dos formas, *sánscrito* y *sanscrito*, dando preferencia a la primera, que es la usual. No debe utilizarse la grafía *sánskrito*.

sánskrito → SÁNSCRITO.

santiguar. Se conjuga, en cuanto al acento, como *averiguar* [1 b].

santo. Este adjetivo tiene en singular la forma apocopada *san* cuando va, sin artículo, delante de nombre propio de varón: *San Alfonso, San Carlos, San Pedro*. Se exceptúan los nombres *Tomás* o *Tomé, Toribio* y *Domingo*, ante los que se mantiene la forma plena *santo*. Las palabras *santo*, o *san*, y *santa* se pronuncian átonas

cuando, sin llevar delante el artículo, preceden al nombre propio: *San Luis*, /sanluís/; *Santa Leocadia*, /santaleokádia/. Tanto el masculino *santo* o *san* como el femenino *santa* se escriben, por tradición ortográfica, con inicial mayúscula cuando preceden sin artículo al nombre propio (*San Alfonso, Santa María*), regla que, en cambio, no rige cuando existe artículo (*el santo Gregorio*), es decir, cuando no se usa la palabra como título oficial de canonizado.

sarco-. Forma prefija del griego *sarx*, 'carne': *sarcocarpio*.

sarpullido. 'Erupción cutánea'. La Academia registra las formas *salpullido* y *sarpullido*, dando preferencia a la primera. La segunda, sin embargo, es la más usual; también la más acorde con la etimología.

sastre. El femenino de *sastre* es *sastra* en el español general. La forma *sastresa* es privativa de Aragón y Cataluña.

satisfacer. Verbo irregular. (Véase cuadro.) Evítense las formas vulgares, que con demasiada frecuencia aparecen en los medios de comunicación, *satisfacieron, satisfaciera, satisfacería*, etc. (por *satisficieron, satisficiera, satisfaría*, etc.).

Saudí. *Arabia Saudí*, se dice, mejor que *Arabia Saudita*. El adjetivo correspondiente al nombre de esta nación también es *saudí*: *el ministro saudí*.

saudita → SAUDÍ.

scanner → ESCÁNER.

Schelde → ESCALDA.

schottisch → CHOTIS.

-sco. Sufijo de adjetivos o sustantivos. Significa pertenencia y a veces encierra matiz despectivo. Se presenta en las formas *-asco, -esco, -isco, -usco, -uzco*: *peñasco, chinesco, morisco, pardusco* o *parduzco*.

scooter → ESCÚTER.

scout. 'Miembro de una organización juvenil cuyo fin es la formación por medio de actividades al aire libre'. Existe una traducción tradicional de esta palabra inglesa: *explorador;* pero está en completo desuso. Se emplea, pues, entre nosotros la forma

CONJUGACIÓN DEL VERBO «SATISFACER»
(tiempos irregulares)

INDICATIVO

Pres. satisfago, satisfaces, satisface, satisfacemos, satisfacéis, satisfacen.
Pret. indef. satisfice, satisficiste, satisfizo, satisficimos, satisficisteis, satisficieron.
Fut. impf. satisfaré, satisfarás, satisfará, satisfaremos, satisfaréis, satisfarán.
Pot. simple satisfaría, satisfarías, satisfaría, satisfaríamos, satisfaríais, satisfarían.

SUBJUNTIVO

Pres. satisfaga, satisfagas, satisfaga, satisfagamos, satisfagáis, satisfagan.
Pret. impf. satisficiera o satisficiese, satisficieras o -ses, satisficiera o -se, satisficiéramos o -semos, satisficierais o -seis, satisficieran o -sen.
Fut. impf. satisficiere, satisficieres, satisficiere, satisficiéremos, satisficiereis, satisficieren.

IMPERATIVO

satisfaz o satisface, satisfaga, satisfaced, satisfagan.

FORMAS NO PERSONALES

Part. satisfecho.

---

scout (plural *scouts*), que puede ser masculina o femenina, según el sexo del individuo (no obstante, para la muchacha scout se suele usar en España el nombre de *guía*). La pronunciación corriente es /eskáut/, lo que hace que en algunos países americanos se haya propuesto la grafía *escaut;* pero esta forma todavía es desconocida en España.

script, script-girl → ANOTADOR.

se. 1 Pronombre personal átono de 3.ª persona reflexivo: → SÍ², 3 y 4.

2 Pronombre personal átono de 3.ª persona no reflexivo, indicador de sentido pasivo y de sentido impersonal: → SÍ², 5, 6, 7 y 8.

3 Concurrencia de *se*, en oraciones de sentido impersonal, con pronombre átono de 3.ª persona (SE LES *castigará*, SE LOS *castigará*, SE LAS *castigará*): → ÉL, 6.

4 Pronombre personal no reflexivo, equivalente a *le* o *les* (SE *lo di*, SE *las vendió*): → ÉL, 7.

secar. Construcción: *secar* CON *una toalla; secar* AL *aire.*

secreto → EMBARGO, 4.

seducir. Verbo irregular. Se conjuga como *conducir* [41].

sefardí. 'Judío oriundo de España'. También puede decirse *sefardita*, pero lo normal y preferible es *sefardí.*

sefardita → SEFARDÍ.

segar. Verbo irregular. Se conjuga como *cerrar* [6].

segregar. Construcción: *segregar una cosa* DE *otra.*

seguida. 1 *En seguida*, 'inmediatamente'. También puede escribirse *enseguida*. Puede llevar un complemento con *de:* «—¿Y a qué hora es esto? —En seguida de cenar» (Zunzunegui, *Úlcera*, 28).

2 *En seguida que*, 'inmediatamente después que': *En seguida que lo supieron, salieron corriendo.* Es de uso más coloquial que literario.

3 *De seguida*, como equivalente de *en seguida*, es vulgar, aunque la Academia lo recoja sin ninguna calificación.

4 *A seguida*, con el mismo valor e

igualmente registrado por la Academia, es raro («*El tío Andrés se hallaba sentado a continuación de la tía Eugenia, a mi derecha. Y a seguida de él, su mujer*», Hoyo, *Pequeñuelo*, 92).

seguido → SERIE.

seguir. 1 Verbo irregular. Se conjuga como *vestir* [62].

2 Construcción: *seguir a una persona; seguir* PARA *Londres; seguir* EN *el intento; seguir* CON *la empresa; seguirse una cosa* DE *otra.*

según. 1 Esta preposición tiene las particularidades de ser tónica y de exigir las formas *yo, tú* (y no *mí, ti*) cuando precede a los pronombres de 1.ª y 2.ª persona de singular.

2 Puede usarse como adverbio que expresa eventualidad, dependencia de alguna condición: —*¿Vas a ir mañana?* —*Según;* «*Luego le encontrará o no, según*» (Salinas, *Ensayos*, 230).

3 También puede ser adverbio relativo de modo: *Yo lo hago según me han indicado;* o de tiempo, expresando progresión paralela de los dos hechos puestos en relación: *Según vayas estudiando, encontrarás más facilidad.*

4 *Según que. a)* Locución adverbial relativa de modo: «*La suerte del cultivo fue más o menos próspera, según que las leyes agrarias animaban o desalentaban el interés de sus agentes*» (Jovellanos, cit. *Gramática,* § 416); «*Estoy resuelto / en paz, en guerra, en amor / según que me sople un viento / o el contrario*» (Garciasol, *Selección*, 202).

b) Locución adverbial relativa de tiempo, que denota progresión paralela de la acción principal y de la subordinada, equivaliendo a 'a medida que': *Según que avanza la estación, aprieta más el calor* (Academia).

5 *Según qué,* locución adjetiva, 'determinado' o 'cierto': → QUÉ, 4.

6 *Según y como. a)* Locución adverbial relativa de modo, equivalente a 'exactamente igual que': *Se lo diré según y como tú me lo dices.* En este uso la palabra *como* se pronuncia átona.

b) Locución adverbial oracional que expresa eventualidad: *Eso será según y como,* 'eso podrá ser y podrá no ser':

«—*Este acto, señora doña Perpetua, esta abnegación mía por la causa de Dios, ¿no bastan a limpiarme ..?* —*Según y cómo* —*respondió la anciana, confusa ante un problema nuevo para ella*» (Galdós, *Equipaje*, 1226). En este uso, la palabra *como* es tónica; por ello es más acertado escribirla con tilde.

7 *Según y conforme,* locución adverbial equivalente a *según y como.* Cuando tiene función relativa (→ 6, a), toma la forma *según y conforme a: «Se va desenterrando [el tema] .. según y conforme a las necesidades de la narración*» (Zamora, *Penal*, 15).

seguro. 1 Construcción: como nombre: *seguro* DE *enfermedad, seguro* CONTRA *incendios;* como adjetivo: *seguro* DE *sí mismo; seguro* DE *ganar.*

2 *Estar seguro,* seguido de proposición con *que,* debe llevar la preposición *de: Estoy seguro* DE *que no vienen* (→ DE, 2). En cambio, *ser seguro,* seguido también de proposición con *que,* no tiene que llevar *de,* porque en este caso la proposición es sujeto de *ser seguro: Es seguro que no vienen.*

3 *Ser seguro* (un hecho): → SER, 3.

Seine → SENA.

seísmo → SISMO.

selenio. 'Cierto elemento químico'. No debe usarse la forma latina *selénium.*

selénium → SELENIO.

seleno-. Forma prefija del griego *Selene,* 'Luna': *selenografía.*

self, self-service → AUTOSERVICIO.

sello. Es anglicismo innecesario atribuir a *sello* el sentido que corresponde a *marca* o *firma:* «*He aquí los cuatro primeros puestos del último Gran Premio .., editados en España por sus respectivos sellos discográficos*» (*Vanguardia*, 27.4.1974).

sema-. Forma prefija del griego *sema,* 'signo': *semáforo.*

semana. *Entre semana,* locución adverbial, 'en los días que no son primero o último de la semana'. Se escribe en dos palabras, aunque algunas veces se vea *entresemana,* como en algunas ediciones del *Quijote:* «*Los días de entresemana se honraba con su vellorí de lo más fino*» (I, 33).

semántico. 'Del significado'. *Cambio semántico* de una palabra es su 'cambio de significado' (p. ej., cómo *hoja* [de árbol] pasa a significar 'hoja de papel'). Es grave error usar *semántico* por *formal* o por *terminológico*: «*Aprobados, con solo cambios semánticos, los artículos tercero y cuarto de la Constitución*» (*Ya*, 23.8.1978).

semasio-. Forma prefija del griego *semasía*, 'signo': *semasiología.*

sembrar. 1 Verbo irregular. Se conjuga como *cerrar* [6].
2 Construcción: *sembrar* DE o CON *flores; sembrar* DE *cadáveres; sembrar* EN *la arena.*

semejante. Construcción: *semejante* A *su padre.*

semejar. Construcción: *semejarse una cosa* A *otra.*

semi-. Prefijo latino que significa 'medio': *semirrecta.*

semio-. Forma prefija del griego *semeion*, 'signo': *semiología.*

Sena. El río francés *Seine* tiene en español el nombre de *Sena.*

senador. El femenino de este nombre es *senadora.*

sencillo. Como nombre masculino, 'disco de 17 centímetros', es traducción exacta, y bastante difundida, del inglés *single.*

Sender. El nombre del escritor Ramón *Sender* es palabra aguda, /sendér/, a pesar de hallarse bastante extendida la acentuación viciosa /sénder/.

sendos. Adjetivo, 'uno cada uno'. Tiene variación de género *(sendos, sendas),* pero carece de singular: *Los chicos compraron sendos bocadillos.* La palabra es de uso principalmente literario. Por ignorancia hay quienes emplean *sendos* con el sentido de 'grandes': *Bebió sendos tragos de vino;* o con el sentido de 'ambos': «*En la madrugada de ayer se repitió el hecho insólito de que dos jóvenes desconocidos atracasen a don Anastasio Ovejero García .. En la madrugada anterior ya referimos cómo otros tres desconocidos asaltaron a un churrero .. No sería de extrañar fuesen las mismas personas las que realizasen sendos asaltos*» (*Ya*, 22.9.1963, 14).

sentar. 1 Verbo irregular. Se conjuga como *cerrar* [6].
2 Construcción: *sentarse* EN *una silla; sentarse* SOBRE *el saco; sentarse* A *la mesa; sentarse* A *la cabecera de la mesa; sentarse* DE *cabecera de mesa; sentarse* A *trabajar.*

sentenciar. Se conjuga, en cuanto al acento, como *cambiar* [1 a].

sentir. Verbo irregular. (Véase cuadro.)

señalar. Sobre la construcción vulgar *señaló* DE *que eso no era así,* → DE. 4.

separar. Construcción: *separar una cosa* DE *otra.*

-sepsia, -séptico. Formas sufijas del griego *sepsis*, 'putrefacción': *antisepsia.*

septi-, septu-. Formas prefijas del latín *septem*, 'siete': *septimino, septuplicar.*

septiembre. Son igualmente válidas las grafías *septiembre* y *setiembre.* La primera, preferida por la Academia, es la más frecuente en el uso culto de España. Sin embargo, en el uso oral de este nivel se oyen indistintamente las pronunciaciones /septiémbre/ y /setiémbre/.

séptimo. Son perfectamente válidas las dos grafías, *séptimo* y *sétimo.* La primera, preferida por la Academia, lo es también por el uso culto. No obstante, en este nivel se oyen indistintamente las pronunciaciones /séptimo/ y /sétimo/.

ser. 1 Verbo irregular. (Véase cuadro.)
2 Usos sintácticos de *ser:*
a) Copulativo: enlace del sujeto con el predicativo. Alterna en esta función con *estar.* Pero *ser* se usa siempre que el predicativo sea un nombre *(Andrés es arquitecto)* o un pronombre *(Mi hermano es este),* o cualquier palabra sustantiva, por ejemplo, un infinitivo («*Hacer bien a villanos es echar agua en la mar*», Cervantes). Cuando el predicativo es adjetivo, se usa *ser* si el adjetivo significa la cualidad inherente al sujeto *(Juan es muy alto; El hombre es mortal).*
En las oraciones atributivas con adjetivo calificativo *(Juana es fea* o *Juana está fea),* los extranjeros que hablan en español encuentran dificultad para decidir cuál de los dos verbos copulativos, *ser* o *estar,* ha de usarse en cada caso. Cuando la cualidad

---

CONJUGACIÓN DEL VERBO «SENTIR»
(tiempos irregulares)

INDICATIVO

Pres. siento, sientes, siente, sentimos, sentís, sienten.
Pret. indef. sentí, sentiste, sintió, sentimos, sentisteis, sintieron.

SUBJUNTIVO

Pres. sienta, sientas, sienta, sintamos, sintáis, sientan.
Pret. impf. sintiera o sintiese, sintieras o -ses, sintiera o -se, sintiéramos o -semos, sintierais o -seis, sintieran o -sen.
Fut. impf. sintiere, sintieres, sintiere, sintiéremos, sintiereis, sintieren.

IMPERATIVO

siente, sienta, sentid, sientan.

FORMAS NO PERSONALES

Ger. sintiendo.

---

expresada por el adjetivo es considerada por nosotros como el resultado de una acción, transformación o cambio real o posible, debemos poner el verbo *estar;* en los demás casos, en que no vemos más que la mera cualidad exenta de toda idea de cambio, el verbo que corresponde es *ser.* Así, al decir *Juana* ESTÁ *fea,* significamos que hemos observado en ella un cambio con relación a su aspecto habitual —que no es el de «fea»—; mientras que al decir *Juana* ES *fea,* damos a entender que la condición de «fea» nos parece una de las características personales de Juana. (Cf. Gili Gaya, § 46.)

b) Auxiliar. Sirve para formar la voz pasiva de los verbos, formando la perífrasis verbal *ser* + participio: *soy recibido, eres recibido, es recibido,* etc. En la construcción pasiva el participio concierta en género y número con el sujeto.
Con *ser* alterna en la formación de la voz pasiva el verbo *estar.* Las formas constituidas por *estar* (en tiempos simples) + participio corresponden normalmente a las formas con *ser* (en tiempos compuestos) + participio. Así, *La carretera está cortada* = *la carretera ha sido cortada (está* cortada porque *ha sido* cortada).

c) «Predicativo». Significa unas veces

'existir' —sobre todo en lenguaje filosófico: *Dios es*—; otras, 'ocurrir', 'suceder': *¿Qué ha sido de él?; Esto fue en el año 1950.*

d) Ser de + infinitivo. Perífrasis verbal de sentido pasivo que expresa necesidad: *Es de suponer, es de creer,* 'debe suponerse, debe creerse': *«Que yo soy el rey del mar / y mi furia es de temer»* (Espronceda, *Poesías,* 73). (→ 3.)

3 *Ser evidente* (o *notorio, obvio, patente, visible,* etc.), *ser necesario* (o *indispensable, obligado, obligatorio, preciso,* etc.), *ser posible* (o *probable, seguro, cierto, falso,* etc.), *ser de esperar* (o *de temer, de suponer,* etc.: → 2, d). En todas estas construcciones, el elemento que sigue al verbo *ser* es adjetivo —formal o funcional— que funciona como predicativo. Y estas construcciones «*ser* + predicativo» son predicados que se afirma algo (que «es evidente», que «es preciso», que «es de esperar», etc.) de una cosa. La palabra o conjunto de palabras que designan esta cosa son los sujetos de tales predicados, a pesar de que normalmente aparecen enunciados a continuación de estos: *Es necesario* (predicado) *actuar inmediatamente* (sujeto). Como consecuencia de esta estructura predicado-sujeto, los elementos del

CONJUGACIÓN DEL VERBO «SER»
(tiempos simples)

INDICATIVO

Pres. soy, eres, es, somos, sois, son.
Pret. impf. era, eras, era, éramos, erais, eran.
Pret. indef. fui, fuiste, fue, fuimos, fuisteis, fueron.
Fut. impf. seré, serás, será, seremos, seréis, serán.
Pot. simple sería, serías, sería, seríamos, seríais, serían.

SUBJUNTIVO

Pres. sea, seas, sea, seamos, seáis, sean.
Pret. impf. fuera o fuese, fueras o fueses, fuera o fuese, fuéramos o fuésemos, fuerais
o fueseis, fueran o fuesen.
Fut. impf. fuere, fueres, fuere, fuéremos, fuereis, fueren.

IMPERATIVO

sé, sea, sed, sean.

FORMAS NO PERSONALES

Inf. ser.   *Ger.* siendo.   *Part.* sido.

predicado tienen que someterse a la concordancia que la lengua impone entre predicado y sujeto. Si el sujeto es una proposición de infinitivo (como en el ejemplo anterior), o «*que* + indicativo o subjuntivo» (*Es falso* QUE HAYAN SALIDO; *Es evidente* QUE HEMOS FRACASADO), el verbo va en singular, y el adjetivo, en masculino plural. Si el sujeto está constituido por un nombre (o un sintagma cuyo núcleo es un nombre), el verbo y el adjetivo formal han de ir en el mismo número —singular o plural— que ese nombre, y el adjetivo, además, en el mismo género —masculino o femenino—. (El adjetivo funcional, *de esperar, de traer,* etc., se mantiene invariable.) Así, se dirá: SON *de temer nuevas subidas de precios* (no *Es de temer...*); SON *de esperar tormentas en la Meseta Sur* (no *Es de esperar...*); ES NECESARIA *en estos momentos una política decidida* (no *Es necesario...*). Muchos periodistas olvidan con frecuencia esta regla tan elemental. También, a veces, escritores de talla: «*Es preciso fe y verdadero entusiasmo por la idea que se persigue para ir a buscar los tipos originales*» (Bécquer, *Celda*, 546).

4 *Ser menester:* → MENESTER. 2.
5 *Yo soy de los que creo / Yo soy de los que creen:* → YO. 7.
6 *Fue uno de los que supo comprenderle / Fue uno de los que supieron comprenderle:* → UNO. 5.
7 *Es por esto que, es entonces que, es así que, es aquí que:* → QUE². 3.
8 *O sea.* En esta locución —equivalente a *es decir* o *esto es*—, la palabra *sea* ha perdido enteramente su primitivo carácter verbal y se mantiene invariable (ya nadie dice, p. ej., *Un duro,* O SEAN *cinco pesetas*). En lenguaje coloquial, especialmente de nivel popular, se emplea abusivamente la locución con valor expletivo, como puro relleno, o bien con vagos sentidos ajenos al suyo propio: *El agua de la piscina estaba helada, o sea, y además con muchísimo cloro; Yo estaba muy cansado, o sea, que lo dejé; Hay veinte personas, o sea, yo creo que lo menos hay treinta.* (Cf. Lovett, 739, y Lapesa, *Lengua*, 204.)
9 *No siendo que.* Es vulgarismo el uso de esta locución, con el sentido de 'para evitar que', en lugar de la construcción *no sea que* (o, en pasado, *no fuera que*):

sereno   **seudo-**

«Quince minutos le doy .., *en la inteligencia de que no me venga usted más tarde de
ningún modo,* NO SIENDO QUE *se presente el
señor Juez y esté usted ausente todavía»*
(Sánchez Ferlosio, *Jarama,* 293).

10 *Como sea,* en lugar de *como quiera
que sea,* es locución adverbial que aparece
con frecuencia en el castellano hablado por
catalanes: *«Como sea, la campaña no ceja
en sus buenas intenciones»* (J. M. Martínez, *Informaciones,* 21.4.1973, 15).

11 *Como sea que* también es locución
frecuente en el castellano hablado por catalanes y equivale al normal *como quiera
que: «Como sea que la Sagrada Familia un
día u otro se terminará, pueden ocurrir dos
cosas» (Destino,* 7.8.1971, 5).

12 *Ni que sea,* como equivalente del
normal *ni siquiera,* también se encuentra
en el castellano hablado por catalanes:
«Aunque al poeta .. *se le olvide aludir —ni
que sea con una palabra— a la esforzada
labor de Gimferrer» (Vanguardia,*
8.6.1978, 45).

13 *Si yo fuera de ti:* → YO, 6.

14 *Tan es así:* → TANTO, 3.

15 *Como ser,* invariable, se usa en Argentina y Chile por el normal *como es* o
como son: → COMO, 14.

16 *Un sí es no es,* locución adverbial,
'un poco, algo': *«Aumentaba un sí es no es
la rapidez de los pasos»* (Palacio Valdés,
Novela, 227). A pesar de la tilde de *sí,* se
pronuncian tónicas solamente la primera y
la última sílaba de la locución:
/ún.sies.no.és/.

sereno → SOBRIO.

serial. No solo es adjetivo: 'perteneciente o relativo a una serie'; es igualmente nombre masculino, con el sentido
de 'novela o reportaje emitido (por radio o
televisión) en una serie de entregas'. También en la prensa se usa el nombre para
designar un texto publicado en números
sucesivos. La palabra *serie* se emplea asimismo en todos los medios de comunicación, pero con significado algo diferente:
designa un conjunto de programas o de
textos que tienen un denominador común,
pero que constituyen unidades con sentido
propio, independientemente del que puedan encerrar como componentes del conjunto.

seriar. Se conjuga, en cuanto al acento,
como *cambiar* [1 a].

serie. **1** → SERIAL.

2 Es catalanismo el uso de *seguido* (catalán *seguit*) por *serie: «Durante mucho
tiempo nos creímos* .. *que el seguido de di-
vorcios y escándalos que de ellos nos llegaban eran artilugios publicitarios»* (I.
Agustí, *Triunfo,* 18.8.1962, 7).

sero-. Forma prefija del latín *serum,*
'suero': *seroterapia.*

serrar. Verbo irregular. Se conjuga
como *cerrar* [6].

servir. **1** Verbo irregular. Se conjuga
como *vestir* [62].

2 Construcción: *servir* DE *guía; servir*
PARA *algo, servir* PARA *hacer algo* (no *servir* A *algo* o A *hacer algo); servirse* DE *alguien; servirse* DE *la toalla.*

sesenta. En los numerales compuestos
por *sesenta, setenta, ochenta* o *noventa* + *y*
+ *uno, dos, tres,* etc., conviene evitar
estas dos anomalías fonéticas: *a)* la intercalación de una /i/ parásita tras la /e/ de la
segunda sílaba: /seseintaizínko, seteintai-
siéte/; *b)* la elisión de la /a/: /ochentidós,
ochentitrés, nobentinuébe/. Conviene recordar también que no está admitida la ortografía de estos numerales en una sola palabra (p. ej., *sesentaidós, ochentaicuatro,*
en lugar de *sesenta y dos, ochenta y cuatro),* aunque se encuentre con cierta frecuencia en países americanos.

seseo → C.

sesqui-. Prefijo latino que significa 'una
mitad más': *sesquihora.*

setenta. *Setenta y uno, setenta y dos,*
etc.: pronunciación y ortografía: → SE-
SENTA.

setiembre → SEPTIEMBRE.

sétimo → SÉPTIMO.

seudo-. Forma prefija del griego
pseudos, 'falsedad'. Puede usarse también
la forma etimológica *pseudo-,* pero hoy es
rara; incluso la Academia prefiere la grafía
sin *p* inicial. Se escribe normalmente,
pues, *seudónimo, seudópodo, seudoprofeta*
(mucho más que *pseudónimo, pseudópodo,
pseudoprofeta).*

seudónimo

seudónimo, seudópodo, seudoprofeta → SEUDO-.

severo. Es impropio el uso, debido a anglicismo, de *severo* por *grave*: «*El enemigo sufrió severas pérdidas*» (cit. Lapesa, *Lengua,* 196); «*Padeció ayer un empeoramiento en su estado de salud, después de haber sufrido el martes un severo ataque cardiaco*» (*País,* 24.7.1980, 48).

sex-. Forma prefija del latín *sex,* 'seis': *sexenio.*

Sha → SAH.

shampoo → CHAMPÚ.

shock → CHOQUE.

shorts → PANTALÓN.

show → ESPECTÁCULO.

si[1]. 1 Conjunción. Es palabra átona en todos sus usos:

a) Conjunción condicional. La proposición introducida por esta conjunción puede expresar de dos maneras la condición: *real* e *irreal.*

En la *condición real,* el hecho expresado por la proposición es un hecho real, probable o posible, sea en el pasado, en el presente o en el futuro. El verbo de esta proposición va en indicativo (en cualquier tiempo que no sea futuro ni potencial); el verbo principal va en indicativo o en imperativo: *Si yo lo deseo, Pedro vendrá; Si iba ella, él iría también; Si este es rico, yo también puedo serlo; Si alguien te pide dinero, niégaselo; Si vienen mañana, no podremos recibirlos.*

En la *condición irreal,* el hecho expresado por la proposición es un hecho que estimamos no realizado en el pasado, irrealizable en el presente o improbable en un futuro; y por tanto, la consecuencia contamos con que lo es también. El verbo de esta proposición va en subjuntivo (pretérito imperfecto, si la condición se refiere al presente o al futuro; pluscuamperfecto, si se refiere al pasado). El verbo principal va en potencial simple o en la forma *-ra* del imperfecto de subjuntivo (para condición presente o futura); o en potencial compuesto o pluscuamperfecto de subjuntivo (para condición pasada): *Si yo tuviera* (o *tuviese*) *dinero, me marcharía* (o *marchara*) *a París; Si yo hubiera* (o *hubiese*)

tenido dinero, me hubiera (*habría, hubiese*) marchado a París; Si hubiese estudiado, sabría mucho más.

En el lenguaje administrativo y arcaizante todavía se emplean las llamadas oraciones *condicionales contingentes,* que son condicionales reales de futuro con el verbo en futuro de subjuntivo: *Si transcurrido el plazo no se presentare* (o *hubiere presentado*), *perderá sus derechos.*

b) Conjunción anunciativa que introduce una proposición interrogativa indirecta: *Dime si vas a venir; Le pregunté si le gustaba.*

c) Conjunción concesiva, equivalente a *aunque.* Puede la proposición llevar el verbo en indicativo o subjuntivo, en las mismas circunstancias que cuando es condicional: *No se quejaría si le arrancaran la piel a tiras; No se quejará si le arrancan la piel a tiras.*

Otro *si* concesivo, que se construye con verbo en indicativo, pone de relieve la coexistencia, unas veces paralela y otras antitética, de las ideas expresadas por la proposición y el verbo principal: «*Si he perdido la vida, el tiempo, todo / lo que tiré, como un anillo, al agua, / si he perdido la voz en la maleza / me queda la palabra*» (Otero, *Pido,* 13); «*Siempre lidiando con amas, que si una es mala, otra es peor*» (Moratín, *El sí,* 253).

d) Puede tener matiz causal: *Si ayer has dicho que no, no puedes volverte atrás.*

e) De este uso procede el *si* de protesta, que aparece en expresiones condicionales elípticas, reducido ya a un mero adverbio oracional: «*Don Lucas: Primillo, fondo en cuñado, / idos un poco a la lengua. —Don Pedro: ¡Si yo hablaba aquí por vos! —Don Lucas: Sois un hablador, y ella / es también otra habladora. —Doña Isabel: ¡Si vos me disteis licencia!*» (Rojas Zorrilla, *Bobos,* 58); «*—Pedazo de imbécil —le dijo al mozo—. ¿Quién te manda a ti abrir esa jaula? —Si no he sido yo. Ha sido el portero*» (Baroja, *Aventuras Paradox,* 12); «*No, si no estoy enojada. ¿Por qué voy a estar?*» (Donoso, *Domingo,* 43). Cf. Bello, § 1272.

2 *Si acaso, por si acaso:* → ACASO. 5 y 6.

3 *Si bien:* → BIEN. 5.

4 *Si no,* diferencia con *sino:* → SINO. 4.

342

si | sí

5 *Si más no:* → MÁS, 9.

6 *Si que también.* Locución conjuntiva que se usa, siguiendo a *no solo*, como equivalente del normal *sino también:* «*Estímase el conocimiento no solo en su extensión, si que también en comprensión*» (Unamuno, *Raza*, 155); o de *pero también,* si no va siguiendo a *no solo:* «*Comentó, puerilmente, el más joven de los vigilantes, si que también innecesariamente*» (Salvador, *Cuerda,* 80). Es uso semiculto que se da en España tanto como en América (Kany, 400), censurado desde hace un siglo (Cuervo, *Apuntaciones,* § 405; Oliver, *Prontuario,* etc.), y del que decía Casares, al criticarlo en una de las primeras obras de Azorín: «Hoy no hay ya quien escriba en serio aquello de *si que también*» (*Crítica profana,* 94). Variante de *si que también* es *si que:* «*La poesía, el arte y la cultura toda se convierten en una sutilísima operación mental, en un puro, si que dificilísimo juego*» (Aranguren, *Crítica,* 18).

si². 'Nota musical'. Su plural es *sis.*

sí¹. Adverbio que significa afirmación. Cuando se sustantiva, precedido de artículo o de otro determinante, su plural es *síes* (no *sís:* «—*Sí... Pero eran los suyos unos sis desmarridos, unos sis ausentes, unos sis que hay que empujarlos para que no queden ronceros*», Zunzunegui, *Hijo,* 25).

sí². **1** Pronombre personal de 3.ª persona, invariable en número (singular y plural), de valor exclusivamente reflexivo. En esta forma tónica solo se usa precedido de preposición (por tanto, no como sujeto ni como predicativo; es anormal este caso: «*Abandona el gesto y la ocupación de su cargo .. y vaca a ser sí mismo*», Ortega, *Viajes,* 166; cf. Fernández Ramírez, § 102). Cuando esta preposición es *con,* se forma la palabra *consigo.* No es normal *con sí:* «*Coqueteando con sí misma*» (Baroja, *Casa,* 26).

2 No se admite el uso de *sí* como reflexivo de 1.ª o 2.ª persona: *Cuando volví en sí, estaba solo;* «*Lleva [tú] siempre* CONSIGO *esta soga*» (Larreta, *Don Ramiro,* 201); «*Yo de por sí soy enemigo de las amnistías*» (*País,* 14.10.1978). En los dos primeros ejemplos debe ponerse la forma tónica preposicional correspondiente al sujeto en cuestión: *Cuando volví en MÍ, estaba solo* («*Qué impresión, si me parece que aún no he vuelto en mí*», Zamora, *Traque,* 139; «*Caí enfermo del tifus y volví en mí mucho tiempo después*», Garmendia, *Memorias,* 51; una pequeña burla de la confusión: «—*¡Hija mía, vuelve en sí, por Dios, vuelve en sí!* —Se dice vuelve en ti, mamá*», Ramos Carrión, *Agua,* 306); *Lleva siempre* CONTIGO *esta soga.* En el tercer ejemplo, *de por sí* constituye una locución casi siempre utilizada con referencia a la 3.ª persona; para las otras dos personas es habitual recurrir a la construcción *por mí, por ti.* No obstante, es posible *de por mí, de por ti:* «*David me dijo que no leyera versos. Que yo ya era de por mí demasiado sentimental*» (Martín Gaite, *Ritmo,* 18). Sobre la locución *dar de sí,* → DAR.

3 Para las funciones de complemento directo y complemento indirecto, se usa la forma átona *se: Juan* SE *lava; Juan* SE *lava la cara.* No debe confundirse este *se* con la forma especial *se* que toma en determinados casos el pronombre *le* o *les* (→ ÉL, 7). Es vulgarismo, en algunas zonas de España y sobre todo en América, añadir *n* al pronombre *se* cuando se refiere a pluralidad de personas: «*¿Qué prisa tienen? ¡Siéntensen!' Se decía siempre 'siéntensen', que luego me han dicho que está muy mal dicho*» (Zamora, *Traque,* 184). Cf. Menéndez Pidal, *Gramática,* § 94; Lapesa, *Historia,* 472 y 586; Zamora, *Dialectología,* 433; Kany, 112.

4 El pronombre átono *se,* en cualquiera de sus dos funciones (complemento directo y complemento indirecto), puede ir acompañado, dentro de la frase, por la forma tónica *sí* precedida de la preposición *a,* con lo cual el complemento directo o indirecto aparece mencionado dos veces: SE *daña* A *sí mismo.* En este caso la forma *a sí* (frecuentemente reforzada por *mismo*) tiene valor enfático.

5 La forma *se* es empleada también, sin valor reflexivo, como indicador del sentido pasivo de la oración: *Se vendió la casa,* 'fue vendida la casa'. Esta construcción pronominal pasiva solo se presenta en 3.ª persona (singular o plural) y siempre referida a cosas. Como el sustantivo que acompaña al verbo es su sujeto gramatical,

343

el verbo tiene que ir en singular o plural, según vaya en singular o plural ese sustantivo. Así, por tanto, es anormal decir: *Se espera chubascos* (tan anormal como sería «Es esperado chubascos»); «*Desde un monte sereno de Palestina .. se vertió sobre los hombres las más altas enseñanzas*» (Unamuno, *Andanzas*, 39). El sujeto de esta construcción pronominal pasiva es con frecuencia una proposición con verbo en infinitivo o con *que* + subjuntivo: *Se prohíbe fumar; Se dice que no tardará.* Evítese la confusión de esta construcción pasiva con la impersonal (→ 6, 7 y 8).

6 Otro uso importante de *se* es el que da carácter impersonal a la oración. Esta construcción impersonal solo se presenta en 3.ª persona singular, carece de sujeto gramatical y puede llevar complemento directo de persona: *Se respeta a los ancianos;* o no llevar complemento directo: *Se pasa bien aquí.* Es anormal poner el verbo en plural cuando el complemento directo es plural (*Se respetan a los ancianos; «Se declararon por tiranos a todos cuantos con semejantes pretextos habían hecho guerras»*, Quintana, cit. Cuervo, *Notas*, n.º 106). Este uso erróneo se debe a confusión entre la construcción impersonal con *se* y la construcción pasiva con *se* (→ 5 y 8).

7 Un caso especial se presenta cuando el complemento directo de la construcción impersonal con *se* (→ 6) es un pronombre personal átono de 3.ª persona *(se les castigará, se los castigará, se las castigará):* → ÉL. 6.

8 Recapitulando lo dicho (→ 5 y 6), las construcciones con *se* no reflexivo se distinguen: *a) La referencia a 'cosas' o 'acciones' es propia de la construcción pasiva.* En este caso, el sustantivo o proposición que designa la 'cosa' o la 'acción' actúa como sujeto gramatical, y el verbo, por consiguiente, va en singular o plural según sea singular o plural el sujeto: *Se vendió* (singular) *la casa* (singular); *Se esperan* (plural) *chubascos* (plural). Las proposiciones de infinitivo o de *que* + subjuntivo son gramaticalmente sustantivos singulares: *Se prohíbe* (singular) *fumar* (singular). *b) La referencia a 'personas' o la ausencia de referencia a cualquier objeto de la acción son propias de la construcción impersonal.* En este caso, el sustantivo que designa a la

'persona' funciona como complemento directo (con *a*), y el hecho de que tal sustantivo vaya en singular o plural no afecta a la forma del verbo, que se mantiene siempre en singular: *Se respeta a los ancianos.*

sic- → PSICO-.

sicastenia → PSICOLOGÍA.

sico- → PSICO.

sicoanálisis, sicología, sicológico, sicólogo, sicópata, sicopatía, sicosis, sicotecnia, sicoterapia → PSICOLOGÍA.

sidecar. 'Asiento adosado, sobre una rueda, al costado de una motocicleta'. Aunque es palabra de origen inglés, está incorporada a nuestro idioma e incluida en el *Diccionario* de la Academia. Se pronuncia a la española, /sidekár/, y su plural es *sidecares.*

sidero-, sider-. Forma prefija del griego *sideros,* 'hierro': *siderurgia.*

siempre. 1 Es galicismo el uso de *siempre* por *todavía,* o la construcción «*siempre* + verbo» por «*seguir* + gerundio». Está mucho más extendido en América que en España: «*Lo tenía siempre sujeto de las solapas*» (Vargas Llosa, *Ciudad,* 14), 'seguía teniéndolo sujeto de las solapas'; «—¿*Está siempre Cuevas? .. —Hace mucho que no está*» (Güiraldes, *Don Segundo,* 186). También es americano *siempre más* por *cada vez más.*

2 *Siempre que. a)* Conjunción temporal. La proposición introducida por ella lleva generalmente el verbo en indicativo: *Siempre que puedo voy a ese hotel.* Pero puede llevarlo en subjuntivo: *Siempre que puedas, ven a verme.*
b) Conjunción condicional. Es uso derivado del anterior. La proposición introducida por ella lleva el verbo en subjuntivo: *Siempre que tú también estés conforme, acepto la propuesta.*

3 *Siempre y cuando.* Locución conjuntiva condicional. La proposición introducida por ella lleva el verbo en subjuntivo: *Serán admitidos, siempre y cuando lleven el visto bueno del director.*

4 *Siempre y cuando que.* Como cruce de *siempre que* y *siempre y cuando,* se ha formado la conjunción *siempre y cuando que:* «*No debemos escandalizarnos de mu-*

*chas llagas puestas al descubierto, siempre
y cuando que no se incurra en el desvío...»*
(L. Rodríguez Alcalde, *Arriba*, 21.8.1960,
29); *«Yo admito la utilidad del aparato,
siempre y cuando que no se generalice y lo
use todo el mundo»* (N. González Ruiz,
Ya, 8.11.1961, 38). Aunque registrado por
la Academia, el uso culto prefiere *siempre
y cuando*.

siesta. *Hacer una siesta:* → HACER, 7.

silenciar. 1 Se conjuga, en cuanto al
acento, como *cambiar* [1 a].

2 El significado de *silenciar* es 'callar'
(una cosa) o 'pasar(la) en silencio': *El crítico silenció el éxito de la obra.* Es anglicismo usar este verbo como equivalente de
hacer callar o *reducir al silencio: «Aviones
de las fuerzas aéreas propias habían silenciado las posiciones artilleras sirias en la referida zona»* (*Arriba*, 18.3.1962, 1); *«Dos
veces trató Goodwin de interrumpirla y fue
silenciado por el tribunal»* (Novás, trad.
Faulkner, *Santuario*, 186).

sílice. 'Combinación de silicio y oxígeno'. Es nombre femenino.

similar. Construcción: *similar* A *otro; de
manera similar* A COMO *lo hizo* (no *similar*
COMO *lo hizo*).

simili-, simil-. Formas prefijas del latín
similis, 'semejante': *similicadencia. similar.*

simple. El superlativo de este adjetivo es
simplísimo o —más culto— *simplicísimo.*

simposio. 'Conferencia o reunión de carácter científico'. No hay necesidad de usar
la grafía *symposium.*

sin. 1 Preposición, siempre átona, que
denota:

a) Privación o carencia: *Estoy sin empleo.*

b) Con un infinitivo, negación de un
hecho simultáneo o anterior al del verbo
principal: *Trabaja sin cesar; Estamos sin
comer.*

c) Excepción (uso anticuado): *«...¿Qué
se ha muerto? —Más de veinte / coronados
venados .., / tres jabalíes y un oso temera-
rio, / sin la caza menor, porque esa espanta»* (Tirso, *Vergonzoso*, 17) (*sin*, 'sin
contar'; además de').

2 *Sin embargo:* → EMBARGO,1 y 2.

3 *Sin fin:* → SINFÍN.

sin-. 1 Prefijo griego que significa
'con': *sindical, sincronía.* Toma la forma
sim- ante *b* o *p: simpatía; si-*, ante *l: sílaba.*

2 Forma prefija de la preposición *sin:
sinsabor.*

sincerarse. Construcción: *sincerarse* CON
alguien; sincerarse ANTE *el juez.*

sinembargo → EMBARGO, 3.

sine qua non. Locución adjetiva latina,
referida a *condición*, 'inexcusable'. Se pronuncia /sinekuanón/; no /sinekuánon/,
como dicen muchos.

sinfín. Diferencia entre *sinfín* y *sin fin.
Sinfín* es nombre masculino y significa 'infinidad': *Había un sinfín de invitados. Sin
fin* es locución adjetiva que se aplica a ca-
bles o correas que tienen unidos sus extremos y forman una figura cerrada: *una
correa sin fin.* En sentido general, 'inacabable': *penalidades sin fin.*

sinfonier → CHIFFONNIER.

Singapore, Singapour → SINGAPUR.

Singapur. Nombre español de la isla,
estado y ciudad del sudeste de Asia cuyo
nombre inglés es *Singapore* y cuyo nombre
francés es *Singapour.*

single → SENCILLO.

sino. 1 La conjunción adversativa *sino*
se emplea cuando, negada una cosa, se
afirma a continuación otra que ocupa su
lugar: *No lo hizo él, sino ella; No es bon-
dadoso, sino tonto.* Cuando la conjunción
se enuncia en medio de dos oraciones con
verbo explícito, toma normalmente la
forma *sino que: No le pegó, sino que le in-
sultó.* Son raros ejemplos como este, sin
*que: «El tiempo no existe, sino es la con-
ciencia del pasado»* (Salinas, *Ensayos*,
180).

2 A veces se usa *sino que* con sentido
restrictivo (como *pero): «Él es bueno, sino
que a veces los hombres más buenos tienen
que hacer cosas que parecen malos»* (Arniches, *Hombre*, 930).

3 *No solo... sino...* → SOLO, 2.

4 No debe confundirse *sino*, conjunción adversativa, con *si no*, conjunción
condicional seguida de negación. *Sino* es
palabra átona —la pronunciación /sinó/ es
errónea—; *si no* tiene tónico el segundo
elemento. Véase la diferencia en estos

ejemplos: *No come, sino trabaja* ('en lugar de comer, trabaja'); *No come si no trabaja* ('no come en el caso de que no trabaje').

siquiatra → PSIQUIATRA.

siquiatría → PSICOLOGÍA.

siquiera. Adverbio de cantidad que significa 'por lo menos': *Dame siquiera dos pesetas.* En oraciones negativas va precedido por *ni: Ni siquiera le dieron las gracias.* Es poco frecuente que la expresión *ni siquiera* vaya detrás del verbo: *No me saludó ni siquiera;* se prefiere *siquiera* solo: *Sin enterarse siquiera de lo que pasaba.* El uso de *tan siquiera,* forma enfática con el mismo sentido de *siquiera,* es popular: *«¡Vaya, que ni tan siquiera darle a entender a uno que le retoza un poco de alegría por el cuerpo!»* (Galdós, *Torquemada,* II, 94).
Siquiera se usa como conjunción concesiva, generalmente precediendo al verbo *ser* en subjuntivo: *Déjame el libro, siquiera sea por una semana.*

sirviente. El femenino de este nombre es *sirvienta.*

sisar. Construcción: *sisar* DE *la tela; sisar* EN *la compra.*

sismo. 'Terremoto'. Puede decirse también *seísmo;* pero es preferible la forma *sismo,* única usada por los especialistas. Los derivados están formados sobre ella: *sísmico, sismólogo, sismógrafo,* etc.

sistema → ESTABLISHMENT.

sístole. 'Movimiento de contracción del corazón'. Es nombre femenino: *la sístole.*

sitacismo → PSITACISMO.

sitiar. Se conjuga, en cuanto al acento, como *cambiar* [1 a].

situación → STATUS.

situar. 1 Se conjuga, en cuanto al acento, como *actuar* [1 d].
2 Construcción: *situarse* EN *un lugar.*

sketch → APUNTE.

slalom. 'Carrera de habilidad con esquís'. Es palabra noruega usada internacionalmente. En español se usa como nombre masculino. Su pronunciación corriente entre nosotros es /eslálom/, y la única forma de españolizar el término sería adoptando la grafía *eslálom.*

slip. 'Calzón ajustado y muy corto'. Se usa este nombre inglés para designar una prenda deportiva o un tipo de calzoncillos. Se pronuncia corrientemente /eslíp/. No tiene equivalente exacto en español; sin embargo, para el primer sentido se usa muchas veces *calzón,* y para el segundo, *calzoncillo* o *calzoncillos.* En todo caso, sería posible adoptar una grafía españolizada *eslip.*

slogan → ESLOGAN.

smog → NIEBLA.

smoking → ESMOQUIN.

snob → ESNOB.

so. Preposición, 'bajo'. Se pronuncia átona. Es exclusivamente de uso literario y solo se usa, normalmente, con los nombres *capa, color, pena* o *pretexto: «El pino so capa de nogal»* (Pérez de Ayala, *Troteras,* 244); *«So color de extensión universitaria»* (D'Ors, *Museo,* 20). Alguna vez, excepcionalmente, con otros nombres: *«Y, so el arco de mi cejo, / dos ojos de un ver lejano»* (Machado, *Poesías,* 236); *«So los robles de Vizcaya / yacía el corazón mío»* (Basterra, *Antología,* 29).

so-. Prefijo que significa 'bajo': *soterraño, soportar;* o acción ligera: *sofreír.*

sobra. *De sobra,* locución adverbial, 'con exceso', 'más de lo suficiente'. La forma *de sobras* es frecuente en el castellano de Cataluña: *«Los que hemos vivido en un penal sabemos de sobras lo que significa»* (M. Roig, *País,* 28.3.1983, 11). Es uso considerado vulgar.

sobre. 1 Preposición. Indica:
a) Punto de apoyo: *Está sobre la mesa.* En sentido figurado, base o garantía de un préstamo: *Presta sobre alhajas.*
b) Superioridad, mayor elevación en lo material: *La cigüeña vuela sobre el tejado de la iglesia.* En sentido figurado, mayor dignidad: *El capitán está sobre el teniente.*
c) Posterioridad: *sobre comida.*
d) Reiteración, acumulación: *crueldades sobre crueldades; sobre la ruina, la enfermedad.*
e) Asunto: *Escribió sobre Agricultura; Se disputa sobre el sentido de esta cláusula.*

sobre-   **soler**

f) Inmediación, cercanía, proximidad: *La vanguardia está ya sobre el enemigo; Zamora está sobre el Duero; Carlos V sobre Túnez.* También en cantidades, números o fechas: *Francisco tendrá sobre cincuenta años; Habrá aquí sobre cien volúmenes; Sobre el día 5 llegaremos; Sobre el martes estaremos allí.*

2 El uso de la preposición *sobre* por *de,* precediendo a la expresión de la cifra total de la que se ha tomado una parte, es anormal: *40 sobre 70 estudiantes fueron suspendidos.* Se dice *40 de 70.*

3 Evítese también el uso impropio de esta preposición, frecuente en redactores deportivos, en frases como *El árbitro señaló una falta sobre López.* Debe decirse *El árbitro señaló una falta cometida contra López.*

4 Usos anormales, debidos a galicismo, son *sobre encargo,* en lugar de *por encargo: «Petit-Point. Trabajos sobre encargo»* (*Abc,* 2.3.1972, 60); y *sobre medida,* o *sobre medidas,* en lugar de *a la medida: «Mandó hacer ropas sobre medida»* (García Márquez, *Amor,* 380).

sobre-. Prefijo que realza la significación; equivale a 'con exceso': *sobrealimentar, sobrevalorar.*

sobrecontratación. Este nombre es el que debe usarse como traducción exacta del inglés *overbooking,* 'contratación de plazas hoteleras en número superior al disponible'.

sobreentender → SOBRENTENDER.

sobrefatiga. 'Estado resultante de una fatiga excesiva'. Este nombre corresponde adecuadamente al francés *surmenage.*

sobrehaz. 'Superficie o cara exterior'. El género de este nombre es femenino: *«La sobrehaz de la conciencia»* (Azorín, *Andando,* 9), aunque encontremos *«el sobrehaz de la conciencia»* en Torrente (*Saga,* 390).

sobrentender. **1** Verbo irregular. Se conjuga como *entender* [14].

2 Aunque puede escribirse también *sobreentender,* se prefiere la grafía *sobrentender.*

sobrepelliz. 'Cierta vestidura litúrgica'. Es nombre femenino. Sin embargo, no faltan ejemplos de uso masculino: *«los sobrepellices»* (Azorín, *Voluntad,* 127); *«mi sobrepelliz almidonado»* (Grosso, *Capirote,* 183); *«el sobrepelliz»* (Torrente, *Pascua,* 360).

sobreponer. **1** Verbo irregular. Se conjuga como *poner* [21].

2 Construcción: *sobreponerse A sus sentimientos.*

sobrerrealismo, sobrerrealista → SURREALISMO.

sobresalir. Verbo irregular. Se conjuga como *salir* [59].

sobreseer. Verbo irregular. Se conjuga como *leer* [17].

sobrevenir. Verbo irregular. Se conjuga como *venir* [61].

sobreviviente. Construcción: *sobreviviente* DEL *naufragio.*

sobrevivir. Construcción: *sobrevivir* A *la catástrofe; sobrevivió* A *sus hermanos.*

sobrevolar. Verbo irregular. Se conjuga como *acordar* [4].

sobrio. 'Templado o moderado en el comer y en el beber'. El adjetivo se refiere a una cualidad permanente; por tanto, se usa de manera inadecuada cuando —por influjo del inglés— se dice que el que se había emborrachado ya *está sobrio.* Se quiere decir que *está sereno.*

sociabilidad, sociable → CONVIVIAL.

sofá. El plural de este nombre masculino es *sofás.*

sofreír. Verbo irregular. Se conjuga como *freír* [47].

solamente → SOLO.

solar. Verbo irregular. Se conjuga como *acordar* [4].

soldar. Verbo irregular. Se conjuga como *acordar* [4].

soler. Verbo irregular. Se conjuga como *mover* [18]. Es verbo defectivo: solo se usan los tiempos presente (*suelo,* etc.), pretérito indefinido (*solí,* etc.) e imperfecto (*solía,* etc.) del modo indicativo; el presente de subjuntivo (*suela,* etc.); de las formas compuestas, el pretérito perfecto (*he solido,* etc.). Las formas no personales

347

se usan todas normalmente, aunque el infinitivo, según la Academia, únicamente sirve para nombrar el verbo (*Gramática*, § 161*e*).

solicitar. Construcción: *solicitar algo* A *alguien* o DE *alguien*.

solidaridad. 'Condición o actuación solidaria'. Derivado del adjetivo *solidario*, la forma adecuada es *solidaridad*, pues es norma en nuestro idioma que los adjetivos en -*io* formen sus nombres abstractos en -*iedad* (*sobrio, sobriedad; sucio, suciedad; serio, seriedad*, etc.; → -DAD, 2). Ya Andrés Bello, en el siglo pasado, y Menéndez Pidal (*Unidad*, 213), en este, defendieron la forma *solidaridad;* pero se ha impuesto (incluso en el *Diccionario* de la Academia) la formación arbitraria *solidaridad*, y es difícil enmendar un uso tan arraigado.

solidaridad → SOLIDARIEDAD.

solidarizar. Construcción: *solidarizarse* CON *los compañeros.*

solo. 1 El adjetivo *solo*, 'sin compañía' o 'único' (que tiene, naturalmente, variaciones de género y número: *sola, solos, solas*), en su forma masculina singular, no se diferencia, en cuanto a la pronunciación, del adverbio *solo*, 'solamente, únicamente'. Una frase como *Estoy solo por las tardes*, privada de contexto, puede ser ambigua: 'estoy sin ninguna compañía por las tardes' o 'estoy únicamente por las tardes'. Para prevenir este riesgo, existe una regla ortográfica según la cual ha de escribirse con tilde *sólo* cuando es adverbio; pero esta regla debe aplicarse exclusivamente en los casos de posible ambigüedad, como el del ejemplo. En realidad, la ambigüedad no tiene por qué presentarse nunca, porque el contexto la resuelve en cada caso, de la misma manera que resuelve habitualmente las restantes ambigüedades posibles del habla. Por consiguiente, al ser potestativo el uso de la tilde en el adverbio *solo*, lo más recomendable es atenerse a la norma general de no ponerla. (He aquí el texto literal de la norma académica de 1959: «La palabra *solo*, en función adverbial, podrá llevar acento ortográfico si con ello se ha de evitar una anfibología».)

2 *No solo... sino...* Estos elementos se anteponen a enunciados sintácticamente

equivalentes (dos oraciones, dos nombres, dos adjetivos, etc.) para indicar la suma o acumulación del uno al otro. El segundo elemento va frecuentemente acompañado de *también* o de otro adverbio equivalente a este: *No solo vinieron sus padres, sino* (o *sino también*) *sus tíos y sus abuelos;* «*Conviene que la mujer permanezca abacía, carente de voz y voto en la vida pública,* NO SOLO *porque la política sea .. actividad esencialmente varonil,* SINO *porque la influencia política de la mujer convertiría muy en breve el gobierno de los viejos en gobierno de las viejas*» (Machado, *Mairena,* 191). Cuando los unidos son oraciones, el segundo elemento copulativo es *sino que* (o *sino que también*): *No solo vinieron, sino que les trajeron muchos regalos;* «*Los insectos, por el hecho de ser insectos,* NO SOLO *quedan al margen de nuestra inteligencia,* SINO QUE *quedan también al margen de nuestra idiotez*» (Camba, *Ciudad,* 70). En todas estas construcciones puede aparecer, como variante, *solamente* en lugar de *solo.*

soltar. 1 Verbo irregular. Se conjuga como *acordar* [4].

2 Construcción: *soltarse* A *conducir; soltarse* DE *las ligaduras.*

-soma. Forma sufija del griego *soma*, 'cuerpo': *cromosoma.*

somalí → SOMALIA.

Somalia. La acentuación de este nombre es /somália/, no /somalía/. El adjetivo correspondiente es *somalí.*

somato-, somat-, soma-. Formas prefijas del griego *soma*, 'cuerpo': *somatopsíquico.*

someter. Construcción: *someter una cosa* A *una presión; someterse* A *alguien; someterse* A *los caprichos de alguien.*

somier. 'Colchón de tela metálica'. En plural es *somieres*. No es necesario usar la forma francesa *sommier* (plural *sommiers*).

sommier → SOMIER.

somnambulismo, somnámbulo → SONÁMBULO.

somni-, somn-. Formas prefijas del latín *somnus*, 'sueño': *somnífero.*

somnífero, somnolencia → SONÁMBULO.

son-   Sri Lanka

son-. Prefijo, variante de *so-* o *sub-: son-sacar, sonreír.*

sonambulismo → SONÁMBULO.

sonámbulo. 'Persona que se levanta y anda durante el sueño'. La Academia registra dos formas: *sonámbulo* y *somnámbulo.* Esta última es la más ajustada a la etimología y por tanto la más culta; pero la primera es la más usual, y también la preferida por la propia Academia. Lo mismo hay que decir de la pareja *sonambulismo* y *somnambulismo.* En cambio, ni el uso general ni la Academia han operado la reducción de *-mn-* a *-n-* en *somnífero* ni en *somnolencia.*

sonar. 1 Verbo irregular. Se conjuga como *acordar* [4].
2 Construcción: *sonar* A *hueco.*

sonreír. 1 Verbo irregular. Se conjuga como *reír* [57].
2 Construcción: *sonreírse* DE *la idea.*

soñar. 1 Verbo irregular. Se conjuga como *acordar* [4].
2 Construcción: *soñar* CON *ladrones; soñar* EN *un mundo feliz.*

-sor. Sufijo que significa agente: *profesor, revisor.*

sordo. Construcción: *sordo* A *las súplicas; sordo* DE *un oído.*

soriasis → PSORIASIS.

sorprendente. Los adjetivos *sorprendente* y *sorpresivo* (este último, nacido en América) no son sinónimos, aunque algunos, por esnobismo, sustituyan sistemáticamente el primero por el segundo. *Sorprendente* significa 'que causa sorpresa o asombro'; *sorpresivo,* 'que se produce por sorpresa'. Las dos palabras son válidas, pero no hay por qué confundirlas. Véase el contraste en este pasaje de Neruda: *«En seguida, sin decir una palabra, se retiró tan* SORPRESIVAMENTE *como había llegado, desapareciendo en la lluvia y en la noche. Y así fue como la* SORPRENDENTE *vida de Alberto Rojas Giménez fue sellada con un rito misterioso que aún nadie puede explicarse»* (Confieso, 60).

sorpresivo → SORPRENDENTE.

sos-. Prefijo, variante de *so-* o *sub-: sostener, soslayar.*

sosegar. Verbo irregular. Se conjuga como *cerrar* [6].

sosia. 'Persona cuyo parecido físico con otra la hace viva imagen de ella'. Es nombre masculino y femenino. Aunque la Academia solo registra esta forma, es más usual *sosias.* Cualquiera de las dos es aceptable, pues la palabra viene de un nombre propio griego que en su lengua es *Sosias* y en latín *Sosia.* Pero es preferible la forma en *-a,* ya que el uso español de este nombre proviene del de un personaje del comediógrafo latino Plauto. Conviene recordar que se pronuncia /sósia/ —o /sósias/—, no /sosía/ —o /sosías/—: *«El seudo-Bénard .. tenía todas las cualidades de sus sosías, pero marchitas»* (Lamana, trad. Sartre, *Palabras,* 147).

sospechar. Construcción: *sospechar* DE *alguien; sospechar infidelidad* DE *alguien* (no *sospechar* A *alguien* DE *infidelidad; «Sospechaban de regicidio a Ben Jehhaf»,* Menéndez Pidal, *Cid,* 225). Sobre la construcción vulgar *sospecho* DE *que está equivocado,* → DE, 4.

sospechoso. Construcción: *sospechoso* DE *traición.*

sostener. Verbo irregular. Se conjuga como *tener* [31].

sota-, soto-. Prefijo, del latín *subtus,* 'bajo': *sotabarba, sotoministro.*

souteneur → RUFIÁN.

soviet. Órgano de gobierno en Rusia'. Aunque la pronunciación más corriente en España es /sóbiet/, es más recomendable /sobiét/. El plural es *soviets.*

spaghetti → ESPAGUETI.

Speyer, Spira → ESPIRA.

spleen → ESPLÍN.

sponsor → PATROCINADOR.

-spora, -sporo, -sporio. Formas sufijas del griego *spora,* 'semilla': *diáspora.*

Sri Lanka. Nombre oficial actual del Estado de Ceilán. El adjetivo correspondiente es *srilankés* o *srilanqués.* Tanto el nombre como el adjetivo son pronunciados por los hispanohablantes con una /e/ inicial de apoyo: /esrrilánka, esrrilankés/; la misma /e/ que se suele poner en *smoking,*

/esmókin/, *stand*, /estánd/. Como esa /e/ ha llegado en muchos casos a cuajar ortográficamente *(esmoquin, esplín, estándar, Estocolmo, Eslovenia, Estrasburgo,* etc.), sería natural acoger a la misma costumbre *Sri Lanka* y *srilankés/srilanqués,* escribiendo *Esrí Lanka* y *esrilankés* o *esrilanqués.* Por razón de la dificultad fonética, algunos han propuesto sustituir *srilankés* por *ceilandés;* solución que sería acertada si al mismo tiempo se sustituyese *Sri Lanka* por *Ceilán* y se propusiese *ceilanés* en vez de *ceilandés* (→ CEILÁN).

srilankés, srilanqués → SRI LANKA.

stablishment → ESTABLISHMENT.

stádium → ESTADIO.

staff. Este término inglés se usa sin necesidad entre nosotros por *equipo* o por *estado mayor* (de un alto cargo).

stand → PABELLÓN.

standard, standarización, standarizar → ESTÁNDAR.

standing. Es innecesario el uso del inglés *standing (pisos gran standing,* se lee en algunos anuncios), que equivale en nuestro idioma a *representación, categoría* o *nivel: «Venta o alquiler, directamente, oficinas 260 m².* Edificio alta representación» *(Abc,* 20.4.1978).

-stasia. Forma sufija del griego *stasis,* 'detención': *coprostasia.*

-stático. Forma sufija, de adjetivo, del griego *stasis,* 'detención': *hemostático.*

statouder → ESTATÚDER.

statu quo. 'Estado actual de las cosas'. Esta locución latina se pronuncia /státu kuó/, y no, como dicen muchos locutores, /státu kúo/.

status. El uso, por anglicismo, del latín *status* es innecesario, pues equivale en español a *estado* o *situación;* o, en sociología, a *posición social* o *económica* (o simplemente *posición).*

stereo, stereofonía, stereofónico → ESTEREOFONÍA.

straperlo → ESTRAPERLO.

Strasbourg, Strasburgo → ESTRASBURGO.

stress → ESTRÉS.

su. Adjetivo posesivo: → SUYO.

su- → SUB-.

suajili. El *swahili* es una importante lengua hablada en varios países del África oriental. La forma española del nombre de esta lengua es *suajili.*

suástica → ESVÁSTICA.

suazi → SUAZILANDIA.

Suazilandia. El Estado africano de *Swaziland* se llama en español *Suazilandia.* El adjetivo correspondiente es *suazi.*

sub-. Prefijo latino que significa 'bajo': *subdirector, submarino.* Puede tomar las formas *sa- (sahumar),* cha- *(chapodar),* za- *(zabullir),* zam- *(zambullir),* so- *(sofreír),* su- *(suponer),* sus- *(suspender).*

subir. Construcción: *subir* AL *último piso; subir* EN *ascensor; subir* POR *la escalera; subir* DEL *sótano; subir* AL *coche.*

subordinar. Construcción: *subordinar una cosa* A *otra.*

subrayar. Aunque se oye con frecuencia la pronunciación /su.brayár/, la forma normal es /sub.rrayár/ (Academia, *Esbozo,* § 1.8.1).

subrogar. 1 Debe pronunciarse /sub.rrogár/, mejor que /su.brogár/.

2 Construcción: *subrogar una cosa* CON, POR O EN LUGAR DE *otra.*

subscribir, subscripción, subscriptor → SUSCRIBIR.

subseguir. Verbo irregular. Se conjuga como *vestir* [62].

substancia, substanciación, substancial, substanciar, substancioso, substantivar, substantividad, substantivo → SUSTANCIA.

substitución, substituir, substitutivo, substituto → SUSTITUIR.

substracción, substraendo, substraer → SUSTRAER.

substrato → SUSTRATO.

subvenir. Verbo irregular. Se conjuga como *venir* [61].

subvertir. Verbo irregular. Se conjuga como *sentir* [60].

suceder. Construcción: *suceder a otro* EN *el cargo*.

sud-. Según el uso normal en España, la forma prefija de *sur* es *sud-: Sudáfrica, Sudamérica, sudoeste, sudeste, sudvietnamita, sudcoreano*. También existe, pero con aceptación algo menor, la forma *sur-* (*Suráfrica*, etc.).

Sudáfrica, Sudamérica, sudcoreano, sudeste, sudoeste, sudvietnamita → SUD-.

suéter. 'Jersey'. Este nombre masculino es la adaptación, registrada por la Academia, del inglés *sweater*. No es necesario, pues, utilizar la grafía inglesa. El plural es *suéteres* (no *suéters*, como se ve en algunos anuncios).

suficiente. Construcción: *suficiente* PARA (no A) *vivir*.

sugerencia → SUGESTIÓN.

sugerir. Verbo irregular. Se conjuga como *sentir* [60].

sugestión. El sentido 'cosa que se sugiere' puede expresarse por medio del nombre *sugestión* o, más frecuente hoy, de *sugerencia. Sugestión* significa, además, 'acción de sugerir' y 'acción de sugestionar'.

suite. Palabra francesa que significa literalmente 'serie', pero que en español usamos, como nombre femenino, pronunciado /suít/ (plural *suites*, pronunciado /suíts/), con dos sentidos especiales para los que de momento no hay sustituto dentro de nuestro idioma: 'obra musical constituida por una serie de piezas' y 'conjunto de habitaciones, a manera de apartamento, que se alquila en un hotel'.

sujección → SUJECIÓN.

sujeción. 'Acción de sujetar' o 'cosa que sujeta'. En la terminación de esta palabra hay una sola *c;* son erróneas, por tanto, la pronunciación /sujekzión/ y la grafía *sujección*.

sujetar. Construcción: *sujetarse* A *una obligación*.

sumir. Construcción: *sumirse* EN *una ciénaga*.

superávit. 'Exceso del haber sobre el debe'. El plural preferido por la Academia es *los superávit*, invariable, aunque en la lengua escrita no es raro encontrar *los superávits*.

superior →ALTO. 1.

superponer. Verbo irregular. Se conjuga como *poner* [21].

superrealismo. El francés *surréalisme*, término que designa una tendencia artística bien conocida, fue mal traducido al español en la forma *surrealismo*. El prefijo francés *sur-* corresponde al español *supero sobre-*, y la traducción adecuada, por tanto, es *superrealismo* o *sobrerrealismo*. Algunos, como Antonio Machado, han preferido, pensando en el prefijo *supra-*, *suprarrealismo*. La forma sin duda más difundida es *surrealismo;* pero disfruta de creciente aceptación *superrealismo*, especialmente en la lengua escrita. La Academia, que acoge las cuatro formas, da preferencia a esta última. Todo lo dicho respecto a las cuatro palabras es aplicable a *surrealista, superrealista, sobrerrealista* y *suprarrealista*.

superrealista → SUPERREALISMO.

superstición. La pronunciación de esta palabra, como su grafía, incluye una /s/ después de *super-;* debe evitarse, pues, la forma /supertizión/, que se oye con frecuencia. Lo mismo hay que advertir respecto al derivado *supersticioso*.

supersticioso → SUPERSTICIÓN.

superviviente. Construcción: *superviviente* DEL *naufragio*.

suponer. 1 Verbo irregular. Se conjuga como *poner* [21].
2 Sobre la construcción vulgar *supongo* DE *que ya está aprobado*, → DE. 4.
3 *Ser de suponer:* → SER. 3.

suprarrealismo, suprarrealista → SUPERREALISMO.

supremo → ALTO. 2.

Suráfrica, Suramérica, surcoreano, sureste → SUD-.

surmenage → SOBREFATIGA.

suroeste → SUD-.

surrealismo, surrealista → SUPERREALISMO.

surtir. Construcción: *surtir* DE *víveres.*

survietnamita → SUD-.

sus- → SUB-.

susceptible. 1 Construcción: *susceptible* DE *mejora.*

2 Debe evitarse la confusión entre *susceptible* y *capaz.* Los dos adjetivos expresan capacidad; pero *capaz* se refiere a la capacidad de hacer (posibilidad activa), mientras que *susceptible* se refiere a la capacidad de recibir una acción o una cualidad (posibilidad pasiva). Se dirá, pues: *Este hombre es capaz de pegar a su padre; Esta ley es susceptible de reforma; «Un tonto, como todos los tontos, susceptible de felicidad o de infelicidad»* (Pérez de Ayala, *Troteras,* 81). Hay error, en cambio, en estos dos ejemplos: *«Un método capaz de ser denominado 'método de las ciencias del hombre'»* (Vicens, *Aproximación,* 20); *«Los niños organizaban un estruendo fabuloso con trompetas, zambombas y todos los instrumentos susceptibles de producir un ruido infernal»* (N. Luján, *Destino,* 6.1.1973, 26).

3 Igualmente hay que evitar la confusión entre *susceptible* y *posible.* Si *susceptible* es 'que puede recibir' (una acción o una cualidad), *posible* es simplemente 'que puede existir o realizarse'. El primero, en el sentido expuesto, lleva complemento; el segundo no lo lleva. Un ejemplo erróneo: *«Los malos son posibles de conversión»* (A. Paso, *Abc,* 17.12.1961, 3); aquí se quiso decir *son susceptibles.*

suscribir. 1 Verbo irregular. Se conjuga como *escribir* [46].

2 En esta palabra y en las de su familia son igualmente válidas las grafías con -*b*- *(subscribir, subscripción, subscriptor)* y sin ella *(suscribir, suscripción, suscriptor).* Aunque las primeras, más fieles a la etimología, son las preferidas por la Academia, las segundas, no rechazadas por esta, responden a la pronunciación corriente y son las usuales en la escritura, incluso en la prosa culta.

suscripción, suscriptor → SUSCRIBIR.

suspender. Construcción: *suspender* DE *una argolla; suspender* DE *empleo y sueldo; suspender* EN *el aire; suspender a uno* EN *dos asignaturas.*

suspense. 'Impaciencia o ansiedad por el desarrollo de una acción', en cine, teatro o narraciones. Para traducir la palabra inglesa (no francesa) *suspense,* la Academia propone *suspensión,* o *suspenso,* forma esta última que registra como usada en América (*«Desde su espantado terror crea un clima de violencia y suspenso digno del mejor exponente de la serie negra»,* Fevre, *Cuentos,* 73). La palabra *suspense,* con pronunciación a la española, /suspénse/, es la única que se oye en la lengua coloquial de España.

suspensión, suspenso → SUSPENSE.

sustancia. En esta palabra y en las de toda su familia son igualmente válidas las grafías con -*b*- *(substancia, substanciación, substancial, substanciar, substancioso, substantivar, substantividad, substantivo,* etc.), y sin ella *(sustancia, sustancial, sustantivo,* etc.). Aunque las primeras, más fieles a la etimología, son las preferidas por la Academia, las segundas, no rechazadas por esta, son las más usuales en la escritura, incluso en la prosa culta.

sustanciación, sustancial, sustancioso, sustantivar, sustantividad, sustantivo → SUSTANCIA.

sustanciar. 1 Se conjuga, en cuanto al acento, como *cambiar* [1 a].

2 Grafía: *sustanciar, substanciar:* → SUSTANCIA.

sustitución → SUSTITUIR. 3.

sustituir. 1 Verbo irregular. Se conjuga como *huir* [48].

2 Construcción: *sustituir a uno* POR *otro; sustituir una cosa* POR O CON *otra.* Evítese la construcción *ella sustituyó Juan* A *Pedro* ('sustituyó a Pedro por Juan'). Es uso clásico (aparece constantemente, por ejemplo, en el gramático Bello) y se encuentra en Unamuno (*«Pasar de la expresión sintética a la analítica, como el castellano ha hecho sustituyendo a los casos latinos las preposiciones»,* Raza, 177), en Azaña (*«¿Cómo se llama una situación causada por un alzamiento que .. no derriba al Gobierno para sustituirse a él?»,* Velada, 130) y en Menéndez Pidal (*«A los soldados de Navarra o de Castilla .. sustituía él unos cuantos desterrados»,* Cid, 88);

pero conviene prescindir de él por la confusión a que hoy puede dar lugar.

3 En esta palabra y en las de su familia son igualmente válidas las grafías con *-b-* *(substituir, substitución, substitutivo, substituto)* y sin ella *(sustituir, sustitución, sustitutivo, sustituto)*. Las primeras son fieles a la etimología y preferidas por la Academia; las segundas, no rechazadas por esta, responden a la pronunciación corriente y son las más usuales en la escritura, incluso en la prosa culta.

sustitutivo, sustituto → SUSTITUIR. 3.

sustracción, sustraendo → SUSTRAER. 3.

sustraer. **1** Verbo irregular. Se conjuga como *traer* [32].

2 Construcción: *sustraerse* A *la obediencia.*

3 En esta palabra y en las de su familia *(sustracción, sustraendo)*, son igualmente válidas las grafías con *-b-* *(substraer, substraendo)* y sin ella. Las primeras *(subs-)* son fieles a la etimología y preferidas por la Academia; las segundas *(sus-)*, no rechazadas por esta, responden a la pronunciación corriente y son las más usuales en la escritura, incluso en la prosa culta.

sustrato. En filosofía, 'sustancia'; en lingüística, 'lengua que, a consecuencia de una invasión, queda sustituida por otra'. En esta palabra son igualmente válidas las

grafías *substrato* y *sustrato*. La primera es fiel a la etimología y la preferida por la Academia; la segunda responde a la pronunciación corriente y se uniforma con la dominante tendencia a la reducción de las combinaciones *subst-* en la forma *sust-* *(substancia: sustancia,* etc.).

sutil. **1** 'Delicado' y 'perspicaz'. Es vulgarismo pronunciar esta palabra como grave, /sútil/.

2 Confusión entre *sutil* e *inconsútil:* → INCONSÚTIL.

suyo. Adjetivo posesivo, 'de él, de ella, de ellos, de ellas; de usted, de ustedes'. Tiene variación de género y número *(suyo, suya, suyos, suyas)*. Cuando va delante del nombre, aunque se interponga otro adjetivo, sufre apócope: *su* (singular masculino y femenino) y *sus* (plural masculino y femenino): *su cabeza; su coche; sus antiguas propiedades.* Estas formas apocopadas son siempre átonas: /sukabéza/. El pronunciarlas tónicas es regionalismo («desde el Cantábrico hasta Cáceres y desde León a Burgos y Soria», Lapesa, *Historia*, 478).

svástica → ESVÁSTICA.

swahili → SUAJILI.

Swaziland → SUAZILANDIA.

sweater → SUÉTER.

symposium → SIMPOSIO.

t

t. Vigesimotercera letra del alfabeto español (vigésima del universal). Su nombre (femenino) es *te,* plural *tes.* Representa siempre al fonema /t/. En la realización de este fonema se forma una barrera que cierra durante un instante el paso del aire por la boca hacia el exterior, y que está formada por el ápice de la lengua puesto en amplio contacto con la cara interior de los dientes superiores. Una vez deshecho el contacto, el aire acumulado sale con una leve explosión. No hay vibración de las cuerdas vocales. Es una consonante dental oclusiva sorda.

Cuando el sonido /t/ está en final de sílaba, tiende a relajarse en la pronunciación corriente, convirtiéndose en una /d/ fricativa: *atlas* /ád-las/, *ritmo* /ríd-mo/, *atmósfera* /ad-mósfera/. En pronunciación popular, especialmente ante /l/, no es rara su desaparición: *Atlántico* /alántiko/, *atlético* /alétiko/.

tabla. *Ranking,* por *tabla* o *lista* (clasificatoria): → LISTA.

tablazón. 'Agregado de tablas que forman una cubierta'. Es nombre femenino (no masculino: *«Se dejaba resbalar .. por el tablazón para saltar a la calle»,* Grosso, *Capirote,* 75).

tabú. El plural de este nombre masculino es *tabúes* o *tabús.* En el uso adjetivo generalmente es invariable: *temas tabú;* pero también se usan las formas de plural: *«elementos tabúes»* (Ulía, trad. Russell,

Antología, 218); *«fechas tabúes»* (*Alerta,* 25.8.1984, 7).

tachar. **1** Construcción: *tachar a uno* DE *frívolo; tacharle* DE *la lista.*

2 En la construcción con *de,* este verbo significa 'señalar (a alguien o algo) con una nota desfavorable'. De ningún modo significa 'calificar' en general (*«Cabe tachar de espectacular la eficacia de la policía local»,* País, 11.4.1978).

táctil. 'Referente al tacto'. La acentuación de esta palabra es grave, /táktil/. Debe desecharse, pues, la grafía y pronunciación *tactil,* usada erróneamente por muchos escritores y locutores.

Tailandia. El nombre de la nación asiática —antiguamente Siam— es en español *Tailandia,* no *Thailandia.* El adjetivo derivado es *tailandés.*

tal. **1** Como adverbio, significa 'así' y suele ir seguido de una proposición iniciada por *como* (o, en lenguaje literario, *cual:* → CUAL, 5): *Lo hizo tal como se esperaba.* Una forma más enfática es *tal y como: «Tal y como están las cosas»* (Ortega, *Espíritu,* 15). No debe usarse el simple *tal* como equivalente de *tal como* o *igual que: «Déjala tal sueles»* (Goytisolo, *Resaca,* 64).

2 *Con tal de* es locución prepositiva de sentido condicional que solo se usa ante infinitivo: *Con tal de ganar dinero es capaz de todo;* o ante proposición con *que: «En la novela vale todo, con tal de que vaya contado con sentido común»* (Cela, *Alca-*

rria, 10). Esta última construcción *(con tal de que)* alterna con la forma *con tal que*, única que registra la Academia en su *Diccionario;* ambas son igualmente válidas.

3 *Por tal de* es forma anticuada, hoy rechazada en el uso normal, equivalente a *con tal de: «Se me han ofrecido muchos, por tal de subir la cuesta de enero» (Ya,* 12.1.1962, 30).

4 *Tal es así,* o *tan es así,* por *tanto es así: →* TANTO, 3.

talvez. En América es frecuente escribir el adverbio *tal vez* como una sola palabra, por lo que la Academia ha incluido la forma *talvez* en el *Diccionario.* Pero en España la norma sigue siendo escribir siempre *tal vez.*

tan → TANTO, 2 y 3.

tanto. 1 Como adjetivo o pronombre, tiene variaciones de género y número *(tanto, tanta, tantos, tantas).* En lenguaje coloquial expresivo, admite forma superlativa: *«Pero ¿cuatro botellas? .. ¿A dónde vamos con tantísimo?»* (Sánchez Ferlosio, *Jarama,* 16). En cualquiera de estas dos categorías o en la de adverbio, suele ser antecedente de proposiciones introducidas por *cuanto, como* (sentido comparativo) o *que* (sentido consecutivo): *Trabajo tanto como tú; Trabajo tanto que estoy agotado.*

2 Como adverbio, se apocopa en la forma *tan* (que se pronuncia átona) cuando le sigue inmediatamente un adjetivo o un adverbio: *tan bueno, tan discretamente;* o un sintagma de función adjetiva o adverbial: *tan de cerca, tan sin gracia.* No ocurre, sin embargo, la apócope ante los comparativos *mayor, menor, mejor, peor, más, menos: tanto mayor, tanto peor, tanto más. (Mayor,* cuando se emplea sin valor comparativo, se une a la regla general: *Esto es increíble en un hombre tan mayor.)*

3 *Tan es así («Tan es así que el historiador no puede ni siquiera leer una sola frase»,* Ortega, *Galileo,* 20) es un empleo abusivo de la apócope expuesta (→ 2). Lo normal es *tanto es así* o *tan así es: «Tanto fue así, que no faltó quien diera por cierta la conseja de que Florentino Ariza .. había hecho algo»* (García Márquez, *Amor,* 387). Hay quienes todavía añaden confusión al caso, diciendo *tal es así.* Aunque con menos frecuencia, *tan* aparece, en vez de

tanto, en otras construcciones verbales: *«Tan no me he mirado nunca que no sé cómo soy»* (Galdós, *Torquemada,* III, 135); otros ejemplos españoles y americanos, en Cuervo, *Apuntaciones,* § 403, y Kany, 329.

4 *Hasta tanto que,* locución conjuntiva, equivale a *hasta que* (→ HASTA. 3) y, como esta, puede ir seguida de un *no* expletivo; en. este último caso a veces se reduce a *hasta tanto: «Yo tampoco lío el primero .. hasta tanto no fumes tú también»* (Sánchez Ferlosio, *Jarama,* 19).

5 *Entre tanto: →* ENTRETANTO. 1 y 3.

6 *En tanto que,* locución típica de ensayistas, tomada del francés *(«Ciertas personas a quienes conocemos nos sorprenden como frenéticos en tanto que espectadores de fútbol»,* Aranguren, *Juventud,* 130), corresponde al español normal *en cuanto.*

7 *Qué tanto,* por *cuánto* o *qué: →* QUÉ. 5.

Tanzania. El adjetivo correspondiente a *Tanzania* es *tanzano* o *tanzanio.*

tanzanio, tanzano → TANZANIA.

tañer. Verbo irregular. (Véase cuadro.)

tapiar. Se conjuga, en cuanto al acento, como *cambiar* [1 a].

taquigrafiar. Se conjuga, en cuanto al acento, como *desviar* [1 c].

tardar. Construcción: *tardar* EN *venir.*

tarde. 1 *En la tarde,* 'por la tarde': → EN. 4.

2 *Ayer tarde:* → AYER. 1.

tasa. En el sentido de 'índice o coeficiente', se usa en algunos países americanos, por anglicismo (inglés *rate), rata* por *tasa: «No solo no se ha frenado la incidencia delictual, sino que la rata de crecimiento ha ido aumentando»* (R. Caldera, *Abc,* 3.8.1985, 30).

tatuar. Se conjuga, en cuanto al acento como *actuar* [1 d].

taxi. Abreviación normal de *autotaxímetro.* Es vulgarismo la forma *taxis* usada como singular.

taxi-, taxo-. Formas prefijas del griego *taxis,* 'orden, colocación': *taxidermista, taxonomía.*

```
CONJUGACIÓN DEL VERBO «TAÑER»
            (tiempos irregulares)

               INDICATIVO

Pret. indef. tañí, tañiste, tañó, tañimos, tañisteis, tañeron.

               SUBJUNTIVO

Pret. impf. tañera o -se, tañeras o -ses, tañera o -se, tañéramos o -semos, tañerais
    o -seis, tañeran o -sen.
Fut. impf. tañere, tañeres, tañere, tañéremos, tañereis, tañeren.

                        FORMAS NO PERSONALES
Ger. tañendo.
```

Tbilisi → TIFLIS.

Tchad → CHAD.

Tchaikovski, Tchaikovsky → CHAIKOVSKI.

te. Pronombre personal: → TÚ. 4, 5 y 6.

té. 'Cierta infusión'. Evítese la grafía francesa *thé*, hoy ya rara entre nosotros, pero no desaparecida. El plural es *tés*.

tedéum. 'Canto religioso de acción de gracias'. Para el plural debe usarse sin variación la misma forma del singular: *los tedéum*. Puede escribirse también *Te Deum* (en este caso, con dos mayúsculas), aunque es grafía poco usada.

tejano → TEJAS.

Tejas. El estado norteamericano de *Texas* tiene nombre de origen español y puede ser denominado en nuestro idioma *Tejas*, con tanto más motivo cuanto que el adjetivo derivado que usamos no es *texano*, sino *tejano*.

tele-. 1 Prefijo griego que significa 'lejos': *telescopio*.
  2 Prefijo que significa 'de televisión': *telefilm, telediario*.

telegénico → TELEVISIVO.

telegrafiar. Se conjuga, en cuanto al acento, como *desviar* [1 c].

telesilla. 'Asiento suspendido de un cable de tracción para el transporte de personas'. El género de este nombre es masculino.

televisivo. Según la Academia, *televisivo* significa 'que tiene buenas condiciones para ser televisado'; *televisual*, 'perteneciente o relativo a la televisión'. El uso general emplea normalmente *televisivo* con los dos sentidos; *televisual* queda relegado a la prosa de los comentaristas de ese medio. Por otra parte, el uso común dispone de otro término que la Academia desconoce: *telegénico* (formado por analogía con *fotogénico*), que, referido a personas, tiene el significado que la Academia da para *televisivo*.

televisual → TELEVISIVO.

tema. 1 Este nombre masculino significa 'asunto de un escrito, de una conversación o de una obra de arte'. No debe suplantarse este nombre por *tópico*, mala traducción del inglés *topic*: *Los dos Jefes del Estado discutieron tópicos de política internacional*. El sentido de *tópico* en nuestro idioma es 'lugar común, opinión vulgar'.
  2 Debe evitarse el abuso del nombre *tema* haciéndolo equivalente de *asunto* en general: «*Yo no le puedo informar nada, porque, aunque soy un seguidor del tema, no estoy facultado para hablar*» (*Ya*, 7.8.1981); «*Llamaron al 091, donde les dijeron que ellos no podían hacer nada en el tema*» (*Alerta*, 20.8.1984, 2); «*Todavía estoy estudiando los pasos iniciales de un sumario recién iniciado, inclusive el tema de la competencia que me pudiera corres-*

CONJUGACIÓN DEL VERBO «TENER»
(tiempos simples)

INDICATIVO

Pres. tengo, tienes, tiene, tenemos, tenéis, tienen.
Pret. impf. tenía, tenías, tenía, teníamos, teníais, tenían.
Pret. indef. tuve, tuviste, tuvo, tuvimos, tuvisteis, tuvieron.
Fut. impf. tendré, tendrás, tendrá, tendremos, tendréis, tendrán.
Pot. simple tendría, tendrías, tendría, tendríamos, tendríais, tendrían.

SUBJUNTIVO

Pres. tenga, tengas, tenga, tengamos, tengáis, tengan.
Pret. impf. tuviera o tuviese, tuvieras o -ses, tuviera o -se, tuviéramos o -semos, tuvierais o -seis, tuvieran o -sen.
Fut. impf. tuviere, tuvieres, tuviere, tuviéremos, tuviereis, tuvieren.

IMPERATIVO

ten, tenga, tened, tengan.

FORMAS NO PERSONALES

Inf. tener.   *Ger.* teniendo.   *Part.* tenido.

---

ponder» (*Nación*, 13.7.1985, 1). El sentido de *tema* es más estricto (→ 1).

temblar. 1 Verbo irregular. Se conjuga como *cerrar* [6].
2 Construcción: *temblar* DE *frío, temblar* POR *su vida.*

temer. *Ser de temer:* → SER. 2, d.

temor. Construcción: *temor* AL O DEL *agua.* Se prefiere la construcción con *a,* con la que se evita la posibilidad de anfibología.

templar. Es verbo regular. En algunos países americanos, como Venezuela y Colombia, existe como vulgarismo la conjugación según el modelo *cerrar* [6]: *tiempla, tiemple,* etc. (Rosenblat, *Palabras,* III, 313; Flórez, *Apuntes,* 55; Academia, *Esbozo,* § 2.12.3).

tenazas. Como nombre de instrumento, el uso más extendido y prestigioso es en plural: *las tenazas.* Sin embargo, existe también, y está registrado por la Academia al lado del anterior, el uso en singular, *la tenaza.*

tendente. 1 Construcción: *tendente* A *un fin.*
2 Puede usarse también, como sinónimo de este adjetivo, *tendiente;* pero es raro.

tender. 1 Verbo irregular. Se conjuga como *entender* [14].
2 Construcción: *tender* A *aumentar.*

tener. 1 Verbo irregular. (Véase cuadro.)
2 Construcción: *tener a alguien* DE *secretario; tenerlo* COMO *ayudante; tener a alguien* POR *tonto; tener* EN *menos a alguien; tener* A *menos hacer una cosa.*
3 «*Tener que* + infinitivo» es perífrasis verbal que expresa obligación, necesidad o determinación de hacer lo que el infinitivo significa: *Tengo que marcharme; Tienes que perdonarme; Tenemos que reunirnos un día.*
4 «*Tener de* + infinitivo», perífrasis parcialmente equivalente de la anterior (se usa especialmente para expresar voluntad), es hoy poco frecuente.
5 *Tener,* seguido de participio concer-

tado con el complemento directo, expresa la completa terminación de la acción significada por el participio: *Tengo recorrido medio mundo; Tengo muy oída esa historia.* Cuando esta construcción se usa como meramente equivalente de «haber + participio» (es decir, de los tiempos compuestos del verbo), manteniendo invariable el participio, es regionalismo gallego y asturiano que la lengua general no admite: *Las lecciones que me tiene dado este maestro; «Más de una vez me tengo substraído bruscamente a sus pegajosas caricias»* (Palacio Valdés, *Novela*, 181).

6 *Tener presente :* → PRESENTE.
7 *Tener efecto, tener lugar:* → EFECTO.
8 *Tener el agrado:* → AGRADO.
9 *Ni que decir tiene:* → QUE², 4.

teniente. En el sentido de 'el que hace las veces de otro durante su ausencia', se dice *teniente de alcalde* (no *teniente alcalde*) y *teniente cura.*

tentación. Construcción: *la tentación* DE *comprarlo* (no A *comprarlo*).

tenis. *Tenis de mesa:* → PING-PONG.

tentado. Construcción: *tentado* DE *matarle* (no *tentado* A *matarle*).

tentar. Verbo irregular. Se conjuga como *cerrar* [6].

teñir. **1** Verbo irregular. Se conjuga como *reñir* [58].
2 Construcción: *teñir* DE o EN *negro.*

teo-. Forma prefija del griego *theós*, 'dios': *teología.*

-terapia. Forma sufija del griego *therapeia*, 'curación': *hidroterapia.*

tercer → TERCERO.

tercero. Adjetivo ordinal que corresponde al número tres. Tiene variaciones de género y número *(tercero, tercera, terceros, terceras).* Sufre apócope, tomando la forma *tercer*, cuando precede a nombre masculino, aunque se interponga otro adjetivo: *el tercer personaje; el tercer gran personaje.* A veces se presenta la apócope también ante nombre femenino *(la tercer visita);* pero este uso no es normal. La apócope se produce también en todos los compuestos en que entra *tercero (decimotercero, trigésimo tercero,* etc.).

terciar. **1** Se conjuga, en cuanto al acento, como *cambiar* [1 a].
2 Construcción: *terciar* EN *una disputa.*

-terio. Sufijo de nombres que significan 'lugar': *cementerio, baptisterio.*

terminal. Es nombre masculino en el sentido de 'extremo de un conductor eléctrico, preparado para facilitar su conexión con un aparato'; es femenino en el de 'extremo de una línea de transporte público'.

terminar. Construcción: *terminar* DE *hacerlo; terminar* POR *hacerlo; terminar un trabajo* o CON *un trabajo; terminar* CON *alguien* (en una relación amorosa).

término. *En términos de* es la traducción que con frecuencia se hace de la locución prepositiva inglesa *in terms of*, que equivale realmente a *partiendo de, en función de* o *desde el punto de vista de: «Se sienten acomplejados frente al pasado histórico .. Pero no por eso se libran de él, ya que solo pueden concebir el futuro en términos del pasado»* (*Ínsula*, 7.1975).

terminológico → SEMÁNTICO.

termo-. Forma prefija del griego *therme*, 'calor': *termodinámica.*

termostato. La pronunciación normal de esta palabra es grave, /termostáto/. Sin embargo, etimológicamente le corresponde acentuación esdrújula, y por esta razón la Academia, al lado de la forma más usual, registra también *termóstato.*

Terranova. Este es el nombre español de la isla que en inglés se llama *Newfoundland.*

tesitura. En el sentido primero, musical, es 'altura propia de una voz o un instrumento'. En la lengua común se emplea como 'actitud o disposición'. Es errónea la pronunciación /teksitúra/ de algunos locutores.

test → PRUEBA.

testigo. 'Persona que presencia un hecho o que lo atestigua'. Sin variación de forma, puede ser masculino o femenino, según designe hombre o mujer: *el testigo, la testigo.*

testimoniar. Se conjuga, en cuanto al acento, como *cambiar* [1 a].

testuz. En algunos animales, 'parte supe-

tétanos

rior de la cara'. Es normalmente masculino, pero también puede usarse como femenino («*El toro abate / sobre la hierba la testuz feroz*», Machado, *Poesías*, 52; «*Una cabeza de toro de cartón .. con un estoque clavado en medio de la testuz*», Castillo-Puche, *Paralelo*, 89).

tétanos. 'Cierta enfermedad'. Es nombre masculino, *el tétanos*. También puede decirse *el tétano*, aunque es más raro.

tetra-. Forma prefija del griego *téttara*, 'cuatro': *tetraedro*.

texano, Texas → TEJAS.

Thailandia → TAILANDIA.

thé → TÉ.

ti. Pronombre personal: → TÚ, 3, 5 y 6.

Tíbet. El nombre de este país asiático es palabra *grave*, /tíbet/. Por tanto, no debe escribirse sin tilde *(Tibet)*.

Tibulo. El nombre del poeta latino *Tibulo* es palabra grave, /tibúlo/. Es, pues, errónea la acentuación /tíbulo/.

tic. 'Movimiento convulsivo'. Es nombre masculino. Su plural es *tics*.

ticket. 1 En muchos casos se usa sin necesidad la palabra inglesa *ticket* en lugar de *vale*, *entrada* o *billete*. A veces se usa con el sentido de 'tarjeta de contraseña o de recibo' (en un aparcamiento, en una caja registradora). En estos casos no parece haber un término español que la sustituya con ventaja; podría en este sentido españolizarse, como ya se ha hecho alguna vez, en la forma *tique* («*Al llegar a este límite, el taxista entregará al viajero un tique con el precio que señale el contador*», *Ya*, 1.11.1959, 13), hoy reconocida por la Academia (o bien *tiquete*, usado en algunos países americanos).

2 Usar *ticket* por *candidatura*, como suelen hacer los periodistas cuando hablan de las elecciones norteamericanas («*Por primera vez en la historia de las elecciones U.S.A., abandona un candidato del 'ticket' presidencial*», *Abc*, 2.8.1972, 13), no tiene razón de ser.

tiempo. *A tiempo completo* es calco aceptable del inglés *full-time*: «*Esta agencia carece de corresponsales a tiempo completo*» (*Abc*, 3.8.1983, 33); «*Santiago Rol-*

-timia

dán, un rector a tiempo completo» (J. J. Armas Marcelo, *Correo Español*, 12.8.1984, 43). Pero en términos administrativos es mejor decir *en dedicación exclusiva*.

tienda. El uso de *colmado* por *tienda* (de comestibles) es exclusivamente regional y debe evitarse en la lengua común. El significado normal de *colmado* es 'figón'.

tierno. El superlativo de este adjetivo es *tiernísimo* o —más culto— *ternísimo*.

Tiflis. El nombre tradicional entre nosotros —y preferible, por más pronunciable— de la ciudad soviética de *Tbilisi* es *Tiflis*.

tigre. 'Mamífero carnicero'. Es nombre masculino, aunque con él se puede designar al macho o a la hembra: *el tigre macho*, *el tigre hembra*. También existe, para designar a la hembra, el uso femenino del mismo nombre: *la tigre;* y también el nombre femenino *tigra*, el cual es preferible a *tigresa*, aunque este también es acogido por la Academia.

tijeras. Como nombre de instrumento, el uso más extendido y prestigioso es en plural: *las tijeras*. Sin embargo, existe también, y está registrado por la Academia al lado del anterior, el uso en singular, *la tijera*.

tildar. 1 Construcción: *tildar a alguien* DE *mentiroso*.

2 Este verbo significa 'señalar (a alguien) con una nota denigrativa'. Es, pues, un error usar *tildar de* por *llamar*: «*Tildaba al arquitecto .. de 'querido amigo y respetado maestro'*» (D. Bustamante, *Informaciones*, 8.2.1978, 25); «*'El bombón de la tele', como le tildan sus seguidoras*» (*País*, 13.8.1981, 36). Igualmente se equivocó el empleo del nombre *tilde* por calificación: «*Solicitó que los Ejércitos no sean adjetivados con tildes democráticos o antidemocráticos*» (*País*, 26.7.1981).

tilde. 1 'Acento ortográfico' o 'virgulilla o rasgo pequeño'. Es nombre femenino *(la tilde)*, aunque los diccionarios lo dan como ambiguo en cuanto al género.

2 *Tilde*, por *calificación:* → TILDAR. 2.

-timia. Forma sufija del griego *thymos*, 'alma': *lipotimia*.

359

tinto. El vino de color oscuro se llama *tinto*, no *rojo*.

tique, tiquete → TICKET.

tirar. 1 Construcción: *tirar* DE *la manga; tirar* A. HACIA O POR *tal parte; aún puedes tirar dos años* CON *ese coche.* Es uso regional gallego (Rabanal, *Hablas*, 44; García, *Temas*, 123) *tirar* CON *una cosa por la ventana;* ha de decirse *tirar una cosa,* sin preposición. **2** Confusión entre *tirar* y *estirar:* → ESTIRAR.

tisú. El plural de este nombre es *tisúes* o *tisús.*

tisular → HÍSTICO.

titular. Como nombre, en singular o plural, 'título que en un periódico encabeza una información', el género es masculino.

tizne. 'Humo que se pega'. Normalmente es nombre masculino, aunque también existe su uso como femenino.

todo. 1 *Todo,* ante nombres femeninos que llevan el artículo *el* («*todo el agua*», Lozoya, *Segovia,* 14; «*todo el habla*», Menéndez Pidal, *Las Casas,* 103; «*todo el hampa*», Castillo-Puche, *Paralelo,* 145), es una forma masculina indebidamente empleada por influjo de la apariencia masculina del artículo, que en realidad es, en este caso, femenino (→ EL. 2). El uso normal es *toda (toda el agua, toda el habla).*

2 *Todos* ante numeral, sin artículo intermedio (*todos tres, todos cuatro;* más raramente con artículo, *todos los cuatro:* 'la totalidad del conjunto constituido por los tres o por los cuatro'), es uso propio de la lengua clásica («*Ir por todas las cuatro partes del mundo buscando las aventuras*», Cervantes, *Quijote,* I, 48); pero hoy está restringido a la lengua literaria y tiene sabor arcaizante («*Debí permanecer y estrangularlas a todas siete*», Pérez de Ayala, *Urbano,* 151). Lo normal en el español de hoy es decir *los tres, los cuatro* (sin *todos*). **3** Es más raro el uso de *todos los,* ante numeral *(todos los tres, todos los cuatro),* en lugar de *cada:* «*Se someten, todos los ocho días, a un tratamiento psicoanalítico*» (Camba, *Lúculo,* 145). Este uso es calco del francés.

4 *Con todo,* locución adverbial, 'a pesar de todo', es normal en el español de hoy, especialmente en la lengua escrita. En la lengua clásica se empleaba también *con todo eso* o *con todo esto* («*Andrés se partió algo mohíno, jurando de ir a buscar al valeroso don Quijote de la Mancha .. Pero, con todo esto, él se partió llorando y su amo se quedó riendo*», Cervantes, *Quijote,* I, 59). Tal vez de esta última forma provenga el uso actual de *con todo y eso, con todo y con eso, con eso y con todo* («*En Polonia .. ciertas cosas tienen su precio turístico especial, más elevado que el de consumo interior. Con todo y con eso, merece la pena darse una vuelta por allí*», B. M. Hernando, *Informaciones,* 22.8.1974, 14; «*Los demás reconocieron que, con todo y eso, lo de Etayo no deja de ser otra hazaña*», J. A. Cabezas, *Ya,* 22.11.1962, 35; «—*La vista es espléndida .. —Con eso y todo, no sería yo quien pusiera los pies en aquel pueblo*», Goytisolo, *Fin,* 96); todas estas formas son vulgares y deben sustituirse por *con todo,* simplemente, o por *no obstante.*

5 Relacionadas con ellas están las construcciones regionales de *con todo de,* o, *sobre todo, con todo y,* seguidos de nombre o de infinitivo («*Con todo de pasarse todo el día ajetreado*», Azorín, *Voluntad,* 174; «*Con todo y la decadencia política y económica*», Rubió, trad. Pfandl, *Lit. española,* VII; «*Sus temas, con todo y ser los mismos, no se repiten nunca*», *Vanguardia,* 13.5.1978, 35). Lo normal es decir *a pesar de,* o *pese a,* o *no obstante (a pesar de la decadencia; pese a la decadencia; no obstante la decadencia).*

6 *Como un todo* es calco del inglés *as a whole,* que equivale a *en conjunto.*

7 *Todo quisque:* → QUISQUE.

todo-terreno → JEEP.

Togo. El adjetivo correspondiente a *Togo* es *togolés.*

togolés → TOGO.

Toisón. *Toisón de Oro,* 'orden de caballería de la que es jefe el Rey de España'. Se dice /toisón/, no /tuasón/, como creen algunos locutores.

tomar. Construcción: *tomar algo* A *pecho; tomar algo* A *mal; tomar algo* CON, EN

360

O ENTRE las manos; tomar DE un autor un dato; tomar algo POR ofensa; tomar a alguien POR médico; tomar POR otro camino.

-tomía, -tomo. Forma sufija del griego *tomos*, 'porción, división': *anatomía*.

tópico → TEMA. 1.

topo-. Forma prefija del griego *topos*, 'lugar': *topografía*.

-tor. Sufijo de nombres o adjetivos que significa agente: *actor*, *lector*.

torcer. Verbo irregular. Se conjuga como *mover* [18].

torero. El femenino de este nombre es *torera*, no *mujer torero*, ni simplemente *torero*, como a veces se ha escrito («*la nueva torero*», L. Carandell, *Triunfo*, 21.4.1973, 12).

Torino → TURÍN.

-torio. Sufijo de adjetivos que expresan aptitud: *difamatorio*; o de nombres que indican lugar: *locutorio*, *dormitorio*.

tornar. Construcción: *tornar* A *olvidarlo; tornarse la esperanza* EN *desengaño.*

torno. En *torno*, locución adverbial, 'alrededor', puede construirse con *de*: «*En torno del lecho permanecieron contadas personas*» (Palacio Valdés, *Novela*, 33), o con *a*: «*En torno a los veladores de mármol*» (Goytisolo, *Resaca*, 82), «*En torno a los visitantes*» (Carpentier, *Reino*, 134). En el sentido metafórico de 'acerca de', es más frecuente esta última construcción: *En torno al casticismo* (título de una obra de Unamuno).

tortícolis. 'Espasmo de los músculos del cuello'. La Academia registra las formas *tortícolis* y *torticolis*, dando preferencia a la primera. En el uso de los especialistas, la palabra tiene género masculino, y así consta en el *Diccionario* de la Academia. Pero el uso común (reflejado en otros diccionarios) le da género femenino.

tos. *Tos ferina.* A veces en ambientes médicos todavía se denomina con el nombre francés de *coqueluche* (pronunciado a la española) la enfermedad que en español tiene el nombre de *tos ferina*.

tostar. Verbo irregular. Se conjuga como *acordar* [1 a].

tótem. 'Animal u objeto protector de la tribu'. El plural de este nombre masculino es *tótems*. No hay dificultad en decir *tótemes*, forma preferible.

tournée → GIRA.

tra- → TRANS-.

trabajar. Construcción: *trabajar* DE *sastre; trabajar* PARA *comer; trabajar* POR *distinguirse; trabajar* A *destajo.*

trabar. Construcción: *trabar una cosa* CON *otra; trabarse* DE *palabras.*

traducir. 1 Verbo irregular. Se conjuga como *conducir* [41].
2 Construcción: *traducir* DEL *ruso* AL *español; esta palabra se traduce* POR *aquella; los propósitos se traducen* EN *obras.*

traer. 1 Verbo irregular. (Véase cuadro.)
2 Construcción: *traer algo* A *casa; traer* CONSIGO; *traer* DE *Francia; traer un asunto* ENTRE *manos.*

traficar. Construcción: *traficar* EN *drogas.*

trailer → AVANCE.

trance. En *trance de:* → TREN.

trans-. Prefijo latino que significa 'al otro lado', 'a través de': *transportar*, *transfusión*. Muy frecuentemente toma la forma *tras-: trascendencia, trastorno*. Y alguna vez la forma *tra-: tramontar*. Son muy numerosas las palabras constituidas con *trans-* o *tras-*. En algunas de esas palabras, la Academia admite la posibilidad de usar una u otra forma del prefijo. En otras, solo reconoce una forma, la primera o la segunda. Por otra parte, el uso normal español tiene unas preferencias claras que no siempre están de acuerdo con las indicaciones de la Academia. En los apartados siguientes se expone el uso normal (informando asimismo del punto de vista académico) en aquellas palabras constituidas con el prefijo *trans-/tras-* en las que con más frecuencia se presentan dudas. (Se omiten, por brevedad, la mayoría de los derivados, que puede resolver sin dificultad el lector.)
1 Las palabras que siguen se escriben normalmente en la forma *trans-* (también pueden escribirse en la forma *tras-*, según la Academia; pero no es uso normal):

CONJUGACIÓN DEL VERBO «TRAER»
(tiempos simples)

INDICATIVO

Pres. traigo, traes, trae, traemos, traéis, traen.
Pret. impf. traía, traías, traía, traíamos, traíais, traían.
Pret. indef. traje, trajiste, trajo, trajimos, trajisteis, trajeron.
Fut. impf. traeré, traerás, traerá, traeremos, traeréis, traerán.
Pot. simple traería, traerías, traería, traeríamos, traeríais, traerían.

SUBJUNTIVO

Pres. traiga, traigas, traiga, traigamos, traigáis, traigan.
Pret. impf. trajera o trajese, trajeras o -ses, trajera o -se, trajéramos o -semos, trajerais o -seis, trajeran o -sen.
Fut. impf. trajere, trajeres, trajere, trajéremos, trajereis, trajeren.

IMPERATIVO

trae, traiga, traed, traigan.

FORMAS NO PERSONALES

Inf. traer.   *Ger.* trayendo.   *Part.* traído.

---

transalpino, transandino, transatlántico, transbordar, transbordo, transcribir, transcripción, transcrito, transcurrir, transcurso, transferencia, transferir, transfiguración, transfigurar, transformación, transformar, transformativo, transfundir, transfusión, transgredir, transgresión, transgresor, transmediterráneo, transmigración, transmigrar, transmisión, transmisor, transmitir, transmutación, transmutar, transparencia, transparentar, transparente, transpiración, transpirar, transpirenaico, transportar, transporte, transposición, transversal, transverso.

2 Las palabras que siguen se pueden escribir en la forma *trans-* o en la forma *tras-* (con preferencia en la primera, según la Academia; pero, en el uso normal, en la segunda): *traslúcido, trasponer, trasvasar, trasvase*.

3 Las palabras que siguen se escriben normalmente en la forma *tras-* (también pueden escribirse en la forma *trans-*, según la Academia; pero no es uso normal): *trascendencia, trascendental, trascendente, trascender, traslación, traslaticio, traslucir*.

4 Las palabras que siguen se escriben siempre en la forma *tras-*: *trascoro, trasdós, trasfondo, trashumancia, trashumante, trashumar, trasladar, traslado, trasluz, trasmallo, trasnochar, traspapelar, traspasar, traspaso, traspié, trasplantar, trasplante, traspunte, trasquilar, trastienda, trastocar, trastornar, trastorno, trastrocar, trastrueque*.

transalpino, transandino, transatlántico → TRANS-, 1.

transbordador. 1 'Barco para personas y vehículos que circula regularmente entre dos puertos'. Es el nombre español que corresponde al inglés *ferry*, si bien este disfruta de amplia aceptación entre nosotros.
2 Sobre las formas *transbordador* y *trasbordador*, es válido lo dicho acerca de *transbordar* (→ TRANS-, 1).

transbordo → TRANS-, 1.

transcribir. 1 Verbo irregular. Se conjuga como *escribir* [46].
2 Sobre las formas *transcribir* y *trascribir*, →TRANS-, 1.

transcripción, transcrito, transcurrir, transcurso, transferencia → TRANS-, 1.

transferir. **1** Verbo irregular. Se conjuga como *sentir* [60].

2 Construcción: *transferir algo* A *alguien; transferir* DE *una parte* A *otra*.

3 Sobre las formas *transferir* y *trasferir,* → TRANS-, 1.

transfiguración → TRANS-, 1.

transfigurar. **1** Construcción: *transfigurarse* EN *otra cosa*.

2 Sobre las formas *transfigurar* y *trasfigurar,* → TRANS-, 1.

transformación → TRANS-, 1.

transformar. **1** Construcción: *transformar una cosa* EN *otra*.

2 Sobre las formas *transformar* y *trasformar* → TRANS-, 1.

transformativo, transfundir, transfusión → TRANS-, 1.

transgredir. **1** Es verbo defectivo: solo se usa en las formas que tienen en su desinencia la vocal /i/: *transgredía, transgredí, transgrediré, transgrediera, transgrediendo, transgredido...* En presente de indicativo solo se usan las personas *transgredimos, transgredís*. El presente de subjuntivo no se emplea.

2 Sobre las formas *transgredir* y *trasgredir,* → TRANS-, 1.

transgresión, transgresor → TRANS-, 1.

transitar. Construcción: *transitar* POR *un lugar*.

transmediterráneo, transmigración, transmigrar, transmisión, transmisor, transmitir, transmutación, transmutar, transparencia, transparentar, transparente, transpiración, transpirar, transpirenaico → TRANS-, 1.

transportar. **1** Construcción: *transportar una cosa* DE *una parte* A *otra; transportar* A O EN *hombros* (→ HOMBRO); *transportar* A *lomos de caballerías*.

2 Sobre las formas *transportar* y *trasportar,* → TRANS-, 1.

transporte, transposición → TRANS-, 1.

transustanciar. Se conjuga, en cuanto al acento, como *cambiar* [1 a].

transversal, transverso → TRANS-, 1.

tras. Preposición, siempre átona, que expresa posterioridad en el espacio o en el tiempo: *«Tras mucho trabajar»* (Pérez de Ayala, *Troteras*, 45); *«Dejando tras sí como flotante congoja»* (Larreta, *Don Ramiro*, 20). Alterna con la locución prepositiva *tras de: «Me arrastrará tras de sí»* (Unamuno, *Espejo*, 32); *«Exclama, tras de simular un ligero ronquido»* (Azorín, *Voluntad*, 130). Tanto una como otra son exclusivamente literarias. El uso general es *detrás de* o *después de*, según el caso.

tras-. Prefijo: → TRANS-.

trascendencia, trascendental, trascendente → TRANS-, 3.

trascender. **1** Verbo irregular. Se conjuga como *entender* [14].

2 Construcción: *trascender* EL *problema* o DEL *problema*.

3 Sobre las formas *trascender* y *transcender,* → TRANS-, 3.

trascoro, trasdós → TRANS-, 4.

trasegar. Verbo irregular. Se conjuga como *cerrar* [6].

trasfondo, trashumancia, trashumante, trashumar → TRANS-, 4.

traslación → TRANS-, 3.

trasladar. **1** Construcción: *trasladar algo* A *alguien; trasladar una obra* DEL *griego* AL *español; trasladar* DE *un sitio* A *otro*.

2 *Trasladar*, no *transladar:* → TRANS-, 4.

traslado → TRANS-, 4.

traslaticio → TRANS-, 3.

traslúcido → TRANS-, 2.

traslucir. **1** Verbo irregular. Se conjuga como *lucir* [51].

2 Sobre las formas *traslucir* y *translucir,* → TRANS-, 3.

trasluz. **1** El género de este nombre es masculino: *mirar al trasluz*.

2 *Trasluz*, no *transluz:* → TRANS-, 4.

trasmallo, trasnochar, traspapelar → TRANS-, 4.

traspasar. **1** Construcción: *traspasar una cosa* A *alguien*.

2 *Traspasar*, no *transpasar:* → TRANS-, 4.

traspaso → TRANS-. 4.

traspié. 1 'Resbalón o tropezón'. En singular es *traspié* («*Un traspié después de otro*», Reyes, *Ingenios*, 54), no *traspiés* («*El morir adviene en un traspiés*», Gómez de la Serna, *Muertos*, 54).

2 *Traspié*, no *transpié:* → TRANS-. 4.

trasplantar. 1 Construcción: *trasplantar* DE *una parte* A *otra*.

2 *Trasplantar*, no *transplantar:* → TRANS-. 4.

trasplante → TRANS-.4.

trasponer. 1 Verbo irregular. Se conjuga como *poner* [21].

2 Sobre las formas *trasponer* y *transponer* → TRANS-. 2.

traspunte, trasquilar → TRANS-. 4.

Trastámara. El nombre de la dinastía castellana de *Trastámara* es voz esdrújula. No debe escribirse, pues, *Trastamara*.

trastienda → TRANS-. 4.

trastocar. 1 La conjugación de este verbo es regular, a diferencia de la del verbo *trastrocar*, con el que frecuentemente es confundido (→ 3).

2 *Trastocar*, no *transtocar:* → TRANS-. 4.

3 Diferencia entre *trastocar* y *trastrocar*. Según la Academia, *trastocar*, verbo «poco usado» (lo cual no es cierto), significa 'trastornar, revolver'; *trastrocar*, 'mudar el ser o estado (de una cosa), dándole otro diferente del que tenía'.

trastornar, trastorno → TRANS-. 4.

trastrocar. 1 Verbo irregular. Se conjuga como *acordar* [4].

2 *Trastrocar*, no *transtrocar:* → TRANS-. 4.

3 Diferencia entre *trastrocar* y *trastocar:* → TRASTOCAR. 3.

trastrueque. 1 *Trastrueque*, no *transtrueque:* → TRANS-. 4.

2 *Trastrueque*, 'acción de trastrocar'; no *trastueque*, forma esta debida a la frecuente confusión entre los verbos *trastrocar* y *trastocar* (→ TRASTOCAR. 3).

trastueque → TRASTRUEQUE. 2.

trasvasar, trasvase → TRANS-. 2.

tratar. 1 Construcción: *tratar* A *alguien* o *tratarse* CON *alguien* ('tener trato con él'); *tratar* CON *alguien* ('tener tratos o conversaciones con él'); *tratar a alguien* DE *tú; tratar a alguien* DE *cobarde; tratar* DE O SO- BRE *una cuestión; tratar* DE *hacerlo; se trata* DE *aprenderlo* o DE *que lo aprendáis* (→ 2).

2 *Se trata de* (seguido de nombre), con el sentido de 'la persona, el objeto o el asunto en cuestión es', es construcción impersonal, y por tanto no puede enunciarse con sujeto; se dice, pues, *Se trata de un delincuente habitual*, y no *El detenido se trata de un delincuente habitual*. Si se desea expresar el sujeto, debe emplearse simplemente el verbo *ser: El detenido es un delincuente habitual*. He aquí algunos ejemplos del uso erróneo de esta construcción: «*No siempre se trata de noticias biográficas lo que, en un análisis superficial, puede parecerlo*» (Alsina, *Homero*, X); «*La muerte de Lucía solo se trataba de una pura fantasía cinematográfica*» (*Semana*, 31.7.1971, 40); «*El pirómano de Zaragoza puede tratarse de un niño de diez años*» (*Abc*, 15.6.1975, 91); «*La policía barcelonesa empezó a llevar a cabo intensas gestiones para poder averiguar la filiación de los asaltantes, que, al parecer, se trataba de jóvenes que iban con la cara destapada*» (*País*, 10.5.1977, 18). En todos estos casos debió usarse sencillamente el verbo *ser*.

3 Evítese también la confusión de *tratarse de* con *tratar de*: «*¿De qué se trata su libro 'Cantabria en la literatura'?*» (A. Lucio, *Hoja Lunes Santander*, 14.8.1978, 29). Aquí se ha querido decir *de qué trata*.

través. 1 *A través de*, locución prepositiva, 'por en medio de', 'por entre' (también en sentido figurado): *A través del visillo se veía la calle; Lo he conseguido a través de mi hermano*. También se dice *al través de*, pero no es lo normal (sobre todo en el uso figurado).

2 *A campo través; campo a través:* → CAMPO.

travesti → TRAVESTIDO.

travestido. 'Que viste ropas propias del sexo contrario'. Este adjetivo (que es la forma participio del verbo *travestir*), usado como nombre masculino («*'Almudena', sobrenombre con el que se conoce a un famoso travestido madrileño*», *País*, 14.8.1984, 40), es el equivalente español

del francés *travesti* (pronunciación corriente, /trabestí/, aunque en un nivel vulgar también se oye /trabésti/), de empleo
muy generalizado. El mismo nombre *travesti* aparece a menudo usado para designar el hecho o la costumbre de travestirse;
el nombre adecuado es *travestismo*.

travestir. Verbo irregular. Se conjuga
como *vestir* [62].

travestismo → TRAVESTIDO.

traviesa. *A campo traviesa:* → CAMPO, 1.

traza. 'Planta o diseño', 'plan' o 'apariencia': *Aquello tenía muy mala traza y
me retiré.* Es erróneo atribuirle el sentido
de 'huella o rastro' (que corresponde al
francés *trace* y al italiano *traccia*): «*Un
hombre que parece arrancado al poema de
quien voy siguiendo las trazas*» (Ortega,
Notas, 18); «*Cuando fue asesinado en Sicilia un fiscal, la Policía siguió las trazas de
este viejo mafioso*» (E. Montes, *Abc*,
20.1.1974, 21).

trébede. Es nombre femenino. En el
sentido de 'aro o triángulo de hierro con
tres pies, para poner vasijas al fuego', se
usa en plural.

treinta. 1 Evítese la pronunciación descuidada /trentayúno, trentaidós, trentai-
trés/, etc., para *treinta y uno, treinta y dos,
treinta y tres*, etc. Debe mantenerse el diptongo /ei/: /treintayúno/, etc.
  2 Menos aceptable es la elisión de /a/:
/trentiúno, trentidós/, /trentitrés/, etc.

tren. *En tren de* (del francés *en train de*)
es en español normal *en trance de* u *ocu-
pado(s) en*: «*Los otros son americanos en
tren de discutir con América*» (Camba,
Ciudad, 48).

Tréveris. La ciudad alemana de *Trier*, en
francés *Trèves*, tiene en español el nombre
de *Tréveris*.

Trèves → TRÉVERIS.

tri-. Forma prefija de *tres: triángulo*.

tribal → TRIBUAL.

tribual. 'De la tribu'. Es preferible esta
forma a *tribal*, aunque también esta última
esté registrada por la Academia.

tricot. *Tricot*, 'punto' (labor de tejido), y
tricotar, 'hacer punto', son galicismos bas-

tante difundidos ya y que ocupan a menudo el lugar de sus equivalentes españoles *punto* y *hacer punto* (o los ya poco
usados *calceta* y *calcetar*). En Argentina se
usa *tricota*, 'jersey de punto' (registrado
por la Academia). Pero debe rechazarse el
derivado *tricotosa*, 'máquina de hacer punto', mal formado (su sufijo *-osa* no tiene
nada que ver con el sufijo *-osa* español,
sino con el francés *-euse*, que tiene un valor muy distinto); el derivado adecuado de
tricotar es *tricotadora*, que usan con acierto
algunos comerciantes.

tricotadora, tricotar, tricotosa → TRI-
COT.

Trier → TRÉVERIS.

trillizo. *Trillizos*, 'tres mellizos'; *cuatri-
llizos*, 'cuatro mellizos', y *quintillizos*,
'cinco mellizos', son palabras que pese a su
formación un tanto irregular, gozan de
aceptación en el uso común y han sido recogidas por la Academia.

triple. Construcción: *ha ganado el triple
DE lo que tenía* (no A *lo que tenía*).

trípode. Es nombre masculino, aunque
la Academia registre como «ambigua» una
acepción ('mesa, banquillo, pebetero, etc.,
de tres pies').

triunfar. Construcción: *triunfar DE sus
enemigos*.

-triz. Sufijo de adjetivos o nombres femeninos que significan agente: *actriz, emperatriz, bisectriz*.

trocar. 1 Verbo irregular. Se conjuga
como *acordar* [4].
  2 Construcción: *trocar una cosa POR
otra; trocarse una cosa EN oro*.

-trofo, -trofia. Formas sufijas del griego
trophé, 'alimentación': *hipertrofia*.

troj. 'Espacio limitado por tabiques,
para guardar frutos y especialmente cereales'. Es nombre femenino. También puede
decirse *troje*. El plural, en todo caso, es
trojes.

tronar. Verbo irregular. Se conjuga
como *acordar* [4]. En su sentido recto
('producirse truenos en la atmósfera') solo
se conjuga en la 3.ª persona de singular de
cada tiempo.

tropezar. 1 Verbo irregular. Se conjuga como *cerrar* [6].

2 Construcción: *tropezar* CON *un inconveniente; tropezarse* CON *un amigo.*

trotamundos. 'Persona que por afición viaja por muchos países'. No es necesario usar la palabra inglesa *globe-trotter.*

troupe → COMPAÑÍA, 2.

trousseau → AJUAR.

trust → TRUSTE.

truste. El inglés *trust* (que en España se pronuncia corrientemente /trust/ o /trus/) significa 'combinación financiera que reúne varias empresas bajo una dirección única, y que ejerce un influjo preponderante en un sector económico'. La Academia propone adaptar la palabra inglesa al español en la forma *truste.*

Tschaikowsky → CHAIKOVSKI.

tu. Adjetivo posesivo: → TUYO.

tú. 1 Pronombre personal de 2.ª persona de singular. No tiene diferencia de género. En cuanto a su plural, → VOSOTROS. La forma *tú* puede funcionar como sujeto: *¡Tú qué sabes!,* o como predicativo: *Este de la foto eres tú.* También puede ser vocativo: *¡Eh, tú!* El empleo de *tú* con preposición (*a tú, con tú: «¡Y a tú qué te importa!,* Miró, *Años,* 106) es propio exclusivamente del lenguaje rústico de algunas regiones. Pero son normales determinadas construcciones: *entre tú y yo* (→ ENTRE, 1), *según tú, de tú a tú, tratar de tú a uno, excepto tú, incluso tú.*

2 El uso de *tú* como pronombre sujeto no es necesario si el verbo va explícito; solamente el énfasis hace que se presente con alguna frecuencia, más en la lengua hablada que en la escrita. (→ ÉL, 2.)

3 Para las funciones de complemento con preposición, el pronombre *tú* toma la forma *ti: de ti, por ti, en ti.* Cuando la preposición es *con,* se dice *contigo* (no *con ti*). Respecto a *entre, según, excepto, incluso,* → 1.

4 Para las funciones de complemento directo e indirecto, este pronombre toma la forma átona *te: Te quiero; Te ofrezco trabajo.*

5 El pronombre átono *te,* en cualquiera de sus dos funciones (→ 4), puede ir acompañado, dentro de la frase, por la forma tónica *ti* del mismo pronombre precedida de la preposición *a;* con lo cual el complemento directo o el complemento indirecto aparece mencionado dos veces en dos formas. En este caso, la forma *a ti* tiene un papel enfático semejante al señalado antes (→ 2): A TI TE *lo digo;* TE *lo digo* A TI.

6 Existe un uso impersonal de *tú,* tanto en sus formas tónicas como en las átonas: *Te dicen una cosa y luego hacen otra; «De los alguaciles dijo que no era mucho que tuviesen algunos enemigos, siendo su oficio o prenderte, o sacarte la hacienda de casa, o tenerte en la suya en guarda y comer a tu costa»* (Cervantes, *Vidriera,* 73); *«—Sebastián me discutía —explicó Eliana— que incluso puedes tener vocación sin sentir ningún deseo de meterte de cura»* (Edwards, *Máscaras,* 25). Es muy frecuente en la lengua coloquial, y en mayor medida cuanto más popular es el nivel.

Tubinga. La ciudad alemana de *Tübingen* tiene en español el nombre de *Tubinga.*

Tübingen → TUBINGA.

tullir. Verbo irregular. Se conjuga como *mullir* [53].

turf → HÍPICA.

Turín. La ciudad italiana de *Torino* tiene en español el nombre de *Turín.*

tuyo. Adjetivo posesivo, 'de ti'. Tiene variación de género y número *(tuyo, tuya, tuyos, tuyas).* Cuando va delante del nombre, aunque se interponga otro adjetivo, sufre apócope: *tu* (singular masculino y femenino), *tus* (plural masculino y femenino): *tu casa, tus amigos, tus tres hermanos.* Estas formas apocopadas son siempre átonas: /tukása, tustrés ermános/. El pronunciarlas como tónicas es regionalismo (cf. Lapesa, *Historia,* 478).

txakolí → CHACOLÍ.

txistu, txistulari → CHISTU.

u

u¹. **1** Vigesimocuarta letra del alfabeto español (vigesimoprimera del universal). El nombre de la letra es femenino *(la u)*, y su plural es *úes* (es vulgar *us*). **2** Corresponde esta letra al fonema vocal /u/, cuya articulación puede ser plenamente vocálica, semivocálica o semiconsonántica.

a) /u/, vocal velar cerrada, se articula de la siguiente forma: la lengua se retrae hacia el fondo de la boca, como en /o/, pero el postdorso se eleva más hacia el velo del paladar, y los labios forman un círculo más estrecho y abocinado. Se articula una /u/ ligeramente más abierta que la ordinaria: 1.º, cuando sigue o precede al sonido /rr/: *turrón, ruso;* 2.º, ante el sonido /j/: *mugir, empuje;* 3.º, en sílaba trabada: *punto, asusta.*

b) /u/ semiconsonante es la /u/ que se articula unida, dentro de una sílaba, con una vocal más abierta que la sigue y con la cual forma diptongo. Su abertura es creciente y su duración es más breve que la de /u/ normal: *suerte, cuatro.*

c) /u/ semivocal es la /u/ que forma diptongo con una vocal más abierta que la precede inmediatamente. La abertura de la /u/ es entonces decreciente, y su duración más breve que la de /u/ normal: *deuda, causa.*

3 Gráficamente, se representa siempre el fonema /u/ (vocal, semiconsonante o semivocal) por la letra *u.* Pero cuando este fonema se encuentra entre una consonante *g* y una vocal *e* o *i,* se representa por *ü* (*u*

con diéresis): *cigüeña, halagüeño, pingüino;* de no emplear esta grafía, no se pronunciaría el fonema /u/.

Cuando la letra *u* aparece, sin diéresis, entre *g* y *e/i,* no tiene ningún valor fonético y sirve solo para indicar que la letra *g* representa en ese momento el fonema /g/, y no el fonema /j/ que correspondería si no figurase la letra *u.* También carece esta letra de todo valor fonético cuando sigue obligatoriamente a la letra *q.*

u². Conjunción: → O². 1.

-ucar. Sufijo verbal *(-uco + -ar)* de valor despectivo: *besucar.*

-ucho. Sufijo despectivo: *medicucho, casucha;* o atenuativo: *malucho, feúcha.*

-uco. Sufijo diminutivo de nombres y adjetivos, a veces con matiz despectivo: *casuca, mujeruca.* Su uso se reduce hoy casi a la región santanderina. Se puede combinar con *-ar: abejaruco.*

-udo. Sufijo que significa posesión en abundancia: *barbudo, ceñudo.*

-uelo. Sufijo diminutivo: *muchachuelo.* Se combina con *-ez: pecezuelo,* o con *-ecez: piececezuelo.* Otras variantes son *-achuelo, -ichuelo: riachuelo, copichuela.*

-ueño. Sufijo fósil de adjetivos, que indica agente: *risueño, pedigüeño.*

Uganda. El adjetivo correspondiente a *Uganda* es *ugandés* (más raro, *ugandeño*).

ugandeño, ugandés → UGANDA.

-ujar. Sufijo verbal, combinación de -ujo + -ar: apretujar.

-ujo. Sufijo despectivo y diminutivo de nombres y adjetivos: papelujo, pequeñujo.

-ulento. Sufijo de adjetivos que significa abundancia: corpulento, purulento.

-ullar. Sufijo verbal, combinación de -ullo + -ar: mascullar.

-ullo. Sufijo despectivo diminutivo, con poca vitalidad, a no ser regional: ramulla.

ultimátum. En lenguaje diplomático, 'condiciones definitivas cuyo rechazo implica la guerra'. También se emplea mucho en sentido figurado. El plural más frecuente de esta palabra es ultimátums; pero también puede decirse ultimatos, correspondiente a un singular ultimato que la Academia registra en su Diccionario.

último. A lo último, 'al final': A lo último solo quedábamos tres. No es normal la forma al último. No debe confundirse con por último, 'en último término' o 'para terminar'.

umbral. 'Parte inferior o suelo de la puerta'. Es erróneo usar en este sentido el nombre dintel, que significa lo contrario: 'parte superior de la puerta'.

-umbre. Sufijo de sustantivos que significa cualidad o colectividad: muchedumbre, servidumbre, certidumbre, pesadumbre.

un. 1 Forma apocopada del numeral y del indefinido uno: → UNO.

2 Artículo indefinido. A diferencia del artículo definido el, se pronuncia siempre tónico. Su forma femenina es una (a veces un, → 3). Las formas plurales masculina y femenina son unos, unas. Se coloca siempre delante del sustantivo, aunque pueden interponerse adjetivos u otros complementos: una nueva droga; un desde hoy famoso escritor. El sustantivo al que precede el artículo no es necesariamente un nombre; puede ser una palabra o un sintagma sustantivados: un no rotundo.

3 El artículo femenino singular una toma la forma un cuando va inmediatamente delante de nombre femenino que empieza por el fonema /a/ tónico: un alma, un ave, un hambre.

4 La norma anterior solo rige, como se ha dicho, cuando el artículo singular precede inmediatamente al nombre en cuestión. La interposición de cualquier otra palabra hace que el artículo recupere la forma una; así, aunque se dice UN agua, se dirá UNA misma agua. Pero no es raro que, por influjo de la construcción sin interposición (un agua), encontremos construcciones con interposición en que el elemento interpuesto ha tomado una falsa forma masculina: UN MISMO agua; «La vitamina C es UN BUEN arma contra la gripe asiática» (Ya, 19.10.1957, 7). Este uso, frecuente en los periódicos, no se admite en la lengua normal.

5 Uso superfluo de un. Por influjo del inglés, se usa muchas veces sin necesidad el artículo un, sobre todo en títulos y subtítulos de libros: «Domingo F. Sarmiento: Prosa de ver y pensar. UNA selección de escritos literarios a cargo de E. Mallea»; «Carlos Castilla del Pino: UN estudio sobre la depresión».

uncir. Construcción: uncir los bueyes AL carro.

undécimo. El ordinal correspondiente a once es undécimo; no decimoprimero ni onceavo, como creen muchos periodistas y locutores: «Las Bases del Premi Josep Pla, en su decimoprimera convocatoria» (Vanguardia, 13.4.1978, 40).

-undo. Sufijo de adjetivos calificativos: fecundo.

uni-. Forma prefija de uno: unicelular.

uniformar. Construcción: uniformar una cosa CON (o A) otra.

unir. Construcción: unir una cosa A o CON otra; unirse A o CON los compañeros.

uno. 1 Cuando se usa en contraposición con dos, tres, etc., es adjetivo o pronombre numeral. Solo se usa en singular, y, cuando es adjetivo, la forma masculina se apocopa en un siempre que antecede al nombre: Un hombre, un voto. Si se usa como nombre de número, se emplea la forma masculina: el uno, el dos. (Sobre el uso de uno en las fechas —uno de abril, frente a primero de abril—, → FECHA.) La apócope un se presenta también en todos los adjetivos numerales, de una o más palabras, en que figure este como componente, siempre que tales adjetivos precedan a nombre masculino: *veintiún caballos, treinta y un hombres, ciento un kilos.* No se admite tal apócope ante nombres femeninos *(veintiún pesetas),* excepto en el caso de que el adjetivo preceda inmediatamente a nombre femenino que empiece por el fonema /a/ tónico: *veintiún armas.*

2 Cuando precede a *mil,* solo se usa *un* (no *uno* ni *una*): *veintiún mil pesetas; sesenta y un mil trescientas pesetas.*

3 Como adjetivo indefinido, equivalente a *algun(o),* tiende a identificarse con el artículo indefinido (→ UN, 2). La forma masculina es apocopada, *un: Un día volveremos.* También se usa *un* como forma femenina singular precediendo inmediatamente a nombres femeninos que comienzan por el fonema /a/ tónico (→ UN, 3).

4 *Uno,* pronombre indefinido, puede emplearse coloquialmente para aludir con modestia al «yo» que habla, y con cierto matiz generalizador e impersonal: *Usted perdone, que no sabe uno lo que hace; «Para relacionarse con una mujer no había más remedio que estar en relaciones formales con ella. Y si uno regañaba .., entonces las amistades le decían a uno que se había subido al pescante»* (Díaz-Cañabate, *Taberna,* 101); *«Si una es lo que es, ¿cómo la van a mirar a una?»* (Arniches, *Hombre,* 916). Como se ve por los ejemplos, tiene variación de género según el sexo del hablante. Sin embargo, existe un uso popular de *uno* con que alude a sí misma una mujer (*«Yo me veo a mí misma degradada.., avasallada por toda esta humanidad que le cae a uno encima»,* Chacel, *Barrio,* 166; *«Hoy en día la matan a uno de lo más barato»,* Bioy, *Cavar,* 181). Este uso es más frecuente en América: cf. Cuervo, *Apuntaciones,* § 242; Flórez, *Apuntes,* 78; Kany, 143.

5 *Uno de los que* + verbo. Esta construcción plantea un problema de concordancia; en el uso corriente se vacila entre poner el verbo en singular (concertando con *uno*) o en plural (concertando con *los*): *Fue uno de los pocos que* SUPO *comprenderle / que* SUPIERON *comprenderle.* La forma preferida en la prosa normal (y la más lógica) es la segunda, esto es, la que pone el verbo en plural.

6 El número que sigue inmediatamente a *mil* es *mil uno: mil un* ante nombre masculino *(mil un socios), mil una* ante nombre femenino *(mil una fichas).* Pero del nombre de la célebre colección de cuentos *Las mil y una noches* viene un uso tradicional en que el número no tiene su valor preciso, sino un vago sentido de gran cantidad. En este caso, las formas han de ser *mil y un* ante nombre masculino *(mil y un desastres,* no *«los mil y uno desastres»,* J. Torbado, *Informaciones,* 5.7.1974, 25) y *mil y una* ante nombre femenino *(mil y una filosofías,* no *«mil y un filosofías»,* Celaya, *Poesía urgente,* 147; *mil y una veces,* no *«mil y unas veces»,* A. Semprún, *Abc,* 14.1.1971, 27). En todo caso, el nombre que sigue al numeral debe ir en plural: *mil y un* DESASTRES, *mil y una* FILOSOFÍAS, *mil y una* NOCHES (no *«mil y una* NOCHE», Chocano, *Poesías,* 61, y Pemán, *Abc,* 6.1.1966, 3).

-uno. Sufijo de adjetivos que significa pertenencia: *perruno, hombruna.*

uperisación, uperisar → UPERIZACIÓN.

uperización. 'Cierto método de esterilización de productos lácteos'. Esta palabra procede del inglés *uperization;* pero, tomada a través del francés *upérisation,* algunos industriales españoles escriben *uperisación, uperisar, leche uperisada.* En nuestro idioma tenemos como sufijos, no *-isar* o *-isación,* sino *-izar, -ización* (los mismos que usamos en *pasteurizar, pasteurización,* palabras directamente relacionadas con las que aquí nos ocupan). Las formas con *-s-,* pues, solo se explican por una mala adaptación del francés, y deben rechazarse.

uperizar. *Leche uperizada,* no *uperisada:* → UPERIZACIÓN.

-ura. Sufijo de nombres derivados de verbos o de adjetivos: *amargura, hechura.*

urano-. Forma prefija del griego *ouranós,* 'cielo': *uranografía.*

urbano. 'De la ciudad', por oposición a *rural, campesino* o *aldeano.* En algunos países americanos se usa *citadino* (palabra tomada del italiano o del francés) por *urbano.*

urbi et orbi. 'A la ciudad y al mundo', locución adverbial y adjetiva latina: *El Papa dio la bendición urbi et orbi.* También se usa en sentido figurado, 'a los cuatro vientos': *Fue a contarlo urbi et orbi.* Es errónea la forma *urbi et orbe,* que se lee y oye con frecuencia.

uro-. Forma prefija del griego *ouron,* 'orina': *urología;* o de *oura,* 'cola': *urodelo.*

-urro → -RRO.

-urrón. Sufijo despectivo, combinación de *-urro* + *-ón: santurrón.*

USA → EE. UU.

usar. Construcción: *usar* DE *malas artes* (también *usar malas artes*).

-usco → -SCO.

usted. 1 Pronombre personal de 2.ª persona singular «de respeto». No tiene variación de género. En plural es *ustedes.* Una y otra forma pueden funcionar como sujeto, como predicativo o como complemento con preposición; también pueden aparecer como vocativos. A pesar de su significado de 2.ª persona, estos pronombres —*usted, ustedes*— funcionan siempre gramaticalmente como 3.ª: *usted tiene; ustedes sabrán.* Es vulgarismo de algunas regiones hacer concertar *ustedes* con la 2.ª persona plural del verbo *(ustedes tenéis).*

2 Respecto al uso enfático de *usted* o *ustedes* como sujeto, son válidas las observaciones a propósito del mismo uso en *tú* y *él:* → TÚ, 2, y ÉL, 2.

3 Para las funciones de complemento directo y complemento indirecto, los pronombres, *usted, ustedes* se valen de las formas átonas del pronombre *él;* es aplicable aquí, por tanto, todo lo que se dice acerca de *él* (→ ÉL, 4, 5, 6, 7 y 8), con la única advertencia de que, cuando *usted* se refiere a persona de sexo masculino, equivale sintácticamente a *él,* y que, cuando se refiere a persona de sexo femenino, equivale sintácticamente a *ella.*

4 Los complementos directo e indirecto átonos (*le, la,* etc.) pueden ir acompañados, dentro de la frase, por la forma tónica *usted* (o *ustedes*) precedida de la preposición *a,* de manera que el complemento directo o el indirecto aparece mencionado dos veces en dos formas distintas. En este caso, la forma tónica con *a* tiene un papel enfático semejante al indicado antes (→ 2): A USTED LE *doy las gracias;* LES *doy las gracias* A USTEDES.

5 Aunque menos usual, existe un uso impersonal de *usted* semejante al que existe en el pronombre *tú* (→ TÚ, 6): *¡Le dicen a usted cada cosa!*

6 *Ustedes* suplanta a *vosotros* en algunas regiones: → VOSOTROS, 5.

usufructuar. Se conjuga, en cuanto al acento, como *actuar* [1 d].

usura → DESGASTE.

uve. Nombre de la letra *v:* → V, 1.

-uzar. Sufijo verbal, combinación de *-uzo* + *-ar: empapuzar.*

-uzco → -SCO.

-uzo. Sufijo despectivo de nombres y adjetivos: *gentuza, carnuza.*

V

v. **1** Vigesimoquinta letra del alfabeto español (vigesimosegunda del universal). Su nombre es *uve*, plural *uves*. Debe desecharse el nombre *ve*, usado por algunas personas (y registrado todavía por la Academia), que tiene el grave inconveniente de confundirse fonéticamente con el nombre de la letra *b*. Algunos tratan de resolver el problema distinguiendo, con pintoresca nomenclatura, entre «be de burro» y «ve de vaca», «be alta» y «ve baja», o «be larga» y «ve corta».
2 La pronunciación de *v* es en español idéntica a la de *b*. Las dos letras corresponden a un mismo fonema, /b/; se pronuncian igual, por tanto, *cabo* y *cavo*, /kábo/; *vaca* y *baca*, /báka/; *sabia* y *savia*, /sábia/; *tubo* y *tuvo*, /túbo/. Pretender pronunciar *v* con articulación labiodental (como la de *v* francesa o italiana) es un error de algunos locutores y profesores que se pasan de correctos. Tal pronunciación solo es espontánea en pequeñas zonas del Levante español, por influjo de la lengua regional.
3 Ortografía de la letra *v*. Se escriben con *v*:
a) Los pretéritos fuertes en *-uve* y sus derivados: *estuve, contuviera, tuvieseis*. Excepción: *hube*.
b) Las palabras que empiezan por el prefijo *vice-, viz-* o *vi-* ('en vez de'): *vicerrector, vizconde, virrey*.
c) Los adjetivos terminados en *-avo, -ava; -evo, -eva; -ivo, -iva* y *-eve*, siempre que estas terminaciones sean tónicas: *octavo, nueve, nocivo, leve*.

d) Las palabras terminadas en *-viro, -vira* e *-ívoro, -ívora: triunviro, herbívoro*. Excepción: *víbora*.

vacación. *Hacer vacaciones:* → HACER. 7.

vaciar. **1** Se conjuga, en cuanto al acento, como *desviar* [1 c].
2 Construcción: *vaciar el frasco* DE *su contenido; vaciar una figura* EN *yeso*.

vacilar. Construcción: *vacilar* EN *la elección*.

vagar. Construcción: *vagar* POR *el mundo*.

vagaroso. 'Que vaga, o que fácilmente y de continuo se mueve de una a otra parte'. Es adjetivo de uso exclusivamente literario. Es errónea la forma *vagoroso*.

vagoroso → VAGAROSO.

vale → TICKET.

valer. **1** Verbo irregular. (Véase cuadro.)
2 Construcción: *valerse* DE *alguien* o DE *algo*.
3 *Valer la pena:* → PENA. 1.

valiente. El superlativo de este adjetivo es *valentísimo*.

Valkiria, Valquiria → WALKIRIA.

valuar. Se conjuga, en cuanto al acento, como *actuar* [1 d].

vanagloriarse. **1** Se conjuga, en cuanto al acento, como *cambiar* [1 a].
2 Construcción: *vanagloriarse* DE *su estirpe*.

CONJUGACIÓN DEL VERBO «VALER»
(tiempos simples)

INDICATIVO

Pres. yalgo, vales, vale, valemos, valéis, valen.
Pret. impf. valía, valías, valía, valíamos, valíais, valían.
Pret. indef. valí, valiste, valió, valimos, valisteis, valieron.
Fut. impf. valdré, valdrás, valdrá, valdremos, valdréis, valdrán.
Pot. simple valdría, valdrías, valdría, valdríamos, valdríais, valdrían.

SUBJUNTIVO

Pres. valga, valgas, valga, valgamos, valgáis, valgan.
Pret. impf. valiera o valiese, valieras o -ses, valiera o -se, valiéramos o -semos, valierais o -seis, valieran o -sen.
Fut. impf. valiere, valieres, valiere, valiéremos, valiereis, valieren.

IMPERATIVO

vale, valga, valed, valgan.

FORMAS NO PERSONALES

Inf. valer.   *Ger.* valiendo.   *Part.* valido.

---

vaquero. 1 El *cowboy* norteamericano (que se pronuncia /káuboi/, popularmente /kobói/), es exactamente *vaquero* en español.
2 *Vaqueros* es el nombre (o adjetivo, referido a *pantalones*) que en español designa los *blue-jeans* del inglés.

varar. Construcción: *varar* EN *la playa.*

variar. 1 Se conjuga, en cuanto al acento, como *desviar* [1 c].
2 Construcción: *variar* DE *opinión.*

varices. 'Dilatación permanente de una vena'. La Academia registra para esta palabra dos formas: *varices* y *várices;* la más usual es la primera. Aunque la voz se cita en singular en los diccionarios —*varice, várice* o *variz*—, prácticamente solo se emplea en plural.

vascohablante, vascoparlante → HABLANTE.

vascuence → EUSQUERA.

vatio. 'Unidad de potencia eléctrica'. Es preferible esta forma a la grafía *watio.*

vaudeville → VODEVIL.

ve. Nombre de la letra *v:* → V. 1.

vecino. Construcción: *un local vecino* A (más raro, DE) *la casa.*

veinte. *Veinte y uno, veinte y dos, veinte y tres,* etc.: → VEINTI-.

veinti-. 1 *Veintiuno* (→ VEINTIUNO), *veintidós, veintitrés, veinticuatro, veinticinco, veintiséis, veintisiete, veintiocho, veintinueve,* pueden sustituirse por las formas *veinte y uno, veinte y dos, veinte y tres,* etc.; pero este uso está anticuado.
2 En la pronunciación de estos numerales *veintiuno, veintidós,* etc., evítense las formas descuidadas y vulgares /bentiúno, bentidós/, etc., o /bintiúno, bintidós/, etc. En *veintiuno* y en *veintiocho,* el primer grupo de vocales forma diptongo, pero el segundo no: /bein.ti.ú.no, bein.ti.ó.cho/.

veintiuno. Sobre el uso de *veintiún, veintiuno, veintiuna* → UNO, 1 y 2.

velar. Construcción: *velar* A *un muerto; velar* POR *el bien público.*

velintonia. 'Cierto árbol americano'. Es preferible utilizar esta grafía, adoptada por la Academia, a *wellingtonia.*

CONJUGACIÓN DEL VERBO «VENIR»
(tiempos simples)

INDICATIVO

Pres. vengo, vienes, viene, venimos, venís, vienen.
Pret. impf. venía, venías, venía, veníamos, veníais, venían.
Pret. indef. vine, viniste, vino, vinimos, vinisteis, vinieron.
Fut. impf. vendré, vendrás, vendrá, vendremos, vendréis, vendrán.
Pot. simple vendría, vendrías, vendría, vendríamos, vendríais, vendrían.

SUBJUNTIVO

Pres. venga, vengas, venga, vengamos, vengáis, vengan.
Pret. impf. viniera o viniese, vinieras o -ses, viniera o -se, viniéramos o -semos, vinierais o -seis, vinieran o -sen.
Fut. impf. viniere, vinieres, viniere, viniéremos, viniereis, vinieren.

IMPERATIVO

ven, venga, venid, vengan.

FORMAS NO PERSONALES

Inf. venir.   *Ger.* viniendo.   *Part.* venido.

---

vena → VERBA.

vender. Construcción: *vender la unidad* A *mil pesetas; vender el objeto* POR O EN *mil pesetas.*

vendimiar. Se conjuga, en cuanto al acento, como *cambiar* [1 a].

vengar. Construcción: *vengarse* DE *una ofensa; vengarse* DEL *ofensor; vengarse* EN *el hijo del ofensor.*

venir. 1 Verbo irregular. (Véase cuadro.)
2 Construcción: *venir* A *casa; venir* DE *otra región.*
3 El uso de *venir* + participio, como construcción de sentido pasivo, se limita a la expresión de hechos que «vienen» de un tiempo anterior: *Las variaciones de temperatura vienen condicionadas por la presión.* Pero a veces aparece esta construcción, como mero equivalente de la pasiva *ser* + participio, por mala traducción del italiano: *«Le viene conferido un puesto estatal en Reggio Calabria»* (A. Ibarrola, *Gaceta,* 7.11.1959, 39).
4 *Venir de* + infinitivo, en lugar de

acabar de + infinitivo, es uso de origen francés que conviene evitar, por innecesario y por los equívocos, a veces cómicos, a que puede dar lugar: *«Se le encontró en su casa con el cráneo destrozado y empuñando en su crispada mano la pistola con que venía de matarse»* (de un diario de 1895, cit. Oliver, *Prontuario,* 299); *«El trance por el que venía de pasar»* (Benet, *Viaje,* 298).

ventriloquia. La acentuación de esta palabra es /bentrilókía/, no /bentrilokía/.

ver. 1 Verbo irregular. (Véase cuadro.)
2 Construcción: *ver* POR *un agujero; ver algo* CON *buenos ojos; verse* CON *los amigos; ver* DE *hacer algo.*

verba. En algunos países americanos se ha adaptado en la forma *verba* el francés *verve,* que corresponde al español *vena* o *inspiración: «Una verba rústica y vigorosa sonaba en el fondo de esta raza de labriegos y de pastores»* (Arreola, trad. Baty-Chavance, *Arte,* 56); *«A la nuera .. le soltó por fin una confidencia con la verba florida de sus mejores años»* (García Márquez, *Amor,* 468).

CONJUGACIÓN DEL VERBO «VER»
(tiempos simples)

INDICATIVO

Pres. veo, ves, ve, vemos, veis, ven.
Pret. impf. veía, veías, veía, veíamos, veíais, veían.
Pret. indef. vi, viste, vio, vimos, visteis, vieron.
Fut. impf. veré, verás, verá, veremos, veréis, verán.
Pot. simple vería, verías, vería, veríamos, veríais, verían.

SUBJUNTIVO

Pres. vea, veas, vea, veamos, veáis, vean.
Pret. impf. viera o viese, vieras o -ses, viera o -se, viéramos o -semos, vierais o -seis, vieran o -sen.
Fut. impf. viere, vieres, viere, viéremos, viereis, vieren.

IMPERATIVO

ve, vea, ved, vean.

FORMAS NO PERSONALES

Inf. ver.   *Ger.* viendo.   *Part.* visto.

---

verdad. *En honor a la verdad:* → HO-NOR.

verdecer. Verbo irregular. Se conjuga como *agradecer* [11].

vergonzante. 'Que tiene vergüenza', dicho generalmente de quien por ello se oculta para hacer las cosas. Es frecuente en los periodistas la confusión de esta adjetivo con *vergonzoso* en el sentido de 'que da vergüenza': «*Una de dos, o los gastos reservados son confesables o son inconfesables. Si son confesables, es decir, no son vergonzantes para quien los hace, deben publicarse*» (*Diario 16*, 17.10.1984, 10).

vergonzoso → VERGONZANTE.

vergüenza. *Dar vergüenza:* → DAR, 3.

vermi-. Forma prefija del latín *vermis*, 'gusano': *vermífugo*.

vermouth → VERMÚ.

vermú. 'Licor aperitivo compuesto de vino blanco, ajenjo y otras sustancias'. La Academia registra las formas *vermú* y *vermut*, dando preferencia a la primera (cuyo plural es *vermús*, perfectamente normal en español, frente a la de la segunda, que es *vermuts*). No debe usarse la grafía francesa *vermouth*.

vermut → VERMÚ.

verso. 'Línea de un poema'. Es vulgarismo usar esta palabra en el sentido de 'poema o poesía'. Cela pone este uso en boca de una mujer poco instruida: «*Lo que yo quiero es que me hagas un verso, como hace años*» (*Colmena*, 97).

versus. El uso de la preposición latina *versus*, 'contra', entre dos nombres de personas, colectividades o cosas (p. ej., *ciudad versus campo*), es copia del inglés debida a esnobismo. En español se dice *frente a*.

verter. **1** Verbo irregular. Se conjuga como *entender* [14]. Es errónea la forma *vertir* («*Baja [el río] a vertirse al Deva*», Lueje, *Picos*, 90), así como el pretérito *virtió, virtieron*, por *vertió, vertieron*.

2 Construcción: *verter* EN *la jarra; verter* DEL *cántaro; verter* AL *suelo; verter* AL (o EN) *español*.

CONJUGACIÓN DEL VERBO «VESTIR»
(tiempos irregulares)

INDICATIVO

Pres. visto, vistes, viste, vestimos, vestís, visten.
Pret. indef. vestí, vestiste, vistió, vestimos, vestisteis, vistieron.

SUBJUNTIVO

Pres. vista, vistas, vista, vistamos, vistáis, vistan.
Pret. impf. vistiera o vistiese, vistieras o -ses, vistiera o -se, vistiéramos o -semos, vistierais o -seis, vistieran o -sen.
Fut. impf. vistiere, vistieres, vistiere, vistiéremos, vistiereis, vistieren.

IMPERATIVO

viste, vista, vestid, vistan.

FORMAS NO PERSONALES

Ger. vistiendo.

---

vertir → VERTER, 1.

ves. *Ves*, por *ve*, imperativo: → IR. 1.

vesania. 'Furor'. La acentuación es /besánia/, no /besanía/.

vestíbulo → HALL.

vestir. **1** Verbo irregular. (Véase cuadro.)

2 Construcción *vestirse* DE *negro; vestirse* DE *enfermera; vestirse* A *la moda.*

vez. 1 *Una vez,* locución adverbial. Aparte de su sentido general, 'en cierta ocasión', tiene un valor especial, 'ya', precediendo a un participio: *Una vez descubierta la verdad, todo fue fácil* ('ya descubierta, o después que fue descubierta...').

2 *Una vez que,* locución conjuntiva, 'después que': *Una vez que se supo la verdad, todo fue fácil; El sobre debía abrirse una vez que él muriera.* En esta locución no debe suprimirse la palabra *que,* como se hace con frecuencia en el castellano de Cataluña (*«No sentía ninguna simpatía por Compare Cachas, sobre todo una vez comprobó, por la mañana, que le habían registrado los bolsillos»,* Salvador, *Atracadores,* 22). Cf. Cuervo, *Notas,* n.º 141.

3 *Una vez que* se emplea también, más

raramente, con el mismo valor que *toda vez que,* 'puesto que'.

4 *En vez de,* locución prepositiva, 'en sustitución o en lugar de': *Ha venido su hermana en vez de ella.* No es normal el empleo de un posesivo *(en vez suya, o en su vez)* en lugar del complemento con *de: «Su irracional pavura se había disipado, y en su vez le estrujaba los sesos una obsesión no menos irracional»* (Pérez de Ayala, *Troteras,* 70).

5 *A veces,* locución adverbial, 'en ocasiones'. La forma *a las veces* está en completo desuso.

6 *Por primera vez,* o *por vez primera,* se construye siempre en español sin artículo. Decir *por la primera vez* es galicismo o anglicismo.

7 *De una vez por todas,* locución adverbial que se oye hoy con frecuencia, es mala traducción del francés *une fois pour toutes: «Este lecho .. está enteramente realizado en obra de mampostería rematada en capa de cemento amorosamente pulida por el maestro albañil de una vez por todas»* (Martín-Santos, *Tiempo,* 173). En español se dice *de una vez* o, más enfáticamente, *de una vez para siempre.* También es galicismo inútil, con igual valor, *de una buena* *vez* (francés *une bonne fois*): «No sé qué sería mejor, si que cayera o una buena vez o que siguiera alargando esta agonía» (Cela, *Pascual*, 91); «Que nos deje de joder de una buena vez» (Cortázar, *Rayuela*, 405).

8 Sobre la grafía *talvez* por *tal vez*, → TALVEZ.

vi- → VICE-.

vía. 1 El nombre *vía*, 'camino', hoy se usa a menudo como preposición, equivalente a 'por, o pasando por': *Madrid-París, vía Irún*. Es un uso de origen extranjero, que en la lengua común no desplaza a la preposición *por: Madrid-París, por Irún*.

2 *En vías de*, locución prepositiva, 'en camino de': *El conflicto está en vías de solución*.

3 *Por vía de*, locución prepositiva, 'a manera de': *Por vía de ejemplo, le conté la anécdota de Napoleón*.

vía crucis. 'Representación del camino del Calvario' (también en sentido figurado). Se pronuncia átono el primer elemento, /biakrúzis/; pero no se escribe *viacrucis*. El género es masculino.

vibrafón → VIBRÁFONO.

vibráfono. 'Instrumento músico formado por placas metálicas vibrantes'. Este es el nombre español que corresponde al francés e inglés *vibraphone;* no *vibraphón* ni *vibrafón*.

vibraphón → VIBRÁFONO.

vice-. Prefijo que significa 'en vez de' o 'que hace las veces de': *vicerrector*. Puede tomar las formas *viz- (vizconde)* y *vi- (virrey)*.

viceversa. 'Al contrario'. Es vulgarismo decir /bizibérsa/.

vichí → VICHY.

Vichy. Como nombre de un tejido (escrito con minúscula, y que también puede representarse con la grafía *vichí:* «Llevaba un mandilón .. de vichí gris», Pérez de Ayala, *Urbano*, 27) y como nombre de una conocida agua mineral, los españoles solemos pronunciar /bichí/. El nombre de la ciudad francesa de donde procede esta agua se pronuncia, en cambio, con arreglo a la fonética de su idioma.

viciar. Se conjuga, en cuanto al acento, como *cambiar* [1 a].

viciversa → VICEVERSA.

víctima. 'Persona que sufre un daño por agresión o por accidente'. Es erróneo el uso periodístico que llama *víctima* solamente al fallecido por estas causas: *En este fin de semana ha habido 15 víctimas en accidentes de carretera y 33 heridos*. En realidad son todos *víctimas:* los muertos y los heridos.

Victoria → VITORIA.

vida. *¡Larga vida a N.!* es mala traducción del inglés; en español se dice *¡Viva N.!*

vidriar. Se conjuga, en cuanto al acento, como *cambiar* [1 a].

vigilar. Construcción: *vigilar* POR *el cumplimiento de las leyes*.

vilipendiar. Se conjuga, en cuanto al acento, como *cambiar* [1 a].

villano. El antagonista, en una película, suele llamarse coloquialmente *el malo*. Llamarlo *el villano*, como hacen muchos periodistas, es traducir mal el inglés *villain:* «En las películas de 'ladrones y policías', el público, en el fondo, simpatiza con el 'villano' y espera que finalmente huya de sus perseguidores» (J. Miravitlles, *Informaciones*, 3.6.1974, 19).

vincular. Construcción: *bienes vinculados* A *la Corona; vincular la gloria* EN *la virtud*.

violoncelista, violoncelo, violoncellista, violoncello, violonchelista → VIOLONCHELO.

violonchelo. 'Instrumento músico de cuerda'. Suele verse escrito este nombre en su grafía original italiana, *violoncello*, y también en una grafía mal españolizada, *violoncelo* (que figura en los diccionarios). Es preferible, de acuerdo con la Academia, escribir la palabra tal como se pronuncia, *violonchelo* («La nieve antaño blanca es hoy de color violeta, / si bien de ello el violonchelo / no tiene culpa completa», Diego, *Primera antología*, 107). Lo mismo se puede decir respecto al derivado *violonchelista* frente a sus variantes *violoncellista* y *violoncelista*.

virtud. En *virtud de*, 'a consecuencia de', 'como resultado de': *En virtud de este acuerdo, se suspendió la fiesta.* Evítese la variante *a virtud de*.

visa, visación → VISADO.

visado. 'Acción de visar (dar validez a un documento, especialmente un pasaporte)'. Usar la palabra *visación* («*Mañana se verán obligados a regresar a Brazzaville para intentar conseguir la visación del consulado británico*», A. D. Olano, *Pueblo*, 26.1.1962, 16) o —siguiendo el ejemplo de algunos países americanos— *el visa* o *la visa* (del fr. *visa*) no es normal en España.

visible. *Ser visible:* → SER, 3.

visión. *Visión del mundo, visión del universo:* → COSMOVISIÓN.

visitar. *Visitarse* es uso del castellano catalán por *ir al médico* o *a consulta médica*: «*Muchos árabes con petrodólares que vienen a visitarse a la clínica Barraquer*» (*Telva*, 1.5.1983, 41).

vislumbre. 'Acción de vislumbrar', 'conjetura' o 'noticia dudosa'. El género de este nombre es femenino, aunque no es raro que aparezca usado como masculino. Algunos ejemplos de uso femenino: «*De tu rayo a la vislumbre*» (Espronceda, *Diablo*, 220); «*Alguna vislumbre de torpeza*» (Pérez de Ayala, *AMDG*, 173); «*Sus vislumbres .. habían sido exactas*» (S. Madariaga, *Abc*, Supl., 16.3.1975, 9); «*La vislumbre de algún maleficio*» (León Rey, *Guayacundo*, 26). De uso masculino: «*Ciertos vislumbres*» (Menéndez Pelayo, *Heterodoxos*, 64); «*Estos vislumbres rápidos*» (Azorín, *Voluntad*, 43); «*En ese trasluz, ¡cuántos vislumbres!*» (Gómez de la Serna, *Valle-Inclán*, 147); «*Un vislumbre verde, un resplandor*» (Cortázar, *Rayuela*, 146). Cf. Fernández Ramírez, § 90; Rosenblat, *Compuestos*, 97.

vista. 1 *En vista de*, 'en consideración a', 'teniendo en cuenta la experiencia de (un hecho)': *En vista de la escasa venta, se suspendió la publicación.* No debe confundirse con *a la vista de*, que alude al hecho material de ver.

2 *Bajo el punto de vista:* → BAJO, 6.

Vitoria. 1 La capital de Álava se llama

Vitoria. Es ultracorrección de algunos locutores la pronunciación /biktória/.

2 Conviene aclarar una confusión frecuente en los apellidos de dos españoles ilustres del siglo XVI: el músico *Tomás Luis de Victoria* (nacido en Ávila) y el jurista y teólogo *Francisco de Vitoria* (nacido precisamente en la ciudad de Vitoria).

vivir. 1 Construcción: *vivir EN Burgos; vivir DE su trabajo; vivir DE o POR milagro.*

2 *Vivir como un pachá:* → BAJÁ.

viz- → VICE-.

vizcaíno. Se pronuncia con acento en la /i/ última. La pronunciación /bizkáino/ es regional.

vodca → VODKA.

vodevil. 'Comedia ligera de enredo'. Esta palabra es la adaptación española de la francesa *vaudeville.*

vodka. 'Licor típico de Rusia'. La Academia registra las grafías *vodca* y *vodka;* la segunda es la más usual («*oliendo a vodka barato*», Cortázar, *Rayuela*, 166). Normalmente, este nombre se usa como masculino; la Academia, no obstante, registra también un uso femenino. No tiene razón de ser en nuestro idioma la grafía *wodka* —que es alemana—, usada por algunos.

volar. 1 Verbo irregular. Se conjuga como *acordar* [4].

2 Construcción: *volar A cinco mil metros; volar AL cielo; volar POR los aires; volar DE rama EN rama; volar EN avión, EN helicóptero.*

volcar. Verbo irregular. Se conjuga como *acordar* [4].

voleibol → BALONVOLEA.

volframio. 'Cierto metal'. Aunque la Academia registra también las formas *wólfram* y *wolframio* —que se pronuncian, respectivamente, /bólfram/ y /bolfrámio/—, da como preferible *volframio.*

volley-ball → BALONVOLEA.

voltaico, voltense → ALTO VOLTA.

voluntad. En el sentido de 'intención', se usa frecuentemente en el sintagma *buena voluntad: Trabaja con muy buena voluntad.* El adjetivo *bueno* puede ser reemplazado por su comparativo *mejor:*

Lo hemos hecho con la mejor voluntad. Pero no debe emplearse la construcción redundante *la mejor buena voluntad:* «*Lo que hace imposible, aun con la mejor buena voluntad, que un individuo aislado pueda agotar la lista*» (Vargas Llosa, *Pantaleón*, 90).

volver. **1** Verbo irregular. Se conjuga como *mover* [18], excepto en participio, que es *vuelto.*

2 Construcción: *volver* A *casa; volver* DE *la aldea; volver* EN *sí; volver* POR *sus fueros.*

3 *Volver en sí:* → SÍ[2], 2.

-voro. Forma sufija del latín *voro*, 'devorar': *carnívoro.*

vos. **1** Antiguo pronombre personal de 2.ª persona de singular usado como tratamiento normal, frente al *tú*, que se dirigía a los inferiores o se usaba entre iguales de la mayor intimidad, y al *vuestra merced*, tratamiento de respeto (cf. Lapesa, *Historia*, 392). El pronombre *vos* llevaba las formas verbales correspondientes a 'vosotros' *(vos decís)* y su posesivo era *vuestro.* Este pronombre desapareció en el uso de España a lo largo del siglo XVII, quedando reducido el sistema de la 2.ª persona a la oposición *tú* (tratamiento de confianza)/*usted* (tratamiento de distancia), con las formas *vosotros/ustedes* para 2.ª persona de plural.

2 Pronombre personal de 2.ª persona de singular usado como tratamiento de confianza en gran parte de Hispanoamérica, en donde ocupa el lugar del *tú* usado en el resto del mundo hispanohablante. El pronombre correspondiente de plural es *ustedes* (el mismo que corresponde a *tú* en América). El voseo, o empleo del pronombre *vos*, domina en Argentina, Uruguay, Paraguay y América Central, excepto Panamá; coexiste con el tuteo, o empleo de *tú*, en Ecuador, Colombia y Chile, aunque con carácter rústico o coloquial; y vive en la lengua popular de zonas de Méjico, Panamá, Venezuela, Perú y Bolivia. El pronombre *vos* se caracteriza: 1.º, porque su forma átona es *te;* 2.º, porque su posesivo es *tuyo;* 3.º, porque algunas de las formas verbales que le corresponden son las de la persona 'vosotros'. El siguiente ejemplo ilustra las tres caracterís-

ticas: «*¿Vos no* SENTÍS *a veces como si adentro* TUYO *tuvieras un inquilino que* TE *dice cosas?*» (Quino, *Mafalda*, 56).

En el Río de la Plata, zona de máxima implantación del voseo, las formas del presente de indicativo son *-ás* (*cantás*, conjugación 1.ª), *-és* (*tenés*, conjugación 2.ª), *-ís* (*venís*, conjugación 3.ª); de imperativo, *cantá, tené, vení;* de presente de subjuntivo, *cantés, tengás, vengás;* los pretéritos indefinidos, *cantastes, tuvistes, vinistes;* los futuros, así como los pretéritos imperfectos de indicativo y subjuntivo, son los de 'tú' *(cantarás, tenías, vinieras);* el presente de *haber* es *has*, y el de *ser, sos.* Pero el sistema verbal presenta variantes en los distintos países y regiones (incluso dentro de la propia Argentina).

El aprecio social del voseo varía según los países. En la región del Plata y en América Central (excepto Panamá) es perfectamente normal en todos los niveles. En el resto de los países en que existe, el uso culto lo rechaza como propio de las clases poco instruidas, aunque en algunos de ellos se acepta en el ámbito familiar.

voseo → VOS, 2.

vosotros. **1** Pronombre personal de 2.ª persona de plural. Su femenino es *vosotras.* Las dos formas, *vosotros, vosotras*, pueden funcionar como sujeto, como predicativo o como complemento con preposición: *Vosotros sabréis; Me quedo con vosotras.*

2 En general, el uso de *vosotros, vosotras* como sujeto no es necesario, ya que el verbo expresa suficientemente con su desinencia *-is* la persona «vosotros». Solo se usa cuando su presencia es necesaria para señalar el sexo de la persona referida o cuando se trata de poner énfasis en el propio sujeto (→ ÉL, 2).

3 Para las funciones de complemento directo y complemento indirecto, este pronombre toma la forma átona *os: Os espero; Os prometo una sorpresa.*

4 La forma *os*, en cualquiera de sus dos funciones, puede ir acompañada, dentro de la frase, por la forma tónica del mismo pronombre precedida de la preposición *a;* con ello, el complemento directo o indirecto aparece mencionado dos veces en dos formas diferentes. En este caso, la forma *a vosotros* (o *a vosotras*) tiene un papel enfático semejante al señalado para *vosotros* (→ 2): A VOSOTROS *no* OS *he visto; No* OS *he visto* A VOSOTROS.

5 En parte de Andalucía, en Canarias y en América el pronombre *vosotros* no se usa en la lengua hablada, suplantado por *ustedes*. La desaparición de *vosotros* lleva consigo en esas tierras la de su forma átona *os*, así como la del posesivo *vuestro* (→ VUESTRO).

votar. Construcción: *votar* A o POR *alguien*. La construcción *votar comunista*, tomada, al parecer, del italiano, puede pasar como eslogan publicitario; pero en el uso normal ha de decirse *votar a los comunistas* o *votar al Partido Comunista*.

vuelta. *Dar vuelta*, locución verbal transitiva, 'volver', usada en varias zonas de América, al menos en la del Río de la Plata y Chile (Kany, 2). Esta locución tiene la particularidad de que en ella *vuelta*, a pesar de la apariencia, no es complemento directo, sino componente fijo, a manera de formante, de la locución, la cual funciona como una unidad verbal transitiva, es decir, con su complemento

directo propio: «*Por más que demos vuelta los papeles .., no vamos a encontrar plata*» (Bioy, *Cavar*, 180); «*Maya retrocede un paso. Luego da vuelta la espalda y desaparece*» (Donoso, *Domingo*, 36); «*Se daba vuelta las mangas del saco, de la camisa*» (Mallea, *Cuentos*, 135). El complemento directo puede ser reflexivo: «*Tartamudeó Casiano con una voz tan débil y lejana que Chaparro se dio vuelta creyendo que le hablaba otro*» (Roa, *Hijo*, 94). La locución, al ser transitiva, puede aparecer en construcción pasiva: «*Nuestros conceptos serán dados vuelta*» (Candioti, cit. Kany).

vuestro. El posesivo *vuestro* solo puede usarse en correspondencia con el pronombre personal *vosotros* (o con el anticuado *vos*, → VOS, 1). Para *ustedes* (2.ª persona plural de tratamiento en España, y 2.ª persona plural única en América, Canarias y parte de Andalucía), el posesivo adecuado es *suyo* o *su*. No es aceptable, pues, el uso que se encuentra en este ejemplo colombiano citado por Flórez: «*Los invitamos a escuchar una nueva audición similar el próximo domingo, cuando estaremos otra vez en* VUESTRA *amable compañía*» (*Apuntes*, 53).

W

w. 1 Vigesimosexta letra del alfabeto español (vigesimotercera del universal). Su nombre es *uve doble,* en plural *uves dobles.* Debe desecharse el nombre *ve doble,* usado por algunas personas (→ v, 1). 2 La *w* solo se usa en palabras de origen extranjero. Cuando estas palabras están plenamente incorporadas al español, su pronunciación es /b/: *Wamba,* /bámba/; *Wenceslao,* /benzesláo/; *wáter,* /báter/; *wólfram* o *wolframio,* /bólfram, bolfrámio/. Si son palabras que se siguen considerando extranjeras, se respeta la pronunciación que en su respectivo idioma tiene la letra: /u/, o más corrientemente /gu/, si se trata de palabras inglesas: *Washington, whisky;* como *v* francesa, o más corrientemente como /b/, si son palabras de otros idiomas: *Wagner, Weber, Waterloo.*

Walkiria. En la mitología escandinava se da este nombre a las doncellas mensajeras del dios Odin. Se pronuncia /balkiria/, y puede escribirse también *Valkiria* y *Valquiria.*

water-polo → POLO.

watio → VATIO.

week-end → FIN.

wellingtonia → VELINTONIA.

Weltanschauung → COSMOVISIÓN.

Wenceslao. Este nombre propio de persona se pronuncia /benzesláo/, no /uenzesláo/.

western → OESTE.

whisky → GÜISQUI.

wodka → VODKA.

Wolfgang. El nombre alemán *Wolfgang,* uno de los de pila de Goethe y de Mozart, debe pronunciarse bien: /vólfgang/ (con *v* francesa); no /guólfan/, como dicen tantos locutores.

wólfram, wolframio → VOLFRAMIO.

Wotan. En la mitología germánica, nombre del dios supremo, que corresponde al *Odin* de los escandinavos. Se pronuncia /bótan/ o, más exactamente, /vótan/, con *v* francesa.

Wroclaw → BRESLAU.

X

x. 1 Vigesimoséptima letra del alfabeto español (vigesimocuarta del universal). Su nombre es *equis*, plural *equis*.

2 Su pronunciación normal entre vocales o en final de palabra es /ks/: *examen*, /eksámen/; *taxi*, /táksi/; *exhibir*, /eksibír/; *dúplex*, /dúpleks/; *relax*, /reláks/. Es coloquial, y muchas veces vulgar, reducirla en estos casos a simple /s/: /esámen, tási, dúples, relás/.

3 En cambio, en posición inicial de palabra, o en final de sílaba (es decir, precediendo a otro fonema consonante), la pronunciación normal es /s/: *xilografía*, /siiografía/; *extra*, /éstra/; *exponer*, /esponér/. En estos casos, la pronunciación /ks/, /ksilografía, eksponér/, es afectada.

4 En muy contados casos *x* se pronuncia /j/: *México*, *Oaxaca*, y algún otro (→ MÉJICO).

5 La pronunciación de *x* intervocálica en el español anterior al siglo XVII no es ni /ks/ ni /s/. Están errados, pues, los locutores que leen *traxo*, *dixo*, *Araúxo* /trákso, díkso, araúkso/. El valor de esa letra es el mismo de *sh* inglés actual, o del francés actual *ch* (en *chemin*, por ejemplo). Pero en casos como los citados, que son formas antiguas de palabras hoy existentes, se puede usar la pronunciación que tienen actualmente: /trájo, díjo, araújo/.

xeno-. Forma prefija del griego *xenos*, 'extranjero': *xenofobia*.

xero-. Forma prefija del griego *xerós*, 'seco': *xeroftalmía*.

xilo-. Forma prefija del griego *xilon*, 'madera': *xilografía*.

xilofón → XILÓFONO.

xilófono. 'Instrumento de percusión formado por listones de madera'. Aunque se usa con frecuencia la forma *xilofón*, es preferible *xilófono*.

y

y [1]. **1** Vigesimoctava letra del alfabeto español (vigesimoquinta del universal). Su nombre es *i griega* (en plural *íes griegas*); más raramente se la denomina *ye*.

2 Se pronuncia como vocal /i/ cuando va en fin de palabra siguiendo a otra vocal: *buey,* /buéi/; *ley,* /léi/; *soy,* /sói/; *jersey,* /jerséi/; o cuando a este grupo sigue *s: jerseys,* /jerséis/. También, cuando constituye la conjunción *y* (→ Y [2]). En los demás casos se pronuncia como consonante palatal fricativa: *bueyes, yo, mayo.* (Quedan fuera de estas normas, naturalmente, los extranjerismos, aunque algunos coincidan con el uso español.)

3 La letra *y* representa, por tanto, un fonema vocal /i/ y un fonema consonante /y/. Para el fonema vocal, → I. El fonema consonante tiene en la norma española dos realizaciones: fricativa y africada.

En la articulación fricativa, el ápice de la lengua queda detrás de los incisivos inferiores, mientras el dorso se eleva hacia el

paladar, tocándolo por los lados y dejando por el centro una estrecha salida para el aire. Las cuerdas vocales vibran. Se trata de un sonido consonante prepalatal fricativo sonoro.

La articulación africada se produce cuando el fonema va en principio de frase, tras una pausa, o después de /l/ o /n/; su articulación comienza por un contacto pleno de la lengua con el paladar, ce-

Articulación africada de /y/

rrando por un instante la salida del aire, para pasar inmediatamente a la posición normal descrita en el párrafo anterior. Ejemplos de esta articulación africada: *cónyuge, el yeso.*

En general, la articulación de la consonante /y/ tiene muchas variantes locales. Pronunciaciones peculiares de algunos sitios, como la de Buenos Aires, si bien se aceptan dentro de la norma local, no se admiten en otras zonas.

4 La representación gráfica del fonema /y/ no es solo la letra *y,* sino el grupo *hi*

Articulación fricativa de /y/

CONJUGACIÓN DEL VERBO «YACER»
(tiempos irregulares)
Las formas que van entre paréntesis son raras hoy.

INDICATIVO

Pres. yazco (yazgo, yago), yaces, yace, yacemos, yacéis, yacen.

SUBJUNTIVO

Pres. yazca, yazcas, yazca, yazcamos, yazcáis, yazcan (yazga, yazgas, etc., o yaga, yagas, etc.).

IMPERATIVO

yace (yaz), yazca (yazga, yaga), yaced, yazcan (yazgan, yagan).

---

seguido de vocal (generalmente *e*): *hierba, hierro, hielo, hiere*, /yérba, yérro, yélo, yére/. Por otra parte, en amplias zonas del español se neutraliza la oposición entre los fonemas /ll/ y /y/, reduciéndolos a uno solo, /y/. Para los hablantes de esas zonas, *ll* es una grafía más para representar el fonema /y/.

Esa simplificación, llamada *yeísmo*, está muy extendida en América y también en España. «En España es general en Andalucía, sur de Extremadura, ciudades de Murcia y Cartagena, la Mancha, Toledo y Madrid, desde donde se irradia hacia el norte contagiando a ciudades castellanas, aparte de focos viejos en la Montaña. Hasta Galicia y Asturias empiezan a perder su /ll/. En Canarias la distinción entre /ll/ y /y/ contiende con el yeísmo. En América, el yeísmo no alcanza a extensas zonas andinas que se escalonan sin continuidad desde Colombia hasta el sur de Chile; tampoco incluye el ámbito guaraní del Paraguay y parte de Argentina» (Lapesa, *Estudios*, 268).

5 Ortografía de la letra *y*. Por ser el yeísmo un fenómeno tan extendido por España y América, son muy frecuentes las dudas ortográficas entre *y* y *ll*. Se escriben con *y*:

a) Las palabras en que el sonido /y/ sigue a los prefijos *ad-, dis-* y *sub-*: *coadyuvar, disyuntiva, subyugar.*

b) Las formas verbales que presentan este sonido en su terminación (siempre que no exista *ll* en su infinitivo): *concluye, arguyáis, oyendo, huyo.*

c) Las formas de plural cuyo singular termina por el fonema /i/ (escrito *y*): *reyes* (de *rey*), *bueyes* (de *buey*).

y². Conjunción. Toma la forma *e* ante una palabra que empiece por el fonema /i/: *catetos e hipotenusa; Francia e Inglaterra.* No cuando /i/ inicia diptongo: *Mata a uno y hiere a otro* (no «e hiere», como dicen y escriben algunos periodistas: «*El agente dispara e hiere mortalmente a Brown»*, *País,* 5.8.1979, 2). Tampoco cuando *y* tiene valor adverbial interrogativo: *¿Y Inés?* ('¿dónde está Inés?').

ya. 1 *Desde ya,* locución adverbial, es de uso americano, ahora de moda entre algunos españoles; en el uso general corresponde a *desde ahora.* Igual ocurre con *ya mismo,* equivalente a *ahora mismo.* En realidad, los dos usos *ya* existían en el español regional de la Península; pero su extensión actual se debe a influjo americano. Cf. Kany, 332, y Steel, *Americanismos,* 189.

2 Uso de *más* por *ya:* → MÁS, 5.

yacer. 1 Verbo irregular. (Véase cuadro.)

2 Construcción: *yacer EN el suelo; yacer un hombre CON una mujer.*

yankee, yanki → YANQUI.

yanqui. 'Norteamericano', con matiz despectivo. No debe usarse la grafía inglesa *yankee*, ni la híbrida *yanki*. En plural es *yanquis*, no *yanquies*.

yaz. 'Cierto género de música'. La palabra inglesa *jazz* se ha adoptado con su grafía original y se pronuncia corrientemente /yas/. La Academia le ha dado la forma *yaz*, que por el momento es bastante menos usada que la tradicional, tanto en la lengua escrita como en la hablada.

yeísmo → Y¹, 4.

yemení. 'Del Yemen'. Es preferible este adjetivo a *yemenita*.

yemenita → YEMENÍ.

yen. 'Unidad monetaria japonesa'. Su plural es *yenes*, no *yens*.

yerno. 'Hijo político'. El femenino correspondiente —'hija política'— es *nuera* es la lengua general, aunque en algunos países americanos se diga *yerna*.

yiddish, yidis → YÍDISH.

yídish. 'Lengua de origen alemán, de los judíos europeos y de los judíos emigrados de Europa'. Las formas más frecuentes en que esta palabra se presenta en textos escritos en nuestro idioma son *yiddish* —el nombre inglés— y *yidish* (esta, p. ej., en Adrados, *Lingüística*, 783). La segunda forma, que simplifica la doble consonante, tiene el defecto de no representar gráficamente la acentuación según el sistema español; debe ser, pues, *yídish*. La conservación de *-sh* responde a la transliteración habitual del fonema hebreo equivalente a *sh* inglesa (sin representación propia en español). Pero todavía es posible españolizar más radicalmente la grafía, dándole la forma *yidis*. Cf. Gold, *Yiddish*, 32.

yip → JEEP.

yo. 1 Pronombre personal de 1.ª persona singular. No tiene diferenciación de género. En cuanto a su plural, → NOSOTROS. La forma *yo* puede funcionar como sujeto o como predicativo. El empleo de esta forma con preposición *(a yo, con yo)* es propio exclusivamente del lenguaje rústico de algunas regiones. Pero determinadas construcciones son normales: *entre yo y tú* (más raro que *entre tú y yo*; → ENTRE, 1), *según yo, excepto yo, incluso yo*.

2 El uso de *yo* como sujeto no es necesario si el verbo va explícito. Sin embargo, se presenta con frecuencia, obedeciendo a dos causas: *a)* Necesidad de evitar anfibologías, motivadas generalmente por la existencia de numerosas formas verbales que sirven tanto para 1.ª como para 3.ª persona singular *(cantaba, cante, cantaría, cantará*, etc.): *Según nos acercábamos, iba temblando más* (¿«él» o «yo»?). No obstante, en la mayoría de estos casos la anfibología se desvanece gracias al contexto. *b)* Énfasis, o intención expresiva, mucho más frecuente en la lengua hablada que en la escrita; unas veces se trata de oponer la persona «yo» a otras: «*Feliz tú. Yo no creo ya ni en mí mismo»* (J. Benavente, cit. Fernández Ramírez, § 115); o de agregarla: *Yo también lo sé;* o, en la mayoría de los casos, de afirmar la personalidad: *Yo creo que debemos dejarlo*. Fuera de estos casos, el empleo de *yo* sujeto es superfluo y tiene sabor extranjero.

3 Para las funciones de complemento con preposición, el pronombre *yo* toma la forma *mí: de mí, por mí, en mí*. Cuando la preposición es *con*, se dice *conmigo* (no *con mí*). Recuérdese también lo dicho antes sobre el uso con *entre, según, excepto, incluso* (→ 1).

4 Para las funciones de complemento directo e indirecto, este pronombre toma la forma átona *me: Me arrojé al agua; Me dieron un cheque*.

5 La forma átona *me*, en cualquiera de sus dos funciones, puede ir acompañada, dentro de la frase, por la forma tónica *mí* precedida de la preposición *a;* con ello, el complemento directo o el complemento indirecto aparece mencionado dos veces en dos formas diferentes. En este caso, *a mí* tiene un papel enfático semejante al de *yo* (→2, b): A MÍ *no me gusta; No* ME *gusta* A MÍ.

6 *Yo en tu lugar, yo en su lugar; yo que tú, yo que él, yo que usted*, son todas formas normales que tienen un mismo valor: 'si yo estuviese en tu (o su) lugar', 'si yo fuera tú (o él, o usted)'. Son regionales, y por tanto no se aceptan en la lengua general, *yo de ti, yo de usted, si yo fuera de ti, yo como usted*.

7 *Yo soy de los que creo...; Yo soy de los que sostengo...; Yo fui uno de los que dije...* Estas construcciones, que se oyen y leen con frecuencia, son perfectamente anormales en cuanto al uso del último verbo en 1.ª persona singular, porque ese verbo tiene como sujeto gramatical *los que*, un plural, y por tanto su forma debe ser plural: *Yo soy de los que* CREEN (O SOS-TIENEN)...; *Yo fui uno de los que* DIJE-RON...; o bien, si se quiere realzar —como es usual— la presencia del «yo»: *Yo soy de los que* CREEMOS (O SOSTENEMOS)...; *Yo fui uno de los que* DIJIMOS.

8 Como nombre masculino, *el yo*, los escritores oscilan entre las formas *yoes* y *yos* para el plural (*yoes*, Amado Nervo, cit. Academia, *Esbozo*, § 2.3.3; *yos*, Una-muno, *Sentimiento*, 823; Ortega, *Galileo*, 108; De Luis, *Poesías*, 88).

yoghourt → YOGUR.

yogur. 'Variedad de leche fermentada'. Su plural es *yogures*. No deben usarse las formas *yoghourt* ni *yogurt*. En cuanto a su derivado *yogurtera*, sería preferible susti-tuirlo por *yogurera*, pues su base es *yogur* y no *yogurt*.

yogurt, yogurtera → YOGUR.

yóquey. La palabra inglesa *jockey*, 'ji-nete de carreras de caballos', es de uso normal en el deporte hípico, generalmente pronunciada en España /yókei/, y en Amé-rica /yóki/. La Academia ha decidido espa-ñolizar su grafía en las formas *yóquey* y *yoqui*.

yoqui → YÓQUEY.

yudo. *Judo* es el nombre de un deporte japonés muy conocido. Como la pronun-ciación corriente de este nombre entre no-sotros es /yúdo/, la Academia lo ha in-cluido con la grafía *yudo*, aunque también recoge la forma *judo*. La primera parece la más acertada.

Yugoeslavia, yugoeslavo → YUGOSLA-VIA.

Yugoslavia. Puede igualmente decirse *Yugoslavia* y *Yugoeslavia*, así como *yugos-lavo* y *yugoeslavo*. El uso general prefiere las formas *-gos-*.

yugoslavo → YUGOSLAVIA.

yuxta-. Prefijo latino *(iuxta)* que significa 'junto a': *yuxtalineal*.

yuxtaponer. **1** Verbo irregular. Se con-juga como *poner* [21].
2 Construcción: *yuxtaponer una cosa* A *otra*.

Z

z. **1** Vigesimonovena y última letra del alfabeto español (vigesimosexta del universal). Su nombre es *zeda* o *zeta* (plural *zedas, zetas*). La Academia prefiere el primer nombre (que también se puede escribir *ceda*), pero el uso corriente parece inclinarse más por el segundo. **2** La letra *z* representa siempre el fonema /z/. Sobre la realización de este fonema y sobre su identificación con el fonema /s/, → C. 3.

zafar. Construcción: *zafarse* DE *una persona* o DE *un compromiso*.

zaherir. Verbo irregular. Se conjuga como *sentir* [60].

Zaire. El adjetivo correspondiente a la República del Zaire es *zairés* o *zaireño*.

zaireño, zairés → ZAIRE.

Zambia. El adjetivo correspondiente a Zambia es *zambiano* o *zambio*.

zambiano, zambio → ZAMBIA.

zambullir. **1** Verbo irregular. Se conjuga como *mullir* [53]. **2** Construcción: *zambullirse* EN *el agua*.

zar. 'Emperador de Rusia'. Su femenino es *zarina*. El nombre del príncipe heredero es *zarevitz*. Deben desecharse las grafías *czar, czarina* y *czarevitz*.

zeda → Z. 1.

zenit → CENIT.

zeta → Z. 1.

zigzag. 'Serie de ángulos entrantes y salientes'. El plural de este nombre puede ser *zigzagues* o *zigzags*. Es preferible la primera forma, pero más frecuente la segunda.

Zimbabue. La antigua Rodesia se llama hoy *Zimbabwe*, nombre que se españoliza en la forma *Zimbabue*. El adjetivo correspondiente es *zimbabuense* (mejor que *zimbabuo*, que usan algunos periodistas).

zimbabuense, zimbabuo, Zimbabwe → ZIMBABUE.

zinc → CINC.

zinnia. 'Cierta planta tropical'. La Academia registra también la grafía *cinia*, preferible por su sencillez, pero se inclina más por la más complicada.

Zodiaco. 'Zona de la esfera celeste'. Se dan por buenas las dos acentuaciones *Zodiaco* y *Zodíaco*. La Academia y el uso corriente dan preferencia a la primera, pero etimológicamente es más aceıtada la segunda.

-zoico. Forma sufija del griego *zoon*, 'animal': *paleozoico*.

-zón. Sufijo de nombres que indica acción o efecto: *comezón, armazón*.

zoo-, -zoo. Formas prefija y sufija del griego *zoon*, 'animal': *zoología, protozoo*.

zoólogo. El femenino de este nombre es *zoóloga*.

-zuelo. Sufijo diminutivo de nombres y adjetivos: *patizuelo*. Variantes suyas son *-ezuelo, -cezuelo: pernezuela, piecezuelo*.

zulú. El plural normal de este nombre y adjetivo es *zulúes*.

Zurich. El nombre de la ciudad suiza de *Zürich* se escribe tradicionalmente en es-pañol *Zurich* —mejor, *Zúrich*—, y se pronuncia /zúrik/ (aunque también se oye /zúrich/). El adjetivo derivado es *zuriqués*.

zuriqués → ZURICH.

apéndices

I. Resumen de gramática

1. Los fonemas

1. *Producción de la voz y de las articulaciones*

1, cuerdas vocales; 2, lengua (*a*, ápice; *b*, predorso; *c*, mediodorso; *d*, postdorso); 3, labios; 4, dientes incisivos superiores; 5, dientes incisivos inferiores; 6, alvéolos; 7, paladar (*e*, prepaladar; *f*, mediopaladar; *g*, postpaladar); 8, velo del paladar; 9, úvula o campanilla; 10, cavidad nasal.

2. *Vocales*

	Abiertas	Cerradas
Palatales	/e/	/i/
Velares	/o/	/u/
Media	/a/	

3. Consonantes

	Oclusivas (sordas)	Fricativas sonoras [1]	Fricativas sordas	Africadas (sordas)	Vibrantes (sonoras)	Laterales (sonoras)	Nasales (sonoras)
Bilabiales.............	/p/	/b/					/m/
Labiodentales.......			/f/				
Interdentales........			/z/				
Dentales.............	/t/	/d/					
Alveolares...........			/s/		/r/, /rr/	/l/	/n/
Palatales		/y/		/ch/		/ll/	/ñ/
Velares...............	/k/	/g/	/j/				

[1] /b/, /d/ y /g/, además de su articulación fricativa, pueden tener una realización oclusiva.

4. Correspondencia entre fonemas y letras

El fonema	Se representa normalmente por la(s) letra(s)
/a/	*a*
/b/	*b* (boca), *v* (vaca)
/ch/	*ch*
/d/	*d*
/e/	*e*
/f/	*f*
/g/	*g* (garra), *gu* (guerra)
/i/	*i* (ahí), *y* (ay)
/j/	*j* (cojo), *g* (coge)
/k/	*c* (caso), *qu* (queso), *k* (kilo)
/l/	*l*
/ll/	*ll*
/m/	*m*
/n/	*n*
/ñ/	*ñ*
/o/	*o*
/p/	*p*
/r/	*r*
/rr/	*rr* (parra), *r* (rapa)
/s/	*s*
/t/	*t*
/u/	*u*
/y/	*y*
/z/	*c* (cena), *z* (zona)

2. Las sílabas

1. Estructuras silábicas:

a) Sílaba abierta
{ V; p. ej., /a/ en /a.kí/ *aquí.*
{ CV; p. ej., /la/ en /má.la/ *mala.*

apéndices

b) **Sílaba trabada** { VC; p. ej., /al/ en /ál.ma/ *alma.*
{ CVC; p. ej., /kal/ en /kál.ma/ *calma.*

(V = elemento vocálico = una, dos o tres vocales; C = elemento consonántico = una o dos consonantes.)

2. *Diptongos* (dos vocales en una sílaba):

   a) Vocal abierta + vocal cerrada, o viceversa: /ai/, /ei/, /oi/, /au/, /eu/, /ou/; ejs., /ái.re/ *aire*, /péi.ne/ *peine*, /sois/ *sois*, /káu.sa/ *causa*, /néu.tro/ *neutro*, /bou/ *bou;* /ia/, /ie/, /ua/, /ue/, /uo/; ejs., /á.sia/ *Asia*, /tié.ne/ *tiene*, /dios/ *Dios*, /kuá.tro/ *cuatro*, /nués.tro/ *nuestro*, /kuó.ta/ *cuota.*

   b) Dos vocales cerradas: /ui/, /ui/; ejs., /biú.do/ *viudo*, /luis/ *Luis.*

3. *Triptongos* (tres vocales en una sílaba):

   Vocal cerrada + vocal abierta + vocal cerrada: /iei/, /uai/, etc.; ejs., /fas.ti.diéis/ *fastidiéis*, /u.ru.guái/ *Uruguay.*

4. *Hiatos* (dos vocales seguidas que no forman diptongo):

   a) Dos vocales abiertas: /a.e/, /a.o/, /e.a/, /e.o/, /o.a/, /o.e/; ejs., /ka.ér/ *caer*, /a.ó.ra/ *ahora*, /bé.a/ *vea*, /fé.o/ *feo*, /bó.a/ *boa*, /lo.é.mos/ *loemos.*

   b) Vocal abierta + vocal cerrada (esta generalmente tónica), o viceversa: /e.í/, /í.e/, /a.ú/, /ú.a/, etc.; ejs., /le.í/ *leí*, /frí.e/ *fríe*, /a.ú.lla/ *aúlla*, /ak.tú.a/ *actúa*. Ejs. con cerrada átona, /e.i/, /i.e/: /fre.i.ré/ *freiré*, /bi.é.nio/ *bienio.*

   c) Dos vocales cerradas: /u.í/, /u.i/, /i.ú/; ejs., /u.ír/ *huir*, /u.i.ré.mos/ *huiremos*, /di.úr.no/ *diurno.*

3. El acento

1. *Acento (tónico o fonético):* mayor intensidad con que se emite una sílaba respecto a las que la acompañan en la palabra o en la frase. P. ej., hay acento en la sílaba /ta/ de /kan.tá.ra/ *cantara.*
   Distíngase del *acento ortográfico* o *tilde:* signo que, según determinadas reglas, se escribe a veces sobre una vocal para indicar que la sílaba de esta tiene acento tónico. Por ej., se escribe acento ortográfico en la sílaba /ra/ de /kan.ta.rá/ *cantará.* (Sobre el uso del acento ortográfico o tilde, véase APÉNDICE V, *Empleo de los signos ortográficos.*)

2. *Palabras átonas* (sin acento tónico):

   a) los artículos *el, la, los, las, lo;*
   b) los adjetivos posesivos antepuestos *mi(s), tu(s), su(s), nuestro(s), nuestra(s), vuestro(s), vuestra(s);*
   c) los pronombres personales complementos sin preposición: *me, te, nos, os, lo(s), la(s), le(s), se;*
   d) las preposiciones (*a, de, con, por, para,* etc.), exceptuando *según;*
   e) las conjunciones y los adverbios relativos: *y, ni, pero, sino, que, pues, porque, conque, aunque, si, como, donde, cuando,* etc.;
   f) los pronombres y adjetivos relativos *que, quien, cuanto, cuyo.*

3. *Palabras tónicas* (con acento tónico) de varias sílabas:

   a) *agudas* (u oxítonas): /pa.pél/ *papel*, /na.zér/ *nacer*, /ben.de.dór/ *vendedor;*
   b) *llanas* o *graves* (o paroxítonas): /bá.le/ *vale*, /án.jel/ *ángel*, /bí.zio/ *vicio;*

apéndices

c) *esdrújulas* (o proparoxítonas): /án.je.les/ *ángeles*, /ze.tá.ze.o/ *cetáceo;*
d) *sobresdrújulas:* /bén.de.me.lo/ *véndemelo.* (En rigor, no hay palabras sobresdrújulas, sino combinaciones sobresdrújulas, pues se trata de sumas de tres palabras: un verbo y dos pronombres personales átonos.)

4. Las palabras

1. *Estructura de las palabras*

	base	formante	
anchos	/anch/	/os/	{ indicador de género: /o/ (masc.) indicador de número: /s/ (plural)
alta	/alt/	/a/	{ indicador de género: /a/ (fem.) indicador de número: — (singular)
papeles	/papel/	/es/	{ indicador de género: — indicador de número: /es/ (plural)
cantemos	/kant/	/emos/	{ indicador de tiempo y modo: /e/ (presente subjuntivo) indicador de persona: /mos/ (1.ª plural)

2. *Afijación*

A. Principales sufijos significativos:

a) De nombres:

-A, -E, -O: *muda, empuje, canto.*
-AJE: *aterrizaje, cortinaje.*
-AL, -AR: *arenal, pinar, centenar.*
-AMEN: *maderamen.*
-AZO: *cabezazo.*
-CIÓN (-ACIÓN, -ICIÓN): *oración, perdición.*
-DA (-ADA, -IDA): *sentada, muchachada, salida.*
-DAD (-EDAD, -IDAD): *crueldad, zafiedad, curiosidad.*
-DERO (-ADERO, -EDERO, -IDERO): *regadera, comedero, hervidero.*
-DO (-ADO, -IDO): *planchado, alumnado, pedido.*
-DOR (-ADOR, -EDOR, IDOR): *fiador, encendedor, lavadora.*
-DURA (-ADURA, -EDURA, -IDURA): *chifladura, barredura, añadidura.*
-ERA: *borrachera, papelera.*
-ERO: *cenicero, librero.*
-EZ: *brillantez.*
-ISMO: *oportunismo.*
-MENTA (-AMENTA, -IMENTA): *cornamenta, impedimenta.*
-MENTO (-AMENTO, -IMENTO): *salvamento, impedimento.*
-MIENTO (-AMIENTO, -IMIENTO): *pensamiento, sentimiento.*
-NCIA (-ANCIA, -ENCIA): *vagancia, asistencia.*
-ÓN: *tirón.*
-OR: *temblor.*
-RIO (-ARIO, -ERIO, -ORIO): *campanario, velorio.*
-TORIO (-ATORIO, -ETORIO, -ETORIO): *sanatorio, interrogatorio, petitorio.*
-URA: *rotura.*

394

b) De adjetivos:

-ADO: *anaranjado.*
-AL, -AR: *ministerial, familiar.*
-ANO, -IANO: *americano, machadiano.*
-ARIO: *fraccionario.*
-BLE (-ABLE, -IBLE): *deseable, creíble.*
-DIZO (-ADIZO, -EDIZO, -IDIZO): *resbaladizo, movedizo, huidizo.*
-DOR (-ADOR, -EDOR, -IDOR): *madrugador, cumplidor.*
-ENSE, -IENSE: *badajocense, parisiense.*
-EÑO: *velazqueño.*
-ÉS: *irlandés.*
-ESCO: *novelesco.*
-Í: *israelí.*
-ICO: *volcánico.*
-ISTA: *partidista.*
-IVO: *sorpresivo.*
-NTE (-ANTE, -ENTE, -IENTE): *estimulante, sorprendente, perteneciente.*
-ÓN: *barrigón, llorón.*
-OSO: *seboso, estudioso.*
-TIVO (-ATIVO, -ITIVO): *comparativo, competitivo.*
-TORIO (-ATORIO, -ETORIO, -ITORIO): *compensatorio, supletorio, inhibitorio.*
-UDO: *orejudo.*

c) De verbos:

-EAR: *bromear.*
-ECER: *entontecer.*
-IFICAR: *electrificar.*
-IZAR: *nacionalizar.*

B. Principales sufijos apreciativos:

a) Diminutivos, despectivos y aumentativos (de nombres y adjetivos):

-ACO, -AJO: *libraco, pequeñajo.*
-AZO: *animalazo.*
-EJO: *malejo.*
-ETE: *vejete.*
-ICO, -CICO, -ECICO, -CECICO: *apuradico.*
-ILLO, -CILLO, -ECILLO, -CECILLO: *papelillo.*
-ÍN, -CÍN, -ECÍN, -CECÍN: *pequeñín.*
-ITO, -CITO, -ECITO, -CECITO: *calentito, jovencito, pececito, piececito.*
-ÓN: *grandón, novelón.*
-OTE: *amigote.*
-UCO, -UJO, -UCHO, -UZO, -USCO, -UZCO: *mujeruca, papelucho, gentuza, parduzco.*
-UELO, -ZUELO, -EZUELO, -CEZUELO: *pequeñuelo.*

b) Superlativo (de adjetivos y adverbios):

-ÍSIMO: *altísimo, tardísimo.*

C. Principales prefijos:

A-: *atraer, agitanar.*
A-, AN-: *asimétrico, anovulatorio.*

ANTE-: *anteponer.*
ANTI-: *anticlerical.*
ARCHI-: *archifamoso.*
CIRCUN-, CIRCUM-: *circunvecino, circumpolar.*
CON-, COM-, CO-: *consocio, compadre, coautor.*
CONTRA-: *contraataque.*
DES-, DE-: *deshacer, devaluar.*
DIS-: *disconforme.*
EN-, EM-: *encestar, enflaquecer, empapelar.*
ENTRE-: *entreplanta.*
EX-: *extraer, ex-ministro.*
EXTRA-: *extraoficial, extraplano.*
HIPER-: *hipersensible.*
HIPO-: *hipotensión.*
IN-, IM-, I-: *intocable, impago, irregular, imponer.*
INFRA-: *infradotado.*
INTER-: *internacional.*
INTRA-: *intramuscular.*
POS-, POST-: *posponer, postventa.*
PRE-: *preconciliar.*
PRO-: *prohombre, prochino.*
RE-: *reconsiderar, rebonita.*
RETRO-: *retropropulsión.*
SOBRE-: *sobrecarga.*
SUB-: *subdesarrollado.*
SUPER-: *superponer, superbarato.*
SUPRA-: *supranacional.*
TRANS-, TRAS-: *transatlántico, trasponer.*
ULTRA-: *ultraderechista.*

3. *Composición*

a) Por yuxtaposición de palabras, con o sin guión: *mueble-cama, buque hospital.*
b) Por agregación directa de palabras (a veces con alguna modificación del primer elemento) formando una sola unidad gráfica: *malestar, pasodoble, correveidile, baloncesto, abrebotellas, friegasuelos, tontiloco.*
c) Por agregación de una forma prefija griega o latina a una palabra española: *monoplaza, cosmonave.*
d) Por agregación de una forma sufija griega o latina a una base española· *petrolífero.*
e) Por suma de una forma prefija y una forma sufija griegas o latinas: *teléfono, audiómetro.*

5. El nombre

1. *Formación del plural*

Nombres terminados en	Forman el plural en
Vocal no acentuada *(letra, gato)* .... -E acentuada *(café, pie)*.......................... }	-S *(letras, gatos; cafés, pies)*

apéndices

Nombres terminados en	Forman el plural en
Consonante *(virtud, tos)* [1] -I acentuada *(marroquí)*	-ES *(virtudes, toses; marroquíes)*
-A, -O, -U acentuadas	-S o -ES, según los casos *(tabús/tabúes, zulús/zulúes, tisús/tisúes; papás, mamás, sofás, dominós, vermús, canesús, gachós; bajaes, albalaes, faralaes)*
-S —siendo la palabra grave o esdrújula— *(dosis, éxtasis, martes, miércoles)*	Invariable *(dosis, éxtasis, martes, miércoles)*

[1] Los extranjerismos terminados en consonante forman unos el plural en *-es (revólveres, chóferes, goles)*, otros en *-s (clubs, coñacs)* y otros invariable *(déficit, lunch)*. Los nombres terminados en *-z* la cambian en *-c* en el plural: *lápiz, lápices*.

2. Formación del femenino (nombres de personas y animales)

Nombres terminados en	Forman el femenino en
-O *(abogado, hermano, lobo, perro)* Consonante *(señor, doctor, ladrón, marqués)*	-A *(abogada, hermana, loba, perra; señora, doctora, ladrona, marquesa)*
-E { *(presidente, dependiente, jefe, elefante)* .	-A *(presidenta, dependienta, jefa, elefanta)*
(confidente, cantante)	Invariable *(confidente, cantante)*
-A *(artista, suicida)*	Invariable *(artista, suicida)*

CASOS ESPECIALES:

1. *Abad, conde, duque, barón, príncipe*	-ESA *(abadesa, condesa, duquesa, baronesa, princesa)*
2. *Papa, sacerdote, profeta, poeta*	-ISA *(papisa, sacerdotisa, profetisa, poetisa)*
3. *Rey, héroe, gallo, jabalí*	-INA *(reina, heroína, gallina, jabalina)*
4. *Emperador, actor*	-TRIZ *(emperatriz, actriz)*
5. *Padre, yerno, caballo, toro,* etc.	Palabra diferente *(madre, nuera, yegua, vaca,* etc.)

6. El adjetivo calificativo

1. Formación del plural

El plural se forma según las mismas reglas expuestas para el nombre.

2. Formación del femenino

Adjetivos terminados en	Forman el femenino en
-O *(bello, duro)* .... -ETE *(regordete)* .... -OTE *(grandote)* .... -ÍN *(pequeñín)* .... -ÓN *(pelón)* .... -ÁN *(holgazán)* .... -OR *(reidor)* [1] .... Consonante —si el adjetivo es gentilicio— *(andaluz, leonés, mallorquín)*	-A *(bella, dura; regordeta; grandota; pequeñina; pelona; holgazana; reidora; andaluza, leonesa, mallorquina)*
Cualquier otra terminación *(amable, belga, baladí, azul, ruin, familiar, cortés, soez)* ...	Invariable *(amable, belga, baladí, etc.)*

[1] Excepciones: *exterior, interior, superior, inferior, ulterior, mayor, menor, mejor, peor.*

7. Los posesivos

		OBJETOS POSEÍDOS		
		uno		varios	
		Masculino	Femenino	Masculino	Femenino
Poseedores	yo...............................	*mío (mi)*	*mía (mi)*	*míos (mis)*	*mías (mis)*
	tú...............................	*tuyo (tu)*	*tuya (tu)*	*tuyos (tus)*	*tuyas (tus)*
	él, ella, usted...............	*suyo (su)*	*suya (su)*	*suyos (sus)*	*suyas (sus)*
	nosotros, nosotras..........	*nuestro*	*nuestra*	*nuestros*	*nuestras*
	vosotros, vosotras..........	*vuestro*	*vuestra*	*vuestros*	*vuestras*
	ellos, ellas, ustedes	*suyo (su)*	*suya (su)*	*suyos (sus)*	*suyas (sus)*

8. Los demostrativos

		Masculino	Femenino	Neutro
Cerca de mí...............	Singular..............	*este*	*esta*	*esto*
	Plural................	*estos*	*estas*	—
Cerca de ti	Singular..............	*ese*	*esa*	*eso*
	Plural................	*esos*	*esas*	—
Lejos de los dos	Singular..............	*aquel*	*aquella*	*aquello*
	Plural................	*aquellos*	*aquellas*	—

9. Los numerales

1. Cardinales

0 cero
1 uno (*apoc.* un), *f.* una
2 dos
3 tres
4 cuatro
5 cinco
6 seis
7 siete
8 ocho
9 nueve
10 diez
11 once
12 doce
13 trece
14 catorce
15 quince
16 dieciséis (*raro* diez y seis)
17 diecisiete (*raro* diez y siete)
18 dieciocho (*raro* diez y ocho)
19 diecinueve (*raro* diez y nueve)
20 veinte
21 veintiuno (*apoc.* veintiún), *f.* veintiuna
22 veintidós
23 veintitrés
24 veinticuatro
25 veinticinco
26 veintiséis
27 veintisiete
28 veintiocho
29 veintinueve
30 treinta
31 treinta y uno (*apoc.* treinta y un), *f.* treinta y una
32 treinta y dos
33 treinta y tres
34 treinta y cuatro
35 treinta y cinco
36 treinta y seis
37 treinta y siete
38 treinta y ocho
39 treinta y nueve
40 cuarenta
41 cuarenta y uno (*apoc.* cuarenta y un), *f.* cuarenta y una
42 cuarenta y dos
50 cincuenta
51 cincuenta y uno (*apoc.* ...y un), *f.* ...y una
52 cincuenta y dos
60 sesenta

70 setenta
80 ochenta
90 noventa
100 ciento (*apoc.* cien)
101 ciento uno (*apoc.* ciento un), *f.* ciento una
102 ciento dos
103 ciento tres
104 ciento cuatro
105 ciento cinco
110 ciento diez
111 ciento once
112 ciento doce
120 ciento veinte
121 ciento veintiuno (*apoc.* -ún), *f.* -una
122 ciento veintidós
200 doscientos, *f.* doscientas
201 doscientos uno (*apoc.* doscientos un), *f.* doscientas una
202 doscientos dos, *f.* doscientas dos
203 doscientos tres, *f.* doscientas tres
300 trescientos, *f.* trescientas (*Sigue igual que doscientos*)
400 cuatrocientos, *f.* cuatrocientas
500 quinientos, *f.* quinientas
600 seiscientos, *f.* seiscientas
700 setecientos, *f.* setecientas
800 ochocientos, *f.* ochocientas
900 novecientos, *f.* novecientas
1.000 mil
1.001 mil uno (*apoc.* mil un), *f.* mil una
1.002 mil dos
1.003 mil tres
1.004 mil cuatro
1.100 mil ciento (*apoc.* mil cien)
1.101 mil ciento uno (*apoc.* ...un), *f.* ...una
1.102 mil ciento dos
1.103 mil ciento tres
1.200 mil doscientos, *f.* mil doscientas
1.201 mil doscientos uno (*apoc.* mil doscientos un), *f.* mil doscientas una
1.202 mil doscientos dos, *f.* mil doscientas dos
1.300 mil trescientos, *f.* mil trescientas
1.400 mil cuatrocientos, *f.* mil cuatrocientas
1.500 mil quinientos, *f.* -as
1.600 mil seiscientos, *f.* -as
1.700 mil setecientos, *f.* -as
1.800 mil ochocientos, *f.* -as

1.900 mil novecientos, *f.* -as
2.000 dos mil
2.001 dos mil uno (*apoc.* ...un), *f.*
   ...una
2.002 dos mil dos
2.003 dos mil tres
2.100 dos mil ciento (*apoc.* cien)
3.000 tres mil
4.000 cuatro mil
5.000 cinco mil
10.000 diez mil
11.000 once mil
12.000 doce mil
20.000 veinte mil
21.001 veintiún mil uno (*apoc.* ...un), *f.*
   veintiún mil una
30.000 treinta mil
40.000 cuarenta mil
100.000 cien mil
200.000 doscientos (*f.* doscientas) mil
300.000 trescientos (*f.* trescientas) mil
999.999 novecientos (*f.* -as) noventa y nueve mil novecientos (*f.* -as) noventa y nueve

1.000.000 un millón
1.000.001 un millón uno (*apoc.* ...un), *f.* ...una
1.000.010 un millón diez
1.000.100 un millón ciento (*apoc.* ...cien)
1.001.000 un millón mil
1.010.000 un millón diez mil
1.100.000 un millón cien mil
1.825.374 un millón ochocientos (*f.* -as) veinticinco mil trescientos (*f.* -as) setenta y cuatro
2.000.000 dos millones
2.000.100 dos millones ciento (*apoc.* cien)
2.001.000 dos millones mil
3.000.000 tres millones
10.000.000 diez millones
100.000.000 cien millones
1.000.000.000 mil millones
1.000.000.000.000 un billón

2. Ordinales

1.º primero (*apoc.* primer), primera
2.º segundo, -a
3.º tercero (*apoc.* tercer), tercera
4.º cuarto, -a
5.º quinto, -a
6.º sexto, -a
7.º séptimo, -a
8.º octavo, -a
9.º noveno, -a (*raro* nono, -a)
10.º décimo, -a
11.º undécimo, -a
12.º duodécimo, -a
13.º decimotercero, -a (o decimotercio, -a) [1].
14.º decimocuarto, -a
15.º decimoquinto, -a
16.º decimosexto, -a
17.º decimoséptimo, -a
18.º decimoctavo, -a
19.º decimonoveno, -a (*o* decimonono, -a)
20.º vigésimo, -a
21.º vigésimo (-a) primero (-a) (*o* vigesimoprimero)

22.º vigésimo (-a) segundo (-a) (*o* vigesimosegundo)
30.º trigésimo, -a
31.º trigésimo (-a) primero (-a)
32.º trigésimo (-a) segundo (-a)
40.º cuadragésimo, -a
50.º quincuagésimo, -a
60.º sexagésimo, -a
70.º septuagésimo, -a
80.º octogésimo, -a
90.º nonagésimo, -a
100.º centésimo, a
101.º centésimo (-a) primero (-a)
102.º centésimo (-a) segundo (-a)
110.º centésimo (-a) décimo (-a)
200.º ducentésimo, -a
300.º tricentésimo, -a
400.º cuadringentésimo, -a
500.º quingentésimo, -a
600.º sexcentésimo, -a
700.º septingentésimo, -a
800.º octingentésimo, -a
900.º noningentésimo, -a

[1] También *décimo tercero*, femenino *décima tercera*. Lo mismo en todos los siguientes: *décimo octavo*, femenino *décima octava*. Pero estas formas son raras hoy.

999.º noningentésimo nonagésimo noveno
1.000.º milésimo, -a
1.864.º milésimo octingentésimo sexagésimo cuarto
2.000.º dosmilésimo, -a

3.000.º tresmilésimo, -a
4.000.º cuatromilésimo, -a
10.000.º diezmilésimo, -a
100.000.º cienmilésimo, -a
500.000.º quinientosmilésimo, -a
1.000.000.º millonésimo, -a

10. Los pronombres personales

	1.ª persona		2.ª persona		2.ª persona de tratamiento	
	Singular	Plural	Singular	Plural	Singular	Plural
Forma de sujeto ...	yo	nosotros, nosotras	tú	vosotros, vosotras	usted	ustedes
Forma de complemento directo sin preposición.......	me	nos	te	os	le, lo, la	los, las
Forma de complemento indirecto sin preposición ..	me	nos	te	os	le	les
Forma de complemento con preposición	mi	nosotros, nosotras	ti	vosotros, vosotras	usted	ustedes
Forma de complemento con la preposición CON .	conmigo	con nosotros, -as	contigo	con vosotros, -as	con usted	con ustedes

	3.ª persona (masculino)		3.ª persona (femenino)		3.ª persona (neutro)	3.ª persona forma reflexiva
	Singular	Plural	Singular	Plural	Singular	Sing. y pl.
Forma de sujeto........	él	ellos	ella	ellas	ello	No tiene
Forma de complemento directo sin preposición...........	le, lo	los	la	las	lo	se
Forma de complemento indirecto sin preposición...........	le	les	le	les	le	se
Forma de complemento con preposición	él	ellos	ella	ellas	ello	sí

apéndices

	3.ª persona (masculino)		3.ª persona (femenino)		3.ª persona (neutro)	3.ª persona forma reflexiva
	Singular	Plural	Singular	Plural	Singular	Sing. y pl.
Forma de complemento con la preposición CON	con él	con ellos	con ella	con ellas	con ello	consigo

NOTAS. 1. Sobre el uso de las formas incluidas en este cuadro, véanse en el DICCIO-NARIO los artículos YO, TÚ, ÉL, ELLO, NOSOTROS, VOSOTROS, USTED, SÍ [2] y PRONOMBRES PERSONALES ÁTONOS.
2. Sobre el pronombre *vos*, anticuado en España y con vigencia y usos particulares en varios países de América, véase en el DICCIONARIO el artículo VOS.

11. Los relativos

	SINGULAR			PLURAL	
	Masculino	Femenino	Neutro	Masculino	Femenino
Pronombres	*(el) que (el) cual quien*	*(la) que (la) cual quien*	*(lo) que (lo) cual* —	*(los) que (los) cuales quienes*	*(las) que (las) cuales quienes*
Adjetivo	*cuyo*	*cuya*	—	*cuyos*	*cuyas*
Adjetivo y pronombre	*cuanto*	*cuanta*	*cuanto*	*cuantos*	*cuantas*

12. Los interrogativos

	SINGULAR			PLURAL	
	Masculino	Femenino	Neutro	Masculino	Femenino
Pronombres	*¿quién?* —	*¿quién?* —	— *¿qué? ¿cuánto?*	*¿quiénes?* —	*¿quiénes?* —
Adjetivo	*¿qué?*	*¿qué?*	—	*¿qué?*	*¿qué?*
Adjetivos y pronombres	*¿cuánto? ¿cuál?*	*¿cuánta? ¿cuál?*	—	*¿cuántos? ¿cuáles?*	*¿cuántas? ¿cuáles?*

Las mismas formas pueden usarse como *exclamativos: ¡Qué chico más tonto!, ¡Cuánta gente!, ¡Quién lo creyera!*

apéndices

13. El verbo

1. Nomenclatura de los tiempos verbales

Forma verbal	Academia. Gramática [1]	Bello [2]	Alonso-Henríquez Ureña	Gili Gaya	Academia. Esbozo [3]
MODO INDICATIVO					
canto	presente	presente	presente	presente	presente
canté	pret. indefinido	pretérito	pretérito	pret. perfecto absoluto	pret. perfecto simple
cantaba	pret. imperfecto	copretérito	pret. imperfecto	pret. imperfecto	pret. imperfecto
he cantado	pret. perfecto	antepresente	pret. perfecto	pret. perfecto actual	pret. perfecto compuesto
hube cantado	pret. anterior	antepretérito	pret. anterior	antepretérito	pret. anterior
había cantado	pret. pluscuamperfecto	antecopretérito	pret. pluscuamperfecto	pluscuamperfecto	pret. pluscuamperfecto
cantaré	fut. imperfecto	futuro	futuro	futuro absoluto	futuro
cantaría	potencial simple o imperfecto	pospretérito	pot. simple o imperfecto	futuro hipotético	condicional
habré cantado	fut. perfecto	antefuturo	fut. perfecto	antefuturo	futuro perfecto
habría cantado	potencial compuesto o perfecto	antepospretérito	pot. compuesto o perfecto	antefuturo hipotético	condicional perfecto
MODO SUBJUNTIVO					
cante	presente	presente	presente	presente	presente
cantara o cantase	pret. imperfecto	pretérito	pretérito	pret. imperfecto	pret. imperfecto
haya cantado	pret. perfecto	antepresente	pret. perfecto	pret. perfecto	pret. perfecto
hubiera cantado o hubiese cantado	pret. pluscuamperfecto	antepretérito	pret. pluscuamperfecto	pluscuamperfecto	pret. pluscuamperfecto
cantare	fut. imperfecto	futuro	futuro	fut. hipotético	futuro
hubiere cantado	fut. perfecto	antefuturo	fut. perfecto	antefuturo hipotético	fut. perfecto
MODO IMPERATIVO					
canta	presente	futuro	presente	presente	presente
FORMAS NO PERSONALES					
cantar	infinitivo	infinitivo	infinitivo	infinitivo	infinitivo
cantando	gerundio	gerundio	gerundio	gerundio	gerundio
cantado	participio	participio	participio	participio	participio
haber cantado	inf. compuesto	inf. compuesto	inf. compuesto	inf. compuesto	inf. compuesto
habiendo cantado	ger. compuesto	ger. compuesto	ger. compuesto	ger. compuesto	ger. compuesto

[1] La nomenclatura utilizada por la Academia en la última edición de su Gramática (1931) es la llamada «tradicional», la más conocida en España y la que se sigue en este DICCIONARIO.
[2] La nomenclatura de Andrés Bello (1781-1865), adoptada en varios países americanos, es también la utilizada en mi Gramática esencial del español (1972).
[3] La nomenclatura propuesta por la Academia en el Esbozo de una nueva gramática (1973) tiene carácter provisional, según advierte el prólogo de la misma obra; a pesar de lo cual ha sido adoptada por algunos libros de texto.

2. Conjugación de los verbos regulares e irregulares: Véase APÉNDICE II.

14. La oración [1]

1. *Estructura general de la oración: sujeto + predicado*

SUJETO
- NÚCLEO: sustantivo
  - { por naturaleza (nombre o pronombre)
  - { funcional (por traslación: v. 3)
- eventualmente: COMPLEMENTOS
  - { por naturaleza (artículo o adjetivo)
  - { funcionales (por traslación)

PREDICADO
- NÚCLEO: verbo
- eventualmente: COMPLEMENTOS
  - adverbial { por naturaleza (adverbio)
  - { funcional (por traslación)
  - directo (sustantivo)
  - indirecto (sustantivo)

Ejemplo. Oración I: *El médico nuevo me recetó ayer un analgésico.*

a) Sujeto: *el médico nuevo*
    Predicado: *me recetó ayer un analgésico.*
b) Elementos del sujeto: núcleo: *médico* (nombre)
            complementos: *nuevo* (adjetivo), *el* (artículo)
    Elementos del predicado: núcleo: *recetó* (verbo)
            complementos: *ayer* (adverbial)
                    un analgésico (directo; nombre)
                    me (indirecto; pronombre)

2. *Oración de predicado cualitativo*

SUJETO como en 1.

PREDICADO
- { NÚCLEO: verbo (frecuentemente *ser* o *estar*)
- { PREDICATIVO: adjetivo o sustantivo
- { eventualmente: COMPLEMENTOS { adverbial
                      { indirecto

Ejemplo. Oración II: *El médico nuevo es joven.*

a) Sujeto: *el médico nuevo*
    Predicado: *es joven*
b) Elementos del predicado: núcleo: *es* (verbo)
            predicativo: *joven* (adjetivo)

3. *Traslación* (proceso por el que una palabra o grupo de palabras pasa a desempeñar una función que no es por naturaleza la suya).

---

[1] Las nociones y la terminología presentadas en este apartado pueden verse expuestas extensamente en mi *Gramática esencial del español.*

Ejemplo. Oración III: *El médico del Seguro me recetó el otro día un analgésico.*

a) Sujeto: *el médico del Seguro*
Predicado: *me recetó el otro día un analgésico*
b) Traslaciones:
1.ª En el Sujeto hay un complemento funcional: *del Seguro,* constituido por un nombre que, gracias a un elemento trasladador (la preposición *de*), desempeña función de adjetivo (cf. *nuevo,* en la Oración I).
2.ª En el Predicado hay un complemento adverbial funcional: *el otro día,* constituido por un nombre (*día,* con sus propios acompañantes artículo y adjetivo) que desempeña función de adverbio (cf. *ayer,* en la Oración I).

4. *Proposición* (estructura de oración que, por traslación, pasa a desempeñar una función —núcleo, complemento— dentro del sujeto o el predicado de otra oración).

Ejemplo. Oración IV: *El médico que nos atiende ahora me recetó, cuando fui a la consulta, que dejase el tabaco.*

a) Sujeto: *el médico que nos atiende ahora*
Predicado: *me recetó, cuando fui a la consulta, que dejase el tabaco*
b) Proposiciones:
1.ª Dentro del Sujeto hay una proposición *(que nos atiende ahora)* que funciona como adjetivo con respecto a *médico* (cf. *nuevo,* en la Oración I). Es una estructura oracional que ha pasado a esta función gracias a un elemento trasladador, el relativo *que.*
2.ª Dentro del Predicado hay una proposición *(cuando fui a la consulta)* que funciona como complemento adverbial respecto a *recetó* (cf. *ayer,* en Oración I). Es una estructura oracional que toma esta función por medio del elemento trasladador *cuando* (conjunción).
3.ª También dentro del Predicado hay otra proposición *(que dejase el tabaco)* que funciona como complemento directo respecto al núcleo *recetó* (cf. *un analgésico,* en Oración I). Para pasar a esta función va introducida por un elemento trasladador, la conjunción *que.*

5. *Coordinación de oraciones* (enlace por conjunción de dos oraciones independientes).

a) Coordinación copulativa: *Entramos por una puerta lateral,* Y *no nos vieron.*
b) Coordinación adversativa: *Entramos por la puerta principal,* PERO *no nos vieron.*
c) Coordinación disyuntiva: *¿Vamos nosotros* O *venís vosotros?*
d) Coordinación consecutiva: *Ya son las cuatro,* CONQUE *podemos irnos.*
e) Coordinación causal: *No insistas,* PUES *es muy testarudo.*

II. Conjugación de los verbos

1. Verbos regulares

En los verbos regulares [1], [2] y [3] enunciamos todos los tiempos en todas sus personas, así como las formas no personales. En cada tiempo (excepto en imperativo) se exponen seis formas, que corresponden, por este orden, a las personas *yo, tú* y *él* o *usted* de singular, y *nosotros, vosotros* y *ellos* o *ustedes* del plural. En imperativo solo se indican cuatro formas: *tú, usted, vosotros* y *ustedes*.

Se incluyen en esta sección los modelos de verbos regulares terminados en *-iar, -uar*, que llevan acentuada o no acentuada la /i/ y la /u/ [1 a, 1 b, 1 c, 1 d], así como los verbos con grupo /ai/ o /au/ en la base, que llevan articulado ese grupo en unos casos como diptongo y en otros como hiato [1 e, 1 f]. Estos verbos modelos ya figuran explicados en su lugar alfabético correspondiente dentro del DICCIONARIO; pero se resumen también aquí a fin de que el lector pueda tenerlos reunidos para su cotejo. Para los verbos (p. ej., *situar*) que en el cuerpo del DICCIONARIO se remiten a alguno de estos modelos, puede consultarse indistintamente en aquella parte el artículo propuesto (en este caso, *actuar*), o bien, en este APÉNDICE, el número que allí se indica entre corchetes (1 d, que es el que corresponde, precisamente, a *actuar*).

1. CANTAR. INDICATIVO. *Presente* cant-o, cant-as, cant-a, cant-amos, cant-áis, cant-an. *Pretérito imperfecto* cant-aba, cant-abas, cant-aba, cant-ábamos, cant-abais, cant-aban. *Pretérito indefinido* cant-é, cant-aste, cant-ó, cant-amos, cant-asteis, cant-aron. *Futuro imperfecto* cant-aré, cant-arás, cant-ará, cant-aremos, cant-aréis, cant-arán. *Potencial simple* cant-aría, cant-arías, cant-aría, cant-aríamos, cant-aríais, cant-arían.

Pretérito perfecto he cantado, has cantado, ha cantado, hemos cantado, habéis cantado, han cantado. *Pretérito pluscuamperfecto* había cantado, habías cantado, había cantado, habíamos cantado, habíais cantado, habían cantado. *Pretérito anterior* hube cantado, hubiste cantado, hubo cantado, hubimos cantado, hubisteis cantado, hubieron cantado. *Futuro perfecto* habré cantado, habrás cantado, habrá cantado, habremos cantado, habréis cantado, habrán cantado. *Potencial compuesto* habría cantado, habrías cantado, habría cantado, habríamos cantado, habríais cantado, habrían cantado.

SUBJUNTIVO. *Presente* cant-e, cant-es, cant-e, cant-emos, cant-éis, cant-en. *Pretérito imperfecto* cant-ara, cant-aras, cant-ara, cant-áramos, cant-arais, cant-aran (*o* cant-ase, cant-ases, cant-ase, cant-ásemos, cant-aseis, cant-asen). *Futuro imperfecto* cant-are, cant-ares, cant-are, cant-áremos, cant-areis, cant-aren.

Pretérito perfecto haya cantado, hayas cantado, haya cantado, hayamos cantado, hayáis cantado, hayan cantado. *Pretérito pluscuamperfecto* hubiera cantado, hubieras cantado, hubiera cantado, hubiéramos cantado, hubierais cantado, hubieran cantado (o hubiese cantado, hubieses cantado, hubiese cantado, hubiésemos cantado, hubieseis cantado, hubiesen cantado). *Futuro perfecto* hubiere cantado, hubieres cantado, hubiere cantado, hubiéremos cantado, hubiereis cantado, hubieren cantado.

IMPERATIVO cant-a, cant-e, cant-ad, cant-en.

FORMAS NO PERSONALES. *Infinitivo* cant-ar. *Gerundio* cant-ando. *Participio* cant-ado. *Infinitivo compuesto* haber cantado. *Gerundio compuesto* habiendo cantado.

apéndices

1 a. CAMBIAR. *La* i *final de la base* cambi- *es átona en todas las formas de este verbo. Esa* i *siempre se combina formando diptongo con la vocal que la sigue, es decir, articulándose ambas dentro de una sola sílaba. P. ej.: Presente de indicativo* cambio, cambias, cambia, cambiamos, cambiáis, cambian. *(Pronunciación:* /kám.bio, kám.bias, kám.bia, kam.biá.mos, kam.biáis, kám.bian/.*) Presente de subjuntivo* cambie, cambies, cambie, cambiemos, cambiéis, cambien. *(Pronunciación:* /kám.bie, kám.bies, kám.bie, kam.bié.mos, kam.biéis, kám.bien/*). Imperativo* cambia, cambie, cambiad, cambien. *(Pronunciación:* /kám.bia, kám.bie, kam.biád, kám.bien/.*)*

1 b. AVERIGUAR. *La* u *final de la base* averigu- *es átona en todas las formas de este verbo. Esa* u *siempre se combina formando diptongo con la vocal que la sigue, es decir, articulándose ambas dentro de una sola sílaba. P. ej.: Presente de indicativo* averiguo, averiguas, averigua, averiguamos, averiguáis, averiguan. *(Pronunciación:* /a.be.rí.guo, a.be.rí.guas, a.be.rí.gua, a.be.ri.guá.mos, a.be.ri.guáis, a.be.rí.guan/.*) Presente de subjuntivo* averigüe, averigües, averigüe, averigüemos, averigüéis, averigüen. *(Pronunciación:* /a.be.rí.güe, a.be.rí.gües, a.be.rí.güe, a.be.ri.güé.mos, a.be.ri.güéis, a.be.rí.güen/.*) Imperativo* averigua, averigüe, averiguad, averigüen. *(Pronunciación:* /a.be.rí.gua, a.be.rí.güe, a.be.ri.guád, a.be.rí.güen/.*)*

1 c. DESVIAR. *La* i *final de la base* desvi- *es tónica en las personas* yo, tú, él *o* usted *y* ellos *o* ustedes *de los presentes de indicativo y subjuntivo y del imperativo. En todas las demás formas del verbo esa* i *es átona, a pesar de lo cual nunca se une formando diptongo con la vocal que la sigue; es decir, ambas vocales se articulan en sílabas diferentes. P. ej.: Presente de indicativo* desvío, desvías, desvía, desviamos, desviáis, desvían. *(Pronunciación:* /des.bí.o, des.bí.as, des.bí.a, des.bi.á.mos, des.bi.áis, des.bí.an/.*) Presente de subjuntivo* desvíe, desvíes, desvíe, desviemos, desviéis, desvíen. *(Pronunciación:* /des.bí.e, des.bí.es, des.bí.e, des.bi.é.mos, des.bi.éis, des.bí.en/.*) Imperativo* desvía, desvíe, desviad, desvíen. *(Pronunciación:* /des.bí.a, des.bí.e, des.bi.ád, des.bí.en/.*)*

1 d. ACTUAR. *La* u *final de la base* actu- *es tónica en las personas* yo, tú, él *o* usted *y* ellos *o* ustedes *de los presentes de indicativo y subjuntivo y del imperativo. En todas las demás formas del verbo esa* u *es átona, a pesar de lo cual nunca se une formando diptongo con la vocal que la sigue; es decir, ambas vocales se articulan en sílabas diferentes. P. ej.: Presente de indicativo* actúo, actúas, actúa, actuamos, actuáis, actúan. *(Pronunciación:* /ak.tú.o, ak.tú.as, ak.tú.a, ak.tu.á.mos, ak.tu.áis, ak.tú.an/.*) Presente de subjuntivo* actúe, actúes, actúe, actuemos, actuéis, actúen. *(Pronunciación:* /ak.tú.e, ak.tú.es, ak.tú.e, ak.tu.é.mos, ak.tu.éis, ak.tú.en/*) Imperativo* actúa, actúe, actuad, actúen. *(Pronunciación:* /ak.tú.a, ak.tú.e, ak.tu.ád, ak.tú.en/.*)*

1 e. BAILAR, CAUSAR. *La segunda vocal del grupo* ai, au *siempre se combina formando diptongo con la vocal precedente, es decir, articulándose ambas dentro de una sola sílaba. P. ej.: Presente de indicativo* bailo, bailas, baila, bailamos, bailáis, bailan; causo, causas, causa, causamos, causáis, causan. *(Pronunciación:* /bái.lo, bái.las, bái.la, bai.lá.mos, bai.láis, bái.lan; káu.so, káu.sas, káu.sa, kau.sá.mos, kau.sáis, káu.san/.*) Presente de subjuntivo* baile, bailes, baile, bailemos, bailéis, bailen; cause, causes, cause, causemos, causéis, causen. *(Pronunciación:* /bái.le, bái.les, bái.le, bai.lé.mos, bai.léis, bái.len; káu.se, káu.ses, káu.se.../.*)*

1 f. ENRAIZAR, AULLAR. *La segunda vocal del grupo* ai, au *es tónica en las personas* yo, tú, él *o* usted, *y* ellos *o* ustedes, *de los presentes de indicativo y subjuntivo y del imperativo. En todas las demás formas del verbo, esa segunda vocal* i, u *es átona y constituye normalmente diptongo con la vocal precedente. P. ej.: Presente de indicativo* enraízo, enraízas, enraíza, enraizamos, enraizáis, enraízan; aúllo, aúllas, aúlla, aullamos, aulláis, aúllan. *(Pronunciación:* /en.ra.í.zo, en.ra.í.zas, en.ra.í.za, en.rai.zá.mos, en.rai.záis,

407

en.ra.í.zan; a.ú.llo, a.ú.llas, a.ú.lla, au.llá.mos, au.lláis, a.ú.llan/.) *Presente de subjuntivo* enraíce, enraíces, enraíce, enraicéis, enraícen; aúlle, aúlles, aúlle, aullemos, aulléis, aúllen. (*Pronunciación:* /en.ra.í.ze, en.ra.í.zes, en.ra.í.ze, en.rai.zé.mos, en.rai.zéis, en.ra.í.zen; a.ú.lle, a.ú.lles, a.ú.lle, au.llé.mos, au.lléis, a.ú.llen/.)

2. COMER.

INDICATIVO. *Presente* com-o, com-es, com-e, com-emos, com-éis, com-en. *Pretérito imperfecto* com-ía, com-ías, com-ía, com-íamos, com-íais, com-ían. *Pretérito indefinido* com-í, com-iste, com-ió, com-imos, com-isteis, com-ieron. *Futuro imperfecto* com-eré, com-erás, com-erá, com-eremos, com-eréis, com-erán. *Potencial simple* comería, com-erías, com-ería, com-eríamos, com-eríais, com-erían.

Pretérito perfecto he comido, has comido, ha comido, hemos comido, habéis comido, han comido. *Pretérito pluscuamperfecto* había comido, habías comido, había comido, habíamos comido, habíais comido, habían comido. *Pretérito anterior* hube comido, hubiste comido, hubo comido, hubimos comido, hubisteis comido, hubieron comido. *Futuro perfecto* habré comido, habrás comido, habrá comido, habremos comido, habréis comido, habrán comido. *Potencial compuesto* habría comido, habrías comido, habría comido, habríamos comido, habríais comido, habría comido.

SUBJUNTIVO. *Presente* com-a, com-as, com-a, com-amos, com-áis, com-an. *Pretérito imperfecto* com-iera, com-ieras, com-iera, com-iéramos, com-ierais, com-iera (*o* com-iese, com-ieses, com-iese, com-iésemos, com-ieseis, com-iesen). *Futuro imperfecto* com-iere, com-ieres, com-iere, com-iéremos, com-iereis, com-ieren.

Pretérito perfecto haya comido, hayas comido, haya comido, hayamos comido, hayáis comido, hayan comido. *Pretérito pluscuamperfecto* hubiera comido, hubieras comido, hubiera comido, hubiéramos comido, hubierais comido, hubieran comido (*o* hubiese comido, hubieses comido, hubiese comido, hubiésemos comido, hubieseis comido, hubiesen comido). *Futuro perfecto* hubiere comido, hubieres comido, hubiere comido, hubiéremos comido, hubiereis comido, hubieren comido.

IMPERATIVO com-e, com-a, com-ed, com-an.

FORMAS NO PERSONALES: *Infinitivo* com-er. *Gerundio* com-iendo. *Participio* com-ido. *Infinitivo compuesto* haber comido. *Gerundio compuesto* habiendo comido.

3. SUFRIR.

INDICATIVO. *Presente* sufr-o, sufr-es, sufr-e, sufr-imos, sufr-ís, sufr-en. *Pretérito imperfecto* sufr-ía, sufr-ías, sufr-ía, sufr-íamos, sufr-íais, sufr-ían. *Pretérito indefinido* sufr-í, sufr-iste, sufr-ió, sufr-imos, sufr-isteis, sufr-ieron. *Futuro imperfecto* sufr-iré, sufr-irás, sufr-irá, sufr-iremos, sufr-iréis, sufr-irán. *Potencial simple* sufr-iría, sufr-irías, sufr-iría, sufr-iríamos, sufr-iríais, sufr-irían.

Pretérito perfecto he sufrido, has sufrido, ha sufrido, hemos sufrido, habéis sufrido, han sufrido. *Pretérito pluscuamperfecto* había sufrido, habías sufrido, había sufrido, habíamos sufrido, habíais sufrido, habían sufrido. *Pretérito anterior* hube sufrido, hubiste sufrido, hubo sufrido, hubimos sufrido, hubisteis sufrido, hubieron sufrido. *Futuro perfecto* habré sufrido, habrás sufrido, habrá sufrido, habremos sufrido, habréis sufrido, habrán sufrido. *Potencial compuesto* habría sufrido, habrías sufrido, habría sufrido, habríamos sufrido, habríais sufrido, habrían sufrido.

SUBJUNTIVO. *Presente* sufr-a, sufr-as, sufr-a, sufr-amos, sufr-áis, sufr-an. *Pretérito imperfecto* sufr-iera, sufr-ieras, sufr-iera, sufr-iéramos, sufr-ierais, sufr-ieran (*o* sufr-iese, sufr-ieses, sufr-iese, sufr-iésemos, sufr-ieseis, sufr-iesen). *Futuro imperfecto* sufr-iere, sufr-ieres, sufr-iere, sufr-iéremos, sufr-iereis, sufr-ieren.

Pretérito perfecto haya sufrido, hayas sufrido, haya sufrido, hayamos sufrido, hayáis sufrido, hayan sufrido. *Pretérito pluscuamperfecto* hubiera sufrido, hubieras sufrido, hubiera sufrido, hubiéramos sufrido, hubierais sufrido, hubieran sufrido (*o* hubiese sufrido, hubieses sufrido, hubiese sufrido, hubiésemos sufrido, hubieseis sufrido, hubiesen sufrido). *Futuro perfecto* hubiere sufrido, hubieres sufrido, hubiere sufrido, hubiéremos sufrido, hubiereis sufrido, hubieren sufrido.

IMPERATIVO sufr-e, sufr-a, sufr-id, sufr-an.

apéndices

FORMAS NO PERSONALES. *Infinitivo* sufr-ir. *Gerundio* sufr-iendo. *Participio* sufr-ido. *Infinitivo compuesto* haber sufrido. *Gerundio compuesto* habiendo sufrido.

2. Verbos irregulares

Figuran aquí todos los verbos con irregularidad propia (como *ir*) y los que (como *acordar, agradecer*) sirven de modelo para otros irregulares. Aunque la conjugación de todos ellos está ya expuesta en los lugares alfabéticos correspondientes del DICCIONARIO, se resumen aquí de nuevo para que el lector pueda tenerlos reunidos. Para los verbos que en el cuerpo del DICCIONARIO se remiten a alguno de estos modelos, el lector puede elegir entre consultar en aquella parte el artículo propuesto o buscar en este apéndice el número que allí se indica entre corchetes.

Solo se enuncian los tiempos simples y formas no personales que presentan alguna irregularidad. Los tiempos verbales que no aparecen enunciados en los cuadros que siguen ha de entenderse que son regulares.

Abreviamos la nomenclatura: *ind.*, indicativo; *subj.*, subjuntivo; *imperat.*, imperativo; *pres.*, presente; *pret. de ind.*, pretérito indefinido (de indicativo); *pret. de subj.*, pretérito imperfecto de subjuntivo; *impf. de ind.*, pretérito imperfecto de indicativo; *fut.*, futuro imperfecto; *part.*, participio.

A. VERBOS EN -AR

4. ACORDAR. *Pres. de ind.* acuerdo, acuerdas, acuerda, acordamos, acordáis, acuerdan. *Pres. de subj.* acuerde, acuerdes, acuerde, acordemos, acordéis, acuerden. *Imperat.* acuerda, acuerde, acordad, acuerden.

5. ANDAR. *Pret. de ind.* anduve, anduviste, anduvo, anduvimos, anduvisteis, anduvieron. *Pret. de subj.* anduviera, anduvieras, anduviera, anduviéramos, anduvierais, anduvieran (*o* anduviese, anduvieses, anduviese, *etc.*). *Fut. de subj.* anduviere, anduvieres, anduviere, anduviéremos, anduviereis, anduvieren.

6. CERRAR. *Pres. de ind.* cierro, cierras, cierra, cerramos, cerráis, cierran. *Pres. de subj.* cierre, cierres, cierre, cerremos, cerréis, cierren. *Imperat.* cierra, cierre, cerrad, cierren.

7. DAR. *Pres. de ind.* doy, das, da, damos, dais, dan. *Pres. de subj.* dé, des, dé, demos, deis, den. *Imperat.* da, dé, dad, den. *Pret. de ind.* di, diste, dio, dimos, disteis, dieron. *Pret. de subj.* diera, dieras, diera, diéramos, dierais, dieran (*o* diese, dieses, diese, *etc.*). *Fut. de subj.* diere, dieres, diere, diéremos, diereis, dieren.

8. ERRAR. *Pres. de ind.* yerro, yerras, yerra, erramos, erráis, yerran. *Pres. de subj.* yerre, yerres, yerre, erremos, erréis, yerren. *Imperat.* yerra, yerre, errad, yerren.

9. ESTAR. *Pres. de ind.* estoy, estás, está, estamos, estáis, están. *Pres. de subj.* esté, estés, esté, estemos, estéis, estén. *Imperat.* está, esté, estad, estén. *Pret. de ind.* estuve, estuviste, estuvo, estuvimos, estuvisteis, estuvieron. *Pret. de subj.* estuviera, estuvieras, estuviera, estuviéramos, estuvierais, estuvieran (*o* estuviese, estuvieses, estuviese, etcétera). *Fut. de subj.* estuviere, estuvieres, estuviere, estuviéremos, estuviereis, estuvieren.

10. JUGAR. *Pres. de ind.* juego, juegas, juega, jugamos, jugáis, juegan. *Pres. de subj.* juegue, juegues, juegue, juguemos, juguéis, jueguen. *Imperat.* juega, juegue, jugad, jueguen.

409

apéndices

B. VERBOS EN -ER

11. AGRADECER. *Pres. de ind.* agradezco, agradeces, agradece, agradecemos, agradecéis, agradecen. *Pres. de subj.* agradezca, agradezcas, agradezca, agradezcamos, agradezcáis, agradezcan. *Imperat.* agradece, agradezca, agradeced, agradezcan.

12. CABER. *Pres. de ind.* quepo, cabes, cabe, cabemos, cabéis, caben. *Pres. de subj.* quepa, quepas, quepa, quepamos, quepáis, quepan. *Imperat.* cabe, quepa, cabed, quepan. *Pret. de ind.* cupe, cupiste, cupo, cupimos, cupisteis, cupieron. *Pret. de subj.* cupiera, cupieras, cupiera, cupiéramos, cupierais, cupieran (*o* cupiese, cupieses, cupiese, *etc.*). *Fut. de subj.* cupiere, cupieres, cupiere, cupiéremos, cupiereis, cupieren. *Fut. de ind.* cabré, cabrás, cabrá, cabremos, cabréis, cabrán. *Potencial* cabría, cabrías, cabríamos, cabríais, cabrían.

13. CAER. *Pres. de ind.* caigo, caes, cae, caemos, caéis, caen. *Pres. de subj.* caiga, caigas, caiga, caigamos, caigáis, caigan. *Imperat.* cae, caiga, caed, caigan. *Pret. de ind.* caí, caíste, cayó, caímos, caísteis, cayeron. *Pret. de subj.* cayera, cayeras, cayera, cayéramos, cayerais, cayeran (*o* cayese, cayeses, cayese, *etc.*). *Fut. de subj.* cayere, cayeres, cayere, cayéremos, cayereis, cayeren. *Gerundio* cayendo.

14. ENTENDER. *Pres. de ind.* entiendo, entiendes, entiende, entendemos, entendéis, entienden. *Pres. de subj.* entienda, entiendas, entienda, entendamos, entendáis, entiendan. *Imperat.* entiende, entienda, entended, entiendan.

15. HABER. *Pres. de ind.* he, has, ha, hemos, habéis, han (*3.ª pers. impers.:* hay). *Pres. de subj.* haya, hayas, haya, hayamos, hayáis, hayan. *Pret. de ind.* hube, hubiste, hubo, hubimos, hubisteis, hubieron. *Pret. de subj.* hubiera, hubieras, hubiera, hubiéramos, hubierais, hubieran (*o* hubiese, hubieses, hubiese, *etc.*). *Fut. de subj.* hubiere, hubieres, hubiere, hubiéremos, hubiereis, hubieren. *Fut. de ind.* habré, habrás, habrá, habremos, habréis, habrán. *Potencial* habría, habrías, habría, habríamos, habríais, habrían.

16. HACER. *Pres. de ind.* hago, haces, hace, hacemos, hacéis, hacen. *Pres. de subj.* haga, hagas, haga, hagamos, hagáis, hagan. *Imperat.* haz, haga, haced, hagan. *Pret. de ind.* hice, hiciste, hizo, hicimos, hicisteis, hicieron. *Pret. de subj.* hiciera, hicieras, hiciera, hiciéramos, hicierais, hicieran (*o* hiciese, hicieses, hiciese, *etc.*). *Fut. de subj.* hiciere, hicieres, hiciere, hiciéremos, hiciereis, hicieren. *Fut. de ind.* haré, harás, hará, haremos, haréis, harán. *Potencial* haría, harías, haría, haríamos, haríais, harían. *Part.* hecho.

17. LEER. *Pret. de ind.* leí, leíste, leyó, leímos, leísteis, leyeron. *Pret. de subj.* leyera, leyeras, leyera, leyéramos, leyerais, leyeran (*o* leyese, leyeses, leyese, *etc.*). *Fut. de subj.* leyere, leyeres, leyere, leyéremos, leyereis, leyeren. *Gerundio* leyendo.

18. MOVER. *Pres. de ind.* muevo, mueves, mueve, movemos, movéis, mueven. *Pres. de subj.* mueva, muevas, mueva, movamos, mováis, muevan. *Imperat.* mueve, mueva, moved, muevan.

19. OLER. *Pres. de ind.* huelo, hueles, huele, olemos, oléis, huelen. *Pres. de subj.* huela, huelas, huela, olamos, oláis, huelan. *Imperat.* huele, huela, oled, huelan.

20. PODER. *Pres. de ind.* puedo, puedes, puede, podemos, podéis, pueden. *Pres. de subj.* pueda, puedas, pueda, podamos, podáis, puedan. *Pret. de ind.* pude, pudiste, pudo, pudimos, pudisteis, pudieron. *Pret. de subj.* pudiera, pudieras, pudiera, pudiéramos, pudierais, pudieran (*o* pudiese, pudieses, pudiese, *etc.*). *Fut. de subj.* pudiere, pu-

410

dieres, pudiere, pudiéremos, pudiereis, pudieren. *Fut. de ind.* podré, podrás, podrá, podremos, podréis, podrán. *Potencial* podría, podrías, podría, podríamos, podríais, podrían. *Gerundio* pudiendo.

21. PONER. *Pres. de ind.* pongo, pones, pone, ponemos, ponéis, ponen. *Pres. de subj.* ponga, pongas, ponga, pongamos, pongáis, pongan. *Imperat.* pon, ponga, poned, pongan. *Pret. de ind.* puse, pusiste, puso, pusimos, pusisteis, pusieron. *Pret. de subj.* pusiera, pusieras, pusiera, pusiéramos, pusierais, pusieran (*o* pusiese, pusieses, pusiese, etc.). *Fut. de subj.* pusiere, pusieres, pusiere, pusiéremos, pusiereis, pusieren. *Fut. de ind.* pondré, pondrás, pondrá, pondremos, pondréis, pondrán. *Potencial* pondría, pondrías, pondría, pondríamos, pondríais, pondrían. *Part.* puesto.

22. PROVEER. *Igual que* LEER [17], *excepto en participio. Part.* provisto (*o* proveído).

23. QUERER. *Pres. de ind.* quiero, quieres, quiere, queremos, queréis, quieren. *Pres. de subj.* quiera, quieras, quiera, queramos, queráis, quieran. *Imperat.* quiere, quiera, quered, quieran. *Pret. de ind.* quise, quisiste, quiso, quisimos, quisisteis, quisieron. *Pret. de subj.* quisiera, quisieras, quisiera, quisiéramos, quisierais, quisieran (*o* quisiese, quisieses, quisiese, etc.). *Fut. de subj.* quisiere, quisieres, quisiere, quisiéremos, quisiereis, quisieren. *Fut. de ind.* querré, querrás, querrá, querremos, querréis, querrán. *Potencial* querría, querrías, querría, querríamos, querríais, querrían.

24. RAER. *Pres. de ind.* raigo (*o* rayo), raes, rae, raemos, raéis, raen. *Pres. de subj.* raiga, raigas, raiga, raigamos, raigáis, raigan (*o* raya, rayas, raya, rayamos, rayáis, rayan). *Imperat.* rae, raiga (*o* raya), raed, raigan (*o* rayan). *Pret. de ind.* raí, raíste, rayó, raímos, raísteis, rayeron. *Pret. de subj.* rayera, rayeras, rayera, rayéramos, rayerais, rayeran (*o* rayese, rayeses, rayese, etc.). *Fut. de subj.* rayere, rayeres, rayere, rayéremos, rayereis, rayeren. *Gerundio* rayendo.

25. ROER. *Pres. de ind.* roo (*o* roigo, *o* royo), roes, roe, roemos, roéis, roen. *Pres. de subj.* roa, roas, roa, roamos, roáis, roan (*o* roiga, roigas, roiga, etc., *o* roya, royas, roya, etc.). *Imperat.* roe, roa (*o* roiga, *o* roya), roed, roan (*o* roigan, *o* royan). *Pret. de ind.* roí, roíste, royó, roímos, roísteis, royeron. *Pret. de subj.* royera, royeras, royera, royéramos, royerais, royeran (*o* royese, royeses, royese, etc.). *Fut. de subj.* royere, royeres, royere, royéremos, royereis, royeren. *Gerundio* royendo.

26. ROMPER. *Part.* roto.

27. SABER. *Pres. de ind.* sé, sabes, sabe, sabemos, sabéis, saben. *Pres. de subj.* sepa, sepas, sepa, sepamos, sepáis, sepan. *Imperat.* sabe, sepa, sabed, sepan. *Pret. de ind.* supe, supiste, supo, supimos, supisteis, supieron. *Pret. de subj.* supiera, supieras, supiera, supiéramos, supierais, supieran (*o* supiese, supieses, supiese, etc.). *Fut. de subj.* supiere, supieres, supiere, supiéremos, supiereis, supieren. *Fut. de ind.* sabré, sabrás, sabrá, sabremos, sabréis, sabrán. *Potencial* sabría, sabrías, sabría, sabríamos, sabríais, sabrían.

28. SATISFACER. *Igual que* HACER [16], *excepto en imperativo. Imperat.* satisface (*o* satisfaz), satisfaga, satisfaced, satisfagan.

29. SER. *Pres. de ind.* soy, eres, es, somos, sois, son. *Pres. de subj.* sea, seas, sea, seamos, seáis, sean. *Imperat.* sé, sea, sed, sean. *Impf. de ind.* era, eras, era, éramos, erais, eran. *Pret. de ind.* fui, fuiste, fue, fuimos, fuisteis, fueron. *Pret. de subj.* fuera, fueras, fuera, fuéramos, fuerais, fueran (*o* fuese, fueses, fuese, etc.). *Fut. de subj.* fuere, fueres, fuere, fuéremos, fuereis, fueren.

apéndices

30. TAÑER. *Pret. de ind.* tañí, tañiste, tañó, tañimos, tañisteis, tañeron. *Pret. de subj.* tañera, tañeras, tañera, tañéramos, tañerais, tañeran (*o* tañese, tañeses, tañese, *etcétera*). *Fut. de subj.* tañere, tañeres, tañere, tañéremos, tañereis, tañeren. *Gerundio* tañendo.

31. TENER. *Pres. de ind.* tengo, tienes, tiene, tenemos, tenéis, tienen. *Pres. de subj.* tenga, tengas, tenga, tengamos, tengáis, tengan. *Imperat.* ten, tenga, tened, tengan. *Pret. de ind.* tuve, tuviste, tuvo, tuvimos, tuvisteis, tuvieron. *Pret. de subj.* tuviera, tuvieras, tuviera, tuviéramos, tuvierais, tuvieran (*o* tuviese, tuvieses, tuviese, *etc.*). *Fut. de subj.* tuviere, tuvieres, tuviere, tuviéremos, tuviereis, tuvieren. *Fut. de ind.* tendré, tendrás, tendrá, tendremos, tendréis, tendrán. *Potencial* tendría, tendrías, tendría, tendríamos, tendríais, tendrían.

32. TRAER. *Pres. de ind.* traigo, traes, trae, traemos, traéis, traen. *Pres. de subj.* traiga, traigas, traiga, traigamos, traigáis, traigan. *Imperat.* trae, traiga, traed, traigan. *Pret. de ind.* traje, trajiste, trajo, trajimos, trajisteis, trajeron. *Pret. de subj.* trajera, trajeras, trajera, trajéramos, trajerais, trajeran (*o* trajese, trajeses, trajese, *etc.*). *Fut. de subj.* trajere, trajeres, trajere, trajéremos, trajereis, trajeren. *Gerundio* trayendo.

33. VALER. *Pres. de ind.* valgo, vales, vale, valemos, valéis, valen. *Pres. de subj.* valga, valgas, valga, valgamos, valgáis, valgan. *Imperat.* vale, valga, valed, valgan. *Fut. de ind.* valdré, valdrás, valdrá, valdremos, valdréis, valdrán. *Potencial* valdría, valdrías, valdría, valdríamos, valdríais, valdrían.

34. VER. *Pres. de ind.* veo, ves, ve, vemos, veis, ven. *Pres. de subj.* vea, veas, vea, veamos, veáis, vean. *Imperat.* ve, vea, ved, vean. *Impf. de ind.* veía, veías, veía, veíamos, veíais, veían. *Part.* visto.

35. VOLVER. *Igual que* MOVER [18], *excepto en participio*. *Part.* vuelto.

36. YACER. *Pres. de ind.* yazco (*o* yazgo), yaces, yace, yacemos, yacéis, yacen. *Pres. de subj.* yazca, yazcas, yazca, yazcamos, yazcáis, yazcan (*o* yazga, yazgas, yazga, yazgamos, yazgáis, yazgan). *Imperat.* yace, yazca (*o* yazga), yaced, yazcan (*o* yazgan).

C. VERBOS EN -IR

37. ABRIR. *Part.* abierto.

38. ADQUIRIR. *Pres. de ind.* adquiero, adquieres, adquiere, adquirimos, adquirís, adquieren. *Pres. de subj.* adquiera, adquieras, adquiera, adquiramos, adquiráis, adquieran. *Imperat.* adquiere, adquiera, adquirid, adquieran.

39. ASIR. *Pres. de ind.* asgo, ases, ase, asimos, asís, asen. *Pres. de subj.* asga, asgas, asga, asgamos, asgáis, asgan. *Imperat.* ase, asga, asid, asgan.

40. BENDECIR. *Igual que* DECIR [42], *excepto en los tiempos que siguen*. *Imperat.* bendice, bendiga, bendecid, bendigan. *Fut. de ind.* bendeciré, bendecirás, bendecirá, bendeciremos, bendeciréis, bendecirán. *Potencial* bendeciría, bendecirías, bendeciría, bendeciríamos, bendeciríais, bendecirían. *Part.* bendecido.

41. CONDUCIR. *Pres. de ind.* conduzco, conduces, conduce, conducimos, conducís, conducen. *Pres. de subj.* conduzca, conduzcas, conduzca, conduzcamos, conduzcáis, conduzcan. *Imperat.* conduce, conduzca, conducid, conduzcan. *Pret. de ind.* con-

apéndices

duje, condujiste, condujo, condujimos, condujisteis, condujeron. *Pret. de subj.* condujera, condujeras, condujera, condujéramos, condujerais, condujeran (*o* condujese, condujeses, condujese, *etc.*). *Fut. de subj.* condujere, condujeres, condujere, condujéremos, condujereis, condujeren.

42. DECIR. *Pres. de ind.* digo, dices, dice, decimos, decís, dicen. *Pres. de subj.* diga, digas, diga, digamos, digáis, digan. *Imperat.* di, diga, decid, digan. *Pret. de ind.* dije, dijiste, dijo, dijimos, dijisteis, dijeron. *Pret. de subj.* dijera, dijeras, dijera, dijéramos, dijerais, dijeran (*o* dijese, dijeses, dijese, *etc.*). *Fut. de subj.* dijere, dijeres, dijere, dijéremos, dijereis, dijeren. *Fut. de ind.* diré, dirás, dirá, diremos, diréis, dirán. *Potencial* diría, dirías, diría, diríamos, diríais, dirían. *Gerundio* diciendo. *Part.* dicho.

43. DISCERNIR. *Pres. de ind.* discierno, disciernes, discierne, discernimos, discernís, disciernen. *Pres. de subj.* discierna, disciernas, discierna, discernamos, discernáis, disciernan. *Imperat.* discierne, discierna, discernid, disciernan.

44. DORMIR. *Pres. de ind.* duermo, duermes, duerme, dormimos, dormís, duermen. *Pres. de subj.* duerma, duermas, duerma, durmamos, durmáis, duerman. *Imperat.* duerme, duerma, dormid, duerman. *Pret. de ind.* dormí, dormiste, durmió, dormimos, dormisteis, durmieron. *Pret. de subj.* durmiera, durmieras, durmiera, durmiéramos, durmierais, durmieran (*o* durmiese, durmieses, durmiese, *etc.*). *Fut. de subj.* durmiere, durmieres, durmiere, durmiéremos, durmiereis, durmieren. *Gerundio* durmiendo.

45. ERGUIR. *Pres. de ind.* yergo, yergues, yergue, erguimos, erguís, yerguen. *Pres. de subj.* yerga, yergas, yerga, irgamos, irgáis, yergan. *Imperat.* yergue, yerga, erguid, yergan. *Pret. de ind.* erguí, erguiste, irguió, erguimos, erguisteis, irguieron. *Pret. de subj.* irguiera, irguieras, irguiera, irguiéramos, irguierais, irguieran (*o* irguiese, irguieses, irguiese, *etc.*). *Fut. de subj.* irguiere, irguieres, irguiere, irguiéremos, irguiereis, irguieren. *Gerundio* irguiendo.

46. ESCRIBIR. *Part.* escrito.

47. FREÍR. *Igual que* REÍR [57], *excepto en participio. Part.* frito (*o, más raro,* freído).

48. HUIR. *Pres. de ind.* huyo, huyes, huye, huimos, huís, huyen. *Pres. de subj.* huya, huyas, huya, huyamos, huyáis, huyan. *Imperat.* huye, huya, huid, huyan. *Pret. de ind.* huí, huiste, huyó, huimos, huisteis, huyeron. *Pret. de subj.* huyera, huyeras, huyera, huyéramos, huyerais, huyeran (*o* huyese, huyeses, huyese, *etc.*). *Fut. de subj.* huyere, huyeres, huyere, huyéremos, huyereis, huyeren. *Gerundio* huyendo.

49. IMPRIMIR. *Part.* impreso (*o, más raro,* imprimido).

50. IR. *Pres. de ind.* voy, vas, va, vamos, vais, van. *Pres. de subj.* vaya, vayas, vaya, vayamos, vayáis, vayan (*en uso exhortativo se dice frec.* vamos *por* vayamos). *Imperat.* ve, vaya, id, vayan. *Impf. de ind.* iba, ibas, iba, íbamos, ibais, iban. *Pret. de ind.* fui, fuiste, fue, fuimos, fuisteis, fueron. *Pret. de subj.* fuera, fueras, fuera, fuéramos, fuerais, fueran (*o* fuese, fueses, fuese, *etc.*). *Fut. de subj.* fuere, fueres, fuere, fuéremos, fuereis, fueren. *Gerundio* yendo.

51. LUCIR. *Pres. de ind.* luzco, luces, luce, lucimos, lucís, lucen. *Pres. de subj.* luzca, luzcas, luzca, luzcamos, luzcáis, luzcan. *Imperat.* luce, luzca, lucid, luzcan.

52. MORIR. *Igual que* DORMIR [44], *excepto en participio. Part.* muerto.

413

apéndices

53. MULLIR. *Pret. de ind.* mullí, mulliste, mulló, mullimos, mullisteis, mulleron. *Pret. de subj.* mullera, mulleras, mullera, mulléramos, mullerais, mulleran (*o* mullese, mulleses, mullese, *etc.*). *Fut. de subj.* mullere, mulleres, mullere, mulléremos, mullereis, mulleren. *Gerundio* mullendo.

54. OÍR. *Pres. de ind.* oigo, oyes, oye, oímos, oís, oyen. *Pres. de subj.* oiga, oigas, oiga, oigamos, oigáis, oigan. *Imperat.* oye, oiga, oíd, oigan. *Pret. de ind.* oí, oíste, oyó, oímos, oísteis, oyeron. *Pret. de subj.* oyera, oyeras, oyera, oyéramos, oyerais, oyeran (*u* oyese, oyeses, oyese, *etc.*). *Fut. de subj.* oyere, oyeres, oyere, oyéremos, oyereis, oyeren. *Gerundio* oyendo.

55. PREDECIR. *Igual que* DECIR [42], *excepto en los tiempos que siguen. Imperat.* predice, prediga, predecid, predigan. *Fut. de ind.* prediciré, predecirás, predecirá, predeciremos, predeciréis, predecirán (*o, raramente,* prediré, predirás, predirá, prediremos, prediréis, predirán). *Potencial* predeciría, predecirías, predeciría, predeciríamos, predeciríais, predecirían (*o, raramente,* prediría, predirías, prediría, *etc.*).

56. PUDRIR. *Infin.* pudrir *o* podrir. *Part.* podrido. *Todas las restantes formas del verbo tienen* u *en la base:* pudre, pudría, pudra, pudrió, pudriendo, *etc.*

57. REÍR. *Pres. de ind.* río, ríes, ríe, reímos, reís, ríen. *Pres. de subj.* ría, rías, ría, riamos, riáis, rían. *Imperat.* ríe, ría, reíd, rían. *Pret. de ind.* reí, reíste, rió, reímos, reísteis, rieron. *Pret. de subj.* riera, rieras, riera, riéramos, rierais, rieran (*o* riese, rieses, riese, *etc.*). *Fut. de subj.* riere, rieres, riere, riéremos, riereis, rieren. *Gerundio* riendo.

58. REÑIR. *Pres. de ind.* riño, riñes, riñe, reñimos, reñís, riñen. *Pres. de subj.* riña, riñas, riña, riñamos, riñáis, riñan. *Imperat.* riñe, riña, reñid, riñan. *Pret. de ind.* reñí, reñiste, riñó, reñimos, reñisteis, riñeron. *Pret. de subj.* riñera, riñeras, riñera, riñéramos, riñerais, riñeran (*o* riñese, riñeses, riñese, *etc.*). *Fut. de subj.* riñere, riñeres, riñere, riñéremos, riñereis, riñeren. *Gerundio* riñendo.

59. SALIR. *Pres. de ind.* salgo, sales, sale, salimos, salís, salen. *Pres. de subj.* salga, salgas, salga, salgamos, salgáis, salgan. *Imperat.* sal, salga, salid, salgan. *Fut. de ind.* saldré, saldrás, saldrá, saldremos, saldréis, saldrán. *Potencial* saldría, saldrías, saldría, saldríamos, saldríais, saldrían.

60. SENTIR. *Pres. de ind.* siento, sientes, siente, sentimos, sentís, sienten. *Pres. de subj.* sienta, sientas, sienta, sintamos, sintáis, sientan. *Imperat.* siente, sienta, sentid, sientan. *Pret. de ind.* sentí, sentiste, sintió, sentimos, sentisteis, sintieron. *Pret. de subj.* sintiera, sintieras, sintiera, sintiéramos, sintierais, sintieran (*o* sintiese, sintieses, sintiese, *etc.*). *Fut. de subj.* sintiere, sintieres, sintiere, sintiéremos, sintiereis, sintieren. *Gerundio* sintiendo.

61. VENIR. *Pres. de ind.* vengo, vienes, viene, venimos, venís, vienen. *Pres. de subj.* venga, vengas, venga, vengamos, vengáis, vengan. *Imperat.* ven, venga, venid, vengan. *Pret. de ind.* vine, viniste, vino, vinimos, vinisteis, vinieron. *Pret. de subj.* viniera, vinieras, viniéramos, vinierais, vinieran (*o* viniese, vinieses, viniese, *etc.*). *Fut. de subj.* viniere, vinieres, viniere, viniéremos, viniereis, vinieren. *Fut. de ind.* vendré, vendrás, vendrá, vendremos, vendréis, vendrán. *Potencial* vendría, vendrías, vendría, vendríamos, vendríais, vendrían. *Gerundio* viniendo.

62. VESTIR. *Pres. de ind.* visto, vistes, viste, vestimos, vestís, visten. *Pres. de subj.* vista, vistas, vista, vistamos, vistáis, vistan. *Imperat.* viste, vista, vestid, vistan. *Pret. de ind.* vestí, vestiste, vistió, vestimos, vestisteis, vistieron. *Pret. de subj.* vistiera, vistieras, vistiera, vistiéramos, vistierais, vistieran (*o* vistiese, vistieses, vistiese, *etc.*). *Fut. de subj.* vistiere, vistieres, vistiere, vistiéremos, vistiereis, vistieren. *Gerundio* vistiendo.

III. Vocabulario ortográfico

Este vocabulario ortográfico incluye los vocablos cuya ortografía pueda dar lugar a dudas, por figurar en ellos fonemas que admiten representación gráfica por medio de dos consonantes diferentes (*b/v, g/j*, etc.), o por tener letras mudas *(h)* o grupos y letras de difícil o habitualmente defectuosa pronunciación (*x, cc, mn,* etc.), o por la posibilidad de escribirlos en una o en dos palabras separadas. Se han añadido las palabras con *ll* o *y*, atendiendo a la gran extensión que tiene el yeísmo en las tierras de lengua española. Ha sido imposible, sin embargo, por su enorme número, la inclusión de palabras con *s* o *z*, que son objeto de duda en las zonas de seseo, es decir, en toda América y en una parte no pequeña de España. Figuran, en cambio, numerosos americanismos —aunque sin indicación explícita de esta condición— y algunos nombres propios españoles y extranjeros cuya grafía correcta deben conocer las personas cultas.

Cada palabra va acompañada de una brevísima indicación de su significado, con el fin de que el consultante tenga la certeza de que se trata de lo que él buscaba. Estas indicaciones, pues, son solamente una aproximación al sentido de la palabra, y nunca deberá buscarse en ellas exactitud ni totalidad de acepciones, lo cual sería incompatible con el carácter del vocabulario y con los límites de espacio que le hemos asignado.

Con objeto de incluir mayor número de palabras, se agrupan dentro de un mismo artículo todas aquellas que, siendo derivadas o parientas históricas de la que lo encabeza, guardan con ella una relación de significado y ocupan lugar vecino a ella en un diccionario corriente. Así, por ejemplo, en la serie *vital, vitalicio, vitalicista, vitalidad, vitalismo, vitalista, vitalizar, vitamina,* la disposición es la siguiente:

> **vital** De la vida. *Vitalicio -cia,*
> *vitalicista, vitalidad, vitalismo, vi-*
> *talista, vitalizar, vitamina.*

En todos estos términos una persona de mediana cultura descubre una idea común de 'vida'; es verdad que no siempre le será muy evidente en alguno de ellos (por ejemplo, *vitamina*); pero, de todas formas, el lugar que ocupa esta palabra en un diccionario hará que la busque precisamente en ese sitio. La palabra *vida,* en cambio, por corresponder a otro lugar alfabético, no ha sido incluida en este artículo.

Con la misma finalidad de ganar espacio se han excluido los adverbios en *-mente,* las palabras que presentan los grupos *br* y *bl* y, en general, las terminadas en *-bilidad, -illo, -illa, -ivo, -iva, -logía* y *-aje,* que se escriben siempre, respectivamente, con *b, ll, v, g* y *j.* Las excepciones a estas reglas están todas recogidas en el vocabulario, así como todas las palabras que caen dentro de otras reglas ortográficas de aplicación menos general.

Algunas voces aparecen en este vocabulario seguidas de un asterisco. Esto significa que la palabra en cuestión es objeto de comentario ortográfico en la parte central —Dic-cionario— de este mismo libro. Por ejemplo, en el artículo **porque*** del vocabulario, aparte de la breve explicación que en él se expone, la presencia del asterisco advierte al lector que el aspecto ortográfico de la palabra también aparece tratado en el artículo **porque** de la primera parte del libro.

Se recuerda al lector que en este vocabulario ortográfico, como en el Diccionario, se sigue el orden alfabético universal: *ch* y *ll* no se tratan como letras aparte. Por tanto, las palabras que comienzan por *ch* y por *ll* se encontrarán respectivamente dentro de la *c* y dentro de la *l,* entre *ce* y *ci* y entre *li* y *lo.*

a

a Preposición.
Aaiún (El) Capital de la antigua provincia del Sáhara.
Aarón Personaje bíblico.
ababa o **ababol** Amapola.
ababán Árbol.
ababangay Árbol.
ababillarse Enfermar de babilla.
ababuy Arbusto.
abacá Planta.
abacero Tendero. *Abacería.*
abacial Del abad.
ábaco Marcador del billar; parte de la columna; artesa.
abacorar Acosar.
abad Superior de un monasterio. *Abadengo -ga, abadesa, abadía.*
abada Rinoceronte.
Abadán Ciudad de Persia.
abadejo Bacalao.
abadernar Sujetar con badernas.
abadiva Pez.
abajo Adv. de lugar. *Abajadero, abajamiento, abajar, abajeño -ña, abajera, abajino -na.*
abalanzar Lanzar.
abalar Conducir (ganado).
abalaustrar Poner balaustres.
abaldonar Ofender.
abalear Separar con escoba la paja del cereal. *Abaleadera, abaleador, abaleo.*
abalizar Señalar con balizas. *Abalizamiento.*
aballar Conducir (ganado).
aballestar Tesar un cabo.
abalorio Cuentecilla de vidrio.
abaluartar Fortificar con baluartes.
abama Planta purgante.
Abancay Ciudad del Perú.
abandalizar Abanderizar.
abanderar Poner bajo una bandera. *Abanderado, abanderamiento, abanderizar.*
abandonar Dejar. *Abandonado -da, abandonamiento, abandonismo, abandonista, abandono.*
abanico Instrumento para hacer aire. *Abanicar, abanicazo, abaniqueo, abaniquería, abaniquero.*
abantarse Jactarse.
abanto Ave rapaz.
abaratar Disminuir el precio. *Abaratamiento.*
Abarbanel Familia de judíos españoles. También *Abravanel* o *Abrabanel.*
abarca Calzado rústico de cuero. *Abarquero.*
abarcar Comprender, contener. *Abarcador -ra, abarcadura, abarcamiento.*
abarloar Arrimar (un buque).
abarquillar Curvar, combar. *Abarquillamiento.*
abarracar Acampar en barracas.
abarrado -da Barrado.
abarraganarse Amancebarse. *Abarraganamiento.*
abarrajar Deshacer (al enemigo).
abarrancar Hacer barrancos; varar. *Abarrancadero, abarrancamiento.*
abarrar Arrojar.
abarrisco En junto, sin distinción. Se escribe más frecuentemente *a barrisco.*
abarrotar Atestar.
abarrote Fardo pequeño.
Abascal Apellido.
abasí o **abasida** Dinastía de califas.
Abasolo Caudillo mejicano.
abastanza Abundancia.
abastardar Bastardear.
abastecer Sostener. *Abastamiento, abastar, abastecedor -ra, abastecimiento, abastero.*
abastionar Fortificar bastiones.
abatanar Batir (el paño).
abate Clérigo.
abatí Maíz.
abatir Derribar. *Abatidero, abatimiento.*
abayado -da Parecido a la baya.
abazón Buche en el carrillo de algunos monos.
Abdala, Abdalaziz o **Abdelaziz, Abderramán** o **Abderrahman, Abdula,** etc Todos los nombres árabes que comienzan por *Abd-* se escriben con *b.*
Abdera Ciudad antigua del Egeo; nombre antiguo de Adra (Almería). *Abderita, abderitano -na.*
Abdías Profeta.
abdicar Ceder. *Abdicación.*
abdomen Vientre. *Abdominal.*
Abdón Nombre de varón.
abducción Movimiento de separación de un miembro del cuerpo. *Abductor.*
abecé o **abecedario** Alfabeto.
abedul Árbol.
abeja Insecto. *Abejar, abejarrón, abejero -ra, abejón, abejorreo, abejorro, abejuno -na.*
abejaruco Ave trepadora.
Abel Hijo de Adán y Eva.
Abelardo Nombre de varón.
abellacar Hacer bellaco.
abellotado -da En forma de bellota.
abelmosco Planta.
abemolar Suavizar (la voz).

Abencerraje Miembro de una familia del antiguo reino de Granada.

abenuz Ébano.

aberenjenado -da De aspecto de berenjena.

aberrar Equivocarse. *Aberración.*

abertal Que se agrieta.

abertura Agujero.

abesana Besana.

abestiarse Embrutecerse.

abéstola Aguijada.

abeto o abete Árbol. *Abetal, abetinote.*

abetunar Dar betún.

abey Árbol.

abiar Manzanilla loca.

Abidos Nombre de dos ciudades antiguas.

abieldar Beldar.

abietáceo -a o abietíneo -a De la familia del abeto. *Abietino.*

abigarrar Poner de varios colores chillones. *Abigarrado -da, abigarramiento.*

abigeo Ladrón de ganado. *Abigeato.*

abigotado -da Bigotudo.

Abila Nombre antiguo de Ceuta.

Abilio -lia Nombre de persona.

abipones Tribu india del Chaco.

abirritar Disminuir una irritación.

abisal Abismal.

abiselar Biselar.

Abisinia Estado africano. *Abisinio -nia.*

abismo Profundidad grande. *Abismal, abismar.*

abitaque Cuartón.

abitar Amarrar a las bitas. *Abitón.*

abizcochado -da Parecido al bizcocho.

abjurar Abandonar con juramento. *Abjurable, abjuración.*

ablandabrevas Persona inútil.

ablandahígos Persona inútil.

Abo Ciudad finlandesa.

abobar Hacer bobo. *Abobado -da, abobamiento.*

abobra Género de plantas.

abocadear Herir a bocados.

abocado (Vino) suave.

abocar Aproximar.

abocardo Taladro. *Abocardar.*

abocelar Caer de bruces.

abocetar Hacer el boceto.

abocinar Dar forma de bocina; caer de bruces.

abochornar Dar bochorno.

abofellar Ahuecar.

abofetear Dar bofetadas. *Abofeteador, abofeteamiento.*

abogar Interceder. *Abogacía, abogadear, abogaderas, abogadil, abogadismo, abogado, abogador.*

abohetado -da Abuhado.

abolengo Herencia de los abuelos.

abolir Derogar. *Abolición, abolicionismo, abolicionista.*

abollar Hacer una convexidad en la superficie. *Abolladura.*

abollonar Repujar.

abolsar Dar forma de bolsa.

abombar Dar forma convexa.

abominar Condenar, aborrecer. *Abominable, abominación.*

abonar Confirmar; fertilizar; asociar; pagar. *Abonable, abonaré, abono.*

abonuco Babunuco.

aboquillar Poner boquilla.

abordar Acercarse, tocar, chocar. *Abordable, abordador -ra, abordaje, abordo.*

a bordo, abordo Se escribe separado cuando es locución adverbial y significa 'en la embarcación'. Se escribe junto cuando es sustantivo y significa 'abordaje'.

aborigen Primitivo morador de un país.

aborrachado -da Rojo muy encendido.

aborrajarse Secarse (las mieses).

aborrascarse Ponerse borrascoso el tiempo.

aborrecer Odiar. *Aborrecedor -ra, aborrecible, aborrecimiento.*

aborregarse Comportarse o ponerse como borrego.

aborto Malparto. *Abortamiento, abortar, abortista, abortivo -va, abortón.*

aborujar Hacer que algo forme borujos.

abotagarse o abotargarse Hincharse el cuerpo. *Abotagamiento o abotargamiento.*

«ab ovo» Locución latina: desde el huevo; desde el primer instante.

aboyado -da (Campo) arrendado juntamente con bueyes.

aboyar Poner boyas.

abozalar Poner bozal.

Abraham Patriarca.

abrahonar Abrazar por los brahones.

Abravanel Familia de judíos españoles. También *Abrabanel.*

abraxas Conjunto de las diversas manifestaciones atribuidas a Dios por los gnósticos.

abrevar Dar de beber. *Abrevadero, abrevador -ra.*

abreviar Acortar. *Abreviación, abreviador -ra, abreviaduría, abreviaturía, abreviamiento, abreviatura.*

abribonarse Hacerse bribón.

abrillantar Dar brillantez. *Abrillantador, abrillantamiento.*

abrojín Molusco.

Absalón Hijo de David.

absceso Acumulación de pus.

abscisa Una de las distancias que determinan la posición de un punto en un plano.

abscisión Corte de un pequeño trozo.

absentismo Ausencia habitual. *Absentista.*

ábside Parte que sobresale de la fachada posterior de una iglesia. *Absidiola, absidiolo.*

absintio Ajenjo. *Absintismo.*

absoluto -ta Sin limitación, restricción o condición. *Absoluta, absolutismo, absolutista.*

absolver Perdonar. *Absolución, absolutorio -ria, absolvederas.*

absorber Chupar. *Absorbencia, absorbente, absorbible, absorbimiento, absorción.*

absorto Pasmado, embebido. *Absortar.*

abstemio -mia No bebedor.

abstenerse Privarse. *Abstención, abstencionismo, abstencionista, abstinencia.*

absterger Limpiar (llagas).
Abstergente, abstersión, abstersivo -va.
abstraer Aislar mentalmente.
Abstracción, abstracto -ta, abstraído -da.
abstruso -sa Recóndito.
absurdo -da Contrario a la razón. *Absurdidad.*
Abu Elemento que forma parte de nombres de varón árabes: *Abu Beker, Abu Abdalá.*
abubilla Pájaro.
abuchear Manifestar desagrado ruidosamente. *Abucheo.*
abuinche Especie de machete.
abuelo -la Padre o madre de los padres. *Abuelastro -tra.*
abuhado -da Hinchado.
abuhardillado -da En forma de buhardilla.
abuje Arácnido.
Abukir Ciudad egipcia.
abulense De Ávila.
abulia Falta de voluntad. *Abúlico -ca.*
abultar Aumentar el bulto. *Abultamiento.*
a bulto Se escribe separado cuando es adverbio ('por aproximación'); junto, cuando es del verbo *abultar.*
abundar Encontrarse en gran cantidad. *Abundamiento, abundancia, abundancial, abundante, abundo, abundoso -sa.*
Abundio -dia Nombre de persona.
abuñolar o **abuñuelar** Freír (algo) dejándolo hueco y dorado. *Abuñolado -da, abuñuelado -da.*
¡abur! ¡Adiós!
aburar Abrasar.
aburelado -da Semejante al color buriel.
aburguesarse Volverse burgués. *Aburguesamiento.*
aburrado -da Semejante a un burro.
aburrir Cansar. *Aburrición, aburrido -da, aburrimiento.*
aburujar Aborujar.
abusar Usar mal o indebidamente de algo. *Abusión, abusionero -ra, abusivo -va, abuso, abusón -sona.*

abuse Arácnido.
abyecto -ta Humillado, vil. *Abyección.*
acabalar Completar.
acaballado -da Parecido a un perfil de cabeza de caballo. *Acaballadero.*
acaballerar Dar condición de caballero. *Acaballerado -da.*
acaballonar Hacer caballones.
acabañar Construir cabañas.
acabar Terminar. *Acabable, acabado -da, acabador -ra, acabamiento, acabo, acabóse.*
acabezuelado -da En forma de cabezuela.
acabildar Juntar (a varios) para tomar acuerdos.
acaché Picaza del Paraguay.
acahual Planta. *Acahualillo.*
acallar Hacer callar.
acambrayado -da Parecido al cambray.
acamellonar Hacer caballones.
acanallado -da Con los defectos de la canalla.
acanillado -da (Paño) que forma canillas. *Acanilladura.*
acantopterigio Orden de peces.
acarambanado -da Carambanado.
acaudillar Ser jefe. *Acaudillador -ra, acaudillamiento.*
Acaya Nombre antiguo de Grecia.
acceder Consentir; entrar. *Accesible, accesión, acceso.*
accésit Recompensa que no tiene carácter de premio.
accesorio -ria Secundario, auxiliar.
accidente Cualidad no esencial; suceso eventual. *Accidental, accidentalidad, accidentar, accidentario.*
Accio Promontorio de Grecia.
acción Ejecución de un acto. *Accionar, accionista.*
acebadar Encebadar. *Acebadamiento.*
acebo Árbol. *Acebal, acebeda, acebedo.*
acebollado -da (Leño) que tiene separadas las capas del tejido leñoso. *Acebolladura.*
acebuche Olivo silvestre. *Ace-*

buchal, acebucheno -na, acebuchina.
acepillar Cepillar. *Acepilladura.*
acerbo -ba De gusto áspero; cruel, riguroso. *Acerbidad.*
acervo Montón de cosas menudas.
acetábulo Antigua medida para líquidos.
Acevedo Apellido.
achabacanar Hacer chabacano. *Achabacanamiento.*
achubascarse Cubrirse de nubarrones (el cielo).
achucuyarse Abatirse, sonrojarse.
acíbar Áloe; amargura. *Acibarar.*
acibarrar Abarrar.
aciberar Moler.
acimboga Azamboa, variedad de cidro.
ácimo o **ázimo** (Pan) sin levadura.
acimut o **azimut** Angulo que con el meridiano de un lugar forma el círculo vertical que pasa por un punto del globo o de la esfera celeste. *Acimutal* o *azimutal.*
acivilarse Contraer matrimonio meramente civil.
aclorhidria Falta de ácido clorhídrico.
acobardar Poner miedo. *Acobardamiento.*
acobijar Abrigar (cepas) con montones de tierra. *Acobijo.*
acodillar Doblar en codo.
acoger Admitir. *Acogedizo -za, acogedor -ra, acogeta, acogida, acogido -da, acogimiento.*
acogollar Proteger (plantas); echar cogollos.
acohombrar Aporcar.
acojinar Acolchar. *Acojinamiento.*
acollar Cobijar con tierra el pie de los árboles, tirar de una jarcia. *Acollador.*
acollarar Poner collar.
acombar Combar.
acorvar Encorvar.
acoyundar Poner coyunda.
acoyuntar Formar yunta a medias. *Acoyuntero.*

acribar Cribar. *Acribador -ra, acribadura, acribillar.*

acriollarse Hacerse criollo.

acróbata El que hace habilidades sobre cuerdas en el aire. *Acrobacia, acrobático -ca.*

activar Avivar. *Activación, activador -ra, actividad, activismo, activista, activo -va.*

acuartillar Doblar (las caballerías) demasiado las cuartillas.

acubado -da De figura de cubo o de cuba.

acubilar Recoger en el cubil.

acuchillar Dar cuchilladas. *Acuchilladizo, acuchillado -da, acuchillador, acuchillear.*

acuclillarse Ponerse en cuclillas.

a cuestas Sobre los hombros.

adagio Sentencia; movimiento lento en música. *Adagial.*

Adalberto -ta Nombre de persona.

adarvar Pasmar.

adarve Camino tras el parapeto.

Adda Río italiano.

addenda* Adición o apéndice.

Addis-Abeba Capital de Etiopía.

Addison Escritor inglés.

adefagia Voracidad.

adehala Lo que se agrega de gajes a un sueldo.

adehesar Convertir en dehesa. *Adehesamiento.*

adelante Adv. de lugar. Se escribe en una palabra.

adherir Unir. *Adherencia, adherente, adhesión, adhesividad, adhesivo -va.*

ad hoc A propósito.

adiabático -ca Sin aumento o disminución de calor.

adicción* Condición de adicto a una droga. *Adicto -ta.*

adición Acción de añadir. *Adicional, adicionar, aditamento, aditivo -va.*

Adigio Río italiano.

adivas Inflamación de la garganta en las bestias.

adive o **adiva** Mamífero carnicero.

adivinar Descubrir, acertar. *Adivinación. adivinador -ra, adivinaja, adivinamiento, adivinanza, adivinatorio -ria, adivino -na.*

adjetivo Parte de la oración. *Adjetivación, adjetivar.*

ad libitum A voluntad.

adobar Componer, reparar. *Adobado, adobador, adobasillas, adobería, adobo.*

adobe Ladrillo de barro. *Adobera, adobería, adobero, adobón.*

adonde* Adv. de lugar. Se escribe en una palabra cuando el antecedente está expreso: *aquella es la casa adonde vamos;* en dos palabras (*a donde*), cuando el antecedente se omite: *venían a donde yo estaba.*

adrede A propósito.

adsorción Retención o adherencia de un líquido en la superficie de un cuerpo sólido. *Adsorbente, adsorber.*

aducción Acercamiento de un miembro al plano medio del cuerpo.

advenir Llegar. *Advenedizo -za, advenidero -ra, advenimiento, adventismo, adventista.*

adverar Dar por verdadero. *Adveración.*

adverbio Parte de la oración. *Adverbial.*

adverso -sa Contrario. *Adversario -ria, adversativo -va, adversidad.*

advertir Notar. *Advertencia, advertimiento.*

adviento Tiempo que precede a Navidad.

advocación Título que se da a un santuario.

adyacente Inmediato. *Adyacencia.*

Adzaristán Una república soviética.

aerobio Bacteria.

aerobús Avión de gran capacidad.

aerofagia Deglución de aire.

aerófobo -ba Que padece horror al aire. *Aerofobia.*

aeronaval De marina y aviación.

aeronave Aparato de aviación.

aerovía Línea aérea.

afabulación Moralidad de una fábula.

afarallonado -da De figura de farallón.

afección Alteración; afición.

afervorar o **afervorizar** Enfervorizar.

Afganistán* Estado asiático. *Afgano -na.*

afidávit Declaración jurada.

aflicción Acción de afligirse.

afligir Causar dolor. *Afligimiento.*

aflogístico -ca Que se quema sin producir llama.

afollar Soplar con los fuelles.

afta Pequeña úlcera blanquecina. *Aftoso -sa.*

afuera Fuera.

agalbanado -da Galbanoso.

agalla Cada uno de los grupos de branquias de los peces. *Agallado -da, agallón, agalluela, agalludo.*

Agamenón* Rey legendario griego. También *Agamemnón.*

agarbado -da Garboso.

agarbanzado -da Semejante al garbanzo.

agarbarse Agacharse.

agarbillar Hacer gavillas.

agavanzo Escaramujo. *Agavanza.*

agave Pita, planta.

agavillar Formar gavillas. *Agavillador.*

agenda Libro de notas.

agenesia Impotencia. *Agenésico -ca.*

agente Que obra. *Agencia, agenciar, agenciero, agencioso -sa.*

Ageo Profeta.

agerasia Vejez sin achaques.

agérato Planta.

agermanarse Agruparse en germanía.

agestarse Poner un gesto.

agestión Agregación de materia.

ageusia Falta del sentido del gusto.

agibílibus Habilidad.

agible Hacedero.

agigantar Dar proporciones gigantescas.

ágil Ligero. *Agilar, agilidad, agilitar, agilizar.*

agio Especulación. *Agiotador, agiotaje, agiotista.*

agitanado -da Parecido a los gitanos.

agitar Sacudir. *Agitable, agitación, agitador -ra.*

Aglaya Una de las tres Gracias.

agnado -da Consanguíneo. *Agnación.*

agnusdéi Lámina formada con la cera del cirio pascual.

agobiar Causar fatiga. *Agobiador -ra, agobio.*

agogía Canal de desagüe.

agorafobia Miedo a los espacios abiertos.

agovía Calzado.

agracejina Fruto del agracejo.

agravar Hacer más grave. *Agravación, agravador -ra, agravamiento, agravante, agravatorio -ria.*

agraviar Ofender. *Agraviador -ra, agravamiento, agravio, agravión -na, agravioso -sa.*

Agrigento Ciudad de Sicilia.

agrillarse Grillarse.

aguacibera Agua de riego.

aguaverde Medusa verde.

aguaviento Lluvia mezclada con viento. Puede escribirse también separado: *agua viento.*

aguavilla Gayuba.

agujero Abertura. *Agujerear, agujerar.*

agujetas Dolores de cansancio.

aguzanieves Ave.

¡ah! Interjección.

Ahasvero Nombre del judío errante.

ahebrado -da Que forma hebras.

ahechar Cribar (trigo). Puede escribirse, así como los derivados, sin *h: aechar. Ahechadero, ahechador -ra, ahechadura.*

ahelear Poner como hiel.

ahelgado -da Helgado.

aherrojar Aprisionar. *Aherrojamiento.*

aherrumbrar Dar color o sabor de hierro.

ahervorarse Calentarse el trigo.

ahí Adv. de lugar.

ahidalgado -da Caballeroso.

ahigadado -da Esforzado.

ahijado -da Cualquier persona respecto de sus padrinos. *Ahijar.*

ahilar Poner en fila; adelgazar.

ahínco Empeño. *Ahincar.*

ahíto -ta Indigesto. *Ahitar, ahitera.*

Ahmedabad Ciudad india.

ahobachonado -da Poltrón.

ahocarse Enredarse.

ahocicar Hundir la proa.

ahocinarse Correr (un río) por angosturas.

ahogar Matar impidiendo la respiración. *Ahogadero, ahogadizo -za, ahogador -ra, ahogagato, ahogamiento, ahogaviejas, ahogo, ahoguijo, ahoguío.*

ahondar Profundizar. *Ahonde.*

ahora En este momento.

ahorcar Colgar de una horca. *Ahorcadura.*

ahormar Ajustar (algo) a su horma.

ahornar Enhornar. *Ahornagamiento, ahornagarse.*

ahorquillar Afianzar con horquillas.

ahorrar Economizar. *Ahorrador -ra, ahorramiento, ahorrativo -va, ahorro.*

ahoyar Hacer hoyos. *Ahoyadura.*

Ahrimán Divinidad persa.

ahuata Árbol.

ahuate Espina de algunas plantas. *Ahuatoso -sa.*

ahuchar Guardar en hucha. *Ahuchador -ra.*

ahuchear Silbar. *Ahucheo.*

ahuecar Poner hueco. *Ahuecador -ra, ahuecamiento.*

ahuehué o **ahuehuete** Árbol.

ahuesarse Endurecerse como un hueso.

ahuizote Anfibio.

ahulado Tela impermeable.

ahumar Poner al humo.

ahunche Desecho.

ahurragado -da Mal labrado. También *aurragado.*

ahusarse Ponerse como un huso. *Ahusamiento.*

ahuyentar Hacer huir. *Ahuyentador -ra.*

aijada Aguijada.

ajabeba Flauta morisca.

Ajaccio Ciudad de Córcega.

ajea Planta.

ajear Chillar una perdiz. *Ajeo.*

ajebe Alumbre.

ajedrea Planta.

ajedrez Juego. *Ajedrecista, ajedrezado, -da.*

ajenabe o **ajenabo** Mostaza.

ajengibre Jengibre.

ajenjo Bebida alcohólica.

ajeno -na De otro. *Ajenar.*

ajenuz Planta.

ajerezado -da Parecido al jerez.

ajero -ra Que vende ajos.

ajete Ajo tierno.

ajetrearse Fatigarse. *Ajetreo.*

ají Pimiento. *Ajiaco, ajicero -ra, ajizal.*

ajiaceite Salsa de ajos y aceite.

ajibararse Hacerse jíbaro.

ajicola Cola de retazos de piel cocidos con ajos.

ajicón Planta. *Ajiconal.*

ajilimoje o **ajilimójili** Revoltijo.

ajimez Ventana dividida por una columna.

ajipuerro Puerro silvestre.

ajironar Hacer jirones.

ajobar Cargar. *Ajobero -ra, ajobo.*

ajobilla Molusco.

ajonjera Planta. *Ajonje, ajonjear, ajonjeo, ajonjero.*

ajotollo Guiso con tollo.

Alá Nombre árabe de Dios.

Alabama Uno de los Estados Unidos.

alabandina Mineral.

alabar Elogiar. *Alabador -ra, alabamiento, alabancero -ra, alabancia, alabancioso -sa, alabanza.*

alabarda Arma parecida a la lanza. *Alabardazo, alabardero.*

alabastro Mineral. *Alabastrino -na, alabastrita, alabastrites.*

álabe Rama combada hacia tierra. *Alabear, alabeo.*

alábega Albahaca.

alabesa Lanza corta. Más frec. *alavesa.*

alabiado -da (Moneda) que sale con rebabas.

alambique Aparato para destilar. *Alambicado -da, alambicamiento, alambicar.*

alangieo -a Familia de plantas.

alárabe o **alarbe** Árabe.

alarije Variedad de uva.

Alaska Península de Norteamérica.

Álava Provincia española. *Alavense, alavés -esa.*

alavanco Lavanco.

alavesa Lanza corta. También *alabesa.*

alayán Árbol.

alba- Todas las palabras que comienzan por estos sonidos se escriben con *b,* excepto *Álvaro* y sus derivados. Ejemplos: *alba, Alba* (ciudad), *albacara, albacea, Albacete, albacora, albada, albahaca, Albaicín, albaida, albalá, albanega, Albania, Albany, albañal, albañil, albaquía, albar, albarán, albarazado, albarca, albarda, albardán, albardín, albarejo, albareque, albarico, albaricoque, albarizo, Albarracín, albarrada, albarrana, albarranilla, albarraz, albarsa, albatros, Albay, albayalde, albazano.*

albear Blanquear.

albedrío Potestad de elegir.

albéitar Veterinario.

Albelda Villa de la provincia de Logroño.

albellón Albollón.

Albéniz Compositor español.

albéntola Red de pesca.

alberca Depósito de agua. *Alberquero -ra.*

Alberche Río español.

albérchigo Variedad de melocotón. *Albérchiga, alberchiguero.*

Alberdi Político argentino.

albergue Cobijo. *Albergador -ra, albergar, alberguería.*

Alberique Pueblo de Valencia.

albero -ra Blanco.

Alberoni Ministro de Felipe V.

Alberti Poeta español.

Alberto -ta Nombre de persona.

albicante Que albea.

albigense De Albi, ciudad de Francia; hereje.

albillo -lla Cierta clase de uva.

albín Hematites.

albina Laguna de agua salada.

albinar Manzanilla loca.

albino -na Que tiene el cabello blanco por anomalía congénita. *Albinismo.*

Albión Inglaterra.

albita Feldespato blanco.

albitana Cerca que resguarda las plantas.

albo- Todas las palabras que empiezan por estos sonidos se escriben con *b.* Ejemplos: *albo, alboaire, albogue, albohol, albollón, Albolote, albóndiga, alboquerón, albor, albórbola, alborga, albornía, alborno, albornoz, alboronía, alboroque, alboroto, alborozo, albotín.*

albu- Todas las palabras que comienzan por estos sonidos se escriben con *b.* Ejemplos: *albudeca, Albudeite, albufera, albugíneo, albugo, albuhera, álbum, albumen, albúmina, albur, albura, alburno, Albuquerque* (Portugal y EE.UU.), *Alburquerque* (España).

alcabala Tributo. *Alcabalatorio -ria, alcabalero.*

alcahaz Jaula de aves. *Alcahazar.*

alcahuete -ta Encubridor de amores ilícitos. *Alcahuetear, alcahuetería.*

alcaller Alfarero. *Alcallería.*

alcaraván Ave zancuda.

alcaravea Planta.

alcayata Escarpia.

alcazaba Ciudadela árabe.

Alcazarquivir Ciudad de Marruecos.

Alcibíades Estadista ateniense.

Alcmena Mujer mitológica.

alcoba Dormitorio.

alcohol Producto de la destilación del vino. *Alcoholar, alcoholato, alcohólico -ca, alcoholímetro, alcoholismo, alcoholizar, alcohómetro.*

alcolla Ampolla grande de vidrio.

Alcover Apellido.

alcoyano -na De Alcoy, Alicante.

alcrebite Azufre.

alcribís Tobera.

Alcubierre Sierra de Aragón.

alcubilla. Arca de agua.

aldaba Llamador. *Aldabada, aldabazo, aldabear, aldabeo, aldabón, aldabonazo.*

aldabía Madera que sostiene la armazón de un tabique colgado.

Aldebarán Estrella.

aldehído Cuerpo resultante de la deshidrogenación de un alcohol primario.

aldehuela Diminutivo de *aldea.*

alejija Puches de harina de cebada.

alelí → ALHELÍ.

¡aleluya! Interj. que expresa júbilo.

alergia Especial sensibilidad del organismo ante ciertas sustancias. *Alergeno, alérgico, alergista.*

aleve Pérfido. *Alevosía, alevoso -sa.*

alevín o **alevino** Pez menudo.

alexia Imposibilidad patológica de leer.

alexifármaco Contraveneno. *Alexitérico -ca.*

aleya Versículo del Corán.

alfábega o **alhábega** Albahaca.

alfabeto Serie ordenada de las letras de un idioma. *Alfabético -ca, alfabetización, alfabetizar.*

Alfageme Apellido.

alfajía Alfarjía.

alfanje Sable ancho y curvo.

alfarje Artefacto que muele la aceituna; techo de madera labrada. *Alfarjía.*

Alfayate Apellido (antiguamente 'sastre').

alforjero -ra El que hace o vende alforjas.

algaba Bosque.

algarabía Gritería confusa.

algarroba Planta leguminosa. *Algarrobal, algarrobar, algarro-*

421

bera, algarrobero, algarrobilla, algarrobo.
Algarve Provincia portuguesa.
algavaro Insecto coleóptero.
álgebra Parte de las matemáticas. *Algebraico -ca, algébrico -ca.*
Algeciras Ciudad de Andalucía.
Algemesí Ciudad de Valencia.
Algenib Estrella.
álgido -da Acompañado de frío glacial. *Algente, algidez.*
alhaja Joya. *Alhajar.*
Alhama Nombre de varios pueblos y ríos españoles.
Alhambra Palacio de Granada.
alhámega Alharma, planta.
alhandal Coloquíntida.
alharaca Demostración excesiva de sentimientos. *Alharaquiento -ta.*
alharma o **alhárgama** Planta.
Alhaurín Nombre de dos pueblos de Málaga.
alhelí Planta de jardín. También *alelí.*
alheña Arbusto. *Alheñar.*
alhócigo Árbol.
alhoja Alondra.
alholva Planta.
alhóndiga Depósito público de granos. *Alhondigaje, alhondiguero.*
alhorí Algorín.
alhorma Real o campo de moros.
alhorre Erupción en los recién nacidos.
alhoz Alfoz.
alhucema Espliego.
Alhucemas Ciudad de Marruecos.
alhuceña Planta.
alhumajo Hojas de los pinos.
alhurreca Costra salina que deja el agua del mar.
Alí Babá Personaje de un cuento oriental.
aliabierto -ta Abierto de alas.
álibi Coartada.
alicuya Gusano parásito.
alienígena Extranjero.
aligerar Hacer ligero. *Aligeramiento.*
alígero -ra Alado.
alilaya Excusa frívola.

alitúrgico -ca Día en que no se celebra misa.
aliviar Aligerar. *Aliviador -ra, alivio.*
aljaba Carcaj.
aljerife Red de pescar. *Aljerifero.*
aljez Mineral de yeso. *Aljezar, aljezón.*
aljibe Cisterna. *Aljibero.*
aljonje Ajonje.
aljuba Vestidura morisca.
Aljubarrota Ciudad portuguesa.
alkermes Quermes o grana.
allá Adv. de lugar.
allanar Poner llano. *Allanador -ra, allanamiento.*
Allariz Pueblo de Orense.
allegar Juntar. *Allegadera, allegadizo -za, allegado -da, allegador -ra, allegamiento.*
allende Adv. de lugar.
allí Adv. de lugar.
allozo Almendro. *Alloza, allozar.*
alludel Vaso usado para sublimar.
almadraba Pesca de atunes. *Almadrabero -ra.*
Almagesto Libro de Tolomeo.
almarbatar Ensamblar.
almejía Manto pequeño.
almíbar Azúcar disuelto y espesado. *Almibarar.*
almimbar Púlpito de las mezquitas.
almocárabe o **almocarbe** Adorno de lazos.
Almodóvar Nombre de varios pueblos españoles.
almogávar Soldado de cierta tropa escogida. *Almogavarear, ulmogavara.*
almohacear Almohazar.
almohada Cabezal. *Almohadado -da, almohadilla, almohadillado -da, almohadón.*
almohade Individuo de un grupo de tribus musulmanas.
almohaza Rascadera. *Almohazador, almohazar.*
almojaya Madero de andamio.
almoróvid De una tribu africana.
almozárabe Mozárabe.
Almudébar Pueblo de

Huesca. También, más frecuente, *Almudévar.*
alobadado -da Mordido de lobo.
alóbroge De un antiguo pueblo galo. *Alobrógico -ca.*
alobunado -da Parecido al lobo.
alquequenje Planta.
alrededor* En torno.
altabaque Cesta. *Altabaquillo.*
altavoz Aparato que transmite un sonido.
altibajos Desigualdades de nivel.
altillano Altiplanicie.
altivo -va Orgulloso. *Altivarse, altivecer, altivez.*
alubia Judía.
aluvión Avenida fuerte de agua. *Aluvial.*
Álvaro Nombre de varón. *Alvar, Álvarez, Alvarado.*
Alvear Apellido.
alveario Conducto auditivo externo.
álveo Madre de un río.
alvéolo Cavidad en que está engastado un diente. *Alveolar.*
alverja Arveja; guisante. *Alverjado, alverjana, alverjilla, alverjón.*
alvino -na Del bajo vientre.
alzafuelles Adulador.
amacayo Planta.
amacollar Formar macolla.
ámago Sustancia correosa elaborada por las abejas. Más frec. *hámago.*
amalhayar Codiciar.
amallarse Alzarse.
amancebarse Tener concubinato. *Amancebamiento.*
amancillar Manchar.
amantillo Cabo que asegura una verga. *Amantillar.*
amarillo -lla De color limón. *Amarillear, amarillecer, amarillento -ta, amarilleo, amarillez.*
amartillar Martillar.
amayorazgar Vincular (bienes) fundando un mayorazgo.
ambages Circunloquios. *Ambagioso -sa.*
ámbar Resina fósil. *Ambarino -na.*

Ambato Ciudad ecuatoriana.

Amberes Ciudad de Bélgica.

ambición Pasión por conseguir algo. *Ambicionar, ambicioso -sa.*

ambidextro -tra Que usa igualmente una mano que otra.

ambiente Fluido que rodea a los cuerpos. *Ambientación, ambientador, ambiental, ambientar.*

ambigú Lugar donde se sirven manjares fríos.

ambiguo -gua Que admite dos interpretaciones. *Ambigüedad.*

ámbito Espacio limitado.

ambón Púlpito.

ambos -bas Los dos.

ambucia Voracidad. *Ambuciento -ta.*

ambuesta Almorzada.

ambulacro Alameda. *Ambulacral.*

ambulante Que va de un lugar a otro. *Ambulancia, ambulatorio.*

amebeo Una clase de verso.

ameba Protozoo. *Amébido -da.*

a menudo Con frecuencia.

ametrallar Disparar metralla. *Ametrallador -ra, ametrallamiento.*

ameyal Pozo.

amiba o **amibo** Protozoo. *Amiboideo -a.*

amígdalas Glándulas.

amillarar Evaluar (capitales). *Amillaramiento.*

amillonado -da Muy rico.

Ammán Capital de Jordania. También *Amán.*

Ammón Dios egipcio. También *Amón.*

amohecer Enmohecer.

amohinar Causar mohína.

amohosarse Enmohecerse.

amojelar Sujetar con mojeles.

amollar Aflojar. *Amollador -ra, amollentar.*

amolletado -da De figura de mollete.

amontillado (Vino) al estilo del de Montilla.

amover Remover. *Amovible, amovilidad.*

ampolla Vejiga formada en la piel. *Ampollar, ampolleta.*

Amundsen Explorador noruego.

amurallar Murar.

anabaptista Partidario de cierta doctrina protestante. *Anabaptismo.*

anabí Nabí.

anabolismo Parte del proceso del metabolismo. *Anabolizante.*

anaerobio Capaz de vivir sin oxígeno. *Anaerobiosis.*

anagoge Interpretación mística de la Biblia. *Anagogía, anagógico -ca.*

Anáhuac Meseta central mejicana.

analfabeto -ta Que no sabe leer. *Analfabético -ca, analfabetismo.*

analgesia Ausencia de dolor. *Analgésico -ca.*

Áncash Departamento peruano.

anchova Anchoa, boquerón. *Anchoveta.*

ancuviña Sepultura.

andábata Gladiador.

andarivel Maroma que une dos orillas para guiar una barca.

andavete Jarro para tomar chicha.

andoba (el) El de marras.

andrajero -ra Trapero.

andrógino -na Hermafrodita.

andullo Manojo de hojas de tabaco.

anejín, anejir Refrán popular cantable.

anexo -xa Unido. *Anexar, anexidades, anexión, anexionar, anexionismo, anexionista.*

anfesibena Anfisbena.

anfibio -bia Que puede vivir dentro y fuera del agua.

anfíbol Mineral. *Anfibolita.*

anfibología Ambigüedad. *Anfibológico -ca.*

anfisbena Reptil. *Anfisbénido -da, anfisibena.*

angarillas Andas pequeñas para llevar a mano objetos. *Angarillada, angarillar, angarillear.*

ángel Espíritu celestial. *Angelical, angélico -ca, angelizarse, ángelus.*

angevino -na De la familia de Anjou.

angina Inflamación de amígdalas. *Anginoso -sa.*

angio- Prefijo que significa 'vaso, receptáculo'. *Angiocolitis, angiografía, angioleucitis, angiología, angioma, angiospermo -ma.*

anglófobo -ba Desafecto a Inglaterra. *Anglofobia.*

anguilla Anguila.

anhelar Desear; respirar con dificultad. *Anhelación, anhelante, anhélito, anhelo, anheloso -sa.*

anhidro -dra Sin agua. *Anhídrido, anhidrita, anhidrosis.*

Aníbal General cartaginés.

animadversión Enemistad.

anivelar Nivelar.

aniversario Día en que se cumplen años.

anjeo Lienzo basto.

Anjou Nombre de familia, rama de los Borbones.

Ankara Capital de Turquía.

Annam Región del Vietnam. También *Anam.*

Annobón Isla de Guinea.

anorak Prenda de vestir.

Anouilh Dramaturgo francés.

anovelado -da Que tiene algo de novela.

anovulación Falta de ovulación. *Anovulatorio -ria.*

Ansa Confederación comercial de ciudades alemanas en la Edad Media. También *Hansa. Anseático -ca (o hanseático -ca).*

Ansovino Nombre de varón.

antagalla Parte de una vela. *Antagallar.*

anteayer En el día anterior a ayer.

anteburro Tapir de Méjico.

antecapilla Pieza que da entrada a una capilla.

antecoger Coger llevando por delante.

antediluviano -na Anterior al Diluvio.

antehistórico -ca Prehistórico.

antellevar Atropellar. *Antellevón.*

anteojera Caja para guardar anteojos; pieza que tapa los ojos del caballo. *Anteojero.*

anteproyecto Proyecto provisional.

antes de ayer Anteayer.
antevenir Venir antes.
antever Prever.
antevíspera Día anterior a la víspera.
antialcohólico -ca Contrario al alcoholismo.
antibaquio Pie de la poesía clásica.
Antibes Playa francesa.
antibiótico -ca Inhibidor del crecimiento de microorganismos.
antiescorbútico -ca Contra el escorbuto.
antievangélico -ca Contrario al Evangelio.
antiflogístico -ca Que calma la inflamación.
antigás Máscara contra gases tóxicos. Se escribe en una sola palabra.
antigualla Cosa anticuada.
antihelmíntico -ca Contra las lombrices.
antihemorroidal Contra las almorranas.
antihigiénico -ca Contrario a la higiene.
antihistérico -ca Contra el histerismo.
Antilíbano Cordillera siria.
antilogía Contradicción. *Antilógico -ca.*
Antillas Archipiélago americano. *Antillano -na.*
antineurálgico -ca Que calma la neuralgia.
antirrábico -ca Contra la rabia.
antirreligioso -sa Contrario a la religión.
antituberculoso -sa Contra la tuberculosis.
antojera Anteojera.
antología Florilegio.
antropofagia Condición de antropófago.
antropología Estudio del hombre. *Antropológico -ca.*
antuvión Golpe repentino. *Antuviada.*
anúbada Anúteba.
anubado -da Cubierto de nubes. *Anubarrado -da, anublar, anublo.*
anúteba Llamamiento a la guerra.

anverso Cara de una moneda.
aovar Poner huevos. *Aovado -da.*
aovillarse Hacerse un ovillo.
apabilar Preparar el pabilo.
apabullar Aplastar. *Apabullo.*
apandillar Hacer pandilla.
apantallado -da Bobo.
apapagayado -da Parecido al papagayo.
aparte Como adv., 'en otro lugar, a un lado', se escribe en una palabra: *pon tu dinero aparte.* Se escribe en dos palabras cuando es el nombre *parte* ('porción') precedido de la prep. *a: saludó a parte de los presentes.*
apartheid Segregación racial.
aparvar Amontonar. *Aparvadera, aparvadero.*
apastillado -da Blanco rosado.
apellar Adobar (la piel).
apellido Nombre de familia. *Apellidador -ra, apellidamiento, apellidar.*
apellinarse Apergaminarse.
apenas Casi no. Se escribe en una palabra.
apercibir Preparar. *Apercibimiento.*
apercollar Coger por el cuello.
a pesar de Contra la voluntad de; sin hacer caso de.
apestillar Asir firmemente.
apimpollarse Echar pimpollos las plantas.
aplanacalles Azotacalles.
aplantillar Labrar con arreglo a la plantilla.
aplayar Salir un río de madre.
aplebeyar Envilecer.
apnea Falta de respiración.
apófige Parte de la columna.
apogeo Grado supremo que puede alcanzar una cosa.
apolillarse Agujerearse por la acción de la polilla. *Apolilladura.*
apología Defensa o justificación. *Apologético -ca, apologista.*
apolvillarse Atizonarse (cereales).
apoplejía Hemorragia cerebral.

aportillar Abrir un portillo.
apoyar Hacer que una cosa descanse sobre otra. *Apoyadura, apoyatura, apoyo.*
aprehender Coger, prender. *Aprehensión, aprehensivo -va, aprehensor -ra.*
aprobar Dar por bueno. *Aprobación, aprobado, aprobador -ra, aprobante, aprobatorio -ria, aprobativo -va.*
apropósito* Como nombre ('breve pieza teatral'), se escribe en una palabra. Como adverbio ('oportunamente' o 'deliberadamente') se escribe en dos palabras, *a propósito.*
aprovechar. Emplear útilmente. *Aprovechable, aprovechado -da, aprovechador -ra, aprovechamiento.*
aprovisionar. Abastecer.
aproximar Acercar. *Aproximación, aproximativo -va.*
ápside Cada uno de los extremos del eje mayor de la órbita de un astro.
apterigógeno -na Cierta clase de insectos.
Apuleyo Escritor latino.
apuntillar Dar la puntilla.
apuracabos Pieza que sirve para apurar las velas.
apuranieves Aguzanieves.
aquillado -da De figura de quilla.
aquivo -va Aqueo.
Arabia Península del Asia. *Árabe, arabesco, arábico -ca, arábigo -ga, arabio -bia, arabismo, arabista, arabización, arabizar.*
arabo Árbol.
arácnidos Clase de las arañas.
Arahal Pueblo de Sevilla.
arahuaco -ca De los pueblos indios de la cuenca del Orinoco.
arambel Colgadura. También *harambel.*
Aramburu Apellido.
aravico Poeta de los antiguos peruanos.
arbalestrilla Instrumento de topografía.
Arbelas Ciudad de Asia Menor.
arbellón Desaguadero.
árbitro -tra Que puede obrar

Arbizu

con independencia; juez. *Arbitrable, arbitrativo -va, arbitratorio -ria, arbitración, arbitrador -ra, arbitraje, arbitramiento, arbitral, arbitrar, arbitrariedad, arbitrario -ria, arbitrio, arbitrista.*
Arbizu Apellido español.
Arbó, Arbós Apellidos.
árbol Planta de tronco leñoso. *Arbolado -da, arboladura, arbolar, arboleda, arboledo, arbolista, arborecer, arbóreo -a, arbusto.*
arbollón Albollón.
arbotante Arco de sostén.
arcabuco Monte fragoso.
arcabuz Arma antigua de fuego. *Arcabucear, arcabucería, arcabucero, arcabuzazo.*
arcángel Espíritu angélico. *Arcangélico -ca.*
archivo Local en que se custodian documentos. *Archivador, archivar, archivero -ra, archivología.*
arctado (Clérigo) que tiene tiempo limitado para ordenarse. También puede escribirse *artado.*
Arechavaleta Apellido.
areopagita Juez del Areópago de Atenas.
arévaco -ca De una tribu primitiva de España.
Arévalo Pueblo de Ávila.
Arezzo Ciudad italiana.
arfueyo Muérdago.
argavieso Turbión.
Argel Ciudad de África. *Argelia, argelino -na.*
argemone Género de plantas.
Argentina República sudamericana. *Argentinidad, argentinismo, argentinizar, argentino -na.*
argento Plata. *Argén, argentador -ra, argentar, argénteo -a, argentería, argentero, argentario, argentífero -ra, argentino -na, argentoso -sa.*
argila o **argilla** Arcilla. *Argiloso -sa.*
Arginusas Islas del Egeo.
argivo -va De Argos o de la Argólida.
argolla Aro grueso de metal.
argot Jerga.

Argovia. Cantón suizo.
arguellarse Desmedrarse. *Arguello.*
aribe Niño inteligente.
arije Alarije.
Ariovisto Rey germano.
Arkansas Río y Estado de Norteamérica.
armella Anillo con una espiga para clavarlo.
armonía Correspondencia, proporción. También (hoy raro) *harmonía. Armonio, armónico -ca, armonioso -sa, armonizar,* (o *harmonio, harmónico,* etc.).
armuelle Planta.
arpía* Ser fabuloso; mujer perversa. En el primer sentido, también *harpía.*
arisblanco -ca De aristas blancas.
Arnhem Ciudad de Holanda.
arpegio Sucesión de los sonidos de un acorde.
arpella Ave rapaz.
arpillera Tejido para hacer sacos. También *harpillera. Arpillador, arpilladura, arpillar.*
arquibanco Banco con cajones.
arquitrabe Parte interior del cornisamento.
arquivolta Moldura que decora exteriormente un arco.
arrabal Suburbio. *Arrabalero -ra.*
arrabiatar Atar un animal a la cola de otro.
arramblar Dejar cubierto de arena.
arrancaclavos Palanca.
arrayador Rasero.
arrayán Arbusto. *Arrayanal.*
¡arre! Interj. usada para estimular a las bestias. También, poco frec., *harre. Arrear (harrear), arriero (harriero).*
arrebañar Rebañar. *Arrebañador -ra, arrebañadura.*
arrebatar Quitar con violencia. *Arrebatacapas, arrebatadizo -za, arrebatador -ra, arrebatiña, arrebato, arrebatamiento, arrebatoso -sa.*
arrebol Color rojo de las nubes. *Arrebolada, arrebolar, arrebolera.*

asarabácara

arrebozar Rebozar. *Arrebozo.*
arrebujar Coger mal y sin orden (papel, tela...).
arrejerar Sujetar con tres anclas.
arrellanarse Extenderse en el asiento con toda comodidad.
arrepollado -da Repolludo.
arrequive Adorno.
arrevesado -da Revesado.
Arrhenius Físico sueco.
arriba Adv. de lugar. *Arribano -na, arribeño -ña.*
arribar Llegar. *Arribada, arribaje, arribazón, arribismo, arribista*, *arribo.*
arroba Medida de peso. *Arrobero -ra.*
arrobar Embelesar. *Arrobadizo -za, arrobador -ra, arrobamiento, arrobo.*
arrocabe Adorno a manera de friso.
arrodillar Poner de rodillas. *Arrodilladura, arrodillamiento.*
arrollar Envolver en forma de rollo. *Arrollable, arrollador -ra.*
arroyo Corriente pequeña de agua. *Arroyada, arroyadero, arroyar.*
arrugia Mina de oro.
arrullar Enamorar. adormecer. *Arrullador -ra, arrullo.*
arrumbar Arrinconar. *Arrumbada, arrumbador -ra.*
arsolla Arzolla.
artado Arctado.
Artajerjes Nombre de varios reyes persas.
artillería Armamento pesado. *Artillado, artillar, artillero.*
artilugio Trampa.
artralgia Dolor de las articulaciones.
arveja Planta. *Arvejal, arvejar, arvejana, arvejera.*
arvense (Planta) que crece en los sembrados.
arzobispo Obispo de una iglesia metropolitana. *Arzobispado, arzobispal.*
arzolla Planta.
asabalado -da Parecido al sábalo.
asarabácara Ásaro, planta.

asbesto Mineral incombustible. *Asbestino -na.*
Ascasubi Apellido.
asemillar Cerner (flor).
asepsia Ausencia de gérmenes. *Aséptico -ca.*
asequible Que puede alcanzarse.
aseverar Asegurar. *Aseveración, aseverativo -va.*
asexual o **asexuado -da** Sin sexo.
asfixiar Ahogar. *Asfixia, asfixiador, asfixiante, asfíxico* o *asfíctico.*
asilvestrado -da Hecho silvestre.
asimismo* También. Puede escribirse en dos palabras: *así mismo.*
asnallo Gatuña, hierba.
asobarcar Sobarcar.
asobinarse Caer sin poder levantarse.
aspaviento Demostración afectada. *Aspaventero -ra.*
asperges Rociadura.
aspillera Abertura larga estrecha en un muro. *Aspillerar.*
Assam Provincia india.
astillero Instalación para construir y reparar buques.
astringir Contraer o estrechar. *Astringencia, astringente.*
astrolabio Antiguo instrumento de astronomía.
astronave Vehículo espacial.
atabacado -da De color de tabaco.
atabal Timbal. *Atabalear, atabalero.*
atabanado -da De pelo oscuro, con pintas blancas.
Atabapo Río colombiano.
atabardillado -da Parecido al tabardillo.
atabe Abertura.
atagallar Navegar muy forzado de vela.
ataharre Banda que sujeta la silla o albarda.
atahorma Ave rapaz.
Atahualpa Inca del Perú.
atalaya Torre para observar. *Atalayador -ra, atalayar, atalayero.*
atalvina Talvina.
Atanagildo Rey visigodo.

atarjea Caja de ladrillo que protege una cañería.
atarraya Red de pesca.
ataujía Obra de taracea de metales finos.
ataviar Adornar. *Atavío.*
atavismo Fenómeno de herencia biológica. *Atávico -ca.*
ateje Árbol.
atenebrarse Entenebrecerse.
aterrillarse Sufrir una insolación. *Aterrilladura.*
Athos (monte) Promontorio de Grecia.
atiborrar Llenar, atracar. *Atiborramiento.*
atingir Oprimir; relacionar. *Atingencia.*
atisbar Mirar recatadamente. *Atisbador -ra, atisbadura, atisbo.*
atollar Atascar. *Atolladero.*
atornillar Sujetar con tornillos.
atortillar Aplastar.
atrabancar Saltar obstáculos; abarrotar. *Atrabanco.*
atrabilis Mal genio. *Atrabiliario -ria, atrabilioso -sa.*
atraillar Poner traílla.
atravesar Pasar de parte a parte. *Atravesado -da.*
a través de Por en medio de.
atrayente Que atrae.
atreverse Arriesgarse. *Atrevimiento.*
atribuir Dar. *Atribución, atributivo -va, atributo.*
atribular Causar tribulación.
atrición Arrepentimiento.
atropellar Pasar por encima con violencia. *Atropellador -ra, atropello, atropellamiento.*
atruhanado -da Que parece truhán.
aturullar o **aturrullar** Turbar. *Aturullamiento, aturrullamiento.*
auge Apogeo.
augita Mineral.
Augsburgo Ciudad alemana.
aullar Gemir (el perro). *Aulladero, aullador -ra, aúllo, aullido.*
aurgitano -na De Jaén.
aurígero -ra Aurífero.
aurívoro -ra Codicioso de oro.

autobiografía Vida de una persona escrita por ella misma. *Autobiográfico -ca.*
autobombo Elogio de sí mismo.
autobús Vehículo.
autoclave Aparato para esterilizar por vapor.
autofagia Nutrición a expensas de sí mismo.
autógeno -na (Soldadura) que se hace con la misma materia soldada.
autogestión Gestión de una empresa por sus trabajadores.
autogiro Helicóptero.
autómnibus Autobús.
automóvil Que se mueve por sí mismo; coche. *Automovilismo, automovilista, automovilístico -ca.*
autosugestión Sugestión sin causa externa.
autovacuna Vacuna tomada del mismo que va a ser vacunado.
autovía Automotor.
Auvernia Región francesa.
auxiliar Ayudar. *Auxiliador -ra, auxiliaría, auxiliatorio -ria, auxilio.*
auyama Calabaza.
avacado -da Que tiene mucho vientre.
avadar Hacerse vadeable un río.
avahar Calentar con el vaho.
aval Garantía. *Avalar.*
avalancha Alud.
avalentado -da o **avalentonado -da** Propio del valentón.
avallar Cerrar con valla.
avalorar Dar valor.
avaluar Valorar. *Avaluación.*
avambrazo Pieza de la armadura.
avante Adelante.
avanzar Adelantar. *Avance, avanzada, avanzadilla.*
avaro -ra Codicioso, tacaño. *Avaricia, avaricioso -sa, avariento -ta.*
ávaros Antiguo pueblo germánico.
avasallar Someter a obediencia. *Avasallador -ra, avasallamiento.*
avatar Cambio, contingencia.

ave Animal vertebrado con alas. *Avecasina, avechucho, avefría, averío, avestruz, avetarda, avetoro.*

avecinar Acercar; establecer en un pueblo. *Avecindamiento, avecindar.*

Aveiro Ciudad portuguesa.

avejentar Aviejar.

avejigar Levantar vejigas.

Avelino -na Nombre de persona.

avellano Arbusto frutal. *Avellana, avellanador, avellanal, avellanar, avellaneda, avellanedo, avellanero -ra.*

¡Ave María! Interj. usada para indicar extrañeza o para saludar.

avemaría Oración.

avena Planta gramínea. *Avenal, avenate, aveníceo -a.*

avenado -da Que tiene vena de loco.

avenar Dar salida al agua. *Avenamiento.*

avenir Poner de acuerdo. *Avenencia, avenida, avenidor -ra, avenimiento.*

aventajar Llevar ventaja.

aventar Echar al viento. *Aventador -ra, aventadura, aventamiento.*

Aventino Colina de Roma.

aventura Suceso; riesgo. *Aventurar, aventurero -ra.*

avería Desperfecto. *Averiar.*

avergonzar Dar vergüenza.

averiguar Indagar. *Averiguable, averiguación, averiguador -ra, averiguamiento.*

averno Infierno. Suele escribirse con mayúscula.

Averroes Filósofo árabe. *Averroísmo, averroísta.*

aversión Antipatía.

Avesta Libro sagrado persa.

avetado -da Que tiene vetas.

avezar Acostumbrar.

avi- Prefijo que significa 'ave'. *Aviar, avicultor, avicultura.*

aviación Locomoción aérea. *Aviador -ra.*

aviar Preparar, arreglar. *Aviador -ra, avío.*

Avicena Médico y filósofo árabe.

ávido -da Codicioso. *Avidez.*

aviejar Poner viejo.

avienta Aventamiento. *Aviento.*

avieso -sa Torcido.

avigorar Dar vigor.

Ávila Ciudad española. *Avilés -lesa.* (Pero *abulense.*)

avilantarse Insolentarse. *Avilantez.*

Avilés Ciudad de Asturias.

avillanar Hacer villano. *Avillanamiento.*

avinagrar Poner agrio.

avinca Especie de calabaza.

Aviñón Ciudad de Francia. *Aviñonés -nesa, aviñonense.*

avión Aeroplano; pájaro. *Avioneta.*

avisar Dar noticia. *Avisado -da, avisador -ra, aviso.*

avispa Insecto. *Avispado -da, avispar, avispero.*

avistar Alcanzar con la vista.

avitaminosis Falta de vitaminas.

avitelado -da Parecido a la vitela.

avituallar Proveer de vituallas. *Avituallamiento.*

avivar Dar más fuerza. *Avivador -ra, avivamiento.*

avizor (ojo) Al acecho, con atención. *Avizorador -ra, avizorar.*

avocar Reclamar para sí. *Avocación, avocamiento.*

avocastro Persona muy fea.

avoceta Ave zancuda.

Avogadro Físico italiano.

avolcanado -da Con volcanes.

avucasta Avutarda. *Avucastro.*

avugo Fruto. *Avuguero.*

avulsión Extirpación.

avutarda Ave zancuda. *Avutardado -da.*

axil Del eje. *Axial.*

axila Sobaco. *Axilar.*

axiología Estudio de los valores.

axioma Verdad evidente.

axiómetro Instrumento que indica la dirección del timón.

ayacuá Espíritu maligno.

Ayacucho Ciudad peruana.

Ayala Apellido.

ayapana Planta.

ayate Tela.

Áyax Héroe homérico.

ayeaye Animal lemúrido.

ayecahue Persona mal vestida.

ayer En el día inmediatamente anterior a hoy.

ayo -ya Preceptor.

ayocote Especie de fríjol.

ayote Calabaza. *Ayoguascle, ayotera, ayotete.*

ayúa Árbol.

ayudar Prestar cooperación. *Ayuda, ayudador -ra, ayudante, ayudantía.*

ayuga Mirabel.

ayuí Árbol. *Ayuiné, ayuiñandí.*

ayún Árbol.

ayunar Abstenerse de comer. *Ayunador -ra, ayuno, ayuno -na.*

ayuntar Juntar. *Ayuntamiento.*

Ayuso Apellido.

ayustar Unir (cabos) por sus chicotes. *Ayuste.*

ayuyuyes Arrumacos.

azabache Variedad de lignito. *Azabachado -da, azabachero.*

azabara Áloe, planta.

azagaya Lanza arrojadiza.

azahar Flor del naranjo. *Azaharillo.*

azamboa Fruto. *Azamboero, azamboo.*

azanahoriate Zanahoria confitada.

azarbe Cauce. *Azarbeta.*

Azerbaiyán Una república soviética.

ázimo o **ácimo** (Pan) sin levadura.

azimut → ACIMUT.

aznallo Pino rodeno.

Azof Mar o golfo al norte del Mar Negro. También *Azov.*

azolvar Cegar (un conducto). *Azolve.*

azotacalles Persona ociosa y callejera.

azúmbar Planta.

azurumbarse Aturdirse.

b

Baal Dios semítico.
Baalbek Ciudad del Líbano.
baba Humedad que fluye de la boca; anfibio. *Babador, babear, babeo, babera, babero, baberol, babosa, babosear, babosilla, baboso, -sa.*
babazorro -rra Alavés.
Babel Torre mencionada en la Biblia.
Bab el Mandeb Estrecho entre el mar Rojo y el océano Indico.
babi* Delantal.
Babia Región de los montes de León.
Babieca Caballo del Cid.
babilla Rótula de los cuadrúpedos.
Babilonia Llanura del Asia, actual Irak. *Babilonio -nia, babilónico -ca.*
babiney Lodazal.
babirusa Cerdo salvaje.
babor Lado izquierdo de la embarcación.
baboyana Lagarto pequeño.
babucha Zapato ligero.
babujal Espíritu maligno.
babunuco o **babonuco** Rodete para llevar cargas en la cabeza.
baca Sitio para los equipajes en el techo de un coche.
bacalao Pez comestible. *Bacalada, bacaladero -ra.*
bacallar Hombre rústico.
bacán Especie de empanada.
bacanal Orgía. *Bacante.*
bacanora Bebida alcohólica.
bacao Árbol.
bácara, bácaris Planta.
bacará o **bacarrá*** Juego de naipes.
bacelar Parral.

bacera Enfermedad del ganado.
baceta Naipes que quedan después de repartir.
Bach Músico alemán.
bachaco Insecto.
bachata Juerga. *Bachatero -ra, bachatear.*
bache Hoyo; sitio donde se encierra el ganado.
bachicha Italiano.
bachiller El que ha cursado enseñanza media; hablador impertinente. *Bachiller -ra, bachillerar, bachillerato, bachillerear, bachillería.*
bacía Vasija. *Bacín, bacinada, bacinero -ra, bacineta, bacinete.*
baciforme En forma de baya.
báciga Juego de naipes.
bacillar Parral.
bacilo Bacteria. *Bacilar.*
Baco Dios del vino. *Báquico -ca.*
Bacolor Ciudad de Filipinas.
Bacon Filósofo inglés. *Baconiano -na, baconismo.*
bacona Árbol.
bacteria Microorganismo. *Bactericida, bacteriología, bacteriológico -ca, bacteriólogo, bacteriostático -ca.*
Bactriana Región del Asia antigua. *Bactriano -na.*
bacuey Planta.
báculo Palo o cayado.
bacuyán Árbol.
bada Rinoceronte.
badajo Lengua de la campana. *Badajada, badajazo, badajear.*
Badajoz Ciudad de Extremadura. *Badajocense.*
badal Acial.
Badalona Ciudad de Cataluña. *Badalonés -nesa.*

badán Tronco del animal.
badana Piel curtida.
badano Formón usado por los carpinteros.
Badar Zara, ciudad yugoslava.
badea Melón o sandía malos.
Baden Nombre de una región y de varias ciudades de Europa Central.
badén Zanja.
baderna Cabo trenzado.
Badía Apellido.
badián Árbol. *Badiana.*
badiera Arbusto.
badil Paleta para remover la lumbre. *Badila, badilazo.*
badomía Despropósito.
badulaque Persona de poco juicio. *Badulacada, badulaquear, badulaquería.*
Baedeker Editorial de guías turísticas; guía turística.
Baena Ciudad de Córdoba.
Baeza Ciudad de Jaén. *Baezano, -na.*
Baffin Navegante inglés. *Bahía y Tierra de Baffin.*
baga Cápsula que contiene la linaza. *Bagacera, bagar, bagazo.*
bagá Árbol.
bagaje Impedimenta. *Bagajero.*
bagasa Mujer de mala vida.
bagatela Cosa fútil.
Bagdad Capital de Irak.
bagre Pez.
bagual Bravo. *Bagualada, bagualón -na.*
baguarí Especie de cigüeña.
baguio Huracán.
¡bah! Interj. que expresa incredulidad o desdén.
Bahamas Archipiélago americano.

bahareque Enrejado de palos y cañas. También *bareque*.
baharí Ave rapaz.
bahía Entrada de mar.
bahorrina Agua asquerosa.
baicurú Planta.
Baikal Lago de Siberia.
baila Pez.
bailar Danzar. *Bailable, bailadero, bailador -ra, bailarín -rina, baile, bailete, bailotear, bailoteo.*
baile Magistrado. *Bailía, bailiaje, bailiazgo, bailío.*
Bailén Pueblo de Jaén.
baivel Especie de escuadra.
bajá Hombre que ostenta un alto cargo, en Turquía. *Bajalato.*
bajaca Cinta del pelo.
bajagua Tabaco malo.
bajareque Choza miserable.
bajel Buque. *Bajelero.*
bajo -ja De poca altura. *Bajada, bajador -ra, bajamar, bajar, bajero -ra, bajete, bajeza, bajial, bajío, bajista, bajón, bajonazo, bajoncillo, bajonista, bajuno -na, bajura.*
Bakú Capital del Azerbaiyán.
bala Proyectil. *Balacear, balacera, balazo, balear, baleo, balería, balerío, balero, balín, balística, balístico -ca.*
Balaán Profeta. También *Balaam.*
balaca o **balacada** Fanfarronada.
balada Composición poética o musical.
baladí Fútil.
baladrar Dar gritos. *Baladrero -ra, baladro, baladrón -drona, baladronada, baladronear.*
baladre Adelfa.
bálago Paja larga de cereal. *Balaguero.*
balagre Bejuco.
Balaguer Pueblo de Lérida.
balaj o **balaje** Rubí morado.
balalaika Instrumento musical.
balance Movimiento oscilatorio. *Balanceador -ra, balancear, balanceo, balancero, balancín, balanza, balanzario, balanzón.*

balandra Embarcación. *Balandrista, balandro.*
balandrán Vestidura talar.
bálano o **balano** Extremo del miembro viril.
balar Gritar la oveja y otros animales. *Balador -ra, balante, balido, balitadera, balitar, balitear.*
balarrasa Aguardiente fuerte.
Balart Poeta español.
balasto Capa de grava. *Balastar.*
balata Composición poética; árbol.
balate Borde de la acequia; equinodermo.
Balatón Lago de Hungría.
balausta Fruto. *Balaustra.*
balaustre o **balaústre** Columna de barandilla. *Balaustrado -da, balaustral.*
balay Cesta de mimbre.
Balazote Pueblo de Albacete.
Balbina Nombre de mujer.
Balboa (Núñez de) Descubridor español; *balboa*, moneda panameña.
balbucir Hablar confusamente. *Balbucear, balbucencia, balbuceo.*
Balbuena Poeta épico español.
Balcanes Península europea. *Balcánico -ca.*
Balcarce Apellido.
balcarrotas Mechones de pelo.
balcón Hueco abierto desde el suelo, con barandilla. *Balconaje, balconcillo.*
balda Anaquel; aldaba.
baldaquín, baldaquino Dosel.
baldar Dejar impedido; fallar (en los naipes). *Baldadura, baldamiento, baldo -da.*
balde Cubo. *De balde:* frase adv. Gratis, sin motivo. *En balde:* Inútilmente. *Baldear, baldeo, baldío -día.*
Baldomero Nombre de varón.
baldón Oprobio. *Baldonar, baldonear.*
baldosa Ladrillo para solar. *Baldosador, baldosar, baldosín.*
baldragas Hombre flojo.
Balduino Nombre de varón.

balduque Cinta para atar legajos.
Baleares Islas españolas del Mediterráneo. *Balear, baleárico, -ca.*
Bali Isla de Indonesia.
Balira Río afluente del Segre.
baliza Señal flotante. *Balizamiento, balizar.*
Balkasch Lago de la URSS.
Ballagas Escritor cubano.
ballena Cetáceo. *Ballenato, ballenero -ra.*
ballesta Arma antigua; muelle en que descansa la caja del coche. *Ballestada, ballestazo, ballestear, ballestera, ballestería, ballestero, ballestilla.*
Ballester, Ballestero, Ballesteros Apellidos.
ballet Baile clásico.
ballico Planta.
ballueca Especie de avena.
Balmes Filósofo español.
balneario -ria De baños. *Balneoterapia.*
balón Pelota grande. *Balompié, balompédico -ca, baloncesto, balonmano, balonvolea.*
balota Bolilla para votar. *Balotaje, balotar.*
balotada Salto del caballo.
balsa Estanque; plataforma flotante. *Balsadera, balsadero, balsear, balsero.*
bálsamo Líquido resinoso aromático. *Balsamera, balsamerita, balsámico -ca, balsamillo, balsamina.*
balsar Zarzal.
balso Lazo grande para suspender pesos.
Baltasar -ra Nombre de persona.
bálteo Cordón de oficial.
Báltico Mar situado al norte de Europa. *Báltico -ca.*
Baltimore Ciudad norteamericana.
baluarte Fortificación.
balumba Montón heterogéneo. *Baluma, balumbo, balumoso -sa.*
Balzac Novelista francés.
bamba Moneda americana.
bambalear o **bambanear** Bambolear.

bambalina Parte de la decoración de un teatro.
bambarria Tonto.
Bamberg Ciudad de Baviera.
bamboche Hombre rechoncho. *Bambochada.*
bambolear o **bambonear** Moverse de un lado a otro. *Bamboleo, bamboneo.*
bambolla Boato aparente. *Bambollero -ra.*
bambú Planta. *Bambudal.*
bambuco Baile colombiano.
bampuche Figura de barro.
banano Plátano. *Banana, bananero -ra.*
banas Amonestaciones.
banasta Cesto grande. *Banastero -ra, banasto.*
Banato Región húngara.
bance Palo que cierra un portillo.
banco Asiento largo; establecimiento público de crédito; conjunto de peces. *Banca, bancada, bancal, bancario -ria, bancarrota, bancazo, banquero, banqueta, banquillo.*
banda Faja; costado; grupo. *Bandada, bandado, bandarse, bandazo, bandeado -da, bandear, bandín.*
bandarria Mandarria, maza.
bandeja Pieza plana con bordes bajos.
bandera Insignia de una nación. *Banderilla, banderillazo, banderillear, banderillero, banderín, banderizar, banderizo -za, banderola.*
bando Edicto; facción. *Bandido, bandidaje, bandolero, bandolerismo.*
bandola Instrumento musical. *Bandolín, bandolina, bandolón, bandolonista.*
bandolera Correa que cruza por el pecho y la espalda.
bandoneón Instrumento musical.
bandullo Vientre. *Bandujo.*
Bandung Ciudad de Java.
bandurria Instrumento musical.
Bangalur Ciudad india.
bangaño -ña Redondeado.
Bangkok Capital de Tailandia.

banjo Instrumento musical.
banquear Desmontar (un terreno). *Banqueo.*
banquete Festín. *Banquetear.*
bantú De un grupo de pueblos de África.
banzo Listón del bastidor.
bañar Meter en un líquido. *Baña, bañadera, bañadero, bañador, bañero -ra, bañil, bañista, baño.*
Báñez Apellido.
Bañeza (La) Pueblo de León.
bao Pieza de la armazón de un buque.
baobab Árbol tropical.
baptisterio Lugar de la pila bautismal.
baque Golpe al caer.
baquear Dejarse llevar de la corriente.
baquelita Resina sintética.
baqueta Pieza para limpiar el interior de un cañón. *Baquetazo, baquetear, baqueteo, baquetudo.*
baquía Conocimiento práctico de un país. *Baqueano -na, baquiano -na.*
baquiné Velorio de un niño.
baquio Pie de la poesía clásica.
báquiro -ra Cerdo salvaje americano.
bar Establecimiento de bebidas; unidad de presión.
baraca Don divino.
baracuta Pez.
baracutey Ave sin pareja.
Barahona Pueblo de Soria.
barahúnda Ruido y confusión. También *baraúnda.*
baraja Conjunto de naipes. *Barajadura, barajar, baraje, barajo.*
barajustar Corcovear; escaparse. *Barajuste.*
Baralt Escritor venezolano.
baranda Antepecho, borde. *Barandajo, barandaje, barandal, barandilla.*
barangay Embarcación.
barata Cucaracha.
barato -ta De bajo precio. *Baratar, baratear, baratería, baratero -ra, baratez, baratija, baratillero -ra, baratillo, baratura.*
báratro Infierno.

barba Parte de la cara debajo de la boca, o pelo correspondiente. *Barbado -da, barbar, barbear, barbería, barberil, barbero, barberol, barbiblanco -ca, barbicacho, barbicano -na, barbihecho -cha, barbijo, barbilampiño -ña, barbilindo, barbilucio, barbiluengo -ga, barbilla, barbillera, barbiponiente, barbipungente, barbiquejo, barbirrucio -cia, barbitaheño -ña, barbitonto -ta, barbón, barboquejo, barbuchín, barbucho -cha, barbudo -da, barbuquejo.*
barbacana Fortificación.
barbacoa o **barbacuá** Armazón; andamio; zarzo.
barbaja Planta.
barbaján Tosco.
Bárbara Nombre de mujer.
bárbaro -ra No perteneciente al antiguo Imperio Romano; extranjero; inculto. *Barbárico -ca, barbaridad, barbarie, barbarismo, barbarizar.*
barbasquear Enredar.
Barbastro Pueblo de Huesca.
barbecho Tierra que no se siembra uno o más años. *Barbechar, barbechera.*
barbeta Trozo de parapeto descubierto.
barbián -ana Desenvuelto.
Barbieri Músico español.
barbo Pez.
barbotar Mascullar. *Barbotear, barboteo.*
barbullar Hablar atropelladamente. *Barbulla, barbullón -llona.*
barbusano Árbol.
Barceló Marino español.
Barcelona Ciudad española. *Barcelonés -nesa.*
barceo Albardín.
barchilón -na Enfermero.
barcia Ahechaduras.
barcina Carga de paja; herpil.
barcino -na De pelo blanco y pardo; versátil.
barco Vehículo para navegar; barranco poco profundo. *Barca, barcada, barcaje, barcal, barcarola, barcaza, barcolongo, barquear, barqueo, barquero -ra, barquía, barquilla.*

barda Cubierta de una tapia. *Bardal, bardar, bardero.*

bardaguera Arbusto.

bardana Lampazo.

bardo Poeta.

bardón Barzón del arado.

Barea Novelista e.pañol.

baremo Tabla de cuentas ajustadas.

bareque Bahareque o bajareque.

bargueño Mueble. También *vargueño*, aunque esta grafía es más rara.

bari-, baro- Prefijos que significan 'pesado' o 'grave'. *Barisfera, barítono, barógrafo, barométrico -ca, barómetro, baroscopio, barotermógrafo.*

baría Árbol.

bario Metal. *Barita, baritina.*

barjuleta Bolsa grande.

barloa Cable para sujetar un buque. *Barloar.*

barlovento Parte de donde viene el viento. *Barloventear.*

barnabita Clérigo.

barnacla Pato marino.

barniz Capa lustrosa, vítrea; tintura. *Barnizador -ra, barnizadura, barnizar.*

Baroja Novelista español. *Barojiano -na.*

barón Título nobiliario. *Baronesa, baronet, baronía.*

barquillo Canuto de pasta de harina. *Barquillero -ra.*

barquín Fuelle. *Barquinazo, barquinera, barquino.*

barra Pieza rígida y recta. *Barral, barrar, barrear, barrera, barreta, barretear, barrote.*

Barrabás Personaje de los Evangelios. *Barrabasada.*

barraca Caseta de materiales ligeros. *Barracón, barraquero.*

barracuda Pez.

barragán Tela.

barragana Concubina. *Barraganería.*

barrajar Derribar.

barramunda Pez.

barranco Quiebra profunda. *Barranca, barrancal, barrancoso -sa, barranquear, barranquera.*

Barrantes Apellido.

Barreda Apellido.

barrena Taladro. *Barrenar, barrenero, barrenillo, barreno.*

Barrenechea Apellido.

barrer Limpiar con escoba. *Barredero -ra, barredor -ra, barredura, barrendero.*

Barrès Novelista francés.

barretina Gorro catalán.

barrica Especie de tonel.

barricada Parapeto.

barriga Vientre. *Barrigón -gona, barrigudo -da, barriguera.*

barril Cuba. *Barrilaje, barrilamen, barrilería, barrilero, barrilete.*

barrilla Planta. *Barrillar, barrillero -ra.*

barrio Cada una de las partes en que se divide un pueblo. *Barriada.*

barrisco (a) En junto. También *abarrisco.*

barro Tierra unida con agua; granillo rojizo. *Barreal, barreña, barreño, barrera, barrero, barrial, barrillo, barrizal, barroso -sa.*

barroco -ca Estilo del siglo XVII. *Barroquismo.*

barrón Planta.

barrueco Perla irregular.

barrumbada Dicho jactancioso.

barruntar Conjeturar. *Barruntador -ra, barruntamiento, barrunte, barrunto.*

Bartok Compositor húngaro.

bártola (a la) Sin ningún cuidado. *Bartolear.*

bartolillo Pastelillo.

bartolina Calabozo.

Bartolomé Nombre de varón.

Bartrina Poeta español.

bartular o **bartulear** Cavilar. *Bartuleo.*

bártulos Enseres de uso corriente.

barú Planta.

Baruc Profeta.

baruca Enredo.

barullo Confusión. *Barullento -ta, barullón -llona, barullero -ra.*

barza Zarza. *Barzal.*

barzón Paseo ocioso. *Barzonear.*

basalto Roca volcánica. *Basáltico -ca.*

basanita Basalto.

basca Náusea. *Bascosidad, bascoso -sa, basquear.*

báscula Aparato para pesar. *Bascular.*

bascuñana Variedad de trigo.

Baschkiria República de la URSS.

base Fundamento, apoyo. *Basa, basamento, basar, basicidad, básico -ca, basilar.*

basidio Célula madre de una clase de hongos. *Basidiomiceto, basidiospora.*

Basilea Ciudad de Suiza. *Basileense, basilense o basiliense.*

basílica Iglesia. *Basilical.*

Basílides Nombre de varón.

Basilio Nombre de varón.

Basilisa Nombre de mujer.

basilisco Animal fabuloso.

basket-ball Baloncesto.

Basora Ciudad de Irak.

basquilla Enfermedad del ganado.

basquiña Saya negra.

basta Hilván. *Baste, bastear, bastilla, bastillar, bastillear.*

bastaje Ganapán.

bastar Ser suficiente. *Bastante, bastantear, bastanteo.*

bastardo -da Espurio, ilegítimo. *Bastardear, bastardelo, bastardilla.*

basterna Individuo de un antiguo pueblo sármata.

Basterra Poeta español.

Bastetania Antigua región española. *Bastetano -na.*

bastidor Armazón que sirve para bordar.

Bastilla Antigua cárcel de París.

bastimento Provisión. *Bastimentar.*

bastión Baluarte.

bastitano -na De Baza.

basto Albarda; palo; naipe. *Bastero, bastón, bastonada, bastonazo, bastoncillo, bastonear, bastoneo, bastonera, bastonero.*

basto -ta Tosco. *Bastedad, basteza.*

basura Inmundicia. *Basural, basurera, basurero.*

Basutolandia País de África.

bata Guardapolvo. *Batín.*
batacazo Golpe fuerte al caer.
batahola Bulla, alboroto.
También *bataola* (más raro).
batalla Combate. *Batallador
-ra, batallar, batallero -ra, bata-
llón -na.*
batán Máquina para desengra-
sar y enfurtir paños. *Batana-
dura, batanar, batanear, bata-
nero.*
batata Planta. *Batatar.*
Batavia Antiguo nombre de
Yakarta. *Bátavo -va.*
bátavos Pueblo germánico.
batayola Barandilla de un
barco.
bate Palo (en pelota base).
batea Bandeja.
batel Bote. *Batelero -ra.*
bateo Bautizo.
batería Conjunto de piezas
(de artillería, de cocina, etc.).
batey Lugar destinado a los
edificios.
batiboleo Bulla.
batiborrillo o **batiburrillo**
Mezcla.
baticola Grupera. *Batico-
learse.*
baticulo Cabo grueso.
batifora Tributo pagado al
guarda de un prado.
batihoja Batidor de oro o
plata.
batimetría Medición de las
profundidades marinas. *Batimé-
trico -ca.*
batintín Instrumento de percusión.
batiporte Canto de la porta de
una batería. *Batiportar.*
batir Golpear; derribar; reconocer (terreno). *Batición, bati-
dora, batidero, batidor -ra, ba-
tiente, batimiento.*
batista Tela.
bato Hombre tonto; ave.
bató Embarcación.
batoideo Pez del suborden de
la raya.
batojar Varear.
batología Repetición de vocablos inmotivada y enojosa.
batómetro Aparato para medir la profundidas del mar.
batracio Anfibio.
batro Planta.

batuda Serie de saltos en el
trampolín.
Batuecas (las) Comarca de
Salamanca.
Batum Ciudad de la URSS.
batuque Alboroto. *Batuquear.*
baturrillo Mezcla de cosas he-
terogéneas.
baturro -rra Rústico ara-
gonés. *Baturrada.*
batuta Varita de director de
orquesta.
Baucis Mujer de la mitología.
Baudelaire Poeta francés.
baúl Cofre. *Baulería, baulera.*
baullúa Árbol.
bauprés Palo grueso en la
proa del barco.
bausa Holgazanería. *Bausán
-sana.*
bautismo Sacramento. *Bautismal, bautista, bautisterio, bautizar, bautizo.*
bauvear Ladrar.
bauxita Roca.
bauza Madero sin labrar.
Baviera Región de Alemania.
Bávaro -ra.
baya Fruto. *Bayal.*
bayá Indio.
Bayaceto Sultán turco.
bayadera Bailarina india.
bayahonda Árbol.
bayal Palanca.
Bayamo Ciudad de Cuba.
Bayamés -mesa.
Bayas Ciudad de Italia.
Bayano -na.
bayeta Tela de lana floja.
Bayetilla, bayetón.
Bayeu Pintor español.
bayo -ya Blanco amarillento.
Bayal.
bayoco o **bayoque** Antigua
moneda italiana.
Bayona Ciudad de Francia;
ciudad de Galicia. *Bayonense,
bayonés -nesa.*
bayoneta Arma blanca; arbusto. *Bayonetazo.*
bayosa Especie de lagarto.
bayoya Bulla, alboroto.
Bayreuth Ciudad de Alemania.
bayú Casa de lenocinio.
bayunco -ca Huraño, mal
educado.
baza Número de naipes que

recoge el que gana. *Con mayúscula:* Pueblo de Granada.
Bazán Apellido.
bazar Tienda.
Bazin Novelista francés.
bazo -za Moreno amarillento;
víscera.
bazofia Porquería, desecho.
Baztán Valle navarro.
bazucar o **bazuquear** Agitar
(un líquido). *Bazuqueo.*
be Letra *b.*
Bearne Región de Francia.
Bearnés -nesa.
beato -ta Bienaventurado;
muy devoto. *Beatería, beaterío,
beaterio, beatificación, beatifi-
car, beatífico -ca, beatitud.*
Beatriz Nombre de mujer.
Beauharnais Apellido de Jo-
sefina, esposa de Napoleón.
bebé Nene, rorro.
bebeco -ca Albino.
beber Tragar (un líquido). *Be-
bedero -ra, bebedizo -za, bebedor -ra, bebendurria, beberron
-rrona, bebezón, bebible, bebistrajo, beborrotear.*
beca Ayuda económica que
percibe un estudiante. *Becario
-ria, bequisia.*
becada Chocha.
becafigo Papafigo.
Beccaria Criminalista italiano.
becerro Toro de menos de un
año. *Becerra, becerrada, bece-
rrero, becerril.*
Bechuanalandia Región africana.
becoquín Papalina, gorra.
becoquino Planta.
Bécquer Poeta español.
becuadro Signo usado en música.
Beda el Venerable Doctor de
la Iglesia.
bedano Escoplo grueso.
bedel -la Empleado subalterno de un centro docente. *Be-
delía.*
bedelio Resina.
beduino -na Árabe nómada.
Beethoven Compositor alemán.
befa Burla insultante. *Befar.*
befo -fa Belfo; de labios abul-
tados; zambo. *Befar, befedad.*
begardo -da Hereje.

begonia Planta. *Begoniáceo -a.*

Begoña Santuario de Vizcaya.

beguino -na Begardo; monja.

behetría Población que podía elegir señor.

Behring Bacteriólogo alemán.

beige Color café con leche.

Beira Región portuguesa.

Beirut Ciudad del Líbano.

béisbol o beisbol Deporte.

Béjar Ciudad de Salamanca.

Bejarano -na.

bejín Hongo.

bejuca Culebra.

bejuco Planta. *Bejucal, bejuquear, bejuqueda, bejuquillo.*

Belarmino Nombre de varón.

Belcebú Lucifer.

Belchite Pueblo de Zaragoza.

belcho Mata.

beldad Belleza femenina.

belduque Cuchillo grande.

Belem Barrio de Lisboa.

belemnita Fósil.

Belén Ciudad de Palestina. *Con minúscula:* Nacimiento.

beleño Planta.

belérico Árbol.

Belerofonte Héroe mitológico.

belesa Planta.

belez o belezo Vasija.

Belfast Capital de Irlanda Septentrional.

belfo -fa Que tiene el labio inferior más grueso; labio del caballo.

Bélgica Nación europea. *Belga, bélgico -ca.*

Belgrado Capital de Yugoslavia.

Belgrano Patriota argentino.

Belial Satanás.

Belice Capital de Honduras Británica.

bélico -ca Guerrero. *Belicista, belicosidad, belicoso -sa, beligerancia, beligerante, belígero -ra, belísono -na.*

Belisario General bizantino.

belitre Pícaro.

Bell Inventor del teléfono.

bellaco -ca Malo, pícaro, astuto. *Bellacada, bellaquear, bellaquería.*

belladona Planta.

Bellido Dolfos Asesino de Sancho II de Castilla. También *Vellido.*

Bellini Apellido italiano.

bello -lla Hermoso. *Belleza, bellido -da.*

bellota Fruto de las cupulíferas. *Bellotear, bellotero -ra, belloto.*

bellote Clavo grueso.

Bellver Castillo de Mallorca; pueblo de Lérida.

Belmonte Pueblo de Cuenca.

Belorado Pueblo de Burgos.

belorta Vilorta, pieza del arado.

Beltrán Apellido.

belvedere Mirador.

bembo Bezo. *Bemba, bembón -na, bembudo -da.*

bemol Nota inferior en un semitono a lo normal. *Bemolado -da.*

ben Árbol.

Benabarre Pueblo de Huesca.

Benarés Ciudad de la India.

Benasque Pueblo de Huesca.

Benavente Pueblo de Zamora.

Benavides Pueblo de León.

benceno Hidrocarburo. *Bencénico -ca.*

bencina Carburante.

bendecir Invocar sobre uno la protección divina. *Bendecidor -ra, bendición, bendito.*

bene- Prefijo que significa 'bien'. Todas las palabras en cuya composición entra se escriben con *b: benedícite, benedicta, benedictino -na, benefactor, beneficiar, beneficiario -ria, beneficioso -sa, beneficencia, benéfico -ca, benemérito -ta, beneplácito, benévolo -la, benevolencia.*

Benedicto, Benedito La primera forma corresponde al nombre propio de varón: *Benedicto XV.* La segunda, a un apellido: *el pintor Benedito.*

Benelux Unión aduanera entre Bélgica, Países Bajos y Luxemburgo.

Bengala Territorio del Indostán. *Bengala, bengalí, bengalina.*

benigno -na Templado, apacible. *Benignidad.*

Benito -ta Nombre de persona.

Benjamín -mina Nombre de persona. *Benjamín, benjamita.*

benjuí Bálsamo aromático.

Benjumea Apellido.

Benlliure Escultor español.

benteveo, benteví Ave.

benzo- Prefijo que significa relación con el benceno. *Benzoato, benzoico -ca, benzol.*

Beocia Región de Grecia. *Beocio -cia.*

beodo -da Borracho. *Beodez.*

beorí Tapir americano.

Beowulfo Epopeya inglesa.

beque Obra exterior de proa.

berbecí Hombre irritable.

berbén Escorbuto.

berberecho Molusco.

Berbería Región de África. *Berberí, berberisco -ca.*

bérbero o bérberos Agracejo. *Berbería, berberídeo -dea, berberís.*

berbí Clase de paño.

berbiquí Instrumento de carpintería.

berceo Albardín. *Bercial.*

beréber, bereber o berebere De Berbería.

berengario -ria Hereje.

berengo -ga Bobo.

Berenguer, Berenguela Nombres de persona.

berenjena Planta. *Berenjenal, berenjenín.*

Beresina Río de Rusia.

Bergamín Escritor español.

Bérgamo Ciudad italiana.

bergamota Variedad de pera. *Bergamote, bergamoto.*

bergante Sinvergüenza.

bergantín Buque de dos palos.

Bergson Filósofo francés.

beriberi Enfermedad de países cálidos.

berilo Mineral. *Berilio.*

Berito Antiguo nombre de Beirut. *Beritense.*

Bering Explorador danés. *Estrecho de Bering.*

Berja Pueblo de Almería.

Berkeley Ciudad norteamericana.

berkelio Elemento químico.

berlanga Juego de naipes.

Berlín Capital de Alemania. *Berlina, berlinés -nesa.*
berlinga Pértiga usada en los hornos metalúrgicos. *Berlingar.*
Berlioz Compositor francés.
berma Espacio al pie de la muralla.
Bermeo Pueblo de Vizcaya.
bermejo -ja Rubio, rojizo. *Bermejal, bermejear, bermejizo -za, bermejón -jona, bermejuela, bermejura.*
bermellón Cinabrio pulverizado.
bermuda Planta.
Bermudo Nombre de varón. *Bermúdez, Bermudas* (islas).
Berna Capital de Suiza. *Bernés -nesa.*
Bernabé Nombre de varón.
Bernadotte Dinastía sueca.
Bernal, Bernaldo Apellidos.
Bernanos Novelista francés.
Bernardo -da Nombre de persona. *Bernardino, bernardo -da.*
bernegal Taza.
Bernhardt (Sarah) Actriz francesa.
bernia Tejido basto de lana.
berrear Gritar (un becerro). *Berrenchín, berreo, berrido, berrinche, barrinchudo -da.*
berrendo -da Manchado de dos colores.
berro Planta. *Berra, berraña, berraza, berrera, berrizal.*
berrueco Tolmo granítico; barrueco; tumorcillo en el ojo. *Berrocal, berroqueña (piedra).*
Berruguete Nombre de una familia de artistas españoles.
bersaglieri Cazadores de la infantería italiana.
Beruete Pintor español.
berza Col. *Berzal.*
besamel o **besamela** Salsa blanca.
besana Labor de arado de surcos paralelos.
besante Antigua moneda bizantina.
besar Tocar con los labios. *Besalamano, besamanos, beso, besotear, besucador -ra, besucón -cona, besucar, besuquear, besuqueo.*
Besarabia Territorio junto al Mar Negro.

Besós Río de Barcelona.
Bessemer Inventor de un procedimiento para fabricar acero.
bestia Animal cuadrúpedo. *Bestiaje, bestial, bestialidad, bestialismo, bestializarse, bestiario.*
béstola Aguijada.
best-seller Libro de mucha venta.
besugo Pez marino. *Besugada, besuguero -ra.*
beta Letra griega; cabo, cuerda.
betabel Remolacha.
Betancourt, Betancor, Bethencourt Apellidos.
Betania Pueblo de Palestina.
Betanzos Pueblo de La Coruña.
betarraga o **betarrata** Remolacha.
betel Planta.
Betelgueuze Estrella.
Bética Nombre antiguo de Andalucía. *Bético -ca.*
betijo Palito que se pone a los chivos atravesados en la boca.
Betis Antiguo nombre del Guadalquivir.
betlemita De Belén. *Betlemítico -ca.*
betónica Planta.
betuláceo -a Familia de plantas.
betún Sustancia mineral. *Betunear, betunería, betunero.*
bey Título turco.
bezaar o bezar Bezoar.
bezo Labio grueso. *Bezote, bezudo -da.*
bezoar Cálculo que tienen algunos cuadrúpedos. *Bezoárdico -ca, bezoárico -ca.*
biajaca Pez.
biajaiba Pez.
biao Bijao.
biarea Oficial del ejército romano.
Biarritz Ciudad francesa.
biatómico -ca De dos átomos.
biauricular De los dos oídos.
biáxico -ca De dos ejes.
biaza Bizaza.
bibásico -ca Que tiene dos basicidades.
biberón Instrumento para la lactancia artificial.

bibí Planta.
Bibiana Nombre de mujer.
bibicho Gato.
bibijagua Hormiga. *Bibijagüero -ra.*
Biblia Conjunto de los libros sagrados. *Bíblico -ca.*
biblio- Elemento prefijo que significa 'libro'. *Bibliofilia, bibliófilo -la, bibliografía, bibliográfico -ca, bibliógrafo -fa, bibliología, bibliomanía, bibliómano -na, bibliopola, biblioteca, bibliotecario -ria, biblioteconomía.*
bibona Árbol.
bical Salmón macho.
bicameral Con dos cámaras.
bicarbonato Compuesto químico.
bicarburo Compuesto químico.
bicéfalo -la De dos cabezas.
bíceps Músculo.
bicerra Cabra montés.
biche Fruta verde; flojo.
bichear Espiar. *Bichadero, bícheador -ra.*
bichero Asta larga.
bicho Animal. *Bicha.*
bichozno Hijo de cuadrinieto.
bicicleta Vehículo de dos ruedas. *Biciclo.*
bicípite Bicéfalo.
bicoca Cosa de poca estima.
bicolor De dos colores.
bicóncavo -va Que tiene dos superficies cóncavas.
bicoque Golpe con los nudillos.
bicoquete o **bicoquín** Papalina, gorro. *Bicoqueta.*
bicorne De dos cuernos. *Bicornio.*
bicos Puntilla de oro del birrete.
bicúspide De dos cúspides.
Bidasoa Río español.
bidé Pieza del cuarto de baño. También *bidet.*
bidente De dos dientes.
bidón Lata.
biela Pieza de una máquina.
bieldo, bielgo Instrumento para beldar. *Bielda, bieldar.*
bien Debidamente; lo bueno. *Bienandante, bienandanza, bienaventurado -da, bienaventu-*

rada, bienestar, bienafortunado -da, biengranada, bienhablado -da, bienhadado -da, bienhallado -da, bienhechor -ra, bienhechuría, bienintencionado -da, bienllegada, bienmandado -da, bienmensabe, bienoliente, bienquerencia, bienquerer, bienquistar, bienquisto -ta, bienvenida, bienvivir.

bienio Período de dos años. *Bienal.*

bienteveo Benteveo.

bienvenido -da Recibido con alegría. *Bienvenida.*

Bierzo Comarca de León.

bies Sesgo.

bifásico -ca De dos corrientes alternas iguales.

bife o biftec Bistec.

bifero -ra Que fructifica dos veces al año.

bífido -da Hendido en dos partes.

bifloro -ra Que tiene dos flores.

biforme De dos formas.

biforo -ra De dos puertas.

bifronte De dos frentes o caras.

bifurcarse Dividirse en dos ramales. *Bifurcación.*

biga Carro de dos caballos.

bígamo -ma Con dos cónyuges. *Bigamia.*

bigardo -da Vago, vicioso. *Bigardear, bigardía, bigardón -dona.*

bígaro o bigarro Molusco.

bignonia Planta. *Bignoniáceo -a.*

bigornia Yunque.

bigorella Piedra pesada.

bigote Pelo que nace sobre el labio superior; línea horizontal gruesa por el medio; abertura semicircular en algunos hornos. *Bigotera, bigotudo -da.*

biguá Ave.

bija Planta. *Bijagua, bijáguara, bijao, bijaura.*

bijirita Pájaro; cubano de padre español.

bijugo Pájaro.

Bikini Isla del Pacífico. *Bikini*, traje de baño (también biquini).*

bilateral Relativo a las dos partes.

Bilbao Ciudad española. *Bilbaíno -na.*

Bílbilis Antiguo nombre de Calatayud. *Bilbilitano -na.*

bilingüe En dos lenguas. *Bilingüismo.*

bilis Líquido segregado por el hígado. *Biliar, biliario -ria, bilioso -sa, bilirrubina, biliverdina.*

bilítero -ra, biliteral De dos letras.

Bill Forma hipocorística del nombre ing. *William,* Guillermo.

billar Juego. *Billa, billarista.*

billarda Tela, parapeto.

billete Tarjeta, cédula, papel. *Billetado -da, billetaje, billetera, billetero.*

billón Millón de millones. *Billonésimo -ma.*

bilobulado -da Que tiene dos lóbulos.

bilocarse Hallarse al mismo tiempo en dos lugares. *Bilocación.*

bilocular Que tiene dos cavidades.

bilongo Mal de ojo. *Bilonguero -ra.*

bimba Sombrero de copa.

bimbalete Palo; juego.

bimembre De dos miembros.

bimensual Que se repite dos veces al mes.

bimestre De dos meses. *Bimestral.*

bimetalismo Sistema monetario. *Bimetalista.*

bimotor Avión de dos motores.

binar Repetir. *Bina, binación, binadera, binador -ra, binario -ria, binazón.*

binguí Bebida.

binóculo Anteojo con lunetas para ambos ojos. *Binocular.*

binomio Expresión algebraica.

bínubo -ba Casado por segunda vez.

binza Película, membrana.

bio- Prefijo que significa 'vida'. *Biodinámica, biognosia, biografía, biografiar, biográfico -ca, biógrafo -fa, biología, bio-*

lógico -ca, biólogo -ga, biomecánica, biopsia, bioquímica.

Biobío Río y provincia chilenos.

biombo Mampara plegable.

bióxido Compuesto químico.

bipartido -da o bipartito -ta Partido en dos. *Bipartición.*

bípedo -da o bípede De dos pies.

biplano Avión cuyas alas forman dos planos paralelos.

birabira Flor silvestre.

biraró Árbol.

biribís Juego de azar.

birijí Árbol.

birimbao Instrumento musical.

birlar Hurtar; volver a tirar (en los bolos); derribar de un golpe. *Birlador -ra.*

birlí Margen inferior de un impreso.

birlibirloque (por arte de) Por encantamiento.

birlocha Cometa.

birlocho Carruaje.

birlonga Juego.

Birmania País de Asia. *Birmano -na.*

Birmingham Ciudad inglesa.

birrectángulo Que tiene dos ángulos rectos.

birrefringente Que produce doble refracción. *Birrefrigencia.*

birreme Nave antigua.

birrete Gorro, bonete. *Birreta, birretina.*

birria Cosa grotesca, deforme. *Birrioso -sa.*

bis Otra vez. *Bisar.*

bisabuelo -la Padre o madre del abuelo.

bisagra Gozne.

Bisayas Islas del archipiélago filipino. También *Visayas. Bisayo -ya* (o *visayo*).

bisbís Juego de azar.

bisbisear o bisbisar Musitar. *Bisbiseo.*

biscambra Brisca.

bisecar Dividir en dos partes iguales. *Bisección, bisector -triz.*

bisel Corte oblicuo en el borde. *Biselador, biselar.*

bisemanal Que se repite dos veces por semana.

bisexual Hermafrodita.

bisiesto (Año) de 366 días.
bisílabo -ba De dos sílabas.
Bismarck Político alemán; archipiélago de Oceanía.
bismuto Metal. *Bismutita.*
bisnieto -ta Hijo o hija del nieto.
bisojo -ja Bizco.
bisonte Animal rumiante.
bisoñé Peluca.
bisoño -ña Nuevo, inexperto. *Bisoñada, bisonería.*
bispón Rollo de encerado usado por los espaderos.
bisté* o bistec Filete.
bistorta Planta.
bistre Color rojizo oscuro.
bistrecha Anticipo de un pago.
bisturí Instrumento para hacer incisiones.
bisulco -ca De pezuñas partidas.
bisulfuro Compuesto químico. *Bisulfito.*
bisunto -ta Sucio.
bisutería Joyería de imitación.
bit Unidad de medida de información.
bita Poste de un barco. *Bitadura.*
bitácora Lugar de la brújula.
bitango Cometa.
bíter* Aperitivo.
Bitinia Región de Asia Menor. *Bitínico -ca, bitinio -nia.*
bitneriáceo -a Clase de plantas.
bitongo (niño) Niño zangolotino.
bitoque Tarugo con que se cierra el agujero del tonel; grifo.
bitor Rey de codornices.
bituminoso -sa De betún.
bivalente Que tiene dos valencias.
bivalvo -va Que tiene dos valvas.
bixáceo -a Familia de plantas.
biza Bonito, pez.
Bizancio Nombre antiguo de Estambul. *Bizantinismo, bizantino -na.*
bizarro -rra Valiente; generoso. *Bizarrear, bizarría.*
bizaza Alforja.
bizbirindo -da Vivaracho.

bizcaitarra Nacionalista vasco. También *bizkaitarra.*
bizco -ca Que padece estrabismo. *Bizcar, bizcornear, bizcorneto -ta, bizquear.*
bizcocho Masa cocida comestible. *Bizcochada, bizcochar, bizcochero -ra, bizcotela.*
Bizet Compositor francés.
bizma Emplasto confortante. *Bizmar.*
bizna Película que separa los gajos de la nuez.
biznaga Planta.
biznieto -ta Bisnieto.
Björnson (Björnstjerne) Escritor noruego.
Blackpool Ciudad inglesa.
Blake Apellido inglés.
blenorragia Enfermedad. *Blenorrágico -ca.*
bloc Cuaderno.
blocao Fortín de hormigón.
boa Serpiente gigante.
Boabdil Último rey moro de Granada.
boalaje Dehesa boyal. *Boalar.*
boardilla Buhardilla.
boato Ostentación.
bobo -ba De corto entendimiento. *Bobada, bobalías, bobalicón -na, bobatel, bobático -ca, bobear, bobera, bobería, bobeta.*
bóbilis bóbilis (de) De balde.
bobillo Jarro vidriado.
bobina Carrete.
boca Abertura, especialmente aquella por la que se ingieren alimentos. *Bocabarra, bocacalle, bocacaz, bocadear, bocadillo, bocado, bocadulce, bocal, bocallave, bocamanga, bocamejora, bocamina, bocanada, bocateja, bocatería, bocatero -ra, bocatoma, bocatijera, bocazo, bocón -cona, bocudo -da, boquear, boquera, boqueriento -ta, boquerón, boqueta, boquete, boquiabierto -ta, boquiancho -cha, boquiangosto -ta, boquiblando -da, boquiconejuno -na, boquiduro -ra, boquiflojo -ja, boquifresco -ca, boquifruncido -da, boquihendido -da, boquihundido -da, boquilla, boquillero -ra, boquimuelle, boquinatural, boquinegro -gra, boqui-*

nete (o -to) -ta, boquirrasgado -da, boquirroto -ta, boquirrubio -bia, boquiseco -ca, boquisumido -da, boquitorcido -da, boquituerto -ta.
bocací Tela.
bocarte Cría de la sardina.
Boccaccio Escritor italiano.
Boccherini Compositor italiano.
bocear Bocezar.
bocel Moldura lisa cilíndrica. *Bocelar, bocelete.*
bocera Lo que queda ensuciando los labios.
boceto Ensayo, proyecto.
bocezar Mover los labios.
bocha Bola de madera. *Bochar, bochazo, bochista.*
boche Hoyo pequeño; hollejo del trigo; pendencia; alemán.
bochinche Tumulto. *Bochinchear, bochinchero -ra.*
bochorno Calor sofocante; vergüenza. *Bochornoso -sa.*
bocín Pieza de esparto.
bocina Altavoz; aparato avisador. *Bocinar, bocinero.*
bocio Tumor del cuello.
boda Casamiento. *Bodijo, bodorrio.*
bode Cabrón.
bodega Lugar donde se guarda el vino; almacén. *Bodegaje, bodegón, bodegonear, bodegonero -ra, bodeguero -ra.*
bodigo Pan votivo.
bodón Charca.
Bodoni Tipógrafo italiano.
bodoque Bola de barro endurecida; relieve redondo de adorno, en los bordados. *Bodocal, bodocazo, bodoquera.*
bodrio Guiso mal aderezado.
Boecio Filósofo romano cristiano.
bóer Del África austral.
boezuelo Diminutivo de *buey.*
bofe Pulmón. *Bofena, bofetada, bofetón.*
bófeta Tela de algodón. *Bofetán.*
bofo -fa Fofo; boj.
boga Acción de remar; buena aceptación; pez. *Bogada, bogador -ra, bogar, bogavante.*
Bogotá Capital de Colombia. *Bogotano -na.*

bohardilla Buhardilla.
Bohemia Región de Checoslovaquia. *Bohemiano -na, bohé-
mico -ca, bohemio -mia, bo-
hemo -ma.*
bohena Pulmón; longaniza.
bohío Cabaña.
Böhl de Faber Apellido de la
novelista «Fernán Caballero».
Bohol Isla filipina.
bohordo Tallo herbáceo;
lanza corta.
Boiardo Poeta italiano.
boicot o **boicoteo** Suspensión
de relaciones con alguien para
obligarle a ceder. *Boicotear.*
boíl Boyera.
Boileau Poeta francés.
boina Prenda de cabeza.
boiquira Serpiente de cascabel.
boj o **boje** Arbusto. *Bojedal.*
boja Abrótano.
Bojador Cabo de África.
bojar Medir el perímetro; raer
con la estira el cordobán. *Bo-
jear, bojeo, bojo.*
bojiganga Compañía de far-
santes.
bojote Envoltorio. *Bojotear.*
bol Taza grande; redada;
bolo. *Boliche.*
bola Cuerpo esférico; mentira;
tumulto. *Bolacha, bolada, bo-
lazo, boleada, boleadoras, bo-
lear, boleo, bolera, bolero -ra,
bolichada, boliche, bolichear,
bolichero -ra, bolín, bolista.*
bolanchera Especie de contra-
danza.
bolandista Depurador de
textos.
bolardo Proís de hierro en un
muelle.
bolchevique Comunista. *Bol-
chevismo, bolcheviquismo, bol-
chevización, bolchevizar.*
boldo Arbusto. *Boldina.*
bolero Baile; prenda femenina.
boleta Cédula, vale, talón.
*Boletería, boletero -ra, boletín,
boleto.*
bólido Masa mineral en ignición.
bolígrafo Especie de pluma.
bolillo Palito para hacer en-
cajes.

bolina Un cabo de un barco;
pendencia. *Bolineador -ra, boli-
near, bolinero -ra.*
bolito Árbol.
Bolívar Uno de los liberta-
dores de América. *Con minúscula:* moneda.
Bolivia República sudamericana. *Boliviano -na.*
bollar Poner un sello de
plomo en los tejidos; abollonar.
Bollón, bollonado -da.
bollén Arbusto.
bollo Panecillo; convexidad;
chichón; alboroto. *Bollería, bo-
lleto -ra.*
bolo Palo cilíndrico que se
tiene en pie.
bolón Piedra empleada en los
cimientos.
Bolonia Ciudad de Italia. *Bo-
lonio,·boloñés -ñesa.*
bolsa Recipiente de materia
flexible; reunión oficial de los
que operan con fondos pú-
blicos. *Bolsear, bolseo, bolsera,
bolsería, bolsero, bolsicón, bol-
sicona, bolsillo, bolsiquear, bol-
sista, bolso, bolsón.*
bomba Máquina para elevar o
trasegar fluidos; explosivo.
*Bombarda, bombardear, bom-
bardeo, bombardero -ra, bom-
bazo, bombear, bombero.*
bombáceo -a Familia de
plantas.
bombacho Una forma de pantalón. *Bombacha.*
bombarda Instrumento de
viento. *Bombardino, bombar-
dón.*
bombasí Fustán.
Bombay Ciudad de la India.
bombé Carruaje de dos
ruedas.
bombeo Comba, convexidad.
Bombear.
bombilla Lámpara.
bombillo Aparato para evitar
el mal olor.
bombín Sombrero hongo.
bombo Tambor muy grande;
caja redonda que contiene las
bolas de un sorteo; elogio exa-
gerado. *Bombástico -ca, bombear.*
bombón Dulce de chocolate;
vasija. *Bombona, bombonera.*

bombonaje Planta.
bominí Arbol.
bonaerense De Buenos Aires.
Bonaparte Apellido de Napoleón. *Bonapartismo, bonapar-
tista.*
bonasí Pez.
bondad Calidad de bueno.
*Bonachón -chona, bonancible,
bonanza, bonazo -za, bonda-
doso -sa.*
bonete Especie de gorra. *Bo-
neta, bonetada, bonetazo, bone-
tería, bonetero -ra, bonetillo.*
bonetón Juego de prendas.
bonga Areca.
bongo Canoa.
bongó Tambor de los negros.
boniato Variedad de batata.
Boniatal, boniatillo.
Bonifacio Nombre de varón.
bonificar Hacer descuento.
Bonificación.
bonina Manzanilla loca.
bonito -ta Lindo; pez. *Boní-
talo, bonitura.*
bonizo Especie de panizo. *Bo-
nizal.*
Bonn Capital de Alemania Federal.
bono Vale canjeable; título de
deuda.
bonote Filamento de corteza
de coco.
bonzo Sacerdote budista.
boñiga Excremento del ganado vacuno.
Bootes Constelación.
boque-, boqui- → BOCA.
boquerón Pez.
boqui Enredadera.
boquín Bayeta tosca.
bora- → BORO.
borbollar o **borbollear** Bullir.
Borbollón, borbollonear.
Borbón Dinastía real francesa
y española. *Borbónico -ca.*
borborigmo Ruido de tripas.
borbotar Bullir. *Borbor, bor-
boritar, borbotón.*
borceguí Calzado. *Borcegui-
nero -ra.*
borcelana Palangana; bacín.
borcellar Borde de una vasija.
borde Extremo, orilla; bastardo. *Borda, bordada, bor-
dado, bordador -ra, bordadura,*

bordar, bordear, bordillo, bordo, bordura.

bordelés -lesa De Burdeos.

bordón Bastón; cuerda (de instrumento). *Bordoncillo, bordonear, bordonería, bordonero -ra, bordonúa.*

bordonete Lechino.

bóreas Viento norte. *Boreal.*

Borgia Forma italiana del apellido español *Borja.*

Borgoña Región de Francia. *Borgoña, borgoñón -ñona, borgoñota.*

Borinquen, Boriquén Nombre antiguo de Puerto Rico. *Boricua, borinqueño -ña.*

Borja Apellido (o nombre de varón).

borla Conjunto de cordoncillos unidos por un cabo. *Borlón.*

borne Extremo de lanza; botón de metal al que se unen los hilos conductores de electricidad; codeso; quebradizo. *Borneadizo -za, bornear, borneo, bornero -ra, bornizo.*

Borneo Isla de Asia.

borní Ave rapaz.

boro Metaloide. *Boratera, boratero -ra, borato, bórax, boricado -da, bórico -ca.*

borococo Pisto; confusión.

Borodin Compositor ruso.

borona Maíz.

boroschi Lobo americano.

borra Parte más grosera de la lana; bórax.

borracho -cha Ebrio. *Borrachear, borrachera, borrachero, borrachez.*

borraj Bórax.

borraja Planta. *Borrachela, borragináceo -a.*

borrajo Rescoldo.

borrar Hacer desaparecer (lo escrito). *Borrador, borradura, borrajear, borrón, borronear, borroso -sa.*

Borrás Apellido.

borrasca Tempestad fuerte. *Borrascoso -sa, borrasquero -ra.*

borrego -ga Cordero de uno o dos años. *Borregada, borreguero -ra, borreguil.*

borrén Parte de la silla de montar.

borrico -ca Asno; mesa de carpintero. *Borricada, borricón, borricote, borriquero, borriquete.*

borro -rra Cordero de un año.

Borromeo (Carlos) Santo italiano.

borrumbada Barrumbada.

boruca Bulla. *Boruquiento -ta.*

boruga Refresco de requesón.

borujo Burujo; masa del hueso de la aceituna. *Borujón.*

borusca Seroja.

Boscán Poeta español.

Bosch Apellido.

Bosco (el) Pintor flamenco. Jerónimo Bosch. *Juan Bosco,* santo italiano.

Bósforo Estrecho entre Europa y Asia.

Bosnia Región de los Balcanes. *Bosníaco -ca, bosnio -nia.*

bosque Terreno poblado de árboles. *Boscaje, boscoso -sa, bosquete.*

bosquejar Esbozar. *Bosquejo.*

Bossuet Teólogo y orador francés.

bosta Excremento del ganado vacuno. *Bostear.*

bostezar Abrir la boca espasmódicamente. *Bostezador -ra, bostezo.*

Boston Ciudad norteamericana.

bóstrice Inflorescencia.

bota Odre pequeño; calzado. *Botana, botería, botero, botillo, botín, botina, botinería, botinero -ra, botito, boto.*

botagueña Longaniza.

botánica Estudio de los vegetales. *Botánico -ca, botanista.*

botar Arrojar con fuerza; (hacer) saltar la pelota. *Botada, botador -ra, botadura, botafuego, botalón, botasilla, botavante, botavara.*

botarate Hombre de poco juicio. *Botaratada.*

botarel Contrafuerte. *Botarate.*

botarga Calzón antiguo; vestido ridículo.

bote Acción de botar; vasija

pequeña; barco pequeño. *Botamen, botero.*

botella Vasija de cuello angosto. *Botellazo, botellero, botellón.*

botica Farmacia. *Boticario -ria.*

botija Vasija de barro de cuello angosto. *Botijero -ra, botijo.*

botillería Establecimiento de bebidas. *Botiller, botillero.*

botín Presa; calzado.

botiquín Conjunto de medicamentos más indispensables.

botivoleo Juego de pelota.

Botnia Golfo entre Finlandia y Suecia.

botocudo -da De una tribu brasileña.

botón Yema de las plantas; pieza pequeña para abrochar vestidos. *Botonadura, botonar, botonazo, botoncillo, botonería, botonero -ra, botones.*

botoque Barbote.

bototo Calabaza; zapato.

Botsuana* Estado de África. *Botsuano -na.*

Botticelli Pintor italiano.

botuto Pecíolo del lechoso; trompeta india.

bou Modalidad de pesca.

bóveda Techo que forma concavidad. *Bovedilla.*

bóvido -da Mamífero perteneciente a la familia del buey. *Bovino -na.*

boxeo Deporte. *Boxeador, boxear, boxístico -ca.*

bóxer De una sociedad secreta china.

boya Cuerpo flotante que sirve de señal. *Boyante, boyar.*

boyada Manada de bueyes. *Boyal, boyazo, boyera, boyeriza, boyerizo, boyero, boyuno -na.*

boyardo Antiguo feudatario de Rusia.

boyé Culebra.

boy scout Miembro de una organización juvenil internacional.

boza Cabo, cuerda.

bozo Vello sobre el labio superior; parte exterior de la boca. *Bozal, bozalillo.*

Brabante Región de Bélgica y

Holanda. *Brabántico -ca, brabanzón -zona.*

Brahma Dios de la India. *Brahmán, brahmánico -ca, brahmanismo, brahmín.*

Brahms Compositor alemán.

Braille Sistema de escritura para ciegos.

bravo -va Valiente; bueno; fiero. *Bravata, bravatear, braveador -ra, bravear, bravero -ra, braveza, bravío -a, bravocear, bravoso -sa, bravucón -cona, bravuconada, bravuconear, bravuconería, bravura.*

Brazzaville Capital del antiguo Congo francés.

break Vagón.

brebaje o **brebajo** Bebida desagradable.

Bréhier Filósofo francés.

Breslau* Ciudad de Polonia.

breva Fruto. *Breval.*

breve Corto. *Brevedad, brevete, breviario, brevipenne.*

briba o **bribia** Holgazanería picaresca. *Bribón -bona, bribonada, bribonear, bribonería, bribonesco -ca.*

bricbarca Velero de tres palos.

bridge Juego de naipes.

Brígida Nombre de mujer.

Brihuega Pueblo de Guadalajara.

brillo Resplandor. *Brillador -ra, brillante, brillanté, brillantez, brillantina, brillar, brillazón.*

Briviesca Pueblo de Burgos.

Broadway Calle de Nueva York.

brollo Embrollo.

Brooklyn Sector de Nueva York.

Brown Apellido inglés.

Brueghel Familia de pintores holandeses.

brujir Grujir. *Brujidor.*

brujita Planta.

Brunswick Ciudad alemana.

bu Fantasma con que se asusta a los niños.

búa Tumorcillo.

buaro Buharro, ave.

búfalo -la Rumiante.

bubas Tumores blandos. *Bubón, bubónico -ca, buboso -sa.*

bubi Negro de Fernando Poo.

bucal De la boca.

bucanero Corsario.

bucare Árbol.

Bucarest Capital de Rumanía.

búcaro Vasija de arcilla.

buccino Caracol marino.

bucear Nadar bajo el agua. *Buceo.*

Bucéfalo Caballo de Alejandro Magno.

buchaca Bolsa, bolsillo.

buche Ensanchamiento en el esófago de las aves; sorbo; borrico que aún mama; golfo. *Buchada, buchería, buchete, buchón -chona.*

buchinche Cuchitril.

bucinador Músculo de la cara.

Buckingham Palacio de los reyes ingleses.

bucle Rizo.

buco Cabrón; agujero.

bucólico -ca Pastoril, campestre. *Bucolismo.*

Bucovina Región del norte de Rumanía. También *Bukovina* (más raro).

bucráneo Ornamentación en cabeza de buey.

bucul Jícara grande.

Buda Fundador de una religión. *Búdico -ca, budismo, budista.*

Budapest Capital de Hungría.

budare Plato para cocer el pan de maíz.

budín Pastel casero. *Budinera.*

bueno -na Que posee bondad. *Buenaboya, buenastardes* (planta), *buenaventura.*

buey Toro castrado. *Bueyada, bueyero, bueyuno -na.*

¡buf! ¡Puf!

búfalo -la Mamífero rumiante. *Bufalino -na.*

bufanda Prenda que abriga el cuello.

bufar Resoplar. *Bufido.*

bufé Comida ligera; local donde se toma.

bufeo Pez.

bufete Despacho.

Búffalo Ciudad de Norteamérica.

Buffon Naturalista francés.

bufo -fa Cómico. *Bufa, bufón -fona, bufonada, bufonearse,*

bufonería, bufonesco -ca, bufonizar.

bugalla Agalla de ciertos árboles.

Bugía Ciudad de Argelia.

bugle Instrumento de viento.

buglosa Planta.

buhardilla o **buharda** Ventana que sobresale en el tejado; desván. También *bohardilla* y *guardilla.*

buhedera Tronera, agujero.

buhedo Bodón.

búho Ave rapaz. *Buharro.*

buhonero -ra Vendedor de baratijas. *Buhonería.*

buido -da Afilado; acanalado.

Buitrago Pueblo de Madrid.

buitre Ave rapaz. *Buitrear, buitrero -ra.*

buitrón Arte de pesca.

bujarasol Variedad de higo.

buje Pieza del cubo de la rueda. *Buja.*

bujedo, bujedal Bojedal. *Bujeda.*

bujería Chuchería.

bujeta Cajita.

bujía Vela de cera. *Bujiería.*

bula Documento pontificio. *Bulario, bulero, buleto.*

bulbo Tubérculo. *Bulboso -sa.*

bulerías Cante y baile popular andaluz.

bulevar* Paseo con andén central.

Bulgaria País de Europa. *Búlgaro -ra.*

bulimia Hambre canina. *Bulímico -ca.*

bullir Hervir, agitarse. *Bulla, bullaje, bullanga, bullanguero -ra, bullebulle, bullicio, bullicioso -sa, bullidor -ra, bullón.*

bullón Adorno en la cubierta de un libro.

bulo Rumor falso.

bulto Volumen; fardo.

bululú Cómico que trabajaba solo.

bumerán* Arma arrojadiza de madera que vuelve a manos del lanzador. También *boomerang* y *bumerang.*

buna Hormiga.

bunga Orquesta pequeña; mentira.

buniato

buniato Boniato. *Buniatal, buniatillo.*
bunio Nabo.
búnker Fortín, blocao.
buñuelo Fruta de sartén. *Buñolería, buñolero -ra.*
bupresto Insecto.
buque Barco.
buraca Zurrón de cuero.
buraco Agujero.
burato Tela, especialmente de luto.
burbuja Glóbulo de aire. *Burbujear, burbujeo.*
burchaca Burcaja.
burche Torre.
burda Brandal.
burdégano Hijo de caballo y burra.
burdel Mancebía.
Burdeos Ciudad de Francia.
Bureba (la) Comarca de Burgos.
burel Faja de un escudo. *Burelado.*
burén Plancha o cazoleta plana.
bureo Entretenimiento, diversión. *Burear.*
bureta Tubo de vidrio graduado.
burga Manantial de agua caliente.
burgado Caracol terrestre.
burgo Población. *Burgués -guesa, burguesía.*
burgomaestre Alcalde.

Burgos Ciudad española. *Burgalés -lesa.*
burgrave Título alemán. *Burgraviato.*
Buridán Escolástico francés.
buriel Rojo.
buril Instrumento para grabar en metales. *Buriladura, burilar.*
burío Árbol.
burjaca Bolsa del mendigo o del peregrino.
burla Chanza, broma, engaño. *Burladero, burlador -ra, burlar, burlería, burlesco -ca, burlisto -ta, burlón -lona, burlonería.*
burlete Tira de tela que tapa los intersticios de las puertas.
burocracia Conjunto de funcionarios públicos. *Burócrata, burocrático -ca.*
burrajear Borrajear.
burrión Colibrí.
burro -rra Asno. *Burrada, burrajo, burreño, burrería, burrero.*
burrumbada Barrumbada.
bursátil De la bolsa.
burucuyá Planta.
burujo Pella, lío, bola. *Burujón.*
burundanga Morondanga.
Burundi País de África. *Burundés -desa.*
bus Autobús.
buscar Tratar de hallar. *Busca, buscador -ra, buscaniguas, buscapié, buscapiés, bus-*

capiques, buscapleitos, buscarruidos, buscavidas, buscón -cona, búsqueda, busquillo.
busco Umbral de una puerta de esclusa.
Bustamante Apellido.
busto Parte superior del cuerpo humano.
bustrófedon Sistema de escritura. También *bustrofedón.*
butaca Silla de brazos.
buten (de) De primera.
butifarra Embutido. *Butifarrero -ra.*
butiondo -da Lujurioso.
butiro-, butir- Forma prefija que significa 'mantequilla'. *Butírico -ca, butirina, butirómetro, butiroso -sa.*
butomáceo -a Familia de plantas.
butrino o **butrón** Buitrón.
butuco -ca Rechoncho.
buxáceo -a Familia de plantas.
buyo Betel.
buz Labio; beso de gratitud. *Buces (de), bucero -ra.*
buzar Inclinarse un filón. *Buzamiento.*
buzarda Pieza de la proa del barco.
buzo El que trabaja sumergido en el agua.
buzón Abertura por donde se echan las cartas.
Byron Poeta inglés. *Byroniano -na.*

C

Caaba Santuario de los musulmanes. También *Kaaba.*
cabal Justo.
cábala Cálculo, conjetura. *Cabalista, cabalístico -ca, cabalizar.*
cabalgar Subir o montar a caballo. *Cabalgador -ra, cabalgadura, cabalgamiento, cabalgata.*
caballa Pez.
caballo Cuadrúpedo. *Caballada, caballar, caballazo, caballear, caballerango, caballerato, caballerear, caballeresco -ca, ca-*

ballería, caballeriza, caballerizo, caballero -ra, caballerosidad, caballeroso -sa, caballeta, caballete, caballista, caballítero -ra, caballón, caballuno -na.
cabalhuste Caballete, pieza del guadarnés.

440
```

**cabalonga** Planta.

**Cabanyes** Poeta español.

**cabaña** Casa tosca y rústica: conjunto de cabezas de ganado. *Cabañal, cabañería, cabañero -ra, cabañil, cabañuela.*

**cabarga** Envoltura de cuero que hace de herradura.

**Cabarrús** Economista del siglo XVIII.

**cabe** Cerca de, junto a.

**cabello** Pelo. *Cabellado -da, cabellar, cabellera, cabelludo -da.*

**caber** Tener sitio. *Cabida, cabimiento.*

**cabestro** Ramal atado a la cabeza de la caballería; buey manso. *Cabestraje, cabestrante, cabestrar, cabestrear, cabestrería, cabestrero, cabestrillo.*

**cabeza** Parte superior del cuerpo. *Cabeceador, cabeceamiento, cabecear, cabeceo, cabecera, cabeciancho -cha, cabeciduro -ra, cabecilla, cabezada, cabezal, cabezalero, cabezazo, cabezo, cabezón -zona, cabezonada, cabezorro, cabezota, cabezote, cabezudo -da, cabezuela.*

**cabila** Tribu de beduinos o beréberes. También (más raro) *kabila. Cabileño -ña.*

**cabildo** Capítulo; ayuntamiento. *Cabildada, cabildante, cabildear, cabildeo, cabildero.*

**cabilla** Barra redonda de hierro. *Cabillero.*

**cabima** Árbol.

**cabina** Pequeño departamento aislado.

**cabinza** Pez.

**cabio** Listón atravesado a las vigas.

**cabizbajo -ja** Con la cabeza baja.

**cabo** Extremo; punta; cuerda. *Cabero -ra, cabete, cabillo.*

**cabotaje** Navegación a lo largo de la costa.

**cabrahígo** Higuera silvestre. *Cabrahigadura, cabrahigal, cabrahigar.*

**cabujón** Piedra preciosa.

**caburé** o **caburey** Ave.

**cabuya** Pita. *Cabuyera, cabuyería.*

**cacahual** Terreno poblado de cacaos.

**cacahuete** o **cacahuate** Planta de semilla comestible.

**cacaxtle** Armazón de madera para llevar algo a cuestas. También *cacaste.*

**cacharpaya** Agasajo de despedida.

**cachava** Palo. cayado. *Cachavazo.*

**cachifollar** Dejar abatido.

**cachillada** Cría.

**cachimba** Pipa. *Cachimbo.*

**cachipolla** Insecto.

**cachivache** Trasto. *Cachivachería, cachivachero.*

**cachumbo** Cubierta leñosa de varios frutos.

**cadáver** Cuerpo muerto. *Cadavérico -ca.*

**cadillo** Planta. *Cadillar.*

**cadmio** Metal. *Cadmía.*

**Cadmo** Personaje legendario.

**Cágliari** Capital de Cerdeña.

**cahíz** Medida para áridos. *Cahizada.*

**cáhuil** Ave. También *cágüil.*

**cahuín** Reunión bulliciosa.

**caíd** Juez o gobernador musulmán.

**caje-, caji-** Se escriben con *j* todas las palabras que comienzan por *caje-, caji-: cajel, cajero, cajete, caji, cajiga.*

**calaba-, calabo-** Todas las palabras que comienzan por estas sílabas se escriben con *b: calaba, calabacín, calabaza, calabobos, calabocero, calabozo.*

**Calahorra** Ciudad de Logroño. *Calahorrano -na.*

**calambac** Agáloco. árbol.

**calambur\*** Recurso literario.

**calamillera** Llares.

**Calatayud** Pueblo de Zaragoza.

**Calatrava** Villa y comarca de Ciudad Real; orden militar. *Calatraveño -ña, calatravo -va.*

**calavera** Esqueleto de la cabeza; hombre vicioso. *Calaverada, calaverear.*

**calboche** Olla de barro.

**calbote** Castaña asada.

**calefacción** Acción de calentar.

**Calibán** Personaje de una obra de Shakespeare.

**cálibe** Pueblo antiguo del Ponto.

**calígine** Niebla. oscuridad; bochorno. *Caliginoso -sa.*

**calimba** Hierro para marcar los animales. *Calimbar, calimbo.*

**calisaya** Corteza de un árbol.

**Calixto** Nombre de varón.

**calla** Palo puntiagudo para cavar.

**callampa** Seta; sombrero.

**callana** Vasija; escoria metalífera; crisol.

**callao** Guija.

**Callao (El)** Puerto del Perú.

**callapo** Escalera; parihuela.

**callar** No hablar. *Callamiento, callantar.*

**calle** Camino entre casas. *Callear, callejear, callejeo, callejero -ra.*

**callecalle** Planta.

**callo** Dureza formada en la piel; extremo de herradura; en pl., cierto guiso. *Callada, callera, callialto -ta, callicida, callista, callosidad, calloso -sa.*

**callón** Utensilio para afilar leznas.

**callonea** (Castaña) a medio asar.

**calmuco -ca** De un pueblo nómada del Asia.

**caloyo** Cordero o cabrito recién nacido.

**caluyo** Baile indio.

**calvar** Engañar.

**Calvario** Lugar donde murió Cristo.

**Calvino** Heresiarca ginebrino. *Calvinismo, calvinista.*

**calvo -va** Sin pelo; sin vegetación. *Calvatrueno, calverizo -za, calvero, calvez, calvicie.*

**camagüeyano -na** De Camagüey, Cuba.

**camahuas** Antigua tribu del Perú.

**camahueto** Animal acuático fabuloso.

**camarroya** Achicoria silvestre.

**camba** Parte del freno del caballo.

**cambalache** Cambio de poca

importancia. *Cambalachar, cambalachear, cambalachero -ra.*
cambar Combar. *Cambeto -ta.*
cambará Árbol.
cámbaro Crustáceo.
cambera Red para crustáceos.
Camberra Capital de Australia.
cambiar Dar algo por otra cosa. *Cambiable, cambiador -ra, cambiamiento, cambiante, cambiavía, cambiazo, cambio, cambista.*
cambija Arca de agua.
cambín Nasa de junco.
Cambises Rey persa.
cámbium Tejido que origina el crecimiento en espesor de los vegetales.
Cambó Político español.
Camboya Estado de Asia. *Camboyano -na.*
Cambrai Ciudad francesa. Se escribe también *Cambray,* especialmente para designar el lienzo de batista que allí se inventó. *Cambrayado -da, cambrayón.*
Cambridge Ciudad inglesa.
cambucho Cucurucho. *Cambucha.*
cambuí Árbol.
cambuj Antifaz.
cambujo -ja Morcillo.
cambullón Enredo.
cambur Planta.
cambute Planta. *Cambutera.*
cambuto -ta Rechoncho.
camello -lla Mamífero rumiante; caballón. *Camellería, camellero, camellón.*
Camembert Un tipo de queso.
camibar Árbol.
Canaán Antiguo nombre de Palestina. El adj. derivado es *cananeo.*
canabíneo -a (Planta) de la familia de las moráceas.
canalla Gente ruin; hombre ruin. *Canallada, canallesco -ca.*
cancán Danza.
cancerbero Portero o guarda severo.
canciller Título. *Cancilleresco -ca, cancillería.*
candallero En minería, almo-

hadilla o cojinete que recibe los ejes de los tornos.
candombe Baile negro sudamericano. *Candombear.*
cangalla Andrajo; desperdicios de los minerales. *Cangallar, cangallero.*
cangilón Vasija atada a la maroma de la noria.
caníbal Salvaje antropófago. *Canibalismo.*
canje Trueque. *Canjeable, canjear.*
canjilón -lona De Canjáyar, Almería.
cannabis Cáñamo índico. *Cannabáceas.*
Cannas Batalla ganada por Aníbal.
Cannes Ciudad francesa.
canonjía Prebenda y dignidad del canónigo.
Canova Escultor italiano.
Cánovas Apellido.
cantollanista Perito en el arte del canto llano.
Cantorbery Nombre español de *Canterbury,* ciudad inglesa.
cañaheja o cañaherla Planta.
cañahua Especie de mijo.
cañahuate Árbol.
cañavera Planta. *Cañaveral, cañaverear.*
cañihueco (trigo) Caña hueca.
cañilavado -da Caballería de canillas delgadas.
cañivano Cañihueco.
caoba Árbol. *Caobilla, caobo.*
Capdevila Apellido.
capellada Puntera; remiendo en el zapato.
capellán Clérigo. *Capellanía.*
capellina Pieza de la armadura.
capibara Mamífero.
capisayo Vestidura.
capullo Cubierta protectora de las larvas de algunos insectos; botón de las flores.
caquexia Alteración profunda de la nutrición. *Caquéctico -ca.*
cáraba Embarcación. *Carabela, carabelón, cárabo.*
caraba Broma; real (moneda).
carabao Búfalo de la Malasia.
cárabe Ámbar.

carabina Arma de fuego. *Carabinazo, carabinero.*
Caracalla Emperador romano.
caracul Variedad de carnero. También *karakul.*
caradura* Persona atrevida. *Cara dura* o *caradura,* atrevimiento.
¡caramba! Interj. que expresa extrañeza o enfado.
carámbano Pedazo de hielo largo y puntiagudo. *Carambanado -da.*
carambola Lance del billar; casualidad. *Carambolero -ra; carambolista.*
carambolo Árbol.
carava Reunión de labradores en son de fiesta.
Caravaca Ciudad de Murcia.
Caravaggio Pintor italiano.
caravana Grupo de viajeros. *Caravanero, caravasar.*
carayá o carayaca Mono.
cárbaso Variedad de lino.
carbinol Alcohol metílico.
carbo-, carbu- Todas las palabras que empiezan con estos sonidos se escriben con *b: carbodinamita, carbol, carbolíneo, carbón, carbonalla, carbonario, carbonato, carbonero, carbónico, carbono, carborundo, carboxilo, carbunclo, carbunco, carburo.*
Carcagente Pueblo de Valencia.
cárcava Hoya, zanja o foso. *Carcavina, cárcavo, carcavón, carcavuezo.*
Carducci Poeta italiano.
cariampollado -da Mofletudo. *Cariampollar.*
Caribdis Monstruo fabuloso.
caribe De las Antillas.
caribello Toro de cabeza oscura y frente con manchas blancas.
cariharto -ta Carirredondo.
carilleno -na De cara abultada.
carillón Conjunto de campanas acordadas.
carimba Marca con hierro candente. *Carimbar, carimbo.*
carlovingio -gia Carolingio.
Carlsbad Ciudad de Bohemia.

**Carlyle** Escritor inglés.
**carnauba** Palmera.
**Carnaval** Días que preceden al Miércoles de Ceniza. *Carnavalada, carnavalesco -ca.*
**carné\*** Tarjeta de identidad.
**Carnegie** Industrial norteamericano.
**carnívoro -ra** Que se alimenta de carne.
**caroba** Planta.
**Carpaccio** Pintor italiano.
**Carpetovetónica** Cordillera española.
**carquexia** Mata leguminosa.
**carricuba** Carro de riego.
**cartabón** Instrumento triangular para dibujo.
**Cartagena** Ciudad española; ciudad colombiana. *Cartagenero -ra.*
**cartaginés -sa** o **cartaginense** De Cartago, África.
**cartilágine** Cartílago. *Cartilagíneo -a, cartilaginoso -sa.*
**cartivana** Tira de papel para encuadernar una lámina.
**carvajo** o **carvallo** Roble. *Carvajal.*
**carvi** Simiente de la alcaravea.
**casabillo** Verruga.
**casabe** Pez; cazabe.
**Casanova** Apellido.
**cascabel** Bola de metal que suena. *Cascabela, cascabelada, cascabelear, cascabeleo, cascabelero -ra, cascabelillo, cascabillo.*
**cascalbo** Adj. que designa a un trigo o a un pino.
**cascarrabias** Irritable.
**casete\*** Cinta magnetofónica; su estuche.
**casimba** Pozo, manantial, barril.
**casquivano -na** Alegre de cascos.
**castellano -na** De Castilla. *Castellanía, castellanismo, castellanizar, castellanohablante.*
**castellar** Planta.
**Castellón** Ciudad española. *Castellonense.*
**Castiglione** Escritor italiano.
**Castilla** Región de España.
**castillo** Edificio fortificado. *Castillado -da, castillejo.*
**Castlereagh** Político inglés.

**casulla** Vestidura litúrgica. *Casullero.*
**catabolismo** Parte del proceso del metabolismo.
**catacumbas** Galerías subterráneas.
**cataviento** Hilo que indica la dirección del viento.
**catavino** Taza para probar el vino. *Catavinos.*
**caterva** Multitud de personas o cosas consideradas en grupos. *Catervarios.*
**catibia** Residuo de harina de yuca.
**catibo** Pez.
**catimbao** Máscara, figurón.
**cativí** Herpe.
**cativo** Árbol.
**cauba** Árbol.
**caudillo** Jefe. *Candillaje.*
**causahabiente** El que se ha subrogado en el derecho de otro.
**cautivo -va** Aprisionado. *Cautivador -ra, cautivar, cautiverio, cautividad.*
**cava** Acción de cavar; bodega; foso; vena. *Cavacote, cavadizo -za, cavador, cavadura, cavalillo, cavar, cavazón.*
**Cavanilles** Botánico español.
**cavaria** Ave.
**cavatina** Especie de aria.
**cávea** Jaula; una galería del teatro.
**cavedio** Patio de casa romana.
**Cavendish** Químico inglés.
**caverna** Concavidad natural profunda. *Cavernícola, cavernosidad, cavernoso -sa.*
**Cavestany** Apellido.
**caveto** Moldura.
**cavia** Excavación; conejillo de Indias.
**caviar** o **cavial** Manjar de huevas de esturión.
**cavicornio -nia** Bóvido.
**cavidad** Espacio hueco.
**cavilar** Pensar con insistencia. *Cavilación, cavilosidad, caviloso -sa.*
**Cavite** Ciudad filipina.
**Cavour** Político italiano.
**cay** Caí, mono.
**cayado** Bastón. *Cayada.*
**cayajabo** Semilla.
**cayama** Ave.

**cayanco** Cataplasma.
**cayapear** Atacar muchos a uno.
**cayapona** Planta.
**cayarí** Cangrejo.
**cayaya** Arbusto.
**Cayena** Capital de la Guayana francesa.
**cayeputí** Árbol.
**Cayetano -na** Nombre de persona.
**cayo** Isla rasa y arenosa. *Con mayúscula:* nombre de varón.
**cayote** Un fruto.
**cayuco** Embarcación.
**cayumbo** Especie de junco.
**cazabe** Torta de mandioca. También *casabe.*
**cazaclavos** Instrumento para arrancar clavos.
**Cazalla** Pueblo de Sevilla. *Con minúscula:* aguardiente.
**cazcorvo -va** De patas corvas.
**ceb-** Todas las palabras que empiezan por estos sonidos se escriben con *b: cebada, cebar, cebellina, cebiche, cebil, cebo, cebolla, cebra, cebrión, cebú, ceburro,* etc.
**Ceballos** Apellido. También *Cevallos.*
**cécubo** Un vino.
**cefalalgia** Dolor de cabeza. *Cefalálgico -ca.*
**cegesimal** Sistema basado en las unidades centímetro, gramo, segundo.
**Cegrí** De una familia del antiguo reino de Granada. También, más frec., *Zegrí.*
**ceiba** Árbol. *Ceibal, ceibón.*
**ceibo** Planta. *Ceibal.*
**cejijunto -ta** Ceñudo.
**celandés -sa** De Zelanda. Se escribe más frecuentemente *zelandés -sa.*
**Celaya** Poeta español.
**Célebes** Isla indonesia.
**célibe** Soltero. *Celibato.*
**cellenco -ca** Muy achacoso.
**Cellini** Orfebre italiano.
**cellisca** Temporal de agua y nieve. *Cellisquear.*
**cello** Cerco de una cuba.
**celtíbero -ra** o **celtibero -ra** Antiguo habitante de la Península Ibérica. *Celtibérico -ca.*

**cenhegí** De una tribu berberisca.

**cenit\*** Punto del hemisferio celeste. También, más raro, *zenit.*

**cenobio** Monasterio. *Cenobial, cenobita, cenobítico -ca, cenobitismo.*

**centavo** Moneda.

**centella** Chispa.

**centella, centellador -ra, centellar, centellear, centelleo.**

**centolla o centollo** Crustáceo.

**centrobárico -ca** Del centro de gravedad.

**centunviro** Cada uno de los cien miembros de un tribunal romano. *Centunviral, centunvirato.*

**cepellón** Pella de tierra adherida a las raíces.

**cepillo** Escobilla; instrumento de carpintería. *Cepilladura, cepillar.*

**cerbatana** Canuto para disparar proyectiles.

**cerbero** Cancerbero.

**cercillo** Zarcillo.

**cerebelo** Parte del encéfalo.

**cerollo -lla** (Mies) verde y correosa.

**cerrajero -ra** El que fabrica cerraduras. *Cerrajería.*

**cerval** Del ciervo. *Cervario -ria, cervato, cérvido -da, cervino -na, cervuno -na.*

**Cervantes** Escritor español. *Cervantesco -ca, cervántico -ca, cervantino -na, cervantismo, cervantista, cervantófilo -la.*

**Cervera** Nombre de varios pueblos españoles.

**cerveza** Bebida. *Cerveceo, cervecería, cervecero ra.*

**cervillera** Capacete.

**Cervino** Pico de los Alpes suizos.

**cerviz** Parte posterior del cuello. *Cervical, cervicular, cervigón, cervigudo -da, cerviguillo.*

**Cevallos** Apellido. También *Ceballos.*

**Cevenas** Macizo montañoso francés. También *Cevennes.*

**Cézanne** Pintor francés.

**chabacano -na** De mal gusto. *Chabacanada, chabacanería.*

**chabel** Bebida.

**chabola** Caseta o choza.

**chafallo** Remiendo mal echado. *Chafallar, chafallón -llona.*

**chagolla** Moneda falsa; cosa despreciable.

**cháhuar** De color bayo; cháguar, planta.

**chahuistle** Roya del maíz.

**chalchihuite** Esmeralda basta; baratija.

**challulla** Pez.

**chamarillero -ra** Chamarilero; tahúr. *Chamarillón -llona.*

**chamb-** Todas las palabras que comienzan por estos sonidos se escriben con *b: chamba, chambón -bona, chambonada, chambado, chambelán, chambergo, chambilla, chamborote, chamburgo, chamburo.*

**chanchullo** Manejo ilícito, trampa. *Chanchullero -ra.*

**chanciller** Canciller. *Chancillería.*

**chantaje** Amenaza de difamación. *Chantajear, chantajista.*

**chantillón** Regla o patrón.

**chaqué\*** Prenda de vestir.

**Chateaubriand** Escritor francés.

**chaval -la** Muchacho. *Chavea.*

**chavalongo** Tifoidea.

**Chávarri** Apellido.

**chavasca** Chasca.

**Chaves, Chávez** Apellidos.

**chaveta** Clavo; clavija. *Perder la chaveta:* Perder el juicio.

**chaya** Burlas de Carnaval.

**chayo** Arbusto.

**chayote** Fruto. *Chayotera.*

**Checoslovaquia** País europeo. *Checoslovaco -ca.* También *Checoeslovaquia* y *checoeslovaco.*

**cheje** Eslabón.

**Cherubini** Músico italiano.

**cherva** Ricino.

**chervonetz** Moneda rusa.

**cheviot** Cierta clase de paño. También *chevió.*

**chibalete** Armazón de madera, usada en imprenta.

**chibcha** Antiguo habitante de Colombia.

**chibuquí** Pipa turca.

**chichisbeo** Hombre que obse-

quiaba continuamente a una mujer.

**Chihuahua** Estado de Méjico.

**chilaba** Vestidura mora.

**chilacayote** Planta.

**chilla** Tabla delgada; especie de zorra. *Chillado, chillón.*

**Chillán** Ciudad chilena.

**chillar** Dar gritos agudos. *Chilla, chillador -ra, chillería, chillido, chillo, chillón -llona.*

**chimbo -ba** (Dulce) de huevos, almendras y almíbar.

**Chimborazo** Volcán del Ecuador.

**chinchemolle** Insecto.

**Chindasvinto** Rey visigodo español.

**chiribico** Pez.

**chiribita** Chispa; margarita. *Chiribital.*

**chiribitil** Desván.

**chiricaya** Flan.

**chirimbolo** Utensilio.

**chirimoyo** Árbol. *Chirimoya.*

**chirivía** Planta.

**chirivisco** Leña de arbusto seco.

**chisgarabís** Zascandil, mequetrefe.

**chiticalla** Persona reservada. *Chiticallando.*

**chivo -va** Cría de la cabra; poza donde se recogen las heces del aceite. *Chivarrás, chivato, chivetero, chivital, chivitil.*

**chocoyo** Pájaro.

**cholla** Cabeza.

**chotis\*** Baile popular.

**chova** Pájaro.

**chovinismo\*** Exaltación de lo nacional.

**christmas\*** Felicitación de Navidad.

**chubasco** Aguacero. *Chubasquero.*

**Chubut** Río argentino.

**chumbe** Faja.

**chumbo -ba** (Fruto o árbol) del nopal. *Chumbera.*

**chupalla** Planta.

**churriburri** Zurriburri.

**churrullero -ra** Charlatán.

**churumbel** Niño.

**chuva** Especie de mono.

**ciaboga** Maniobra de dar vuelta a una barca.

**cianhídrico** Ácido prúsico.

cianógeno Gas.

cibaje Árbol.

cibal De la alimentación.

Cibao Valle de la República Dominicana.

Cibeles Diosa de la Naturaleza. *Cibeleo -a.*

cibera Porción de trigo que se echa en la tolva del molino.

cibernética Ciencia que estudia el funcionamiento de los autómatas.

cibi Pez.

cibiaca Parihuela.

cibica Pieza del carro.

cíbolo -la Bisonte.

ciborio Baldaquino.

cibucán Espuerta o serón.

ciervo -va Mamífero.

cigénidos Familia de mariposas.

ciguaraya Árbol.

cilla Cámara donde se recogen los granos. *Cillerero, cillería, cillerizo -za, cillero.*

Cimabue Pintor italiano.

cimb- Todas las palabras que empiezan por estos sonidos se escriben con *b: cimba, cimbalaria, címbalo, cimbel, cimboga, cimborio, cimborrio, cimbrear, cimbro, cimbronazo,* etc.

cinc Metal. También (menos frec.) *zinc.* Su plural es *cines* o *zines.*

Cincinnati Ciudad norteamericana.

cincollagas Planta.

cingiberáceo -a De una familia de plantas.

cipayo Soldado indio al servicio extranjero.

circunnavegar Navegar alrededor. *Circunnavegación.*

circunscribir Reducir a límites.

circunspección Prudencia.

circunvalar Cercar. *Circunvalación.*

circunvecino -na Que está cerca y alrededor.

circunvolar Volar alrededor.

circunvolución Vuelta alrededor de un centro común.

circunyacente Circunstante.

cirugía Parte de la medicina que tiene por objeto curar mediante operaciones.

civeta Gato de algalia. *Civeto.*

civil Ciudadano. *Cívico -ca, civilidad, civilista, civilización, civilizador -ra, civilizar, civismo.*

Civitavecchia Ciudad italiana.

cizalla Instrumento para cortar metal. *Cizallar.*

Claraval Monasterio cisterciense.

clarividencia Perspicacia. *Clarividente.*

claustrofobia Horror a los recintos cerrados.

clav- Todas las palabras que empiezan por estos sonidos se escriben con *v: clava, clavar, clave, clavel, clavellina, claveque, clavero, clavicordio, clavícula, clavija,* etc.

Clavijo Villa de Logroño.

claxon Bocina de automóvil.

clerigalla Conjunto de malos clérigos.

clerofobia Odio al clero.

Cleveland Ciudad de Norteamérica.

clímax Gradación.

Clitemnestra Mujer legendaria.

Clive General inglés.

clivoso -sa En cuesta.

Clodoveo Rey de los francos.

clorhídrico Ácido. *Clorhídrato.*

club o clube Sociedad. *Clubista.*

coacervar Amontonar. *Coacervación.*

coadyutor Coadjutor. *Coadyutorio -ria.*

coadyu-ar Ayudar. *Coadyuvador -ra, coadyuvante.*

coagente El que coopera.

coalla Ave.

coba Adulación; tienda de campaña. *Cobista.*

cobalto Metal. *Cobaltina.*

cobarcho Parte de la almadraba.

cobarde Sin valor. *Cobardear, cobardía.*

cobayo o cobaya Conejo de Indias.

cobea Planta.

cobertera Tapadera. *Cobertizo, cobertor, cobertura.*

cobez Ave.

cobijar Cubrir. *Cobija, cobija-*

dor -ra, cobijamiento, cobijo, cobijón.*

cobo Caracol.

cocaví Pequeña provisión de víveres.

cóccix Hueso de la columna vertebral. También *coxis. Coccígeo -a* (o *coxígeo*).

Cochabamba Ciudad boliviana.

cochayuyo Planta marina.

cochevira Manteca de cerdo.

cochevís Pájaro.

cochite-hervite Locución que significa que se ha hecho una cosa rápidamente.

cocker Perro de caza.

cocobálsamo Fruto.

cocobolo Árbol.

Cocteau Escritor francés.

cóctel* Bebida.

cocuyo Insecto.

Coello Apellido.

coevo -va De la misma época.

coger Tomar; alcanzar. *Cogedero -ra, cogedizo -za, cogedor -ra, cogedura, cogida.*

cogitativo -va Que tiene facultad de pensar. *Cogitabundo -da.*

Cognac Ciudad francesa. (Pero *coñac,* licor.)

cogollo Lo interior, la sustancia; insecto. *Cogollero.*

cogulla Hábito religioso.

cogullada Papada del puerco.

cohabitar Vivir con otra persona. *Cohabitación.*

cohechar Sobornar; dar vuelta a la tierra antes de sembrarla. *Cohecha, cohechador -ra, cohecho.*

coheredar Heredar juntamente con otro. *Coheredero -ra.*

coherencia Conexión. *Coherente, cohesión, cohesivo -va, cohesor.*

cohete Artificio volante de fuego. *Cohetero -ra.*

cohibir Refrenar. *Cohibición.*

cohobar Destilar repetidas veces. *Cohobación.*

cohobo Piel de ciervo.

cohollo Cogollo.

cohombro Variedad de pepino. *Cohombral.*

cohonestar Presentar como honesto.

**cohorte** Unidad militar romana.

**coihué** Árbol.

**cojear** Andar torciendo el cuerpo. *Cojera, cojitranco -ca.*

**Cojedes** Estado venezolano.

**cojijo** Bicho. *Cojijoso -sa.*

**cojín** Almohadón. *Cojinete.*

**cojinúa** Pez.

**cojobo** Árbol.

**colaborar** Trabajar con otros. *Colaboración, colaboracionismo, colaboracionista, colaborador -ra.*

**colágeno** Sustancia de los tejidos conjuntivo y cartilaginoso.

**colapso** Postración repentina; paralización. *Colapsar.*

**Colbert** Apellido francés.

**colegio** Centro de enseñanza; corporación. *Colegiación, colegial -la, colegiarse, colegiata, colegiatura.*

**colegislador -ra** Que legisla con otro.

**Coleridge** Poeta inglés.

**colibacilo** Bacilo del intestino. *Colibacilosis.*

**colinabo** Variedad de col.

**colipava** Adj. que designa a ciertas palomas.

**colla** Pieza de la armadura; arte de pesca; temporal; indio mestizo.

**collado** Colina. *Collada, colladía.*

**collage** Composición plástica en que aparecen pegados objetos diversos.

**Collantes** Pintor español.

**collar** Adorno del cuello. *Collarín, collarino, collera, collerón.*

**collazo** Mozo de labranza.

**colleja** Hierba.

**colliguay** Arbusto.

**colmillo** Diente. *Colmillada, colmillar, colmillazo, colmilludo -da.*

**colobo** Mono.

**Colombia** País de América. *Colombiano -na.*

**colombino -na** De Colón.

**colombo** Raíz medicinal.

**colombófilo -la** Palomero. *Colombofilia.*

**columbario** Conjunto de nichos.

**Columbia** Río y distrito federal norteamericanos.

**columbino -na** De la paloma.

**coluvie** Gavilla de pícaros.

**Comayagua** Ciudad de Honduras.

**comba** Curvatura. *Combadura, combar, combo -ba.*

**combatir** Pelear, embestir. *Combate, combatible, combatiente, combatividad, combativo -va.*

**combeneficiado** Beneficiado a la vez que otro.

**combés** Espacio descubierto.

**combinar** Poner de acuerdo; disponer. *Combinable, combinación, combinatorio -ria.*

**combustión** Acción de arder o quemar. *Comburente, combustibilidad, combustible, combusto -ta.*

**comején** Insecto. *Comejenera.*

**Commonwealth** Comunidad británica de naciones.

**comoquiera** Adv. de modo. También *como quiera.*

**compaginar** Poner en buen orden. *Compaginación, compaginador.*

**companage** Comida fiambre que se toma con pan.

**complejidad** Calidad de complejo.

**complexión** Constitución fisiológica.

**complot** Conjura.

**compluvio** Abertura rectangular en el techo.

**comprachilla** Pájaro.

**compraventa** Negocio de comprar objetos para revenderlos.

**comprobar** Confirmar. *Comprobable, comprobación, comprobante, comprobatorio -ria.*

**comprovinciano -na** De la misma provincia que otro.

**compungir** Entristecer. *Compungivo -va.*

**Comte** Sociólogo francés.

**cóncavo -va** Que tiene la superficie deprimida por el centro. *Concavidad.*

**concejil** Del concejo.

**conceller** Miembro de consejo municipal en Cataluña.

**conchabar** Asociar. *Conchabanza, conchabo.*

**concluyente** Que concluye.

**concreción*** Acción de concretar; acumulación, formando masa, de varias partículas.

**concubina** Manceba, querida. *Concubinario, concubinato.*

**Condillac** Filósofo francés.

**conejero -ra** Que caza conejos. *Conejil.*

**conexo -xa** Que tiene enlace o relación. *Conexidades, conexión, conexionar, conexivo -va.*

**confabularse** Ponerse de acuerdo. *Confabulación, confabulador -ra.*

**confeti** Trocito de papel de color.

**confort** Comodidad.

**confulgencia** Brillo simultáneo.

**congelar** Helar. *Congelable, congelación, congelador, congelamiento, congelante, congelativo -va.*

**congénere** Del mismo género.

**congeniar** Avenirse bien. *Congenial.*

**congénito -ta** Connatural, innato.

**congerie** Montón de cosas.

**congestión** Acumulación de sangre. *Congestionar, congestivo -va.*

**congio** Antigua medida de líquidos. *Congiario.*

**conglobar** Juntar en montón. *Conglobación.*

**conivalva -va** (Molusco) de concha cónica.

**conjetura** Suposición *Conjeturable, conjeturador -ra, conjetural, conjeturar.*

**conjuntiva** Membrana del ojo. *Conjuntivitis.*

**conllevar** Ayudar a llevar; implicar. *Conllevador -ra.*

**conmistión, conmisto -ta, conmistura** Pueden escribirse también con x: conmixtión, conmixto -ta, conmixtura.

**conmover** Agitar. *Conmovedor -ra.*

**connatural** Propio de la naturaleza de uno. *Connaturalización, connaturalizarse.*

**connivencia** Acción de confabularse. *Connivente.*

**connotar** Denotar conjuntamente. *Connotación, connotativo -va.*

**connovicio -cia** Novicio con otro.

**connubio** Matrimonio. *Connubial.*

**connumerar** Contar entre otras cosas.

**conque\*** Se escribe en una palabra cuando es conjunción ('así que'). Se escribe en dos cuando es el pronombre relativo *que* precedido de la preposición *con* ('con el cual, con la cual, con los cuales, con las cuales').

**consabido -da** Ya tratado anteriormente. *Consabidor -ra.*

**consejero -ra** El que aconseja. *Consejería.*

**conserje** Cuidador de un edificio público. *Conserjería.*

**conservar** Guardar. *Conserva, conservación, conservador -ra, conservaduría, conservativo -va, conservatoría, conservatorio -ria, conservería, conservero -ra.*

**Constanza** Nombre de mujer; ciudad y lago de Europa Central.

**constituyente** Que tiene que dictar una Constitución.

**constringente** Que constriñe.

**consubstanciación, consubstancial, consubstancialidad** Estas palabras pueden escribirse sin la *b: consustanciación,* etcétera.

**contagio** Transmisión de una enfermedad. *Contagiar, contagiosidad, contagioso -sa.*

**contexto** Serie del discurso, tejido o hilo de la narración. *Contextuar, contextual, contextura.*

**contingente** Que puede suceder o no suceder. *Contingencia, contingible.*

**contraalmirante** Jefe de marina. También *contralmirante.*

**contraaviso** Aviso contrario a otro anterior.

**contrabajo** Instrumento musical. *Contrabajón, contrabajonista.*

**contrabalanza** Contrapeso. *Contrabalancear.*

**contrabando** Introducción ilegal de géneros prohibidos. *Contrabandear, contrabandista.*

**contrabarrera** Fila de asientos en las plazas de toros.

**contrabasa** Pedestal.

**contrabatería** Batería opuesta a otra.

**contrabatir** Tirar en contraataque.

**contrabolina** Segunda bolina.

**contraclave** Dovela inmediata a la clave.

**contracorriente** Se escribe en una palabra como nombre, 'corriente opuesta', y en la loc. *a contracorriente;* en dos palabras, *contra corriente,* cuando es adverbio, 'contra la opinión general'.

**contraemboscada** Emboscada que se hace contra otra.

**contraembozo** Tira de la capa.

**contraenvite** Envite en falso.

**contrafallar** En cartas, poner un triunfo superior. *Contrafallo.*

**contrahacer** Imitar. *Contrahacedor -ra, contrahechura.*

**contrahaz** Envés.

**contrahecho -cha** Deforme.

**contrahierba** Planta.

**contrahilera** Hilera que defiende a otra.

**contrahílo (a)** En dirección opuesta al hilo.

**contrahuella** Plano vertical del peldaño.

**contramalla** Red puesta detrás de otra. *Contramalladura, contramallar.*

**contramuelle** Muelle opuesto a otro.

**contramuralla** Contramuro.

**contraproyecto** Proyecto diferente de otro.

**contraprueba** Nueva prueba.

**contraquilla** Pieza que cubre la quilla.

**contrarraya** Raya que cruza a otras.

**contrarrevolución** Revolución en contra de otra. *Contrarrevolucionario -ria.*

**contrasello** Sello menor con

que se marcaba el principal. *Contrasellar.*

**contravalar** Construir una línea fortificada. *Contravalación.*

**contravapor** Corriente de vapor.

**contraveneno** Antídoto.

**contravenir** Desobedecer. *Contravención, contraventor -ra.*

**contraventana** Puerta que cierra sobre la vidriera.

**contraveros** Dibujo de heráldica. *Contraverado -da.*

**contravidriera** Segunda vidriera.

**contravoluta** Voluta que duplica la principal.

**contrayente** Que contrae.

**contribuir** Pagar; ayudar. *Contribución, contribuidor -ra, contributivo -va, contribuyente.*

**contribulado -da** Atribulado.

**contributario -ria** Tributario con otros.

**contrición** Arrepentimiento.

**controvertir** Discutir. *Controversia, controversista, controvertible.*

**contubernio** Alianza vituperable.

**conturbar** Inquietar. *Conturbación, conturbador -ra, conturbativo -va.*

**conurbación** Conjunto formado por varias poblaciones vecinas.

**convalecer** Reponerse. *Convalecencia, convaleciente.*

**convalidar** Confirmar. *Convalidación.*

**convección** Transmisión de calor en un fluido. *Convector.*

**convecino -na** Vecino del mismo pueblo.

**convencer** Persuadir. *Convencedor -ra, convencimiento, convicción, convicto -ta, convincente.*

**convención** Pacto. *Convencional, convencionalismo.*

**convenir** Interesar; acordar. *Convenible, conveniencia, convenienciero -ra, conveniente, convenio.*

**convento** Congregación, comunidad. *Conventículo, con-*

*ventillo, conventual, conventua-
lidad.*
**converger** Dirigirse a un
mismo punto. *Convergencia,
convergente.*
**conversar** Charlar. *Conversación, conversador -ra.*
**convertir** Transformar; volver. *Conversión, conversivo
-va, converso -sa, convertible,
convertidor.*
**convexo -xa** Que tiene la superficie más prominente en el medio. *Convexidad.*
**convicto -ta** (Reo) cuyo delito
está probado.
**convictor** El que vive en un
seminario sin pertenecer a la
comunidad. *Convictorio.*
**convidar** Invitar. *Convidada,
convidador -ra, convite, convi-
val, convivio.*
**convivir** Vivir en compañía de
otros. *Convivencia, conviviente.*
**convocar** Citar. *Convocación,
convocador -ra, convocatorio
-ria.*
**convólvulo** Oruga; enredadera. *Convolvuláceo -a.*
**convoy** Escolta; conjunto de
cosas escoltadas. *Convoyar.*
**convulsión** Contracción espasmódica. *Convulsionar, convul-
sionario -ria, convulsivo -va,
convulso -sa.*
**conyúdice** Conjuez.
**cónyuge** Consorte. *Conyugal.*
**coñac** Bebida alcohólica.
**Cook** Navegante inglés.
**Cooper** Apellido inglés.
**Copacabana** Nombre de varias ciudades de América.
**copaiba** Copayero.
**copayero** Árbol.
**copec** Moneda rusa. También
*kopek.*
**Copenhague** Capital de Dina-
marca.
**copihue** Planta.
**copyright** Derecho de edición.
**Coquimbo** Provincia de Chile.
**corajina** Arrebato de coraje.
**coranvobis** Aspecto de la persona que afecta seriedad.
**corbacho** Vergajo. *Corba-
chada.*
**corbata** Prenda de adorno

masculina. *Corbatería, corba-
tero -ra, corbatín.*
**corbato** Refrigerante.
**corbeta** Embarcación.
**corcova** Joroba. *Corcovar,
corcovear, corcoveta, corcovo.*
**cordellate** Tejido.
**cordillera** Cadena, sierra.
**Córdoba** Ciudad española;
ciudad argentina. Cuando es
apellido, no es rara la grafía
*Córdova. Cordobán, cordoba-
nero, cordobés -besa.*
**coriambo** Pie de la versificación clásica. *Coriámbico -ca.*
**coribante** Sacerdote de Cibeles.
**corimbo** Inflorescencia.
**Corneille** Escritor francés.
**cornígero -ra** Que tiene
cuernos.
**corniveleto -ta** Que tiene los
cuernos altos y derechos.
**Cornwall** Condado inglés.
También *Cornualles.*
**Corpus Christi** Fiesta cristiana.
**corregente** El que es regente
con otro. *Corregencia.*
**Correggio** Pintor italiano.
**corregir** Reformar. *Corregible, corregidor -ra, corregi-
miento.*
**correhuela** Diminutivo de *correa.*
**correjel** Cuero grueso y flexible.
**correligionario -ria** Que pro-
fesa la misma religión que otro.
**correveidile** o **correvedile** El
que lleva y trae chismes.
**correverás** Juguete que se
mueve.
**corrigendo -da** El que cumple
condena.
**corrivación** Canalización.
**corroborar** Ratificar. *Corro-
boración, corroborante, corro-
borativo -va.*
**corrulla** Corulla.
**cortabolsas** Ratero.
**cortaviento** Aparato para cortar el viento.
**cortijero -ra** El que vive en un
cortijo.
**corulla** Departamento del buque.
**Corumbá** Ciudad del Brasil.

**corva** Parte de la pierna
opuesta a la rodilla.
**corvejón** Articulación de la
pata.
**corveta** Movimiento del caballo.
**córvido** De la familia del
cuervo. *Corvato, corvejón, cor-
vino -na.*
**corvina** Pez. *Corvinera.*
**corvo -va** Arqueado. *Corva-
dura.*
**coscojero -ra** Que agita mucho los coscojos del freno.
**coscojita** Juego de muchachos. También *coxcojita.*
**coscoroba** Ave.
**cosmovisión** Concepción del
universo.
**cotangente** Función trigono-
métrica.
**cotobelo** Abertura en la vuelta
de cama del freno.
**Cotopaxi** Volcán ecuatoriano.
**coulomb** Unidad de electricidad.
**Courbet** Pintor francés.
**covacha** Cueva pequeña. *Co-
vachuela* (oficina pública), *co-
vachuelista, covachuelo.*
**covadera** Espacio de donde se
extrae guano.
**Covadonga** Valle asturiano.
**covanillo -lla** Diminutivos de
*cuévano.*
**covín** o **covin** Maíz o trigo tos-
tado.
**coxalgia** Dolor de cadera.
*Coxálgico -ca.*
**coxcojilla** o **coxcojita** Juego
de niños. También *coscojita.*
**coxis** Cóccix.
**coyán** Árbol.
**coyocho** Nabo.
**coyol** Árbol. *Coyolar.*
**coyoleo** Ave.
**coyote** Especie de lobo. *Coyo-
tero -ra.*
**coyunda** Correa con que se
uncen los bueyes.
**coyuntero** Acoyuntero.
**coyuntura** Articulación; ocasión. *Coyuntural.*
**coyuyo** Insecto.
**crabón** Avispón.
**Cracovia** Ciudad polaca.
**crehuela** Tela.

**cremallera** Barra dentada que engrana con un piñón.
**creyente** Que cree.
**criba** Harnero. *Cribado, cribador -ra, cribar, cribo.*
**cricket** o **críquet\*** Deporte.
**criollo -lla** Nacido en América. *Criollismo.*
**crisoberilo** Piedra preciosa.
**crisopeya** Arte de convertir metales en oro.
**Cristóbal** Nombre de varón.
**crómlech** Monumento megalítico.
**croupier** Ayudante del banquero en las mesas del juego.
**croquet** Juego de jardín.
**Cromwell** Dictador inglés.
**crucígero -ra** Crucífero.
**crujía** Corredor largo de un edificio.
**crujir** Hacer cierto ruido algunos cuerpos al romperse. *Crujidero -ra, crujido.*
**crup** Garrotillo.
**cu** Nombre de la letra *q.*
**cuaba** Árbol.
**cuadragenario -ria** De cuarenta años.
**cuadragésimo -ma** Cuarentavo. *Cuadragesimal.*
**cuadringentésimo -ma** Que ocupa el 400.º lugar.
**cuadrisílabo** De cuatro sílabas.
**cuadrivio** Paraje donde concurren cuatro sendas; conjunto de las cuatro artes matemáticas. *Cuadrivista.*
**cuadríyugo** Carro de cuatro caballos.

**cuáquero -ra** De una secta religiosa. También *cuákero.*
**cuartogénito -ta** Nacido en cuarto lugar.
**cuatorviro** Magistrado que con otros tres presidía el gobierno de una ciudad. *Cuatorvirato.*
**cuatralbo -ba** Que tiene blancos los cuatro pies.
**cuatrillón** Un millón de trillones.
**cuatro** Número. *Cuatrocientos* se escribe en una palabra; *cuatro mil,* en dos.
**cub-** Todas las palabras que empiezan por estos sonidos se escriben con *b: cuba, cubeba, cubicar, cubierto -ta, cubil, cubilete, cubismo, cúbito, cuboides, cubrir,* etc.
**cucayo** Cocaví.
**cuchillo** Instrumento para cortar. *Cuchilla, cuchillada, cuchillar, cuchillería, cuchillero.*
**cucubá** Ave.
**cucubano** Insecto.
**cuculla** Cogulla; capucha.
**cucuyo** Insecto.
**cuello** Parte del cuerpo. *Cuellicorto -ta, cuellierguido -da.*
**cuentahílos** Microscopio para contar los hilos de un tejido.
**cuervo** Pájaro. *Cuerva.*
**cueva** Cavidad subterránea. *Cuevero.*
**cuévano** Cesto grande de mimbres.

**cugulla** Cogulla.
**cuje** Arbusto.
**cují** Aromo. *Cujisal.*
**culle** Hierba.
**culombio** Unidad de masa eléctrica.
**cultivar** Hacer que fructifique. *Cultivable, cultivación, cultivador -ra, cultivo.*
**cumba** Jícara. *Cumbo.*
**cumbarí** Pimiento.
**cumbé** Baile de negros.
**cumbia** Baile colombiano.
**cuodlibeto** Discusión sobre un punto científico. *Cuodlibético -ca.*
**curbana** Arbusto.
**curbaril** Árbol.
**Curdistán** Región de Turquía. También *Kurdistán. Curdo -da.*
**curibay** Árbol.
**Curitilba** Ciudad del Brasil.
**curiyú** Boa.
**curubo** Planta.
**curujey** Planta.
**curvo -va** No recto. *Curvar, curvatón, curvatura, curvidad, curvilíneo -a, curvímetro.*
**cusubé** Dulce.
**cusumbe** o **cusumbo** Cuatí.
**Cuvier** Naturalista francés.
**Cuyabá** Ciudad del Brasil.
**cuyá** Árbol.
**cuyamel** Pez.
**cuyo** Del cual, de la cual, etcétera. *Con mayúscula:* Región argentina.
**cuyují** Pedernal.
**cyclops** Crustáceo.
**Cyrano** Escritor francés.

# d

**dádiva** Regalo. *Dadivar, dadivosidad, dadivoso -sa.*
**dahir** En Marruecos, decreto.
**Dahomey** Región de África.
**Dakar** Capital de Senegal.

**Dakota** Región norteamericana.
**dalla** Guadaña. *Dallador, dallar, dalle.*
**Dallas** Ciudad norteamericana.

**Dánae** Mujer mitológica.
**Danubio** Río europeo. *Danubiano -na.*
**Danvila** Apellido.
**Danzig** Ciudad de Polonia.
**Darwin** Naturalista inglés.

*Darwinismo* (o *darvinismo*).
*darwinista* (o *darvinista*).
**Dávalos** Apellido.
**David** Rey de Israel. *Davídico -ca.*
**Dávila** Apellido.
**Davis, Davy** Apellidos ingleses.
**deambular** Pasear.
**debajo** En lugar inferior. *Debajero.*
**debatir** Discutir. *Debate.*
**debelar** Vencer por las armas. *Debelación, debelador -ra.*
**deber** Estar obligado. *Debe, débito.*
**débil** Escaso de fuerza. *Debilidad, debilitación, debilitamiento, debilitar.*
**debó** Instrumento para adobar las pieles.
**debocar** Vomitar.
**Débora** Mujer del Antiguo Testamento.
**Debussy** Músico francés.
**debut*** Presentación. *Debutante, debutar.*
**decasílabo -ba** De diez sílabas.
**decemnovenal** o **decemnovenario -ria** De diecinueve años.
**decenviro** o **decenvir** Magistrado romano. *Decenviral, decenvirato.*
**oecimo-*** *Decimotercero* o *decimotercio, decimocuarto, decimoquinto, decimosexto, deciموséptimo, decimoctavo, decimonoveno* o *decimonono.* Se escriben todos sin acento ortográfico en la primera sílaba. Pueden también ponerse en dos palabras, y en este caso el elemento *décimo* lleva tilde: *décimo quinto, décimo sexto,* etc.
**declive** Pendiente. *Declividad.*
**decúbito** Posición del cuerpo tendido horizontalmente.
**deflación** Reducción de la actividad económica.
**degenerar** Decaer. *Degeneración.*
**degollar** Cortar el cuello. *Degollación, degolladero, degollador -ra, degolladura, degollante, degollina, degüello.*

**dehesa** Tierra acotada para pastos. *Dehesar, dehesero.*
**dehiscencia** Acción de abrirse el pericarpio para dar salida a la semilla. *Dehiscente.*
**deje** Acento, modo de hablar.
**Delhi** Ciudad de la India. *Nueva Delhi,* capital de la India.
**deliberar** Examinar el pro y el contra. *Deliberación, deliberativo -va.*
**demagogia** Halago de la plebe para asaltar el poder. *Demagógico -ca.*
**demás*** Restante. Se escribe en dos palabras, *de más,* como locución adverbial ('con exceso'): *me han cobrado de más;* también en *estar de más* ('estar de sobra o sin ocupación').
**dentellar** Batir los dientes unos contra otros. *Dentellada, dentellear, dentellón.*
**dentivano -na** De dientes largos, anchos y ralos.
**dentolabial** Labiodental.
**Denver** Ciudad norteamericana.
**depravar** Viciar. *Depravación, depravador -ra.*
**deprisa** Con rapidez. También (hoy raro) *de prisa.*
**derby** Carrera de caballos.
**derivar** Traer su origen. *Deriva, derivación, derivada, derivativo -va, derivo.*
**dermalgia** Dolor de piel.
**derrabar** Cortar la cola. *Derrabadura.*
**derribar** Demoler. *Derribador, derribo.*
**derrubiar** Llevarse un río la tierra. *Derrubio.*
**derrumbar** Precipitar. *Derrumbadero, derrumbamiento, derrumbe, derrumbo.*
**derviche** Especie de monje mulsumán.
**desabarrancar** Sacar de un barranco.
**desabejar** Sacar las abejas.
**desabollar** Quitar las abolladuras. *Desabollador.*
**desabonarse** Dejar de estar abonado. *Desabono.*
**desabor** Insipidez. *Desaborido -da.*

**desabordarse** Separarse un barco de otro al que ha abordado.
**desabotonar** Soltar los botones.
**desacobardar** Quitar la cobardía.
**desactivar** Quitar el detonador (a un explosivo). *Desactivación.*
**desaherrojar** Quitar los hierros.
**desahijar** Apartar las crías de las madres.
**desahitarse** Quitarse el ahíto.
**desahuciar** Considerar sin esperanza de salvación; despedir de la casa al inquilino. *Desahucio.*
**desahumar** Quitar el humo.
**desalabar** Poner tachas. *Desalabanza.*
**desalabear** Quitar el alabeo. *Desalabeo.*
**desalhajar** Quitar las alhajas o muebles.
**desalivar** Arrojar saliva.
**desapercibido -da** Desprevenido. *Desapercibimiento.*
**desapoyar** Quitar el apoyo.
**desaprobar** No asentir. *Desaprobación.*
**desaprovechar** Desperdiciar. *Desaprovechamiento.*
**desarbolar** Derribar los palos del barco. *Desarbolo.*
**desarrebozar** Quitar el rebozo.
**desarrebujar** Desenmarañar; desarropar.
**desarrollar** Desenvolver; acrecentar. *Desarrollable, desarrollo.*
**desataviar** Quitar los atavíos. *Desatavío.*
**desatibar** Descombrar.
**desatollar** Sacar del atolladero.
**desatornillar** Destornillar.
**desatraillar** Quitar la traílla.
**desavahar** Enfriar; orear. *Desavahamiento.*
**desavecindarse** Mudarse a otro domicilio.
**desavenir** Desconcertar. *Desavenencia.*
**desaventajado -da** Inferior.
**desaventura** Desventura.

desaviar desemparvar

desaviar Apartar del camino; quitar el avío. *Desavío.*
desavisar Dar aviso contrario a otro.
desayudar Impedir la ayuda.
desayuno Primer alimento del día. *Desayunar.*
desbabar Purgar, expeler las babas.
desbagar Sacar de la baga la linaza.
desbancar Quitar el puesto.
desbandar Hacer huir en desorden.
desbañado -da Que no ha tomado el agua.
desbarajuste o desbarahúste Desorden. *Desbarajustar, desbarahustar.*
desbaratar Deshacer. *Desbaratador -ra, desbaratamiento, desbarate, desbarato.*
desbarbar Quitar las barbas. *Desbarbillar.*
desbardar Quitar la barda.
desbarrar Errar. *Desbarro.*
desbarretar Quitar las barretas.
desbarrigar Herir la barriga.
desbastar Quitar lo más basto. *Desbastador, desbastadura, desbaste.*
desbastecido -da Sin bastimentos.
desbautizarse Irritarse.
desbeber Orinar.
desbecerrar Destetar los becerros.
desbocar Quitar la boca; dispararse.
desbonetarse Quitarse el bonete.
desboquillar Quitar la boquilla.
desbordar Salir de los bordes. *Desbordamiento.*
desbornizar Arrancar el bornizo.
desboronar Desmoronar.
desborrar Quitar la borra.
desbotonar Quitar los botones (al tabaco).
desbravar Amansar. *Desbravador.*
desbuchar Desembuchar; desainar.
desbullar Sacar de la concha. *Desbulla, desbullador.*

descabalar Quitar una pieza esencial. *Descabal, descabalamiento.*
descabalgar Desmontar. *Descabalgadura.*
descabellar Despeinar; matar al toro. *Descabello.*
descabestrar Desencabestrar.
descabezar Quitar la cabeza; vencer un obstáculo. *Descabezamiento.*
descabullirse Escabullirse.
descadillar Quitar los cadillos. *Descadillador -ra.*
descalabazarse Romperse en vano la cabeza.
descantillar Romper las aristas.
descantillón Escantillón.
descapillar Quitar la capilla.
descarbonatar Quitar el ácido carbónico.
descarburar Sacar el carbono. *Descarburación.*
descarrillar Quitar los carrillos. *Descarrilladura.*
descascarillar Quitar la cascarilla.
descebar Quitar el cebo.
descervigar Torcer la cerviz. *Descervigamiento.*
desclavar Arrancar (clavos). *Desclavador.*
descobajar Quitar el escobajo.
descobijar Descubrir.
descoger Desplegar, soltar.
descogollar Quitar los cogollos.
descollar Destacar.
descolmillar Quitar los colmillos.
descompaginar Descomponer.
descongestionar Reducir la congestión. *Descongestión.*
descontagiar Quitar el contagio.
desconvenir No convenir. *Desconvenible, desconveniencia.*
desconversable Intratable.
desconvidar Anular un convite.
descorregido -da Desarreglado.
descostillar Romper las costillas.

descoyuntar Desencajar. *Descoyuntamiento, descoyunto.*
describir Representar.
descuadrillarse Derrengarse.
descuello Exceso en altura.
desdevanar Deshacer el ovillo.
desdibujado -da Mal trazado.
desellar Quitar el sello. *Deselladura.*
desembalar Desenfardar. *Desembalaje.*
desembaldosar Quitar las baldosas.
desemballestar Disponerse a bajar (el halcón).
desembanastar Sacar de la banasta.
desembarazar Quitar el impedimento. *Desembarazo.*
desembarcar Salir del barco. *Desembarcadero, desembarco, desembarque.*
desembargar Quitar el impedimento o el embarazo. *Desembargador, desembargo.*
desembarrancar Sacar a flote.
desembarrar Limpiar el barro.
desembaular Sacar de un baúl.
desembebecerse Salir del embebecimiento.
desembelesarse Salir del embelesamiento.
desembocar Salir. *Desembocadero, desembocadura, desemboque.*
desembojar Quitar de las hojas los capullos de seda. *Desembojadera.*
desembolsar Pagar. *Desembolso.*
desemborrachar Desembriagar.
desemboscarse Salir de la emboscada.
desembotar Quitar el embotamiento.
desembozar Quitar el embozo. *Desembozo.*
desembravecer Amansar.
desembrollar Desenredar.
desembuchar Sacar del buche.
desemparvar Recoger la parva.

451

**desempavonar** Despavonar.

**desempolvar** Quitar el polvo. *Desempolvadura, desempolvoradura, desempolvorar.*

**desenalbardar** Quitar la albarda.

**desencabalgar** Desmontar.

**desencabestrar** Sacar del cabestro.

**desencallar** Poner a flote.

**desencapillar** Zafar lo que está encapillado.

**desencastillar** Echar de un castillo.

**desenclavar** Desclavar.

**desenclavijar** Quitar las clavijas.

**desencoger** Extender, estirar. *Desencogimiento.*

**desencorvar** Enderezar.

**desengrilletar** Zafar un grillete.

**desenhebrar** Sacar la hebra.

**desenhetrar** Desenredar.

**desenhornar** Sacar del horno.

**desenlabonar** Deseslabonar.

**desenladrillar** Quitar los ladrillos.

**desenmallar** Sacar de la malla.

**desenmohecer** Quitar el moho.

**desenrollar** Desarrollar lo enrollado.

**desensebar** Quitar el sebo.

**desensillar** Quitar la silla.

**desensoberbecer** Hacer deponer la soberbia.

**desentornillar** Destornillar.

**desenvainar** Sacar de la vaina.

**desenvelejar** Quitar el velamen.

**desenvendar** Desvendar.

**desenvergar** Desatar velas envergadas.

**desenviolar** Purificar.

**desenvolver** Desarrollar. *Desenvoltura, desenvolvedor -ra, desenvolvimiento.*

**deservir** Faltar a la obligación de servir. *Deservicio, deservidor.*

**deseslabonar** Deslabonar.

**desfallecer** Perder fuerzas. *Desfallecimiento.*

**desfavorecer** Perjudicar. *Desfavorable, desfavorecedor -ra.*

**desfollonar** Quitar hojas inútiles.

**desgarbado -da** Sin garbo.

**desgobernar** No gobernar. *Desgobernadura, desgobierno.*

**desgolletar** Quitar el gollete.

**deshabitar** Dejar sin habitar.

**deshabituar** Hacer perder el hábito. *Deshabituación.*

**deshacer** Destrozar. *Deshacedor -ra.*

**deshaldo** Marceo.

**deshambrido -da** Muy hambriento.

**desharrapado -da** Andrajoso. *Desharrapamiento.*

**deshebillar** Soltar la hebilla.

**deshebrar** Sacar las hebras.

**deshechizar** Deshacer el hechizo.

**deshelar** Deshacer el hielo. *Deshielo.*

**desherbar** Arrancar hierbas. *Deshierba* (también *desyerba*).

**desheredar** Excluir de la herencia. *Desheredamiento, desheredación.*

**deshermanar** Quitar la semejanza.

**desherrar** Quitar los hierros. *Desherradura.*

**desherrumbrar** Quitar la herrumbre. *Desherrumbamiento.*

**deshidratar** Privar del agua. *Deshidratación.*

**deshijar** Quitar los chupones a las plantas.

**deshilachar** Sacar hilachas.

**deshilar** Sacar hilos. *Deshiladura, deshilo.*

**deshilvanar** Quitar los hilvanes.

**deshincar** Sacar lo hincado. *Deshincadura.*

**deshinchar** Quitar la hinchazón. *Deshinchadura.*

**deshipotecar** Cancelar la hipoteca.

**deshojar** Quitar las hojas. *Deshojador -ra, deshojadura, deshoje.*

**deshollejar** Quitar el hollejo.

**deshollinar** Quitar el hollín. *Deshollinadera, deshollinador -ra.*

**deshonesto -ta** Sin honestidad. *Deshonestarse, deshonestidad.*

**deshonor** Afrenta. *Deshonorar.*

**deshonra** Pérdida de la honra. *Deshonrabuenos, deshonrador -ra, deshonrible, deshonroso -sa.*

**deshora** Tiempo inoportuno.

**deshornar** Desenhornar.

**deshospedar** Quitar el hospedaje.

**deshuesar** Quitar los huesos.

**deshumano -na** Inhumano. *Deshumanización, deshumanizar.*

**deshumedecer** Quitar la humedad.

**desimaginar** Borrar de la imaginación.

**desinvernar** Dejar los cuarteles de invierno.

**deslabonar** Soltar los eslabones.

**desladrillar** Desenladrillar.

**deslavar** Lavar por encima. *Deslavadura.*

**deslavazar** Quitar sustancia.

**desmallar** Cortar las mallas. *Desmallador -ra, desmalladura.*

**desmayar** Causar desfallecimiento. *Desmayo.*

**desmeollar** Sacar el meollo. *Desmeollamiento.*

**desmullir** Descomponer lo mullido.

**desnervar** Enervar.

**desnevar** Deshacerse o derretirse la nieve.

**desnivel** Diferencia de altura. *Desnivelación, desnivelar.*

**desobedecer** No obedecer. *Desobediencia, desobediente.*

**desobstruir** Quitar las obstrucciones. *Desobstrucción.*

**desollar** Quitar la piel. *Desolladero, desollador -ra, desolladura, desollón, desuello.*

**desorillar** Quitar las orillas.

**desosar** Quitar los huesos. Se escriben con *h* las formas de este verbo que presentan el diptongo *ue*: *deshueso, deshuesas,* etc.

**desovar** Soltar los huevos. *Desove.*

**desovillar** Deshacer los ovillos.

**desoxidar** Quitar el oxígeno. *Desoxidable, desoxidación.*

**desoxigenar** Desoxidar. *Desoxigenación.*

**despabilar** Quitar el pabilo quemado; avivar. *Despabiladeras, despabilador -ra, despabiladura.*

**despaldillar** Romper la espaldilla. *Despaldilladura.*

**despaletillar** Despaldillar.

**despalillar** Quitar los palillos. *Despalillador -ra.*

**desparvar** Levantar la parva.

**despavesar** Despabilar. *Despavesaderas, despavesadura.*

**despavonar** Quitar el pavón.

**despavorir** Espantar.

**despellejar** Quitar el pellejo. *Despellejadura.*

**despimpollar** Quitar los brotes excesivos.

**desplayar** Retirarse de la playa. *Desplaye.*

**despolvar** Desempolvar. *Despolvorear, despolvoreo.*

**desportillar** Deteriorar. *Desportilladura.*

**desprevenido -da** Falto de lo necesario. *Desprevención.*

**desproveer** Despojar.

**desqueje** Acción de desquejar.

**desrabar** o **desrabotar** Cortar el rabo.

**desrayar** Abrir surcos.

**destallar** Quitar los tallos inútiles.

**destejer** Deshacer lo tejido.

**destello** Resplandor, brillo. *Destellar.*

**desternillarse** Romperse las ternillas.

**destrabar** Quitar las trabas.

**desuellacaras** Barbero.

**desvahar** Quitar lo marchito de una planta.

**desvaído -da** Desgarbado; pálido, flojo.

**desvainar** Sacar de la vaina. *Desvainadura.*

**desvalijar** Despojar. *Desvalijador -ra, desvalijamiento, desvalijo.*

**desvalorizar** Disminuir el valor. *Desvalorar.*

**desván** Parte más alta de la casa.

**desvanecer** Hacer desapare-

cer. *Desvanecedor -ra, desvanecimiento.*

**desvaporizadero** Lugar por donde se evapora algo.

**desvarar** Resbalar.

**desvariar** Delirar. *Desvarío.*

**desvasar** Arreglar el casco de un caballo.

**desvastigar** Chapodar.

**desvedar** Levantar la veda.

**desvelar** Quitar el sueño. *Desvelamiento, desvelo.*

**desvenar** Quitar las venas.

**desvencijar** Aflojar, desconcertar.

**desvendar** Quitar las vendas.

**desveno** Pieza del freno.

**desventaja** Mengua, perjuicio. *Desventajoso -sa.*

**desventura** Desgracia.

**desvergonzarse** Descomedirse. *Desvergonzado -da, desvergüenza.*

**desvezar** Desavezar.

**desviejar** Separar las reses viejas.

**desvincular** Desamortizar.

**desvirar** Recortar; dar vueltas en sentido opuesto.

**desvirgar** Quitar la virginidad.

**desvitrificar** Hacer perder transparencia.

**desvivirse** Mostrar incesante interés.

**desvolver** Alterar. *Desvolvedor.*

**desyemar** Quitar las yemas.

**desyerba** Escarda. *Desyerbar, desyerbador -ra.*

**desyugar** Desuncir.

**detalle** Pormenor. *Detallar, detallista.*

**detective** Policía particular. *Detectivesco.*

**deterger** Limpiar. *Detergente.*

**detienebuey** Planta.

**devalar** Separarse del rumbo.

**devanagari** Escritura moderna del sánscrito.

**devanar** Arrollar en ovillo. *Devanadera, devanador -ra.*

**devaneo** Pasatiempo vano. *Devanear.*

**devastar** Destruir. *Devastación, devastador -ra.*

**devengar** Adquirir derecho a retribución.

**devenir** Acaecer; llegar a ser.

**de veras** De verdad.

**deviación** Desviación.

**devisa** Señorío solariego. *Devisero.*

**devisar** Detener.

**devoción** Fervor religioso. *Devocionario, devotería, devoto -ta.*

**devolver** Dar de nuevo. *Devolución, devolutivo -va, devolutorio -ria.*

**Devon** Comarca de Inglaterra.

**devorar** Tragar con ansia. *Devorador -ra.*

**dexiocardia** Desviación del corazón.

**dextrina** Sustancia química.

**dextro** Espacio que rodeaba una iglesia.

**dextrógiro -ra** Que (se) desvía a la derecha.

**dextrorso -sa** Que se mueve hacia la derecha.

**dextrosa** Variedad de glucosa.

**deyección** Lo arrojado por un volcán; defecación.

**deyector** Aparato para evitar las incrustaciones que se producen en las calderas.

**diabasa** Diorita.

**diabaso** Especie de tábano.

**diabetes** Enfermedad. *Diabético -ca, diabetómetro.*

**diabeto** Aparato hidráulico.

**diabólico -ca** Del diablo.

**dialogizar** Dialogar. *Dialogismo, dialogístico -ca.*

**diatriba** Discurso o escrito injurioso.

**diávolo** Juguete.

**dibujar** Delinear. *Dibujante, dibujo.*

**dicción** Palabra. *Diccionario, diccionarista.*

**dicheya** Planta.

**Dickens** Novelista inglés.

**dientimellado -da** De dientes mellados.

**diez\*** Puede escribirse *diez y seis, diez y siete, diez y ocho, diez y nueve;* o *dieciséis, diecisiete, dieciocho, diecinueve.* Las formas en una sola palabra son las únicas usuales hoy.

**difracción** División e inflexión de rayos luminosos.

**difrangente** Que produce difracción.

**digerir** Asimilar. *Digerible, digestibilidad, digestible, digestión, digestivo -va.*
**digesto** Colección legislativa.
**digestor** Vasija para separar el jugo de la carne.
**digital** De los dedos; planta. *Digitalina, digitígrado -da.*
**dígito** (Número) que puede expresarse con un solo guarismo.
**dihueñe** o **dihueñi** Hongo.
**dije** Joya.
**diligente** Activo. *Diligencia, diligenciar, diligenciero.*
**dille** Chicharra.
**dilogía** Ambigüedad.
**diluvio** Inundación. *Diluvial, diluviano -na, diluviar.*
**diluyente** Que diluye.
**Diógenes** Filósofo griego.
**dioptría** Unidad de medida óptica.
**dipsomanía** Tendencia a la bebida. *Dipsomaníaco -ca, dipsómano -na.*
**dirigir** Guiar. *Dirigente, dirigible.*
**discóbolo** Atleta que lanza el disco.
**discreción*** Sensatez. *Discrecional, discrecionalidad.*
**disfagia** Imposibilidad de tragar.
**disfavor** Acción no favorable.
**dislexia** Dificultad en la lectura. *Disléxico -ca.*
**disolver** Disgregar.

**distracción** Acción de distraer.
**distribuir** Repartir. *Distribución, distribuidor -ra, distributivo -va, distributor -ra, distribuyente.*
**disturbio** Turbación de la paz. *Disturbar.*
**disyunción** Acción de separar. *Disyunta, disyuntivo -va.*
**divagar** Separarse del asunto. *Divagación, divagador -ra.*
**diván** Consejo supremo turco; mueble.
**divergir** Separarse. *Divergencia, divergente.*
**diverso -sa** Diferente. *Diversidad, diversificar, diversiforme, diversivo -va.*
**divertir** Distraer. *Diversión, divertimiento.*
**dividir** Partir. *Dividendo, divididero -ra, dividuo -dua, divisibilidad, divisible, división, divisional, divisionario -ria, divisivo -va, diviso -sa, divisor -ra, divisorio -ria.*
**dividivi** Árbol.
**divieso** Tumor.
**divinativo -va** o **divinatorio -ria** De la adivinación.
**divino -na** De Dios o los dioses. *Divinal, divinidad, divinización, divinizar.*
**divisa** Señal; lema; herencia.
**divisar** Percibir.
**divo -va** Divino; cantante.

**divorciar** Separar legalmente. *Divorcio.*
**divulgar** Propalar. *Divulgable, divulgación, divulgador -ra.*
**diyambo** Pie de la poesía clásica.
**doberman** De cierta raza de perros.
**dóllimo** Molusco.
**doncella** Mujer virgen; criada. *Doncellería, doncellez.*
**dondequiera** En cualquier parte. También (muy raramente) *donde quiera.*
**dos** Se escribe separado en *dos mil*; junto, en *doscientos.*
**dosalbo -ba** (Caballo) que tiene blancos dos pies.
**Dostoyevski** Novelista ruso.
**dovela** Piedra de un arco. *Dovelaje, dovelar.*
**Dover** Puerto inglés.
**draba** Planta.
**duba** Muro de tierra.
**dubio** Lo cuestionable o dudable. *Dubitable, dubitación, dubitativo -va.*
**duermevela** Sueño ligero.
**dúho** Banco, escaño.
**Duina*** Río de Rusia. También *Dvina.*
**Durazzo** Ciudad de Albania.
**Durban** Puerto sudafricano.
**Düsseldorf** Ciudad alemana.
**duunviro** o **duunvir** Magistrado romano. *Duunviral, duunvirato.*
**Dvorak** Músico checo.

# e

**ébano** Árbol. *Ebanista, ebanistería.*
**ebenáceo -a** De la familia del ébano.
**ebionita** Hereje.
**ebonita** Material duro.
**eborario -ria** Relativo a la talla en marfil.

**ebullición** Hervor. *Ebullómetro, ebulloscopio.*
**ebúrneo -a** De marfil. *Eburnación.*
**Ecbátana** Ciudad de Persia.
**eccehomo** Persona de lastimoso aspecto.
**eccema*** Afección de la piel.

También *eczema. Eccematoso -sa.*
**echacuervos** Encubridor; embustero. *Echacorvear, echacorvería.*
**Echevarría, Echeverría** Apellidos.
**eclampsia** Enfermedad.

**eclecticismo** Conciliación de diversas doctrinas. *Ecléctico -ca.*

**eclipse** Ocultación de un astro. *Eclipsable, eclipsar.*

**eclógico -ca** Relativo a la égloga.

**ectasia** Dilatación de un órgano.

**éctasis** Licencia poética.

**educción** Acción de educir.

**Eduvigis** Nombre de mujer.

**efebo** Adolescente.

**efervescencia** Desprendimiento de burbujas. *Efervescente.*

**efigie** Imagen.

**efluvio** Emanación.

**efugio** Recurso.

**Egeo** Mar de Europa.

**egetano -na** De Vélez Blanco o de Vélez Rubio, Almería.

**Égica** Rey visigodo español.

**egida** o **égida** Piel de cabra, atributo de Júpiter y de Minerva; protección.

**Egidio** Nombre de varón.

**egílope** Planta.

**Egipto** Estado de África. *Egipciaco -ca, egipciano -na, egipcio -cia, egiptano -na, egiptología, egiptológico -ca, egiptólogo.*

**égira** Hégira.

**egregio -gia** Insigne.

**¡eh!** Interjección para llamar.

**Éibar** Villa de Guipúzcoa. *Eibarrés -rresa.*

**Eisenhower** Presidente norteamericano.

**eje** Recta alrededor de la cual gira una línea o superficie.

**ejecutar** Poner por obra. *Ejecución, ejecutable, ejecutante, ejecutivo -va, ejecutor -ra, ejecutoria, ejecutorial, ejecutoriar, ejecutorio -ria.*

**ejemplo** Modelo; prueba; autoridad. *Ejemplar, ejemplaridad, ejemplificación, ejemplificar.*

**ejercer** Practicar. *Ejercicio, ejercitador -ra, ejercitante, ejercitar.*

**ejército** Conjunto de fuerzas militares.

**ejido** Campo común en las afueras del pueblo.

**ejión** Pieza de apoyo de madera.

**elaborar** Preparar. *Elaborable, elaboración.*

**elayómetro** Instrumento para medir la cantidad de aceite.

**Elba** Isla italiana.

**eléboro** Planta. *Eleborastro.*

**electrógeno -na** Que engendra electricidad.

**elegía** Composición poética. *Elegíaco -ca.*

**elegir** Escoger. *Elegibilidad, elegible.*

**elevar** Alzar. *Elevación, elevador -ra, elevamiento.*

**elixir** o **elíxir** Licor medicinal.

**elle** Letra *ll.*

**Elobey** Nombre de dos islas de África.

**elogiar** Alabar. *Elogiador -ra, elogio, elogioso -sa.*

**Elvas** Ciudad de Portugal.

**Elvira** Nombre de mujer.

**elzeviriano -na** Adjetivo que designa ciertas ediciones de libros o un tipo de imprenta. *Elzevir, elzevirio.*

**embabiamiento** Embobamiento.

**embachar** Meter en el bache.

**embadurnar** Untar. *Embadurnador -ra.*

**embaír** Embaucar.

**embajada** Representación de un país. *Embajador -ra.*

**embalar** Empaquetar. *Embalador, embalaje.*

**embaldosar** Solar con baldosas.

**emballenar** Armar con ballenas. *Emballenador -ra.*

**emballestarse** Ponerse a punto de disparar la ballesta; enfermar de ballesta.

**embalsamar** Llenar de bálsamos. *Embalsamador -ra, embalsamamiento.*

**embalsar** Acopiar (agua). *Embalsadero, embalse.*

**embalumar** Enredar en muchos negocios.

**embanastar** Meter en banasta.

**embancarse** Pegarse a las paredes del horno; cegarse un río.

**embanderar** Adornar con banderas.

**embanquetar** Poner aceras.

**embarazar** Estorbar; poner encinta. *Embarazador -ra, embarazo, embarazoso -sa.*

**embarbar** Sujetar por las astas.

**embarbascarse** Enredarse.

**embarbillar** Ensamblar.

**embarcar** Meter(se) en un barco. *Embarcación, embarcadero, embarcador, embarco, embarque.*

**embarcinar** Hacer labor de deshilados.

**embardar** Poner bardas.

**embargar** Embarazar, impedir, detener. *Embargable, embargador -ra, embargante, embargo.*

**embarnecer** Engordar. *Embarnecimiento.*

**embarnizar** Barnizar. *Embarnizadura.*

**embarrancar** Varar con violencia.

**embarrar** Manchar con barro; meter una barra. *Embarrador -ra, embarradura.*

**embarrilar** Meter en barriles. *Embarrilador.*

**embarrotar** Fortalecer con barrotes.

**embarullar** Confundir, enredar. *Embarullador -ra.*

**embasamiento** Basa.

**embastar** Poner bastas; asegurar el bastidor; poner bastos. *Embaste.*

**embastecer** Engordar.

**embate** Acometida impetuosa.

**embaucar** Engañar. *Embaucador -ra, embaucamiento.*

**embaular** Meter en baúl.

**embausamiento** Abstracción.

**embayarse** Enojarse.

**embazar** Teñir de pardo; detener; fastidiar. *Embazadura.*

**embeber** Absorber. *Embebecer, embebecimiento, embebedor -ra.*

**embecadura** Enjuta.

**embeleco** Embuste. *Embelecador -ra, embelecar, embelequero -ra.*

**embeleñar** Adormecer con beleño.

455

**embelesar** Suspender, cautivar. *Embelesamiento, embeleso.*
**embellaquecer** Hacer bellaco.
**embellecer** Hacer bello. *Embellecimiento.*
**embermejecer** o **embermejar** Dar color bermejo.
**embero** Árbol.
**emberrenchinarse** o **emberrinchinarse** Enfadarse.
**embestir** Acometer. *Embestida, embestidor -ra, embestidura.*
**embetunar** Cubrir con betún.
**embicar** Embestir derecho a tierra con la nave.
**embijar** Pintar con bija. *Embije.*
**embizcar** Quedar bizco.
**embobar** Dejar admirado. *Embobamiento, embobecer, embobecimiento.*
**embocar** Meter por la boca. *Embocadero, embocadura, emboque.*
**embochinchar** Alborotar.
**embocinado -da** Abocinado.
**embodegar** Meter en la bodega.
**embojar** Colocar ramas para los gusanos de seda. *Embojo.*
**embolado** Engorro.
**embolar** Poner bolas en los cuernos.
**embolia** Enfermedad.
**embolismo** Añadidura de días al año. *Embolismal, embolismar, embolismático -ca.*
**émbolo** Pieza de la bomba o del cilindro de una máquina.
**embolsar** Guardar en la bolsa. *Embolso.*
**embonar** Mejorar; venir bien; forrai exteriormente con tablones. *Embonada, embono.*
**emboñigar** Untar con boñiga.
**emboquillar** Poner boquilla.
**embornal** Imbornal.
**emborrachar** Causar embriaguez. *Emborrachacabras, emborrachador -ra, emborrachamiento.*
**emborrar** Llenar de borra.
**emborrascar** Irritar.
**emborrazar** Poner albardilla al ave. *Emborrazamiento.*
**emborricarse** Quedar como aturdido.

**emborrizar** Dar la primera carda a la lana.
**emborronar** Llenar de borrones. *Emborronador -ra.*
**emborrullarse** Disputar.
**emboscar** Poner encubierta una partida de gente. *Emboscada, emboscadura.*
**embosquecer** Hacerse bosque.
**embostar** Abonar con bosta.
**embotar** Engrosar los filos y puntas; poner en bote. *Embotador -ra, embotadura, embotamiento.*
**embotellar** Meter en botellas. *Embotellador -ra, .embotellamiento.*
**embotijar** Echar en botijos; hinchar.
**embovedar** Abovedar.
**emboza** Desigualdad con que se vician los fondos de los toneles.
**embozar** Cubrir el rostro hasta la nariz; poner bozal. *Embozalar, embozo.*
**embravecer** Enfurecer.
**embrollo** Enredo. *Embrolla, embrollador -ra, embrollar, embrollón -llona, embrolloso -sa.*
**embullar** Meter en bulla. *Embullador -ra, embullo.*
**emerger** Brotar. *Emergencia, emergente.*
**empalletado** Defensa que se formaba en el costado del buque.
**emparvar** Poner en parva.
**empavar** Avergonzar; irritar.
**empavesar** Cubrir; engalanar. *Empavesada.*
**empavonar** Pavonar.
**empella** Pala del zapato.
**empellar** Empujar. *Empellón.*
**empellejar** Cubrir con pellejos.
**emperejilar** Adornar con esmero.
**emperifollar** Emperejilar.
**emplebeyecer** Dar carácter plebeyo.
**empollar** Calentar el ave los huevos; estudiar. *Empollación, empolladura, empollón -llona.*
**empolvar** Echar polvo. *Empolvoramiento, empolvorar, empolvorizar.*

**empuje** Acción de empujar.
**enajenar** Desposeer. *Enajenable, enajenación, enajenador -ra, enajenamiento, enajenante.*
**enalbar** Caldear el hierro.
**enalbardar** Poner la albarda.
**enamarillecer** Amarillecer.
**enarbolar** Levantar en alto.
**enargita** Mineral.
**encabalgar** Apoyarse. *Encabalgamiento.*
**encaballar** Colocar una pieza de modo que se sostenga sobre la extremidad de otra.
**encabar** Poner mango.
**encabellecerse** Criar cabello.
**encabestrar** Poner el cabestro. *Encabestradura.*
**encabezar** Iniciar una lista. *Encabezamiento.*
**encabrahigar** Cabrahigar.
**encabullar** Forrar con cabulla.
**encaje** Acción de encajar; tejido. *Encajero -ra.*
**encajerarse** Detenerse un cabo o cuerda.
**encalabernarse** Obstinarse.
**encalabozar** Meter en calabozo.
**encallar** Dar la embarcación en arena o piedras. *Encalladero, encalladura.*
**encallecer** Criar callos.
**encalvecer** Perder el pelo.
**en cambio** Por el contrario.
**encanalar** Envilecer. *Encanallamiento.*
**encandelillar** Sobrehilar.
**encanillar** Poner en las canillas.
**encapillar** Encapirotar, enganchar un cabo o cuerda. *Encapilladura.*
**encapullado -da** Encerrado.
**encarcavinar** Meter en la carcavina.
**encarrillar** Encarrilar.
**encascabelar** Poner cascabeles.
**encasillar** Poner en casillas. *Encasillable, encasillamiento.*
**encasquillar** Poner casquillos; quedarse la bala en el cañón.
**encastillar** Fortificar. *Encastillador, encastillamiento.*
**encavarse** Ocultarse en un agujero.

**encebadar** Dar demasiada cebada. *Encebadamiento.*
**encebollar** Echar cebollas.
**encella** Molde para quesos. *Encellar.*
**enchivarse** Encolerizarse.
**encima** En lugar superior. (Se escribe en una sola palabra.)
**encinta\*** Embarazada. (Es una sola palabra.)
**enclavar** Clavar; situar dentro. *Enclavación, enclavadura, enclave.*
**enclavijar** Trabar; poner clavijas.
**encobar** Empollar.
**encobertado -da** Tapado con cobertor.
**encobijar** Cobijar.
**encodillarse** Detenerse en un recodo.
**encoger** Retirar contrayendo. *Encogimiento.*
**encogollarse** Subirse a los cogollos más altos.
**encohetar** Hostigar con cohetes.
**encorajinarse** Encolerizarse.
**encorvar** Doblar. *Encorvadura, encorvamiento.*
**encostillado** Conjunto de costillas (en minas).
**encovar** Meter en una cueva. *Encovadura.*
**encubar** Echar en cubas.
**encubetar** Cubrir con paños.
**encuevar** Encovar.
**endecasílabo -ba** De once sílabas.
**endehesar** Meter en la dehesa.
**endevotado -da** Muy dado a la devoción.
**endibia** Planta.
**eneasílabo -ba** De nueve sílabas.
**energía** Fuerza. *Enérgico -ca.*
**enervar** Debilitar. *Enervación, enervador -ra, enervamiento, enervante.*
**enfervorizar** Infundir fervor. *Enfervorizador -ra.*
**en fin** En suma. (Se escribe en dos palabras.)
**enfrente\*** En lugar frontero. (Se escribe en una sola palabra.)
**enfullar** Hacer trampas.
**enfullinarse** Amoscarse.

**engabanado -da** Con gabán.
**engalabernar** Acoplar.
**engallarse** Ponerse arrogante; levantar la cabeza. *Engallador, engalladura.*
**engañabobos** Embelecador.
**englobar** Reunir en un conjunto.
**engravecer** Hacer grave.
**engrillar** Meter en grillos. *Engrilletar.*
**enguillotarse** Enfrascarse.
**engullir** Tragar rápidamente. *Engullidor -ra.*
**enhacinar** Hacinar.
**enharinar** Cubrir de harina.
**enhastiar** Causar hastío.
**enhastillar** Poner las saetas en el carcaj.
**enhatijar** Cubrir las bocas de las colmenas.
**enhebillar** Sujetar a las hebillas.
**enhebrar** Pasar la hebra.
**enhenar** Cubrir con heno.
**enherbolar** Envenenar.
**enhestar** Levantar en alto. *Enhestador -ra, enhestadura, enhestamiento, enhiesto -ta.*
**enhielar** Mezclar con hiel.
**enhilar** Enhebrar.
**enhorabuena\*** Felicitación. Usado como interj. para felicitar, también puede escribirse *en hora buena.*
**enhorcar** Formas horcos.
**enhornar** Meter en el horno.
**enhorquetar** Poner a horcajadas.
**enhuecar** Ahuecar.
**enhuerar** Volver huero.
**enjalbegar** Blanquear. *Enjalbegador -ra, enjalbegadura.*
**enjebar** Meter en alumbre. *Enjebe.*
**enjergar** Iniciar o dirigir un asunto.
**enjertar** Injertar. *Enjertación, enjertal, enjerto -ta.*
**enjicar** Poner jicos.
**enjoyar** Adornar con joyas. *Enjoyelado -da, enjoyelador.*
**enjullo** Pieza del telar.
**enlabiar** Aplicar los labios; engañar con promesas. *Enlabiador -ra, enlabio.*
**enlejiar** Meter en lejía.

**enllantar** Guarnecer con llantas.
**enllentecer** Ablandar.
**enllocar** Enclocar.
**enmallarse** Quedarse entre las mallas.
**enmarillecerse** Ponerse amarillo.
**enmasillar** Cubrir con masilla.
**en medio** Entre dos extremos.
**enmohecer** Cubrir de moho. *Enmohecimiento.*
**enmollecer** Ablandar.
**Ennio** Poeta latino.
**Enoc** Profeta.
**enorgullecer** Llenar de orgullo.
**enquillotrar** Engreír.
**enrabiar** Encolerizar.
**enrasillar** Colocar la rasilla a tope.
**enrayar** Fijar los rayos de las ruedas.
**enrehojar** Revolver en hojas la cera.
**enrevesado -da** Revesado.
**enrojecer** Poner(se) rojo.
**enrollar** Arrollar.
**enrubiar** Poner rubio. *Enrubiador -ra, enrubio.*
**ensabanar** Cubrir con sábana.
**ensalivar** Llenar de saliva.
**ensayalarse** Vestirse de sayal.
**ensayar** Probar. *Ensay, ensayador, ensaye, ensayista, ensayo.*
**ensebar** Untar con sebo.
**en seguida\*** Inmediatamente. Puede escribirse en dos palabras o en una *(enseguida).*
**enselvar** Emboscar.
**ensillar** Poner la silla. *Ensilladura.*
**ensilvecerse** Convertirse en selva.
**ensoberbecer** Causar o excitar soberbia.
**ensolver** Incluir una cosa en otra.
**ensullo** Enjullo.
**entablillar** Sujetar con tablillas.
**entallar** Grabar; formar el talle. *Entallable, entallador, entalladura, entallamiento, entallo.*
**entallecer** Echar tallos.
**enteralgia** Dolor intestinal.

**entibar** Estribar; apuntalar. *Entibación, entibador, entibo.*
**entibiar** Poner tibio. *Entibiadero.*
**entornillar** Poner en forma de tornillo.
**entrabar** Trabar.
**entrebarrera** Parte de la plaza de toros.
**entrecalle** Separación entre dos molduras.
**entrecava** Cava ligera. *Entrecavar.*
**entrecoger** Coger sin dejar salida. *Entrecogedura.*
**entrecomillar** Poner entre comillas.
**entrecubierta** Espacio entre las cubiertas de un barco.
**entre semana\*** En los días que no son primero o último de la semana.
**entretalla** Media talla. *Entretalladura, entretallar.*
**entre tanto\*** Como adverbio ('mientras tanto') puede escribirse en dos o una palabra. Como sustantivo ('tiempo en que se espera') es una sola palabra: *en el entretanto leeremos un poco.*
**entretejer** Trabar, enlazar. *Entretejedor -ra, entretejedura, entretejimiento.*
**entrevar** Entender.
**entrevenarse** Introducirse por las venas.
**entreventana** Espacio de pared entre dos ventanas.
**entrever** Ver confusamente.
**entreverar** Mezclar. *Entrevero.*
**entrevía** Espacio entre dos vías.
**entrevista** Encuentro, conferencia. *Entrevistar.*
**entrevuelta** Surco corto.
**entropillar** Acostumbrar (caballos) a vivir en tropilla.
**entubar** Poner tubos.
**entullecer** Detener el movimiento.
**enturbiar** Poner turbio.
**envainar** Meter en la vaina. *Envainador -ra.*
**envalentonar** Infundir valentía. *Envalentonamiento.*
**envalijar** Meter en la valija.

**envanecer** Infundir soberbia. *Envanecimiento.*
**envarar** Entorpecer el movimiento. *Envaramiento.*
**envarbascar** Inficionar con verbasco.
**envaronar** Crecer con robustez.
**envasar** Echar en una vasija. *Envasador -ra, envase.*
**envedijarse** Hacerse vedijas (el pelo).
**envegarse** Empantanarse.
**envejecer** Hacer(se) viejo. *Envejecimiento.*
**envelar** Partir.
**envenenar** Dar veneno. *Envenenador -ra, envenamiento.*
**enverar** Madurar. *Envero.*
**enverdecer** Reverdecer.
**envergadura** Ancho de una vela. *Envergar, envergue.*
**enverjado** Enrejado.
**envés** Revés. *Envesado -da.*
**envesar** Azotar.
**envestir** Investir.
**enviajado -da** Oblicuo.
**enviar** Mandar. *Enviadizo -za, envío.*
**enviciar** Corromper.
**envidar** Hacer envite. *Envidada, envidador -ra, envido, envite.*
**envidiar** Sentir el bien ajeno. *Envidia, envidiable, envidioso -sa.*
**envigar** Asentar las vigas.
**envilecer** Hacer vil. *Envilecedor -ra, envilecimiento.*
**envinagrar** Echar vinagre.
**envinar** Echar vino.
**envirar** Clavar con estaquillas.
**envirotado -da** Tieso.
**enviscar** Untar con liga; azuzar. *Enviscamiento.*
**enviudar** Quedar viudo.
**envolatarse** Alborotarse.
**envolver** Rodear. *Envoltorio, envoltura, envolvedero, envolvedor -ra, envolvente, envolvimiento.*
**enyerbarse** Cubrirse de hierba.
**enyesar** Cubrir con yeso. *Enyesadura.*
**enyugar** Uncir.
**enzolvar** Azolvar.

**epiceyo** Composición poética.
**epilepsia** Enfermedad convulsiva. *Epiléptico -ca.*
**epiqueya** Interpretación moderada de la ley.
**epistaxis** Hemorragia nasal.
**epopeya** Poema épico.
**equidna** Mamífero.
**equinoccio** Época en que los días son iguales a las noches. *Equinoccial.*
**equivaler** Valer lo mismo. *Equivalencia, equivalente.*
**equivocar** Confundir. *Equivocación, equívoco, equivoquista.*
**erbio** Metal.
**erebo** Infierno.
**erección** Acción de levantar(se).
**erigir** Levantar.
**eringe** Cardo corredor.
**Eriván** Capital de Armenia.
**erógeno -na** Sensible a la excitación sexual.
**errabundo -da** Errante.
**erraj** Herraj.
**erubescente** Que enrojece. *Erubescencia.*
**eructar\*** Expeler gases por la boca. *Eructo.*
**eruginoso -sa** Herrumbroso.
**erupción** Salida violenta de materias de un volcán; aparición de granos en la piel. *Eruptivo -va.*
**ervato** Planta.
**Ervigio** Rey visigodo.
**ervilla** Arveja.
**esbarar** Esvarar.
**esbatimiento** Sombra. *Esbatimentar.*
**esbelto -ta** Gallardo. *Esbeltez, esbelteza.*
**esbirro** Policía.
**esbozar** Bosquejar. *Esbozo.*
**escabeche** Salsa o adobo. *Escabechar, escabechina.*
**escabel** Tarima pequeña.
**escabiosa** Planta.
**escabioso -sa** De la sarna.
**escabuche** Azada pequeña.
**escabullirse** Escaparse.
**escachifollar** Dejar mal.
**escalaborne** Trozo de madera.
**escalla** Clase de trigo.
**escampavía** Barco.
**escandallo** Prueba.

**Escandinavia** Península de Europa. *Escandinavo -va.*

**escantillón** Regla o patrón. *Escantillar.*

**escarabajo** Insecto. *Escarabajear, escarabajeo.*

**escarbar** Remover la superficie. *Escarbadero, escarbadientes, escarbador -ra, escarbadura, escarbaorejas, escarbo.*

**escavanar** Entrecavar.

**escayola** Yeso calcinado. *Escayolar.*

**escenopegia** Fiesta de los Tabernáculos.

**escéptico* -ca** Que no cree.

**Escévola** Héroe romano.

**esclavina** Especie de capa.

**esclavo -va** El que ha perdido la libertad. *Esclavista, esclavitud, esclavizar, esclavonía.*

**esclavón -vona, esclavonio -nia** Eslavo.

**escoba** Instrumento para barrer. *Escobadera, escobajo, escobar, escobazar, escobazo, escobero -ra, escobeta, escobetear, escobilla y sus derivados.*

**escobén** Agujero de un barco.

**escobina** Serrín; limadura.

**escoger** Elegir. *Escogedor -ra, escogimiento.*

**escollo** Peñasco a flor de agua. *Escollar, escollera.*

**escorbuto** Enfermedad. *Escorbútico -ca.*

**escribir** Representar palabras con letras. *Escriba, escribanía, escribanil, escribano -na, escribidor, escribiente.*

**escullador** Vaso de lata para aceite.

**escurribanda** Escapatoria.

**esecilla** Enganche.

**esfinge** Animal fabuloso.

**esguardamillar** Desbaratar.

**Esgueva** Río español.

**eslabón** Anilla. *Eslabonador -ra, eslabonamiento, eslabonar.*

**Eslava** Compositor español.

**eslavo -va** Adjetivo que designa a una serie de pueblos del este de Europa. *Eslavismo, eslavista, eslavizar.*

**Eslovaquia** Región de Checoslovaquia. *Eslovaco -ca.*

**Eslovenia** Región de Yugoslavia.

**espabilar** Despabilar. *Espabiladeras.*

**espagírica** Arte de depurar los metales. *Espagírico -ca.*

**espahí** Soldado turco.

**espantalobos** Arbusto.

**espantavillanos** Cosa de poco valor y mucho brillo.

**esparaván** Gavilán.

**esparaver** Red.

**esparvar** Emparvar.

**esparvel** o **esparver** Gavilán.

**espaviento** Aspaviento.

**espavorido -da** Despavorido.

**espejear** Refljar la luz. Esta palabra y todas las derivadas de *espejo* se escriben con *j: espejeo, espejería, espejero -ra, espejismo.*

**espibia** Torcedura de cuello de un caballo. *Espibio, espibión.*

**espillantes** Naipes. *Espillo.*

**espirar** Expeler el aire aspirado; exhalar.

**espolvorear** Echar polvo. *Espolvorizar.*

**esponjera** Sitio de la esponja.

**esporangio** Cápsula que contiene las esporas.

**esqueje** Tallo que se introduce en tierra.

**esquivar** Evitar. *Esquivez, esquivo -va.*

**Esquivel** Pintor español.

**Essex** Condado inglés.

**estabular** Mantener (ganado) en establos. *Estabulación.*

**Estaca de Vares** Cabo al norte de España.

**Estagira** Ciudad natal de Aristóteles. *Estagirita.*

**estajo** Destajo. *Estajero, estajista.*

**estalactita*, estalagmita** Concreciones calcáreas verticales en las cavernas.

**estallar** Reventar. *Estallido, estallo.*

**Estambul** Capital de Turquía europea.

**estannífero -ra** Que contiene estaño.

**estasis*** Estacionamiento de la sangre.

**esteba** Hierba; pértiga. *Estebar.*

**Esteban** Nombre de varón.

**Estella** Ciudad de Navarra. *Estellés -llesa.*

**esteva** Pieza del arado. *Estevón.*

**estevado -da** De piernas arqueadas.

**Esteve, Estévez** Apellidos españoles.

**estibar** Distribuir convenientemente pesos y objetos. *Estiba, estibador.*

**estibia** Espibia.

**estibio** Antimonio. *Estibina.*

**Estige** o **Estigia** Laguna de la mitología.

**estilóbato** Macizo sobre el que se apoya una columnata.

**estivada** Terreno inculto.

**estival** o **estivo -va** Del estío.

**estorbar** Poner obstáculos. *Estorbador -ra, estorbo, estorboso -sa.*

**estovar** Rehogar.

**estrabismo*** Defecto de los ojos. *Estrábico -ca.*

**Estrabón** Geógrafo griego.

**estradivario** Violín construido por Stradivarius.

**estrambote** Versos añadidos al final. *Estrambótico -ca.*

**estratagema** Ardid.

**estrategia** Arte de dirigir operaciones militares. *Estratégico -ca.*

**estrave** Remate de la quilla.

**estrella** Astro. *Estrellada, estrelladero, estrellamar, estrellar, estrellería, estrellero -ra, estrellón.*

**estremecer** Hacer temblar. *Estremecedor -ra, estremecimiento, estremezón.*

**estreptomicina** Medicamento.

**estribar** Descansar el peso; fundarse, apoyarse. *Estribación, estribadero, estribera, estribería, estriberón.*

**estribillo** Parte de algunas poesías; muletilla.

**estribor** Costado derecho de un barco.

**estricnina** Veneno.

**estrige** Lechuza.

**estrobo** Pedazo de cabo unido por sus chicotes.

**estroboscopio** Aparato que descompone movimientos muy rápidos.

**estrógeno** Hormona.

**esvarar** Desvarar, resbalar. También *esbarar. Esvarón.*

**esvástica** Cruz gamada.

**esviaje** Oblicuidad.

**etcétera** Y demás.

**Eubea** Isla de Grecia.

**eubolia** Virtud de hablar con prudencia.

**euforbio** Planta. *Euforbiáceo -a.*

**eugenesia** Perfeccionamiento de la especie. *Eugenésico -ca.*

**Eugenio -nia** Nombre de persona.

**Eulogio -gia** Nombre de persona.

**¡eureka!** Interjección que expresa alegría por el hallazgo de una idea.

**Eusebio -bia** Nombre de persona.

**eusquera** Lengua vasca. También *euskera. Eusquérico -ca* (o *euskérico*).

**Eva** Nombre de mujer.

**evacuar** Desocupar. *Evacuación, evacuante, evacuativo -va, evacuatorio -ria.*

**evadir** Evitar un daño. *Evasión, evasivo -va, evasor -ra.*

**evagación** Distracción.

**evaluar** Valorar. *Evaluación, evaluador -ra.*

**Evangelio** Libro sagrado cristiano. *Evangeliario, evangélico -ca, evangelista, evangelistero, evangelización, evangelizador -ra, evangelizar.*

**evaporar** Convertir en vapor. *Evaporable, evaporación, evaporatorio -ria, evaporizar.*

**Evaristo -ta** Nombre de persona.

**evección** Desigualdad en la órbita de la Luna.

**Evencio -cia** Nombre de persona.

**evento** Acontecimiento. *Eventual, eventualidad.*

**Everest** Monte del Himalaya.

**eversión** Ruina.

**evicción** Despojo.

**evidencia** Certeza manifiesta. *Evidenciar, evidente.*

**evitar** Huir. *Evitable, evitación.*

**eviterno -na** Sin fin.

**evo** Duración de las cosas eternas.

**evocar** Llamar; recordar. *Evocable, evocación, evocador -ra.*

**evolución** Desarrollo; cambio; movimiento. *Evolucionar, evolucionismo, evolucionista, evolutivo -va.*

**evónimo** Arbusto.

**Évora** Ciudad de Portugal.

**exabrupto** Salida de tono.

**exacción** Cobro injusto y violento. *Exactor.*

**exacerbar** Irritar, agravar. *Exacerbación, exacerbamiento.*

**exacto -ta** Puntual. *Exactitud.*

**exagerar** Dar proporciones excesivas. *Exageración, exagerador -ra, exagerativo -va.*

**exaltar** Elevar, realzar. *Exaltación, exaltamiento.*

**examen** Indagación, prueba. *Examinador -ra, examinando -da, examinar.*

**exangüe** Desangrado; sin fuerzas.

**exánime** Sin señales de vida. *Exanimación.*

**exantema** Erupción. *Exantemático -ca.*

**exarca** Gobernador bizantino. *Exarcado.*

**exasperar** Irritar. *Exasperación.*

**excandecer** Encender, irritar. *Excandecencia.*

**excarcelar** Poner en libertad. *Excarcelable, excarcelación.*

**ex cáthedra** De manera infalible.

**excavar** Hacer hoyo. *Excava, excavación, excavador -ra.*

**exceder** Sobrepasar *Exceden cia, excedente.*

**excelente** Sobresaliente. *Excelencia.*

**excelso -sa** Muy elevado. *Excelsitud.*

**excéntrico -ca** Extravagante; fuera del centro. *Excentricidad.*

**exceptuar** Excluir. *Excepción, excepcional, exceptivo -va, excepto, exceptuación.*

**exceso** Lo que excede. *Excesivo -va.*

**excipiente** Sustancia que sirve para disolver el medicamento.

**excitar** Estimular. *Excitabili-*

dad, *excitable, excitación, excitador -ra, excitante, excitativo -va.*

**exclamar** Hablar con vehemencia. *Exclamación, exclamativo -va, exclamatorio -ria.*

**exclaustrar** Hacer abandonar el claustro. *Exclaustración.*

**excluir** Apartar. *Excluible, excluidor -ra, exclusión, exclusive, exclusivismo, exclusivista, exclusivo -va, excluso -sa.*

**excogitar** Madurar reflexionando. *Excogitable, excogitación.*

**excomulgar** Apartar de la comunión de los fieles. *Excomulgador -ra, excomunión.*

**excoriar** Arrancar el cutis. *Excoriación.*

**excrecencia** Superfluidad.

**excreción** Expulsión de las heces. *Excremental, excrementar, excrementicio -cia, excremento, excrementoso -sa, excretar, excreto -ta.*

**excrex** Donación al cónyuge.

**exculpar** Descargar de culpa. *Exculpación.*

**excursión** Salida; viaje; correría. *Excursionismo, excursionista.*

**excusa** Pretexto. *Excusabaraja, excusación, excusador -ra, excusar, excuso.*

**excusalí** Delantal pequeño.

**excusión** Procedimiento judicial.

**exea** Explorador.

**execrar** Maldecir. *Execrable, execración, execrador -ra, execrando -da, execratorio -ria.*

**exedra** Construcción descubierta semicircular.

**exégesis** o **exegesis** Explicación. *Exegeta, exegético -ca.*

**exento -ta** Libre. *Exención, exentar.*

**exequátur** Pase, autorización.

**exequias** Honras fúnebres. *Exequial.*

**exequible** Posible.

**exergo** Parte de una medalla.

**exfoliar** Dividir en láminas. *Exfoliación, exfoliador -ra.*

**exhalar** Despedir (gas). *Exhalación, exhalador -ra.*

**exhausto -ta** Agotado.

**exheredar** Desheredar. *Exheredación.*

**exhibir** Mostrar. *Exhibición, exhibicionismo, exhibicionista.*

**exhortar** Inducir. *Exhortación, exhortador -ra, exhortatorio -ria, exhorto.*

**exhumar** Desenterrar. *Exhumación, exhumador -ra.*

**exigir** Pedir imperiosamente. *Exigencia, exigente, exigible, exigidero -ra.*

**exiguo -gua** Insuficiente. *Exigüidad.*

**exilio** Destierro. *Exilar, exiliar.*

**eximio -mia** Excelente.

**eximir** Librar de cargas. *Eximente.*

**exinanición** Falta de vigor.

**existir** Vivir. *Existencia, existente, existencial, existencialismo, existencialista.*

**existimar** Opinar. *Existimación, existimativo -va.*

**éxito** Resultado feliz. *Exitoso -sa.*

**éxodo** Emigración.

**exonerar** Descargar; destituir. *Exoneración.*

**exorar** Pedir con empeño. *Exorable.*

**exorbitante** Excesivo. *Exorbitancia.*

**exorcismo** Conjuro. *Exorcista, exorcizar.*

**exordio** Preámbulo.

**exornar** Adornar. *Exornación.*

**exotérico -ca** Común, para todos.

**exótico -ca** Extranjero. *Exotismo.*

**expandir** Ensanchar, extender. *Expansibilidad, expansible, expansión, expansionarse, expansivo -va.*

**expatriar** Sacar de la patria. *Expatriación.*

**expectación** Espera atenta. *Expectante, expectativa.*

**expectorar** Arrojar flemas. *Expectoración, expectorante.*

**expedir** Despachar, enviar. *Expedición, expedicionario -ria, expedicionero, expedidor -ra, expediente, expedienteo, expeditivo -va, expedito -ta.*

**expeler** Arrojar.

**expender** Vender al detall. *Expendedor -ra, expendeduría, expendición.*

**expensas** Gastos.

**experiencia** Enseñanza adquirida con la práctica. *Experimentación, experimentador -ra, experimental, experimentar, experimento, experto -ta.*

**expiar** Purgar (un delito). *Expiación, expiativo -va, expiatorio -ria.*

**expillo** Planta.

**expirar** Morir. *Expiración, expirante.*

**explanar** Allanar; explicar. *Explanación, explanada.*

**explayar** Extender.

**expletivo -va** (Palabra) que hace más llena o armoniosa la frase.

**explicar** Exponer; aclarar. *Explicable, explicación, explicaderas, explicador -ra, explicativo -va.*

**explícito -ta** Que expresa de manera clara.

**explorar** Reconocer. *Explorable, exploración, explorador -ra, exploratorio -ria.*

**explotar** Sacar provecho; reventar con estruendo. *Explotable, explotación, explotador -ra, explosión, explosionar, explosivo -va.*

**exployada** (Águila) de dos cabezas.

**expoliar** Despojar con violencia. *Expoliación, expoliador -ra, expolio.*

**expolición** Figura retórica.

**exponer** Poner de manifiesto. *Exponencial, exponente, exposición, expositivo -va, expósito -ta, expositor -ra.*

**exportar** Enviar a otro país. *Exportación, exportador -ra.*

**expremijo** Mesa baja.

**expresar** Manifestar. *Expresión, expresionismo, expresionista, expresivo -va, expreso -sa.*

**exprimir** Extraer zumo; estrujar. *Exprimidera, exprimidero.*

**ex profeso\*** De propósito.

**expropiar** Desposeer. *Expropiación, expropiador -ra.*

**expugnar** Tomar por la fuerza

de las armas. *Expugnable, expugnación, expugnador -ra.*

**expulsar** Echar fuera. *Expulsión, expulsivo -va, expulso -sa.*

**expurgar** Limpiar, purificar. *Expurgación, expurgatorio -ria, expurgo.*

**exquisito -ta** De singular primor. *Exquisitez.*

**éxtasis** Arrobamiento. *Extasiarse, extático -ca.*

**extemporáneo -a** Inoportuno. *Extemporal.*

**extender** Esparcir; ensanchar. *Extensible, extensión, extensivo -va, extenso -sa, extensor -ra.*

**extenuar** Debilitar. *Extenuación, extenuativo -va.*

**exterior** De fuera. *Exterioridad, exteriorización, exteriorizar, externado, externo -na.*

**exterminar** Acabar del todo. *Exterminador -ra, exterminio.*

**extinguir** Hacer que acabe. *Extinción, extinguible, extintivo -va, extinto -ta, extintor.*

**extirpar** Arrancar; acabar. *Extirpación, extirpador -ra.*

**extorsión** Acción de usurpar o dañar.

**extradición** Entrega de un refugiado. *Extraditar.*

**extradós** Superficie exterior de una bóveda.

**extraer** Sacar. *Extracción, extractador -ra, extractar, extracto, extractor -ra, extraente.*

**extrajudicial** Que se hace fuera de la vía judicial.

**extralimitarse** Excederse. *Extralimitación.*

**extramuros** Fuera del recinto de la población.

**extranjero -ra** De otro país. *Extranjería, extranjerismo, extranjerizar, extranjía, de extranjis.*

**extraño -ña** Distinto de lo corriente. *Extrañación, extrañamiento, extrañar, extrañeza.*

**extraoficial** No oficial.

**extraordinario -ria** Fuera de lo normal.

**extrapolar** Aplicar (algo) más allá de sus límites. *Extrapolación.*

**extrarradio** Circunscripción fuera del radio de la población.

461

**extratémpora** Dispensa eclesiástica.

**extraterritorial** Fuera del territorio de la propia jurisdicción. *Extraterritorialidad.*

**extravagante** Que se sale de lo común. *Extravagancia.*

**extravasarse** Salirse (un líquido) del vaso. *Extravasación.*

**extravenar** Hacer salir de las venas (la sangre).

**extraversión** Movimiento del ánimo hacia lo exterior. *Extravertido -da.*

**extraviar** Perder. *Extravío.*

**Extremadura** Región española. *Extremeño -ña.*

**extremo -ma** Último; parte primera o última. *Extremar, extremaunción, extremidad, extremista, extremoso -sa.*

**extrínseco -ca** Externo, no esencial.

**exuberante** Abundante. *Exuberancia.*

**exudar** Salir un líquido. *Exudación.*

**exulcerar** Hacer llaga. *Exulceración.*

**exultación** Demostración de gozo. *Exultar.*

**exutorio** Úlcera sostenida artificialmente.

**exvoto** Don u ofrenda a Dios.

**eyacular** Lanzar el contenido de un órgano. *Eyaculación.*

**eyectar** Proyectar. *Eyectable, eyector -ra.*

**Ezequías** Rey de Judá.

**Ezequiel** Profeta.

**ezquerdear** Torcerse a la izquierda.

# f

**fabada** Potaje asturiano.

**Fabio -bia** Nombre de persona. *Fabián, Fabiola.*

**fabordón** Contrapunto sobre canto llano.

**fábula** Invención; rumor; asunto; composición literaria. *Fabulador, fabulista, fabuloso -sa.*

**facción** Partido. *Faccionario -ria, faccioso -sa.*

**facsímil** o **facsímile** Reproducción fotográfica.

**factótum** El que se encarga de todo.

**Fahrenheit** Escala termométrica.

**fajeado -da** Que tiene fajas. *Fajero, fajín, fajina, fajinada.*

**fakir** Santón mahometano. También *faquir.*

**falange** Cuerpo de tropas; hueso del dedo. *Falangero, falangeta, falangiano, falangina, falangista.*

**falangio** Insecto; planta.

**falbalá** Parte de la casaca.

**faldellín** Falda corta.

**falla** Defecto, falta; quiebra; sombrero; hoguera. *Fallada, fa-*

llador -ra, fallar, fallero -ra, fallo.

**fallanca** Vierteaguas.

**falleba** Varilla de hierro para cerrar ventanas.

**fallecer** Morir. *Fallecedero, fallecimiento.*

**fallido -da** Frustrado.

**farallón** Roca alta y tallada.

**faramalla** Palabrería; farfolla. *Faramallero -ra, faramallón -llona.*

**farfallón -llona** Farfullero.

**farfolla** Vaina de la panoja; cosa vacía.

**farfulla** Habla balbuciente y rápida. *Farfullador -ra, farfullar, farfullero -ra.*

**fargallón -llona** Que hace las cosas atropelladamente.

**faringe** Cavidad entre la boca y el esófago. *Faríngeo -a, faringitis.*

**fauvismo** Escuela pictórica francesa.

**favila** Pavesa.

**favonio** Céfiro.

**favorecer** Ayudar. *Favor, favorable, favorecedor -ra, favoreciente, favoritismo, favorito -ta.*

**faya** Tejido grueso de seda.

**Fayal** Isla de las Azores.

**fayanca** Postura inestable.

**Febo** El dios Sol. *Febeo -a.*

**fehaciente** Que hace fe.

**Félix** Nombre de varón. (Pero *Felisa,* nombre de mujer.)

**ferrobús** Tren automotor.

**ferroviario -ria** De ferrocarriles.

**ferrugiento -ta** De hierro. *Ferruginoso -sa.*

**fervor** Calor; celo; devoción. *Fervencia, férvido -da, ferviente, fervorar, fervorín, fervorizar, fervoroso -sa.*

**festivo -va** Chistoso; de fiesta. *Festival, festividad.*

**fíbula** Hebilla.

**ficción** Acción de fingir; invención.

**fijeza** Firmeza.

**filibote** Embarcación.

**filibustero** Pirata. *Filibusterismo.*

**filoxera** Insecto; borrachera.

**fingir** Dar a entender lo que no es cierto. *Fingidor -ra, fingimiento.*

**flabeli-** Las palabras que co-

462

mienzan así se escriben con *b*: *flabelicornio, flabelífero, flabeliforme.*

**fláccido\* -da** Flojo. También *flácido. Flaccidez* (o *flacidez*).

**flagelar** Azotar. *Flagelación, flagelador -ra, flagelante, flagelo.*

**flamígero -ra** Llameante.

**flash** Fogonazo; avance de noticia.

**Flaubert** Escritor francés.

**Flavio -via** Nombre de persona.

**flavo -va** Entre amarillo y rojo.

**flébil** Triste.

**flebitis** Inflamación de venas. *Flebotomía, flebotomiano.*

**flegmasía** Enfermedad con inflamaciones.

**fleje** Tira de chapa de hierro.

**flexión** Acción de doblar. *Flexibilidad, flexible, flexional, flexionar, flexo, flexor -ra, flexuoso -sa.*

**flogisto** Principio de los fenómenos caloríficos. *Flogístico -ca.*

**flojedad** Debilidad. *Flojear, flojera.*

**flojel** Tamo o pelillo del paño.

**florígero -ra** Que produce flores.

**florilegio** Antología.

**fluorhídrico** Ácido.

**Fluviá** Río de Gerona.

**fluvial** De río.

**flux** Suerte de algunos juegos.

**fluxión** Acumulación de humores.

**fobia** Horror.

**folklore\*** Estudio de las costumbres, creencias y arte populares. También *folclore* o *folclor. Folklórico -ca, folklorismo, folklorista.* (o *folclórico,* etc.).

**follar** Soplar con fuelle; componer algo en hojas; fornicar. *Folla, follada, follador -ra, follaje, follero, folletero, follón -llona.*

**folleto** Impreso de menos de cincuenta páginas. *Folletín, folletinesco -ca, folletinista, folletista.*

**fonébol** Fundíbulo.

**fontegí** Variedad de trigo fanfarrón.

**forcejear** Hacer fuerza. *Forcejeo.*

**fornalla** Parte inferior del horno.

**forrajear** Segar y coger el forraje. *Forrajeador, forrajero -ra.*

**fotofobia** Horror a la luz. *Fotófobo -ba.*

**fotogénico -ca** Que favorece la acción química de la luz; que sale bien en las fotografías. *Fotogenia.*

**fotograbar** Grabar por medio de la fotografía.

**fracción** División en partes. *Fraccionable, fraccionamiento, fraccionar, fraccionario -ria.*

**frágil** Quebradizo. *Fragilidad.*

**frambuesa** Fruta. *Frambueso.*

**francmasón** Masón. *Francmasonería.*

**frangir** Dividir. *Frange, frangible.*

**frangollo** Trigo machacado y cocido. *Frangollar.*

**franjear** Guarnecer con franjas.

**fräulein** Profesora o institutriz alemana.

**Fregenal** Pueblo de Badajoz.

**Friburgo** Ciudad de Suiza; ciudad de Alemania.

**frívolo -la** Ligero, fútil. *Frivolidad.*

**frugífero -ra** Que lleva fruto. *Frugívoro -ra.*

**fruición\*** Gozo.

**fucsia** Arbusto. *Fucsina.*

**fuellar** Talco de colores.

**fuelle** Instrumento para lanzar aire.

**Fuenterrabía** Ciudad de Guipúzcoa.

**Fuerteventura** Isla de las Canarias.

**Fulgencio -cia** Nombre de persona.

**fulgente** o **fúlgido -da** Resplandeciente.

**fumívoro -ra** Que evita la salida de humo.

**funámbulo -la** Volatinero.

**fundíbulo** Máquina para lanzar piedras. *Fundibulario.*

**fungible** Que se consume con el uso.

**fungicida** Sustancia para combatir los hongos.

**fungir** Desempeñar una función.

**furibundo -da** Airado.

**furtivo -va** Hecho a escondidas.

**fútbol** Deporte. *Futbolista, futbolístico -ca.*

**gabacho -cha** De las faldas de los Pirineos; francés. *Gabachada.*

**gabán** Abrigo.

**Gabaón** Ciudad de Palestina. *Gabaonita.*

**gabardina** Sobretodo de tela impermeable.

**gabarra** Embarcación. *Gabarrero, gabarrón.*

**gabarro** Nódulo incrustado dentro de otro mineral; defecto

de una tela; enfermedad de animales.
**gabasa** Bagasa.
**gábata** Escudilla.
**gabazo** Bagazo.
**gabela** Tributo, gravamen.
**gabinete** Salita.
**Gabino -na** Nombre de persona.
**Gabón** País de África. *Gabonés -nesa.*
**gachumbo** Cubierta de fruto.
**gaje** Emolumento; molestia.
**galabardera** Planta.
**Galaxia** Vía Láctea. *Con minúscula:* galactita.
**galayo** Prominencia de roca pelada.
**Galba** Emperador romano.
**galbana** Pereza. *Galbanero -ra, galbanoso -sa.*
**gálbano** Resina aromática. *Galbanado -da.*
**gálbula** Fruto del ciprés.
**gálibo** Arco de hierro usado en ferrocarriles; plantilla con arreglo a la cual se hacen las cuadernas de los barcos. *Galibar.*
**galillo** Úvula.
**galla** Remolino de pelo.
**gallardo -da** Airoso, bizarro, valiente. *Gallardear, gallardete, gallardetón, gallardía.*
**gallaruza** Vestido con capucha.
**gallego -ga** De Galicia. *Gallegada, galleguismo, galleguista.*
**galleta** Bizcocho; pasta cocida de harina; carbón; vasija. *Galletería, galletero.*
**gallo** Ave. *Galladura, gallar, gallareta, gallarón, gallear, gallera, gallería, gallero, gallina, gallináceo -a, gallinazo, gallinejas, gallinería, gallinero -ra, gallineta, gallipato, gallipavo -va, gallístico, gallito, gallocresta, gallote.*
**gallofa** Comida para los pobres. *Gallofar, gallofear, gallofera -ra.*
**gallón** Adorno arquitectónico; tepe. *Gallonada.*
**galludo** Pez.
**galvanismo** Electricidad; propiedad que esta tiene de excitar movimientos en animales. *Gal-*

vánico -ca, galvanización, galvanizar, galvano, galvanómetro, galvanoplastia, galvanoplástico -ca.
**Gálvez** Apellido.
**gamba** Crustáceo. *Gámbaro.*
**gambado -da** Patizambo.
**gambaj** o **gambax** Jubón acolchado.
**gámbalo** Tejido.
**gambalúa** Hombre desgarbado y holgazán.
**gamberro -rra** Incivil. *Gamberrada, gamberrismo.*
**gambesina** Ropa que se ponía debajo de la armadura. *Gambesón.*
**gambeta** Movimiento de piernas. *Gambetear.*
**gambeto** Capote; cambuj.
**Gambia** País de África. *Gambiano -na, gambio -bia.*
**gambito** Lance del ajedrez.
**gamboa** Variedad de membrillo.
**gambota** Madero de un barco.
**gambujo** Cambuj.
**gamella** Parte del yugo; artesa; tejido. *Gamellón.*
**gandaya** Vida holgazana; redecilla.
**Ganges** Río de la India.
**gángster** Malhechor. *Gangsterismo.*
**Ganivet** Escritor español.
**garabato** Instrumento de punta retorcida; garrapato. *Garabatada, garabatear, garabateo, garabatoso -sa.*
**garabito** Asiento en alto.
**garaje** Cochera.
**garambaina** Adorno de mal gusto.
**garambullo** Cacto.
**garandumba** Embarcación.
**garapullo** Rehilete.
**garbanzo** Planta. *Garbancero -ra, garbancillo, garbanzal.*
**garbearse** Pasear. *Garbeo.*
**garbías** Guiso.
**garbillar** Ahechar. *Garbillador -ra, garbillo.*
**garbín** Cofia. Más frecuentemente garvín.
**garbino** Viento sudoeste.
**garbo** Gallardía, gracia. *Garbear, garboso -sa.*
**garbón** Macho de la perdiz.

**garbullo** Confusión.
**gargajear** Arrojar gargajos. *Gargajeo, gargajiento.*
**gargavero** Garguero; instrumento músico.
**Garibaldi** General italiano.
**Garibay** Apellido.
**garroba** Algarroba. *Garrobal, garrobilla.*
**garrobo** Saurio.
**garrubia** Algarroba.
**garulla** Granuja de la uva; muchedumbre. *Garullada.*
**garvín** Cofia de red.
**gasógeno** Aparato para obtener gases.
**gastralgia** Dolor de estómago.
**gatallón -llona** Pillastrón.
**gatatumba** Simulación.
**gavanzo** Escaramujo. *Gavanza.*
**gavera** Gradilla o galápago; tapial.
**gaveta** Cajón.
**gavia** Jaula; zanja; vela; cofa; gaviota; cuadrilla de obreros. *Gaviero, gavieta.*
**gavial** Saurio.
**Gavidia** Apellido.
**gaviete** Madero corvo de una lancha.
**gavilán** Ave; parte de la espada; garfio. *Gavilancillo.*
**gavilana** Planta.
**gavilla** Junta; conjunto de cosas atadas. *Gavillador, gavillar, gavillero.*
**gavina** Gaviota.
**gavión** Cestón relleno de tierra o piedra; sombrero.
**gaviota** Ave.
**gavota** Baile.
**gaya** Lista de diverso color que el fondo; urraca. *Gayadura, gayar.*
**Gayá** Río de Cataluña.
**Gayo** Jurista romano.
**gayo -ya** Alegre.
**gayola** Jaula.
**gayomba** Arbusto.
**gayuba** Mata.
**ge** Letra g.
**gea** Conjunto del reino inorgánico de un país.
**Gedeón** Personaje bíblico; personaje ficticio al que se atribuían diversas tonterías. *Gedeonada.*

**gegionense** De Gijón.

**Gehena** Infierno.

**géiser\*** Surtidor caliente.

**geisha** Bailarina japonesa.

**gelatina** Sustancia obtenida de los huesos de algunos animales. *Gelatinoso -sa.*

**geldre** Planta.

**gelfe** De una tribu del Senegal.

**gélido -da** Helado.

**Gelves** Isla de Túnez.

**gema** Piedra preciosa; yema. botón. *Gemación, gemíparo -ra, gemoso -sa.*

**gemelo -la** Hermano nacido en el mismo parto; idéntico.

**Geminiano -na** Nombre de persona.

**Géminis** Los Gemelos, signo del Zodíaco. *Geminación, geminado -da.*

**gemir** Expresar dolor. *Gemebundo -da, gemido, gemidor.*

**genciana** Planta. *Gencianáceo -a, gencianeo -a.*

**gendarme** Policía. *Gendarmería.*

**gene-** Todas las palabras que empiezan por los sonidos /jene-/ se escriben con g. Así: *genealogía, geneático -ca, generación, general, generalidad, generalizar, generar, genérico -ca, género, generoso -sa, génesis, genetlíaca.*

**Gener** Apellido.

**Gengis Kan** Emperador mogol.

**geni-** Todas las palabras que empiezan por los sonidos /jeni-/ se escriben con g, excepto *jeniquén* y *jenízaro* (que también puede escribirse *genízaro*). Así: *genial, genio, genipa, genista, genital, genitivo, genitor.*

**Genil** Río de Granada.

**genízaro** Soldado turco. También, más frecuente, *jenízaro.*

**geno-** Todas las palabras que empiezan por los sonidos /jeno-/ se escriben con g. Así: *genol, Génova.*

**gente** Pluralidad de personas; nación. *Gentil, gentileza, gentilhombre, gentilicio, gentílico -ca, gentilidad, gentilismo, gentilizar, gentío, gentualla, gentuza.*

**genuflexión** Acción de doblar la rodilla.

**genuino -na** Puro, legítimo.

**génuli** Mineral.

**geo-** Todas las palabras derivadas y compuestas de *geo-* 'tierra' se escriben con g. Así: *geocéntrico -ca, geoda, geodesia, geodesta, geófago -ga, geogenia, geognosia, geogonía, geografía, geología, geomancia, geometría, geomorfía, geonomía, geoponía, georama, Georgia, geórgico -ca.*

**gépido -da** De una nación germánica antigua.

**geranio** Planta. *Geraniáceo -a.*

**Gerardo -da** Nombre de persona.

**gerbo** Mamífero. También (más frec.) *jerbo.*

**gerente** El que dirige los negocios. *Gerencia.*

**Gerez** Sierra portuguesa.

**geriatría** Medicina de la vejez. *Geriatra, geriátrico -ca.*

**gerifalte** Ave rapaz.

**Germán -mana** Nombre de persona.

**germanía** Jerga de los gitanos, ladrones o rufianes. *Germanesco -ca.*

**Germania** Antiguo nombre de Alemania. *Germánico -ca, germanismo, germanización, germanizar, germano -na.*

**germanio** Metal.

**germen** Principio de un nuevo ser. *Germinación, germinador -ra, germinal, germinar, germinativo -va.*

**Gerona** Ciudad de Cataluña. *Gerundense.*

**Gertrudis** Nombre de mujer.

**gerundio** Forma verbal.

**Gervasio -sia** Nombre de persona.

**gest-** Todas las palabras que comienzan por los sonidos /jest-/ se escriben con g. Así: *gesta, gestación, gestatorio -ria, gesticular, gestión, gesto, gestor, gestoría.*

**geta** De un antiguo pueblo de Escitia. *Gético -ca.*

**Getulia** País del África antigua. *Getulo -la.*

**Ghana** Estado de África. *Ghanés -nesa.*

**giba** Joroba. *Gibado -da, gibar, gibosidad, giboso -sa.*

**gibelino -na** Partidario del emperador.

**Gibraltar** Peñón al S. de España. *Gibraltareño -ña.*

**giga** Baile antiguo. También *jiga.*

**gigante -ta** El que sobresale mucho en estatura. *Giganteo -a, gigantesco -ca, gigantez, gigantismo, gigantón -tona.*

**gigote** Guisado de carne. También *jigote.*

**Gijón** Ciudad de Asturias. *Gijonense, gijonés -nesa.*

**Gil** Apellido y nombre.

**gilí** Tonto. *Gilipollas, gilipollez.*

**gilito** Fraile de San Gil.

**gilvo -va** De color melado.

**Giménez, Gimeno** → JIMÉNEZ.

**gimnasia** Arte de fortalecer el cuerpo. *Gimnasio, gimnasta, gimnástico -ca, gímnico -ca.*

**gimnosofista** Brahmán.

**gimnoto** Pez.

**gimotear** Gemir. *Gimoteador, gimoteo.*

**gindama** Jindama.

**Ginebra** Ciudad de Suiza. *Con minúscula:* Bebida; instrumento; juego de naipes; confusión. *Ginebrada, ginebrés -bresa, ginebrino -na.*

**gineceo** Departamento de mujeres; pistilos (en la flor). *Ginecocracia, ginecología, ginecológico -ca, ginecólogo.*

**Giner** Apellido.

**ginesta** Hiniesta.

**gingidio** Planta.

**gingival** De las encías. *Gingivitis.*

**giobertita** Mineral.

**Gioconda (La)** Célebre retrato por Leonardo de Vinci.

**gira** Excursión.

**giralda** Veleta de torre. **giraldete** Roquete.

**girar** Dar vueltas. *Girada, girándula, giratorio -ria, giro, girola, girómetro, giroscopio, giróvago -ga.*

**girasol** Planta.

**girino** Renacuajo.
**giroflé** Árbol.
**Girón** Apellido.
**girondino -na** De un partido político francés.
**gis** Clarión.
**Gisbert** Apellido.
**giste** Espuma de cerveza.
**gitano -na** De una raza errante. *Gitanada, gitanear, gitanería, gitanesco -ca, gitanismo.*
**Glasgow** Ciudad de Escocia.
**gleba** Terrón levantado con el arado.
**globo** Cuerpo esférico. *Globoso -sa, globular, globuláceo -a, glóbulo, globuloso -sa.*
**gloxínea** Planta.
**gneis*** Roca. También *neis. Gnéisico -ca (o néisico -ca).*
**gnómico -ca** Que escribe sentencias y máximas. También *nómico.*
**gnomo*** Enano fantástico. También *nomo.*
**gnomon*** Antiguo instrumento de astronomía; pieza del reloj solar. También *nomon. Gnomónico -ca (o nomónico -ca).*
**gnosticismo*** Doctrina filosófica. También *nosticismo. Gnóstico -ca (o nóstico -ca).*
**gobernar** Regir. *Gobernable, gobernación, gobernador -ra, gobernalle, gobernante, gobernativo -va, gobernoso -sa, gobierna, gobierno.*
**Gobi** Desierto del Asia Central.
**gobio** Pez.
**Goethe** Escritor alemán.
**gollería** Superfluidad, demasía.
**gollete** Parte superior de la garganta; cuello. *Golletazo, gollizo, gollizno.*
**Gonzalvo** Apellido.
**Gorbea** Monte del País Vasco.
**gorbetear** Picotear (el caballo).
**gorbión** Gurbión.
**gordolobo** Planta.
**Gorgias** Sofista griego.
**gorjear** Hacer quiebros con la voz en la garganta. *Gorjeador -ra, gorjeo.*

466

**gorullo** Burujo.
**Gotemburgo** Ciudad de Suecia.
**Goya** Pintor español. *Goyesco -ca.*
**grabar** Señalar con incisión. *Grabación, grabado, grabador -ra, grabadura, grabazón.*
**gragea** Tableta o píldora.
**grajear** Cantar (los grajos).
**gramalla** Vestidura antigua.
**granalla** Metal reducido a granos.
**granévano** Arbusto.
**granívoro -ra** Que se alimenta de granos.
**granjear** Adquirir caudal. *Granjeable, granjeo, granjería, granjero -ra.*
**granujería** Granujada.
**grava** Conjunto de guijas.
**gravar** Cargar, pesar. *Gravamen, gravativo -va, grave, gravear, gravedad, gravedoso -sa, gravidez, grávido -da, gravímetro, gravitación, gravitar, gravoso -sa.*
**Gravina** Marino español.
**greba** Pieza de la armadura.
**Greenwich** Meridiano cero.
**grevillo** Árbol.
**grigallo** Ave.
**Grijalva** Navegante español.
**grillo** Insecto; tallo; hierros de los presos. *Grilla, grillarse, grillera, grillero, grillete, grillotalpa.*
**grimillón** Muchedumbre.
**grosella** Fruto. *Grosellero.*
**grosso modo** En líneas generales.
**grujidor** Barreta que usan los vidrieros. *Grujir*
**grulla** Ave. *Grullero -ra.*
**grullada** Gurullada; perogrullada.
**Gruyère** Queso.
**guaba** Árbol.
**guabá** Araña.
**guabairo** Ave.
**guabán** Árbol.
**guabico** Árbol.
**guabina** Pez.
**guabirá** Árbol.
**guabiyú** Árbol.
**guabo** Árbol.
**guabul** Bebida.
**guacamayo** Ave.

**Guadalaviar** Río de Valencia.
**Guadalhorce** Río de Andalucía.
**Guadalquivir** Río de Andalucía.
**guairabo** Ave.
**guaje** Árbol; tonto; inútil.
**guajiro -ra** Campesino de Cuba.
**guallipén** Estevado.
**guanabá** Ave.
**guanábano** Árbol. *Guanábana, guanabanada.*
**guanabima** Fruto.
**Guanahaní** Isla de las Bahamas.
**guardabanderas** Marinero que cuida la bitácora.
**guardabarrera** El que guarda un paso a nivel.
**guardabarros** Aleta del coche.
**guardabosque** El que guarda un bosque.
**guardahúmo** Vela de barco.
**guardajoyas** El que guarda las joyas.
**guardalobo** Planta.
**guardamalleta** Pieza de adorno del cortinaje.
**guardarraya** Linde.
**guardavela** Cabo o cuerda.
**guardavía** El que vigila un trozo de vía.
**Guaviare** Afluente del Orinoco.
**guaya** Lloro.
**guayabera** Chaquetilla.
**guayabo** Árbol. *Guayaba, guayabal.*
**guayaca** Bolsa.
**guayaco** o **guayacán** Árbol. *Guayacol.*
**guayado -da** Una clase de cantares.
**Guayana** Región de Sudamérica.
**Guayaquil** Ciudad del Ecuador. *Guayaquileño -ña.*
**guayo** Árbol.
**guayuco** Taparrabo.
**gubán** Bote grande.
**gubernativo -va** Del gobierno. *Gubernamental.*
**gubia** Formón de mediacaña.
**Guevara** Apellido.
**guiabara** Planta.
**guijeño -ña** De guija; duro.

**guilla** Cosecha abundante.
**guillame** Cepillo de carpintero.
**guillarse** Irse; chiflarse. *Guilladura.*
**guillatún** Ceremonia religiosa araucana.
**Guillén** Apellido (y antiguo nombre) español.
**Guillermo** Nombre de varón. *Guillermina.*
**güillín** Huillín.

**guillomo** Arbusto.
**guillote** Holgazán.
**guillotina** Máquina para decapitar; máquina de cortar papel. *Guillotinar.*
**güimba** Árbol.
**guimbalete** Palanca de la bomba aspirante.
**guimbarda** Cepillo de carpintero.
**gullería** Gollería.
**gulloría** Alondra.

**gurbio -bia** (Instrumento) con curvatura.
**gurbión** Tela; goma. *Gurbionado -da.*
**gurullo** Burujo, rebujo. *Gurullada.*
**Gustavo** Nombre de varón.
**gutagamba** Árbol.
**Gutenberg** Inventor de la imprenta.
**gutiámbar** Goma.
**gymkhana\*** Carrera con pruebas de habilidad.

# h

**Haakon** o **Hakon** Nombre de varios reyes de Noruega.
**haba** Planta. *Habado -da, habar.*
**Habacuc** Profeta.
**Habana (La)** Capital de Cuba. *Habanero -ra, habano -na.*
**hábeas corpus** Ley que garantiza la seguridad personal.
**haber** Verbo auxiliar *(he amado, has temido, había partido, hemos de terminar). Habiente.*
**haberío** Ganado.
**habichuela** Judía.
**hábil** Capaz. *Habilidad, habilidoso -sa, habilitación, habilitador -ra, habilitar, habiloso.*
**habilla** Árbol.
**habitar** Morar. *Habitabilidad, habitable, habitación, habitáculo, habitador -ra, habitante, hábitat.*
**hábito** Vestido; costumbre. *Habituación, habitual, habituar, habitud.*
**hablar** Comunicarse por palabras. *Habla, hablador -ra, habladuría, hablanchín -china, hablante, hablilla, hablista.*
**habón** Roncha.

**Habsburgo** Dinastía germánica.
**haca** Jaca. *Hacanea.*
**hacendar** Dar el dominio de bienes raíces. *Hacendero -ra, hacendista, hacendoso -sa, hacienda.*
**hacer** Efectuar. *Hacedero -ra, hacedor -ra.*
**hacha** Vela; herramienta. *Hachar, hachazo, hachear, hachero, hacho, hachón, hachote.*
**hache** Letra *h.*
**hachís** Droga.
**hachudo** Pez.
**hacia** Preposición que indica dirección.
**hacina** Montón. *Hacinador -ra, hacinamiento, hacinar.*
**hada** Ser fantástico. *Hadar, hado.*
**Hades** Infierno.
**Hadramaut** Región de Arabia.
**haedo** Hayal.
**hafiz** Guarda.
**hafnio** Metal.
**hagio-** Prefijo que significa 'santo'. *Hagiografía, hagiográfico -ca, hagiógrafo.*
**Haiderabad** Ciudad india.
**Haifa** Puerto de Israel.

**Haití** Isla de las Antillas. *Haitiano -na.*
**hala, hale.** Interjecciones.
**halagar** Lisonjear, festejar, obsequiar. *Halagador -ra, halago, halagüeño -ña.*
**halar** Tirar de algo.
**halcón** Ave. *Halconera, halconería, halconero.*
**halda** Falda. *Haldada, haldear, haldeta, haldudo -da.*
**haleche** Boquerón.
**Halicarnaso** Antigua ciudad del Asia Menor.
**halieto** Ave.
**Halifax** Ciudad inglesa.
**hálito** Aliento.
**hall** Vestíbulo.
**hallar** Encontrar. *Hallazgo.*
**hallulla** o **hallullo** Especie de pan.
**halo** Aureola. *Halón.*
**halo-** Prefijo que significa 'sal'. *Halófilo -la, halógeno -na, haloideo -a.*
**haloque** Embarcación.
**hamaca** Cama de red colgada. *Hamacar, hamaquear, hamaquero.*
**hamadríade** o **hamadríada** Dríade.
**hámago** Sustancia correosa. También *ámago.*

**hamamelis** Arbusto.
**hambre** Gana de comer. *Hambrear, hambriento -ta, hambrío -a, hambrón -brona, hambruna.*
**Hamburgo** Ciudad de Alemania. *Hamburgués -guesa.*
**Hamlet** Protagonista de una tragedia de Shakespeare.
**Hammurabi** Legislador babilonio.
**hamo** Anzuelo.
**hampa** Vida de maleantes. *Hampesco -ca, hampón -pona.*
**hándicap** Desventaja.
**hangar** Cobertizo para aviones.
**Hannover** Región de Alemania. *Hannoveriano -na.*
**Hansa** Liga comercial alemana. También *Ansa. Hanseático -ca.*
**haquitía** Habla judeoespañola.
**haragán -gana** Holgazán. *Haraganear, haraganería.*
**harakiri** Suicidio cortándose el vientre. También *haraquiri.*
**harambel** Arambel.
**harapo** Andrajo. *Harapiento -ta, haraposo -sa.*
**harca** Expedición militar. También *harka. Harqueño -ña.*
**harén** o **harem** Departamento de las mujeres.
**harija** Polvillo del grano o de la harina.
**harina** Polvo que resulta de la molienda. *Harinero -ra, harinoso -sa.*
**harma** Planta.
**harmonía** → ARMONÍA.
**harnero** Criba.
**harón -rona** Perezoso. *Haronear, haronía.*
**harpía** → ARPÍA.
**harpillera** Tejido para hacer sacos. También (más. frec.) *arpillera.*
**¡harre!** Interjección. Esta grafía es desusada; la empleada normalmente hoy es *arre.* No obstante, la Academia admite las dos. *Harrear, harriero* (o *arrear, arriero*).
**hartar** Saciar; cansar. *Hartazgo, hartazón, harto -ta, hartura.*

**Hartzenbusch** Escritor español.
**hasta** Preposición.
**hastial** Fachada.
**hastiar** Fastidiar, cansar. *Hastío, hastioso -sa.*
**hataca** Cuchara de palo.
**hatijo** Cubierta que tapa la boca de la colmena.
**hato** Pequeño ajuar; porción de ganado. *Hatajar, hatajo, hatear, hatería, hatero -ra.*
**Havre (El)** Puerto francés.
**Hawai** Islas del océano Pacífico. *Hawaiano -na.*
**haya** Árbol. *Hayal, hayedo, hayuco.*
**Haya (La)** Ciudad de Holanda.
**hayaca** Pastel.
**hayo** Coca.
**haz** Porción atada; conjunto de rayos; tropa formada; cara, superficie.
**haza** Porción de tierra labrantía.
**hazaleja** Toalla.
**hazaña** Proeza. *Hazañería, hazañero -ra, hazañoso -sa.*
**hazmerreír** Persona ridícula.
**he aquí, he ahí** Aquí está, ahí está.
**hebdómada** Semana. *Hebdomadario -ria.*
**Hebe** Diosa.
**hebén** Variedad de uva.
**hebilla** Broche, ajustador. *Hebillaje, hebillero -ra.*
**hebra** Porción de hilo. *Hebroso -sa, hebrudo -da.*
**hebreo -a** Israelita. *Hebraico -ca, hebraísmo, hebraísta, hebraizante, hebraizar.*
**Hécate** Diosa.
**hecatombe** Matanza; catástrofe.
**hechizo** Encanto; maleficio. *Hechiceresco -ca, hechicería, hechicero -ra, hechizar.*
**hecho -cha** Participio del verbo hacer. *Hechor -ra, hechura, hechusgo.*
**hect-, hecto-** Prefijo griego que significa 'cien'. *Hectárea, hectogramo, hectolitro, hectómetro.*
**héctico -ca** Hético, tísico. *Hectiquez.*

**Héctor** Personaje homérico.
**Hécuba** Personaje homérico.
**heder** Oler mal. *Hedentina, hediondez, hediondo -da, hedor.*
**hedonismo** Doctrina ética. *Hedonista.*
**Hefestos** Dios griego.
**Hegel** Filósofo alemán. *Hegelianismo, hegeliano -na.*
**hegemonía** Supremacía. *Hegemónico -ca.*
**hégira** o **héjira** Era musulmana. Puede usarse cualquiera de las dos grafías. (También, raro, *égira.*) Suele escribirse con mayúscula cuando designa la huida de Mahoma a Medina.
**Heidelberg** Ciudad alemana.
**Hélade** Grecia.
**helar** Congelar; formar(se) hielo. *Helable, heladería, heladero, heladizo -za, helado -da, helador -ra, heladura, helaje, helero.*
**helecho** Planta. *Helechal.*
**Helena** Personaje homérico.
**helenio** Planta.
**heleno -na** Griego. *Helénico -ca, helenismo, helenista, helenístico -ca, helenización, helenizar.*
**Helesponto** Los Dardanelos.
**helgado -da** De dientes ralos y desiguales. *Helgadura.*
**Helí** Juez de Israel.
**hélice** Espiral; conjunto de aletas propulsoras. *Helicoidal, helicoide, helicoideo -a, helicóptero, helipuerto.*
**helicón** Instrumento musical.
**helio-, heli-** Prefijo griego que significa 'sol'. *Heliaco -ca, heliantemo, heliantina, helianto, helio, heliocéntrico -ca, heliograbado, heliografía, heliógrafo, heliómetro, helioplastia, Helios, helioscopio, helióstato, helioterapia, heliotropina, heliotropismo, heliotropo.*
**Heliodoro** Nombre de varón.
**Heliogábalo** Emperador romano.
**héller** Moneda.
**helminto** Gusano parásito. *Helmintiasis.*
**Helsinki** Capital de Finlandia.
**Helvecia** Nombre antiguo de

Suiza. *Helvecio -cia, helvético -ca.*

**hema-, hemat-, hemato-, hemo-** Prefijos que significan 'sangre'. *Hematíe, hematites, hematología, hematosis, hematuria, hemofilia, hemoglobina, hemoptisis, hemorragia, hemorroide, hemostasis.*

**hembra** Animal del sexo femenino; pieza con un agujero en que otra se encaja. *Hembraje.*

**hemeroteca** Colección de periódicos.

**hemi-** Prefijo que significa 'medio'. *Hemiciclo, hemicránea, hemiedro, hemiplejía, hemíptero, hemisferio, hemistiquio.*

**henchir** Llenar. *Henchidor -ra, henchidura, henchimiento.*

**Hendaya** Ciudad francesa.

**hender** Hacer una abertura. *Hendedor -ra, hendedura, hendible, hendidura, hendiente, hendija, hendimiento, hendir.*

**henequén** Planta.

**heno** Hierba. *Henal, henar, henificar, henil.*

**henojil** Liga.

**henrio** Unidad física.

**Henríquez** Apellido. También *Enríquez.*

**heñir** Sobar la masa con los puños.

**hepato-, hepat-** Prefijo que significa 'hígado'. *Hepático -ca, hepatita, hepatitis.*

**hepta-** Prefijo que significa 'siete'. *Heptacordio, heptaedro, heptágono, heptarquía, heptasílabo, heptateuco.*

**Hera** Diosa griega.

**Heracles** Nombre griego de Hércules. *Heraclida.*

**heraldo** Oficial que transmitía mensajes y llevaba los registros de la nobleza. *Heráldico -ca.*

**herbáceo -a** De hierba. *Herbajar, herbaje, herbajear, herbajero, herbar, herbario -ria, herbazal, herbecer, herbero, herbívoro, herbolario -ria, herborización, herborizar, herboso -sa.*

**hercio** Unidad de frecuencia vibratoria. *Herciano -na* (también *hertziano*).

**Hércules** Héroe mitológico. *Hercúleo -a.*

**heredar** Suceder por disposición testamentaria o legal. *Heredad, heredamiento, heredero -ra, hereditario -ria, herencia.*

**Heredia** Apellido.

**herejía** Doctrina contraria a la de la Iglesia. *Hereje, heresiarca, herético -ca.*

**herén** Hierba.

**Heriberto** Nombre de varón.

**herir** Rasgar, dañar. *Herida, heridor -a, hiriente.*

**herma** Busto.

**hermafrodita** Bisexual. *Hermafroditismo.*

**hermano -na** Nacido de los mismos padres. *Hermanable, hermanamiento, hermanar, hermanastro, hermanazgo, hermandad, hermanear, hermanecer.*

**Hermenegildo -da** Nombre de persona.

**hermenéutica** Arte de interpretar textos.

**Hermes** Dios griego.

**hermético -ca** Impenetrable. *Hermetismo, hermetizar.*

**Hermógenes** Nombre de varón.

**hermoso -sa** Bello. *Hermoseador -ra, hermoseamiento, hermosear, hermosura.*

**Hernán, Hernández, Hernando** Apellidos.

**hernia** Tumor producido por salida de una víscera. *Herniar, herniario -ria, hernioso -sa, hernista.*

**Hero** Mujer legendaria.

**Herodes** Rey de los judíos. *Herodiano -na.*

**Herodías** Mujer de Herodes.

**Heródoto** Historiador griego.

**héroe** Semidiós; protagonista; varón ilustre. *Heroicidad, heroico -ca, heroida, heroína, heroísmo.*

**herpe** o **herpes** Erupción cutánea. *Herpético -ca.*

**herpetología** Tratado de los reptiles.

**herpil** Saco de red.

**herraj, herraje** Cisco de huesos de aceituna. También *erraj.*

**herrar** Poner hierros; marcar con hierro. *Herrada, herradero, herrador, herradura, herraje, herramental, herramienta, herranza, herrería, herrero, herrete, herreteal, herrín, herrón, herronada, herrumbrar, herrumbre, herrumbroso -sa.*

**herrén** Forraje. *Herrenal, herreñal.*

**herrial** Clase de uva.

**hertz** Unidad de frecuencia vibratoria. *Hertziano -na* (también *herciano*).

**hérulo -la** De un pueblo bárbaro.

**Hervás** Pueblo de Cáceres. ·

**hervir** Moverse agitadamente un líquido. *Herventar, herver, hervidero, hervidor, hervor, hervoroso.*

**Herzegovina** Región de los Balcanes.

**Hesíodo** Poeta griego.

**Hesperia** Nombre antiguo de España. *Hesperio -ria, héspero -ra.*

**Hespérides** Ninfas; Pléyades.

**hesperidio** Baya del tipo de la naranja.

**Hestia** Diosa griega.

**hetaira** o **hetera** Prostituta.

**hetero-** Prefijo que significa 'otro, diferente'. *Heterocerca, heteroclamídeo -a, heteróclito -ta, heterodoxia, heterógamo -ma, heterogéneo, heteromancia, heterónomo -ma, heteroplastia, heterópsido -da, heteróptero -ra, heteroscio cia, heterosugestión, heterótrofo -fa.*

**hético -ca** Tísico. También *héctico. Hetiquez.*

**hetita** De un antiguo pueblo del Asia Menor.

**heurístico -ca** De la investigación.

**hexa-** Prefijo que significa 'seis'. *Hexacordo, hexaedro, hexágono, hexámetro, hexapétalo -la, hexápodo -da, hexasílabo -ba, hexástilo.*

**hez** Poso; lo más vil.

**Híadas** o **Híades** Grupo de estrellas.

**hialo-** Prefijo que significa 'cristal'. *Hialino -na, hialogra-*

*fía, hialógrafo, hialoideo -a, hialotecnia, hialurgia.*

**hiato** Encuentro de vocales; discontinuidad.

**hibernal** Invernal. *Hibernación.*

**Hibernia** Antiguo nombre de Irlanda. *Hibernés -nesa, hibérnico -ca.*

**híbrido -da** (Animal) que procede de dos especies distintas. *Hibridación, hibridismo.*

**hibuero** Árbol.

**hicaco** Arbusto.

**hico** Cordel que sostiene la hamaca. *Hicadura.*

**hicotea** Tortuga.

**hidalgo -ga** Persona de noble nacimiento. *Hidalguez, hidalguía.*

**hidartrosis** Acumulación de serosidad en una articulación.

**hidátide** Larva. *Hidatídico -ca.*

**hidatógeno -na** Formado por la acción del agua.

**hidra** Monstruo mitológico.

**hidro-, hidr-** Prefijo que significa 'agua'. *Hidrácido, hidrargiro, hidratar, hidráulico -ca, hidria, hidroavión, hidrocarburo, hidrocéfalo -la, hidrodinámica, hidroeléctrico -ca, hidrófilo -la, hidrofobia, hidrógeno, hidrogogía, hidrografía, hidrólisis, hidrología, hidrómetro, hidromiel, hidropesía, hidrostática, hidrotecnia, hidroterapia, hidróxido, hidroxilo, hidrozoario -ria.*

**hiedra** Planta. También *yedra.*

**hiel** Bilis.

**hielo** Agua solidificada por el frío.

**hiemal** Invernal. *Hiemación.*

**hiena** Mamífero carnívoro. *Hiénido -da.*

**hienda** Estiércol.

**hierático -ca** Sagrado, sacerdotal. *Hieratismo.*

**hierba** Planta de tallo no leñoso. También *yerba.* (En la Argentina *yerba* es solo la *yerba mate.*) *Hierbabuena, hierbal, hierbatero.*

**hiero-** Prefijo que significa 'sagrado'. *Hierofante, hieroglífico.*

**hieros** Yeros.

**hierosolimitano -na** De Jerusalén.

**hierro** Metal. *Hierra, hierre.*

**hifa** Elemento del hongo.

**hígado** Órgano glandular.

**Higia** Diosa de la salud.

**higiene** Sistema de principios para conservar la salud. *Higiénico -ca, higienista, higienizar.*

**Higinio -nia** Nombre de persona.

**higo** Fruto. *Higa, higuera, higueral, higuereta, higuerón.*

**higro-** Prefijo que significa 'humedad'. *Higrometría, higroscopia.*

**higuana** Iguana. También (normalmente) sin *h.*

**hijo -ja** Persona o animal, respecto de sus padres. *Hijastro -tra, hijear, hijuela.*

**hilaridad** Risa y algazara. *Hilarante.*

**Hilario -ria** Nombre de persona. *Hilarión.*

**Hildebrando** Nombre de varón.

**hilo** Cuerpo muy delgado y de longitud indefinida. *Hila, hilacha, hilachento, hilacho, hilachoso -sa, hilada, hiladizo -za, hilado, hilador -ra, hilandería, hilandero -ra, hilar, hilaracha, hilaza, hilera, hilero.*

**hilozoísmo** Doctrina metafísica.

**hilván** Costura a punto largo. *Hilvanar.*

**Himalaya** Cordillera del Asia.

**Himen** Diosa del casamiento; *con minúscula,* membrana. *Himeneo.*

**himenio** Parte de ciertos hongos.

**himenóptero -ra** Orden de insectos.

**himno** Composición poética. *Himnario.*

**himplar** Rugir la onza o pantera.

**hincar** Clavar. *Hincada, hincadura, hincapié, hincón.*

**hincha** Odio; entusiasta. *Hinchada.*

**hinchar** Inflar. *Hinchazón.*

**hiniesta** Retama.

**hinojo** Planta; rodilla. *Hinojal.*

**hintero** Mesa para heñir.

**hioides** Hueso. *Hioideo -a.*

**hiosciamina** Principio activo del beleño.

**hipálage** Figura retórica.

**hipar** Tener hipo; gemir. *Hipido, hipo, hiposo -sa.*

**hiper-** Prefijo que significa 'exceso', 'superioridad'. *Hipérbaton, hipérbola, hipérbole, hiperbóreo -a, hiperclorhidria, hipercrítico -ca, hipermétrope, hipermnesia, hipertensión, hipertrofia.*

**hípico -ca** Caballar.

**hipnal** Áspid.

**hipnosis** Estado parecido al sueño. *Hipnótico -ca, hipnotismo, hipnotización, hipnotizador -ra, hipnotizar.*

**hipo-** Prefijo que significa: 1) 'inferioridad', 'subordinación'; 2) 'caballo'. *Hipocampo, hipocausto, hipocentauro, hipocondría, hipocrás, Hipocrene, hipócrita, hipodérmico -ca, hipódromo, hipófisis, hipogastrio, hipogeo, hipogrifo, hipomóvil, hipopótamo, hipóstasis, hipóstilo, hipotaxis, hipoteca, hipotenusa, hipótesis.*

**Hipócrates** Médico de la antigüedad. *Hipocrático -ca.*

**Hipólito -ta** Nombre de persona.

**hipsómetro** Termómetro para medir la altura. *Hipsometría, hipsométrico -ca.*

**hipúrico** Ácido.

**Hircania** Antigua región del Asia. *Hircano -na.*

**hirco** Cabra montés. *Hircocervo.*

**hiriente** Que hiere.

**hirma** Orillo.

**hirsuto -ta** De pelo áspero y duro.

**hirundinaria** Hierba.

**hirviente** Que hierve.

**hisopo** Mata; aspergés; brocha, escobón. *Hisopada, hisopazo, hisopear.*

**Híspalis** Nombre antiguo de Sevilla. *Hispalense.*

**Hispania** Nombre antiguo de España. *Hispánico -ca, hispanidad, hispanismo, hispanista, hispanizar, hispano -na, Hispa-*

noamérica, hispanoamericano -na, hispanófilo -la, hispanohablante.

**híspido -da** Hirsuto.

**histéresis** Retraso del efecto.

**histeria** Excitabilidad exagerada. *Histérico -ca, histerismo.*

**histología** Ciencia que estudia los tejidos. *Histológico -ca, histólogo, histoquimia.*

**historia** Exposición sistemática de los acontecimientos pasados. *Historiador -ra, historial, historiar, historicidad, histórico -ca, historieta, historiografía, historiógrafo.*

**histrión** Actor. *Histriónico -ca, histrionismo, histrionisa.*

**hitita** Pueblo antiguo del Asia Menor. También *hetita.*

**hito -ta** Fijo; inmediato; (caballo) negro; mojón. *Hitón.*

**hobachón -chona** Grueso y perezoso.

**hobo** Árbol.

**hocico** Parte de la boca y narices de un animal. *Hocicada, hocicar, hocicón -cona, hocicudo -da, hociquear, hociquera.*

**hocino** Hoz.

**hockey** Deporte.

**hoco** Calabacín.

**hodierno** De hoy.

**hodómetro** Podómetro; taxímetro. También *odómetro.*

**hogaño** En este año.

**hogar** Sitio donde se enciende lumbre; casa. *Hogareño -ña, hogaril.*

**hogaza** Pan.

**Hohenstaufen** Dinastía alemana.

**Hohenzollern** Dinastía alemana.

**hoja** Órgano laminar verde de los vegetales; pétalo; lámina delgada. *Hojalata, hojalatería, hojalatero, hojaldrar, hojaldre, hojaranzo, hojarasca, hojear, hojoso -sa, hojudo -da, hojuela.*

**Hojeda** Apellido. También *Ojeda.*

**¡hola!** Interjección que se emplea para saludar y para denotar extrañeza.

**Holanda** Nación de Europa. *Holán, holancina, holandés -desa.*

**holgar** Descansar; divertirse. *Holgachón -chona, holganza, holgazán -zana, holgazanear, holgazanería, holgón -gona, holgorio, holgura.*

**hollar** Pisar. *Holladero -ra, holladura.*

**hollejo** Pellejo de algunas frutas. *Hollejudo -da.*

**hollín** Sustancia negra depositada por el humo. *Hollinar, holliniento.*

**Hollywood** Ciudad de Estados Unidos.

**holocausto** Sacrificio.

**holoédrico -ca** (Cristal) que tiene completos los elementos de simetría.

**Holofernes** General asirio muerto por Judit.

**holografía** Fotografía por láser. *Holograma.*

**hológrafo -fa** Autógrafo. También *ológrafo.*

**holostérico** Enteramente sólido.

**holoturia** Animal marino. *Holoturoideo -a, holotúrido.*

**hombre** Ser humano; varón. *Hombrada, hombradía, hombrear, hombría, hombruno -na.*

**hombro** Parte lateral superior del tronco. *Hombrear, hombrera.*

**homenaje** Acto en honor de alguien. *Homenajear.*

**homeopatía** Sistema curativo. *Homeópata, homeopático -ca.*

**Homero** Poeta griego. *Homérico -ca.*

**homicida** Que causa la muerte de alguien. *Homicidio, homicillo.*

**homilía** Plática. *Homiliario.*

**hominicaco** Hombre despreciable y ridículo.

**homo-** Prefijo que significa 'el mismo'. *Homocentro, homocerca, homofonía, homogéneo -a, homografía, homología, homologar, homólogo, homonimia, homóptero -ra, homosexual, homotermo.*

**honcejo** Hoz.

**honda** Tira de cuero para arrojar piedras. *Hondear, hondero, hondijo.*

**hondo -da** Profundo. *Hondón, hondonada, hondura.*

**Honduras** Nación de América. *Hondureño -ña.*

**honesto -ta** Decente. *Honestar, honestidad.*

**Honolulú** Capital de Hawai.

**honor** Probidad; honestidad; gloria; dignidad. *Honorabilidad, honorable, honorar, honorario -ria, honorífico -ca.*

**honra** Buena reputación; honor. *Honradez, honrador -ra, honramiento, honrar, honroso -sa.*

**hontanar** Sitio en que nacen fuentes.

**hopa** Vestido. *Hopalanda.*

**hoplita** Soldado griego.

**hopo** Cola que tiene mucho pelo. *Hopear.*

**hoque** Alboroque.

**hora** Espacio de tiempo. *Horario -ria.*

**Horacio** Poeta latino. *Horaciano -na.*

**horadar** Agujerear. *Horadación, horadador -ra, horado.*

**horca** Aparato para ahorcar; palo rematado en dos o más púas; ristra. *Horcadura, horcaja, horcajadas, horcajadura, horcajo, horcate, horco, horcón, horconada, horqueta, horquilla.*

**horchata** Bebida refrescante. *Horchatería, horchatero -ra.*

**horda** Comunidad nómada.

**hordiate** Bebida de cebada.

**horizonte** Línea que limita la superficie visible. *Horizontal, horizontalidad.*

**horma** Molde; pared de piedra. *Hormaza, hormazo -hormero.*

**hormiga** Insecto. *Hormiguear, hormigueo, hormiguero, hormiguillo.*

**hormigo** Mezcla. *Hormigón, hormigonera.*

**hormona** Sustancia segregada por las glándulas endocrinas. *Hormón, hormonal.*

**hornabeque** Fortificación.

**hornablenda** Mineral.

**horno** Fábrica abovedada para caldear. *Hornacina, hornacho,* *hornachuela, hornada, hornaguear, hornaguera, hornaza, hornazo, hornear, hornería, hornero -ra, hornija, hornijero, hornilla.*

**horón** Serón grande y redondo.

**horópter** u **horóptero** Recta que pasa por la intersección de los ejes ópticos. *Horoptérico -ca.*

**horóscopo** Predicción astrológica.

**Horozco** Apellido. También *Orozco.*

**hórreo** Granero; troj. *Horrero.*

**horro -rra** Libre. *Horrar.*

**horror** Sentimiento de repulsión. *Horrendo -da, horrible, horridez, hórrido -da, horripilar, horrisonante, horrísono -na, horrorizar, horroroso -sa.*

**hortaliza** Planta de huerta. *Hortelano -na, hortense, hortícola, horticultor -ra, horticultura.*

**hortensia** Arbusto.

**Hortensio -sia** Nombre de persona.

**hortera** Cazuela de palo; dependiente de tienda; vulgar. *Horterada*

**Horus** Dios egipcio.

**hosanna** Interjección de júbilo.

**hosco -ca** Moreno oscuro; áspero. *Hosquedad.*

**hospedar** Recibir huéspedes. *Hospedador -ra, hospedaje, hospedamiento, hospedería, hospedero -ra, hospiciano na, hospiciante, hospicio, hospital, hospitalario -ria, hospitalero -ra, hospitalicio -cia, hospitalidad, hospitalizar, hostal, hostelero -ra, hostería.*

**hospodar** Título de los príncipes de Moldavia.

**hostia** Víctima; forma que se consagra en la misa. En este segundo sentido se escribe generalmente con mayúscula. *Hostiario, hostiero -ra.*

**hostigar** Azotar; molestar; empalagar. *Hostigador -ra, hostigamiento, hostigoso -sa.*

**hostil** Contrario, enemigo. *Hostilidad, hostilizar.*

**hotel** Establecimiento de hostelería; casa aislada de las colindantes. *Hotelería, hotelero -ra.*

**hotentote** De una raza africana.

**hoy** En este día.

**hoyo** Concavidad en la tierra. *Hoya, hoyador, hoyanca, hoyar, hoyoso -sa, hoyuela, hoyuelo.*

**hoz** Instrumento para segar; angostura de un valle. *Hozada.*

**hozar** Levantar el puerco la tierra con el hocico. *Hozadero, hozadura.*

**huaca** Guaca. *Huacal.*

**huacalón -lona** Obeso.

**huacatay** Hierba.

**huaico** Masa de peñas.

**huairo** Árbol. *Huairuro.*

**huairona** Horno.

**huanchaco** Árbol.

**huango** Trenza.

**huapango** Danza.

**huaro** Andarivel.

**Huberto -ta** Nombre de persona.

**hucha** Lugar donde se guarda o ahorra.

**huchear** Gritar.

**hue-** Todas las palabras que empiezan por los sonidos /ue/ se escriben con *h* inicial; así: *huebra, hueco, huecú, huelán, huelga, huelgo, Huelva, huella, huemul, hueñi, huérfano, huero, huerta, huesa, Huesca, hueso, huésped, hueste, hueva, huevo.*

**Hugo** Nombre de varón.

**hugonote -ta** Calvinista.

**hui-** Todas las palabras que empiezan por los sonidos /ui/ se escriben con *h* inicial; así: *¡huich! ¡huiche!, ¡huichi!, ¡huichó!, huila, huil-huil, huiliento, huille, huillín, huina, huincha, huinche, huingán, huipil, huiquilite, huir, huira, huirica, huiro, huisache, huistora, huitrín.*

**hule** Caucho; tela barnizada. *Hulado, hulear.*

**hulla** Carbón. *Hullero -ra.*

**huma** Humita.

**humano -na** Del hombre. *Hu-*

*manal, humanar, humanidad, humanismo, humanista, humanístico -ca, humanitario, humanitarismo, humanizar.*

**Humberto -ta** Nombre de persona.

**humedecer** Mojar. *Humectar, humedad, húmedo -da.*

**humeón** Mata.

**húmero** Hueso del brazo. *Humeral.*

**humildad** Virtud derivada del sentimiento de inferioridad. *Humilde, humillación, humilladero, humillador -ra, humillante, humillar.*

**humita** Manjar.

**humo** Emanación de la combustión. *Humada, humarada, humarazo, humareda, humazo, humear, humero, humoso -sa.*

**humor** Líquido; disposición del ánimo. *Humorado -da, humoral, humorismo, humorista, humorístico -ca, humorosidad, humoroso.*

**humus** Mantillo.

**hundir** Meter en lo hondo. *Hundible, hundimiento.*

**Hungría** Nación de Europa. *Húngaro -ra.*

**huno -na** De un pueblo bárbaro.

**hupe** Descomposición de algunas maderas.

**hura** Carbunco.

**huracán** Viento impetuoso. *Huracanado -da.*

**huraco** Agujero. *Hureque.*

**huraño -ña** Que huye de las gentes. *Huraña.*

**Hurdes (las)** Comarca de Extremadura. *Hurdano -na.*

**hurgar** Remover. *Hurgador -ra, hurgandilla, hurgón, hurgonada, hurgonazo, hurgonear, hurguete, hurguetear.*

**hurí** Virgen del paraíso musulmán.

**hurón -rona** Mamífero. *Huronear, huronera.*

**¡hurra!** Interjección de alegría o de entusiasmo.

**hurtar** Robar a escondidas. *A hurtadillas, hurtador -ra, hurto.*

**húsar** Soldado de caballería ligera.

**husero** Cuerna del gamo.
**husmear** Rastrear con el olfato. *Husma, husmeador -ra, husmeo, husmo.*

**huso** Instrumento para torcer y arrollar el hilo; cilindro de un torno. *Husada, husillo.*
**Huss** Hereje bohemio. *Husita.*

**huta** Choza.
**hutía** Mamífero.
**¡huy!** Interjección que expresa dolor físico o asombro pueril.

# i

**Iahveh, Iahvé** Nombre de Dios en la Biblia.
**iatrogénico -ca** Causado por el médico.
**ib** Fríjol pequeño.
**Ibáñez** Apellido.
**ibaró** Árbol.
**Ibarra** Apellido.
**Iberia** Nombre antiguo de España. *Ibérico -ca, iberio -ria, ibero -ra o íbero -ra, Iberoamérica, iberoamericano -na.*
**íbice** Cabra montés.
**ibídem** En el mismo lugar.
**ibis** Ave.
**Ibiza** Isla de las Baleares. *Ibicenco -ca.*
**iceberg** Témpano de hielo.
**icneumón** Mamífero; insecto.
**icnografía** Delineación de la planta de un edificio. *Icnográfico -ca.*
**ictericia** Amarillez de la piel. *Ictérico -ca.*
**ictio-** Prefijo, 'de los peces'. *Ictiófago -ga, ictiografía, ictiología, ictiosauro.*
**ictus** Acento métrico.
**idolopeya** Figura retórica.
**Ifigenia** Personaje legendario griego.
**ignaro -ra** Ignorante.
**ignavia** Pereza.
**igneo -a** De fuego. *Ignición, ignífugo -ga, ignívomo -ma.*
**ignominia** Afrenta. *Ignominioso -sa.*
**ignorar** No saber. *Ignorancia, ignorante, ignoto -ta.*
**iguana** Reptil. También *higuana,* menos frecuente.

**ilación\*** Conexión lógica. *Ilativo -va.*
**ilegible** Que no puede leerse.
**ilegítimo -ma** No legítimo. *Ilegitimar, ilegitimidad.*
**ilercavón -vona** De una antigua región de España.
**ilergete** De una antigua región de España.
**iliberal** No liberal.
**Ilíberis, Iliberris** Antigua ciudad de España. *Iliberitano -na, iliberritano -na.*
**Iliturgi** Antigua ciudad de España. *Iliturgitano -na.*
**ilógico -ca** Sin lógica.
**imagen** Apariencia; reproducción; representación. *Imaginable, imaginación, imaginar, imaginario -ria, imaginativo -va, imaginería, imaginero -ra.*
**imbécil** Alelado. *Imbecilidad.*
**imbele** Incapaz de guerrear.
**imberbe** Sin barba.
**imbibición** Acción de embeber. *Imbíbito -ta.*
**imbira** Árbol.
**imbornal** Agujero, desaguadero.
**imborrable** Indeleble.
**imbuir** Infundir.
**imbunche** Brujo. *Imbunchar.*
**imilla** Criada india.
**imparisílabo -ba** Tipo de nombres latinos.
**impasse** Callejón sin salida.
**impávido -da** Imperturbable. *Impavidez.*
**impluvio** Espacio descubierto, en el atrio de las casas romanas.
**imprevisión** Falta de previ-

sión. *Imprevisible, imprevisor -ra, imprevisto -ta.*
**improbable** No probable. *Improbabilidad.*
**ímprobo -ba** No probo; excesivo (trabajo). *Improbidad.*
**impróvido -da** Desprevenido.
**improvisar** Repentizar. *Improvisación, improvisador -ra, improviso.*
**impúber** Que no ha llegado a la pubertad. *Impúbero -ra.*
**inabarcable** Que no se puede abarcar.
**inabordable** Que no se puede abordar.
**inacabable** Que no se puede acabar.
**inaccesible** No accesible. *Inaccesibilidad.*
**inacción** Falta de acción.
**inadvertencia** Falta de advertencia. *Inadvertido -da.*
**inajenable** Inalienable.
**inamovible** No amovible. *Inamovilidad.*
**inaveriguable** Que no se puede averiguar. *Inaveriguado -da.*
**incivil** Falto de civilidad. *Incivilidad.*
**inclusive** Con inclusión. *Inclusivo -va, incluyente.*
**incoación** Acción de incoar. *Incoativo -va.*
**incoherente** No coherente. *Incoherencia.*
**incombinable** Que no puede combinarse.
**incombustible** No combustible. *Incombustibilidad.*

**inconcebible** Que no puede concebirse.
**inconmovible** Que no se puede conmover.
**incontrovertible** Que no admite discusión.
**inconveniente** No conveniente. *Inconvenible, inconveniencia.*
**inconversable** Intratable.
**inconvertible** No convertible.
**incorrección** Calidad de incorrecto.
**incorregible** No corregible. *Incorregibilidad.*
**incubar** Empollar. *Incubación, incubadora.*
**íncubo** Demonio que tiene trato con una mujer.
**incultivable** Que no puede cultivarse.
**incumbir** Estar a cargo de uno. *Incumbencia.*
**incurvar** Poner curvo.
**indayé** Ave.
**indebido -da** Inadecuado; ilícito.
**indehiscente** No dehiscente.
**indeliberación** Falta de deliberación. *Indeliberado -da.*
**indevoto -ta** Falto de devoción. *Indevoción.*
**indicción** Convocación para un concilio; ciclo de 15 años.
**indígena** Originario del país. *Indigenismo, indigenista.*
**indigente** Pobre. *Indigencia.*
**indigesto -ta** Que no se digiere bien. *Indigestarse, indigerible, indigestión.*
**indigete** De una antigua región de España.
**indiligencia** Falta de diligencia.
**indiscreción*** Falta de discreción.
**individuo** Cada ser respecto a la especie. *Individuación, individual, individualidad, individualismo, individualista, individualizar, individuar.*
**indiviso -sa** No dividido. *Indivisibilidad, indivisible, indivisión.*
**indogermánico -ca** Indoeuropeo.
**indubitable** Indudable. *Indubitado -da.*

**inducción** Acción de inducir.
**indulgencia** Perdón. *Indulgente.*
**inejecución** Falta de ejecución.
**inembargable** Que no puede ser embargado.
**inequívoco -ca** Que no admite duda.
**inervación** Acción o distribución de los nervios.
**inescrutable*** Que no se puede adivinar.
**inevitable** Que no se puede evitar.
**inexacto -ta** Sin exactitud. *Inexactitud.*
**inexcogitable** Que no se puede excogitar.
**inexcusable** Que no se puede excusar.
**inexhausto -ta** Que no se agota.
**inexistente** Que no existe. *Inexistencia.*
**inexorable** Inflexible. *Inexorabilidad.*
**inexperto -ta** Sin experiencia. *Inexperiencia.*
**inexpiable** Que no se puede expiar.
**inexplicable** Que no se puede explicar.
**inexplorado -da** No explorado.
**inexplosible** Que no puede estallar.
**inexpresivo -va** Sin expresión.
**inexpugnable** Que no se puede expugnar.
**in extenso** Extensamente.
**inextenso -sa** Que carece de extensión. *Inextensible.*
**inextinguible** No extinguible.
**in extremis** En el último momento.
**inextricable** Que no se puede desenredar.
**infección** Acción de infectar. *Infeccioso -sa.*
**infectar*** Contaminar.
**infestar*** Invadir.
**inficionar*** Contagiar.
**inflación*** Desequilibrio económico. *Inflacionario -ria, inflacionismo, inflacionista.*
**inflexo -xa** Doblado. *Inflexibilidad, inflexible, inflexión.*

**infligir** Imponer (castigo, daño).
**influyente** Que influye.
**infracción** Quebrantamiento.
**in fraganti** En el momento del delito.
**infrahumano -na** Inferior al nivel humano.
**infraoctava** Espacio de seis días después de una festividad.
**infraorbitario -ria** En la parte inferior de la órbita.
**infringir** Quebrantar.
**ingenerable** Que no puede ser engendrado.
**ingenio** Espíritu de invención; habilidad; máquina. *Ingeniar, ingeniatura, ingeniería, ingeniero, ingeniosidad, ingenioso -sa.*
**ingénito -ta** Connatural.
**ingente** Muy grande.
**ingenuo -nua** Sincero, candoroso. *Ingenuidad.*
**ingerir*** Tragar. *Ingestión.*
**ingrávido -da** Sin peso. *Ingravidez.*
**ingurgitar** Engullir. *Ingurgitación.*
**inhábil** Torpe; no hábil. *Inhabilidad, inhabilitación, inhabilitar.*
**inhabitable** Que no se puede habitar. *Inhabitado -da.*
**inhacedero -ra** No hacedero.
**inhalar** Aspirar. *Inhalación, inhalador.*
**inherente** Esencial, propio. *Inherencia.*
**inhestar** Enhestar.
**inhibir** Impedir que se intervenga. *Inhibición, inhibitorio -ria.*
**inhonesto -ta** Deshonesto. *Inhonestidad.*
**inhóspito -ta** Poco acogedor. *Inhospedable, inhospitable, inhospitalario -ria, inhospitalidad.*
**inhumano -na** Falto de humanidad. *Inhumanidad, inhumanitario -ria.*
**inhumar** Enterrar. *Inhumación.*
**inimaginable** No imaginable.
**ininteligible** No inteligible.
**injerir*** Incluir; entremeter. *Injerencia, injeridura, injerta-*

dor, injertar, injertera, injerto -ta.
**inllevable** Intolerable.
**inmobiliario -ria** De inmuebles.
**inmóvil, inmovible** Que no se mueve. *Inmovilidad, inmovilizar.*
**innato -ta** Congénito. *Innatismo.*
**innatural** No natural.
**innavegable** No navegable.
**innecesario -ria** No necesario.
**innegable** No negable.
**innoble** No noble.
**innocuo -cua** Inofensivo. También (más frec.) *inocuo.*
**innominado -da** Sin nombre. *Innominable.*
**innovar** Introducir novedades. *Innovación, innovador -ra, innovamiento.*
**innumerable** Incontable. *Innumerabilidad, innúmero -ra.*
**inobediente** No obediente. *Inobediencia.*
**inobservable** Que no puede observarse. *Inobservancia, inobservante.*
**inolvidable** Que no puede olvidarse.
**inoxidable** Que no se oxida.
**insabible** Que no se puede saber.
**insalivar** Mezclar con saliva. *Insalivación.*
**insatisfacción** Falta de satisfacción.
**inscribir** Apuntar; trazar una figura dentro de otra. *Inscribible.*
**insectívoro -ra** Que come insectos.
**inservible** No servible.
**insobornable** Que no puede ser sobornado.
**insolvente** Que no tiene con qué pagar. *Insolvencia.*
**inspección** Examen, reconocimiento. *Inspeccionar.*
**instrucción** Acción de instruir.
**insuave** Desagradable. *Insuavidad.*
**insubordinar** Provocar la desobediencia. *Insubordinación.*
**insumergible** No sumergible.
**insurgente** Insurrecto.

**insurrección** Levantamiento. *Insurreccional, insurreccionar.*
**intangible** Que no puede tocarse. *Intangibilidad.*
**integérrimo -ma** Superlativo de *íntegro.*
**intelección** Acción de entender.
**inteligencia** Acción o facultad de comprender. *Inteligente, inteligibilidad, inteligible.*
**intercambio** Reciprocidad; comercio. *Intercambiable, intercambiar.*
**interdicción** Prohibición.
**interdigital** Que está entre los dedos.
**interjección** Exclamación. *Interjectivo -va.*
**intermaxilar** Que está entre los maxilares.
**interpaginar** Interfoliar.
**intersección** Punto en que se cortan dos líneas.
**interurbano -na** Entre ciudades distintas.
**intervalo** Distancia entre dos elementos de una serie.
**intervenir** Tomar parte. *Intervención, interventor -ra.*
**interyacente** Que está en medio.
**intoxicar** Envenenar. *Intoxicación.*
**intransigente** Que no transige. *Intransigencia.*
**introducción** Acción de introducir.
**introspección** Observación de la propia conciencia.
**introversión** Acción de abstraerse de todo lo externo. *Introverso -sa, introvertido -da.*
**intubar** Colocar en tubo. *Intubación.*
**inurbano -na** Sin urbanidad. *Inurbanidad.*
**invadeable** Que no se puede vadear.
**invadir** Entrar por fuerza; penetrar. *Invasión, invasor -ra.*
**invaginar** Doblar hacia dentro los bordes de un tubo. *Invaginación.*
**inválido -da** Inutilizado. *Invalidación, invalidar, invalidez.*
**invariable** Que no padece va-

riación. *Invariabilidad, invariación, invariado -da.*
**invectiva** Discurso o escrito violento.
**invencible** Que no puede ser vencido. *Invencibilidad.*
**invendible** Que no se puede vender.
**inventario** Asiento de bienes pertenecientes a uno. *Inventariar.*
**invento** Hallazgo, descubrimiento. *Invención, invencionero -ra, inventar, inventivo -va, inventor -ra.*
**inverecundo -da** Desvergonzado. *Inverecundia.*
**inverisímil** Inverosímil. *Inverisimilitud.*
**invernar** Pasar el invierno. *Inverna, invernáculo, invernada, invernadero, invernal, invernizo -za.*
**inverosímil** Sin apariencia de verdad. *Inverosimilitud.*
**invertebrado -da** No vertebrado.
**invertina** Fermento.
**invertir** Trastornar; emplear (tiempo, dinero). *Inversión, inverso -sa, inversionista, inversor -ra.*
**investigar** Hacer diligencias para descubrir. *Investigable, investigación, investigador -ra.*
**investir** Conferir una dignidad. *Investidura.*
**inveterado -da** Antiguo, arraigado. *Inveterarse.*
**invicto -ta** No vencido.
**invidente** Ciego. *Invidencia.*
**invierno** Estación del año.
**invigilar** Cuidar solícitamente.
**inviolable** Que no se puede violar. *Inviolabilidad, inviolado -da.*
**invisible** Que no se puede ver. *Invisibilidad.*
**invitar** Convidar. *Invitación, invitatorio -ria.*
**invocar** Pedir. *Invocación, invocador -ra, invocatorio -ria.*
**involución** Evolución regresiva.
**involucrar** Injerir cuestiones ajenas a la tratada.

**involucro** Parte de la flor.
**involuntario -ria** No voluntario. *Involuntariedad.*
**invulnerable** Que no puede ser herido. *Invulnerabilidad.*
**inyectar** Introducir un líquido con un instrumento. *Inyección, inyectable, inyector.*
**Irak** Estado de Asia. *Iraquí\** o *irakí.*
**iribú** Ave.
**irrebatible** Que no se puede rebatir.
**irreflexión** Falta de reflexión. *Irreflexivo -va.*

**irreivindicable** No reivindicable.
**irrelevante** No relevante. *Irrelevancia.*
**irreligión** Falta de religión. *Irreligiosidad, irreligioso -sa.*
**irreverencia** Falta de reverencia. *Irreverenciar, irreverente.*
**irrevocable** Que no se puede revocar. *Irrevocabilidad.*
**irubú** Ave.
**Isaac** Patriarca hebreo.
**Isabel** Nombre propio de mujer. *Isabelino -na.*
**isagoge** Exordio. *Isagógico -ca.*

**isba** Casa rústica de madera.
**Islam** Religión mahometana.
**isóbara\*** Línea que une todos los puntos que tienen la misma presión atmosférica. *Isobárico -ca.*
**istacayota** Variedad de calabaza.
**istmo** Lengua de tierra. *Istmeño -ña, ístmico -ca.*
**itaba** Planta.
**Iturbe, Iturbi, Iturbide** Apellidos.
**Iván** Nombre ruso de varón.
**Ivo** Nombre de varón.

# j

**jaba** Especie de saco.
**jabalcón** Madero ensamblado. *Jabalconar.*
**jabalí** Mamífero. *Jabalina, jabato.*
**jabalina** Arma arrojadiza.
**jabardo** Enjambre. *Jabardear, jabardilla.*
**jabear** Robar.
**jábega** Red; embarcación de pesca. *Jabegote, jabeguero -ra.*
**jabeque** Velero; herida en el rostro.
**jabera** Cante popular andaluz. También *javera.*
**jabí** Especie de manzana; árbol. *Jabillo, jabín.*
**jabirú** Yabirú.
**jabón** Producto que sirve para lavar. *Jabonada, jabonadura, jabonar, jabonería, jabonero -ra, jabonoso -sa.*
**jaborandi** Árbol.
**jabuco** Jaba.
**Jabugo** Pueblo de Huelva.
**jacapucayo** Árbol.
**Jacob** Patriarca hebreo.
**Jacobo -ba** Nombre de persona. *Jacobeo -a, jacobinismo,*

*jacobino -na, jacobita, jacobitismo.*
**jaharí** Especie de higo.
**jaharrar** Revocar. *Jaharro.*
**jaiba** Cangrejo de río; astuto. *Jaibería.*
**jalbegar** Enjalbegar. *Jalbegador -ra, jalbegue.*
**jamba** Pieza que sostiene el dintel. *Jambaje.*
**jarabe** Bebida medicinal. *Jarabear.*
**jarilla** Arbusto.
**Játiva** Pueblo de Valencia. *Jativés -vesa.*
**Java** Isla de Indonesia. *Javanés -nesa.*
**javera** Jabera.
**Javier -ra** Nombre de persona.
**jayabacaná** Árbol.
**jayajabico** Arbusto.
**jayán -yana** Gigante.
**jayao** Pez.
**jayún** Junco.
**jebe** Alumbre; caucho.
**Jebús** Nombre antiguo de Jerusalén. *Jebuseo -a.*
**jedive** Virrey de Egipto.

**jefe -fa** Superior, cabeza. *Jefatura.*
**Jehovah** o **Jehová** Dios.
**jeito** Red.
**jeja** Trigo candeal.
**jején** Insecto.
**jeme** Medida. *Jemal.*
**jenabe** o **jenable** Mostaza.
**Jenaro -ra** Nombre de persona.
**jengibre** Planta.
**jenizaro** Soldado turco. También *genízaro.*
**Jenófanes** Filósofo griego.
**Jenofonte** Historiador griego.
**jeque** Gobernador musulmán.
**jerarquía** Orden, categoría. *Jerarca, jerárquico -ca, jerarquizar.*
**jerbo** Mamífero roedor. También *gerbo.*
**Jeremías** Profeta hebreo. *Jeremiada, jeremiquear, jeremiqueo.*
**Jerez** Nombre de varios pueblos españoles. *Jerezano -na.*
**jerga** Tela; lenguaje especial; jerigonza. *Jergón, jergal.*
**jeribeque** Guiño, visaje.

**jericoplear** Fastidiar.
**jerife** Descendiente de Mahoma. *Jerifiano -na.*
**jerigonza** Lenguaje difícil de entender.
**jeringa** Instrumento para aspirar y expeler líquidos. *Jeringar, jeringazo.*
**jerjén** Jején.
**Jerjes** Rey persa.
**jeroglífico -ca** Tipo de escritura.
**Jerónimo -ma** Nombre de persona. *Jeronimiano -na.*
**jerpa** Sarmiento estéril.
**Jerusalén** Ciudad de Palestina. *Jerosolimitano -na.*
**Jesús** Segunda Persona de la Santísima Trinidad. *Jesucristo, jesuita, jesuítico -ca, jesuitina, jesuitismo.*
**jeta** Boca saliente; cara; hocico de cerdo. *Jetón -tona, jetudo -da.*
**Jezabel** Mujer bíblica.
**ji** Letra griega.
**jía** Planta.
**jíbaro -ra** Campesino.
**jibe** Cedazo.
**jibia** Molusco. *Jibión.*
**jícama** Planta.
**jicaque** Cerril.
**jícara** Vasija pequeña. *Jicarazo.*
**jícaro** Árbol.
**jicote** Insecto.
**jiennense** De Jaén. También, más raro, *giennense.*
**jifa** Desperdicio de matadero. *Jiferada, jijería, jifero -ra.*
**jifia** Pez espada.
**jiga** Giga.
**jigote** Gigote.
**jigua** Árbol.
**jiguagua** Pez.
**jigüe** Fantasma enano; árbol.
**jiguilete** Planta.
**jijallo** Caramillo.

**jijón** Árbol.
**Jijona** Pueblo de Alicante. *Con minúscula:* turrón. *Jijonenco -ca.*
**jilguero** Pájaro.
**jilibioso -sa** Melindroso.
**jilmaestre** Teniente de mayoral.
**jilote** Mazorca de maíz. *Jilotear.*
**jimagua** Gemelo.
**Jiménez, Jimeno** La forma de este apellido puede ser también *Giménez* y *Ximénez.* La más frecuente es con *j.* La más rara, como que obedece a un simple capricho arcaizante, es con *x.* En caso de duda debe emplearse la grafía indicada como más frecuente: *Jiménez.* En cuanto a los nombres de pila *Jimeno (Torredonjimeno)* y *Jimena,* solo está admitida la grafía con *j.* Como apellido, en cambio, es más frecuente la forma *Gimeno.*
**jimerito** Abeja.
**jimilile** Carrizo.
**jimio -mia** Simio.
**jindama** Miedo.
**jinestada** Salsa.
**jineta** Mamífero.
**jinete** El que monta a caballo. *Jineta, jinetear.*
**jinglar** Balancearse.
**jingoísmo** Patriotería exaltada. *Jingoísta.*
**jínjol** Azufaifa. *Jinjolero.*
**jiña** Pizca; excremento. *Jiñar.*
**jiñicuite** Árbol.
**jiote** Enfermedad cutánea.
**jipijapa** Sombrero de paja. *Jipa, jipe, jipi.*
**jipío** Lamento (en cante andaluz). *Jipar, jipiar.*
**jiquilete** Planta.
**jíquima** Jícama.
**jira** Pedazo que se corta o

rasga de una tela; merienda campestre. *Jirón, jironado -da.*
**jirafa** Mamífero. *Jiráfido -da.*
**jirel** Gualdrapa.
**jiricaya** Flan.
**jíride** Planta.
**jitomate** Planta.
**jiu-jitsu** Lucha japonesa.
**Job** Patriarca.
**jobo** Árbol.
**jocoyote** Benjamín.
**John** *Juan,* en inglés. *Johnson.*
**jollín** Gresca.
**jonjear** Hacer burla.
**Jorge** Nombre de varón.
**joroba** Corcova; fastidio. *Jorobar, jorobeta.*
**Jove** Júpiter.
**Jovellanos** Escritor español.
**joven** De poca edad. *Jovenado.*
**jovial** Alegre. *Jovialidad.*
**Jovita** Nombre de mujer.
**joya** Objeto de metal precioso. *Joyante, joyel, joyelero, joyería, joyero -ra.*
**joyo** Cizaña.
**jubilar** Eximir del servicio; alegrarse. *Jubilación, jubileo, júbilo, jubiloso.*
**jubo** Culebra.
**jubón** Vestidura. *Jubete, jubetería, jubetero.*
**jueves** Día de la semana.
**jurisdicción** Potestad de juzgar; autoridad. *Jurisdiccional.*
**jusbarba** Planta.
**jusello** Especie de potaje.
**Juvenal, Juvenco** Poetas latinos.
**Juvencio -cia** Nombre de persona.
**juventud** Edad de joven. *Juvenal, juvenil.*
**juvia** Árbol.
**juyaca** Procedimiento para encender fuego.

# k

**ka** Letra *k*.
**Kaaba (la)** Santuario del Islam.
**Kabul** Capital del Afganistán.
**káiser** Emperador de Alemania.
**kan** Príncipe o jefe, entre los tártaros.
**Kant** Filósofo alemán. *Kantiano -na, kantismo.*
**kappa** Letra griega.
**Karachi** Capital del Pakistán.
**karate** o **kárate** Lucha oriental.
**kéfir** Leche fermentada artificialmente.
**Kenia** Estado de África. *Keniano -na, keniata.*

**kermes** Quermes, insecto.
**kif** o **kifi** Cáñamo indio. También *quif.*
**kiliárea** Medida agraria. También puede escribirse *quiliárea,* aunque es raro.
**Kilimanyaro** Montaña de África.
**kilo** Apócope corriente de *kilogramo.* Es prefijo ('mil') que figura como primer elemento en unidades del sistema métrico decimal. En todos estos nombres puede sustituirse la *k* por *qu,* pero no es corriente. *Kilociclo, kilográmetro, kilogramo, kilolitro, kilómetro, kilovatio.*
**kimono** Quimono.

**kinesiterapia** Curación por masajes. También *quinesiterapia. Kinesiología, kinesiológico -ca, kinesiólogo -ga, kinesiterápico -ca* (o *quinesiología,* etc.).
**kiosko** o **kiosco** Quiosco.
**kirie** Invocación en la misa. *Kirial, kirieleisón.*
**kiwi** Ave; fruta tropical.
**Krause** Filósofo alemán. *Krausismo, krausista.*
**Kremlin** Residencia del gobierno ruso. *Kremlinólogo -ga.*
**Krisna** Diosa india.
**kulak** Propietario rural ruso.
**kurdo -da** Curdo.
**Kuwait** País de Arabia. *Kuwaití.*

# l

**lábaro** Estandarte.
**laberinto** Lugar formado por intrincados caminos. *Laberíntico -ca.*
**labiérnago** Planta.
**lábil** Que resbala fácilmente. *Labilidad.*
**labio** Parte exterior de la boca. *Labia, labiado -da, labial, labializar, labihendido -da, labiodental, labioso -sa.*
**labor** Trabajo. *Laborable, laboral, laborante, laborar, laboratorio, laborear, laboreo, laborera, laborero, laborío, laboriosidad, laborioso -sa, laborismo,* *laborista, laboralista, laborterapia.*
**lacayo** Criado. *Lacayuno -na.*
**ladilla** Insecto.
**ladillo** Texto impreso al margen.
**ladrillo** Pieza de arcilla cocida. *Ladrillado, ladrillar, ladrillazo, ladrillero -ra.*
**lagartijero -ra** Que caza lagartijas.
**lagena** Parte del oído.
**lambda** Letra griega. *Lambdacismo.*
**lambel** Figura de heráldica.

**Lamberto -ta** Nombre de persona.
**lampsana** Planta.
**landgrave** Título alemán. *Landgraviato.*
**Landívar** Apellido.
**lanuginoso -sa** Que tiene lanosidad.
**lanzacohetes** Que dispara cohetes.
**lanzallamas** Aparato que arroja líquido inflamable.
**larije** Arije.
**laringe** Órgano de la voz. *Laríngeo -a, laringitis.*

**larva** Fase de la metamorfosis. *Larvado -da, larval.*

**lascivo -va** Lujurioso; juguetón. *Lascivia.*

**látex** Goma, resina.

**Latvia** Letonia. *Latvio -via.*

**lava** Materia en fusión que sale de un volcán.

**lavanco** Pato salvaje.

**lavanda** o **lavándula** Espliego.

**lavar** Limpiar con agua. *Lava, lavable, lavabo, lavacaras, lavación, lavacoches, lavadero, lavado, lavador -ra, lavadura, lavafrutas, lavaje, lavajo, lavamanos, lavamiento, lavandero -ra, lavaojos, lavaplatos, lavativa, lavatorio, lavazas, lave, lavotear, lavoteo.*

**laxo -xa** Flojo. *Laxación, laxamiento, laxante, laxar, laxativo -va, laxidad, laxismo, laxista, laxitud.*

**laya** Pala; calidad, calaña. *Layador -ra, layar.*

**Layetania** Antigua región de España. *Layetano -na.*

**Layo** Personaje mitológico.

**lebaniego -ga** De Liébana (Santander).

**lebeche** Viento sudoeste.

**lebello** Cangrejo.

**leberquisa** Pirita magnética.

**lección** Enseñanza; lectura. *Leccionario, leccionista.*

**legendario -ria** De la leyenda.

**legible** Que se puede leer.

**legión** Cuerpo de tropa. *Legionario -ria.*

**legionense** Leonés.

**legista** El que se dedica a la jurisprudencia. *Legislación, legislador -ra, legislar, legislativo -va, legislatura, legisperito, legitimación, legitimar, legitimario -ria, legitimidad, legitimismo, legitimista, legítimo -ma.*

**leguleyo** Abogado.

**lejía** Agua con sales alcalinas. *Lejío.*

**lejísimos, lejitos** Superlativo y diminutivo del adv. *lejos.*

**lembario** Soldado que combatía a bordo.

**Leovigildo -da** Nombre de persona.

**Lesbos** Isla griega. *Lesbiano -na, lesbio -bia, lesbianismo, lésbico -ca.*

**lessueste** Viento medio entre el leste y el sueste.

**letárgico -ca** Que padece letargo.

**leva** Partida de las embarcaciones; recluta; acción de levantar. *Levada, levadero -ra, levadizo -za, levador, levadura, levar.*

**levantar** Elevar. *Levantador -ra, levantamiento, levante, levantino -na, levantisco -ca.*

**leve** Ligero. *Levedad, levirrostro.*

**Leví** Personaje bíblico. *Levita, levítico -ca.*

**Leviatán** Monstruo marino de la Escritura.

**levigar** Desleír en agua. *Levigación.*

**levirato** Precepto mosaico relativo al matrimonio.

**levisa** Pez.

**levita** Ropa de hombre.

**levitar** Elevarse por causa no física. *Levitación.*

**levógiro -ra** Que desvía a la izquierda el plano de polarización de la luz. *Levoglucosa.*

**léxico** Vocabulario. *Lexicografía, lexicográfico -ca, lexicógrafo, lexicología, lexicológico -ca, lexicólogo, lexicón.*

**leyenda** Narración con un fondo real; inscripción. *Leyendario -ria.*

**Leyte** Isla de las Filipinas.

**Líbano** Estado de Asia. *Libanés -nesa.*

**libar** Chupar el jugo. *Libación, libamen, libamiento, libatorio -ria.*

**libela** Moneda romana.

**libelo** Escrito infamatorio; memorial; certificado. *Libelar, libelático -ca, libelista.*

**libélula** Insecto.

**líber** Parte de la corteza vegetal.

**Liberata** Nombre de mujer.

**Liberia** Estado de África.

**libertad** Cualidad de libre. *Liberación, liberador -ra, liberal, liberalidad, liberalismo, liberalizar, liberar, libérrimo -ma, libertador -ra, libertar, libertario*

**-ria, liberticida, libertinaje, libertino -na, liberto -ta.**

**Libia** Estado de África. *Líbico -ca, libio -bia.*

**libídine** Lujuria. *Libidinoso -sa, libido.*

**Liborio -ria** Nombre de persona.

**licnobio -bia** Que vive siempre con luz artificial.

**licuefacción** Acción de licuar.

**Liébana** Valle de Santander.

**ligero -ra** Que pesa poco. *Ligerear, ligereza.*

**ligio** Forma de feudo.

**limalla** Conjunto de limaduras.

**limbo** Lugar de ultratumba; parte de la hoja.

**linajista** El entendido en linajes.

**linfangitis** Inflamación de los vasos linfáticos.

**liquidámbar** Líquido balsámico.

**Lisboa** Capital de Portugal. *Lisboeta, lisbonense, lisbonés -nesa.*

**lisonjear** Adular. *Lisonjeador -ra, lisonjero -ra.*

**Liszt** Compositor húngaro.

**litargirio** o **litarge** Óxido de plomo.

**litigio** Pleito. *Litigioso -sa.*

**liturgia** Culto público y oficial. *Litúrgico -ca, liturgista.*

**Liuva** Nombre de dos reyes visigodos.

**liviano -na** Leve. *Liviandad.*

**lívido -da** Amoratado. *Lividez, livor.*

**Livio -via** Nombre de persona.

**Livonia** Antigua región de Rusia. *Livonio -nia.*

**lixiviar** Separar una sustancia soluble de otra insoluble.

**llaca** Comadreja pequeña.

**llaga** Úlcera. *Llagar.*

**llallí** Palomita de maíz.

**llama** Masa gaseosa en combustión; terreno pantanoso; mamífero. *Llamarada, llamargo, llamarón, llamazar, llamear.*

**llamar** Convocar; atraer. *Llamada, llamadera, llamador, llamamiento, llamativo -va.*

**llambria** Plano inclinado de una peña.

**llame** Trampa para pájaros.

**llampo** Polvo de mineral.

**llanca** Mineral de cobre.

**Llanes** Pueblo de Asturias. *Llanisco -ca.*

**llanito -ta** Gibraltareño.

**llano -na** Plano; accesible, sencillo. *Llana, llanada, llanero -ra, llaneza, llanura.*

**llanque** Sandalia.

**llanta** Cerco metálico exterior de la rueda; berza.

**llantén** Hierba.

**llanto** Lloro. *Llantera, llantería, llanterío, llantina.*

**llapa, llapar** Yapa, yapar.

**llapango -ga** Descalzo.

**llares** Cadena de hierro pendiente en el cañón de la chimenea.

**llareta** Planta.

**llaucana** Barreta corta.

**llaullau** Hongo.

**llaupangue** Planta.

**llauquearse** Desmoronarse.

**llave** Instrumento para abrir o cerrar puertas. *Llavazo, llavero -ra, llavín.*

**lleco -ca** (Campo) erial.

**llegar** Alcanzar el término. *Llegada.*

**lleivún** Planta.

**lleno -na** Pleno, repleto. *Llena, llenador -ra, llenar, llenero -ra, llenura.*

**llera** Cascajar.

**llerén** Planta.

**lleta** Tallo recién nacido.

**lleudar** Dar fermento.

**lleulle** Inútil.

**lleuque** Árbol.

**llevar** Transportar. *Lleva, llevada, llevadero -ra, llevador -ra.*

**lligues** Habas usadas para jugar.

**Llobregat** Río de Cataluña.

**lloica** Pájaro.

**llorar** Derramar lágrimas. *Lloradera, llorador -ra, lloraduelos, lloresa, lloriquear, lloriqueo, lloro, llorón -rona, lloroso -sa.*

**lloredo** Lauredal.

**Llorens, Llorente** Apellidos.

**llosa** Terreno labrantío.

**llover** Caer agua de las nubes. *Llovedizo -za, llovizna, lloviznar, lluvia, lluvioso -sa.*

**Llovera, Lloveras** Apellidos. También *Llobera(s).*

**llueca** Clueca.

**Llull o Lull** Lulio, escritor español.

**lluqui** Zurdo.

**lobado -da** Lobulado.

**lobagante** Bogavante.

**lobanillo** Tumor.

**lobelia** Planta. *Lobeliáceo -a.*

**lobina** Róbalo.

**lobo -ba** Mamífero. *Lobato, lobear, lobero -ra, lobezno, lobuno -na.*

**lóbulo** Parte, en manera de onda, en el borde de una cosa; parte inferior de la oreja. *Lobulado -da.*

**locomóvil** Que puede llevarse de un sitio a otro.

**locumba** Aguardiente.

**logia** Local donde se reúnen los francmasones.

**lógica** Rama de la filosofía. *Lógico -ca.*

**logística** Movimiento de tropas. *Logístico -ca.*

**Lohengrin** Hijo de Parsifal.

**lojeño -ña** De Loja (Granada).

**lombarda** Variedad de berza; bombarda.

**Lombardía** Región de Italia. *Lombardo -da.*

**lomienhiesto -ta** o **lominhiesto -ta** Alto de lomos; engreído.

**longevo -va** Muy anciano. *Longevidad.*

**longincuo -cua** Distante.

**Longinos** Nombre de varón.

**longísimo -ma** Muy luengo.

**longitud** Cualidad de largo; distancia de un punto a un meridiano. *Longitudinal.*

**longobardo -da** De una tribu germánica.

**lonjear** Hacer lonjas.

**losange** Rombo.

**Lovaina** Ciudad de Bélgica. *Lovaniense.*

**loxodromia** Curva trazada sobre una superficie esférica.

**loyo** Hongo.

**Lozoya** Río de Madrid.

**lubigante** Bogavante.

**lubina** Róbalo.

**Lucayas** Islas Bahamas.

**Ludovico** Nombre de varón.

**Lull o Llull** Lulio, escritor español.

**lumbar** De los lomos. *Lumbago.*

**lumbeta** Plegadera.

**luxación** Dislocación. *Luxar.*

**Luxemburgo** Estado de Europa. *Luxemburgués -guesa.*

**Luzbel** Lucifer.

# m

**mabinga** Tabaco malo.
**mabita** Mal de ojo.
**Macabeo** Nombre de varios personajes de la Biblia.
**macabí** Pez.
**Macbeth** Protagonista de una tragedia de Shakespeare.
**machihembrar** Ensamblar.
**macolla** Conjunto de vástagos o flores que nacen de un mismo pie. *Macollar, macollo.*
**macrobiótica** Arte de prolongar la vida.
**macsura** Parte de la mezquita.
**macuba** Tabaco; insecto.
**macurije** Árbol.
**madreselva** Arbusto.
**Magallanes** Descubridor portugués. *Magallánico -ca.*
**magia** Ciencia oculta. *Mágico -ca.*
**magiar** Húngaro.
**magín** Imaginación. *Con mayúscula:* Nombre de varón.
**magisterio** Enseñanza y gobierno del maestro. *Magisterial, magistral, magistralia.*
**magistrado** Superior en el orden civil. *Magistratura.*
**magma** Masa ígnea interior de la Tierra.
**Magreb\*** Región noroeste de África. *Magrebí.*
**magullar** Causar contusiones. *Magulladura, magullamiento, magullón.*
**Mahoma** Fundador de la religión musulmana. *Mahometano -na, mahomético -ca, mahometismo, mahometista, mahometizar.*
**Mahón** Ciudad de Menorca. *Mahonés -nesa.*
**mahona** Embarcación turca.
**Majencio** Emperador romano.

**majeño** Plátano.
**majestad** Grandeza; título. *Majestoso -sa, majestuoso -sa, majestuosidad.*
**majeza** Calidad de majo. *Majencia.*
**Majzén** En Marruecos, gobierno.
**Malabar** Región del Indostán. *Malabar, malabárico -ca, malabarista.*
**malacopterigio -gia** Grupo de peces.
**malambo** Árbol.
**malarrabia** Dulce.
**malatoba o malatobo** Gallo.
**malaventura** Desventura. *Malaventurado -da, malaventuranza.*
**malaya** Carne de vaca.
**malayo -ya** De una raza asiática.
**malbaratar** Vender a bajo precio. *Malbaratador -ra, malbaratillo.*
**Maldivas** Islas del Océano Índico.
**malévolo -la** Inclinado a hacer mal. *Malevo -va, malevolencia.*
**malgeniado -da** De mal genio. *Malgenioso, -sa.*
**malhablado -da** Atrevido en el hablar.
**malhadado -da** Infeliz.
**¡malhaya!** ¡Mal haya!
**malhecho -cha** De cuerpo mal formado.
**malhechor -ra** Que comete acciones culpables.
**malherir** Herir gravemente.
**malhojo** Hojarasca.
**malhumor** Mal talante. También *mal humor. Malhumorado -da, malhumorar.*
**malla** Cada uno de los cuadri-

láteros que forman el tejido de una red. *Mallar, mallero.*
**Malleco** Provincia de Chile. *Mallequino -na.*
**mallico** Planta.
**mallo** Mazo; guiso de patatas. *Malleto.*
**Mallorca** Isla de las Baleares. *Mallorquín -quina.*
**malpigiáceo -a** Familia de plantas.
**maltrabaja** Persona holgazana.
**malva** Planta. *Malváceo -a, malvar, malvarrosa, malvavisco.*
**malvado -da** Perverso. *Malvar.*
**malvasía** Uva muy dulce.
**malvender** Malbaratar.
**malversar** Invertir fondos ilícitamente. *Malversación, malversador -ra.*
**malvezar** Acostumbrar mal.
**Malvinas** Islas del Atlántico. *Malvinense, malvinero -ra.*
**malvís, malviz** Pájaro.
**malvivir** Vivir mal.
**mamacallos** Mentecato.
**mambí -bisa** Cubano insurrecto contra España.
**mamboretá** Insecto.
**mambullita** Juego de la gallina ciega.
**mamella** Apéndice que cuelga del cuello de algunos animales. *Mamellado -da.*
**mamut** Animal prehistórico.
**mancebo** Soltero; joven; dependiente. *Manceba, mancebía.*
**mancilla** Mancha. *Mancillar.*
**mandíbula** Quijada. *Mandibular.*
**mandubí** Maní.
**manguruyú** Pez.

481

**manialbo -ba** (Caballo) calzado de ambas manos.

**manijero** Capataz.

**manillar** Pieza de la bicicleta.

**maniluvio** Baño de manos.

**manivacío -a** Con las manos vacías.

**manivela** Manubrio.

**manjelín** Unidad de peso.

**manojear** Poner en manojo.

**mansalva (a)** Sin ningún peligro.

**mantilla** Prenda que cubre la cabeza. *Mantellina.*

**mantillo** Capa del suelo.

**manuella** Barra del cabrestante.

**manuscribir** Escribir a mano.

**manvacío -a** Manivacío.

**Maquiavelo** Escritor italiano. *Maquiavélico -ca, maquiavelismo, maquiavelista.*

**maquillar** Embellecer. *Maquillador -ra, maquillaje.*

**marabuto** Morabito.

**Maracaibo** Ciudad de Venezuela. *Marabino -na, maracaibero -ra.*

**maracayá** Mamífero carnicero.

**maravedí** Moneda española antigua. *Maravedinada.*

**maravilla** Suceso extraordinario. *Maravillar, maravilloso -sa.*

**marbella** Ave. Con mayúscula: Pueblo de Málaga. *Marbellí.*

**marbete** Rótulo.

**mare mágnum\*** Cantidad confusa de cosas.

**margajita** Pirita.

**margallón** Palmito.

**margen** Borde, orilla. *Marginado -da, marginal, marginar, marginación.*

**margrave** Título alemán. *Margraviato.*

**margullo** Acodo. *Margullar.*

**marhojo** Malhojo.

**marihuana** Cáñamo índico.

**marimba** Instrumento musical.

**marisabidilla** Mujer presumida de sabia.

**marmajera** Salvadera, arenero.

**marmella** Mamella. *Marmellado -da.*

**Marrakech\*** Ciudad de Marruecos.

**marranalla** Canalla.

**marrubio** Planta. *Marrubial.*

**marrullería** Halago engañoso. *Marrulla, marrullero -ra.*

**Marsella** Ciudad de Francia. *Marsellés -llesa.*

**martellina** Martillo de cantero.

**martillo** Herramienta. *Martillada, martillador -ra, martillar, martillazo, martillear, martilleo.*

**martirologio** Catálogo de los mártires.

**marullo** Mareta.

**Marx** Teórico del socialismo. *Marxismo, marxista.*

**masageta** De un antiguo pueblo de Asia.

**masajista** El que da masaje.

**mascabado -da** (Azúcar) envasado con su melaza.

**mascullar** Hablar entre dientes.

**masejicomar** Juego de manos.

**mastaba** Sepultura egipcia.

**masturbarse** Procurarse goce sexual. *Masturbación.*

**matabuey** Amarguera.

**matacallos** Planta.

**matagallegos** Planta.

**matagallina** Planta.

**matagallos** Planta.

**matahambre** Dulce.

**matalahúga** o **matalahúva** Anís.

**matalobos** Planta.

**matapolvo** Lluvia pasajera.

**matarrubia** Planta.

**matasellos** Estampilla con que se inutilizan los sellos de las cartas.

**matihuelo** Dominguillo.

**maullar** Gritar el gato. *Maullador -ra, maullido, maúllo.*

**Mavorte** El dios Marte.

**maxilar** Hueso de la mandíbula.

**máxima** Sentencia.

**máximo -ma** El mayor. *Maximalismo, máximamente,*

*máxime, maximizar, máximum.*

**maxwell** o **maxvelio** Unidad física.

**maya** De una raza americana; planta.

**mayal** Palo del que tira la caballería en los molinos de aceite.

**mayar** Maullar. *Mayador -ra, mayido.*

**mayate** Insecto.

**mayestático -ca** De la majestad.

**mayo** Mes. *Mayear.*

**mayólica** Loza.

**mayonesa** Salsa mahonesa.

**mayor** Comparativo de superioridad de *grande;* superior de alguna comunidad o cuerpo. *Mayora, mayoral -la, mayorazgo -ga, mayordomo -ma, mayordomear, mayordomía, mayoría, mayoridad, mayorista, mayoritario -ria, mayúsculo -la.*

**medalla** Pedazo de metal acuñado. *Medallón.*

**Medellín** Ciudad de Extremadura; ciudad de Colombia. *Medellinense.*

**medievo** o **medioevo** Edad Media. *Medieval, medioeval, medievalismo, medievalista.*

**mehala** En Marruecos, cuerpo de ejército regular.

**meistersinger** Poetas alemanes de la Edad Media.

**mejer** Mecer, remover.

**Mejía** Apellido.

**Méjico\*** Estado de América. También *México. Mejicanismo, mejicano -na* (o *mexicanismo, mexicano*).

**mejilla** Prominencia debajo del ojo.

**mejillón** Molusco.

**mejunje** Cosmético o medicamento.

**Melilla** Ciudad española. *Melillense.*

**mella** Hendedura en el filo de un arma. *Melladura, mellar.*

**mellizo -za** Gemelo.

**mellón** Manojo de paja encendida.

**melva** Pez.

**menchevique** Socialista ruso moderado.
**menegilda** Criada.
**mendelevio** Elemento.
**menhir** Monumento megalítico.
**meninge** Membrana que envuelve el encéfalo. *Meníngeo -a, meningitis.*
**menjunje, menjurje** Mejunje.
**menologio** Martirologio griego.
**menorragia** Menstruación excesiva.
**menoscabar** Mermar, deslucir. *Menoscabador -ra, menoscabo.*
**mentirijillas (de)** De burlas.
**meollo** Encéfalo; médula. *Meollar.*
**merdellón -llona** Criado sucio.
**Meroveo** Rey franco. *Merovingio -gia.*
**mesotórax** Parte del tórax de los insectos.
**metabolismo** Conjunto de cambios químicos que se producen en las células vivas. *Metabólico -ca.*
**metalla** Pedazos pequeños de oro.
**metalurgia** Industria de los metales. *Metalúrgico -ca.*
**metatórax** Parte del tórax de los insectos.
**metazoo** Subreino de animales.
**metempsícosis o metempsicosis** Transmigración de las almas.
**metralla** Conjunto de pedazos menudos de hierro que resultan de una explosión. *Metrallazo, metralleta.*
**metrorragia** Hemorragia de la matriz.
**México** Méjico. *Mexicanismo, mexicano -na.*
**meya** Noca, crustáceo.
**mialgia** Dolor muscular.
**micción** Acción de orinar.
**microbio** Ser microscópico. *Microbiano -na, microbiología, microbiológico -ca, microbiólogo -ga.*

**mihrab** Lugar de la mezquita.
**mije** Árbol.
**milhojas** Milenrama.
**milibar** Unidad de presión.
**milla** Medida itineraria.
**millaca** Cañota.
**millar** Conjunto de mil unidades. *Millarada.*
**millo** Mijo.
**millón** Mil millares. *Millonada, millonario -ria, millonésimo -ma.*
**mimbar** Púlpito de las mezquitas.
**Minerva** Diosa griega. *Con minúscula:* inteligencia; prensa tipográfica. *Minervista.*
**mingitorio** Urinario.
**minnesinger** Poetas alemanes de la Edad Media.
**minusvalía** Disminución del valor. *Minusvalorar.*
**minusválido -da** Incapacitado. *Minusvalidez.*
**mirabel** Planta.
**mirabolano, mirabolanos, mirobálano o mirobálanos** Árbol.
**mirobrigense** De Ciudad Rodrigo (Salamanca).
**Misisipí\*** Río de Estados Unidos.
**misógino -na** Que odia a las mujeres. *Misoginia.*
**mistagógico -ca** Del mistagogo.
**mistificar\*** Embaucar o falsear. También *mixtificar. Mistificador -ra* (o *mixtificación, mixtificador*).
**Misuri** Río de Estados Unidos.
**mitayo** Trabajador indio.
**mixedema** Tipo de edema.
**mixomatosis** Enfermedad de los conejos.
**mixomiceto** Clase de hongos.
**mixtela** Bebida. También (más frec.) *mistela.*
**mixto -ta** Mezclado. *Mixtifori, mixtilíneo -a, mixtión, mixtura, mixturar, mixturero -ra.*
**Mnemósine** Diosa de la memoria. *Mnémico -ca, mnemónica, mnemotecnia, mnemotécnico -ca.* Estas palabras pueden escribirse también sin la *m* inicial: *nemotecnia,* etc.

**Moab** Región de la Arabia Pétrea. *Moabita.*
**mobiliario -ria** Mueble; moblaje.
**mocárabe** Adorno arquitectónico.
**modillón** Saliente que sirve de adorno.
**mogollón (de)** Descuidadamente.
**Mogreb** Región noroeste de África. *Mogrebí.*
**mogrollo** Gorrista.
**moharra** Punta de lanza.
**moharrache o moharracho** Persona ridícula.
**mohatra** Fraude. *Mohatrar, mohatrero -ra.*
**moheda** Monte alto. *Mohedal.*
**moheña** Clase de ortiga.
**mohín** Mueca. *Mohíno -na.*
**moho** Capa de hongos. *Mohecer, mohosearse, mohoso -sa.*
**mojábana** Torta.
**mojabobos** Calabobos.
**moje** Caldo.
**mojel** Cajeta de meollar.
**mojera** Mostellar.
**mojicón** Bollo; puñetazo en la cara. *Mojí.*
**mojiganga** Fiesta pública; obrilla dramática jocosa.
**mojigato -ta** Que afecta piedad o modestia. *Mojigatería, mojigatez.*
**mojinete** Albardilla; caballete.
**Moldavia** Antigua región de Europa central. *Moldavo -va.*
**molibdeno** Metal.
**molla** Parte magra de la carne. *Mollar, mollear, molledo, molleja, mollejón, mollera, mollero, molleta, mollete, molletero -ra, molletudo -da, mollificar.*
**molle** Árbol.
**mollizna** Llovizna. *Mollinear, mollino -na, molliznar, molliznear.*
**monje** Religioso de una orden monacal. *Monjía, monjil, monjío.*
**monogenismo** Doctrina de la raza originaria única. *Monogenista.*
**monosabio** Mozo que trabaja en la plaza de toros.
**monosílabo -ba** De una sí-

laba. *Monosilábico -ca, monosilabismo.*

**monovalente** Que tiene una valencia.

**Monóvar** Ciudad de Alicante.

**Monrovia** Capital de Liberia.

**Montalbán** Apellido. También, más raro, *Montalván.*

**Montalvo** Apellido.

**montepío\*** Establecimiento de socorros mutuos.

**Montevideo** Capital del Uruguay. *Montevideano -na.*

**montubio -bia** Montaraz.

**morabito** o **morabuto** Ermitaño mahometano.

**moradux** Almoradux.

**Moravia** Región de la Europa central. *Moravo -va.*

**mórbido -da** Blando; enfermo. *Morbidez, morbífico -ca, morbilidad, morbo, morboso -sa.*

**morcella** Chispa que salta del pábilo.

**mordihuí** Gorgojo.

**moribundo -da** Que está muriendo.

**morigerar** Evitar los excesos. *Morigeración.*

**moriviví** Planta.

**morralla** Conjunto de cosas de poco valor.

**morrocoyo** Tortuga.

**morulla** Morcilla.

**moscella** Morcella.

**Moscovia** Antigua región de Rusia. *Moscovita, moscovítico -ca.*

**mostellar** Árbol.

**moteje** Acción de motejar.

**motivo** Causa. *Motivación, motivador -ra, motivar.*

**motonave** Nave de motor.

**mover** Trasladar; menear. *Movedido -za, movedor -ra, movible, moviente, móvil, movilidad, movilización, movilizar, movimiento.*

**moviola** Máquina usada en el montaje cinematográfico.

**moxa** Cauterización.

**moxte** → OXTE.

**Moya** Apellido.

**moyana** Pieza de artillería; mentira; pan de salvado.

**moyo** Medida de áridos.

**moyote** Mosquito.

**mozalbete, mozalbillo** Diminutivos de *mozo.*

**mozallón** Aumentativo de *mozo.*

**mozárabe** Cristiano que vivía entre los musulmanes. *Mozarabía, mozarabismo.*

**mucilaginoso -sa** Que contiene mucílago.

**muelle** Blando; pieza elástica de metal; dique, andén. *Muellaje.*

**Múgica** Apellido. También *Mújica.*

**múgil** Mújol, pez.

**mugir** Gritar las reses vacunas. *Mugidor.*

**mujer** Persona del sexo femenino. *Mujerengo, mujerero, mujeriego -ga, mujeril, mujerío.*

**mujik** Campesino ruso.

**mullir** Esponjar; ablandar. *Mullidor -ra.*

**mullo** Cuentecilla de vidrio.

**mundonuevo** Cajón que contiene un cosmorama portátil. *Mundinovi.*

**Múnich** Ciudad alemana.

**muralla** Muro.

**murmullo** Ruido sordo y confuso. *Murmullar.*

**murucuyá** Planta.

**Murviedro** Ciudad de Valencia. *Murviedrés -dresa.*

**muzárabe** Mozárabe.

# n

**naba** Planta.

**nabab** Príncipe indio.

**nabateo -a** De un pueblo de la Arabia Pétrea.

**nabí** Profeta (entre los moriscos).

**nabo** Planta. *Nabal, nabar, nabería, nabicol, nabina, nabiza.*

**Nabor** Nombre de varón.

**naborí** Criado indio americano. *Naboría.*

**Nabucodonosor** Rey de Babilo

**nahua, náhuatl** o **nahuatle**

Lengua de los indios mejicanos. *Nahuatlismo.*

**Nájera** Ciudad de Logroño.

*Najerano -na, najerense, najerino -na.*

**nambí** (Caballo) de orejas caídas.

**nambira** Vasija.

**naranjero -ra** De la naranja.

**Narbona** Ciudad de Francia. *Narbonense, narbonés -nesa.*

**nártex** Parte de una basílica cristiana.

**Narváez** Apellido.

**narval** Cetáceo.

**nasofaríngeo -a** Que está en la faringe, detrás de las fosas nasales.

**nativo -va** Que nace naturalmente. *Natividad, nativismo.*

**nauseabundo -da** Que produce náuseas.

**nava** Llanura entre montañas. *Navacero -ra, navazo.*

**navaja** Cuchillo. *Navajada, navajazo, navajero.*

**navajo** Indio norteamericano.

**Navarra** Provincia española. *Navarro -rra.*

**nave** Barco. *Naval, navarca,*

navegable, navegación, navegador -ra, navegante, navegar, naveta, navícula, navicular, naviculario, naviero -ra, navío.
**Navidad** Fiesta del nacimiento de Jesucristo. *Navideño -ña.*
**náyade** Ninfa de los ríos.
**Nayarit** Estado mejicano. *Nayarita, nayaritense.*
**nayuribe** Planta.
**nazi** Nacionalsocialista. *Nazismo.*
**Neanderthal** Raza prehistórica.
**nébeda** Planta.
**nebí** Neblí.
**nebulón** Hombre taimado.
**nebuloso -sa** Velado por niebla o nubes. *Nebulosidad.*
**nefelibata** Que anda por las nubes.
**negligente** Descuidado. *Negligencia.*
**Nehemías** Jefe judío del Antiguo Testamento.
**nejayote** Agua con ceniza.
**neógeno -na** De una parte del período terciario.
**neologismo** Vocablo nuevo. *Neológico -ca.*
**neoyorquino -na** De Nueva York.
**neozelandés* -desa** De Nueva Zelanda. También *neocelandés.*
**Nerva** Emperador romano.
**nervio** Órgano del cuerpo; vigor; fibra. *Nervadura, nérveo -a, nerviación, nervino -na, nerviosidad, nerviosismo, nervioso -sa, nervosidad, nervosismo, nervoso -sa, nervudo -da, nervura.*
**Nervión** Río de Vizcaya.
**neumotórax** Introducción de aire en la pleura.
**neuralgia** Dolor nervioso. *Neurálgico -ca.*
**nexo** Unión.
**nevar** Caer nieve. *Nevada, nevasca, nevatilla, nevazo, nevera, nevero, nevisca, neviscar, nevoso -sa, nieve, níveo -a, nivoso -sa.*

**Nibelungos** Hombres de la mitología germánica.
**nictagináceo -a** Familia de plantas.
**Nietzsche** Filósofo alemán.
**nieve** Copos blancos que caen de las nubes. (→ NEVAR.)
**Níger** Río de África. *Nigeria, nigeriano -na.*
**nigérrimo -ma** Muy negro.
**nihilismo** Doctrina filosófica o política. *Nihilista.*
**Nike** Diosa de la victoria.
**nimbo** Aureola. *Nimbar.*
**Nínive** Antigua ciudad de Asia. *Ninivita.*
**Niobe** Mujer mitológica.
**niobio** Metal.
**nirvana** En el budismo, suprema beatitud.
**nitrobencina** Cuerpo químico.
**nitrógeno** Elemento gaseoso. *Nitrogenado -da.*
**nivel** Grado de elevación de un plano horizontal. *Nivelación, nivelador -ra, nivelar.*
**nixtamal** Maíz cocido con agua y ceniza.
**Nobel** Químico fundador de los Premios que llevan su nombre.
**nobilísimo -ma** Muy noble.
**Nochebuena** Noche de la vigilia de Navidad.
**Nochevieja** Noche de fin de año.
**noctámbulo -la** Que anda por la noche. *Noctambulismo.*
**noctívago -ga** Noctámbulo.
**no más** Nada más. En Méjico, *nomás*\*.
**nomeolvides** Flor de la raspilla.
**nomparell** Carácter de imprenta.
**nonagésimo -ma** Que ocupa el lugar noventa. *Nonagenario -ria.*
**noningentésimo -ma** Que ocupa el lugar novecientos.
**norabuena** Enhorabuena.
**Norberto -ta** Nombre de persona.

**nosogenia** Origen de las enfermedades.
**nostalgia** Pena por la ausencia. *Nostálgico -ca.*
**notabilísimo -ma** Muy notable.
**Novaciano** Hereje. *Novacianismo, novaciano -na.*
**Novato -ta** Nombre de persona.
**novecientos** Número.
**novedad** Calidad de nuevo. *Novación, novador -ra, noval, novar, novatada, novato -ta, novedoso -sa, novel, noviciado, novicio -cia.*
**novela** Obra literaria. *Novelador -ra, novelar, novelería, novelero -ra, novelesco -ca, novelista, novelística, novelón.*
**Novelda** Pueblo de Alicante.
**noveno -na** Adjetivo numeral. *Novén, novenario, novendial.*
**noventa** Adjetivo numeral. *Noventavo, noventón -tona.*
**noventayochista*** De la Generación del Noventa y Ocho.
**noviembre** Mes del año.
**novillo -lla** Toro o vaca de dos años. *Novillada, novillero.*
**novilunio** Conjunción de la Luna con el Sol.
**novio -via** Prometido. *Noviazgo.*
**novísimo -ma** Muy nuevo.
**noyó** Licor.
**nube** Masa de partículas de agua en suspensión. *Nubado -da, nubarrado -da, nubarrón, nubífero -ra, nubiloso -sa, nubosidad, nuboso -sa.*
**Nubia** Región de África. *Nubiense, nubio -bia.*
**núbil** En edad de casarse. *Nubilidad.*
**nueve** Número. *Nueve mil* se escribe en dos palabras.
**nuevo -va** Recién hecho; que se ve por primera vez.
**Nuremberg*** o **Nuremberga** Ciudad alemana.
**ny** Letra griega.

485

# O

**Oaxaca** Estado mejicano. *Oaxaqueño -ña.*

**Obando** Apellido. Más frecuentemente *Ovando.*

**Obarenes** Montes de Burgos.

**Obdulia** Nombre de mujer.

**obedecer** Cumplir la voluntad de otro. *Obedecible, obedecimiento, obediencia, obediencial, obediente.*

**obelisco** Monumento. *Óbelo.*

**obenque** Cabo. *Obencadura.*

**Oberón** Rey de las hadas.

**obertura** Pieza orquestal.

**obeso -sa** Grueso. *Obesidad.*

**Obi** Río de Siberia.

**óbice** Obstáculo.

**obispo** Prelado que gobierna una diócesis. *Obispado, obispal, obispalía, obispillo, obispar.*

**óbito** Fallecimiento. *Obituario -ria.*

**obiubi** Mono.

**objeción\*** Reparo. *Objetar, objetante, objetor -ra.*

**objeto** Cosa; materia; fin. *Objetivación, objetivar, objetividad, objetivo -va.*

**obnubilar** Ofuscar. *Obnubilación.*

**oboe** Instrumento de viento.

**óbolo** Antigua moneda; contribución.

**obscuro\* -ra** Que no tiene luz o claridad. Mucho más frec. sin *b:* *oscuro.* Lo mismo en sus derivados *obscurantismo, obscurecer, obscuridad,* etc.

**observar** Cumplir; examinar. *Observable, observación, observador -ra, observancia, observante, observatorio.*

**obsoleto -ta** Anticuado. *Obsolescencia, obsolescente.*

**obstrucción** Acción de obs-truir. *Obstruccionismo, obstruccionista.*

**obué** Oboe.

**obús** Pieza de artillería; proyectil.

**obvención** Utilidad que se suma al sueldo. *Obvencional.*

**obviar** Evitar.

**obvio -via** Manifiesto.

**obyecto** Objeción.

**occidente** Oeste. *Occidental, occiduo -dua.*

**occipucio** Parte posterior de la cabeza. *Occipital.*

**occiso -sa** Muerto violentamente. *Occisión.*

**Occitania** Antigua región de Francia. *Occitánico -ca, occitano -na.*

**ochava** Octava parte de un todo. *Ochavar, ochavo, ochavón -vona.*

**ocho** Número. *Ochocientos* se escribe en una palabra; *ocho mil,* en dos.

**octavo -va** Adjetivo numeral. *Octavar, octavario, octavilla, octavín.*

**Octavio** Emperador romano. *Octaviano -na.*

**octingentésimo -ma** Que ocupa el lugar 800.

**octogenario -ria** Que ha cumplido ochenta años.

**octogésimo -ma** Que ocupa el lugar 80.

**octosílabo -ba** De ocho sílabas. *Octosilábico -ca.*

**ocuje** Calambuco.

**offset** Procedimiento de impresión.

**¡oh!** Interjección.

**ohm** Unidad de resistencia eléctrica. *Óhmico -ca, ohmio.*

**ojear** Dirigir los ojos; espantar y acosar la caza. *Ojeada, ojea-*dor, ojeo, ojera, ojeriza, ojeroso -sa, ojerudo -da, ojete, ojetear, ojetera, ojialegre, ojienjuto -ta, ojigarzo -za, ojimoreno -na, ojinegro -gra, ojituerto -ta, ojizaino -na, ojizarco -ca.*

**Ojén** Villa de Málaga. *Con minúscula:* aguardiente.

**ojimel** u **ojimiel** Antiguo medicamento.

**ojiva** Nervio de sustentación. *Ojival.*

**Olavide** Político español.

**oleaginoso -sa** Aceitoso. *Oleaginosidad.*

**olfacción** Acción de oler.

**olíbano** Incienso.

**oligisto** Mineral de hierro.

**olivarda** Ave.

**Olivenza** Ciudad de Badajoz.

**Oliver** Apellido.

**olivino** Mineral.

**olivo** Árbol. *Oliva, olivar, olivarero -ra, olivera, olivero, olivicultura, olivífero -ra, olivillo, olivoso -sa.*

**olla** Vasija. *Ollería, ollero -ra.*

**ollado, ollao** Ojete reforzado en una vela.

**ollar** Orificio de la nariz.

**ollera** Pájaro.

**ológrafo -fa** Hológrafo.

**Olvera** Pueblo de Cádiz.

**olvidar** Perder la memoria. *Olvidadizo -za, olvido.*

**ombú** Árbol.

**ómnibus** Vehículo.

**omnívoro -ra** Que se alimenta de toda clase de sustancias orgánicas.

**oncejera** u **oncijera** Lazo para cazar vencejos.

**ónix** Ónice.

**onomatopeya** Imitación de ruido con palabras. *Onomatopéyico -ca.*

**ontogenia** Formación individual de un organismo. *Ontogénico.*
**Ónuba** Antiguo nombre de Huelva. *Onubense.*
**onzavo -va** Que ocupa el puesto once.
**oogonio** Órgano sexual femenino.
**oolito** Roca calcárea. *Oolítico -ca.*
**oosfera** Macrogameto de los vegetales.
**opobálsamo** Resina.
**opopánax** Gomorresina.
**oprobio** Ignominia. *Oprobiar, oprobioso -sa.*
**Orange** Provincia sudafricana.
**orbe** Mundo; redondez, círculo. *Orbicular.*
**Órbigo** Río de León.
**órbita** Curva que describe un astro. *Orbital.*
**orchilla** Especie de liquen.
**orejear** Mover las orejas. *Orejera, orejisano -na.*
**organogenia** Estudio del desarrollo de los órganos.
**orgía** Festín; placer desenfrenado. *Orgiástico -ca.*
**Órgiva** Pueblo de Granada.
**orgullo** Sentimiento de superioridad. *Orgulloso -sa.*
**oribe** Orifice.
**origen** Aquello de que una cosa procede. *Original, originalidad, originar, originario -ria.*

**Orihuela** Ciudad de Alicante.
**orilla** Borde; vientecillo. *Orillar, orillo.*
**Orizaba** Ciudad de Méjico.
**orobanca** Planta. *Orobancáceo -a.*
**orobias** Incienso.
**orogenia** Estudio de la formación de las montañas. *Orogénico -ca.*
**Orotava** Ciudad y valle de Tenerife.
**oroya** Cesta o cajón del andarivel.
**ortodoxo -xa** Conforme con el dogma. *Ortodoxia.*
**ortognato -ta** Que tiene el ángulo facial muy abierto. *Ortognatismo.*
**orvalle** Planta.
**orvallo** Llovizna.
**orzaya** Niñera.
**orzayo** Hebra de seda.
**o sea** Es decir. Se escribe en dos palabras.
**ostealgia** Dolor en un hueso. *Osteálgico -ca.*
**otalgia** Dolor de oídos.
**otoba** Árbol.
**Ottawa** Capital del Canadá.
**ova** Alga.
**ovación** Aplauso. *Ovacionar, ovante.*
**oveja** Hembra del carnero. *Ovejero -ra, ovejuno -na, óvido -da, ovil, ovino -na.*
**Ovidio** Nombre de varón.

**Oviedo** Ciudad de España. *Ovetense.*
**ovo-, ov-** Los derivados del lat. *ovum* 'huevo', que comienzan por *ovo-, ov-*, se escriben con *v*. Así: *ovado -da, oval, ovalado -da, óvalo, ovar, ovario, ovas, overa, oviducto, ovillo, ovillar, ovillejo, ovíparo -ra, oviscapto, ovoide, ovoideo, ovoso -sa, ovovivíparo -ra, ovulación, óvulo.*
**¡ox!** u **¡oxe!** Interjección para espantar las gallinas. También *os. Oxear.*
**oxalme** Salmuera con vinagre.
**Oxford** Ciudad de Gran Bretaña.
**oxi-, ox-** Prefijos que significan 'oxígeno'. Las palabras de que forman parte se escriben con *x*. Así: *oxalato, oxálico -ca, oxalidáceo -a, oxhídrico -ca, oxidable, oxidación, oxidar, óxido, oxigenar, oxígeno, oxihemoglobina.*
**oxiacanto -ta** Que tiene muchas púas.
**oxigonio** Acutángulo.
**oximel** u **oximiel** Ojimel.
**oxizacre** Bebida agridulce.
**oxoniense** De Oxford.
**oxte:** *Sin decir oxte ni moxte,* sin hablar palabra. También *oste, moste.*
**oyente** Que oye.
**Oyuela** Apellido.

# p

**pabellón** Tienda de campaña; edificio; bandera.
**pábilo** o **pabilo** Torcida de la vela. *Pabilón.*
**pábulo** Pasto, alimento.
**pacaya** Palmera. *Pacayar.*
**Padilla** Apellido.
**paella** Plato de arroz. *Paellera.*

**pagaya** Remo filipino.
**pagel** Pez. También *pajel.*
**página** Plana, carilla. *Paginación, paginar.*
**paje** Servidor. *Pajil.*
**pajea** Artemisa pegajosa.
**pajear** Comer mucha paja. *Pajera, pajería, pajero, pajizo.*
**pajel** Pagel.

**palahierro** Pieza de la muela del molino.
**palamallo** Juego.
**palhuén** Arbusto.
**palimpsesto** Manuscrito escrito sobre otro anterior borrado.
**palingenesia** Renacimiento de los seres. *Palingenésico -ca.*

**pallar** Entresacar la parte más rica del mineral. *Pallaco, pallaquear, pallón.*

**pallaza** o **palloza** Choza gallega.

**palminervia** Forma de hoja.

**palpallén** Arbusto.

**pancellar** Pieza de la armadura.

**panegírico** Elogio. *Panegirista, panegirizar.*

**paneslavismo** Tendencia a unir los pueblos eslavos. *Paneslavista.*

**pangelín** Árbol.

**pangermanismo** Tendencia a la unión de los pueblos germánicos. *Pangermanista.*

**panjí** Árbol.

**pantalla** Lámina que se coloca ante la luz; telón en que se proyecta la película.

**papagayo** Ave.

**papahígo** Gorro que cubre el cuello y parte de la cara; pájaro; vela mayor.

**papahuevos** Papanatas.

**paparrabias** Cascarrabias.

**paparrasolla** El coco.

**papaveráceo -a** Familia de plantas. *Papaverina.*

**papayo** Arbolillo. *Papaya, papayéceo -a.*

**papialbillo** Jineta, mamífero.

**paquebote** Embarcación.

**Paquistán\*** País de Asia. También *Pakistán. Paquistaní* (o *pakistaní*).

**paraba** Especie de papagayo.

**parabién** Felicitación.

**parábola** Narración ejemplar; curva geométrica. *Parabolano, parabólico -ca, paraboloide.*

**paradójico -ca** Con paradoja.

**paragoge** Figura de dicción. *Paragógico -ca.*

**parahúso** Instrumento para taladrar. *Parahusar.*

**parajismo** Visaje. *Parajismero -ra.*

**paralogismo** Razonamiento falso. *Paralogizar.*

**paraplejía** Parálisis de medio cuerpo. *Parapléjico -ca.*

**pararrayos** Aparato contra rayos.

**Parasceve** Víspera de Pascua.

**parejero -ra** Que corre parejas. *Parejería.*

**parhelio** Fenómeno luminoso. *Parhelia.*

**parhilera** Madero en que se afirman los pares.

**pariambo** Pie de la poesía clásica.

**parihuela** Camilla.

**parisílabo -ba** o **parisilábico -ca** De igual número de sílabas.

**parlaembalde** El que habla mucho y sin sustancia.

**paroxismo** Exacerbación, exaltación. *Paroxismal, paroxístico -ca.*

**paroxítono -na** (Vocablo) llano.

**parpalla** o **parpallota** Antigua moneda.

**partenogénesis** Forma de reproducción sexual.

**parva** Mies tendida en la era. *Parvada, parvero.*

**parvo -va** Pequeño. *Parvedad, parvificar, parvulez, párvulo -la.*

**pasabolo** Juego.

**pasacaballo** Embarcación.

**pasacalle** Marcha popular; antigua danza lenta.

**pasajero -ra** Transitorio, fugaz; viajero.

**pasavante** Pase para un barco enemigo.

**pasavolante** Acción ejecutada con brevedad.

**pasavoleo** Lance del juego de pelota.

**patabán** Árbol.

**patavino -na** De Padua.

**patiabierto -ta** Que tiene las piernas separadas.

**patialbo -ba** De patas blancas.

**patíbulo** Tablado en que se ejecuta la pena de muerte. *Patibulario -ria.*

**patihendido -da** De pies hendidos.

**patógeno -na** Que produce enfermedades. *Patogenia, patogénico -ca.*

**patojera** Calidad de patojo.

**patrulla** Pequeña partida de gente armada. *Patrullar, patrullero -ra.*

**patullar** Pisar fuerte.

**paují** o **paujil** Ave.

**pavana** Antigua danza.

**pavés** Escudo. *Pavesina.*

**pavesa** Partícula incandescente.

**Pavía** Ciudad de Italia. Con minúscula: Variedad de melocotón. *Paviano -na.*

**pavimento** Superficie artificial. *Pavimentación, pavimentar.*

**pavo -va** Ave; persona sosa. *Pavada, pavero -ra, pavezno, pavipollo, pavisoso -sa, pavitonto -ta, pavón, pavonado -da, pavonar, pavonear.*

**pavor** Temor. *Pávido -da, pavorido -da, pavoroso -sa, pavura.*

**pavorde** Prepósito eclesiástico. *Pavordía.*

**pavordear** Jabardear.

**paya** Composición poética. *Payada, payador, payar.*

**payacate** Pañuelo grande.

**payaso** Bufón. *Payasada.*

**payés -yesa** Campesino de Cataluña.

**payo -ya** Aldeano, no gitano.

**payuelas** Viruelas locas.

**pebete** Pasta aromática. *Pebetero.*

**pediluvio** Baño de pies.

**pegullón** Conjunto de lanas o pelos pegados en ovillo.

**pehuén** Araucaria.

**peje** Pez; hombre taimado. *Pejegallo, pejemuller, pejepalo, pejerrey, pejesapo.*

**pejiguera** Inconveniente, molestia.

**pejino -na** De Santander.

**Pekín** Ciudad de China. También *Pequín. Pekinés -sa* (o *pequinés*).

**pelagallos** Hombre despreciable.

**Pelagio** Heresiarca español. *Pelagianismo, pelagiano -na.*

**pelágico -ca** Del piélago.

**pelásgico -ca** De los pelasgos.

**Pelayo** Nombre de varón.

**pelirrubio -bia** De pelo rubio.

**pella** Bola. *Pellada.*

**pellejo** Piel. *Pelleja, pellejería, pellejero -ra, pellejudo -da, pelleta, pelletería, pelletero, pellica, pellico, pellijero, pelli-*

*quero, pelliza, pellizcador -ra, pellizcar, pellizco, pello, pellón, pellote, pelluzgón.*

**pellín** Especie de roble.

**pelvi** Lengua de los parsis.

**pelvis** Cavidad en el abdomen.

**Pelviano -na, pervímetro.**

**penibético -ca** De un sistema montañoso del sur de España.

**penígero -ra** Alado.

**penninervia** Tipo de hoja.

**Pensilvania** Uno de los Estados Unidos. *Pensilvano -na.*

**pentasílabo -ba** De cinco sílabas.

**perborato** Sal.

**percebe** Crustáceo.

**percibir** Recibir. *Percibo.*

**perdonavidas** Valentón.

**perejil** Planta.

**perenne** Perpetuo. Puede escribirse también con una sola *n: perene,* aunque es raro. *Perennal, perennidad.*

**perfección** Calidad de perfecto. *Perfeccionamiento, perfeccionar, perfeccionismo, perfeccionista.*

**pergeño** Esbozo. *Pergeñar.*

**periambo** Pie de la versificación clásica.

**perifollo** Planta; adorno.

**perigallo** Pellejo que pende de la barca.

**perigeo** Situación de la Luna más próxima a la Tierra.

**perihelio** Punto en que un planeta está más próximo al Sol.

**perillán -llana** Persona astuta.

**perniabierto -ta** Que tiene las piernas abiertas.

**perogrullada** Verdad que huelga decirse. *Perogrullesco -ca.*

**peróxido** El óxido que tiene más cantidad de oxígeno.

**perplejidad** Confusión.

**persevante** Oficial de armas.

**perseverancia** Firmeza y constancia. *Perseverante, perseverar.*

**perturbar** Alterar el orden de algo. *Perturbable, perturbación, perturbador -ra.*

**peruviano -na** Peruano.

**pervertir** Viciar. *Perversidad, perversión, perverso -sa, pervertidor -ra, pervertimiento.*

**pervigilio** Vigilia continua.

**pervivir** Seguir viviendo. *Pervivencia, perviviente.*

**peyorativo -va** Que empeora.

**pfennig** Moneda alemana.

**picagallina** Álsine.

**pichihuen** Pez.

**Piedrahíta** Pueblo de Ávila.

**pihuela** Embarazo, estorbo.

**pijije** Ave.

**pillar** Tomar por fuerza; coger. *Pillador -ra, pillaje.*

**pillo -lla** Pícaro, granuja. Ave. *Pillada, pillastre, pillear, pillería.*

**pillopillo** Especie de laurel.

**pilvén** Pez.

**pimpollo** Árbol nuevo; vástago; capullo de rosa. *Pimpollada, pimpollar, pimpollear, pimpollecer, pimpolludo -da.*

**pinabete** Abeto.

**pinganello** Carámbano colgante de un canal.

**ping-pong\*** Juego. También *pimpón.*

**pinnada** Tipo de hoja.

**pinnípedo -da** Orden de mamíferos.

**pintarrajear** Pintar mal.

**piogenia** Formación de pus.

**piojento -ta** De piojos; piojoso. *Piojera, piojería.*

**pipirigallo** Planta.

**piguijuye** Insecto.

**piquillín** Árbol.

**pirexia** Estado febril.

**pirobolista** Ingeniero que construye minas militares.

**pirógeno -na** Volcánico.

**piroxena** Mineral.

**piróxilo** Producto químico. *Piroxilina.*

**pisaúvas** El que pisa la uva.

**pisaverde** Hombre presumido.

**piscívoro -ra** Que come peces.

**piscolabis** Ligera refacción.

**pitahaya** Planta.

**pitihué** Ave.

**píxide** Cajita en que se lleva el Santísimo Sacramento. *Pixidio.*

**pizza** Torta italiana. *Pizzería.*

**pizzicato** Punteo de las cuerdas del violín.

**plagiar** Copiar obras ajenas. *Plagiario -ria, plagio.*

**plagiostomo -ma** Selacio.

**plagiotrema** Orden de reptiles.

**plagiotropismo** Forma de tropismo. *Plagiotropo -pa.*

**plancton** Conjunto de seres acuáticos diminutos.

**Plantagenet** Dinastía inglesa medieval.

**plantagináceo -a** Familia de plantas.

**playa** Ribera arenosa del mar. *Playado -da, playazo, playero -ra, playo -ya.*

**plebe** Populacho; estado llano. *Plebeyez, plebeyo -ya, plebiscitario -ria, plebiscito.*

**plexiglás** Sustancia plástica.

**plexo** Red formada por varios filamentos nerviosos o vasculares.

**Pléyades** o **Pléyadas** Grupo de estrellas. *Pléyade.*

**plombagina** Grafito.

**plúmbeo -a** De plomo. *Plumbado -da, plumbagina, plumbagináceo -a, plúmbico -ca.*

**plusvalía** Aumento de valor.

**pluvial** De lluvia. *Pluvímetro, pluviométrico -ca, pluviómetro, pluviosidad, pluvioso -sa.*

**pobo** Álamo blanco. *Pobeda.*

**poderhabiente** Persona que recibe poder de otro.

**polifagia** Ingestión considerable de alimentos.

**poligenismo** Doctrina que admite variedad de orígenes de la especie humana. *Poligenista.*

**poliginia** Condición de la flor que tiene muchos pistilos.

**polivalente** De varios valores o valencias.

**polivalvo -va** De más de dos valvas.

**polka** Baile. También *polca.*

**pollino -na** Asno.

**pollo** Cría de la gallina; joven. *Polla, pollada, pollancón -cona, pollastre, pollazón, pollería, pollero -ra, pollez.*

**Pólux** Héroe mitológico; estrella.

**polvo** Sustancia sólida reducida a partículas muy menudas. *Polvareda, polvera, polvificar, pólvora, polvoraduque, polvoreamiento, polvorear, polvorero -ra, polvoriento, polvorín, pol-*

*vorista, polvorizable, polvoriza-ción, polvorizar, polvorón, polvoroso -sa.*

**Pombo** Apellido.

**Pompeya** Antigua ciudad de Italia. *Pompeyano -na.*

**Pompeyo** Nombre de varón.

**ponleví** Calzado.

**Pontevedra** Ciudad de Galicia. *Pontevedrés -dresa.*

**póquer\*** Juego de cartas. También *póker.*

**porcallón -llona** Adjetivo aumentativo de *puerco.*

**por menor** Se escribe en dos palabras cuando es locución adverbial ('menudamente, por partes'): *referir por menor las circunstancias de un suceso;* o en la expresión *al por menor* ('en pequeña cantidad'): *vender al por menor.* Se escribe en una sola palabra cuando es sustantivo ('detalle'): *nadie reparó en aquel pormenor.*

**porque\*** Se escribe en una sola palabra cuando es conjunción causal ('pues, puesto que'): *lo hago porque quiero.* Se escribe en dos palabras cuando es preposición + pronombre relativo ('por el que, por la que, por lo que, por los que, por las que'): *estas son las razones por que no puedo ir.*

**por qué\*** Se escribe en dos palabras cuando es interrogación directa o indirecta: *¿por qué no vas?; dime por qué no vas.* Se escribe en una sola palabra cuando es sustantivo: *no sabemos el porqué de todo esto (el porque* 'la causa'). Pero se escribe separado, aunque vaya precedido de artículo, cuando este sustantiva a toda la oración que le sigue: *no sabemos el por qué lo hicieron así* (en este ejemplo no se podría sustituir *el por qué* por *la causa*).

**portaaviones\*** Buque de guerra.

**portabandera** Especie de bandolera.

**portacarabina** Bolsa para la boca de la carabina.

**por tanto** Por consiguiente.

**portanuevas** El que trae noticias.

**portaobjeto** Lámina donde se coloca el objeto que se va a examinar al microscopio.

**portaventanero** Carpintero de puertas y ventanas.

**portaviandas** Fiambrera.

**portavoz** El que expresa las opiniones de una agrupación.

**porvenir** Tiempo futuro.

**posaverga** Palo largo.

**posdata** Lo que se añade después de la carta. También *postdata.*

**postdiluviano -na** Posterior al Diluvio. También *posdiluviano.*

**postillón** Mozo que va montado en una caballería del tiro de un carruaje.

**poya** Derecho que se paga en el horno común. *Poyar.*

**poyo** Banco de piedra; derecho que se abonaba a los jueces. *Poyal, poyata, poyete.*

**pravo -va** Perverso. *Pravedad.*

**Pravia** Ciudad de Asturias. *Praviano -na.*

**prebenda** Beneficio eclesiástico. *Prebendar.*

**preboste** Cabeza de una comunidad. *Prebostal, prebostazgo.*

**precaver** Prevenir.

**precolombino -na** Americano anterior al descubrimiento.

**predilección** Preferencia.

**preelegir** Elegir con anticipación.

**preeminente** Superior. *Preeminencia.*

**preexcelso -sa** Muy excelso.

**preexistir** Existir antes. *Preexistencia, preexistente.*

**prefulgente** Muy resplandeciente.

**prehistoria** Estudio de la vida humana anterior a la época histórica. *Prehistórico -ca.*

**presagiar** Anunciar, prever. *Presagio, presagioso -sa.*

**presbicia** Defecto de la vista. *Présbita, présbite.*

**presbítero** Sacerdote. *Presbiterado, presbiteral, presbiterato, presbiterianismo, presbiteriano -na, presbiterio.*

**prescribir** Ordenar.

**presentalla** Exvoto.

**preservar** Proteger. *Preservación, preservador -ra, preservativo -va.*

**prestidigitador -ra** Jugador de manos. *Prestidigitación.*

**prestigiar** Dar autoridad. *Prestigiador -ra, prestigio, prestigioso -sa.*

**pretexta** Especie de toga romana.

**pretexto** Excusa. *Pretextar.*

**prevalecer** o **prevaler** Sobresalir.

**prevaricar** Faltar. *Prevaricación, prevaricador -ra, prevaricato.*

**prevenir** Preparar. *Prevención, preventivo -va, preventorio.*

**prever** Ver con anticipación. *Previsible, previsión, previsor -ra.*

**previo -via** Anticipado, anterior.

**primavera** Estación del año. *Primaveral.*

**primevo -va** De más edad que los otros.

**primigenio -nia** Originario.

**primogénito -ta** Hijo que nace primero. *Primogenitura.*

**privar** Despojar; gozar preferencia. *Privación, privada, privadero, privanza, privativo -va.*

**privilegiar** Conceder prerrogativa. *Privilegiativo -va, privilegio.*

**probar** Examinar; justificar; intentar. *Probabilidad, probabilismo, probabilista, probable, probación, probador -ra, probadura, probanza, probatorio -ria, probatura, probeta.*

**probo -ba** Honrado. *Probidad.*

**proboscídeo -a** o **proboscidio -dia** Orden de los elefantes.

**proclive** Propenso. *Proclividad.*

**prodigio** Milagro. *Prodigiosidad, prodigioso -sa.*

**profilaxis** Tratamiento para preservar de una enfermedad.

**progenie** Familia de que desciende una persona. *Progenitor, progenitura.*

**progimnasma** Ejercicio preparatorio.

**prohibir** Impedir. *Prohibición, prohibitivo -va, prohibitorio -ria.*

**prohijar** Adoptar. *Prohijación, prohijador -ra, prohijamiento.*

**prohombre** Hombre que goza de especial consideración.

**prójimo** Cualquier hombre respecto de otro; individuo. *Prójima.*

**prolijidad** Calidad de prolijo.

**promover** Iniciar, adelantar. *Promovedor -ra.*

**prónuba** Madrina de boda.

**proscribir** Desterrar.

**prosopopeya** Figura retórica; afectación de pompa.

**prospección** Exploración.

**prostíbulo** Mancebía.

**protección** Acción de proteger. *Proteccionismo, proteccionista.*

**proteger** Amparar, favorecer.

**protervo -va** Obstinado en la maldad. *Protervia, protervidad.*

**protoalbéitar** Primero entre los albéitares. *Protoalbeiterato.*

**protógina** (Flor) en que los carpelos maduran antes que los estambres.

**protohistoria** Ciencia que estudia los primeros tiempos de la historia. *Protohistórico -ca.*

**protórax** Primer segmento del tórax del insecto.

**protóxido** Óxido que contiene menos oxígeno.

**protozoo** Animal unicelular.

**protuberancia** Prominencia.

**provecto -ta** Antiguo; maduro.

**provecho** Beneficio. *Provechoso -sa.*

**proveer** Suministrar. *Proveedor -ra, proveeduría, provei-*

*miento, provisión, provisional, provisor -ra, provisorato, provisoría, provisto -ta.*

**provena** Mugrón de la vid.

**provenir** Proceder. *Provento.*

**Provenza** Región de Francia. *Provenzal, provenzalismo, provenzalista.*

**proverbio** Sentencia o adagio. *Proverbiador, proverbial, proverbiar, proverbista.*

**provicero** Vaticinador.

**providencia** Previsión, cuidado. Cuando es el que Dios tiene sobre sus criaturas, se escribe con mayúscula. *Providencial, providencialismo, providenciar, próvido -da.*

**provincia** División administrativa. *Provincial -ciala, provincialato, provincialismo, provincianismo, provinciano -na.*

**provocar** Excitar. *Provocación, provocador -ra, provocativo -va.*

**proxeneta** Alcahuete. *Proxenético -ca, proxenetismo.*

**próximo -ma** Cercano. *Proximidad.*

**proyectar** Lanzar; planear; planificar. *Proyección, proyectante, proyectil, proyectista, proyecto, proyector -ra, proyectura.*

**prueba** Acción de probar.

**pseudo-** Prefijo que significa 'falso'. También, más frec., *seudo-*.

**psico-, psic-\*** Prefijos procedentes del griego *psyché* 'alma'. Todas las palabras en que entran estos prefijos pueden escribirse con o sin la *p* inicial. He aquí las principales palabras en que esto ocurre: *psicastenia, psicoanálisis, psicofísica, psicognostia, psicología, psicológico -ca, psicólogo, psicometría,*

*psiconeurosis, psicópata, psicopatía, psicopatología, psicosis, psicotecnia, psicoterapia, psiquiatra, psiquiatría, psíquico -ca.*

**psitácido -da** Familia de los papagayos. *Psitacismo\** (o *sitacismo*).

**psoas** Músculo del abdomen.

**psoriasis\*** Enfermedad de la piel.

**pteridofita** Tipo de plantas.

**pterodáctilo** Reptil prehistórico.

**ptialina** Diastasa de la saliva. *Ptialismo.* Ambas palabras pueden escribirse sin la *p* inicial.

**ptolemaico -ca** De Ptolomeo. Puede escribirse sin la *p* inicial.

**ptomaína** Producto de la putrefacción. También *tomaína.*

**púber -ra** Apto para la reproducción. *Pubertad, pubescencia, pubescente, pubescer.*

**pubis** o **pubes** Parte inferior del vientre. *Pubiano -na.*

**pudibundo -da** Pudoroso. *Pubidundez.*

**puertaventana** Contraventana.

**púgil** Boxeador. *Pugilato.*

**pujavante** Instrumento de herrador.

**pulla** Dicho que zahiere; expresión aguda y picante; ave. *Pullista.*

**Pulla** Región de Italia. *Pullés -llesa.*

**pulverizar** Reducir a polvo. *Pulverizable, pulverización, pulverizador, pulverulento -ta.*

**pungir** Punzar. *Pungimiento, pungitivo.*

**puya** Punta acerada en la extremidad de las varas o garrochas; planta. *Puyazo.*

**puyo** Especie de poncho o capote.

# q

**Quebec** Ciudad del Canadá.
**quebrantahuesos** Ave.
**quehacer** Ocupación.
**quejido** Gemido, lamento.
*Quejicoso -sa, quejilloso -sa.*
**quejigo** Árbol. *Quejigal, quejigar, quejigueta.*
**querella** Queja; discordia. *Querellador -ra, querellante, querellarse, querelloso -sa.*
**quermés\*** Fiesta popular al aire libre. También *kermés.*
**queroseno\*** Derivado del petróleo.
**querubín** Ángel. *Querub, querube, querúbico -ca.*
**querva** Ricino.

**Quevedo** Escritor español. *Quevedos.*
**quibey** Planta.
**quienquiera** Cualquiera. Se escribe en una sola palabra. Se escribe en dos cuando *quien* es relativo y *quiera* es verbo: *aquí puede entrar quien quiera entretenerse.*
**quijera** Hierro que guarnece el tablero de la ballesta; tentemozo.
**quijero** Lado en declive de la acequia.
**quillango** Manta de pieles.
**quillay** Árbol.
**quimba** Contoneo, garbo.

**quimbombó** Planta.
**quincalla** Objetos de metal de poco valor. *Quincallería, quincallero -ra.*
**quincuagena** Cincuentena. *Quincuagenario -ria.*
**quincuagésimo -ma** Que ocupa el lugar cincuenta.
**quingentésimo -ma** Que ocupa el lugar quinientos.
**quingombó** Planta.
**quinquenervia** Llantén menor, hierba.
**quirúrgico -ca** Perteneciente a la cirugía.
**quitanieves** Máquina para retirar la nieve.

# r

**raba** Cebo.
**rabadán** Mayoral; pastor.
**rábano** Hortaliza. *Rabanal, rabanero -ra, rabaniza.*
**rabárbaro** Ruibarbo.
**Rabat** Capital de Marruecos.
**rabazuz** Extracto de jugo de regaliz.
**rabel** Antiguo instrumento musical; nalgas.
**rabí** Sabio, maestro, entre los judíos. *Rabínico -ca, rabinismo, rabinista, rabino.*
**rabia** Enfermedad; ira. *Rabiar, rábido -da, rabieta, rabioso -sa.*

**Rábida (La)** Convento de la provincia de Huelva.
**rahión** Rápido de un río.
**rabisalsera** (Mujer) muy viva y desenvuelta.
**rabo** Cola; extremo. *Rabada, rabadilla, rabear, rabeo, rabera, raberón, rabiatar, rabicano -na, rabicorto -ta, rabilargo -ga, rabiza, rabón -bona, rabopelado, raboseadura, rabosear, raboso -sa, rabotada, rabotazo, rabotear, raboteo, rabudo -da.*
**rábula** Abogado charlatán.
**radioyente** El que oye las emisiones de radio.
**rahalí** Rehalí.

**rahez** Vil.
**rallar** Desmenuzar algo restregándolo. *Rallador, ralladura, rallo.*
**rallón** Arma antigua.
**rally\*** Competición de automóviles.
**ramulla** Chasca; ramojo.
**rangífero** Reno.
**rapabarbas** Barbero.
**rapapolvo** Reprensión severa.
**raquialgia** Dolor a lo largo del raquis.
**rarefacción** Acción de rarefacer.
**rastrojera** Conjunto de tierras que han quedado de rastrojo.

**ratihabición** Ratificación.
**Ratisbona** Ciudad alemana.
**Ravena** Ciudad de Italia. *Ravenés -nesa.*
**ravioles** o **raviolis** Pasta alimenticia.
**rayo** Línea recta según la cual se propaga la luz o el calor; radio de la rueda; chispa eléctrica. *Raya, rayador -ra, rayano -na, rayar, rayero, rayoso -sa.*
**rayón** Seda artificial.
**razia\*** o **razzia** Incursión, correría. *Razziar.*
**reacción** Acción en sentido opuesto. *Reaccionar, reaccionario -ria.*
**reacio -cia** Remolón.
**reagravar** Volver a agravar. *Reagravación.*
**reaventar** Volver a aventar.
**reavivar** Volver a avivar.
**rebaba** Porción de material sobrante que forma resalto en los bordes.
**rebajar** Hacer más bajo (altura, precio...). *Rebaja, rebajamiento, rebajo.*
**rebalaje** Corriente de las aguas.
**rebalsar** Recoger líquido de modo que haga balsa. *Rebalsa, rebalse.*
**rebanada** Porción delgada y ancha. *Rebanar, rebanear.*
**rebanco** Segundo banco o zócalo.
**rebañar** Recoger algo sin dejar nada. *Rebañadera, rebañadura.*
**rebaño** Hato de ganado. *Rebañego -ga.*
**rebasar** Pasar.
**rebatir** Rechazar. *Rebatible, rebatimiento.*
**rebato** Ataque repentino; alarma. *Rebate, rebatiña.*
**rebautizar** Volver a bautizar.
**Rebeca** Mujer de la Biblia.
**rebeco** Gamuza.
**rebelarse** Levantarse. *Rebelde, rebeldía, rebelión, rebelón -lona.*
**rebenque** Látigo. *Rebencazo.*
**rebina** Tercia (de las viñas).
**rebisabuelo -la** Tatarabuelo.
**rebisnieto -ta** Tataranieto.

**rebobinar** Enrollar hacia atrás. *Rebobinado.*
**rebollo** Árbol. *Rebollar, rebolledo.*
**rebollidura** Bulto en el alma de un cañón.
**rebombar** Sonar ruidosamente.
**reboño** Suciedad en el cauce del molino.
**reborde** Faja saliente a lo largo del borde. *Rebordear.*
**rebosar** Derramarse un líquido por los bordes. *Rebosadero, rebosadura, rebosamiento.*
**rebotar** Botar repetidas veces. *Rebotación, rebotadera, rebotador -ra, rebote.*
**rebotica** Trastienda de la botica.
**rebozar** Cubrir el rostro con la capa; bañar alguna vianda en huevo batido, harina, etc. *Rebocillo, rebociño, rebozo.*
**rebudiar** Roncar el jabalí. *Rebudio.*
**rebufar** Bufar con fuerza. *Rebufe, rebufo.*
**rebujal** Número de cabezas que en un rebaño exceden de 50; terreno de inferior calidad.
**rebujar** Arrebujar. *Rebujo, reburujar, reburujón.*
**rebullir** Empezar a moverse. *Rebullicio.*
**rebultado -da** Abultado.
**rebumbio** Barullo.
**rebuscar** Buscar minuciosamente. *Rebusca, rebuscador -ra, rebuscamiento, rebusco.*
**rebutir** Embutir, rellenar.
**rebuzno** Voz del asno. *Rebuznador -ra, rebuznar.*
**recabar** Alcanzar con súplicas.
**recabita** Israelita descendiente de Recab.
**recalvastro -tra** Calvo.
**recambiar** Hacer segundo cambio. *Recambio.*
**recavar** Volver a cavar.
**recebo** Arena que se extiende sobre el firme de una carretera. *Recebar.*
**Recesvinto** Rey godo de España.

**recibir** Tomar uno algo que le dan. *Recibí, recibidero -ra, recibidor -ra, recibimiento, recibo.*
**recidiva** Repetición de una enfermedad.
**recién** Se escribe siempre separado del participio al que precede: *recién casado, recién nacido.*
**recizalla** Segunda cizalla.
**recoger** Volver a coger; guardar; acopiar. *Recogeabuelos, recogedero, recogedor -ra, recogimiento.*
**recolección** Recopilación; cosecha.
**recolegir** Colegir.
**reconducción** Acción de reconducir.
**reconstituyente** Que reconstituye.
**reconstrucción** Acción de reconstruir.
**reconvalecer** Volver a convalecer.
**reconvenir** Argüir. *Reconvención.*
**reconvertir** Hacer que vuelva a su estado. *Reconversión.*
**recorvo -va** Corvo. *Recorvar.*
**recova** Comercio de huevos y gallinas. *Recovero -ra.*
**recoveco** Vuelta y revuelta; rodeo.
**recrujir** Crujir mucho.
**rectinervia** Tipo de hoja.
**redacción** Acción de redactar.
**redaya** Red para pescar en río.
**redhibir** Anular la compra. *Redhibición, redhibitorio -ria.*
**redivivo -va** Resucitado.
**redova** Danza.
**redroviento** Viento que la caza recibe del sitio del cazador.
**reducción** Acción de reducir.
**reduvio** Insecto.
**reeditar** Volver a editar. *Reedición.*
**reedificar** Volver a edificar. *Reedificación, reedificador -ra.*
**reeducar** Volver a educar. *Reeducación.*
**reelegir** Volver a elegir. *Reelección, reelecto, reelegible.*
**reembarcar** Volver a embarcar. *Reembarque.*

**reembolso*** Pago de mercancía enviada por correo. También *rembolso. Reembolsable, reembolsar* (o *rembolsable, rembolsar*).

**reemplazo*** Sustitución. También *remplazo. Reemplazable, reemplazar* (o *remplazable, remplazar*).

**reencarnar** Volver a encarnar. *Reencarnación.*

**reencuadernar** Volver a encuadernar. *Reencuadernación.*

**reencuentro** Choque.

**reenganchar** Volver a enganchar. *Reenganchamiento, reenganche.*

**reengendrar** Volver a engendrar. *Reengendrador -ra.*

**reensayar** Volver a ensayar. *Reensaye, reensayo.*

**reenviar** Volver a enviar. *Reenvío.*

**reenvidar** Envidar sobre lo envidado. *Reenvite.*

**reexaminar** Volver a examinar. *Reexamen, reexaminación.*

**reexpedir** Volver a expedir. *Reexpedición.*

**reexportar** Exportar lo importado.

**refacción** Alimento. *Refaccionario -ria.*

**refección** Refacción; compostura. *Refeccionario -ria.*

**reflexión** Acción de reflejar, consideración. *Reflexible, reflexionar, reflexivo -va.*

**refracción** Acción de refractarse.

**refrangible** Que puede refractarse. *Refrangibilidad.*

**refrigerar** Refrescar. *Refrigeración, refrigerador, refrigerante, refrigerativo -va, refrigerio.*

**refringir** Refractar. *Refringente.*

**refugiar** Acoger. *Refugio.*

**refulgir** Resplandecer. *Refulgencia, refulgente.*

**regenerar** Restaurar, mejorar. *Regeneración, regenerador -ra.*

**Regino -na** Nombre de persona.

**región** Porción de territorio.

*Regional, regionalismo, regionalista, regionario.*

**regir** Gobernar. *Regencia, regentar, regente -ta, regentear, regicida, regicidio, regidor -ra, regidoría, regiduría, régimen, regimentar, regimiento, regio -gia, regitivo -va.*

**registrar** Mirar; anotar; señalar. *Registrador -ra, registro.*

**regurgitar** Expeler sin vómito. *Regurgitación.*

**rehabilitar** Restituir al antiguo estado. *Rehabilitación.*

**rehacer** Volver a hacer. *Rehacimiento.*

**rehala** Rebaño de varios dueños. *Rehalero.*

**rehalí** Cierto labrador de Marruecos.

**rehartar** Hartar mucho. *Reharto -ta.*

**rehelear** Ahelear. *Reheleo.*

**rehén** Prisionero que queda como prenda.

**rehenchir** Volver a henchir. *Rehenchimiento.*

**reherir** Rebatir, rechazar. *Reherimiento.*

**reherrar** Volver a herrar.

**rehervir** Volver a hervir.

**rehilar** Hilar demasiado. *Rehiladillo, rehilandera, rehilete, rehílo.*

**rehogar** Sazonar a fuego lento sin agua, en aceite.

**rehollar** Volver a hollar.

**rehoyo** Barranco; hoyo. *Rehoya, rehoyar.*

**rehuir** Retirarse, apartarse.

**rehumedecer** Humedecer bien.

**rehundir** Refundir, dilapidar; ahondar.

**rehurtarse** Irse la caza fuera de alcance.

**rehusar** Rechazar.

**reivindicar** Reclamar aquello a que se tiene derecho. *Reivindicable, reivindicación, reivindicatorio -ria.*

**rejero** El que hace rejas. *Rejería.*

**rejiñol** Pito.

**rejitar** Vomitar.

**rejuvenecer** Remozar.

**relavar** Volver a lavar. *Relave.*

**releer** Volver a leer.

**releje** Rodada, carrilada; sarro.

**relevar** Exaltar; reemplazar. *Relevación, relevante, relevo.*

**relieve** Labor que resalta sobre el plano.

**religión** Conjunto de relaciones entre el hombre y Dios. *Religionario, religiosidad, religioso -sa.*

**rellano** Descansillo. *Rellanar.*

**relleno -na** Muy lleno; nuevamente lleno. *Rellenar.*

**reloj** Instrumento para medir el tiempo. *Relojería, relojero -ra.*

**remallar** Componer una red.

**remellar** Raer el pelo; mellar. *Remellón -llona.*

**Remigio -gia** Nombre de persona.

**remover** Pasar algo de un lugar a otro.

**remullir** Mullir mucho.

**rendibú** Agasajo.

**rengífero -ra** Rangífero.

**renovar** Remozar. *Renovación, renovador -ra, renoval, renuevo.*

**renvalso** Rebajo hecho en el canto de las hojas de puertas o ventanas. *Renvalsar.*

**reoctava** Impuesto antiguo. *Reoctavar.*

**repellar** Arrojar pelladas de yeso.

**repollo** Cabeza formada por las hojas de algunas plantas; variedad de col. *Repollar, repolludo -da.*

**reprobar** No aprobar. *Reprobable, reprobación, reprobador -ra, reprobatorio -ria, réprobo -ba, reprueba.*

**reproducción** Acción de reproducir.

**repullo** Rehilete; estremecimiento.

**requive** Arrequive.

**resaber** Saber muy bien.

**resabiar** Hacer tomar un vicio. *Resabio.*

**resallar** Volver a sallar.

**resalvo** Vástago que se deja en la mata al rozarla.

**resbalar** Deslizarse. *Resbaladero -ra, resbaladizo -za, resba-*

lador -ra, resbaladura, resbalamiento, resbaladera, resbalón, resbaloso -sa.

**resección** Operación quirúrgica.

**resellar** Volver a sellar. *Resello.*

**reserva** Guarda; discreción; lo que no está aún en servicio activo. *Reservación, reservar, reservativo -va, reservista, reservón -vona.*

**resolver** Determinar; hallar la solución.

**resollar** Respirar con ruido.

**resorber** Sorber un líquido que se ha salido.

**restallar** Chasquear, crujir.

**restricción** Acción de restringir.

**restringir** Reducir. *Restringente, restringible.*

**resuello** Respiración.

**resurgir** Surgir de nuevo; resucitar. *Resurgimiento.*

**resurrección** Acción de resucitar.

**retahíla** Serie de muchas cosas.

**retallar** Hacer retallos de un muro; volver a pasar el buril por las rayas de una lámina; volver a echar tallos. *Retallo.*

**retallecer** Volver a echar tallos.

**retejer** Tejer apretadamente.

**retobar** Forrar con cuero; enojar. *Retobo.*

**retracción** Acción de retraer.

**retrayente** Que retrae.

**retribuir** Recompensar. *Retribución, retributivo -va.*

**retrillar** Volver a trillar.

**retroacción** Regresión.

**retrospección** Mirada retrospectiva.

**retrotracción** Acción de retrotraer.

**retrovender** Volver lo comprado. *Retrovendición, retroventa.*

**retroversión** Desviación de un órgano hacia atrás.

**retrovisor** Espejo de los automóviles.

**retumbar** Resonar mucho. *Retumbante, retumbo.*

**revacadero** Lugar donde sestea el ganado.

**revacunar** Vacunar de nuevo. *Revacunación.*

**revalidar** Ratificar; sufrir examen final. *Reválida, revalidación, revalidador -ra.*

**revecero -ra** Que se remuda; que cuida del ganado de revezo.

**revejecer** Avejentarse. *Revejido -da.*

**revelar** Descubrir; hacer visible la imagen fotográfica. *Revelación, revelador -ra, revelamiento, revelandero -ra.*

**reveler** Apartar la causa de una enfermedad.

**revellín** Obra exterior que cubre la cortina de un fuerte.

**revenar** Echar brotes los árboles. *Reveno.*

**revender** Vender lo que se ha comprado. *Revendedera, revendedor -ra, revendón -dona, reventa.*

**revenirse** Encogerse; avinagrarse; ablandarse. *Revenimiento.*

**reventar** Estallar; abrirse. *Reventadero, reventador, reventazón, reventón.*

**rever** Volver a ver.

**reverberar** Reflejarse la luz. *Reverberación, reverbero.*

**reverdecer** Cobrar nuevo verdor.

**reverenciar** Respetar. *Reverencia, reverenciable, reverenciador -ra, reverencial, reverendo -da, reverente.*

**reverter** Rebosar.

**revertir** Volver a su antiguo dueño; volver. *Reversible, reversión, reverso.*

**revés** Espalda. *Revesa, revesado -da, revesar, revesino.*

**revestir** Recubrir; disfrazar. *Revestimiento.*

**revezar** Reemplazar. *Revezo.*

**reviejo -ja.** Muy viejo.

**Revilla** Apellido.

**revirar** Desviar algo de su posición habitual. *Revirón -rona.*

**revisar** Inspeccionar. *Revisación, revisada, revisador -ra, revisión, revisita, revisor -ra, revisoría.*

**revista** Inspección; periódico;

espectáculo. *Revistar, revistero -ra.*

**revivir** Volver a la vida. *Revividero, revivificación, revivificar.*

**revocar** Dejar sin efecto; enlucir. *Revocación, revocador -ra, revocadura, revocatorio -ria, revoco, revoque.*

**revolar** Dar segundo vuelo. *Revolear, revoleo, revolotear, revoloteo.*

**revolcar** Derribar y pisotear. *Revolcadero, revolcón.*

**revolver** Dar vueltas a algo. *Revoltijo, revoltón, revoltoso -sa, revolución, revolucionar, revolucionario -ria, revolvedero, revolvedor -ra, revolvimiento.*

**revólver** Pistola.

**revotarse** Votar lo contrario de antes.

**revuelco** Acción de revolcar.

**revuelo** Segundo vuelo; vuelta; agitación.

**revuelta** Revolución; riña; segunda vuelta.

**revulsión** Irritación local provocada. *Revulsivo -va.*

**reyerta** Contienda.

**reyunar** Cortar a un animal la punta de una oreja.

**rezumbador** Especie de trompo que zumba.

**Riba, Ribas** Apellidos. También *Riba, Rivas, Rivas,* más frecuente.

**Ribagorza** Región de Huesca.

**Ribalta** Pintor español.

**ribazo** Porción de tierra con algún declive. *Riba.*

**ribazón** Arribazón.

**ribera** Margen. *Riberano -na, ribereño -ña, reberiego -ga, ribero.*

**Ribera** Apellido. También *Rivera.*

**ribesiáceo -a** Saxifragáceo.

**ribete** Reborde; orilla. *Ribeteador -ra, ribetear.*

**ricahembra** Ricadueña.

**ricohombre** Noble.

**Rigel** Estrella.

**rígido -da** Inflexible; severo. *Rigente, rigidez.*

**Rigoberto -ta** Nombre de persona.

**rimbombante** Llamativo.

*Rimbombancia, rimbombar, rimbombe, rimbombo.*
**Rin*** Río europeo.
**rival** Competidor. *Rivalidad, rivalizar.*
**rivera** Arroyo.
**Rivera** Apellido. También *Ribera.*
**rob** Arrope.
**róbalo, robalo** Pez. *Robaliza.*
**robar** Hurtar. *Robadera, robador -ra, robo.*
**robellón** Hongo.
**Roberto -ta** Nombre de persona.
**robezo** Gamuza.
**robín** Orín.
**robinia** Acacia falsa.
**Robinsón** Personaje de una novela de Defoe.
**roborar** Dar fuerza y firmeza. *Roboración, roborativo -va.*
**robot** Autómata.
**Robustiano -na** Nombre de persona.
**robusto -ta** Fuerte. *Robustecedor -ra, robustecer, robustez.*
**rocalla** Conjunto de piedrecillas. *Rocalloso -sa.*

**rocambola** Planta.
**rocambor** Juego de naipes.
**rodaballo** Pez.
**Rodesia*** Región de África.
**Roger, Rogelio -lia, Rogerio -ria** Nombres de persona.
**rojear** Tirar a rojo.
**rolla** Trenza con que se ajusta el yugo a la collera de la caballería; niñera.
**rollo** Objeto de forma cilíndrica. *Rollar, rollizo -za.*
**rombo** Figura geométrica; rodaballo. *Rombal, rómbico -ca, rombododecaedro, romboedro, romboidal, romboide.*
**rompehielos** Buque acondicionado para navegar entre hielos.
**rompehuelgas** Obrero que no se suma a la huelga.
**rompepoyos** Persona holgazana.
**Roncesvalles** Pueblo y puerto de los Pirineos.
**rondalla** Reunión de mozos para tocar y cantar.
**ropavejero -ra** El que vende ropas usadas. *Ropavejería.*
**rosbif** Carne de vaca soasada.

**Rosellón** Comarca de Francia. *Rosellonés -nesa.*
**Rothschild** Célebre millonario.
**roya** Hongo.
**rúbeo -a** Que tira a rojo. *Rubefacción, rubefaciente, rubéola, rubescente, rubificar, rubor, ruborizarse, ruboroso -sa.*
**rubeta** Rana de zarzal.
**rubí** Piedra preciosa. *Rubicela.*
**rubia** Planta; pez. *Rubiáceo -a, rubial.*
**Rubicón** Río de Italia.
**rubidio** Metal.
**rubio -bia** Amarillo dorado. *Rubiales, rubicán -cana, rubicundez, rubicundo -da.*
**rugby** Deporte.
**ruginoso -sa** Mohoso.
**rugir** Bramar el león. *Rugible.*
**ruibarbo** Planta.
**rumba** Baile cubano.
**rumbada** Corredor de una galera.
**rumbo** Dirección; ostentación; desprendimiento. *Rumbático -ca, rumbeador, rumbear, rumbón, -bona, rumboso -sa.*

# S

**Saavedra** Apellido.
**Sabá** Antigua región de Arabia. *Sabeo -a, sabeísmo.*
**Sabadell** Ciudad de Cataluña. *Sabadellense.*
**sábado** Día de la semana. *Sabatorio -ria, sabático -ca, sabatino -na, sabatismo, sabatizar.*
**sábalo** Pez. *Sabalar, sabalera, sabalero.*
**sábana** Ropa de cama.
**sabana** Pradera. *Sabanazo, sabanear, sabanero -ra.*
**sabandija** Bicho.
**sabañón** Rubicundez de la piel; arbusto.

**Sabas** Nombre de varón.
**sabelección** Planta.
**sabela** Género de gusanos.
**sabélico -ca** De los sabinos.
**Sabelio** Heresiarca. *Sabelianismo, sabeliano -na.*
**saber** Conocer. *Sabedor -ra, sabelotodo, sabichoso -sa, sabidillo -lla, sabiduría, sabiendas, sabiondez, sabiondo -da* (también *sabihondez, sabihondo*). *sabio -bia.*
**sabicú** Árbol.
**sábila** Áloe.
**sabina** Árbol. *Sabinar.*
**sabino -na** De un pueblo de la

Italia antigua; rosillo. *Con mayúscula:* Nombre de persona.
**saboga** Sábalo. *Sabogal.*
**sabonera** Planta.
**saboneta** Reloj de bolsillo.
**sabor** Gusto. *Saboreador -ra, saboreamiento, saborear, saboreo.*
**sabotaje** Entorpecimiento malicioso de una actividad.
**Saboya** Región de Italia. *Saboyano -na.*
**sabuco** o **sabugo** Saúco. *Sabucal, sabugal.*

**sábulo** Arena gruesa. *Sabu-loso -sa.*

**saburra** Secreción mucosa. *Saburroso -sa.*

**sacabala** Especie de pinzas.

**sacabalas** Sacatrapos; instrumento para extraer proyectiles.

**sacabocado** o **-dos** Instrumento para taladrar.

**sacabotas** Tabla para descalzarse.

**sacabuche** Instrumento de viento.

**sacaclavos** Desclavador.

**sacanabo** Instrumento para sacar del mortero la bomba.

**sacasebo** Planta.

**sacrilegio** Profanación.

**sagita** Saeta, línea geométrica. *Sagitado -da, sagital, sagitaria, sagitario.*

**Sahagún** Pueblo de León.

**Sáhara** Desierto africano. *Sahariano -na, saharaui.*

**sahína** Zahína. *Sahinar.*

**sahornarse** Escocerse. *Sahorno.*

**sahumar** Dar humo aromático. *Sahumador -ra, sahumadora, sahumerio, sahúmo.*

**saibor** Aparador.

**sajelar** Limpiar de chinas el barro.

**sajía** Sajadura.

**sajumaya** Enfermedad del cerdo.

**salabardo** Saco o manga de red.

**salacot** Sombrero tropical.

**salbanda** Capa que separa el filón de la roca.

**Sálduba** Antiguo nombre de Zaragoza. *Saldubense.*

**saliva** Líquido segregado en la boca. *Salivación, salivadera, salivajo, salival, salivar, salivazo, salivera, salivoso -sa.*

**sallar** Sachar. *Salladura, sallete.*

**salpullir** o **sarpullir** Levantar erupción. *Salpullido, sarpullido.*

**saltabanco** o **saltabancos** Charlatán; titiritero.

**saltabardales** Persona traviesa y alocada.

**saltabarrancos** El que anda por todas partes.

**saltacaballo** Parte de la dovela.

**saltaembanco** o **saltaembancos** Saltabanco.

**saltaembarca** Especie de ropilla.

**saltatumbas** El clérigo que se mantiene de los entierros.

**saltimbanqui** o **saltimbanco** Titiritero.

**salva** Saludo, bienvenida.

**Salvá, Salvat** Apellidos.

**salvachia** Especie de estrobo.

**salvado** Cáscara del grano. *Salvadera.*

**Salvador (El)** Estado de América. *Salvadoreño -ña.*

**salvaje** Silvestre; no domesticado; incivilizado. *Salvajada, salvajería, salvajino -na, salvajismo.*

**salvar** Librar; evitar; vencer un obstáculo; exceptuar. *Salvabarros, salvable, salvación, salvador -ra, salvaguarda, salvaguardar, salvaguardia, salvamano, salvamento, salvo -va, salvoconducto.*

**salve** Interjección de saludo. *Con mayúscula:* Oración.

**salvia** Mata.

**salvilla** Bandeja.

**salvilora** Arbusto.

**sambenito** Capotillo o escapulario que se ponía a los reconciliados por la Inquisición; descrédito. *Sambenitar.*

**sambuca** Antiguo instrumento musical; antigua máquina de guerra.

**sambumbia** Bebida.

**samoyedo -da** De un pueblo del norte de Rusia.

**sandialabuen** Planta.

**Sandoval** Apellido.

**sándwich** Bocadillo.

**sangrilero -ra** Agradable.

**sanguisorba** Pimpinela.

**Sannazaro** Escritor italiano.

**sanseacabó** Nada más.

**santabárbara** Lugar donde se custodia la pólvora.

**Sarajevo** Ciudad de Yugoslavia.

**saraviado -da** Forma de ave.

**sargento** Individuo de una graduación militar. *Sargenta, sargentear, sargentería.*

**sarpullido** Erupción cutánea.

**satisfacción** Acción y efecto de satisfacer.

**savia** Líquido de las plantas.

**sáxeo -a** De piedra. *Saxátil.*

**saxífraga** Planta. *Saxifragáceo -a, saxifragia.*

**saxófono** o **saxofón** Instrumento de viento.

**sayo** Vestido. *Saya, sayal, sayalería, sayalero -ra, sayalesco -ca.*

**Sayago** Comarca de Zamora. *Sayagués -guesa.*

**sayama** Especie de culebra.

**sayón** Agente de la justicia.

**Sebastián -ana** Nombre de persona.

**sebe** Cercado de estacas.

**sebestén** Árbol.

**sebiya** Ave zancuda.

**sebo** Grasa sólida. *Sebáceo -a, sebera.*

**seboruco** Piedra.

**sebucán** Colador.

**sección** Cortadura; grupo, parte. *Seccionar.*

**secesión** Separación. *Secesionista.*

**secoya** Árbol.

**seducción** Acción de seducir.

**Segismundo -da** Nombre de persona.

**Segorbe** Ciudad de Castellón. *Segorbino -na.*

**Segovia** Ciudad española. *Segoviano -na, segoviense.*

**segundogénito -ta** Hijo nacido después del primero. *Segundogenitura.*

**seis** Número. Se escribe unido *seiscientos,* pero separado *seis mil.*

**seje** Árbol.

**selección** Elección. *Seleccionador -ra, seleccionar.*

**sello** Utensilio para estampar armas, divisas, inscripciones; franqueo de una carta; carácter distintivo. *Sellador -ra, selladura, sellar.*

**Seltz (agua de)** Agua carbónica. También *seltz,* simplemente.

**selva** Terreno inculto cubierto de árboles. *Selvático -ca, selvati-*

**quez, selvicultura, selvoso -sa.**
**semibreve** Figura musical que equivale a media breve.
**semieje** Mitad del eje.
**semipelagiano -na** Seguidor de una herejía. *Semipelagianismo.*
**semivivo -va** Medio vivo.
**semoviente** Que se mueve a sí mismo.
**septiembre\*** Mes. También *setiembre.*
**séptimo\* -ma** Que ocupa el lugar siete. También *sétimo.*
**septingentésimo -ma** Que ocupa el lugar 700.
**septisílabo -ba** Heptasílabo.
**septuagenario -ria** De setenta años.
**septuagésimo -ma** Que ocupa el lugar setenta.
**Sepúlveda** Pueblo de Segovia.
**Serbia** Región de Yugoslavia. También *Servia. Serbio -bia* (o *servio*).
**serbo** o **serbal** Árbol. *Serba.*
**sergenta** Religiosa de la orden de Santiago.
**Sergio -gia** Nombre de persona.
**serpollo** Rama nueva. *Serpollar.*
**servador** Defensor.
**Servando -da** Nombre de persona.
**servato** Planta.
**serventesio** Composición o estrofa poética.
**servilla** Zapatilla.
**servilleta** Tela que usa cada persona en la mesa. *Servilletero.*
**serviola** Pescante de un barco.
**servir** Estar a las órdenes de alguien; ser útil. *Servible, servicial, serviciar, servicio, servidero -ra, servidor -ra, servidumbre, servil, servilismo, servomotor.*
**servita** De una orden religiosa.
**Setabis** Antiguo nombre de Játiva. *Setabense, setabitano -na.*
**Setúbal** Ciudad de Portugal.
**severo -ra** No indulgente; serio. *Severidad.*
**Severo -ra, Severiano -na, Se-**

**verino -na** Nombres de persona.
**sevicia** Crueldad.
**Sevilla** Ciudad de Andalucía. *Sevillano -na.*
**sex-** Prefijo que significa 'seis'. *Sexagenario -ria, sexagésimo -ma, sexagesimal, sexagonal, sexángulo -la, sexcentésimo -ma, sexenio, sexma, sexmero, sexmo, sextantario -ria, sextante, sextario -ria, sextavado -da, sextavar, sexteto, sextilla, sextina, sexto -ta, séxtula, sextuplicar, séxtuplo -pla.*
**sexo** Condición que distingue al macho de la hembra. *Sexual, sexualidad.*
**Sha\*** Soberano del Irán. También *Sah.*
**Shanghai.** Ciudad de China.
**Shylock** Personaje de una comedia de Shakespeare.
**Síbaris** Antigua ciudad de Italia. *Sibarita, sibarítico -ca, sibaritismo.*
**Siberia** Región de Asia. *Siberiano -na.*
**sibil** Pequeña despensa en las cuevas.
**sibila** Profetisa. *Sibilino -na, sibilítico -ca.*
**sicigia** Cierta posición de la Luna.
**sico-, sic-** → PSICO-, PSIC-.
**siempreviva** Planta.
**siervo -va** Esclavo; servidor.
**sietelevar** Suerte del juego de la banca.
**sigilo** Sello; secreto. *Sigilación, sigilar, sigilografía, sigiloso -sa.*
**sílaba** Unidad fonética. *Silabar, silabario, silabear, silabeo, silábico -ca.*
**silbar** Producir sonido agudo. *Silbatina, silbato, silbido, silbo, silboso -sa.*
**silbón** Ave palmípeda.
**sílex** Piedra.
**silla** Asiento. *Sillera, sillería, sillero -ra, silletazo, silletero, sillín, sillón.*
**sillar** Piedra labrada. *Sillarejo, sillería.*
**silogismo** Forma de razonamiento. *Silogístico -ca, silogizar.*

**silva** Colección de varias materias o especies; combinación métrica. *Con mayúscula:* Apellido.
**silvano** Semidiós de las selvas.
*Silvático -ca, silvestre, silvicultor, silvicultura, silvoso -sa.*
**Silvela** Político español.
**Silverio -ria** Nombre de persona.
**Silvestre** Nombre de varón.
**silvina** Cloruro potásico.
**Silvio -via** Nombre de persona.
**simaruba** o **simarruba** Árbol.
**simbiosis** Asociación íntima de organismos de especies diferentes.
**simbol** Planta.
**símbolo** Representación. *Simbólico -ca, simbolismo, simbolista, simbolizable, simbolización, simbolizar.*
**sinergia** Acción concertada de varios órganos.
**sin embargo** A pesar de ello. Se escribe en dos palabras.
**sin fin\*** Cuando es sustantivo, se escribe en una sola palabra: *un sinfín de comentarios; un sinfín de criados.* Cuando se usa con valor adverbial o adjetivo, se escribe en dos palabras: *correa sin fin.*
**singenésico -ca** Tipo de estambres.
**sinhueso** Se escribe en una sola palabra cuando es sustantivo: *la sinhueso* 'la lengua'. En los demás casos se escribe en dos palabras: *un filete sin hueso.*
**sinnúmero** Se escribe en una sola palabra cuando es sustantivo ('infinidad'): *había un sinnúmero de personas aguardando.* Se escribe en dos en los demás casos: *desdichas sin número.*
**sino\*** Se escribe en una sola palabra cuando es conjunción adversativa: *no es lo que decías tú, sino lo que decía yo.* Se escribe en dos palabras (pronunciándose [sinó]) cuando es condicional: *esto no ocurriría si no estuviese él aquí.*
**sinovia** Líquido que lubrica las

articulaciones. *Sinovial, sinovitis.*

**sinsabor** Pesar.

**sinvergüenza** Desvergonzado.

*Sinvergonzonería, sinvergüencería.*

**siquiatría, siquiatra, síquico** → PSICO-, PSIC-.

**sirimba** Síncope.

**siringe** Órgano de la voz en las aves.

**sirventés** Serventesio.

**sirviente -ta** Criado.

**sisallo** Caramillo.

**sitibundo** Sediento.

**Sixto -ta** Nombre de persona.

**sobaco** Axila. *Sobacal, sobaquina.*

**sobar** Manejar y oprimir repetidamente. *Soba, sobadero -ra, sobadura, sobajadura, sobajamiento, sobajar, sobajear, sobajeo. sobijo, sobo, sobón -bona.*

**sobanda** Parte de la superficie del tonel.

**sobandero** Curandero que concierta los huesos dislocados.

**sobarba** Correa de la brida. *Sobarbada.*

**sobarbo** Álabe de una rueda hidráulica.

**sobarcar** Poner debajo del sobaco.

**sobejos** Sobras de la mesa.

**soberano -na** Supremo; rey. *Soberanear, soberanía.*

**soberbia** Orgullo, altivez, engreimiento. *Soberbiar, soberbio -bia.*

**sobermejo -ja** Bermejo oscuro.

**soberna** Sobrecarga. *Sobernal.*

**sobina** Clavo de madera.

**sobordo** Revisión de la carga de un buque.

**sobornar** Corromper con dádivas. *Sobornable, sobornación, sobornador -ra, soborno.*

**sobornal** Sobrecarga.

**Sobrarbe** Comarca de Huesca.

**sobreabundancia** Abundancia excesiva. *Sobreabundar.*

**sobrebarato -ta** Muy barato.

**sobrebarrer** Barrer ligeramente.

**sobrebeber** Beber con exceso.

**sobrecoger** Sorprender. *Sobrecogimiento.*

**sobrecubierta** Segunda cubierta.

**sobreedificar** Construir sobre otra edificación.

**sobreempeine** Parte inferior de la polaina.

**sobrehaz** Sobrefaz; cubierta.

**sobreherido -da** Herido superficialmente.

**sobrehilar** Dar puntadas sobre el borde de una tela cortada. *Sobrehílo.*

**sobrehueso** Tumor duro que está sobre un hueso.

**sobrehumano -na** Que excede a lo humano.

**sobrellave** Segunda cerradura. *Sobrellavar.*

**sobrellenar** Llenar en abundancia. *Sobrelleno -na.*

**sobrellevar** Sufrir; resignarse; aguantar.

**sobrentender*** Suponer. También *sobreentender.*

**sobrepelliz** Vestidura litúrgica.

**sobreproducción** Exceso de producción.

**sobrescribir** Escribir un letrero sobre una cosa.

**sobresdrújulo* -la** Con acento antes de la sílaba antepenúltima. También *sobreesdrújulo.*

**sobreseer** Suspender un proceso.

**sobresello** Segundo sello.

**sobrestimar** Estimar más de lo justo. También *sobreestimar.*

**sobre todo** Se escribe en dos palabras cuando significa 'principalmente'; en una, *sobretodo,* cuando designa una prenda de vestir.

**sobreveedor** Superior de los veedores.

**sobrevenir** Suceder.

**sobreverterse** Verterse con abundancia.

**sobrevestir** Poner un vestido sobre el que se lleva. *Sobrevesta, sobreveste.*

**sobrevidriera** Alambrera con que se resguarda una vidriera.

**sobrevienta** Golpe de viento impetuoso. *Sobreviento.*

**sobrevista** Especie de visera.

**sobrevivir** Vivir más tiempo. *Sobreviviente.*

**sobrevolar** Volar por encima de (un lugar).

**sobrexceder** Aventajar. También *sobreexceder.*

**sobrexcitar** Excitar más de lo normal. También *sobreexcitar. Sobrexcitación (o sobreexcitación).*

**socavar** Excavar por debajo. *Socava, socavación, socavar, socavón.*

**socollón** Sacudida violenta. *Socollada.*

**socoyote** Jocoyote.

**solevar** Sublevar; levantar. *Solevación, solevamiento, solevantamiento, solevantar.*

**soliviar** Ayudar a levantar. *Soliviadura, soliviantar, solivio, solivión.*

**sollado** Cubierta inferior del buque.

**sollamar** Socarrar con la llama.

**sollastre** Pinche; pícaro. *Sollastría.*

**sollo** Esturión.

**sollozar** Llorar convulsivamente. *Sollozo.*

**solutivo -va** Laxante.

**solvente** Que resuelve; capaz de pagar; capaz de cumplir. *Solvencia, solventar.*

**sonajero** Juguete de niños de pecho.

**sonámbulo** El que anda durante el sueño. También (raro) *somnámbulo. Sonambulismo (o somnambulismo).*

**sorber** Beber aspirando. *Sorbedor, sorbete, sorbible, sorbo.*

**Sorbona** Universidad de París.

**Sorolla** Pintor español.

**sortilegio** Adivinación que se hace por suertes supersticiosas.

**soslayar** Poner ladeado; evitar. *Soslayo -ya.*

**sotabanco** Piso colocado por encima de la cornisa general de la casa.

**sotabarba** Barba que crece por debajo de la barbilla.

**sotavento** Costado opuesto al

barlovento. *Sotaventarse, sotaventearse.*
**Soviet** Asamblea comunista. *Soviético -ca, sovietismo, sovietización, sovietizar.*
**sovoz (a)** En voz baja.
**Suabia** Región de Alemania.
**suajili\*** Lengua africana.
**suave** Liso, blando. *Suavidad, suavizador -ra, suavizar.*
**Suazilandia\*** País de África. *Suazi.*
**sub-** Prefijo que significa 'debajo', 'bajo'. *Subacetato, subafluente, subalternar, subalterno -na, subálveo -a, subarrendar, subasta, subclase, subclavero, subclavio -via, subdirección, subdividir, subejecutor, subentender, subestimar, subgénero, subinspección, subintendencia, subjefe, sublevación, submaxilar, suboficial, subordinación, subrayar.*
**suberoso -sa** Parecido al corcho. *Suberina.*
**subir** Pasar a un sitio más alto. *Subidero -ra, subidor -ra, subimiento.*
**súbito -ta** Repentino. *Subitáneo -a.*
**subjetivo -va** Del sujeto. *Subjetividad, subjetivismo, subjetivista.*
**subscribir\*** Firmar; abonar. Es mucho más frecuente la grafía *suscribir, suscrito.* Lo mismo en los derivados: *suscriptor, suscripción.*

**substancia\*** Parte esencial; materia. En esta palabra y en todos sus derivados *(substancial, substanciar, substancioso, substantivo,* etc.), la grafía más corriente es sin *b: sustancia, sustancial, sustanciar,* etc.
**substituir\*** Suplir. Es más frecuente la grafía sin *b: sustituir.* Lo mismo ocurre en los derivados: *sustitución, sustituto,* etcétera.
**substraer\*** Restar. Véase la observación a SUSTITUIR.
**substrato\*** Sustancia; lengua sustituida por otra. También *sustrato.*
**suburbio** Arrabal. *Suburbano -na.*
**subvenir** Ayudar. *Subvención, subvencionar.*
**subvertir** Resolver; destruir. *Subversión, subversivo -va, subversor.*
**subyugar** Avasallar. *Subyugable, subyugación, subyugador -ra.*
**succino** Ámbar.
**succión** Acción de chupar. *Succionar.*
**súcubo** Demonio en forma de mujer.
**sucumbir** Morir.
**suevo -va** De una tribu germánica. *Suévico -ca.*
**sufragio** Voto; obra buena en favor de las almas del Purgatorio. *Sufragismo, sufragista.*
**sugerir** Despertar una idea.

*Sugerencia, sugerente, sugeridor -ra, sugestión, sugestionable, sugestionador -ra, sugestionar, sugestivo -va.*
**sujetar** Contener; someter. *Sujeción, sujetador -ra.*
**sulfhídrico -ca** Adjetivo que designa una serie de compuestos químicos.
**sulla** Planta.
**sumergir** Meter bajo el agua. *Sumergible, sumergimiento.*
**sumiller** Cargo palaciego. *Sumillería.*
**superabundar** Abundar en extremo. *Superabundancia.*
**superávit** Exceso del haber sobre el debe.
**superheterodino** Tipo de aparato de radio.
**superhombre** Ser superior al hombre actual.
**superhumeral** Banda que usa el sacerdote.
**supervenir** Sobrevenir. *Supervención, superveniencia.*
**supervisar** Revisar. *Supervisión, supervisor.*
**supervivencia** Acción de sobrevivir. *Superviviente.*
**súrbana** Planta gramínea.
**surgir** Brotar. *Surgidero, surgidor -ra.*
**surtuba** Helecho gigante.
**suscribir** → SUBSCRIBIR.
**sustancia** → SUBSTANCIA.
**sustituir** → SUBSTITUIR.
**sustraer** → SUBSTRAER.
**sustrato** → SUBSTRATO.

# t

**taba** Astrágalo, hueso.
**tabaco** Planta. *Tabacal, tabacalero -ra, tabacoso -sa, tabaquería, tabaquero -ra, tabaquismo, tabaquista.*
**tabalear** Menear, golpear acompasadamente con los

dedos. *Tabalada, tabalario, tabaleo.*
**tabanazo** Bofetada.
**tabanco** Puesto de comestibles.
**tábano** Insecto; planta. *Tabanera.*

**tabaola** Batahola.
**tabaque** Cestillo; clavo.
**tabardillo** Fiebre grave.
**tabardo** Prenda de abrigo.
**tabarra** Lata. *Tabarrera.*
**tabear** Charlar.

**tabellar** Doblar las piezas de paño.

**taberna** Tienda de vinos. *Tabernario -ria, tabernería, tabernero -ra.*

**tabernáculo** Sagrario.

**tabes** Consunción. *Tábido -da, tabífico -ca.*

**tabí** Tela de seda.

**tabica** Tablilla con que se cubre un hueco.

**tabinete** Tela de calzado.

**tabique** Pared. *Tabicar.*

**tablajero** Carpintero; cobrador; carnicero. *Tablajería.*

**tabo** Vasija.

**tabolango** Insecto.

**tabor** Unidad de tropa marroquí en el ejército español.

**tabú** Prohibición religiosa.

**tabuco** Aposento pequeño.

**tabular** De forma de tabla.

**taclobo** Concha.

**taha** Comarca.

**tahalí** Tira de cuero que sostiene la espada o el machete.

**taharal** Tarayal.

**taheño -ña** Bermejo.

**Tahití** Isla de Polinesia.

**tahona** Molino de harina; panadería. *Tahonero -ra.*

**tahúlla** Medida agraria.

**tahúr -ra** Jugador; fullero. *Tahurería.*

**tajea** Atarjea.

**tajero** Tarjador.

**talabarte** Cinturón de que cuelgan los tirantes de la espada. *Talabartería, talabartero.*

**Talavera** Ciudad de Toledo. *Talaverano -na.*

**talayote** Megalito; planta.

**tallar** Cortar para dar forma; tasar, medir; charlar. *Talla, tallador, talladura, tallarín, tallarola, tallista, talludo -da.*

**talle** Cintura; traza.

**tallecer** Echar tallo.

**taller** Lugar de trabajo; vinagreras.

**tallo** Parte de la planta. *Talludo -da.*

**tal vez*** Quizá. Se escribe en dos palabras, aunque en América se usa también la forma *talvez.*

**talvina** Gachas de leche de almendras.

**Tamayo** Apellido.

**tambalear** Bambolear. *Tambaleo.*

**tambalisa** Planta.

**tambanillo** Frontón.

**tambarillo** Arca pequeña.

**tambarria** Parranda.

**también** Se escribe en una palabra cuando es adverbio oracional ('además', 'por añadidura'): se escribe en dos palabras *(tan bien)* cuando es adverbio de modo en grado comparativo: *baila tan bien como su hermana.*

**tambo** Venta; vaquería. *Tambero -ra.*

**tambor** Instrumento músico de percusión. *Tambora, tamborear, tamboreo, tamboril, tamborilada, tamborilazo, tamborilear, tamborilero, tamborilete, tamborín, tamborino, tamboritear, tamboritero.*

**tampoco** Cuando es adverbio de negación, se escribe en una sola palabra: *nosotros tampoco iremos.* Cuando es pronombre, adjetivo o adverbio de cantidad en grado comparativo, se escribe en dos palabras *(tan poco)*: *tengo tan poco dinero que no puedo ni tomar un taxi.*

**tangente** Que toca. *Tangencia, tangible.*

**Tánger** Ciudad del África. *Tangerino -na.*

**tapabarro** Guardabarros.

**tapabocas** Bufanda.

**tapayagua** Llovizna.

**tarabilla** Listón; persona que habla atropelladamente.

**tarabita** Palito al extremo de la cincha.

**taramba** Instrumento musical.

**tarambana** Persona alocada.

**tarayal** Terreno poblado de tarayes.

**tarjero -ra** Tarjador.

**tarjeta** Pedazo de cartulina rectangular. *Tarjeteo, tarjetera, tarjetero.*

**tartajear** Hablar con torpeza. *Tartajeo.*

**tataibá** Planta.

**tatarabuelo -la** Tercer abuelo.

**taujel** Listón.

**taujía** Ataujía.

**taumaturgia** Facultad de realizar prodigios.

**Tavira** Ciudad de Portugal.

**taxativo -va** Que limita un caso a determinadas circunstancias.

**taxidermia** Arte de disecar. *Taxidermista.*

**taxímetro** Aparato que marca en un coche el precio del recorrido; instrumento de navegación. *Taxi, taxista.*

**taxonomía** Parte de la historia natural que trata de la clasificación. *Taxón, taxonómico -ca.*

**tayuyá** Planta.

**Tebas** Ciudad de Egipto o de Grecia. *Tebaico -ca* (de Egipto). *tebeo -a* (de Grecia).

**tebenque** Planta.

**tebeo** Periódico infantil.

**Tegea** Antigua ciudad de Grecia. *Tegeo -a.*

**Teherán** Capital del Irán.

**Tehuantepec** Istmo de América.

**tejavana** Edificio techado a teja vana.

**tejer** Entralazar hilos. *Tejedera, tejedor -ra, tejedura, tejeduría, tejemaneje, tejido.*

**tejero -ra** El que fabrica tejas. *Tejería.*

**telegénico -ca** (Persona) que sale favorecida en la pantalla de televisión.

**televisión** Transmisión de imágenes por ondas hertzianas. *Televidente, televisar, televisivo, televisor, televisual.*

**tellina** Almeja.

**telliz** Caparazón. *Telliza.*

**Tello, Téllez** Apellidos.

**tenallón** Fortificación.

**Teógenes** Nombre de varón.

**terbio** Metal.

**terebinto** Árbol. *Terebintáceo -a.*

**tereniabín** Sustancia viscosa purgante.

**termógeno -na** Que produce calor.

**Terpsícore** Musa de la danza.

**Terranova** Isla de América.

**terrígeno -na** Nacido de la tierra.

**tesitura*** Altura propia de una voz; disposición.

**tetrasílabo -ba** Cuatrisílabo.

**tetravalente** Que tiene cuatro valencias.

**teúrgia** Magia.

**textil** Que puede tejerse; de los tejidos. *Textorio -ria, textura.*

**texto** Escrito; pasaje. *Textual, textualista.*

**teyo -ya** De Teos, ciudad de Jonia.

**theta** Letra griega.

**tíbar** Oro muy acendrado.

**tibe** Corindón.

**Tíber** Río de Roma. *Tiberino -na, Tiberio.*

**Tíbet** País del Asia. *Tibetano -na.*

**tibia** Hueso.

**Tibidabo** Monte de Barcelona.

**tibio -bia** Templado. *Tibieza.*

**tibisí** Especie de carrizo.

**tibor** Vaso grande de barro.

**Tíbulo** Poeta latino.

**Tiburcio -cia** Nombre de persona.

**tiburón** Pez.

**ticket\*** Billete. También *tique, tiquete.*

**tijera** Instrumento para cortar. *Tijerada, tijereta, tijeretada, tijeretazo, tijeretear, tijereteo.*

**tijuil** Pájaro.

**tilbe** Trampa para pescar.

**tílburi** Coche de caballos.

**tilla** Entablado que cubre una parte de la embarcación. *Tillar.*

**timba** Partida de juego.

**timbal** Instrumento músico de percusión. *Timbalero.*

**timbiriche** Árbol.

**timbó** Árbol.

**tinajero** El que hace o vende tinajas.

**tinge** Búho.

**tingible** Que se puede teñir.

**tingitano -na** De Tánger.

**tiorba** Antiguo instrumento musical.

**tiovivo** Plataforma giratoria con caballitos o coches de juguete.

**tirabala** Taco.

**tirabeque** Guisante mollar.

**tirabotas** Instrumento para calzarse.

**tirabuzón** Rizo de cabello.

**tiroxina** Hormona del tiroides.

**titubear** Oscilar; vacilar. *Titubeo.*

**toalla** Lienzo para secarse. *Toallero.*

**toba** Piedra caliza; sarro. *Tobar, toboso -sa.*

**Tobarra** Pueblo de Albacete.

**tobera** Abertura por donde entre el aire en un horno.

**tobiano -na** Clase de caballo.

**Tobías** Personaje bíblico.

**tobillo** Lugar donde la pierna se une con el pie.

**toboba** Especie de víbora.

**tobogán** Especie de trineo bajo.

**Toboso (El)** Pueblo de Toledo.

**tocasalva** Salvilla.

**tocayo -ya** El que tiene el mismo nombre que otro.

**tocuyo** Tela burda.

**todabuena** Planta.

**todavía** Adverbio de tiempo.

**tojino** Pedazo de madera para asegurar.

**tollo** Carne del ciervo; escondrijo de cazadores; tremedal. *Tolla.*

**tolva** Caja abierta por debajo para echar el grano en la muela.

**tolvanera** Remolino de polvo.

**tómbola** Rifa.

**tómbolo** Banco de arena.

**tontivano -na** Tonto vanidoso.

**tórax** Pecho.

**torbellino** Remolino de viento.

**tordella** Especie de tordo.

**Toribio -bia** Nombre de persona.

**tornaviaje** Viaje de regreso.

**tornavirón** Golpe dado con la mano.

**tornavoz** Sombrero del púlpito; concha del apuntador; bocina.

**toronjil** Planta. *Toronjina.*

**torva** Remolino de lluvia o nieve.

**torvisco** Mata. *Torvisca, torviscal.*

**torvo -va** Terrible.

**tos ferina** Enfermedad. Se escribe en dos palabras.

**totovía** Tova, cogujada.

**tova** Cogujada.

**tóxico -ca** Venenoso. *Toxicología, toxicológico -ca, toxina.*

**trabajar** Desarrollar una actividad. *Trabajador -ra, trabajo, trabajoso -sa.*

**trabanco** Trangallo.

**trabar** Atar, juntar; dar principio. *Traba, trabacuenta, trabadero, trabadura, trabal, trabalenguas, trabamiento, trabazón, trabilla, trabón.*

**trabe** Viga.

**trábea** Vestidura romana.

**trabucar** Trastornar el buen orden de algo; confundir. *Trabucación, trabucador -ra.*

**trabuco** Arma de fuego. *Trabucaire, trabucazo.*

**tracción** Arrastre.

**traducción** Acción de traducir.

**tragahombres** Perdonavidas.

**tragaldabas** Persona muy tragona.

**tragallón -llona** Tragón.

**tragamallas** Tragaldabas.

**tragavenado** Serpiente.

**tragavirotes** Hombre tieso.

**tragedia** Obra dramática. *Trágico -ca, tragicomedia.*

**traílla** Cuerda con que se atan los perros; aparato para allanar el terreno. *Traillar.*

**trajín** Ajetreo. *Trajinante, trajinar, trajinería, trajinero.*

**tralhuén** Arbusto.

**tralla** Cuerda; látigo. *Trallazo.*

**tramoya** Maquinaria para hacer las mutaciones en el teatro. *Tramoyista.*

**trancahílo** Nudo que estorba el paso del hilo.

**trangallo** Palo que se cuelga del collar del perro.

**trans-\*** Las palabras formadas con este prefijo se escriben, unas, conservando la *n: trans-;* otras, perdiéndola: *tras-;* otras, con la posibilidad de mantenerla o perderla. Para todas estas palabras, consúltese la parte DICCIONARIO de este libro.

**transigir** Condescender. *Transigencia.*

**Transilvania** Región de Rumanía. *Transilvano -na.*
**transtiberino -na** Del otro lado del Tíber.
**Transvaal** Región de Sudáfrica.
**tranvía** Vehículo de transporte urbano. *Tranviario -ria, tranviero.*
**tras-** → TRANS-.
**trasalcoba** Pieza detrás de la alcoba.
**trasanteayer** El día anterior a anteayer.
**trasbocar** Vomitar.
**trascabo** Zancadilla.
**trasfollo** Enfermedad de los animales. *Trasfollado -da.*
**trashoguero -ra** Que se queda en casa.
**trashojar** Hojear.
**trashumante** Que cambia de dehesas en invierno y verano. *Trashumación, trashumar.*
**trasmallo** Arte de pesca.
**trasovada** Forma de hoja.
**traspellar** o **traspillar** Encajar en su marco la hoja de la puerta.
**trastabillar** Trastrabillar. *Trastabillón.*
**trastrabado -da** (Caballo) que tiene blancos la mano derecha y el pie izquierdo o viceversa.
**trastrabarse** Trabarse.
**trastrabillar** Dar traspiés.
**trastumbar** Echar a rodar.
**trasvenar** Extravenarse.
**trasver** Ver a través de algo.
**trasverter** Rebosar un líquido.
**trasvolar** Pasar volando.
**traversa** Madero del carro.
**través** Inclinación; dirección transversal. *Travesaño, travesar, travesear, travesero -ra, travesía, travesío -a, traviesa.*
**travestir** Disfrazar. *Travesti, travestido, travestismo.*
**travieso -sa** Inquieto y revoltoso. *Travesura.*
**trayecto** Recorrido. *Trayectoria.*
**trébedes** Trípode.

**trebejo** Utensilio; juguete. *Trebejar.*
**trébol** Planta.
**Trebujena** Pueblo de Cádiz.
**tres** Número. *Trescientos* se escribe en una palabra; *tres mil,* en dos.
**tresbolillo (a)** Modo de colocación de las plantas.
**Tréveris** Ciudad de Alemania.
**Treviño** Pueblo de Burgos.
**tribu** Grupo social primitivo. *Tribal, tribual.*
**tribulación** Aflicción.
**tríbulo** Planta.
**tribuno** Magistrado romano; orador. *Tribuna, tribunado, tribunal, tribunicio -cia, tribúnico -ca.*
**tributo** Carga, impuesto. *Tributación, tributante, tributar, tributario -ria.*
**tricahue** Loro.
**trigémino -na** Gemelo con otros dos; nervio craneal.
**trilla** Salmonete; acción de trillar.
**trillar** Separar el grano de la paja. *Trilla, trilladera, trillador -ra, trilladura, trillo.*
**trillón** Un millón de billones.
**trilobites** Crustáceo.
**trilobulado -da** Que tiene tres lóbulos.
**tripicallos** Despojos de las reses. *Tripicallero -ra.*
**trisagio** Himno en honor de la Santísima Trinidad.
**trisección** Acción de trisecar.
**trisílabo -ba** De tres sílabas.
**triunvirato** Mando de tres personas. *Triunviral, triunviro.*
**trivalente** Que tiene tres valencias.
**trivial** Vulgarizado; sin novedad. *Trivialidad.*
**trivio** Encrucijada; conjunto de las tres artes liberales. *Trivial.*
**troje** o **troj** Granero. *Trojero.*
**trolebús** Vehículo urbano.
**tromba** Manga, fenómeno.
**trombocito** Célula que se encuentra en la sangre.

**trombón** Instrumento de viento.
**trotaconventos** Alcahueta.
**trova** Composición poética. *Trovador -ra, trovadoresco -ca, trovar, trovero, trovo.*
**Troya** Antigua ciudad de Asia. *Troyano -na.*
**truhán -ana** Bufón; sinvergüenza. *Truhanada, truhanear, truhanería, truhanesco -ca.*
**Trujillo** Ciudad de Extremadura.
**trujimán -mana** Intérprete.
**trulla** Bulla.
**trullo** Ave; lagar.
**tuba** Instrumento de viento.
**tubérculo** Rizoma engrosado.
**tuberculosis** Enfermedad. *Tuberculización, tuberculoso -sa.*
**tuberosidad** Hinchazón. *Tuberoso -sa.*
**tubo** Pieza hueca cilíndrica. *Tubería, tubícola, tubular, tubuloso -sa.*
**tullir** Hacer perder el movimiento del cuerpo. *Tullecer, tullidez, tullimiento.*
**tumba** Sepulcro.
**tumbar** Derribar. *Tumbo, tumbón -bona.*
**tumefacción** Hinchazón.
**turba** Muchedumbre; materia combustible. *Turbal, turbamulta, turbera.*
**turbar** Alterar. *Turbación, turbador -ra, turbamiento, turbativo -va, túrbido -da, turbiedad, turbieza, turbio -bia, turbulencia, turbulento -ta.*
**turbante** Tocado oriental.
**turbina** Motor hidráulico.
**turbinto** Árbol.
**turbión** Chaparrón con viento fuerte. *Turbonada.*
**turbit** Planta. *Turbino.*
**turgente** Abultado. *Turgencia, turgescencia, turgescente, túrgido -da.*
**turubí** Planta.
**turullo** Cuerno que usan los pastores.
**turumbón** Tolondrón.

# u

**ubajay** Árbol.

**Ubaldo -da** Nombre de persona.

**Ubangui** Río de África.

**Úbeda** Ciudad de Jaén. *Ubetense.*

**ubi** Especie de bejuco.

**ubicar** Estar; situar. *Ubicación, ubicuidad, ubicuo -cua, ubiquidad, ubiquitario -ria.*

**ucubitano -na** De Espejo, Córdoba.

**ujier** Empleado subalterno.

**uliginoso -sa** Húmedo.

**Ulloa** Apellido.

**ulluco** Planta.

**ultratumba** Más allá de la tumba.

**ultravioleta** De la parte del espectro solar más allá del violeta. *Ultraviolado -da.*

**umbela** Inflorescencia. *Umbelífero -ra.*

**umbilical** Del ombligo. *Umbilicado -da.*

**undívago -ga** Que ondea.

**ungir** Frotar con aceite. *Ungimiento.*

**uniáxico -ca** De un solo eje.

**unigénito -ta** (Hijo) único.

**uninervia** Tipo de hoja.

**unisexual** De un solo sexo.

**univalvo -va** De una sola valva.

**universo** Mundo. *Universal, universalidad, universalismo, universalizar, universidad, universitario -ria.*

**unívoco -ca** Que con la misma significación se predica de varios individuos. *Univocación, univocar, univocidad.*

**Urbano -na** Nombre de persona.

**urbe** Ciudad. *Urbanidad, urbanismo, urbanización, urbanizar, urbanístico -ca, urbano -na.*

**Urbina** Apellido.

**Urbino** Ciudad de Italia.

**urgir** Apremiar. *Urgencia, urgente.*

**urogallo** Ave.

**uruguayo -ya** Del Uruguay.

**uva** Fruto de la vid. *Uvada, uval, uvate, uvayema, uvero -ra, uvilla.*

**uvaduz** Gayuba, mata.

**uvaguemaestre** Vaguemaestre.

**uve** Letra *v.*

**úvula** Campanilla.

**uxoricida** El que mata a su mujer. *Uxoricidio.*

# V

**vaca** Hembra del toro. *Vacada, vacarí, vacuna, vacunación, vacunador -ra, vacunar, vacuno -na, vaquería, vaquerizo -za, vaquero -ra, vaqueta, vaquilla, vaquillona.*

**vacabuey** Árbol.

**vacar** Cesar por algún tiempo en el trabajo; quedar libre un puesto. *Vacación, vacancia, vacante, vacatura.*

**vaccinoideo -a** Familia de plantas.

**vaciar** Dejar sin contenido. *Vaciadero, vaciadizo -za, vaciador, vaciamiento, vaciante, vaciedad, vacío -a.*

**vacilar** Dudar; oscilar. *Vacilación.*

**vacuo -cua**  Vacío. *Vaco -ca, vacuidad, vacuola.*

**vadear** Pasar un río a pie. *Vadeable, vadeador, vadera, vado, vadoso -sa.*

**vademécum** Manual.

**Vaduz** Capital de Liechtenstein.

**vagar** No trabajar; andar sin rumbo. *Vagabundear, vagabundeo, vagabundo -da, vagamundear, vagamundo -da, vagancia, vagante, vagaroso -sa, vago, vagueación, vaguear, vaguedad.*

**vagina** Parte del cuerpo de las hembras de los mamíferos. *Vaginal, vaginiforme, vaginitis.*

**vagón** Carruaje de ferrocarril. *Vagoneta.*

**vagra** Listón flexible de madera.

**vaguada** Línea que marca la parte más honda del valle.

**vaguemaestre** Oficial que cuidaba de los equipajes.

**vaguido -da** Que padece vahídos.

**vahído** Turbación breve del sentido.

**vaho** Vapor; aliento. *Vahajo, vahar, vaharada, vaharera, vaharina, vahear.*

**vaída** Forma de bóveda.

**vaina** Funda de la espada; persona despreciable; dobladillo; pericarpio tierno de las legumbres. *Vainazas, vainero, vainica, vainica, vainillina, vainiquera.*

**vaivén** Movimiento pendular.

**vaivoda** Príncipe, en algunos países eslavos.

**vajilla** Conjunto de vasijas para la mesa.

**Valaquia** Región de Rumanía. *Valaco -ca.*

**valar** Del vallado o muro.

**Valbuena** Apellido.

**Valdés** Apellido.

**Valdivia** Conquistador español; ciudad de Chile.

**Valdivielso** Poeta español.

**Valdo** Heresiarca francés. *Valdense.*

**Valencia** Región y ciudad de España. *Valencianismo, valenciano -na, valentino -na.*

**Valentín -tina** Nombre de persona.

**valer** Importar; tener precio o importancia. *Vale, valedero -ra, valedor -ra, valedura, valencia, valentía, valentón -tona, valentonada, valentonería, valerosidad, valeroso -sa, valía, validación, validar, validez, válido -da, valiente, valioso -sa, valor, valoración, valorar, valoría, valorización, valorizar, valuación, valuar.*

**Valera, Valero** Apellidos.

**valeriana** Hierba. *Valerianáceo -a, valerianato, valeriánico.*

**Valeriano -na, Valerio -ria, Valero -ra** Nombres de persona.

**valetudinario** Enfermo.

**valí** Gobernador musulmán. *Valiato.*

**valija** Maleta; correo. *Valijero.*

**valisoletano -na** Vallisoletano.

**valla** Cerco. *Valladar, valladear, vallado, vallar.*

**Valladolid** Ciudad española. *Vallisoletano -na.*

**valle** Espacio de tierra entre montañas.

**Vallejo** Apellido.

**Valls** Ciudad de Tarragona.

**Valois** Casa real francesa.

**valón -lona** De una región de Bélgica.

**Valparaíso** Ciudad de Chile.

**Valquiria\*** Divinidad nórdica. También *Valkiria* y *Walkiria.*

**vals** Danza. *Valsar.*

**valva** Cada una de las piezas de una concha; ventalla. *Válvula, valvular.*

**vampiro** Mamífero quiróptero; espectro; el que se enriquece de mala manera. *Vampiresa.*

**vanadio** Elemento.

**vanagloriarse** Jactarse. *Vanagloria, vanaglorioso -sa.*

**vándalo -la** De un pueblo bárbaro. *Vandálico -ca, vandalismo.*

**vanguardia** Parte de un ejército que va delante.

**vano -na** Vacío. *Vanear, vanidad, vanidoso -sa, vanilocuencia, vanilocuente, vanílocuo -cua, vaniloquio, vanistorio.*

**vapor** Gas en que se transforma un líquido. *Vapora, vaporable, vaporación, vaporar, vaporear, vaporización, vaporizador, vaporizar, vaporoso -sa.*

**vapulear** Azotar. *Vapulación, vapulamiento, vapuleador, vapuleamiento, vapuleo, vápulo.*

**vaque-, vaqui-** → VACA.

**vara** Ramo delgado y sin hojas; medida. *Varada, varal, varapalo, varaseto, varazo, varea, vareador, vareaje, varear, varejón, varejonazo, vareo, vareta, varetazo, varetear, varetón, varilarguero.*

**varar** Encallar un barco. *Varada, varadero, varadura.*

**varbasco** Gordolobo.

**vardasca** Verdasca. *Vardiscazo.*

**Vardulia** Antigua región de España. *Várdulo -la.*

**Varela** Apellido.

**varenga** Brazal.

**varga** Parte más pendiente de una cuesta.

**várgano** Palo de una empalizada. *Varganal.*

**Vargas** Pueblo; apellido.

**vargueño** Bargueño.

**vari** Ave.

**variar** Cambiar. *Variabilidad, variable, variación, variante, variedad, vario -ria.*

**varice, variz** o **várice** Dilatación de una vena. *Varicoso -sa.*

**varicela** Enfermedad.

**varioloso -sa** De la viruela. *Varioloide.*

**varón** Persona del sexo masculino. *Varona, varonía, varonil.*

**Varsovia** Capital de Polonia. *Varsoviano -na.*

**vasallo -lla** Súbdito. *Vasallaje.*

**vasar** Anaquelería.

**Vascongadas (Provincias)** Provincias del Norte de España. *Vasco -ca, vascófilo -la, vascón -cona, vascongado -da, Vasconia, vascónico -ca, vascuence.*

**vaselina** Sustancia lubricante; ungüento.

**vaso** Recipiente para líquidos; tubo o canal por donde circula un líquido orgánico. *Vascular, vasculoso -sa, vasera, vasija, vasomotor.*

**vástago** Ramo tierno de un árbol; descendiente.

**vasto -ta** Extenso. *Vastedad.*

**vate** Adivino; poeta. *Vaticinador -ra, vaticinar, vaticinio, vatídico -ca.*

**Vaticano** Monte de Roma; residencia del Papa. *Vaticano -na.*

**vatio** Unidad de potencia eléctrica.

**vaya** Burla.

**Vázquez** Apellido.

**vecera** o **vecería** Manada perteneciente a un vecindario.

**vecero -ra** Que aguarda turno.

vecino                                                          vera

**vecino -na** Que vive al lado de
otro. *Vecindad, vecindario.*
**vectación** Acción de ir en vehículo.
**vector** Segmento de recta en
un sentido determinado. *Vecto-
rial.*
**vedar** Prohibir. *Veda, veda-
miento.*
**Vedas** Libros sagrados indios.
*Védico -ca, vedismo.*
**vedegambre** Planta.
**vedija** Mechón. *Vedeja, vedi-
joso -sa, vedijudo -da.*
**veedor** Antiguo inspector.
*Veeduría.*
**vega** Tierra baja fértil. *Vegoso
-sa, veguero -ra.*
**vegetal** Planta. *Vegetabilidad,
vegetación, vegetar, vegetaria-
nismo, vegetariano -na, vegeta-
tivo -va.*
**veguer** Corregidor, magistrado. *Veguería.*
**vehemente** Impetuoso. *Vehemencia.*
**vehículo** Artefacto para transportar.
**veinte** Adjetivo numeral.
*Veintavo, veintén, veintena,
veintenario, veintenero, vein-
teno, veinteñal, veinticinco,
veinticuatreno, veinticuatría,
veinticuatro, veintidós, veintido-
seno, veintinueve, veintiocheno,
veintiocho, veintiséis,* etc.
**vejar** Perseguir, molestar. *Ve-
jación, vejador -ra, vejamen, ve-
jatorio -ria.*
**Vejer** Pueblo de Cádiz.
**vejez** Calidad de viejo. *Vejes-
torio.*
**vejiga** Saco membranoso; ampolla. *Vejigatorio -ria, vejigazo,
vejigoso -sa.*
**vela** Acción de no dormir; cirio; lona del barco. *Velación,
velacho, velada, velador -ra, ve-
laje, velamen, velarte, velatorio,
velejar, velería, velero -ra, veleta, velón, velonera, velonero,
velorio.*
**Velarde** Apellido.
**Velasco** Apellido.
**Velázquez** Apellido.
**Vélez** Nombre de varios pueblos.

**veleidad** Voluntad antojadiza.
*Veleidoso -sa.*
**velicar** Punzar. *Velicación.*
**velicomen** Copa grande para
brindar.
**Vellido Dolfos** Asesino de
Sancho II de Castilla. También
*Bellido.*
**vello** Pelo suave; pelusilla. *Vellido -da, vellocino -na, vellón,
vellora, vellorí, vellorita, vellosi-
dad, velloso -sa, velludo, vellu-
tero.*
**vélite** Soldado romano.
**velmez** Vestido que se usaba
debajo de la armadura.
**velo** Tela con que se oculta
algo. *Velación, velar.*
**veloz** Rápido. *Velocidad, velo-
cipédico -ca, velocipedismo, ve-
locipedista, velocípedo, velódromo, velomotor.*
**velorta** Arandela; pieza del
arado. *Velorto.*
**vena** Vaso sanguíneo; filón.
*Venaje, venal, venático -ca, ve-
noso -sa, vénula.*
**venablo** Lanza corta.
**venado** Ciervo. *Venación, ve-
nadero, venatorio -ria.*
**venal** Que se vende. *Venable,
venalidad.*
**Venancio -cia** Nombre de persona.
**vencejo** Pájaro; ligadura.
**vencer** Dominar. *Vencedero
-ra, vencedor-ra, vencetósigo,
vencible, vencimiento.*
**venda** Tira de lienzo para ligar
un miembro. *Vendaje, vendar,
vendo.*
**vendaval** Viento fuerte.
**vender** Dar por dinero. *Ven-
dedera, vendedor -ra, vende-
húmos, vendeja, vendí, vendi-
ble.*
**vendimia** Recolección de la
uva. *Vendimiador, vendimiar,
vendimiario.*
**Vendrell** Pueblo de Tarragona.
**Venecia** Ciudad de Italia. *Ve-
neciano -na, véneto -ta.*
**veneno** Sustancia tóxica. *Ve-
nenífero -ra, venenosidad, venenoso -sa.*
**venera** Concha.

**venerar** Dar culto; respetar.
*Venerable, veneración, venera-
dor -ra, venerando -da.*
**venéreo -a** Relativo al acto de
la generación.
**venero** Manantial de agua; yacimiento. *Venera.*
**Venezuela** Estado de América. *Venezolanismo, venezolano -na.*
**vengar** Tomar satisfacción de
un daño. *Vengable, vengador
-ra, venganza, vengativo -va.*
**venia** Perdón, permiso. *Ve-
nial, venialidad.*
**venir** Dirigir hacia aquí. *Venidero -ra.*
**venta** Acción de vender; para-
dor o posada. *Venteril, ventero,
ventorro.*
**ventaja** Lo que da superioridad. *Ventajero -ra, ventajista,
ventajoso -sa.*
**vent-** Las palabras que comienzan por estos sonidos y que
derivan de *ventum* 'viento', se
escriben con *v.* Así: *ventada,
ventalla, ventana, ventanaje,
ventanal, ventanazo, ventanear,
ventaneo, ventanero -ra, ven-
tano, ventar, ventarrón, ventea-
dura, ventear, ventero, ventila-
ción, ventilador, ventilar, ven-
tisca, ventiscar, ventisco, ventis-
coso -sa, ventisquear, ventis-
quero, ventola, ventolera, vento-
lina, ventor -ra, ventorrero, ven-
tosa, ventosear, ventosidad, ven-
toso -sa.*
**ventr-** Todos los derivados de
*venter* 'vientre' se escriben con
*v.* Así: *ventral, ventrecha, ven-
tregada, ventrera, ventricular,
ventrículo, ventril, ventrílocuo,
ventriloquia, ventrón, ventroso,
ventrudo.*
**ventura** Felicidad; casualidad.
*Venturado -da, venturanza, ven-
turero -ra, venturoso -sa.*
**venturina** Variedad de
cuarzo.
**Venus** Diosa del amor.
**venusto -ta** Hermoso. *Venus-
tez, venustidad.*
**ver** Percibir por los ojos.
**vera** Orilla; árbol. *Con mayúscula:* Comarca de Cáceres;

506

nombre de varios pueblos españoles.

**Veracruz** Ciudad de Méjico.

**veralca** Piel de guanaco.

**verano** Estación del año. *Veranada, veranadero, veranar, veraneante, veranear, veraneo, veranero, veraniego -ga.*

**veratro** Vedegambre. *Veratrina.*

**veraz** Que dice la verdad. *Veracidad, veras (de), verascopio.*

**verbasco** Gordolobo.

**verbena** Planta; fiesta popular. *Verbenáceo -a, verbenear, verbenero -ra.*

**verberar** Azotar. *Verberación.*

**verbo** Palabra; parte de la oración. *Verba, verbal, verbalismo, verbalista, verbigracia, verborragia, verborrea, verbosidad, verboso -sa.*

**verdad** Conformidad de lo que se dice con lo que se siente. *Verdadero -ra.*

**Verdaguer** Poeta catalán.

**verde** Color; no maduro. *Verdacho, verdal, verdasca, verdascazo, verdea, verdear, verdeceledón, verdecer, verdegal, verdegay, verdeguear, verdejo -ja, verdemar, verdemontaña, verderol, verderón, verdevejiga, verdín, verdina, verdinal, verdinegro -gra, verdino -na, verdinoso -sa, verdiñal, verdiseco -ca, verdolaga, verdón, verdor, verdoso -sa, verdoyo, verdulería, verdulero -ra, verdura, verdusco -ca, verduzco -ca.*

**verdugo** Vástago; azote; hilada horizontal de ladrillo; el que ejecuta las penas de muerte. *Verdugada, verdugado, verdugal, verdugazo, verdugón, verduguillo.*

**verecundo -da** Vergonzoso. *Verecundia.*

**vereda** Camino. *Veredero.*

**veredicto** Definición dictada por el jurado.

**verga** Vástago; miembro genital; arco de la ballesta; percha a la que se asegura la vela. *Vergajo, vergeta, vergeteado -da, verguear, vergueta, verguío -a.*

**Vergara** Ciudad de Guipúzcoa.

**vergé** Clase de papel.

**vergüenza** Turbación; pundonor. *Vergonzante, vergonzoso -sa.*

**vericueto** Lugar áspero, de difícil paso.

**verídico -ca** Verdadero. *Verisímil, verisimilitud, verismo, verista, verosímil, verosimilitud.*

**verificar** Comprobar; realizar. *Verificación, verificador -ra, verificativo -va.*

**verija** Pubis.

**veril** Borde de un bajo o sonda. *Verilear.*

**Verín** Pueblo de Orense.

**verja** Enrejado.

**verjurado** Clase de papel.

**verme** Lombriz intestinal. *Vermicida, vermicular, vermiforme, vermífugo -ga, verminoso -sa.*

**vermis** Parte media del cerebelo.

**vermut** o **vermú\*** Aperitivo.

**vernáculo -a** Propio del país.

**vero** Marta; esmaltes que cubren un escudo, en forma de campanillas.

**Verona** Ciudad de Italia. *Veronense, veronés -nesa.*

**verónica** Planta; lance taurino. *Con mayúscula:* Nombre de mujer.

**verraco** Cerdo padre. *Verraquear, verraquera, verrón.*

**verruga** Excrecencia cutánea. *Verrugo, verrugoso -sa.*

**versal** Letra mayúscula. *Versalilla, versalita.*

**Versalles** Ciudad de Francia.

**versar** Tratar de alguna materia; instruir.

**versátil** Voluble. *Versatilidad.*

**versión** Traducción.

**verso** Conjunto de palabras sujetas a un ritmo. *Versería, versícula, versicular, versículo, versificación, versificador -ra, versificar, versista.*

**versta** Medida itineraria rusa.

**vértebra** Hueso. *Vertebrado, vertebral.*

**verter** Derramar. *Vertedera, vertedero, vertedor, vertiente, vertimiento.*

**vertible** Que puede mudarse. *Vertibilidad.*

**vertical** Perpendicular al horizonte. *Verticalidad.*

**vértice** Punto en que concurren los lados de un ángulo; cúspide. *Verticidad.*

**verticilo** Conjunto de hojas dispuestas en un mismo plano alrededor de un eje. *Verticilado -da.*

**vértigo** Sensación de inestabilidad. *Vertiginoso -sa.*

**vesania** Furia. *Vesánico -ca.*

**vesical** De la vejiga. *Vesicante, vesícula, vesicular, vesiculoso -sa.*

**Vespasiano** Emperador romano.

**véspero** El lucero de la tarde. *Vesperal, vespertilio, vespertino -na.*

**Vesta** Diosa del hogar. *Vestal.*

**vestíbulo** Atrio a la entrada de un edificio.

**vestigio** Huella.

**vestiglo** Monstruo fantástico.

**vestir** Cubrir con ropa. *Veste, vestido, vestidura, vestimenta, vestuario.*

**vestugo** Vástago del olivo.

**Vesubio** Volcán de Italia.

**veta** Franja. *Vetado -da, vetear, vetisesgado -da.*

**veterano -na** Antiguo y experimentado. *Vetustez, vetusto -ta.*

**veterinaria** Ciencia y arte de curar las enfermedades de los animales. *Veterinario.*

**vez** Caso, tiempo, ocasión.

**veza** Arveja.

**vezar** Acostumbrar.

**vía** Camino. *Viadera, viador, viaducto, viajador -ra, viajante, viajar, viajata, viaje, viajero -ra, vial, vialidad, viandante, viaticar, viático.*

**viable** Que puede vivir. *Viabilidad.*

**Viana** Pueblo de Navarra.

**vianda** Comida.

**viaraza** Flujo de vientre.

**víbora** Serpiente. *Viborezno -na.*

**vibrar** Temblar. *Vibración, vibrador -ra, vibrátil, vibratorio, vibrión.*

**viburno** Arbusto.

**vicario -ria** El que asiste o sustituye a un superior. *Vicaría, vicariato.*

**vice-** Prefijo que significa 'en vez de', 'en lugar de'. A veces toma la forma *vi (virrey). Vicealmirante, vicecanciller, vicecónsul, vicegerente, vicegobernador, vicepresidente, vicerrector, vicesecretario.*

**vicenal** Que sucede cada veinte años.

**Vicente -ta** Nombre de persona.

**viceversa** Invirtiendo el orden de los términos: *Madrid-Toledo o viceversa.*

**Vich** Ciudad de Barcelona. También *Vic. Vicense, vigitano -na.*

**vichi*** Tejido. También *vichy.*

**vicia** Arveja.

**vicio** Defecto; mala costumbre. *Viciar, vicioso -sa.*

**vicisitud** Alternativa. *Vicisitudinario -ria.*

**víctima** Persona sacrificada. *Victimario.*

**Víctor -ra, Victorio -ria, Victoriano -na, Victorino -na** Nombres de persona.

**victoria** Acción de vencer. *Victorioso -sa.*

**vicuña** Mamífero rumiante.

**vid** Arbusto. *Vidueño, viduño.*

**vida** Existencia.

**Vidal** Nombre de varón, o apellido.

**vidalita** Canción popular chilena.

**vide** Véase.

**vidente** Que ve. *Videncia.*

**vidrio** Cristal. *Vidriar, vidriera, vidriería, vidriero, vidrio, vidriola, vidriosidad, vidrioso -sa.*

**Viedma** Ciudad argentina; apellido. En este último caso también se ve escrito *Biedma.*

**vieira** Molusco.

**viejo -ja** De mucha edad; gastado.

**Viella** Pueblo de Lérida.

**Viena** Capital de Austria; ciudad de Francia. *Vienense, vienés -nesa.*

**viento-** Corriente de aire.

**vientre** Abdomen.

**viernes** Día de la semana.

**vierteaguas** Resguardo para escurrir las aguas llovedizas.

**Vifredo** Conde de Barcelona.

**viga** Madero largo para formar techos. *Viguería, vigueta.*

**vigente** Que está en vigor. *Vigencia.*

**vigésimo -ma.** Que ocupa el lugar veinte. *Vigesimal.*

**vigiar** Vigilar. *Vigía.*

**Vigil** Apellido.

**vigilar** Velar; atender. *Vigilancia, vigilante, vigilativo -va, vigilia.*

**vigitano -na** De Vich, Barcelona.

**Vigo** Ciudad de Pontevedra. *Vigués -guesa.*

**vigor** Fuerza. *Vigorar, vigorizador, vigorizar, vigorosidad, vigoroso -sa.*

**vihuela** Antiguo instrumento musical. *Vihuelista.*

**vil** Despreciable. *Vileza, vilipendiador -ra, vilipendiar, vilipendio, vilipendioso -sa.*

**vilano** Penacho de pelos, de algunas plantas.

**Vilanova** Apellido.

**villa** Casa de recreo; población. *Villaje, villanada, villanaje, villancico, villanchón -chona, villanería, villanesco -ca, villanía, villano -na, villar, villazgo, villoría, villorio.*

**Villegas** Apellido.

**Villena** Pueblo de Alicante.

**vilo (en)** Suspendido.

**vilordo -da** Perezoso.

**vilorta** Arandela, aro. *Vilorto.*

**viltrotear** Callejear. *Viltrotera.*

**vimbre** Mimbre. *Vimbrera.*

**vinagre** Líquido agrio resultante del vino. *Vinagrero -ra, vinagreta, vinagroso -sa.*

**Vinaroz** Pueblo de Castellón.

**vincapervinca** Planta.

**vincha** Pañuelo para ceñir el pelo.

**vinchuca** Insecto.

**vínculo** Unión. *Vinculable, vinculación, vincular.*

**vindicar** Defender; reivindicar. *Vindicación, vindicador -ra, vindicativo -va, vindicatorio -ria, vindicta.*

**viniebla** Cinoglosa.

**vino** Zumo de uvas fermentado. *Vinajera, vinariego, vinario -ria, vinatería, vinatero -ra, vinaza, vinazo, vínico -ca, vinícola, vinicultor -ra, vinicultura, vinífero, vinificación, vinolencia, vinolento -ta, vinosidad, vinoso -sa, viña, viñal, viñadero, viñador, viñedo, viñero -ra.*

**viñeta** Adorno puesto en el principio de los capítulos. *Viñetero.*

**viola** Instrumento de cuerda; violeta, flor. *Violáceo -a, violar, violero, violeta, violonchón -ra, violín, violinista, violón, violoncelista, violoncelo, violonchelista, violonchelo.*

**violar** Romper; forzar. *Violación, violador -ra, violencia, violentar, violento -ta.*

**violle** Unidad de intensidad luminosa.

**viperino -na** o **vipéreo -a** De víbora.

**vira** Saeta; parte del zapato. *Viratón, virotazo, virote, virotismo.*

**virago** Mujer varonil.

**virar** Cambiar de rumbo; someter la fotografía al líquido fijador. *Virador, viraje, virazón.*

**viravira** Hierba.

**víreo** Oropéndola. *Virio.*

**virgen** Que ha vivido en castidad. *Virginal, virgíneo -a, virginidad, virgo.*

**Virgilio** Poeta latino. *Virgiliano -na.*

**Virginia** Uno de los Estados Unidos. *Virginiano na.*

**vírgula** Rayita muy delgada.

**viril** Campana transparente; varonil. *Virilidad, viripotente.*

**virola** Abrazadera.

**virolento -ta** Con viruelas.

**virrey** El que gobierna en nombre del rey. *Virreina, virreinato, virreino.*

**virtud** Capacidad; hábito de bien obrar. *Virtual, virtualidad, virtuosismo, virtuoso -sa.*

**viruela** Enfermedad.

**virus** Agente infeccioso. *Virulencia, virulento -ta.*

**viruta** Hoja delgada de madera.

**visaje** Gesto. *Visajero -ra.*
**visar** Autorizar; dirigir la visual. *Visado, visera, visibilidad, visible, visillo, visión, visionario -ria, visivo -va, viso, visor, visorio -ria, vista, vistazo, vistosidad, vistoso -sa, visual, visualidad, visura.*
**Visayas** Islas del archipiélago filipino. También *Bisayas, Visayo -ya* (o *bisayo*).
**víscera** Entraña. *Visceral.*
**visco** Liga, resina; árbol. *Viscosidad, viscoso -sa.*
**Viseo** Ciudad de Portugal.
**visigodo -da** De un pueblo bárbaro. *Visigótico -ca.*
**visir** Ministro musulmán.
**visitar** Ir a ver. *Visita, visitación, visitador -ra, visitante, visiteo, visitero -ra, visitón.*
**vislumbrar** Ver confusamente. *Vislumbre.*
**Visnú** Dios del brahmanismo.
**Viso** Nombre de varios pueblos españoles.
**visón** Mamífero.
**víspera** Día anterior.
**visto bueno** Autorización. Se escribe siempre en dos palabras, aunque sea sustantivo (*el visto bueno del director*).
**Vístula** Río de Polonia.
**vitáceo -a** Familia de plantas de la vid. *Vitícola, viticultor -ra, viticultura.*
**vital** De la vida. *Vitalicio -cia, vitalicista, vitalidad, vitalismo, vitalista, vitalizar, vitamina.*
**vitando -da** Que debe evitarse.
**vitela** Piel de ternera adobada.
**vitelo** Yema del huevo. *Vitelino -na.*
**Vitigudino** Pueblo de Salamanca.
**vito** Baile andaluz. *Con mayúscula*: Nombre de varón.
**vitola** Plantilla para calibrar; medida de los cigarros puros.
**¡vítor!** Interjección de aplauso. *Vitorear.*
**Vitoria** Ciudad española. *Vitoriano -na.*
**vítreo -a** De vidrio. *Vitrificable, vitrificación, vitrificar, vitrina.*
**vitriolo** Sulfato. *Vitriólico -ca.*

**vitualla** Víveres. *Vituallar.*
**vituperar** Censurar. *Vituperable, vituperación, vituperador -ra, vituperio, vituperioso -sa.*
**viudo -da** Casado cuyo cónyuge ha muerto. *Viudal, viudedad, viudez.*
**vivac** o **vivaque** Campamento. *Vivaquear.*
**vivandero -ra** El que vende víveres a los militares en campaña.
**vivero** Lugar donde se crían los árboles, los conejos o los peces. *Vivar, vivera, viveral.*
**Vives** Apellido.
**vivijagua** Hormiga. También *bibijagua.*
**vivir** Tener vida. *Vivacidad, vivar, vivaracho, vivaz, vivencia, viveza, vividero -ra, vívido -da, vividor -ra, vivienda, viviente, vivificación, vivificador -ra, vivificar, vivificativo -va, vivífico -ca, vivíparo -ra, vivisección, vivo -va.*
**vizcacha** Mamífero. *Vizcachera.*
**Vizcaya** Provincia española. *Vizcainada, vizcaíno -na, vizcaitarra.*
**vizconde** Título nobiliario. *Vizcondado, vizcondesa.*
**Vladimiro** Nombre ruso de varón.
**voc-** → voz.
**vocablo** Palabra. *Vocabulario, vocabulista.*
**vocación** Inclinación a una profesión o estado.
**vocal** Sonido. *Vocálico, vocalismo, vocalización, vocalizador, vocalizar.*
**vocativo** Caso gramatical.
**vodevil** Comedia ligera.
**vodka*** Bebida rusa. También *vodca.*
**volapuk** Idioma universal.
**volar** Ir por el aire. *Voladero -ra, voladizo -za, volador -ra, voladura, volandas, volandero -ra, volante, volantín -tina, volantón -tona, volateo, volatería, volatero -ra, volátil, volatilidad, volatilización, volatilizar, volatín, volatinero -ra, volatizar, volear, voleo, volitar.*

**volcán** Abertura de la tierra. *Volcanada, volcánico -ca.*
**volcar** Dar la vuelta. *Volquearse, volquete, volquetero.*
**voleibol** Deporte.
**volframio*** Metal. También *wolframio.*
**Volga** Río de Rusia.
**volición** Acto de la voluntad. *Volitivo -va.*
**volsco -ca** De un antiguo pueblo latino.
**voltear** Dar vueltas. *Voltario -ria, volteador -ra, voltejear, volteo, voltereta, volteta, voltizo -za.*
**voltio** Unidad de fuerza electromotriz. *Volt, voltaico -ca, voltaje, voltámetro, voltímetro.*
**voluble** Versátil. *Volubilidad.*
**volumen** Corpulencia, bulto; tomo. *Volumetría, volumétrico -ca, voluminoso -sa.*
**voluntad** Intención, deseo. *Voluntariado, voluntariedad, voluntario -ria, voluntarioso -sa, voluntarismo.*
**voluptuoso -sa** Sensual. *Voluptuosidad.*
**voluta** Adorno en espiral.
**volver** Dar vuelta. *Volvedor -ra, volvible.*
**volvo, vólvulo** Íleo.
**vómer** Hueso.
**vomitar** Arrojar por la boca. *Vómico -ca, vomitador -ra, vomitivo -va, vómito, vomitón -tona, vomitorio -ria.*
**vomitel** Arbusto.
**voquible** Vocablo.
**vorágine** Remolino. *Voraginoso -sa.*
**voraz** Devorador. *Voracidad.*
**vormela** Mamífero.
**vórtice** Torbellino. *Vortiginoso -sa.*
**vorticela** Protozoo.
**Vosgos** Cordillera francesa.
**voto** Promesa; deseo; manifestación de la voluntad. *Votación, votador -ra, votante, votar, votivo -va.*
**voz** Sonido. *Voceador -ra, vocear, vocejón, vocería, vocerío, vociferación, vociferador -ra, vociferar, vocinglería, vocinglero -ra, vozarrón, voznar.*

# vuelco                                                      yak

**vuelco** Acción de volcar.
**vuelo** Acción de volar. *Vue-lludo -da.*
**vuelta** Giro.
**Vulcano** Dios del fuego. *Vul-canio -nia, vulcanismo, vulca-nista, vulcanización, vulcanizar.*

**vulgo** El común de la gente. *Vulgacho, vulgar, vulgaridad, vulgarismo, vulgarización, vul-garizador -ra, vulgarizar, Vul-gata.*
**vulnerar** Dañar. *Vulnerable, vulneración, vulnerario -ria.*

**vulpeja** o **vulpécula** Zorra. *Vulpino -na.*
**vultuoso -sa** (Rostro) abul-tado.
**vultúrido -da** Familia de aves.
**vulturno** Bochorno.
**vulva** Abertura externa de la vagina.

# W

**water** (o **water closet**) Re-trete.

**watio** Vatio.
**Wenceslao** Nombre de varón.

**whisky\*** Bebida alcohólica. También *güisqui.*

# X

**xantofila** Pigmento amarillo.
**Xauen** Ciudad de Marruecos. También *Chauen.*
**xenofobia** Odio a los extran-jeros. *Xenófobo -ba.*
**xenón** Elemento gaseoso.
**xerófilo -la** Que puede vivir en clima muy seco.

**xeroftalmía** Desecación de la córnea del ojo.
**xifoides** Cartílago en que ter-mina el esternón. *Xifoideo -a.*
**xilófago -ga** Que come ma-dera.

**xilófono** Instrumento musical. *Xilofón, xilofonista.*
**xilografía** Grabado en ma-dera. *Xilográfico -ca.*
**xilórgano** Instrumento musi-cal antiguo.

# y

**yaba** Pangelín.
**yabirú** Ave.
**yacaré** Caimán.
**yacer** Estar tendido. *Yacedor, yacente, yacija, yacimiento.*

**yagrumo** Árbol. *Yagruma.*
**yagua** Palma real; tejido fi-broso.
**yagual** Rodete para llevar pesos.

**yaguané** Mofeta.
**yaguasa** Pato.
**yaicuaje** Árbol.
**yaití** Árbol.
**yak** Mamífero. También *yac.*

**yal** Pájaro.
**yamao** Árbol.
**yambo** Pie de la poesía clásica. *Yámbico -ca.*
**yana** Especie de mangle. *Yanilla.*
**yanacón -cona** Indio arrendatario.
**yanca** Salbanda.
**yanqui** Norteamericano.
**yantar** Comer.
**yapa** Añadidura. *Yapar.*
**yapú** Pájaro.
**yáquil** Arbusto.
**yarará** Serpiente.
**yaraví** Canto indígena americano.
**yarda** Medida inglesa de longitud.
**yare** Jugo venenoso.
**yarey** Palma.
**yaro** Planta.
**yatagán** Sable oriental.
**yate** Embarcación de recreo.
**yautía** Planta.
**yaya** Árbol.
**Yébenes (Los)** Pueblo de Toledo.
**yedra** Hiedra.
**yegua** Caballo hembra. *Yeguada, yeguar, yegüería, yegüerizo -za, yegüero.*

**yelmo** Casco de guerra.
**yema** Brote; parte del huevo.
**Yemen (el)** Nombre de dos Estados de Arabia. *Yemení, yemenita.*
**yen** Moneda japonesa.
**yerba** Hierba.
**yermo -ma** Inhabitado. *Yermar.*
**yerno** Marido de la hija.
**yero** o **yervo** Hierba. *Yeral.*
**yerro** Error.
**yerto -ta** Tieso.
**yesca** Materia seca inflamable. *Yesquero.*
**yeso** Sulfato de calcio hidratado. *Yesal, yesar, yesera, yesería, yesero -ra, yesón, yesoso -sa.*
**yeyuno** Parte del intestino.
**yezgo** Planta.
**Yibuti** Estado de África.
**yídish*** Lengua de los judíos.
**yodo** Metaloide. *Yodado -da, yodoformo, yodurar, yoduro.*
**yogur*** Leche fermentada. *Yogurtera.*
**yola** Embarcación.
**yole** Árguenas.
**yolillo** Palmera.
**yóquey*** Jinete de carreras de caballos. También *yoqui.*

**yos** Planta.
**yuca** Planta.
**yudo*** Deporte japonés. También *judo.*
**yugo** Instrumento para uncir las mulas o bueyes. *Yugada, yuguero.*
**Yugoeslavia** o **Yugoslavia*** País de Europa. *Yugoeslavo -va, yugoslavo -va.*
**yugular** De la garganta.
**yunque** Prisma sobre el que se trabajan los metales.
**yunta** Par de animales que sirven en la labor del campo. *Yuntería, yuntero.*
**yuquerí** Planta.
**yuquilla** Sagú.
**yuré** Paloma.
**yuruma** Medula de una palma.
**yusera** Piedra o piedras que sirven de suelo.
**yusión** Acción de mandar.
**yuta** Babosa.
**yute** Materia textil.
**yuxta-** Prefijo que significa 'junto a, al lado de'. *Yuxtalineal, yuxtaponer, yuxtaposición.*
**yuyo** Yerbajo.
**yuyuba** Azufaifa.

# Z

**zabarcera** Revendedora de comestibles.
**zabida** o **zabila** Áloe.
**zabordar** Encallar. *Zaborda, zabordamiento, zabordo.*
**zaborro** Hombre gordinflón.
**zabucar** Bazucar. *Zabuqueo.*
**zabullir** Zambullir. *Zabullida, zabullidor -ra, zabullidura, zabullamiento.*
**zahareño -ña** Desdeñoso, intratable.
**zaharí** Zafarí, variedad de higo.

**zaharrón** Moharracho.
**zahén** o **zahena** Clase de moneda.
**zaherir** Mortificar. *Zaheridor -ra, zaherimiento.*
**zahína** Planta. *Zahinar.*
**zahón** Especie de calzón.
**zahonado -da** (Pies o manos de res) que tienen distinto color por delante.
**zahondar** Ahondar.
**zahora** Comilona. *Zahorar.*
**zahorí** El que ve lo que está oculto.

**zahorra** Lastre.
**zahúrda** Pocilga.
**zallar** Hacer rodar hacia afuera.
**zambarco** Correa.
**zambardo** Hombre torpe.
**Zambeze** Río de África.
**Zambia** País de África. *Zambiano -na, zambio -bia.*
**zambo -ba** Que tiene separadas las piernas. *Zámbigo -ga.*
**zamboa** Azamboa.
**zambomba** Instrumento rústico. *Zambombazo.*

**zamborotudo -da, zamborotudo -da, zamborondón -dona** Tosco.
**zambucar** Esconder rápidamente. *Zambuco.*
**zambullir** Meter en el agua con ímpetu. *Zambullida, zambullidor -ra, zambullidura, zambullimiento.*
**zambullo** Bacín grande.
**zampabodigos** o **zampabollos** Tragón; bruto.
**zanahoria** Planta. *Zanahoriate.*
**zancajiento -ta** Zancajoso. *Zancajear, zancajera.*
**zangarullón** Zangón.
**zanquivano -na** De piernas muy flacas.
**Zanzíbar** Isla de África.
**zapallo** Calabaza.
**zarabanda** Danza; ruido estrepitoso. *Zarabandista, zarabando -da.*
**zarabutear** Zaragutear. *Zarabutero -ra.*
**zaragalla** Carbón menudo.
**zaragüelles** Especie de calzones.
**zaramagullón** Somorgujo.
**zarambeque** Danza de negros.
**zaramullo** Zascandil.
**zarevitz** Hijo del zar.
**zarigüeya** Mamífero.

**zarzahán** Tela de seda.
**Zea** Apellido. Hoy es más frecuente escribirlo con c: *Cea.*
**Zebedeo** Padre del apóstol Santiago.
**Zegríes** Familia del reino moro de Granada. También, más raro. *Cegríes.*
**zéjel** Composición poética hispanoárabe.
**Zelanda** Provincia holandesa. *Zelandés -desa.*
**Zendavesta** Colección de libros sagrados persas.
**zendo** Idioma antiguo de Persia.
**zenit** Cenit.
**Zenobia** Nombre de mujer.
**Zenón** Nombre de varón.
**zepelín** Globo dirigible.
**zeta** Letra *z*.
**zeugma** Figura retórica.
**Zeus** Dios griego.
**zigomorfo -fa** Que solo tiene un plano de simetría.
**zigoto** Huevo fecundado.
**zigzag** Serie de líneas que forman entrantes y salientes. *Zigzaguear.*
**zimasa** Fermento.
**Zimbabue** País de África. *Zimbabuense.*
**zinc** Cinc.
**zinnia*** Planta tropical. También *cinia.*

**zipizape** Riña ruidosa.
**Zita** Nombre de mujer.
**zollipar** Sollozar hipando. *Zollipo.*
**zoo-** Prefijo que significa 'animal': *zoófago -ga, zoófito, zoografía, zoolatría, zoología, zoospermo, zootecnia, zootomía, zoótropo.*
**zorollo** (Trigo) segado antes de madurar.
**zorrullo** Zurullo.
**zuavo** Soldado argelino de infantería.
**zubia** Lugar por donde corre mucha agua.
**Zuheros** Pueblo de Córdoba.
**zulla** Hierba.
**zullón** Ventosidad.
**zumacaya** o **zumaya** Ave.
**zumbar** Hacer ruido continuado y bronco; dar un golpe; dar broma. *Zumba, zumbador -ra, zumbido, zumbo, zumbón -bona.*
**zumbel** Cuerda del peón.
**Zurbarán** Pintor español.
**Zurich*** Ciudad suiza.
**zurribanda** Zurra; riña.
**zurriburri** Sujeto despreciable; barullo.
**zurubí** Pez.
**zurullo** Pedazo rollizo de materia blanda.

# IV. Abreviaturas usuales [1]

| | | | |
|---|---|---|---|
| *a* | área | *cg* | centigramos |
| *(a)* | alias | *ch/* | cheque |
| *a/c.* | a cuenta | *Cía.* | compañía |
| *a. C.* | antes de Cristo | *cje.* | corretaje |
| *a. de J. C.* | antes de Jesucristo | *cl* | centilitros |
| *a D. g.* | a Dios gracias | *cm* | centímetros |
| *admón.* | administración | *Cód.* | código |
| *a/f.* | a favor | *col.* | columna |
| *afmo., afma.* | | *Col.* | colección |
| (raro *affmo.*, | | *C. P.* | código postal |
| *affma.*) | afectísimo -ma | *cta.* | cuenta |
| *a. J. C.* | antes de Jesucristo | *cte.* | corriente |
| *a. m.* | *ante meridiem,* antes del me- | *Cte.* | comandante |
| | diodía | *cts.* | céntimos |
| *ap.* | aparte | *c/u* | cada uno |
| *art.* | artículo | *CV* | caballos de vapor |
| *A. T.* | Antiguo Testamento | | |
| *Av., Avda.* | avenida | *D.* | don |
| | | *D.ª* | doña |
| *Barna.* | Barcelona | *d. C.* | después de Cristo |
| *Bco.* | banco | *dcha.* | derecha |
| *B. L. M.* | besa la mano | *D. E. P.* | descanse en paz |
| *Br.* (raro) | bachiller | *depto.* | departamento |
| *Bs. As.* | Buenos Aires | *d/f., d/fha.* | días fecha |
| *Bto., Bta.* | beato -ta | *dg* | decigramos |
| | | *Dg* | decagramos |
| *c.* | capítulo | *d. J. C.* | después de Jesucristo |
| *c/* | cargo; cuenta; calle | *dl* | decilitros |
| *C* | Celsius (grados centígrados) | *Dl* | decalitros |
| *C.ª* | compañía | *D. L.* | depósito legal |
| *cal* | calorías | *dm* | decímetros |
| *cap.* | capítulo | *Dm* | decámetros |
| *c. c.* | centímetros cúbicos | *D. m.* | Dios mediante |
| *c/c.* | cuenta corriente | *D. N. I.* | documento nacional de iden- |
| *cent., cents.* | centavo(s) | | tidad |
| *cént., cénts.* | céntimo(s) | *doc.* | documento; docena |
| *cf.* | *confer,* compárese | *D. P.* | distrito postal |
| *C. F.* | Club de Fútbol | *Dr., Dra.* | doctor -ra |
| *cfr.* | *confer,* compárese | *dto.* | descuento |

---

[1] Se incluyen entre las abreviaturas algunos símbolos usuales, como los de determinadas unidades de medida, aunque no sean estrictamente abreviaturas. No se recoge ninguna forma constituida por caracteres que no sean puramente latinos.

apéndices

| | | | |
|---|---|---|---|
| *dupdo.* | duplicado | *HP* | *horse power*, caballos de vapor |
| *d/v.* | días vista | *Hz* | hertzio |
| *e/* | envío | | |
| *E* | este (punto cardinal) | *ibíd., ib.* | *ibídem*, en el mismo lugar |
| *ed.* | edición; editor; editorial | *íd.* | *ídem*, lo mismo |
| *EE. UU.* | Estados Unidos | *i. e.* | *id est*, esto es |
| *ej.* | ejemplo; ejemplar | *Ilmo., Hma.* | ilustrísimo -ma |
| *Em.ª* | Eminencia | *imp.* | imprenta |
| *Emmo.* | eminentísimo | *ít.* | *ítem*, también |
| *ENE* | estenordeste | *izq., izqda.* | izquierda |
| *entlo.* | entresuelo | | |
| *E. P. D.* | en paz descanse | *J. C.* | Jesucristo |
| *E. P. M.* | en propia mano | | |
| *ESE* | estesudeste | *Kc, kc* | kilociclos |
| *et al.* | *et alii*, y otros | *Kg, kg* | kilogramos |
| *etc.* | etcétera | *kgm* | kilográmetros |
| *Exc.ª* | Excelencia | *khz* | kilohertzios |
| *Excmo.,* | | *Kl* | kilolitros |
| *Excma.* | excelentísimo -ma | *Km, km* | kilómetros |
| | | *Km/h, km/h* | kilómetros por hora |
| *F* | Fahrenheit (grados); faradio | *K. O., k. o.* | *knock-out*, fuera de combate |
| *f.ª* | factura | *Kw, kw* | kilovatios |
| *fasc.* | fascículo | *Kw/h, kw/h,* | |
| *F. C.* | ferrocarril; Fútbol Club | *kwh* | kilovatios/hora |
| *F. de T.* | Fulano de Tal | | |
| *Fdez.* | Fernández | *l* | litros |
| *fec.* | *fecit*, lo hizo | *l.* | libro |
| *FF. CC.* | ferrocarriles | *L.* | liras; Linneo (en nomenclatura botánica y zoológica) |
| *f.º, fol.* | folio | | |
| *Fr.* | fray | *L/* | letra |
| *fr., frs.* | franco(s) | *l. c.* | *loco citato*, en el lugar citado |
| *fra.* | factura | | |
| | | *Ldo., Lda.* | licenciado -da |
| *g* | gramos | *lib.* | libro; libra |
| *g/* | giro | *Lic.* | licenciado -da |
| *G.ª* | García | *loc. cit.* | *loco citato*, en el lugar citado |
| *Glez.* | González | | |
| *g. p., g/p.* | giro postal | *Ltda.* | limitada (sociedad) |
| *grs.* | gramos | | |
| *gral.* | general | *m* | metros; minutos |
| *g. v.* | gran velocidad | *m/* | mi |
| | | *M.* | madre (en orden religiosa) |
| *h* | horas | *M.ª* | María |
| *H.* | hermano (en orden religiosa) | *mb* | milibar |
| | | *m/c.* | mi cuenta |
| *Ha* | hectáreas | *Mc* | megaciclos |
| *Hdez.* | Hernández | *m/cta.* | mi cuenta |
| *hect.* | hectáreas | *m/f.* | mi favor |
| *Hg* | hectogramos | *m/fcha.* | meses fecha |
| *Hl* | hectolitros | *m/g.* | mi giro |
| *Hm* | hectómetros | *mg* | miligramos |
| *hnos.* | hermanos | *Mg* | miriagramos |
| | | *Mhz* | megahertzios |

514

# apéndices

| | | | |
|---|---|---|---|
| *M. I. Sr.* | Muy Ilustre Señor | *párr.* | párrafo |
| *m/L.* | mi letra | *Pat.* | patente |
| *ml* | mililitro | *pbro.* | presbítero |
| *mm* | milímetros | *p/cta.* | por cuenta |
| *Mm* | miriámetros | *P. D.* | posdata |
| *MM.* | madres (en orden religiosa) | *pdo.* | pasado |
| *m/n* | motonave; moneda nacional | *p. ej.* | por ejemplo |
| *m/o.* | mi orden | *p. m.* | *post meridiem*, después del |
| *Mons.* | monseñor | | mediodía |
| *mrs.* | maravedís | *P. O.* | por orden |
| *ms., mss.* (o | | *pp.* | páginas |
| *MS., MSS.)* | manuscrito(s) | *PP.* | padres (en orden religiosa) |
| *Mtro.* | maestro | *P. P., p. p.* | por orden |
| *m/v.* | meses vista | *ppdo.* | próximo pasado |
| | | *pral.* | principal |
| *n.* | nota | *Prof., Prof.ª* | profesor -ra |
| *n/* | nuestro -tra | *pról.* | prólogo |
| *N* | Norte | *prov.* | provincia; provisional |
| *N.ª S.ª* | Nuestra Señora | | |
| *N. B.* | *nota bene*, obsérvese | *P. S.* | *post scriptum*, posdata |
| *n/c.* | nuestro cargo; nuestra | *pta., ptas.* | peseta(s) |
| | cuenta | *p. v.* | pequeña velocidad |
| *n/cta.* | nuestra cuenta | *P. V. P.* | precio de venta al público |
| *NE* | nordeste | | |
| *n/f.* | nuestro favor | *q. b. s. m.* | que besa su mano |
| *n/g.* | nuestro giro | *q. b. s. p.* | que besa sus pies |
| *n/L.* | nuestra letra | *q. D. g.,* | |
| *NNE* | nornordeste | *Q. D. G.* | que Dios guarde |
| *NNO, NNW* | nornoroeste | *q. e. g. e.* | que en gloria esté |
| *n.º* | número | *q. e. p. d.* | que en paz descanse |
| *n/o.* | nuestra orden | *q. e. s. m.* | que estrecha su mano |
| *NO* | noroeste | *Qm* | quintales métricos |
| *N. S.* | Nuestro Señor | *qq* | quintales |
| *N. T.* | Nuevo Testamento | *q. s. g. h.* | que santa gloria haya |
| *ntro., ntra.* | nuestro -tra | | |
| *núm., núms.* | número(s) | *R* | Réaumur (grados) |
| *NW* | noroeste | *R.* | reverendo -da |
| | | *R. D.* | Real Decreto |
| *o/* | orden | *Reg.* | registro |
| *O* | oeste | *Revdo.* | reverendo |
| *ob. cit.* | obra citada | *R. I. P.* | *requiescat in pace*, descanse |
| *ONO* | oesnoroeste | | en paz |
| *op.* | *opus*, obra (en música) | *Rmo., Rma.* | reverendísimo -ma |
| *op. cit.* | *opere citato*, en la obra ci- | *R. O.* | Real Orden |
| | tada | *r. p. m.* | revoluciones por minuto |
| *OSO* | oessudoeste | *Rte.* | remitente |
| | | | |
| *p.* | página | *s* | segundo |
| *P.* | padre (en orden religiosa) | *s.* | siguiente; siglo |
| *p.ª* | para | *s/* | su |
| *p. a., P. A.* | por autorización; por ausen- | *S* | sur |
| | cia | *S.* | san |
| *pag.* | pagaré | *s. a.* | sin año |
| *pág., págs.* | página(s) | | |

| | | | |
|---|---|---|---|
| S. A. | Sociedad Anónima; Su Alteza | s. s. s. | su seguro servidor |
| S.A.I. | Su Alteza Imperial | SSW | sudsudoeste |
| S. A. I. C. | Santa Apostólica Iglesia Catedral | Sto., Sta. | santo, santa |
| | | s. v. | sub voce, bajo la voz, en el artículo |
| S. A. R. | Su Alteza Real | SW | sudoeste |
| S. A. S. | Su Alteza Serenísima | | |
| s/c. | su casa; su cuenta; su cargo | t | toneladas |
| s/cta. | su cuenta | t. | tomo |
| Sdad. | sociedad | T. | tara |
| S. D. M. | Su Divina Majestad | tel., teléf. | teléfono |
| SE | sudeste | tít. | título |
| S. E. | Su Excelencia | Tm | toneladas métricas |
| S. en C. | Sociedad en Comandita | trad. | traducción |
| s. e. u o. | salvo error u omisión | TV | televisión |
| s. f. | sin fecha | | |
| s/f. | su favor | Ud., Uds. | usted(es) |
| S. I. C. | Santa Iglesia Catedral | v. | véase; verso |
| sig., sigs. | siguiente(s) | v/ | visto |
| s. l. | sin lugar; sus labores | V | voltios |
| s/L. | su letra | V. | usted; véase |
| S. L. | Sociedad Limitada | V. A. | Vuestra Alteza |
| S. M. | Su Majestad | Vd., Vds. | usted, ustedes |
| S. M. C. | Su Majestad Católica | Vda. | viuda |
| S. M. I. | Su Majestad Imperial | V. E. | Vuestra Excelencia |
| Smo. | Santísimo | v. gr., v. g. | verbigracia |
| s/n. | sin número | V. I. | Vuestra Señoría (o Usía) Ilustrísima |
| s/o. | su orden | | |
| SO | sudoeste | vid. | vide, ve, véase |
| Sr., Sra. | señor -ra | V. M. | Vuestra Majestad |
| S. R. C. | se ruega contestación | V.º B.º | visto bueno |
| Sres., Srs. | señores | vol. | volumen |
| Srta. | señorita | V. P. | Vuestra Paternidad |
| S. R. M. | Su Real Majestad | V. R. | Vuestra Reverencia |
| s. s. | seguro servidor | V. S. | Vuestra Señoría (o Usía) |
| S. S. | Su Señoría; Su Santidad | vto., vta. | vuelto -ta |
| ss. | siguientes | | |
| SS. AA. | Sus Altezas | W | oeste; vatios |
| SSE | sudsudeste | W. C. | water closet, retrete |
| SS. MM. | Sus Majestades | | |
| SSO | sudsudoeste | Xto. | Cristo |

# V. Empleo de los signos ortográficos

## 1. Tilde o acento ortográfico

1. Según las reglas generales de acentuación ortográfica, llevan tilde o acento en la sílaba tónica:

1.º Las palabras agudas terminadas en letra vocal, en *n* o en *s: espanté, Mataró, ladrón, Quirós.*

2.º Las palabras llanas que *no* terminen en letra vocal, en *n* o en *s: cadáver, lápiz, mármol, áspid, Pérez.*

3.º Las palabras esdrújulas y sobresdrújulas: *bárbaro, pétalo, cándido, apóstoles, díganselo.*

2. Casos particulares:

*a)* Las palabras agudas terminadas en *n* o en *s* precedida de otra consonante se exceptúan de la regla general, que exigiría acento. Ejemplos: *Isern, Canals, Milans.* En cambio, las palabras llanas de igual terminación (consonante + *n* o *s*) llevan acento, contrariando también la regla general correspondiente. Ejemplos: *fórceps, bíceps.*

*b)* Las palabras monosílabas no llevan acento ortográfico, ya que en ellas no es preciso señalar en cuál de las sílabas es mayor la intensidad de la articulación. De acuerdo con esto, se escriben sin acento *pan, vas, doy, fe, pie,* así como las formas verbales *fue, fui, dio* y *vio.*

*c)* En una serie de palabras —principalmente monosílabas— se utiliza el acento con el fin de diferenciarlas de otras de igual grafía que, o son átonas, o tienen distinto significado o función gramatical:

| | |
|---|---|
| *mí,* pronombre personal .................... | *mi,* adjetivo posesivo. |
| *tú,* pronombre personal .................... | *tu,* adjetivo posesivo. |
| *él,* pronombre personal .................... | *el,* artículo. |
| *sí,* pronombre personal reflexivo, o adverbio de afirmación .................... | *si,* conjunción condicional. |
| *sé,* presente de indicativo de *saber* o imperativo de *ser*.................... | *se,* pronombre personal reflexivo. |
| *té,* nombre .................... | *te,* pronombre personal. |
| *dé,* presente de subjuntivo de *dar*.................... | *de,* preposición. |
| *más,* adverbio de cantidad .................... | *mas,* conjunción adversativa. |
| *aún* (= *todavía*) .................... | *aun* (= *incluso*). |

| | | | |
|---|---|---|---|
| *qué* *quién* *cuál* *cuánto* *cúyo* *dónde* *cuándo* *cómo* | interrogativos (o exclamativos). | *que* *quien* *cual* *cuanto* *cuyo* *donde* *cuando* *como* | relativos. |

apéndices

*d)* La conjunción disyuntiva *o* se escribe con tilde en el caso de que vaya entre cifras, para evitar la posible confusión con el cero: *3 ó 4.*

*e)* Cuando en la sílaba que debe llevar el acento hay un diptongo, el acento se escribe sobre la vocal abierta. Si el diptongo está formado por dos cerradas, se escribe sobre la segunda. Ejemplos: *llegáis, hubiéramos, péinate, casuística.*

*f)* Si las vocales juntas no forman diptongo y el acento fonético recae sobre la vocal cerrada, sobre ella se escribe la tilde o acento gráfico, aunque no se cumplan las condiciones exigidas por las reglas generales. Ejemplos: *poderío, tenía, píe* (de *piar*), *oíd, período.* Se exceptúa el grupo *ui (jesuita, constituido).*

*g)* En las palabras compuestas, el primer elemento no lleva tilde: *decimoséptimo, asimismo, rioplatense.* Se exceptúan los adverbios terminados en *-mente,* que conservan, si la había, la tilde del adjetivo que los forma: *fácilmente, íntimamente.* Si la palabra compuesta se escribe con un guión intermedio, cada uno de los componentes lleva la tilde que como simple le corresponda: *soviético-japonés, teórico-práctico.* En cuanto a los verbos con pronombre enclítico, conservan en todo caso la tilde de su forma pura: *despegóse, miróme.*

*h)* Para las palabras extranjeras rige la siguiente regla: los términos latinos se acentúan con arreglo a las normas prescritas para las palabras españolas: *tránseat, ítem, accésit, memorándum, exequátur;* los nombres propios extranjeros se escriben sin ponerles ninguna tilde que no tengan en el idioma original: *Newton, Valéry, Müller, Schubert, Washington.*

*i)* La palabra *solo* debe llevar acento únicamente cuando, siendo adverbio ('solamente'), hay posibilidad de anfibología: *estoy solo por las tardes* podría significar 'estoy sin compañía' o 'estoy únicamente'; para que se entienda en este último sentido, es necesario escribir *sólo.*

*j)* Los demostrativos *este, ese, aquel,* con sus femeninos y plurales, se pueden escribir con tilde cuando son pronombres. Esa acentuación antes era obligatoria, pero ya no lo es.

*k)* La tilde no debe omitirse cuando la letra que deba llevarla esté escrita en mayúscula; escríbase, pues, *Álvaro* (no *Alvaro*), *África* (no *Africa*), *PERIÓDICO* (no *PERIO-DICO*). Esta norma vale tanto para la escritura a mano como para la imprenta.

## 2.  Diéresis

Se emplea la diéresis (··) sobre la letra *u* en las combinaciones *gue, gui,* cuando se ha de pronunciar dicha vocal: *vergüenza, argüir.*

En poesía, se pone sobre la primera vocal de un diptongo para indicar que no debe leerse como tal, sino como hiato, y dar, por tanto, a la palabra una sílaba más: *fïel, rüido.*

## 3.  Punto

1.  Este signo de puntuación (.) se emplea al final de una oración para indicar que lo que precede forma un sentido completo. Señala una pausa, y entonación descendente en la última palabra pronunciada. Después de punto, la primera palabra se escribe con mayúscula.

También sirve para indicar abreviatura: *Sr.* = señor, *ptas.* = pesetas.

El *punto final* indica una pausa más larga, ya que ha terminado de exponerse una idea completa (o un aspecto de una idea) y lo que sigue va a constituir una exposición aparte. Por eso se llama también *punto y aparte.* Después de él no se escribe nada en el resto de la línea y se inicia un renglón nuevo, generalmente con un margen más amplio *(sangrado)* que el de los demás renglones.

El bloque constituido por las líneas comprendidas entre el comienzo del escrito y un punto final, o entre un punto final y otro, se llama *párrafo*.

2. Cuando el punto coincide con cierre de paréntesis o de comillas, se escriben estos signos delante del punto si se abrieron después de iniciada la oración que concluye. Ejemplo:

*Le respondieron que era «imposible atenderle hasta el mes siguiente». Era la primera vez que solicitaba sus servicios (después de seis años de estar abonado).*

En cambio, se escriben dichos signos detrás del punto si el paréntesis o las comillas abarcan todo el enunciado desde el punto anterior. Ejemplo:

*«Es imposible atenderle hasta el mes que viene.» Con estas palabras respondieron a su llamada. (Y hacía seis años que estaba abonado.)*

La llamada (número entre paréntesis o en voladita, que remite a una nota al pie de la página o al final del texto) se escribe antes, no después del punto. Ejemplos:

*Tal es el parecer de Asín Palacios (5).*
*Tal es el parecer de Asín Palacios* [5].

3. En las cantidades numéricas escritas en cifras, se pone punto detrás de las unidades de mil y de las unidades de millón: *250.735.600.000* (doscientos cincuenta mil setecientos treinta y cinco millones seiscientos mil). Pero no se escribe en los números de años, de páginas y de teléfonos: *año 1932; pág. 1025; teléfono 226090.*

# 4. Coma

Signo ortográfico (,) que señala una pausa en el interior de una oración, pausa que obedece a una necesidad lógica de esta y que puede indicar entonación ascendente o descendente, según las circunstancias.

He aquí las principales reglas para el uso de la coma:

1. El nombre en vocativo va entre comas si se encuentra en medio de la oración; seguido de una coma, si está al principio, y precedido de una coma, si está al final: *¡Cielos, valedme!; Julián, óyeme; Óyeme, Julián; Repito, Julián, que oigas lo que te digo.*

2. Siempre que en lo escrito se emplean seguidas dos o más palabras de una misma categoría, se separan con una coma, a no ser que se interponga alguna de las conjunciones *y, ni, o: Juan, Pedro y Antonio; sabio, prudente y cortés; bueno, malo o mediano.*

3. Se separan con coma los varios miembros de una cláusula independientes entre sí, vayan o no precedidos de conjunción: *Todos mataban, todos se compadecían, ninguno sabía detenerse. Al apuntar el alba cantan las aves, y el campo se alegra, y el ambiente cobra movimiento y frescura.*

4. Las frases u oraciones, incidentales, es decir, que cortan o interrumpen momentáneamente la oración, se escriben entre dos comas: *La verdad, escribe un político, se ha de sustentar con razones y autoridades.* Lo mismo se hace con la proposición adjetiva explicativa (véase DICCIONARIO, s.v. QUE [1], 1): *Los vientos del Sur, que en aquellas abrasadas regiones son muy frecuentes, ponen en grave conflicto a los viajeros.*

5. Cuando una proposición se expone al principio de la oración, se pone coma al fin de la parte que se anticipa: *Cuando el cuadrillero tal oyó, túvole por hombre falto de seso.* En las anteposiciones cortas y muy perceptibles no es necesaria la coma: *Donde las dan las toman.*

6. Se separan del resto de la oración por medio de comas los adverbios y locuciones adverbiales *pues* (véase DICCIONARIO, s.v. PUES, 2), *por tanto, por consiguiente, así pues, pues bien, ahora bien, antes bien, sin embargo, no obstante, con todo, por el contrario: Estamos, pues, a la espera; Muchos, sin embargo, votaron a favor; No están satisfechos,*

apéndices

*antes bien, piden mucho más.* Algunas de estas locuciones, en comienzo de frase, van seguidas de una pausa enfática, y en este caso, para expresarla, se ponen dos puntos y no coma: *Ahora bien: hay que tener en cuenta la objeción; Pues bien: no ha habido respuesta.*
7. Se separa también mediante comas la palabra *etcétera: Los parientes, amigos, compañeros, etcétera, llenaban la iglesia.*

## 5. Punto y coma

El punto y coma (;) señala una pausa y un descenso en la entonación, los cuales no suponen, como el punto, el fin de la oración completa, sino un mero descanso que separa dos de sus miembros.
1. Se emplea este signo para separar dos miembros de un período dentro de los cuales ya hay alguna coma: *«Vino, primero, pura, / vestida de inocencia; / y la amé como un niño»* (J. R. Jiménez).
2. Se escribe punto y coma entre oraciones coordinadas adversativas: *El camino no ofrecía grandes peligros; pero no me atreví.* No obstante, si son muy cortas, basta para separarlas una simple coma: *Lo hizo, pero de mala gana.*
3. Se usa punto y coma cuando a una oración sigue otra precedida de conjunción, que no tiene perfecto enlace con la anterior: *«Pero nada bastó para desalojar al enemigo, hasta que se abrevió el asalto por el camino que abrió la artillería; y se observó que uno solo, de tantos como fueron deshechos en este adoratorio, se rindió a la merced de los españoles»* (Solís).

## 6. Dos puntos

Los dos puntos (:) señalan pausa precedida de un descenso en el tono; pero, a diferencia del punto, denotan que no se termina con ello la enunciación del pensamiento completo.
He aquí los usos de este signo:
1. Precede a una enumeración explicativa: *Había tres personas: dos mujeres y un niño.*
2. Precede a palabras textuales que se citan: *Cicerón dice: No hay cosa que tanto degrade al hombre como la envidia.*
3. Precede a la oración que sirve de comprobación a lo establecido en la oración anterior: *No aflige a los mortales vicio más pernicioso que el juego: por él gentes muy acomodadas han venido a parar en la mayor miseria, y aun en el patíbulo.*
4. Sigue a la fórmula de encabezamiento de una carta: *Muy señor mío (Querido amigo, Estimado compañero, Ilmo. Sr.).*
Véase también, más arriba, *Coma,* 6.
Según la Academia, después de los dos puntos se escribe indistintamente con letra mayúscula o minúscula el vocablo que sigue. Pero en realidad no es así. Se escribe mayúscula en los casos 2 y 4, y minúscula en los demás.

## 7. Puntos suspensivos

Signo ortográfico (...) que expresa una pausa inesperada o la conclusión vaga, voluntariamente imperfecta, de una frase; representa un tono sostenido, sin ascenso ni descenso: *Tengo que decirte que... no me atrevo. Había leones, tigres, camellos, monos...* La interrupción puede deberse a que el oyente o lector ya conoce lo que sigue: *Ya sabes que quien a buen árbol se arrima...*
También se usa este signo cuando se copia algún texto y se suprime algún pasaje inne-

cesario, para indicar tal supresión. Hoy se suelen incluir entre corchetes los puntos suspensivos que se usan con este objeto: «*En un lugar de la Mancha* [...], *no ha mucho tiempo que vivía un hidalgo* [...]».

## 8. Interrogación y exclamación

La *interrogación* (¿?) encierra una oración interrogativa directa, o una parte de oración que es objeto de pregunta.

La *exclamación* (¡!) sirve para indicar que una oración o frase va cargada de afectividad y debe leerse con la entonación volitiva o exclamativa que corresponda a su significado.

Si lo incluido entre signos de interrogación o exclamación es oración completa, tanto esta como la que la sigue han de comenzar por mayúscula: *¿Tú lo sabías? Podías habérselo dicho; ¡Basta! No hay más que hablar.* Si la interrogación o exclamación ocupa solo la segunda parte de la oración, comienza por minúscula: *Pero ¿tú lo sabías?; Rodeados de enemigos, ¿cómo iban a avanzar?; Aquel día, ¡cuántos disgustos!* Si, por el contrario, la interrogación o la exclamación va en primer lugar, siendo lo que sigue una continuación de ella, es esta continuación la que se escribe con minúscula: *¿Hasta cuándo?, gritaron todos; —¡Qué alegría! —exclamó la niña.*

Nunca se escribe punto después de cerrar signo de interrogación o de exclamación.

Una interrogación entre paréntesis denota duda: *Estos son los fieles (?) servidores del Rey.*

Un signo de admiración entre paréntesis expresa asombro: *Dijo que se marchaba muy satisfecho (!) y que volvería pronto.*

## 9. Paréntesis

Este signo ortográfico [( )] sirve para enmarcar y aislar una observación al margen del objeto principal del discurso: *«Pero él (lo pensaba lealmente) renunciaría a las ganancias pecuniarias del hijo, con tal que le dejaran la gloria»* (Galdós, *Torquemada*, I, 54).

En obras dramáticas suele encerrarse entre paréntesis lo que los personajes dicen aparte.

Hoy es muy frecuente sustituir el paréntesis por la raya: *«Enlazar lo que parecía incoordinable —actitudes, tendencias y pasiones ajenas—; desenlazar lo que parecía pavorosamente insoluble»* (Azorín, *Dicho*, 153).

## 10. Corchetes

Los corchetes [ ] equivalen a los paréntesis, pero solo se utilizan en casos especiales:

1. Cuando se quiere introducir un nuevo paréntesis dentro de una frase que ya va entre paréntesis: *Acontecimientos de gran trascendencia (abolición de la Monarquía, proclamación de la República [1792]).*

2. Cuando en la transcripción de un texto el copista cree necesario interpolar alguna aclaración, o alguna palabra o letra omitida en el original: *«Para[ré] el movimiento y el acción»* (Calderón, *Cena*, ed. Valbuena, 32); *«Prefieren [los románticos] —como ha dicho un célebre escritor— una selva virgen del Nuevo Mundo...»* (cit. Díaz-Plaja, *Romanticismo*, 115).

## 11. Raya

Signo ortográfico que desempeña dos funciones diferentes:

1. Equivale al paréntesis: *«Las sombras —la del alero de un tejado, la de un viejo*

*muro— adquieren imperceptibles colores»* (Azorín, *Margen*, 25). Con frecuencia, en estos casos, sirve para prestar énfasis a la frase incluida: *«El encanto —inquietante y misterioso— de una de esas mujeres que, no siendo hermosas, durante unas horas de viaje comenzamos a encontrarles una belleza apacible, callada...»* (*ibídem*, 24). Con el mismo valor de paréntesis se usa para intercalar en una frase reproducida la actitud o el nombre de su autor: *«Yo te ayudo —dijo Horacio—, aunque no sea más que por tomar café esta noche en el velorio»* (Güiraldes, *Don Segundo*, 50).

2. En un diálogo, sobre todo novelesco, precede a la frase pronunciada por cada uno de los interlocutores, iniciando siempre párrafo:

*«—¿Pagaste el aceite de ayer?*
*—¡Pues no!*
*—¿Y la tila y la sanguinaria?*
*—Todo, todo... Y aún me ha sobrado, después de la compra, para mañana.»*

(Galdós, *Misericordia*, 62.)

## 12. División de una palabra en final de renglón

Cuando una palabra no cabe entera al final de una línea, se divide en dos partes, trazando un *guión* (-) en dicho final de línea. La división de la palabra ha de someterse a las siguientes normas:

1. Una sola consonante, entre dos vocales, se agrupa con la segunda: *pe-da-zo, sa-no.*

2. En un grupo de dos consonantes, iguales o diferentes, entre dos vocales, la primera consonante se une con la vocal anterior, y la segunda con la siguiente: *in-no-var, des-na-tar, ten-sión.* Excepción importante es la de los grupos consonánticos *pr, pl, br, bl, fr, fl, tr, dr, cr, cl, gr, gl,* que se unen con la vocal siguiente: *re-prue-ba, de-trás, co-fre.*

3. En un grupo de tres consonantes, las dos primeras se unen a la vocal precedente y la tercera a la vocal siguiente: *cons-ta, obs-ta, trans-por-te.* Excepción: si la segunda y tercera consonantes forman uno de los grupos *pr, pl,* etc., citados en el párrafo anterior, la primera consonante pasa a unirse a la vocal que precede y el grupo de la segunda y tercera consonantes se une a la vocal que sigue: *des-tru-yo, des-pre-cia, en-tre.* Igual ocurre cuando, siendo cuatro consonantes, las dos últimas constituyen uno de los consabidos grupos: *cons-tre-ñir.*

4. No se considera correcto dividir la palabra de manera que queden separadas dos vocales, aunque estas formen sílabas diferentes. Así, no se podrán hacer las separaciones *prove-er, perí-odo.*

5. No pueden separarse las sílabas de manera que quede sola una vocal, como en *a-traer, tore-o, decí-a.*

6. Las palabras que contienen una *h* precedida de otra consonante se dividen separando ambas letras. Ejemplos: *des-hacer, Al-hambra, in-hibición.*

7. En los compuestos constituidos por palabras que pueden tener existencia independiente *(hispanoamericano)* o formados por prefijación *(preeminente),* se puede hacer la separación ortográfica en el punto de unión de los dos componentes: *hispano-americano, pre-eminente, nos-otros.* Pero también se puede hacer la separación de tipo normal: *no-sotros, pree-minente.*

Sin carácter obligatorio, se sigue la norma de separar las sílabas de los nombres extranjeros con arreglo a la costumbre de la lengua respectiva: *Mul-lins, Guare-schi, Mus-set.*

Deben evitarse dos empleos inadecuados del guión, que se encuentran con alguna frecuencia en la escritura mecanográfica: uno es, en la función de división de palabras a final de línea, escribirlo *debajo* y no *después* de la última letra del renglón; el otro es el uso de este signo, no con fines ortográficos, sino pretendidamente estéticos, para rellenar el blanco que queda al final de una línea o igualar el margen derecho del escrito.

# 13. Mayúsculas

La letra inicial de una palabra se escribe en su forma mayúscula para dar relieve a esa palabra, aludiendo al especial carácter de lo significado por ella o indicando que ella encabeza el discurso o la oración.

Se escriben con mayúscula:

1. La primera palabra de un escrito; la que va después de punto; la que sigue a un signo de cierre de interrogación (?) o de exclamación (!), si no se interpone una coma; y la que va después de dos puntos, siguiendo a la fórmula de encabezamiento de una carta o reproduciendo palabras textuales. Ejemplos: *¿Cómo? Hable más alto; Querido Andrés: Recibí ayer tu carta...; Comenzó a dar voces don Quijote, diciendo: Aquí, aquí, valerosos caballeros.*

2. Todos los nombres propios y los sobrenombres que los sustituyen o acompañan: *Francia, Tajo, López, Luis el Calvo, Castilla la Vieja, el Burlador, el Manitas.* Cuando un nombre propio de ciudad lleva artículo, lo más frecuente es escribir este también con mayúscula: *El Ferrol, La Haya, El Havre.* (A pesar de la práctica de algunos, esa mayúscula del artículo no debe usarse en nombres de regiones y países: *la Mancha, la Rioja, el Brasil, el Líbano.*)

3. Las palabras que designan a Dios o a la Virgen María: *el Creador, la Madre del Salvador, Él, Ella.*

4. Los títulos de dignidad o de autoridad y los nombres que designan entidades: *el Jefe del Estado, Su Majestad, Su Excelencia, el Gobierno, Ministerio de Asuntos Exteriores, Escuela de Artes y Oficios.*

5. La primera palabra del título de un libro, artículo, película o pieza teatral: *Lo que el viento se llevó, Los intereses creados, La aldea perdida.* (Pero en los títulos de publicaciones periódicas van con mayúsculas no solo la primera palabra, sino los nombres y adjetivos que formen parte de ellos: *Revista de Ideas Estéticas, El Hogar y la Moda, El Correo Catalán.*)

Los títulos de *Rey, Príncipe, Infante, Conde, Duque, Marqués* y semejantes, se escriben con mayúscula, según la Academia, cuando designan a personas concretas, y con minúscula cuando están usados en un sentido genérico: *Fue recibido por los Reyes; Los reyes mueren igual que los esclavos.* Esta regla a menudo no se acata hoy, al menos cuando el título va seguido de nombre propio o de complemento, y suele verse impreso *el zar Nicolás, la reina de Inglaterra, la duquesa de Alba,* etc.

Los nombres de los meses pueden escribirse indistintamente con mayúscula o minúscula, aunque la habitual es hoy la segunda forma.

# 14. Comillas

Signo ortográfico (« ») que sirve para encerrar una frase reproducida textualmente: *Me saludó con estas palabras: «¡Hola, infeliz!».; Dice Gracián: «Lo bueno, si breve, dos veces bueno».* Si el texto reproducido es tan extenso que comprende varios párrafos, se ponen comillas invertidas al comienzo del segundo y de los sucesivos.

También se utiliza para enmarcar un sobrenombre, o a veces un nombre propio de cosa o de animal: *Lope de Vega, «Monstruo de Naturaleza»; el perro «Leal»; la finca «Villa Grande».*

Las *comillas simples* (' ') se usan en lingüística para indicar que lo abarcado entre ellas es un significado: *«Valetudinario» significa 'achacoso'.* Fuera de este ámbito especial, se pueden emplear desempeñando la función de las comillas normales o dobles dentro de un texto que ya va entre comillas: *«Saludó con un 'buenas' malhumorado».*

# 15. Llamadas

La llamada, que puede ser asterisco (*) o número (1), se emplea para advertir al lector que al pie de la página —o, a veces, al final del capítulo o del libro— hay una nota acerca del asunto de que se está tratando en el lugar donde se ha insertado el signo. Cuando hay varias notas en una misma página, se va aumentando el número de asteriscos: (**), (***), o la cifra: (2), (3), etc.

Tanto el asterisco como la cifra pueden presentarse sin paréntesis; en este caso, la cifra se imprime en forma de exponente *(en voladita):* [1], [2], [3], etc.

# bibliografía

# Bibliografía

## 1. Obras citadas

La fecha que figura entre corchetes corresponde a la primera edición o, en algunos casos, a la redacción de la obra. El lugar y el año que se citan al final de cada referencia corresponden a la edición utilizada.

En los escritores (no en los lingüistas) hispanoamericanos y filipinos se especifica entre corchetes, después del nombre, la nacionalidad: *Ar* = Argentina, *Ch* = Chile, *Col* = Colombia, *Cu* = Cuba, *Fil* = Filipinas, *Guat* = Guatemala, *Méj* = Méjico, *Nic* = Nicaragua, *Par* = Paraguay, *Pe* = Perú, *Ur* = Uruguay, *Ven* = Venezuela.

Esta lista no incluye las obras citadas solamente en la Advertencia preliminar.

*Abc* = *Abc*. Diario. Madrid.

Academia, *Boletín* = *Boletín de la Real Academia Española*. Madrid.

—— *Diccionario* = *Diccionario de la lengua española*. 20.ª ed. Madrid 1984. [Cuando se cita sin indicar fecha, las referencias son a esta edición; si corresponden a otra anterior, se especifica la fecha.]

—— *Dicc. histórico* = *Diccionario histórico de la lengua española*. I, Madrid 1972; II, en publicación desde 1974.

—— *Dicc. manual 1927* = *Diccionario manual e ilustrado de la lengua española*. [1.ª ed.] Madrid 1927.

—— *Dicc. manual 1950* = *Diccionario manual e ilustrado de la lengua española*. 2.ª ed. Madrid 1950.

—— *Dicc. manual 1983* = *Diccionario manual e ilustrado de la lengua española*. 3.ª ed. revisada. Coordinador: Alonso Zamora Vicente. Colaboradores: María Josefa Canellada, Guadalupe Galán, José María Martín. 6 tomos. Madrid 1983-1985.

—— *Esbozo* = *Esbozo de una nueva gramática de la lengua española*. Madrid 1973.

—— *Gramática* = *Gramática de la lengua española*. Nueva ed. Madrid 1931.

—— *Nuevas normas* = *Nuevas normas de prosodia y ortografía. Nuevo texto definitivo*. Madrid 1959.

Academia de Ciencias, *Vocabulario* = Real Academia de Ciencias Exactas, Físicas y Naturales, *Vocabulario científico y técnico*. Madrid 1983.

Adrados, *Lingüística* = Francisco Rodríguez Adrados, *Lingüística estructural*. Madrid 1969.

Agustí, *Mariona* = Ignacio Agustí, *Mariona Rebull* [1944]. Barcelona 1956.

Alarcón, *Poesías* = Pedro Antonio de Alarcón, *Poesías* [c1855-85]. Madrid 1885.

Alarcos, *Estudios* = Emilio Alarcos Llorach, *Estudios de gramática funcional del español* [1970]. 2.ª ed. Madrid 1978.

—— *Gram. estructural* = *Gramática estructural*. Madrid 1951.

Alas, *Obras* = Leopoldo Alas, «Clarín», *Obras selectas* [1881-96]. Madrid 1966.

—— *Palique* = *Palique* [1893]. Ed. de J. M. Martínez Cachero. Barcelona 1973.

—— *Solos* = *Solos de clarín* [1881]. Madrid 1971.

Alberti, *Antología* = Rafael Alberti, *Antología poética* [1924-52]. Buenos Aires 1958.

—— *Arboleda* = *La arboleda perdida. Libros I y II de memorias* [1959]. Barcelona 1975.

—— *Cal* = *Cal y canto* [1926-27]. *Sobre los ángeles* [1926-27]. *Sermones y moradas* [1929-30]. Buenos Aires 1952.

# bibliografía

—— *Pintura = A la pintura. Poema del color y la línea* [1945-52]. Buenos Aires 1953.

Alborg, *Literatura* = Juan Luis Alborg, *Historia de la literatura española*. Madrid, I (2.ª ed.), 1970. II, 1967. III, 1972. IV, 1980.

Alcalá Venceslada = Antonio Alcalá Venceslada, *Vocabulario andaluz*. [2.ª ed.] Madrid 1951.

*Alcázar = El Alcázar*. Diario. Madrid.

Alcázar, *Poesías* = Baltasar del Alcázar, *Poesías* [c1550-1606]. En *Poesía sevillana en la Edad de Oro*. Ed. de Alberto Sánchez. Madrid 1948.

Aleixandre, *Espadas* = Vicente Aleixandre, *Espadas como labios* [1931]. *Pasión de la tierra* [1929]. Buenos Aires 1957.

Alemán, *Guzmán* = Mateo Alemán, *Guzmán de Alfarache*. [Primera parte, 1599. Segunda parte, 1604.] Ed. de Francisco Rico. Barcelona 1983.

*Alerta = Alerta*. Diario. Santander.

Alfaro = Ricardo J. Alfaro, *Diccionario de anglicismos*. 2.ª ed. Madrid 1964.

Alfonso, *España* = Carlos Alfonso, *La España cotidiana*. Barcelona 1970.

Alonso, *Idioma* = Dámaso Alonso, *Unidad y defensa del idioma*. En *Cuadernos Hispanoamericanos*, 18 (1956), 272-88.

—— *Noticia = Oscura noticia* [1944]. *Hombre y Dios* [1955]. Madrid 1959.

—— *Poetas = Poetas españoles contemporáneos*. Madrid 1952.

Alonso, *«Como que»* = Amado Alonso, *Español «como que» y «cómo que»*. En *Revista de Filología Española*, 12 (1925), 133-56.

—— *Problema = El problema de la lengua en América*. Madrid 1935.

Alonso-Henríquez Ureña = Amado Alonso y Pedro Henríquez Ureña, *Gramática castellana* [1938]. Primer curso: 15.ª ed. Buenos Aires 1957. Segundo curso: 11.ª ed. Buenos Aires 1953.

Alonso Millán, *Marta* = Juan José Alonso Millán, *Estado civil: Marta* [1969]. En *Teatro español 1968-1969*. Madrid 1970.

Alsina, *Homero* = José Alsina, *Introducción* [1968]. En Homero, *Obras*. Traslación en verso de Fernando Gutiérrez. Barcelona 1973.

Alvar, *Variedad* = Manuel Alvar, *Variedad y unidad del español*. Madrid 1969.

Alvar Ezquerra, *Lexicología* = Manuel Alvar Ezquerra, *Lexicología y lexicografía. Guía bibliográfica*. Salamanca 1983.

Anderson, *Lit. hispanoamericana* = Enrique Anderson Imbert [*Ar*], *Historia de la literatura hispanoamericana*. I: *La Colonia. Cien años de república*. 2.ª ed. [1974], 9.ª reimpresión. México 1982. II: *Época contemporánea*. 6.ª ed. México 1974.

Angulo, *Arte* = Diego Angulo, *Historia del arte* [1954]. 2 tomos. Madrid 1957.

*Ánthropos = Ánthropos. Boletín de información y documentación*. Barcelona.

*Anuario Observatorio 1963 = Anuario del Observatorio Astronómico de Madrid para 1963*. Madrid 1962.

Aranguren, *Crítica* = José Luis L[ópez] Aranguren, *Crítica y meditación* [1949-56]. Madrid 1957.

—— *Juventud = La juventud europea y otros ensayos* [1957-60]. Barcelona 1962.

Arce, *Testamento* = Manuel Arce, *Testamento en la montaña*. Barcelona 1956.

Argensola, *Malucas* – Bartolomé Leonardo de Argensola, *Conquista de las Malucas*. Madrid 1609.

Argüelles, *Enseñanza* = Belén S. Argüelles [*Fil*], *El estado presente de la enseñanza y aprendizaje del idioma español en Filipinas*. En *Presente y Futuro de la Lengua Española*, I. Madrid 1964.

Arias, *Morfosintaxis* = Ricardo Arias, *Curso de morfosintaxis*. Valencia 1963.

Arniches, *Diosa* = Carlos Arniches, *La diosa ríe* [1931]. En *Teatro completo*, III. Madrid 1948.

—— *Hombre = Es mi hombre* [1921]. En *Teatro completo*, II. Madrid 1948.

Arreola, trad. Baty-Chavance, *Arte* = Gaston Baty y René Chavance, *El arte teatral*. Trad. de Juan José Arreola [*Méj*]. México 1951.

—— trad. Sadoul, *Cine* = Georges Sadoul, *El cine, su historia y su técnica*. Trad. de ——. México 1952.

*Arriba = Arriba*. Diario. Madrid.

Asturias, *Leyendas* = Miguel Ángel Asturias [*Guat*], *Leyendas de Guatemala* [1930]. Buenos Aires 1967.

Ayala, *Rapto* = Francisco Ayala, *El rapto* [1965]. En *Obras narrativas completas*. México 1969.

# bibliografía

Azaña, *Jardín* = Manuel Azaña, *El Jardín de los Frailes* [1927]. Madrid 1977.
—— *Velada* = *La velada en Benicarló. Diálogo de la guerra de España* [1937]. Ed. de Manuel Aragón. Madrid 1974.
Azorín, *Andando* = Azorín [José Martínez Ruiz], *Andando y pensando (notas de un transeúnte)* [1929]. Buenos Aires 1959.
—— *Castilla* = *Castilla* [1912]. Buenos Aires 1952.
—— *Confesiones* = *Las confesiones de un pequeño filósofo* [1904]. Madrid 1920.
—— *Dicho* = *Dicho y hecho* [1934-36]. Barcelona 1957.
—— *Doña Inés* = *Doña Inés* [1925]. Buenos Aires 1953.
—— *Margen* = *Al margen de los clásicos* [1915]. Buenos Aires 1942.
—— *Voluntad* = *La voluntad* [1902]. Madrid 1913.
Azúa, trad. Wilson, *Lenguaje* = John Wilson, *El lenguaje y la búsqueda de la verdad*. Trad. de Félix de Azúa. Barcelona 1971.
Badía, *Gerundio* = Antonio M. Badía Margarit, *El gerundio de posterioridad*. En *Presente y Futuro de la Lengua Española*, II. Madrid 1964.
Balart, *Poesías* = Federico Balart, *Poesías* [1889]. En Blecua, *Floresta*, II (→ BLECUA).
Ballesteros, *América precolombina* = Manuel Ballesteros-Gaibrois, *América precolombina*. En *Historia social y económica de España y América*, dirigida por J. Vicens Vives, I [1961]. Barcelona 1972.
*Barcelona* = *Barcelona. España en paz*. Madrid 1964.
Baroja, *Aventuras Paradox* = Pío Baroja, *Aventuras, inventos y mixtificaciones de Silvestre Paradox* [1901]. Buenos Aires 1954.
—— *Casa* = *La casa de Aizgorri* [1900]. Madrid 1911.
—— *Paradox rey* = *Paradox, rey* [1906]. Madrid 1960.
—— *Románticos* = *Los últimos románticos* [1906]. Madrid 1957.
Basterra, *Antología* = Ramón de Basterra, *Antología poética* [1923-27]. Selección por J.M.B. [Barcelona] 1939.
Bécquer, *Celda* = Gustavo Adolfo Bécquer, *Desde mi celda* [1864]. En *Obras completas*. Madrid 1969.
—— *Rimas* = *Rimas* [1860]. En *Obras completas*. Madrid 1969.
—— *Venta* = *La Venta de los Gatos* [1862]. En *Obras completas*. Madrid 1969.
—— *Viajes* = *Viajes, descripciones, monumentos* [1864-70]. En *Obras completas*. Madrid 1969.
Beinhauer = Werner Beinhauer, *El español coloquial*. Trad. de Fernando Huarte Morton. 3.ª ed. aumentada y actualizada. Madrid 1978.
Bello = Andrés Bello, *Gramática de la lengua castellana destinada al uso de los americanos* [1847-64]. Prólogo de Amado Alonso. Caracas 1951.
Benavente, *Cigarras* = Jacinto Benavente, *Las cigarras hormigas* [1905]. En *Teatro*, XIII. Madrid 1906.
—— *Rosas* = *Rosas de otoño* [1905]. En *Teatro*. París (ed. Nelson) s. a.
Benedetto, *Caballo* = Antonio Di Benedetto [Ar], *Caballo en el salitral*. Barcelona 1981.
Benet, *Viaje* = Juan Benet, *Un viaje de invierno* [1972]. Ed. de Diego Martínez Torrón. Madrid 1980.
Bergamín, *Fronteras* = José Bergamín, *Fronteras infernales de la poesía*. Madrid 1959.
Berlanga, *Pólvora* = Andrés Berlanga, *Pólvora mojada*. Barcelona 1972.
Berschin, *Problemas* = Helmut Berschin, *Dos problemas de denominación: ¿Español o castellano? ¿Hispanoamérica o Latinoamérica?* En M. Perl (ed.), *Estudios sobre el léxico del español en América*. Leipzig 1982.
*Biblia de Jerusalén* = *Biblia de Jerusalén*. Ed. española dirigida por José Ángel Ubieta. Madrid 1971.
Bioy, *Cavar* = Adolfo Bioy Casares [Ar], *Cavar un foso* [1962]. En Fevre, *Cuentos* (→ FEVRE).
Blecua, *Floresta* = José Manuel Blecua, *Floresta de lírica española*. 2 tomos. Madrid 1963.
—— *Literatura* = *Historia de la literatura*. I: Quinto curso. Zaragoza 1956. II: Sexto curso. Zaragoza 1957.
Bleiberg, *Dicc. literatura* = Germán Bleiberg, *Artículos* [1949-53] en *Diccionario de literatura española* (→ DICC. LITERATURA).
*BOE* = *Boletín Oficial del Estado*. Diario. Madrid.

# bibliografía

*Bol. March* = *Boletín Informativo. Fundación Juan March.* Mensual. Madrid.

Borges, *Ficciones* = Jorge Luis Borges [*Ar*], *Ficciones* [1944]. Buenos Aires 1966.

—— *Lit. germánicas* = *Antiguas literaturas germánicas.* Con la colaboración de Delia Ingenieros. México 1951.

Borrás, trad. Giraudoux, *Escuela* = Jean Giraudoux, *La escuela de los indiferentes.* Trad. de Tomás Borrás [1921]. Buenos Aires 1961.

Bousoño, *Teoría* = Carlos Bousoño, *Teoría de la expresión poética.* Madrid 1956.

—— *Versos* = *Selección de mis versos.* Madrid 1980.

Bouzet, *Gérondif* = Jean Bouzet, *Le gérondif espagnol dit «de postériorité».* En *Bulletin Hispanique,* 55 (1953), 349-74.

Bover, trad. *Evangelios* = *Los cuatro Evangelios.* Trad. de José María Bover. Madrid 1953.

Bravo-Villasante, *Pardo Bazán* = Carmen Bravo-Villasante, *Vida y obra de Emilia Pardo Bazán.* Madrid 1973.

Bray, trad. Orwell, *1984* = George Orwell, *Mil novecientos ochenta y cuatro.* Trad. de Arturo Bray [*Ar*] [1969]. Barcelona 1973.

Brunet, *Humo* = Marta Brunet [*Ch*], *Humo hacia el Sur* [1946]. Buenos Aires 1967.

Buero, *Hoy* = Antonio Buero Vallejo, *Hoy es fiesta* [1956]. Madrid 1960.

Bustinza-Mascaró, *Ciencias* = Florencio Bustinza Lachiondo y Fernando Mascaró Carrillo, *Ciencias naturales.* Tercer curso Bachillerato. Plan 1957. Madrid 1959.

Caballero Bonald, *Ágata* = José Manuel Caballero Bonald, *Ágata ojo de gato.* Barcelona 1974.

—— *Noche* = *Toda la noche oyeron pasar pájaros.* Barcelona 1981.

Calderón, *Cena* = Pedro Calderón de la Barca, *La cena del rey Baltasar* [1632]. En *Autos sacramentales,* I. Ed. de Ángel Valbuena Prat. Madrid 1957.

—— *Gran teatro* = *El gran teatro del mundo* [1633?]. En *Autos sacramentales,* I. Ed. de Ángel Valbuena Prat. Madrid 1957.

—— *Mágico* = *El mágico prodigioso* [1637]. Ed. de Angel Valbuena Prat. Zaragoza 1953.

Calvo, *Franco* = Rafael Calvo Serer, *Franco frente al Rey. El proceso del régimen.* París 1972.

Calvo, trad. Pirenne, *Ciudades* = Henri Pirenne, *Las ciudades de la Edad Media.* Trad. de Francisco Calvo. Madrid 1972.

Camba, *Ciudad* = Julio Camba, *La ciudad automática* [1932]. Madrid 1955.

—— *Londres* = *Londres* [1916]. Madrid 1956.

—— *Lúculo* = *La casa de Lúculo* [1929]. Madrid 1956.

—— *Peseta* = *Aventuras de una peseta* [1923]. Buenos Aires 1955.

—— *Rana* = *La rana viajera* [1920]. Madrid 1956.

*Cambio* = *Cambio 16.* Semanario. Madrid.

Camón, *Lázaro Galdiano* = José Camón Aznar, *Guía abreviada del Museo Lázaro Galdiano* [1962]. 6.ª ed. Madrid 1967.

Campión, *Narraciones* = Arturo Campión, *Narraciones baskas* [1917]. Madrid 1923.

*Cancionero de Baena* = *El Cancionero de Juan Alfonso de Baena.* Manuscrito del siglo xv de la Biblioteca Nacional de París. Fotocopia en la Biblioteca de la Real Academia Española.

Canellada, *Penal* = María Josefa Canellada, *Penal de Ocaña* [1954-63]. Prólogo de Alonso Zamora Vicente. Madrid 1985.

Cano, *Antología* = José Luis Cano, *Antología de la nueva poesía española.* Madrid 1958.

Capdevila, *Babel* = Arturo Capdevila [*Ar*], *Babel y el castellano.* Buenos Aires 1940.

Carpentier, *Reino* = Alejo Carpentier [*Cu*], *El reino de este mundo* [1948]. Barcelona 1983.

Carreras, *Hist. filosofía* = Joaquín Carreras Artau, *Historia de la filosofía* [1943]. Barcelona 1949.

—— *Introd. filosofía* = *Introducción a la filosofía* [1941]. Barcelona 1944.

Carriegos, *Minucias* = Ramón C. Carriegos, *Minucias gramaticales.* Tandil [Argentina] 1910.

Casado, *Léxico* = M[anuel] Casado Velarde, *Tendencias en el léxico español actual.* Madrid 1985.

Casalduero, *Galdós* = Joaquín Casalduero, *Vida y obra de Galdós.* Buenos Aires 1943.

Casanovas = J. Casanovas y Ferrán, *Colección de vocablos y modismos incorrectos y viciosos usados por los catalanes cuando hablan en castellano.* 2.ª ed. Barcelona 1884.

Casares, *Cosas del lenguaje* = Julio Casares, *Cosas del lenguaje.* Madrid 1943.

# bibliografía

———— *Crítica profana = Crítica profana: Valle-Inclán, Azorín, Ricardo León* [1916]. Buenos Aires 1946.

———— *Informe = Informe.* En *Nuevas normas de prosodia y ortografía de la Real Academia Española.* Madrid 1952.

———— *Nuevo concepto = Nuevo concepto del diccionario de la lengua.* Madrid 1941.

Casas, trad. Böll, *Opiniones = Heinrich Böll, Opiniones de un payaso.* Trad. de Lucas Casas [1965]. Barcelona 1973.

Castellani, *Caso = Leonardo Castellani [Ar], El caso de Ada Terry* [1934]. En Fevre, *Cuentos* (→ FEVRE).

Castellano, trad. Ovidio, *Arte = Ovidio, Arte de amar.* Trad. de José Castellano. Barcelona 1958.

Castellet, *Marcuse = José María Castellet, Lectura de Marcuse.* Barcelona 1969.

Castilla, *Alienación = Carlos Castilla del Pino, La alienación de la mujer.* Madrid 1968.

Castillo-Navarro, *Perros = [José María] Castillo-Navarro, Los perros mueren en la calle.* Barcelona 1961.

Castillo-Puche, *Paralelo = José Luis Castillo-Puche, Paralelo 40* [1963]. Barcelona 1964.

Castro → ROSALÍA DE CASTRO.

Castro, *Cervantes = Américo Castro, Hacia Cervantes* [1925-57]. Madrid 1957.

———— *De la España = De la España que aún no conocía* [1914-70]. 3 tomos. México 1975.

———— *Españoles = Los españoles: cómo llegaron a serlo.* Madrid 1965.

Cebrián = M. Cebrián Herreros, *Diccionario de radio y televisión. Bases de una delimitación terminológica.* Madrid 1981.

Cejador, *Voc. medieval = Julio Cejador y Frauca, Vocabulario medieval castellano.* Madrid 1929.

Cela, *Alcarria = Camilo José Cela, Viaje a la Alcarria* [1948]. Buenos Aires 1953.

———— *Carta a Fidel Castro = Carta a Fidel Castro* [1965]. En *A vueltas con España.* Madrid 1973.

———— *Colmena = La colmena* [1951]. México 1957.

———— *Dicc. secreto = Diccionario secreto.* Tomo I: Madrid 1968. Tomo II: Madrid 1971.

———— *Lazarillo = Nuevas andanzas y desventuras de Lazarillo de Tormes* [1944]. Pról. de José María de Cossío. Madrid (Selecciones Airón) s. a.

———— *Mazurca = Mazurca para dos muertos.* Barcelona 1983.

———— *Miño = Del Miño al Bidasoa.* Barcelona 1952.

———— *Pascual = La familia de Pascual Duarte* [1942]. Ed. de Jorge Urrutia. Barcelona 1977.

———— *Retablo = Nuevo retablo de Don Cristobita* [1945-53]. Barcelona 1957.

———— *Viaje andaluz = Primer viaje andaluz. Notas de un vagabundaje por Jaén, Córdoba, Sevilla, Huelva y sus tierras* [1959]. Barcelona 1971.

Celada, *Lit. orientales = Benito Celada, Literaturas orientales.* En *Historia de la literatura universal,* dirigida por Ciriaco Pérez Bustamante. Madrid 1946.

Celaya, *Poesía urgente = Gabriel Celaya, Poesía urgente* [1951-57]. Buenos Aires 1960.

Cernuda, *Estudios = Luis Cernuda, Estudios sobre poesía española contemporánea.* Madrid 1957.

Cervantes, *Gitanilla = Miguel de Cervantes, La Gitanilla* [1613]. En *Novelas ejemplares,* I. Ed. de F. Rodríguez Marín. Madrid 1957.

———— *Quijote = Don Quijote de la Mancha.* (Primera parte [1605]; segunda parte [1615].) Ed. de Martín de Riquer. Madrid 1977.

———— *Vidriera = El licenciado Vidriera* [1613]. En *Novelas ejemplares,* II. Ed. de F. Rodríguez Marín. Madrid 1957.

———— *Vizcaíno = El vizcaíno fingido.* En *Entremeses* [1615]. Ed. de Eugenio Asensio. Madrid 1971.

Chacel, *Barrio = Rosa Chacel, Barrio de Maravillas* [1976]. Barcelona 1978.

Chamorro, *Sin raíces = Víctor Chamorro, Sin raíces.* Plasencia 1970.

Chamorro, trad. Horacio, *Épodos = Horacio, Odas y épodos.* Trad. de Bonifacio Chamorro. Madrid 1951.

Chamorro, trad. Ling, *Religiones = Trevor Ling, Las grandes religiones de Oriente y Occidente.* Trad. de Eduardo Chamorro. 2 tomos. Madrid 1972.

Cheste, trad. Dante, *Comedia = Dante Alighieri, La divina comedia. La vida nueva.* Trad. de Juan de la Pezuela, Conde de Cheste [1865]. Madrid 1952.

# bibliografía

Chocano, *Poesías* = José Santos Chocano [*Pe*], *Poesías* [1906-25]. En *Las cien mejores poesías modernas (líricas)*. Madrid 1925.

Clarín → ALAS.

*Clavileño* = *Clavileño*. Mensual. Madrid.

*Codorniz* = *La Codorniz*. Semanario. Madrid.

Colón, *Llengua* = Germán Colón, *La llengua catalana en els seus textos*. 2 tomos. Barcelona 1978.

*Constitución* = *Constitución Española aprobada por las Cortes el 31 de octubre de 1978*. [Madrid 1978.]

Contreras, *Gramática* = Heles Contreras, *Los fundamentos de la gramática transformacional*. Introducción a H. Contreras (ed.), *Los fundamentos de la gramática transformacional. Antología*. México 1971.

Corominas = Joan Corominas, *Diccionario crítico etimológico castellano e hispánico*. Con la colaboración de José A. Pascual. 6 tomos. Madrid 1980-1986.

Coronado, *Poesías* = Carolina Coronado [*Cu*], *Poesías* [1843]. En Manuel Altolaguirre, *Antología de la poesía romántica española*. Buenos Aires 1954.

Corral, trad. Munthe, *S. Michele* = Axel Munthe, *La historia de San Michele*. Trad. de Carlos del Corral Casal. Barcelona 1956.

*Correo Catalán* = *El Correo Catalán*. Diario. Barcelona.

*Correo Español* = *El Correo Español-El Pueblo Vasco*. Diario. Bilbao.

Cortázar, *Rayuela* = Julio Cortázar [*Ar*], *Rayuela* [1963]. Ed. de Andrés Amorós. Madrid 1984.

—— trad. Yourcenar, *Adriano* = Marguerite Yourcenar, *Memorias de Adriano*. Trad. de —— [1955]. Barcelona 1984.

Cortelazzo-Zolli = Manlio Cortelazzo e Paolo Zolli, *Dizionario etimologico della lingua italiana*. 4 tomos [A-R]. Bologna 1979-1985.

Cossío, *Fábulas* = José María de Cossío, *Fábulas mitológicas en España*. Madrid 1952.

—— pról. Cela, *Lazarillo* → CELA.

Covarrubias, *Tesoro* = Sebastián de Covarrubias Orozco, *Tesoro de la lengua castellana o española* [1611]. Ed. de Martín de Riquer. Barcelona 1943.

Crémer, *Poesías* = Victoriano Crémer, *Poesías* [1949-56]. En Cano, *Antología* (→ CANO).

Criado, *Morfología* = Manuel Criado de Val, *Síntesis de morfología española*. Madrid 1952.

Cruz, *Mercader* = Ramón de la Cruz, *El mercader vendido* [1776]. En *Sainetes*, I. Madrid 1843.

*Cuadernos* = *Cuadernos para el Diálogo*. Mensual. Madrid.

Cuervo, *Apuntaciones* = Rufino José Cuervo, *Apuntaciones críticas sobre el lenguaje bogotano* [1867-1911]. En *Obras*, I. Bogotá 1954.

—— *Diccionario* = *Diccionario de construcción y régimen de la lengua castellana*. Tomos I y II. París 1886-1893.

—— *Diccionario, Cont.* = *Diccionario de construcción y régimen de la lengua castellana*. [Continuación.] Tomo III, fascículos 1-17. Por Fernando Antonio Martínez y José-Álvaro Porto Dapena. Bogotá 1959-1985.

—— *Disquisiciones* = *Disquisiciones sobre filología castellana* [1871-1911]. En *Obras*, II. Bogotá 1954.

—— *Notas* = *Notas a la Gramática de la lengua castellana de D. Andrés Bello* [1874-1911]. En Bello, *Gramática* (→ BELLO).

Cuevas, *Finca* = José y Jesús de las Cuevas, *Historia de una finca*. Jerez 1958.

Cuevas, *Poesía XVI* = Cristóbal Cuevas, *La poesía en el siglo XVI (II)*. En J. M.ª Díez Borque (ed.), *Historia de la literatura española*, II. Madrid 1980.

*Cultura Brasileña* = *Revista de Cultura Brasileña*. Madrid.

Cunqueiro, *Un hombre* = Álvaro Cunqueiro, *Un hombre que se parecía a Orestes*. Barcelona 1969.

Darío, *Argentina* = Rubén Darío [*Nic*], *Canto a la Argentina y otros poemas* [1914]. En *Poesías completas*, II. Ed. de A. Méndez Plancarte. Madrid 1967.

—— *Cantos* = *Cantos de vida y esperanza, Los cisnes y otros poemas* [1905]. En *Poesías completas*, II. Ed. de A. Méndez Plancarte. Madrid 1967.

—— *Prosas* = *Prosas profanas* [1896]. En *Poesías completas*, I. Ed. de A. Méndez Plancarte. Madrid 1967.

Delibes, *Cinco horas* = Miguel Delibes, *Cinco horas con Mario*. Barcelona 1966.

# bibliografía

——— *Parábola* = *Parábola del náufrago*. Barcelona 1969.

——— *Perdiz* = *La caza de la perdiz roja* [1963]. En *Viejas historias de Castilla la Vieja*. Madrid 1969.

——— *Sombra* = *La sombra del ciprés es alargada*. Barcelona 1948.

De Luis, *Poesías* = Leopoldo de Luis, *Poesías* [1946-70]. En José Luis Cano, *Lírica española de hoy. Antología*. Madrid 1981.

*Destino* = *Destino*. Semanario. Barcelona.

*Diario 16* = *Diario 16*. Madrid.

*Diario de Barcelona* = *Diario de Barcelona*. Barcelona.

*Diario Montañés* = *El Diario Montañés*. Santander.

Díaz-Cañabate, *Taberna* = Antonio Díaz-Cañabate, *Historia de una taberna* [1944]. Madrid 1955.

Díaz-Plaja, *Lírica* = Guillermo Díaz-Plaja, *La poesía lírica española* [1937]. Barcelona 1948.

——— *Literatura* = *Historia de la literatura española encuadrada en la universal*. Barcelona 1959.

——— *Romanticismo* = *Introducción al estudio del romanticismo español* [1936]. Buenos Aires 1953.

Di Benedetto → BENEDETTO.

*Dicc. ciencias médicas Salvat* = *Diccionario terminológico de ciencias médicas*. [Coordinado por Estanislao Navarro-Beltrán Iracet.] 12.ª ed. Barcelona 1984.

*Dicc. histórico* → ACADEMIA.

*Dicc. literatura* = Germán Bleiberg y Julián Marías (dir.), *Diccionario de literatura española*. 2.ª ed. Madrid 1953.

Diego, *Primera antología* = Gerardo Diego, *Primera antología de sus versos* [1918-41]. Buenos Aires 1947.

——— *Segunda antología* = *Segunda antología de sus versos* [1941-67]. Madrid 1967.

Díez Games, *Victorial* = Gutierre Díez de Games, *El victorial, crónica de don Pero Niño* [1435-48]. Ed. de Ramón Iglesia. Madrid 1936.

Donoso, *Domingo* = José Donoso [*Ch*], *Este domingo* [1966]. Barcelona 1982.

D'Ors, *Museo* = Eugenio d'Ors, *Tres horas en el Museo del Prado* [1923]. Madrid 1952.

Duplan, *Mate* = Max Duplan [*Ar*], *El mate frustrado* [1964]. En Fevre, *Cuentos* (→ FEVRE).

Echauri, trad. Nestle, *Lit. griega* = Wilhelm Nestle, *Historia de la literatura griega*. Trad. de Eustaquio Echauri [1930]. Barcelona 1951.

Echávarri, trad. Sagan, *Dentro de un mes* = Françoise Sagan, *Dentro de un mes, dentro de un año*. Trad. de Luis Echávarri [*Ar?*]. Buenos Aires 1959.

Echegaray, *Africana* = Miguel Echegaray, *El dúo de la Africana* [1893]. En Antonio Valencia, *El género chico: antología de textos completos*. Madrid 1962.

Edwards, *Máscaras* = Jorge Edwards [*Ch*], *Las máscaras* [1967]. Barcelona 1981.

Elorza, trad. Antonioni, *Blow-up* = Michelangelo Antonioni, *Blow-up*. Trad. de Antonio Elorza. En *Blow-up, Las amigas, El grito, La aventura*. Madrid 1968.

Entrambasaguas, *Lope de Vega* = Joaquín de Entrambasaguas, *Lope de Vega y su tiempo*. Barcelona 1961.

——— *Vida* = *Vida de Lope de Vega*. Barcelona 1936.

*Español* = *El Español*. Semanario. Madrid.

Espina, *Ganivet* = Antonio Espina, *Ganivet: el hombre y la obra* [1941]. Buenos Aires 1954.

Espinosa, *Cuentos* = Aurelio M. Espinosa, *Cuentos populares españoles*, I. Madrid 1946.

——— *N. Méjico* = *Estudios sobre el español de Nuevo Méjico*. Trad. y reelaboración con notas por A. Alonso y Á. Rosenblat. 2 tomos. Buenos Aires 1930-1946.

Espinosa, trad. Bayet, *Lit. latina* = Jean Bayet, *Literatura latina*. Trad. de Andrés Espinosa Alarcón [1966]. Barcelona 1972.

Espronceda, *Diablo* = José de Espronceda, *El Diablo Mundo* [1840-41]. En *El estudiante de Salamanca. El Diablo Mundo*. Ed. de Robert Marrast. Madrid 1982.

——— *Poesías* = *Poesías* [1831-41]. En Blecua, *Floresta*, II (→ BLECUA).

*Excelsior* = *Excelsior*. Diario. México D.F.

*FA* = Ficheros léxicos de la Real Academia Española.

Feijoo, *Teatro crítico* = Benito Jerónimo Feijoo, *Teatro crítico universal*. Tomo II. Madrid 1728. Tomo IV, Madrid 1733.

Fernández Flórez, *Bosque* = Wenceslao Fernández Flórez, *El bosque animado*. Zaragoza 1943.

# bibliografía

Fernández Galiano = Manuel Fernández Galiano, *La transcripción castellana de los nombres propios griegos*. 2.ª ed. Madrid 1969.

Fernández Montesinos = Montesinos.

Fernández Moreno, *Introducción* = César Fernández Moreno [*Ar*], *Introducción a la poesía*. México 1962.

Fernández Ramírez = Salvador Fernández [Ramírez], *Gramática española*. I: *Los sonidos, el nombre y el pronombre*. Madrid 1951.

———— *«Como si»* = *«Como si»* + *subjuntivo*. En *Revista de Filología Española*, 24 (1937), 372-80.

———— *Dicc. literatura* = Artículos [1949-53] en *Diccionario de literatura española* (→ Dicc. litera-tura).

Fernández de la Reguera-March, *Fin* = Ricardo Fernández de la Reguera y Susana March, *Fin de una Regencia* [1964]. Barcelona 1967.

Fernández Santos, *Catedrales* = Jesús Fernández Santos, *Las catedrales*. Barcelona 1970.

Fernández-Sevilla, *Lexicografía* = Julio Fernández-Sevilla, *Problemas de lexicografía actual*. Bogotá 1974.

Fernández Zulaica, trad. Mason, *Voltaire* = Haydn Mason, *Voltaire*. Trad. de Jesús Fernández Zulaica. Barcelona 1985.

Ferrandis, *Cultura* = Manuel Ferrandis Torres, *Historia general de la cultura* [1934]. Valladolid 1941.

Ferrer-Vidal, *Duero* = Jorge Ferrer-Vidal, *Viaje por la frontera del Duero*, Madrid 1980.

Fevre, *Cuentos* = Fermín Fevre [*Ar*], *Cuentos policiales argentinos*. Selección y estudio preliminar de ————. Buenos Aires 1974.

Flórez, *Apuntes* = Luis Flórez, *Apuntes de español*. Bogotá 1977.

———— *Lengua* = *Lengua española*. Bogotá 1953.

———— *Temas* = *Temas de castellano. Notas de divulgación*. 2.ª ed. revisada y aumentada. Bogotá 1967.

Fraile, *A la luz* = Medardo Fraile, *A la luz cambian las cosas*. Torrelavega 1959.

*Gaceta* = *Gaceta Ilustrada*. Semanario. Barcelona.

*Gaceta del Norte* = *La Gaceta del Norte*. Diario. Bilbao.

Galdós, *Amigo* = Benito Pérez Galdós, *El amigo Manso* [1882]. Madrid 1910.

———— *Apostólicos* = *Los apostólicos* [1879]. En *Obras completas*, II. Madrid 1968.

———— *Bodas* = *Bodas reales* [1900]. En *Obras completas*, II. Madrid 1968.

———— *Centeno* = *El Doctor Centeno* [1883]. 2 tomos. Madrid 1905.

———— *Doña Perfecta* = *Doña Perfecta* [1876]. Buenos Aires 1958.

———— *Equipaje* = *El equipaje del Rey José* [1875]. En *Obras completas*, I. Madrid 1968.

———— *España sin rey* = *España sin rey* [1908]. En *Obras completas*, III. Madrid 1968.

———— *España trágica* = *España trágica* [1909]. En *Obras completas*, III. Madrid 1968.

———— *Fontana* = *La Fontana de Oro* [1870]. Madrid 1970.

———— *Fortunata* = *Fortunata y Jacinta* [1886-87]. 4 tomos. Madrid 1952.

———— *Juan Martín* = *Juan Martín el Empecinado* [1874]. En *Obras completas*, I. Madrid 1968.

———— *Luchana* = *Luchana* [1899]. En *Obras completas*, II. Madrid 1968.

———— *Miau* = *Miau* [1888]. Buenos Aires 1946.

———— *Misericordia* = *Misericordia* [1897]. París 1913.

———— *O'Donnell* = *O'Donnell* [1904]. En *Obras completas*, III. Madrid 1968.

———— *Torquemada*, I = *Torquemada en la hoguera* [1889]. Madrid 1898.

———— *Torquemada*, II = *Torquemada en la Cruz* [1893]. Buenos Aires 1946.

———— *Torquemada*, III = *Torquemada en el Purgatorio* [1894]. Buenos Aires 1946.

———— *Torquemada*, IV = *Torquemada y San Pedro* [1895]. Buenos Aires 1946.

García, *Temas* = Constantino García, *Temas de lingüística gallega*. La Coruña 1985.

García Blanco, *Unamuno y lengua* = Manuel García Blanco, *Don Miguel de Unamuno y la lengua española*. Salamanca 1952.

García Gómez, *España musulmana* = Emilio García Gómez, *Introducción* a E. Lévi-Provençal, *La España musulmana*. En *Historia de España*, dirigida por R. Menéndez Pidal, IV. Madrid 1950.

———— *Silla* = *Silla del Moro y Nuevas escenas andaluzas* [1934-48]. Buenos Aires 1954.

# bibliografía

García Hortelano, *Tormenta* = Juan García Hortelano, *Tormenta de verano*. Barcelona 1962.

García López, *Literatura* = José García López, *Historia de la literatura española* [c1950]. Barcelona 1959.

García Lorca → LORCA.

García Márquez, *Amor* = Gabriel García Márquez [*Col*], *El amor en los tiempos del cólera*. Barcelona 1985.

García Ortiz, trad. Borrow, *Biblia* = George Borrow, *La Biblia en España*. Trad. de Elena García Ortiz. Barcelona 1956.

García Serrano, *Macuto* = Rafael García Serrano, *Diccionario para un macuto* [1964]. 2.ª ed. Madrid 1966.

Garciasol, *Selección* = Ramón de Garciasol, *Segunda selección de mis poemas* [1950-78]. Madrid 1980.

——— *Testimonio* = *Testimonio de la palabra* [1958-84]. Madrid 1984.

Garcilaso, *Obras* = Garcilaso de la Vega, *Obras* [1528-36]. Ed. de Tomás Navarro Tomás. Madrid 1911.

Garmendia, *Memorias* = Salvador Garmendia [*Ven*], *Memorias de Altagracia* [1974]. Barcelona 1982.

Gaya Nuño, *Arte* = Juan Antonio Gaya Nuño, *Historia del arte español*. 4.ª ed. Madrid 1968.

——— *Conflicto* = *Un conflicto: literatura y arte*. Madrid 1960.

Gili Gaya = Samuel Gili Gaya, *Curso superior de sintaxis española*. 8.ª ed. Barcelona 1961.

——— *Sinónimos* = *Diccionario de sinónimos*. Barcelona 1958.

Gimbernat, trad. Henkel, *Derecho* = Heinrich Henkel, *Introducción a la filosofía del derecho*. Trad. de Enrique Gimbernat Ordeig. Madrid 1968.

Giménez-Frontín, *Pico de Oro* = José Luis Giménez-Frontín, *El pájaro Pico de Oro y otras historias*. Barcelona 1982.

Gimferrer, *Aleixandre* = Pere Gimferrer, *Perfil de Vicente Aleixandre*. [Discurso de ingreso en la Real Academia Española.] Madrid 1985.

Gold, *Yiddish* = David L. Gold, *The Spanish, Portuguese and Hebrew Names for Yiddish and the Yiddish Names for Hebrew*. En *International Journal of the Sociology of Language*, 24 (1980), 29-42.

Gómez de la Serna, *Greguerías* = Ramón Gómez de la Serna, *Greguerías 1940-1945* [1910-45]. Buenos Aires 1945.

——— *Muertos* = *Los muertos y las muertas* [1935]. 3.ª ed. corregida y aumentada. Madrid 1961.

——— *Valle-Inclán* = *Don Ramón María del Valle-Inclán* [1944]. Madrid 1959.

Góngora, *Antología* = Luis de Góngora, *Antología* [1580-1625]. En Emilio Orozco Díaz, *Góngora*. Barcelona 1953.

González, *Antología* = Ángel González, *Una antología* [c1954-85]. Oviedo 1985.

González-Ruano, *Baudelaire* = César González-Ruano, *Baudelaire* [1931]. Madrid 1958.

Goytisolo, *Fin* = Juan Goytisolo, *Fin de fiesta*. Barcelona 1962.

——— *Resaca* = *La resaca*. París 1958.

Goytisolo, *Recuento* = Luis Goytisolo, *Recuento* [1973]. Barcelona 1976.

Grosso, *Capirote* = Alfonso Grosso, *El capirote* [1964]. Barcelona 1974.

Guasch, trad. Dostoyevski, *Crimen* = F. Dostoyevski, *Crimen y castigo*. Trad. de J. Guasch. Barcelona 1961.

Guevara, *Reloj* = Fray Antonio de Guevara, *Reloj de príncipes y libro de Marco Aurelio* [1529]. Ed. de Ángel Rosenblat. Madrid 1936.

*Guía Telef.* = *Guía Telefónica 1-C*. Madrid. Tomo III: *Sección profesional, mercantil e industrial*. Madrid 1970.

Güiraldes, *Don Segundo* = Ricardo Güiraldes [*Ar*], *Don Segundo Sombra* [1926]. Buenos Aires 1952.

Guitarte, *Cuervo* = Guillermo L. Guitarte [*Ar*], *El camino de Cuervo al español de América*. En *Philologica Hispaniensia in honorem Manuel Alvar*, I. Madrid 1983.

Gutiérrez, trad. Mauriac, *Nudo* = François Mauriac, *Nudo de víboras*. Trad. de Fernando Gutiérrez. Barcelona 1956.

Halcón, *Campo* = Manuel Halcón, *El prestigio del campo andaluz*. Discurso leído ante la Real Academia Española. Madrid 1962.

# bibliografía

Henríquez Ureña, «*Ello*» = Pedro Henríquez Ureña, «*Ello*». En *Revista de Filología Hispánica*, 1 (1939), 209-29.

Hierro, *Poesía* = José Hierro, *Poesía del momento* [1944-47]. Madrid 1957.

*Historia 16* = *Historia 16*. Mensual. Madrid.

*Historia y Vida* = *Historia y Vida*. Mensual. Barcelona.

*Hoja Lunes Santander* = *Hoja del Lunes*. Semanario. Santander.

*Hoy* = *Hoy*. Diario. Badajoz.

Hoyo, *Pequeñuelo* = Arturo del Hoyo, *El pequeñuelo y otros cuentos*. Madrid 1967.

Hurtado-G. Palencia, *Literatura* = Juan Hurtado y J. de la Serna y Ángel González Palencia, *Historia de la literatura española* [1921-32]. Madrid 1932.

Ibarbourou, *Poemas* = Juana de Ibarbourou [*Ur*], *Poemas* [1919-42]. Buenos Aires 1950.

*Independiente* = *El Independiente*. Diario. Bogotá.

*Informaciones* = *Informaciones*. Diario. Madrid.

*Ínsula* = *Ínsula*. Mensual. Madrid.

Iriarte, *Poesías* = Tomás de Iriarte, *Poesías* [1780-91]. Ed. de Alberto Navarro González. Madrid 1953.

Iribarren = José María Iribarren, *Vocabulario navarro*. Nueva ed. preparada y ampliada por Ricardo Ollaquindia. Pamplona 1984.

Isla, *Gerundio* = Padre [Francisco José de] Isla, *Historia del famoso predicador Fray Gerundio de Campazas*. Parte I [1758] y parte II [1768]. Ed. de L. Fernández Martín. 2 tomos. Madrid 1978.

Jarnés, *Castelar* = Benjamín Jarnés, *Castelar, hombre del Sinaí* [1935]. Madrid 1971.

Jiménez, *Antología para niños* = Juan Ramón Jiménez, *Antología para niños y adolescentes* [1898-1950]. Buenos Aires 1950.

——— *Platero* = *Platero y yo* [1917]. Edición del Centenario. Madrid 1982.

Kany = Charles E. Kany, *American-Spanish Syntax*. 2nd ed. Chicago 1951.

Keniston, *Syntax* = Hayward Keniston, *The Syntax of Castilian Prose. The Sixteenth Century*. Chicago 1937.

Krohn, trad. Zweig, *Maestros* = Stefan Zweig, *Tres maestros*. Trad. de Juan G. Krohn [*Ar?*]. Buenos Aires 1941.

Laforet, *Nada* = Carmen Laforet, *Nada* [1945]. Barcelona 1947.

Laiglesia, *Fulana* = Álvaro de Laiglesia, *Yo soy Fulana de Tal*. Barcelona 1963.

——— *Tontos* = *Solo se mueren los tontos*. Barcelona 1955.

Laín, *Lenguaje* = Pedro Laín Entralgo, *Patología del lenguaje médico*. En *El médico en la historia*. Madrid 1958.

——— *Marañón* = *Gregorio Marañón: vida, obra y persona* [1966]. Madrid 1969.

——— *Menéndez Pelayo* = *Menéndez Pelayo* [1944]. Buenos Aires 1952.

——— *Tovar* = *Contestación* [a Antonio Tovar]. En Antonio Tovar, *Latín de Hispania: aspectos léxicos de la romanización*. [Discurso de ingreso en la Real Academia Española.] Madrid 1968.

Lamana, trad. Sartre, *Palabras* = Jean-Paul Sartre, *Las palabras*. Trad. de Manuel Lamana [*Ar?*] [1964]. Buenos Aires 1966.

Lapesa, *Estudios* = Rafael Lapesa, *Estudios de historia lingüística española* [1948-83]. Madrid 1985.

——— *Historia* = *Historia de la lengua española*. 8.ª ed. refundida y muy aumentada. Madrid 1980.

——— *Introducción* = *Introducción a los estudios literarios*. Barcelona 1947.

——— *Lengua* = *La lengua desde hace cuarenta años*. En *Revista de Occidente*, núm. 8-9 (1963), 193-208.

——— *Tendencias* = *Tendencias y problemas actuales de la lengua española*. En R. Lapesa (ed.), *Comunicación y lenguaje*. Madrid 1977.

*Larousse* = Ramón García-Pelayo y Gross, *Pequeño Larousse en color* [1972]. París 1979.

Larra, *Artículos* = Mariano José de Larra, «*Fígaro*», *Artículos* [1828-37]. Ed. de Carlos Seco Serrano. Barcelona 1964.

Larreta, *Don Ramiro* = Enrique Larreta [*Ar*], *La gloria de Don Ramiro* [1908]. Madrid 1955.

# bibliografía

Lázaro, *Términos* = Fernando Lázaro Carreter, *Diccionario de términos filológicos.* 2.ª ed. Madrid 1961.

Lenz = Rodolfo Lenz, *La oración y sus partes.* Madrid 1920.

León Rey, *Guayacundo* = José Antonio León Rey [*Col*], *Guayacundo.* Bogotá 1976.

—— *Nidito* = *Nidito de plata y otros cuentos.* Bogotá 1983.

Lida, *Celestina* = María Rosa Lida, *La originalidad artística de «La Celestina».* Buenos Aires 1962.

Lope de Vega → VEGA.

López Aranguren → ARANGUREN.

López Ibor, *Lenguaje subterráneo* = Juan José López Ibor, *El lenguaje subterráneo.* Madrid 1962.

López Rubio, *Celos* = José López Rubio, *Celos del aire* [1950]. Madrid 1951.

Lorca, *Cante* = Federico García Lorca, *Poema del cante jondo* [1931]. *Llanto por Ignacio Sánchez Mejías* [1935]. Buenos Aires 1957.

—— *Mariana* = *Mariana Pineda* [1927]. Madrid 1928.

—— *Poemas* = *Libro de poemas* [1921]. Buenos Aires 1945.

—— *Romancero* = *Romancero gitano* [1928]. Buenos Aires 1949.

Lorenzo, *Español* = Emilo Lorenzo, *El español de hoy, lengua en ebullición.* 3.ª ed. Madrid 1980.

Lovett = G. H. Lovett, *Notes on Everyday Spanish, Madrid 1962.* En *Hispania*, 45 (1962), 738-43.

Lozoya, *Segovia* = Marqués de Lozoya, *Segovia.* Barcelona 1957.

Lueje, *Picos* = José Ramón Lueje, *Los Picos de Europa.* León 1977.

Lugones, *Payador* = Leopoldo Lugones [*Ar*], *El payador* [1916]. En *Obras en prosa.* Selección y prólogo de Leopoldo Lugones (hijo). México 1962.

Machado, *Abel* = Antonio Machado, *Abel Martín. Cancionero de Juan de Mairena* [1936]. *Prosas varias* [1936-38]. Buenos Aires 1953.

—— *Mairena* = *Juan de Mairena. Sentencias, donaires, apuntes y recuerdos de un profesor apócrifo.* Madrid 1936.

—— *Poesías* = *Poesías completas* [1903-38]. Buenos Aires 1958.

Madariaga, *A la orilla* = Salvador de Madariaga, *A la orilla del río de los sucesos* [1975]. Barcelona 1984.

—— *Colón* = *Vida del muy magnífico señor Don Cristóbal Colón* [1940]. Buenos Aires 1944.

—— *España* = *España: ensayo de historia contemporánea.* 11.ª ed. nuevamente revisada. Madrid 1978.

Maeztu, *Defensa* = Ramiro de Maeztu, *Defensa de la Hispanidad* [1934]. Madrid 1941.

Mallea, *Cuentos* = Eduardo Mallea [*Ar*], *Cuentos para una inglesa desesperada* [1927]. Buenos Aires 1947.

Mallo, *Discusión* = Jerónimo Mallo, *La discusión sobre el empleo de las formas verbales en «-ra» con función de tiempos pasados de indicativo.* En *Hispania*, 33 (1950), 126-39.

Manfredi, *Tenerife* = Domingo Manfredi Cano, *Tenerife.* León 1973.

Manzanares, trad. Hesse, *Lobo* = Hermann Hesse, *El lobo estepario.* Trad. de Manuel Manzanares [1967]. Madrid 1973.

Manzano, trad. Eco, *Edad Media* = Umberto Eco, Furio Colombo, Francesco Alberoni, Giuseppe Sacco, *La nueva Edad Media.* Trad. de Carlos Manzano. Madrid 1974.

—— trad. Miller, *Sexus* = Henry Miller, *Sexus.* Trad. de ——. Barcelona 1984.

Maragall, *Elogios* = Juan Maragall, *Elogios* [1929]. Buenos Aires 1950.

Marañón, *Enrique IV* = Gregorio Marañón, *Ensayo biológico sobre Enrique IV de Castilla y su tiempo* [1930-34]. Madrid 1956.

—— *Españoles* = *Españoles fuera de España* [1941-48]. Madrid 1957.

—— *Olivares* = *El Conde-Duque de Olivares.* Madrid 1936.

—— *Raíz* = *Raíz y decoro de España* [1933]. Madrid 1958.

—— *Vida* = *Vida e historia* [1934-41]. Madrid 1958.

*Marca* = *Marca.* Diario. Madrid.

Marcos, trad. Mounin, *Lingüística* = Georges Mounin, *Claves para la lingüística.* Trad. de Felisa Marcos. Barcelona 1969.

Marías, *Aquí* = Julián Marías, *Aquí y ahora* [1938-51]. Buenos Aires 1954.

Marsé, *Tardes* = Juan Marsé, *Últimas tardes con Teresa* [1966]. Barcelona 1978.

# bibliografía

Martín Gaite, *Retahílas* = Carmen Martín Gaite, *Retahílas*. Barcelona 1974.

—— *Ritmo* = *Ritmo lento*. Barcelona 1963.

Martín Recuerda, *Salvajes* = José María Martín Recuerda, *Las salvajes en Puente San Gil*. En *Primer Acto*, núm. 48 (1963), 30-51.

Martín-Santos, *Tiempo* = Luis Martín-Santos. *Tiempo de silencio* [1962]. Barcelona 1965.

Martínez-Loza, trad. Smith, *Poema Cid* = *Poema de Mio Cid*. Ed. de Colin Smith. Trad. [de la introd., notas y apéndices] por Abel Martínez-Loza. Madrid 1976.

Martínez de Sousa, *Siglas* = José Martínez de Sousa, *Diccionario internacional de siglas y acrónimos*. Madrid 1984.

Mas, *Luna* = José Mas, *Luna y sol de marisma*. Madrid 1930.

Mascaró, *Médico* = José María Mascaró Porcar, *El médico aconseja*. Madrid 1969.

Matute, *Tiempo* = Ana María Matute, *El tiempo* [1957]. Barcelona 1963.

Mayoral, *Muerte* = Marina Mayoral, *Contra muerte y amor*. Madrid 1985.

Medio, *Andrés* = Dolores Medio, *Andrés*. Oviedo 1967.

*Memoria II Congreso de Academias* = *Memoria del Segundo Congreso de Academias de la Lengua Española* [abril-mayo 1956]. Madrid 1956.

Menéndez Pelayo, *Heterodoxos* = Marcelino Menéndez Pelayo, *Historia de los heterodoxos españoles*, I. Madrid 1880.

—— *Ideas* = *Historia de las ideas estéticas en España*, III, 2.ª parte. Madrid 1886.

Menéndez Pidal, *Cid* = Ramón Menéndez Pidal, *El Cid Campeador* [1929-50]. Madrid 1955.

—— *España* = *España, eslabón entre la Cristiandad y el Islam* [1951-55]. Madrid 1956.

—— *Godos* = *Los godos y la epopeya española* [1933-55]. Madrid 1956.

—— *Gramática* = *Manual de gramática histórica española*. 8.ª ed. Madrid 1949.

—— *Las Casas* = *El Padre Las Casas y Vitoria* [1956-58]. Madrid 1958.

—— *Unidad* = *La unidad del idioma* [1944]. En *Castilla, la tradición, el idioma*. Buenos Aires 1947.

—— *Universalismo* = *Universalismo y nacionalismo* [1948]. En *España y su historia*, I. Madrid 1957.

*Mercurio* = *El Mercurio*. Diario. Santiago de Chile.

Migliorini, *Lingua contemporanea* = Bruno Migliorini, *Lingua contemporanea*. 4.ª ed. Firenze 1963.

Mihura, *Decisión* = Miguel Mihura, *¡Sublime decisión!* Madrid 1955.

Millares, *Lit. latina* = Agustín Millares Carlo, *Historia de la literatura latina*. México 1950.

Miró, *Abuelo* = Gabriel Miró, *El abuelo del Rey* [1912]. Madrid 1929.

—— *Años* = *Años y leguas*. Madrid 1928.

—— *Cercado* = *Dentro del cercado. La palma rota. Los pies y los zapatos de Enriqueta* [1909-16]. Buenos Aires 1952.

—— *Vivir* = *Del vivir, Corpus y otros cuentos* [1899-1910]. Buenos Aires 1951.

Mistral, *Desolación* = Gabriela Mistral [Ch], *Desolación* [1922]. Buenos Aires 1951.

—— *Prosa* = *Páginas en prosa* [1923-50]. Ed. de José Pereira Rodríguez. Buenos Aires 1965.

—— *Ternura* = *Ternura* [1924]. Buenos Aires 1955.

Moliner = María Moliner, *Diccionario de uso del español*. 2 tomos. Madrid 1966-1967.

Monteforte, trad. Straumann, *Lit. norteamericana* = Heinrich Straumann, *La literatura norteamericana en el siglo XX*. Trad. de Mario Monteforte Toledo [Guat]. México 1953.

Montemayor, *Diana* = Jorge de Montemayor, *Los siete libros de la Diana* [1559]. Ed. de Enrique Moreno Báez. Madrid 1962.

Montero, *Reina* = Rosa Montero, *Te trataré como a una reina* [1983]. Barcelona 1984.

Montesinos, *Valera* = José Fernández Montesinos, *Valera o la ficción libre*. Madrid 1957.

Montoliu, *Gramática* = Manuel de Montoliu, *Gramática de la lengua castellana* [1914]. 1.ᵉʳ grado: 8.ª ed. Barcelona 1932. 2.º grado: 7.ª ed. Barcelona 1931. 3.ᵉʳ grado: 8.ª ed. Barcelona 1940.

—— *Literatura* = *Manual de historia de la literatura castellana* [1937]. 2 tomos. Barcelona 1957.

Montoliu-Casas, trad. Vendryes, *Lenguaje* = J. Vendryes, *El lenguaje. Introducción lingüística a la historia*. Trad. de Manuel de Montoliu y José M. Casas [1925]. México 1958.

Morales, *Corónica* = Ambrosio de Morales, *Libros undécimo y duodécimo de la Corónica general de España*. Alcalá 1577.

538

# bibliografía

Morales, *Dicc. chilenismos* = Félix Morales Pettorino [y otros], *Diccionario ejemplificado de chilenismos*. I: Valparaíso 1984. II: Valparaíso 1985.

Moratín, *El sí* = Leandro Fernández de Moratín, *El sí de las niñas* [1806]. En *Teatro completo*, I. Ed. de Fernando Lázaro Carreter. Barcelona 1970.

Morck-Fuente, trad. Fromm, *Ética* = Erich Fromm, *Ética y psicoanálisis*. Trad. de Heriberto F. Morck. Revisión de Ramón de la Fuente [1953]. México 1965.

Morínigo = Marcos A. Morínigo, *Diccionario de americanismos*. Buenos Aires 1966.

*Mundo* = *Mundo*. Semanario. Barcelona.

Muñoz, trad. Lewis, *Carlos de Europa* = D. B. Wyndham Lewis, *Carlos de Europa, Emperador de Occidente*. Trad. de C. Muñoz [1934]. Madrid 1955.

Nácar-Colunga, *Biblia* = *Sagrada Biblia*. Versión directa de las lenguas originales por Eloíno Nácar Fuster y Alberto Colunga. Madrid 1944.

Nácher, *Guanche* = Enrique Nácher, *Guanche*. Barcelona 1957.

*Nación* = *La Nación*. Diario. Buenos Aires.

Náñez, *Dequeísmo* = Emilio Náñez, *Sobre dequeísmo*. En *Revista de Filología Románica*, 2 (1984), 239-48.

Navarro, *Métrica* = Tomás Navarro [Tomás], *Métrica española*. Syracuse, New York 1956.

—— *Pronunciación* = *Manual de pronunciación española*. 4.ª ed. Madrid 1932.

*N. Diario* = *Nuevo Diario*. Diario. Madrid.

Nebrija, *Diccionario* = Elio Antonio de Nebrija, *Diccionario latino-español* [1492]. [Ed. facsímil al cuidado de Germán Colón y Amadeu-J. Soberanas.] Barcelona 1979.

Neruda, *Confieso* = Pablo Neruda [Ch], *Confieso que he vivido. Memorias* [1973]. Barcelona 1974.

*Noche* = *La Noche*. Diario. Santiago de Compostela.

Novás, trad. Faulkner, *Santuario* = William Faulkner, *Santuario*. Trad. de Lino Novás Calvo [Cu] [1934]. Buenos Aires 1945.

Oliver, *Prontuario* = Enrique Oliver Rodríguez, *Prontuario del idioma*. Barcelona [1906?].

Onetti, *Astillero* = Juan Carlos Onetti [Ur], *El astillero* [1961]. Barcelona 1980.

Ortega, *Amor* = José Ortega y Gasset, *Estudios sobre el amor* [1921-27]. Madrid 1954.

—— *Deshumanización* = *La deshumanización del arte* [1925] *y otros ensayos estéticos* [1908-25]. Madrid 1956.

—— *España* = *España invertebrada* [1921]. Madrid 1951.

—— *Espectador* = *El espectador*. (I [1916]; II [1917]; III [1921]; IV [1925]; V [1926]; VI [1927]; VII [1929]; VIII [1934].) 5 tomos. Madrid 1960-1961.

—— *Espíritu* = *Espíritu de la letra* [1927]. Madrid 1958.

—— *Galileo* = *En torno a Galileo. Esquema de las crisis* [1933]. Madrid 1965.

—— *Meditaciones* = *Meditaciones del Quijote* [1914]. Madrid 1956.

—— *Notas* = *Notas* [1906-25]. Buenos Aires 1949.

—— *Rebelión* = *La rebelión de las masas* [1930]. Con un prólogo para franceses [1937] y un epílogo para ingleses [1937]. Madrid 1955.

—— *Viajes* = *Viajes y países* [1908-41]. Madrid 1957.

Ortega, *Americanos* = Juan Pablo Ortega, *Los americanos en América*. Barcelona 1970.

Otero, *Ángel* = Blas de Otero, *Ángel fieramente humano* [1950]. *Redoble de conciencia* [1947-50]. Buenos Aires 1960.

—— *Pido* = *Pido la paz y la palabra* [1955]. En *Con la inmensa mayoría*. Buenos Aires 1960.

*País* = *El País*. Diario. Madrid.

Palacio Valdés, *Novela* = Armando Palacio Valdés, *La novela de un novelista* [1921]. Buenos Aires 1957.

Palma, *Tradiciones* = Ricardo Palma [Pe], *Tradiciones peruanas* [1872-1915]. Primera selección: México 1956. Tercera selección: México 1956.

Palma, *Fernán Caballero* = Angélica Palma [Pe], *Fernán Caballero, la novelista novelable*. Madrid 1931.

Pardo Bazán, *Insolación* = Emilia Pardo Bazán, *Insolación* [1889]. Buenos Aires 1954.

—— *Pazos* = *Los Pazos de Ulloa* [1886]. Madrid 1954.

—— *Viaje* = *Un viaje de novios* [1881]. Ed. de Mariano Baquero Goyanes. Barcelona 1971.

# bibliografía

Payno, *Curso* = Juan Antonio Payno, *El curso* [1962]. Barcelona 1965.

Pemán, *Antología* = José María Pemán, *Antología de poesía lírica* [1923-54]. Buenos Aires 1954.

Pereda, *Escenas* = José María de Pereda, *Escenas montañesas* [1864-80]. En *Obras completas*, I. Madrid 1974.

Pérez de Ayala, *AMDG* = Ramón Pérez de Ayala, *A. M. D. G. La vida en un colegio de jesuitas* [1910]. Madrid 1931.

———— *Curandero* = *El curandero de su honra* [1926]. Madrid 1930.

———— *Escritos* = *Escritos políticos* [1917-31]. Antología de Paulino Garagorri. Madrid 1967.

———— *Luna* = *Luna de miel, luna de hiel* [1922]. Buenos Aires 1958.

———— *Máscaras* = *Las máscaras* [1919]. Buenos Aires 1948.

———— *Política* = *Política y toros* [1920]. Madrid 1925.

———— *Prometeo* = *Prometeo. Luz de domingo. La caída de los Limones* [1916]. Buenos Aires 1954.

———— *Tigre* = *Tigre Juan* [1926]. Madrid 1928.

———— *Troteras* = *Troteras y danzaderas* [1912]. Buenos Aires 1942.

———— *Urbano* = *Los trabajos de Urbano y Simona* [1922]. Buenos Aires 1962.

———— *Vida sexual* = Gregorio Marañón, *Tres ensayos sobre la vida sexual*. Con un ensayo de ———— [1926]. Madrid 1931.

Pérez Embid-Morales, *España en América* = Florentino Pérez Embid y Francisco Morales Padrón, *Acción de España en América*. Madrid 1958.

Pérez Galdós → GALDÓS.

Pérez de Urbel, *Fernán González* = Fray Justo Pérez de Urbel, *Fernán González*. Madrid 1943.

Perich, *Autopista* = Jaume Perich, *Autopista*. Barcelona 1970.

Pinilla, *Hormigas* = Ramiro Pinilla, *Las ciegas hormigas*. Barcelona 1961.

Pittier, *Plantas* = Henri Pittier, *Manual de las plantas usuales de Venezuela*. Caracas 1926.

Pla, *América* = José Pla, *Viaje a América*. Barcelona 1960.

*Poema del Cid* = *Poema de Mio Cid* [siglo XII]. Ed. de Colin Smith. Madrid 1976.

Pombo, *Héroe* = Álvaro Pombo, *El héroe de las mansardas de Mansard*. Barcelona 1983.

Prados, *Antología* = Emilio Prados, *Antología* [1923-53]. Buenos Aires 1954.

Prados, *Sistema* = Jesús Prados Arrarte, *El sistema bancario español*. Madrid 1958.

Primo de Rivera, *Discursos* = Pilar Primo de Rivera, *Discursos en el XXV Consejo Nacional de la Sección Femenina*. Madrid 1970.

*Pueblo* = *Pueblo*. Diario. Madrid.

Puig, *Boquitas* = Manuel Puig [*Ar*], *Boquitas pintadas* [1968]. Barcelona 1984.

Quadrado, *España* = José María Quadrado, *Recuerdos y bellezas de España*. XII: *Salamanca, Ávila y Segovia*. Madrid 1865.

Quevedo, *Memorial* = Francisco de Quevedo, *Memorial por el patronato de Santiago* [1627]. En *Obras completas*, I. Ed. de Felicidad Buendía. Madrid 1979.

———— *Privado* = *Cómo ha de ser el privado* [1627]. En *Obras completas*, II. Ed. de Felicidad Buendía. Madrid 1981.

Quino, *Mafalda* = Quino [*Ar*], *Mafalda*. Tomo V. Barcelona 1971.

Rabanal, *Hablas* = Manuel Rabanal, *Hablas hispánicas. Temas gallegos y leoneses*. Madrid 1967.

Ramos Carrión, *Agua* = Miguel Ramos Carrión, *Agua, azucarillos y aguardiente* [1897]. En Antonio Valencia, *El género chico: antología de textos completos*. Madrid 1962.

Reina, trad. *Biblia* = *La Biblia, que es los sacros libros del Viejo y Nuevo Testamento, trasladada en español* [por Casiodoro de Reina]. [Basilea] 1569.

Restrepo, *Semántica* = Félix Restrepo, *El alma de las palabras. Diseño de semántica general*. [4.ª ed.] México 1952.

Restrepo, *Apuntaciones* = Roberto Restrepo, *Apuntaciones idiomáticas y correcciones de lenguaje*. 2.ª ed. Bogotá 1955.

*Rev. Esp. Lingüística* = *Revista Española de Lingüística*. Madrid.

*Rev. Occidente* = *Revista de Occidente*. Mensual. Madrid.

Reyes, *Experiencia* = Alfonso Reyes [*Méj*], *La experiencia literaria* [1930-41]. Buenos Aires 1952.

———— *Ingenios* = *Cuatro ingenios* [1917-49]. Buenos Aires 1950.

# bibliografía

———— trad. Bowra, *Lit. griega* = C. M. Bowra, *Historia de la literatura griega*. Trad. de ————
[1948]. México 1950.

———— trad. Chesterton, *Hombre* = G. K. Chesterton, *El hombre que fue Jueves*. Trad. de ————
[1922]. Barcelona 1956.

Riba, trad. Gillet, *Dante* = L. Gillet, *Dante*. Trad. de Carlos Riba. Barcelona 1947.

———— trad. Gudeman, *Lit. latina* = Alfred Gudeman, *Historia de la literatura latina*. Trad. de ————
[1926]. Barcelona 1930.

Ridruejo, *Diario* = Dionisio Ridruejo, *Diario de una tregua* [1959]. Barcelona 1972.

Riquer, *Cervantes* = Martín de Riquer, *Cervantes y el Quijote*. Barcelona 1960.

Rivas, *Castellano* = Duque de Rivas, *Un castellano leal* [1841]. En *Las cien mejores poesías (líricas) de la lengua castellana*, escogidas por Marcelino Menéndez y Pelayo. London & Glasgow 1916.

———— *Don Álvaro* = *Don Álvaro o la fuerza del sino* [1835]. Ed. de Alberto Sánchez. Salamanca 1958.

Roa, *Hijo* = Augusto Roa Bastos [*Par*], *Hijo de hombre* [1960]. Barcelona 1984.

Robles Dégano, *Ortología* = Felipe Robles Dégano, *Ortología clásica de la lengua castellana*. Madrid 1905.

Roca, *Gramática* = José Roca Pons, *Introducción a la gramática*. 2 tomos. Barcelona 1960.

Rodríguez Adrados → ADRADOS.

Rodríguez Herrera, *Género* = Esteban Rodríguez Herrera, *Observaciones acerca del género de los nombres*. 2 tomos. La Habana 1947.

———— *Gramática* = *La gramática, el lenguaje y los periódicos*. La Habana [1953].

Rof, *Complementaridad* = Juan Rof Carballo, *Complementaridad y urdimbre*. En *Homenaje a Julián Marías*. Madrid 1984.

Rojas Zorrilla, *Bobos* = Francisco de Rojas Zorrilla, *Entre bobos anda el juego* [1638?]. Ed. de Eduardo Juliá. Zaragoza 1946.

*Romances* = *Cien romances escogidos*. Selección y prólogo de Antonio G. Solalinde. Madrid, s. a.

Romano-Sanz, *Alcudia* = Vicente Romano y Fernando Sanz, *Valle de Alcudia*. Madrid 1967.

Romero, *Historia* = José Luis Romero [*Ar*], *Historia universal*. Buenos Aires 1950.

Rosales, *Poesías* = Luis Rosales, *Poesías* [1935-56]. En Cano, *Antología* (→ CANO).

Rosalía de Castro, *Cartas* = Rosalía de Castro, *Cartas* [1861-84]. En *Obras completas*, II. Recopilación de Victoriano García Martí. Nueva ed. aumentada por Arturo del Hoyo. Madrid 1977.

———— *Hija* = *La hija del mar* [1859]. En *Obras completas*, II. Madrid 1977.

Rosenblat, *Compuestos* = Ángel Rosenblat, *El género de los compuestos*. En *Nueva Revista de Filología Hispánica*, 7 (1953), 95-112.

———— *Notas* = *Notas de morfología dialectal*. En Aurelio M. Espinosa, *Estudios sobre el español de Nuevo Méjico*, parte II. Buenos Aires 1946.

———— *Palabras* = *Buenas y malas palabras en el castellano de Venezuela*. Primera serie: tomos I y II. Segunda serie: tomos III y IV. 3.ª ed., corregida y aumentada. Caracas-Madrid 1969.

Rubió, trad. Pfandl, *Lit. española* = Ludwig Pfandl, *Historia de la literatura nacional española en la Edad de Oro*. Trad. de Jorge Rubió Balaguer [1933]. Barcelona 1952.

*Sábado* = *Sábado Gráfico*. Semanario. Madrid.

Sábato, *Abaddón* = Ernesto Sábato [*Ar*], *Abaddón el exterminador* [1974]. Barcelona 1984.

Salcedo Coronel, *Soledades* = García de Salcedo Coronel, *Las soledades de D. Luis de Góngora comentadas*. 2 tomos. Madrid 1636-1645.

Salinas, *Ensayos* = Pedro Salinas, *Ensayos de literatura hispánica* [1924-51]. Madrid 1958.

———— *Fábula* = *Fábula y signo* [1931]. En *Poesías completas*. Ed. de Soledad Salinas. Barcelona 1971.

———— *Presagios* = *Presagios* [1924]. En *Poesías completas*. Ed. de Soledad Salinas. Barcelona 1971.

———— *Responsabilidad* = *La responsabilidad del escritor* [1944-50]. Barcelona 1961.

———— *Rubén Darío* = *La poesía de Rubén Darío*. Buenos Aires 1948.

———— *Todo* = *Todo más claro y otros poemas* [1937-47]. Buenos Aires 1949.

———— *Voz* = *La voz a ti debida* [1934]. Buenos Aires 1954.

# bibliografía

Salvá, *Gramática* = Vicente Salvá, *Gramática de la lengua castellana según ahora se habla* [1849]. 9.ª ed. París 1854.

Salvador, *Atracadores* = Tomás Salvador. *Los atracadores*. Barcelona 1955.

────── *Cuerda* = *Cuerda de presos* [1953]. Barcelona 1963.

Sánchez Ferlosio, *Jarama* = Rafael Sánchez Ferlosio. *El Jarama* [1956]. Barcelona 1957.

Santa Teresa, *Fundaciones* = Teresa de Jesús, *Libro de las fundaciones* [1573-82]. Ed. de Víctor García de la Concha. Madrid 1982.

Santamaría, *Americanismos* = Francisco J. Santamaría, *Diccionario general de americanismos*. 3 tomos. Méjico 1942.

Santos Torroella, trad. *Wright, Goya* = F. S. Wright, *Goya*. Trad. de Rafael Santos Torroella. Barcelona 1957.

Sanz, *Consecuencias* = Carlos Sanz, *Consecuencias históricas del descubrimiento de América*. Madrid 1962.

Sastre, *Cornada* = Alfonso Sastre, *La cornada*. Madrid 1960.

────── *Taberna* = *La taberna fantástica* [1966]. Ed. de Mariano de Paco. Murcia 1983.

Schökel-Mateos, trad. *Biblia* = *Nueva Biblia española*. Trad. dirigida por Luis Alonso Schökel y Juan Mateos. Madrid 1975.

Scorza, *Acto* = Manuel Scorza [*Pe*], *Prólogo* a Germán Pardo García, *Acto poético*. México 1953.

Seco, *Arniches* = Manuel Seco, *Arniches y el habla de Madrid*. Madrid 1970.

────── *Un sufijo* = *Sobre un sufijo de la lengua popular*. En *Studia Hispanica in honorem R. Lapesa*, III. Madrid 1975.

Selva, *Guía* = Juan B. Selva [*Ar*], *Guía del buen decir* [1916]. 3.ª ed. Buenos Aires 1944.

*Semana* = *Semana*. Semanario. Madrid.

Sender, *Crónica* = Ramón J. Sender, *Crónica del alba* [1942-66]. 3 tomos. Madrid 1971.

────── *Réquiem* = *Réquiem por un campesino español* [1953]. Buenos Aires 1966.

Serrano Poncela, *Unamuno* = Segundo Serrano Poncela, *El pensamiento de Unamuno*. México 1953.

*Siglo XX* = *Siglo XX, Historia universal*. Historia 16. 36 tomos. Madrid, 1983-1986.

Silva Valdés, *Cuentos* = Fernán Silva Valdés [*Ur*], *Cuentos del Uruguay* [1945]. Madrid 1966.

Sobejano, *Epíteto* = Gonzalo Sobejano, *El epíteto en la lírica española*. Madrid 1956.

Spaulding = Robert K. Spaulding, *Syntax of the Spanish Verb*. New York 1931.

Steel, *Americanismos* = Brian Steel, *Algunos apuntes para un nuevo diccionario de americanismos*. En M. Perl (ed.), *Estudios sobre el léxico del español en América*. Leipzig 1982.

Steenks, trad. *Bram, Lenguaje* = Joseph Bram, *Lenguaje y sociedad*. Trad. de Gerardo Steenks [*Ar?*]. Buenos Aires 1961.

Storni, *Antología* = Alfonsina Storni [*Ar*], *Antología poética* [1916-38]. Buenos Aires 1949.

Suárez Solís, *Camino* = Sara Suárez Solís, *Camino con retorno*. Barcelona 1980.

Tamayo, *Panorama* = Juan Antonio Tamayo, *Panorama de historia de la literatura* [1922]. Madrid 1951.

*Tele-Express* = *Tele-Express*. Diario. Barcelona.

*Telva* = *Telva*. Quincenal. Madrid.

*Tercera Crónica General* = *Tercera Crónica General de España* [p1344]. En Florián de Ocampo, *Las cuatro partes enteras de la Crónica de España*. Zamora 1541.

Tirso, *Vergonzoso* = Tirso de Molina, *El vergonzoso en Palacio* [1621]. *El burlador de Sevilla*. Ed. de Américo Castro. Madrid 1922.

Togeby, *Mode* = Knud Togeby, *Mode, aspect et temps en espagnol*. København 1953.

Toro, *Ortología* = Miguel de Toro y Gisbert, *Ortología castellana de nombres propios*. París [1914].

────── *Tesoro* = *Tesoro de la lengua española*. París 1911.

Torre, *Rilke* = Guillermo de Torre, *Rainer Maria Rilke* [1941]. [Prólogo a] Rainer Maria Rilke, *Los cuadernos de Malte Laurids Brigge*. Trad. de F. Ayala. Buenos Aires 1958.

Torrente, *Pascua* = Gonzalo Torrente Ballester, *La Pascua triste* [1962]. Madrid 1972.

────── *Saga* = *La saga/fuga de J. B.* [1972]. Barcelona 1973.

────── *Señor* = *El señor llega* [1956]. Madrid 1971.

────── *Vuelta* = *Donde da la vuelta el aire* [1960]. Madrid 1972.

Torres Bodet, *Balzac* = Jaime Torres Bodet [*Méj*], *Balzac*. México 1959.

542

# bibliografía

*Trad. Dicc. Bompiani* = González Porto-Bompiani, *Diccionario literario de obras y personajes de todos los tiempos y de todos los países.* Revisores de la trad.: José M.ª Boix Selva, Juan Ramón Masoliver y Eduardo Valentí. 12 tomos. Barcelona 1959-1960.

*Trad. Fitzmaurice-Kelly, Literatura* = J. Fitzmaurice-Kelly, *Historia de la literatura española.* [Trad. anónima.] Madrid 1916.

Ulía, trad. Russell, *Antología* = Bertrand Russell, *Antología.* Introd. de Luis Villoro. Selección de Fernanda Navarro. [Trad. de Ramón Ulía [*Méj?*] y otros.] Madrid 1972.

Umbral, *Memorias* = Francisco Umbral, *Memorias de un niño de derechas.* Barcelona 1972.

——— *Noche* = *La noche que llegué al Café Gijón.* Barcelona 1977.

Unamuno, *Andanzas* = Miguel de Unamuno, *Andanzas y visiones españolas* [1911]. Buenos Aires 1948.

——— *Casticismo* = *En torno al casticismo (cinco ensayos)* [1895]. En *Ensayos,* I. Madrid 1945.

——— *Espejo* = *El espejo de la muerte* [1913]. Madrid 1957.

——— *Poesías* = *Poesías* [1907]. Ed. de Manuel Alvar. Barcelona 1975.

——— *Raza* = *La raza y la lengua.* Colección de escritos no recogidos en sus libros [1884-1935]. En *Obras completas,* VI. Madrid 1958.

——— *Recuerdos* = *Recuerdos de niñez y de mocedad* [1908]. Madrid 1958.

——— *Religión* = *Mi religión y otros ensayos breves* [1910]. En *Ensayos,* II. Madrid 1945.

——— *San Manuel* = *San Manuel Bueno, mártir* [1931]. Ed. de Joaquín Rubio Tovar. Madrid 1984.

——— *Sentimiento* = *Del sentimiento trágico de la vida* [1912]. En *Ensayos,* II. Madrid 1945.

——— *Vida* = *Vida de Don Quijote y Sancho* [1905]. En *Ensayos,* II. Madrid 1945.

——— *Visiones* = *Visiones y comentarios* [1930-35?]. Madrid 1957.

Urbina, *Carromato* = Pedro Antonio Urbina, *El carromato del circo.* Madrid 1968.

Uslar Pietri, *Lanzas* = Arturo Uslar Pietri [*Ven*], *Las lanzas coloradas* [1931]. Barcelona 1982.

Valbuena, *Literatura* = Ángel Valbuena Prat, *Historia de la literatura española* [1937-50]. 3 tomos. Barcelona 1950.

Valdés, *Diálogo* = Juan de Valdés, *Diálogo de la lengua* [1535-36]. Ed. de José F. Montesinos. Madrid 1976.

Valera, *Correspondencia* = Juan Valera, *Correspondencia* [1859-1905]. Cartas inéditas publicadas por Cyrus C. DeCoster. Valencia 1956.

——— *Doctor Faustino* = *Las ilusiones del doctor Faustino* [1875]. Ed. de Cyrus C. DeCoster. Madrid 1970.

——— *Juanita* = *Juanita la Larga* [1895]. París (ed. Nelson) s. a.

Valle-Inclán, *Claves* = Ramón del Valle-Inclán, *Claves líricas. Versos* [1907-20]. Madrid 1943.

——— *Luces* = *Luces de bohemia* [1924]. Madrid 1961.

——— *Reina* = *Farsa y licencia de la Reina castiza* [1922]. En *Tablado de marionetas para educación de príncipes.* Madrid 1961.

——— *Sonata de invierno* = *Sonata de invierno* [1905]. Madrid 1950.

*Triunfo* = *Triunfo.* Semanario. Madrid.

*Vanguardia* = *La Vanguardia.* Diario. Barcelona.

Vargas Llosa, *Ciudad* = Mario Vargas Llosa [*Pe*], *La ciudad y los perros* [1963]. Barcelona 1973.

——— *Pantaleón* = *Pantaleón y las visitadoras.* Barcelona 1973.

Vega, *Nuevo Mundo* = Lope de Vega, *El Nuevo Mundo descubierto por Cristóbal Colón* [1596-1603]. En *Obras,* XI. Madrid 1900.

——— *Peribáñez* = *Peribáñez y el Comendador de Ocaña* [1612-13?]. Ed. de Felipe B. Pedraza. Madrid 1985.

——— *Poesías* = *Poesías líricas* [1600-35]. Ed. de José F. Montesinos. 2 tomos. Madrid 1952-1960.

Vega, *Verbena* = Ricardo de la Vega, *La verbena de la Paloma* [1894]. En Antonio Valencia, *El género chico: antología de textos completos.* Madrid 1962.

Velarde, *Arquitectura* = Héctor Velarde [*Méj*], *Historia de la arquitectura.* México 1951.

Vicens, *Aproximación* = Jaime Vicens Vives, *Aproximación a la historia de España.* Barcelona 1960.

Victoria, *Cómico* = Marcos Victoria [*Ar*], *Ensayo preliminar sobre lo cómico* [1940]. Buenos Aires 1958.

*Vida Nueva* = *Vida Nueva.* Semanario. Madrid.

543

# bibliografía

Villegas, *Arte* = Manuel Villegas López, *Arte, cine y sociedad.* Madrid 1959.

Villoro, *Russell* = Bertrand Russell, *Antología.* Introd. de Luis Villoro [*Méj?*] [1971]. Madrid 1972.

Vizcaíno, *Posguerra* = Fernando Vizcaíno Casas, *La España de la posguerra, 1939/1953.* Barcelona 1975.

*Vox* = *Vox, Diccionario general ilustrado de la lengua española.* 3.ª ed. corregida y ampliada. Revisión por Samuel Gili Gaya. Barcelona 1973. [Cuando no se indica fecha, las referencias son a esta edición; si corresponden a la 1.ª, 1945, o a la 2.ª, 1953, se especifica.]

Wagner = Max Leopold Wagner, *Lingua e dialetti dell'America spagnola.* Firenze 1949.

*Ya* = *Ya.* Diario. Madrid.

Zamora, *Dialectología* = Alonso Zamora Vicente, *Dialectología española.* 2.ª ed. Madrid 1967.

———— *Dicc. literatura* = Artículos [1949-53] en *Diccionario de literatura española* (→ DICC. LITERATURA).

———— *Estampas* = *Estampas de la calle.* Madrid 1983.

———— *Penal* = Prólogo a Canellada, *Penal* (→ CANELLADA).

———— *Presencia* = *Presencia de los clásicos.* Buenos Aires 1951.

———— *Traque* = *A traque barraque.* Madrid 1972.

Zavala, trad. Rostand, *Hombre* = Jean Rostand, *El hombre y la vida. Pensamientos de un biólogo.* Trad. de María Eleazar López de Zavala [*Méj*] [1960]. México 1964.

Zorrilla, *Tenorio* = José Zorrilla, *Don Juan Tenorio* [1844]. Ed. de Salvador García Castañeda. Barcelona 1975.

Zunzunegui, *Camino* = Juan Antonio de Zunzunegui, *El camino alegre.* Barcelona 1962.

———— *Hijo* = *El hijo hecho a contrata.* Barcelona 1962.

———— *Úlcera* = *La úlcera* [1948]. Buenos Aires 1950.

———— *Vida* = *La vida como es* [1954]. Barcelona 1975.

# 2. Otras obras consultadas

Academia Española, *Ortografía.* 2.ª ed. corregida y aumentada. Madrid 1974.

Agencia Efe, *Manual de español urgente.* 4.ª ed. corregida y aumentada del *Manual de estilo* de la Agencia Efe. Madrid 1985.

Alonso, Amado, *Castellano, español, idioma nacional. Historia espiritual de tres nombres.* 2.ª ed. Buenos Aires 1942.

Alonso, Martín, *Enciclopedia del idioma.* 3 tomos. Madrid 1958.

Capdevila, Arturo, *Despeñaderos del habla.* Buenos Aires 1952.

Carnicer, Ramón, *Sobre el lenguaje de hoy.* Madrid 1969.

———— *Nuevas reflexiones sobre el lenguaje.* Madrid 1972.

———— *Tradición y evolución en el lenguaje actual.* Madrid 1977.

———— *Desidia y otras lacras en el lenguaje de hoy.* Barcelona 1983.

Castro, Américo, *La peculiaridad lingüística rioplatense y su sentido histórico.* 2.ª ed. muy renovada. Madrid 1961.

Coste, J., et Redondo, A., *Syntaxe de l'espagnol moderne (enseignement supérieur).* Paris 1965.

García-Pelayo, Ramón, *Nuevo diccionario Larousse manual ilustrado.* México 1984.

García-Pelayo, Ramón y Fernando, y Durand, Micheline, *Larousse de la conjugación.* París 1982.

García Yebra, Valentín, *Teoría y práctica de la traducción.* 2 tomos. Madrid 1982.

Gerrard, A. Bryson, *Beyond the Dictionary in Spanish. A Handbook of Everyday Usage.* Revised edition. London 1972.

Henríquez Ureña, Pedro, *Observaciones sobre el español en América.* En *Revista de Filología Española,* 8 (1921), 357-90.

Keniston, Hayward, *Spanish Syntax List.* New York 1937.

Malaret, Augusto, *Diccionario de americanismos.* Buenos Aires 1946.

Martínez de Sousa, José, *Diccionario de ortografía.* Madrid 1985.

Muñoz Cortés, Manuel, *El español vulgar.* Madrid 1959.

# bibliografía

Náñez, Emilio, *Diccionario de construcciones sintácticas del español (preposiciones)*. Santander 1970.

País, El, *Libro de estilo*. [Coordinado por Julio Alonso.] 2.ª ed. corregida y aumentada. Madrid 1980.

Planeta, *Diccionario* —— *de la lengua española usual*. Dirigido por F. Marsá. Barcelona 1982.

Polo, José, *Ortografía y ciencia del lenguaje*. Madrid 1974.

Pratt, Chris, *El anglicismo en el español peninsular contemporáneo*. Madrid 1980.

Quilis, Antonio, y Fernández, Joseph A., *Curso de fonética y fonología españolas para estudiantes angloamericanos*. 4.ª ed. Madrid 1969.

Seco, Rafael, *Manual de gramática española*. Revisado y ampliado por Manuel Seco. 10.ª ed. Madrid 1975.

SGEL, *Diccionario de uso. Gran diccionario de la lengua española*. Dirigido por Aquilino Sánchez Pérez. Madrid 1985.

Steel, Brian, *A Textbook of Colloquial Spanish*. Madrid 1985.

Stevenson, C. H., *The Spanish Language Today*. London 1970.